백운정 민법

백운정 편저

1차 | 문제집 제7판

8년 연속
★ 전체 수석 ★
합격자 배출

박문각 감정평가사 브랜드만족 1위 박문각

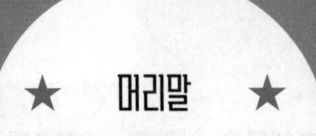

PREFACE | GUIDE | CONTENTS

본 교재는 감정평가사 1차 시험 합격을 목적으로 출간되었습니다.

시험에 대비하기 위해서는 우선 어디에서, 어떻게 출제될 것인지를 알아야 공부할 범위와 공부할 양뿐만 아니라 공부방법이 결정되기 때문에 기출문제 분석이 필요합니다. 이를 위해 본 교재는 2012년부터 2025년까지 감정평가사 기출문제에 대한 해설과 필요한 부분에 있어서 그 이전의 기출문제까지 수록하였습니다.
이와 더불어 최신 출제경향을 반영하기 위하여 최근 7년 이내의 세무사, 행정사, 주택관리사, 가맹거래사, 공인중개사 등의 문제도 수록하였습니다.

본서의 특징은 다음과 같습니다.

1. 문제의 배열

문제의 순서 배치는 개념이해를 위해 중요한 것이므로, 가급적 기본서 순서에 따르되, 각 주제별로 기본적인 개념문제부터 어려운 문제순으로 배치하려고 노력하였습니다.

2. 주요 조문 수록

조문은 대단히 중요합니다. 특히 기출문제에 등장하는 조문은 절대적으로 암기하다시피 그 내용을 숙지하고 있어야만 합니다. 이를 위해서 중요 조문은 기억력과 학습의 효율성을 극대화하기 위하여 반복하여 수록하였습니다.

3. 기출 표시

기출 표시를 하여 연도별의 흐름을 확인할 수 있도록 하였고, 구체적으로 반복되는 중요 지문을 본인이 확인함으로써 스스로 중요도를 학습할 수 있도록 하였습니다.

4 비교·정리 박스로 차별화

객관식 문제는 혼동되는 개념들은 확실하게 구별하는 것이 고득점의 길입니다. 명확히 구별할 필요가 있는 것들은 특별히 비교하여 별도로 비교·정리 박스 등으로 묶어서 가시화하고 차별화하였습니다. 중요한 사항들이므로 반드시 숙지해 두어야 하며, 또한 시험 직전에도 확인이 필요한 부분입니다.

본서의 목적은 수험생 스스로 시험에 나올 부분을 확인함으로써 공부방향과 공부방법을 설정하고, 그 내용을 정확하게 숙지하여 공부의 효율성을 높이는 것입니다. 따라서 기본서와 함께 활용한다면 방대한 기본서의 양을 효과적으로 줄일 수 있어 그 효율성이 배가될 것입니다.

본서가 수험생 여러분의 비장의 무기가 되길 바라며, 여러분의 합격을 기원해 봅니다. 또한 본서의 출간을 위하여 도움을 주신 출판사 관계자분들과 항상 옆에서 응원해 주시는 박문각 경찰학원에서 강의하고 계시는 오상훈 선생님께도 감사의 인사를 드립니다.

신림동 연구실에서 백운정 올림

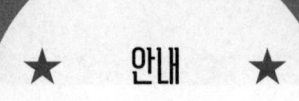

감정평가사란?

감정평가란 토지 등의 경제적 가치를 판정하여 그 결과를 가액으로 표시하는 것을 말한다. 감정평가사 (Certified Appraiser)는 부동산·동산을 포함하여 토지, 건물 등의 유무형의 재산에 대한 경제적 가치를 판정하여 그 결과를 가액으로 표시하는 전문직업인으로 국토교통부에서 주관, 산업인력관리공단에서 시행하는 감정평가사시험에 합격한 사람으로 일정기간의 수습과정을 거친 후 공인되는 직업이다.

시험과목 및 시험시간

가. 시험과목(감정평가 및 감정평가사에 관한 법률 시행령 제9조)

시험구분	시험과목
제1차 시험	❶ 「민법」 중 총칙, 물권에 관한 규정 ❷ 경제학원론 ❸ 부동산학원론 ❹ 감정평가관계법규(「국토의 계획 및 이용에 관한 법률」, 「건축법」, 「공간정보의 구축 및 관리 등에 관한 법률」 중 지적에 관한 규정, 「국유재산법」, 「도시 및 주거환경정비법」, 「부동산등기법」, 「감정평가 및 감정평가사에 관한 법률」, 「부동산 가격공시에 관한 법률」 및 「동산·채권 등의 담보에 관한 법률」) ❺ 회계학 ❻ 영어(영어시험성적 제출로 대체)
제2차 시험	❶ 감정평가실무 ❷ 감정평가이론 ❸ 감정평가 및 보상법규(「감정평가 및 감정평가사에 관한 법률」, 「공익사업을 위한 토지 등의 취득 및 보상에 관한 법률」, 「부동산 가격공시에 관한 법률」)

나. 과목별 시험시간

시험구분	교시	시험과목	입실완료	시험시간	시험방법
제1차 시험	1교시	❶ 민법(총칙, 물권) ❷ 경제학원론 ❸ 부동산학원론	09:00	09:30~11:30(120분)	객관식 5지 택일형
	2교시	❹ 감정평가관계법규 ❺ 회계학	11:50	12:00~13:20(80분)	

제2차 시험	1교시	❶ 감정평가실무	09:00	09:30~11:10(100분)	과목별 4문항 (주관식)
	중식시간 11:10 ~ 12:10(60분)				
	2교시	❷ 감정평가이론	12:10	12:30~14:10(100분)	
	휴식시간 14:10 ~ 14:30(20분)				
	3교시	❸ 감정평가 및 보상법규	14:30	14:40~16:20(100분)	

※ 시험과 관련하여 법률·회계처리기준 등을 적용하여 정답을 구하여야 하는 문제는 시험시행일 현재 시행 중인 법률·회계처리기준 등을 적용하여 그 정답을 구하여야 함

※ 회계학 과목의 경우 한국채택국제회계기준(K-IFRS)만 적용하여 출제

다. 출제영역 : 큐넷 감정평가사 홈페이지(www.Q-net.or.kr/site/value) 자료실 게재

응시자격 및 결격사유

가. 응시자격 : 없음
  ※ 단, 최종 합격자 발표일 기준, 감정평가 및 감정평가사에 관한 법률 제12조의 결격사유에 해당하는 사람 또는 같은 법 제16조 제1항에 따른 처분을 받은 날부터 5년이 지나지 아니한 사람은 시험에 응시할 수 없음

나. 결격사유(감정평가 및 감정평가사에 관한 법률 제12조, 2023.8.10. 시행)
  다음 각 호의 어느 하나에 해당하는 사람
  1. 파산선고를 받은 사람으로서 복권되지 아니한 사람
  2. 금고 이상의 실형을 선고받고 그 집행이 종료(집행이 종료된 것으로 보는 경우를 포함한다)되거나 그 집행이 면제된 날부터 3년이 지나지 아니한 사람
  3. 금고 이상의 형의 집행유예를 받고 그 유예기간이 만료된 날부터 1년이 지나지 아니한 사람
  4. 금고 이상의 형의 선고유예를 받고 그 선고유예기간 중에 있는 사람
  5. 제13조에 따라 감정평가사 자격이 취소된 후 3년이 지나지 아니한 사람. 다만, 제6호에 해당하는 사람은 제외한다.
  6. 제39조 제1항 제11호 및 제12호에 따라 자격이 취소된 후 5년이 지나지 아니한 사람

합격자 결정

가. 합격자 결정(감정평가 및 감정평가사에 관한 법률 시행령 제10조)
- 제1차 시험
  영어 과목을 제외한 나머지 시험과목에서 과목당 100점을 만점으로 하여 모든 과목 40점 이상이고, 전 과목 평균 60점 이상인 사람
- 제2차 시험
  - 과목당 100점을 만점으로 하여 모든 과목 40점 이상, 전 과목 평균 60점 이상을 득점한 사람
  - 최소합격인원에 미달하는 경우 최소합격인원의 범위에서 모든 과목 40점 이상을 득점한 사람 중에서 전 과목 평균점수가 높은 순으로 합격자를 결정

  ※ 동점자로 인하여 최소합격인원을 초과하는 경우에는 동점자 모두를 합격자로 결정. 이 경우 동점자의 점수는 소수점 이하 둘째 자리까지만 계산하며, 반올림은 하지 아니함

나. 제2차 시험 최소합격인원 결정(감정평가 및 감정평가사에 관한 법률 시행령 제10조)

공인어학성적

가. 제1차 시험 영어 과목은 영어시험성적으로 대체
- 기준점수(감정평가 및 감정평가사에 관한 법률 시행령 별표 2)

시험명	토플		토익	텝스	지텔프	플렉스	토셀	아이엘츠
	PBT	IBT						
일반응시자	530	71	700	340	65 (level-2)	625	640 (Advanced)	4.5 (Overall Band Score)
청각장애인	352	–	350	204	43 (level-2)	375	145 (Advanced)	–

- 제1차 시험의 과목 중 영어 과목은 제1차 시험 응시원서 접수마감일부터 역산(逆算)하여 5년이 되는 해의 1월 1일 이후에 실시된 다른 시험기관의 시험(이하 "영어시험"이라 한다)에서 취득한 성적(제1차 시험의 시험일 전까지 발표되는 성적으로서 제11조에 따른 공고에서 정하는 방법에 따라 확인된 성적으로 한정한다)으로 시험을 대체한다.

※ 이하 생략(공고문 참조)

PART 01 민법총칙

CHAPTER 01 통칙 10
기본문제편 10
심화문제편 17

CHAPTER 02 법률관계와 권리·의무 20
제1절 권리와 의무 20
기본문제편 20
심화문제편 23
제2절 권리의 행사와 의무의 이행(신의성실의 원칙) 26
기본문제편 26
심화문제편 33

CHAPTER 03 권리의 주체 38
제1절 자연인 38
기본문제편 38
심화문제편 56
제2절 주소 67
심화문제편 67
제3절 부재와 실종 69
기본문제편 69
심화문제편 77
제4절 법인 84
기본문제편 84
심화문제편 115
제5절 종합문제 127

CHAPTER 04 권리의 객체 - 물건 128
기본문제편 128
심화문제편 138

CHAPTER 05 권리의 변동 144
제1절 총설 144
제2절 법률행위 145
기본문제편 145
심화문제편 165
제3절 의사표시 169
기본문제편 169
심화문제편 204
제4절 법률행위의 대리 210
기본문제편 210
심화문제편 241
제5절 법률행위의 무효와 취소 254
기본문제편 254
심화문제편 273
제6절 조건과 기한 281
기본문제편 281
심화문제편 291

CHAPTER 06 기간 296
기본문제편 296
심화문제편 301

CHAPTER 07 소멸시효 304
제1절 총설 304
기본문제편 304
심화문제편 307
제2절 소멸시효의 요건 309
기본문제편 309
심화문제편 316
제3절 소멸시효의 중단과 정지 319
기본문제편 319
심화문제편 328
제4절 소멸시효 완성의 효력 332
기본문제편 332
심화문제편 338

PART 02 물권법

CHAPTER 01 총칙 ... 344
기본문제편 ... 334
심화문제편 ... 351

CHAPTER 02 물권의 변동 ... 354
제1절 부동산 물권변동 ... 354
기본문제편 ... 354
심화문제편 ... 380
제2절 동산 물권변동 ... 390
기본문제편 ... 390
심화문제편 ... 396
제3절 물권의 소멸 ... 399
기본문제편 ... 399
심화문제편 ... 401

CHAPTER 03 점유권 ... 404
기본문제편 ... 404
심화문제편 ... 421

CHAPTER 04 소유권 ... 431
제1절 소유권의 범위 ... 431
기본문제편 ... 431
심화문제편 ... 443
제2절 소유권에 기한 물권적 청구권 ... 450
기본문제편 ... 450
심화문제편 ... 454
제3절 소유권의 취득 ... 457
기본문제편 ... 457
심화문제편 ... 473
제4절 공동소유 ... 486
기본문제편 ... 486
심화문제편 ... 503

제5절 명의신탁 ... 511
기본문제편 ... 511
심화문제편 ... 522

CHAPTER 05 용익물권 ... 530
제1절 지상권 ... 530
기본문제편 ... 530
심화문제편 ... 549
제2절 지역권 ... 562
기본문제편 ... 562
심화문제편 ... 570
제3절 전세권 ... 574
기본문제편 ... 574
심화문제편 ... 587

CHAPTER 06 담보물권 ... 594
제1절 유치권 ... 594
기본문제편 ... 594
심화문제편 ... 605
제2절 질권 ... 614
기본문제편 ... 614
심화문제편 ... 623
제3절 저당권 ... 628
제1관 저당권 일반 ... 628
기본문제편 ... 628
심화문제편 ... 643
제2관 특수한 형태의 저당권 ... 655
기본문제편 ... 655
심화문제편 ... 663
제3관 비전형담보(물권) ... 671
기본문제편 ... 671
심화문제편 ... 677

PART 01

민법총칙

Chapter 01 통칙
Chapter 02 법률관계와 권리·의무
Chapter 03 권리의 주체
Chapter 04 권리의 객체 – 물건
Chapter 05 권리의 변동
Chapter 06 기간
Chapter 07 소멸시효

Chapter 01 통칙

기본문제편

01 민법의 법원(法源)에 관한 설명으로 옳은 것은? (다툼이 있으면 판례에 따름)

▶ 2023 감정평가사

① 민법 제1조에서 민법의 법원으로 규정한 '민사에 관한 법률'은 민법전만을 의미한다.
② 민법 제1조에서 민법의 법원으로 규정한 '관습법'에는 사실인 관습이 포함된다.
③ 대법원이 정한 「공탁규칙」은 민법의 법원이 될 수 없다.
④ 헌법에 의하여 체결·공포된 국제조약은 그것이 민사에 관한 것이더라도 민법의 법원이 될 수 없다.
⑤ 미등기무허가 건물의 양수인에게는 소유권에 준하는 관습법상의 물권이 인정되지 않는다.

정답해설

① 민법 제1조의 민사에 관한 '법률'이란 형식적 의미의 법률에 한정하지 않고 모든 성문법(제정법)을 의미한다. 따라서 명령, 규칙, 조례, 조약도 포함한다. 민법전만을 의미하지는 않는다.

> **제1조 【법원】**
> 민사에 관하여 법률에 규정이 없으면 관습법에 의하고 관습법이 없으면 조리에 의한다.

> **비교** 제185조 물권법정주의에서의 법률은 국회에서 제정한 형식적 의미의 법률을 말한다.
> → 제185조의 법률이란 국회가 제정하는 형식적 의미의 법률만 의미
> → 제185조의 관습법은 ① 관습법상 법정지상권, ② 분묘기지권, ③ 동산의 양도담보만 해당한다.

② 관습법이란 사회의 거듭된 관행으로 생성한 사회생활규범이 사회의 법적 확신과 인식에 의하여 법적 규범으로 승인·강행되기에 이른 것을 말하고, 사실인 관습은 사회의 관행에 의하여 발생한 사회생활규범인 점에서 관습법과 같으나 사회의 법적 확신이나 인식에 의하여 법적 규범으로서 승인된 정도에 이르지 않은 것을 말하는 바, 관습법은 바로 법원으로서 법령과 같은 효력을 갖는 관습으로서 법령에 저촉되지 않는 한 법칙으로서의 효력이 있는 것이며, 이에 반하여 사실인 관습은 법령으로서의 효력이 없는 단순한 관행으로서 법률행위의 당사자의 의사를 보충함에 그치는 것이다(대판 1983.6.14, 80다3231). 민법 제1조에서 민법의 법원으로 규정한 '관습법'에는 사실인 관습이 포함되지 않는다.

③ 대법원은 법률에 저촉되지 않는 범위 안에서 소송에 관한 절차, 법원의 내부규율과 사무처리에 관한 규정을 제정할 수 있다(헌법 제108조). 이 규칙이 민사에 관한 사항을 정한 것이면 민법의 법원이 된다. 대법원이 정한 「공탁규칙」도 이러한 민사에 관한 사항을 정한 것으로 민법의 법원이 될 수 있다.

> **헌법 제108조**
> 대법원은 법률에 저촉되지 아니하는 범위 안에서 소송에 관한 절차, 법원의 내부규율과 사무처리에 관한 규칙을 제정할 수 있다.

④ 헌법에 의하여 체결·공포된 조약과 일반적으로 승인된 국제법규는 국내법과 같은 효력을 가지므로(헌법 제6조), 그것이 민사에 관한 것이더라도 민법의 법원이 될 수 있다.

> **헌법 제6조**
> ① 헌법에 의하여 체결·공포된 조약과 일반적으로 승인된 국제법규는 국내법과 같은 효력을 가진다.

⑤ 미등기 무허가건물의 양수인에게 소유권에 준하는 관습법상의 물권을 인정할 수 없다(대판 2006.10.7, 2006다49000).

> **비교** 관습법상 물권 : 분묘기지권, 관습법상 법정지상권, 동산의 양도담보

■ **관습법과 사실인 관습**

	관습법	사실인 관습
의의	사회생활에서 자연적으로 발생하고 반복적으로 행하여진 관행이 사회구성원의 법적 확신에 의한 지지를 받아 법적 규범화된 것 판례 인정 : 관습법상 법정지상권, 분묘기지권, 동산의 양도담보 명인방법[1]), 명의신탁 부정 : 온천권, 소유권에 준하는 관습상의 물권 등	사회의 관행에 의하여 발생한 사회생활 규범인 점에서 관습법과 같으나 사회의 법적 확신에 의하여 법적 규범으로서 승인된 정도에 이르지 않은 것
성립 요건	① 관행 + 법적 확신 ② 헌법을 최상위 규범으로 하는 전체 법질서에 반하지 아니하여야 함(판례) ➡ 법원의 재판(국가승인)은 성립요건 ×	① 관행 ② 선량한 풍속 기타 사회질서에 반하지 않아야 함 ➡ 법적 확신은 不要
효력	1) 성문법과의 우열관계 ➡ 보충적 효력설(판례) 2) 사실인 관습과의 관계 ➡ 양자의 구별 긍정설(판례)	법령으로서의 효력 × ➡ 법률행위의 해석기준 　사적자치가 인정되는 분야에서 법률행위의 의사를 보충하는 기능
법원성 유무	제1조 문언상 법원성 ○	법원성 ×
입증 책임	원칙 : 법원이 직권으로 확정 예외 : 법원이 이를 알 수 없는 경우 당사자의 주장·입증 필요(판례)	원칙 : 그 존재를 당사자가 주장·입증 예외 : 경험칙에 속하는 사실인 관습은 법관 스스로 직권 판단가능(판례)

02 민법상 법원(法源)에 관한 설명으로 옳지 않은 것은? (다툼이 있으면 판례에 따름)

▶ 2016 주택관리사

① 민법의 법원인 법률에는 대법원규칙도 포함된다.
② 관습법은 당사자가 그 존재를 주장·증명하여야만 법원이 이를 적용할 수 있다.
③ 물권은 관습법에 의하여 창설될 수 있다.
④ 사실인 관습은 법령으로서의 효력이 없다.
⑤ 국제물품매매계약에 관한 국제연합협약(CISG)은 민법의 법원이다.

---

1) **비교** 명인방법에 의한 경우는 저당권을 설정할 수 없다.

▶ 정답　01 ⑤　02 ②

> 정답해설

① 민법 제1조의 '법률'이란 형식적 의미의 법률에 한정하지 않고 모든 성문법(제정법)을 의미한다. 따라서 명령, 규칙, 조약, 조례도 포함한다.

> **제1조【법원】**
> 민사에 관하여 법률에 규정이 없으면 관습법에 의하고 관습법이 없으면 조리에 의한다.

🔍 비교 민법 제185조 물권법정주의에서의 법률은 국회에서 제정한 형식적 의미의 법률을 말한다.
→ 제185조의 법률이란 국회가 제정하는 형식적 의미의 법률만을 의미
→ 제185조의 관습법은 ① 관습법상 법정지상권, ② 분묘기지권, ③ 동산의 양도담보뿐이다.

②, ④ 【대판 1983.6.14, 80다3231】

[1] 관습법이란 사회의 거듭된 관행으로 생성한 사회생활규범이 사회의 법적 확신과 인식에 의하여 법적 규범으로 승인·강행되기에 이른 것을 말하고, 사실인 관습은 사회의 관행에 의하여 발생한 사회생활규범인 점에서 관습법과 같으나 사회의 법적 확신이나 인식에 의하여 법적 규범으로서 승인된 정도에 이르지 않은 것을 말하는 바, 관습법은 바로 법원으로서 법령과 같은 효력을 갖는 관습으로서 법령에 저촉되지 않는 한 법칙으로서의 효력이 있는 것이며, 이에 반하여 사실인 관습은 법령으로서의 효력이 없는 단순한 관행으로서 법률행위의 당사자의 의사를 보충함에 그치는 것이다.

[2] 법령과 같은 효력을 갖는 관습법은 당사자의 주장 입증을 기다림이 없이 법원이 직권으로 이를 확정하여야 하고 사실인 관습은 그 존재를 당사자가 주장 입증하여야 하나, 관습은 그 존부자체도 명확하지 않을 뿐만 아니라 그 관습이 사회의 법적 확신이나 법적 인식에 의하여 법적 규범으로까지 승인되었는지의 여부를 가리기는 더욱 어려운 일이므로, 법원이 이를 알 수 없는 경우 결국은 당사자가 이를 주장 입증할 필요가 있다.

🔍 비교 제106조【사실인 관습】법령 중의 선량한 풍속 기타 사회질서에 관계없는 규정과 다른 관습이 있는 경우에 당사자의 의사가 명확하지 아니한 때에는 그 관습에 의한다.
→ 법률해석 : 사실인 관습 > 임의규정

③ 제185조【물권의 종류】물권은 법률 또는 관습법에 의하는 외에는 임의로 창설하지 못한다.

⑤ 우리나라가 가입한 국제조약은 일반적으로 민법이나 상법 또는 국제사법보다 우선적으로 적용된다. 네덜란드와 대한민국은 모두 '국제물품매매계약에 관한 국제연합 협약[United Nations Convention on Contracts for the International Sale of Goods(Vienna, 1980)(CISG), 이하 '매매협약'이라 한다]에 가입하였으므로, 네덜란드 법인과 대한민국 법인 사이의 물품매매계약에 관하여는 매매협약 제1조 제1항에 의하여 위 협약이 우선 적용된다(대판 2022.1.13, 2021다269388; 2016.3.24, 2013다81514).

> **헌법 제6조**
> ① 헌법에 의하여 체결·공포된 조약과 일반적으로 승인된 국제법규는 국내법과 같은 효력을 가진다.

03 민법의 법원(法源)에 관한 설명으로 옳은 것은? (다툼이 있으면 판례에 따름) ▶ 2019 감정평가사

① 관습법에 앞서 적용되는 법률이란 국회에서 제정된 법률만을 말한다.
② 관습법에 의한 분묘기지권은 더 이상 인정되지 않는다.
③ 판례는 관습법과 사실인 관습을 구별하지 않는다.
④ 상급법원 재판에서의 판단은 해당 사건에 관하여 하급심을 기속한다.
⑤ 헌법재판소의 결정은 그것이 민사에 관한 것이라도 민법의 법원으로 되지 않는다.

[정답해설]

① 민법 제1조의 '법률'이란 형식적 의미의 법률에 한정하지 않고 모든 성문법(제정법)을 의미한다. 따라서 명령, 규칙, 조약, 조례도 포함한다.

> 비교) 민법 제185조 물권법정주의에서의 법률은 국회에서 제정한 형식적 의미의 법률을 말한다.

② 「장사 등에 관한 법률」이 시행된 후 설치된 분묘에 대해서는 더 이상 분묘기지권의 시효취득이 인정되지 않는다(대판(전) 2017.1.19. 2013다17292). 그러나 ⑴ 타인의 소유지 내에 토지소유자의 승낙을 얻어 분묘를 설치한 경우(대판 1962.4.26. 4294민상451), ⑵ 자기 소유의 토지에 분묘를 설치한 자가 후에 이 토지를 타인에게 양도한 경우에는 여전히 성립이 인정된다.

> 비교) 판례에 의하여 인정되는 관습법으로는 분묘기지권·관습법상 법정지상권·명인방법·명의신탁·동산양도담보 등이 있다.

③ 관습법이란 사회의 거듭된 관행으로 생성한 사회생활규범이 사회의 법적 확신과 인식에 의하여 법적 규범으로 승인·강행되기에 이른 것을 말하고, 사실인 관습은 사회의 관행에 의하여 발생한 사회생활규범인 점에서 관습법과 같으나 사회의 법적 확신이나 인식에 의하여 법적 규범으로서 승인된 정도에 이르지 않은 것을 말하는 바, 관습법은 바로 법원으로서 법령과 같은 효력을 갖는 관습으로서 법령에 저촉되지 않는 한 법칙으로서의 효력이 있는 것이며, 이에 반하여 사실인 관습은 법령으로서의 효력이 없는 단순한 관행으로서 법률행위의 당사자의 의사를 보충함에 그치는 것이다(대판 1983.6.14. 80다3231).

④ 판례는 법원조직법 제8조에 의해 사실상의 구속력을 갖는다고 하더라도 판례의 법원성을 부정하는 것이 일반적이다.

> **법원조직법 제8조(상급심 재판의 기속력)**
> 상급법원 재판에서의 판단은 해당 사건에 관하여 하급심(下級審)을 기속(羈束)한다.

⑤ 헌법재판소의 결정은 법원 기타 국가기관과 지방자치단체를 기속하므로, 그 결정내용이 민사에 관한 것인 한, 민법의 법원이 될 수 있다.

> **헌법재판소법 제47조(위헌결정의 효력)**
> ① 법률의 위헌결정은 법원과 그 밖의 국가기관 및 지방자치단체를 기속(羈束)한다.
> ② 위헌으로 결정된 법률 또는 법률의 조항은 그 결정이 있는 날부터 효력을 상실한다.

▶ 정답 03 ④

04 민법의 법원(法源)에 관한 설명으로 옳은 것을 모두 고른 것은? (다툼이 있으면 판례에 따름)
▶ 2022 감정평가사

> ㄱ. 헌법에 의해 체결·공포된 민사에 관한 조약은 민법의 법원이 되지 않는다.
> ㄴ. 관습법이 되기 위해서는 사회구성원의 법적 확신이 필요하다.
> ㄷ. 관습법은 법령에 저촉되지 않는 한 법칙으로서의 효력이 있다.

① ㄱ
② ㄴ
③ ㄱ, ㄷ
④ ㄴ, ㄷ
⑤ ㄱ, ㄴ, ㄷ

정답해설

ㄱ. (×) : 민법 제1조의 '법률'이란 형식적 의미의 법률에 한정하지 않고 모든 성문법(제정법)을 의미한다. 따라서 명령, 규칙, 조례, 조약도 포함한다.

> **제1조【법원】**
> 민사에 관하여 법률에 규정이 없으면 관습법에 의하고 관습법이 없으면 조리에 의한다.
>
> **헌법 제6조**
> ① 헌법에 의하여 체결·공포된 조약과 일반적으로 승인된 국제법규는 국내법과 같은 효력을 가진다.

비교 민법 제185조 물권법정주의에서의 법률은 국회에서 제정한 형식적 의미의 법률을 말한다.
→ 제185조의 법률이란 국가가 제정하는 형식적 의미의 법률만을 의미
→ 제185조의 관습법은 ① 관습법상 법정지상권, ② 분묘기지권, ③ 동산의 양도담보

ㄴ. (○) : ㄷ. (○) : 관습법이란 사회의 거듭된 관행으로 생성한 사회생활규범이 사회의 법적 확신과 인식에 의하여 법적 규범으로 승인·강행되기에 이른 것을 말하고, 사실인 관습은 사회의 관행에 의하여 발생한 사회생활규범인 점에서 관습법과 같으나 사회의 법적 확신이나 인식에 의하여 법적 규범으로서 승인된 정도에 이르지 않은 것을 말하는 바, 관습법은 바로 법원으로서 법령과 같은 효력을 갖는 관습으로서 법령에 저촉되지 않는 한 법칙으로서의 효력이 있는 것이며, 이에 반하여 사실인 관습은 법령으로서의 효력이 없는 단순한 관행으로서 법률행위의 당사자의 의사를 보충함에 그치는 것이다(대판 1983.6.14, 80다3231).

05 법원(法源)에 관한 설명으로 옳지 않은 것은? (다툼이 있으면 판례에 따름) ▶ 2020 감정평가사

① 사회구성원이 관습법으로 승인된 관행의 법적 구속력을 확신하지 않게 될 때에는 그 관습법은 효력을 잃는다.
② 헌법의 기본권은 특별한 사정이 없으면 사법관계에 직접 적용된다.
③ 법원은 당사자의 주장·증명을 기다림이 없이 관습법을 직권으로 조사·확정하여야 한다.
④ 우리나라가 가입한 국제조약은 일반적으로 민법이나 상법 또는 국제사법보다 우선적으로 적용된다.
⑤ 관습법은 법령에 저촉되지 아니하는 한 법칙으로서의 효력이 있다

정답해설

①, ⑤ 【대판(전) 2005.7.21, 2002다1178】
[1] 관습법이란 사회의 거듭된 관행으로 생성한 사회생활규범이 사회의 법적 확신과 인식에 의하여 법적 규범으로 승인·강행되기에 이른 것을 말하고, 그러한 관습법은 법원으로서 법령에 저촉되지 아니하는 한 법칙으로서의 효력이 있는 것이고, 또 사회의 거듭된 관행으로 생성한 어떤 사회생활규범이 법적 규범으로 승인되기에 이르렀다고 하기 위하여는 헌법을 최상위 규범으로 하는 전체 법질서에 반하지 아니하는 것으로서 정당성과 합리성이 있다고 인정될 수 있는 것이어야 하고, 그렇지 아니한 사회생활규범은 비록 그것이 사회의 거듭된 관행으로 생성된 것이라고 할지라도 이를 법적 규범으로 삼아 관습법으로서의 효력을 인정할 수 없다.
[2] 사회의 거듭된 관행으로 생성된 사회생활규범이 관습법으로 승인되었다고 하더라도 사회 구성원들이 그러한 관행의 법적 구속력에 대하여 확신을 갖지 않게 되었다거나, 사회를 지배하는 기본적 이념이나 사회질서의 변화로 인하여 그러한 관습법을 적용하여야 할 시점에 있어서의 전체 법질서에 부합하지 않게 되었다면 그러한 관습법은 법적 규범으로서의 효력이 부정될 수밖에 없다.

② 헌법상의 기본권은 제1차적으로 개인의 자유로운 영역을 공권력의 침해로부터 보호하기 위한 방어적 권리이지만 다른 한편으로 헌법의 기본적인 결단인 객관적인 가치질서를 구체화한 것으로서, 사법을 포함한 모든 법영역에 그 영향을 미치므로 사인 간의 사적인 법률관계도 헌법상의 기본권 규정에 적합하게 규율되어야 한다. 다만 기본권규정은 그 성질상 사법관계에 직접 적용될 수 있는 예외적인 것을 제외하고는 사법상의 일반원칙을 규정한 민법 제2조, 제103조, 제750조, 제751조 등의 내용을 형성하고 그 해석기준이 되어 간접적으로 사법관계에 효력을 미치게 된다(대판(전) 2020.8.27, 2016다248998; 대판(전) 2010.4.22, 2008다38288).

③ 법령과 같은 효력을 갖는 관습법은 당사자의 주장 입증을 기다림이 없이 법원이 직권으로 이를 확정하여야 하고 사실인 관습은 그 존재를 당사자가 주장 입증하여야 하나, 관습은 그 존부자체도 명확하지 않을 뿐만 아니라 그 관습이 사회의 법적 확신이나 법적 인식에 의하여 법적 규범으로까지 승인되었는지의 여부를 가리기는 더욱 어려운 일이므로, 법원이 이를 알 수 없는 경우 결국은 당사자가 이를 주장 입증할 필요가 있다(대판 1983.6.14, 80다3231).

④ 우리나라가 가입한 국제조약은 일반적으로 민법이나 상법 또는 국제사법보다 우선적으로 적용되지만, 적용대상은 조약에서 정한 바에 따라 엄격하게 판단하여야 한다(대판 2016.3.24, 2013다81514).

> 헌법 제6조
> ① 헌법에 의하여 체결·공포된 조약과 일반적으로 승인된 국제법규는 국내법과 같은 효력을 가진다.

▶ 정답 04 ④ 05 ②

06 관습법과 사실인 관습에 관한 설명으로 옳지 않은 것은? (다툼이 있으면 판례에 따름)

▶ 2015 감정평가사

① 관습법이 되기 위해서는 사회구성원의 법적 확신이 필요하다.
② 사실인 관습은 법령으로서의 효력이 없는 단순한 관행에 지나지 않으므로 법률행위 당사자의 의사를 보충하는 수단이 될 수 없다.
③ 여성은 종중의 구성원이 될 자격이 없다는 종래의 관습에 법적 효력은 인정되지 않는다.
④ 온천에 관한 권리는 관습법상 권리가 아니다.
⑤ 관습법의 존부는, 법원이 알 수 없는 경우를 제외하고는, 당사자의 주장·증명을 기다리지 않고 법원이 직권으로 이를 확정하여야 한다.

정답해설

①, ② 관습법이란 사회의 거듭된 관행으로 생성한 사회생활규범이 사회의 법적 확신과 인식에 의하여 법적 규범으로 승인·강행되기에 이른 것을 말하고, 사실인 관습은 사회의 관행에 의하여 발생한 사회생활규범인 점에서 관습법과 같으나 사회의 법적 확신이나 인식에 의하여 법적 규범으로서 승인된 정도에 이르지 않은 것을 말하는 바, 관습법은 바로 법원으로서 법령과 같은 효력을 갖는 관습으로서 법령에 저촉되지 않는 한 법칙으로서의 효력이 있는 것이며, 이에 반하여 사실인 관습은 법령으로서의 효력이 없는 단순한 관행으로서 법률행위의 당사자의 의사를 보충함에 그치는 것이다(대판 1983.6.14, 80다3231).
③ 종중은 공동선조의 분묘수호와 봉제사 및 종원 상호 간의 친목을 목적으로 형성되는 종족단체로서 공동선조의 사망과 동시에 그 후손에 의하여 자연발생적으로 성립하는 것임에도, 공동선조의 후손 중 성년 남자만을 종중의 구성원으로 하고 여성은 종중의 구성원이 될 수 없다는 종래의 관습은, 공동선조의 분묘수호와 봉제사 등 종중의 활동에 참여할 기회를 출생에서 비롯되는 성별만에 의하여 생래적으로 부여하거나 원천적으로 박탈하는 것으로서, 위와 같이 변화된 우리의 전체 법질서에 부합하지 아니하여 정당성과 합리성이 있다고 할 수 없으므로, 종중 구성원의 자격을 성년 남자만으로 제한하는 종래의 관습법은 이제 더 이상 법적 효력을 가질 수 없게 되었다(대판(전) 2005.7.21, 2002다1178).
④ 온천수에 관한 권리는 관습법상 물권이 아니며, 일반 상린관계상 공용수 또는 생활상 필요한 용수에 관한 권리로도 보지 않는다(대판 1970.5.26, 69다1239).
⑤ 법령과 같은 효력을 갖는 관습법은 당사자의 주장 입증을 기다림이 없이 법원이 직권으로 이를 확정하여야 하고 사실인 관습은 그 존재를 당사자가 주장 입증하여야 하나, 관습은 그 존부자체도 명확하지 않을 뿐만 아니라 그 관습이 사회의 법적 확신이나 법적 인식에 의하여 법적 규범으로까지 승인되었는지의 여부를 가리기는 더욱 어려운 일이므로, 법원이 이를 알 수 없는 경우 결국은 당사자가 이를 주장 입증할 필요가 있다(대판 1983.6.14, 80다3231).

▶ 정답 06 ②

심화문제편

01 민법의 법원(法源)에 관한 설명으로 옳지 않은 것은? (다툼이 있으면 판례에 따름)

▶ 2024 감정평가사

① 민사에 관한 헌법재판소의 결정은 민법의 법원이 될 수 있다.
② 사적자치가 인정되는 분야의 제정법이 주로 임의규정인 경우, 사실인 관습은 법률행위 해석기준이 될 수 있다.
③ 법원(法院)은 판례변경을 통해 기존 관습법의 효력을 부정할 수 있다.
④ 관습법은 사회 구성원의 법적 확신으로 성립된 것이므로 제정법과 배치되는 경우에는 관습법이 우선한다.
⑤ 법원(法院)은 관습법에 관한 당사자의 주장이 없더라도 직권으로 그 존재를 확정할 수 있다.

정답해설

① 헌법재판소의 결정은 법원 기타 국가기관과 지방자치단체를 기속하므로, 그 결정내용이 민사에 관한 것인 한, 민법의 법원이 될 수 있다.

> **헌법재판소법 제47조(위헌결정의 효력)**
> ① 법률의 위헌결정은 법원과 그 밖의 국가기관 및 지방자치단체를 기속(羈束)한다.
> ② 위헌으로 결정된 법률 또는 법률의 조항은 그 결정이 있는 날부터 효력을 상실한다.

② 사실인 관습은 사적 자치가 인정되는 분야 즉 그 분야의 제정법이 주로 임의규정일 경우에는 법률행위의 해석기준으로서 또는 의사를 보충하는 기능으로서 이를 재판의 자료로 할 수 있을 것이나 이 이외의 즉 그 분야의 제정법이 주로 강행규정일 경우에는 그 강행규정 자체에 결함이 있거나 강행규정 스스로가 관습에 따르도록 위임한 경우 등 이외에는 법적 효력을 부여할 수 없다(대판 1983.6.14, 80다3231).

> **비교** 제106조【사실인 관습】 법령 중의 선량한 풍속 기타 사회질서에 관계없는 규정과 다른 관습이 있는 경우에 당사자의 의사가 명확하지 아니한 때에는 그 관습에 의한다.
> → 법률행위 해석 : 사실인 관습 > 임의규정

③ 종중 구성원의 자격에 관한 대법원의 견해의 변경은 관습상의 제도로서 대법원 판례에 의하여 법률관계가 규율되어 왔던 종중제도의 근간을 바꾸는 것인바, 대법원이 이 판결에서 종중 구성원의 자격에 관하여 '공동선조와 성과 본을 같이 하는 후손은 성별의 구별 없이 성년이 되면 당연히 그 구성원이 된다.'고 견해를 변경하는 것은 그동안 종중 구성원에 대한 우리 사회일반의 인식 변화와 아울러 전체 법질서의 변화로 인하여 성년 남자만을 종중의 구성원으로 하는 종래의 관습법이 더 이상 우리 법질서가 지향하는 남녀평등의 이념에 부합하지 않게 됨으로써 그 법적 효력을 부정하게 된 데에 따른 것이다(대판(전) 2005.7.21, 2002다1178).

④ 가족의례준칙 제13조의 규정과 배치되는 관습법의 효력을 인정하는 것은 관습법의 제정법에 대한 열후적, 보충적 성격에 비추어 민법 제1조의 취지에 어긋나는 것이다(대판 1983.6.14, 80다3231). 따라서 제정법과 배치되는 관습법은 효력이 없다.

▶ 정답 01 ④

⑤ 법령과 같은 효력을 갖는 관습법은 당사자의 주장 입증을 기다림이 없이 법원이 직권으로 이를 확정하여야 하고 사실인 관습은 그 존재를 당사자가 주장 입증하여야 하나, 관습은 그 존부자체도 명확하지 않을 뿐만 아니라 그 관습이 사회의 법적 확신이나 법적 인식에 의하여 법적 규범으로까지 승인되었는지의 여부를 가리기는 더욱 어려운 일이므로, 법원이 이를 알 수 없는 경우 결국은 당사자가 이를 주장 입증할 필요가 있다(대판 1983.6.14. 80다3231).

02 법원(法源)에 관한 설명으로 옳지 않은 것은? (다툼이 있으면 판례에 따름) ▶ 2017 감정평가사

① 사회생활규범이 관습법으로 승인되었다면 그것을 적용하여야 할 시점에서의 전체 법질서에 부합하지 않아도, 그 관습법은 법적 규범으로서의 효력이 인정된다.
② 법원은 관습법의 존부를 알 수 없는 경우를 제외하고 당사자의 주장·증명이 없어도 관습법을 직권으로 확정하여야 한다.
③ 관습법은 법령과 같은 효력을 가지는 것으로서 법령에 저촉되지 않는 한 법칙으로서의 효력이 있다.
④ 물권은 법률 또는 관습법에 의하는 외에는 임의로 창설하지 못한다.
⑤ 강행규정 자체에 결함이 있거나 강행규정 자체가 관습에 따르도록 위임한 경우에는 사실인 관습에 법적 효력을 부여할 수 있다.

정답해설

①, ③ 【대판(전) 2005.7.21. 2002다1178】
[1] 관습법이란 사회의 거듭된 관행으로 생성한 사회생활규범이 사회의 법적 확신과 인식에 의하여 법적 규범으로 승인·강행되기에 이른 것을 말하고, 그러한 관습법은 법원으로서 법령에 저촉되지 아니하는 한 법칙으로서의 효력이 있는 것이고, 또 사회의 거듭된 관행으로 생성한 어떤 사회생활규범이 법적 규범으로 승인되기에 이르렀다고 하기 위하여는 헌법을 최상위 규범으로 하는 전체 법질서에 반하지 아니하는 것으로서 정당성과 합리성이 있다고 인정될 수 있는 것이어야 하고, 그렇지 아니한 사회생활규범은 비록 그것이 사회의 거듭된 관행으로 생성된 것이라고 할지라도 이를 법적 규범으로 삼아 관습법으로서의 효력을 인정할 수 없다.
[2] 사회의 거듭된 관행으로 생성된 사회생활규범이 관습법으로 승인되었다고 하더라도 사회 구성원들이 그러한 관행의 법적 구속력에 대하여 확신을 갖지 않게 되었다거나, 사회를 지배하는 기본적 이념이나 사회질서의 변화로 인하여 그러한 관습법을 적용하여야 할 시점에 있어서의 전체 법질서에 부합하지 않게 되었다면 그러한 관습법은 법적 규범으로서의 효력이 부정될 수밖에 없다.
② 법령과 같은 효력을 갖는 관습법은 당사자의 주장 입증을 기다림이 없이 법원이 직권으로 이를 확정하여야 하고 사실인 관습은 그 존재를 당사자가 주장 입증하여야 하나, 관습은 그 존부자체도 명확하지 않을 뿐만 아니라 그 관습이 사회의 법적 확신이나 법적 인식에 의하여 법적 규범으로까지 승인되었는지의 여부를 가리기는 더욱 어려운 일이므로, 법원이 이를 알 수 없는 경우 결국은 당사자가 이를 주장 입증할 필요가 있다(대판 1983.6.14. 80다3231).
④ 제185조【물권의 종류】물권은 법률 또는 관습법에 의하는 외에는 임의로 창설하지 못한다.
제185조는 물권법의 법원과 물권법정주의를 규정 → 법률이란 국회가 제정하는 형식적 의미의 법률만을 의미한다.

> **비교** 민법 제1조의 '법률'이란 형식적 의미의 법률에 한정하지 않고 모든 성문법(제정법)을 의미한다. 따라서 명령, 규칙, 조약, 조례도 포함한다.

⑤ 사실인 관습은 사적 자치가 인정되는 분야 즉 그 분야의 제정법이 주로 임의규정일 경우에는 법률행위의 해석기준으로서 또는 의사를 보충하는 기능으로서 이를 재판의 자료로 할 수 있을 것이나 이 이외의 즉 그 분야의 제정법이 주로 강행규정일 경우에는 그 강행규정 자체에 결함이 있거나 강행규정 스스로가 관습에 따르도록 위임한 경우 등 이외에는 법적 효력을 부여할 수 없다(대판(전) 2005.7.21, 2002다1178).

03 민법의 적용과 해석방법에 관한 설명으로 옳지 않은 것은? (다툼이 있으면 판례에 따름)

▶ 2017 세무사

① 민사에 관한 특별법은 민법에 우선하여 적용하여야 한다.
② 민법은 원칙적으로 대한민국의 영토 내에 있는 외국인에 대하여도 적용된다.
③ 민법을 해석함에 있어서 조문의 통상적인 의미에 따라 해석하는 것을 문리해석(문언적 해석, 문법적 해석)이라고 한다.
④ 어떤 법률요건에 관한 규정을 이와 유사한 다른 것에 적용하는 민법의 해석방법을 준용이라고 한다.
⑤ 민법의 해석은 구체적 타당성과 법적 안정성이 조화될 수 있도록 하여야 한다.

정답해설

① 민법은 일반법으로 사람·사항·장소 등에 특별한 제한 없이 일반적으로 적용되는 법이다. 한편 특정한 사람·사항·장소에 관하여만 적용되는 사법을 특별사법이라 한다. 일반법과 특별법을 구별하는 실익은 일반법과 특별법이 충돌되면 특별법 우선의 원칙에 따라 특별법이 먼저 적용되고, 특별법이 규율하지 않는 사항에 대하여 일반법이 적용되는 데 있다.
② 민법은 우리 국민 모두에게 적용되고, 외국에 있는 국민에게도 적용된다(속인주의). 민법은 대한민국의 전 영토 내에 그 효력이 미친다.
③ 문리해석(문언적 해석, 문법적 해석)은 법규의 문언의 사전적 의미를 명확히 하는 해석방법, 법해석의 출발점이다.
④ 준용이란 이미 규정되어 있는 내용과 동일한 내용을 다른 규정에서 다시 두고자 할 때 그 내용을 반복적으로 정하지 않고 유추적용할 것을 밝히는 입법기술의 하나이다. 반면 유추적용이란 어떤 사안에 대해 적용할 규정이 없는 경우 그와 유사한 사안에 관한 규정을 적용하는 것으로서 법률 해석의 방법 중 하나이다.
⑤ 법은 원칙적으로 불특정 다수인에 대하여 동일한 구속력을 갖는 사회의 보편타당한 규범이므로 이를 해석함에 있어서는 법의 표준적 의미를 밝혀 객관적 타당성이 있도록 하여야 하고, 가급적 모든 사람이 수긍할 수 있는 일관성을 유지함으로써 법적 안정성이 손상되지 않도록 하여야 한다. 한편 실정법은 보편적이고 전형적인 사안을 염두에 두고 규정되기 마련이므로 사회현실에서 일어나는 다양한 사안에서 그 법을 적용함에 있어서는 구체적 사안에 맞는 가장 타당한 해결이 될 수 있도록 해석할 것도 또한 요구된다. 요컨대 법해석의 목표는 어디까지나 법적 안정성을 저해하지 않는 범위 내에서 구체적 타당성을 찾는 데 두어야 한다(대판(전) 2013.1.17, 2011다83431).

▶ 정답   02 ①   03 ④

Chapter 02 법률관계와 권리·의무

제1절 권리와 의무

기본문제편

01 형성권에 관한 설명으로 옳은 것을 모두 고른 것은? (다툼이 있으면 판례에 따름)
▶ 2020 감정평가사

> ㄱ. 형성권의 행사는 상대방에 대한 일방적 의사표시로 한다.
> ㄴ. 다른 사정이 없으면, 형성권의 행사에 조건 또는 기한을 붙이지 못한다.
> ㄷ. 다른 사정이 없으면, 형성권은 그 일부를 행사할 수 있다.
> ㄹ. 다른 사정이 없으면, 형성권은 제척기간의 적용을 받는다.

① ㄱ, ㄴ, ㄷ
② ㄱ, ㄴ, ㄹ
③ ㄱ, ㄷ, ㄹ
④ ㄴ, ㄷ, ㄹ
⑤ ㄱ, ㄴ, ㄷ, ㄹ

정답해설

ㄱ. (O) : ㄷ. (×) : 형성권이란 권리자의 일방적 의사표시에 의하여 법률관계의 발생·변경·소멸을 일으키는 권리를 말한다. 따라서 상대방의 동의나 승낙은 필요 없다. 형성권은 권리자의 일방적인 의사에 의해 법률관계의 변동이 생긴다는 점에서 사적자치에 반할 소지가 있어 반드시 당사자의 약정 또는 법률의 근거가 있어야 한다. 따라서 형성권은 상대방의 동의가 없는 한 그 일부만을 행사할 수 없고, 전부를 행사하여야 한다.
ㄴ. (O) : 형성권은 단독행위이며, 단독행위는 일방적으로 하는데 여기에다가 조건을 붙이면 상대방의 지위가 조건에 좌우되어 너무 불안하므로 상대방을 지나치게 불리하게 만들 수 있으므로 형성권 행사의 의사표시에는 조건을 붙일 수 없는 것이 원칙이다.
ㄹ. (O) : 형성권은 청구권과 달리 제척기간의 적용을 받는다.

02 형성권에 관한 설명으로 옳지 않은 것은? (다툼이 있으면 판례에 따름) ▶ 2015 감정평가사

① 형성권의 효력 발생에는 상대방의 동의나 승낙을 요하지 않는다.
② 형성권의 행사는 단독행위이므로 조건은 붙일 수 없음이 원칙이나, 계약의 정지조건부 해제는 인정된다.
③ 공유물분할청구권은 형성권이다.
④ 형성권은 반드시 재판상 행사해야 한다.
⑤ 취소할 수 있는 법률행위의 취소권의 존속기간은 제척기간이다.

정답해설
① 형성권은 일방적 의사표시에 의하여 효력이 발생하므로, 상대방의 동의나 승낙은 필요 없다.
② 형성권의 행사는 행위자의 일방적 의사에 따라 효력이 발생하는 단독행위이므로 원칙적으로 조건을 붙일 수 없으나, 상대방의 이익을 해하지 않는 경우에는 조건을 붙이는 것을 예외적으로 허용한다. ① 채무의 면제 또는 유증(단독행위)과 같이 상대방에게 이익만 주는 경우와 상대방의 동의가 있을 경우에는 단독행위에 조건을 붙일 수 있다. 이러한 이유로 판례는 정지조건부 해제를 인정하고 있다(대판 1970.9.29, 70다1508).
③ 형성권이란 권리자의 일방적 의사표시에 의하여 법률관계의 발생·변경·소멸을 일으키는 권리를 말한다. 청구권이라는 명칭에 구애받지 않고 그 성질에 따라 공유물분할청구권(제268조)은 형성권에 해당한다.
④ 형성권이라도 원칙적으로 재판외 행사가 가능하고, 예외적으로 반드시 재판상 행사해야 하는 것이 있을 뿐이다. 채권자취소권(제406조), 혼인취소권(제816조), 재판상 이혼청구권(제840조), 친생부인권(제846조), 재판상 파양청구권(제905조) 등이 이에 속한다.
⑤ 법률행위를 취소할 수 있는 권리는 형성권으로서 민법 제146조에 규정된 취소권의 존속기간은 제척기간이라고 보아야 할 것이다(대판 1993.7.27, 92다52795).

■ **명칭은 청구권이지만 형성권인 권리**

> 명칭에 구애받지 않고 그 성질에 따라 공유물분할청구권(제268조), 지상권자의 지상물매수청구권(제283조), 지료증감청구권(제286조), 부속물매수청구권(제316조), 임차인과 전차인의 매수청구권(제643조~제647조)은 형성권이다.

03 다음 중 형성권인 것은?
▶ 2017 감정평가사

① 부동산공사 수급인의 저당권설정청구권
② 저당권설정자의 저당물보충청구권
③ 미성년자의 법률행위의 취소권
④ 점유자의 유익비상환청구권
⑤ 점유취득시효 완성자의 등기청구권

정답해설
③ 형성권이란 권리자의 일방적 의사표시에 의하여 법률관계의 발생·변경·소멸을 일으키는 권리를 말한다. 제한능력자의 법률행위에 대한 법정대리인의 동의권(제5조, 제10조, 제13조), 제한능력을 이유로 한 제한능력자와 그 대리인 및 그 승계인의 취소권(제5조, 제10조, 제13조, 제140조), 착오에 의해 의사표시를 한 표의자와 그 대리인 및 승계인의 취소권(제109조 제1항, 제140조), 추인권(제143조), 제한능력자 상대방의 최고권(제15조)과 철회권 및 거절권(제16조), 상계권(제492조), 계약의 해제권과 해지권(제543조), 매매의 일방예약 완결권(제564조), 약혼해제권(제805조) 등이 이에 속한다.

▶ 정답 01 ② 02 ④ 03 ③

04 형성권으로만 모두 연결된 것은?

▶ 2023 감정평가사

① 저당권 - 취소권 - 동의권
② 상계권 - 준물권 - 예약완결권
③ 해제권 - 취소권 - 지상물매수청구권
④ 추인권 - 해지권 - 물권적 청구권
⑤ 해지권 - 부양청구권 - 부속물매수청구권

[정답해설]
형성권이란 권리자의 일방적 의사표시에 의하여 법률관계의 발생·변경·소멸을 일으키는 권리를 말한다. 제한능력자의 법률행위에 대한 법정대리인의 동의권(제5조, 제10조, 제13조), 제한능력을 이유로 한 제한능력자와 그 대리인 및 그 승계인의 취소권(제5조, 제10조, 제13조, 제140조), 착오에 의해 의사표시를 한 표의자와 그 대리인 및 승계인의 취소권(제109조 제1항, 제140조), 추인권(제143조), 제한능력자 상대방의 최고권(제15조)과 철회권 및 거절권(제16조), 상계권(제492조), 계약의 해제권과 해지권(제543조), 매매의 일방예약완결권(제564조), 약혼해제권(제805조) 등이 이에 속한다.

① 취소권이나 동의권은 형성권이나, 저당권은 물권으로 지배권이다.
② 상계권과 예약완결권은 형성권이나, 광업권, 어업권 등의 준물권은 지배권이다.
③ 해제권과 취소권은 형성권이며, 지상물매수청구권(제283조)은 청구권이라는 명칭에 구애받지 않고 그 성질상 형성권이다. 모두 형성권이다.
④ 추인권과 해지권은 형성권이나, 물권적 청구권은 물권에 근거한 청구권이다.
⑤ 해지권은 형성권이고, 부속물매수청구권(제316조)은 청구권이라는 명칭에 구애받지 않고 그 성질상 형성권이다. 그러나 부양청구권은 청구권이다.

■ 명칭은 청구권이지만 형성권인 권리

> 명칭에 구애받지 않고 그 성질에 따라 공유물분할청구권(제268조), 지상권자의 **지상물매수청구권**(제283조), 지료증감청구권(제286조), 부속물매수청구권(제316조), 임차인과 전차인의 매수청구권(제643조~제647조)은 형성권이다.

▶ 정답 04 ③

심화문제편

01 민법상 권리에 관한 설명으로 옳지 않은 것은? ▶ 2019 감정평가사

① 조건부권리는 기대권에 속한다.
② 채권과 청구권은 동일한 개념이다.
③ 지상권자의 지료증감청구권은 형성권이다.
④ 보증인의 최고・검색의 항변권은 연기적 항변권이다.
⑤ 주된 권리가 시효로 소멸하면 종된 권리도 소멸한다.

정답해설

① 기대권은 권리발생요건 중의 일부만을 갖추어, 장래 남은 요건이 갖추어지면 권리를 취득할 수 있다고 하는 현재의 기대상태에 대하여 법이 보호를 해주는 것을 말한다. 조건부권리, 기한부권리 등이 이에 해당한다.
② 채권은 재산권의 일종으로서 특정인이 다른 특정인에 대하여 특정의 행위를 청구할 수 있는 권리라는 점에서 청구권과 공통점을 갖는다. 그러나 채권은 청구권 외에 급부보유력, 소구력, 집행력 등 여러 권능으로 구성되어 있다. 또한 청구권은 채권 이외에도 물권과 가족권 등에 의해서도 발생한다(물권적 청구권, 부양청구권, 동거청구권 등). 따라서 양자는 동일한 개념이 아니다.
③ 형성권이란 권리자의 일방적 의사표시에 의하여 법률관계의 발생・변경・소멸을 일으키는 권리를 말한다. 청구권이라는 명칭에 구애받지 않고 그 성질에 따라 공유물분할청구권(제268조), 지상권자의 지상물매수청구권(제283조), 지료증감청구권(제286조), 부속물매수청구권(제316조)은 형성권이다.
④ 항변권이란 상대방의 청구권의 행사를 연기적 또는 영구적으로 저지하여 급부의 이행을 거절할 수 있는 권리를 말한다.
청구권의 행사를 일시적으로 저지할 수 있는 항변권으로서 연기적 항변권은 동시이행의 항변권(제536조), 보증인의 최고 및 검색의 항변권(제437조) 등이고, 청구권의 행사를 영구적으로 저지할 수 있는 항변권으로서 영구적 항변권은 상속인의 한정승인의 항변권(제1028조), 실효원칙에 따른 항변 등이 있다.
⑤ 주된 권리의 소멸시효가 완성한 때에는 종속된 권리에 그 효력이 미친다(제183조). 가령 원본채권이 시효로 소멸하면 이자채권도 역시 시효로 소멸한다.

> **제183조【종속된 권리에 대한 소멸시효의 효력】**
> 주된 권리의 소멸시효가 완성한 때에는 종속된 권리에 그 효력이 미친다.

▶ 정답   01 ②

02 사권(私權)에 관한 설명으로 옳지 않은 것은? (다툼이 있으면 판례에 따름) ▶ 2017 주택관리사

① 지상권자의 지상물매수청구권은 형성권이다.
② 채권자취소권은 소로써만 행사할 수 있다.
③ 청구권은 채권뿐만 아니라 물권으로부터도 생긴다.
④ 하자담보책임에 기한 토지 매수인의 손해배상청구권은 제척기간에 걸리므로, 소멸시효 규정의 적용이 배제된다.
⑤ 항변권은 상대방의 청구권 자체를 소멸시키는 권리가 아니라 그 작용을 저지할 수 있는 권리이다.

> 정답해설

① 형성권이란 권리자의 일방적 의사표시에 의하여 법률관계의 발생·변경·소멸을 일으키는 권리를 말한다. 청구권이라는 명칭에 구애받지 않고 그 성질에 따라 공유물분할청구권(제268조), 지상권자의 지상물매수청구권(제283조), 지료증감청구권(제286조), 부속물매수청구권(제316조), 임차인과 전차인의 매수청구권(제643조~제647조)은 형성권이다.
② 일방적 의사표시에 의하여 행사할 수 있는 동의권(제5조, 제10조, 제13조), 취소권(제5조, 제10조, 제13조, 제140조), 착오에 의해 의사표시를 한 표의자의 취소권(제109조 제1항, 제140조), 추인권(제143조), 제한능력자 상대방의 최고권(제15조)과 철회권 및 거절권(제16조)과 달리 채권자취소권(제406조)은 재판상으로만 행사하여야 하는 형성권이다.
③ 청구권이란 권리자가 의무자에 대하여 특정의 행위(작위 또는 부작위)를 요구할 수 있는 권리를 말하며, 청구권은 채권에 기하여도 물권에 기하여도 발생할 수 있다.
④ 매도인에 대한 하자담보에 기한 손해배상청구권에 대하여는 민법 제582조의 제척기간이 적용되고, 이는 법률관계의 조속한 안정을 도모하고자 하는 데에 취지가 있다. 그런데 하자담보에 기한 매수인의 손해배상청구권은 권리의 내용·성질 및 취지에 비추어 민법 제162조 제1항의 채권 소멸시효의 규정이 적용되고, 민법 제582조의 제척기간 규정으로 인하여 소멸시효 규정의 적용이 배제된다고 볼 수 없으며, 이때 다른 특별한 사정이 없는 한 무엇보다도 매수인이 매매 목적물을 인도받은 때부터 소멸시효가 진행한다고 해석함이 타당하다.
⑤ 항변권이란 상대방의 청구권의 행사를 연기적 또는 영구적으로 저지하여 급부의 이행을 거절할 수 있는 권리를 말한다. 즉, 상대방의 권리의 존재를 인정함을 전제로 그 권리행사에 별개의 사유를 들어 대항할 수 있는 권리를 말한다.

03 권리의 충돌과 경합에 관한 설명으로 옳은 것은? (다툼이 있으면 판례에 따름)

▶ 2017 세무사

① 권리가 경합되는 경우에는 권리자는 그중 가장 먼저 성립한 권리를 행사하여야 한다.
② 동일한 목적을 위하여 경합되는 권리 중 하나를 행사하여 그 목적을 달성한 경우에는 나머지 권리는 모두 소멸한다.
③ 일반채권이 서로 충돌하는 경우에는 먼저 성립한 채권이 우선한다.
④ 소유권과 제한물권이 충돌하면 소유권이 제한물권에 우선한다.
⑤ 물권과 채권이 충돌하는 경우에는 원칙적으로 채권이 물권에 우선한다.

[정답해설]
① 권리의 경합이란 하나의 사실에 대하여 수 개의 법규(권리근거규정)의 요건을 충족하여 동일한 목적을 가지는 여러 개의 권리가 발생하여 1인에게 귀속하게 되는 경우를 말한다. 경합의 모습은 청구권 경합과 법조경합이 있으며, 청구권 경합의 경우는 경합하는 여러 개의 권리는 각각 독립해서 존재하므로 따로 행사할 수 있고 소멸시효기간도 각각 별도로 진행한다.
② 경합하는 여러 개의 권리 중 하나의 권리를 행사함으로써 만족을 얻게 되면 다른 권리는 소멸한다.
③, ④, ⑤ 권리의 충돌이란 동일한 객체에 여러 개의 권리가 존재하는 경우를 말한다.
  1. 물권 상호 간에는 (성립)순위의 원칙이 적용된다. 다만 소유권과 제한물권 사이에는 제한물권의 성질상 언제나 소유권에 우선한다.
  2. 채권 상호 간에는 성립 순서와 상관없이 채권평등의 원칙이 적용되고, 먼저 권리를 행사하는 자가 우선하는 선행주의가 적용된다.
  3. 물권과 채권 상호 간에는 원칙적으로 물권이 우선한다.
    다만 예외적으로 등기된 부동산임차권(제621조)과 대항력(주택인도와 주민등록)을 갖춘 주택임차권(주임법 제3조)은 뒤에 성립된 물권보다 우선한다.

▶ 정답 02 ④ 03 ②

제2절 권리의 행사와 의무의 이행(신의성실의 원칙)

기본문제편

01 신의성실의 원칙에 관한 설명으로 옳지 않은 것은? (다툼이 있으면 판례에 의함)

▶ 2013 감정평가사

① 당사자의 주장이 없으면 법원은 직권으로 신의칙의 위반 여부를 판단할 수 없다.
② 특정채무를 보증한 경우 채권자의 권리행사가 신의칙에 비추어 용납할 수 없는 때에는 극히 예외적으로 보증인의 책임을 제한할 수 있다.
③ 신의칙은 사법(私法) 전반에 적용되는 일반원칙이다.
④ 신의칙은 법률행위해석의 기준이 된다.
⑤ 부동산 거래에서 거래 상대방이 일정한 사정에 관한 고지를 받았더라면 그 거래를 하지 않았을 것이 경험칙상 명백한 경우 그 사정을 고지할 신의칙상 의무가 인정된다.

[정답해설]

① 신의성실의 원칙에 반하는 것 또는 권리남용은 강행규정에 위배되는 것이므로 당사자의 주장이 없더라도 법원은 직권으로 판단할 수 있다(대판 1995.12.22, 94다42129).
② 채권자와 채무자 사이에 계속적인 거래관계에서 발생하는 불확정한 채무를 보증하는 이른바 계속적 보증의 경우뿐만 아니라 특정채무를 보증하는 일반보증의 경우에 있어서도, 채권자의 권리행사가 신의칙에 비추어 용납할 수 없는 성질의 것인 때에는 보증인의 책임을 제한하는 것이 예외적으로 허용될 수 있을 것이나, 일단 유효하게 성립된 보증계약에 따른 책임을 신의칙과 같은 일반원칙에 의하여 제한하는 것은 자칫 잘못하면 사적 자치의 원칙이나 법적 안정성에 대한 중대한 위협이 될 수 있으므로 신중을 기하여 극히 예외적으로 인정하여야 한다(대판 2004.1.27, 2003다45410).
③ 오늘날 신의성실의 원칙은 사법 전 영역에서 적용되며, 민사소송법, 행정법, 세법 등의 공법분야에도 적용된다. 즉 계약법의 영역에 한정되지 않고 모든 법률관계를 규제하는 지배원리이다(대판 1983.5.24, 82다카1919).
④ 신의칙은 권리와 의무의 내용을 구체화하는 기능을 가진다. 즉 법률과 법률행위의 해석을 통해 그 내용을 보다 명확하게 하는 기능을 한다.
⑤ 부동산 거래에 있어 거래 상대방이 일정한 사정에 관한 고지를 받았더라면 그 거래를 하지 않았을 것임이 경험칙상 명백한 경우에는 신의성실의 원칙상 사전에 상대방에게 그와 같은 사정을 고지할 의무가 있으며, 그와 같은 고지의무의 대상이 되는 것은 직접적인 법령의 규정뿐 아니라 널리 계약상, 관습상 또는 조리상의 일반원칙에 의하여도 인정될 수 있다. 아파트 분양자는 아파트 단지 인근에 쓰레기 매립장이 건설예정인 사실을 분양계약자에게 고지할 신의칙상 의무를 부담한다(대판 2006.10.12, 2004다48515).

02 신의칙에 관한 설명으로 옳은 것을 모두 고른 것은? (다툼이 있으면 판례에 따름)

▶ 2022 감정평가사

> ㄱ. 법원은 당사자의 주장이 없으면 직권으로 신의칙 위반 여부를 판단할 수 없다.
> ㄴ. 무권대리인이 무권대리행위 후 단독으로 본인의 지위를 상속한 경우, 본인의 지위에서 그 무권대리행위의 추인을 거절하는 것은 신의칙에 반한다.
> ㄷ. 부동산거래에서 신의칙상 고지의무의 대상은 직접적인 법령의 규정뿐만 아니라 계약상, 관습상 또는 조리상의 일반원칙에 의해서도 인정될 수 있다.

① ㄱ   ② ㄴ
③ ㄱ, ㄷ   ④ ㄴ, ㄷ
⑤ ㄱ, ㄴ, ㄷ

정답해설

ㄱ. (×) : 신의성실의 원칙에 반하는 것 또는 권리남용은 강행규정에 위배되는 것이므로 당사자의 주장이 없더라도 법원은 직권으로 판단할 수 있다(대판 1995.12.22. 94다42129).

ㄴ. (○) : 甲이 대리권 없이 乙 소유 부동산을 丙에게 매도하여 부동산소유권 이전등기 등에 관한 특별조치법에 의하여 소유권이전등기를 마쳐주었다면 그 매매계약은 무효이고 이에 터 잡은 이전등기 역시 무효가 되나, 甲은 乙의 무권대리인으로서 민법 제135조 제1항의 규정에 의하여 매수인 丙에게 부동산에 대한 소유권이전등기를 이행할 의무가 있으므로 그러한 지위에 있는 甲이 乙로부터 부동산을 상속받아 그 소유자가 되어 소유권이전등기이행의무를 이행하는 것이 가능하게 된 시점에서 자신이 소유자라고 하여 자신으로부터 부동산을 전전매수한 丁에게 원래 자신의 매매행위가 무권대리행위여서 무효였다는 이유로 丁 앞으로 경료된 소유권이전등기가 무효의 등기라고 주장하여 그 등기의 말소를 청구하거나 부동산의 점유로 인한 부당이득금의 반환을 구하는 것은 금반언의 원칙이나 신의성실의 원칙에 반하여 허용될 수 없다(대판 1994.9.27. 94다20617).
→ 무권대리인이 본인의 지위를 상속한 후 본인의 지위에서 추인거절권을 행사하는 것은 신의칙상 허용되지 않는다고 본 사례

ㄷ. (○) : 부동산 거래에 있어 거래 상대방이 일정한 사정에 관한 고지를 받았더라면 그 거래를 하지 않았을 것임이 경험칙상 명백한 경우에는 신의성실의 원칙상 사전에 상대방에게 그와 같은 사정을 고지할 의무가 있으며, 그와 같은 고지의무의 대상이 되는 것은 직접적인 법령의 규정뿐 아니라 널리 계약상, 관습상 또는 조리상의 일반원칙에 의하여도 인정될 수 있다(대판 2006.10.12. 2004다48515).

▶ 정답   01 ①   02 ④

03 신의칙과 권리남용에 관한 설명으로 옳지 않은 것은? (다툼이 있으면 판례에 따름)

▶ 2019 감정평가사

① 신의칙에 반하는 것인지 여부는 당사자의 주장이 없더라도 법원이 직권으로 판단할 수 있다.
② 신의칙에 기한 사정변경의 원칙에 의하여 계약해제권이 발생할 수 있다.
③ 강행법규에 반한다는 사정을 알면서 법률행위를 한 자가 강행법규 위반을 이유로 그 법률행위의 무효를 주장하는 것은 특별한 사정이 없는 한 신의칙에 위배되지 않는다.
④ 권리남용금지의 원칙은 본래적 의미의 권리뿐만 아니라 법인격의 남용에도 적용된다.
⑤ 국민을 보호할 의무가 있는 국가가 국민에 대하여 부담하는 손해배상채무의 소멸시효 완성을 주장하는 것은 원칙적으로 신의칙에 반한다.

[정답해설]
① 신의성실의 원칙에 반하는 것 또는 권리남용은 강행규정에 위배되는 것이므로 당사자의 주장이 없더라도 법원은 직권으로 판단할 수 있다(대판 1995.12.22, 94다42129).
② 이른바 사정변경으로 인한 계약해제는, 계약 성립 당시 당사자가 예견할 수 없었던 현저한 사정의 변경이 발생하였고 그러한 사정의 변경이 해제권을 취득하는 당사자에게 책임 없는 사유로 생긴 것으로서, 계약내용대로의 구속력을 인정한다면 신의칙에 현저히 반하는 결과가 생기는 경우에 계약준수 원칙의 예외로서 인정되는 것이다(대판 2007.3.29, 2004다31302).
③ 강행법규를 위반한 자가 스스로 그 약정의 무효를 주장하는 것이 신의칙에 위배되는 권리의 행사라는 이유로 그 주장을 배척한다면, 이는 오히려 강행법규에 의하여 배제하려는 결과를 실현시키는 셈이 되어 입법 취지를 완전히 몰각하게 되므로 달리 특별한 사정이 없는 한 위와 같은 주장은 신의칙에 반하는 것이라고 할 수 없다(대판 2007.11.29, 2005다64552).
④ 회사가 외형상으로는 법인의 형식을 갖추고 있으나 법인의 형태를 빌리고 있는 것에 지나지 아니하고 실질적으로는 완전히 그 법인격의 배후에 있는 타인의 개인기업에 불과하거나, 그것이 배후자에 대한 법률적용을 회피하기 위한 수단으로 함부로 이용되는 경우에는, 비록 외견상으로는 회사의 행위라 할지라도 회사와 그 배후자가 별개의 인격체임을 내세워 회사에게만 그로 인한 법적 효과가 귀속됨을 주장하면서 배후자의 책임을 부정하는 것은 신의성실의 원칙에 위반되는 법인격의 남용으로서 심히 정의와 형평에 반하여 허용될 수 없고, 따라서 회사는 물론 그 배후자인 타인에 대하여도 회사의 행위에 관한 책임을 물을 수 있다고 보아야 한다(대판 2008.9.11, 2007다90982; 2001.1.19, 97다21604).
⑤ 국가에게 국민을 보호할 의무가 있다는 사유만으로 국가가 소멸시효의 완성을 주장하는 것 자체가 신의성실의 원칙에 반하여 권리남용에 해당한다고 할 수는 없으므로, 국가의 소멸시효 완성 주장이 신의칙에 반하고 권리남용에 해당한다고 하려면 일반 채무자의 소멸시효 완성 주장에서와 같은 특별한 사정이 인정되어야 할 것이고, 또한 그와 같은 일반적 원칙을 적용하여 법이 두고 있는 구체적인 제도의 운용을 배제하는 것은 법해석에 있어 또 하나의 대원칙인 법적 안정성을 해할 위험이 있으므로 그 적용에는 신중을 기하여야 한다(대판 2005.5.13, 2004다71881).

04 신의성실의 원칙에 관한 설명으로 옳지 않은 것은? (다툼이 있으면 판례에 의함)
▶ 2025 감정평가사

① 채무자의 소멸시효를 이유로 한 항변권의 행사도 신의성실의 원칙의 지배를 받는다.
② 사정변경으로 인한 계약해제에 있어 '사정'에는 일방 당사자의 주관적인 사정은 포함되지 않는다.
③ 강행규정을 위반한 법률행위를 한 자가 그 법률행위의 무효를 주장하는 것은 원칙적으로 신의칙에 위배된다.
④ 법원은 신의성실의 원칙의 위반 여부를 직권으로 판단할 수 있다.
⑤ 변호사의 민사소송위임사무에 관한 약정보수액이 부당하게 과다하여 신의성실의 원칙에 반하는 경우 변호사는 적당하다고 인정되는 범위 내의 보수액만을 청구할 수 있다.

[정답해설]

① 소멸시효를 이유로 한 항변권의 행사도 민법의 대원칙인 신의성실의 원칙과 권리남용금지의 원칙의 지배를 받는 것이어서 채무자가 소멸시효 완성 후 시효를 원용하지 아니할 것 같은 태도를 보여 권리자로 하여금 이를 신뢰하게 하였고, 채무자가 그로부터 권리행사를 기대할 수 있는 상당한 기간 내에 자신의 권리를 행사하였다면, 채무자가 소멸시효 완성을 주장하는 것은 신의성실 원칙에 반하는 권리남용으로 허용될 수 없다(대판 2013.6.27, 2013다23211).
② 사정변경 원칙에서 말하는 사정이라 함은 계약의 기초가 되었던 객관적인 사정으로서, 일방당사자의 주관적 또는 개인적인 사정을 의미하는 것은 아니다(대판 2007.3.29, 2004다31302).
③ 강행법규를 위반한 자가 스스로 그 약정의 무효를 주장하는 것이 신의칙에 위배되는 권리의 행사라는 이유로 그 주장을 배척한다면, 이는 오히려 강행법규에 의하여 배제하려는 결과를 실현시키는 셈이 되어 입법 취지를 완전히 몰각하게 되므로 달리 특별한 사정이 없는 한 위와 같은 주장은 신의칙에 반하는 것이라고 할 수 없다(대판 2007.11.29, 2005다64552).
④ 신의성실의 원칙에 반하는 것 또는 권리남용은 강행규정에 위배되는 것이므로 당사자의 주장이 없더라도 법원은 직권으로 판단할 수 있다(대판 1995.12.22, 94다42129).
⑤ 변호사의 소송위임 사무처리 보수에 관하여 변호사와 의뢰인 사이에 약정이 있는 경우 위임사무를 완료한 변호사는 원칙적으로 약정 보수액 전부를 청구할 수 있다. 다만 의뢰인과의 평소 관계, 사건 수임 경위, 사건처리 경과와 난이도, 노력의 정도, 소송물 가액, 의뢰인이 승소로 인하여 얻게 된 구체적 이익, 그 밖에 변론에 나타난 여러 사정을 고려하여, 약정 보수액이 부당하게 과다하여 신의성실의 원칙이나 형평의 관념에 반한다고 볼 만한 특별한 사정이 있는 경우에는 예외적으로 적당하다고 인정되는 범위 내의 보수액만을 청구할 수 있다. 그런데 이러한 보수 청구의 제한은 어디까지나 계약자유의 원칙에 대한 예외를 인정하는 것이므로, 법원은 그에 관한 합리적인 근거를 명확히 밝혀야 한다(대판(전) 2018.5.17, 2016다35833).

05 신의성실의 원칙에 관한 설명으로 옳지 않은 것은? (다툼이 있으면 판례에 따름)

▶ 2024 감정평가사

① 숙박계약상 숙박업자는 투숙객의 안전을 배려하여야 할 신의칙상 보호의무를 부담한다.
② 입원계약상 병원은 입원환자에 대하여 휴대품 도난 방지를 위하여 필요한 적절한 조치를 할 신의칙상 보호의무가 있다.
③ 기획여행계약상 여행업자는 여행객의 신체나 재산의 안전을 배려할 신의칙상 보호의무를 부담한다.
④ 계약성립의 기초가 되지 않은 사정의 변경으로 일방당사자가 계약 당시 의도한 계약 목적을 달성할 수 없게 되어 손해를 입은 경우, 그 계약의 효력을 그대로 유지하는 것은 특별한 사정이 없는 한 신의칙에 반한다.
⑤ 토지거래허가구역 내의 토지에 관해 허가를 받지 않고 매매계약을 체결한 자가 허가가 없음을 이유로 그 계약의 무효를 주장하는 것은 특별한 사정이 없는 한 신의칙에 반하지 않는다.

정답해설

① 공중접객업인 숙박업을 경영하는 자가 투숙객과 체결하는 숙박계약은 숙박업자가 고객에게 숙박을 할 수 있는 객실을 제공하여 고객으로 하여금 이를 사용할 수 있도록 하고 고객으로부터 그 대가를 받는 일종의 일시 사용을 위한 임대차계약으로서 객실 및 관련 시설은 오로지 숙박업자의 지배 아래 놓여 있는 것이므로 숙박업자는 통상의 임대차와 같이 단순히 여관 등의 객실 및 관련 시설을 제공하여 고객으로 하여금 이를 사용·수익하게 할 의무를 부담하는 것에서 한 걸음 더 나아가 <u>고객에게 위험이 없는 안전하고 편안한 객실 및 관련 시설을 제공함으로써</u> 고객의 안전을 배려하여야 할 보호의무를 부담하며 이러한 의무는 숙박계약의 특수성을 고려하여 신의칙상 인정되는 부수적인 의무로서 숙박업자가 이를 위반하여 고객의 생명·신체를 침해하여 투숙객에게 손해를 입힌 경우 불완전이행으로 인한 채무불이행책임을 부담하고, 이 경우 피해자로서는 구체적 보호의무의 존재와 그 위반 사실을 주장·입증하여야 하며 숙박업자로서는 통상의 채무불이행에 있어서와 마찬가지로 그 채무불이행에 관하여 자기에게 과실이 없음을 주장·입증하지 못하는 한 그 책임을 면할 수는 없다(대판 2000.11.24, 2000다38718·38725).
② 환자가 병원에 입원하여 치료를 받는 경우에 있어서, 병원은 진료뿐만 아니라 환자에 대한 숙식의 제공을 비롯하여 간호, 보호 등 입원에 따른 포괄적 채무를 지는 것인 만큼, 병원은 병실에의 출입자를 통제·감독하든가 그것이 불가능하다면 최소한 입원환자에게 휴대품을 안전하게 보관할 수 있는 시정장치가 있는 사물함을 제공하는 등으로 입원환자의 휴대품 등의 도난을 방지함에 필요한 적절한 조치를 강구하여 줄 신의칙상의 보호의무가 있다고 할 것이고, 이를 소홀히 하여 입원환자와는 아무런 관련이 없는 자가 입원환자의 병실에 무단출입하여 입원환자의 휴대품 등을 절취하였다면 병원은 그로 인한 손해배상책임을 면하지 못한다(대판 2003.4.11, 2002다63275).
③ 기획여행업자는 통상 여행 일반은 물론 목적지의 자연적·사회적 조건에 관하여 전문적 지식을 가진 자로서 우월적 지위에서 행선지나 여행시설 이용 등에 관한 계약 내용을 일방적으로 결정하는 반면, 여행자는 안전성을 신뢰하고 기획여행업자가 제시하는 조건에 따라 여행계약을 체결하는 것이 일반적이다. 이러한 점을 감안할 때, 기획여행업자는 여행자의 생명·신체·재산 등의 안전을 확보하기 위하여 여행목적지·여행일정·여행행정·여행서비스기관의 선택 등에 관하여 미리 충분히 조사·검토하여 여행계약 내용의 실시 도중에 여행자가 부딪칠지 모르는 위험을 미리 제거할 수단을 강구하거나, 여행자에게 그 뜻을 고지함으로써 여행자 스스로 위험을 수용할지에 관하여 선택할 기회를 주는 등 합리적 조치를 취할 신의칙상 안전배려의무를 부담한다(대판 2011.5.26, 2011다1330).

④ 계약의 성립에 기초가 되지 아니한 사정이 그 후 변경되어 일방당사자가 계약 당시 의도한 계약목적을 달성할 수 없게 됨으로써 손해를 입게 되었다 하더라도 특별한 사정이 없는 한 그 계약내용의 효력을 그대로 유지하는 것이 신의칙에 반한다고 볼 수도 없다(대판 2014.5.16, 2011다5578).

⑤ 강행법규인 구 국토이용관리법 제21조의3 제1항, 제7항을 위반하였을 경우에 있어서 위반한 자 스스로가 무효를 주장함이 신의성실의 원칙에 위배되는 권리의 행사라는 이유로 이를 배척한다면 투기거래 계약의 효력 발생을 금지하려는 국토이용관리법의 입법취지를 완전히 몰각시키는 결과가 되므로, 특단의 사정이 없는 한 그러한 주장이 신의성실의 원칙에 반한다고 할 수 없다(대판 1995.11.21, 94다20532).

06 신의칙에 관한 설명으로 옳지 않은 것은? (다툼이 있으면 판례에 따름) ▶ 2015 감정평가사

① 신의칙 위반 여부는 당사자의 주장이 없더라도 법원이 직권으로 판단할 수 있다.
② 부동산 점유자가 취득시효완성 후에 그 사실을 모르고 소유자에게 당해 토지에 관하여 어떠한 권리도 주장하지 않기로 하였는데, 나중에 시효완성을 주장하는 것은 특별한 사정이 없는 한 신의칙에 반한다.
③ 법률행위가 법령에 위반되어 무효임을 알면서도 그 법률행위를 한 자가 나중에 강행법규 위반을 이유로 무효를 주장하더라도 신의칙에 반하지 않는다.
④ 매매계약체결 후 9년이 지났고 시가가 올랐다는 사정만으로 매수인의 소유권 이전등기 절차 이행청구가 신의칙에 위배된다고 할 수 없다.
⑤ 부동산 거래에 있어 신의칙상 상대방에게 고지의무의 대상이 되는 것은 법령의 규정뿐이고, 널리 계약상, 관습상 또는 조리상의 일반원칙에 의해서는 인정될 수 없다.

[정답해설]
① 신의성실의 원칙에 반하는 것 또는 권리남용은 강행규정에 위배되는 것이므로 당사자의 주장이 없더라도 법원은 직권으로 판단할 수 있다(대판 1995.12.22, 94다42129).
② 부동산 점유자가 취득시효완성 후에 그 사실을 모르고 소유자에게 당해 토지에 관하여 어떠한 권리도 주장하지 않기로 하였는데, 나중에 시효완성을 주장하는 것은 특별한 사정이 없는 한 신의칙에 반한다(대판 1998.5.22, 96다24101).
③ 강행법규를 위반한 자가 스스로 그 약정의 무효를 주장하는 것이 신의칙에 위배되는 권리의 행사라는 이유로 그 주장을 배척한다면, 이는 오히려 강행법규에 의하여 배제하려는 결과를 실현시키는 셈이 되어 입법 취지를 완전히 몰각하게 되므로 달리 특별한 사정이 없는 한 위와 같은 주장은 신의칙에 반하는 것이라고 할 수 없다(대판 2007.11.29, 2005다64552).
④ 매매계약체결 후 9년이 지났고 시가가 올랐다는 사정만으로 계약을 해제할 만한 사정변경이 있다고 볼 수 없고, 매수인의 소유권 이전등기 절차이행 청구가 신의칙에 위배된다고도 할 수 없다(대판 1991.2.26, 90다19664).
⑤ 부동산 거래에 있어 거래 상대방이 일정한 사정에 관한 고지를 받았더라면 그 거래를 하지 않았을 것임이 경험칙상 명백한 경우에는 신의성실의 원칙상 사전에 상대방에게 그와 같은 사정을 고지할 의무가 있으며, 그와 같은 고지의무의 대상이 되는 것은 직접적인 법령의 규정뿐 아니라 널리 계약상, 관습상 또는 조리상의 일반원칙에 의하여도 인정될 수 있다(대판 2006.10.12, 2004다48515).

▶ 정답 05 ④ 06 ⑤

07 신의성실의 원칙에 관한 설명으로 옳은 것을 모두 고른 것은? (다툼이 있으면 판례에 따름)

▶ 2021 감정평가사

> ㄱ. 회사의 이사가 회사의 확정채무를 보증한 경우에는 그 직을 사임하더라도 사정변경을 이유로 그 보증계약을 해지할 수 없다.
> ㄴ. 소멸시효 완성 전에 채무자가 시효중단을 현저히 곤란하게 하여 채권자가 아무런 조치를 취할 수 없었던 경우, 그 채무자가 시효완성을 주장하는 것은 신의칙상 허용되지 않는다.
> ㄷ. 강행법규를 위반한 자가 스스로 강행법규 위반을 이유로 약정의 무효를 주장하는 것은 특별한 사정이 없는 한 신의칙에 반한다.

① ㄱ
② ㄷ
③ ㄱ, ㄴ
④ ㄴ, ㄷ
⑤ ㄱ, ㄴ, ㄷ

정답해설

ㄱ. (○) : 사정변경을 이유로 보증계약을 해지할 수 있는 것은 포괄근보증이나 한정근보증과 같이 채무액이 불확정적이고 계속적인 거래로 인한 채무에 대하여 보증한 경우에 한하고, 회사의 이사로 재직하면서 보증 당시 그 채무가 특정되어 있는 확정채무에 대하여 보증을 한 후 이사직을 사임하였다 하더라도 사정변경을 이유로 보증계약을 해지할 수 없는 것이다(대판 2006.7.27, 2004다30675 등).

ㄴ. (○) : 채무자의 소멸시효에 기한 항변권의 행사도 우리 민법의 대원칙인 신의성실의 원칙과 권리남용금지의 원칙의 지배를 받는 것이어서, 채무자가 시효완성 전에 채권자의 권리행사나 시효중단을 불가능 또는 현저히 곤란하게 하였거나, 그러한 조치가 불필요하다고 믿게 하는 행동을 하였거나, 객관적으로 채권자가 권리를 행사할 수 없는 장애사유가 있었거나, 또는 일단 시효완성 후에 채무자가 시효를 원용하지 아니할 것 같은 태도를 보여 권리자로 하여금 그와 같이 신뢰하게 하였거나, 채권자보호의 필요성이 크고 같은 조건의 다른 채권자가 채무의 변제를 수령하는 등의 사정이 있어 채무이행의 거절을 인정함이 현저히 부당하거나 불공평하게 되는 등의 특별한 사정이 있는 경우에는 채무자가 소멸시효의 완성을 주장하는 것이 신의성실의 원칙에 반하여 권리남용으로서 허용될 수 없다(대판 2011.7.28, 2009다92784).

ㄷ. (×) : 강행법규를 위반한 자가 스스로 그 약정의 무효를 주장하는 것이 신의칙에 위배되는 권리의 행사라는 이유로 그 주장을 배척한다면, 이는 오히려 강행법규에 의하여 배제하려는 결과를 실현시키는 셈이 되어 입법 취지를 완전히 몰각하게 되므로 달리 특별한 사정이 없는 한 위와 같은 주장은 신의칙에 반하는 것이라고 할 수 없다(대판 2007.11.29, 2005다64552).

▶ 정답 07 ③

심화문제편

01 신의성실의 원칙(이하 '신의칙')에 관한 설명으로 옳은 것은? (다툼이 있으면 판례에 따름)

▶ 2017 주택관리사

① 신의칙에 위반하는지 여부는 당사자의 주장이 없는 한 법원이 직권으로 판단할 수 없다.
② 강행법규를 위반한 자가 스스로 그 약정의 무효를 주장하는 것은 특별한 사정이 없는 한 신의칙에 위반되어 허용되지 않는다.
③ 인지(認知)청구권을 장기간 행사하지 않아서 상대방에게 더 이상 그 권리를 행사하지 않을 것이라고 신뢰할 만한 정당한 기대가 형성되었다면, 인지청구권은 실효된다.
④ 신의칙은 사인간의 법률관계에만 적용되므로, 일반 행정 법률관계에서의 관청의 행위에 대하여는 적용될 여지가 없다.
⑤ 채무자의 소멸시효에 기한 항변권의 행사에 대해서도 신의칙이 적용될 수 있다.

정답해설

① 신의칙위반이나 권리남용은 강행규정에 위반되는 것이므로, 당사자의 주장이 없더라도 법원은 직권으로 판단할 수 있다(대판 1995.12.22, 94다42129).
② 강행법규를 위반한 투자신탁회사 스스로가 그 약정의 무효를 주장함이 신의칙에 위반되는 권리의 행사라는 이유로 그 주장을 배척한다면, 이는 오히려 강행법규에 의하여 배제하려는 결과를 실현시키는 셈이 되어 입법취지를 완전히 몰각하게 되므로, 달리 특별한 사정이 없는 한 위와 같은 주장이 신의성실의 원칙에 반하는 것이라고 할 수 없다(대판 1999.3.23, 99다4405).
③ 인지청구권은 본인의 일신전속적인 신분관계상의 권리로서 포기할 수도 없으며 포기하였더라도 그 효력이 발생할 수 없는 것이고, 이와 같이 인지청구권의 포기가 허용되지 않는 이상 거기에 실효의 법리가 적용될 여지도 없다(대판 2001.11.27, 2001므1353).
④ 오늘날 신의성실의 원칙은 사법 전 영역에서 적용되며, 민사소송법, 행정법, 세법 등의 공법분야에도 적용된다. 즉 계약법의 영역에 한정되지 않고 모든 법률관계를 규제하는 지배원리이다(대판 1983.5.24, 82다카1919).
⑤ 채무자의 소멸시효에 기한 항변권의 행사도 우리 민법의 대원칙인 신의성실의 원칙과 권리남용금지의 원칙의 지배를 받는 것이어서, 채무자가 시효완성 전에 채권자의 권리행사나 시효중단을 불가능 또는 현저히 곤란하게 하였거나, 그러한 조치가 불필요하다고 믿게 하는 행동을 하였거나, 객관적으로 채권자가 권리를 행사할 수 없는 장애사유가 있었거나, 또는 일단 시효완성 후에 채무자가 시효를 원용하지 아니할 것 같은 태도를 보여 권리자가 그와 같이 신뢰하게 하였거나, 채권자 보호의 필요성이 크고 같은 조건의 다른 채권자가 채무의 변제를 수령하는 등의 사정이 있어 채무이행의 거절을 인정함이 현저히 부당하거나 불공평하게 되는 등의 특별한 사정이 있는 경우에는 채무자가 소멸시효의 완성을 주장하는 것이 신의성실의 원칙에 반하여 권리남용으로서 허용될 수 없다. 다만 실정법에 정하여진 개별 법제도의 구체적 내용에 좇아 판단되는 바를 신의칙과 같은 일반조항에 의한 법원칙을 들어 배제 또는 제한하는 것은 중요한 법가치의 하나인 법적 안정성을 후퇴시킬 우려가 있다. 특히 소멸시효 제도는 법률관계의 주장에 일정한 시간적 한계를 설정함으로써 그에 관한 당사자 사이의 다툼을 종식시키려는 것으로서, 누구에게나 무차별적·객관적으로 적용되는 시간의 경과가 1차적인 의미를 가지는 것으로 설계되었음을 고려하면, 법적 안정성의 요구는 더욱 선명하게 제기된다. 따라서 소멸시효 완성의 주장이 신의성실의 원칙에 반하여 허용되지 아니한다고 평가하는 것은 신중을 기할 필요가 있다(대판 2016.9.30, 2016다218713).

▶ 정답 01 ⑤

02 실효의 원칙에 관한 설명으로 옳지 않은 것은? (다툼이 있는 경우에는 판례에 의함)

① 소멸시효의 대상이 아닌 권리도 실효의 원칙이 적용될 수 있다.
② 실효의 원칙의 적용 여부는 당사자의 주장이 없더라도 법원이 직권으로 판단할 수 있다.
③ 실효의 원칙은 항소권과 같은 소송법상의 권리에는 적용될 수 없다.
④ 권리자가 장기간 권리를 행사하지 않았다는 사실만으로는 권리가 실효되는 것은 아니다.
⑤ 징계면직처분에 불복하던 근로자가 이의 없이 퇴직금을 수령하고 다른 생업에 종사하다가 징계면직일로부터 2년 10개월 후에 제기한 해고무효확인청구는 허용될 수 없다.

정답해설

① 소멸시효의 대상이 아닌 권리(예컨대, 형성권)도 실효의 원칙이 적용될 수 있다(대판 1994.11.25, 94다12234).
② 신의칙위반이나 권리남용은 강행규정에 위반되는 것이므로, 당사자의 주장이 없더라도 법원은 직권으로 판단할 수 있다(대판 1995.12.22, 94다42129). 실효의 원칙도 신의칙의 파생원칙이므로 당사자의 주장이 없더라도 법원은 직권으로 판단할 수 있다.
③ 실효의 원칙이라 함은 권리자가 장기간에 걸쳐 그 권리를 행사하지 아니함에 따라 그 의무자인 상대방이 더 이상 권리자가 권리를 행사하지 아니할 것으로 신뢰할 만한 정당한 기대를 가지게 된 경우에 새삼스럽게 권리자가 그 권리를 행사하는 것은 법질서 전체를 지배하는 신의성실의 원칙에 위반되어 허용되지 아니한다는 것을 의미하고, 항소권과 같은 소송법상의 권리에 대하여도 이러한 원칙은 적용될 수 있다고 할 것이다(대판 2006.10.27, 2004다63408).
④ 실효의 원칙이란 권리자가 장기간에 걸쳐 그 권리를 행사하지 아니함으로(장기간 권리불행사) 그 의무자인 상대방이 더 이상 그 권리를 행사하지 아니할 것으로 신뢰할 만한 정당한 기대를 가지고 행동한 경우(상대방의 신뢰) 새삼스럽게 권리자가 그 권리를 행사하는 것은 신의칙에 반하는 결과가 되어 허용되지 않는다는 원칙이다.
⑤ 징계면직처분에 불복하던 근로자가 이의 없이 퇴직금을 수령하고 다른 생업에 종사하다가 징계면직일로부터 2년 10개월 후에 제기한 해고무효확인청구는 허용될 수 없다(대판 1996.11.26, 95다49004).

03 권리남용에 관한 설명으로 옳지 않은 것은? (다툼이 있으면 판례에 따름) ▶ 2021 행정사
① 확정판결에 따른 강제집행도 특별한 사정이 있으면 권리남용이 될 수 있다.
② 주로 자기의 채무 이행만을 회피할 목적으로 동시이행항변권을 행사하는 경우에 그 항변권의 행사는 권리남용이 될 수 있다.
③ 권리남용이 인정되기 위해서는 권리행사로 인한 권리자의 이익과 상대방의 불이익 사이에 현저한 불균형이 있어야 한다.
④ 권리남용이 불법행위가 되어 발생한 손해배상청구권은 1년의 단기소멸시효가 적용된다.
⑤ 토지소유자의 건물철거 청구가 권리남용으로 인정된 경우라도 토지소유자는 그 건물의 소유자에 대해 그 토지의 사용대가를 부당이득으로 반환청구할 수 있다.

[정답해설]
① 확정판결에 의한 권리라 하더라도 신의에 좇아 성실히 행사되어야 하고 그 판결에 기한 집행이 권리남용이 되는 경우에는 허용되지 않으므로 집행채무자는 청구이의의 소에 의하여 그 집행의 배제를 구할 수 있다(대판 1997.9.12, 96다4862).
② 일반적으로 동시이행의 관계가 인정되는 경우에 그러한 항변권을 행사하는 자의 상대방이 그 동시이행의 의무를 이행하기 위하여 과다한 비용이 소요되거나 또는 그 의무의 이행이 실제적으로 어려운 반면 그 의무의 이행으로 인하여 항변권자가 얻는 이득은 별달리 크지 아니하여 동시이행의 항변권의 행사가 주로 자기 채무의 이행만을 회피하기 위한 수단이라고 보여지는 경우에는 그 항변권의 행사는 권리남용으로서 배척되어야 할 것이다(대판 2001.9.18, 2001다9304).
③ 권리행사가 권리의 남용에 해당한다고 할 수 있으려면, 주관적으로 그 권리행사의 목적이 오직 상대방에게 고통을 주고 손해를 입히려는데 있을 뿐, 행사하는 사람에게 아무런 이익이 없는 경우이어야 하고, 객관적으로는 그 권리행사가 사회질서에 위반된다고 볼 수 있어야 하는 것이며, 이와같은 경우에 해당하지 않는 한 비록 그 권리의 행사에 의하여 권리행사자가 얻는 이익보다 상대방이 입을 손해가 현저히 크다 하여도 그러한 사정만으로는 권리남용이라 할 수 없는 것이다(대판 1986.7.22, 85다카2307). 권리남용이 인정되기 위해서는 주관적 요건과 객관적 요건으로 권리행사로 인한 권리자의 이익과 상대방의 불이익 사이에 현저한 불균형이 있어야 한다.
④ 권리남용이 불법행위가 되어 발생한 손해배상청구권은 1년의 단기소멸시효가 적용되지 않는다(제766조).

> 제766조 (손해배상청구권의 소멸시효)
> ① 불법행위로 인한 손해배상의 청구권은 피해자나 그 법정대리인이 그 손해 및 가해자를 안 날로부터 3년간 이를 행사하지 아니하면 시효로 인하여 소멸한다.
> ② 불법행위를 한 날로부터 10년을 경과한 때에도 전항과 같다.
> ③ 미성년자가 성폭력, 성추행, 성희롱, 그 밖의 성적(성적) 침해를 당한 경우에 이로 인한 손해배상청구권의 소멸시효는 그가 성년이 될 때까지는 진행되지 아니한다.

⑤ 권리행사가 권리남용으로 인정되면 그 권리행사로서의 법률효과가 발생하지 않는다. 그러나 권리자체를 박탈시키는 것은 아니다. 따라서 권리자체가 소멸되지는 않으므로 부당이득의 문제는 발생할 수 있다. 그러므로 토지소유자의 건물철거 청구가 권리남용으로 인정된 경우라도 권리행사로서 건물철거가 인정되지 않을 뿐 토지소유자는 그 건물의 소유자에 대해 그 토지의 사용대가를 부당이득으로 반환청구할 수 있다.

▶ 정답   02 ③   03 ④

04 신의칙에 관한 설명 중 옳은 것을 모두 고른 것은? (다툼이 있는 경우에는 판례에 의함)

> ㄱ. 대항력 있는 주택임차권을 가진 甲이 임대인 乙의 부탁으로 그 주택에 관하여 저당권을 취득하려는 丙에게 임차권이 없다는 각서를 써 주었다. 그 후 丙이 경매절차에서 그 주택을 매수하여 甲에게 그 인도를 청구한 경우, 甲은 丙에게 임차권의 대항력을 주장할 수 있다.
> ㄴ. 계약 성립 당시 당사자가 예견할 수 없었던 현저한 사정의 변경이 발생하였고, 그러한 사정의 변경이 해제권을 취득하는 당사자에게 책임 없는 사유로 생긴 것으로서 계약내용대로의 구속력을 인정한다면 신의칙에 현저히 반하는 결과가 생기는 경우, 사정변경으로 인한 계약해제가 인정될 수 있다.
> ㄷ. 甲이 자신의 토지에 불법으로 건물을 소유하고 있는 乙을 상대로 건물철거를 청구하는 것이 권리남용에 해당하더라도, 甲은 특별한 사정이 없는 한 乙에 대하여 임료 상당의 부당이득반환을 청구할 수 있다.
> ㄹ. 회사의 이사로 재직하면서 회사의 확정채무를 보증한 자는 이사직을 사임한 후에 사정변경을 이유로 그 보증계약을 해지할 수 있다.
> ㅁ. 상속인 중의 1인이 피상속인의 생존 시에 상속을 포기하기로 피상속인과 약정하였으나 상속개시 후에 법정절차에 따라 상속포기를 하지 아니하였다면, 상속개시 후에 자신의 상속권을 주장하는 것은 정당한 권리행사로 볼 수 있다.
> ㅂ. 인지(認知)청구권을 장기간 행사하지 않아서 상대방에게 더 이상 그 권리를 행사하지 않을 것이라고 신뢰할 만한 정당한 기대가 형성되었다면, 인지청구권은 실효된다.

① ㄴ
② ㄱ, ㄹ, ㅂ
③ ㄴ, ㄷ, ㅂ
④ ㄱ, ㄹ, ㅁ
⑤ ㄴ, ㄷ, ㅁ

정답해설

[ㄴ, ㄷ, ㅁ]이 타당하다.

ㄱ. (×) : 근저당권자가 담보로 제공된 건물에 대한 담보가치를 조사할 당시 대항력을 갖춘 임차인이 그 임대차 사실을 부인하고 임차보증금에 대한 권리주장을 않겠다는 내용의 확인서를 작성해 준 경우, 그 후 그 건물에 대한 경매절차에서 이를 번복하여 대항력 있는 임대차의 존재를 주장함과 아울러 근저당권자보다 우선적 지위를 가지는 확정일자부 임차인임을 주장하여 그 임차보증금반환채권에 대한 배당요구를 하는 것은 특별한 사정이 없는 한 금반언 및 신의칙에 위반되어 허용될 수 없다(대판 1997.6.27, 97다12211).

ㄴ. (○) : 이른바 사정변경으로 인한 계약해제는, 계약 성립 당시 당사자가 예견할 수 없었던 현저한 사정의 변경이 발생하였고 그러한 사정의 변경이 해제권을 취득하는 당사자에게 책임 없는 사유로 생긴 것으로서, 계약내용대로의 구속력을 인정한다면 신의칙에 현저히 반하는 결과가 생기는 경우에 계약준수 원칙의 예외로서 인정되는 것이다(대판 2007.3.29, 2004다31302).

ㄷ. (O) : 이를 강제조정기능이라고 한다. 즉 권원 없이 타인의 토지를 불법점유하고 있는 지상물소유자를 상대로 한 토지소유자의 지상물철거청구 및 대지인도청구가 권리의 남용으로 인정되어 청구기각판결을 받았다고 하여 그 토지소유권이 상실되는 것은 아닐 뿐만 아니라 지상물소유자에게 그 토지를 무상으로 사용·수익할 수 있는 권원이 생기는 것도 아니므로, 토지소유자는 지상물소유자에 대하여 임료 상당의 부당이득반환청구나 불법점유로 인한 손해배상청구를 할 수 있다(대판 1997.1.24, 95다30314).

ㄹ. (×) : 사정변경을 이유로 보증계약을 해지할 수 있는 것은 포괄근보증이나 한정근보증과 같이 채무액이 불확정적이고 계속적인 거래로 인한 채무에 대하여 보증한 경우에 한하고, 회사의 이사로 재직하면서 보증 당시 그 채무가 특정되어 있는 확정채무에 대하여 보증을 한 후 이사직을 사임하였다 하더라도 사정변경을 이유로 보증계약을 해지할 수 없는 것이다(대판 2006.7.27, 2004다30675 등).

ㅁ. (O) : 상속인 중의 1인이 피상속인의 생존시에 피상속인에 대하여 상속을 포기하기로 약정하였다고 하더라도, 상속개시 후 민법이 정하는 절차와 방식에 따라 상속포기를 하지 아니한 이상, 상속개시 후에 자신의 상속권을 주장하는 것은 정당한 권리행사로서 권리남용에 해당하거나 또는 신의칙에 반하는 권리의 행사라고 할 수 없다(대판 1998.7.24, 98다9021).

ㅂ. (×) : 인지청구권은 본인의 일신전속적인 신분관계상의 권리로서 포기할 수도 없으며 포기하였더라도 그 효력이 발생할 수 없는 것이고, 이와 같이 인지청구권의 포기가 허용되지 않는 이상 거기에 실효의 법리가 적용될 여지도 없다(대판 2001.11.27, 2001므1353).

▶ 정답 04 ⑤

Chapter 03 권리의 주체

제1절 자연인

기본문제편

01 권리능력에 관한 설명으로 옳지 않은 것은? (다툼이 있으면 판례에 따름) ▶ 2019 감정평가사

① 사람은 생존한 동안 권리와 의무의 주체가 된다.
② 사람이 권리능력을 상실하는 사유로는 사망이 유일하다.
③ 수인(數人)이 동일한 위난으로 사망한 경우, 그들은 동시에 사망한 것으로 추정되므로 이 추정이 깨어지지 않는 한 그들 사이에는 상속이 일어나지 않는다.
④ 의사의 과실로 태아가 사망한 경우, 태아의 부모는 태아의 의사에 대한 손해배상채권을 상속하여 행사할 수 있다.
⑤ 인정사망에 의한 가족관계등록부에의 기재는 그 기재된 사망일에 사망한 것으로 추정하는 효력을 가진다.

정답해설

① 제3조【권리능력의 존속기간】사람은 생존한 동안 권리와 의무의 주체가 된다.
② 민법은 사망의 입증곤란을 구제하기 위해 인정사망, 실종선고 등의 각종 제도를 마련하여 일정한 경우 사망한 것으로 추정하거나 간주하는 경우가 있다. 그러나 자연인인 사람이 권리능력을 상실하는 사유는 사망이 유일하다.
③ 2인 이상이 동일한 위난으로 사망한 경우에는 동시에 사망한 것으로 추정되며, 동시사망자 사이에는 상속의 문제가 발생하지 않는다. 다만 동시사망으로 추정되는 경우 대습상속이 가능하다(대판 2001.3.9, 99다13157).

> 제30조【동시사망】
> 2인 이상이 동일한 위난으로 사망한 경우에는 동시에 사망한 것으로 추정한다.

④ 태아가 특정한 권리에 있어서 이미 태어난 것으로 본다는 것은 살아서 출생한 때에 출생시기가 문제의 사건의 시기까지 소급하여 그때에 태아가 출생한 것과 같이 법률상 보아 준다고 해석하여야 상당하므로 그가 모체와 같이 사망하여 출생의 기회를 못 가진 이상 배상청구권을 논할 여지없다(대판 1976.9.14, 76다1365). 따라서 상속의 대상인 권리 자체가 없어 상속의 문제는 생기지 않는다.

> 제762조【손해배상청구권에 있어서의 태아의 지위】
> 태아는 손해배상의 청구권에 관하여는 이미 출생한 것으로 본다.
>
> 제1000조【상속의 순위】
> ③ 태아는 상속순위에 관하여는 이미 출생한 것으로 본다.

⑤ 인정사망은 수해, 화재나 그 밖의 재난으로 사망한 자가 있는 경우에 이를 조사한 관공서의 사망보고에 의하여 가족관계등록부에 사망의 기재를 하여 사망한 것으로 추정하는 제도이다.

비교 실종선고는 사망을 의제하는 제도라는 차이가 있다.

■ 사망의 입증곤란 구제

	동시사망 추정(제30조)	인정사망	실종선고(제28조)
사망확실여부	사망확실	사망 거의 확실(확인 ×)	사망 사실 자체 불분명
입증곤란구제	사망시기	사망사실	사망사실
추정의 범위	법률상 동시사망 추정	사실상 사망 추정	법률상 사망의제(간주)

02 권리주체에 관한 설명으로 옳지 않은 것은? (다툼이 있으면 판례에 따름) ▶ 2020 감정평가사

① 의사능력은 자신의 행위의 의미와 결과를 합리적으로 판단할 수 있는 정신적 능력으로 구체적인 법률행위와 관련하여 개별적으로 판단되어야 한다.
② 어떤 법률행위가 일상적인 의미만으로 알기 어려운 특별한 법률적 의미나 효과를 가진 경우, 이를 이해할 수 있을 때 의사능력이 인정된다.
③ 현행 민법은 태아의 권리능력에 관하여 일반적 보호주의를 취한다.
④ 태아의 상태에서는 법정대리인이 있을 수 없고, 법정대리인에 의한 수증행위도 할 수 없다.
⑤ 피상속인과 그의 직계비속 또는 형제자매가 동시에 사망한 것으로 추정되는 경우에도 대습상속이 인정된다.

정답해설
①, ② 의사능력이란 자신의 행위의 의미나 결과를 정상적인 인식력과 예기력을 바탕으로 합리적으로 판단할 수 있는 정신적 능력 내지는 지능을 말하는 바, 특히 어떤 법률행위가 그 일상적인 의미만 이해하여서는 알기 어려운 특별한 법률적인 의미나 효과가 부여되어 있는 경우 의사능력이 인정되기 위하여는 그 행위의 일상적인 의미뿐만 아니라 법률적인 의미나 효과에 대하여도 이해할 수 있을 것을 요한다고 보아야 하고, 의사능력의 유무는 구체적인 법률행위와 관련하여 개별적으로 판단되어야 할 것이다(대판 2006.9.22, 2006다29358).
③, ④ 판례는 태아의 수증능력을 부정하며, 또 태아인 동안에는 법정대리인이 있을 수 없으므로, 법정대리인에 의한 수증행위도 할 수 없다고 한다. 즉 민법은 태아의 권리능력에 관하여 개별주의를 취하여 태아에게는 일반적으로 권리능력이 인정되지 아니하고 손해배상청구권 또는 상속 등 특별한 경우에 한하여 제한된 권리능력을 인정하였을 따름이므로 증여에 관하여는 태아의 수증능력이 인정되지 아니하고, 또 태아인 동안에는 법정대리인이 있을 수 없으므로 법정대리인에 의한 수증행위도 할 수 없다(대판 1982.2.9, 81다534).
⑤ 원래 대습상속제도는 대습자의 상속에 대한 기대를 보호함으로써 공평을 꾀하고 생존 배우자의 생계를 보장하여 주려는 것이고, 또한 동시사망 추정규정도 자연과학적으로 엄밀한 의미의 동시사망은 상상하기 어려운 것이나 사망의 선후를 입증할 수 없는 경우 동시에 사망한 것으로 다루는 것이 결과에 있어 가장 공평하고 합리적이라는 데에 그 입법 취지가 있는 것인바, 상속인이 될 직계비속이나 형제자매(피대습자)의 직계비속 또는 배우자(대습자)는 피대습자가 상속개시 전에 사망한 경우에는 대습상속을 하고, 피대습자가 상속개시 후에 사망한 경우에는 피대습자를 거쳐 피상속인의 재산을 본위상속을 하므로 두 경우 모두 상속을 하는데, 만일 피대습자가 피상속인의 사망, 즉 상속개시와 동시에 사망한 것으로 추정되는 경우에만 그 직계비속 또는 배우자가 본위상속과 대습상속의 어느 쪽도 하지 못하게 된다면 동시사망 추정 이외의 경우에 비하여 현저히

▶ 정답 01 ④ 02 ③

불공평하고 불합리한 것이라 할 것이고, 이는 앞서 본 대습상속제도 및 동시사망 추정규정의 입법 취지에도 반하는 것이므로, 민법 제1001조의 '상속인이 될 직계비속이 상속개시 전에 사망한 경우'에는 '상속인이 될 직계비속이 상속개시와 동시에 사망한 것으로 추정되는 경우'도 포함하는 것으로 합목적적으로 해석함이 상당하다(대판 2001.3.9, 99다13157). 즉 동시사망으로 추정되는 경우에도 대습상속이 인정된다.

■ 의사능력과 행위능력 비교

	의사능력	행위능력
능력없는 자의 행위	무효	취소
판단기준	개별적·구체적으로 판단	획일적 규정(강행규정)
신의칙과 관계	민법의 기본원칙 > 신의칙	강행규정 > 신의칙
선의의 제3자	대항 가능	대항 가능
법정추인	×	○
부당이득 제141조 단서 적용여부	제141조 단서 유추적용	제141조 단서 적용

03 태아의 권리능력이 인정되지 않는 경우는? (다툼이 있으면 판례에 따름) ▶ 2020 가맹거래사

① 태아 자신이 입은 불법행위에 대한 손해배상청구
② 직계존속의 생명침해에 대한 태아 자신의 위자료 청구
③ 대습상속을 받을 권리
④ 유류분에 관한 권리
⑤ 법정대리인에 의한 수증행위

[정답해설]

① 제762조(태아는 손해배상의 청구권에 관하여는 이미 출생한 것으로 본다)는 태아 자신이 불법행위의 직접적인 피해자인 경우에 한하여 적용되는 규정이다.

> **제762조 【손해배상청구권에 있어서의 태아의 지위】**
> 태아는 손해배상의 청구권에 관하여는 이미 출생한 것으로 본다.

② 태아도 손해배상청구권에 관하여는 이미 출생한 것으로 보는 바, 부가 교통사고로 상해를 입을 당시 태아가 출생하지 아니하였다고 하더라도 그 뒤에 출생한 이상 부의 부상으로 인하여 입게 될 정신적 고통에 대한 위자료를 청구할 수 있다(대판 1993.4.27, 93다4663) ➡ 판례는 태아가 피해 당시 정신상 고통에 대한 감수성을 갖추고 있지 않더라도 장래 감수할 것임이 현재 합리적으로 기대할 수 있는 경우에 있어서는 즉시 그 청구를 할 수 있다고 하여 태아의 위자료 청구권을 긍정하고 있다(대판 1962.3.15, 4294민상903).

③, ④ 태아는 상속순위에 관하여 이미 출생한 것으로 보며, 이 규정은 유증에 준용된다(제1064조). 통설은 상속과 관련하여 발생하는 대습상속(제1001조)·유류분반환청구권(제1118조)에 있어서도 태아의 권리능력을 인정한다.

> **제1000조【상속의 순위】**
> ③ 태아는 상속순위에 관하여는 이미 출생한 것으로 본다.
>
> **제1001조【대습상속】**
> 전조 제1항 제1호와 제3호의 규정에 의하여 상속인이 될 직계비속 또는 형제자매가 상속개시 전에 사망하거나 결격자가 된 경우에 그 직계비속이 있는 때에는 그 직계비속이 사망하거나 결격된 자의 순위에 갈음하여 상속인이 된다.
>
> **제1118조【준용규정】**
> 제1001조, 제1008조, 제1010조의 규정은 유류분에 이를 준용한다.

⑤ 증여(생전증여)에 관하여 태아는 수증능력이 인정되지 아니하고, 또 태아인 동안에는 법정대리인이 있을 수 없으므로 법정대리인에 의한 수증행위도 할 수 없다(대판 1982.2.9, 81다534).

04 태아의 권리능력에 관한 설명으로 옳은 것은? (다툼이 있으면 판례에 의함)

▶ 2009 감정평가사

① 태아는 증여의 상대방이 될 수 있다.
② 정지조건설에 따르면, 태아의 법정대리인이 필요하다.
③ 민법규정에 따르면 태아는 부(父)에 대해 인지를 청구할 수 있다.
④ 모체에 대한 가해행위로 모(母)와 함께 태아가 사망한 경우, 태아 자신은 손해배상청구권을 가지지 못한다.
⑤ 태아의 부(父)가 타인의 불법행위로 사망한 경우, 부(父)의 생명침해로 인한 재산적 손해에 대해서는 태아에게 직접 손해배상청구권이 발생한다.

정답해설
① 판례는 태아의 수증능력을 부정하며, 또 태아인 동안에는 법정대리인이 있을 수 없으므로, 법정대리인에 의한 수증행위도 할 수 없다고 한다. 즉 민법은 태아의 권리능력에 관하여 개별주의를 취하여 태아에게는 일반적으로 권리능력이 인정되지 아니하고 손해배상청구권 또는 상속 등 특별한 경우에 한하여 제한된 권리능력을 인정하였을 따름이므로 증여에 관하여는 태아의 수증능력이 인정되지 아니하고, 또 태아인 동안에는 법정대리인이 있을 수 없으므로 법정대리인에 의한 수증행위도 할 수 없다(대판 1982.2.9, 81다534).
② 정지조건설에 따르면, 태아인 동안에는 권리능력을 취득하지 못하기 때문에 법정대리인은 필요하지 않다고 본다.
③ 태아는 부에 대하여 인지청구의 소를 제기할 수 없다. 즉 생부는 태아를 인지할 수 있음에 반해, 태아의 인지청구권을 인정하는 명문의 규정이 없는 이상 이를 부정하는 것이 통설이다(제858조 참조).
④ 태아가 사산된 때에는 권리능력이 인정될 수 없으므로 견해 대립 없이 태아 자신은 손해배상청구권을 가지지 못한다.
⑤ 제762조(태아는 손해배상의 청구권에 관하여는 이미 출생한 것으로 본다)는 태아 자신이 불법행위의 직접적인 피해자인 경우에 한하여 적용되는 규정이다. 父의 생명침해로 인하여 父에게 발생한 손해배상청구권은 상속규정(제1000조 제3항)에 의하여 태아에게 상속된다고 보므로, 태아에게 직접 손해배상청구권이 발생되는 것은 아니다.

▶ 정답   03 ⑤   04 ④

05 16세인 미성년자가 단독으로 유효하게 할 수 없는 법률행위는? ▶ 2018 감정평가사

① 유언행위
② 대리행위
③ 의무만을 면하는 행위
④ 권리만을 얻는 행위
⑤ 법정대리인이 범위를 정하여 처분을 허락한 재산의 처분행위

정답해설
① 제1061조에 따라 17세에 달하지 못한 16세인 미성년자는 단독으로 유언할 수 없다.

> 제1061조 【유언적령】
> 17세에 달하지 못한 자는 유언을 하지 못한다.

② 제117조 【대리인의 행위능력】 대리인은 행위능력자임을 요하지 아니한다(필요하지 않다).
③, ④ 제5조 【미성년자의 능력】 ① 미성년자가 법률행위를 함에는 법정대리인의 동의를 얻어야 한다. 그러나 권리만을 얻거나 의무만을 면하는 행위는 그러하지 아니하다.
⑤ 제6조 【처분을 허락한 재산】 법정대리인이 범위를 정하여 처분을 허락한 재산은 미성년자가 임의로 처분할 수 있다.

06 18세인 미성년자가 단독으로 유효하게 할 수 있는 행위가 아닌 것은? ▶ 2019 감정평가사

① 자신이 제한행위능력자임을 이유로 취소할 수 있는 법률행위의 취소
② 부모로부터 받은 한 달분의 용돈을 친구에게 빌려주는 행위
③ 자전거를 부담부로 증여받는 행위
④ 타인의 대리인으로서 토지를 매도하는 행위
⑤ 부모의 동의를 받아 법률상 혼인을 한 후, 주택을 구입하는 행위

정답해설
① 제한능력자 자신도 단독으로 유효하게 취소권을 행사할 수 있다(제140조).

> 제140조 【법률행위의 취소권자】
> 취소할 수 있는 법률행위는 제한능력자, 착오로 인하거나 사기·강박에 의하여 의사표시를 한 자, 그의 대리인 또는 승계인만이 취소할 수 있다.

② 법정대리인인 부모로부터 받은 용돈은 처분이 허락된 재산이므로 미성년자는 이 범위에서는 단독으로 유효하게 처분할 수 있다. 따라서 부모로부터 받은 한 달분의 용돈을 친구에게 빌려주는 행위는 취소할 수 없는 유효한 행위이다.

> 제6조 【처분을 허락한 재산】
> 법정대리인이 범위를 정하여 처분을 허락한 재산은 미성년자가 임의로 처분할 수 있다.

③ 부담이란 법률행위의 부관의 하나로 주된 의사표시에 덧붙여서 그 상대편에게 이에 따르는 특별한 의무를 지우는 의사표시를 의미한다. 따라서 부담부 증여계약은 단순히 권리만을 얻거나 의무만을 면하는 경우에 해당하지 않아 취소할 수 있는 법률행위가 된다.

> **제5조【미성년자의 능력】**
> ① 미성년자가 법률행위를 함에는 법정대리인의 동의를 얻어야 한다. 그러나 권리만을 얻거나 의무만을 면하는 행위는 그러하지 아니하다.

④ 대리인은 행위능력자임을 요하지 아니하므로(제117조), 미성년자라 하더라도 타인의 대리인의 지위에서 하는 대리행위는 단독으로 유효하게 할 수 있다.

> **제117조【대리인의 행위능력】**
> 대리인은 행위능력자임을 요하지 아니한다.

⑤ 18세 미성년자는 제807조와 제808조 제1항에 의해 부모의 동의를 받아 혼인할 수 있고, 부모의 동의를 받아 법률상 혼인을 한 경우 제826조의2에 의해 성년의제가 된다. 민법상 성년자로 보게 되므로 단독으로 유효하게 주택을 구입할 수 있다.

> **제826조의2【성년의제】**
> 미성년자가 혼인을 한 때에는 성년자로 본다.
>
> **제807조【혼인적령】**
> 18세가 된 사람은 혼인할 수 있다.
>
> **제808조【동의가 필요한 혼인】**
> ① 미성년자가 혼인을 하는 경우에는 부모의 동의를 받아야 하며, 부모 중 한쪽이 동의권을 행사할 수 없을 때에는 다른 한쪽의 동의를 받아야 하고, 부모가 모두 동의권을 행사할 수 없을 때에는 미성년후견인의 동의를 받아야 한다.

07 미성년자의 법률행위에 관한 설명으로 옳은 것을 모두 고른 것은? (다툼이 있는 경우에는 판례에 의함)

> ㄱ. 법정대리인의 동의 없이 계약을 체결한 미성년자는 단독으로 그 계약을 취소할 수 있다.
> ㄴ. 미성년자의 법정대리인은 그를 대리하여 근로계약을 체결할 수 있다.
> ㄷ. 법정대리인의 동의 없이 미성년자가 자신을 수증자로 하는 부담부 증여계약을 체결한 경우, 이는 확정적으로 유효한 법률행위이다.
> ㄹ. 법정대리인이 미성년자에게 영업을 허락함에는 반드시 영업의 종류를 특정하여야 한다.
> ㅁ. 혼인한 미성년자는 법정대리인의 동의 없이 확정적으로 이혼할 수 있다.

① ㄹ
② ㄱ, ㅁ
③ ㄴ, ㄷ
④ ㄱ, ㄹ, ㅁ
⑤ ㄴ, ㄷ, ㄹ

▶ 정답 05 ① 06 ③ 07 ④

정답해설

ㄱ. (O) : 제한능력자 자신도 단독으로 유효하게 취소권을 행사할 수 있다(제140조).

> **제140조【법률행위의 취소권자】**
> 취소할 수 있는 법률행위는 제한능력자, 착오로 인하거나 사기·강박에 의하여 의사표시를 한 자, 그의 대리인 또는 승계인만이 취소할 수 있다.

ㄴ. (×) : 근로기준법상 미성년자의 법정대리인은 그를 대리하여 근로계약을 체결할 수 없다.

> **근로기준법 제67조【근로계약】** ① 친권자나 후견인은 미성년자의 근로계약을 대리할 수 없다.

ㄷ. (×) : 부담부 증여계약은 권리만을 얻거나 의무만을 면하는 경우가 아니므로 취소할 수 있는 유동적 유효인 법률행위가 된다.

ㄹ. (O) : **제8조【영업의 허락】** ① 미성년자가 법정대리인으로부터 허락을 얻은 특정한 영업에 관하여는 성년자와 동일한 행위능력이 있다.

ㅁ. (O) : 18세 미성년자는 제807조와 제808조 제1항에 의해 부모의 동의를 받아 혼인할 수 있고, 부모의 동의를 받아 법률상 혼인을 한 경우 제826조의2에 의해 성년의제가 된다. 민법상 성년자로 보게 되므로 혼인한 미성년자는 법정대리인의 동의 없이 확정적으로 이혼할 수 있다.

> **제826조의2【성년의제】**
> 미성년자가 혼인을 한 때에는 성년자로 본다.
>
> **제807조【혼인적령】**
> 18세가 된 사람은 혼인할 수 있다.
>
> **제808조【동의가 필요한 혼인】**
> ① 미성년자가 혼인을 하는 경우에는 부모의 동의를 받아야 하며, 부모 중 한쪽이 동의권을 행사할 수 없을 때에는 다른 한쪽의 동의를 받아야 하고, 부모가 모두 동의권을 행사할 수 없을 때에는 미성년후견인의 동의를 받아야 한다.

08 미성년자에 관한 설명으로 옳지 않은 것은? (다툼이 있으면 판례에 의함) ▶ 2014 감정평가사

① 1995.3.30. 오후 9시에 출생한 자는 2014.3.29. 오후 12시에 성년자로 된다.
② 법정대리인이 미성년자에게 특정한 영업을 허락한 경우에 미성년자는 그 영업에 관하여는 성년자와 동일한 행위능력을 가진다.
③ 미성년자가 부담 없는 증여를 받는 행위는 법정대리인의 동의를 요하지 않는다.
④ 미성년자가 월 소득범위 내에서 소규모의 일상적인 신용구매계약을 체결하였더라도 스스로 얻은 소득에 대해 법정대리인의 묵시적 처분허락이 있었다고 볼 수는 없다.
⑤ 미성년자는 자신의 노무제공에 대한 임금의 청구를 독자적으로 할 수 있다.

정답해설

① 사람은 19세로 성년에 이르게 된다(제4조). 나이의 계산은 초일불산입의 원칙이 적용되지 않으므로 1995년 3월 30일 출생한 자는 나이 계산의 기산점은 1995년 3월 30일 0시이고, 19년의 만료점은 2014년 3월 29일 오후 12시가 된다. 따라서 2014년 3월 30일 0시에 성년자로 된다.

② 제8조【영업의 허락】① 미성년자가 법정대리인으로부터 허락을 얻은 특정한 영업에 관하여는 성년자와 동일한 행위능력이 있다.
③ 부담 없는 증여의 수령은 단순히 권리만을 얻거나 의무만을 면하는 행위이므로 법정대리인의 동의 없이 미성년자가 단독으로 할 수 있다(제5조 제1항 단서).

> 제5조【미성년자의 능력】
> ① 미성년자가 법률행위를 함에는 법정대리인의 동의를 얻어야 한다. 그러나 권리만을 얻거나 의무만을 면하는 행위는 그러하지 아니하다.

④ 【대판(전) 2007.11.16, 2005다71659・71666・71673】 미성년자에게 처분이 허락된 재산의 처분행위
  [1] 미성년자가 법률행위를 함에 있어서 요구되는 법정대리인의 동의는 언제나 명시적이어야 하는 것은 아니고 묵시적으로도 가능한 것이며, 미성년자의 행위가 위와 같이 법정대리인의 묵시적 동의가 인정되거나 처분허락이 있는 재산의 처분 등에 해당하는 경우라면, 미성년자로서는 더 이상 행위무능력(현행 제한능력자)을 이유로 그 법률행위를 취소할 수 없다.
  [2] 미성년자의 법률행위에 있어서 법정대리인의 묵시적 동의나 처분허락이 있다고 볼 수 있는지 여부를 판단함에 있어서는, 미성년자의 나이・지능・직업・경력, 법정대리인과의 동거 여부, 독자적인 소득의 유무와 그 금액, 경제활동의 여부, 계약의 성질・체결경위・내용, 기타 제반 사정을 종합적으로 고려하여야 할 것이고, 위와 같은 법리는 묵시적 동의 또는 처분허락을 받은 재산의 범위 내라면 특별한 사정이 없는 한 신용카드를 이용하여 재화와 용역을 신용구매한 후 사후에 결제하려는 경우와 곧바로 현금구매하는 경우를 달리 볼 필요는 없다.
  [3] 19세가 넘은 미성년자가 월 소득범위 내에서 신용구매계약을 체결한 사안에서, 스스로 얻고 있던 소득에 대하여는 법정대리인의 묵시적 처분허락이 있었다고 보아 위 신용구매계약은 처분허락을 받은 재산범위 내의 처분행위에 해당한다.[2]
⑤ 근로기준법 제68조【임금의 청구】 미성년자는 독자적으로 임금을 청구할 수 있다.

09 미성년자의 행위능력에 관한 설명으로 옳지 않은 것은? (다툼이 있으면 판례에 의함)

▶ 2013 감정평가사

① 미성년자에게 영업을 허락한 법정대리인은 미성년자의 동의가 없더라도 그 영업허락을 제한할 수 있다.
② 법정대리인이 영업허락을 취소했으나 그 사실을 모르는 제3자가 미성년자와 체결한 영업상의 계약은 유효하다.
③ 의사능력 있는 미성년자가 타인으로부터 대리권을 수여 받아 부모의 동의 없이 대리행위를 한 경우 무능력을 이유로 그 대리행위를 취소할 수 없다.
④ 미성년자가 사술(詐術)로 자기를 성년자로 믿게 했더라도 미성년을 이유로 그 행위를 취소할 수 있다.
⑤ 미성년자의 법률행위에 법정대리인의 동의가 있었는지에 대한 증명책임은 동의 있음을 주장하는 상대방에게 있다.

---

2) 성년 연령이 만 20세이던 개정 전 판례이다.

▶ 정답 08 ④ 09 ④

[정답해설]

①, ② 법정대리인은 미성년자에게 특정한 영업을 허락할 수 있고(제8조 제1항), 또한 영업허락을 취소나 제한함에도 단독으로 가능하다(제8조 제2항 본문). 그러나 영업허락의 취소나 제한을 모르는 선의의 제3자에게는 영업허락이 취소되었다고 주장하지 못한다(제8조 제2항 단서). 그러므로 제3자가 미성년자와 체결한 영업상의 계약은 유효하다.

> **제8조 【영업의 허락】**
> ① 미성년자가 법정대리인으로부터 허락을 얻은 특정한 영업에 관하여는 성년자와 동일한 행위능력이 있다.
> ② 법정대리인은 전항의 허락을 취소 또는 제한할 수 있다. 그러나 선의의 제3자에게 대항하지 못한다.

③ 제117조에 의해 대리인은 행위능력자가 아니라도 유효하게 법률행위를 할 수 있으므로, 미성년자가 타인의 대리인으로서 한 대리행위는 유효한 법률행위로서 취소할 수 없다.

> **제117조 【대리인의 행위능력】**
> 대리인은 행위능력자임을 요하지 아니한다.

④ 제한능력자인 미성년자라 하더라도 속임수로써 자기를 능력자로 믿게 한 경우에는 그 행위를 취소할 수 없다(제17조 제1항).

> **제17조 【제한능력자의 속임수】**
> ① 제한능력자가 속임수로써 자기를 능력자로 믿게 한 경우에는 그 행위를 취소할 수 없다.

⑤ 미성년자의 행위에 대해 법정대리인의 동의에 관한 입증책임은 미성년자에게 있는 것이 아니라 동의가 있었음을 주장하는 상대방에게 있다(대판 1970.2.24. 69다1568).

10 제한능력제도에 관한 설명으로 옳지 않은 것은?
▶ 2014 감정평가사

① 피성년후견인이 행한 모든 재산법상의 법률행위는 언제든지 취소할 수 있다.
② 가정법원은 한정후견개시의 심판을 할 때 본인의 의사를 고려하여야 한다.
③ 가정법원은 특정후견의 심판을 할 때 본인의 의사에 반하여 할 수 없다.
④ 가정법원이 피한정후견인에 대해 성년후견개시의 심판을 하는 경우, 종전의 한정후견의 종료심판을 한다.
⑤ 가정법원은 청구권자의 청구가 없는 한, 성년후견개시의 심판을 직권으로 할 수 없다.

[정답해설]

① 피성년후견인이 행한 모든 재산법상의 법률행위는 원칙적으로 취소할 수 있다(제10조 제1항). 그러나 가정법원이 취소할 수 없는 피성년후견인의 법률행위의 범위를 정한 경우나(제10조 제2항), 일용품의 구입 등 일상생활에 필요하고 그 대가가 과도하지 아니한 법률행위는 취소할 수 없다(제10조 제4항).

> **제10조 【피성년후견인의 행위와 취소】**
> ① 피성년후견인의 법률행위는 취소할 수 있다.
> ② 제1항에도 불구하고 가정법원은 취소할 수 없는 피성년후견인의 법률행위의 범위를 정할 수 있다.
> ③ 가정법원은 본인, 배우자, 4촌 이내의 친족 성년후견인, 성년후견감독인, 검사 또는 지방자치단체의 장의 청구에 의하여 제2항의 범위를 변경할 수 있다.
> ④ 제1항에도 불구하고 일용품의 구입 등 일상생활에 필요하고 그 대가가 과도하지 아니한 법률행위는 성년후견인이 취소할 수 없다.

②, ③ 제12조【한정후견개시의 심판】② 한정후견개시의 경우에 제9조 제2항을 준용한다.

> 제9조【성년후견개시의 심판】
> ② 가정법원은 성년후견개시의 심판을 할 때 본인의 의사를 고려하여야 한다.

비교 제14조의2【특정후견의 심판】② 특정후견은 본인의 의사에 반하여 할 수 없다.

④ 가정법원이 피한정후견인에 대하여 성년후견개시의 심판을 할 때에는 종전의 한정후견의 종료 심판을 할 필요가 있다. 왜냐하면 능력의 범위가 차이가 있기 때문이다(제14조의3).

> 제14조의3【심판 사이의 관계】
> ① 가정법원이 피한정후견인 또는 피특정후견인에 대하여 성년후견개시의 심판을 할 때에는 종전의 한정후견 또는 특정후견의 종료 심판을 한다.

⑤ 제9조【성년후견개시의 심판】① 가정법원은 질병, 장애, 노령, 그 밖의 사유로 인한 정신적 제약으로 사무를 처리할 능력이 지속적으로 결여된 사람에 대하여 본인, 배우자, 4촌 이내의 친족, 미성년후견인, 미성년후견감독인, 한정후견인, 한정후견감독인, 특정후견인, 특정후견감독인, 검사 또는 지방자치단체의 장의 청구에 의하여 성년후견개시의 심판을 한다.

■ 피후견인의 비교

내용	피성년후견인	피한정후견인	피특정후견인
요건	정신적 제약		
	사무처리능력 지속적 결여	사무처리능력 부족	일시적 후원 또는 특정한 사무에 관한 후원필요
청구권자3)	본인, 배우자, 4촌 이내 친족 미성년후견인, 미성년후견감독인, 한정후견인, 한정후견감독인, 특정후견인, 특정후견감독인, 검사 또는 지방자치단체의 장	본인, 배우자, 4촌 이내 친족 미성년후견인, 미성년후견감독인, 성년후견인, 성년후견감독인, 특정후견인, 특정후견감독인, 검사 또는 지방자치단체의 장	본인, 배우자, 4촌 이내 친족 미성년후견인, 미성년후견감독인, ×, ×4) 검사 또는 지방자치단체의 장
심판	• 개시심판 시 본인 의사 고려 • 개시심판과 종료심판이 있음	• 개시심판 시 본인 의사 고려 • 개시심판과 종료심판이 있음	• 심판 시 본인 의사에 반하면 안 됨 • 개시심판과 종료심판이 없음5)
능력	• 원칙: 제한능력자로서 단독으로 법률행위 불가 • 예외 ① 법원이 단독으로 할 수 있는 범위 정할 수 있음 ② 일용품 구입 등 일상행위는 단독 가능	• 원칙: 행위능력 있음 • 예외: 법원이 한정후견인의 동의를 받도록 정한 행위에 한하여 한정후견인의 동의가 필요 • 예외의 예외: 일용품 구입 등 일상행위는 단독 가능	• 제한능력자 아님 행위능력 있고 제한되지 않음
후견인	• 성년후견개시심판 시 가정법원인 직권으로 선임 • 성년후견인은 법정대리인임	• 한정후견개시심판 시 가정법원인 직권으로 선임 • 한정후견인은 법정대리인 × 한정후견인에게 가정법원의 대리권 수여심판 시 대리권 인정	• 특정후견 따른 보호조치로 가정법원 특정후견인 선임가능 • 특정후견인은 법정대리인 × 특정후견인에게 가정법원의 대리권 수여심판 시 대리권 인정

---

3) 법원의 직권으로는 안됨
4) 유의: 성년후견인, 성년후견감독인, 한정후견인, 한정후견감독인은 청구권자 아님
5) 특정후견의 기간이나 사무의 범위를 정한 이후, 기간이 지나거나 사무처리의 종결에 의해 특정후견도 자연히 종결됨

 10 ①

11 제한능력자에 관한 설명으로 옳지 않은 것은?
▶ 2025 감정평가사

① 미성년자가 법정대리인으로부터 허락을 얻은 특정한 영업에 관하여는 성년자와 동일한 행위능력이 있다.
② 가정법원은 취소할 수 없는 피성년후견인의 법률행위의 범위를 정할 수 있다.
③ 한정후견인은 일상생활에 필요하고 그 대가가 과도하지 아니한 피한정후견인의 법률행위를 취소할 수 없다.
④ 범위를 정하여 미성년자의 재산처분을 허락한 법정대리인은 미성년자가 그 재산을 처분하기 전에 그 허락을 취소할 수 있다.
⑤ 성년후견개시의 심판은 본인의 의사에 반하여 할 수 없다.

[정답해설]

① 제8조【영업의 허락】① 미성년자가 법정대리인으로부터 허락을 얻은 특정한 영업에 관하여는 성년자와 동일한 행위능력이 있다.
② 제10조【피성년후견인의 행위와 취소】② 제1항에도 불구하고 가정법원은 취소할 수 없는 피성년후견인의 법률행위의 범위를 정할 수 있다.
③ 피한정후견인이 한정후견인의 동의 없이 한 법률행위라 하더라도 한정후견인은 일상생활에 필요하고 그 대가가 과도하지 아니한 피한정후견인의 법률행위를 취소할 수 없다(제13조 제4항 단서).

> **제13조【피한정후견인의 행위와 동의】**
> ④ 한정후견인의 동의가 필요한 법률행위를 피한정후견인이 한정후견인의 동의 없이 하였을 때에는 그 법률행위를 취소할 수 있다. 다만, 일용품의 구입 등 일상생활에 필요하고 그 대가가 과도하지 아니한 법률행위에 대하여는 그러하지 아니하다.

④ 법정대리인이 범위를 정하여 처분을 허락한 재산은 미성년자가 임의로 처분할 수 있으나, 미성년자가 아직 법률행위를 하기 전에는 법정대리인은 허락을 취소할 수 있다(제7조).

> **제6조【처분을 허락한 재산】**
> 법정대리인이 범위를 정하여 처분을 허락한 재산은 미성년자가 임의로 처분할 수 있다.
>
> **제7조【동의와 허락의 취소】**
> 법정대리인은 미성년자가 아직 법률행위를 하기 전에는 전2조의 동의와 허락을 취소할 수 있다.

⑤ 성년후견개시의 심판은 "본인의 의사를 고려하여야"할 뿐이므로 본인의 의사에 반하여 할 수 있다.

> **제9조【성년후견개시의 심판】**
> ② 가정법원은 성년후견개시의 심판을 할 때 본인의 의사를 고려하여야 한다.
>
> **제12조【한정후견개시의 심판】**
> ② 한정후견개시의 경우에 제9조 제2항을 준용한다.

비교 제14조의2【특정후견의 심판】② 특정후견은 본인의 의사에 반하여 할 수 없다.

12 제한능력에 관한 설명으로 옳지 않은 것은? (다툼이 있으면 판례에 따름) ▶ 2023 감정평가사

① 성년후견인은 여러 명을 둘 수 있다.
② 가정법원은 본인의 청구에 의하여 취소할 수 없는 피성년후견인의 법률행위의 범위를 변경할 수 있다.
③ 가정법원이 피성년후견인에 대하여 한정후견 개시의 심판을 할 때에는 종전의 성년후견의 종료 심판을 하여야 한다.
④ 한정후견의 개시를 청구한 사건에서 의사의 감정 결과 성년후견 개시의 요건을 충족하고 있다면 법원은 본인의 의사를 고려하지 않고 성년후견을 개시할 수 있다.
⑤ 특정후견의 심판이 있은 후에 피특정후견인이 특정후견인의 동의 없이 재산상의 법률행위를 하더라도 이는 취소의 대상이 되지 않는다.

정답해설

① 민법은 후견사무의 확대와 전문화에 따라 한 명의 후견인이 모든 후견사무를 할 수 있는 상황 등을 대비해 복수의 성년후견인을 선임할 수 있도록 함으로써 전문적이고 효율적인 후견을 보장하고 있습니다(제930조 제2항).

> **제930조 【후견인의 수와 자격】**
> ① 미성년후견인의 수(數)는 한 명으로 한다.
> ② 성년후견인은 피성년후견인의 신상과 재산에 관한 모든 사정을 고려하여 여러 명을 둘 수 있다.
> ③ 법인도 성년후견인이 될 수 있다.

② 가정법원은 피성년후견인이 단독으로 할 수 있는 법률행위의 범위를 정할 수 있고(제10조 제2항), 일정한 자의 청구에 의해 그 범위를 변경할 수 있다(제10조 제3항).

> **제10조 【피성년후견인의 행위와 취소】**
> ① 피성년후견인의 법률행위는 취소할 수 있다.
> ② 제1항에도 불구하고 가정법원은 취소할 수 없는 피성년후견인의 법률행위의 범위를 정할 수 있다.
> ③ 가정법원은 본인, 배우자, 4촌 이내의 친족 성년후견인, 성년후견감독인, 검사 또는 지방자치단체의 장의 청구에 의하여 제2항의 범위를 변경할 수 있다.

③ 가정법원이 피성년후견인에 대하여 한정후견 개시의 심판을 할 때에는 종전의 성년후견의 종료 심판을 하여야 한다. 왜냐하면 능력의 범위가 차이가 있기 때문이다(제14조의3 제2항).

> **제14조의3 【심판 사이의 관계】**
> ② 가정법원이 피성년후견인 또는 피특정후견인에 대하여 한정후견개시의 심판을 할 때에는 종전의 성년후견 또는 특정후견의 종료 심판을 한다.

④ 성년후견이나 한정후견에 관한 심판 절차는 가사소송법 제2조 제1항 제2호 (가)목에서 정한 가사비송사건으로서, 가정법원이 당사자의 주장에 구애받지 않고 후견적 입장에서 합목적적으로 결정할 수 있다. 이때 성년후견이든 한정후견이든 본인의 의사를 고려하여 개시 여부를 결정한다는 점은 마찬가지이다(민법 제9조 제2항, 제12조 제2항).

▶ 정답 11 ⑤ 12 ④

따라서 한정후견의 개시를 청구한 사건에서 의사의 감정 결과 등에 비추어 성년후견 개시의 요건을 충족하고 본인도 성년후견의 개시를 희망한다면 법원이 성년후견을 개시할 수 있고, 성년후견 개시를 청구하고 있더라도 필요하다면 한정후견을 개시할 수 있다고 보아야 한다(대결 2021.6.10, 2020스596). 한정후견의 개시를 청구한 사건에서 의사의 감정 결과 성년후견 개시의 요건을 충족하고 있다 하더라도 법원은 <u>본인의 의사를 고려하지 않고 성년후견을 개시할 수 없다</u>.

> **제9조【성년후견개시의 심판】**
> ② 가정법원은 성년후견개시의 심판을 할 때 본인의 의사를 고려하여야 한다.
>
> **제12조【한정후견개시의 심판】**
> ② 한정후견개시의 경우에 제9조 제2항을 준용한다.

비교 제14조의2【특정후견의 심판】② 특정후견은 본인의 의사에 반하여 할 수 없다.

⑤ 피특정후견인은 완전한 행위능력자이다. 일시적으로 또는 특정한 사무에 대하여 후원을 받을 뿐이다. 따라서 특정후견의 심판이 있은 후에 피특정후견인이 특정후견인의 동의 없이 재산상의 법률행위를 하더라도 이는 유효한 법률행위로서 취소의 대상이 되지 않는다.

13 제한능력자의 상대방 보호에 관한 설명으로 옳지 않은 것은? ▶ 2025 감정평가사

① 상대방은 제한능력자의 법정대리인에게 1개월 이상의 기간을 정하여 취소할 수 있는 행위를 추인할 것인지 여부의 확답을 촉구할 수 있다.
② 계약 당시에 당사자가 제한능력자임을 알지 못한 상대방은 추인이 있을 때까지 제한능력을 이유로 취소할 수 있는 계약의 의사표시를 철회할 수 있다.
③ 제한능력자의 취소할 수 있는 단독행위는 추인이 있을 때까지 상대방이 거절할 수 있다.
④ 상대방은 제한능력을 이유로 취소할 수 있는 계약에 대한 철회를 제한능력자에게 할 수 없다.
⑤ 적극적인 속임수를 사용하여 자기를 능력자로 믿게 하여 상대방과 계약을 체결한 제한능력자는 제한능력을 이유로 그 계약을 취소할 수 없다.

정답해설
① 제한능력자의 상대방은 제한능력자가 아직 능력자가 되지 못한 경우에는 제한능력자에게는 계약의 추인여부에 대한 확답을 촉구할 수 없으나, 법정대리인 乙을 상대로는 확답을 촉구할 수 있다(제15조 제2항).

> **제15조【제한능력자의 상대방의 확답을 촉구할 권리】**
> ① 제한능력자의 상대방은 제한능력자가 능력자가 된 후에 그에게 <u>1개월 이상의 기간을 정하여 그 취소할 수 있는 행위를 추인할 것인지 여부의 확답을 촉구할 수 있다</u>. 능력자로 된 사람이 그 기간 내에 확답을 발송하지 아니하면 그 행위를 추인한 것으로 본다.
> ② 제한능력자가 아직 능력자가 되지 못한 경우에는 <u>그의 법정대리인에게 제1항의 촉구를 할 수 있고, 법정대리인이 그 정하여진 기간 내에 확답을 발송하지 아니한 경우에는 그 행위를 추인한 것으로 본다</u>.

② 제16조【제한능력자의 상대방의 철회권과 거절권】① 제한능력자가 맺은 계약은 추인이 있을 때까지 상대방이 그 의사표시를 철회할 수 있다. 다만, 상대방이 계약 당시에 제한능력자임을 알았을 경우에는 그러하지 아니하다.

③ 제16조【제한능력자의 상대방의 철회권과 거절권】② 제한능력자의 단독행위는 추인이 있을 때까지 상대방이 거절할 수 있다.

④ 민법 제16조 제1항의 철회의 의사표시는 제한능력자에게도 할 수 있다(제16조 제3항).

> 제16조【제한능력자의 상대방의 철회권과 거절권】
> ③ 제1항의 철회나 제2항의 거절의 의사표시는 제한능력자에게도 할 수 있다.

⑤ 민법 제17조에서 이른바 속임수를 쓴 것이라 함은 적극적으로 사기수단을 쓴 것을 말하는 것이고 단순히 자기가 능력자라 사언함은 속임수(사술)를 쓴 것이라고 할 수 없다(대판 1971.12.14, 71다2045). 적극적인 속임수를 사용하여 자기를 능력자로 믿게 하여 상대방과 계약을 체결한 제한능력자는 제17조 제1항이 적용되어 제한능력을 이유로 그 계약을 취소할 수 없다.

> 제17조【제한능력자의 속임수】
> ① 제한능력자가 속임수로써 자기를 능력자로 믿게 한 경우에는 그 행위를 취소할 수 없다.

■ 제한능력자의 상대방의 확답촉구권·철회권·거절권

	권리	권리행사의 요건	권리행사의 상대방	대상행위
제한능력자의 상대방의 권리	확답촉구권	선·악의 모두 가능	능력자, 법정대리인	계약, 단독행위
	철회권	선의만 가능	제한능력자포함	계약
	거절권	선·악의 모두 가능	제한능력자포함	단독행위

14 제한능력자에 관한 설명으로 옳은 것은? ▶ 2024 감정평가사

① 미성년자가 법정대리인으로부터 허락을 얻은 특정한 영업에 관해서는 법정대리인의 대리권이 소멸한다.
② 제한능력을 이유로 하는 취소는 특별한 사정이 없는 한 선의의 제3자에게 대항할 수 없다.
③ 제한능력자의 단독행위는 유효한 추인이 있은 후에도 상대방이 거절할 수 있다.
④ 가정법원은 취소할 수 없는 피성년후견인의 법률행위의 범위를 정할 수 없다.
⑤ 가정법원은 정신적 제약으로 특정한 사무에 관해 후원이 필요한 사람에 대해서는 본인의 의사에 반하더라도 특정후견 심판을 할 수 있다.

▶ 정답   13 ④   14 ①

> 정답해설

① 법정대리인으로부터 허락을 얻은 특정한 영업에 관하여는 미성년자는 성년자와 동일한 행위능력을 가지므로, 그 범위에서 법정대리권이 소멸한다(제8조).

> **제8조【영업의 허락】**
> ① 미성년자가 법정대리인으로부터 허락을 얻은 특정한 영업에 관하여는 성년자와 동일한 행위능력이 있다.

② 제한능력을 이유로 하는 취소는 선의의 제3자에게 대항할 수 있다(제5조 제2항, 제10조 제1항, 제13조 제4항).

> **제5조【미성년자의 능력】** ② 전항의 규정에 위반한 행위는 취소할 수 있다
> **제10조【피성년후견인의 행위와 취소】** ① 피성년후견인의 법률행위는 취소할 수 있다.
> **제13조【피한정후견인의 행위와 동의】** ④ 한정후견인의 동의가 필요한 법률행위를 피한정후견인이 한정후견인의 동의 없이 하였을 때에는 그 법률행위를 취소할 수 있다. 다만, 일용품의 구입 등 일상생활에 필요하고 그 대가가 과도하지 아니한 법률행위에 대하여는 그러하지 아니하다.

③ 제16조【제한능력자의 상대방의 철회권과 거절권】 ② 제한능력자의 단독행위는 추인이 있을 때까지 상대방이 거절할 수 있다.

④ 가정법원은 피성년후견인이 성년후견인의 동의를 받아야 하는 법률행위의 범위를 정할 수 있는 것이 아니라, 취소할 수 없는 피성년후견인의 법률행위의 범위를 정할 수 있는 것이다(제10조 제2항).

> **제10조【피성년후견인의 행위와 취소】**
> ② 제1항에도 불구하고 가정법원은 취소할 수 없는 피성년후견인의 법률행위의 범위를 정할 수 있다.

⑤ 피특정후견인은 완전한 행위능력자이다. 일시적으로 또는 특정한 사무에 대하여 후원을 받을 뿐이다. 특정후견은 본인의 의사에 반하여 할 수 없다(제14조의2 제2항).

> **제14조의2【특정후견의 심판】**
> ① 가정법원은 질병, 장애, 노령, 그 밖의 사유로 인한 정신적 제약으로 일시적 후원 또는 특정한 사무에 관한 후원이 필요한 사람에 대하여 본인, 배우자, 4촌 이내의 친족, 미성년후견인, 미성년후견감독인, 검사 또는 지방자치단체의 장의 청구에 의하여 특정후견의 심판을 한다
> ② 특정후견은 본인의 의사에 반하여 할 수 없다.

> **비교** 제9조【성년후견개시의 심판】② 가정법원은 성년후견개시의 심판을 할 때 본인의 의사를 고려하여야 한다.
> 제12조【한정후견개시의 심판】② 한정후견개시의 경우에 제9조 제2항을 준용한다.

15 제한능력자에 관한 설명으로 옳은 것만을 모두 고른 것은? (다툼이 있으면 판례에 따름)

▶ 2017 감정평가사

> ㄱ. 18세의 미성년자가 자기의 월 근로소득 범위 내에서 신용구매계약을 체결한 경우, 그 신용구매계약은 처분허락을 받은 재산범위 내의 처분행위에 해당한다.
> ㄴ. 한정후견인의 동의가 필요한 법률행위를 피한정후견인이 한정후견인의 동의 없이 하였을 때에는 그것이 일상생활에 필요하고 그 대가가 과도하지 아니한 법률행위가 아닌 경우 그 법률행위를 취소할 수 있다.
> ㄷ. 제한능력자가 아직 능력자가 되지 못한 경우에도 그 상대방은 그에게 1개월 이상의 기간을 정하여 추인 여부의 확답을 촉구할 수 있다.
> ㄹ. 제한능력자와 계약을 맺은 선의의 상대방은 추인이 있기 전까지 의사표시를 거절할 수 있다.

① ㄱ, ㄴ
② ㄱ, ㄷ
③ ㄴ, ㄷ
④ ㄴ, ㄹ
⑤ ㄷ, ㄹ

정답해설

ㄱ. (○) : 19세가 넘은 미성년자가 월 소득범위 내에서 신용구매계약을 체결한 사안에서, 스스로 얻고 있던 소득에 대하여는 법정대리인의 묵시적 처분허락이 있었다고 보아 위 신용구매계약은 처분허락을 받은 재산범위 내의 처분행위에 해당한다(대판(전) 2007.11.16. 2005다71659 · 71666 · 71673).

> 제6조【처분을 허락한 재산】
> 법정대리인이 범위를 정하여 처분을 허락한 재산은 미성년자가 임의로 처분할 수 있다.

ㄴ. (○) : 제13조【피한정후견인의 행위와 동의】 ④ 한정후견인의 동의가 필요한 법률행위를 피한정후견인이 한정후견인의 동의 없이 하였을 때에는 그 법률행위를 취소할 수 있다. 다만, 일용품의 구입 등 일상생활에 필요하고 그 대가가 과도하지 아니한 법률행위에 대하여는 그러하지 아니하다.

ㄷ. (×) : 제15조【제한능력자의 상대방의 확답을 촉구할 권리】 ① 제한능력자의 상대방은 제한능력자가 능력자가 된 후에 그에게 1개월 이상의 기간을 정하여 그 취소할 수 있는 행위를 추인할 것인지 여부의 확답을 촉구할 수 있다. 능력자로 된 사람이 그 기간 내에 확답을 발송하지 아니하면 그 행위를 추인한 것으로 본다.

ㄹ. (×) : 제16조【제한능력자의 상대방의 철회권과 거절권】

> ① 제한능력자가 맺은 계약은 추인이 있을 때까지 상대방이 그 의사표시를 철회할 수 있다. 다만, 상대방이 계약 당시에 제한능력자임을 알았을 경우에는 그러하지 아니하다.
> ② 제한능력자의 단독행위는 추인이 있을 때까지 상대방이 거절할 수 있다.

▶ 정답 15 ①

16 제한능력에 관한 설명으로 옳지 않은 것은? ▶ 2021 감정평가사

① 가정법원은 한정후견개시의 심판을 할 때 본인의 의사를 고려하지 않아도 된다.
② 가정법원은 취소할 수 없는 피성년후견인의 법률행위의 범위를 정할 수 있으나, 성년후견인의 청구에 의하여 이를 변경할 수 있다.
③ 성년후견인은 일상생활에 필요하고 그 대가가 과도하지 않은 피성년후견인의 법률행위를 취소할 수 없다.
④ 가정법원은 성년후견개시의 심판을 할 때 본인의 의사를 고려하여야 한다.
⑤ 피성년후견인이 성년후견인의 동의를 얻어 재산상의 법률행위를 한 경우에도 성년후견인은 이를 취소할 수 있다.

[정답해설]

①, ④ 제9조【성년후견개시의 심판】② 가정법원은 성년후견개시의 심판을 할 때 본인의 의사를 고려하여야 한다.

> **제12조【한정후견개시의 심판】**
> ② 한정후견개시의 경우에 제9조 제2항을 준용한다.

비교 제14조의2【특정후견의 심판】② 특정후견은 본인의 의사에 반하여 할 수 없다.

② 피성년후견인이 행한 모든 재산법상의 법률행위는 취소할 수 있다(제10조 제1항). 그럼에도 가정법원은 취소할 수 없는 피성년후견인의 법률행위의 범위를 정할 수 있고(제10조 제2항), 또한 성년후견인의 청구에 의해 가정법원이 변경할 수 있다(제10조 제3항).

> **제10조【피성년후견인의 행위와 취소】**
> ① 피성년후견인의 법률행위는 취소할 수 있다.
> ② 제1항에도 불구하고 가정법원은 취소할 수 없는 피성년후견인의 법률행위의 범위를 정할 수 있다.
> ③ 가정법원은 본인, 배우자, 4촌 이내의 친족 성년후견인, 성년후견감독인, 검사 또는 지방자치단체의 장의 청구에 의하여 제2항의 범위를 변경할 수 있다.
> ④ 제1항에도 불구하고 일용품의 구입 등 일상생활에 필요하고 그 대가가 과도하지 아니한 법률행위는 성년후견인이 취소할 수 없다.

③, ⑤ 피성년후견인이 행한 모든 재산법상의 법률행위는 성년후견인의 동의여부 불문하고 언제든지 취소할 수 있다(제10조 제1항). 다만 일용품의 구입 등 일상생활에 필요하고 그 대가가 과도하지 아니한 법률행위는 성년후견인이 취소할 수 없다(제10조 제4항).

17 甲은 취소할 수 없는 법률행위의 범위를 정함이 없이 성년후견개시심판을 받았다. 그 후 甲은 법정대리인 乙의 동의서를 위조하는 방법으로 乙의 동의가 있는 것처럼 믿게 하여 자기 소유 건물을 丙에게 매각하는 계약을 체결하였다. 이에 관한 설명으로 옳지 않은 것을 모두 고른 것은? (다툼이 있으면 판례에 따름) ▶ 2018 감정평가사

> ㄱ. 乙은 丙을 상대로 계약을 취소할 수 있다.
> ㄴ. 丙은 甲을 상대로 계약의 추인여부에 대한 확답을 촉구할 수 있다.
> ㄷ. 계약 당시 甲이 제한능력자임을 丙이 알았더라도 그 추인이 있기 전까지 丙은 乙을 상대로 자기의 의사표시를 철회할 수 있다.

① ㄱ
② ㄷ
③ ㄱ, ㄴ
④ ㄴ, ㄷ
⑤ ㄱ, ㄴ, ㄷ

정답해설

ㄱ. (○): 제한능력자의 법률행위라 하더라도 적극적으로 속임수를 써서 자기를 능력자로 믿게 한 경우는 제17조 제1항이 적용되어 취소가 제한된다. 그러나 속임수를 써서 법정대리인의 동의가 있는 것으로 믿게 한 경우에는 모든 제한능력자가 포함되는 것이 아니라, 동의를 얻어 단독으로 법률행위를 할 수 없는 피성년후견인은 제외된다(제17조 제2항). 즉 피성년후견인의 법률행위는 원칙적으로 취소할 수 있으므로(제10조 제1항), 그가 속임수로써 법정대리인의 동의가 있는 것으로 믿게 한 경우라도 제17조 제2항은 적용되지 않아 법정대리인 乙은 丙을 상대로 계약을 취소할 수 있다.

> **제17조 【제한능력자의 속임수】**
> ① 제한능력자가 속임수로써 자기를 능력자로 믿게 한 경우에는 그 행위를 취소할 수 없다.
> ② 미성년자나 피한정후견인이 속임수로써 법정대리인의 동의가 있는 것으로 믿게 한 경우에도 제1항과 같다.

ㄴ. (×): 제한능력자의 상대방은 제한능력자가 아직 능력자가 되지 못한 경우에는 제한능력자에게는 계약의 추인여부에 대한 확답을 촉구할 수 없으나, 법정대리인 乙을 상대로는 확답을 촉구할 수 있다.

> **제15조 【제한능력자의 상대방의 확답을 촉구할 권리】**
> ① 제한능력자의 상대방은 제한능력자가 능력자가 된 후에 그에게 1개월 이상의 기간을 정하여 그 취소할 수 있는 행위를 추인할 것인지 여부의 확답을 촉구할 수 있다. 능력자로 된 사람이 그 기간 내에 확답을 발송하지 아니하면 그 행위를 추인한 것으로 본다.
> ② 제한능력자가 아직 능력자가 되지 못한 경우에는 그의 법정대리인에게 제1항의 촉구를 할 수 있고, 법정대리인이 그 정하여진 기간 내에 확답을 발송하지 아니한 경우에는 그 행위를 추인한 것으로 본다.

ㄷ. (×): 상대방의 철회권은 계약의 경우에 선의인 경우에 한하여 추인 전까지만 할 수 있다(제16조 제1항). 그러므로 계약 당시 甲이 제한능력자임을 상대방 丙이 알았다면 추인이 있기 전까지라도 丙은 乙을 상대로 자기의 의사표시를 철회할 수 없다.

> **제16조 【제한능력자의 상대방의 철회권과 거절권】**
> ① 제한능력자가 맺은 계약은 추인이 있을 때까지 상대방이 그 의사표시를 철회할 수 있다. 다만, 상대방이 계약 당시에 제한능력자임을 알았을 경우에는 그러하지 아니하다.

▶ 정답 16 ① 17 ④

심화문제편

01 권리능력에 관한 설명으로 옳지 않은 것은? (다툼이 있으면 판례에 따름) ▶ 2016 주택관리사

① 출생신고는 권리능력 취득의 요건이 아니다.
② 태아가 의사의 과실로 인하여 모체(母體) 내에서 사망하였다면, 태아는 그 의사에 대한 손해배상청구권을 취득하지 못한다.
③ 태아인 동안에는 법정대리인이 있을 수 없으므로, 법정대리인에 의한 수증(受贈)행위를 할 수 없다.
④ 인정사망이란 사망의 확증은 없으나 재난으로 인하여 사망이 확실시되는 경우에 관공서의 보고에 의하여 가족관계등록부에 기재하여 사망한 것으로 의제하는 제도이다.
⑤ 실종선고를 받아도 실종자의 권리능력은 소멸하지 않는다.

정답해설

① 자연인은 출생한 때부터 권리능력을 취득하며, 출생신고는 요건이 아니다.

> **제3조【권리능력의 존속기간】**
> 사람은 생존한 동안 권리와 의무의 주체가 된다.

② 태아가 사산된 때에는 권리능력이 인정될 수 없으므로 태아 자신은 손해배상청구권을 가지지 못한다. 태아가 특정한 권리에 있어서 이미 태어난 것으로 본다는 것은 살아서 출생한 때에 출생시기가 문제의 사건의 시기까지 소급하여 그때에 태아가 출생한 것과 같이 법률상 보아 준다고 해석하여야 상당하므로 그가 모체와 같이 사망하여 출생의 기회를 못 가진 이상 배상청구권을 논할 여지없다(대판 1976.9.14, 76다1365).
③ 판례는 태아의 수증능력을 부정하며, 또 태아인 동안에는 법정대리인이 있을 수 없으므로, 법정대리인에 의한 수증행위도 할 수 없다고 한다. 즉 민법은 태아의 권리능력에 관하여 개별주의를 취하여 태아에게는 일반적으로 권리능력이 인정되지 아니하고 손해배상청구권 또는 상속 등 특별한 경우에 한하여 제한된 권리능력을 인정하였을 따름이므로 증여에 관하여는 태아의 수증능력이 인정되지 아니하고, 또 태아인 동안에는 법정대리인이 있을 수 없으므로 법정대리인에 의한 수증행위도 할 수 없다(대판 1982.2.9, 81다534).
④ 인정사망은 수해, 화재나 그 밖의 재난으로 사망한 자가 있는 경우에 이를 조사한 관공서의 사망보고에 의하여 가족관계등록부에 사망의 기재를 하여 사망한 것으로 추정하는 제도이다.

> **비교** 실종선고는 사망을 의제하는 제도라는 차이가 있다.

⑤ 실종선고는 종래의 주소와 거소를 중심으로 한 사법상의 법률관계에 관하여만 사망한 것으로 간주할 뿐 권리능력을 박탈하는 제도는 아니다.

02 능력에 관한 설명으로 옳은 것은? (다툼이 있으면 판례에 따름) ▶ 2017 감정평가사

① 2인 이상이 동일한 위난으로 사망한 경우에는 동시에 사망한 것으로 본다.
② 태아는 불법행위로 인한 손해배상청구권에 관하여 이미 출생한 것으로 추정한다.
③ 태아는 그 법정대리인에 의하여 수증행위를 할 수 있다.
④ 제한능력을 이유로 법률행위를 취소한 경우, 제한능력자는 선의·악의를 묻지 아니하고 그 행위로 인하여 받은 이익이 현존하는 한도에서 상환할 책임이 있다.
⑤ 계약자유의 원칙상 제한능력자를 보호하는 규정에 반하는 매매계약도 유효하다.

정답해설

① 제30조【동시사망】2인 이상이 동일한 위난으로 사망한 경우에는 동시에 사망한 것으로 추정한다.
② 제762조【손해배상청구권에 있어서의 태아의 지위】태아는 손해배상의 청구권에 관하여는 이미 출생한 것으로 본다.
③ 판례는 태아의 수증능력을 부정하며, 또 태아인 동안에는 법정대리인이 있을 수 없으므로, 법정대리인에 의한 수증행위도 할 수 없다고 한다. 즉 민법은 태아의 권리능력에 관하여 개별주의를 취하여 태아에게는 일반적으로 권리능력이 인정되지 아니하고 손해배상청구권 또는 상속 등 특별한 경우에 한하여 제한된 권리능력을 인정하였을 따름이므로 증여에 관하여는 태아의 수증능력이 인정되지 아니하고, 또 태아인 동안에는 법정대리인이 있을 수 없으므로 법정대리인에 의한 수증행위도 할 수 없다(대판 1982.2.9, 81다534).
④ 법정대리인의 동의를 얻지 않아 계약이 취소된 경우 미성년자 측에서는 선악을 불문하고 현존이익만을 반환하면 된다(제141조 단서).

> **제141조【취소의 효과】**
> 취소된 법률행위는 처음부터 무효인 것으로 본다. 다만, 제한능력자는 그 행위로 인하여 받은 이익이 현존하는 한도에서 상환할 책임이 있다.

⑤ 제한능력자제도는 거래의 안전을 희생시키더라도 제한능력자의 법률행위를 취소할 수 있게 함으로써 제한능력자 개인의 이익을 보호하는 데에 그 근본결단이 있다. 즉 제한능력자제도에 관한 규정은 강행규정에 해당한다. 따라서 제한능력자를 보호하는 규정에 반하는 매매계약은 확정적으로 유효로 되지 않고, 취소할 수 있는 법률행위가 된다.

▶ 정답   01 ④   02 ④

03 A의 운전과실로 인한 교통사고로 甲이 즉사하였다. 甲에게는 아버지 乙과 아내 丙이 있고 丙은 丁을 임신하고 있다. 이에 관한 설명으로 옳지 않은 것은? ▶ 2018 가맹거래사

① 丁이 살아서 출생한 경우, 丁은 丙과 공동으로 甲의 재산을 상속한다.
② 丁이 사산된 경우, A는 丁이 입은 손해에 대하여 배상책임을 지지 않는다.
③ 丁이 살아서 출생한 경우, 丁은 甲의 손해배상청구권을 상속하고, 甲의 사망에 대하여 위자료청구권도 인정된다.
④ 丁이 살아서 출생한 경우, 乙은 甲의 손해배상청구권을 상속받지 못한다.
⑤ 만일 A의 운전과실로 甲이 아닌 丙과 丁이 동시에 즉사하였다면, 甲은 丁의 사망으로 인한 손해배상청구권을 상속한다.

정답해설

①, ③, ④ 제762조(태아는 손해배상의 청구권에 관하여는 이미 출생한 것으로 본다)는 태아 자신이 불법행위의 직접적인 피해자인 경우에 한하여 적용되는 규정이다. 父의 생명침해로 인하여 父에게 발생한 손해배상청구권은 상속규정(제1000조 제3항)에 의하여 태아에게 상속된다. 이 경우 직계존속인 甲의 아버지 乙은 2순위 상속인이 되어 상속받을 수 없게 된다. 결국 태아 丁이 丙과 공동으로 甲의 재산을 상속한다.
이에 반하여 태아도 손해배상청구권에 관하여는 이미 출생한 것으로 보는 바, 부가 교통사고로 상해를 입을 당시 태아가 출생하지 아니하였다고 하더라도 그 뒤에 출생한 이상 부의 부상으로 인하여 입게 될 정신적 고통에 대한 위자료를 청구할 수 있다(대판 1993.4.27, 93다4663).
➡ 판례는 태아가 피해 당시 정신상 고통에 대한 감수성을 갖추고 있지 않더라도 장래 감수할 것임이 현재 합리적으로 기대할 수 있는 경우에 있어서는 즉시 그 청구를 할 수 있다고 하여 태아의 위자료 청구권을 긍정하고 있다(대판 1962.3.15, 4294민상903).
②, ⑤ 태아가 특정한 권리에 있어서 이미 태어난 것으로 본다는 것은 살아서 출생한 때에 출생시기가 문제의 사건의 시기까지 소급하여 그때에 태아가 출생한 것과 같이 법률상 보아 준다고 해석하여야 상당하므로 그가 모체와 같이 사망하여 출생의 기회를 못 가진 이상 배상청구권을 논할 여지없다(대판 1976.9.14, 76다1365).
따라서 태아 丁이 살아서 출생하지 못하고 태아인 상태에서 사망한 경우에는 손해배상청구권이 발생하지도 않기 때문에 이를 상속할 수도 없다.

> **제762조 【손해배상청구권에 있어서의 태아의 지위】**
> 태아는 손해배상의 청구권에 관하여는 이미 출생한 것으로 본다.

04 의사무능력자 甲은 乙은행으로부터 5천만원을 차용하는 대출거래약정을 체결하면서 그 담보로 자신의 X부동산에 근저당권을 설정하고 乙명의로 그 설정등기를 마쳐주었다. 이에 관한 설명으로 옳은 것을 모두 고른 것은? (다툼이 있으면 판례에 따름) ▶ 2024 감정평가사

> ㄱ. 甲과 乙이 체결한 대출거래약정 및 근저당권설정계약은 무효이다.
> ㄴ. 甲은 그 선의·악의를 묻지 않고 乙에 대하여 현존이익을 반환할 책임이 있다.
> ㄷ. 만약 甲이 乙로부터 대출받은 금원을 곧바로 丙에게 다시 대여하였다면, 乙은 甲에게 丙에 대한 부당이득반환채권의 양도를 구할 수 있다.

① ㄱ
② ㄴ
③ ㄷ
④ ㄱ, ㄴ
⑤ ㄱ, ㄴ, ㄷ

정답해설

모든 항목이 옳다.

ㄱ. (○) : 의사무능력자가 사실상의 후견인이었던 아버지의 보조를 받아 자신의 명의로 대출계약을 체결하고 자신 소유의 부동산에 관하여 근저당권을 설정한 후 의사무능력자의 여동생이 특별대리인으로 선임되어 대출계약 및 근저당권설정계약의 효력을 부인하는 경우에, 이러한 무효 주장이 거래관계에 있는 당사자의 신뢰를 배신하고 정의의 관념에 반하는 예외적인 경우에 해당하지 않는 한 의사무능력자에 의하여 행하여진 법률행위의 무효를 주장하는 것이 신의칙에 반하여 허용되지 않는다고 할 수 없다(대판 2006.9.22, 2004다51627). 의사무능력자 甲과 乙이 체결한 대출거래약정 및 근저당권설정계약은 무효이다.

ㄴ. (○) : 무능력자의 책임을 제한하는 민법 제141조 단서는 부당이득에 있어 수익자의 반환범위를 정한 민법 제748조의 특칙으로서 무능력자의 보호를 위해 그 선의·악의를 묻지 아니하고 반환범위를 현존 이익에 한정시키려는 데 그 취지가 있으므로 의사능력의 흠결을 이유로 법률행위가 무효가 되는 경우에도 유추적용되어야 할 것이나, 법률상 원인 없이 타인의 재산 또는 노무로 인하여 이익을 얻고 그로 인하여 타인에게 손해를 가한 경우에 그 취득한 것이 금전상의 이득인 때에는 그 금전은 이를 취득한 자가 소비하였는가의 여부를 불문하고 현존하는 것으로 추정되므로, 위 이익이 현존하지 아니함은 이를 주장하는 자, 즉 의사무능력자 측에 입증책임이 있다(대판 2009.1.15, 2008다58367).

ㄷ. (○) : 의사무능력자가 자신이 소유하는 부동산에 근저당권을 설정해 주고 금융기관으로부터 금원을 대출받아 이를 제3자에게 대여한 사안에서, 대출로써 받은 이익이 위 제3자에 대한 대여금채권 또는 부당이득반환채권의 형태로 현존하므로, 금융기관은 대출거래약정 등의 무효에 따른 원상회복으로서 위 대출금 자체의 반환을 구할 수는 없더라도 현존 이익인 위 채권의 양도를 구할 수 있다(대판 2009.1.15, 2008다58367).

■ 의사능력과 행위능력 비교

	의사능력	행위능력
능력없는 자의 행위	무효	취소
판단기준	개별적·구체적으로 판단	획일적 규정(강행규정)
신의칙과 관계	민법의 기본원칙 > 신의칙	강행규정 > 신의칙
선의의 제3자	대항 가능	대항 가능
법정추인	×	○
부당이득 제141조 단서 적용여부	제141조 단서 유추적용	제141조 단서 적용

05 제한능력자에 관한 설명으로 옳지 않은 것은? (다툼이 있으면 판례에 따름) ▶ 2016 주택관리사

① 한정후견개시심판의 청구권자에 지방자치단체의 장도 포함된다.
② 특정후견이 개시된 경우, 특정후견인은 피특정후견인이 단독으로 체결한 계약을 취소할 수 없다.
③ 피성년후견인이 일상생활에 필요하고 그 대가가 과도하지 않은 일용품을 구입한 경우, 성년후견인은 그 법률행위를 취소할 수 없다.
④ 미성년자가 친권자로부터 허락받아 행하는 특정 영업과 관련하여서는 그 친권자에게 법정대리권이 인정되지 않는다.
⑤ 경제적으로 미성년자에게 유리한 매매계약은 미성년자가 단독으로 체결했더라도 법정대리인이 취소할 수 없다.

[정답해설]

① 제13조【피한정후견인의 행위와 동의】② 가정법원은 본인, 배우자, 4촌 이내의 친족, 한정후견인, 한정후견감독인, 검사 또는 지방자치단체의 장의 청구에 의하여 제1항에 따른 한정후견인의 동의를 받아야만 할 수 있는 행위의 범위를 변경할 수 있다.
② 피특정후견인은 완전한 행위능력자이다. 일시적으로 또는 특정한 사무에 대하여 후원을 받을 뿐이다. 따라서 특정후견인이 대리권을 수여 받은 영역의 행위이더라도 피특정후견인은 단독으로 유효하게 법률행위를 할 수 있다. 따라서 특정후견인은 피특정후견인이 단독으로 체결한 계약을 취소할 수 없다.
③ 제10조【피성년후견인의 행위와 취소】④ 제1항(피성년후견인의 법률행위는 취소할 수 있다)에도 불구하고 일용품의 구입 등 일상생활에 필요하고 그 대가가 과도하지 아니한 법률행위는 성년후견인이 취소할 수 없다.

> [비교] 제13조 제4항【피한정후견인의 행위와 동의】한정후견인의 동의가 필요한 법률행위를 피한정후견인이 한정후견인의 동의 없이 하였을 때에는 그 법률행위를 취소할 수 있다. 다만, 일용품의 구입 등 일상생활에 필요하고 그 대가가 과도하지 아니한 법률행위에 대하여는 그러하지 아니하다.

④ 민법 제8조 제1항에 의해 법정대리인으로부터 허락을 얻은 특정한 영업에 관하여는 미성년자는 성년자와 동일한 행위능력을 가진다. 따라서 이 범위에서 법정대리권이 소멸한다.

> 제8조【영업의 허락】
> ① 미성년자가 법정대리인으로부터 허락을 얻은 특정한 영업에 관하여는 성년자와 동일한 행위능력이 있다.

⑤ 경제적으로 유리한 매매계약의 체결은 민법 제5조 제1항 단서의 단순히 권리만을 얻거나 의무만을 면하는 행위에 해당되지 않는다. 따라서 법정대리인은 취소할 수 있다.

06 제과점을 경영하는 자가 단독으로 제빵용 기계를 새로 구입하는 계약을 체결하였으나, 그 계약을 취소하고자 한다. 제한능력자임을 이유로 취소권을 행사할 수 있는 경영자인 경우는?

▶ 2017 세무사

① 미성년자이지만 법정대리인으로부터 제과점의 영업허락을 얻은 경우
② 미성년자이지만 혼인한 경우
③ 법원으로부터 취소할 수 없는 법률행위의 범위를 지정받지 않은 피성년후견인이지만 혼인한 경우
④ 부동산 거래로 국한하여 후견 범위가 정하여진 피특정후견인인 경우
⑤ 법률행위를 함에 있어서 한정후견인의 동의를 받을 필요가 없는 피한정후견인인 경우

[정답해설]
① 제8조【영업의 허락】① 미성년자가 법정대리인으로부터 허락을 얻은 특정한 영업에 관하여는 성년자와 동일한 행위능력이 있다.
② 제826조의2【성년의제】미성년자가 혼인을 한 때에는 성년자로 본다.
③ 피성년후견인이 단독으로 한 법률행위는 성년후견인이 취소할 수 있다. 다만 일용품의 구입 등 일상생활에 필요하고 그 대가가 과도하지 아니한 법률행위는 피성년후견인이 단독으로 할 수 있다(제10조). 또한 가정법원은 피성년후견인이 단독으로 할 수 있는 법률행위의 범위를 정할 수 있고, 일정한 자의 청구에 의해 그 범위를 변경할 수도 있다(제10조). 그러므로 피성년후견인에게는 제826조의2 성년의제 규정이 적용되지 않으므로, 취소할 수 없는 법률행위의 범위를 지정받지 않은 피성년후견인은 제한능력자로서 단독으로 행위를 한 경우 취소할 수 있다.
④ 피특정후견인은 완전한 행위능력자이다. 일시적으로 또는 특정한 사무에 대하여 후원을 받을 뿐이다. 따라서 특정후견인이 대리권을 수여받은 영역의 행위이더라도 피특정후견인은 단독으로 유효하게 법률행위를 할 수 있다.
⑤ 피한정후견인은 원칙적으로 행위능력을 유지하며, 다만 가정법원이 한정후견인의 동의를 받도록 정한 행위에 한하여 제한능력자가 된다. 따라서 한정후견인의 동의를 받을 필요가 없는 피한정후견인의 행위는 유효한 법률행위로 취소할 수 없다.

▶ 정답 05 ⑤ 06 ③

07 제한능력자의 법률행위에 관한 설명으로 옳은 것은? (다툼이 있으면 판례에 따름)

▶ 2017 주택관리사

① 피성년후견인이 속임수로써 법정대리인의 동의가 있는 것으로 계약 상대방을 믿게 한 경우에는 그 계약을 취소할 수 없다.
② 의사무능력자는 성년후견개시 심판 없이도 피성년후견인으로서 보호된다.
③ 미성년자가 단순히 자기가 성년자라고 말하여 계약 상대방을 믿게 한 경우에는 그 계약을 취소할 수 있다.
④ 제한능력자의 법률행위가 취소된 경우, 제한능력자가 악의이면 그는 받은 이익 전부를 반환하여야 한다.
⑤ 미성년자가 법정대리인의 동의 없이 시가보다 저렴한 가격으로 컴퓨터를 매수한 경우, 법정대리인은 이를 취소할 수 없다.

[정답해설]
① 피성년후견인의 법률행위는 원칙적으로 취소할 수 있으므로(제10조 제1항), 그가 속임수로써 법정대리인의 동의가 있는 것으로 믿게 한 경우라도 제17조 제2항은 적용되지 않아 여전히 그 행위를 취소할 수 있다.

> **제17조【제한능력자의 속임수】**
> ① 제한능력자가 속임수로써 자기를 능력자로 믿게 한 경우에는 그 행위를 취소할 수 없다.
> ② 미성년자나 피한정후견인이 속임수로써 법정대리인의 동의가 있는 것으로 믿게 한 경우에도 제1항과 같다.

② 정신적 제약으로 사무를 처리할 능력이 지속적으로 결여된 사람에 대하여 가정법원은 일정한 자의 청구에 의해 성년후견개시의 심판을 하는데(제9조), 그 심판을 받은 자를 피성년후견인이라고 한다.
③ 민법 제17조에서 이른바 속임수를 쓴 것이라 함은 적극적으로 사기수단을 쓴 것을 말하는 것이고 단순히 자기가 능력자라 사언함은 속임수(사술)를 쓴 것이라고 할 수 없다(대판 1971.12.14, 71다2045). 즉 적극적 기망수단을 쓴 것을 의미하므로, '성년자로 군대에 갔다 왔다'고 말하거나, '자기가 사장이라고 말한 것'만 가지고는 속임수를 쓴 것으로 보지 않는다.
④ **제141조【취소의 효과】** 취소된 법률행위는 처음부터 무효인 것으로 본다. 다만, 제한능력자는 그 행위로 인하여 받은 이익이 현존하는 한도에서 상환할 책임이 있다.
제141조는 제한능력자가 설령 악의이더라도 현존이익만을 반환하면 된다는 점에서 제748조 제2항에 대한 특칙을 이룬다.
⑤ 시가보다 저렴한 가격으로 컴퓨터를 매수한 행위는 경제적으로 유리한 매매계약 체결이나, 미성년자가 단순히 권리만을 얻거나 의무(법률상 불이익)만을 면하는 행위(제5조 제1항 단서)에 해당되지 않아 취소할 수 있다.

> **제5조【미성년자의 능력】**
> ① 미성년자가 법률행위를 함에는 법정대리인의 동의를 얻어야 한다. 그러나 권리만을 얻거나 의무만을 면하는 행위는 그러하지 아니하다.

08 미성년자의 행위능력에 관한 설명으로 옳은 것은? (다툼이 있으면 판례에 따름)

▶ 2020 감정평가사

① 행위능력제도는 자기책임의 원칙을 구현하여 거래의 안전을 도모하기 위한 것이다.
② 미성년자가 그 소유의 부동산을 그의 친권자에게 증여하고 소유권이전등기를 마친 경우, 다른 사정이 없으면 적법한 절차를 거친 등기로 추정된다.
③ 친권자는 그의 미성년 자(子)의 이름으로 체결한 계약을 자(子)가 미성년임을 이유로 취소할 수 있다.
④ 친권자가 그의 친구의 제3자에 대한 채무를 담보하기 위하여 미성년 자(子) 소유의 부동산에 담보를 설정하는 행위는 이해상반행위이다.
⑤ 미성년자가 타인을 대리할 때에는 법정대리인의 동의를 얻어야 한다.

정답해설

① 미성년자의 행위능력을 제한하는 제한능력자제도는 거래의 안전을 희생시키더라도 제한능력자인 미성년자의 법률행위를 취소할 수 있게 함으로써 미성년자의 개인의 이익을 보호하는 민법의 근본결단이 있다.
② 전 등기명의인이 미성년자이고 당해 부동산을 친권자에게 증여하는 행위가 이해상반행위라 하더라도 일단 친권자에게 이전등기가 경료된 이상, 특별한 사정이 없는 한, 그 이전등기에 관하여 필요한 절차를 적법하게 거친 것으로 추정된다(대판 2002.2.5. 2001다72029).
③ 친권을 행사하는 부친은 미성년자인 아들의 법정대리인이 되며 그 법정대리인은 논지에 지적하는 바와 같이 미성년자의 승낙을 받을 필요 없이 법정대리인의 이름으로 법률행위를 할 수 있음은 물론 미성년자 본인 이름으로 법률행위를 한 경우에도 법정대리인이 그 행위를 한 이상 미성년자에 대하여 법률행위의 효과가 발생한다(대판 1962.9.20. 62다333). 그러므로 친권자는 그의 미성년 자(子)의 이름으로 체결한 계약을 자(子)가 미성년임을 이유로 취소할 수 없다.
④ 민법 제921조의 이해상반행위란 행위의 객관적 성질상 친권자와 그 자(子) 사이 또는 친권에 복종하는 수인의 자(子) 사이에 이해의 대립이 생길 우려가 있는 행위를 가리키는 것으로서, 친권자의 의도나 그 행위의 결과 실제로 이해의 대립이 생겼는지의 여부는 묻지 않는다(대판 1996.11.22. 96다10270). 따라서 친권자가 그의 친구의 제3자에 대한 채무를 담보하기 위하여 미성년 자(子) 소유의 부동산에 담보를 설정하는 행위는 이해상반행위에 해당하지 않는다.

> **제921조【친권자와 그 자간 또는 수인의 자간의 이해상반행위】**
> ① 법정대리인인 친권자와 그 자 사이에 이해상반되는 행위를 함에는 친권자는 법원에 그 자의 특별대리인의 선임을 청구하여야 한다.
> ② 법정대리인인 친권자가 그 친권에 따르는 수인의 자 사이에 이해상반되는 행위를 함에는 법원에 그 자 일방의 특별대리인의 선임을 청구하여야 한다.

⑤ 대리인은 행위능력자임을 요하지 아니하므로(제117조), 미성년자라 하더라도 타인의 대리인의 지위에서 하는 대리행위는 법정대리인의 동의 없이 단독으로 유효하게 할 수 있다.

> **제117조【대리인의 행위능력】**
> 대리인은 행위능력자임을 요하지 아니한다.

▶ 정답   07 ③   08 ②

09 15세의 미성년자 甲은 친권자 丙의 동의를 얻어 자신의 소유인 X 토지를 乙에게 매도하는 경우, 다음 설명 중 옳은 것을 모두 고른 것은? (다툼이 있으면 판례에 의함)   ▶ 2012 감정평가사

> ㄱ. 丙의 동의는 명시적으로 뿐만 아니라 묵시적으로도 가능하다.
> ㄴ. 丙이 동의를 할 때에는 후견감독인의 동의를 필요로 한다.
> ㄷ. 丙의 동의는 甲의 법률행위 이전에 하여야 하고 이후에 하는 동의는 효력이 없다.
> ㄹ. 甲이 丙의 동의가 있는 것처럼 보이기 위하여 소극적인 사술을 쓴 것만으로도 취소권이 배제된다.
> ㅁ. X토지가 甲명의의 매매계약서에 근거하여 乙에게 소유권이전등기가 경료되었다면, 丙의 동의 여부와 관계없이 적법한 등기로 추정된다.

① ㄱ, ㄹ
② ㄱ, ㅁ
③ ㄴ, ㄷ
④ ㄴ, ㄹ
⑤ ㄷ, ㅁ

정답해설

ㄱ. (O) : 미성년자가 법률행위를 함에 있어서 요구되는 법정대리인의 동의는 언제나 명시적이어야 하는 것은 아니고 묵시적으로도 가능한 것이며, 미성년자의 행위가 위와 같이 법정대리인의 묵시적 동의가 인정되거나 처분허락이 있는 재산의 처분 등에 해당하는 경우라면, 미성년자로서는 더 이상 행위무능력을 이유로 그 법률행위를 취소할 수 없다(대판 2007.11.16, 2005다71659·71666·71673).

ㄴ. (×) : 미성년자의 '영업, 금전차용, 의무부담, 부동산 또는 중요한 재산에 관한 권리의 변동, 소송행위, 상속의 승인 등'에 대한 행위에 대해 동의를 하는 때에 후견인은 미성년후견감독인의 동의를 받아야 하는 제한이 있지만, 친권자는 이러한 절차를 거칠 필요가 없다. 따라서 미성년자인 甲의 부동산의 매매하는 행위에 대하여 친권자인 丙이 동의하면 되고, 따로 미성년후견감독인의 동의를 요하지 않는다.

> **제950조 【후견감독인의 동의를 필요로 하는 행위】**
> ① 후견인이 피후견인을 대리하여 다음 각 호의 어느 하나에 해당하는 행위를 하거나 미성년자의 다음 각 호의 어느 하나에 해당하는 행위에 동의를 할 때는 후견감독인이 있으면 그의 동의를 받아야 한다.
> 1. 영업에 관한 행위
> 2. 금전을 빌리는 행위
> 3. 의무만을 부담하는 행위
> 4. 부동산 또는 중요한 재산에 관한 권리의 득실변경을 목적으로 하는 행위
> 5. 소송행위
> 6. 상속의 승인, 한정승인 또는 포기 및 상속재산의 분할에 관한 협의

ㄷ. (×) : 법정대리인의 동의는 사전에 행해져야 함이 원칙이나, 사후에 하는 경우에도 추인의 의미로서 유효하다.

ㄹ. (×) : 민법 제17조에 이른바 "무능력자가 사술로써 능력자로 믿게 한 때"에 있어서의 사술을 쓴 것이라 함은 적극적으로 사기수단을 쓴 것을 말하는 것이고 단순히 자기가 능력자라 사언함은 사술을 쓴 것이라고 할 수 없다(대판 1971.12.14, 71다2045).

ㅁ. (O) : 매도증서 등에 소유자이던 미성년자의 법정대리인(부)으로부터 매수하였다고 함에 따른 대리관계가 나타나 있지 않다는 사유만으로 매수인 명의 소유권이전등기의 적법추정력이 깨어지지 아니한다(대판 1991.7.9, 91다11001).

10

2017.6.3. 15세인 甲이 친권자 乙의 동의 및 처분허락 없이 본인 소유의 자전거를 丙에게 30만원에 매도하였다. 이에 관한 설명으로 옳지 않은 것은? (다툼이 있으면 판례에 따름)

▶ 2017 주택관리사

① 甲은 乙의 동의 없이 매매계약을 취소할 수 있다.
② 2017.7.14. 甲이 乙의 동의 없이 丙에 대한 대금채권을 丁에게 양도한 후 丙에게 양도사실을 통지하였다면, 甲은 매매계약을 취소할 수 없다.
③ 甲과 丙이 제한능력자에 관한 규정의 적용을 배제하기로 약정하였더라도 乙은 매매계약을 취소할 수 있다.
④ 丙이 乙에게 1개월 이상의 기간을 정하여 매매계약에 대한 추인 여부의 확답을 촉구한 경우, 乙이 그 기간 내에 확답을 발송하지 아니하면 이를 추인한 것으로 본다.
⑤ 丙이 계약체결 당시 甲이 미성년자라는 사실을 알았다면, 丙은 乙의 추인 전이라도 자신의 의사표시를 철회할 수 없다.

정답해설

① 제한능력자 甲 자신도 법정대리인인 乙의 동의 없이 단독으로 유효하게 취소권을 행사할 수 있다(제140조).
② 제145조 제5호 사유인 취소할 수 있는 행위로 취득한 권리의 전부나 일부의 양도에 해당하나 법정추인은 취소원인이 소멸한 후에 하여야 인정되는데, 甲은 2017.7.14. 아직 미성년자이므로 법정추인으로 인정되지 않는다. 따라서 취소할 수 있다.
③ 제한능력자제도에 관한 규정은 강행규정에 해당하므로 당사자들의 약정으로 배제할 수 없다.
④ 제15조【제한능력자의 상대방의 확답을 촉구할 권리】② 제한능력자가 아직 능력자가 되지 못한 경우에는 그의 법정대리인에게 제1항의 촉구를 할 수 있고, 법정대리인이 그 정하여진 기간 내에 확답을 발송하지 아니한 경우에는 그 행위를 추인한 것으로 본다.
⑤ 제16조【제한능력자의 상대방의 철회권과 거절권】① 제한능력자가 맺은 계약은 추인이 있을 때까지 상대방이 그 의사표시를 철회할 수 있다. 다만, 상대방이 계약 당시에 제한능력자임을 알았을 경우에는 그러하지 아니하다.

11 다음 사례에 관한 설명 중 옳지 않은 것은? (다툼이 있는 경우에는 판례에 의함)

> 미성년자 甲은 18세가 된 2011.5.4. 법정대리인 A의 동의 없이 신용카드회사 乙과 카드발행계약을 체결하여 카드를 발급받았다. 甲은 B가 운영하는 휴대전화 대리점에서 휴대전화 1대를 구입하면서 그 대금 20만원을 위 카드로 결제하였다. 이러한 사실을 알게 된 A는 2011.8.4. 위 카드발행계약을 취소하였으나, 乙은 휴대전화 대리점 주인 B에게 甲의 카드이용대금을 지급하였다.

① A의 위 취소가 유효한 경우에도, 乙은 이미 지급한 甲의 카드이용대금의 반환을 B에게 청구할 수 없다.
② A의 위 취소가 유효한 경우에도, 특별한 사정이 없는 한, 甲은 乙에게 20만원을 지급하여야 한다.
③ 만일 A 또는 甲이 위 카드발행계약을 취소하지 않은 상태에서 甲이 성년이 되었다면, 그 이후로는 A는 물론 甲도 위 카드발행계약을 취소할 수 없다.
④ 甲이 카드발행계약을 체결할 때 乙에게 단순히 '자신이 성년자'라고 말한 사실이 있더라도, 乙은 甲의 속임수를 이유로 A의 취소에 대항할 수 없다.
⑤ 위 ④에서, 甲의 속임수가 있었는지의 여부에 대한 증명책임은 乙에게 있다.

정답해설

①, ② 미성년자가 신용카드발행인과 사이에 신용카드 이용계약을 체결하여 신용카드거래를 하다가 신용카드 이용계약을 취소하는 경우 미성년자는 그 행위로 인하여 받은 이익이 현존하는 한도에서 상환할 책임이 있는 바, 신용카드 이용계약이 취소됨에도 불구하고 신용카드회원과 해당 가맹점 사이에 체결된 개별적인 매매계약은 특별한 사정이 없는 한 신용카드 이용계약취소와 무관하게 유효하게 존속한다 할 것이고, 신용카드발행인이 가맹점들에 대하여 그 신용카드사용대금을 지급한 것은 신용카드 이용계약과는 별개로 신용카드발행인과 가맹점 사이에 체결된 가맹점 계약에 따른 것으로서 유효하므로, 신용카드발행인의 가맹점에 대한 신용카드이용대금의 지급으로써 신용카드회원은 자신의 가맹점에 대한 매매대금 지급채무를 법률상 원인 없이 면제받는 이익을 얻었으며, 이러한 이익은 금전상의 이득으로서 특별한 사정이 없는 한 현존하는 것으로 추정된다(대판 2005.4.15, 2003다60297·60303·60310·60327).
③ 미성년자 甲이 성년이 되면 법정대리인인 A의 대리권은 소멸하므로, 법정대리인 A는 위 카드발행계약을 취소할 수 없다(제140조 참조). 그러나 성년이 된 甲은 추인할 수 있는 날, 즉 성년이 된 날로부터 3년 내에는 자신의 법률행위를 취소할 수 있다(제146조 참조).
④ 민법 제17조에 이른바 "무능력자가 사술로써 능력자로 믿게 한 때"에 있어서의 사술을 쓴 것이라 함은 적극적으로 사기수단을 쓴 것을 말하는 것이고 단순히 자기가 능력자라 사언함은 사술을 쓴 것이라고 할 수 없다(대판 1971.12.14, 71다2045).
⑤ 미성년자와 계약을 체결한 상대방이 미성년자의 취소권을 배제하기 위하여 민법 제17조 소정의 미성년자가 사술을 썼다고 주장하는 때에는 그 주장자인 상대방 측에 그에 대한 입증책임이 있다(대판 1971.12.14, 71다2045).

▶ 정답 11 ③

제2절 주소

심화문제편

01 민법상 주소에 관한 설명으로 옳지 않은 것은? (다툼이 있으면 판례에 따름) ▸ 2020 가맹거래사

① 생활의 근거되는 곳을 주소로 한다.
② 국내에 주소 없는 자에 대하여는 국내에 있는 거소를 주소로 본다.
③ 어느 행위에 있어서 가주소를 정한 때에는 그 행위에 관하여는 이를 주소로 본다.
④ 주소를 결정할 때 주민등록이 있으면 그것만으로 주소를 결정해야 한다.
⑤ 주소는 동시에 두 곳 이상 있을 수 있다.

[정답해설]

①, ⑤ 제18조【주소】
> ① 생활의 근거가 되는 곳을 주소로 한다.
> ② 주소는 동시에 두 곳 이상 있을 수 있다.

② 제20조【거소】 국내에 주소 없는 자에 대하여는 국내에 있는 거소를 주소로 본다.
③ 제21조【가주소】 어느 행위에 있어서 가주소를 정한 때에는 그 행위에 관하여는 이를 주소로 본다.
  → 가주소는 당사자의 의사에 의하여 설정되며(따라서 제한능력자는 단독으로 가주소를 설정할 수 없다), 특정행위(당해 거래관계)에 관하여만 가주소를 주소로 본다.
④ 주소를 결정함에 있어 주민등록이 중요한 자료가 되기는 하지만 그것만으로 주소가 결정되는 것은 아니다 (대판 1990.8.14, 89누8064). 주민등록지는 공법상 개념이므로 주소와는 다르지만 반증이 없는 한 주소로 추정된다. 따라서 달리 반증이 있으면 실제 거주지가 주소로 되므로 양자가 차이가 있게 된다.

▶ 정답 01 ④

02 주소에 관한 설명으로 옳지 않은 것은?
▶ 2013 주택관리사

① 주소는 동시에 두 곳 이상 있을 수 있다.
② 주소를 알 수 없는 경우에는 거소를 주소로 본다.
③ 주소란 사람의 생활의 근거가 되는 곳을 말한다.
④ 주소는 부재와 실종이나 변제장소를 정하는 표준이 된다.
⑤ 어느 법률행위에 있어서 가주소를 정한 때에는 그 행위에 관하여서는 이를 주소로 추정한다.

정답해설

①, ③ 제18조 【주소】

> ① 생활의 근거가 되는 곳을 주소로 한다.
> ② 주소는 동시에 두 곳 이상 있을 수 있다. → 복수주의

② 제19조 【거소】 주소를 알 수 없으면 거소를 주소로 본다.
④ 제22조 제1항 【부재자의 재산의 관리】 종래의 주소나 거소를 떠난 자가 재산관리인을 정하지 아니한 때에는 법원은 이해관계인이나 검사의 청구에 의하여 재산관리에 관하여 필요한 처분을 명하여야 한다. 본인의 부재 중 재산관리인의 권한이 소멸한 때에도 같다.
제27조 제1항 【실종의 선고】 부재자의 생사가 5년간 분명하지 아니한 때에는 법원은 이해관계인이나 검사의 청구에 의하여 실종선고를 하여야 한다.
제467조 제2항 【변제의 장소】 전항의 경우에 특정물인도 이외의 채무변제는 채권자의 현주소에서 하여야 한다. 그러나 영업에 관한 채무의 변제는 채권자의 현영업소에서 하여야 한다.
⑤ 제21조 【가주소】 어느 행위에 있어서 가주소를 정한 때에는 그 행위에 관하여는 이를 주소로 본다.

▶ 정답 02 ⑤

제3절 부재와 실종

기본문제편

01 부재자에 관한 설명으로 옳지 않은 것은? (다툼이 있으면 판례에 따름) ▶ 2015 감정평가사

① 법원이 선임한 재산관리인이 부재자의 재산에 대해 보존행위를 함에는 법원의 허가를 얻어야 한다.
② 부재자가 재산관리인을 선임하였으나 부재자의 생사가 분명하지 않은 경우, 법원은 청구권자의 청구에 의하여 재산관리인을 개임할 수 있다.
③ 재산관리인의 처분행위에 대한 법원의 허가는 장래의 처분행위뿐만 아니라 과거의 처분행위에 대한 추인을 위해서도 할 수 있다.
④ 법원이 선임한 재산관리인이 부재자의 사망을 확인했더라도 법원에 의해 선임결정이 취소되지 않는 한 재산관리인은 계속하여 권한을 행사할 수 있다.
⑤ 재산관리인은 보수청구권을 가지며, 재산관리로 인하여 과실 없이 입은 손해에 대해 배상을 청구할 수 있다.

정답해설

① 법원이 선임한 재산관리인이 부재자의 재산에 대해 보존행위와 이용·개량하는 관리행위를 함에는 처분행위와는 달리 법원의 허가를 받을 필요가 없다(제25조).

> **제25조【관리인의 권한】**
> 법원이 선임한 재산관리인이 제118조에 규정한 권한을 넘는 행위를 함에는 법원의 허가를 얻어야 한다.
>
> **제118조【대리권의 범위】**
> 권한을 정하지 아니한 대리인은 다음 각 호의 행위만을 할 수 있다.
> 1. 보존행위
> 2. 대리의 목적인 물건이나 권리의 성질을 변하지 아니하는 범위에서 그 이용 또는 개량하는 행위

② 제23조【관리인의 개임】부재자가 재산관리인을 정한 경우에 부재자의 생사가 분명하지 아니한 때에는 법원은 재산관리인, 이해관계인 또는 검사의 청구에 의하여 재산관리인을 개임할 수 있다.
③ 법원의 재산관리인의 초과행위허가의 결정은 그 허가받은 재산에 대한 장래의 처분행위뿐 아니라 기왕의 처분행위를 추인하는 방법으로도 할 수 있다. 따라서 관리인이 허가 없이 부재자 소유 부동산을 매각한 경우라도 사후에 법원의 허가를 얻어 이전등기절차를 경료케 하였다면 추인에 의하여 유효한 처분행위로 된다(대판 1982.9.14, 80다3063; 대판 1982.12.14, 80다1872).
④ 법원에 의하여 부재자재산관리인으로 선임된 자는 그 부재자의 사망이 확인된 후라 할지라도 위 선임결정이 취소되지 않는 한 관리인으로서의 권한이 소멸하지 않고 계속하여 권한을 행사할 수 있고(대판 1991.11.26, 91다11810), 부재자 재산관리인으로서 권한초과 행위의 허가를 받고 그 선임결정이 취소되기 전에 위 권한에 의하여 이루어진 행위는 부재자에 대한 실종선고기간이 만료된 뒤에 이루어졌다고 하더라도 유효하다(대판 1981.7.28, 80다2668).

▶ 정답 01 ①

⑤ 재산관리인은 보수청구권을 가지며, 재산관리로 인하여 과실 없이 입은 손해에 대해 배상을 청구할 수 있다 (제26조 제2항, 법정위임 준용).

> **제26조 【관리인의 담보제공, 보수】**
> ① 법원은 그 선임한 재산관리인으로 하여금 재산의 관리 및 반환에 관하여 상당한 담보를 제공하게 할 수 있다.
> ② 법원은 그 선임한 재산관리인에 대하여 부재자의 재산으로 상당한 보수를 지급할 수 있다.

02 부재자의 재산관리에 관한 설명으로 옳지 않은 것은? (다툼이 있으면 판례에 의함)

▶ 2025 감정평가사

① 부재자로부터 위임받은 재산처분권이 있는 재산관리인은 그 재산을 처분함에 있어 법원의 허가를 받아야 한다.
② 부재자 소유의 부동산에 관한 재산관리인의 매매행위에 대한 법원의 허가결정은 기왕의 매매를 추인하는 방법으로도 할 수 있다.
③ 재산관리인을 선임한 부재자의 생사가 분명하지 아니한 때에 법원은 이해관계인의 청구에 의하여 재산관리인을 개임할 수 있다.
④ 법원이 선임한 재산관리인은 법원의 허가없이 보존행위로서 부동산 소유권이전등기말소등기절차이행청구를 할 수 있다.
⑤ 법원이 선임한 재산관리인이 부재자의 재산을 처분하기 위해서는 특별한 사정이 없는 한 법원의 허가를 받아야 한다.

[정답해설]

① 부재자 스스로 위임한 재산관리인이 있는 경우에는, 그 재산관리인의 권한은 그 위임의 내용에 따라 결정될 것이며 그 위임관리인에게 재산처분권까지 위임된 경우에는 그 재산관리인이 그 재산을 처분함에 있어 법원의 허가를 요하는 것은 아니라 할 것이므로 재산관리인이 법원의 허가 없이 부동산을 처분하는 행위를 무효라고 할 수 없다(대판 1973.7.24, 72다2136).
② 법원의 재산관리인의 초과행위허가의 결정은 그 허가받은 재산에 대한 장래의 처분행위뿐 아니라 기왕의 처분행위를 추인하는 방법으로도 할 수 있다. 따라서 관리인이 허가 없이 부재자 소유 부동산을 매각한 경우라도 사후에 법원의 허가를 얻어 이전등기절차를 경료케 하였다면 추인에 의하여 유효한 처분행위로 된다(대판 1982.9.14, 80다3063 ; 대판 1982.12.14, 80다1872).
③ **제23조【관리인의 개임】** 부재자가 재산관리인을 정한 경우에 부재자의 생사가 분명하지 아니한 때에는 법원은 재산관리인, 이해관계인 또는 검사의 청구에 의하여 재산관리인을 개임할 수 있다.
④ 부동산 소유권이전등기 말소등기절차 이행청구나 인도청구는 보전행위에 불과한 것이므로 법원에 의하여 선임된 부재자재산관리인은 법원의 허가없이 이를 할 수 있다 할 것이고 본법 제950조 소정의 후견인의 권한범위와는 다르다 할 것이다(대판 1964.7.23, 64다108).
⑤ 법원이 선임한 재산관리인은 일종의 법정대리인에 해당하고, 재산관리인의 권한은 법원의 명령에 의해 정해지지만, 그 정함이 없는 경우에는 제118조에서 정한 관리행위(보존·이용·개량 행위)만을 할 수 있는 것이 원칙이다. 따라서 그 범위를 넘어 처분행위인 재산의 매각·담보제공 등의 행위를 한 경우에는 법원의 허가를 받아야 한다(제25조).

> 제25조 【관리인의 권한】
> 법원이 선임한 재산관리인이 제118조에 규정한 권한을 넘는 행위를 함에는 법원의 허가를 얻어야 한다.

03 부재자의 재산관리에 관한 설명으로 옳지 않은 것은? (다툼이 있으면 판례에 따름)

▶ 2023 감정평가사

① 부재자로부터 재산처분권한을 수여받은 재산관리인은 그 재산을 처분함에 있어 법원의 허가를 받을 필요가 없다.
② 부재자가 재산관리인을 정하지 않은 경우, 부재자의 채권자는 재산관리에 필요한 처분을 명할 것을 법원에 청구할 수 있다.
③ 법원이 선임한 재산관리인은 법원의 허가 없이 부재자의 재산에 대한 차임을 청구할 수 있다.
④ 재산관리인의 처분행위에 대한 법원의 허가는 이미 행한 처분행위를 추인하는 방법으로 할 수 있다.
⑤ 부재자가 사망한 사실이 확인되면 부재자 재산관리인 선임결정이 취소되지 않더라도 관리인의 권한은 당연히 소멸한다.

정답해설

① 부재자 스스로 위임한 재산관리인이 있는 경우에는, 그 재산관리인의 권한은 그 위임의 내용에 따라 결정될 것이며 그 위임관리인에게 재산처분권까지 위임된 경우에는 그 재산관리인이 그 재산을 처분함에 있어 법원의 허가를 요하는 것은 아니라 할 것이므로 재산관리인이 법원의 허가 없이 부동산을 처분하는 행위를 무효라고 할 수 없다(대판 1973.7.24, 72다2136).
② 종래의 주소나 거소를 떠난 부재자가 재산관리인을 정하지 아니한 때에는 법원은 이해관계인이나 검사의 청구에 의하여 재산관리에 관하여 필요한 처분을 명하여야 한다(제22조). 이때 이해관계인에는 부재자의 재산보존에 법률상 이해관계를 가진 자로서 추정상속인, 배우자, 수증자, 채권자, 공동채무자, 보증인 등이 포함된다. 따라서 부재자가 재산관리인을 정하지 아니한 때에는 부재자의 채권자는 법률상 이해관계인으로서 재산관리에 필요한 처분을 명할 것을 법원에 청구할 수 있다.

> 제22조 【부재자의 재산의 관리】
> ① 종래의 주소나 거소를 떠난 자가 재산관리인을 정하지 아니한 때에는 법원은 이해관계인이나 검사의 청구에 의하여 재산관리에 관하여 필요한 처분을 명하여야 한다. 본인의 부재중 재산관리인의 권한이 소멸한 때에도 같다.

③ 법원이 선임한 재산관리인이 부재자의 재산에 대해 보존행위와 이용·개량하는 관리행위를 함에는 처분행위와는 달리 법원의 허가를 받을 필요가 없다(제25조). 따라서 '부재자 재산에 대한 차임청구나 불법행위로 인한 손해배상청구'는 보존행위인 점에서 법원의 허가 없이 할 수 있다.

▶ 정답   02 ①   03 ⑤

> **제25조【관리인의 권한】**
> 법원이 선임한 재산관리인이 제118조에 규정한 권한을 넘는 행위를 함에는 법원의 허가를 얻어야 한다.
> **제118조【대리권의 범위】** 권한을 정하지 아니한 대리인은 다음 각 호의 행위만을 할 수 있다.
> 1. 보존행위
> 2. 대리의 목적인 물건이나 권리의 성질을 변하지 아니하는 범위에서 그 이용 또는 개량하는 행위

④ 법원의 재산관리인의 초과행위허가의 결정은 그 허가받은 재산에 대한 장래의 처분행위뿐 아니라 기왕의 처분행위를 추인하는 방법으로도 할 수 있다. 따라서 관리인이 허가 없이 부재자 소유 부동산을 매각한 경우라도 사후에 법원의 허가를 얻어 이전등기절차를 경료케 하였다면 추인에 의하여 유효한 처분행위로 된다(대판 1982.9.14, 80다3063; 대판 1982.12.14, 80다1872).
⑤ 법원에 의하여 부재자재산관리인으로 선임된 자는 그 부재자의 사망이 확인된 후라 할지라도 위 선임결정이 취소되지 않는 한 관리인으로서의 권한이 소멸하지 않고 계속하여 권한을 행사할 수 있다(대판 1991.11.26, 91다11810).

04 실종선고에 관한 설명으로 옳지 않은 것은? (다툼이 있으면 판례에 의함) ▶ 2014 감정평가사

① 선박 침몰로 인한 실종기간은 1년이고, 그 기간은 선박이 침몰한 때부터 기산한다.
② 실종선고가 취소되지 않는 한, 실종선고의 효과가 반증을 통하여 번복되는 것은 아니다.
③ 법원이 실종선고 및 그 취소를 할 때에는 반드시 공시최고의 절차를 거쳐야 한다.
④ 실종선고를 받은 자는 실종기간이 만료한 때에 사망한 것으로 본다.
⑤ 실종선고에 의한 사망의 효과는 실종자의 종래의 주소나 거소를 중심으로 하는 사법적 법률관계에 국한된다.

[정답해설]
① 선박 침몰의 경우이므로 특별실종에 해당하여 보통실종기간인 5년이 아니라, 특별실종기간 1년이 적용된다 (제27조 제2항).

> **제27조【실종의 선고】**
> ① 부재자의 생사가 5년간 분명하지 아니한 때에는 법원은 이해관계인이나 검사의 청구에 의하여 실종선고를 하여야 한다.
> ② 전지에 임한 자, 침몰한 선박 중에 있던 자, 추락한 항공기 중에 있던 자 기타 사망의 원인이 될 위난을 당한 자의 생사가 전쟁종지 후 또는 선박의 침몰, 항공기의 추락 기타 위난이 종료한 후 1년간 분명하지 아니한 때에도 제1항과 같다.

② 민법 제28조는 "실종선고를 받은 자는 민법 제27조 제1항 소정의 생사불명기간이 만료된 때에 사망한 것으로 본다"고 규정하고 있으므로 실종선고가 취소되지 않는 한 반증을 들어 실종선고의 효과를 다툴 수는 없다 (대판 1995.2.17, 94다52751).
→ 실종선고를 받은 자가 생존하여 돌아오더라도 실종선고 자체가 취소되지 않는 한 사망한 것으로 간주하는 효과는 그대로 존속한다.
③ 실종선고를 할 때에는 공시최고가 반드시 필요하나, 실종선고취소를 할 때에는 공시최고를 요하지 아니한다 (가사소송규칙 제53조 참조).

④ 실종선고를 받은 자는 실종선고 시가 아니라 제27조의 실종기간이 만료한 때에 사망한 것으로 본다.

> **제28조 【실종선고의 효과】**
> 실종선고를 받은 자는 전조의 기간이 만료한 때에 사망한 것으로 본다.

⑤ 실종선고는 종래의 주소와 거소를 중심으로 한 사법상의 법률관계에 관하여만 사망한 것으로 간주할 뿐 권리능력을 박탈하는 제도는 아니다. 따라서 선거권 등 공법상의 법률관계에는 영향을 미치지 않는다.
→ 실종선고는 실종자의 종래의 주소와 거소를 중심으로 한 사법상의 법률관계만을 종료케 한다. (○)
→ 실종선고를 받은 자가 살아서 돌아온 경우에 그 자가 형성한 새로운 법률관계는 실종선고의 취소가 없더라도 유효하다. (○)

05 실종선고와 그 취소에 관한 설명으로 옳은 것은? (다툼이 있으면 판례에 의함)

▶ 2013 감정평가사

① 실종선고 또는 인정사망이 있는 경우 사망한 것으로 본다.
② 실종선고의 취소는 실종기간 경과 후 취소 전에 선의로 한 행위의 효력에 영향을 미치지 않는다.
③ 실종선고를 받은 자가 생환한 경우 그 실종선고는 효력을 잃는다.
④ 실종선고가 취소되면 실종선고를 원인으로 재산을 취득한 자는 받은 이익의 전부를 반환하여야 한다.
⑤ 동일인에 대하여 2차례의 실종선고가 있는 경우 첫 번째 실종선고를 기준으로 상속관계를 판단한다.

정답해설

① 실종선고는 사망한 것으로 간주하는 제도이다. 그러나 인정사망은 사실상 사망한 것으로 추정하는 것이라는 점에서 실종선고와 다르다.
② **제29조 제1항 【실종선고의 취소】** 실종자의 생존한 사실 또는 전조의 규정과 상이한 때에 사망한 사실의 증명이 있으면 법원은 본인, 이해관계인 또는 검사의 청구에 의하여 실종선고를 취소하여야 한다. 그러나 실종선고 후 그 취소 전에 선의로 한 행위의 효력에 영향을 미치지 아니한다.
③ 민법 제28조는 "실종선고를 받은 자는 민법 제27조 제1항 소정의 생사불명기간이 만료된 때에 사망한 것으로 본다"고 규정하고 있으므로 실종선고가 취소되지 않는 한 반증을 들어 실종선고의 효과를 다툴 수는 없다(대판 1995.2.17, 94다52751).
→ 실종선고를 받은 자가 생존하여 돌아오더라도 실종선고 자체가 취소되지 않는 한 사망한 것으로 간주하는 효과는 그대로 존속한다.
④ **제29조 제2항 【실종선고의 취소】** 실종선고의 취소가 있을 때에 실종의 선고를 직접원인으로 하여 재산을 취득한 자가 선의인 경우에는 그 받은 이익이 현존하는 한도에서 반환할 의무가 있고 악의인 경우에는 그 받은 이익에 이자를 붙여서 반환하고 손해가 있으면 이를 배상하여야 한다.
⑤ 동일인에 대하여 2차례의 실종선고가 있는 경우, 상속관계의 판단 기준 시점
실종선고는 간주효가 있기 때문에 동일인에 대하여 2차례의 실종선고가 있는 경우 첫 번째 실종선고를 기준으로 상속관계를 판단한다(대판 1995.12.22, 95다12736).

▶ 정답 04 ③ 05 ⑤

06 실종선고에 관한 설명으로 옳지 않은 것은? (다툼이 있으면 판례에 의함) ▶ 2025 감정평가사

① 가족관계등록부상 사망한 것으로 기재되어 있는 자에 대해서는 그 사망기재의 추정력을 뒤집을 수 있는 자료가 없는 한 실종선고를 할 수 없다.
② 부재자가 사망할 때에 1순위의 상속인이 있는 경우 2순위의 상속인은 특별한 사정이 없더라도 그 부재자에 대한 실종선고를 청구할 수 있다.
③ 실종선고를 받은 자는 실종기간이 만료한 때에 사망한 것으로 본다.
④ 실종선고의 취소가 있을 때에 실종선고를 직접 원인으로 재산을 취득한 자가 선의인 경우 특별한 사정이 없는 한 그 받은 이익이 현존하는 한도에서 반환할 의무가 있다.
⑤ 실종선고의 취소가 있을 때에 실종선고를 직접 원인으로 재산을 취득한 자가 악의인 경우 특별한 사정이 없는 한 그 받은 이익에 이자를 붙여서 반환하고 손해가 있으면 이를 배상해야 한다.

정답해설

① 호적부(현 가족관계등록부)의 기재사항은 이를 번복할 만한 명백한 반증이 없는 한 진실에 부합하는 것으로 추정되고, 특히 호적부의 사망기재는 쉽게 번복할 수 있게 해서는 안 되며, 그 기재내용을 뒤집기 위해서는 사망신고 당시에 첨부된 서류들이 위조 또는 허위조작된 문서임이 증명되거나 신고인이 공정증서원본부실기재죄로 처단되었거나 또는 사망으로 기재된 본인이 현재 생존해 있다는 사실이 증명되고 있을 때, 또는 이에 준하는 사유가 있을 때 등에 한해서 호적상의 사망기재의 추정력을 뒤집을 수 있을 뿐이고, 그러한 정도에 미치지 못한 경우에는 그 추정력을 깰 수 없다 할 것이므로, 호적상 이미 사망한 것으로 기재되어 있는 자는 그 호적상 사망기재의 추정력을 뒤집을 수 있는 자료가 없는 한 그 생사가 불분명한 자라고 볼 수 없어 실종선고를 할 수 없다(대판 1997.11.27. 97스4).
② 부재자가 사망할 경우 제1순위의 상속인이 따로 있어 제2순위의 상속인에 불과한 청구인은 특별한 사정이 없는 한 부재자에 대하여 실종선고를 청구할 수 있는 신분상 또는 경제상의 이해관계를 가진 자라고 할 수 없다(대판 1992.4.14. 92스4, 92스5, 926).
③ 제28조【실종선고의 효과】실종선고를 받은 자는 전조의 기간이 만료한 때에 사망한 것으로 본다.
④, ⑤ 제29조【실종선고의 취소】② 실종선고의 취소가 있을 때에 실종의 선고를 직접원인으로 하여 재산을 취득한 자가 선의인 경우에는 그 받은 이익이 현존하는 한도에서 반환할 의무가 있고 악의인 경우에는 그 받은 이익에 이자를 붙여서 반환하고 손해가 있으면 이를 배상하여야 한다.

07 실종선고에 관한 설명으로 옳지 않은 것은? (다툼이 있으면 판례에 따름) ▶ 2021 감정평가사

① 가족관계등록부상 이미 사망으로 기재되어 있는 자에 대해서는 원칙적으로 실종선고를 할 수 없다.
② 실종선고를 받아 사망으로 간주된 자는 실종선고가 취소되지 않는 한 반증을 통해 그 효력을 번복할 수 없다.
③ 실종선고 후 그 취소 전에 선의로 한 행위의 효력은 실종선고의 취소에 의해 영향을 받지 않는다.
④ 실종선고의 취소에는 공시최고를 요하지 않는다.
⑤ 실종자를 당사자로 한 판결이 확정된 후에 실종선고가 확정되어 그 사망간주의 시점이 소 제기 전으로 소급하는 경우, 특별한 사정이 없는 한 그 판결은 당사자능력이 없는 사람을 상대로 한 판결로서 무효가 된다.

> [정답해설]

① 호적부(현 가족관계등록부)의 기재사항은 이를 번복할 만한 명백한 반증이 없는 한 진실에 부합하는 것으로 추정되고, 호적상 이미 사망한 것으로 기재되어 있는 자는 그 호적상 사망기재의 추정력을 뒤집을 수 있는 자료가 없는 한 그 생사가 불분명한 자라고 볼 수 없어 실종선고를 할 수 없다(대판 1997.11.27, 97스4).
② 민법 제28조는 "실종선고를 받은 자는 민법 제27조 제1항 소정의 생사불명기간이 만료된 때에 사망한 것으로 본다"고 규정하고 있으므로 실종선고가 취소되지 않는 한 반증을 들어 실종선고의 효과를 다툴 수는 없다(대판 1995.2.17, 94다52751).
③ 제29조【실종선고의 취소】① 실종자의 생존한 사실 또는 전조의 규정과 상이한 때에 사망한 사실의 증명이 있으면 법원은 본인, 이해관계인 또는 검사의 청구에 의하여 실종선고를 취소하여야 한다. 그러나 실종선고 후 그 취소 전에 선의로 한 행위의 효력에 영향을 미치지 아니한다.
④ 실종선고를 할 때에는 공시최고가 반드시 필요하나, 실종선고 취소를 할 때에는 공시최고를 요하지 아니한다(가사소송규칙 제53조 참조).
⑤ 실종선고의 효력이 발생하기 전에는 실종기간이 만료된 실종자라 하여도 소송상 당사자능력을 상실하는 것은 아니므로 실종선고 확정 전에는 실종기간이 만료된 실종자를 상대로 하여 제기된 소도 적법하고 실종자를 당사자로 하여 선고된 판결도 유효하며 그 판결이 확정되면 기판력도 발생한다고 할 것이고, 이처럼 판결이 유효하게 확정되어 기판력이 발생한 경우에는 그 판결이 해제조건부로 선고되었다는 등의 특별한 사정이 없는 한 그 효력이 유지되어 당사자로서는 그 판결이 재심이나 추완항소 등에 의하여 취소되지 않는 한 그 기판력에 반하는 주장을 할 수 없는 것이 원칙이라 할 것이며, 비록 실종자를 당사자로 한 판결이 확정된 후에 실종선고가 확정되어 그 사망간주의 시점이 소 제기 전으로 소급하는 경우에도 위 판결 자체가 소급하여 당사자능력이 없는 사망한 사람을 상대로 한 판결로서 무효가 된다고는 볼 수 없다(대판 1992.7.14, 92다2455).

▶ 정답   06 ②   07 ⑤

08 부재와 실종에 관한 설명으로 옳지 않은 것은? (다툼이 있으면 판례에 따름) ▸2017 감정평가사
① 부재자는 성질상 자연인에 한한다.
② 법원은 선임한 재산관리인에 대하여 부재자의 재산으로 상당한 보수를 지급할 수 있다.
③ 외국에 장기 체류하는 자가 국내에 있는 재산을 관리하고 있으면 그는 부재자에 해당하지 않는다.
④ 부재자에 대한 실종선고 이전에 법원이 선임한 부재자의 재산관리인이 선임결정 취소 전에 한 처분행위에 기하여 경료된 등기는 적법한 것으로 추정된다.
⑤ 피상속인의 사망 후에 그의 아들에 대한 실종선고가 있었으나 피상속인의 사망 이전에 실종기간이 만료된 경우, 그 아들은 상속인이 될 수 있다.

[정답해설]

①, ③ 부재자란 종래의 주소나 거소를 떠나 당분간 돌아올 가망이 없는 자로서 그의 재산을 관리할 필요가 있는 자를 말한다. 이러한 부재자는 자연인에 한하여 인정되며, 법인은 부재자가 될 수 없다(대결 1965.2.9, 64스9).
② 제26조 제2항 【관리인의 담보제공, 보수】 법원은 그 선임한 재산관리인에 대하여 부재자의 재산으로 상당한 보수를 지급할 수 있다.
④ 사망한 것으로 간주된 자가 그 이전에 생사불명의 부재자로서 그 재산관리에 관하여 법원으로부터 재산관리인이 선임되어 있었다면 재산관리인은 그 부재자의 사망을 확인했다고 하더라도 선임결정이 취소되지 아니하는 한 계속하여 권한을 행사할 수 있다 할 것이므로 재산관리인에 대한 선임결정이 취소되기 전에 재산관리인의 처분행위에 기하여 경료된 등기는 법원의 처분허가 등 모든 절차를 거쳐 적법하게 경료된 것으로 추정된다(대판 1991.11.26, 91다11810).
⑤ 피상속인의 사망 후에 실종선고가 이루어졌으나 피상속인의 사망 이전에 실종기간이 만료된 경우, 실종선고된 자는 재산상속인이 될 수 없다(대판 1982.9.14, 82다144).

▶ 정답   08 ⑤

심화문제편

01 법원이 선임한 부재자의 재산관리인이 법원의 허가 없이도 유효하게 할 수 있는 행위가 아닌 것은?
▶ 2016 주택관리사

① 부재자의 채무를 담보하기 위하여 부재자 소유의 부동산에 저당권을 설정해 주는 행위
② 비가 새는 부재자 소유 건물의 지붕 수선을 도급주는 행위
③ 부재자 소유의 미등기 건물에 대하여 보존등기를 신청하는 행위
④ 부재자가 가진 채권의 소멸시효를 중단시키는 행위
⑤ 부재자가 한 무이자 금전대여를 이자부로 바꾸는 행위

정답해설
법원이 선임한 재산관리인은 일종의 법정대리인에 해당하고, 재산관리인의 권한은 법원의 명령에 의해 정해지지만, 그 정함이 없는 경우에는 제118조에서 정한 관리행위(보존·이용·개량 행위)만을 할 수 있는 것이 원칙이다. 따라서 그 범위를 넘어 처분행위인 재산의 매각·담보제공 등의 행위를 한 경우에는 법원의 허가를 받아야 한다. 만일 이를 위반한 경우에는 무권대리행위로서 원칙적으로 무효이다. 다만 기왕의 처분행위에 대한 추인으로서 법원의 허가를 받으면 유효하다.
①은 담보제공 행위이므로 처분행위에 해당하여 법원의 허가가 필요하나, ②, ③, ④는 보존행위로, ⑤는 이용·개량행위로 법원의 허가가 요구되지 않는다.

> **제25조【관리인의 권한】**
> 법원이 선임한 재산관리인이 제118조에 규정한 권한을 넘는 행위를 함에는 법원의 허가를 얻어야 한다.

▶ 정답 01 ①

02 부재자의 재산관리에 관한 설명으로 옳지 않은 것은? (다툼이 있으면 판례에 따름)

▶ 2020 감정평가사

① 부재자가 스스로 위임한 재산관리인에게 재산처분권까지 준 경우에도 그 재산관리인은 재산처분에 법원의 허가를 얻어야 한다.
② 재산관리인의 권한초과행위에 대한 법원의 허가결정은 기왕의 처분행위를 추인하는 방법으로도 할 수 있다.
③ 재산관리인이 소송절차를 진행하던 중 부재자에 대한 실종선고가 확정되면 그 재산관리인의 지위도 종료한다.
④ 생사불명의 부재자를 위하여 법원이 선임한 재산관리인은 그가 부재자의 사망을 확인한 때에도 선임결정이 취소되지 않으면 계속 권한을 행사할 수 있다.
⑤ 생사불명의 부재자에 대하여 실종이 선고되더라도 법원이 선임한 재산관리인의 처분행위에 근거한 등기는 그 선임결정이 취소되지 않으면 적법하게 마친 것으로 추정된다.

[정답해설]
① 부재자 스스로 위임한 재산관리인이 있는 경우에는, 그 재산관리인의 권한은 그 위임의 내용에 따라 결정될 것이며 그 위임관리인에게 재산처분권까지 위임된 경우에는 그 재산관리인이 그 재산을 처분함에 있어 법원의 허가를 요하는 것은 아니라 할 것이므로 재산관리인이 법원의 허가 없이 부동산을 처분하는 행위를 무효라고 할 수 없다(대판 1973.7.24. 72다2136).
② 법원의 재산관리인의 초과행위허가의 결정은 그 허가받은 재산에 대한 장래의 처분행위를 위한 경우뿐만 아니라 기왕의 처분행위를 추인하는 행위를 행위로도 할 수 있다(대판 1982.9.14. 80다3063; 대판 1982.12.14. 80다1872).
③ 부재자의 재산관리인에 의하여 소송절차가 진행되던 중 부재자 본인에 대한 실종선고가 확정되면 그 재산관리인으로서의 지위는 종료되는 것이므로 상속인 등에 의한 적법한 소송수계가 있을 때까지는 소송절차가 중단된다(대판 1987.3.24. 85다카1151).
④, ⑤ 사망한 것으로 간주된 자가 그 이전에 생사불명의 부재자로서 그 재산관리에 관하여 법원으로부터 재산관리인이 선임되어 있었다면 재산관리인은 그 부재자의 사망을 확인했다고 하더라도 선임결정이 취소되지 아니하는 한 계속하여 권한을 행사할 수 있다 할 것이므로 재산관리인에 대한 선임결정이 취소되기 전에 재산관리인의 처분행위에 기하여 경료된 등기는 법원의 처분허가 등 모든 절차를 거쳐 적법하게 경료된 것으로 추정된다(대판 1991.11.26. 91다11810).

03 법원은 부재자 甲의 재산관리인으로 乙을 선임하였다. 그 후 乙은 법원의 허가를 얻어 甲의 토지를 丙에게 매도·등기하였다. 다음 중 옳지 않은 것은? (다툼이 있으면 판례에 의함)

▶ 2009 감정평가사

① 乙은 원칙적으로 甲의 재산의 관리행위를 할 권한을 가진다.
② 乙이 보존행위와 처분행위를 하는 경우에 법원의 허가가 필요하다.
③ 甲이 생환하여 재산관리인 乙의 선임결정의 취소를 청구한 경우 법원은 이를 취소하여야 한다.
④ ③의 경우 선임결정의 취소는 소급효가 없으므로 乙과 丙의 토지매매계약은 유효하다.
⑤ 만일 甲의 사망이 확인되었더라도 乙의 권한이 당연히 소멸하는 것은 아니다.

[정답해설]

①, ② 법원이 선임한 재산관리인이 부재자의 재산에 대해 보존행위와 이용·개량하는 관리행위를 함에는 처분행위와는 달리 법원의 허가를 받을 필요가 없다(제25조).

> **제25조【관리인의 권한】**
> 법원이 선임한 재산관리인이 제118조에 규정한 권한을 넘는 행위를 함에는 법원의 허가를 얻어야 한다.
> **제118조【대리권의 범위】**
> 권한을 정하지 아니한 대리인은 다음 각 호의 행위만을 할 수 있다.
> 1. 보존행위
> 2. 대리의 목적인 물건이나 권리의 성질을 변하지 아니하는 범위에서 그 이용 또는 개량하는 행위

③ 제22조【부재자의 재산의 관리】 ② 본인이 그 후에 재산관리인을 정한 때에는 법원은 본인, 재산관리인, 이해관계인 또는 검사의 청구에 의하여 전항의 명령을 취소하여야 한다.

④, ⑤ 법정절차에 의하여 재산관리인 선임결정이 취소되지 않는 한 선임된 부재자재산관리인의 권한이 당연히는 소멸되지 아니하고 또 위 결정 이후에 취소된 경우에도 그 취소의 효력은 장래에 향하여서만 생기는 것이며 그간의 부재자재산관리인의 적법한 권한행사의 효과는 이미 사망한 그 부재자의 재산상속인에게 미친다 할 것이다. 또한 법원에 의하여 부재자재산관리인으로 선임된 자는 그 부재자의 사망이 확인된 후라 할지라도 위 선임결정이 취소되지 않는 한 관리인으로서의 권한이 소멸하지 않고 계속하여 권한을 행사할 수 있다(대판 1991.11.26, 91다11810).

▶ 정답 02 ① 03 ②

04 X부동산을 소유한 甲은 재산관리인을 선임하지 않고 장기간 해외출장을 떠났다. 다음 설명 중 옳은 것은? (다툼이 있는 경우에는 판례에 의함) ▶ 2013 행정사

① 법원은 직권으로 X부동산의 관리에 필요한 처분을 명하여야 한다.
② 甲의 채권자의 청구에 의하여 법원이 선임한 재산관리인은 甲의 임의대리인이다.
③ 법원이 선임한 재산관리인은 원칙적으로 법원의 허가 없이 X부동산을 처분할 수 있다.
④ 甲의 재산관리인이 甲을 위해 법원의 허가 없이 X부동산을 처분하였다면, 그 후 법원의 허가를 얻더라도 그 처분은 효력이 없다.
⑤ 甲이 사망한 경우, 재산관리인이 그 사실을 확인하였더라도 법원에 의하여 재산관리인 선임 결정이 취소되지 않는 한, 재산관리인은 계속하여 X부동산을 관리할 수 있다.

[정답해설]
① 법원은 직권이 아닌 이해관계인이나 검사의 청구를 요한다(제22조 참조).

> **제22조【부재자의 재산의 관리】**
> ① 종래의 주소나 거소를 떠난 자가 재산관리인을 정하지 아니한 때에는 법원은 이해관계인이나 검사의 청구에 의하여 재산관리에 관하여 필요한 처분을 명하여야 한다. 본인의 부재중 재산관리인의 권한이 소멸한 때에도 같다.

②, ③ 법원이 선임한 재산관리인은 일종의 법정대리인에 해당하고, 재산관리인의 권한은 법원의 명령에 의해 정해지지만, 그 정함이 없는 경우에는 제118조에서 정한 관리행위(보존·이용·개량 행위)만을 할 수 있는 것이 원칙이다. 따라서 그 범위를 넘어 처분행위인 재산의 매각·담보제공 등의 행위를 한 경우에는 법원의 허가를 받아야 한다. 만일 이를 위반한 경우에는 무권대리행위로서 원칙적으로 무효이다. 다만 기왕의 처분행위에 대한 추인으로서 법원의 허가를 받으면 유효하다.
④ 甲의 재산관리인이 甲을 위해 법원의 허가 없이 X부동산을 처분하였다면, 그 후 법원의 허가를 얻으면 그 처분은 효력이 있다(대판 1982.12.14, 80다1872).
⑤ 甲이 사망한 경우, 재산관리인이 그 사실을 확인하였더라도 법원에 의하여 재산관리인 선임 결정이 취소되지 않는 한, 재산관리인은 계속하여 X부동산을 관리할 수 있고 그 효과는 상속인에게 미친다(대판 1970.1.27, 69다719 등).

05 법원에 의한 부재자재산관리가 종료될 수 있는 사유가 아닌 것은? (다툼이 있으면 판례에 따름)
▶ 2017 세무사

① 부재자가 재산관리인을 선임한 경우
② 부재자가 스스로 재산관리를 할 수 있게 된 경우
③ 부재자가 사망한 경우
④ 부재자에 대하여 실종선고가 행하여진 경우
⑤ 부재자가 행방불명이 된 경우

> 정답해설

①, ②, ③, ④ 부재자 스스로 그의 재산을 관리하게 된 때 또는 그의 사망이 분명하게 되거나 실종선고가 있는 때에는, 부재자 본인 또는 이해관계인의 청구에 의하여 그 명한 처분을 취소하여야 한다(가사소송규칙 제50조). 이러한 경우에는 부재자의 재산을 관리할 필요가 없기 때문이다.
⑤ 부재자의 행방불명은 실종선고의 요건은 될 수 있어도, 아직 실종선고가 있는 것은 아니므로 부재자재산관리의 종료사유는 아니다.

06 부재와 실종에 관한 설명으로 옳은 것은? (다툼이 있으면 판례에 따름)
▶ 2021 주택관리사

① 생존하고 있음이 분명한 자는 부재자가 될 수 없다.
② 법원이 선임한 부재자의 재산관리인은 일종의 법정대리인이므로 자유로이 사임할 수 없다.
③ 법원이 선임한 부재자의 재산관리인은 법원에 의한 별도의 허가가 없더라도 부재자의 재산에 대한 처분행위를 자유롭게 할 수 있다.
④ 실종선고를 받은 자가 종전의 주소에서 새로운 법률행위를 하기 위해서는 실종선고를 취소하여야 한다.
⑤ 잠수장비를 착용하고 바다에 입수한 후 행방불명되었다고 하여 이를 특별실종의 원인되는 사유에 해당한다고 할 수 없다.

> 정답해설

① 생사불명의 상태를 전제로 부재자를 사망한 것으로 간주하는 실종선고와 달리, 부재자란 종래의 주소나 거소를 떠나 당분간 돌아올 가망이 없는 자로서 그의 재산을 관리할 필요가 있는 자를 의미하기 때문에, 생존하고 있음이 분명한 자도 부재자가 될 수 있다.
② 법원이 선임한 부재자의 재산관리인은 부재자 본인의 의사에 의하여서가 아니고 가정법원에 의하여 선임된 자이므로 일종의 법정대리인이다. 그러나 관리인은 언제나 사임할 수 있고, 법원도 얼마든지 개임할 수 있다.
③ 법원이 선임한 재산관리인이 부재자의 재산에 대해 처분행위를 함에는 보존행위와 이용·개량하는 관리행위와는 달리 법원의 허가를 받아야 할 수 있다(제25조).

▶ 정답 04 ⑤ 05 ⑤ 06 ⑤

> **제25조 【관리인의 권한】**
> 법원이 선임한 재산관리인이 제118조에 규정한 권한을 넘는 행위를 함에는 법원의 허가를 얻어야 한다.
>
> **제118조 【대리권의 범위】**
> 권한을 정하지 아니한 대리인은 다음 각 호의 행위만을 할 수 있다.
> 1. 보존행위
> 2. 대리의 목적인 물건이나 권리의 성질을 변하지 아니하는 범위에서 그 이용 또는 개량하는 행위

④ 실종선고는 종래의 주소와 거소를 중심으로 한 사법상의 법률관계에 관하여만 사망한 것으로 간주할 뿐 권리능력을 박탈하는 제도는 아니다. 따라서 실종선고를 받은 자가 종전의 주소에서 새로운 법률행위를 하는 것은 가능하고, 실종선고를 취소하여야 하는 것은 아니다.

⑤ 민법 제27조의 문언이나 규정의 체계 및 취지 등에 비추어, 그 제2항에서 정하는 "사망의 원인이 될 위난"이라고 함은 화재·홍수·지진·화산 폭발 등과 같이 일반적·객관적으로 사람의 생명에 명백한 위험을 야기하여 사망의 결과를 발생시킬 가능성이 현저히 높은 외부적 사태 또는 상황을 가리킨다.

甲이 잠수장비를 착용한 채 바다에 입수하였다가 부상하지 아니한 채 행방불명되었다 하더라도, 이는 "사망의 원인이 될 위난"이라고 할 수 없다(대결 2011.1.31. 2010스165).

> **제27조 【실종의 선고】**
> ② 전지에 임한 자, 침몰한 선박 중에 있던 자, 추락한 항공기 중에 있던 자 기타 사망의 원인이 될 위난을 당한 자의 생사가 전쟁종지 후 또는 선박의 침몰, 항공기의 추락 기타 위난이 종료한 후 1년간 분명하지 아니한 때에도 제1항과 같다.

07 어부 甲은 2015년 7월 1일 조업 중 태풍으로 인하여 선박이 침몰하여 실종된 후 2017년 10월 1일 실종선고를 받았다. 이 사안에 관한 설명으로 옳은 것은? (다툼이 있으면 판례에 따름)
▶ 2019 감정평가사

① 위 실종선고를 위해 필요한 실종기간은 1년이다.
② 甲은 2017년 10월 1일에 사망한 것으로 간주된다.
③ 1순위 상속인이 있더라도 2순위 상속인은 위 실종선고를 신청할 수 있다.
④ 甲이 극적으로 살아서 종래의 주소지로 돌아오면 위 실종선고는 자동으로 취소된다.
⑤ 甲의 생환으로 실종선고가 취소되면 甲의 상속인은 악의인 경우에만 상속재산을 甲에게 반환할 의무가 있다.

정답해설

① 사안은 선박 침몰의 경우이므로 특별실종에 해당한다. 따라서 보통실종기간인 5년이 아니라, 특별실종기간 1년이 적용된다.

> **제27조【실종의 선고】**
> ① 부재자의 생사가 5년간 분명하지 아니한 때에는 법원은 이해관계인이나 검사의 청구에 의하여 실종선고를 하여야 한다.
> ② 전지에 임한 자, 침몰한 선박 중에 있던 자, 추락한 항공기 중에 있던 자 기타 사망의 원인이 될 위난을 당한 자의 생사가 전쟁종지 후 또는 선박의 침몰, 항공기의 추락 기타 위난이 종료한 후 1년간 분명하지 아니한 때에도 제1항과 같다.

② 제28조【실종선고의 효과】실종선고를 받은 자는 전조의 기간이 만료한 때에 사망한 것으로 본다.
따라서 선박 침몰한 2015년 7월 1일이나 초일은 불산입하므로 2015년 7월 2일을 기산점으로 하여 특별실종기간인 1년의 기간이 만료하는 2016년 7월 1일 24시에 사망한 것으로 간주된다.
③ 실종선고의 청구권자로서 이해관계인이란 부재자의 사망으로 직접적으로 신분상 또는 경제상의 권리를 취득하거나 의무를 면하게 되는 자만을 뜻한다. 따라서 제2순위 내지 제3순위 상속인에 불과한 자는 부재자에 대한 실종선고의 여부에 따라 상속지분에 차이가 생긴다고 하더라도 위 부재자의 사망 간주시기에 다른 간접적인 영향에 불과하고 부재자의 실종선고 자체를 원인으로 한 직접적인 결과는 아니므로 부재자에 대한 실종선고를 청구할 이해관계인이 될 수 없다(대판 1992.4.14, 92스4).
④ 민법 제28조는 "실종선고를 받은 자는 민법 제27조 제1항 소정의 생사불명기간이 만료된 때에 사망한 것으로 본다"고 규정하고 있으므로 실종선고가 취소되지 않는 한 반증을 들어 실종선고의 효과를 다툴 수는 없다(대판 1995.2.17, 94다52751).
→ 실종선고를 받은 자가 생존하여 돌아오더라도 실종선고 자체가 취소되지 않는 한 사망한 것으로 간주하는 효과는 그대로 존속한다.
⑤ 상속인과 같이 실종선고를 직접원인으로 하여 재산을 취득한 자는 실종선고가 취소된 경우 선의든 악의든 반환의무가 있으나, 반환범위의 차이만 있을 뿐이다.

> **제29조【실종선고의 취소】**
> ② 실종선고의 취소가 있을 때에 실종의 선고를 직접원인으로 하여 재산을 취득한 자가 선의인 경우에는 그 받은 이익이 현존하는 한도에서 반환할 의무가 있고 악의인 경우에는 그 받은 이익에 이자를 붙여서 반환하고 손해가 있으면 이를 배상하여야 한다.

▶ 정답 07 ①

제4절 법인

기본문제편

01 민법상 비영리사단법인이 법인격을 취득하는 시기는? ▶ 2017 세무사
① 설립자들이 단체를 결성하기로 합의한 때
② 설립자들이 사단법인의 정관을 작성한 때
③ 주무관청으로부터 설립에 관한 허가를 받은 때
④ 주된 사무소의 소재지에서 설립등기를 마친 때
⑤ 기본 재산이 법인의 명의로 등기된 때

[정답해설]
비영리사단법인은 설립행위와 주무관청의 허가를 받아, 주된 사무소의 소재지에서 설립등기를 함으로써 성립한다(제33조).

> **제31조 【법인성립의 준칙】**
> 법인은 법률의 규정에 의함이 아니면 성립하지 못한다. → 법인설립에 관한 자유설립주의의 배제
>
> **제32조 【비영리법인의 성립과 허가】**
> 학술, 종교, 자선, 기예, 사교 기타 영리 아닌 사업을 목적으로 하는 사단 또는 재단은 주무관청의 허가를 얻어 이를 법인으로 할 수 있다. → 법인설립에 관해 비영리법인의 경우 허가주의를 채택
>
> **제33조 【법인설립의 등기】**
> 법인은 그 주된 사무소의 소재지에서 설립등기를 함으로써 성립한다.
> → 등기사항은 제49조 제2항에 규정되어 있다.

02 민법상 법인의 정관에 관한 설명으로 옳은 것은? ▶ 2018 감정평가사
① 사단법인의 정관변경은 법원의 허가를 얻지 않으면 그 효력이 없다.
② 사단법인에서 이사의 대표권에 대한 제한은 정관에 기재되지 않더라도 효력이 있다.
③ 재단법인 설립자는 정관에 그 존립시기나 해산사유를 기재하고 기명날인하여야 한다.
④ 재단법인 설립자가 이사의 임면방법을 정하지 아니하고 사망한 경우, 이해관계인의 청구에 의하여 주무관청이 이를 정한다.
⑤ 재단법인의 재산보전을 위하여 적당한 때에는 정관에 변경방법이 없더라도 명칭 또는 사무소의 소재지를 변경할 수 있다.

정답해설

① 사단법인의 정관변경은 법원의 허가가 아니라, 주무관청의 허가를 얻어야 그 효력이 있다.

> **제42조 【사단법인의 정관의 변경】**
> ① 사단법인의 정관은 총사원 3분의 2 이상의 동의가 있는 때에 한하여 이를 변경할 수 있다. 그러나 정수에 관하여 정관에 다른 규정이 있는 때에는 그 규정에 의한다.
> ② 정관의 변경은 주무관청의 허가를 얻지 아니하면 그 효력이 없다.

비교 법인의 해산에 대한 감독은 법원이 담당

② 이사의 대표권의 제한은 정관에 기재하여야 그 효력이 생기며(제41조), 이를 등기하지 아니하면 제3자에게 대항할 수 없다(제60조). 즉 대표권의 제한은 정관에 기재하는 것으로 족하지 않고 등기해야만 제3자에 대항할 수 있다(제41조, 제49조 제2항 제9호, 제54조 제1항).

> **제60조 【이사의 대표권에 대한 제한의 대항요건】**
> 이사의 대표권에 대한 제한은 등기하지 아니하면 제3자에게 대항하지 못한다.

③ 재단법인은 사단법인과 달리 사원자격의 득실에 관한 규정과 존립시기나 해산사유를 정하는 때에는 그 시기 또는 사유는 정관에 필수적 기재사항이 아니다(제43조, 제40조).

> **제43조 【재단법인의 정관】**
> 재단법인의 설립자는 일정한 재산을 출연하고 제40조 제1호 내지 제5호의 사항을 기재한 정관을 작성하여 기명날인하여야 한다.
>
> **제40조 【사단법인의 정관】**
> 사단법인의 설립자는 다음 각 호의 사항을 기재한 정관을 작성하여 기명날인하여야 한다.
> 1. 목적
> 2. 명칭
> 3. 사무소의 소재지
> 4. 자산에 관한 규정
> 5. 이사의 임면에 관한 규정
> 6. 사원자격의 득실에 관한 규정
> 7. 존립시기나 해산사유를 정하는 때에는 그 시기 또는 사유

④ **제44조 【재단법인의 정관의 보충】** 재단법인의 설립자가 그 명칭, 사무소 소재지 또는 이사임면의 방법을 정하지 아니하고 사망한 때에는 이해관계인 또는 검사의 청구에 의하여 법원이 이를 정한다.

⑤ 재단법인은 원칙적으로 정관변경이 금지되나, 제45조 제2항에 의해 그 재산의 보전을 위하여 적당한 때에는 그 변경방법을 정관에 정하지 않은 때에도 명칭 또는 사무소의 소재지를 변경할 수 있다.

> **제45조 【재단법인의 정관변경】**
> ① 재단법인의 정관은 그 변경방법을 정관에 정한 때에 한하여 변경할 수 있다.
> ② 재단법인의 목적달성 또는 그 재산의 보전을 위하여 적당한 때에는 전항의 규정에 불구하고 명칭 또는 사무소의 소재지를 변경할 수 있다.

▶ 정답   01 ④   02 ⑤

■ 사단법인과 재단법인의 비교

	사단법인	재단법인
의의	일정한 목적 위해 결합한 사람의 단체	일정한 목적 위해 바쳐진 재산의 단체
종류	영리법인[6], 비영리법인	비영리법인만 존재[7]
설립요건	• 비영리성 • 설립행위 ▶ 정관작성 • 주무관처의 허가 • 설립등기	• 비영리성 • 설립행위 ▶ 정관작성 + 출연행위 • 주무관처의 허가 • 설립등기
정관작성	1. 목적 2. 명칭 3. 사무소의 소재지 4. 자산에 관한 규정 5. 이사의 임면에 관한 규정 6. 사원자격의 득실에 관한 규정 7. 존립시기나 해산사유를 정하는 때에는 그 시기 또는 사유	1. 목적 2. 명칭 3. 사무소의 소재지 4. 자산에 관한 규정 5. 이사의 임면에 관한 규정 ×[8] ×
설립의 법적 성질	합동행위, 요식행위	상대방 없는 단독행위, 요식행위
정관보충	없음[9]	• 이해관계인과 검사의 청구로 법원이 함 • 보충대상 ① 명칭 ② 사무소 소재지 ③ 이사의 임면방법 • 목적과 대상은 정해져 있어야 함
정관변경	• 원칙적으로 정관변경 허용 • 총사원 2/3 동의 + 주무관청의 허가	• 원칙적으로 정관변경 불가 • 예외적으로 주무관청의 허가로 가능 ① 정관에 그 변경방법을 규정한 경우 ② 명칭, 사무소 소재지 변경 ③ 목적달성 불가능시 목적도 포함하여 변경가능
해산사유	• 존립기간의 만료 • 법인의 목적 달성 또는 달성의 불능 • 기타 정관에 정한 해산사유의 발생 • 파산 • 설립허가의 취소 • 사원이 없게 된 때 • 총사원 3/4 결의로도 해산가능	• 존립기간의 만료 • 법인의 목적 달성 또는 달성의 불능 • 기타 정관에 정한 해산사유의 발생 • 파산 • 설립허가의 취소 ×[10] ×

---

[6] 상법에서 규율
[7] 사원이 없으므로 영리법인은 개념적으로 성립불가
[8] 사원이 없으므로 준용하지 않음
[9] 사원 스스로가 보충할 수 있기 때문
[10] 사원이 없으므로 해산사유 안됨

03 민법상 법인의 정관에 관한 설명으로 옳은 것은? (다툼이 있으면 판례에 따름)

▶ 2023 감정평가사

① 감사의 임면에 관한 사항은 정관의 필요적 기재사항이다.
② 정관의 임의적 기재사항은 정관에 기재되더라도 정관의 변경절차 없이 변경할 수 있다.
③ 정관변경의 의결정족수가 충족되면 주무관청의 허가가 없어도 정관변경의 효력이 생긴다.
④ 재단법인이 기본재산을 편입하는 행위는 주무관청의 허가를 받지 않아도 유효하다.
⑤ 재단법인의 기본재산에 관한 저당권 설정행위는 특별한 사정이 없는 한 주무관청의 허가를 얻을 필요가 없다.

정답해설

① 감사는 이사와 달리 임의기관으로, 감사의 임면에 관한 사항은 정관의 필요적 기재사항이 아니다.

> **제66조【감사】** 법인은 정관 또는 총회의 결의로 감사를 둘 수 있다.
>
> **제40조【사단법인의 정관】**
> 사단법인의 설립자는 다음 각 호의 사항을 기재한 정관을 작성하여 기명날인하여야 한다.
> 1. 목적
> 2. 명칭
> 3. 사무소의 소재지
> 4. 자산에 관한 규정
> 5. 이사의 임면에 관한 규정
> 6. 사원자격의 득실에 관한 규정
> 7. 존립시기나 해산사유를 정하는 때에는 그 시기 또는 사유

②, ③ 법인의 정관은 필요적 기재사항이든 임의적 기재사항이든 기재되면 동일한 효력이 있는 것으로 변경을 위해서는 모두 주무관청의 허가가 있어야 효력이 발생한다. 정관의 임의적 기재사항이 정관에 기재되더라도 정관의 변경절차 없이는 변경할 수 없다. 또한 정관변경의 의결정족수가 충족되었더라도 주무관청의 허가가 없이는 정관변경의 효력이 생기지 않는다.

> **제42조【사단법인의 정관의 변경】**
> ① 사단법인의 정관은 총사원 3분의 2 이상의 동의가 있는 때에 한하여 이를 변경할 수 있다. 그러나 정수에 관하여 정관에 다른 규정이 있는 때에는 그 규정에 의한다.
> ② 정관의 변경은 주무관청의 허가를 얻지 아니하면 그 효력이 없다.

④ 재단법인의 기본재산에 관한 사항은 정관의 기재사항으로서 기본재산의 변경은 정관의 변경을 초래하기 때문에 주무장관의 허가를 받아야 하고, 따라서 기존의 기본재산을 처분하는 행위는 물론 새로이 기본재산으로 편입하는 행위도 주무장관의 허가가 있어야 유효하고, 또 일단 주무장관의 허가를 얻어 기본재산에 편입하여 정관 기재사항의 일부가 된 경우에는 비록 그것이 명의신탁관계에 있었던 것이라 하더라도 이것을 처분(반환)하는 것은 정관의 변경을 초래하는 점에 있어서는 다를 바 없으므로 주무장관의 허가 없이 이를 이전등기할 수는 없다(대판 1991.5.28, 90다8558).

> **제45조【재단법인의 정관변경】**
> ③ 제42조 제2항의 규정은 전2항의 경우에 준용한다.

▶ 정답   03 ⑤

⑤ 민법상 재단법인의 기본재산에 관한 저당권 설정행위는 특별한 사정이 없는 한 정관의 기재사항을 변경하여야 하는 경우에 해당하지 않으므로, 그에 관하여는 주무관청의 허가를 얻을 필요가 없다(대결 2018.7.20, 2017마1565).

04 민법상 법인의 설립등기사항이 아닌 것은?   ▶ 2012 감정평가사

① 법인의 목적
② 법인의 사무소
③ 자산의 총액
④ 설립허가의 연월일
⑤ 감사의 성명과 주소

정답해설

①, ②, ③, ④ 제49조【법인의 등기사항】

> ① 법인설립의 허가가 있는 때에는 3주간 내에 주된 사무소 소재지에서 설립등기를 하여야 한다.
> ② 전항의 등기사항은 다음과 같다.
>   1. 목적
>   2. 명칭
>   3. 사무소
>   4. 설립허가의 연월일
>   5. 존립시기나 해산사유를 정한 때에는 그 시기 또는 사유
>   6. 자산의 총액
>   7. 출자의 방법을 정한 때에는 그 방법
>   8. 이사의 성명, 주소
>   9. 이사의 대표권을 제한한 때에는 그 제한

⑤ 감사는 임의기관이므로 감사의 성명과 주소는 설립등기사항이 아니다.

> **제66조【감사】**
> 법인은 정관 또는 총회의 결의로 감사를 둘 수 있다.

05 법인의 등기에 관한 설명으로 옳지 않은 것은?   ▶ 2025 감정평가사

① 법인설립의 허가가 있는 때에는 3주간 내에 주된 사무소소재지에서 설립등기를 해야 한다.
② 사원자격의 득실에 관한 사항은 사단법인의 필수등기사항이다.
③ 청산이 종결한 때에는 청산인은 3주간 내에 이를 등기해야 한다.
④ 법인은 그 주된 사무소의 소재지에서 설립등기를 함으로써 성립한다.
⑤ 이사변경등기는 제3자에 대한 대항요건이다.

> [정답해설]

① 제49조【법인의 등기사항】① 법인설립의 허가가 있는 때에는 3주간 내에 주된 사무소 소재지에서 설립등기를 하여야 한다.
② 사원자격의 득실에 관한 사항은 사단법인의 필수등기사항이 아니다(제49조 제2항).

> 제49조【법인의 등기사항】
> ② 전항의 등기사항은 다음과 같다.
>   1. 목적
>   2. 명칭
>   3. 사무소
>   4. 설립허가의 연월일
>   5. 존립시기나 해산이유를 정한 때에는 그 시기 또는 사유
>   6. 자산의 총액
>   7. 출자의 방법을 정한 때에는 그 방법
>   8. 이사의 성명, 주소
>   9. 이사의 대표권을 제한한 때에는 그 제한

③ 제94조【청산종결의 등기와 신고】청산이 종결한 때에는 청산인은 3주간 내에 이를 등기하고 주무관청에 신고하여야 한다.
④ 제33조【법인설립의 등기】법인은 그 주된 사무소의 소재지에서 설립등기를 함으로써 성립한다
⑤ 이사의 변경등기는 설립등기 이외의 등기로 제54조에 따를 때 효력발생요건이 아니라 대항요건이다.

> 제54조【설립등기 이외의 등기의 효력과 등기사항의 공고】
> ① 설립등기 이외의 본 절의 등기사항은 그 등기 후가 아니면 제3자에게 대항하지 못한다.

06 민법상 사단법인에 관한 설명으로 옳지 않은 것은? (다툼이 있으면 판례에 따름)

▶ 2024 감정평가사

① 설립자가 법인의 해산사유를 정하는 경우에는 정관에 그 사유를 기재하여야 한다.
② 사원총회 결의에 의한 정관의 해석은 정관의 규범적 의미와 다르더라도 법인의 구성원을 구속하는 효력이 있다.
③ 사원의 지위는 정관에 달리 정함이 없으면 양도할 수 없다.
④ 정관에 이사의 해임사유에 관한 규정이 있는 경우, 법인은 특별한 사정이 없는 한 정관에서 정하지 않은 사유로 이사를 해임할 수 없다.
⑤ 법원의 직무집행정지 가처분결정에 의해 권한이 정지된 대표이사가 그 정지기간 중 체결한 계약은 그 후 가처분신청이 취하되었더라도 무효이다.

▶ 정답   04 ⑤   05 ②   06 ②

정답해설

① 사단법인의 경우 해산사유를 정하는 때에는 그 사유는 정관에 필수적 기재사항이다(제40조 제7호).

> **제40조【사단법인의 정관】**
> 사단법인의 설립자는 다음 각 호의 사항을 기재한 정관을 작성하여 기명날인하여야 한다.
> 1. 목적
> 2. 명칭
> 3. 사무소의 소재지
> 4. 자산에 관한 규정
> 5. 이사의 임면에 관한 규정
> 6. 사원자격의 득실에 관한 규정
> 7. 존립시기나 해산사유를 정하는 때에는 그 시기 또는 사유

② 사단법인의 정관은 법적 성질이 계약이 아니라 자치법규로 보는 것이 타당하므로, 어느 시점의 사단법인의 사원들이 정관의 규범적인 의미내용과 다른 해석을 사원총회의 결의라는 방법으로 표명하였다고 하더라도 그 결의에 의한 해석은 그 사단법인의 구성원인 사원이나 법인을 구속할 수 없다(대판 2000.11.24, 99다12437).

③ "사단법인의 사원의 지위는 양도 또는 상속할 수 없다"고 한 민법 제56조의 규정은 강행규정은 아니라고 할 것이므로, 정관에 의하여 이를 인정하고 있을 때에는 양도·상속이 허용된다(대판 1992.4.14, 91다26850). 따라서 정관에 달리 정함이 없으면 제56조가 적용되어 사원의 지위는 양도할 수 없다.

> **제56조【사원권의 양도, 상속금지】**
> 사단법인의 사원의 지위는 양도 또는 상속할 수 없다.

④ 법인과 이사의 법률관계는 신뢰를 기초로 하는 위임 유사의 관계이다. 민법 제689조 제1항에 따르면 위임계약은 각 당사자가 언제든지 해지할 수 있다. 그러므로 법인은 원칙적으로 이사의 임기 만료 전에도 언제든지 이사를 해임할 수 있다. 다만 이러한 민법 규정은 임의규정이므로 법인이 자치법규인 정관으로 이사의 해임사유 및 절차 등에 관하여 별도 규정을 둘 수 있다. 이러한 규정은 법인과 이사의 관계를 명확히 하는 것 외에 이사의 신분을 보장하는 의미도 아울러 가지고 있으므로 이를 단순히 주의적 규정으로 볼 수는 없다. 따라서 법인의 정관에 이사의 해임사유에 관한 규정이 있는 경우 이사의 중대한 의무위반 또는 정상적인 사무집행 불능 등의 특별한 사정이 없는 이상 법인은 정관에서 정하지 아니한 사유로 이사를 해임할 수 없다(대판 2024.1.4, 2023다263537).

⑤ 법원의 직무집행정지 가처분결정에 의해 회사를 대표할 권한이 정지된 대표이사가 그 정지기간 중에 체결한 계약은 절대적으로 무효이고, 그 후 가처분신청의 취하에 의하여 보전집행이 취소되었다 하더라도 집행의 효력은 장래를 향하여 소멸할 뿐 소급적으로 소멸하는 것은 아니라 할 것이므로, 가처분신청이 취하되었다 하여 무효인 계약이 유효하게 되지는 않는다(대판 2008.5.29, 2008다4537).

07 민법상 법인의 이사에 관한 설명으로 옳지 않은 것은? (다툼이 있으면 판례에 따름)

▶ 2017 세무사

① 사단법인에는 이사를 두어야 한다.
② 법인의 이사가 그 직무에 관하여 타인에게 손해를 가한 경우, 법인은 그 손해를 배상하여야 한다.
③ 임시이사는 이사가 없거나 결원이 있어서 법인이나 제3자에게 손해가 생길 우려가 있을 경우에 이해관계인이나 검사의 청구에 의하여 법원이 선임한다.
④ 이사가 수인인 경우에는 정관에 다른 규정이 없으면 법인의 사무집행은 이사 각자가 단독으로 결정한다.
⑤ 이사는 정관이나 총회의 결의로 금지하지 않은 사항에 한하여 타인으로 하여금 특정한 행위를 대리하게 할 수 있다.

[정답해설]
① 이사는 대외적으로는 법인을 대표하고 대내적으로는 업무를 집행하는 상설 필요기관이다(제57조).

> **제57조 【이사】**
> 법인은 이사를 두어야 한다.

② **제35조【법인의 불법행위능력】** ① 법인은 이사 기타 대표자가 그 직무에 관하여 타인에게 가한 손해를 배상할 책임이 있다. 이사 기타 대표자는 이로 인하여 자기의 손해배상책임을 면하지 못한다.
③ **제63조【임시이사의 선임】** 이사가 없거나 결원이 있는 경우에 이로 인하여 손해가 생길 염려가 있는 때에는 법원은 이해관계인이나 검사의 청구에 의하여 임시이사를 선임하여야 한다.
④ **제58조【이사의 사무집행】** ② 이사가 수인인 경우에는 정관에 다른 규정이 없으면 법인의 사무집행은 이사의 과반수로써 결정한다.
⑤ **제62조【이사의 대리인선임】** 이사는 정관 또는 총회의 결의로 금지하지 아니한 사항에 한하여 타인으로 하여금 특정한 행위를 대리하게 할 수 있다.

▶ 정답 07 ④

08 민법상 법인의 기관에 관한 설명으로 옳지 않은 것은? ▶ 2016 감정평가사

① 특별대리인은 임시기관으로 법인의 대표기관이다.
② 이사에 의해 선임된 대리인은 법인의 대표기관이 아니다.
③ 감사는 필요기관으로 그 성명과 주소를 등기하여야 한다.
④ 이사가 없는 경우에 이로 인하여 손해가 생길 염려가 있는 때에는 법원은 이해관계인이나 검사의 청구에 의해 임시이사를 선임하여야 한다.
⑤ 법인의 불법행위가 성립하는 경우, 그 가해행위를 한 이사 기타 대표자는 자기의 손해배상책임을 면하지 못한다.

[정답해설]
① 법인과 이사의 이익이 상반하는 사항에 관하여 이사가 대표권이 없게 되므로 법원이 이해관계인이나 검사의 청구에 의하여 선임한 특별대리인은 법인의 임시기관이나, 대표기관이다(제64조).

> **제64조 【특별대리인의 선임】**
> 법인과 이사의 이익이 상반하는 사항에 관하여는 이사는 대표권이 없다. 이 경우에는 전조의 규정에 의하여 특별대리인을 선임하여야 한다.

② 이사에 의해 선임된 대리인은 법인의 대표기관이 아니라 이사의 특정한 행위를 대리할 수 있는 자일 뿐이다.

> **제62조 【이사의 대리인선임】**
> 이사는 정관 또는 총회의 결의로 금지하지 아니한 사항에 한하여 타인으로 하여금 특정한 행위를 대리하게 할 수 있다.

③ 법인은 정관 또는 총회의 결의로 감사를 둘 수 있다(제66조)고 규정되어 있다. 즉 감사는 이사와 달리, 필요기관이 아니고 그 성명과 주소도 등기사항이 아니다(제49조 제2항).
④ 제63조 【임시이사의 선임】 이사가 없거나 결원이 있는 경우에 이로 인하여 손해가 생길 염려가 있는 때에는 법원은 이해관계인이나 검사의 청구에 의하여 임시이사를 선임하여야 한다.
⑤ 법인의 불법행위가 성립하는 경우는 법인 자체가 자신의 고유한 불법행위책임을 부담한다(제35조 제1항 1문). 그러나 가해행위를 한 대표기관 개인도 법인과 함께 손해배상책임을 진다(제35조 제1항 2문). 이 경우 법인과는 부진정연대채무의 관계가 된다.

> **제35조 【법인의 불법행위능력】**
> ① 법인은 이사 기타 대표자가 그 직무에 관하여 타인에게 가한 손해를 배상할 책임이 있다. 이사 기타 대표자는 이로 인하여 자기의 손해배상책임을 면하지 못한다.

09 민법상 법인에 관한 설명으로 옳은 것을 모두 고른 것은? (다툼이 있으면 판례에 따름)

▶ 2019 감정평가사

> ㄱ. 재단법인의 설립을 위해 부동산의 출연이 행해진 경우, 그 부동산의 소유권은 그 출연 시에 곧바로 설립 중인 재단법인에게 귀속된다.
> ㄴ. 법인의 불법행위책임이 성립하기 위해서는 대표기관의 행위일 것이 요구되며, 여기서의 대표기관에는 사실상의 대표자도 포함된다.
> ㄷ. 사단법인 이사의 대표권 제한은 등기되지 않았다고 하더라도 정관에 그 기재가 있는 한, 악의의 제3자에게 대항할 수 있다.
> ㄹ. 재단법인의 감사는 임의기관이다.

① ㄱ, ㄴ
② ㄱ, ㄷ
③ ㄴ, ㄷ
④ ㄴ, ㄹ
⑤ ㄷ, ㄹ

정답해설

ㄱ. (×) : 민법 제48조는 재단법인 성립에 있어서 재산출연자와 법인과의 관계에 있어서의 출연재산의 귀속에 관한 규정이고, 이 규정은 그 기능에 있어서 출연재산의 귀속에 관하여 출연자와 법인과의 관계를 상대적으로 결정함에 있어서의 기준이 되는 것에 불과하여, 출연재산은 출연자와 법인과의 관계에 있어서 그 출연행위에 터 잡아 법인이 성립되면 그로써 출연재산은 민법의 위 조항에 의하여 법인성립 시에 법인에게 귀속되어 법인의 재산이 되는 것이고, 출연재산이 부동산인 경우에 있어서도 위 양 당사자 간의 관계에 있어서는 위 요건(법인의 성립) 외에 등기를 필요로 하는 것이 아니나, 제3자에 대한 관계에 있어서는 출연행위가 법률행위이므로 출연재산의 법인에의 귀속에는 부동산의 권리에 관해서는 법인성립 외에 등기를 필요로 한다(대판 1993.9.14. 93다8054).

> **제48조【출연재산의 귀속시기】**
> ① 생전처분으로 재단법인을 설립하는 때에는 출연재산은 법인이 성립된 때로부터 법인의 재산이 된다.

ㄴ. (○) : 민법 제35조에서 말하는 '법인의 대표자'에는 그 명칭이나 직위 여하, 또는 대표자로 등기되었는지 여부를 불문하고 당해 법인을 실질적으로 운영하면서 법인을 사실상 대표하여 법인의 사무를 집행하는 사람을 포함한다고 해석함이 상당하다(대판 2011.4.28. 2008다15438).

> **제35조【법인의 불법행위능력】**
> ① 법인은 이사 기타 대표자가 그 직무에 관하여 타인에게 가한 손해를 배상할 책임이 있다. 이사 기타 대표자는 이로 인하여 자기의 손해배상책임을 면하지 못한다.

▶ 정답   08 ③   09 ④

ㄷ. (×) : 법인의 정관에 법인 대표권의 제한에 관한 규정이 있으나 그와 같은 취지가 등기되어 있지 않다면 법인은 그와 같은 정관의 규정에 대하여 선의냐 악의냐에 관계없이 제3자에 대하여 대항할 수 없다(대판 1992.2.14, 91다24564).

> **제60조【이사의 대표권에 대한 제한의 대항요건】**
> 이사의 대표권에 대한 제한은 등기하지 아니하면 제3자에게 대항하지 못한다.

ㄹ. (○) : **제66조【감사】** 법인은 정관 또는 총회의 결의로 감사를 둘 수 있다.

> **비교** 재단법인의 필수기관 : 이사

10 법인의 불법행위책임에 관한 설명으로 옳은 것을 모두 고른 것은? (다툼이 있으면 판례에 의함)

▶ 2025 감정평가사

> ㄱ. 법인이 대표이사의 직무상 불법행위로 인해 손해배상책임이 있는 경우 그 이사는 이로 인하여 자기의 손해배상책임을 면하지 못한다.
> ㄴ. 법인사단의 대표자의 행위가 직무에 관한 행위에 해당하지 아니함을 중대한 과실로 알지 못한 피해자는 그 사단에게 손해배상책임을 물을 수 있다.
> ㄷ. 외형상 법인의 대표자의 직무행위로 인정되는 행위가 법령에 위배된 것인 경우에는 법인의 직무에 관한 행위에 해당하지 않는다

① ㄱ
② ㄱ, ㄴ
③ ㄱ, ㄷ
④ ㄴ, ㄷ
⑤ ㄱ, ㄴ, ㄷ

정답해설

ㄱ. (○) : 법인의 대표자가 그 직무에 관하여 타인에게 손해를 가함으로써 법인에 손해배상책임이 인정되는 경우에, 대표자의 행위가 제3자에 대한 불법행위를 구성한다면 그 대표자도 제3자에 대하여 손해배상책임을 면하지 못한다(제35조 제1항).

> **제35조【법인의 불법행위능력】**
> ① 법인은 이사 기타 대표자가 그 직무에 관하여 타인에게 가한 손해를 배상할 책임이 있다. 이사 기타 대표자는 이로 인하여 자기의 손해배상책임을 면하지 못한다.

ㄴ. (×) : 법인의 대표자의 행위가 직무에 관한 행위에 해당하지 아니함을 피해자 자신이 알았거나 또는 중대한 과실로 인하여 알지 못한 경우에는 법인에게 손해배상책임을 물을 수 없다(대판 2004.3.26, 2003다34045).

ㄷ. (×) : 법인이 그 대표자의 불법행위로 인하여 손해배상의무를 지는 것은 그 대표자의 직무에 관한 행위로 인하여 손해가 발생한 것임을 요한다 할 것이나, 그 직무에 관한 것이라는 의미는 행위의 외형상 법인의 대표자의 직무행위라고 인정할 수 있는 것이라면 설사 그것이 대표자 개인의 사리를 도모하기 위한 것이었거나 혹은 법령의 규정에 위배된 것이었다 하더라도 위의 직무에 관한 행위에 해당한다고 보아야 한다(대판 1969.8.26, 68다2320).

11 법인의 불법행위책임에 관한 설명으로 옳은 것은? (다툼이 있으면 판례에 따름)

▶ 2021 감정평가사

① 외형상 직무행위로 인정되는 대표자의 권한 남용행위에 대해서도 법인의 불법행위책임이 인정될 수 있다.
② 등기된 대표자의 행위로 인하여 타인에게 손해를 가한 경우에만 법인의 불법행위책임이 성립할 수 있다.
③ 대표자의 행위가 직무에 관한 행위에 해당하지 않음을 피해자 자신이 중대한 과실로 알지 못한 경우, 법인의 불법행위책임이 인정된다.
④ 대표권 없는 이사가 그 직무와 관련하여 타인에게 손해를 가한 경우, 법인의 불법행위책임이 성립한다.
⑤ 법인의 불법행위책임이 성립하는 경우 그 대표기관은 손해배상책임이 없다.

[정답해설]
① 법인이 그 대표자의 불법행위로 인하여 손해배상의무를 지는 것은 그 대표자의 직무에 관한 행위로 인하여 손해가 발생한 것임을 요한다 할 것이나, 그 직무에 관한 것이라는 의미는 행위의 외형상 법인의 대표자의 직무행위라고 인정할 수 있는 것이라면 설사 그것이 대표자 개인의 사리를 도모하기 위한 것이었거나 혹은 법령의 규정에 위배된 것이었다 하더라도 위의 직무에 관한 행위에 해당한다고 보아야 한다(대판 1969.8.26, 68다2320). 즉 외형상 직무행위로 인정되는 대표자의 권한 남용행위에 대해서도 법인의 불법행위책임이 인정될 수 있다.
② 민법 제35조에서 말하는 '법인의 대표자'에는 그 명칭이나 직위 여하, 또는 대표자로 등기되었는지 여부를 불문하고 당해 법인을 실질적으로 운영하면서 법인을 사실상 대표하여 법인의 사무를 집행하는 사람을 포함한다고 해석함이 상당하다(대판 2011.4.28, 2008다15438).
③ 법인의 대표자의 행위가 직무에 관한 행위에 해당하지 아니함을 피해자 자신이 알았거나 또는 중대한 과실로 인하여 알지 못한 경우에는 법인에게 손해배상책임을 물을 수 없다(대판 2004.3.26, 2003다34045).
④ 민법 제35조에서 말하는 '이사 기타 대표자'는 법인의 대표기관을 의미하는 것이고 대표권이 없는 이사는 법인의 기관이기는 하지만 대표기관은 아니기 때문에 그들의 행위로 인하여 법인의 불법행위는 성립하지 않는다(대판 2005.12.23, 2003다30159).
⑤ 법인의 대표자가 그 직무에 관하여 타인에게 손해를 가함으로써 법인에 손해배상책임이 인정되는 경우에, 대표자의 행위가 제3자에 대한 불법행위를 구성한다면 그 대표자도 제3자에 대하여 손해배상책임을 면하지 못하며(민법 제35조 제1항), 또한 사원도 위 대표자와 공동으로 불법행위를 저질렀거나 이에 가담하였다고 볼 만한 사정이 있으면 제3자에 대하여 위 대표자와 연대하여 손해배상책임을 진다(대결 2009.1.30, 2006마930). 이사 기타 대표자도 그 자신의 제750조의 손해배상책임을 면하지 못하며, 법인과 경합하여 피해자에게 배상책임을 진다. 양자의 관계는 부진정연대채무이다.

▶ 정답 10 ① 11 ①

12 민법 제35조에 의한 법인의 불법행위책임에 관한 설명으로 옳지 않은 것은? (다툼이 있으면 판례에 의함)

▶ 2014 감정평가사

① 법령상 대표권 없는 이사의 행위에 대해서는 법인의 책임이 성립하지 않는다.
② 대표자로 등기되지 않았으나 법인을 실질적으로 운영하면서 법인을 사실상 대표하는 자의 직무수행에 대해서도 법인의 책임이 성립할 수 있다.
③ 대표자 개인의 이익을 도모하기 위한 것이었더라도 외형상 객관적으로 법인의 대표자의 직무행위라고 인정할 수 있는 것이면, 법인의 책임이 성립할 수 있다.
④ 대표기관의 고의적인 불법행위가 있으면 피해자에게 그 불법행위 내지 손해발생에 과실이 있더라도, 과실상계는 허용되지 않는다.
⑤ 법인이 피해자에게 손해를 배상하면, 법인은 그 직무를 수행한 대표기관에 대해 선량한 관리자의 주의의무 위반을 이유로 구상권을 행사할 수 있다.

정답해설

① 민법 제35조에서 말하는 '이사 기타 대표자'는 법인의 대표기관을 의미하는 것이고 대표권이 없는 이사는 법인의 기관이기는 하지만 대표기관은 아니기 때문에 그들의 행위로 인하여 법인의 불법행위는 성립하지 않는다(대판 2005.12.23, 2003다30159).

> **제35조 【법인의 불법행위능력】**
> ① 법인은 이사 기타 대표자가 그 직무에 관하여 타인에게 가한 손해를 배상할 책임이 있다. 이사 기타 대표자는 이로 인하여 자기의 손해배상책임을 면하지 못한다.
> ② 법인의 목적범위 외의 행위로 인하여 타인에게 손해를 가한 때에는 그 사항의 의결에 찬성하거나 그 의결을 집행한 사원, 이사 및 기타 대표자가 연대하여 배상하여야 한다.

② '법인의 대표자'에는 그 명칭이나 직위 여하, 또는 대표자로 등기되었는지 여부를 불문하고 당해 법인을 실질적으로 운영하면서 법인을 사실상 대표하여 법인의 사무를 집행하는 사람을 포함한다고 해석함이 상당하다(대판 2011.4.28, 2008다15438).
③ 행위의 외형상 법인의 대표자의 직무행위라고 인정할 수 있는 것이라면 설사 그것이 대표자 개인의 사리를 도모하기 위한 것이었거나 혹은 법령의 규정에 위배된 것이었다 하더라도 직무행위에 해당한다(대판 1969.8.26, 68다2320).
④ 피해자의 부주의를 이용하여 고의로 불법행위를 저지른 자가 바로 그 피해자의 부주의를 이유로 자신의 책임을 감하여 달라고 주장하는 것은 허용될 수 없다(대판 1995.11.14, 95다30352). 그러한 사유가 있는 자에게 과실상계의 주장을 허용하는 것이 신의칙이 반하기 때문이다.
그러나 법인은 법인에 대한 손해배상책임원인이 대표기관의 고의적인 불법행위라고 하여도, 피해자에게 그 불법행위 내지 손해발생에 과실이 있다면 법원은 과실상계의 법리에 좇아 손해배상의 책임 및 그 금액을 정함에 있어 이를 참작하여야 한다(대판 1987.12.8, 86다카1170). 이로 인하여 무과실의 법정책임을 지는 법인과 고의로 불법행위를 저지른 대표자의 책임이 과실상계로 인하여 범위가 달라질 수 있다.
⑤ 이사 기타 대표자도 그 자신의 제750조의 손해배상책임을 면하지 못하며, 법인과 경합하여 피해자에게 배상책임을 진다. 양자의 관계는 부진정연대채무의 관계이며, 법인이 피해자에게 배상을 하면 법인은 기관 개인에 대하여 선량한 관리자의 주의의무 위반을 이유로 구상권을 행사할 수 있다(제35조 제1항 후단 참조).

> **제61조 【이사의 주의의무】**
> 이사는 선량한 관리자의 주의로 그 직무를 행하여야 한다.

13 법인의 불법행위책임에 관한 설명으로 옳지 않은 것은? (다툼이 있으면 판례에 따름)

▶ 2018 감정평가사

① 대표자는 그 명칭이나 직위는 문제되지 않으며, 대표자로 등기되지 않은 자도 이에 포함될 수 있다.
② 대표자의 행위가 직무에 관한 것이 아님을 피해자가 안 경우, 법인은 책임을 지지 않는다.
③ 외형상 대표자의 직무행위로 인정되어도 그것이 대표자 개인의 사리를 도모하기 위한 것이면, 직무에 관한 행위에 해당하지 않는다.
④ 법인의 책임이 성립하는 경우 특별한 사정이 없는 한, 사원이 그 사항의 총회의결에 찬성했다는 사실만으로 법인과 연대책임을 부담하지는 않는다.
⑤ 법인책임이 대표자의 고의적인 불법행위로 인한 경우에도 피해자에게 과실이 있다면, 법원은 이를 참작하여야 한다.

> 정답해설

① 민법 제35조에서 말하는 '법인의 대표자'에는 그 명칭이나 직위 여하, 또는 대표자로 등기되었는지 여부를 불문하고 당해 법인을 실질적으로 운영하면서 법인을 사실상 대표하여 법인의 사무를 집행하는 사람을 포함한다고 해석함이 상당하다(대판 2011.4.28, 2008다15438).
② 법인의 대표자의 행위가 직무에 관한 행위에 해당하지 아니함을 피해자 자신이 알았거나 또는 중대한 과실로 인하여 알지 못한 경우에는 법인에게 손해배상책임을 물을 수 없다(대판 2004.3.26, 2003다34045).
③ 행위의 외형상 법인의 대표자의 직무행위라고 인정할 수 있는 것이라면 설사 그것이 대표자 개인의 사리를 도모하기 위한 것이었거나 혹은 법령의 규정에 위배된 것이었다 하더라도 직무행위에 해당한다(대판 1969.8.26, 68다2320).
④ 법인의 대표기관의 가해행위가 있는 경우 민법 제35조는 제1항에서 직무관련성이 있는 경우는 우선 법인에게 책임을 지우고, 제2항에서는 외형설의 입장에서 보더라도 직무관련성을 결하여 법인은 책임을 지지 않는 경우는 "그 사항의 의결에 찬성하거나 그 의결을 집행한 사원, 이사 및 기타 대표자"는 그들 사이에 공동불법행위의 성립 여부를 묻지 않고 연대하여 배상하도록 규정(제35조 제2항)하여 피해자를 두텁게 보호하고 있다. 따라서 법인의 책임이 성립하는 경우 특별한 사정이 없는 한, 사원이 그 사항의 총회의결에 찬성했다는 사실만으로 법인과 연대책임을 부담하지는 않는다.
⑤ 피해자의 부주의를 이용하여 고의로 불법행위를 저지른 자가 바로 그 피해자의 부주의를 이유로 자신의 책임을 감하여 달라고 주장하는 것은 허용될 수 없다(대판 1995.11.14, 95다30352). 그러한 사유가 있는 자에게 과실상계의 주장을 허용하는 것이 신의칙이 반하기 때문이다.
그러나 법인은 법인에 대한 손해배상책임원인이 대표기관의 고의적인 불법행위라고 하여도, 피해자에게 그 불법행위 내지 손해발생에 과실이 있다면 법원은 과실상계의 법리에 좇아 손해배상의 책임 및 그 금액을 정함에 있어 이를 참작하여야 한다(대판 1987.12.8, 86다카1170). 이로 인하여 무과실의 법정책임을 지는 법인과 고의로 불법행위를 저지른 대표자의 책임이 과실상계로 인하여 범위가 달라질 수 있다.

▶ 정답 12 ④ 13 ③

14 법인에 관한 설명으로 옳지 않은 것은? (다툼이 있으면 판례에 따름) ▶ 2020 감정평가사

① 법인은 설립등기를 함으로써 성립한다.
② 어느 사단법인과 다른 사단법인의 동일 여부는, 다른 사정이 없으면 사원의 동일 여부를 기준으로 결정된다.
③ 법인의 대표자는 그 명칭이나 직위 여하가 아니라 법인등기를 기준으로 엄격하게 확정하여야 한다.
④ 행위의 외형상 직무행위로 인정할 수 있으면, 대표자 개인의 이익을 위한 것이거나 법령에 위반한 것이라도 직무에 관한 행위이다.
⑤ 대표자의 행위가 직무에 관한 것이 아님을 알았거나 중대한 과실로 모른 피해자는 법인에 손해배상책임을 물을 수 없다.

> 정답해설

① 제33조【법인설립의 등기】법인은 그 주된 사무소의 소재지에서 설립등기를 함으로써 성립한다.
② 사단법인은 일정한 목적을 위해 결합한 사람의 단체에 법인격이 인정된 것을 말하고, 사단법인에 있어 사원자격의 득실변경에 관한 사항은 정관의 기재사항이므로(민법 제40조 제6호), 어느 사단법인과 다른 사단법인이 동일한 것인지 여부는 그 구성원인 사원이 동일한지 여부에 따라 결정됨이 원칙이다. 다만, 사원 자격의 득실변경에 관한 정관의 기재사항이 적법한 절차를 거쳐서 변경된 경우에는 구성원이 다르더라도 그 변경 전후의 사단법인은 동일성을 유지하면서 존속하는 것이고, 이러한 법리는 법인 아닌 사단에 있어서도 마찬가지이다(대판 2008.9.25, 2006다37021).
③ 민법 제35조에서 말하는 '법인의 대표자'에는 그 명칭이나 직위 여하, 또는 대표자로 등기되었는지 여부를 불문하고 당해 법인을 실질적으로 운영하면서 법인을 사실상 대표하여 법인의 사무를 집행하는 사람을 포함한다고 해석함이 상당하다(대판 2011.4.28, 2008다15438).
④ 행위의 외형상 법인의 대표자의 직무행위라고 인정할 수 있는 것이라면 설사 그것이 대표자 개인의 사리를 도모하기 위한 것이었거나 혹은 법령의 규정에 위배된 것이었다 하더라도 직무행위에 해당한다(대판 1969.8.26, 68다2320).
⑤ 법인의 대표자의 행위가 직무에 관한 행위에 해당하지 아니함을 피해자 자신이 알았거나 또는 중대한 과실로 인하여 알지 못한 경우에는 법인에게 손해배상책임을 물을 수 없다(대판 2004.3.26, 2003다34045).

15 사단법인의 사원총회에 관한 설명으로 옳지 않은 것은? ▶ 2016 감정평가사

① 사원총회에는 대외적인 대표권이나 대내적인 업무집행권이 없다.
② 각 사원은 평등한 결의권을 가지며, 정관으로도 달리 정할 수 없다.
③ 정관에 다른 규정이 없는 한, 총사원의 5분의 1 이상이 회의의 목적사항을 제시하여 총회 소집을 청구한 경우에 이사는 임시총회를 소집하여야 한다.
④ 총회는, 정관에 규정이 있으면, 소집 통지에 기재한 목적사항 이외에 대해서도 결의할 수 있다.
⑤ 정관에 다른 규정이 없는 한, 정관변경을 위해서는 총사원의 3분의 2 이상의 동의가 있어야 한다.

[정답해설]

① 이사가 대외적으로 법인을 대표하고(제59조), 법인의 사무를 대내적으로 집행한다(제58조). 사원총회는 모든 사원으로 구성되는 사법법인의 최고의사결정기관이며, 법인을 대표하거나 업무를 집행할 권한은 없다.
② 법인의 각 사원의 결의권은 평등으로 하나, 정관으로 각 사원의 결의권을 불평등하게 정할 수 있다.

> **제73조【사원의 결의권】**
> ① 각 사원의 결의권은 평등으로 한다.
> ② 사원은 서면이나 대리인으로 결의권을 행사할 수 있다.
> ③ 전2항의 규정은 정관에 다른 규정이 있는 때에는 적용하지 아니한다.

③ **제70조【임시총회】** ② 총사원의 5분의 1 이상으로부터 회의의 목적사항을 제시하여 청구한 때에는 이사는 임시총회를 소집하여야 한다. 이 정수는 정관으로 증감할 수 있다.
④ 총회의 소집은 1주간 전에 그 회의의 목적사항을 기재한 통지를 발해야 하고(제71조), 통지한 사항에 관해서만 결의할 수 있으나, 정관의 규정으로 달리 정할 수 있다(제72조). 즉, 정관에 규정시 목적사항 이외의 결의도 가능하다.

> **제71조【총회의 소집】**
> 총회의 소집은 1주간 전에 그 회의의 목적사항을 기재한 통지를 발하고 기타 정관에 정한 방법에 의하여야 한다.
>
> **제72조【총회의 결의사항】**
> 총회는 전조의 규정에 의하여 통지한 사항에 관하여서만 결의할 수 있다. 그러나 정관에 다른 규정이 있는 때에는 그 규정에 의한다.

⑤ 사단법인의 정관의 변경은 사원총회의 전권사항이다. 이때 총사원 3분의 2 이상의 동의가 있어야 가능하나, 정관의 규정으로 달리 정할 수 있다(제42조 제1항).

> **제42조【사단법인의 정관의 변경】**
> ① 사단법인의 정관은 총사원 3분의 2 이상의 동의가 있는 때에 한하여 이를 변경할 수 있다. 그러나 정수에 관하여 정관에 다른 규정이 있는 때에는 그 규정에 의한다.
> ② 정관의 변경은 주무관청의 허가를 얻지 아니하면 그 효력이 없다.

⋯→ 사단법인의 정관은 총사원 4분의 3 이상의 동의가 있는 때에 한하여 이를 변경할 수 있다. (×)

▶ 정답 14 ③ 15 ②

16 법인의 기관에 관한 설명으로 옳지 않은 것은? (다툼이 있으면 판례에 의함) ▶ 2014 감정평가사

① 정관에 다른 규정이 없는 한, 사원총회의 결의사항은 총회를 소집할 때 미리 적법하게 통지한 사항에 한한다.
② 이사 사임의 의사표시가 법인의 대표자에게 도달한 후에는, 특별한 사정이 없으면, 그 의사표시를 철회할 수 없다.
③ 사원총회 소집권자가 총회 구성원들에게 총회 개최의 연기를 통지할 때에는 총회의 소집과 동일한 방식에 의할 필요가 없다.
④ 정관이나 사원총회의 결의로 금지하지 않는 한, 이사는 타인으로 하여금 법인의 제반사무처리를 포괄적으로 대리하게 할 수 있다.
⑤ 사원총회의 결의는 법률 또는 정관에 다른 규정이 없으면 사원 과반수의 출석과 출석사원의 결의권의 과반수로써 한다.

정답해설

① 총회의 소집은 1주간 전에 그 회의의 목적사항을 기재한 통지를 발해야 하고(제71조), 통지한 사항에 관해서만 결의할 수 있으나, 정관의 규정으로 달리 정할 수 있다(제72조). 즉, 정관에 다른 규정이 없는 한 미리 통지한 사항에 한하여만 결의할 수 있다.

> **제71조【총회의 소집】**
> 총회의 소집은 1주간 전에 그 회의의 목적사항을 기재한 통지를 발하고 기타 정관에 정한 방법에 의하여야 한다.
>
> **제72조【총회의 결의사항】**
> 총회는 전조의 규정에 의하여 통지한 사항에 관하여서만 결의할 수 있다. 그러나 정관에 다른 규정이 있는 때에는 그 규정에 의한다.

② 법인과 이사의 법률관계는 신뢰를 기초로 한 위임 유사의 관계이므로, 이사는 민법 제689조 제1항이 규정한 바에 따라 언제든지 사임할 수 있고, 법인의 이사를 사임하는 행위는 상대방 있는 단독행위이므로 그 의사표시가 상대방에게 도달함과 동시에 그 효력을 발생하고, 그 의사표시가 효력을 발생한 후에는 마음대로 이를 철회할 수 없음이 원칙이다(대판 2008.9.25. 2007다17109).
③ 법인이나 법인 아닌 사단의 총회에 있어서 총회의 소집권자가 총회의 소집을 철회·취소하는 경우에는 반드시 총회의 소집과 동일한 방식으로 그 철회·취소를 총회 구성원들에게 통지하여야 할 필요는 없고, 총회 구성원들에게 소집의 철회·취소결정이 있었음이 알려질 수 있는 적절한 조치가 취하여지는 것으로서 충분히 그 소집 철회·취소의 효력이 발생한다(대판 2007.4.12. 2006다77593).
④ 이사에 의해 선임된 대리인은 정관 또는 총회의 결의로 금지하지 아니한 사항에 한하여 이사의 특정한 행위를 대리할 수 있을 뿐 포괄적으로 대리할 수는 없다.

> **제62조【이사의 대리인선임】**
> 이사는 정관 또는 총회의 결의로 금지하지 아니한 사항에 한하여 타인으로 하여금 특정한 행위를 대리하게 할 수 있다.

⑤ **제75조【총회의 결의방법】** ① 총회의 결의는 본법 또는 정관에 다른 규정이 없으면 사원 과반수의 출석과 출석사원의 결의권의 과반수로써 한다.

17 민법상 사단법인의 사원총회에 관한 설명으로 옳지 않은 것은? ▶ 2017 세무사

① 사원총회는 정관의 규정에 의해서도 폐지할 수 없는 사단법인의 필수기관이다.
② 법인의 정관변경은 사원총회의 전속적 권한에 속하지 않으므로, 이사회의 결의로써 정관을 변경할 수 있다.
③ 사단법인의 사무는 정관으로 이사 또는 기타 임원에게 위임한 사항 이외에는 총회의 결의에 의하여야 한다.
④ 임시총회는 총 사원 5분의 1 이상이 회의의 목적사항을 제시하여 청구하는 경우에 소집될 수 있으나, 그 정수는 정관으로 증감할 수 있다.
⑤ 사원총회의 결의는 정관에서 달리 규정하지 않은 한, 서면 또는 대리인에 의할 수 있다.

[정답해설]
① 재단법인에는 사원이 없으므로 사원총회는 없고 총회는 사단법인에만 존재한다. 총회는 최고의 의사결정기관으로서 법인의 필요기관이므로 정관으로도 이를 폐지할 수 없다.
② 정관변경(제42조), 임의해산(제77조 제2항)은 총회의 전권사항이며, 정관에 의해서도 총회의 이 권한을 박탈하지 못한다.
③ 제68조【총회의 권한】사단법인의 사무는 정관으로 이사 또는 기타임원에게 위임한 사항 외에는 총회의 결의에 의하여야 한다.
④ 제70조【임시총회】② 총사원의 5분의 1 이상으로부터 회의의 목적사항을 제시하여 청구한 때에는 이사는 임시총회를 소집하여야 한다. 이 정수는 정관으로 증감할 수 있다.
⑤ 제73조【사원의 결의권】

> ① 각 사원의 결의권은 평등으로 한다.
> ② 사원은 서면이나 대리인으로 결의권을 행사할 수 있다.
> ③ 전2항의 규정은 정관에 다른 규정이 있는 때에는 적용하지 아니한다.

18 사단법인에 관한 설명으로 옳지 않은 것은? (다툼이 있으면 판례에 의함) ▶ 2025 감정평가사

① 사단법인의 정관은 특별한 사정이 없는 한 총사원의 3분의 2 이상의 동의가 있는 때에 한하여 변경할 수 있다.
② 총사원의 5분의 1 이상이 회의의 목적사항을 제시하여 임시총회의 소집을 청구한 경우 이사는 특별한 사정이 없는 한 임시총회를 소집해야 한다.
③ 사단법인은 특별한 사정이 없는 한 총사원의 5분의 3이 동의한 경우에 해산을 결의할 수 있다.
④ 총회 소집 통지에 목적사항으로 기재되지 않은 사항에 대한 결의는 구성원 전원이 그 총회에 참석하여 의결한 경우가 아니면 원칙적으로 무효이다.
⑤ 비법인사단의 사원의 지위는 규약에 의하여 상속될 수 있다.

▶ 정답   16 ④   17 ②   18 ③

정답해설

① 사단법인의 정관은 정수에 관하여 정관에 달리 정한 특별한 사정이 없는 한 총사원의 3분의 2 이상의 동의가 있는 때에 한하여 변경할 수 있다(제42조 제1항).

> **제42조【사단법인의 정관의 변경】**
> ① 사단법인의 정관은 총사원 3분의 2 이상의 동의가 있는 때에 한하여 이를 변경할 수 있다. 그러나 정수에 관하여 정관에 다른 규정이 있는 때에는 그 규정에 의한다.

② 제70조【임시총회】② 총사원의 5분의 1 이상으로부터 회의의 목적사항을 제시하여 청구한 때에는 이사는 임시총회를 소집하여야 한다. 이 정수는 정관으로 증감할 수 있다.

③ 제78조【사단법인의 해산결의】 사단법인은 총사원 4분의 3 이상의 동의가 없으면 해산을 결의하지 못한다. 그러나 정관에 다른 규정이 있는 때에는 그 규정에 의한다.

④ 법인 아닌 사단의 총회에서 회의 소집 통지에 목적 사항으로 기재하지 않은 사항에 관하여 결의한 때에는 구성원 전원이 회의에 참석하여 그 사항에 의하여 의결한 경우가 아닌 한 그 결의가 원칙적으로 무효라고 할 것이다(대판 2015.2.16, 2011다101155).

> **제71조【총회의 소집】** 총회의 소집은 1주간 전에 그 회의의 목적사항을 기재한 통지를 발하고 기타 정관에 정한 방법에 의하여야 한다.
>
> **제72조【총회의 결의사항】** 총회는 전조의 규정에 의하여 통지한 사항에 관하여서만 결의할 수 있다. 그러나 정관에 다른 규정이 있는 때에는 그 규정에 의한다.

⑤ 사단법인의 사원의 지위는 양도 또는 상속할 수 없다고 규정한 민법 제56조의 규정은 강행규정이라고 할 수 없으므로(대판 1992.4.14, 91다26850 참조), 비법인사단에서도 사원의 지위는 규약이나 관행에 의하여 양도 또는 상속될 수 있다(대판 1997.9.26, 95다6205).

> **제56조【사원권의 양도, 상속금지】** 사단법인의 사원의 지위는 양도 또는 상속할 수 없다.

19 민법상 법인의 기관에 관한 설명으로 옳은 것은? (다툼이 있으면 판례에 따름)

▶ 2023 감정평가사

① 이사의 변경등기는 대항요건이 아니라 효력발생요건이다.
② 이사가 수인인 경우, 특별한 사정이 없는 한 법인의 사무에 관하여 이사는 공동으로 법인을 대표한다.
③ 사단법인의 정관 변경에 관한 사원총회의 권한은 정관에 의해 박탈할 수 있다.
④ 이사회에서 법인과 어느 이사와의 관계사항을 의결하는 경우, 그 이사는 의사정족수 산정의 기초가 되는 이사의 수에 포함된다.
⑤ 법인의 대표권 제한에 관한 사항이 등기되지 않았더라도 법인은 대표권 제한에 대해 악의인 제3자에게 대항할 수 있다.

정답해설

① 이사의 변경등기는 설립등기 이외의 등기로 제54조에 따를 때 효력발생요건이 아니라 대항요건이다.

> **제54조 【설립등기 이외의 등기의 효력과 등기사항의 공고】**
> ① 설립등기 이외의 본 절의 등기사항은 그 등기 후가 아니면 제3자에게 대항하지 못한다.

② 이사가 수인인 경우, 원칙적으로 법인의 사무에 관하여 이사는 각자 법인을 대표하고, 특별한 사정이 있을 때 예외적으로 공동으로 대표할 수 있다.

③ 사단법인의 정관의 변경은 해산결의와 함께 사원총회의 전권사항으로, 이러한 사원총회의 권한은 정관으로도 박탈할 수 없다.

> **제68조 【총회의 권한】**
> 사단법인의 사무는 정관으로 이사 또는 기타 임원에게 위임한 사항 외에는 총회의 결의에 의하여야 한다.

④ 민법 제74조는 사단법인과 어느 사원과의 관계사항을 의결하는 경우 그 사원은 의결권이 없다고 규정하고 있으므로, 민법 제74조의 유추해석상 민법상 법인의 이사회에서 법인과 어느 이사와의 관계사항을 의결하는 경우에는 그 이사는 의결권이 없다. 이때 의결권이 없다는 의미는 상법 제368조 제4항, 제371조 제2항의 유추해석상 이해관계 있는 이사는 이사회에서 의결권을 행사할 수는 없으나 의사정족수 산정의 기초가 되는 이사의 수에는 포함되고, 다만 결의 성립에 필요한 출석이사에는 산입되지 아니한다고 풀이함이 상당하다(대판 2009.4.9, 2008다1521).

> **제74조 【사원이 결의권 없는 경우】**
> 사단법인과 어느 사원과의 관계사항을 의결하는 경우에는 그 사원은 결의권이 없다.

⑤ 법인의 정관에 법인 대표권의 제한에 관한 규정이 있으나 그와 같은 취지가 등기되어 있지 않다면 법인은 그와 같은 정관의 규정에 대하여 선의냐 악의냐에 관계없이 제3자에 대하여 대항할 수 없다(대판 1992.2.14, 91다24564). 즉 등기 없이는 대표권 제한에 관한 정관의 규정에 대해 악의의 제3자에 대해서도 대항할 수 없다.

> **제60조 【이사의 대표권에 대한 제한의 대항요건】**
> 이사의 대표권에 대한 제한은 등기하지 아니하면 제3자에게 대항하지 못한다.

20 사단법인과 재단법인의 공통된 해산사유를 모두 고른 것은? ▶ 2017 세무사

| ㄱ. 총회의 결의 | ㄴ. 법인의 목적달성 |
| ㄷ. 설립허가의 취소 | ㄹ. 대표이사에 대한 직무집행정지처분 |

① ㄱ, ㄴ
② ㄱ, ㄷ
③ ㄱ, ㄹ
④ ㄴ, ㄷ
⑤ ㄷ, ㄹ

▶ 정답   19 ④   20 ④

정답해설
ㄱ. (×) : 사원이 없는 재단법인은 사원총회 결의로 인한 해산은 인정될 수 없다.

> 제77조【해산사유】
> ② 사단법인은 사원이 없게 되거나 총회의 결의로도 해산한다.

ㄴ. (○) : ㄷ. (○) : 제77조【해산사유】① 법인은 존립기간의 만료, 법인의 목적의 달성 또는 달성의 불능 기타 정관에 정한 해산사유의 발생, 파산 또는 설립허가의 취소로 해산한다.
ㄹ. (×) : 대표이사에 대한 직무집행정지처분은 있으면 대표이사의 직무를 대행을 할 자를 선임할 사유이지 법인의 해산사유는 아니다(제60조의2).

21 법인의 해산 및 청산에 관한 민법규정의 설명으로 옳지 않은 것은? (다툼이 있으면 판례에 따름)
▶ 2016 주택관리사

① 파산은 사단법인과 재단법인에 공통하는 해산사유이다.
② 해산한 법인은 청산의 목적범위 내에서만 권리능력이 인정된다.
③ 청산 중의 법인은 변제기에 이르지 아니한 채권도 변제할 수 있다.
④ 청산종결등기가 경료되었다면, 청산사무가 완전히 종결하지 않았다고 하더라도 법인은 소멸한다.
⑤ 법인의 청산에 관한 민법 규정은 강행규정이다.

정답해설
① 제77조【해산사유】

> ① 법인은 존립기간의 만료, 법인의 목적의 달성 또는 달성의 불능 기타 정관에 정한 해산사유의 발생, 파산 또는 설립허가의 취소로 해산한다.
> ② 사단법인은 사원이 없게 되거나 총회의 결의로도 해산한다. → 이사가 하나도 없게 된 때는 해산사유가 되지 않는다.

② 제81조【청산법인】해산한 법인은 청산의 목적범위 내에서만 권리가 있고 의무를 부담한다.
③ 제91조【채권변제의 특례】① 청산 중의 법인은 변제기에 이르지 아니한 채권에 대하여도 변제할 수 있다.
④ 법인이 소멸하는 것은 청산종결등기가 된 때가 아니고 청산사무가 사실상 종결된 때이다. 청산종결의 등기가 종료한 후에도 청산사무가 종결되었다고 할 수 없는 경우에는 청산법인으로 계속 존속한다(대판 1980.4.8, 79다2036).
⑤ 민법상의 청산절차에 관한 규정은 모두 제3자의 이해관계에 중대한 영향을 미치기 때문에 이른바 강행규정이다(대판 1995.2.10, 94다13473).

22. 청산인의 직무권한에 관한 설명으로 옳지 않은 것은? ▶ 2021 세무사

① 청산인은 변제기에 이르지 아니한 채권을 변제할 수 있다.
② 청산인은 청산법인의 대표기관이다.
③ 청산인은 취임한 날로부터 2월 내에 3회 이상의 공고로 채권자에 대하여 2월 이상의 기간 내에 그 채권을 신고할 것을 최고하여야 한다.
④ 청산인이 알고 있는 채권자에 대해 각각 그 채권신고를 최고 하였으나 채권신고가 없는 경우 청산인은 알고 있는 채권자를 청산에서 제외할 수 있다.
⑤ 법인이 해산한 때에는 파산의 경우를 제외하고 정관 또는 총회의 결의로 달리 정한 바가 없으면 이사가 청산인이 된다.

[정답해설]

① 청산인은 변제기에 이르지 아니한 채권을 변제할 수 있다.

> **제91조 【채권변제의 특례】**
> ① 청산 중의 법인은 변제기에 이르지 아니한 채권에 대하여도 변제할 수 있다.

② 청산인은 청산법인의 능력의 범위 내에서 내부의 사무를 집행하고, 외부에 대하여는 청산법인을 대표한다(제87조 제2항).

> **제87조 【청산인의 직무】**
> ① 청산인의 직무는 다음과 같다.
>   1. 현존사무의 종결
>   2. 채권의 추심 및 채무의 변제
>   3. 잔여재산의 인도
> ② 청산인은 전항의 직무를 행하기 위하여 필요한 모든 행위를 할 수 있다.

③ **제88조 【채권신고의 공고】** ① 청산인은 취임한 날부터 2개월 내에 3회 이상의 공고로 채권자에 대하여 일정한 기간 내에 그 채권을 신고할 것을 최고하여야 한다. 그 기간은 2개월 이상이어야 한다.

④ **제89조 【채권신고의 최고】** 청산인은 알고 있는 채권자에게 대하여는 각각 그 채권신고를 최고하여야 한다. 알고 있는 채권자는 청산으로부터 제외하지 못한다.

⑤ **제82조 【청산인】** 법인이 해산한 때에는 파산의 경우를 제하고는 이사가 청산인이 된다. 그러나 정관 또는 총회의 결의로 달리 정한 바가 있으면 그에 의한다.

▶ 정답 21 ④ 22 ④

23. 법인에 관한 설명으로 옳지 않은 것은? (다툼이 있으면 판례에 따름) ▶ 2021 감정평가사

① 사단법인 이사의 대표권 제한은 이를 등기하지 않으면 악의의 제3자에게도 대항하지 못한다.
② 재단법인의 정관변경은 그 변경방법을 정관에서 정한 때에도 주무관청의 허가를 얻지 않으면 그 효력이 없다.
③ 재단법인의 기본재산에 관한 근저당권 설정행위는 특별한 사정이 없는 한 주무관청의 허가를 얻을 필요가 없다.
④ 재단법인의 기본재산 변경 시, 그로 인하여 기본재산이 새로이 편입되는 경우에는 주무관청의 허가를 얻을 필요가 없다.
⑤ 법인에 대한 청산종결등기가 경료된 경우에도 청산사무가 종결되지 않는 한 그 범위 내에서는 청산법인으로서 존속한다.

정답해설

① 법인의 정관에 법인 대표권의 제한에 관한 규정이 있으나 그와 같은 취지가 등기되어 있지 않다면 법인은 그와 같은 정관의 규정에 대하여 선의냐 악의냐에 관계없이 제3자에 대하여 대항할 수 없다(대판 1992.2.14, 91다24564).

> **제60조【이사의 대표권에 대한 제한의 대항요건】**
> 이사의 대표권에 대한 제한은 등기하지 아니하면 제3자에게 대항하지 못한다.

② 재단법인은 원칙적으로 정관변경이 인정되지 않으나, 예외적으로 정관변경이 인정되는 경우 제45조 제3항에서 사단법인의 정관변경 규정을 준용하고 있어, 법인의 정관은 모두 주무관청의 허가가 있어야 효력이 발생한다.

> **제45조【재단법인의 정관변경】**
> ① 재단법인의 정관은 그 변경방법을 정관에 정한 때에 한하여 변경할 수 있다.
> ③ 제42조 제2항의 규정은 전2항의 경우에 준용한다.
>
> **제42조【사단법인의 정관의 변경】**
> ① 사단법인의 정관은 총사원 3분의 2 이상의 동의가 있는 때에 한하여 이를 변경할 수 있다. 그러나 정수에 관하여 정관에 다른 규정이 있는 때에는 그 규정에 의한다.
> ② 정관의 변경은 주무관청의 허가를 얻지 아니하면 그 효력이 없다.

③ 민법상 재단법인의 기본재산에 관한 저당권 설정행위는 특별한 사정이 없는 한 정관의 기재사항을 변경하여야 하는 경우에 해당하지 않으므로, 그에 관하여는 주무관청의 허가를 얻을 필요가 없다(대결 2018.7.20, 2017마1565).
④ 재단법인의 기본재산에 관한 사항은 정관의 기재사항으로서 기본재산의 변경은 정관의 변경을 초래하기 때문에 주무장관의 허가를 받아야 하고, 따라서 기존의 기본재산을 처분하는 행위는 물론 새로이 기본재산으로 편입하는 행위도 주무장관의 허가가 있어야 유효하고, 또 일단 주무장관의 허가를 얻어 기본재산에 편입하여 정관 기재사항의 일부가 된 경우에는 비록 그것이 명의신탁관계에 있었던 것이라 하더라도 이것을 처분(반환)하는 것은 정관의 변경을 초래하는 점에 있어서는 다를 바 없으므로 주무장관의 허가 없이 이를 이전등기할 수는 없다(대판 1991.5.28, 90다8558).
⑤ 법인이 소멸하는 것은 청산종결등기가 된 때가 아니고 청산사무가 사실상 종결된 때이다. 청산종결의 등기가 종료한 후에도 청산사무가 종결되었다고 할 수 없는 경우에는 청산법인으로 계속 존속한다(대판 1980.4.8, 79다2036).

24. 민법상 법인에 관한 설명으로 옳지 않은 것은? (다툼이 있으면 판례에 따름) ▶ 2022 감정평가사

① 재단법인의 정관변경은 그 정관에서 정한 방법에 따른 경우에도 주무관청의 허가를 얻지 않으면 효력이 없다.
② 사단법인과 어느 사원과의 관계사항을 의결하는 경우에는 원칙적으로 그 사원은 결의권이 없다.
③ 사단법인의 사원자격의 득실에 관한 규정은 정관의 필요적 기재사항이다.
④ 민법상 법인의 청산절차에 관한 규정에 반하는 합의에 의한 잔여재산처분행위는 특별한 사정이 없는 한 무효이다.
⑤ 청산 중 법인의 청산인은 채권신고기간 내에는 채권자에 대하여 변제할 수 없으므로 법인은 그 기간 동안 지연배상 책임을 면한다.

[정답해설]

① 재단법인은 원칙적으로 정관변경이 인정되지 않으나, 예외적으로 정관변경이 인정되는 경우 제45조 제3항에서 사단법인의 정관변경 규정을 준용하고 있어, 법인의 정관은 모두 주무관청의 허가가 있어야 효력이 발생한다.

> **제45조 【재단법인의 정관변경】**
> ① 재단법인의 정관은 그 변경방법을 정관에 정한 때에 한하여 변경할 수 있다.
> ③ 제42조 제2항의 규정은 전2항의 경우에 준용한다.
>
> **제42조 【사단법인의 정관의 변경】**
> ① 사단법인의 정관은 총사원 3분의 2 이상의 동의가 있는 때에 한하여 이를 변경할 수 있다. 그러나 정수에 관하여 정관에 다른 규정이 있는 때에는 그 규정에 의한다.
> ② 정관의 변경은 주무관청의 허가를 얻지 아니하면 그 효력이 없다.

② 제74조 【사원이 결의권 없는 경우】 사단법인과 어느 사원과의 관계사항을 의결하는 경우에는 그 사원은 결의권이 없다.
③ 사단법인의 사원자격의 득실에 관한 규정은 제40조 제6호 사유로 정관의 필요적 기재사항이다.

> **제40조 【사단법인의 정관】**
> 사단법인의 설립자는 다음 각 호의 사항을 기재한 정관을 작성하여 기명날인하여야 한다.
> 1. 목적
> 2. 명칭
> 3. 사무소의 소재지
> 4. 자산에 관한 규정
> 5. 이사의 임면에 관한 규정
> 6. 사원자격의 득실에 관한 규정
> 7. 존립시기나 해산사유를 정하는 때에는 그 시기 또는 사유

④ 민법상의 청산절차에 관한 규정은 모두 제3자의 이해관계에 중대한 영향을 미치기 때문에 이른바 강행규정이라고 해석되므로 이에 반하는 잔여재산의 처분행위는 특단의 사정이 없는 한 무효라고 보아야 한다(대판 1995.2.10, 94다13473).
⑤ 제90조 【채권신고기간 내의 변제금지】 청산인은 제88조 제1항의 채권신고기간 내에는 채권자에 대하여 변제하지 못한다. 그러나 법인은 채권자에 대한 지연손해배상의 의무를 면하지 못한다.

▶ 정답 23 ④ 24 ⑤

25 법인 아닌 사단에 관한 설명으로 옳지 않은 것은? (다툼이 있으면 판례에 따름)

▶ 2019 감정평가사

① 법인 아닌 사단의 사원이 집합체로서 물건을 소유할 때에는 총유로 한다.
② 법인 아닌 사단이 타인 간의 금전채무를 보증하는 행위는 총유물의 관리 및 처분행위라고 볼 수 없다.
③ 법인 아닌 사단의 총회 결의에 대해서는 민법상 사단법인에 대한 규정이 유추적용될 수 있다.
④ 정관이나 규약에 정함이 없는 이상 사원총회의 결의를 거치지 않은 총유물의 관리 및 처분행위는 무효이다.
⑤ 법인 아닌 사단은 부동산 등기능력이 없다.

> **정답해설**

① **제275조【물건의 총유】** ① 법인이 아닌 사단의 사원이 집합체로서 물건을 소유할 때에는 총유로 한다.
② 민법 제276조 제1항에서 말하는 총유물의 관리 및 처분이라 함은 총유물 그 자체에 관한 이용·개량행위나 법률적·사실적 처분행위를 의미하는 것이므로, 비법인사단이 타인 간의 금전채무를 보증하는 행위는 총유물 그 자체의 관리·처분이 따르지 아니하는 단순한 채무부담행위에 불과하여 이를 총유물의 관리·처분행위라고 볼 수는 없다. 따라서 비법인사단인 재건축조합의 조합장이 채무보증계약을 체결하면서 조합규약에서 정한 조합 임원회의 결의를 거치지 아니하였다거나 조합원총회 결의를 거치지 않았다고 하더라도 그것만으로 바로 그 보증계약이 무효라고 할 수는 없다(대판(전) 2007.4.19, 2004다60072·60089).

> **제276조【총유물의 관리, 처분과 사용, 수익】**
> ① 총유물의 관리 및 처분은 사원총회의 결의에 의한다.

③ 권리능력 없는 사단은 법인등기를 하지 않았을 뿐 법인의 실질을 갖고 있는 것이므로 사단법인에 관한 민법의 규정 중에서 법인격을 전제로 하는 것을 제외하고는 법인격 없는 사단에 유추적용해야 한다. 따라서 사단의 권리능력, 행위능력, 대표기관의 권한과 그 대표의 형식, 사단의 불법행위능력 등은 사단법인의 규정을 유추적용한다. 그러나 비법인사단의 경우에는 대표자의 대표권 제한에 관하여 등기할 방법이 없어 민법 제60조의 규정을 준용할 수 없다(대판 2003.7.22, 2002다64780).
④ 법인 아닌 사단의 총유물의 관리 및 처분행위에 대해 정관에 달리 정한 바가 없으면 사원총회의 결의를 요하며, 비록 대표자에 의한 총유물의 처분이라도 위와 같은 절차를 거치지 않은 처분행위는 무효이다(대판 2014.2.13, 2012다112299·112305 등).
⑤ 부동산등기법에서는 비법인 재단·사단의 등기능력을 인정한다. 따라서 비법인재단의 경우 대표자가 있는 때에는 재단명의로 그 재단에 속하는 부동산의 등기를 할 수 있다.

> **부동산등기법 제26조【법인 아닌 사단 등의 등기신청】**
> ① 종중(宗中), 문중(門中), 그 밖에 대표자나 관리인이 있는 법인 아닌 사단(社團)이나 재단(財團)에 속하는 부동산의 등기에 관하여는 그 사단이나 재단을 등기권리자 또는 등기의무자로 한다.
> ② 제1항의 등기는 그 사단이나 재단의 명의로 그 대표자나 관리인이 신청한다.

26. 비법인사단 및 재단에 관한 설명으로 옳지 않은 것은? (다툼이 있으면 판례에 따름)
▶ 2015 감정평가사

① 비법인사단의 대표자가 총유물의 관리·처분과 무관한 대외적 거래행위에 관하여 사원총회의 결의를 거치도록 한 정관 규정에 위반하여 그러한 거래행위를 한 경우, 상대방이 그와 같은 대표권 제한 사실을 알 수 없었다면 그 거래행위는 유효하다.
② 규약에 달리 정한 바가 없으면, 종중이 그 명의로 총유재산에 대한 보존행위로서 소송을 하기 위해서 종중총회의 결의를 거쳐야 하는 것은 아니다.
③ 비법인사단에 대하여는 법인격을 전제로 하는 것을 제외하고는 사단법인에 관한 민법규정을 유추적용한다.
④ 매매계약에 의하여 부담하고 있는 채무의 존재를 인식하고 있다는 뜻을 표시함에 불과한 소멸시효 중단사유로서의 승인은 총유물의 관리·처분행위라고 볼 수 없다.
⑤ 비법인재단의 경우에도 대표자가 있는 때에는 재단명의로 그 재단에 속하는 부동산의 등기를 할 수 있다.

정답해설

① 민법 제276조 제1항에서 말하는 총유물의 관리 및 처분이라 함은 총유물 그 자체에 관한 이용·개량행위나 법률적·사실적 처분행위를 의미하는 것이므로, 비법인사단이 타인 간의 금전채무를 보증하는 행위는 총유물 그 자체의 관리·처분이 따르지 아니하는 단순한 채무부담행위에 불과하여 이를 총유물의 관리·처분행위라고 볼 수는 없다. 따라서 비법인사단인 재건축조합의 조합장이 채무보증계약을 체결하면서 조합규약에서 정한 조합 임원회의 결의를 거치지 아니하였다거나 조합원총회 결의를 거치지 않았다고 하더라도 그것만으로 바로 그 보증계약이 무효라고 할 수는 없다(대판(전) 2007.4.19, 2004다60072·60089).
다만 비법인사단의 경우에는 대표자의 대표권 제한에 관하여 등기할 방법이 없어 민법 제60조의 규정을 준용할 수 없고, 비법인사단의 대표자가 정관에서 사원총회의 결의를 거쳐야 하도록 규정한 대외적 거래행위에 관하여 이를 거치지 아니한 경우라도, 이와 같은 사원총회 결의사항은 비법인사단의 내부적 의사결정에 불과하다 할 것이므로, 그 거래 상대방이 그와 같은 대표권 제한 사실을 알았거나 알 수 있었을 경우가 아니라면 그 거래행위는 유효하다고 봄이 상당하고, 이 경우 거래의 상대방이 대표권 제한 사실을 알았거나 알 수 있었음을 이를 주장하는 비법인사단 측이 주장·입증하여야 한다(대판 2003.7.22, 2002다64780).

> **제276조【총유물의 관리, 처분과 사용, 수익】**
> ① 총유물의 관리 및 처분은 사원총회의 결의에 의한다.
> ② 각 사원은 정관 기타의 규약에 좇아 총유물을 사용, 수익할 수 있다.

② 총유재산에 관한 소송은 법인 아닌 사단이 그 명의로 사원총회의 결의를 거쳐 하거나 또는 그 구성원 전원이 당사자가 되어 필수적 공동소송의 형태로 할 수 있을 뿐이다. 그러므로 그 사단의 구성원은 설령 그가 사단의 대표자이거나 사원총회의 결의를 거쳤다고 하더라도 그 소송의 당사자가 될 수 없다. 이러한 법리는 총유재산의 보존행위로서 소를 제기하는 경우에도 마찬가지이다. 따라서 규약에 달리 정한 바가 없으면, 종중이 그 명의로 총유재산에 대한 보존행위로서 소송을 하기 위해서는 사원총회의 결의를 거쳐야 한다(대판(전) 2005.9.15, 2004다44971).
③ 사단법인에 관한 민법의 규정 중에서 법인격을 전제로 하는 것을 제외하고는 법인격 없는 사단에 유추적용해야 한다(대판 1996.9.6, 94다18522).

▶ 정답 25 ⑤ 26 ②

④ 매매계약에 의하여 부담하고 있는 채무의 존재를 인식하고 있다는 뜻을 표시하는 데 불과한 소멸시효 중단사유로서의 승인은 총유물 그 자체의 관리·처분이 따르는 행위가 아니어서 총유물의 관리·처분행위라고 볼 수 없다(대판 2009.11.26, 2009다64383).
⑤ 부동산등기법에서는 비법인 재단·사단의 등기능력을 인정한다. 따라서 비법인재단의 경우 대표자가 있는 때에는 재단명의로 그 재단에 속하는 부동산의 등기를 할 수 있다.

> **부동산등기법 제26조【법인 아닌 사단 등의 등기신청】**
> ① 종중(宗中), 문중(門中), 그 밖에 대표자나 관리인이 있는 법인 아닌 사단(社團)이나 재단(財團)에 속하는 부동산의 등기에 관하여는 그 사단이나 재단을 등기권리자 또는 등기의무자로 한다.
> ② 제1항의 등기는 그 사단이나 재단의 명의로 그 대표자나 관리인이 신청한다.

27 정관이 있는 비법인사단에 유추적용할 수 없는 규정은? (다툼이 있으면 판례에 따름)

▶ 2018 감정평가사

① 이사의 대표권에 대한 제한은 등기하지 아니하면 제3자에게 대항하지 못한다는 민법 제60조
② 법인은 법률의 규정에 좇아 정관으로 정한 목적의 범위 내에서 권리와 의무의 주체가 된다는 민법 제34조
③ 법인은 이사 기타 대표자가 그 직무에 관하여 타인에게 가한 손해를 배상할 책임이 있다는 민법 제35조 제1항
④ 사단법인의 사무는 정관으로 이사 또는 기타 임원에게 위임한 사항 외에는 총회의결의에 의하여야 한다는 민법 제68조
⑤ 이사는 정관 또는 총회의 결의로 금지하지 아니한 사항에 한하여 타인으로 하여금 특정한 행위를 대리하게 할 수 있다는 민법 제62조

정답해설

①, ②, ③, ④, ⑤ 민법은 권리능력 없는 사단의 법적 지위에 관한 규정을 두고 있지 않지만, 권리능력 없는 사단은 법인등기를 하지 않았을 뿐 법인의 실질을 갖고 있는 것이므로 사단법인에 관한 민법의 규정 중에서 법인격을 전제로 하는 것을 제외하고는 법인격 없는 사단에 유추적용해야 한다. 따라서 사단의 권리능력, 행위능력, 대표기관의 권한과 그 대표의 형식, 사단의 불법행위능력 등은 모두 사단법인의 규정을 유추적용한다. 그러나 비법인사단의 경우에는 대표자의 대표권 제한에 관하여 등기할 방법이 없어 민법 제60조의 규정을 준용할 수 없고, 비법인사단의 대표자가 정관에서 사원총회의 결의를 거쳐야 하도록 규정한 대외적 거래행위에 관하여 이를 거치지 아니한 경우라도, 이와 같은 사원총회 결의사항은 비법인사단의 내부적 의사결정에 불과하다 할 것이므로, 그 거래 상대방이 그와 같은 대표권 제한 사실을 알았거나 알 수 있었을 경우가 아니라면 그 거래행위는 유효하다고 봄이 상당하다(대판 2003.7.22, 2002다64780).

> **제60조【이사의 대표권에 대한 제한의 대항요건】**
> 이사의 대표권에 대한 제한은 등기하지 아니하면 제3자에게 대항하지 못한다.

28 비법인사단에 관한 설명으로 옳지 않은 것은? (다툼이 있으면 판례에 따름)

▶ 2023 감정평가사

① 비법인사단의 대표자는 자신의 업무를 타인에게 포괄적으로 위임할 수 있다.
② 정관이나 규약에 달리 정함이 없는 한, 사원총회의 결의를 거치지 않은 총유물의 관리행위는 무효이다.
③ 고유한 의미의 종중은 종중원의 신분이나 지위를 박탈할 수 없고, 종중원도 종중을 탈퇴할 수 없다.
④ 고유한 의미의 종중은 자연발생적 종족단체이므로 특별한 조직행위나 성문의 규약을 필요로 하지 않는다.
⑤ 비법인사단의 사원이 집합체로서 물건을 소유할 때에는 총유로 한다.

정답해설

① 비법인사단에 대하여는 사단법인에 관한 민법 규정 가운데서 법인격을 전제로 하는 것을 제외하고는 이를 유추적용하여야 할 것인바, 민법 제62조의 규정에 비추어 보면 비법인사단의 대표자는 정관 또는 총회의 결의로 금지하지 아니한 사항에 한하여 타인으로 하여금 특정한 행위를 대리하게 할 수 있을 뿐 비법인사단의 제반 업무처리를 포괄적으로 위임할 수는 없다 할 것이므로, 비법인사단 대표자가 행한 타인에 대한 업무의 포괄적 위임과 그에 따른 포괄적 수임인의 대행행위는 민법 제62조의 규정에 위반된 것이어서 비법인사단에 대하여는 그 효력이 미치지 아니한다(대판 1996.9.6, 94다18522).

> **제62조【이사의 대리인선임】**
> 이사는 정관 또는 총회의 결의로 금지하지 아니한 사항에 한하여 타인으로 하여금 특정한 행위를 대리하게 할 수 있다.

② 법인 아닌 사단의 총유물의 관리 및 처분행위에 대해 정관에 달리 정한 바가 없으면 사원총회의 결의를 요하며, 비록 대표자에 의한 총유물의 처분이라도 위와 같은 절차를 거치지 않은 처분행위는 무효이다(대판 2014.2.13, 2012다112299 등).
③ 종중의 그 구성원인 종원에 대하여 그 자격을 박탈하는 소위 할종이라는 징계처분은 비록 그와 같은 관행이 있다 하더라도 이는 공동선조의 후손으로서 혈연관계를 바탕으로 하여 자연적으로 구성되는 종족단체인 종중의 본질에 반하는 것이므로 그러한 관행이나 징계처분은 위법 무효하여 피징계자의 종중원으로서의 신분이나 지위를 박탈하는 효력이 생긴다고 할 수 없다(대판 1983.2.8, 80다1194).
④ 고유 의미의 종중이란 공동선조의 분묘 수호와 제사, 종원 상호 간 친목 등을 목적으로 하는 자연발생적인 관습상 종족집단체로서 특별한 조직행위를 필요로 하는 것이 아니고, 공동선조의 후손은 그 의사와 관계없이 성년이 되면 당연히 그 구성원(종원)이 되는 것이며 그중 일부 종원을 임의로 그 종원에서 배제할 수 없다(대판 1995.12.22, 95다12736).
⑤ 제275조【물건의 총유】① 법인이 아닌 사단의 사원이 집합체로서 물건을 소유할 때에는 총유로 한다.

▶ 정답 27 ① 28 ①

29. 비법인사단에 관한 설명으로 옳지 않은 것은? (다툼이 있으면 판례에 의함) ▶ 2014 감정평가사

① 비법인사단이 타인 간의 금전채무를 보증하는 행위는 총유물의 관리·처분행위라고 볼 수 없다.
② 사단법인의 하부조직이 스스로 단체로서의 실체를 갖추고 독자적인 활동을 하고 있다면, 사단법인과는 별개의 독립된 비법인사단으로 볼 수 있다.
③ 비법인사단의 구성원은 총유재산에 대한 보존행위로서 각자 소를 제기할 수 있다.
④ 비법인사단이 해산하였더라도 청산사무가 완료될 때까지는 청산의 목적범위 내에서 권리·의무의 주체가 된다.
⑤ 사단법인에 관한 민법규정 중 법인격을 전제로 한 규정을 제외하고는 비법인사단에도 유추적용된다.

정답해설

① 민법 제276조 제1항에서 말하는 총유물의 관리 및 처분이라 함은 총유물 그 자체에 관한 이용·개량행위나 법률적·사실적 처분행위를 의미하는 것이므로, 비법인사단이 타인 간의 금전채무를 보증하는 행위는 총유물 그 자체의 관리·처분이 따르지 아니하는 단순한 채무부담행위에 불과하여 이를 총유물의 관리·처분행위라고 볼 수는 없다. 따라서 비법인사단인 재건축조합의 조합장이 채무보증계약을 체결하면서 조합규약에서 정한 조합 임원회의 결의를 거치지 아니하였다거나 조합원총회 결의를 거치지 않았다고 하더라도 그것만으로 바로 그 보증계약이 무효라고 할 수는 없다(대판(전) 2007.4.19, 2004다60072·60089).

> **제276조【총유물의 관리, 처분과 사용, 수익】**
> ① 총유물의 관리 및 처분은 사원총회의 결의에 의한다.

② 사단법인의 하부조직의 하나라 하더라도 스스로 단체로서의 실체를 갖추고 독자적인 활동을 하고 있다면 사단법인과는 별개의 독립된 비법인사단으로 볼 수 있다(대판 2009.1.30, 2006다60908).
③ 총유재산에 관한 소송은 법인 아닌 사단이 그 명의로 사원총회의 결의를 거쳐 하거나 또는 그 구성원 전원이 당사자가 되어 필수적 공동소송의 형태로 할 수 있을 뿐이다. 그러므로 그 사단의 구성원은 설령 그가 사단의 대표자라거나 사원총회의 결의를 거쳤다고 하더라도 그 소송의 당사자가 될 수 없다. 이러한 법리는 총유재산의 보존행위로서 소를 제기하는 경우에도 마찬가지이다. 따라서 규약에 달리 정한 바가 없으면, 종중이 그 명의로 총유재산에 대한 보존행위로서 소송을 하기 위해서는 사원총회의 결의를 거쳐야 한다(대판(전) 2005.9.15, 2004다44971).
④ 비법인사단에 해산사유가 발생하였다고 하더라도 곧바로 당사자능력이 소멸하는 것이 아니라 청산사무가 완료될 때까지 청산의 목적범위 내에서 권리·의무의 주체가 되고, 이 경우 청산 중의 비법인사단은 해산 전의 비법인사단과 동일한 사단이고 다만 그 목적이 청산 범위 내로 축소된 데 지나지 않는다(대판 2007.11.16, 2006다41297).
⑤ 사단법인에 관한 민법의 규정 중에서 법인격을 전제로 하는 것을 제외하고는 법인격 없는 사단에 유추적용해야 한다(대판 1996.9.6, 94다18522).

30 비법인사단에 관한 설명으로 옳지 않은 것은? (다툼이 있으면 판례에 따름) ▶ 2017 감정평가사
① 사단법인의 하부조직이라도 스스로 단체로서의 실체를 갖추고 독자적인 활동을 하고 있다면 그 사단법인과는 별개의 독립된 비법인사단으로 볼 수 있다.
② 정관 기타 규약에 다른 정함이 없는 한, 사원총회의 결의를 거치지 않은 총유물의 관리행위는 무효이다.
③ 비법인사단의 대표자의 행위가 외관상·객관적으로 직무에 관한 행위로 인정될 수 있으면, 그의 행위가 직무에 관한 것이 아님을 피해자가 중대한 과실로 알지 못한 경우에도 비법인사단에게 손해배상책임을 물을 수 있다.
④ 소집절차에 하자가 있어 그 효력을 인정할 수 없는 종중총회의 결의라도 후에 적법하게 소집된 종중총회에서 이를 추인하면 처음부터 유효로 된다.
⑤ 재건축조합의 총회에서는 정관에 다른 정함이 없는 한 소집 1주간 전에 통지된 그 회의의 목적 사항에 관하여만 결의할 수 있다.

[정답해설]
① 사단법인의 하부조직의 하나라 하더라도 스스로 단체로서의 실체를 갖추고 독자적인 활동을 하고 있다면 사단법인과는 별개의 독립된 비법인사단으로 볼 수 있다(대판 2009.1.30, 2006다60908).
② 법인 아닌 사단의 총유물의 관리 및 처분행위에 대해 정관에 달리 정한 바가 없으면 사원총회의 결의를 요하며, 비록 대표자에 의한 총유물의 처분이라도 위와 같은 절차를 거치지 않은 처분행위는 무효이다(대판 2014.2.13, 2012다112299 등).
③ 사단법인에 관한 민법의 규정 중에서 법인격을 전제로 하는 것을 제외하고는 법인격 없는 사단에 유추적용해야 한다. 따라서 권리능력 없는 사단의 경우에도 제35조가 유추적용될 수 있으나(대판 2003.7.25, 2002다27088), 민법 제35조의 외형이론은 피해자를 보호하기 위한 것인데 피해자로 볼 수 없는 것이 피해자가 악의이거나 또는 중대한 과실이 있는 경우이다. 따라서 판례는 법인의 대표자의 행위가 직무에 관한 행위에 해당하지 아니함을 피해자 자신이 알았거나 또는 중대한 과실로 인하여 알지 못한 경우에는 법인에게 손해배상책임을 물을 수 없다고 한다(대판 2008.1.18, 2005다34711 등). 따라서 피해자가 중대한 과실로 알지 못한 경우에는 비법인사단에게 손해배상책임을 물을 수 없다.
④ 소집절차에 하자가 있어 그 효력을 인정할 수 없는 종중총회의 결의라도 후에 적법하게 소집된 종중총회에서 이를 추인하면 처음부터 유효로 된다(대판 1995.6.16, 94다53563).
⑤ 재건축조합은 비법인사단으로서 법인격을 전제로 하는 조항을 제외하고는 민법의 법인에 관한 규정의 준용을 받는다 할 것인바, 민법 제71조, 제72조에 비추어 볼 때 정관에 다른 규정이 없는 한 총회에서는 소집 1주간 전에 통지된 그 회의의 목적사항에 관하여만 결의할 수 있다(대판 2006.7.13, 2004다7408).

31 비법인사단에 관한 설명으로 옳은 것은? (다툼이 있으면 판례에 따름) ▶ 2021 감정평가사

① 비법인사단의 대표자는 자신의 업무를 타인에게 포괄적으로 위임할 수 있다.
② 여성은 종중구성원이 되지만, 종중총회의 소집권을 가지는 연고항존자가 될 수는 없다.
③ 이사의 선임에 관한 민법 제63조는 비법인사단에 유추적용될 수 없다.
④ 교회는 비법인사단이므로 그 합병과 분열이 인정된다.
⑤ 비법인사단의 대표자가 총회의 결의를 거치지 않고 총유물을 권한 없이 처분한 경우에는 권한을 넘은 표현대리에 관한 민법 제126조가 준용되지 않는다.

정답해설

① 비법인사단에 대하여는 사단법인에 관한 민법 규정 가운데서 법인격을 전제로 하는 것을 제외하고는 이를 유추적용하여야 할 것인바, 민법 제62조의 규정에 비추어 보면 비법인사단의 대표자는 정관 또는 총회의 결의로 금지하지 아니한 사항에 한하여 타인으로 하여금 특정한 행위를 대리하게 할 수 있을 뿐 비법인사단의 제반 업무처리를 포괄적으로 위임할 수는 없다 할 것이므로, 비법인사단 대표자가 행한 타인에 대한 업무의 포괄적 위임과 그에 따른 포괄적 수임인의 대행행위는 민법 제62조의 규정에 위반된 것이어서 비법인사단에 대하여는 그 효력이 미치지 아니한다(대판 1996.9.6. 94다18522).
② 대표자를 선임하기 위하여 개최되는 종중총회의 소집권을 가지는 연고항존자를 확정함에 있어서 여성을 제외할 아무런 이유가 없으므로, 여성을 포함한 전체 종원 중 항렬이 가장 높고 나이가 가장 많은 사람이 연고항존자가 된다(대판 2010.12.9. 2009다26596).
③ 민법 제63조는 법인의 조직과 활동에 관한 것으로서 법인격을 전제로 하는 조항이 아니고, 법인 아닌 사단이나 재단의 경우에도 이사가 없거나 결원이 생길 수 있으며, 통상의 절차에 따른 새로운 이사의 선임이 극히 곤란하고 종전 이사의 긴급처리권도 인정되지 아니하는 경우에는 사단이나 재단 또는 타인에게 손해가 생길 염려가 있을 수 있으므로, 민법 제63조는 법인 아닌 사단이나 재단에도 유추적용할 수 있다(대판(전) 2009.11.19. 2008마699).
④ 우리 민법이 사단법인에 있어서 구성원의 탈퇴나 해산은 인정하지만 사단법인의 구성원들이 2개의 법인으로 나뉘어 각각 독립한 법인으로 존속하면서 종전 사단법인에게 귀속되었던 재산을 소유하는 방식의 사단법인의 분열은 인정하지 아니한다. 그 법리는 법인 아닌 사단에 대하여도 동일하게 적용되며, 법인 아닌 사단의 구성원들의 집단적 탈퇴로써 사단이 2개로 분열되고 분열되기 전 사단의 재산이 분열된 각 사단들의 구성원들에게 각각 총유적으로 귀속되는 결과를 초래하는 형태의 법인 아닌 사단의 분열은 허용되지 않는다. 교회가 법인 아닌 사단으로서 존재하는 이상, 그 법률관계를 둘러싼 분쟁을 소송적인 방법으로 해결함에 있어서는 법인 아닌 사단에 관한 민법의 일반 이론에 따라 교회의 실체를 파악하고 교회의 재산 귀속에 대하여 판단하여야 하고, 이에 따라 법인 아닌 사단의 재산관계와 그 재산에 대한 구성원의 권리 및 구성원 탈퇴, 특히 집단적인 탈퇴의 효과 등에 관한 법리는 교회에 대하여도 동일하게 적용되어야 한다(대판(전) 2006.4.20. 2004다37775).
⑤ 비법인사단인 피고 주택조합의 대표자가 조합총회의 결의를 거쳐야 하는 조합원 총유에 속하는 재산의 처분에 관하여는 조합원 총회의 결의를 거치지 아니하고는 이를 대리하여 결정할 권한이 없다 할 것이어서 피고 주택조합의 대표자가 행한 총유물인 이 사건 건물의 처분행위에 관하여는 민법 제126조의 표현대리에 관한 규정이 준용될 여지가 없다 할 것이다(대판 2003.7.11. 2001다73626).

▶ 정답 31 ⑤

심화문제편

01 민법상 법인의 정관에 관한 설명으로 옳은 것은? (다툼이 있으면 판례에 따름)

▶ 2017 주택관리사

① 재단법인의 기본재산이 경매절차에 의하여 매각된 경우, 주무관청의 허가가 없는 한 매수인은 소유권을 취득할 수 없다.
② 사원총회의 결의에 의한 정관해석은 구성원인 사원들이나 법원을 구속한다.
③ 사단법인의 정관은 이를 작성한 사원 이외에 그 후에 가입한 사원은 구속하지 않는다.
④ 법인의 정관 변경은 주무관청의 허가를 얻지 않더라도 효력이 발생한다.
⑤ 정관에 기재된 이사의 대표권 제한을 등기하지 않았더라도, 법인은 대표권 제한에 대해 알았던 제3자에게 대항할 수 있다.

정답해설

① 재단법인의 기본재산 처분은 정관변경을 요하는 것이므로 주무관청의 허가가 없으면 그 처분의 채권행위도 무효가 된다(대판 1974.6.11, 73다1975). 그러므로 매수인은 소유권을 취득할 수 없다.
② 사단법인의 정관은 법적 성질이 계약이 아니라 자치법규로 보는 것이 타당하므로, 어느 시점의 사단법인의 사원들이 정관의 규범적인 의미내용과 다른 해석을 사원총회의 결의라는 방법으로 표명하였다고 하더라도 그 결의에 의한 해석은 그 사단법인의 구성원인 사원이나 법인을 구속할 수 없다(대판 2000.11.24, 99다12437).
③ 사단법인의 정관의 법적 성질은 계약이 아니라 자치법규이므로 모든 구성원에게 구속력이 있다.
④ 법인의 정관 변경은 모두 주무관청의 허가가 있어야 효력이 발생한다.

> **제42조【사단법인의 정관의 변경】**
> ① 사단법인의 정관은 총사원 3분의 2 이상의 동의가 있는 때에 한하여 이를 변경할 수 있다. 그러나 정수에 관하여 정관에 다른 규정이 있는 때에는 그 규정에 의한다.
> ② 정관의 변경은 주무관청의 허가를 얻지 아니하면 그 효력이 없다.

⑤ 이사의 대표권의 제한은 정관에 기재하여야 그 효력이 생기며(제41조), 이를 등기하지 아니하면 제3자에게 대항할 수 없다(제60조). 즉 대표권의 제한은 정관에 기재하는 것으로 족하지 않고 등기해야만 제3자에 대항할 수 있다(제41조, 제49조 제2항 제9호, 제54조 제1항).

▶ 정답 01 ①

02 민법상 재단법인에 관한 설명으로 옳지 않은 것은? (다툼이 있으면 판례에 따름)

▶ 2016 주택관리사

① 재단법인은 영리법인이 아니다.
② 재단법인 설립을 위한 설립자의 재산출연행위는 상대방 없는 단독행위이다.
③ 재단법인의 설립자가 재단법인의 목적을 정하지 아니하고 사망한 경우, 이해관계인 또는 검사의 청구에 의하여 법원이 이를 정한다.
④ 유언으로 특정 부동산을 출연하여 재단법인을 설립하는 경우 제3자에 대한 관계에서 그 부동산이 재단법인에 귀속되기 위해서는 소유권이전등기가 필요하다.
⑤ 비영리재단법인도 그 목적을 달성하기 위하여 본질에 반하지 않는 정도의 영리활동은 할 수 있다.

> 정답해설

①, ⑤ 영리법인이라 함은 오로지 구성원의 경제적 이익을 기하고, 종국적으로는 법인의 이익을 이익배당 기타 어떠한 방법으로든지 구성원 개인에게 분배하여 경제적 이익을 주는 것을 목적으로 하는 법인을 말한다. 따라서 구성원의 개념이 없는 재단법인은 비영리법인일 수밖에 없다. 그러나 필요한 범위에서 본질에 반하지 않는 정도의 영리행위를 하는 것은 무방하다.
② 재단법인의 설립행위는 '재산의 출연과 정관의 작성'으로 이루어져 있다. 이러한 재단법인의 설립행위는 재단에 법인격취득의 효과를 발생시키려는 의사표시를 요소로 하는 '상대방 없는 단독행위'에 해당한다(대판 1999.7.9, 98다9045).
③ 재단법인의 정관을 법원이 보충할 수 있는 경우는 재단법인의 설립자가 그 명칭, 사무소 소재지 또는 이사임면의 방법을 정하지 아니하고 사망한 때에 한하여 인정된다. 목적과 대상을 정하지 아니한 경우에는 정관을 보충할 수 없다.

> 제44조 【재단법인의 정관의 보충】 → 사단법인의 경우에는 정관의 보충에 관한 규정이 없다.
> 재단법인의 설립자가 그 명칭, 사무소 소재지 또는 이사임면의 방법을 정하지 아니하고 사망한 때에는 이해관계인 또는 검사의 청구에 의하여 법원이 이를 정한다.

④ 유언으로 재단법인을 설립하는 경우에도 제3자에 대한 관계에서는 출연재산이 부동산인 경우는 그 법인에의 귀속에는 법인의 설립 외에 등기를 필요로 하는 것이므로, 재단법인이 그와 같은 등기를 마치지 아니하였다면 유언자의 상속인의 한 사람으로부터 부동산의 지분을 취득하여 이전등기를 마친 선의의 제3자에 대하여 대항할 수 없다(대판 1993.9.14, 93다8054).

> 제48조 【출연재산의 귀속시기】
> ② 유언으로 재단법인을 설립하는 때에는 출연재산은 유언의 효력이 발생한 때(→ 유언자의 사망 시)로부터 법인에 귀속한 것으로 본다.

03 민법상 법인에 관한 설명으로 옳지 않은 것은? (다툼이 있으면 판례에 따름) ▶ 2017 주택관리사

① 사단법인의 사원의 지위는 정관에 의해 양도될 수 있다.
② 부동산의 생전처분으로 재단법인을 설립하는 경우, 법인의 성립 외에 부동산에 대한 등기가 있어야 법인은 제3자에 대한 관계에서 소유권을 취득한다.
③ 재단법인 설립 시 출연자가 출연재산의 소유명의만을 재단법인에 귀속시키고 실질적 소유권은 자신에게 유보하는 부관을 붙여서 이를 기본재산으로 출연하는 것도 가능하다.
④ 재단법인의 목적을 달성할 수 없는 때에는 설립자나 이사는 주무관청의 허가를 얻어 설립의 취지를 참작하여 그 목적 기타 정관의 규정을 변경할 수 있다.
⑤ 법인의 이사가 수인인 경우에는 정관에 다른 규정이 없으면 법인의 사무집행은 이사의 과반수로써 결정한다.

정답해설

① "사단법인의 사원의 지위는 양도 또는 상속할 수 없다"고 한 민법 제56조의 규정은 강행규정은 아니라고 할 것이므로, 정관에 의하여 이를 인정하고 있을 때에는 양도·상속이 허용된다(대판 1992.4.14, 91다26850).

> **제56조 【사원권의 양도, 상속금지】**
> 사단법인의 사원의 지위는 양도 또는 상속할 수 없다.

② 민법 제48조는 재단법인 성립에 있어서 재산출연자와 법인과의 관계에 있어서의 출연재산의 귀속에 관한 규정이고, 이 규정은 그 기능에 있어서 출연재산의 귀속에 관하여 출연자와 법인과의 관계를 상대적으로 결정함에 있어서의 기준이 되는 것에 불과하여, 출연재산은 출연자와 법인과의 관계에 있어서 그 출연행위에 터 잡아 법인이 성립되면 그로써 출연재산은 민법의 위 조항에 의하여 법인성립 시에 법인에게 귀속되어 법인의 재산이 되는 것이고, 출연재산이 부동산인 경우에 있어서도 위 양 당사자 간의 관계에 있어서는 위 요건(법인의 성립) 외에 등기를 필요로 하는 것이 아니나, 제3자에 대한 관계에 있어서는 출연행위가 법률행위이므로 출연재산의 법인에의 귀속에는 부동산의 권리에 관해서는 법인성립 외에 등기를 필요로 한다(대판 1993.9.14, 93다8054).

> **제48조 【출연재산의 귀속시기】**
> ① 생전처분으로 재단법인을 설립하는 때에는 출연재산은 법인이 성립된 때로부터 법인의 재산이 된다.

③ 재단법인의 기본재산은 재단법인의 실체를 이루는 것이므로, 재단법인 설립을 위한 기본재산의 출연행위에 관하여 그 재산출연자가 소유명의만을 재단법인에 귀속시키고 실질적 소유권은 출연자에게 유보하는 등의 부관을 붙여서 출연하는 것은 재단법인 설립의 취지에 어긋나는 것이어서 관할 관청은 이러한 부관이 붙은 출연재산을 기본재산으로 하는 재단법인의 설립을 허가할 수 없고, 또한 재단법인 설립과정에서 그 출연자들이 장래 설립될 재단법인의 기본재산으로 귀속될 부동산에 관하여 소유권명의만을 신탁하는 약정을 하였다고 하더라도, 관할 관청의 설립허가 및 법인설립등기를 통하여 새로이 설립된 재단법인에게 아무 조건 없이 기본재산 증여를 원인으로 한 소유권이전등기를 마친 이후에까지 이러한 명의신탁계약이 설립된 재단법인에 효력이 미친다고 보면 재단법인의 기본재산이 상실되어 재단법인의 존립 자체에 영향을 줄 것이므로, 위와 같은 명의신탁계약은 새로 설립된 재단법인에 대해서는 효력을 미칠 수 없다(대판 2011.2.10, 2006다65774).

▶ 정답   02 ③   03 ③

④ **제46조 【재단법인의 목적 기타의 변경】** 재단법인의 목적을 달성할 수 없는 때에는 설립자나 이사는 주무관청의 허가를 얻어 설립의 취지를 참작하여 그 목적 기타 정관의 규정을 변경할 수 있다.
⑤ **제58조 【이사의 사무집행】** ② 이사가 수인인 경우에는 정관에 다른 규정이 없으면 법인의 사무집행은 이사의 과반수로써 결정한다.

> 비교 **제59조【이사의 대표권】** ① 이사는 법인의 사무에 관하여 각자 법인을 대표한다.

04

사단법인 A의 대표이사 甲이 A를 대표하여 乙과 금전소비대차계약을 체결하였다. 이에 관한 설명으로 옳지 않은 것은? (다툼이 있으면 판례에 따름) ▶ 2024 감정평가사

① 甲이 A를 위하여 적법한 대표권 범위 내에서 계약을 체결한 경우, 그 계약의 효력은 A에게 미친다.
② 甲이 자신의 사익을 도모할 목적으로 대표권 범위 내에서 계약을 체결한 경우, 乙이 이 사실에 대해 알았다면 계약은 A에 대하여 효력이 없다.
③ A의 정관에 甲이 금전소비대차계약을 체결할 수 없다는 규정이 있었지만 이를 등기하지 않은 경우, 乙이 이 사실에 대해 알았다면 A는 그 정관 규정으로 乙에게 대항할 수 있다.
④ A의 乙에 대한 계약상 채무불이행책임 여부를 판단하는 경우, 원칙적으로 A의 고의・과실은 甲을 기준으로 결정한다.
⑤ 만약 계약의 체결이 甲과 A의 이해가 상반하는 사항인 경우, 甲은 계약체결에 대해 대표권이 없다.

[정답해설]
①, ④ 법인이 대표기관을 통하여 법률행위를 한 때에는 대리에 관한 규정이 준용된다(민법 제59조 제2항). 따라서 적법한 대표권을 가진 자와 맺은 법률행위의 효과는 대표자 개인이 아니라 본인인 법인에 귀속하고, 마찬가지로 그러한 법률행위상의 의무를 위반하여 발생한 채무불이행으로 인한 손해배상책임도 대표기관 개인이 아닌 법인만이 책임의 귀속주체가 되는 것이 원칙이다. 또한, 민법 제391조는 법정대리인 또는 이행보조자의 고의・과실을 채무자 자신의 고의・과실로 간주함으로써 채무불이행책임을 채무자 본인에게 귀속시키고 있는데, 법인의 경우도 법률행위에 관하여 대표기관의 고의・과실에 따른 채무불이행책임의 주체는 법인으로 한정된다(대판 2019.5.30. 2017다53265). 따라서 ① 대표자 甲이 A를 위하여 적법한 대표권 범위 내에서 계약을 체결한 경우, 그 계약의 효력은 본인이 사단법인 A에게 미친다. 그러나 ④ A의 乙에 대한 계약상 채무불이행책임 여부를 판단하는 경우, 원칙적으로 A의 고의・과실은 행위를 하는 대표자 甲을 기준으로 결정한다(제116조 제2항).

> **제59조 【이사의 대표권】**
> ① 이사는 법인의 사무에 관하여 각자 법인을 대표한다. 그러나 정관에 규정한 취지에 위반할 수 없고 특히 사단법인은 총회의 의결에 의하여야 한다.
> ② 법인의 대표에 관하여는 대리에 관한 규정을 준용한다.
>
> **제116조 【대리행위의 하자】**
> ① 의사표시의 효력이 의사의 흠결, 사기, 강박 또는 어느 사정을 알았거나 과실로 알지 못한 것으로 인하여 영향을 받은 경우에 그 사실의 유무는 대리인을 표준으로 하여 결정한다.

② 대표이사의 대표권한 범위를 벗어난 행위라 하더라도 그것이 회사의 권리능력의 범위 내에 속한 행위이기만 하면 대표권의 제한을 알지 못하는 제3자가 그 행위를 회사의 대표행위라고 믿은 신뢰는 보호되어야 하고, 대표이사가 대표권의 범위 내에서 한 행위는 설사 대표이사가 회사의 영리목적과 관계없이 자기 또는 제3자의 이익을 도모할 목적으로 그 권한을 남용한 것이라 할지라도 일단 회사의 행위로서 유효하고, 다만 그 행위의 상대방이 대표이사의 진의를 알았거나 알 수 있었을 때에는 회사에 대하여 무효가 되는 것이다(대판 2013.7.11, 2013다16473).

③ 법인의 정관에 법인 대표권의 제한에 관한 규정이 있으나 그와 같은 취지가 등기되어 있지 않다면 법인은 그와 같은 정관의 규정에 대하여 선의냐 악의냐에 관계없이 제3자에 대하여 대항할 수 없다(대판 1992.2.14, 91다24564). 즉 사단법인 A는 등기 없이는 대표권 제한에 관한 정관의 규정에 대해 악의인 제3자 乙에 대해서도 대항할 수 없다.

> **제60조【이사의 대표권에 대한 제한의 대항요건】**
> 이사의 대표권에 대한 제한은 등기하지 아니하면 제3자에게 대항하지 못한다.

⑤ 만약 계약의 체결이 대표자 甲과 법인 A의 이해가 상반하는 사항인 경우, 甲은 계약체결에 대해 대표권이 없다(제64조). 이 경우 특별대리인을 선임하여야 한다.

> **제64조【특별대리인의 선임】**
> 법인과 이사의 이익이 상반하는 사항에 관하여는 이사는 대표권이 없다. 이 경우에는 전조의 규정에 의하여 특별대리인을 선임하여야 한다.

05 甲사단법인이 3인의 이사(乙, 丙, 丁)를 두고 있는 경우에 관한 설명으로 옳지 않은 것은? (다툼이 있으면 판례에 따름) ▶ 2022 감정평가사

① 乙, 丙, 丁은 甲의 사무에 관하여 원칙적으로 각자 甲을 대표한다.
② 甲의 대내적 사무집행은 정관에 다른 규정이 없으면 乙, 丙, 丁의 과반수로써 결정한다.
③ 甲의 정관에 乙의 대표권 제한에 관한 규정이 있더라도 이를 등기하지 않으면 그와 같은 정관의 규정에 대해 악의인 제3자에 대해서도 대항할 수 없다.
④ 丙이 제3자에게 甲의 제반 사무를 포괄 위임한 경우, 그에 따른 제3자의 사무대행행위는 원칙적으로 甲에게 효력이 없다.
⑤ 甲의 토지를 丁이 매수하기로 한 경우, 이 사항에 관하여 丁은 대표권이 없으므로 법원은 이해관계인이나 검사의 청구에 의하여 임시이사를 선임하여야 한다.

▶ 정답   04 ③   05 ⑤

> **정답해설**

① 정관으로 정한 이사의 수가 여럿인 경우, 특별한 사정이 없는 한 법인의 사무에 관하여 각자 법인을 대표한다(제59조 제1항).

> **제59조【이사의 대표권】**
> ① 이사는 법인의 사무에 관하여 각자 법인을 대표한다. 그러나 정관에 규정한 취지에 위반할 수 없고 특히 사단법인은 총회의 의결에 의하여야 한다.

② 이사가 수인인 경우에는 정관에 다른 규정이 없으면 법인의 사무집행은 이사의 과반수로써 결정한다(제58조 제2항).

> **제58조【이사의 사무집행】**
> ② 이사가 수인인 경우에는 정관에 다른 규정이 없으면 법인의 사무집행은 이사의 과반수로써 결정한다.

③ 법인의 정관에 법인 대표권의 제한에 관한 규정이 있으나 그와 같은 취지가 등기되어 있지 않다면 법인은 그와 같은 정관의 규정에 대하여 선의냐 악의냐에 관계없이 제3자에 대하여 대항할 수 없다(대판 1992.2.14, 91다24564). 즉 등기 없이는 대표권 제한에 관한 정관의 규정에 대해 악의인 제3자에 대해서도 대항할 수 없다.

> **제60조【이사의 대표권에 대한 제한의 대항요건】**
> 이사의 대표권에 대한 제한은 등기하지 아니하면 제3자에게 대항하지 못한다.

④ 이사는 정관 또는 총회의 결의로 금지하지 아니한 사항에 한하여 타인으로 하여금 특정한 행위를 대리하게 할 수 있을 뿐 포괄적으로 대리할 수는 없다(제62조). 따라서 이사 丙이 제3자에게 甲의 제반 사무를 포괄 위임한 경우, 그에 따른 제3자의 사무대행행위는 원칙적으로 甲에게 효력이 없다.

> **제62조【이사의 대리인선임】**
> 이사는 정관 또는 총회의 결의로 금지하지 아니한 사항에 한하여 타인으로 하여금 특정한 행위를 대리하게 할 수 있다.

⑤ 법인과 이사의 이익이 상반하는 사항에 관하여는 이사는 대표권이 없다. 이 경우에는 전조의 규정에 의하여 특별대리인을 선임하여야 한다(제64조). 甲사단법인의 토지를 이사 丁이 매수하기로 한 경우, 법인과 이사의 이익이 상반하는 사항이므로 이사 丁은 이러한 사항에서는 대표권이 없으므로 법원은 이해관계인이나 검사의 청구에 의하여 특별대리인을 선임하여야 한다.

> **제64조【특별대리인의 선임】**
> 법인과 이사의 이익이 상반하는 사항에 관하여는 이사는 대표권이 없다. 이 경우에는 전조의 규정에 의하여 특별대리인을 선임하여야 한다.
>
> **제63조【임시이사의 선임】**
> 이사가 없거나 결원이 있는 경우에 이로 인하여 손해가 생길 염려가 있는 때에는 법원은 이해관계인이나 검사의 청구에 의하여 임시이사를 선임하여야 한다.

06 甲사단법인의 대표이사 乙이 외관상 그 직무에 관한 행위로 丙에게 불법행위를 한 경우에 관한 설명으로 옳지 않은 것은? (다툼이 있으면 판례에 따름)   ▶ 2022 감정평가사

① 乙의 불법행위로 인해 甲이 丙에 대해 손해배상책임을 지는 경우에도 乙은 丙에 대한 자기의 손해배상책임을 면하지 못한다.
② 甲의 손해배상책임 원인이 乙의 고의적인 불법행위인 경우에는 丙에게 과실이 있더라도 과실상계의 법리가 적용될 수 없다.
③ 丙이 乙의 행위가 실제로는 직무에 관한 행위에 해당하지 않는다는 사실을 알았거나 중대한 과실로 알지 못한 경우에는 甲에게 손해배상책임을 물을 수 없다.
④ 甲의 사원 丁이 乙의 불법행위에 가담한 경우, 丁도 乙과 연대하여 丙에 대하여 손해배상책임을 진다.
⑤ 甲이 비법인사단인 경우라 하더라도 甲은 乙의 불법행위로 인한 丙의 손해를 배상할 책임이 있다.

[정답해설]

①, ④ 법인의 대표자가 그 직무에 관하여 타인에게 손해를 가함으로써 법인에 손해배상책임이 인정되는 경우에, 대표자의 행위가 제3자에 대한 불법행위를 구성한다면 그 대표자도 제3자에 대하여 손해배상책임을 면하지 못하며(민법 제35조 제1항), 또한 사원도 위 대표자와 공동으로 불법행위를 저질렀거나 이에 가담하였다고 볼 만한 사정이 있으면 제3자에 대하여 위 대표자와 연대하여 손해배상책임을 진다(대결 2009.1.30, 2006마930). ① 대표이사 乙도 丙에 대한 그 자신의 제750조의 손해배상책임을 면하지 못한다. ④ 甲의 사원 丁이 乙의 불법행위에 가담한 경우, 丁도 乙과 연대하여 丙에 대하여 손해배상책임을 진다.

> **제35조【법인의 불법행위능력】**
> ① 법인은 이사 기타 대표자가 그 직무에 관하여 타인에게 가한 손해를 배상할 책임이 있다. 이사 기타 대표자는 이로 인하여 자기의 손해배상책임을 면하지 못한다.

② 법인은 피해자에게 무과실 손해배상책임을 진다. 법인에 대한 손해배상책임원인이 대표기관의 고의적인 불법행위라고 하여도, 피해자에게 그 불법행위 내지 손해발생에 과실이 있다면 법원은 과실상계의 법리에 좇아 손해배상의 책임 및 그 금액을 정함에 있어 이를 참작하여야 한다(대판 1987.12.8, 86다카1170). 불법행위와 채무불이행에 있어서의 과실상계는 당사자가 주장, 입증하지 않더라도 필요적으로 참작되어야 한다. 따라서 甲사단법인의 손해배상책임 원인이 대표이사 乙의 고의적인 불법행위인 경우라도 피해자 丙에게 과실이 있다면 과실상계의 법리가 적용된다.
③ 법인의 대표자의 행위가 직무에 관한 행위에 해당하지 아니함을 피해자 자신이 알았거나 또는 중대한 과실로 인하여 알지 못한 경우에는 법인에게 손해배상책임을 물을 수 없다(대판 2004.3.26, 2003다34045). 피해자 丙이 대표이사 乙의 행위가 실제로는 직무에 관한 행위에 해당하지 않는다는 사실을 알았거나 중대한 과실로 알지 못한 경우에는 甲에게 손해배상책임을 물을 수 없다.
④ 법인의 대표자가 그 직무에 관하여 타인에게 손해를 가함으로써 법인에 손해배상책임이 인정되는 경우에, 대표자의 행위가 제3자에 대한 불법행위를 구성한다면 그 대표자도 제3자에 대하여 손해배상책임을 면하지 못하며(민법 제35조 제1항), 또한 사원도 위 대표자와 공동으로 불법행위를 저질렀거나 이에 가담하였다고 볼 만한 사정이 있으면 제3자에 대하여 위 대표자와 연대하여 손해배상책임을 진다(대결 2009.1.30, 2006마930). 이사 기타 대표자도 그 자신의 제750조의 손해배상책임을 면하지 못하며, 법인과 경합하여 피해자에게 배상책임을 진다. 양자의 관계는 부진정연대채무이다.

▶ 정답 06 ②

⑤ 권리능력 없는 사단은 법인등기를 하지 않았을 뿐 법인의 실질을 갖고 있는 것이므로 사단법인에 관한 민법의 규정 중에서 법인격을 전제로 하는 것을 제외하고는 법인격 없는 사단에 유추적용해야 한다. 따라서 사단의 권리능력, 행위능력, 대표기관의 권한과 그 대표의 형식, 사단의 불법행위능력 등은 사단법인의 규정을 유추적용한다. 그러나 비법인사단의 경우에는 대표자의 대표권 제한에 관하여 등기할 방법이 없어 민법 제60조의 규정을 준용할 수 없다(대판 2003.7.22, 2002다64780).

07 甲 법인의 대표자가 乙에게 대표자의 모든 권한을 포괄적으로 위임하여 乙이 실질적으로 법인의 대표자로서 그 법인의 사무를 집행하고 있었다. 그러던 중 乙이 외관상 직무에 관한 행위로 丙에게 손해를 가하였다. 이에 대한 설명 중 옳지 않은 것을 모두 고른 것은? (다툼이 있는 경우 판례에 의함)

> ㄱ. 甲 법인의 대표자가 행한 乙에 대한 업무의 포괄적 위임과 포괄적 수임인 乙의 대행행위는 원칙적으로 甲 법인에 효력이 미친다.
> ㄴ. 만약 乙이 대표자로 등기되어 있지 않았다면, 丙은 甲 법인을 상대로 민법 제35조에서 정한 법인의 불법행위책임에 따른 손해배상을 청구할 수 없다.
> ㄷ. 乙의 행위가 자신의 이익을 도모하기 위한 것이라면 직무관련성이 부정되므로, 丙은 甲 법인을 상대로 민법 제35조에서 정한 법인의 불법행위책임에 따른 손해배상을 청구할 수 있다.
> ㄹ. 乙의 행위가 실제로 직무에 관한 행위에 해당하지 아니함을 丙이 알았거나 과실로 알지 못한 경우에는 甲 법인을 상대로 민법 제35조에 정한 법인의 불법행위책임에 따른 손해배상을 청구할 수 없다.

① ㄱ, ㄹ
② ㄷ, ㄹ
③ ㄱ, ㄴ, ㄷ
④ ㄴ, ㄷ, ㄹ
⑤ ㄱ, ㄴ, ㄷ, ㄹ

정답해설

ㄱ. (×) : 甲 법인의 대표자가 행한 乙에 대한 업무의 포괄적 위임과 포괄적 수임인 乙의 대행행위는 제62조에 위반하여 원칙적으로 甲 법인에 효력이 없다(무효).

> **제62조【이사의 대리인선임】**
> 이사는 정관 또는 총회의 결의로 금지하지 아니한 사항에 한하여 타인으로 하여금 특정한 행위를 대리하게 할 수 있다.

ㄴ. (×) : 乙이 대표자로 등기되어 있는지와 관련 없이 실질적으로 법인의 대표자로서 그 법인의 사무를 집행하였으므로 제35조의 법인의 대표자에 해당하여, 丙은 甲 법인을 상대로 민법 제35조에서 정한 법인의 불법행위책임에 따른 손해배상을 청구할 수 있다.

ㄷ. (×) : 乙의 행위가 자신의 이익을 도모하기 위한 것이라도 직무관련성이 인정된다. 따라서 丙은 甲 법인을 상대로 민법 제35조에서 정한 법인의 불법행위책임에 따른 손해배상을 청구할 수 있다.

ㄹ. (×) : 丙이 알았거나(악의) 또는 중대한 과실이어야 하고, 과실(경과실)까지 포함하면 잘못이다. 즉 경과실인 丙은 甲 법인을 상대로 민법 제35조에 정한 법인의 불법행위책임에 따른 손해배상을 청구할 수 있고, 대신 과실상계를 당하게 될 것이다.

08 비법인사단 A의 유일한 대표자 甲은 乙에게 대표자로서의 모든 권한을 포괄적으로 위임하고 자신은 이사의 직무를 집행하지 않았다. 이에 관한 설명으로 옳은 것을 모두 고른 것은? (다툼이 있으면 판례에 따름) ▶ 2024 감정평가사

> ㄱ. 甲의 행위는 이사의 직무상 선량한 관리자의 주의의무를 위반한 행위이다.
> ㄴ. 乙이 A의 사실상 대표자로서 丙과 금전소비대차계약을 체결한 경우, 그 계약의 효력은 원칙적으로 A에게 미친다.
> ㄷ. 乙이 A의 사실상 대표자로서 사무를 집행하면서 그 직무에 관한 불법행위로 丁에게 손해를 입힌 경우, A는 丁에 대하여 법인의 불법행위로 인한 손해배상책임을 부담한다.

① ㄱ
② ㄴ
③ ㄱ, ㄷ
④ ㄴ, ㄷ
⑤ ㄱ, ㄴ, ㄷ

정답해설

ㄱ. (○) : 대표자로서의 모든 권한을 포괄적으로 타인에게 위임하고 자신은 이사의 직무를 집행하지 않은 甲의 '직무유기'는 그 자체로 이사의 선관주의의무를 위반한 행위이다.

> **제61조【이사의 주의의무】** 이사는 선량한 관리자의 주의로 그 직무를 행하여야 한다.

ㄴ. (×) : 비법인사단에 대하여는 사단법인에 관한 민법 규정 가운데서 법인격을 전제로 하는 것을 제외하고는 이를 유추적용하여야 할 것인바, 민법 제62조의 규정에 비추어 보면 비법인사단의 대표자는 정관 또는 총회의 결의로 금지하지 아니한 사항에 한하여 타인으로 하여금 특정한 행위를 대리하게 할 수 있을 뿐 비법인사단의 제반 업무처리를 포괄적으로 위임할 수는 없다 할 것이므로, 비법인사단 대표자가 행한 타인에 대한 업무의 포괄적 위임과 그에 따른 포괄적 수임인의 대행행위는 민법 제62조의 규정에 위반된 것이어서 비법인사단에 대하여는 그 효력이 미치지 아니한다(대판 1996.9.6, 94다18522). 대표자 甲의 포괄 위임에 근거한 A의 사실상 대표자로서 乙이 丙과 체결한 계약의 효력은 A에게 미치지 않는다.

> **제62조【이사의 대리인선임】**
> 이사는 정관 또는 총회의 결의로 금지하지 아니한 사항에 한하여 타인으로 하여금 특정한 행위를 대리하게 할 수 있다.

ㄷ. (○) : 민법 제35조 제1항은 "법인은 이사 기타 대표자가 그 직무에 관하여 타인에게 가한 손해를 배상할 책임이 있다"라고 정한다. 여기서 '법인의 대표자'에는 그 명칭이나 직위 여하 또는 대표자로 등기되었는지 여부를 불문하고 당해법인을 실질적으로 운영하면서 법인을 사실상 대표하여 법인의 사무를 집행하는 사람을 포함한다. 그리고 이러한 법리는 주택조합과 같은 비법인사단에도 마찬가지로 적용된다(대판 2011.4.28, 2008다15438 구성 스윗닷홈주택조합 사건). A는 丁에 대하여 법인의 불법행위로 인한 손해배상책임을 부담한다.

▶ 정답   07 ⑤   08 ③

09 법인 아닌 사단에 관한 설명으로 옳지 않은 것은? (다툼이 있으면 판례에 따름)

▶ 2017 주택관리사

① 종중의 대표가 종중명의로 타인의 금전채무를 보증하는 행위는 총유물의 처분행위에 해당하므로 종중총회의 결의가 필요하다.
② 종중의 토지에 대한 수용보상금의 분배는 총유물의 처분에 해당한다.
③ 구성원 개인은 총유재산의 보존을 위한 소를 제기할 수 없다.
④ 법인 아닌 사단의 채무에 대해 각 구성원은 개인재산으로 책임을 지지 않는다.
⑤ 대표자가 직무에 관하여 타인에게 불법행위를 한 경우, 법인 아닌 사단은 손해배상책임이 있다.

> 정답해설

① 민법 제276조 제1항에서 말하는 총유물의 관리 및 처분이라 함은 총유물 그 자체에 관한 이용·개량행위나 법률적·사실적 처분행위를 의미하는 것이므로, 비법인사단이 타인 간의 금전채무를 보증하는 행위는 총유물 그 자체의 관리·처분이 따르지 아니하는 단순한 채무부담행위에 불과하여 이를 총유물의 관리·처분행위라고 볼 수는 없다. 따라서 비법인사단인 재건축조합의 조합장이 채무보증계약을 체결하면서 조합규약에서 정한 조합 임원회의 결의를 거치지 아니하였다거나 조합원총회 결의를 거치지 않았다고 하더라도 그것만으로 바로 그 보증계약이 무효라고 할 수는 없다(대판(전) 2007.4.19, 2004다60072·60089).
② 비법인사단인 종중의 토지에 대한 수용보상금은 종원의 총유에 속하고, 그 수용보상금의 분배는 총유물의 처분에 해당하므로, 정관 기타 규약에 달리 정함이 없는 한 종중총회의 결의에 의하여 그 수용보상금을 분배할 수 있고, 그 분배 비율, 방법, 내용 역시 결의에 의하여 자율적으로 결정할 수 있다(대판 2010.9.30, 2007다74775).
③ 종중이 그 총유재산에 대한 보존행위로서 소송을 하는 경우, 종중총회의 결의를 거쳐야 한다. → 총유물의 보존에 있어서는 공유물의 보존에 관한 민법 제265조의 규정이 적용될 수 없고, 특별한 사정이 없는 한 민법 제276조 제1항의 규정에 따라 사원총회의 결의를 거쳐야 하므로, 법인 아닌 사단인 종중이 그 총유재산에 대한 보존행위로서 소송을 하는 경우에도 특별한 사정이 없는 한 종중총회의 결의를 거쳐야 한다(대판 2010.2.11, 2009다83650).
④ 비법인사단의 채무는 사원들의 준총유 형태로 귀속되며(제278조), 비법인사단의 재산으로만 책임을 진다.

> 비교 법인과 동일

조합은 조합원 개인의 재산에도 책임 有, 조합재산도 책임 有

⑤ 주택조합과 같은 비법인사단의 대표자가 직무에 관하여 타인에게 손해를 가한 경우 그 사단은 민법 제35조 제1항의 유추적용에 의하여 그 손해를 배상할 책임이 있으며, 비법인사단의 대표자의 행위가 대표자 개인의 사리를 도모하기 위한 것이었거나 혹은 법령의 규정에 위배된 것이었다 하더라도 외관상, 객관적으로 직무에 관한 행위라고 인정할 수 있는 것이라면 민법 제35조 제1항의 직무에 관한 행위에 해당한다(대판 2003.7.25, 2002다27088).

10 A 비법인사단은 대표자 甲을 두고 있으며, A의 구성원들은 집합체로서 X부동산을 소유하고 있다. 다음 설명 중 옳지 않은 것은? (다툼이 있으면 판례에 따름) ▶ 2021 세무사

① A의 구성원들은 X를 총유한다.
② A명의로도 X에 대한 등기를 할 수 있다.
③ A는 민사소송에서 당사자가 될 수 있다.
④ 甲이 그 직무에 관하여 제3자에게 불법행위를 한 경우에 A는 제3자에게 손해배상 책임을 부담한다.
⑤ 甲이 정관에서 정한 대표권 제한을 위반하여 제3자와 거래행위를 한 경우에 제3자가 선의 · 무과실이더라도 그 거래 행위는 무효이다.

[정답해설]

① 비법인사단인 A의 구성원들은 X 부동산을 총유한다(제275조 제1항).

> **제275조 【물건의 총유】**
> ① 법인이 아닌 사단의 사원이 집합체로서 물건을 소유할 때에는 총유로 한다.

② 부동산등기법에서는 비법인재단 · 사단의 등기능력을 인정한다. 따라서 비법인사단의 경우 대표자가 있는 때에는 사단명의로 X에 대한 등기를 할 수 있다.

> **부동산등기법 제26조 【법인 아닌 사단 등의 등기신청】**
> ① 종중(宗中), 문중(門中), 그 밖에 대표자나 관리인이 있는 법인 아닌 사단(社團)이나 재단(財團)에 속하는 부동산의 등기에 관하여는 그 사단이나 재단을 등기권리자 또는 등기의무자로 한다.
> ② 제1항의 등기는 그 사단이나 재단의 명의로 그 대표자나 관리인이 신청한다.

③ 민사소송법 제52조는 "법인 아닌 사단이나 재단은 대표자 또는 관리인이 있는 경우에는 그 사단이나 재단의 이름으로 당사자가 될 수 있다"라고 규정하여 비법인사단이나 재단의 당사자능력을 인정하고 있다. 민사소송법 제52조에 따라 비법인사단인 A는 민사소송에서 당사자가 될 수 있다.

④ 사단법인에 관한 민법의 규정 중에서 법인격을 전제로 하는 것을 제외하고는 법인격 없는 사단에 유추적용해야 한다. 따라서 권리능력 없는 사단의 경우에도 제35조가 유추적용되므로(대판 2003.7.25, 2002다27088), 대표자 甲이 그 직무에 관하여 제3자에게 불법행위를 한 경우에 비법인사단인 A는 제3자에게 손해배상 책임을 부담한다.

⑤ 비법인사단의 경우에는 대표자의 대표권 제한에 관하여 등기할 방법이 없어 민법 제60조의 규정을 준용할 수 없고, 비법인사단의 대표자가 정관에서 사원총회의 결의를 거쳐야 하도록 규정한 대외적 거래행위에 관하여 이를 거치지 아니한 경우라도, 이와 같은 사원총회 결의사항은 비법인사단의 내부적 의사결정에 불과하다 할 것이므로, 그 거래 상대방이 그와 같은 대표권 제한 사실을 알았거나 알 수 있었을 경우가 아니라면 그 거래행위는 유효하다(대판 2003.7.22, 2002다64780). 따라서 제3자가 대표권제한에 대해 선의 · 무과실이라면 그 거래 행위는 유효이다.

> **제60조 【이사의 대표권에 대한 제한의 대항요건】**
> 이사의 대표권에 대한 제한은 등기하지 아니하면 제3자에게 대항하지 못한다.

▶ 정답 09 ① 10 ⑤

11 법인에 관한 설명으로 옳지 않은 것은? (다툼이 있으면 판례에 따름) ▸2020 감정평가사

① 법인의 대표기관이 법인을 위하여 계약을 체결한 경우, 다른 사정이 없으면 그 성립의 효과는 직접 법인에 미치고 계약을 위반한 때에는 법인이 손해를 배상할 책임이 있다.
② 단체의 실체를 갖추어 법인 아닌 사단으로 성립하기 전에 설립주체인 개인이 취득한 권리·의무는 바로 법인 아닌 사단에 귀속된다.
③ 법인 아닌 사단은 대표권 제한을 등기할 수 없으므로 거래상대방이 사원총회가 대표권 제한을 결의한 사실을 몰랐고 모른 데 잘못이 없으면, 제한을 넘는 이사의 거래행위는 유효하다.
④ 민법에서 법인과 그 기관인 이사의 관계는 위임인과 수임인의 법률관계와 같다.
⑤ 사단법인의 하부조직 중 하나라 하더라도 스스로 단체의 실체를 갖추고 독자활동을 한다면 독립된 법인 아닌 사단으로 볼 수 있다.

정답해설

① 법인이 대표기관을 통하여 법률행위를 한 때에는 대리에 관한 규정이 준용된다(민법 제59조 제2항). 따라서 적법한 대표권을 가진 자와 맺은 법률행위의 효과는 대표자 개인이 아니라 본인인 법인에 귀속하고, 마찬가지로 그러한 법률행위상의 의무를 위반하여 발생한 채무불이행으로 인한 손해배상책임도 대표기관 개인이 아닌 법인만이 책임의 귀속주체가 되는 것이 원칙이다(대판 2019.5.30, 2017다53265).
② 교회가 그 실체를 갖추어 법인 아닌 사단으로 성립한 경우에 교회의 대표자가 교회를 위하여 취득한 권리의무는 교회에 귀속되나, 교회가 아직 실체를 갖추지 못하여 법인 아닌 사단으로 성립하기 전에 설립의 주체인 개인이 취득한 권리의무는 그것이 앞으로 성립할 교회를 위한 것이라 하더라도 바로 법인 아닌 사단인 교회에 귀속될 수는 없고, 또한 설립 중의 회사의 개념과 법적 성격에 비추어, 법인 아닌 사단인 교회가 성립하기 전의 단계에서 설립 중의 회사의 법리를 유추적용할 수는 없다(대판 2008.2.28, 2007다37394·37400).
③ 비법인사단의 경우에는 대표자의 대표권 제한에 관하여 등기할 방법이 없어 민법 제60조의 규정을 준용할 수 없고, 비법인사단의 대표자가 정관에서 사원총회의 결의를 거쳐야 하도록 규정한 대외적 거래행위에 관하여 이를 거치지 아니한 경우라도, 이와 같은 사원총회 결의사항은 비법인사단의 내부적 의사결정에 불과하다 할 것이므로, 그 거래 상대방이 그와 같은 대표권 제한 사실을 알았거나 알 수 있었을 경우가 아니라면 그 거래행위는 유효하다고 봄이 상당하다(대판 2003.7.22, 2002다64780).
④ 민법상 법인과 그 기관인 이사와의 관계는 위임자와 수임자의 법률관계와 같은 것으로서 이사의 임기가 만료되면 일단 그 위임관계는 종료되는 것이 원칙이나, 그 후임 이사 선임 시까지 이사가 존재하지 않는다면 기관에 의하여 행위를 할 수밖에 없는 법인으로서는 당장 정상적인 활동을 중단하지 않을 수 없는 상태에 처하게 되고, 이는 민법 제691조에 규정된 급박한 사정이 있는 때와 같이 볼 수 있으므로, 임기 만료되거나 사임한 이사라고 할지라도 그 임무를 수행함이 부적당하다고 인정할 만한 특별한 사정이 없는 한 신임 이사가 선임될 때까지 이사의 직무를 계속 수행할 수 있다(대판 1996.1.26, 95다40915).
⑤ 사단법인의 하부조직의 하나라 하더라도 스스로 단체로서의 실체를 갖추고 독자적인 활동을 하고 있다면 사단법인과는 별개의 독립된 비법인사단으로 볼 수 있다(대판 2009.1.30, 2006다60908 등 참조).

▶ 정답 11 ②

제5절 종합문제

01 권리의 주체에 관한 설명으로 옳지 않은 것은? (다툼이 있으면 판례에 따름) ▸ 2021 가맹거래사

① 2인 이상이 동일한 위난으로 사망한 경우에는 동시에 사망한 것으로 추정한다.
② 동물은 위자료 청구권의 귀속주체가 될 수 없다.
③ 법인은 법률의 규정에 좇아 정관으로 정한 목적의 범위 내에서 권리와 의무의 주체가 된다.
④ 추락한 항공기 중에 있던 자의 생사가 추락이 종료한 후 1년간 분명하지 아니한 때에는 법원은 이해관계인이나 검사의 청구에 의하여 실종선고를 하여야 한다.
⑤ 실종선고의 취소가 있을 때에 실종선고를 직접원인으로 하여 재산을 취득한 자는 선의인 경우에도 그 받은 이익에 이자를 붙여서 반환해야 한다.

> **정답해설**
> ① 제30조【동시사망】 2인 이상이 동일한 위난으로 사망한 경우에는 동시에 사망한 것으로 추정한다.
> ② 동물의 생명보호, 안전 보장 및 복지 증진을 꾀하고 동물의 생명 존중 등 국민의 정서를 함양하는 데에 이바지함을 목적으로 한 동물보호법의 입법 취지나 그 규정 내용 등을 고려하더라도, 민법이나 그 밖의 법률에 동물에 대하여 권리능력을 인정하는 규정이 없고 이를 인정하는 관습법도 존재하지 아니하므로, 동물 자체가 위자료 청구권의 귀속주체가 된다고 할 수 없다. 그리고 이는 그 동물이 애완견 등 이른바 반려동물이라고 하더라도 달리 볼 수 없다(대판 2013.4.25, 2012다118594).
> ③ 제34조【법인의 권리능력】 법인은 법률의 규정에 좇아 정관으로 정한 목적의 범위 내에서 권리와 의무의 주체가 된다.
> ④ 제27조【실종의 선고】 ② 전지에 임한 자, 침몰한 선박 중에 있던 자, 추락한 항공기 중에 있던 자 기타 사망의 원인이 될 위난을 당한 자의 생사가 전쟁종지 후 또는 선박의 침몰, 항공기의 추락 기타 위난이 종료한 후 1년간 분명하지 아니한 때에도 제1항과 같다.
> ⑤ 실종선고의 취소가 있을 때에 실종의 선고를 직접원인으로 하여 재산을 취득한 자가 선의인 경우에는 그 받은 이익이 현존하는 한도에서 반환할 의무가 있고, 그 받은 이익에 이자를 붙여서 반환해야 하는 것은 아니다.
>
> > 제29조【실종선고의 취소】
> > ② 실종선고의 취소가 있을 때에 실종의 선고를 직접원인으로 하여 재산을 취득한 자가 선의인 경우에는 그 받은 이익이 현존하는 한도에서 반환할 의무가 있고 악의인 경우에는 그 받은 이익에 이자를 붙여서 반환하고 손해가 있으면 이를 배상하여야 한다.

▸ 정답   01 ⑤

Chapter 04 권리의 객체 - 물건

기본문제편

01 동산에 해당하는 것을 모두 고른 것은? ▸ 2017 주택관리사

> ㄱ. 관리할 수 있는 전기
> ㄴ. 지중(地中)에 있는 지하수
> ㄷ. 강제통용력을 상실한 주화(鑄貨)
> ㄹ. 토지에 정착된 다리(橋)

① ㄱ, ㄴ　　　　② ㄱ, ㄷ
③ ㄱ, ㄹ　　　　④ ㄴ, ㄷ
⑤ ㄷ, ㄹ

[정답해설]

ㄱ. (○) : 민법상 물건이란 유체물 및 전기 기타 관리할 수 있는 자연력을 말한다. 그러므로 관리할 수 있는 자연력도 민법상 물건이며, 물건 중 토지 및 그 정착물인 부동산 이외는 동산이므로, 관리할 수 있는 자연력은 동산이다.

> **제98조 【물건의 정의】**
> 본법에서 물건이라 함은 유체물 및 전기 기타 관리할 수 있는 자연력을 말한다.
> **제99조 【부동산, 동산】**
> ① 토지 및 그 정착물은 부동산이다.
> ② 부동산 이외의 물건은 동산이다.

ㄴ. (×) : 토지라 함은 인위적으로 구획된 일정범위의 지면에 정당한 이익 있는 범위 내에서의 그 上下에 포함된다(제212조 참조). 따라서 토지의 구성물인 토사, 암석, 지하수 등은 당연히 토지의 일부분에 지나지 않는다. 그러므로 지중(地中)에 있는 지하수는 부동산이다.

> **제212조 【토지소유권의 범위】**
> 토지의 소유권은 정당한 이익 있는 범위 내에서 토지의 상하에 미친다.

ㄷ. (○) : 강제통용력을 상실한 주화라고 하더라도 유체물이며, 동산이다.
ㄹ. (×) : 토지의 정착물이란 토지에 고정적으로 부착되어 쉽게 이동될 수 없는 물건을 말한다. 토지의 정착물은 부동산이다. 토지에 정착된 다리(橋)는 토지의 정착물로서 부동산이다.

02 토지와는 별개의 독립한 물건에 해당하지 않는 것은? (다툼이 있으면 판례에 따름) ▶ 2017 세무사
① 지하수
② 명인방법이 갖추어진 미분리의 과실
③ 입목에 관한 법률에 의하여 소유권보존등기가 이루어진 수목
④ 최소한의 기둥과 지붕 그리고 주벽으로 이루어진 건축물
⑤ 권원에 의하여 타인의 토지에 식재한 명인방법을 갖춘 수목의 집단

[정답해설]
① 토지라 함은 인위적으로 구획된 일정범위의 지면에 정당한 이익 있는 범위 내에서의 그 上下에 포함된다(제212조 참조). 따라서 토지의 구성물인 토사, 암석, 지하수 등은 당연히 토지의 일부분에 지나지 않는다. 그러므로 지중(地中)에 있는 지하수는 부동산이다.

> 제212조【토지소유권의 범위】
> 토지의 소유권은 정당한 이익 있는 범위 내에서 토지의 상하에 미친다.

②, ⑤ 미분리의 천연과실과 수목의 집단은 토지의 일부이지만 명인방법을 갖춘 경우에는 독립한 부동산이다(대판 1977.4.12, 76도2887).
③ "입목"이란 토지에 부착된 수목의 집단으로서 그 소유자가 이 법에 따라 소유권보존의 등기를 받은 것을 말하며(입목에 관한 법률 제2조 제1항 제1호), 입목의 소유자는 토지와 분리하여 입목을 양도하거나 저당권의 목적으로 할 수 있다(동법 제3조 제2항).
④ 건물은 토지와는 별개의 부동산이다. 건축의 진행단계에서 어느 순간 토지로부터 독립한 건물이 되는가에 대해서는 '사회통념'에 따라 판단할 수밖에 없는데, 판례는 최소한의 기둥과 지붕, 주벽이 이루어진 때라고 본다(대판 1986.11.11, 86누173).

▶ 정답　01 ②　02 ①

03 물건에 관한 설명으로 옳지 않은 것은? (다툼이 있으면 판례에 의함) ▶ 2013 감정평가사

① 1동의 건물의 일부도 독립성이 인정되면 하나의 부동산이 될 수 있다.
② 부동산의 일부를 전세권의 객체로 할 수 있다.
③ 입목에 관한 법률에 의해 등기한 수목의 집단은 저당권의 객체가 될 수 없다.
④ 독립된 부동산으로서의 건물이라고 하기 위하여는 최소한의 기둥과 지붕 그리고 주벽(主壁)을 갖추어야 한다.
⑤ 타인의 토지 위에 권원 없이 경작한 농작물이 성숙하였다면 그 소유권은 경작자에게 귀속된다.

정답해설

① 1동의 건물 중 구분된 각 부분이 구조상, 이용상 독립성을 가지고 있는 경우에 그 각 부분을 1개의 구분건물로 하는 것도 가능하고, 그 1동 전체를 1개의 건물로 하는 것도 가능하기 때문에, 이를 구분건물로 할 것인지 여부는 특별한 사정이 없는 한 소유자의 의사에 의하여 결정된다(대판 1999.7.27, 98다35020).

> **제215조【건물의 구분소유】**
> ① 수인이 한 채의 건물을 구분하여 각각 그 일부분을 소유한 때에는 건물과 그 부속물 중 공용하는 부분은 그의 공유로 추정한다.
>
> **집합건물의 소유 및 관리에 관한 법률 제1조【건물의 구분소유】**
> 1동의 건물 중 구조상 구분된 여러 개의 부분이 독립한 건물로서 사용될 수 있을 때에는 그 각 부분은 이 법에서 정하는 바에 따라 각각 소유권의 목적으로 할 수 있다.

② '일물일권주의'의 원칙에 따라 물건의 일부나 구성부분 또는 물건의 집단은 원칙적으로 물권의 객체가 되지 못한다. 즉 물건은 원칙적으로 독립성이 있는 물건이어야 한다(독립성). 다만 물권의 대상이 되기에 적합한 특정성을 구비하고 공시방법이 있으며 사회적 필요가 있다면 물건의 일부나 집단에도 물권이 인정될 수 있다. 토지의 일부에 대한 지상권, 부동산의 일부에 대한 전세권 등이 이에 해당한다.

③ "입목"이란 토지에 부착된 수목의 집단으로서 그 소유자가 이 법에 따라 소유권보존의 등기를 받은 것을 말하며(입목에 관한 법률 제2조 제1항 제1호), 입목의 소유자는 토지와 분리하여 입목을 양도하거나 저당권의 목적으로 할 수 있다(동법 제3조 제2항).

> **비교** 명인방법에 의한 경우는 저당권을 설정할 수 없다.

④ 건물은 토지와는 별개의 부동산이다. 건축의 진행단계에서 어느 순간 토지로부터 독립한 건물이 되는가에 대해서는 '사회통념'에 따라 판단할 수밖에 없는데, 판례는 최소한의 기둥과 지붕, 주벽이 이루어진 때라고 본다(대판 1986.11.11, 86누173).

⑤ 토지에 대한 소유권이 없는 자가 권원 없이 경작한 입도라 하더라도 성숙하였다면 그에 대한 소유권은 경작자에게 귀속된다(대판 1963.2.21, 62다913). 즉 타인의 토지 위에 권원 없이 경작한 농작물이 성숙하였다면 그 소유권은 경작자에게 귀속된다.

04 물건에 관한 설명으로 옳지 않은 것은? (다툼이 있으면 판례에 따름) ▶ 2017 감정평가사
① 법률상 공시방법이 인정되지 않은 집합물이라도 특정성이 있으면 이를 양도담보의 목적으로 할 수 있다.
② 법정과실은 원칙적으로 수취할 권리의 존속기간일수의 비율로 취득한다.
③ 수목에 달려있는 미분리의 과실에 대해 명인방법을 갖추면 그 과실은 독립한 물건으로 거래의 목적으로 할 수 있다.
④ 천연과실은 다른 특약이 있더라도 그 원물로부터 분리하는 때에 이를 수취할 권리자에게 속한다.
⑤ 권원 없이 타인의 토지에서 경작한 농작물도 성숙하여 독립한 물건으로 인정되면 그 소유권은 명인방법을 갖출 필요 없이 경작자에게 있다.

> 정답해설
① 일반적으로 일단의 증감 변동하는 동산을 하나의 물건으로 보아 이를 채권담보의 목적으로 삼으려는 이른바 집합물에 대한 양도담보설정계약 체결도 가능하며 이 경우 그 목적 동산이 담보설정자의 다른 물건과 구별될 수 있도록 그 종류, 장소 또는 수량지정 등의 방법에 의하여 특정되어 있으면 그 전부를 하나의 재산권으로 보아 이에 유효한 담보권의 설정이 된 것으로 볼 수 있다(대판 1990.12.26, 88다카20224).
② 법정과실은 수취할 권리의 존속기간일수의 비율로 취득한다(제102조 제2항).

> 제102조 【과실의 취득】
> ① 천연과실은 그 원물로부터 분리하는 때에 이를 수취할 권리자에게 속한다.
> ② 법정과실은 수취할 권리의 존속기간일수의 비율로 취득한다.

③ 미분리의 천연과실과 수목의 집단은 토지의 일부이지만 명인방법을 갖춘 경우에는 독립한 부동산이다(대판 1977.4.12, 76도2887).
④ 천연과실은 그 원물로부터 분리하는 때에 이를 수취할 권리자에게 속한다는 제102조 제1항은 강행규정이 아니라 임의규정이므로 귀속관계는 특약으로 달리 정할 수 있다.

> 제101조 【천연과실, 법정과실】
> ① 물건의 용법에 의하여 수취하는 산출물은 천연과실이다.
> ② 물건의 사용대가로 받은 금전 기타의 물건은 법정과실로 한다.

⑤ 토지에 대한 소유권이 없는 자가 권원 없이 경작한 입도라 하더라도 성숙하였다면 그에 대한 소유권은 경작자에게 귀속된다(대판 1963.2.21, 62다913).

▶ 정답 03 ③ 04 ④

05 물건에 관한 설명으로 옳지 않은 것은? (다툼이 있으면 판례에 따름) ▸ 2019 감정평가사

① 관리할 수 있는 자연력은 동산이다.
② 주물과 종물의 법률적 운명을 달리하는 약정은 유효하다.
③ 권원 없이 타인의 토지에서 경작한 농작물이 성숙하여 독립한 물건으로 인정되면, 그 소유권은 명인방법을 갖추지 않아도 경작자에게 있다.
④ 특별한 사정이 없는 한, 주유기는 주유소 건물의 종물이다.
⑤ 여러 개의 물건으로 이루어진 집합물은 원칙적으로 하나의 물건으로 인정된다.

> [정답해설]

① 민법상 물건이란 유체물 및 전기 기타 관리할 수 있는 자연력을 말한다. 그러므로 관리할 수 있는 자연력도 민법상 물건이며, 물건 중 토지 및 그 정착물인 부동산 이외는 동산이므로, 관리할 수 있는 자연력은 동산이다.

> **제98조 【물건의 정의】**
> 본법에서 물건이라 함은 유체물 및 전기 기타 관리할 수 있는 자연력을 말한다.
>
> **제99조 【부동산, 동산】**
> ① 토지 및 그 정착물은 부동산이다.
> ② 부동산 이외의 물건은 동산이다.

② 종물은 주물의 처분에 따른다는 민법 제100조의 제2항은 임의규정이므로, 당사자는 주물을 처분할 때에 특약으로 종물을 제외할 수 있고 종물만을 별도로 처분할 수 있다(대판 2012.1.26, 2009다76546).

> **제100조 【주물, 종물】**
> ② 종물은 주물의 처분에 따른다.

③ 토지에 대한 소유권이 없는 자가 권원 없이 경작한 입도라 하더라도 성숙하였다면 그에 대한 소유권은 경작자에게 귀속된다(대판 1963.2.21, 62다913).
④ 주유소의 주유기는 계속해서 주유소 건물 자체의 경제적 효용을 다하게 하는 작용을 하고 있으므로 주유소건물의 상용에 공하기 위하여 부속시킨 종물이다(대판 1995.6.29, 94다6345).

   🔍비교 단 유류저장탱크는 토지의 부합물이다.

⑤ '일물일권주의'의 원칙에 따라 물건의 일부나 구성부분 또는 물건의 집단은 원칙적으로 물권의 객체가 되지 못한다. 즉 물건은 원칙적으로 독립성이 있는 물건이어야 한다(독립성). 다만 물권의 대상이 되기에 적합한 특정성을 구비하고 공시방법이 있으며 사회적 필요가 있다면 물건의 일부나 집단에도 물권이 인정될 수 있다.

06 권리의 객체에 관한 설명으로 옳지 않은 것은? (다툼이 있으면 판례에 따름) ▶ 2015 감정평가사
① 주물과 종물의 법리는 물건 상호 간에 적용되고, 권리 상호 간에는 적용되지 않는다.
② 천연과실은 그 원물로부터 분리하는 때에 이를 수취할 권리자에게 속한다.
③ 독립된 부동산으로서의 건물이라고 하기 위하여는 최소한의 기둥과 지붕 그리고 주벽이 갖추어져야 한다.
④ 종물은 주물의 처분에 따른다는 민법규정은 임의규정이다.
⑤ 명인방법을 갖춘 수목의 경우에는 토지와 독립한 거래의 객체가 된다.

[정답해설]
① 주물과 종물의 법리는 물건 상호 간에 뿐만 아니라, 권리 상호 간에도 적용된다(대판 1992.7.14, 92다527).
② 제102조【과실의 취득】① 천연과실은 그 원물로부터 분리하는 때에 이를 수취할 권리자에게 속한다.
③ 독립된 부동산으로서의 건물이라고 하기 위하여는 최소한의 기둥과 지붕 그리고 주벽이 갖추어져야 한다 (대판 1997.7.8, 96다36517).
④ 종물은 주물의 처분에 따른다는 민법 제100조의 제2항은 임의규정이므로, 당사자는 주물을 처분할 때에 특약으로 종물을 제외할 수 있고 종물만을 별도로 처분할 수 있다(대판 2012.1.26, 2009다76546).

> 제100조【주물, 종물】
> ② 종물은 주물의 처분에 따른다.

⑤ 수목은 반독립 정착물로서 입목에 관한 법률에 따라 등록된 입목이나 명인방법을 갖춘 경우에는 토지와 독립된 거래의 객체가 된다.

▶ 정답   05 ⑤   06 ①

07 주물과 종물에 관한 설명으로 옳은 것은? (다툼이 있으면 판례에 따름) ▶ 2016 주택관리사

① 주물을 처분할 때에 특약으로 종물을 제외할 수는 없다.
② 물건이 주물의 소유자나 이용자의 상용(常用)에 공여되고 있더라도 주물 그 자체의 효용과 직접 관계가 없다면 그 물건은 종물이 아니다.
③ 물건의 소유자가 그 물건의 상용에 공(供)하기 위하여 자기소유인 다른 물건을 이에 부합하게 한 때에는 그 부합물은 종물이다.
④ 주물과 종물에 관한 민법규정은 권리 상호 간의 관계에 유추적용되지 않는다.
⑤ 본채의 소유자가 본채 바로 옆에 축조하여 낡은 가재도구를 보관하는 장소로 쓰는 창고는 본채의 종물이 될 수 없다.

[정답해설]
① 종물은 주물의 처분에 따른다는 민법 제100조의 제2항은 임의규정이므로, 당사자는 주물을 처분할 때에 특약으로 종물을 제외할 수 있고 종물만을 별도로 처분할 수 있다(대판 2012.1.26, 2009다76546).

> **제100조【주물, 종물】**
> ② 종물은 주물의 처분에 따른다.

② 어느 건물이 주된 건물의 종물이기 위하여는 주물의 상용에 이바지하는 관계에 있어야 하고 이는 주물 자체의 경제적 효용을 다하게 하는 것을 말하는 것이므로, 주물의 소유자나 이용자의 사용에 공여되고 있더라도 주물 자체의 효용과 관계없는 물건은 종물이 아니다(대판 2007.12.13, 2007도7247).
③ 종물이 주물의 구성부분이거나, 주종이 합하여 단일물이나 합성물인 경우는 종물이 아니며, 주물·종물은 모두 동산이건 부동산이건 상관없다. 종물은 독립한 물건이어야 하므로 부합된 물건을 종물이 될 수 없다.
④ "저당권의 효력은 저당부동산에 부합된 물건과 종물에 미친다"는 제358조 본문의 규정은 저당부동산에 관한 종된 권리에도 유추적용되어서, 건물에 대한 저당권의 효력은 그 건물의 소유를 목적으로 하는 지상권에도 미친다(대판 1992.7.14, 92다527).
⑤ 낡은 가재도구 등의 보관장소로 이용되는 방, 연탄창고, 공동변소 등은 본체에서 떨어져 축조되어 있어도 본체의 종물이다(대판 1991.5.14, 91다2729).

08 물건에 관한 설명으로 옳지 않은 것은? (다툼이 있으면 판례에 따름) ▶ 2020 감정평가사
① 종물은 주물소유자의 상용에 공여된 물건을 말한다.
② 주물과 다른 사람의 소유에 속하는 물건은 종물이 될 수 없다.
③ 주물과 종물의 관계에 관한 법리는 권리 상호 간에도 적용된다.
④ 저당권의 효력이 종물에 미친다는 규정은 종물은 주물의 처분에 따른다는 것과 이론적 기초를 같이 한다.
⑤ 토지의 개수는 지적공부의 등록단위가 되는 필(筆)을 표준으로 한다.

정답해설
① 어느 건물이 주된 건물의 종물이기 위하여는 주물의 상용에 이바지하는 관계에 있어야 하고 이는 주물 자체의 경제적 효용을 다하게 하는 것을 말하는 것이므로, 주물의 소유자나 이용자의 사용에 공여되고 있더라도 주물 자체의 효용과 관계없는 물건은 종물이 아니다(대판 2007.12.13, 2007도7247).

> 제100조 【주물, 종물】
> ① 물건의 소유자가 그 물건의 상용에 공하기 위하여 자기소유인 다른 물건을 이에 부속하게 한 때에는 그 부속물은 종물이다.
> ② 종물은 주물의 처분에 따른다.

② 종물은 물건의 소유자가 그 물건의 상용에 공하기 위하여 자기 소유인 다른 물건을 이에 부속하게 한 것을 말하므로(민법 제100조 제1항) 주물과 다른 사람의 소유에 속하는 물건은 종물이 될 수 없다(대판 2008.5.8, 2007다36933 · 36940).
③ 민법 제100조 제2항의 종물과 주물의 관계에 관한 법리는 물건 상호 간의 관계뿐 아니라 권리 상호 간에도 적용된다(대판 2006.10.26, 2006다29020).
④ 저당권의 효력이 미치는 저당부동산의 종물이라 함은 민법 제100조가 규정하는 종물과 같은 의미로서 어느 건물이 주된 건물의 종물이기 위하여는 주물의 상용에 이바지하는 관계에 있어야 하고, 주물의 상용에 이바지한다 함은 주물 그 자체의 경제적 효용을 다하게 하는 것을 말하는 것으로서, 주물의 소유자나 이용자의 사용에 공여되고 있더라도 주물 그 자체의 효용과 직접 관계가 없는 물건은 종물이 아니다(대결 2000.11.2, 2000마3530).
⑤ 토지의 개수는 지적법에 의한 지적공부상의 토지의 필수를 표준으로 하여 결정되는 것으로 1필지의 토지를 수필의 토지로 분할하여 등기하려면 먼저 위와 같이 지적법이 정하는 바에 따라 분할의 절차를 밟아 지적공부에 각 필지마다 등록이 되어야 하고 지적법상의 분할절차를 거치지 아니하는 한 1개의 토지로서 등기의 목적이 될 수 없는 것이며 설사 등기부에만 분필의 등기가 실행되었다 하여도 이로써 분필의 효과가 발생할 수는 없는 것이므로 결국 이러한 분필등기는 1부동산1부등기용지의 원칙에 반하는 등기로서 무효라 할 것이다(대판 1990.12.7, 90다카25208).

▶ 정답 07 ② 08 ①

09 물건에 관한 설명으로 옳지 않은 것은? (다툼이 있으면 판례에 따름) ▶ 2021 감정평가사

① 주물 소유자의 사용에 공여되는 물건이라도 주물 자체의 효용과 직접 관계가 없으면 종물이 아니다.
② 「입목에 관한 법률」에 의하여 소유권보존등기를 한 수목의 집단은 저당권의 객체가 된다.
③ 종물과 주물의 관계에 관한 법리는 권리 상호 간에도 적용될 수 있다.
④ 분필절차를 거치지 않은 1필의 토지의 일부에 대해서도 저당권을 설정할 수 있다.
⑤ 저당권의 효력은 저당부동산의 종물에 미치므로 경매를 통하여 저당부동산의 소유권을 취득한 자는 특별한 사정이 없는 한 종물의 소유권을 취득한다.

[정답해설]

① 어느 건물이 주된 건물의 종물이기 위하여는 주물의 상용에 이바지하는 관계에 있어야 하고 이는 주물 자체의 경제적 효용을 다하게 하는 것을 말하는 것이므로, 주물의 소유자나 이용자의 사용에 공여되고 있더라도 주물 자체의 효용과 관계없는 물건은 종물이 아니다(대판 2007.12.13, 2007도7247).

> **제100조 【주물, 종물】**
> ① 물건의 소유자가 그 물건의 상용에 공하기 위하여 자기소유인 다른 물건을 이에 부속하게 한 때에는 그 부속물은 종물이다.
> ② 종물은 주물의 처분에 따른다.

② "입목"이란 토지에 부착된 수목의 집단으로서 그 소유자가 이 법에 따라 소유권보존의 등기를 받은 것을 말하며(입목에 관한 법률 제2조 제1항 제1호), 입목의 소유자는 토지와 분리하여 입목을 양도하거나 저당권의 목적으로 할 수 있다(동법 제3조 제2항).

> **비교** 명인방법에 의한 경우는 저당권을 설정할 수 없다.

③ 민법 제100조 제2항의 종물과 주물의 관계에 관한 법리는 물건 상호 간의 관계뿐 아니라 권리 상호 간에도 적용된다(대판 2006.10.26, 2006다29020).
④ 토지의 개수는 지적법에 의한 지적공부상의 토지의 필수를 표준으로 하여 결정되는 것이므로 토지의 일부는 분필절차를 밟기 전에 그것을 양도할 수 없고 저당권을 설정할 수 없으나, 지상권·전세권 등의 용익물권은 분필절차를 밟지 않아도 1필의 토지 일부 위에 설정될 수 있다.
⑤ 부동산의 종물은 주물의 처분에 따르고, 저당권은 그 목적 부동산의 종물에 대하여도 그 효력이 미치기 때문에, 저당권의 실행으로 개시된 경매절차에서 부동산을 경락받은 자와 그 승계인은 종물의 소유권을 취득하고, 그 저당권이 설정된 이후에 종물에 대하여 강제집행을 한 자는 위와 같은 경락인과 그 승계인에게 강제집행의 효력을 주장할 수 없다(대판 1993.8.13, 92다43142).

> **제358조 【저당권의 효력의 범위】**
> 저당권의 효력은 저당부동산에 부합된 물건과 종물에 미친다. 그러나 법률에 특별한 규정 또는 설정행위에 다른 약정이 있으면 그러하지 아니하다.

10 물건에 관한 설명으로 옳지 않은 것은? (다툼이 있으면 판례에 따름) ▶ 2022 감정평가사

① 주물에 대한 압류의 효력은 특별한 사정이 없는 한 종물에는 미치지 않는다.
② 사람의 유골은 매장·관리의 대상이 될 수 있는 유체물이다.
③ 전기 기타 관리할 수 있는 자연력은 물건이다.
④ 법정과실은 수취할 권리의 존속기간 일수의 비율로 취득함이 원칙이다.
⑤ 주물만 처분하고 종물은 처분하지 않기로 하는 특약은 유효하다.

[정답해설]

① **민법 제100조 제2항의 종물과 주물의 관계에 관한 법리는** 물건 상호 간의 관계뿐 아니라 권리 상호 간에도 적용되고, **위 규정에서의 처분은** 처분행위에 의한 권리변동뿐 아니라 주물의 권리관계가 압류와 같은 공법상의 처분 등에 의하여 생긴 경우에도 적용되어야 하는 점, 저당권의 효력이 종물에 대하여도 미친다는 민법 제358조 본문 규정은 같은 법 제100조 제2항과 이론적 기초를 같이한다(대판 2006.10.26, 2006다29020). 주물에 대한 압류의 효력은 특별한 사정이 없는 한 종물에도 미치게 된다.

> 제100조【주물, 종물】② 종물은 주물의 처분에 따른다.

② **사람의 유체·유골은 매장·관리·제사·공양의 대상이 될 수 있는 유체물로서,** 분묘에 안치되어 있는 선조의 유체·유골은 민법 제1008조의3 소정의 제사용 재산인 분묘와 함께 그 제사주재자에게 승계되고, 피상속인 자신의 유체·유골 역시 위 제사용 재산에 준하여 그 제사주재자에게 승계된다(대판(전) 2008.11.20, 2007다27670).
③ **제98조【물건의 정의】** 본법에서 물건이라 함은 유체물 및 전기 기타 관리할 수 있는 자연력을 말한다.
④ **제102조【과실의 취득】** ② 법정과실은 수취할 권리의 존속기간일수의 비율로 취득한다.
⑤ 종물은 주물의 처분에 따른다는 민법 제100조의 제2항은 임의규정이므로, 당사자는 주물을 처분할 때에 특약으로 종물을 제외할 수 있고 종물만을 별도로 처분할 수 있다(대판 2012.1.26, 2009다76546).

심화문제편

01 물건에 관한 설명으로 옳지 않은 것은? (다툼이 있으면 판례에 의함) ▶ 2025 감정평가사

① 기존 건물에 증축을 한 소유자의 구분행위가 없더라도 증축 부분이 구조상·이용상의 독립성을 갖춘 경우 그 부분에 대한 구분소유권은 성립된다.
② 건물의 개수는 사회통념 또는 거래관념에 따라 물리적 구조 등 객관적 사정과 건축한 자의 의사 등 주관적 사정을 참작하여 결정된다.
③ 타인 소유의 물건은 종물이 될 수 없다.
④ 당사자는 주물을 처분할 때에 특약으로 종물을 제외할 수 있다.
⑤ 매매목적물의 인도 전에도 매수인이 매매대금을 완납한 후 발생한 그 목적물의 과실에 대한 수취권은 특별한 사정이 없는 한 매수인에게 귀속된다.

정답해설

① 법률상 1개의 부동산으로 등기된 기존 건물이 증축되어 증축 부분이 구분소유의 객체가 될 수 있는 구조상 및 이용상의 독립성을 갖추었다고 하더라도 이로써 곧바로 증축 부분이 법률상 기존 건물과 별개인 구분건물로 되는 것은 아니고, 구분건물이 되기 위하여는 증축 부분의 소유자의 구분소유 의사가 객관적으로 표시된 구분행위가 있어야 한다(대판 1999.7.27, 98다32540).
② 건물은 일정한 면적, 공간의 이용을 위하여 지상, 지하에 건설된 구조물을 말하는 것으로서, 건물의 개수는 토지와 달리 공부상의 등록에 의하여 결정되는 것이 아니라 사회통념 또는 거래관념에 따라 물리적 구조, 거래 또는 이용의 목적물로서 관찰한 건물의 상태 등 객관적 사정과 건축한 자 또는 소유자의 의사 등 주관적 사정을 참작하여 결정되는 것이고, 그 경계 또한 사회통념상 독립한 건물로 인정되는 건물 사이의 현실의 경계에 의하여 특정되는 것이다(대판 1997.7.8, 96다36517).
③ 종물은 물건의 소유자가 그 물건의 상용에 공하기 위하여 자기 소유인 다른 물건을 이에 부속하게 한 것을 말하므로(민법 제100조 제1항) 주물과 다른 사람의 소유에 속하는 물건은 종물이 될 수 없다(대판 2008.5.8, 2007다36933·36940).

> **제100조 【주물, 종물】**
> ① 물건의 소유자가 그 물건의 상용에 공하기 위하여 자기소유인 다른 물건을 이에 부속하게 한 때에는 그 부속물은 종물이다.

④ 종물은 주물의 처분에 따른다는 민법 제100조의 제2항은 임의규정이므로, 당사자는 주물을 처분할 때에 특약으로 종물을 제외할 수 있고 종물만을 별도로 처분할 수 있다(대판 2012.1.26, 2009다76546).

> **제100조 【주물, 종물】**
> ② 종물은 주물의 처분에 따른다.

⑤ 특별한 사정이 없는 한 매매계약이 있은 후에도 인도하지 아니한 목적물로부터 생긴 과실은 매도인에게 속하지만(제587조), 매매목적물의 인도 전이라도 매수인이 매매대금을 완납한 때에는 그 이후의 과실수취권은 매수인에게 귀속된다고 보아야 할 것이다(대판 2021.6.24, 2021다220666).

> **제587조【과실의 귀속, 대금의 이자】**
> 매매계약있은 후에도 인도하지 아니한 목적물로부터 생긴 과실은 매도인에게 속한다. 매수인은 목적물의 인도를 받은 날로부터 대금의 이자를 지급하여야 한다. 그러나 대금의 지급에 대하여 기한이 있는 때에는 그러하지 아니하다.
>
> **제102조【과실의 취득】**
> ① 천연과실은 그 원물로부터 분리하는 때에 이를 수취할 권리자에게 속한다.

02 권리의 객체에 관한 설명으로 옳지 않은 것은? (다툼이 있으면 판례에 따름) ▶ 2024 감정평가사

① 토지의 개수는 공간정보의 구축 및 관리 등에 관한 법률에 의한 지적공부상 토지의 필수(筆數)를 표준으로 결정된다.
② 1필의 토지의 일부가 공간정보의 구축 및 관리 등에 관한 법률상 분할절차 없이 분필등기가 된 경우, 그 분필등기가 표상하는 부분에 대한 등기부취득시효가 인정될 수 있다.
③ 주물에 대한 점유취득시효의 효력은 점유하지 않은 종물에 미치지 않는다.
④ 주물의 상용에 제공된 X 동산이 타인 소유이더라도 주물에 대한 경매의 매수인이 선의취득 요건을 구비하는 경우, 그 매수인은 X의 소유권을 취득할 수 있다.
⑤ 명인방법을 갖춘 미분리과실은 독립한 물건으로서 거래의 객체가 될 수 있다.

정답해설

① 토지의 개수는 지적법에 의한 지적공부상의 토지의 필수를 표준으로 하여 결정되는 것으로 1필지의 토지를 수필의 토지로 분할하여 등기하려면 먼저 위와 같이 지적법이 정하는 바에 따라 분할의 절차를 밟아 지적공부에 각 필지마다 등록이 되어야 하고 지적법상의 분할절차를 거치지 아니하는 한 1개의 토지로서 등기의 목적이 될 수 없는 것이며 설사 등기부에만 분필의 등기가 실행되었다 하여도 이로써 분필의 효과가 발생할 수는 없는 것이므로 결국 이러한 분필등기는 1부동산1부등기용지의 원칙에 반하는 등기로서 무효라 할 것이다(대판 1990.12.7, 90다카25208).
② 등기부상 만으로 어떤 토지 중 일부가 분할되고 그 분할된 토지에 대하여 지번과 지적이 부여되어 등기되어 있어도 지적공부 소관청에 의한 지번, 지적, 지목, 경계확정 등의 분필절차를 거친 바가 없다면 그 등기가 표상하는 목적물은 특정되었다고 할 수는 없으니, 등기부에 소유자로 등기된 자가 등기부에 기재된 면적에 해당하는 만큼의 토지를 특정하여 점유하였다고 하더라도 그 등기는 그가 점유하는 토지부분을 표상하는 등기로 볼 수 없어 그 점유자는 등기부취득시효의 요건인 '부동산의 소유자로 등기한 자'에 해당하지 아니하므로 등기부시효취득을 할 수는 없다(대판 1995.6.16, 94다4615건).
③ 점유 기타 사실관계의 기한 권리변동에 있어서는 제110조 제2항이 적용되지 않는다. 주물을 점유하고 있다 하더라도, 현실적으로 점유하고 있지 않는 종물에 대한 점유가 인정되지 않는다. 주물에 대한 점유취득시효의 효력은 점유하지 않은 종물에 미치지 않는다.

> **제100조【주물, 종물】**
> ② 종물은 주물의 처분에 따른다.

▶ 정답 01 ① 02 ②

④ 종물은 물건의 소유자가 그 물건의 상용에 공하기 위하여 자기 소유인 다른 물건을 이에 부속하게 한 것을 말하므로(민법 제100조 제1항) 주물과 다른 사람의 소유에 속하는 물건은 종물이 될 수 없다. 저당권의 실행으로 부동산이 경매된 경우에 그 부동산에 부합된 물건은 그것이 부합될 당시에 누구의 소유이었는지를 가릴 것 없이 그 부동산을 낙찰받은 사람이 소유권을 취득하지만, 그 부동산의 상용에 공하여진 물건일지라도 그 물건이 부동산의 소유자가 아닌 다른 사람의 소유인 때에는 이를 종물이라고 할 수 없으므로 부동산에 대한 저당권의 효력에 미칠 수 없어 부동산의 낙찰자가 당연히 그 소유권을 취득하는 것은 아니며, 나아가 부동산의 낙찰자가 그 물건을 선의취득하였다고 할 수 있으려면 그 물건이 경매의 목적물로 되었고 낙찰자가 선의이며 과실 없이 그 물건을 점유하는 등으로 선의취득의 요건을 구비하여야 한다(대판 2008.5.8, 2007다36933·36940).
⑤ 미분리의 천연과실과 수목의 집단은 토지의 일부이지만 명인방법을 갖춘 경우에는 독립한 부동산이다(대판 1977.4.12, 76도2887).

> **비교** 명인방법에 의한 경우는 입목등기와 달리 저당권은 설정할 수 없다.

03 주물과 종물에 관한 설명으로 옳은 것은? (다툼이 있으면 판례에 따름) ▶ 2016 감정평가사

① 독립한 부동산은 종물이 될 수 없다.
② 주물을 처분할 때 당사자의 특약으로 종물만을 별도로 처분할 수도 있다.
③ 주물 위에 설정된 저당권의 효력은, 법률의 규정 또는 다른 약정이 없으면, 설정 후의 종물에까지 미치지 않는다.
④ 구분건물의 전유부분에 대한 가압류 결정의 효력은 특별한 사정이 없는 한 그 대지권에 미치지 않는다.
⑤ 권리 상호 간에는 주물과 종물의 법리가 적용되지 않는다.

[정답해설]
① 낡은 가재도구 등의 보관장소로 사용되고 있는 방과 연탄창고 및 공동변소가 본채에서 떨어져 축조되어 있기는 하나 본채의 종물이다(대판 1991.05.14, 91다2779). 종물은 독립한 물건이면 되고, 동산·부동산을 불문하고 가능하다.
② 종물은 주물의 처분에 따른다는 민법 제100조의 제2항은 임의규정이므로, 당사자는 주물을 처분할 때에 특약으로 종물을 제외할 수 있고 종물만을 별도로 처분할 수 있다(대판 2012.1.26, 2009다76546).

> **제100조【주물, 종물】**
> ② 종물은 주물의 처분에 따른다.

③ 종물은 주물의 처분에 따르므로 주물인 부동산에 관하여 소유권이전등기가 있으면 소유권도 당연히 이전되고, 주물에 관하여 저당권설정등기가 되면 종물에 대해서도 당연히 저당권의 효력이 미친다(제358조).

> **제358조【저당권의 효력의 범위】**
> 저당권의 효력은 저당부동산에 부합된 물건과 종물에 미친다. 그러나 법률에 특별한 규정 또는 설정행위에 다른 약정이 있으면 그러하지 아니하다.

④ 구분건물의 전유부분에 대한 소유권보존등기만 경료되고 대지지분에 대한 등기가 경료되기 전에 전유부분만에 대해 내려진 가압류결정의 효력은, 대지사용권의 분리처분이 가능하도록 규약으로 정하였다는 등의 특별한 사정이 없는 한, 종물 내지 종된 권리인 그 대지권에까지 미친다고 본다(대판 2006.10.26, 2006다29020).
⑤ 민법 제100조 제2항의 종물과 주물의 관계에 관한 법리는 물건 상호 간의 관계뿐 아니라 권리 상호 간에도 적용된다(대판 2006.10.26, 2006다29020).

04 물건에 관한 설명으로 옳지 않은 것은? (다툼이 있으면 판례에 따름) ▶ 2023 감정평가사

① 주물의 구성부분은 종물이 될 수 없다.
② 1필의 토지의 일부는 분필절차를 거치지 않는 한 용익물권의 객체가 될 수 없다.
③ 국립공원의 입장료는 법정과실이 아니다.
④ 주물과 장소적 밀접성이 인정되더라도 주물 그 자체의 효용과 직접 관계가 없는 물건은 종물이 아니다.
⑤ 저당권 설정행위에 "저당권의 효력이 종물에 미치지 않는다"는 약정이 있는 경우, 이를 등기하지 않으면 그 약정으로써 제3자에게 대항할 수 없다.

정답해설

① 주물과 종물은 독립한 물건이어야 하므로 주물의 구성부분은 종물이 될 수 없다(대판 1993.12.10, 93다42399).
② '일물일권주의'의 원칙에 따라 물건의 일부나 구성부분 또는 물건의 집단은 원칙적으로 물권의 객체가 되지 못한다. 즉 물건은 원칙적으로 독립성이 있는 물건이어야 한다(독립성). 다만 물권의 대상이 되기에 적합한 특정성을 구비하고 공시방법이 있으며 사회적 필요가 있다면 물건의 일부나 집단에도 물권이 인정될 수 있다. 토지의 일부에 대한 지상권, 부동산의 일부에 대한 전세권 등이 이에 해당한다. 따라서 분필절차를 거치지 않은 1필의 토지의 일부라도 용익물권의 객체가 될 수 있다.
③ 자연공원법(1995.12.30, 법률 제5122호로 개정된 것) 제26조 및 제33조의 규정내용과 입법목적을 종합하여 보면, 국립공원의 입장료는 토지의 사용대가라는 민법상 과실이 아니라 수익자 부담의 원칙에 따라 국립공원의 유지·관리비용의 일부를 국립공원 입장객에게 부담시키고자 하는 것이어서 토지의 소유권이나 그에 기한 과실수취권과는 아무런 관련이 없고, 국립공원의 유지·관리비는 원칙적으로 국가가 부담하여야 할 것이지만 형평에 따른 수익자부담의 원칙을 적용하여 국립공원 이용자에게 입장료를 징수하여 국립공원의 유지·관리비의 일부에 충당하는 것도 가능하다고 할 것이다(대판 2001.12.28, 2000다27749).
④ 어느 건물이 주된 건물의 종물이기 위하여는 주물의 상용에 이바지하는 관계에 있어야 하고 이는 주물 자체의 경제적 효용을 다하게 하는 것을 말하는 것이므로, 주물의 소유자나 이용자의 사용에 공여되고 있더라도 주물 자체의 효용과 관계없는 물건은 종물이 아니다(대판 2007.12.13, 2007도7247).
⑤ 민법 제358조에 따르면, 저당권의 효력은 저당부동산에 부합된 물건과 종물에 미치나, 법률에 특별한 규정 또는 설정행위에 다른 약정이 있으면 그러하지 아니하다. 즉, "저당권의 효력이 종물에 미치지 않는다"는 약정은 유효하다. 다만 이를 등기하지 않으면 그 약정으로써 제3자에게 대항할 수 없을 뿐이다(부동산등기법 제75조 제1항 제7호).

▶ 정답 03 ② 04 ②

> **제358조【저당권의 효력의 범위】**
> 저당권의 효력은 저당부동산에 부합된 물건과 종물에 미친다. 그러나 법률에 특별한 규정 또는 설정행위에 다른 약정이 있으면 그러하지 아니하다.
>
> **부동산등기법 제75조【저당권의 등기사항】**
> ① 등기관이 저당권설정의 등기를 할 때에는 제48조에서 규정한 사항 외에 다음 각 호의 사항을 기록하여야 한다. 다만, 제3호부터 제8호까지는 등기원인에 그 약정이 있는 경우에만 기록한다.
>   7.「민법」제358조 단서의 약정

05 원물과 과실에 관한 설명으로 옳지 않은 것은? (다툼이 있으면 판례에 따름) ▶ 2021 세무사

① 천연과실에는 유기물과 인공적 무기적으로 수취되는 물건도 포함된다.
② 전세권자는 천연과실의 수취권자가 될 수 있다.
③ 주식배당금은 법정과실이다.
④ 국립공원의 입장료는 토지의 사용대가라는 민법상 과실이 아니다.
⑤ 법정과실은 수취할 권리의 존속기간일수의 비율로 취득한다.

정답해설

① 천연과실 물건의 용법에 의해 수취(收取)되는 산출물이 천연과실이다(제101조 제1항). 쌀, 과수의 열매, 우유, 동물의 새끼 등과 같이 자연적·유기적으로 산출되는 물건에 한하지 않고, 광물·석재·토사(土砂) 등과 같이 인공적·무기적으로 수취되는 물건도 천연과실이다.
② 전세권자는 목적 부동산을 점유하여 그 용도에 좇아 사용·수익할 권리가 있다(제303조 제1항). 여기서 수익은 과실의 취득을 의미한다.

> **제303조【전세권의 내용】**
> ① 전세권자는 전세금을 지급하고 타인의 부동산을 점유하여 그 부동산의 용도에 좇아 사용·수익하며, 그 부동산 전부에 대하여 후순위권리자 기타 채권자보다 전세금의 우선변제를 받을 권리가 있다.

③ 물건의 사용대가로 받은 금전 기타의 물건이 법정과실이다. 따라서 노동의 대가인 임금이나, 권리사용의 대가인 특허권 사용료, 건설이자배상, 주식배당금은 과실이 아니다.
④ 자연공원법(1995.12.30. 법률 제5122호로 개정된 것) 제26조 및 제33조의 규정내용과 입법목적을 종합하여 보면, 국립공원의 입장료는 토지의 사용대가라는 민법상 과실이 아니라 수익자 부담의 원칙에 따라 국립공원의 유지·관리비용의 일부를 국립공원 입장객에게 부담시키고자 하는 것이어서 토지의 소유권이나 그에 기한 과실수취권과는 아무런 관련이 없고, 국립공원의 유지·관리비는 원칙적으로 국가가 부담하여야 할 것이지만 형평에 따른 수익자부담의 원칙을 적용하여 국립공원 이용자에게 입장료를 징수하여 국립공원의 유지·관리비의 일부에 충당하는 것도 가능하다고 할 것이다(대판 2001.12.28. 2000다27749).
⑤ 제102조【과실의 취득】② 법정과실은 수취할 권리의 존속기간일수의 비율로 취득한다.

06 과실을 수취할 수 있는 자를 모두 고른 것은?

▶ 2018 감정평가사

ㄱ. 질물의 과실에 대한 질권자
ㄴ. 유치물의 과실에 대한 유치권자
ㄷ. 점유물의 과실에 대한 선의의 점유자
ㄹ. 토지전세권에서 토지의 과실에 대한 전세권설정자

① ㄱ, ㄴ
② ㄷ, ㄹ
③ ㄱ, ㄴ, ㄷ
④ ㄱ, ㄷ, ㄹ
⑤ ㄴ, ㄷ, ㄹ

정답해설

ㄱ. (○) : 질권의 목적으로 인도된 물건 전부에 그 효력이 미치는데, 종물이 인도된 경우에 한하여 질권의 효력이 미치고, 과실(천연과실, 법정과실)에도 질권의 효력이 미친다.

ㄴ. (○) : 유치권자는 유치물의 과실을 수취하여 다른 채권보다 먼저 그 채권의 변제에 충당할 수 있다. 과실에는 천연과실·법정과실(사용이익도 포함) 모두가 포함되며, 과실이 금전이 아닐 때에는 경매하여 이자에 충당하고 나머지가 있으면 원본에 충당한다(제323조).

> **제323조 【과실수취권】**
> ① 유치권자는 유치물의 과실을 수취하여 다른 채권보다 먼저 그 채권의 변제에 충당할 수 있다. 그러나 과실이 금전이 아닌 때에는 경매하여야 한다.

ㄷ. (○) : 제201조 【점유자와 과실】 ① 선의의 점유자는 점유물의 과실을 취득한다.

ㄹ. (×) : 전세권자는 목적 부동산을 점유하여 그 용도에 좇아 사용·수익할 권리가 있다(제303조 제1항). 여기서 수익은 과실의 취득을 의미한다. 즉 원칙적으로 전세권설정자는 과실수취권이 없다.

> **제303조 【전세권의 내용】**
> ① 전세권자는 전세금을 지급하고 타인의 부동산을 점유하여 그 부동산의 용도에 좇아 사용·수익하며, 그 부동산 전부에 대하여 후순위권리자 기타 채권자보다 전세금의 우선변제를 받을 권리가 있다.

▶ 정답   05 ③   06 ③

Chapter 05 권리의 변동

제1절 총설

01 물건의 승계취득에 해당하는 것은? (다툼이 있으면 판례에 따름) ▶ 2021 감정평가사

① 무주물 선점에 의한 소유권 취득
② 상속에 의한 소유권 취득
③ 환지처분에 의한 국가의 소유권 취득
④ 건물 신축에 의한 소유권 취득
⑤ 공용징수에 의한 토지 소유권 취득

정답해설

①, ③, ④, ⑤ 원시취득은 타인의 권리에 기초하지 않고 원시적으로 취득하는 것을 말한다. 이에 따르면 종전 권리에 대한 제한은 소멸하게 된다. 이에 해당하는 것이 ④ 건물의 신축, ① 무주물 선점(제252조)에 의한 소유권 취득, 취득시효(제245조), 선의취득(제249조), ⑤ 공용징수에 의한 토지 소유권 취득, ③ 환지처분에 의한 국가의 소유권 취득 등이 이에 해당한다.

② 승계취득은 타인의 권리에 기초로 하여 권리를 취득하는 것을 말한다. 즉, 종전 권리에 대한 제한은 존속하고, 전주의 권리 범위 내에서만 취득이 가능하며, 무권리자로부터 취득할 수 없다. 여기에는 이전적 승계(예 구권리자에 속하고 있었던 권리가 동일성을 유지하면서 신권리자에게 이전되는 것)와 설정적 승계(예 구권리자는 그대로 그의 권리를 보유하면서, 그 권리에 기초하여 제약된 새로운 권리를 발생하게 하여 이를 신권리자에게 취득하게 하는 것)가 있고, 이전적 승계는 다시 특정승계와 포괄승계로 나뉜다. 매매(제563조), 증여(제554조) 등의 경우와 같은 특정승계와 달리 포괄승계는 하나의 취득원인에 의하여 다수의 권리가 일괄해서 취득되는 것을 말한다. 상속(제997조), 포괄유증(제1078조), 회사의 합병(상법 제235조) 등이 이에 해당한다.

▶ 정답 01 ②

제2절 법률행위

기본문제편

01 법률행위가 아닌 것은?
▶ 2015 감정평가사

① 지상권 설정의 합의
② 대리권의 수여
③ 사단법인의 설립행위
④ 동산의 가공
⑤ 의사표시의 취소

정답해설

법률행위란 일정한 법률효과의 발생을 목적으로 하는 하나 또는 수 개의 의사표시를 본질적 요소로 하는 법률요건을 말한다. 이에는 단독행위·계약·합동행위가 포함된다.
① 지상권 설정의 합의는 2인 이상의 당사자의 「청약」과 「승낙」이라는 서로 대립하는 의사표시의 합치로 성립하는 법률행위인 계약의 한 형태이다.
② 대리권의 수여는 대리인에게 표시되어야 하는 것으로, 판례는 수권행위의 성질을 상대방 있는 단독행위로 파악한다.
③ 사단법인에서의 설립행위의 법적 성질은 합동행위로 보는 것이 통설이다.
④ 동산의 가공은 행위자의 행위에 의하여 생긴 결과만이 법률에 의하여 법률상의 의미가 있는 것으로 인정되는 순수사실행위이다. 즉 의사표시를 요소로 하지 아니하므로 법률행위가 아니다.
⑤ 의사표시의 취소는 1개의 의사표시만으로 성립하는 법률행위로서, 상대방 있는 단독행위에 해당한다.

02 상대방 없는 단독행위에 해당하는 것을 모두 고른 것은? (다툼이 있으면 판례에 따름)
▶ 2017 주택관리사

ㄱ. 계약의 해지
ㄴ. 1인의 설립자에 의한 재단법인 설립행위
ㄷ. 상속받은 골동품 소유권의 포기
ㄹ. 유언

① ㄱ, ㄴ
② ㄴ, ㄷ
③ ㄷ, ㄹ
④ ㄱ, ㄴ, ㄷ
⑤ ㄴ, ㄷ, ㄹ

정답해설

단독행위는 1개의 의사표시만으로 성립하는 법률행위로서, 상대방의 존재 유무를 기준으로 상대방 있는 단독행위로는 취소, 상계, 해제, 해지, 추인 등이 있고, 상대방 없는 단독행위로는 재단법인의 설립행위, 유언, 권리의 포기 즉 소유권 포기 등으로 나뉜다.

▶ 정답 01 ④ 02 ⑤

03 법률행위의 해석에 관한 설명으로 옳지 않은 것은? (다툼이 있으면 판례에 의함)

▶ 2012 감정평가사

① 계약의 해석은 당사자가 그 표시행위에 부여한 객관적 의미를 명백하게 확정하는 것이다.
② 계약의 당사자가 누구인지는 그 계약에 관여한 당사자의 의사해석의 문제이다.
③ 진의 아닌 의사표시에 있어서 진의는 표의자가 진정으로 마음속에서 바라는 사항을 의미한다.
④ 계약의 해석을 통하여 보충되는 당사자의 의사는 당사자의 주관적 의사가 아니라 거래관행이나 신의칙 등에 의하여 객관적으로 추인되는 의사를 의미한다.
⑤ 타인 명의로 계약을 체결하는 경우 계약을 체결한 자와 상대방의 의사가 일치한다면 그 일치된 의사대로 당사자를 확정하면 된다.

> 정답해설
① 계약의 해석은 당사자가 그 표시행위에 부여한 객관적 의미를 명백하게 확정하는 것이다(대판 2010.10.14, 2009다67313 등).
②, ⑤ 계약의 당사자가 누구인지는 그 계약에 관여한 당사자의 의사해석의 문제이고, 타인 명의로 계약을 체결하는 경우 계약을 체결한 자와 상대방의 의사가 일치한다면 그 일치된 의사대로 당사자를 확정하면 된다(대판 1998.3.13, 97다22089 등). 자연적 해석의 방법에 해당한다.
③ 비진의 의사표시에 있어서의 진의란 특정한 내용의 의사표시를 하고자 하는 표의자의 생각을 말하는 것이지 표의자가 진정으로 마음속에서 바라는 사항을 뜻하는 것은 아니라고 할 것이므로, 비록 재산을 강제로 뺏긴다는 것이 표의자의 본심으로 잠재되어 있었다 하여도 표의자가 강박에 의하여서나마 증여를 하기로 하고 그에 따른 증여의 의사표시를 한 이상 증여의 내심의 효과의사가 결여된 것이라고 할 수는 없다(대판 2002.12.27, 2000다47361).
④ 계약의 해석을 통하여 보충되는 당사자의 의사는 당사자의 주관적 의사가 아니라 거래관행이나 신의칙 등에 의하여 객관적으로 추인되는 의사를 의미한다(대판 2006.11.23, 2005다13288).

04 법률행위의 해석에 관한 설명으로 옳지 않은 것은? (다툼이 있으면 판례에 의함)

▶ 2014 감정평가사

① 오표시무해(誤表示無害)의 원칙은 법률행위 해석 중 자연적 해석에 따른 것이다.
② 비전형의 혼합계약을 해석함에는 사용된 문언의 내용에 의하여 당사자가 그 표시행위에 부여한 객관적 의미를 있는 그대로 확정하는 것이 필요하다.
③ 당사자가 특정 토지를 계약 목적물로 합의하였으나 그 지번의 표시에 관한 착오로 인하여 계약서에 그 토지와 다른 토지로 표시한 경우, 계약서에 표시된 토지에 대하여 계약이 성립한다.
④ 사실인 관습은 당사자의 주장에 구애됨이 없이 법원이 스스로 직권에 의하여 판단할 수 있다.
⑤ 계약을 체결한 자가 타인의 이름으로 법률행위를 한 경우, 계약당사자의 확정에 관한 행위자와 상대방의 의사가 일치하면 그 일치한 의사대로 행위자 또는 명의인을 계약의 당사자로 확정해야 한다.

정답해설

① 자연적 해석이란 표현에 구애되지 않고 표의자의 내심의 진의를 밝히는 해석방법이다. 이에 따라 표의자의 잘못된 표시는 결과적으로 표의자에게 해가 되지 않게 되는 것이 오표시무해(誤表示無害)의 원칙이다.
② 법률행위의 해석은 당사자가 그 표시행위에 부여한 객관적인 의미를 명백하게 확정하는 것으로서, 사용된 문언에만 구애받는 것은 아니지만, 어디까지나 당사자의 내심의 의사가 어떤지에 관계없이 그 문언의 내용에 의하여 당사자가 그 표시행위에 부여한 객관적 의미를 합리적으로 해석하여야 하는 것이고, 이러한 법리는 비전형의 혼합계약의 해석에도 적용된다고 할 것인데, 비전형의 혼합계약에서는 다수의 전형계약의 요소들이 양립하면서 각자 그에 상응하는 법적 효력이 부여될 수 있으므로, 당사자가 그 표시행위에 부여한 객관적인 의미를 있는 그대로 확정하는 것이 필요하다(대판 2010.10.14, 2009다67313).
③ "부동산의 매매계약에 있어 쌍방당사자가 모두 특정의 甲 토지를 계약의 목적물로 삼았으나 그 목적물의 지번 등에 관하여 착오를 일으켜 계약을 체결함에 있어서는 계약서상 그 목적물을 甲 토지와는 별개인 乙 토지로 표시하였다 하여도 甲 토지에 관하여 이를 매매의 목적물로 한다는 쌍방당사자의 의사합치가 있은 이상 위 매매계약은 甲 토지에 관하여 성립한 것으로 보아야 할 것이고 乙 토지에 관하여 매매계약이 체결된 것으로 보아서는 안 될 것"이라고 판시하였다(대판 1993.10.26, 93다2629). 따라서 계약서에 Y 토지가 기재되었다고 하더라도 乙은 甲에게 X 토지에 관한 소유권이전등기를 청구할 수 있다.
④ 사실인 관습은 일반생활에 있어서의 일종의 경험칙에 속한다 할 것이고 경험칙은 일종의 법칙인 것이므로 법관은 어떠한 경험칙의 유무를 판단함에 있어서는 당사자의 주장이나 입증에 구애됨이 없이 스스로 직권에 의하여 판단할 수 있다(대판 1976.7.13, 76다983).
⑤ 계약의 당사자가 누구인지는 그 계약에 관여한 당사자의 의사해석의 문제이고, 타인 명의로 계약을 체결하는 경우 계약을 체결한 자와 상대방의 의사가 일치한다면 그 일치된 의사대로 당사자를 확정하면 된다(대판 1998.3.13, 97다22089 등). 자연적 해석의 방법에 해당한다.

05 법률행위의 목적에 관한 설명으로 옳은 것은? (다툼이 있으면 판례에 따름) ▶ 2017 세무사

① 법률행위가 성립하기 위해서는 법률행위 당시에 그 목적이 확정되어 있어야 한다.
② 법률행위는 효력규정에 위반한 경우는 물론이고 단속규정에 위반한 경우에도 무효로 된다.
③ 법률행위의 목적 실현이 후발적으로 불가능하게 되더라도 그로 인하여 법률행위가 무효로 되는 것은 아니다.
④ 동기가 불법인 경우에는 그 동기가 표시되지 않아 상대방이 인식하지 못하더라도 법률행위는 무효로 된다.
⑤ 법률행위의 목적이 사회적 타당성을 결여하였더라도 개별적인 강행법규에 위반하지 않았다면 그 법률행위는 유효하다.

정답해설

① 법률행위가 성립하려면 「당사자, 목적, 의사표시」라는 일반적 성립요건이 필요하며, 성립된 법률행위가 유효하게 효력을 발생하기 위해서는 일반적 효력요건으로서 1. 당사자에게 의사능력·행위능력이 존재하고, 2. 법률행위의 목적이 확정·(실현)가능·적법성·사회적 타당성을 갖추어야 하며, 3. 의사표시에 관해 의사와 표시가 일치하고 사기·강박에 의한 의사표시가 아니어야 한다.

▶ 정답   03 ③   04 ③   05 ③

② 강행규정은 위반 시 무효가 되는 효력규정과 단지 거래행위를 금지하고 위반 시 법률행위의 효력에는 영향이 없고 일정한 제재만이 따를 뿐인 단속규정으로 나눌 수 있다(다수설).
③ 법률행위의 목적이 원시적·객관적·전부불능인 경우 그 법률행위는 무효이고, 일부불능의 경우 불능 아닌 부분은 제137조의 일부무효의 법리가 적용된다. 후발적 불능의 경우는 계약체결 후 이행기 전에 불능이 된 경우에는 귀책사유가 있으면 채무불이행책임(제390조, 제546조)이 문제되고 귀책사유가 없으면 위험부담(제537조)이 문제된다.
④ '법률행위의 동기'는 법률행위를 하게 된 이유일 뿐이므로, 법률행위의 내용이 아니다. 따라서 이러한 동기가 사회질서에 위반되더라도 법률행위가 무효로 되지는 않는 것이 원칙이다. 다만 예외적으로 동기가 표시되거나 상대방에게 알려진 경우에는 제103조가 적용되어 법률행위 자체가 무효로 될 수 있다(대판 1984.12.11. 84다카140).
⑤ 개별적인 강행법규에 위반하지 않았더라도 법률행위의 목적이 사회적 타당성을 결여하였다면 제103조 위반으로 무효가 된다.

> **제103조 【반사회질서의 법률행위】**
> 선량한 풍속 기타 사회질서에 위반한 사항을 내용으로 하는 법률행위는 무효로 한다.

06 법률행위의 목적에 관한 설명으로 옳은 것을 모두 고른 것은?   ▶ 2023 감정평가사

> ㄱ. 甲이 乙에게 매도한 건물이 계약체결 후 甲의 방화로 전소하여 乙에게 이전할 수 없게 된 경우, 甲의 손해배상책임이 문제될 수 있다.
> ㄴ. 甲이 乙에게 매도한 토지가 계약체결 후 재결수용으로 인하여 乙에게 이전할 수 없게 된 경우, 위험부담이 문제될 수 있다.
> ㄷ. 甲이 乙에게 매도하기로 한 건물이 계약체결 전에 지진으로 전파(全破)된 경우, 계약체결상의 과실책임이 문제될 수 있다.

① ㄴ
② ㄱ, ㄴ
③ ㄱ, ㄷ
④ ㄴ, ㄷ
⑤ ㄱ, ㄴ, ㄷ

정답해설

불능의 종류에는 ① 법률행위 성립 당시에 이미 불능인 원시적 불능과 법률행위 성립 당시에는 가능하였지만 그 후에 불능인 후발적 불능이 있다. 원시적 불능의 경우는 ① 법률행위의 목적이 원시적·객관적·전부불능인 경우 그 법률행위는 무효이다. ② 민법은 제535조 제1항에서 원시적·객관적·전부불능의 경우를 규율하고 있다. 즉 원시적 불능을 목적으로 하는 법률행위는 무효이지만 채무자가 그 불능을 알았거나 알 수 있었을 경우에는 그 상대방이 계약을 유효로 믿었기 때문에 받은 손해를 배상할 책임 즉, 계약체결상 과실책임을 지게 된다. 후발적 불능의 경우는 계약체결 후 이행기 전에 불능이 된 경우에는 귀책사유가 있으면 채무불이행책임(제390조, 제546조)이 문제되고 귀책사유가 없으면 위험부담(제537조)이 문제된다.

ㄱ. (O): 甲이 乙에게 매도한 건물이 계약체결 후 甲의 방화로 전소하여 乙에게 이전할 수 없게 된 경우는 후발적 불능이 채무자 甲의 방화로 전소되었으므로 채무자가 귀책사유로 인한 채무불이행에 해당하여 甲의 손해배상책임(제390조)이 문제될 수 있다.

제390조 【채무불이행과 손해배상】
채무자가 채무의 내용에 좇은 이행을 하지 아니한 때에는 채권자는 손해배상을 청구할 수 있다. 그러나 채무자의 고의나 과실 없이 이행할 수 없게 된 때에는 그러하지 아니하다.

ㄴ. (○): 甲이 乙에게 매도한 토지가 계약체결 후 재결수용한 경우이므로, 후발적 불능이 채무자의 귀책사유가 아닌 공용수용으로 인한 것이므로, 위험부담(제537조)이 문제될 수 있다.

제537조 【채무자위험부담주의】
쌍무계약의 당사자 일방의 채무가 당사자쌍방의 책임 없는 사유로 이행할 수 없게 된 때에는 채무자는 상대방의 이행을 청구하지 못한다.

ㄷ. (○): 甲이 乙에게 매도하기로 한 건물이 계약체결 전에 지진으로 전파(全破)된 경우이므로, 원시적·객관적·전부불능으로 그 법률행위는 무효이나, 계약체결상의 과실책임(제535조 제1항)이 문제될 수 있다.

제535조 【계약체결상의 과실】
① 목적이 불능한 계약을 체결할 때에 그 불능을 알았거나 알 수 있었을 자는 상대방이 그 계약의 유효를 믿었음으로 인하여 받은 손해를 배상하여야 한다. 그러나 그 배상액은 계약이 유효함으로 인하여 생길 이익액을 넘지 못한다.
② 전항의 규정은 상대방이 그 불능을 알았거나 알 수 있었을 경우에는 적용하지 아니한다.

07 강행규정에 위반되어 그 효력이 인정되지 않는 것을 모두 고른 것은? (다툼이 있으면 판례에 따름)
▶ 2020 감정평가사

ㄱ. 제3자가 타인의 동의를 받지 않고 타인을 보험계약자 및 피보험자로 하여 체결한 생명보험계약
ㄴ. 건물의 임차인이 비용을 지출하여 개조한 부분에 대한 원상회복의무를 면하는 대신 그 개조비용의 상환청구권을 포기하기로 하는 약정
ㄷ. 사단법인의 사원의 지위를 양도·상속할 수 있다는 규약
ㄹ. 승소를 시켜주면 소송물의 일부를 양도하겠다는 민사소송의 당사자와 변호사 아닌 자 사이의 약정

① ㄱ, ㄴ   ② ㄱ, ㄷ
③ ㄱ, ㄹ   ④ ㄴ, ㄷ
⑤ ㄷ, ㄹ

▶ 정답 06 ⑤ 07 ③

> 정답해설

ㄱ. (○) : 상법 제731조 제1항에 의하면 타인의 생명보험에서 피보험자가 서면으로 동의의 의사표시를 하여야 하는 시점은 '보험계약 체결 시까지'이고, 이는 강행규정으로서 이를 위반한 보험계약은 무효이므로, 타인의 생명보험계약 성립 당시 피보험자의 서면동의가 없다면 그 보험계약은 확정적으로 무효가 되고, 피보험자가 이미 무효가 된 보험계약을 추인하였다고 하더라도 그 보험계약이 유효로 될 수 없다(대판 1994.12.9, 94다25025).

ㄴ. (×) : 임대차계약 체결 시 임차인이 임대인의 승인하에 임차목적물인 건물부분을 개축 또는 변조할 수 있으나 임차목적물을 임대인에게 명도할 때에는 임차인이 일체 비용을 부담하여 원상복구를 하기로 약정하였다면, 이는 임차인이 임차목적물에 지출한 각종 유익비의 상환청구권을 미리 포기하기로 한 취지의 특약이라고 봄이 상당하다(대판 1994.12.9, 94다25025). 임차인의 비용상환청구권에 관한 민법 제626조는 임의규정이다(제652조 참조).

> 제626조 【임차인의 상환청구권】
> ① 임차인이 임차물의 보존에 관한 필요비를 지출한 때에는 임대인에 대하여 그 상환을 청구할 수 있다.
> ② 임차인이 유익비를 지출한 경우에는 임대인은 임대차종료 시에 그 가액의 증가가 현존한 때에 한하여 임차인의 지출한 금액이나 그 증가액을 상환하여야 한다. 이 경우에 법원은 임대인의 청구에 의하여 상당한 상환기간을 허여할 수 있다.
>
> 제652조 【강행규정】
> 제627조, 제628조, 제631조, 제635조, 제638조, 제640조, 제641조, 제643조 내지 제647조의 규정에 위반하는 약정으로 임차인이나 전차인에게 불리한 것은 그 효력이 없다.

ㄷ. (×) : "사단법인의 사원의 지위는 양도 또는 상속할 수 없다"고 한 민법 제56조의 규정은 강행규정은 아니라고 할 것이므로, 정관에 의하여 이를 인정하고 있을 때에는 양도·상속이 허용된다(대판 1992.4.14, 91다26850).

> 제56조 【사원권의 양도, 상속금지】
> 사단법인의 사원의 지위는 양도 또는 상속할 수 없다.

ㄹ. (○) : 변호사 아닌 갑과 소송당사자인 을이 갑은 을이 소송당사자로 된 민사소송사건에 관하여 을을 승소시켜주고 을은 소송물의 일부인 임야지분을 그 대가로 갑에게 양도하기로 약정한 경우 위 약정은 강행법규인 변호사법 제78조 제2호에 위반되는 반사회적 법률행위로서 무효이다(대판 1990.5.11, 89다카10514).

08 선량한 풍속 기타 사회질서에 위반한다는 이유로 무효 또는 일부무효로 되는 법률행위가 아닌 것은? (다툼이 있으면 판례에 따름)
▶ 2019 감정평가사

① 어떤 일이 있어도 이혼하지 않겠다는 약정
② 과도한 위약벌의 약정
③ 민사사건에 관하여 변호사와 체결한 성공보수약정
④ 부첩(夫妾)관계의 종료를 해제조건으로 하는 증여계약
⑤ 보험사고를 가장하여 보험금을 취득할 목적으로 체결한 생명보험계약

[정답해설]
① 어떠한 일이 있어도 이혼하지 아니하겠다는 각서를 써 주었다 하더라도 그와 같은 의사표시는 신분행위의 의사결정을 구속하는 것으로서 공서양속에 위배하여 무효이다(대판 1969.8.19, 69므18).
② 위약벌의 약정은 채무의 이행을 확보하기 위하여 정하는 것으로서 손해배상의 예정과 다르므로 손해배상의 예정에 관한 민법 제398조 제2항을 유추적용하여 그 액을 감액할 수 없고, 다만 의무의 강제로 얻는 채권자의 이익에 비하여 약정된 벌이 과도하게 무거울 때에는 일부 또는 전부가 공서양속에 반하여 무효로 된다. 그런데 당사자가 약정한 위약벌의 액수가 과다하다는 이유로 법원이 계약의 구체적 내용에 개입하여 약정의 전부 또는 일부를 무효로 하는 것은, 사적 자치의 원칙에 대한 중대한 제약이 될 수 있고, 스스로 한 약정을 이행하지 않겠다며 계약의 구속력에서 이탈하고자 하는 당사자를 보호하는 결과가 될 수 있으므로, 가급적 자제하여야 한다(대판 2016.1.28, 2015다239324).
③ 민사사건은 대립하는 당사자 사이의 사법상 권리 또는 법률관계에 관한 쟁송으로서 형사사건과 달리 그 결과가 승소와 패소 등으로 나누어지므로 사적 자치의 원칙이나 계약자유의 원칙에 비추어 보더라도 성공보수약정이 허용됨에 아무런 문제가 없고, 의뢰인이 승소하면 변호사보수를 지급할 수 있는 경제적 이익을 얻을 수 있으므로, 당장 가진 돈이 없어 변호사보수를 지급할 형편이 되지 않는 사람도 성공보수를 지급하는 조건으로 변호사의 조력을 받을 수 있게 된다는 점에서 제도의 존재 이유를 찾을 수 있다. 그러나 형사사건의 경우에는 재판결과에 따라 변호사와 나눌 수 있는 경제적 이익을 얻게 되는 것이 아닐 뿐 아니라 법원은 피고인이 빈곤 그 밖의 사유로 변호인을 선임할 수 없는 경우에는 국선변호인을 선정하여야 하므로(형사소송법 제33조), 형사사건에서의 성공보수약정을 민사사건의 경우와 같이 볼 수 없다(대판(전) 2015.7.23, 2015다200111).
※ 성공보수약정 ① 비변호사 : 당연 무효
　　　　　　　② 변호사 : → 형사사건 : 당연 무효
　　　　　　　　　　　　→ 민사사건 : 유효
④ 부첩관계인 부부생활의 종료를 해제조건으로 하는 증여계약은 그 조건만이 무효인 것이 아니라 증여계약 자체가 무효이다(대판 1966.6.21, 66다530).

제151조【불법조건, 기성조건】
① 조건이 선량한 풍속 기타 사회질서에 위반한 것인 때에는 그 법률행위는 무효로 한다.

⑤ 당초부터 오로지 보험사고를 가장하여 보험금을 취득할 목적으로 체결된 생명보험계약에 의하여 보험금을 지급하게 하는 것은 보험계약을 악용하여 부정한 이득을 얻고자 하는 사행심을 조장함으로써 사회적 상당성을 일탈하게 되므로, 이와 같은 생명보험계약은 사회질서에 위배되는 법률행위로서 무효이다(대판 2000.2.11, 99다49064).

▶ 정답　08 ③

09 반사회질서의 법률행위로서 무효가 아닌 것은? (다툼이 있으면 판례에 따름) ▶ 2022 감정평가사

① 반사회질서적인 조건이 붙은 법률행위
② 상대방에게 표시된 동기가 반사회질서적인 법률행위
③ 부첩(夫妾)관계의 종료를 해제조건으로 하는 증여계약
④ 오로지 보험사고를 가장하여 보험금을 취득할 목적으로 체결한 생명보험계약
⑤ 주택매매계약에서 양도소득세를 면탈할 목적으로 소유권이전등기를 일정 기간 후에 이전받기로 한 특약

[정답해설]

① 조건부 법률행위에 있어 **조건의 내용 자체가 불법적인 것이어서 무효일 경우** 또는 조건을 붙이는 것이 허용되지 아니하는 법률행위에 조건을 붙인 경우 **그 조건만을 분리하여 무효로 할 수는 없고 그 법률행위 전부가 무효로 된다**(대결 2005.11.8, 2005마541).

> **제151조【불법조건, 기성조건】**
> ① 조건이 선량한 풍속 기타 사회질서에 위반한 것인 때에는 그 법률행위는 무효로 한다.

② '법률행위의 동기'는 법률행위를 하게 된 이유일 뿐이므로, 법률행위의 내용이 아니다. 따라서 이러한 동기가 사회질서에 위반되더라도 법률행위가 무효로 되지는 않는 것이 원칙이다. 다만 예외적으로 동기가 표시되거나 상대방에게 알려진 경우에는 제103조가 적용되어 법률행위 자체가 무효로 될 수 있다(대판 1984.12.11, 84다카1402).

> ※ 동기의 불법
> 원칙 : 계약 내용의 불법 × → 제103조에 포함 ×
> 예외 : 표시 or 상대방에게 알려진 경우 → 제103조에 포함 ○
> ※ 동기의 착오
> 원칙 : 제109조의 착오에 해당 ×
> 예외 : → 상대방에게 표시 and 해석상 법률행위의 내용으로 된 경우 ○ (합의 ×)
> → 유발된 동기의 착오 ○ (상대방에게서 표시여부 불문)

③ 부첩관계인 부부생활의 종료를 해제조건으로 하는 증여계약은 그 조건만이 무효인 것이 아니라 증여계약 자체가 무효이다(대판 1966.6.21, 66다530).
④ 당초부터 오로지 보험사고를 가장하여 보험금을 취득할 목적으로 체결된 생명보험계약에 의하여 보험금을 지급하게 하는 것은 보험계약을 악용하여 부정한 이득을 얻고자 하는 사행심을 조장함으로써 사회적 상당성을 일탈하게 되므로, 이와 같은 생명보험계약은 사회질서에 위배되는 법률행위로서 무효이다(대판 2000.2.11, 99다49064).
⑤ 주택매매계약에 있어서 매도인으로 하여금 주택의 보유기간이 3년 이상으로 되게 함으로써 양도소득세를 부과받지 않게 할 목적으로 매매를 원인으로 한 소유권이전등기는 3년 후에 넘겨받기로 특약을 하였다고 하더라도, 그와 같은 목적은 위 특약의 연유나 동기에 불과한 것이어서 위 특약 자체가 사회질서나 신의칙에 위반한 것이라고는 볼 수 없다(대판 1991.5.14, 91다6627).

10 반사회적 법률행위로서 무효가 아닌 것은? (다툼이 있으면 판례에 따름) ▶ 2023 감정평가사

① 변호사가 민사소송의 승소대가로 성공보수를 받기로 한 약정
② 도박자금에 제공할 목적으로 금전을 대여하는 행위
③ 수증자가 부동산 매도인의 배임행위에 적극 가담하여 체결한 부동산 증여계약
④ 마약대금채무의 변제로서 토지를 양도하기로 한 계약
⑤ 처음부터 보험사고를 가장하여 오로지 보험금을 취득할 목적으로 체결한 생명보험계약

[정답해설]
① 민사사건은 대립하는 당사자 사이의 사법상 권리 또는 법률관계에 관한 쟁송으로서 형사사건과 달리 그 결과가 승소와 패소 등으로 나누어지므로 사적 자치의 원칙이나 계약자유의 원칙에 비추어 보더라도 성공보수약정이 허용됨에 아무런 문제가 없고, 의뢰인이 승소하면 변호사보수를 지급할 수 있는 경제적 이익을 얻을 수 있으므로, 당장 가진 돈이 없어 변호사보수를 지급할 형편이 되지 않는 사람도 성공보수를 지급하는 조건으로 변호사의 조력을 받을 수 있게 된다는 점에서 제도의 존재 이유를 찾을 수 있다. 그러나 형사사건의 경우에는 재판결과에 따라 변호사와 나눌 수 있는 경제적 이익을 얻게 되는 것이 아닐 뿐 아니라 법원은 피고인이 빈곤 그 밖의 사유로 변호인을 선임할 수 없는 경우에는 국선변호인을 선정하여야 하므로(형사소송법 제33조), 형사사건에서의 성공보수약정을 민사사건의 경우와 같이 볼 수 없다(대판(전) 2015.7.23, 2015다200111).

※ 성공보수약정 ① 비변호사 : 당연 무효
　　　　　　　② 변호사 : → 형사사건 : 당연 무효
　　　　　　　　　　　　 → 민사사건 : 유효

② 도박자금에 제공할 목적으로 금전의 대차를 한 때에는 그 대차계약은 민법 제103조의 반사회질서의 법률행위로 무효이다(대판 1973.5.22, 72다2249).
③ 매도인이 매수인에게 목적부동산을 매도한 사실을 알고서 수증자가 매도인으로부터 증여를 원인으로 하여 소유권이전등기를 함으로써 매도인의 매수인에 대한 배임행위에 가담한 결과에 이르렀다면, 이는 실체관계에 부합하는 유효한 등기가 될리가 없고 반사회질서의 행위로서 무효이다(대판 1983.4.26, 83다카57).
④ 민법 제746조의 규정취의는 민법 제103조와 함께 사법의 기본이념으로 사회적 타당성이 없는 행위를 한 사람은 그 형식 여하를 불문하고 스스로 한 불법행위의 무효를 주장하여 그 복구를 소구할 수 없다는 법의 이상을 표현한 것이고 부당이득반환청구만을 제한하는 규정이 아니므로 불법의 원인으로 급여를 한 사람이 그 원인행위가 무효라고 주장하고 그 결과 급여물의 소유권이 자기에게 있다는 주장으로 소유권에 기한 반환청구를 하는 것도 허용할 수 없는 것이니, 도박채무가 불법무효로 존재하지 않는다는 이유로 양도담보로 이전해 준 소유권이전등기의 말소를 청구하는 것은 허용되지 않는다(대판 1995.12.22, 95다12736). 불법인 마약거래 행위를 원인으로 한 마약대금채무의 변제로서 토지를 양도하기로 한 계약도 반사회질서의 행위로서 무효이다.
⑤ 당초부터 오로지 보험사고를 가장하여 보험금을 취득할 목적으로 체결된 생명보험계약에 의하여 보험금을 지급하게 하는 것은 보험계약을 악용하여 부정한 이득을 얻고자 하는 사행심을 조장함으로써 사회적 상당성을 일탈하게 되므로, 이와 같은 생명보험계약은 사회질서에 위배되는 법률행위로서 무효이다(대판 2000.2.11, 99다49064).

▶ 정답　09 ⑤　10 ①

11 사회질서에 반하는 법률행위로서 무효인 것은? (다툼이 있으면 판례에 의함)
▶ 2025 감정평가사

① 양도소득세의 일부를 회피할 목적으로 매매계약서에 실거래 가액보다 낮은 금액을 매매대금으로 기재한 매매계약
② 강제집행을 면할 목적으로 부동산에 허위의 근저당권설정등기를 경료하는 행위
③ 반사회적 행위에 의하여 조성된 비자금을 소극적으로 은닉하기 위하여 임치한 행위
④ 전통사찰의 주지직을 거액의 금품을 대가로 양도하기로 하는 약정이 있음을 알고도 이를 묵인한 상태에서 한 종교법인의 주지임명 행위
⑤ 보험계약자가 다수의 보험계약을 통하여 보험금을 부정취득할 목적으로 체결한 보험계약

[정답해설]

①, ②, ③, ④ 모두 반사회질서 법률행위가 아니므로 무효가 아니다.
① 양도소득세의 일부를 회피할 목적으로 매매계약서에 실제로 거래한 가액보다 낮은 금액을 매매대금으로 기재한 것만으로 그 매매계약이 사회질서에 반하는 법률행위로서 무효로 되지 않는다(대판 2007.6.14. 2007다3285).
② 강제집행을 면할 목적으로 부동산에 허위의 근저당권설정등기를 경료하는 행위는 민법 제103조의 선량한 풍속 기타 사회질서에 위반한 사항을 내용으로 하는 법률행위로 볼 수 없다(대판 2004.5.28. 2003다70041).
③ 반사회적 행위에 의하여 조성된 재산인 이른바 비자금을 소극적으로 은닉하기 위하여 임치한 경우에는 사회질서에 반하는 법률행위로 볼 수 없다(대판 2001.4.10. 2000다49343).
④ 전통사찰의 주지직을 거액의 금품을 대가로 양도·양수하기로 하는 약정이 있음을 알고도 이를 묵인 혹은 방조한 상태에서 한 종교법인의 주지임명행위가 민법 제103조 소정의 반사회질서의 법률행위에 해당하지 않는다(대판 2001.2.9. 99다38613).
⑤ 보험계약자가 다수의 보험계약을 통하여 보험금을 부정취득할 목적으로 보험계약을 체결한 경우 보험계약은 민법 제103조에서 정한 선량한 풍속 기타 사회질서에 반하여 무효이다(대판 2019.7.25. 2016다224350).

12 사회질서에 반하는 법률행위에 관한 설명으로 옳지 않은 것은? (다툼이 있으면 판례에 따름)

▶ 2016 감정평가사

① 오로지 보험사고를 가장하여 보험금을 취득할 목적으로 체결한 생명보험계약은 무효이다.
② 비자금을 소극적으로 은닉하기 위하여 임치한 것은 사회질서에 반하는 법률행위로 볼 수 없다.
③ 부첩관계를 청산하면서 희생의 배상 내지 장래 생활대책 마련의 의미로 금원을 지급하기로 한 약정은 공서양속에 반하지 않는다.
④ 반사회적 법률행위에 의한 무효를 가지고 선의의 제3자에게는 대항할 수 없다.
⑤ 형사사건에 관한 변호사 성공보수약정은 재판의 결과를 금전적 대가와 결부시키는 것으로서 사회질서에 위배되는 것으로 평가할 수 있다.

정답해설

① 당초부터 오로지 보험사고를 가장하여 보험금을 취득할 목적으로 체결된 생명보험계약에 의하여 보험금을 지급하게 하는 것은 보험계약을 악용하여 부정한 이득을 얻고자 하는 사행심을 조장함으로써 사회적 상당성을 일탈하게 되므로, 이와 같은 생명보험계약은 사회질서에 위배되는 법률행위로서 무효이다(대판 2000.2.11, 99다49064).
② 반사회적 행위에 의하여 조성된 재산인 이른바 비자금을 소극적으로 은닉하기 위하여 임치한 경우에는 사회질서에 반하는 법률행위로 볼 수 없다(대판 2001.4.10, 2000다49343).
③ 피고가 원고와의 부첩관계를 해소하기로 하는 마당에 그동안 원고가 피고를 위하여 바친 노력과 비용 등의 희생을 배상 내지 위자하고 또 원고의 장래 생활대책을 마련해 준다는 뜻에서 금원을 지급하기로 약정한 것이라면 부첩관계를 해소하는 마당에 위와 같은 의미의 금전지급약정은 공서양속에 반하지 않는다고 보는 것이 상당하다(대판 1980.6.24, 80다458).
④ 반사회적 법률행위에 의한 무효는 절대적 무효이므로, 무효를 가지고 선의의 제3자에게도 대항할 수 있다(대판 1996.10.25, 96다29151).
⑤ 형사사건에서의 성공보수약정은 수사·재판의 결과를 금전적인 대가와 결부시킴으로써, 기본적 인권의 옹호와 사회정의의 실현을 사명으로 하는 변호사 직무의 공공성을 저해하고, 의뢰인과 일반 국민의 사법제도에 대한 신뢰를 현저히 떨어뜨릴 위험이 있으므로, 선량한 풍속 기타 사회질서에 위배되는 것으로 평가할 수 있다(대판(전) 2015.7.23, 2015다200111).

> ※ 성공보수약정 ① 비변호사 : 당연 무효
> ② 변호사 : → 형사사건 : 당연 무효
> → 민사사건 : 유효

▶ 정답   11 ⑤   12 ④

13 사회질서에 반하는 법률행위에 관한 설명으로 옳지 않은 것은? (다툼이 있으면 판례에 따름)

▶ 2015 감정평가사

① 어떠한 일이 있어도 이혼하지 않겠다는 약속은 무효이다.
② 법정에 나와 증언할 것을 조건으로 대가를 지급하기로 약정한 경우, 그 대가의 내용이 통상적으로 용인될 수 있는 수준을 초과하면 그 약정은 무효가 된다.
③ 이중매매임을 알고 부동산을 매수한 것만으로 제2매매가 사회질서에 반하여 무효인 것은 아니다.
④ 양도소득세의 일부를 회피할 목적으로 매매계약서에 실제로 거래한 가액보다 낮은 금액을 매매대금으로 기재한 경우에 그 매매계약은 무효이다.
⑤ 반사회질서의 법률행위는 당사자가 그 무효임을 알고 추인하여도 새로운 법률행위를 한 효과가 생길 수 없다.

[정답해설]

① 헌법상 혼인의 자유가 있듯이 이혼의 자유가 있다. 따라서 어떠한 일이 있어도 이혼하지 않겠다는 약속은 무효이다(대판 1969.8.19, 69므18).
② 소송사건에서 일방 당사자를 위하여 증인으로 출석하여 증언하였거나 증언할 것을 조건으로 어떤 대가를 받을 것을 약정한 경우, 증인은 법률에 의하여 증언거부권이 인정되지 않은 한 진실을 진술할 의무가 있는 것이므로 그 대가의 내용이 통상적으로 용인될 수 있는 수준(예컨대 증인에게 일당과 여비가 지급되기는 하지만 증인이 법원에 출석함으로써 입게 되는 손해에는 미치지 못하는 경우 그러한 손해를 전보해 주는 정도)을 초과하는 경우에는 그와 같은 약정은 금전적 대가가 결부됨으로써 선량한 풍속 기타 사회질서에 반하는 법률행위가 되어 민법 제103조에 따라 효력이 없다(대판 1999.4.13, 98다52483).

> **비교** 소송상 증언 • 허위 증언 + 대가계약 상관없이 : 당연 무효
> • 사실 증언 + 대가계약 : 통상 용인 되는 범위 내 - 원칙 유효
>   통상 용인 되는 범위 초과 시 - 무효

③ 이중매매임을 알고 부동산을 매수한 것만으로 제2매매가 사회질서에 반하여 무효가 되지 않고, 제2매수인이 매도인의 배임행위에 적극 가담한 경우이어야 한다(대판 1989.11.28, 89다카14295).
④ 판례는 양도소득세의 일부를 회피할 목적으로 매매계약서에 실제로 거래한 가액보다 낮은 금액을 매매대금으로 기재한 것만으로 그 매매계약이 사회질서에 반하는 법률행위로서 무효로 되지 않는다고 하였다(대판 2007.6.14, 2007다3285).
⑤ 강행규정위반이나 반사회질서의 법률행위는 당사자가 그 무효임을 알고 추인하여도 새로운 법률행위를 한 효과가 생길 수 없다(대판 1994.6.24, 94다10900).

■ 민법상 추인 비교

1. 무효행위의 추인		제139조	효과
①	강행법규 위반, 반사회적 법률행위, 불공정한 법률행위 등 무효	적용 ×	추인하여도 여전히 무효
②	통정허위표시로 무효, 무효의 가등기의 유용, 무효인 명의신탁 등 무효	적용 ○	무효임을 알고 추인한 때에는 새로운 법률로 본다(소급효 없다).
③	유동적 무효 : ㉠ 무권대리행위 ㉡ 무권리자 처분행위 ㉢ 토지거래허가를 받지 않고 한 토지매매계약 등	적용 ×	추인이나 허가를 받으면 소급하여 효력 발생
2. 취소할 수 있는 행위의 추인(취소권의 포기)		제143조 ○	유동적 유효 → 확정적 유효(소급효 ×)

14 반사회적 법률행위에 관한 설명으로 옳지 않은 것은? (다툼이 있으면 판례에 따름)

▶ 2021 감정평가사

① 어느 법률행위가 사회질서에 반하는지 여부는 특별한 사정이 없는 한 법률행위 당시를 기준으로 판단해야 한다.
② 강제집행을 면할 목적으로 부동산에 허위의 근저당권을 설정하는 행위는 특별한 사정이 없는 한 반사회적 법률행위라고 볼 수 없다.
③ 대리인이 매도인의 배임행위에 적극 가담하여 이루어진 부동산의 이중매매의 경우, 본인인 매수인이 그러한 사정을 몰랐다면 반사회적 법률행위가 되지 않는다.
④ 법률행위의 성립과정에서 단지 강박이라는 불법적 방법이 사용된 것에 불과한 때에는 반사회적 법률행위로 볼 수 없다.
⑤ 반사회적 법률행위임을 이유로 하는 무효는 선의의 제3자에게 대항할 수 있다.

[정답해설]
① 선량한 풍속 기타 사회질서는 부단히 변천하는 가치관념으로서 어느 법률행위가 이에 위반되어 민법 제103조에 의하여 무효인지 여부는 그 법률행위가 이루어진 때를 기준으로 판단하여야 하고, 또한 그 법률행위가 유효로 인정될 경우의 부작용, 거래자유의 보장 및 규제의 필요성, 사회적 비난의 정도, 당사자 사이의 이익균형 등 제반 사정을 종합적으로 고려하여 사회통념에 따라 합리적으로 판단하여야 한다(대판(전) 2015.7.23, 2015다200111).
② 강제집행을 면할 목적으로 부동산에 허위의 근저당권설정등기를 경료하는 행위는 민법 제103조의 선량한 풍속 기타 사회질서에 위반한 사항을 내용으로 하는 법률행위로 볼 수 없다(대판 2004.5.28, 2003다70041).
③ 대리인이 부동산을 이중으로 매수한 경우, 그 매매계약이 반사회적 법률행위로서 무효인지 여부는 대리인을 기준으로 판단한다. 즉 대리인이 본인을 대리하여 매매계약을 체결함에 있어서 매매대상 토지에 관한 저간의 사정을 잘 알고 그 배임행위에 가담하였다면, 대리행위의 하자 유무는 대리인을 표준으로 판단하여야 하므로(제116조), 설사 본인이 미리 그러한 사정을 몰랐거나 반사회성을 야기한 것이 아니라고 할지라도 그로 인하여 매매계약이 가지는 사회질서에 반한다는 장애사유가 부정되는 것은 아니다(대판 1998.2.27, 97다45532).
④ 법률행위의 성립과정에서 강박이라는 불법적 방법이 사용된 데 불과한 때에는 강박에 의한 의사표시의 하자나 의사의 흠결을 이유로 효력을 논의할 수는 있을지언정 반사회질서의 법률행위로서 무효라고 할 수는 없다(대판 1992.11.27, 92다7719).
⑤ 반사회적 법률행위에 의한 무효는 절대적 무효이므로, 무효를 가지고 선의의 제3자에게도 대항할 수 있다(대판 1996.10.25, 96다29151).

▶ 정답 13 ④ 14 ③

15 법률행위의 목적에 관한 설명으로 옳지 않은 것은? (다툼이 있으면 판례에 의함)

▶ 2014 감정평가사

① 도박채무의 이행으로써 토지를 양도하는 계약은 반사회적 법률행위로서 무효이다.
② 법률행위의 목적의 불능은 확정적이어야 하고, 실현가능성이 있는 일시적 불능은 이에 해당하지 않는다.
③ 사찰이 그 존립에 필요불가결한 재산인 임야를 증여하는 계약은 무효이다.
④ 부첩관계를 유지하는 계약은 본처의 사전 동의가 있어도 반사회적 법률행위이다.
⑤ 법률행위의 동기가 사회질서에 반한다는 사실을 법률행위 시에 상대방이 알았더라도, 그 상대방과 법률행위를 한 선의의 제3자는 그 법률행위의 유효를 주장할 수 있다.

[정답해설]

① 도박자금에 제공할 목적으로 금전의 대차계약(대판 1973.5.2.2, 72다2249)이나, 도박채무의 변제로서 토지의 양도 계약을 한 때에는 그 계약은 민법 제103조의 반사회질서의 법률행위로 무효이다.
② 법률행위의 목적은 법률행위 성립 당시에 실현 가능한 것이어야 하고, 실현 불가능한 경우에는 원칙적으로 무효이다. 이와 같은 실현 가능성 여부는 사회통념에 의해 결정한다. 따라서 일시적 불능이라도 실현가능성이 있는 것은 불능이 아니다.
③ 사찰의 목적수행 및 존립 자체를 위하여 필요불가결한 재산의 처분은 관할 관청의 허가 여부와 관계없이 무효이다(대판 1995.7.14, 93다60038).
④ 혼인관계가 존속중인 사실을 알면서 남의 첩이 되어 부첩행위를 계속한 경우에는 본처의 사전승인이 있었다 하더라도 장래의 부첩관계의 사전승인이라는 것은 선량한 풍속에 위배되는 행위이므로 본처에 대하여 불법행위가 성립한다(대판 1967.10.6, 67다1134).
⑤ '법률행위의 동기'는 법률행위를 하게 된 이유일 뿐이므로, 법률행위의 내용이 아니다. 따라서 이러한 동기가 사회질서에 위반되더라도 법률행위가 무효로 되지는 않는 것이 원칙이다. 다만 예외적으로 동기가 표시되거나 상대방에게 알려진 경우에는 제103조가 적용되어 법률행위 자체가 무효로 될 수 있다(대판 1984.12.11, 84다카140). 따라서 법률행위의 동기가 사회질서에 반한다는 사실을 법률행위 시에 상대방이 알았다면 법률행위의 내용이 된다. 이러한 반사회적 법률행위에 의한 무효는 절대적 무효이므로, 무효를 가지고 선의의 제3자에게도 대항할 수 있다. 판례도 마찬가지이다(대판 1996.10.25, 96다29151).

※ 동기의 불법 : 원칙 → 계약 내용의 불법 × → 제103조 포함 ×
　　　　　　　　 예외 → 표시 or 상대방에게 알려진 경우 → 제103조 포함 ○

16 불공정한 법률행위에 관한 설명으로 옳지 않은 것은? (다툼이 있으면 판례에 의함)

▶ 2025 감정평가사

① 매매계약이 불공정한 법률행위에 해당하는지는 계약체결 당시를 기준으로 판단해야 한다.
② 궁박은 심리적 원인에 기인할 수도 있다.
③ 무경험은 특정 영역에서의 경험부족을 뜻한다.
④ 대리행위의 경우에 궁박은 본인을 기준으로 판단한다.
⑤ 현저하게 공정을 잃었는지는 거래상의 객관적 가치에 따라 판단해야 한다.

정답해설

① 어떠한 법률행위가 불공정한 법률행위에 해당하는지는 법률행위 시를 기준으로 판단하여야 한다. 따라서 계약 체결 당시를 기준으로 전체적인 계약 내용을 종합적으로 고려한 결과 불공정한 것이 아니라면 사후에 외부적 환경의 급격한 변화로 인하여 계약당사자 일방에게 큰 손실이 발생하고 상대방에게는 그에 상응하는 큰 이익이 발생할 수 있는 구조라고 하여 그 계약이 당연히 불공정한 계약에 해당한다고 말할 수 없다(대판(전) 2013.9.26, 2013다26746; 대판 2015.1.15, 2014다216072).
②, ③ 불공정한 법률행위가 성립하기 위한 요건인 궁박, 경솔, 무경험은 모두 구비되어야 하는 요건이 아니라 그중 일부만 갖추어져도 충분한데, 여기에서 '궁박'이라 함은 '급박한 곤궁'을 의미하는 것으로서 경제적 원인에 기인할 수도 있고 정신적 또는 심리적 원인에 기인할 수도 있으며, '무경험'이라 함은 일반적인 생활체험의 부족을 의미하는 것으로서 어느 특정영역에 있어서의 경험부족이 아니라 거래일반에 대한 경험부족을 뜻한다(대판 2002.10.22, 2002다38927).
④ 대리인이 매매계약을 체결한 경우, 경솔과 무경험은 그 대리인을 기준으로 판단하고 궁박상태에 있었는지의 여부는 본인의 입장에서 판단해야 한다(대판 2002.10.22, 2002다38927).
⑤ 민법 제104조의 불공정한 법률행위에서 '현저하게 공정을 잃었는지'는 단순히 시가와 거래대금의 차액만으로 판단할 수 있는 것은 아니고 구체적·개별적 사안에서 일반인의 사회통념에 따라 결정하여야 하며, 당사자의 주관적 가치가 아닌 거래상의 객관적 가치에 따라 판단하여야 한다(대판 2017.5.30, 2017다201422).

▶ 정답 15 ⑤ 16 ③

17 불공정한 법률행위에 관한 설명으로 옳지 않은 것은? (다툼이 있으면 판례에 따름)

▶ 2022 감정평가사

① 급부와 반대급부 사이의 현저한 불균형은 그 무효를 주장하는 자가 증명해야 한다.
② 무경험은 어느 특정 영역에서의 경험부족이 아니라 거래일반에 대한 경험부족을 의미한다.
③ 대리인에 의한 법률행위의 경우, 궁박 상태에 있었는지 여부는 본인을 기준으로 판단한다.
④ 불공정한 법률행위로서 무효인 경우, 원칙적으로 추인에 의하여 유효로 될 수 없다.
⑤ 경매절차에서 매각대금이 시가보다 현저히 저렴한 경우, 그 경매는 불공정한 법률행위로서 무효이다.

정답해설

① 법률행위의 무효를 주장하는 자가 궁박·경솔 또는 무경험의 상태에 있었다는 사실, 상대방이 이를 알고 있었다는 사실, 급부와 반대급부 사이에 현저한 불공정이 있다는 사실을 모두 입증하여야 한다(대판 1970.11.24, 70다2065).
② 불공정한 법률행위가 성립하기 위한 요건인 궁박, 경솔, 무경험은 모두 구비되어야 하는 요건이 아니라 그중 일부만 갖추어져도 충분한데, 여기에서 '궁박'이라 함은 '급박한 곤궁'을 의미하는 것으로서 경제적 원인에 기인할 수도 있고 정신적 또는 심리적 원인에 기인할 수도 있으며, '무경험'이라 함은 일반적인 생활체험의 부족을 의미하는 것으로서 어느 특정영역에 있어서의 경험부족이 아니라 거래일반에 대한 경험부족을 뜻하고, 당사자가 궁박 또는 무경험의 상태에 있었는지 여부는 그의 나이와 직업, 교육 및 사회경험의 정도, 재산 상태 및 그가 처한 상황의 절박성의 정도 등 제반 사정을 종합하여 구체적으로 판단하여야 하며, 한편 피해 당사자가 궁박, 경솔 또는 무경험의 상태에 있었다고 하더라도 그 상대방 당사자에게 그와 같은 피해 당사자 측의 사정을 알면서 이를 이용하려는 의사, 즉 폭리행위의 악의가 없었다거나 또는 객관적으로 급부와 반대급부 사이에 현저한 불균형이 존재하지 아니한다면 불공정 법률행위는 성립하지 않는다(대판 2002.10.22, 2002다38927).
③ 대리인이 매매계약을 체결한 경우, 경솔과 무경험은 그 대리인을 기준으로 판단하고 궁박상태에 있었는지의 여부는 본인의 입장에서 판단해야 한다(대판 2002.10.22, 2002다38927).
④ 불공정한 법률행위는 무효이며 선의의 제3자에게도 무효를 주장할 수 있다. 그리고 무효행위의 추인에 의하여 유효로 될 수 없고, 법정추인이 적용될 여지도 없다(대판 1994.6.24, 94다10900).
⑤ 적법한 절차에 의하여 이루어진 경매에 있어서 경락가격이 경매부동산의 시가에 비하여 저렴하다는 사유는 경락허가결정에 대한 적법한 불복이유가 되지 못하는 것이고 경매에 있어서는 불공정한 법률행위 또는 채무자에게 불리한 약정에 관한 것으로서 효력이 없다는 민법 제104조, 제608조는 적용될 여지가 없다(대결 1980.3.21, 80마77).

■ 민법상 추인 비교

1. 무효행위의 추인		제139조	효과
①	강행법규 위반, 반사회적 법률행위, 불공정한 법률행위 등 무효	적용 ×	추인하여도 여전히 무효
②	통정허위표시로 무효, 무효의 가등기의 유용, 무효인 명의신탁 등 무효	적용 ○	무효임을 알고 추인한 때에는 새로운 법률로 본다(소급효 없다).
③	유동적 무효 : ㉠ 무권대리행위 ㉡ 무권리자 처분행위 ㉢ 토지거래허가를 받지 않고 한 토지매매계약 등	적용 ×	추인이나 허가를 받으면 소급하여 효력 발생
2. 취소할 수 있는 행위의 추인(취소권의 포기)		제143조 ○	유동적 유효 → 확정적 유효(소급효 ×)

18 불공정한 법률행위에 관한 설명으로 옳지 않은 것은? (다툼이 있으면 판례에 따름)

▶ 2024 감정평가사

① 불공정한 법률행위에 해당하는지는 원칙적으로 법률행위 시를 기준으로 판단한다.
② 대리인에 의한 법률행위의 경우, 궁박 상태의 여부는 본인을 기준으로 판단한다.
③ 경매에는 불공정한 법률행위에 관한 민법 제104조가 적용되지 않는다.
④ 불공정한 법률행위는 추인으로 유효로 될 수 없지만 법정추인은 인정된다.
⑤ 불공정한 법률행위는 이를 기초로 새로운 이해관계를 맺은 선의의 제3자에 대해서도 무효이다.

[정답해설]
① 어떠한 법률행위가 불공정한 법률행위에 해당하는지는 법률행위 시를 기준으로 판단하여야 한다. 따라서 계약 체결 당시를 기준으로 전체적인 계약 내용을 종합적으로 고려한 결과 불공정한 것이 아니라면 사후에 외부적 환경의 급격한 변화로 인하여 계약당사자 일방에게 큰 손실이 발생하고 상대방에게는 그에 상응하는 큰 이익이 발생할 수 있는 구조라고 하여 그 계약이 당연히 불공정한 계약에 해당한다고 말할 수 없다(대판(전) 2013.9.26, 2013다26746; 대판 2015.1.15, 2014다216072).
② 대리인이 매매계약을 체결한 경우, 경솔과 무경험은 그 대리인을 기준으로 판단하고 궁박상태에 있었는지의 여부는 본인의 입장에서 판단해야 한다(대판 2002.10.22, 2002다38927).
③ 적법한 절차에 의하여 이루어진 경매에 있어서 경락가격이 경매부동산의 시가에 비하여 저렴하다는 사유는 경락허가결정에 대한 적법한 불복이유가 되지 못하는 것이고 경매에 있어서는 **불공정한 법률행위 또는 채무자에게 불리한 약정에 관한 것으로서 효력이 없다는 민법 제104조, 제608조**는 적용될 여지가 없다(대결 1980.3.21, 80마77).
④, ⑤ 불공정한 법률행위는 무효이며 선의의 제3자에게도 무효를 주장할 수 있다. 그리고 무효행위의 추인에 의하여 유효로 될 수 없고, 법정추인이 적용될 여지도 없다(대판 1994.6.24, 94다10900).

19 불공정한 법률행위에 관한 설명으로 옳지 않은 것은? (다툼이 있으면 판례에 의함)

▶ 2014 감정평가사

① 어업권 소멸로 인한 손실보상금의 분배에 관하여 어촌계 총회의 결의가 현저하게 불공정한 경우, 폭리행위가 될 수 있다.
② 매매계약이 불공정한 법률행위에 해당하는 경우, 특별한 사정이 없는 한, 불이익을 입게 되는 당사자가 그 불공정성을 이유로 제소를 하지 못하게 하는 부제소합의는 무효이다.
③ 매매계약에서 의사표시를 한 자가 궁박 상태에 있었더라도 상대방이 그와 같은 사정을 알면서 이를 이용하려는 의사가 없으면 그 계약은 불공정한 법률행위가 되지 않는다.
④ 불공정한 법률행위를 이유로 무효를 주장하는 자는 피해자의 궁박, 경솔과 무경험을 모두 증명해야 한다.
⑤ 불공정한 법률행위로서 무효인 법률행위는 추인에 의해서 유효로 될 수 없다.

▶ 정답   17 ⑤   18 ④   19 ④

> 정답해설

① 어업권의 상실로 인한 손실보상금의 분배에 관한 어촌계 총회의 결의 내용이 각 계원의 어업권 행사 내용, 어업 의존도, 계원이 보유하고 있는 어업 장비나 멸실된 어업 시설 등의 제반 사정을 참작한 손실 정도에 비추어 볼 때 현저하게 불공정한 경우에는 그 결의가 무효로 된다(대판 1997.10.14, 97다21277).
② 매매계약과 같은 쌍무계약이 급부와 반대급부와의 불균형으로 말미암아 민법 제104조에서 정하는 '불공정한 법률행위'에 해당하여 무효라고 한다면, 그 계약으로 인하여 불이익을 입는 당사자로 하여금 위와 같은 불공정성을 소송 등 사법적 구제수단을 통하여 주장하지 못하도록 하는 부제소합의 역시 다른 특별한 사정이 없는 한 무효이다(대판 2010.7.15, 2009다50308).
③ 폭리자는 상대방 당사자가 궁박·경솔 또는 무경험의 상태에 있는 것을 알고서 그것을 이용하려는 의도, 즉 악의를 가지고 있어야 한다(대판 2008.3.14, 2007다11996).
④ 궁박, 경솔, 무경험 중 하나만 있다면 불공정행위가 될 수 있으므로 세 가지 요건을 모두 갖출 필요는 없다.
⑤ 불공정한 법률행위는 무효이며 선의의 제3자에게도 무효를 주장할 수 있다. 그리고 무효행위의 추인에 의하여 유효로 될 수 없고, 법정추인이 적용될 여지도 없다(대판 1994.6.24, 94다10900).

20 불공정한 법률행위에 관한 설명으로 옳은 것은? (다툼이 있으면 판례에 의함) ▶ 2012 감정평가사

① 매도인이 불공정한 법률행위를 이유로 계약의 무효를 주장하는 경우, 매도인은 매매가격의 현저한 불균형을 증명하면 족하고, 매도인의 경솔 등의 여부는 매수인이 증명하여야 한다.
② 불공정한 법률행위가 대리인에 의하여 이루어진 경우, 궁박·경솔은 본인을 기준으로 하고 무경험은 대리인을 기준으로 판단한다.
③ 불공정한 법률행위가 성립하기 위해서는 폭리자에게 피해 당사자의 궁박·경솔 또는 무경험에 대한 인식과 이를 이용하려는 의사가 있어야 한다.
④ 불공정한 법률행위로서 무효인 경우에도 당사자가 그 무효임을 알고 추인한 때에는 새로운 법률행위로 본다.
⑤ 불공정한 법률행위에 있어서 급부와 반대급부 사이의 현저한 불균형이 있으면 이는 당사자의 궁박·경솔 또는 무경험에 의한 것으로 추정된다.

> 정답해설

①, ⑤ 불공정한 법률행위에 있어서 급부와 반대급부 사이의 현저한 불균형이 있다고 하더라도 당사자의 궁박·경솔 또는 무경험에 의한 것으로 추정되지 않는다. 따라서 매도인이 불공정한 법률행위를 이유로 계약의 무효를 주장하는 경우, 매도인은 매매가격의 현저한 불균형의 증명인 객관적 요건과 매도인의 경솔 등의 주관적 요건을 모두 입증하여야 한다(대판 2008.2.1, 2005다74863 등).
② 대리인이 매매계약을 체결한 경우, 경솔과 무경험은 그 대리인을 기준으로 판단하고 궁박상태에 있었는지의 여부는 본인의 입장에서 판단해야 한다(대판 2002.10.22, 2002다38927).
③ 폭리자는 상대방 당사자가 궁박·경솔 또는 무경험의 상태에 있는 것을 알고서 그것을 이용하려는 의도, 즉 악의를 가지고 있어야 한다(대판 2008.3.14, 2007다11996).
④ 불공정한 법률행위로서 무효인 경우, 당사자가 그 무효임을 알고 추인하더라도 유효가 되지 않는다(대판 1994.6.24, 94다10900 등).

21 불공정한 법률행위에 관한 설명으로 옳지 않은 것은? (다툼이 있으면 판례에 따름) ▶ 2018 감정평가사

① 성립요건인 궁박, 경솔, 무경험은 그중 하나만 갖추어도 충분하다.
② 궁박은 경제적 원인 외에 정신적 또는 심리적 원인에 기인할 수도 있다.
③ 대리인에 의하여 행해진 법률행위에서 불공정한 법률행위가 문제되는 경우, 경솔이나 무경험은 대리인을 기준으로 판단한다.
④ 무경험은 일반적인 생활체험의 부족을 의미하는 것으로, 어느 특정영역이 아니라 거래일반에 대한 경험부족을 말한다.
⑤ 매매계약이 약정된 매매대금의 과다로 인하여 불공정한 법률행위에 해당하는 경우, 무효행위의 전환에 관한 민법 제138조가 적용될 수 없다.

정답해설

①, ②, ④ 불공정한 법률행위가 성립하기 위한 요건인 궁박, 경솔, 무경험은 모두 구비되어야 하는 요건이 아니라 그중 일부만 갖추어져도 충분한데, 여기에서 '궁박'이라 함은 '급박한 곤궁'을 의미하는 것으로서 경제적 원인에 기인할 수도 있고 정신적 또는 심리적 원인에 기인할 수도 있으며, '무경험'이라 함은 일반적인 생활체험의 부족을 의미하는 것으로서 어느 특정영역에 있어서의 경험부족이 아니라 거래일반에 대한 경험부족을 뜻하고, 당사자가 궁박 또는 무경험의 상태에 있었는지 여부는 그의 나이와 직업, 교육 및 사회경험의 정도, 재산 상태 및 그가 처한 상황의 절박성의 정도 등 제반 사정을 종합하여 구체적으로 판단하여야 하며, 한편 피해 당사자가 궁박, 경솔 또는 무경험의 상태에 있었다고 하더라도 그 상대방 당사자에게 그와 같은 피해 당사자 측의 사정을 알면서 이를 이용하려는 의사, 즉 폭리행위의 악의가 없었다거나 또는 객관적으로 급부와 반대급부 사이에 현저한 불균형이 존재하지 아니한다면 불공정 법률행위는 성립하지 않는다(대판 2002.10.22, 2002다38927).
③ 대리인이 매매계약을 체결한 경우, 경솔과 무경험은 그 대리인을 기준으로 판단하고 궁박상태에 있었는지의 여부는 본인의 입장에서 판단해야 한다(대판 2002.10.22, 2002다38927).
⑤ 매매계약이 약정된 매매대금의 과다로 불공정한 법률행위에 해당하여 무효인 경우에 무효행위의 전환에 관한 민법 제138조가 적용될 수 있다. 이 점이 무효행위추인이 부정되는 것과 구별된다(대판 2010.7.15, 2009다50308).

▶ 정답 20 ③ 21 ⑤

22. 반사회질서 또는 불공정한 법률행위에 관한 설명으로 옳지 않은 것은? (다툼이 있으면 판례에 따름)

▶ 2017 감정평가사

① 부첩관계의 종료를 해제조건으로 하는 증여계약은 그 조건뿐만 아니라 그 계약 자체도 무효이다.
② 감정평가사를 통해 공무원에게 직무상 부정한 청탁을 하게 하고 그 대가로 상당한 금품을 교부하기로 한 약정은 무효이다.
③ 불공정한 법률행위가 되기 위해서는 피해자의 궁박, 경솔, 무경험 중 어느 하나만 있으면 되고 그 모두가 있어야 할 필요는 없다.
④ 계약이 불공정한 법률행위에 해당하여 무효라 하더라도 특별한 사정이 없는 한 그 계약에 관한 부제소합의는 유효하다.
⑤ 법률행위의 내용이 반사회적인 것은 아니지만 반사회적 조건이 붙어 반사회적인 성질을 띠게 되면 그 법률행위는 무효이다.

정답해설

①, ⑤ 민법 제103조에 의하여 무효로 되는 반사회질서행위는 법률행위의 목적인 권리의무의 내용이 선량한 풍속 기타 사회질서에 위반하는 경우뿐만 아니라, 그 내용 자체는 반사회질서적인 것이 아니라고 하여도 법률적으로 이를 강제하거나 그 법률행위에 반사회질서적인 조건 또는 금전적 대가가 결부됨으로써 반사회질서적 성질을 띠게 되는 경우 및 표시되거나 상대방에게 알려진 법률행위의 동기가 반사회질서적인 경우를 포함한다(대판 2001.2.9, 99다38613). 부첩관계인 부부생활의 종료를 해제조건으로 하는 증여계약은 그 조건만이 무효인 것이 아니라 증여계약 자체가 무효이다(대판 1966.6.21, 66다530).

> **제151조【불법조건, 기성조건】**
> ① 조건이 선량한 풍속 기타 사회질서에 위반한 것인 때에는 그 법률행위는 무효로 한다.

② 당사자 일방이 상대방에게 공무원의 직무에 관한 사항에 관하여 특별한 청탁을 하게 하고 그에 대한 보수로 돈을 지급할 것을 내용으로 한 약정은 사회질서에 반하는 무효의 계약이라고 할 것이다(대판 1971.10.11, 71다1645).
③ 궁박, 경솔, 무경험 중 하나만 있다면 불공정행위가 될 수 있으므로 세 가지 요건을 모두 갖출 필요는 없다.
④ 매매계약과 같은 쌍무계약이 급부와 반대급부와의 불균형으로 말미암아 민법 제104조에서 정하는 '불공정한 법률행위'에 해당하여 무효라고 한다면, 그 계약으로 인하여 불이익을 입는 당사자로 하여금 위와 같은 불공정성을 소송 등 사법적 구제수단을 통하여 주장하지 못하도록 하는 부제소합의 역시 다른 특별한 사정이 없는 한 무효이다(대판 2010.7.15, 2009다50308).

▶ 정답 22 ④

심화문제편

01 상대방 있는 단독행위에 해당하지 않는 것은? (다툼이 있으면 판례에 따름) ▶ 2021 공인중개사

① 공유지분의 포기
② 무권대리행위의 추인
③ 상계의 의사표시
④ 취득시효 이익의 포기
⑤ 재단법인의 설립행위

정답해설

① 민법 제267조는 "공유자가 그 지분을 포기하거나 상속인 없이 사망한 때에는 그 지분은 다른 공유자에게 각 지분의 비율로 귀속한다."라고 규정하고 있다. 여기서 공유지분의 포기는 법률행위로서 상대방 있는 단독행위에 해당하므로, 부동산 공유자의 공유지분 포기의 의사표시가 다른 공유자에게 도달하더라도 이로써 곧바로 공유지분 포기에 따른 물권변동의 효력이 발생하는 것은 아니고, 다른 공유자는 자신에게 귀속될 공유지분에 관하여 소유권이전등기청구권을 취득하며, 이후 민법 제186조에 의하여 등기를 하여야 공유지분 포기에 따른 물권변동의 효력이 발생한다. 그리고 부동산 공유자의 공유지분 포기에 따른 등기는 해당 지분에 관하여 다른 공유자 앞으로 소유권이전등기를 하는 형태가 되어야 한다(대판 2016.10.27, 2015다52978).
②, ③ 단독행위는 1개의 의사표시만으로 성립하는 법률행위로서, 상대방의 존재 유무를 기준으로 상대방 있는 단독행위로는 취소, 상계, 해제, 해지, 추인 등이 있고, 상대방 없는 단독행위로는 재단법인의 설립행위, 유언, 권리의 포기 즉 소유권 포기 등으로 나뉜다.
④ 취득시효이익의 포기와 같은 상대방 있는 단독행위는 그 의사표시로 인하여 권리에 직접적인 영향을 받는 상대방에게 도달하는 때에 효력이 발생한다. 취득시효 완성으로 인한 권리변동의 당사자는 시효취득자와 취득시효 완성 당시의 진정한 소유자이고, 실체관계와 부합하지 않는 원인무효 등기의 등기부상 소유명의자는 권리변동의 당사자가 될 수 없으므로, 결국 시효이익의 포기는 달리 특별한 사정이 없는 한 시효취득자가 취득시효 완성 당시의 진정한 소유자에 대하여 하여야 그 효력이 발생하는 것이지 원인무효인 등기의 등기부상 소유명의자에게 그와 같은 의사를 표시하였다고 하여 그 효력이 발생하는 것은 아니다(대판 2011.7.14, 2011다23200).
⑤ 재단법인의 설립행위는 재단에 법인격취득의 효과를 발생시키려는 의사표시를 요소로 하는 '상대방 없는 단독행위'에 해당한다(대판 1999.7.9, 98다9045).

02 甲은 乙 소유의 X토지를 임차하여 사용하던 중 이를 매수하기로 乙과 합의하였으나, 계약서에는 Y토지로 잘못 기재하였다. 다음 설명 중 옳은 것은? (다툼이 있으면 판례에 따름)

▶ 2016 공인중개사

① 매매계약은 X토지에 대하여 유효하게 성립한다.
② 매매계약은 Y토지에 대하여 유효하게 성립한다.
③ X토지에 대하여 매매계약이 성립하지만, 당사자는 착오를 이유로 취소할 수 있다.
④ Y토지에 대하여 매매계약이 성립하지만, 당사자는 착오를 이유로 취소할 수 있다.
⑤ X와 Y 어느 토지에 대해서도 매매계약이 성립하지 않는다.

▶ 정답   01 ⑤   02 ①

정답해설

①, ②, ⑤ 甲과 乙 사이의 매매계약은 의사합치가 이루어진 X토지에 대해 유효하게 성립한다. 그러므로 甲은 乙에게 X토지의 매매 유효를 주장하면서 소유권이전등기를 청구할 수 있다.

③, ④ 자연적 해석에는 당사자 간 의사의 합치(X토지 매매)가 있기 때문에 착오문제가 발생하지 않는다. 그리고 Y토지에 관하여는 매매가 성립되지 않았기 때문에(오표시무해의 원칙) 甲은 Y토지에 대한 매매계약을 착오를 이유로 취소할 수도 없다(대판 1993.10.26, 93다2629).

03
甲은 자신의 X토지를 乙에게 매도하고 중도금을 수령한 후, 다시 丙에게 매도하고 소유권이전등기까지 경료해 주었다. 다음 설명 중 틀린 것은? (다툼이 있으면 판례에 따름)

▶ 2015 공인중개사

① 특별한 사정이 없는 한 丙은 X토지의 소유권을 취득한다.
② 특별한 사정이 없는 한 乙은 최고 없이도 甲과의 계약을 해제할 수 있다.
③ 丙이 甲의 乙에 대한 배임행위에 적극 가담한 경우, 乙은 丙을 상대로 직접 등기의 말소를 청구할 수 없다.
④ 甲과 丙의 계약이 사회질서 위반으로 무효인 경우, 丙으로부터 X토지를 전득한 丁은 선의이더라도 그 소유권을 취득하지 못한다.
⑤ 만약 丙의 대리인 戊가 丙을 대리하여 X토지를 매수하면서 甲의 배임행위에 적극 가담하였다면, 그러한 사정을 모르는 丙은 그 소유권을 취득한다.

정답해설

① 이중매매행위는 원칙적으로 채권의 상대성 원칙 및 자유경쟁의 원리상 유효하다. 설령 제2매수인이 매도인의 배임행위에 적극 가담하지 않는 한, 매도인의 매매사실을 알고 있었더라도 제2매매가 무효로 되는 것은 아니다. 따라서 제2매수인은 완전한 소유권을 취득한다.
② 제2매매가 유효하고 제2매수인이 소유권이전등기를 경료함으로써 매도인의 제1매수인에 대한 소유권이전의무는 이행불능이 된다. 따라서 제1매수인은 매도인을 상대로 이행불능을 원인으로 한 채무불이행책임을 물을 수밖에 없다. 이 경우 계약해제권을 행사할 수 있다.
③ 판례는 부동산의 이중매매가 반사회적 법률행위로서 무효인 경우 등기하지 않은 제1매수인은 아직 소유권자는 아니므로 직접 제2매수인에 대하여 그 명의의 소유권이전등기의 말소를 구할 수 없음은 형식주의 아래서의 등기청구권의 성질에 비추어 당연하다고 한다(대판 1983.4.26, 83다카57).
④ 제103조(반사회적 법률행위), 제104조(폭리행위) 등의 경우는 절대적 무효로서 제3자를 보호하기 위한 조항이 없다. 따라서 "부동산의 매수인이 매도인의 배임행위에 적극 가담하여 그 매매계약이 반사회적 법률행위에 해당하는 경우 매매계약은 절대적으로 무효이므로, 당해 부동산을 매수인으로부터 다시 취득한 제3자는 설사 매수인이 당해 부동산의 소유권을 유효하게 취득한 것으로 믿었다고 하더라도 매매계약이 유효하다고 주장할 수 없다"(대판 2008.3.27, 2007다82875).
⑤ 대리인이 부동산을 이중으로 매수한 경우, 그 매매계약이 반사회적 법률행위로서 무효인지 여부는 대리인을 기준으로 판단한다. 즉 대리인이 본인을 대리하여 매매계약을 체결함에 있어서 매매대상 토지에 관한 저간의 사정을 잘 알고 그 배임행위에 가담하였다면, 대리행위의 하자 유무는 대리인을 표준으로 판단하여야 하므로(제116조), 설사 본인이 미리 그러한 사정을 몰랐거나 반사회성을 야기한 것이 아니라고 할지라도 그로 인하여 매매계약이 가지는 사회질서에 반한다는 장애사유가 부정되는 것은 아니다(대판 1998.2.27, 97다45532).

04 甲은 자신 소유의 X토지에 관하여 乙과 유효하게 매매계약(제1 계약)을 체결한 후 乙로부터 매매대금 전액을 지급받았다. 丙은 제1계약과 관련한 甲의 배임행위에 적극 가담하여 甲과 X토지에 관한 매매계약(제2계약)을 체결한 후 이를 원인으로 甲으로부터 소유권이전등기를 경료받았다. 이에 관한 설명으로 옳은 것을 모두 고른 것은? (다툼이 있으면 판례에 의함)

▶ 2025 감정평가사

> ㄱ. X토지에 관하여 경료된 丙 명의의 소유권이전등기는 원인무효이다.
> ㄴ. 만약 丙이 X토지를 丁에게 매도하고 소유권이전등기를 경료하여 주었다면, 丁은 제2계약이 유효하다고 주장할 수 있다.
> ㄷ. 만약 丙이 X토지를 무단점유하고 있는 戊에 대하여 X토지의 소유권에 기한 반환을 주장하는 경우 戊는 제2계약의 무효를 주장할 수 있다.

① ㄱ
② ㄴ
③ ㄱ, ㄷ
④ ㄴ, ㄷ
⑤ ㄱ, ㄴ, ㄷ

[정답해설]

ㄱ, ㄷ. 2 항목이 옳다.

ㄱ. (○) : 매수인이 매도인에게 이중매도할 것을 적극 권유하는 등 그의 배임행위에 적극 가담하여 이루어진 매매계약은 사회정의 관념에 위반된 민법 제103조 소정 반사회적 법률행위에 해당하여 무효이다(대판 1977.1.11, 76다2083). 따라서 제2매매는 제103조에 위반하여 무효이므로, 제2매수인 丙 명의의 소유권이전등기는 원인무효이다.

ㄴ. (×) : 부동산의 제2매수인이 매도인의 배임행위에 적극 가담하여 제2매매계약이 반사회적 법률행위에 해당하는 경우에는 제2매매계약은 절대적으로 무효이므로 당해 부동산을 제2매수인으로부터 다시 취득한 제3자는 설사 제2매수인이 당해 부동산의 소유권을 유효하게 취득한 것으로 믿었다고 하더라도 제2매매계약이 유효하다고 주장할 수 없다(대판 1996.10.25, 96다29151). 제2매매는 제103조에 위반하여 절대적 무효이므로, 설사 丁이 선의라도 제2계약이 유효하다고 주장할 수 없다.

ㄷ. (○) : 거래 상대방이 배임행위를 유인. 교사하거나 배임행위의 전 과정에 관여하는 등 배임행위에 적극 가담하는 경우에는 그 실행행위자와 체결한 계약이 반사회적 법률행위에 해당하여 무효로 될 수 있고, 선량한 풍속 기타 사회질서에 위반한 사항을 내용으로 하는 법률행위의 무효는 이를 주장할 이익이 있는 자는 누구든지 무효를 주장할 수 있다. 따라서 반사회질서 법률행위를 원인으로 하여 부동산에 관한 소유권이전등기를 마쳤다 하더라도 그 등기는 원인무효로서 말소될 운명에 있으므로 등기명의자가 소유권에 기한 물권적 청구권을 행사하는 경우에 그 권리행사의 상대방은 위와 같은 법률행위의 무효를 항변으로서 주장할 수 있다(대판 2016.3.24, 2015다11281). 제2매매는 제103조에 위반하여 무효이므로 누구나 주장할 수 있으므로 戊는 제2계약의 무효를 주장할 수 있다.

05 법률행위의 효력에 관한 설명으로 옳은 것을 모두 고른 것은? (다툼이 있으면 판례에 따름)

▶ 2020 감정평가사

> ㄱ. 매매계약을 체결하면서 양도소득세를 면탈할 의도로 소유권이전등기를 일정기간 유보하는 약정은 반사회질서행위로 볼 수 없다.
> ㄴ. 경매목적물과 매각대금이 현저하게 공정을 잃은 경우에도 그 경매는 불공정한 법률행위에 해당하지 않는다.
> ㄷ. 도박에 쓸 것을 알면서 빌려준 금전을 담보하기 위하여 저당권을 설정한 사람은 저당권설정등기의 말소를 청구할 수 있다.

① ㄱ
② ㄴ
③ ㄱ, ㄷ
④ ㄴ, ㄷ
⑤ ㄱ, ㄴ, ㄷ

정답해설

ㄱ. (○) : 판례는 양도소득세의 일부를 회피할 목적으로 매매계약서에 실제로 거래한 가액보다 낮은 금액을 매매대금으로 기재한 것만으로 그 매매계약이 사회질서에 반하는 법률행위로서 무효로 되지 않는다고 하였다 (대판 2007.6.14. 2007다3285).

ㄴ. (○) : 적법한 절차에 의하여 이루어진 경매에 있어서 경락가격이 경매부동산의 시가에 비하여 저렴하다는 사유는 경락허가결정에 대한 적법한 불복이유가 되지 못하는 것이고 경매에 있어서는 불공정한 법률행위 또는 채무자에게 불리한 약정에 관한 것으로서 효력이 없다는 민법 제104조, 제608조는 적용될 여지가 없다 (대결 1980.3.21. 80마77).

> **제104조【불공정한 법률행위】**
> 당사자의 궁박, 경솔 또는 무경험으로 인하여 현저하게 공정을 잃은 법률행위는 무효로 한다.

ㄷ. (○) : 도박자금으로 금원을 대여함으로 인하여 발생한 채권을 담보하기 위한 근저당권설정등기가 경료되었을 뿐인 경우와 같이 수령자가 그 이익을 향수하려면 경매신청을 하는 등 별도의 조치를 취하여야 하는 경우에는, 그 불법원인급여로 인한 이익이 종국적인 것이 아니므로 등기설정자는 무효인 근저당권설정등기의 말소를 구할 수 있다(대판 1995.8.11. 94다54108).

▶ 정답 05 ⑤

제3절 의사표시

기본문제편

01 진의 아닌 의사표시에 관한 설명으로 옳지 않은 것은? (다툼이 있으면 판례에 따름) ▶ 2017 세무사

① 진의 아닌 의사표시는 표시된 대로 효력이 발생하는 것이 원칙이다.
② 진의와 표시가 일치하지 않음을 표의자가 알지 못한 경우에도 진의 아닌 의사표시가 성립할 수 있다.
③ 상대방이 표의자의 진의 아님을 알았거나 알 수 있었던 경우에는 무효이다.
④ 객관적으로 보아 명백히 사교적인 농담의 경우에는 상대방이 그 표시를 믿었더라도 효력이 발생하지 않는다.
⑤ 어떠한 의사표시가 진의 아닌 의사표시라는 것을 이유로 무효라고 주장하는 경우에 그 입증책임은 그 주장자에게 있다.

정답해설

①, ③ 제107조 제1항【진의 아닌 의사표시】의사표시는 표의자가 진의 아님을 알고 한 것이라도 그 효력이 있다. 그러나 상대방이 표의자의 진의 아님을 알았거나 이를 알 수 있었을 경우에는 무효로 한다.
② 비진의표시란 표시행위의 의미가 표의자의 진의와 다르다는 것, 즉 의사와 표시의 불일치를 표의자가 스스로 알면서 하는 의사표시를 말한다.

> **비교** 허위표시(제108조)는 상대방과 통정(통모)이 필요하고, 착오(제109조)는 표의자가 진의와 표시가 일치하지 않음을 스스로 알지 못하는 의사표시이다.

④ 비진의표시가 인정되려면 일정한 효과의사를 추단할 만한 가치 있는 행위로서 의사표시가 존재하여야 한다. 따라서 사교상의 명백한 농담, 교수가 강의 중에 행한 표시는 법률효과의 발생을 원하지 않는 것이 명백하여 비진의표시도 문제될 여지가 없다.
⑤ "상대방이 표의자의 진의 아님을 알았거나 알 수 있었을 경우"에는 그 비진의표시는 무효이다(제107조 제1항 단서). 이 경우 비진의라는 사실의 지·부지나 과실의 유무는 행위 시를 표준으로 하여 결정하고, 상대방의 악의 또는 과실의 유무는 무효를 주장하는 자가 입증해야 한다(대판 1992.5.22, 92다2295).

	조문	성립요건	적용범위
진의 아닌 의사표시	제107조【진의 아닌 의사표시】 ① 의사표시는 표의자가 진의 아님을 알고 한 것이라도 그 효력이 있다. 그러나 상대방이 표의자의 진의 아님을 알았거나 이를 알 수 있었을 경우에는 무효로 한다. ② 전항의 의사표시의 무효는 선의의 제3자에게 대항하지 못한다. ※ 진의: 특정한 내용의 의사표시를 하고자 하는 표의자의 생각 → 진정으로 마음속에서 바라는 사항 ×	① 의사표시의 존재 ② 의사 ≠ 표시 ③ 표의자가 알고 있을 것 → 유효 ④ 상대방이 알았거나 알 수 있었을 경우 → 무효	상대방 있는 단독행위 ○ ※ 의사표시 공통 신분행위 공법행위 ×

▶ 정답 01 ②

02 진의 아닌 의사표시에 관한 설명으로 옳지 않은 것은? (다툼이 있으면 판례에 따름)

▶ 2018 감정평가사

① 사인의 공법행위에는 적용되지 않으므로 공무원의 사직 의사가 외부에 표시된 이상 그 의사는 표시된 대로 효력을 발생한다.
② 진의는 특정한 내용의 의사표시를 하려는 생각을 말하는 것이지 표의자가 진정으로 마음에서 바라는 사항을 뜻하는 것은 아니다.
③ 표의자가 강박에 의하여 어쩔 수 없이 증여의 의사표시를 하였다면 이는 비진의표시에 해당하지 않는다.
④ 표의자가 비진의표시임을 이유로 의사표시의 무효를 주장하는 경우, 비진의표시에 해당한다는 사실은 표의자가 증명해야 한다.
⑤ 표의자가 비진의표시임을 이유로 의사표시의 무효를 주장하는 경우, 상대방이 자신의 선의·무과실을 증명해야 한다.

[정답해설]
① 제107조는 표시행위를 중시하는 공법행위에는 적용되지 않는다. 공무원의 사표제출의 경우 진의가 없고 상대방이 이를 알았다 하더라도 효력이 있다(대판 1997.12.12, 97누13962).
② 진의란 특정한 내용의 의사표시를 하고자 하는 표의자의 생각을 말하는 것이지 표의자가 진정으로 마음속에서 바라는 사항을 뜻하는 것은 아니므로, 표의자가 의사표시의 내용을 진정으로 마음속에서 바라지는 아니하였다고 하더라도 당시의 상황에서는 그것을 최선이라고 판단하여 그 의사표시를 하였을 경우에는 이를 내심의 효과의사가 결여된 비진의 의사표시라고 할 수 없다고 하였다(대판 1996.12.20, 95누16059; 대판 2000.4.25, 99다34475).
③ 비록 재산을 강제로 빼앗긴다는 것이 표의자의 본심으로 잠재되어 있었다 하더라도 표의자가 강제에 의해서나마 증여하기로 하였으므로 진의가 없다고 할 수 없다(대판 1993.7.16, 92다41528).
④, ⑤ "상대방이 표의자의 진의 아님을 알았거나 알 수 있었을 경우"에는 그 비진의표시는 무효이다(제107조 제1항 단서). 어떠한 의사표시가 비진의 의사표시로서 무효라고 주장하는 경우에 그 입증책임은 그 주장자에게 있다. 따라서 비진의라는 사실의 지·부지나 과실의 유무는 행위 시를 표준으로 하여 결정하고, 상대방의 악의 또는 과실의 유무는 무효를 주장하는 자가 입증해야 한다(대판 1992.5.22, 92다2295).

03 진의 아닌 의사표시에 관한 설명으로 옳지 않은 것은? (다툼이 있으면 판례에 의함)

▶ 2025 감정평가사

① 진의 아닌 의사표시에 관한 민법 제107조는 공무원의 사직의 의사표시에는 적용되지 않는다.
② 진의 아닌 의사표시에서 '진의'란 특정한 내용의 의사표시를 하고자 하는 표의자의 생각을 말한다.
③ 진의 아닌 의사표시의 무효를 주장하는 경우 상대방의 악의 또는 과실은 그 주장자가 증명해야 한다.
④ 대리행위에서 진의 아닌 의사표시인지 여부는 대리인을 표준으로 정한다.
⑤ 표의자가 강박에 의하여 증여를 하기로 하고 그에 따른 증여의 의사표시를 하였더라도 재산을 강제로 뺏긴다는 것이 표의자의 본심으로 잠재되어 있었다면 증여의 내심의 효과의사가 결여된 것이다.

정답해설

① 공무원이 사직의 의사표시를 하여 의원면직처분을 하는 경우 그 사직의 의사표시는 그 법률관계의 특수성에 비추어 외부적·객관적으로 표시된 바를 존중하여야 할 것이므로, 비록 사직원제출자의 내심의 의사가 사직할 뜻이 아니었다고 하더라도 진의 아닌 의사표시에 관한 민법 제107조는 그 성질상 사직의 의사표시와 같은 사인의 공법행위에는 준용되지 아니하므로 그 의사가 외부에 표시된 이상 그 의사는 표시된 대로 효력을 발한다(대판 1997.12.12, 97누13962).
②, ⑤ 표의자의 의사, 즉 진의에 관해서 판례는 진의란 특정한 내용의 의사표시를 하고자 하는 표의자의 생각을 말하는 것이지 표의자가 진정으로 마음속에서 바라는 사항을 뜻하는 것은 아니므로, 표의자가 의사표시의 내용을 진정으로 마음속에서 바라지는 아니하였다고 하더라도 당시의 상황에서는 그것을 최선이라고 판단하여 그 의사표시를 하였을 경우에는 이를 내심의 효과의사가 결여된 비진의 의사표시라고 할 수 없다고 하였다(대판 1996.12.20, 95누16059; 대판 2000.4.25, 99다34475). 이에 따르면 비록 재산을 강제로 빼앗긴다는 것이 표의자의 본심으로 잠재되어 있었다 하더라도 표의자가 강제에 의해서나마 증여하기로 하였으므로 진의가 없다고 할 수 없다(대판 1993.7.16, 92다41528).
③ "상대방이 표의자의 진의 아님을 알았거나 알 수 있었을 경우"에는 그 비진의표시는 무효이다(제107조 제1항 단서). 어떠한 의사표시가 비진의 의사표시로서 무효라고 주장하는 경우에 그 입증책임은 그 주장자에게 있다. 따라서 비진의라는 사실의 지·부지나 과실의 유무는 행위 시를 표준으로 하여 결정하고, 상대방의 악의 또는 과실의 유무는 무효를 주장하는 자가 입증해야 한다(대판 1992.5.22, 92다2295).
④ 대리행위에서 진의 아닌 의사표시인지 여부 즉 의사의 흠결은 대리인을 표준으로 정한다(제116조 제1항).

> **제116조【대리행위의 하자】** ① 의사표시의 효력이 의사의 흠결, 사기, 강박 또는 어느 사정을 알았거나 과실로 알지 못한 것으로 인하여 영향을 받은 경우에 그 사실의 유무는 대리인을 표준하여 결정한다.

▶ 정답 02 ⑤ 03 ⑤

04 진의 아닌 의사표시에 관한 설명으로 옳지 않은 것은? (다툼이 있으면 판례에 따름)

▶ 2021 세무사

① 공무원이 한 사직의 의사표시와 같은 사인의 공법행위에는 비진의 표시에 관한 규정이 적용되지 않는다.
② 법률상 장애로 자기 명의로 대출받을 수 없는 자를 위하여 대출금채무자로서의 명의를 빌려준 자의 대출기관에 대한 채무부담의 의사표시는 원칙적으로 비진의표시이다.
③ 비진의표시가 무효인 경우, 그 무효는 선의의 제3자에게 대항하지 못한다.
④ 상대방이 표의자의 진의 아님을 알았거나 이를 알 수 있었을 경우 그 비진의표시는 무효이다.
⑤ 비진의표시에 있어서의 진의란 특정한 내용의 의사표시를 하고자 하는 표의자의 생각을 말한다.

정답해설

① 공무원이 사직의 의사표시를 하여 의원면직처분을 하는 경우 그 사직의 의사표시는 그 법률관계의 특수성에 비추어 외부적·객관적으로 표시된 바를 존중하여야 할 것이므로, 비록 사직원제출자의 내심의 의사가 사직할 뜻이 아니었다고 하더라도 진의 아닌 의사표시에 관한 민법 제107조는 그 성질상 사직의 의사표시와 같은 사인의 공법행위에는 준용되지 아니하므로 그 의사가 외부에 표시된 이상 그 의사는 표시된 대로 효력을 발한다(대판 1997.12.12. 97누13962).
② 법률상 또는 사실상의 장애로 자기 명의로 대출받을 수 없는 자를 위하여 대출금채무자로서의 명의를 빌려준 자에게 그와 같은 채무부담의 의사가 없는 것이라고는 할 수 없으므로 그 의사표시를 비진의표시에 해당한다고 볼 수 없고, 설령 명의대여자의 의사표시가 비진의표시에 해당한다고 하더라도 그 의사표시의 상대방인 상호신용금고로서는 명의대여자가 전혀 채무를 부담할 의사 없이 진의에 반한 의사표시를 하였다는 것까지 알았다거나 알 수 있었다고 볼 수도 없다고 보아, 그 명의대여자는 표시행위에 나타난 대로 대출금채무를 부담한다(대판 1996.9.10. 96다18182).
③ 비진의 표시가 무효인 경우, 그 무효는 선의의 제3자에게 대항하지 못한다(제107조 제2항).

> **제107조 [진의 아닌 의사표시]**
> ① 의사표시는 표의자가 진의 아님을 알고 한 것이라도 그 효력이 있다. 그러나 상대방이 표의자의 진의 아님을 알았거나 이를 알 수 있었을 경우에는 무효로 한다.
> ② 전항의 의사표시의 무효는 선의의 제3자에게 대항하지 못한다.

④ 상대방이 표의자의 진의 아님을 알았거나 이를 알 수 있었을 경우에는 그 비진의표시는 무효로 한다(제107조 제1항).
⑤ 표의자의 의사, 즉 진의에 관해서 판례는 진의란 특정한 내용의 의사표시를 하고자 하는 표의자의 생각을 말하는 것이지 표의자가 진정으로 마음속에서 바라는 사항을 뜻하는 것은 아니므로, 표의자가 의사표시의 내용을 진정으로 마음속에서 바라지는 아니하였다고 하더라도 당시의 상황에서는 그것을 최선이라고 판단하여 그 의사표시를 하였을 경우에는 이를 내심의 효과의사가 결여된 비진의 의사표시라고 할 수 없다고 하였다(대판 1996.12.20. 95누16059; 대판 2000.4.25. 99다34475).

05 통정허위표시의 성립요건이 아닌 것은? (다툼이 있으면 판례에 따름) ▶ 2017 세무사

① 사회통념상 의사표시로 인정될 수 있는 법률사실이 있어야 한다.
② 진의와 표시가 일치하지 않아야 한다.
③ 진의와 표시가 일치하지 않음을 표의자가 알고 있어야 한다.
④ 표시된 법률행위와 다른 법률행위를 은닉할 목적으로 하여야 한다.
⑤ 상대방과 통정하여 의사표시를 하여야 한다.

정답해설

① 허위표시가 인정되려면 우선 의사표시가 있어야 한다.
② 표시행위의 의미에 대응하는 표의자의 의사가 존재하지 않아야 한다. 따라서 표시행위에 대응하는 진정한 의사가 있으면 그에 따른 법률적 효과와 경제적 목적이 서로 상이하더라도 허위표시가 아니다.
③ 표의자 스스로 그의 진의와 표시행위의 의미가 일치하지 않는다는 것을 알고 있어야 한다. 이 점에서 비진의표시와 같고 착오와 다르다.

> **비교** 비진의표시(제107조)란 의사와 표시의 불일치를 표의자가 스스로 알면서 하는 의사표시, 착오(제109조)는 표의자가 진의와 표시가 일치하지 않음을 스스로 알지 못하면서 하는 의사표시이다.

④ 증여를 하면서 증여세를 면탈하기 위하여 매매를 가장한 경우, 증여행위가 가장행위 뒤에 숨어 있는 당사자가 진실로 달성하고자 하는 법률행위로 은닉행위이다. 통정허위표시는 은닉행위를 목적으로 하는 경우도 있으나, 채무자가 채권자의 강제집행을 면하기 위하여 타인과 통정하여 그 자에게 허위로 부동산을 매도하고 소유권이전등기를 해 준 경우와 같이 은닉행위를 목적으로 하지 않는 가장행위도 가능하다.
⑤ 진의와 다른 표시를 하는 데 대하여 상대방과의 통정이 있어야 한다. 여기서 통정은 표의자가 진의 아닌 의사표시를 하는 것을 상대방이 단순히 알고 있는 것만으로는 부족하고, 그에 관해 상대방과의 사이에 합의가 있어야 한다.

	조문	성립요건	적용범위
통정허위표시	제108조 【통정한 허위의 의사표시】 ① 상대방과 통정한 허위의 의사표시는 무효로 한다 (→ 상대방과 짜고 거짓으로 한 의사표시). ② 전항의 의사표시의 무효는 선의의 제3자에게 대항하지 못한다. ※ 선의의 제3자 : 무과실은 요건 ×	① 의사표시의 존재 ② 의사 ≠ 표시 ③ 표의자가 알고 있을 것 ④ 상대방과 통정하였을 것 (알고 + 합의)	※ 의사표시 공통 신분행위 × 공법행위 ×

▶ 정답 04 ② 05 ④

06 통정한 허위의 의사표시에 관한 설명으로 옳지 않은 것은? (다툼이 있으면 판례에 따름)

▶ 2021 세무사

① 상대방과 통정한 허위의 의사표시는 무효이고, 누구든지 그 무효를 주장할 수 있는 것이 원칙이다.
② 상대방과 통정한 허위의 의사표시의 무효는 선의의 제3자에게 과실이 있는 경우에도 그 제3자에게 대항하지 못한다.
③ 통정허위표시의 제3자는 허위표시에 의하여 외형상 형성된 법률관계를 토대로 실질적으로 새로운 법률상 이해관계를 맺은 자이다.
④ 선의의 제3자에 대하여는 통정허위표시의 당사자뿐만 아니라 그 누구도 허위표시의 무효로 대항하지 못한다.
⑤ 제3자가 악의이면 제3자로부터의 전득자가 선의라도 전득자에게 통정허위표시의 무효로 대항할 수 있다.

정답해설

①, ④ 허위표시는 당사자 사이에서는 물론 제3자에 대한 관계에서도 무효이다. 따라서 당사자뿐만 아니라 누구든지 무효를 주장할 수 있다. 다만 선의의 제3자가 있는 경우 그 제3자에 대해서는 당사자뿐만 아니라 그 누구도 무효를 주장하지 못할 뿐이다(제108조 제2항).

> **제108조【통정한 허위의 의사표시】**
> ① 상대방과 통정한 허위의 의사표시는 무효로 한다.
> ② 전항의 의사표시의 무효는 선의의 제3자에게 대항하지 못한다.

② 민법 제108조 제2항의 제3자는 선의이면 족하고 무과실은 요건이 아니다(대판 2004.5.28, 2003다70041). 제3자가 선의하면 과실이 있는 경우에도 그 제3자에게 대항하지 못한다.
③ 통정허위표시의 제3자란 허위표시의 당사자 및 포괄승계인 이외의 자로서 허위표시에 의하여 외형상 형성된 법률관계를 토대로 실질적으로 새로운 법률상 이해관계를 맺은 자를 말한다(대판 1996.4.26, 94다12074).
⑤ 선의의 제3자가 보호될 수 있는 법률상 이해관계는 계약의 당사자를 상대로 하여 직접 법률상 이해관계를 가지는 경우 외에도 그 법률상 이해관계를 바탕으로 하여 다시 위 계약에 의하여 형성된 법률관계와 새로이 법률상 이해관계를 가지게 되는 경우도 포함된다(대판 2013.2.15, 2012다49292). 제3자는 악의이나 제3자로부터의 전득자가 선의라면 전득자에게 통정허위표시의 무효로 대항할 수 없다.

07 통정허위표시에 관한 설명으로 옳은 것은? (다툼이 있으면 판례에 따름) ▶ 2023 감정평가사
① 통정허위표시에 의한 급부는 특별한 사정이 없는 한 불법원인급여이다.
② 대리인이 대리권의 범위 안에서 현명하여 상대방과 통정허위표시를 한 경우, 본인이 선의라면 특별한 사정이 없는 한 그는 허위표시의 유효를 주장할 수 있다.
③ 가장행위인 매매계약이 무효라면 은닉행위인 증여계약도 당연히 무효이다.
④ 통정허위표시의 무효로부터 보호되는 선의의 제3자는 통정허위표시를 알지 못한 것에 대해 과실이 없어야 한다.
⑤ 가장매매계약의 매수인과 직접 이해관계를 맺은 제3자가 악의라 하더라도 그와 다시 법률상 이해관계를 맺은 전득자가 선의라면 가장매매계약의 무효로써 전득자에게 대항할 수 없다.

[정답해설]
① 강제집행을 면할 목적으로 부동산에 허위의 근저당권설정등기를 경료하는 행위는 민법 제103조의 선량한 풍속 기타 사회질서에 위반한 사항을 내용으로 하는 법률행위로 볼 수 없다(대판 2004.5.28, 2003다70041). 통정허위표시에 의한 급부는 특별한 사정이 없는 한 제103조 위반이 아니어서 불법원인급여에 해당하지 않는다.
② 제3자란 당사자 및 포괄승계인 이외의 자로서 허위표시에 의하여 외형상 형성된 법률관계를 토대로 실질적으로 새로운 법률상 이해관계를 맺은 자를 말한다. 그러므로 허위표시로 형성된 법률관계에 새로운 이해관계를 맺은 자가 아닌 대리인의 통정허위표시에서 본인은 계약의 당사자로서 선의라 할지라도 특별한 사정이 없는 한 그는 허위표시의 유효를 주장할 수 없다.

> **제116조 【대리행위의 하자】**
> ① 의사표시의 효력이 의사의 흠결, 사기, 강박 또는 어느 사정을 알았거나 과실로 알지 못한 것으로 인하여 영향을 받은 경우에 그 사실의 유무는 대리인을 표준하여 결정한다.

③ 은닉행위란 가장행위 뒤에 숨어 있는 당사자가 진실로 달성하고자 하는 법률행위를 말한다. 그 예가 증여를 하면서 증여세를 면탈하기 위하여 매매를 가장한 경우, 증여행위가 이에 해당한다. 이러한 은닉행위는 허위표시와는 달리 그 법률행위의 요건을 구비하는 한 유효하다(대판 1993.8.28, 93다12930).
④ 민법 제108조 제2항의 제3자는 선의이면 족하고 무과실은 요건이 아니다(대판 2004.5.28, 2003다70041). 선의의 제3자는 통정허위표시를 알지 못한 것에 대해 과실이 없어야 하는 것은 아니다.
⑤ 선의의 제3자가 보호될 수 있는 법률상 이해관계는 계약의 당사자를 상대로 하여 직접 법률상 이해관계를 가지는 경우 외에도 그 법률상 이해관계를 바탕으로 하여 다시 위 계약에 의하여 형성된 법률관계와 새로이 법률상 이해관계를 가지게 되는 경우도 포함된다(대판 2013.2.15, 2012다49292). 제3자는 악의이나 제3자로부터의 전득자가 선의라면 전득자에게 통정허위표시의 무효로 대항할 수 없다.

▶ 정답 06 ⑤ 07 ⑤

08 통정허위표시에 관한 설명으로 옳지 않은 것은? (다툼이 있으면 판례에 따름)

▶ 2019 감정평가사

① 상대방과 통정한 허위의 의사표시는 무효이지만, 이러한 무효는 과실로 인하여 허위표시라는 사실을 인식하지 못한 제3자에게 대항할 수 없다.
② 강제집행을 면할 목적으로 부동산에 허위의 근저당권설정등기를 경료하는 행위는 민법 제103조의 선량한 풍속 기타 사회질서에 위반한 사항을 내용으로 하는 법률행위이다.
③ 선의의 제3자에 대해서는 통정허위표시의 당사자뿐만 아니라 그 누구도 통정허위표시의 무효로 대항할 수 없다.
④ 부동산의 가장양수인으로부터 해당 부동산을 취득한 제3자 A가 악의이고, 그로부터 그 부동산을 전득한 B가 선의라면 통정허위표시의 무효로써 B에게 대항할 수 없다.
⑤ 당사자들이 실제로는 증여계약을 체결하면서 매매계약인 것처럼 통정허위표시를 하였다면 은닉행위인 증여계약은 유효할 수 있다.

정답해설

① 통정한 허위표시에 의하여 외형상 형성된 법률관계로 생긴 채권을 가압류한 경우, 그 가압류권자는 허위표시에 기초하여 새로운 법률상 이해관계를 가지게 되므로 민법 제108조 제2항의 제3자에 해당한다고 봄이 상당하고, 또한 민법 제108조 제2항의 제3자는 선의이면 족하고 무과실은 요건이 아니다(대판 2004.5.28, 2003다70041).
② 강제집행을 면할 목적으로 부동산에 허위의 근저당권설정등기를 경료하는 행위는 민법 제103조의 선량한 풍속 기타 사회질서에 위반한 사항을 내용으로 하는 법률행위로 볼 수 없다(대판 2004.5.28, 2003다70041).
③ 허위표시는 당사자 사이에서는 물론 제3자에 대한 관계에서도 무효이다. 따라서 당사자뿐만 아니라 제3자도 무효를 주장할 수 있다. 다만 선의의 제3자가 있는 경우 그 선의의 제3자에 대해서는 당사자뿐만 아니라 그 누구도 무효를 주장하지 못할 뿐이다(제108조 제2항).
④ 가장매매의 가장양수인으로부터 그 부동산을 다시 매수한 A가 악의여서 민법 제108조 제2항의 선의의 제3자에 해당하지 않더라도, A로부터 전득한 B도 민법 제108조 제2항 제3자로 평가되기 때문에 B가 선의라면 통정허위표시의 무효로써 B에게 대항할 수 없다.
⑤ 은닉행위란 가장행위 뒤에 숨어 있는 당사자가 진실로 달성하고자 하는 법률행위를 말한다. 그 예가 증여를 하면서 증여세를 면탈하기 위하여 매매를 가장한 경우, 증여행위가 이에 해당한다. 이러한 은닉행위는 허위표시와는 달리 그 법률행위의 요건을 구비하는 한 유효하다(대판 1993.8.28, 93다12930).

09 통정허위표시의 무효를 이유로 대항할 수 없는 '제3자'가 될 수 있는 자를 모두 고른 것은? (다툼이 있으면 판례에 따름)
▶ 2016 감정평가사

ㄱ. 가장의 금전소비대차에 기한 대여금채권을 가압류한 자
ㄴ. 가장매매에 의한 매수인으로부터 목적 부동산에 대한 소유권이전등기청구권 보전을 위한 가등기를 마친 제3자
ㄷ. 가장매매에 의한 매수인으로부터 목적 부동산을 매수하여 소유권이전등기를 마친 제3자
ㄹ. 가장의 전세권설정계약에 기하여 등기가 경료된 전세권에 관하여 저당권을 취득한 제3자

① ㄱ, ㄴ
② ㄷ, ㄹ
③ ㄱ, ㄴ, ㄷ
④ ㄴ, ㄷ, ㄹ
⑤ ㄱ, ㄴ, ㄷ, ㄹ

정답해설

제108조 제2항의 제3자란 당사자 및 포괄승계인 이외의 자로서 허위표시에 의하여 외형상 형성된 법률관계를 토대로 실질적으로 새로운 법률상 이해관계를 맺은 자를 말한다.
따라서 1. 가장매매의 매수인으로부터 그 목적부동산을 다시 매수한 자나 저당권의 설정을 받은 자, 2. 가장매매의 매수인으로부터 매매계약에 의한 소유권이전청구권보전을 위한 가등기를 취득한 자, 3. 가장의 금전소비대차에 기한 대여금채권을 가압류한 자, 4. 가장의 전세권설정계약에 기하여 등기가 경료된 전세권에 관하여 저당권을 취득한 자는 모두 제3자에 해당한다.

ㄱ. (○): 통정한 허위표시에 의하여 외형상 형성된 법률관계로 생긴 채권을 가압류한 경우, 그 가압류권자는 허위표시에 기초하여 새로운 법률상 이해관계를 가지게 되므로 민법 제108조 제2항의 제3자에 해당한다고 봄이 상당하고, 또한 민법 제108조 제2항의 제3자는 선의이면 족하고 무과실은 요건이 아니다(대판 2004.5.28, 2003다70041).

ㄴ. (○): 허위의 매매에 의한 매수인으로부터 매매계약에 인한 소유권이전청구권 보존을 위한 가등기권을 취득한 자도 허위의 매매에 의한 매수인으로부터 부동산상의 권리를 취득한 제3자이므로 특별한 사정이 없는 한 선의로 추정할 것이므로 허위표시를 한 부동산양도인이 제3자에 대하여 소유권을 주장하려면 그 제3자의 악의임을 입증하여야 한다(대판 1970.9.29, 70다466).

ㄷ. (○): 허위표시를 원인으로 한 가등기 및 본등기와 이를 바탕으로 그 후에 이루어진 소유권이전등기는 제108조 제2항에 의해 유효하다(대판 1996.4.26, 94다12074).

ㄹ. (○): 실제로는 전세권설정계약이 없으면서도 임대차계약에 기한 임차보증금 반환채권을 담보할 목적으로 임차인과 임대인 사이의 합의에 따라 임차인 명의로 전세권설정등기를 경료한 후 그 전세권에 대하여 근저당권이 설정된 경우, 설령 위 전세권설정계약만 놓고 보아 그것이 통정허위표시에 해당하여 무효라 하더라도 이로써 위 전세권설정계약에 의하여 형성된 법률관계를 토대로 별개의 법률원인에 의하여 새로운 법률상 이해관계를 갖게 된 근저당권자에 대하여는 그와 같은 사정을 알고 있었던 경우에만 그 무효를 주장할 수 있다(대판 2008.3.13, 2006다29372).

▶ 정답 08 ② 09 ⑤

10 통정허위표시에 의하여 외형상 형성된 법률관계를 기초로 하여 '새로운 법률상 이해관계를 맺은 제3자'에 해당하지 않는 자는? (다툼이 있으면 판례에 따름) ▶ 2021 감정평가사

① 가장전세권에 관하여 저당권을 취득한 자
② 가장소비대차에 기한 대여금채권을 양수한 자
③ 가장저당권 설정행위에 기한 저당권의 실행에 의하여 목적부동산을 경락받은 자
④ 가장의 채권양도 후 채무가 변제되지 않고 있는 동안 채권양도가 허위임이 밝혀진 경우에 있어서의 채무자
⑤ 가장소비대차의 대주(貸主)가 파산한 경우, 파산자와는 독립한 지위에서 파산채권자 전체의 공동의 이익을 위하여 직무를 행하게 된 파산관재인

정답해설

① 실제로는 전세권설정계약이 없으면서도 임대차계약에 기한 임차보증금 반환채권을 담보할 목적으로 임차인과 임대인 사이의 합의에 따라 임차인 명의로 전세권설정등기를 경료한 후 그 전세권에 대하여 근저당권이 설정된 경우, 설령 위 전세권설정계약만 놓고 보아 그것이 통정허위표시에 해당하여 무효라 하더라도 이로써 위 전세권설정계약에 의하여 형성된 법률관계를 토대로 별개의 법률원인에 의하여 새로운 법률상 이해관계를 갖게 된 근저당권자에 대하여는 그와 같은 사정을 알고 있었던 경우에만 그 무효를 주장할 수 있다(대판 2008.3.13, 2006다29372).

② 채권양수인이 채권양도인으로부터 지명채권을 양도받았음을 이유로 채무자에 대하여 그 채권을 행사하기 위하여는 지명채권 양도에 관한 합의 이외에 양도받은 당해 채권에 관하여 민법 제450조 소정의 대항요건을 갖추어야 하는 것이고, 이러한 법리는 채권양도인과 채무자 사이의 법률행위가 허위표시인 경우에도 마찬가지로 적용된다(대판 2011.4.28, 2010다100315). 따라서 채권양도인과 채무자 사이의 소비대차가 가장행위에 해당하고, 가장소비대차에 기한 대여금채권을 양수한 자는 가장행위에 기초하여 새로운 이해관계를 맺은 제3자에 해당한다.

③ 채권자와 채무자가 통모하여 허위의 의사표시로써 저당권설정 행위를 하고 채권자가 그 저당권을 실행하여 경매절차가 적법히 진행된 결과 제삼자가 경락으로 소유권을 취득하고 그 이전등기를 종료한 경우에 선의의 제3자에게는 그 허위표시를 주장하여 대항할 수 없다(대판 1957.3.23, 4289민상580).

④ 민법 제108조 제2항에서 말하는 제3자는 허위표시의 당사자와 그의 포괄승계인 이외의 자 모두를 가리키는 것이 아니고 그 가운데서 허위표시행위를 기초로 하여 새로운 이해관계를 맺은 자를 한정해서 가리키는 것으로 새겨야 할 것이므로 이 사건 퇴직금 채무자인 피고는 원채권자인 소외(갑)이 소외(을)에게 퇴직금채권을 양도했다고 하더라도 그 퇴직금을 양수인에게 지급하지 않고 있는 동안에 위 양도계약이 허위표시란 것이 밝혀진 이상 위 허위표시의 선의의 제3자임을 내세워 진정한 퇴직금전부채권자인 원고에게 그 지급을 거절할 수 없다(대판 1983.1.18, 82다594).

⑤ 파산자가 상대방과 통정한 허위의 의사표시를 통하여 가장채권을 보유하고 있다가 파산이 선고된 경우 그 가장채권도 일단 파산재단에 속하게 되고, 파산선고에 따라 파산자와는 독립한 지위에서 파산채권자 전체의 공동의 이익을 위하여 직무를 행하게 된 파산관재인은 그 허위표시에 따라 외형상 형성된 법률관계를 토대로 실질적으로 새로운 법률상 이해관계를 가지게 된 민법 제108조 제2항의 제3자에 해당한다(대판 2003.6.24, 2002다48214).

11 통정허위표시의 무효를 이유로 대항할 수 없는 '제3자'에 해당하지 않는 자는? (다툼이 있으면 판례에 따름) ▶ 2024 감정평가사

① 가장소비대차의 계약상의 지위를 이전 받은 자
② 가장매매의 목적물에 대하여 저당권을 취득한 자
③ 가장의 금전소비대차에 기한 대여금채권을 가압류한 자
④ 가장매매에 의한 매수인으로부터 목적 부동산을 매수하여 소유권이전등기를 마친 자
⑤ 가장의 전세권설정계약에 기하여 등기가 마쳐진 전세권에 관하여 저당권을 취득한 자

정답해설

②③④⑤ 모두 민법 제108조 제2항의 '제3자'에 해당한다.
제108조 제2항의 제3자란 당사자 및 포괄승계인 이외의 자로서 허위표시에 의하여 외형상 형성된 법률관계를 토대로 실질적으로 새로운 법률상 이해관계를 맺은 자를 말한다.
따라서 1. 가장매매의 매수인으로부터 그 목적부동산을 다시 매수한 자나 저당권의 설정을 받은 자, 2. 가장매매의 매수인으로부터 매매계약에 의한 소유권이전청구권보전을 위한 가등기를 취득한 자, 3. 가장의 금전소비대차에 기한 대여금채권을 가압류한 자, 4. 가장의 전세권설정계약에 기하여 등기가 경료된 전세권에 관하여 저당권을 취득한 자는 모두 제3자에 해당한다.

① 구 상호신용금고법 소정의 계약이전은 금융거래에서 발생한 계약상의 지위가 이전되는 사법상의 법률효과를 가져오는 것이므로 계약이전을 받은 금융기관은 계약이전을 요구받은 금융기관과 대출채무자 사이의 통정허위표시에 따라 형성된 법률관계를 기초로 하여 새로운 법률상 이해관계를 가지게 된 민법 제108조 제2항의 제3자에 해당하지 않는다(대판 2004.1.15, 2002다31537).
② 가장매매의 매수인으로부터 그 목적부동산을 다시 매수한 자나 저당권의 설정을 받은 자도 허위표시에 의하여 외형상 형성된 법률관계를 토대로 실질적으로 새로운 법률상 이해관계를 맺은 자이다.
③ 통정한 허위표시에 의하여 외형상 형성된 법률관계로 생긴 채권을 가압류한 경우, 그 가압류권자는 허위표시에 기초하여 새로운 법률상 이해관계를 가지게 되므로 민법 제108조 제2항의 제3자에 해당한다고 봄이 상당하고, 또한 민법 제108조 제2항의 제3자는 선의이면 족하고 무과실은 요건이 아니다(대판 2004.5.28, 2003다70041).
④ 허위표시를 원인으로 한 가등기 및 본등기와 이를 바탕으로 그 후에 이루어진 소유권이전등기는 제108조 제2항에 의해 유효하다(대판 1996.4.26, 94다12074).
⑤ 실제로는 전세권설정계약이 없으면서도 임대차계약에 기한 임차보증금 반환채권을 담보할 목적으로 임차인과 임대인 사이의 합의에 따라 임차인 명의로 전세권설정등기를 경료한 후 그 전세권에 대하여 근저당권이 설정된 경우, 설령 위 전세권설정계약만 놓고 보아 그것이 통정허위표시에 해당하여 무효라 하더라도 이로써 위 전세권설정계약에 의하여 형성된 법률관계를 토대로 별개의 법률원인에 의하여 새로운 법률상 이해관계를 갖게 된 근저당권자에 대하여는 그와 같은 사정을 알고 있었던 경우에만 그 무효를 주장할 수 있다(대판 2008.3.13, 2006다29372).

▶ 정답 10 ④ 11 ①

12 착오에 의한 의사표시에 관한 설명으로 옳지 않은 것은? (다툼이 있으면 판례에 따름)

▶ 2022 감정평가사

① 대리인이 의사표시를 한 경우, 착오의 유무는 본인을 표준으로 판단하여야 한다.
② 착오가 표의자의 중대한 과실로 인한 때에는 표의자는 특별한 사정이 없는 한 그 의사표시를 취소할 수 없다.
③ 착오로 인하여 표의자가 경제적인 불이익을 입지 않았다면 법률행위 내용의 중요부분의 착오라 할 수 없다.
④ 상대방이 표의자의 진의에 동의한 경우, 표의자는 착오를 이유로 그 의사표시를 취소할 수 없다.
⑤ 착오를 이유로 의사표시를 취소하는 자는 착오가 없었더라면 의사표시를 하지 않았을 것이라는 점을 증명하여야 한다.

정답해설

① 대리에 있어서 효과의사를 결정하는 자는 대리인이기 때문에 의사의 흠결, 대리행위의 하자에 관해서는 '대리인'을 표준으로 하여 하자의 유무를 결정한다. 의사의 흠결의 문제인 착오의 유무도 대리인을 기준으로 하여 결정한다(제116조 제1항).

> **제116조 【대리행위의 하자】**
> ① 의사표시의 효력이 의사의 흠결, 사기, 강박 또는 어느 사정을 알았거나 과실로 알지 못한 것으로 인하여 영향을 받은 경우에 그 사실의 유무는 대리인을 표준하여 결정한다.

② 제109조 【착오로 인한 의사표시】 ① 의사표시는 법률행위의 내용의 중요부분에 착오가 있는 때에는 취소할 수 있다. 그러나 그 착오가 표의자의 중대한 과실로 인한 때에는 취소하지 못한다.
③ 착오가 법률행위 내용의 중요 부분에 있다고 하기 위하여는 표의자에 의하여 추구된 목적을 고려하여 합리적으로 판단하여 볼 때 표시와 의사의 불일치가 객관적으로 현저하여야 하고, 만일 그 착오로 인하여 표의자가 무슨 경제적인 불이익을 입은 것이 아니라고 한다면 이를 법률행위 내용의 중요 부분의 착오라고 할 수 없다 (대판 1999.2.23, 98다47924).
④ 상대방이 표의자의 진의에 동의한 경우에는 당사자의 일치하는 의사대로 효력이 생기므로 착오의 문제는 발생하지 않는다. 그러므로 표의자는 착오를 이유로 의사표시를 취소할 수 없다.
⑤ 착오를 이유로 의사표시를 취소하는 자는 법률행위의 내용에 착오가 있었다는 사실과 함께 그 착오가 의사표시에 결정적인 영향을 미쳤다는 점, 즉 만약 그 착오가 없었더라면 의사표시를 하지 않았을 것이라는 점을 증명하여야 한다(대판 2008.1.17, 2007다74188).

	조문	성립요건	적용범위
착오에 기한 의사표시	제109조 【착오로 인한 의사표시】 ① 의사표시는 법률행위의 내용의 중요부분에 착오가 있는 때에는 취소할 수 있다. 그러나 그 착오가 표의자의 중대한 과실로 인한 때에는 취소하지 못한다. ② 전항의 의사표시의 취소는 선의의 제3자에게 대항하지 못한다.	① 의사표시의 존재 ② 의사 ≠ 표시 ③ 표의자가 불일치를 모르고(착오) ④ 법률행위의 내용 ⑤ 중요부분 → 취소 ⑥ 중과실이 없을 것: 상대방 주장, 증명	※ 동기의 착오 　원칙: 제109조의 착오에 해당 × 　예외: → 상대방에게 표시 and 해석상 법률행위의 내용으로 된 경우 ○ (합의 ×) 　　　　→ 유발된 동기의 착오 ○ 　　　　(상대방에게서 표시여부 불문) 　☞ 혼동하지 말자 ※ 동기의 불법 　원칙: 계약 내용의 불법 × → 제103조에 포함 × 　예외: 표시 or 상대방에게 알려진 경우 → 제103조에 포함 ○

13 착오로 인한 의사표시에 관한 설명으로 옳지 않은 것은? (다툼이 있으면 판례에 따름)

▶ 2023 감정평가사

① 매도인의 하자담보책임이 성립하더라도 착오를 이유로 한 매수인의 취소권은 배제되지 않는다.
② 계약 당시를 기준으로 하여 장래의 미필적 사실의 발생에 대한 기대나 예상이 빗나간 경우, 착오취소는 인정되지 않는다.
③ 동기의 착오는 동기가 표시되어 해석상 법률행위의 내용으로 된 경우에 한해서만 유일하게 고려된다.
④ 매매계약에서 매수인이 목적물의 시가에 관해 착오를 하였더라도 이는 원칙적으로 중요부분의 착오에 해당하지 않는다.
⑤ 상대방이 표의자의 착오를 알면서 이용하였다면 표의자의 착오에 중대한 과실이 있더라도 착오취소가 인정된다.

정답해설

① 민법 제109조 제1항에 의하면 법률행위 내용의 중요 부분에 착오가 있는 경우 착오에 중대한 과실이 없는 표의자는 법률행위를 취소할 수 있고, 민법 제580조 제1항, 제575조 제1항에 의하면 매매의 목적물에 하자가 있는 경우 하자가 있는 사실을 과실 없이 알지 못한 매수인은 매도인에 대하여 하자담보책임을 물어 계약을 해제하거나 손해배상을 청구할 수 있다. 착오로 인한 취소 제도와 매도인의 하자담보책임 제도는 취지가 서로 다르고, 요건과 효과도 구별된다. 따라서 매매계약 내용의 중요 부분에 착오가 있는 경우 매수인은 매도인의 하자담보책임이 성립하는지와 상관없이 착오를 이유로 매매계약을 취소할 수 있다(대판 2018.9.13, 2015다78703).
② 민법 제109조에서 규정한 바와 같이 의사표시에 착오가 있다고 하려면 법률행위를 할 당시에 실제로 없는 사실을 있는 사실로 잘못 깨닫거나 아니면 실제로 있는 사실을 없는 것으로 잘못 생각하듯이 표의자의 인식과 그 대조사실이 어긋나는 경우라야 하므로, 표의자가 행위를 할 당시 장래에 있을 어떤 사항의 발생이 미필적임을 알아 그 발생을 예기한 데 지나지 않는 경우는 표의자의 심리상태에 인식과 대조의 불일치가 있다고 할 수 없어 이를 착오로 다룰 수는 없다(대판 2012.12.13, 2012다65317 등).
③ 의사표시의 동기에 착오가 있는 경우에는 당사자 사이에 그 동기를 의사표시의 내용으로 삼았을 때에 한하여 의사표시의 내용의 착오가 되는 것이고 이와 같은 의사표시의 내용의 착오는 보통 일반인이 표의자의 입장에 섰더라면 그와 같은 의사표시를 하지 않았으리라고 여겨질 정도로 그 착오가 중요한 부분에 관한 것이면 표의자는 그 의사표시를 취소할 수 있다(대판 1989.1.17, 87다카1271 등). 또한 동기의 착오가 상대방에 의해 유발된 경우 동기가 표시되지 않더라도 의사표시의 취소 사유인 착오에 해당할 수 있다(대판 1990.7.10, 90다카7460). 따라서 동기의 착오는 동기가 표시되어 해석상 법률행위의 내용으로 된 경우에 한해서만 유일하게 고려되는 것은 아니다.
④ 매매목적물의 시가에 대한 착오는 중요부분에 대한 착오에 해당하지 않는다. 따라서 시가에 대한 착오를 이유로 매매계약을 취소할 수 없다(대판 1992.10.23, 92다29337).
⑤ 민법 제109조 제1항 단서는 의사표시의 착오가 표의자의 중대한 과실로 인한 때에는 그 의사표시를 취소하지 못한다고 규정하고 있는데, 위 단서 규정은 표의자의 상대방의 이익을 보호하기 위한 것이므로, 상대방이 표의자의 착오를 알고 이를 이용한 경우에는 착오가 표의자의 중대한 과실로 인한 것이라고 하더라도 표의자는 의사표시를 취소할 수 있다(대판 2014.11.27, 2013다49794).

▶ 정답 12 ① 13 ③

14 착오에 관한 설명으로 옳지 않은 것은? (다툼이 있으면 판례에 따름) ▶ 2021 행정사

① 법률행위의 내용의 중요부분에 착오가 있으면 취소할 수 있는 것이 원칙이다.
② 1심 판결에서 패소한 자가 항소심 판결 선고 전에 패소를 예상하고 법률행위를 하였으나 이후 항소심에서 승소판결이 선고된 경우 착오를 이유로 그 법률행위를 취소할 수 있다.
③ 의사표시의 착오가 표의자의 중대한 과실로 발생하였으나 상대방이 표의자의 착오를 알고 이용한 경우 표의자는 의사표시를 취소할 수 있다.
④ 착오한 표의자의 중대한 과실 유무에 관한 증명책임은 의사표시를 취소하게 하지 않으려는 상대방에게 있다.
⑤ 착오자의 착오로 인한 취소로 상대방이 손해를 입게 되더라도, 착오자는 불법행위로 인한 손해배상책임을 부담하지 않는다.

[정답해설]

① 법률행위의 내용의 중요부분에 착오가 있으면 취소할 수 있는 것이 원칙이다(제109조 본문). 다만 상대방이 중과실이 있음을 증명하면 예외적으로 취소할 수 없을 뿐이다.

> **제109조 【착오로 인한 의사표시】**
> ① 의사표시는 법률행위의 내용의 중요부분에 착오가 있는 때에는 취소할 수 있다. 그러나 그 착오가 표의자의 중대한 과실로 인한 때에는 취소하지 못한다.

② 의사표시에 착오가 있다고 하려면 법률행위를 할 당시에 실제로 없는 사실을 있는 사실 또는 실제로 있는 사실을 없는 것으로 잘못 생각하듯이 표의자의 인식과 대조사실가 어긋나는 경우라야 할 터이므로 판결선고 전에 이미 그 선고결과를 예상하고 법률행위를 하였으나 실제로 선고된 판결이 그 예상과 다르다 하더라도 이 표의자의 심리상태에 인식과 대조사실에 불일치가 있다고는 할 수 없어 착오로 다룰 수는 없다(대판 1972.3.28. 71다2193).
③ 민법 제109조 제1항 단서는 의사표시의 착오가 표의자의 중대한 과실로 인한 때에는 그 의사표시를 취소하지 못한다고 규정하고 있는데, 위 단서 규정은 표의자의 상대방의 이익을 보호하기 위한 것이므로, 상대방이 표의자의 착오를 알고 이를 이용한 경우에는 착오가 표의자의 중대한 과실로 인한 것이라고 하더라도 표의자는 의사표시를 취소할 수 있다(대판 2014.11.27. 2013다49794).
④ 원고가 피고를 상대로 매매계약의 이행을 청구하는 소송에서 피고가 착오를 이유로 매매계약의 취소를 주장하는 경우, 착오취소를 주장하는 피고는 착오가 법률행위 중요부분에 착오가 있다는 사실을 증명하여야 하고, 자신의 중대한 과실에 의한 것이 아니라는 점에 대한 증명책임을 부담하지 않는다. 중대한 과실은 착오취소의 상대방이 부담한다(대판 2008.1.17. 2007다74188).
⑤ 불법행위로 인한 손해배상책임이 성립하기 위하여는 가해자의 고의 또는 과실 이외에 행위의 위법성이 요구되므로, 전문건설공제조합이 계약보증서를 발급하면서 조합원이 수급할 공사의 실제 도급금액을 확인하지 아니한 과실이 있다고 하더라도 민법 제109조에서 중과실이 없는 착오자의 착오를 이유로 한 의사표시의 취소를 허용하고 있는 이상, 전문건설공제조합이 과실로 인하여 착오에 빠져 계약보증서를 발급한 것이나 그 착오를 이유로 보증계약을 취소한 것이 위법하다고 할 수는 없다(대판 1997.8.22. 97다13023).

15 착오에 관한 설명으로 옳지 않은 것은? (다툼이 있으면 판례에 따름) ▶ 2016 감정평가사

① 대리인에 의한 법률행위에서 착오의 유무는 대리인을 표준으로 판단한다.
② 착오의 존재 여부는 의사표시 당시를 기준으로 판단한다.
③ 착오에 의한 취소의 의사표시는 반드시 명시적이어야 하는 것은 아니고, 취소자가 그 착오를 이유로 자신의 법률행위의 효력을 처음부터 배제하려고 한다는 의사가 드러나면 충분하다.
④ 착오가 표의자의 중대한 과실로 인한 경우, 상대방이 표의자의 착오를 알고 이를 이용하였더라도, 표의자는 의사표시를 취소할 수 없다.
⑤ 착오를 이유로 법률행위를 취소한 표의자가 상대방에게 불법행위책임을 지는 것은 아니다.

정답해설

① 대리에 있어서 효과의사를 결정하는 자는 대리인이기 때문에 의사의 흠결, 대리행위의 하자에 관해서는 '대리인'을 표준으로 하여 하자의 유무를 결정한다. 의사의 흠결의 문제인 착오의 유무도 대리인을 기준으로 하여 결정한다(제116조 제1항).

> **제116조 【대리행위의 하자】**
> ① 의사표시의 효력이 의사의 흠결, 사기, 강박 또는 어느 사정을 알았거나 과실로 알지 못한 것으로 인하여 영향을 받은 경우에 그 사실의 유무는 대리인을 표준하여 결정한다.

② 민법 제109조에서 규정한 바와 같이 의사표시에 착오가 있다고 하려면 법률행위를 할 당시에 실제로 없는 사실을 있는 사실로 잘못 깨닫거나 아니면 실제로 있는 사실을 없는 것으로 잘못 생각하듯이 표의자의 인식과 그 대조사실이 어긋나는 경우라야 하므로, 표의자가 행위를 할 당시 장래에 있을 어떤 사항의 발생이 미필적임을 알아 그 발생을 예기한 데 지나지 않는 경우는 표의자의 심리상태에 인식과 대조의 불일치가 있다고 할 수 없어 이를 착오로 다룰 수는 없다(대판 2012.12.13, 2012다65317 등).
③ 취소의 의사표시란 반드시 명시적이어야 하는 것은 아니고, 취소자가 그 착오를 이유로 자신의 법률행위의 효력을 처음부터 배제하려고 한다는 의사가 드러나면 족한 것이며, 취소원인의 진술 없이도 취소의 의사표시는 유효한 것이므로, 신원보증서류에 서명날인하는 것으로 잘못 알고 이행보증보험약정서를 읽어보지 않은 채 서명날인한 것일 뿐 연대보증약정을 한 사실이 없다는 주장은 위 연대보증약정을 착오를 이유로 취소한다는 취지로 볼 수 있다(대판 2005.5.27, 2004다43824).
④ 민법 제109조 제1항 단서는 의사표시의 착오가 표의자의 중대한 과실로 인한 때에는 그 의사표시를 취소하지 못한다고 규정하고 있는데, 위 단서 규정은 표의자의 상대방의 이익을 보호하기 위한 것이므로, 상대방이 표의자의 착오를 알고 이를 이용한 경우에는 착오가 표의자의 중대한 과실로 인한 것이라고 하더라도 표의자는 의사표시를 취소할 수 있다(대판 2014.11.27, 2013다49794).
⑤ 불법행위로 인한 손해배상책임이 성립하기 위하여는 가해자의 고의 또는 과실 이외에 행위의 위법성이 요구되므로, 전문건설공제조합이 계약보증서를 발급하면서 조합원이 수급할 공사의 실제 도급금액을 확인하지 아니한 과실이 있다고 하더라도 민법 제109조에서 중과실이 없는 착오자의 착오를 이유로 한 의사표시의 취소를 허용하고 있는 이상, 전문건설공제조합이 과실로 인하여 착오에 빠져 계약보증서를 발급한 것이나 그 착오를 이유로 보증계약을 취소한 것이 위법하다고 할 수는 없다(대판 1997.8.22, 97다13023).

▶ 정답 14 ② 15 ④

16 착오로 인한 의사표시에 관한 설명으로 옳지 않은 것은? (다툼이 있으면 판례에 따름)

▶ 2015 감정평가사

① 채무자의 동일성에 관한 물상보증인의 착오는 법률행위 내용의 중요부분에 관한 착오에 해당하지 않는다.
② 착오를 이유로 취소한 자는 이로 인하여 상대방에게 손해가 발생했더라도 불법행위책임을 부담하지 않는다.
③ 착오로 인하여 표의자가 경제적인 불이익을 입은 것이 아니라면 착오를 이유로 취소할 수 없다.
④ 특별한 사정이 없는 한 목적물의 시가에 관한 착오를 이유로 매매계약을 취소할 수 없다.
⑤ 동기의 착오가 상대방에 의해 유발된 경우 동기가 표시되지 않더라도 의사표시의 취소 사유인 착오에 해당할 수 있다.

[정답해설]
① 채무자의 동일성에 관한 물상보증인의 착오는 **법률행위** 내용의 **중요부분**에 관한 착오에 해당한다(대판 1995.12.22, 95다37087).
② 불법행위로 인한 손해배상책임이 성립하기 위하여는 가해자의 고의 또는 과실 이외에 행위의 위법성이 요구되므로, 전문건설공제조합이 계약보증서를 발급하면서 조합원이 수급할 공사의 실제 도급금액을 확인하지 아니한 과실이 있다고 하더라도 민법 제109조에서 중과실이 없는 착오자의 착오를 이유로 한 의사표시의 취소를 허용하고 있는 이상, 전문건설공제조합이 과실로 인하여 착오에 빠져 계약보증서를 발급한 것이나 그 착오를 이유로 보증계약을 취소한 것이 위법하다고 할 수는 없다(대판 1997.8.22, 97다13023).
③ 착오로 인하여 표의자가 경제적인 불이익을 입은 것이 아니라면 착오를 이유로 취소할 수 없다. (따라서) 군유지로 등기된 군립공원 내에 건물 기타 영구 시설물을 지어 이를 군(郡)에 기부채납하고 그 부지 및 기부채납한 시설물을 사용하기로 약정하였으나 후에 그 부지가 군유지가 아니라 리(里) 주민의 총유로 밝혀진 사안에서, 군수가 여전히 공원관리청이고 기부채납자의 관리권이 계속 보장되는 점에 비추어 소유권 귀속에 대한 착오가 기부채납의 중요 부분에 관한 착오라고 볼 수 없다(대판 1999.2.23, 98다47924).
④ 매매목적물의 시가에 대한 착오는 중요부분에 대한 착오에 해당하지 않는다. 따라서 시가에 대한 착오를 이유로 매매계약을 취소할 수 없다(대판 1992.10.23, 92다29337).
⑤ 동기의 착오가 상대방에 의해 유발된 경우 동기가 표시되지 않더라도 의사표시의 취소 사유인 착오에 해당할 수 있다(대판 1990.7.10, 90다카7460).

17 착오로 인한 의사표시에 관한 설명으로 옳지 않은 것은? (다툼이 있으면 판례에 따름)

▶ 2018 감정평가사

① 제3자의 기망으로 표시상의 착오가 발생한 경우, 표의자는 사기를 이유로 의사표시를 취소할 수 있다.
② 착오로 인하여 표의자가 경제적인 불이익을 입지 않았다면, 법률행위 내용의 중요부분의 착오라고 할 수 없다.
③ 표의자의 착오를 알고 상대방이 이를 이용한 경우에는 착오가 표의자의 중대한 과실로 발생하여도 취소할 수 있다.
④ 당사자의 합의로 착오로 인한 의사표시의 취소에 관한 민법 제109조 제1항의 적용을 배제할 수 있다.
⑤ 동기의 착오를 이유로 의사표시를 취소할 때 그 동기를 의사표시의 내용으로 하는 당사자의 합의까지는 필요 없다.

정답해설

① 사기에 의한 의사표시란 타인의 기망행위로 말미암아 착오에 빠지게 된 결과 어떠한 의사표시를 하게 되는 경우이므로 거기에는 의사와 표시의 불일치가 있을 수 없고, 단지 의사의 형성과정 즉 의사표시의 동기에 착오가 있는 것에 불과하며, 이 점에서 고유한 의미의 착오에 의한 의사표시와 구분되는데, 신원보증서류에 서명날인한다는 착각에 빠진 상태로 연대보증의 서면에 서명날인한 경우, 결국 위와 같은 행위는 강학상 기명날인의 착오(또는 서명의 착오), 즉 어떤 사람이 자신의 의사와 다른 법률효과를 발생시키는 내용의 서면에, 그것을 읽지 않거나 올바르게 이해하지 못한 채 기명날인을 하는 이른바 표시상의 착오에 해당하므로, 비록 위와 같은 착오가 제3자의 기망행위에 의하여 일어난 것이라 하더라도 그에 관하여는 사기에 의한 의사표시에 관한 법리, 특히 상대방이 그러한 제3자의 기망행위 사실을 알았거나 알 수 있었을 경우가 아닌 한 의사표시자가 취소권을 행사할 수 없다는 민법 제110조 제2항의 규정을 적용할 것이 아니라, 착오에 의한 의사표시에 관한 법리만을 적용하여 취소권 행사의 가부를 가려야 한다(대판 2005.5.27, 2004다43824).
② 착오로 인하여 표의자가 무슨 경제적인 불이익을 입은 것이 아니라고 한다면 이를 법률행위 내용의 중요 부분의 착오라고 할 수 없다(대판 1999.2.23, 98다47924).
③ 민법 제109조 제1항 단서는 표의자의 상대방의 이익을 보호하기 위한 것이므로, 상대방이 표의자의 착오를 알면서 이를 이용한 경우라면 표의자에게 중대한 과실이 있더라도 표의자는 그 의사표시를 취소할 수 있다(대판 1955.11.10, 4288민상321 ; 대판 2014.11.27, 2013다49794).
④ 민법 제109조는 의사표시에 착오가 있는 경우 이를 취소할 수 있도록 하여 표의자를 보호하면서도, 착오가 법률행위 내용의 중요 부분에 관한 것이 아니거나 표의자의 중대한 과실로 인한 경우에는 취소권 행사를 제한하는 한편, 표의자가 의사표시를 취소하는 경우에도 취소로 선의의 제3자에게 대항하지 못하도록 하여 거래의 안전과 상대방의 신뢰를 아울러 보호하고 있다. 이러한 민법 제109조의 법리는 적용을 배제하는 취지의 별도 규정이 있거나 당사자의 합의로 적용을 배제하는 등의 특별한 사정이 없는 한 원칙적으로 모든 사법(私法)상 의사표시에 적용된다(대판 2014.11.27, 2013다49794).
⑤ 동기의 착오가 법률행위의 내용의 중요부분의 착오에 해당함을 이유로 표의자가 법률행위를 취소하려면 그 동기를 당해 의사표시의 내용으로 삼을 것을 상대방에게 표시하고 의사표시의 해석상 법률행위의 내용으로 되어 있다고 인정되면 충분하고 당사자들 사이에 별도로 그 동기를 의사표시의 내용으로 삼기로 하는 합의까지 이루어질 필요는 없지만, 그 법률행위의 내용의 착오는 보통 일반인이 표의자의 입장에 섰더라면 그와 같은 의사표시를 하지 아니하였으리라고 여겨질 정도로 그 착오가 중요한 부분에 관한 것이어야 한다(대판 2000.5.12, 2000다12259).

▶ 정답   16 ①   17 ①

18 착오에 의한 의사표시에 관한 설명으로 옳지 않은 것은? (다툼이 있으면 판례에 따름)

▶ 2021 감정평가사

① 토지매매에 있어서 특별한 사정이 없는 한, 매수인이 측량을 통하여 매매목적물이 지적도상의 그것과 정확히 일치하는지 확인하지 않은 경우 중대한 과실이 인정된다.
② 상대방이 표의자의 진의에 동의한 경우 표의자는 착오를 이유로 의사표시를 취소할 수 없다.
③ 상대방에 의해 유발된 동기의 착오는 동기가 표시되지 않았더라도 중요부분의 착오가 될 수 있다.
④ 상대방이 표의자의 착오를 알면서 이용한 경우에는 착오가 표의자의 중대한 과실로 인한 것이더라도 표의자는 착오에 의한 의사표시를 취소할 수 있다.
⑤ 제3자의 기망행위에 의해 표시상의 착오에 빠진 경우에 사기가 아닌 착오를 이유로 의사표시를 취소할 수 있다.

정답해설

① 토지매매에 있어서 특단의 사정이 없는 한 매수인에게 측량 또는 지적도와의 대조 등 방법으로 매매목적물이 지적도상의 그것과 정확히 일치하는지의 여부를 미리 확인하여야 할 주의의무가 있다고 볼 수 없으므로, 현장답사에서 매도인이 매매목적물이라고 제시하는 토지의 점유평수가 매매계약상 매매목적물의 평수와 비슷하고 그 토지의 지적일부가 하천부지에 편입되어 있음을 의심할 만한 특별한 사정이 없었다면 매수인이 토지매매당시 매매목적물을 측량하지 아니하거나 또는 현장답사에서 지적도와의 대조를 소홀히 하여 하천부지로 편입된 사실을 미리 발견하지 못하였다고 하여도 여기에 매수인의 과실이 있다고 할 수 없을 것이다(대판 1985.11.12. 84다카2344).
② 상대방이 표의자의 진의에 동의한 경우에는 당사자의 일치하는 의사대로 효력이 생기므로 착오의 문제는 발생하지 않는다. 그러므로 표의자는 착오를 이유로 의사표시를 취소할 수 없다.
③ 동기의 착오가 상대방에 의해 유발된 경우 동기가 표시되지 않더라도 의사표시의 취소 사유인 착오에 해당할 수 있다(대판 1990.7.10. 90다카7460). 따라서 상대방에 의해 유발된 동기의 착오는 동기가 표시되지 않았더라도 내용상 착오가 되어 중요부분의 착오가 될 수 있다.
④ 민법 제109조 제1항 단서는 의사표시의 착오가 표의자의 중대한 과실로 인한 때에는 그 의사표시를 취소하지 못한다고 규정하고 있는데, 위 단서 규정은 표의자의 상대방의 이익을 보호하기 위한 것이므로, 상대방이 표의자의 착오를 알고 이를 이용한 경우에는 착오가 표의자의 중대한 과실로 인한 것이라고 하더라도 표의자는 의사표시를 취소할 수 있다(대판 2014.11.27. 2013다49794).
⑤ 사기에 의한 의사표시란 타인의 기망행위로 말미암아 착오에 빠지게 된 결과 어떠한 의사표시를 하게 되는 경우이므로 거기에는 의사와 표시의 불일치가 있을 수 없고, 단지 의사의 형성과정 즉 의사표시의 동기에 착오가 있는 것에 불과하며, 이 점에서 고유한 의미의 착오에 의한 의사표시와 구분되는데, 신원보증서류에 서명날인한다는 착각에 빠진 상태로 연대보증의 서면에 서명날인한 경우, 결국 위와 같은 행위는 강학상 기명날인의 착오(또는 서명의 착오), 즉 어떤 사람이 자신의 의사와 다른 법률효과를 발생시키는 내용의 서면에, 그것을 읽지 않거나 올바르게 이해하지 못한 채 기명날인을 하는 이른바 표시상의 착오에 해당하므로, 비록 위와 같은 착오가 제3자의 기망행위에 의하여 일어난 것이라 하더라도 그에 관하여는 사기에 의한 의사표시에 관한 법리, 특히 상대방이 그러한 제3자의 기망행위 사실을 알았거나 알 수 있었을 경우가 아닌 한 의사표시자가 취소권을 행사할 수 없다는 민법 제110조 제2항의 규정을 적용할 것이 아니라, 착오에 의한 의사표시에 관한 법리만을 적용하여 취소권 행사의 가부를 가려야 한다(대판 2005.5.27. 2004다43824).

19 착오에 관한 설명으로 옳지 않은 것은? (다툼이 있으면 판례에 따름) ▶ 2020 감정평가사

① 매도인이 매매대금 미지급을 이유로 매매계약을 해제한 후에도 매수인은 착오를 이유로 이를 취소할 수 있다.
② 보험회사의 설명의무 위반으로 보험계약의 중요사항을 제대로 이해하지 못하고 착오에 빠져 계약을 체결한 고객은 그 계약을 취소할 수 있다.
③ 계약서에 X 토지를 목적물로 기재한 때에도 Y 토지에 대하여 의사의 합치가 있었다면 Y 토지를 목적으로 하는 계약이 성립한다.
④ 착오에 관한 민법규정은 법률의 착오에 적용되지 않는다.
⑤ 취소의 의사표시는 취소자가 그 착오를 이유로 자신의 법률행위의 효력을 처음부터 없애려는 의사가 드러나면 충분하다.

정답해설

① 매도인이 매수인의 중도금 지급채무 불이행을 이유로 매매계약을 적법하게 해제한 후라도 매수인으로서는 상대방이 한 계약해제의 효과로서 발생하는 손해배상책임을 지거나 매매계약에 따른 계약금의 반환을 받을 수 없는 불이익을 면하기 위하여 착오를 이유로 한 취소권을 행사하여 매매계약 전체를 무효로 돌리게 할 수 있다(대판 1996.12.6, 95다24982).
② 보험회사 또는 보험모집종사자가 설명의무를 위반하여 고객이 보험계약의 중요사항에 관하여 제대로 이해하지 못한 채 착오에 빠져 보험계약을 체결한 경우, 그러한 착오가 동기의 착오에 불과하다고 하더라도 그러한 착오를 일으키지 않았더라면 보험계약을 체결하지 않았거나 아니면 적어도 동일한 내용으로 보험계약을 체결하지 않았을 것이 명백하다면, 위와 같은 착오는 보험계약의 내용의 중요부분에 관한 것에 해당하므로 이를 이유로 보험계약을 취소할 수 있다(대판 2018.4.12, 2017다229536).
③ 부동산의 매매계약에 있어 쌍방당사자가 모두 특정의 甲 토지를 계약의 목적물로 삼았으나 그 목적물의 지번 등에 관하여 착오를 일으켜 계약을 체결함에 있어서는 계약서상 그 목적물을 甲 토지와는 별개인 乙 토지로 표시하였다 하여도 甲 토지에 관하여 이를 매매의 목적물로 한다는 쌍방당사자의 의사합치가 있은 이상 위 매매계약은 甲 토지에 관하여 성립한 것으로 보아야 할 것이고 乙 토지에 관하여 매매계약이 체결된 것으로 보아서는 안 될 것"이라고 판시하였다. 따라서 계약서에 X 토지가 기재되었다고 하더라도 Y토지에 대하여 의사의 합치가 있었다면 Y 토지를 목적으로 하는 계약이 성립한다(대판 1993.10.26, 93다2629).
④ 법률에 관한 착오(양도소득세가 부과될 것인데도 부과되지 아니하는 것으로 오인)라도 그것이 법률행위의 내용의 중요부분에 관한 것인 때에는 표의자는 그 의사표시를 취소할 수 있고, 또 매도인에 대한 양도소득세의 부과를 회피할 목적으로 매수인이 주택건설을 목적으로 하는 주식회사를 설립하여 여기에 출자하는 형식을 취하면 양도소득세가 부과되지 않을 것이라고 말하면서 그러한 형식에 의한 매매를 제의하여 매도인이 이를 믿고 매매계약을 체결한 것이라 하더라도 그것이 곧 사회질서에 반하는 것이라고 단정할 수 없으므로 이러한 경우에 역시 의사표시의 착오의 이론을 적용할 수 있다(대판 1981.11.10, 80다2475).
⑤ 취소의 의사표시란 반드시 명시적이어야 하는 것은 아니고, 취소자가 그 착오를 이유로 자신의 법률행위의 효력을 처음부터 배제하려고 한다는 의사가 드러나면 족한 것이며, 취소원인의 진술 없이도 취소의 의사표시는 유효한 것이므로, 신원보증서류에 서명날인하는 것으로 잘못 알고 이행보증보험약정서를 읽어보지 않은 채 서명날인한 것일 뿐 연대보증약정을 한 사실이 없다는 주장은 위 연대보증약정을 착오를 이유로 취소한다는 취지로 볼 수 있다(대판 2005.5.27, 2004다43824).

▶ 정답 18 ① 19 ④

20 사기 · 강박에 의한 의사표시에 관한 설명으로 옳지 않은 것은? (다툼이 있으면 판례에 따름)

▶ 2022 감정평가사

① 상대방의 기망행위로 의사결정의 동기에 관하여 착오를 일으켜 법률행위를 한 경우, 사기를 이유로 그 의사표시를 취소할 수 있다.
② 상대방이 불법적인 해악의 고지 없이 각서에 서명·날인할 것을 강력히 요구하는 것만으로는 강박이 되지 않는다.
③ 부작위에 의한 기망행위로도 사기에 의한 의사표시가 성립할 수 있다.
④ 제3자에 의한 사기행위로 계약을 체결한 경우, 표의자는 먼저 그 계약을 취소하여야 제3자에 대하여 불법행위로 인한 손해배상을 청구할 수 있다.
⑤ 매수인이 매도인을 기망하여 부동산을 매수한 후 제3자에게 저당권을 설정해 준 경우, 특별한 사정이 없는 한 제3자는 매수인의 기망사실에 대하여 선의로 추정된다.

정답해설

① 기망행위로 인하여 법률행위의 중요부분에 관하여 착오를 일으킨 경우뿐만 아니라 법률행위의 내용으로 표시되지 아니한 의사결정의 동기에 관하여 착오를 일으킨 경우에도 표의자는 그 법률행위를 사기에 의한 의사표시로서 취소할 수 있다(대판 1985.4.9, 85도167).
② 강박에 의한 의사표시라고 하려면 상대방이 불법으로 어떤 해악을 고지하므로 말미암아 공포를 느끼고 의사표시를 한 것이어야 하므로 각서에 서명 날인할 것을 강력히 요구하였다는 것만으로 강박에 의한 의사표시로 볼 수 없다(대판 1979.1.16, 78다1968).
③ 부동산 거래에 있어 거래 상대방이 일정한 사정에 관한 고지를 받았더라면 그 거래를 하지 않았을 것임이 경험칙상 명백한 경우에는 신의성실의 원칙상 사전에 상대방에게 그와 같은 사정을 고지할 의무가 있으며, 그와 같은 고지의무의 대상이 되는 것은 직접적인 법령의 규정뿐 아니라 널리 계약상, 관습상 또는 조리상의 일반원칙에 의하여도 인정될 수 있다. 고지의무 위반은 부작위에 의한 기망행위에 해당하므로 기망을 이유로 계약을 취소할 수 있다(대판 2006.10.12, 2004다48515).
④ 제3자의 사기행위로 인하여 피해자가 주택건설사와 사이에 주택에 관한 분양계약을 체결하였다고 하더라도 제3자의 사기행위 자체가 불법행위를 구성하는 이상, 제3자로서는 그 불법행위로 인하여 피해자가 입은 손해를 배상할 책임을 부담하는 것이므로 피해자가 제3자를 상대로 손해배상청구를 하기 위하여 반드시 그 분양계약을 취소할 필요는 없다(대판 1998.3.10, 97다55829).
⑤ 사기의 의사표시로 인한 매수인으로부터 부동산의 권리를 취득한 제3자는 특별한 사정이 없는 한 선의로 추정할 것이므로 사기로 인하여 의사표시를 한 부동산의 양도인이 제3자에 대하여 사기에 의한 의사표시의 취소를 주장하려면 제3자의 악의를 입증할 필요가 있다(대판 1970.11.24, 70다2155). 매수인이 매도인을 기망하여 부동산을 매수한 후 제3자에게 저당권을 설정해 준 경우, 제110조 제3항의 제3자로 선의는 추정된다.

21. 사기·강박에 의한 의사표시에 관한 설명으로 옳은 것을 모두 고른 것은? (다툼이 있으면 판례에 의함)
▶ 2025 감정평가사

> ㄱ. 상대방의 대리인에 의한 강박은 제3자의 강박에 해당한다.
> ㄴ. 제3자가 사기에 의한 의사표시의 취소에 대항하기 위해서는 특별한 사정이 없는 한 자신의 선의를 증명해야 한다
> ㄷ. 거래의 중요한 사항에 관한 사실을 신의성실의 의무에 비추어 비난받을 정도의 방법으로 허위로 고지한 것은 기망행위에 해당한다.

① ㄱ
② ㄷ
③ ㄱ, ㄴ
④ ㄴ, ㄷ
⑤ ㄱ, ㄴ, ㄷ

정답해설

ㄱ. (×) : 상대방 있는 의사표시에 관하여 제3자가 사기나 강박을 한 경우에는 상대방이 그 사실을 알았거나 알 수 있었을 경우에 한하여 그 의사표시를 취소할 수 있으나, 상대방의 대리인 등 상대방과 동일시할 수 있는 자의 사기나 강박은 민법 제110조 제2항에서 말하는 제3자의 사기강박에 해당하지 아니한다(대판 1999.2.23, 98다60828·60835).

ㄴ. (×) : 사기의 의사표시로 인한 매수인으로부터 부동산의 권리를 취득한 제3자는 특별한 사정이 없는 한 선의로 추정할 것이므로 사기로 인하여 의사표시를 한 부동산의 양도인이 제3자에 대하여 사기에 의한 의사표시의 취소를 주장하려면 제3자의 악의를 입증할 필요가 있다(대판 1970.11.24, 70다2155). 제3자가 아니라 취소하려는 자가 제3자의 악의를 입증하여야 한다.

ㄷ. (O) : 상품의 선전·광고에 있어 다소의 과장이나 허위가 수반되는 것은 그것이 일반 상거래의 관행과 신의칙에 비추어 시인될 수 있는 한 기망성이 결여되나, 거래에 있어서 중요한 사항에 관하여 구체적 사실을 신의성실의 의무에 비추어 비난받을 정도의 방법으로 허위로 고지한 경우에는 기망행위에 해당한다(대판 2023.7.27, 2022다293395).

▶ 정답 20 ④ 21 ②

22 사기·강박에 의한 의사표시에 관한 설명으로 옳은 것은? (다툼이 있으면 판례에 따름)

▶ 2024 감정평가사

① 피기망자에게 손해를 가할 의사는 사기에 의한 의사표시의 성립요건이다.
② 상대방이 불법으로 어떤 해악을 고지하였다면, 표의자가 이로 말미암아 공포심을 느끼지 않았더라도 강박에 의한 의사표시에 해당한다.
③ 상대방의 대리인이 한 사기는 제3자의 사기에 해당한다.
④ 단순히 상대방의 피용자에 지나지 않는 사람이 한 강박은 제3자의 강박에 해당하지 않는다.
⑤ 매도인을 기망하여 부동산을 매수한 자로부터 그 부동산을 다시 매수한 제3자는 특별한 사정이 없는 한 선의로 추정된다.

정답해설

① 민법 제110조는 표의자의 재산의 보호가 아니라 표의자의 의사결정의 자유를 보호하는 데 그 목적이 있으므로 피기망자에게 손해를 가할 의사는 사기에 의한 의사표시의 성립요건이 아니다.
② 일반적으로 강박에 의한 의사표시라고 하려면 상대방이 불법으로 어떤 해악을 고지함으로 말미암아 공포를 느끼고 의사표시를 한 것이어야 한다(대판 1996.4.26, 94다34432).
③ 상대방 있는 의사표시에 관하여 제3자가 사기나 강박을 한 경우에는 상대방이 그 사실을 알았거나 알 수 있었을 경우에 한하여 그 의사표시를 취소할 수 있으나, 상대방의 대리인 등 상대방과 동일시할 수 있는 자의 사기나 강박은 제3자의 사기·강박에 해당하지 아니한다(대판 1999.2.23, 98다60828·60835).
④ 의사표시의 상대방이 아닌 자로서 기망행위를 하였으나 민법 제110조 제2항에서 정한 제3자에 해당되지 아니한다고 볼 수 있는 자란 그 의사표시에 관한 상대방의 대리인 등 상대방과 동일시할 수 있는 자만을 의미하고, 단순히 상대방의 피용자이거나 상대방이 사용자책임을 져야 할 관계에 있는 피용자에 지나지 않는 자는 상대방과 동일시할 수는 없어 이 규정에서 말하는 제3자에 해당한다(대판 1998.1.23, 96다41496).
⑤ 사기의 의사표시로 인한 매수인으로부터 부동산의 권리를 취득한 제3자는 특별한 사정이 없는 한 선의로 추정할 것이므로 사기로 인하여 의사표시를 한 부동산의 양도인이 제3자에 대하여 사기에 의한 의사표시의 취소를 주장하려면 제3자의 악의를 입증할 필요가 있다(대판 1970.11.24, 70다2155).

23 사기·강박에 의한 의사표시에 관한 설명으로 옳은 것은? (다툼이 있으면 판례에 따름)

▶ 2021 감정평가사

① 교환계약의 당사자가 자기 소유 목적물의 시가를 묵비하였다면 특별한 사정이 없는 한, 위법한 기망행위가 성립한다.
② 강박에 의해 자유로운 의사결정의 여지가 완전히 박탈되어 그 외형만 있는 법률행위라고 하더라도 이를 무효라고 할 수는 없다.
③ 토지거래허가를 받지 않아 유동적 무효 상태에 있는 법률행위라도 사기에 의한 의사표시의 요건이 충족된 경우 사기를 이유로 취소할 수 있다.
④ 대리인의 기망행위로 계약을 체결한 상대방은 본인이 대리인의 기망행위에 대해 선의·무과실이면 계약을 취소할 수 없다.
⑤ 강박행위의 목적이 정당한 경우에는 비록 그 수단이 부당하다고 하더라도 위법성이 인정될 여지가 없다.

> [정답해설]

① 일반적으로 교환계약을 체결하려는 당사자는 서로 자기가 소유하는 교환 목적물은 고가로 평가하고 상대방이 소유하는 목적물은 염가로 평가하여 보다 유리한 조건으로 교환계약을 체결하기를 희망하는 이해상반의 지위에 있고, 각자가 자신의 지식과 경험을 이용하여 최대한으로 자신의 이익을 도모할 것이 예상되기 때문에, 당사자 일방이 알고 있는 정보를 상대방에게 사실대로 고지하여야 할 신의칙상의 주의의무가 인정된다고 볼 만한 특별한 사정이 없는 한, 어느 일방이 교환 목적물의 시가나 그 가액 결정의 기초가 되는 사항에 관하여 상대방에게 설명 내지 고지를 할 주의의무를 부담한다고 할 수 없고, 일방 당사자가 자기가 소유하는 목적물의 시가를 묵비하여 상대방에게 고지하지 아니하거나 혹은 허위로 시가보다 높은 가액을 시가라고 고지하였다 하더라도 이는 상대방의 의사결정에 불법적인 간섭을 한 것이라고 볼 수 없다(대판 2002.9.4, 2000다54406·54413).

② 강박에 의한 법률행위가 하자 있는 의사표시로서 취소되는 것에 그치지 않고 나아가 무효로 되기 위하여는, 강박의 정도가 단순한 불법적 해악의 고지로 상대방으로 하여금 공포를 느끼도록 하는 정도가 아니고, 의사표시자로 하여금 의사결정을 스스로 할 수 있는 여지를 완전히 박탈한 상태에서 의사표시가 이루어져 단지 법률행위의 외형만이 만들어진 것에 불과한 정도이어야 한다(대판 2003.5.13, 2002다73708·73715).

③ 국토이용관리법(현행 국토의 계획 및 이용에 관한 법률)상 규제구역 내에 속하는 토지거래에 관하여 관할 도지사로부터 거래허가를 받지 아니한 거래계약은 처음부터 위 허가를 배제하거나 잠탈하는 내용의 계약이 아닌 한 허가를 받기까지는 유동적 무효의 상태에 있고 거래 당사자는 거래허가를 받기 위하여 서로 협력할 의무가 있으나, 그 토지거래가 계약 당사자의 표시와 불일치한 의사(비진의표시, 허위표시 또는 착오) 또는 사기, 강박과 같은 하자 있는 의사에 의하여 이루어진 경우에는, 이들 사유에 의하여 그 거래의 무효 또는 취소를 주장할 수 있는 당사자는 그러한 거래허가를 신청하기 전 단계에서 이러한 사유를 주장하여 거래허가 신청 협력에 대한 거절의사를 일방적으로 명백히 함으로써 그 계약을 확정적으로 무효화시키고 자신의 거래허가절차에 협력할 의무를 면할 수 있다(대판 1997.11.14, 97다36118).

④ 상대방 있는 의사표시에 관하여 제3자가 사기나 강박을 한 경우에는 상대방이 그 사실을 알았거나 알 수 있었을 경우에 한하여 그 의사표시를 취소할 수 있으나, 상대방의 대리인 등 상대방과 동일시할 수 있는 자의 사기나 강박은 제3자의 사기·강박에 해당하지 아니한다(대판 1999.2.23, 98다60828·60835). 따라서 대리인의 기망행위로 계약을 체결한 상대방은 제110조 제1항이 적용되어 본인이 대리인의 기망행위에 대해 선의·무과실인지 여부와 상관없이 계약을 취소할 수 있다.

⑤ 일반적으로 부정행위에 대한 고소, 고발은 그것이 부정한 이익을 목적으로 하는 것이 아닌 때에는 정당한 권리행사가 되어 위법하다고 할 수 없으나, 부정한 이익의 취득을 목적으로 하는 경우에는 위법한 강박행위가 되는 경우가 있고 목적이 정당하다 하더라도 행위나 수단 등이 부당한 때에는 위법성이 있는 경우가 있을 수 있다(대판 1992.12.24, 92다25120).

▶ 정답   22 ⑤   23 ③

24 사기에 의한 의사표시에 관한 설명으로 옳지 않은 것은? (다툼이 있으면 판례에 따름)

▶ 2021 행정사

① 상대방이 기망하였으나 표의자가 기망되지 않고 의사표시를 하였다면 기망을 이유로 그 의사표시를 취소할 수 없다.
② 제3자가 행한 사기로 계약을 체결한 경우 상대방이 그 사실을 알았거나 알 수 있었을 경우에 한하여 그 계약을 취소할 수 있다.
③ 상대방의 대리인이 사기를 행하여 계약을 체결한 경우 그 대리인은 '제3자에 의한 사기'에서의 '제3자'에 해당되지 않는다.
④ 상대방이 사용자책임을 져야 할 관계에 있는 피용자가 사기를 행하여 계약을 체결한 경우 그 피용자는 '제3자에 의한 사기'에서의 '제3자'에 해당한다.
⑤ '제3자에 의한 사기'로 계약을 체결한 피기망자는 그 계약을 취소하지 않은 상태에서 그 제3자에 대하여 불법행위로 인한 손해배상청구를 할 수 없다.

정답해설

① 기망행위에 의해 표의자가 착오에 빠지고, 착오에 기하여 의사표시를 하였어야 한다. 기망과 착오, 착오와 의사표시 사이에 모두 인과관계가 있어야 한다. 그러므로 상대방이 기망하였으나 표의자가 기망되지 않고 의사표시를 하였다면 인과관계가 없어 기망을 이유로 그 의사표시를 취소할 수 없다.
② 제110조【사기, 강박에 의한 의사표시】

> ② 상대방 있는 의사표시에 관하여 제3자가 사기나 강박을 행한 경우에는 상대방이 그 사실을 알았거나 알 수 있었을 경우에 한하여 그 의사표시를 취소할 수 있다.

③ 상대방 있는 의사표시에 관하여 제3자가 사기나 강박을 한 경우에는 상대방이 그 사실을 알았거나 알 수 있었을 경우에 한하여 그 의사표시를 취소할 수 있으나, 상대방의 대리인 등 상대방과 동일시할 수 있는 자의 사기는 제3자의 사기에 해당하지 않는다(대판 1999.2.23, 98다60828·60835).
④ 의사표시의 상대방이 아닌 자로서 기망행위를 하였으나 민법 제110조 제2항에서 정한 제3자에 해당되지 아니한다고 볼 수 있는 자란 그 의사표시에 관한 상대방의 대리인 등 상대방과 동일시할 수 있는 자만을 의미하고, 단순히 상대방의 피용자이거나 상대방이 사용자책임을 져야 할 관계에 있는 피용자에 지나지 않는 자는 상대방과 동일시할 수는 없어 이 규정에서 말하는 제3자에 해당한다(대판 1998.1.23, 96다41496).
⑤ 제3자의 사기행위로 인하여 피해자가 주택건설사와 사이에 주택에 관한 분양계약을 체결하였다고 하더라도 제3자의 사기행위 자체가 불법행위를 구성하는 이상, 제3자로서는 그 불법행위로 인하여 피해자가 입은 손해를 배상할 책임을 부담하는 것이므로, 피해자가 제3자를 상대로 손해배상청구를 하기 위하여 반드시 그 분양계약을 취소할 필요는 없다(대판 1998.3.10, 97다55829).

25 의사표시에 관한 설명으로 옳지 않은 것은? (다툼이 있으면 판례에 따름) ▶ 2017 감정평가사
① 통정허위표시에서 파산관재인은 제3자에 해당하지 않는다.
② 통정허위표시에서 제3자가 보호받기 위해서는 선의이면 되고 그 과실 유무는 묻지 않는다.
③ 상대방에 의해 유발된 동기의 착오는 동기가 표시되지 않았더라도 법률행위 내용의 중요 부분의 착오가 될 수 있다.
④ 통정허위표시는 제3자 유무와 상관없이 당사자 사이에서는 무효이다.
⑤ 사기에 의한 의사표시의 취소는 선의의 제3자에게 대항하지 못한다.

정답해설
① 파산자와는 독립한 지위에서 파산채권자 전체의 공동의 이익을 위하여 직무를 행하게 된 파산관재인은 그 허위표시에 따라 외형상 형성된 법률관계를 토대로 실질적으로 새로운 법률상 이해관계를 가지게 된 민법 제108조 제2항의 제3자에 해당한다(대판 2006.11.10. 2004다10299).
② 통정허위표시에서 제3자가 보호받기 위해서는 선의이면 족하고 무과실은 요건이 아니다(대판 2004.5.28, 2003다70041).
③ 상대방에 의해 유발되거나, 상대방이 제공한 동기의 착오에 관해서는 표시여부를 불문하고 제109조를 적용할 수 있다(대판 1978.7.11, 78다719 등).
④ 허위표시는 당사자 사이에서는 언제나 무효이다(제108조 제1항).

> 제108조 【통정한 허위의 의사표시】
> ① 상대방과 통정한 허위의 의사표시는 무효로 한다.
> ② 전항의 의사표시의 무효는 선의의 제3자에게 대항하지 못한다.

⑤ 제110조 【사기, 강박에 의한 의사표시】

> ① 사기나 강박에 의한 의사표시는 취소할 수 있다.
> ② 상대방 있는 의사표시에 관하여 제3자가 사기나 강박을 행한 경우에는 상대방이 그 사실을 알았거나 알 수 있었을 경우에 한하여 그 의사표시를 취소할 수 있다.
> ③ 전2항의 의사표시의 취소는 선의의 제3자에게 대항하지 못한다.

▶ 정답 24 ⑤ 25 ①

26 의사표시에 관한 설명으로 옳지 않은 것은? (다툼이 있으면 판례에 따름) ▶ 2024 감정평가사

① 의사표시자가 통지를 발송한 후 사망하더라도 그 의사표시의 효력에 영향을 미치지 않는다.
② 통정허위표시의 경우, 통정의 동기나 목적은 허위표시의 성립에 영향이 없다.
③ 통정허위표시로 무효인 경우, 당사자는 가장행위의 채무불이행이 있더라도 이를 이유로 하는 손해배상을 청구할 수 없다.
④ 착오로 인하여 표의자가 경제적 불이익을 입지 않는 경우에는 특별한 사정이 없는 한 중요부분의 착오라고 할 수 없다.
⑤ 상대방이 표의자의 착오를 알고 이용하였더라도 착오가 표의자의 중대한 과실로 인한 경우에는 표의자는 착오를 이유로 그 의사표시를 취소할 수 없다.

(정답해설)

① 제111조【의사표시의 효력발생시기】② 의사표시자가 그 통지를 발송한 후 사망하거나 제한능력자가 되어도 의사표시의 효력에 영향을 미치지 아니한다.
② 통정허위표시는 표의자 스스로 그의 진의와 표시행위의 의미가 일치하지 않는다는 것을 알고, 그에 대하여 상대방과의 통정이 있으면 성립하는 것으로, 통정의 동기나 목적은 허위표시의 성립요건이 아니므로 허위표시의 성립에 영향이 없다.

> 제108조【통정한 허위의 의사표시】 ① 상대방과 통정한 허위의 의사표시는 무효로 한다.

③ 무효인 법률행위는 그 법률행위가 성립한 당초부터 당연히 효력이 발생하지 않는 것이므로, 무효인 법률행위에 따른 법률효과를 침해하는 것처럼 보이는 위법행위나 채무불이행이 있다고 하여도 법률효과의 침해에 따른 손해는 없는 것이므로 그 손해배상을 청구할 수는 없다(대판 2003.3.28, 2002다72125).
④ 착오가 법률행위 내용의 중요 부분에 있다고 하기 위하여는 표의자에 의하여 추구된 목적을 고려하여 합리적으로 판단하여 볼 때 표시와 의사의 불일치가 객관적으로 현저하여야 하고, 만일 그 착오로 인하여 표의자가 무슨 경제적인 불이익을 입은 것이 아니라고 한다면 이를 법률행위 내용의 중요 부분의 착오라고 할 수 없다(대판 1999.2.23, 98다47924).
⑤ 민법 제109조 제1항 단서는 의사표시의 착오가 표의자의 중대한 과실로 인한 때에는 그 의사표시를 취소하지 못한다고 규정하고 있는데, 위 단서 규정은 표의자의 상대방의 이익을 보호하기 위한 것이므로, 상대방이 표의자의 착오를 알고 이를 이용한 경우에는 착오가 표의자의 중대한 과실로 인한 것이라고 하더라도 표의자는 의사표시를 취소할 수 있다(대판 2014.11.27, 2013다49794).

27 법률행위에 관한 설명으로 옳지 않은 것은? (다툼이 있으면 판례에 따름) ▶ 2015 감정평가사
① 어떠한 의사표시가 진의 아닌 의사표시로서 무효라고 주장하는 자는 그에 대한 증명책임을 진다.
② 불공정한 법률행위에 해당하는지는 법률행위가 이루어진 시점을 기준으로 약속된 급부와 반대급부 사이의 객관적 가치를 비교 평가하여 판단해야 한다.
③ 대리인에 의한 법률행위가 불공정한 법률행위에 해당하는지 판단함에 있어서 궁박은 대리인을 기준으로 한다.
④ 부동산 매매계약에 있어 쌍방 당사자가 모두 X 토지를 계약의 목적물로 삼았으나 그 목적물의 지번 등에 관하여 둘 다 착오를 일으켜 계약서에는 Y 토지로 표시한 경우, 매수인은 X 토지에 대해 이전등기를 청구할 수 있다.
⑤ 특별한 사정이 없는 한, 착오를 이유로 법률행위를 취소하려면 표의자에게 중대한 과실이 없어야 한다.

[정답해설]
① 어떠한 의사표시가 비진의 의사표시로서 무효라고 주장하는 경우에 그 입증책임은 그 주장자에게 있다(대판 1992.5.22, 92다2295). 즉, 상대방의 악의 또는 과실의 유무는 무효를 주장하는 자가 입증해야 한다.
② 불공정한 법률행위에 해당하는지 여부의 판단시기는 법률행위 시를 표준으로 약속된 급부와 반대급부 사이의 객관적 가치를 비교 평가하여 판단하여야 할 문제이다(대판 1984.4.10, 81다239).
③ 대리인에 의하여 법률행위가 행해진 경우 궁박은 본인을 표준으로 하여 결정하고, 경솔ㆍ무경험은 대리인을 표준으로 하여 결정한다(대판 2002.10.22, 2002다38927).
④ "부동산의 매매계약에 있어 쌍방당사자가 모두 특정의 甲 토지를 계약의 목적물로 삼았으나 그 목적물의 지번 등에 관하여 착오를 일으켜 계약을 체결함에 있어서는 계약서상 그 목적물을 甲 토지와는 별개인 乙 토지로 표시하였다 하여도 甲 토지에 관하여 이를 매매의 목적물로 한다는 쌍방당사자의 의사합치가 있은 이상 위 매매계약은 甲 토지에 관하여 성립한 것으로 보아야 할 것이고 乙 토지에 관하여 매매계약이 체결된 것으로 보아서는 안 될 것"이라고 판시하였다. 따라서 계약서에 Y 토지가 기재되었다고 하더라도 乙은 甲에게 X 토지에 관한 소유권이전등기를 청구할 수 있다(대판 1993.10.26, 93다2629).
⑤ 제109조【착오로 인한 의사표시】
> ① 의사표시는 법률행위의 내용의 중요부분에 착오가 있는 때에는 취소할 수 있다. 그러나 그 착오가 표의자의 중대한 과실로 인한 때에는 취소하지 못한다.

28. 의사표시에 있어서 증명책임에 관한 설명으로 옳지 않은 것은? (다툼이 있으면 판례에 따름)

▶ 2016 감정평가사

① 통정허위표시에서 제3자의 악의는 그 허위표시의 무효를 주장하는 자가 증명하여야 한다.
② 사기에 의한 의사표시에서 제3자의 악의는 취소를 주장하는 자가 증명하여야 한다.
③ 진의 아닌 의사표시에서 상대방이 진의 아님을 알았거나 과실로 이를 알지 못하였다는 것은 의사표시의 무효를 주장하는 자가 증명하여야 한다.
④ 상대방에게 도달하여야 효력이 있는 의사표시를 보통우편의 방법으로 하였다면, 송달의 효력을 주장하는 자가 그 도달을 증명하여야 한다.
⑤ 착오로 인한 의사표시에서 착오가 법률행위 내용의 중요부분에 관한 것이라는 점과 중대한 과실이 없었다는 점은 표의자가 증명하여야 한다.

정답해설

① 제3자는 특별한 사정이 없는 한 선의로 추정할 것이므로, 제3자가 악의라는 사실에 관한 주장·입증책임은 그 허위표시의 무효를 주장하는 자에게 있다(대판 2006.3.10, 2002다1321).
② 사기의 의사표시로 인한 매수인으로부터 부동산의 권리를 취득한 제3자는 특별한 사정이 없는 한 선의로 추정할 것이므로 사기로 인하여 의사표시를 한 부동산의 양도인이 제3자에 대하여 사기에 의한 의사표시의 취소를 주장하려면 제3자의 악의를 입증할 필요가 있다(대판 1970.11.24, 70다2155).
③ 어떠한 의사표시가 비진의 의사표시로서 무효라고 주장하는 경우에 그 입증책임은 그 주장자에게 있다(대판 1992.5.22, 92다2295).
④ 내용증명우편이나 등기우편과는 달리, 보통우편의 방법으로 발송되었다는 사실만으로는 그 우편물이 상당기간 내에 도달하였다고 추정할 수 없고 송달의 효력을 주장하는 측에서 증거에 의하여 도달사실을 입증하여야 한다(대판 2002.7.26, 2000다25002).
⑤ 착오를 이유로 의사표시를 취소하는 자는 법률행위의 내용에 착오가 있었다는 사실과 함께 그 착오가 의사표시에 결정적인 영향을 미쳤다는 점, 즉 만약 그 착오가 없었더라면 의사표시를 하지 않았을 것이라는 점을 증명하여야 한다(대판 2008.1.17, 2007다74188).
즉 중요부분의 착오가 있다는 점은 착오에 의한 취소를 주장하는 표의자가 입증하여야 하나, 표의자에게 중과실이 있다는 점은 상대방이 입증하여 취소를 저지해야 한다.

29 의사표시에 관한 설명으로 옳지 않은 것은? (다툼이 있으면 판례에 따름) ▶ 2015 감정평가사

① 의사표시자가 그 통지를 발송한 후 사망하여도 의사표시의 효력에 영향을 미치지 않는다.
② 통정허위표시의 무효로 대항할 수 없는 제3자는 허위표시의 당사자와 그의 포괄승계인 이외의 자로서 허위표시행위를 기초로 하여 새로운 이해관계를 맺은 자를 말한다.
③ 진의 아닌 의사표시에 있어서의 '진의'란 특정한 내용의 의사표시를 하고자 하는 표의자의 생각을 말하는 것이지 표의자가 진정으로 마음 속에서 바라는 사항을 뜻하는 것은 아니다.
④ 통정한 허위표시에 의하여 외형상 형성된 법률관계로 생긴 채권을 가압류한 자는 통정허위표시의 무효로 대항할 수 없는 제3자에 해당한다.
⑤ 제3자가 통정허위표시의 무효에 대항하기 위해서는 선의·무과실이어야 한다.

정답해설

① 제111조【의사표시의 효력발생시기】② 의사표시자가 그 통지를 발송한 후 사망하거나 제한능력자가 되어도 의사표시의 효력에 영향을 미치지 아니한다.
② 통정허위표시의 무효로 대항할 수 없는 제3자는 허위표시의 당사자와 그의 포괄승계인 이외의 자로서 허위표시행위를 기초로 하여 새로운 이해관계를 맺은 자를 말한다(대판 1982.5.25, 80다1403).
③ 진의 아닌 의사표시에 있어서의 '진의'란 특정한 내용의 의사표시를 하고자 하는 표의자의 생각을 말하는 것이지 표의자가 진정으로 마음속에서 바라는 사항을 뜻하는 것은 아니다(대판 2000.4.5, 99다34475).
④, ⑤ 통정한 허위표시에 의하여 외형상 형성된 법률관계로 생긴 채권을 가압류한 경우, 그 가압류권자는 허위표시에 기초하여 새로운 법률상 이해관계를 가지게 되므로 민법 제108조 제2항의 제3자에 해당한다고 봄이 상당하고, 또한 민법 제108조 제2항의 제3자는 선의이면 족하고 무과실은 요건이 아니다(대판 2004.5.28, 2003다70041).

제108조【통정한 허위의 의사표시】
① 상대방과 통정한 허위의 의사표시는 무효로 한다.
② 전항의 의사표시의 무효는 선의의 제3자에게 대항하지 못한다.

▶ 정답   28 ⑤   29 ⑤

30 의사표시의 효력발생에 관한 설명으로 옳지 않은 것은? (다툼이 있으면 판례에 따름)

▶ 2023 감정평가사

① 의사표시의 발신 후 표의자가 사망하였다면, 그 의사표시는 상대방에게 도달하더라도 무효이다.
② 의사표시의 효력발생시기에 관해 도달주의를 규정하고 있는 민법 제111조는 임의규정이다.
③ 상대방이 정당한 사유 없이 의사표시의 수령을 거절하더라도 상대방이 그 의사표시의 내용을 알 수 있는 객관적 상태에 놓여 있다면 그 의사표시는 효력이 있다.
④ 재단법인 설립행위의 효력발생을 위해서는 의사표시의 도달이 요구되지 않는다.
⑤ 미성년자는 그 행위능력이 제한되고 있는 범위에서 수령무능력자이다.

[정답해설]

① 의사표시의 도달은 이미 완성된 의사표시의 효력발생요건이므로 발신 후 표의자가 사망하였더라도, 그 의사표시의 효력에 영향을 미치지 아니하므로, 그 의사표시는 유효하다(제111조 제2항).

> **제111조【의사표시의 효력발생시기】**
> ① 상대방이 있는 의사표시는 상대방에게 도달한 때에 그 효력이 생긴다.
> ② 의사표시자가 그 통지를 발송한 후 사망하거나 제한능력자가 되어도 의사표시의 효력에 영향을 미치지 아니한다

② 민법 제111조는 도달주의의 원칙을 정하고 있고, 이는 임의규정이므로 당사자는 약정으로 의사표시의 효력발생시기를 달리 정할 수 있다.
③ 상대방이 정당한 사유 없이 통지의 수령을 거절한 경우에는 상대방이 그 통지의 내용을 알 수 있는 객관적 상태에 놓여 있을 때에 의사표시의 효력이 생기는 것으로 보아야 한다(대판 2008.6.12, 2008다19973).
④ 재단법인의 설립행위는 재단에 법인격취득의 효과를 발생시키려는 의사표시를 요소로 하는 '상대방 없는 단독행위'에 해당한다(대판 1999.7.9, 98다9045). 상대방 없는 의사표시는 원칙적으로 표시행위가 완료된 때 의사표시의 효력이 발생한다. 따라서 상대방 없는 단독행위인 재단법인 설립행위의 효력발생을 위해서는 의사표시의 도달이 요구되지 않는다.
⑤ 민법은 제한능력자를 보호하기 위하여 모든 제한능력자를 의사표시의 수령무능력자라고 본다.

> **제112조【제한능력자에 대한 의사표시의 효력】**
> 의사표시의 상대방이 의사표시를 받은 때에 제한능력자인 경우에는 의사표시자는 그 의사표시로써 대항할 수 없다. 다만, 그 상대방의 법정대리인이 의사표시가 도달한 사실을 안 후에는 그러하지 아니하다.

31 의사표시의 효력발생에 관한 설명으로 옳지 않은 것은? (다툼이 있으면 판례에 따름)

▶ 2017 감정평가사

① 상대방 있는 의사표시는 상대방에게 도달한 때에 효력이 발생하는 것이 원칙이다.
② 의사표시의 상대방이 의사표시를 받은 때에 제한능력자인 경우에는 그 상대방의 법정대리인이 의사표시가 도달한 사실을 안 후라도 표의자는 그 의사표시로써 대항할 수 없다.
③ 표의자가 의사표시의 통지를 발송한 후에 사망한 경우, 그 의사표시의 효력에 영향을 미치지 않는다.
④ 내용증명우편이나 등기로 발송된 우편물은 반송 등의 특별한 사정이 없는 한 그 무렵 수취인에게 배달된 것으로 본다.
⑤ 표의자가 과실 없이 상대방을 알지 못하거나 상대방의 소재를 알지 못하는 경우, 의사표시는 민사소송법의 공시송달의 규정에 의하여 송달할 수 있다.

[정답해설]

①, ③ 제111조【의사표시의 효력발생시기】
> ① 상대방이 있는 의사표시는 상대방에게 도달한 때에 그 효력이 생긴다.
> ② 의사표시자가 그 통지를 발송한 후 사망하거나 제한능력자가 되어도 의사표시의 효력에 영향을 미치지 아니한다.

② 제112조【제한능력자에 대한 의사표시의 효력】의사표시의 상대방이 의사표시를 받은 때에 제한능력자인 경우에는 의사표시자는 그 의사표시로써 대항할 수 없다. 다만, 그 상대방의 법정대리인이 의사표시가 도달한 사실을 안 후에는 그러하지 아니하다.
④ 재건축조합을 탈퇴한다는 의사표시가 기재된 내용증명 우편물이 발송되고 달리 반송되지 아니하였다면 특별한 사정이 없는 한 이는 그 무렵에 송달되었다고 봄이 상당하다(대판 2000.10.27, 2000다20052).
⑤ 제113조【의사표시의 공시송달】표의자가 과실 없이 상대방을 알지 못하거나 상대방의 소재를 알지 못하는 경우에는 의사표시는 민사소송법 공시송달의 규정에 의하여 송달할 수 있다.

▶ 정답 30 ① 31 ②

32. 상대방 있는 의사표시의 효력발생에 관한 설명으로 옳은 것은? (다툼이 있으면 판례에 따름)

▶ 2022 감정평가사

① 의사표시의 도달은 표의자의 상대방이 이를 현실적으로 수령하거나 그 통지의 내용을 알았을 것을 요한다.
② 제한능력자는 원칙적으로 의사표시의 수령무능력자이다.
③ 보통우편의 방법으로 발송된 의사표시는 상당기간 내에 도달하였다고 추정된다.
④ 표의자가 의사표시를 발송한 후 사망한 경우, 그 의사표시는 효력을 잃는다.
⑤ 표의자가 과실로 상대방을 알지 못하는 경우에는 민사소송법 공시송달 규정에 의하여 의사표시의 효력을 발생시킬 수 있다.

정답해설

① 의사표시의 도달이라 함은 사회관념상 채무자가 통지의 내용을 알 수 있는 객관적 상태에 놓여졌다고 인정되는 상태를 지칭한다고 해석되므로, 채무자가 이를 현실적으로 수령하였다거나 그 통지의 내용을 알았을 것까지는 필요로 하지 않는다(대판 2008.6.12, 2008다19973).
② 민법은 제한능력자를 보호하기 위하여 모든 제한능력자를 의사표시의 수령무능력자라고 본다.

> **제112조 【제한능력자에 대한 의사표시의 효력】**
> 의사표시의 상대방이 의사표시를 받은 때에 제한능력자인 경우에는 의사표시자는 그 의사표시로써 대항할 수 없다. 다만, 그 상대방의 법정대리인이 의사표시가 도달한 사실을 안 후에는 그러하지 아니하다.

③ 보통우편의 방법으로 발송되었다는 사실만으로는 그 우편물이 상당기간 내에 도달하였다고 추정할 수 없다(대판 1993.5.11, 92다2530).
④ 의사표시의 도달은 이미 완성된 의사표시의 효력발생요건이므로 발신 후 표의자가 사망하거나 행위능력·대리권을 상실하여도 그 의사표시의 효력에 영향을 미치지 아니한다(제111조 제2항).

> **제111조 【의사표시의 효력발생시기】**
> ② 의사표시자가 그 통지를 발송한 후 사망하거나 제한능력자가 되어도 의사표시의 효력에 영향을 미치지 아니한다.

⑤ 민사소송법 공시송달 규정에 의하여 의사표시의 효력을 발생시키기 위해서는 표의자가 과실 없이 상대방을 알지 못하거나 상대방의 소재를 알지 못하는 경우여야 한다.

> **제113조 【의사표시의 공시송달】**
> 표의자가 과실 없이 상대방을 알지 못하거나 상대방의 소재를 알지 못하는 경우에는 의사표시는 민사소송법 공시송달의 규정에 의하여 송달할 수 있다.

33 의사표시의 효력발생에 관한 설명으로 옳지 않은 것은? (다툼이 있으면 판례에 따름)

▶ 2019 감정평가사

① 의사표시의 도달이란 상대방이 그 내용을 안 것을 의미한다.
② 의사표시의 부도달로 인한 불이익은 표의자가 부담한다.
③ 도달주의의 원칙을 정하는 민법 제111조는 임의규정이므로 당사자는 약정으로 의사표시의 효력발생시기를 달리 정할 수 있다.
④ 매매계약 승낙의 의사표시를 발신한 후 승낙자가 사망하였다고 하더라도 그 의사표시가 청약자에게 정상적으로 도달하였다면 매매계약은 유효하게 성립한다.
⑤ 제한능력자는 원칙적으로 의사표시의 수령무능력자이다.

[정답해설]
① 의사표시의 도달이라 함은 사회관념상 채무자가 통지의 내용을 알 수 있는 객관적 상태에 놓여졌다고 인정되는 상태를 지칭한다고 해석되므로, 채무자가 이를 현실적으로 수령하였다거나 그 통지의 내용을 알았을 것까지는 필요로 하지 않는다.

> **제111조 【의사표시의 효력발생시기】**
> ① 상대방이 있는 의사표시는 상대방에게 도달한 때에 그 효력이 생긴다.

② 도달주의가 원칙이므로 의사표시가 도달되지 않거나 연착이 되면 그로 인한 불이익은 표의자가 부담한다.
③ 민법 제111조는 도달주의의 원칙을 정하고 있고, 이는 임의규정이므로 당사자는 약정으로 의사표시의 효력발생시기를 달리 정할 수 있다.
④ 의사표시의 도달은 이미 완성된 의사표시의 효력발생요건이므로 발신 후 표의자가 사망하거나 행위능력·대리권을 상실하여도 그 의사표시의 효력에 영향을 미치지 아니한다(제111조 제2항). 따라서 매매계약 승낙의 의사표시를 발신한 후 승낙자가 사망하였다고 하더라도 그 의사표시가 청약자에게 정상적으로 도달하였다면 매매계약은 유효하게 성립한다.

> **제111조 【의사표시의 효력발생시기】**
> ② 의사표시자가 그 통지를 발송한 후 사망하거나 제한능력자가 되어도 의사표시의 효력에 영향을 미치지 아니한다.

⑤ 민법은 제한능력자를 보호하기 위하여 모든 제한능력자를 의사표시의 수령무능력자라고 본다.

> **제112조 【제한능력자에 대한 의사표시의 효력】**
> 의사표시의 상대방이 의사표시를 받은 때에 제한능력자인 경우에는 의사표시자는 그 의사표시로써 대항할 수 없다. 다만, 그 상대방의 법정대리인이 의사표시가 도달한 사실을 안 후에는 그러하지 아니하다.

▶ 정답 32 ② 33 ①

34 의사표시의 효력발생에 관한 설명으로 옳지 않은 것은? (다툼이 있으면 판례에 따름)

▶ 2021 감정평가사

① 도달주의의 원칙은 채권양도의 통지와 같은 준법률행위에도 유추적용될 수 있다.
② 의사표시의 부도달 또는 연착으로 인한 불이익은 특별한 사정이 없는 한 표의자가 이를 부담한다.
③ 의사표시자가 그 통지를 발송한 후 제한능력자가 되었다면 특별한 사정이 없는 한 그 의사표시는 취소할 수 있다.
④ 수령무능력자에게 의사표시를 한 경우, 특별한 사정이 없는 한 표의자는 그 의사표시로써 수령무능력자에게 대항할 수 없다.
⑤ 상대방이 정당한 사유 없이 의사표시 통지의 수령을 거절한 경우, 상대방이 그 통지의 내용을 알 수 있는 객관적 상태에 놓여 있는 때에 의사표시의 효력이 생기는 것으로 보아야 한다.

정답해설

① 채권양도의 통지와 같은 <u>준법률행위의 도달은 의사표시와 마찬가지로 사회관념상 채무자가 통지의 내용을 알 수 있는 객관적 상태에 놓여졌을 때를 지칭하고,</u> 그 통지를 채무자가 현실적으로 수령하였거나 그 통지의 내용을 알았을 것까지는 필요하지 않다(대판 1983.8.23. 82다카439). 즉, 도달주의의 원칙은 채권양도의 통지와 같은 준법률행위에도 유추적용될 수 있다.
② 도달주의가 원칙이므로 의사표시가 도달되지 않거나 연착이 되면 그로 인한 불이익은 표의자가 부담한다.
③ 의사표시자가 그 통지를 발송한 후 제한능력자가 되어도 의사표시의 효력에 영향이 없으므로(제111조 제2항), 후에 의사표시가 도달하는 한 효력이 발생하여 그 의사표시는 취소할 수 없다.

> **제111조【의사표시의 효력발생시기】**
> ② 의사표시자가 그 통지를 발송한 후 사망하거나 제한능력자가 되어도 의사표시의 효력에 영향을 미치지 아니한다.

④ 수령능력이란 타인의 의사표시의 내용을 이해할 수 있는 능력으로서 행위능력보다는 낮은 수준이어도 될 것이나 민법은 제한능력자를 보호하기 위하여 모든 제한능력자를 의사표시의 수령무능력자라고 규정하여 제한능력자를 보호하고 있다(제112조).

> **제112조【제한능력자에 대한 의사표시의 효력】**
> 의사표시의 상대방이 의사표시를 받은 때에 제한능력자인 경우에는 의사표시자는 그 의사표시로써 대항할 수 없다. 다만, 그 상대방의 법정대리인이 의사표시가 도달한 사실을 안 후에는 그러하지 아니하다.

⑤ 상대방이 정당한 사유 없이 통지의 수령을 거절한 경우에는 상대방이 그 통지의 내용을 알 수 있는 객관적 상태에 놓여 있는 때에 의사표시의 효력이 생기는 것으로 보아야 한다(대판 2008.6.12. 2008다19973).

35 의사표시의 효력발생시기에 관하여 민법이 발신주의를 채택하는 경우가 아닌 것은?

▶ 2006 감정평가사

① 제한능력자의 상대방의 최고에 대한 법정대리인의 확답
② 사원총회의 소집통지
③ 무권대리인의 상대방의 최고에 대한 본인의 확답
④ 지상권자의 매수청구권의 행사
⑤ 채무인수의 경우 인수인의 승낙의 최고에 대한 채권자의 확답

정답해설

상대방 있는 의사표시의 효력발생은 예외적으로 특별조항에서 발신주의를 취하고 있는 경우가 아닌 한 도달주의를 원칙으로 하고 있다(제111조).

> **제111조 【의사표시의 효력발생시기】**
> ① 상대방이 있는 의사표시는 상대방에게 도달한 때에 그 효력이 생긴다.

① 제15조 【제한능력자의 상대방의 확답을 촉구할 권리】② 제한능력자가 아직 능력자가 되지 못한 경우에는 그의 법정대리인에게 제1항의 촉구를 할 수 있고, 법정대리인이 그 정하여진 기간 내에 확답을 발송하지 아니한 경우에는 그 행위를 추인한 것으로 본다.
② 제71조 【총회의 소집】 총회의 소집은 1주간 전에 그 회의의 목적사항을 기재한 통지를 발하고 기타 정관에 정한 방법에 의하여야 한다.
③ 제131조 【상대방의 최고권】 대리권 없는 자가 타인의 대리인으로 계약을 한 경우에 상대방은 상당한 기간을 정하여 본인에게 그 추인 여부의 확답을 최고할 수 있다. 본인이 그 기간 내에 확답을 발하지 아니한 때에는 추인을 거절한 것으로 본다.
④ 지상권의 매수청구권은 형성권으로서 상대방 있는 의사표시이며, 단독행위이기 때문에 원칙인 도달주의가 적용된다(제111조).

> **제283조 【지상권자의 갱신청구권, 매수청구권】**
> ② 지상권설정자가 계약의 갱신을 원하지 아니하는 때에는 지상권자는 상당한 가액으로 전항의 공작물이나 수목의 매수를 청구할 수 있다.

⑤ 제455조 【승낙의 최고】 ② 채권자가 그 기간 내에 확답을 발송하지 아니한 때에는 거절한 것으로 본다.

■ 민법상 발신주의 취하고 있는 例

민법상 발신주의	• 제한능력자 또는 무권대리인의 상대방의 최고에 대한 확답(제15조, 제131조) • 채무인수의 승낙여부 최고에 대한 채권자 확답(제455조 제2항) • 격지자간 계약성립시기에 있어 청약에 대한 승낙(제531조) • 사원총회의 소집통지(제71조) 등 ※ 〈주의〉 단, 채권양도의 통지나 승낙, 제3자를 위한 계약에 있어 제3자의 승낙여부 최고에 대한 확답(제540조)은 발신주의가 적용되는 경우가 아니다.

▶ 정답 34 ③ 35 ④

심화문제편

01 甲은 자신의 X토지를 乙에게 증여하고, 세금을 아끼기 위해 이를 매매로 가장하여 乙명의로 소유권이전 등기를 마쳤다. 그 후 乙은 X토지를 丙에게 매도하고 소유권이전등기를 마쳤다. 다음 설명 중 옳은 것을 모두 고른 것은? (다툼이 있으면 판례에 따름) ▶ 2018 공인중개사

> ㄱ. 甲과 乙 사이의 매매계약은 무효이다.
> ㄴ. 甲과 乙 사이의 증여계약은 유효이다.
> ㄷ. 甲은 丙에게 X토지의 소유권이전등기말소를 청구할 수 없다.
> ㄹ. 丙이 甲과 乙 사이에 증여계약이 체결된 사실을 알지 못한 데 과실이 있더라도 丙은 소유권을 취득한다.

① ㄱ
② ㄱ, ㄷ
③ ㄴ, ㄹ
④ ㄴ, ㄷ, ㄹ
⑤ ㄱ, ㄴ, ㄷ, ㄹ

정답해설

ㄱ. (O) · ㄴ. (O) : 증여를 하면서 증여세를 면탈하기 위하여 매매를 가장한 경우, 증여행위가 가장행위 뒤에 숨어 있는 당사자가 진실로 달성하고자 하는 법률행위로 은닉행위이다. 허위표시인 매매행위는 무효이나, 은닉행위는 허위표시와는 달리 그 법률행위의 요건을 구비하는 한 유효이다(대판 1993.8.27, 93다12930).

ㄷ. (O) : 가장매매의 매수인으로부터 그 목적부동산을 다시 매수한 丙은 민법 제108조 제2항의 선의의 제3자로 추정되므로 甲이 丙의 악의를 입증하여 무효를 주장하지 않는 한 丙을 상대로 이전등기의 말소를 청구할 수 없다. 그로 인해 丙이 부동산의 소유권을 취득한다.

ㄹ. (O) : 민법 제108조 제2항의 제3자는 선의이면 족하고 무과실은 요건이 아니다(대판 2004.5.28, 2003다70041). 제3자 丙이 甲과 乙 사이에 증여계약이 체결된 사실을 알지 못한 데 과실이 있더라도 丙은 소유권을 취득한다.

02 甲은 자신의 부동산에 관하여 乙과 통정한 허위의 매매계약에 따라 소유권이전등기를 乙에게 해주었다. 그 후 乙은 이러한 사정을 모르는 丙과 위 부동산에 대한 매매계약을 체결하고 그에게 소유권이전등기를 해주었다. 다음 설명 중 틀린 것은? (다툼이 있으면 판례에 따름)
▶ 2016 공인중개사

① 甲과 乙은 매매계약에 따른 채무를 이행할 필요가 없다.
② 甲은 丙을 상대로 이전등기의 말소를 청구할 수 없다.
③ 丙이 부동산의 소유권을 취득한다.
④ 甲이 자신의 소유권을 주장하려면 丙의 악의를 증명해야 한다.
⑤ 丙이 선의이더라도 과실이 있으면 소유권을 취득하지 못한다.

[정답해설]
① 허위표시는 당사자 사이에서는 물론 제3자에 대한 관계에서도 무효이다. 따라서 당사자들은 미이행한 부분은 이행할 필요가 없고, 기이행한 부분은 부당이득으로 반환하여야 한다(제108조).
②, ③ 가장매매의 매수인으로부터 그 목적부동산을 다시 매수한 丙은 민법 제108조 제2항의 선의의 제3자에 해당하므로 甲은 丙에게 무효를 주장하여 丙을 상대로 이전등기의 말소를 청구할 수 없다. 그로 인해 丙이 부동산의 소유권을 취득한다.
④ 제3자는 특별한 사정이 없는 한 선의로 추정될 것이므로, 제3자가 악의라는 사실에 관한 주장·입증책임은 그 허위표시의 무효를 주장하는 자에게 있다(대판 1978.12.26, 77다907).
⑤ 제3자는 선의이면 족하고 무과실은 요건이 아니다(대판 2004.5.28, 2003다70041).

03 甲은 자신의 점포를 32만 달러에 팔기로 의욕하였지만, 미국인 乙에게 실수로 매매대금을 23만 달러로 표시하여 이 가격으로 계약이 체결되었다. 이 사안에 관한 설명으로 옳은 것은?
▶ 2019 감정평가사

① 위 매매계약은 甲의 진의 아닌 의사표시로서 일단 유효하지만, 甲이 乙의 악의 또는 과실을 입증하여 무효를 주장할 수 있다.
② 甲과 乙은 모두 통정허위표시에 따른 무효를 주장할 수 있다.
③ 甲은 오표시무해의 원칙을 주장하여 '32만 달러'를 대금으로 하는 매매계약의 성립을 주장할 수 있다.
④ 甲은 착오를 주장하여 위 매매계약을 취소할 수 있지만, 乙이 甲의 중대한 과실을 증명하면 취소할 수 없다.
⑤ 위 매매계약은 불합의에 해당하므로, 매매계약 자체가 성립하지 않는다.

[정답해설]
사안은 甲이 32만 달러에 매도할 생각이 있었으나 23만 달러로 잘못 표기하고 상대방 乙은 23만 달러로 인식하고 계약이 체결된 경우이다. 이는 표의자가 표시를 잘못하고 상대방은 표시된 대로 이해한 경우로, 일단 표시된 대로의 법률행위가 유효하게 성립하며 다만 착오에 의한 취소가 문제되는 경우이다.
①, ②, ③ 사안은 甲이 32만 달러에 매도할 생각이 있었으나 23만 달러로 잘못 표기한 경우로, 甲과 乙의 의사의 합치가 없는 경우이므로 자연적 해석이 인정될 수 없어 오표시무해의 원칙은 적용되지 않는다. 또한 의사와 표시의 불일치를 표의자인 甲이 모른 경우로 진의 아닌 의사표시뿐만 아니라 통정허위표시에 해당하지 않고, 착오가 문제된 경우이다.
④ 원고가 피고를 상대로 매매계약의 이행을 청구하는 소송에서 피고가 착오를 이유로 매매계약의 취소를 주장하는 경우, 착오취소를 주장하는 피고는 착오가 법률행위 중요부분에 착오가 있다는 사실을 증명하여야 하고, 자신의 중대한 과실에 의한 것이 아니라는 점에 대한 증명책임을 부담하지 않는다. 중대한 과실은 착오취소의 상대방이 부담한다(대판 2008.1.17, 2007다74188).

> **제109조【착오로 인한 의사표시】**
> ① 의사표시는 법률행위의 내용의 중요부분에 착오가 있는 때에는 취소할 수 있다. 그러나 그 착오가 표의자의 중대한 과실로 인한 때에는 취소하지 못한다.

⑤ 법률행위의 성립요건은 당사자, 목적, 의사표시가 모두 있기 때문에 매매계약은 성립하였으나, 의사와 표시의 불일치로 법률행위의 효력이 착오로 취소되면 무효로 될 수 있는 경우이다.

▶ 정답   01 ⑤   02 ⑤   03 ④

04 착오에 의한 의사표시에 해당하지 않은 것은? (다툼이 있으면 판례에 따름) ▸2017 세무사
① 본인이 대리인에게 A토지에 대한 매수대리권을 수여하였으나 대리인이 평소 자신이 눈여겨 보아왔던 B토지를 매수한 경우
② 토지에 대한 매매계약을 체결하면서 3.3㎡당 10,000원인 가격을 100,000원으로 잘못 기재한 경우
③ 신원보증서류에 서명한다는 착각에 빠진 상태로 연대보증서류에 서명한 경우
④ 고려청자로 알고 고가로 매수한 도자기가 진품이 아닌 것으로 밝혀진 경우
⑤ 공부상의 표시를 믿고 농지인 것으로 오해하여 매수하였지만 실제로는 하천부지인 경우

[정답해설]
① 대리인의 계약체결에서 착오의 유무는 대리인을 표준으로 판단하여야 한다(제116조). 그러므로 의사와 표시의 불일치가 없어 착오의 문제는 발생하지 않는다.

> 제116조【대리행위의 하자】
> ① 의사표시의 효력이 의사의 흠결, 사기, 강박 또는 어느 사정을 알았거나 과실로 알지 못한 것으로 인하여 영향을 받은 경우에 그 사실의 유무는 대리인을 표준하여 결정한다.

② 표의자가 외부적으로 자기가 표시한 것으로 나타난 바를 표시하려 하지 않았던 경우이다(예 오기 등). 사안은 표시상의 착오에 해당한다.
③ 甲이 제3자의 기망행위에 의하여 신원보증서류에 서명날인한다는 착각에 빠진 상태로 연대보증의 서면에 서명날인하였다면, 甲은 연대보증계약의 상대방이 위 기망행위를 알았거나 알 수 있었을 경우에만 연대보증계약을 취소할 수 있는 제110조 제2항 법리를 적용하지 않고 제109조 착오법리를 적용한다(대판 2005.5.27, 2004다43824).
④ 고려청자로 알고 매수한 도자기가 진품이 아닌 것으로 밝혀진 경우, 개인 소장자인 매수인이 그 출처의 조회나 전문적 감정인의 감정 없이 매수한 점만으로는 중과실이 인정되지 않으므로 착오를 이유로 계약을 취소할 수 있다고 본 사례(대판 1997.8.22, 96다26657).
⑤ 토지매매계약에 있어 토지의 현황・경계에 관한 착오는 법률행위의 중요부분에 관한 착오로 본다(대판 1993.9.28, 93다31634). 매매목적물 1800평을 경작이 가능한 농지로 알고 매수하였으나, 실제로 그중에서 1355평이 하천부지인 경우이다(대판 1968.3.26, 67다2160).

05 甲은 乙 소유의 X토지를 매수하기로 乙과 합의하였다. 그 후 甲이 착오를 이유로 그 매매계약을 취소하고자 한다. 이에 관한 설명으로 옳은 것은? (다툼이 있으면 판례에 따름)

▶ 2021 주택관리사

① 착오로 인한 의사표시의 취소에 관한 민법 제109조 제1항은 강행규정이므로 그 적용을 배제하는 甲과 乙의 약정은 무효이다.
② X토지의 시가에 대한 착오는 특별한 사정이 없는 한 법률행위의 중요부분에 대한 착오에 해당한다.
③ 甲은 자신에게 착오가 있었다는 사실뿐만 아니라 착오가 의사표시에 결정적인 영향을 미쳤다는 점도 증명해야 한다.
④ 甲은 자신에게 중과실뿐만 아니라 경과실도 없음을 증명해야 한다.
⑤ 착오로 인한 甲의 불이익이 사후에 사정변경으로 소멸되었더라도 甲은 착오를 이유로 매매계약을 취소할 수 있다.

정답해설

① 민법 제109조는 의사표시에 착오가 있는 경우 이를 취소할 수 있도록 하여 표의자를 보호하면서도, 착오가 법률행위 내용의 중요 부분에 관한 것이 아니거나 표의자의 중대한 과실로 인한 경우에는 취소권 행사를 제한하는 한편, 표의자가 의사표시를 취소하는 경우에도 취소로 선의의 제3자에게 대항하지 못하도록 하여 거래의 안전과 상대방의 신뢰를 아울러 보호하고 있다. 이러한 민법 제109조의 법리는 적용을 배제하는 취지의 별도 규정이 있거나 당사자의 합의로 적용을 배제하는 등의 특별한 사정이 없는 한 원칙적으로 모든 사법(私法)상 의사표시에 적용된다(대판 2014.11.27, 2013다49794). 당사자의 합의로 민법 제109조 적용을 배제하는 약정도 유효하다.
② 매매목적물의 시가에 대한 착오는 중요부분에 대한 착오에 해당하지 않는다. 따라서 시가에 대한 착오를 이유로 매매계약을 취소할 수 없다(대판 1992.10.23, 92다29337).
③ 착오를 이유로 의사표시를 취소하는 자는 법률행위의 내용에 착오가 있었다는 사실과 함께 그 착오가 의사표시에 결정적인 영향을 미쳤다는 점, 즉 만약 그 착오가 없었더라면 의사표시를 하지 않았을 것이라는 점을 증명하여야 한다(대판 2008.1.17, 2007다74188).
④ 원고가 피고를 상대로 매매계약의 이행을 청구하는 소송에서 피고가 착오를 이유로 매매계약의 취소를 주장하는 경우, 착오취소를 주장하는 피고는 착오가 법률행위 중요부분에 착오가 있다는 사실을 증명하여야 하고, 자신의 중대한 과실에 의한 것이 아니라는 점에 대한 증명책임을 부담하지 않는다. 중대한 과실은 착오취소의 상대방인 乙이 부담한다(대판 2008.1.17, 2007다74188).
⑤ 매매계약의 체결 경위 및 당시 시행되던 소득세법, 같은 법 시행령, 조세감면규제법, 주택건설촉진법 등 관계 규정에 의하면, 토지의 매수인이 개인인지 법인인지, 법인이라도 주택건설사업자인지 및 주택건설사업자라도 양도소득세 면제신청을 할 것인지 여부 등은 매도인이 부담하게 될 양도소득세액 산출에 중대한 영향을 미치게 되어 이 점에 관한 착오는 법률행위의 내용의 중요부분에 관한 것이라고 할 수 있으나, 소득세법 및 같은 법 시행령의 개정으로 1989.8.1. 이후 양도한 것으로 보게 되는 거래에 대하여는 투기거래의 경우를 제외하고는 법인과의 거래에 있어서도 개인과의 거래와 마찬가지로 양도가액을 양도 당시의 기준시가에 의하도록 변경된 점에 비추어 볼 때, 매매계약의 체결에 위와 같은 착오가 있었다 하더라도 소득세법상의 양도시기가 1989.8.1. 이후로 보게 되는 관계로 매도인은 당초 예상한 바와 같이 기준시가에 의한 양도소득세액만 부담하면 족한 것으로 확정되어 위 착오로 인한 불이익이 소멸되었으므로, 그 후 이 사건 소송 계속 중에 준비서면의 송달로써 한 취소의 의사표시는 신의성실의 원칙상 허용될 수 없다(대판 1995.3.24, 94다44620).

▶ 정답 04 ① 05 ③

06 사기에 의한 의사표시에 관한 설명으로 틀린 것은? (다툼이 있으면 판례에 따름)

▶ 2016 공인중개사

① 아파트분양자가 아파트단지 인근에 공동묘지가 조성되어 있다는 사실을 분양계약자에게 고지하지 않은 경우에는 기망행위에 해당한다.
② 아파트분양자에게 기망행위가 인정된다면, 분양계약자는 기망을 이유로 분양계약을 취소하거나 취소를 원하지 않을 경우 손해배상만을 청구할 수도 있다.
③ 분양회사가 상가를 분양하면서 그곳에 첨단 오락타운을 조성하여 수익을 보장한다는 다소 과장된 선전광고를 하는 것은 기망행위에 해당한다.
④ 제3자의 사기에 의해 의사표시를 한 표의자는 상대방이 그 사실을 알았거나 알 수 있었을 경우에 그 의사표시를 취소할 수 있다.
⑤ 대리인의 기망행위에 의해 계약이 체결된 경우, 계약의 상대방은 본인이 선의이더라도 계약을 취소할 수 있다.

정답해설

① 아파트 분양자는 아파트단지 인근에 공동묘지가 조성되어 있는 사실을 수분양자에게 고지할 신의칙상의 의무를 부담하며, 이를 분양계약자에게 고지하지 않은 경우에는 기망행위에 해당한다(대판 2007.6.1, 2005다5812·5829·5836).
② 고지의무 위반은 부작위에 의한 기망행위에 해당하므로 원고들로서는 기망을 이유로 분양계약을 취소하고 분양대금의 반환을 구할 수도 있고 분양계약의 취소를 원하지 않을 경우 그로 인한 손해배상만을 청구할 수도 있다(대판 2006.10.12, 2004다48515).
③ 상품의 선전 광고에 있어서 거래의 중요한 사항에 관하여 구체적 사실을 신의성실의 의무에 비추어 비난받을 정도의 방법으로 허위로 고지한 경우에는 기망행위에 해당한다고 할 것이나, 그 선전 광고에 다소의 과장 허위가 수반되는 것은 그것이 일반 상거래의 관행과 신의칙에 비추어 시인될 수 있는 한 기망성이 결여된다고 할 것이고, 또한 용도가 특정된 특수시설을 분양받을 경우 그 운영을 어떻게 하고, 그 수익은 얼마나 될 것인지와 같은 사항은 투자자들의 책임과 판단하에 결정될 성질의 것이므로, 상가를 분양하면서 그곳에 첨단 오락타운을 조성하고 전문경영인에 의한 위탁경영을 통하여 일정 수익을 보장한다는 취지의 광고를 하였다고 하여 이로써 상대방을 기망하여 분양계약을 체결하게 하였다거나 상대방이 계약의 중요부분에 관하여 착오를 일으켜 분양계약을 체결하게 된 것이라 볼 수 없다(대판 2001.5.29, 99다55601·55618).
④ 제110조 제2항【사기, 강박에 의한 의사표시】상대방 있는 의사표시에 관하여 제3자가 사기나 강박을 행한 경우에는 상대방이 그 사실을 알았거나 알 수 있었을 경우에 한하여 그 의사표시를 취소할 수 있다.
⑤ 상대방 있는 의사표시에 관하여 제3자가 사기나 강박을 한 경우에는 상대방이 그 사실을 알았거나 알 수 있었을 경우에 한하여 그 의사표시를 취소할 수 있으나, 상대방의 대리인 등 상대방과 동일시할 수 있는 자의 사기나 강박은 제3자의 사기·강박에 해당하지 아니한다(대판 1999.2.23, 98다60828·60835). 따라서 대리인의 기망행위로 계약을 체결한 상대방은 제110조 제1항이 적용되어 본인이 대리인의 기망행위에 대해 선의·무과실인지 여부와 상관없이 계약을 취소할 수 있다.

07 甲은 乙의 기망으로 그 소유의 X토지를 丙에게 팔았고, 丙은 그의 채권자 丁에게 X토지에 근저당권을 설정하였다. 甲은 기망행위를 이유로 매매계약을 취소하려고 한다. 이에 관한 설명으로 옳지 않은 것은? (다툼이 있으면 판례에 따름) ▶ 2020 감정평가사

① 甲은 丙이 그의 잘못 없이 기망사실을 몰랐을 때에만 매매계약을 취소할 수 있다.
② 丙의 악의 또는 과실은 甲이 증명하여야 한다.
③ 甲은 매매계약을 취소하지 않고 乙에게 불법행위책임을 물을 수 있다.
④ 丁의 선의는 추정된다.
⑤ 매매계약을 취소한 甲은, 丁이 선의이지만 과실이 있으면 근저당권설정등기의 말소를 청구할 수 있다.

[정답해설]
① 사안은 계약의 당사자가 아닌 제3자 乙의 사기이므로 민법 제110조 2항에 의하면, 甲은 제3자 乙이 기망을 한 사실을 계약의 상대방인 丙이 그 사실을 알았거나 알 수 있었을 경우에 한하여 취소할 수 있다. 즉 상대방 丙이 기망사실을 몰랐고 모른 데 과실이 없다면, 甲은 매매계약을 취소할 수 없게 된다.

> 제110조【사기, 강박에 의한 의사표시】
> ① 사기나 강박에 의한 의사표시는 취소할 수 있다.
> ② 상대방 있는 의사표시에 관하여 제3자가 사기나 강박을 행한 경우에는 상대방이 그 사실을 알았거나 알 수 있었을 경우에 한하여 그 의사표시를 취소할 수 있다.
> ③ 전2항의 의사표시의 취소는 선의의 제3자에게 대항하지 못한다.

② 취소를 주장하는 표의자가 모두 입증하여야 하므로, 제3자 사기를 이유로 취소하기 위해서는 표의자인 甲이 상대방 丙의 악의 또는 과실을 증명하여야 한다.
③ 제3자의 사기행위로 인하여 피해자가 주택건설사와 사이에 주택에 관한 분양계약을 체결하였다고 하더라도 제3자의 사기행위 자체가 불법행위를 구성하는 이상, 제3자로서는 그 불법행위로 인하여 피해자가 입은 손해를 배상할 책임을 부담하는 것이므로, 피해자가 제3자를 상대로 손해배상청구를 하기 위하여 반드시 그 분양계약을 취소할 필요는 없다(대판 1998.3.10, 97다55829). 제3자인 乙의 사기행위로 인하여 매매계약을 체결한 甲은 매매계약을 취소하지 않고도 기망을 한 乙에게 불법행위책임을 물을 수 있다.
④ 사기의 의사표시로 인한 매수인으로부터 부동산의 권리를 취득한 제3자는 특별한 사정이 없는 한 선의로 추정할 것이므로 사기로 인하여 의사표시를 한 부동산의 양도인이 제3자에 대하여 사기에 의한 의사표시의 취소를 주장하려면 제3자의 악의를 입증할 필요가 있다(대판 1970.11.24, 70다2155). 제110조 제3항의 제3자인 丁의 선의는 추정된다.
⑤ 제110조 제3항의 선의의 제3자는 과실의 유무는 불문한다. 즉 과실이 있더라도 선의라면 취소에 대항할 수 있다. 그러므로 매매계약을 취소한 甲은, 丁이 선의이지만 과실이 있다 하더라도 근저당권설정등기의 말소를 청구할 수는 없다.

▶ 정답   06 ③   07 ①, ⑤

제4절 법률행위의 대리

기본문제편

01 대리에 관한 설명으로 옳지 않은 것은? (다툼이 있으면 판례에 따름) ▶ 2017 세무사
① 혼인에 대하여는 대리가 허용되지 않는다.
② 대리인이 사망하면 원칙적으로 대리권이 소멸한다.
③ 대리인이 행한 불법행위에 대하여도 대리가 성립한다.
④ 대리행위에 따른 법률효과가 본인에게 귀속하기 위해서는 본인에게 권리능력이 있어야 한다.
⑤ 매수인이 대리인을 통하여 매매계약을 체결한 경우, 대리행위의 하자의 유무는 대리인을 표준으로 판단하여야 한다.

[정답해설]
① 대리는 원칙적으로 의사표시를 본질적 요소로 하는 법률행위에 한하여 적용된다. 다만 법률행위라 하더라도 본인의 의사결정을 절대적으로 필요로 하는 혼인, 이혼, 유언, 인지 등 신분행위에는 대리가 허용되지 않는다.
② 대리인이 사망하면 대리행위를 할 자가 없어지므로 원칙적으로 대리권이 소멸한다.

> **제127조 【대리권의 소멸사유】**
> 대리권은 다음 각 호의 어느 하나에 해당하는 사유가 있으면 소멸된다.
> 1. 본인의 사망
> 2. 대리인의 사망, 성년후견의 개시 또는 파산

③ 대리는 원칙적으로 의사표시를 본질적 요소로 하는 법률행위에 한하여 적용되므로 사실행위로서 비표현행위나 불법행위에서는 대리가 허용되지 않는다.
④ 대리행위에 따른 법률효과는 본인에게 귀속하는 것이므로 본인은 권리능력은 있어야 한다.
⑤ 대리인이 본인을 대리하여 매매계약을 체결함에 있어서 매매대상 토지에 관한 저간의 사정을 잘 알고 그 배임행위에 가담하였다면, 대리행위의 하자 유무는 대리인을 표준으로 판단하여야 하므로, 설사 본인이 미리 그러한 사정을 몰랐거나 반사회성을 야기한 것이 아니라고 할지라도 그로 인하여 매매계약이 가지는 사회질서에 반한다는 장애사유가 부정되는 것은 아니다(대판 1998.2.27, 97다45532).

> **제116조 【대리행위의 하자】**
> ① 의사표시의 효력이 의사의 흠결, 사기, 강박 또는 어느 사정을 알았거나 과실로 알지 못한 것으로 인하여 영향을 받은 경우에 그 사실의 유무는 대리인을 표준으로 하여 결정한다.

02 민법상 임의대리에 관한 설명으로 옳지 않은 것은? ▶ 2017 감정평가사

① 대리인은 행위능력자임을 요하지 않는다.
② 대리권은 다른 특약이 없으면 법률관계의 종료 전에 수권행위를 철회한 경우에도 소멸한다.
③ 대리인이 그 권한 내에서 본인을 위한 것임을 표시한 의사표시는 직접 본인에 대하여 효력이 생긴다.
④ 특정한 법률행위를 위임한 경우에 대리인이 본인의 지시에 좇아 그 행위를 한 때에는 본인은 자기가 안 사정 또는 과실로 인하여 알지 못한 사정에 관하여 대리인의 부지를 주장하지 못한다.
⑤ 대리인이 수인(數人)인 경우에 대리인은 원칙적으로 공동으로 대리하고 수권행위 또는 법률로 달리 정하는 경우에만 각자 본인을 대리한다.

정답해설
① 제117조【대리인의 행위능력】대리인은 행위능력자임을 요하지 아니한다.
② 제128조【임의대리의 종료】법률행위에 의하여 수여된 대리권은 전조의 경우 외에 그 원인된 법률관계의 종료에 의하여 소멸한다. 법률관계의 종료 전에 본인이 수권행위를 철회한 경우에도 같다.
③ 제114조【대리행위의 효력】① 대리인이 그 권한 내에서 본인을 위한 것임을 표시한 의사표시는 직접 본인에게 대하여 효력이 생긴다.
④ 제116조【대리행위의 하자】② 특정한 법률행위를 위임한 경우에 대리인이 본인의 지시에 좇아 그 행위를 한 때에는 본인은 자기가 안 사정 또는 과실로 인하여 알지 못한 사정에 관하여 대리인의 부지를 주장하지 못한다.
⑤ 대리인이 수인인 경우 법률규정이나 수권행위에서 특별히 정하고 있지 않는 한 각자대리가 원칙이지만, 법률 또는 수권행위에서 달리 정하고 있는 경우에는 그에 의하여 공동대리도 가능하다(제119조).

> 제119조【각자대리】
> 대리인이 수인인 때에는 각자가 본인을 대리한다. 그러나 법률 또는 수권행위에 다른 정한 바가 있는 때에는 그러하지 아니하다.

▶ 정답   01 ③   02 ⑤

03 대리권에 관한 설명으로 옳지 않은 것은? (다툼이 있으면 판례에 따름) ▶ 2017 세무사

① 임의대리권은 원칙적으로 수권행위에 의해서 대리권의 범위가 정해진다.
② 법률행위에 의하여 대리권을 수여하는 경우, 대리인은 원칙적으로 행위능력을 가지고 있어야 한다.
③ 대리권의 존재는 원칙적으로 대리행위가 유효하다고 주장하는 자가 증명하여야 한다.
④ 법정대리권의 범위는 원칙적으로 법정대리권의 발생근거인 법률의 규정에 의하여 정해진다.
⑤ 대리권은 있지만 그 범위가 분명하지 않은 경우에는 원칙적으로 처분행위를 할 수 없다.

[정답해설]
① 임의대리권은 대리권을 수여하는 본인의 행위가 있어야 하는데, 이를 수권행위라고 한다. 따라서 임의대리권의 범위는 수권행위의 해석에 의하여 정하여진다. 결국 그 구체적인 범위는 수권행위의 해석의 문제로 귀결된다.
② 제117조【대리인의 행위능력】대리인은 행위능력자임을 요하지 아니한다.
③ 대리행위에 있어서 대리권의 존재는 특별효력요건이므로 대리행위가 유효하다고 주장하는 자가 증명하여야 한다.
④ 법정대리권의 범위는 법률의 규정에 의하여 결정된다(제25조, 제920조, 제948조, 제949조, 제1023조 제2항, 제1044조 제2항, 제1047조 제2항, 제1101조 등).
⑤ 제118조는 대리권의 범위가 불분명한 경우를 대비한 보충적 규정으로 보존, 이용, 개량행위만 허용한다.

> 제118조【대리권의 범위】
> 권한을 정하지 아니한 대리인은 다음 각 호의 행위만을 할 수 있다.
> 1. 보존행위
> 2. 대리의 목적인 물건이나 권리의 성질을 변하지 아니하는 범위에서 그 이용 또는 개량하는 행위

04 대리권의 범위에 관한 설명으로 옳지 않은 것은? (다툼이 있으면 판례에 따름) ▶ 2018 감정평가사

① 법정대리권의 범위는 법정대리인에 관한 규정에 의하여 결정된다.
② 임의대리권은 통상 그 권한에 부수하여 필요한 한도에서 상대방의 의사표시를 수령하는 대리권을 포함한다.
③ 계약체결의 대리권을 수여받은 대리인은 특별한 사정이 없는 한 체결된 계약을 해제할 수 있는 권한을 갖지 않는다.
④ 대리권의 범위를 정하지 않은 임의대리인은 대리의 목적인 물건의 성질이 변하지 않는 범위에서 그 이용행위를 할 수 있다.
⑤ 예금계약의 체결을 위임받은 자의 대리권에는 특별한 사정이 없는 한 그 예금을 담보로 대출을 받을 수 있는 권한이 포함되어 있다.

[정답해설]
① 법정대리권의 범위는 법률의 규정에 의하여 결정된다(제25조, 제920조, 제948조, 제949조, 제1023조 제2항, 제1044조 제2항, 제1047조 제2항, 제1101조 등).
② 임의대리에 있어서 대리권의 범위는 수권행위(대리권수여행위)에 의하여 정하여지는 것이므로 어느 행위가 대리권의 범위 내의 행위인지의 여부는 개별적인 수권행위의 내용이나 그 해석에 의하여 판단할 것이나, 일반적으로 말하면 수권행위의 통상의 내용으로서의 임의대리권은 그 권한에 부수하여 필요한 한도에서 상대방의 의사표시를 수령하는 이른바 수령대리권을 포함하는 것으로 보아야 한다(대판 1994.2.8, 93다39379).
③ 본인을 대리하여 금전소비대차 내지 그를 위한 담보권설정계약을 체결할 권한을 수여받은 대리인에게 본래의 계약관계를 해제할 대리권까지 있다고 볼 수 없다(대판 1993.1.15, 92다39365; 대판 2008.1.31, 2007다74713).
④ **제118조【대리권의 범위】** 권한을 정하지 아니한 대리인은 다음 각 호의 행위만을 할 수 있다.
  1. 보존행위
  2. 대리의 목적인 물건이나 권리의 성질을 변하지 아니하는 범위에서 그 이용 또는 개량하는 행위
⑤ 예금계약의 체결을 위임받은 자가 가지는 대리권에 당연히 그 예금을 담보로 하여 대출을 받거나 이를 처분할 수 있는 대리권이 포함되어 있는 것은 아니다(대판 1995.8.22, 94다59042).

▶ 정답 03 ② 04 ⑤

05 대리권의 범위와 제한에 관한 설명으로 틀린 것은? (다툼이 있으면 판례에 따름)

▶ 2016 공인중개사

① 대리인에 대한 본인의 금전채무가 기한이 도래한 경우 대리인은 본인의 허락 없이 그 채무를 변제하지 못한다.
② 금전소비대차계약과 그 담보를 위한 담보권설정계약을 체결할 권한이 있는 임의대리인은 특별한 사정이 없는 한 계약을 해제할 권한까지 갖는 것은 아니다.
③ 매매계약체결의 대리권을 수여받은 대리인은 특별한 사정이 없는 한 중도금과 잔금을 수령할 권한이 있다.
④ 대리인이 수인인 때에는 각자가 본인을 대리하지만, 법률 또는 수권행위에서 달리 정할 수 있다.
⑤ 권한을 정하지 않은 대리인은 보존행위를 할 수 있다.

[정답해설]

① 대리인에 대한 본인의 금전채무는 자기계약에 해당하여 본인의 허락 없이는 할 수 없는 것이나, 기한이 도래한 채무의 변제는 단순한 채무의 이행에 해당하므로 가능하다.

> **제124조 【자기계약, 쌍방대리】**
> 대리인은 본인의 허락이 없으면 본인을 위하여 자기와 법률행위를 하거나 동일한 법률행위에 관하여 당사자 쌍방을 대리하지 못한다. 그러나 채무의 이행은 할 수 있다.

② 통상 사채알선업자가 전주(錢主)를 위하여 금전소비대차계약과 그 담보를 위한 담보권설정계약을 체결할 대리권을 수여받은 것으로 인정되는 경우라 하더라도 특별한 사정이 없는 한 일단 금전소비대차계약과 그 담보를 위한 담보권설정계약이 체결된 후에 이를 해제할 권한까지 당연히 가지고 있다고 볼 수는 없다(대판 1997.9.30. 97다23372).
③ 부동산의 소유자로부터 매매계약을 체결할 대리권을 수여받은 대리인은 특별한 사정이 없는 한, 그 매매계약에서 약정한 바에 따라 중도금이나 잔금을 수령할 권한이 있다(대판 1994.2.8. 93다39379).
④ 제119조 【각자대리】 대리인이 수인인 때에는 각자가 본인을 대리한다. 그러나 법률 또는 수권행위에 다른 정한 바가 있는 때에는 그러하지 아니하다.
⑤ 권한을 정하지 아니한 대리인은 보존행위 및 대리의 목적인 물건이나 권리의 성질을 변하지 아니하는 범위 내에서 그 이용 또는 개량하는 행위만을 할 수 있다(제118조).

06 대리에 관한 설명으로 옳은 것은? (다툼이 있으면 판례에 의함) ▶ 2014 감정평가사
① 부동산 입찰절차에서 동일한 물건에 관하여 이해관계가 다른 2인 이상의 대리인이 된 경우, 그 대리인이 한 입찰은 유효하다.
② 본인을 위하여 금전소비대차계약을 체결할 권한을 수여받은 대리인에게는, 특별한 사정이 없는 한, 본래의 계약을 해제할 대리권도 있다.
③ 대리인이 수인인 경우에 다른 정함이 없으면 대리인은 공동으로 대리권을 행사하여야 한다.
④ 피성년후견인이 아닌 자가 임의대리인이 된 후에 그에게 성년후견이 개시되면 그 대리권은 소멸한다.
⑤ 대리권의 범위가 정해지지 않은 대리인은 보존행위만을 할 수 있다.

[정답해설]
① 민법 제124조는 "대리인은 본인의 허락이 없으면 본인을 위하여 자기와 법률행위를 하거나 동일한 법률행위에 관하여 당사자 쌍방을 대리하지 못한다."고 규정하고 있으므로 부동산 입찰절차에서 동일물건에 관하여 이해관계가 다른 2인 이상의 대리인이 된 경우에는 그 대리인이 한 입찰은 무효이다(대판 2004.2.13, 2003마44).
② 통상 사채알선업자가 전주(錢主)를 위하여 금전소비대차계약과 그 담보를 위한 담보권설정계약을 체결할 대리권을 수여받은 것으로 인정되는 경우라 하더라도 특별한 사정이 없는 한 일단 금전소비대차계약과 그 담보를 위한 담보권설정계약이 체결된 후에 이를 해제할 권한까지 당연히 가지고 있다고 볼 수는 없다(대판 1997.9.30, 97다23372).
③ 대리인이 수인인 경우에 원칙적으로 각자 본인을 대리하고, 법률 또는 수권행위에 다른 정한 바가 있는 때에 대리권이 제한된다.

> 제119조 【각자대리】
> 대리인이 수인인 때에는 각자가 본인을 대리한다. 그러나 법률 또는 수권행위에 다른 정한 바가 있는 때에는 그러하지 아니하다.

④ 대리인의 성년후견의 개시는 대리권 소멸사유이다(제127조). 이는 대리인은 행위능력자임을 요하지 않으므로(제117조), 성년후견의 개시 또는 파산은 대리인으로 선임된 후에 성년후견이 개시 또는 파산선고를 받은 경우에 대리권이 소멸한다는 의미이다. 주의할 것은 한정후견의 개시는 제외된다는 점이다.

> 제127조 【대리권의 소멸사유】
> 대리권은 다음 각 호의 어느 하나에 해당하는 사유가 있으면 소멸된다.
> 1. 본인의 사망
> 2. 대리인의 사망, 성년후견의 개시 또는 파산

⑤ 권한을 정하지 아니한 대리인은 보존행위 및 대리의 목적인 물건이나 권리의 성질을 변하지 아니하는 범위 내에서 그 이용 또는 개량하는 행위을 할 수 있다(제118조).

▶ 정답   05 ①   06 ④

07 대리에 관한 설명으로 옳지 않은 것은? (다툼이 있으면 판례에 따름) ▶ 2016 주택관리사

① 법정대리에도 대리권남용의 법리가 적용될 수 있다.
② 대리인에 대한 성년후견 개시가 있으면 대리권은 소멸한다.
③ 대리인은 대여금의 수령권한만을 위임받은 경우에도 본인의 특별수권 없이 그 대여금채무의 일부를 면제할 수 있다.
④ 의사표시의 효력이 의사의 흠결, 사기, 강박으로 인하여 영향을 받을 경우에 그 사실의 유무는 대리인을 표준하여 결정한다.
⑤ 물건을 매도하는 계약의 체결과 이행에 관하여 포괄적으로 대리권을 수여받은 대리인은 특별한 사정이 없는 한 상대방에 대하여 약정된 매매대금지급기일을 연기할 권한도 가진다.

> [정답해설]
① 대리권남용은 임의대리뿐만 아니라 법정대리에도 적용된다. 즉 친권자의 이해상반행위를 형식적 판단설에 따를 경우 외형상으로는 이해상반행위에 해당하지 아니하나 그 실질이 이해상반행위에 해당하는 경우라면 친권자가 법정대리권을 남용한 경우로서 이러한 대리권 남용으로부터 미성년자인 본인을 보호할 필요성이 있는 바, 대리권 남용의 법리를 법정대리권 남용의 경우에도 적용하여 본인을 보호하는 것이 타당하다(대판 1997.1.24, 96다43928).
② 대리인의 성년후견의 개시는 대리권 소멸사유이다(제127조). 이는 대리인은 행위능력자임을 요하지 않으므로(제117조), 성년후견의 개시 또는 파산은 대리인으로 선임된 후에 성년후견이 개시 또는 파산선고를 받은 경우에 대리권이 소멸한다는 의미이다. 주의할 것은 한정후견의 개시는 제외된다는 점이다.

> **제127조【대리권의 소멸사유】**
> 대리권은 다음 각 호의 어느 하나에 해당하는 사유가 있으면 소멸된다.
> 1. 본인의 사망
> 2. 대리인의 사망, 성년후견의 개시 또는 파산

③ 대여금의 영수권한만을 위임받은 대리인이 그 대여금 채무의 일부를 면제하기 위하여는 본인의 특별수권이 필요하다(대판 1981.6.23, 80다3221).
④ 의사표시의 효력이 의사의 흠결, 사기, 강박 또는 어느 사정을 알았거나 과실로 알지 못한 것으로 인하여 영향을 받을 경우에 그 사실의 유무는 대리인을 표준하여 결정한다(제116조).
⑤ 부동산의 소유자로부터 매매계약을 체결할 대리권을 수여받은 대리인은 특별한 다른 사정이 없는 한 그 매매계약에서 약정한 바에 따라 중도금이나 잔금을 수령할 수도 있다고 보아야 하고, 매매계약의 체결과 이행에 관하여 포괄적으로 대리권을 수여받은 대리인은 특별한 다른 사정이 없는 한 상대방에 대하여 약정된 매매대금지급기일을 연기하여 줄 권한도 가진다고 보아야 할 것이다(대판 1992.4.14, 91다43107).

08 민법상 대리권의 제한에 관한 설명으로 옳은 것은? (다툼이 있으면 판례에 따름) ▶ 2017 세무사
① 본인의 허락이 있더라도 대리인은 자기계약이나 쌍방대리를 할 수 없다.
② 자기계약에 따라 본인이 대리인에 대하여 부담하는 채무를 대리인이 면제하여 주는 경우에도 본인의 동의를 받아야 한다.
③ 자기계약·쌍방대리의 금지에 관한 규정은 법정대리에는 적용되지 않는다.
④ 대리인이 수인인 경우에는 원칙적으로 대리인 각자가 본인을 대리한다.
⑤ 친권자가 그 소유 부동산을 미성년인 아들에게 증여하는 행위는 자기계약에 해당하여 무효이다.

[정답해설]
① 제124조【자기계약, 쌍방대리】 대리인은 본인의 허락이 없으면 본인을 위하여 자기와 법률행위를 하거나 동일한 법률행위에 관하여 당사자쌍방을 대리하지 못한다. 그러나 채무의 이행은 할 수 있다.
② 자기계약과 쌍방대리는 원칙적으로 금지된다(제124조). 예외적으로 1. 본인의 이익을 해할 염려가 없는 경우로서 본인이 허락한 경우, 2. 이미 확정되어 있는 법률관계의 단순한 이행에 불과한 경우에는 인정된다. 따라서 주식의 명의개서나 부동산의 이전등기신청, 본인에게 이익을 주는 행위 등은 허용된다. 본인이 대리인에 대하여 부담하는 채무를 대리인이 면제하여 주는 경우는 본인에게 이익을 주는 행위이므로 본인의 동의를 받지 않아도 된다.
③ 자기계약·쌍방대리의 금지규정(제124조)은 임의대리 및 법정대리 모두에 적용된다.
④ 제119조【각자대리】 대리인이 수인인 때에는 각자가 본인을 대리한다. 그러나 법률 또는 수권행위에 다른 정한 바가 있는 때에는 그러하지 아니하다.
⑤ 법정대리인인 친권자가 부동산을 매수하여 이를 그 자에게 증여하는 행위는 미성년자인 자에게 이익만을 주는 행위이므로 친권자와 자 사이의 이해상반행위에 속하지 아니하고, 또 자기계약이지만 유효하다(대판 1981.10.13, 81다649).

09 대리권의 소멸사유가 아닌 것은? ▶ 2016 감정평가사
① 본인의 사망
② 대리인의 사망
③ 본인의 성년후견의 개시
④ 대리인의 성년후견의 개시
⑤ 대리인의 파산

[정답해설]
본인의 성년후견의 개시는 법정대리권 발생사유이지 대리권 소멸사유가 아니다(제127조).

> 제127조【대리권의 소멸사유】
> 대리권은 다음 각 호의 어느 하나에 해당하는 사유가 있으면 소멸된다.
> 1. 본인의 사망
> 2. 대리인의 사망, 성년후견의 개시 또는 파산

▶ 정답 07 ③ 08 ④ 09 ③

Chapter 05 권리의 변동 217

10 대리에 관한 설명으로 옳지 않은 것은? (다툼이 있으면 판례에 따름) ▶ 2019 감정평가사

① 불법행위에는 대리의 법리가 적용되지 않는다.
② 대리인이 자신의 이익을 도모하기 위하여 대리권을 남용한 경우는 무권대리에 해당한다.
③ 대리인의 대리행위가 공서양속에 반하는 경우, 본인이 그 사정을 몰랐다고 하더라도 그 행위는 무효이다.
④ 대리인이 상대방에게 사기·강박을 하였다면 상대방은 본인이 그에 대해 선의·무과실이라 하더라도 대리인과 행한 법률행위를 취소할 수 있다.
⑤ 복대리인은 본인의 대리인이다.

[정답해설]

① 대리는 원칙적으로 의사표시를 본질적 요소로 하는 법률행위에 한하여 적용되며, 사실행위로서 비표현행위나 불법행위에서는 대리가 허용되지 않는다.
② 대리권 남용이란 대리인이 형식적으로는 대리권의 범위 내에서 대리행위를 하였으나, 실질적으로는 본인을 위해서가 아니고 자기 또는 제3자의 이익을 위해서 대리행위를 하는 경우를 말한다. 판례의 주류는 배임적 대리행위에 대하여 민법 제107조 제1항 단서를 유추적용하여, 원칙적으로 대리인의 배임행위인 경우에도 대리의사는 존재하므로 대리행위로서 유효하지만, 예외적으로 대리인의 배임행위를 상대방이 알았거나 알 수 있었음을 본인이 입증한 때에는 제107조 제1항의 단서취지를 유추적용하여 그 대리행위는 무효가 된다는 입장이다. 즉 법적 성질이 무권대리가 되는 것은 아니다.
③ 대리인이 본인을 대리하여 매매계약을 체결함에 있어서 매매대상 토지에 관한 저간의 사정을 잘 알고 그 배임행위에 가담하였다면, 대리행위의 하자 유무는 대리인을 표준으로 판단하여야 하므로, 설사 본인이 미리 그러한 사정을 몰랐거나 반사회성을 야기한 것이 아니라고 할지라도 그로 인하여 매매계약이 가지는 사회질서에 반한다는 장애사유가 부정되는 것은 아니다(대판 1998.2.27. 97다45532).

> **제116조【대리행위의 하자】**
> ① 의사표시의 효력이 의사의 흠결, 사기, 강박 또는 어느 사정을 알았거나 과실로 알지 못한 것으로 인하여 영향을 받은 경우에 그 사실의 유무는 대리인을 표준으로 하여 결정한다.

④ 제3자가 대리인일 때는 제3자 사기(제110조 제2항)가 아닌 대리행위의 하자(제116조)의 문제와 관련된다. 대리인이 사기·강박을 행한 경우, 대리인은 제110조 제2항 소정의 '제3자'가 아니므로, 즉 제110조 제1항의 문제로 제116조가 적용되어 상대방은 본인이 그 사실을 알았는지 여부를 묻지 않고 그 의사표시를 취소할 수 있다(제110조 제1항).

> **제110조【사기, 강박에 의한 의사표시】**
> ① 사기나 강박에 의한 의사표시는 취소할 수 있다.
> ② 상대방 있는 의사표시에 관하여 제3자가 사기나 강박을 행한 경우에는 상대방이 그 사실을 알았거나 알 수 있었을 경우에 한하여 그 의사표시를 취소할 수 있다.
> ③ 전2항의 의사표시의 취소는 선의의 제3자에게 대항하지 못한다.

⑤ 복대리인은 대리인이 선임한 본인의 대리인이다.

11 복대리에 관한 설명으로 옳지 않은 것은? ▶ 2016 감정평가사

① 임의대리인은 본인의 승낙이나 부득이한 사유가 없으면, 복대리인을 선임하지 못한다.
② 복대리인은 제3자에 대하여도 대리인과 동일한 권리의무가 있다.
③ 임의대리인은 본인의 지명에 의해서도 복대리인을 선임할 수 있다.
④ 대리인의 대리권이 소멸하면 복대리인의 대리권도 소멸한다.
⑤ 복대리인은 대리인이 본인의 명의로 선임한 본인의 대리인이다.

[정답해설]

① 임의대리인은 원칙적으로 복대리인을 선임할 수 없으나, 예외적으로 본인의 승낙이나 부득이한 사유가 있는 경우 복대리인을 선임할 수 있다.

> **제120조 【임의대리인의 복임권】**
> 대리권이 법률행위에 의하여 부여된 경우에는 대리인은 본인의 승낙이 있거나 부득이한 사유가 있는 때가 아니면 복대리인을 선임하지 못한다.

② 제123조 【복대리인의 권한】 ② 복대리인은 본인이나 제3자에 대하여 대리인과 동일한 권리의무가 있다.
③ 제121조 제2항에 따라 본인이 복대리인을 지명한 경우에는 대리인이 다시 복대리인의 자격에 관하여 조사할 필요가 없으므로 책임이 더욱 완화되어 있다.
④ 복대리권은 대리인의 대리권을 전제로 인정되는 권리이므로, 대리인의 대리권이 소멸하면 당연히 복대리권도 소멸한다.
⑤ 복대리란 '복대리인에 의한 대리'를 의미하며, 복대리인이란 대리인이 자신의 이름으로 선임한 본인의 대리인이다.

■ 임의대리인과 법정대리인의 복임권의 책임 비교

임의 대리인	복임권	원칙 : 복임권 × 예외 : 본인의 승낙 또는 부득이한 사유 있는 때만 복임권 ○ (제120조)	
	복임에 대한 책임	임의대리인 스스로 선임 시	선임, 감독에 대한 책임 ○ (제121조 제1항)
		본인의 지명에 따라 선임 시	지명한 자가 부적임 또는 불성실함을 알고 본인에 대한 통지나 그 해임을 해태한 때에만 책임 ○ (제121조 제2항)
법정 대리인	복임권	원칙 : 복임권 ○	
	복임에 대한 책임	원칙	과실유무 불문 선임, 감독에 대한 모든 책임 ○ (제122조 본문)
		부득이한 사유로 선임 시	임의대리인과 같음 선임, 감독에 대한 책임으로 경감(제122조 단서)

▶ 정답   10 ②   11 ⑤

12 복대리에 관한 설명으로 옳지 않은 것은? (다툼이 있으면 판례에 따름) ▶ 2022 감정평가사
① 대리권이 소멸하면 특별한 사정이 없는 한 복대리권도 소멸한다.
② 복대리인의 대리권은 대리인의 대리권의 범위보다 넓을 수 없다.
③ 복대리인의 대리행위에 대해서는 표현대리가 성립할 수 없다.
④ 법정대리인은 그 책임으로 복대리인을 선임할 수 있다.
⑤ 임의대리인은 본인의 승낙이 있거나 부득이한 사유 있는 때가 아니면 복대리인을 선임하지 못한다.

[정답해설]
①, ② 복대리권은 대리인의 대리권을 전제로 인정되는 권리이므로, 복대리인의 대리권은 대리인의 대리권의 범위보다 넓을 수 없고, 대리인의 대리권이 소멸하면 당연히 복대리권도 소멸한다.
③ 표현대리에 관한 법리는 대리의 경우와 복대리와의 사이에 차이가 있는 것은 아니므로, 민법 제126조의 대리인에는 복대리인도 포함되고, 복대리인이 권한을 넘은 대리행위를 한 경우에도 표현대리가 인정된다(대판 1962.10.18. 62다508 등).
④ 제122조【법정대리인의 복임권과 그 책임】법정대리인은 그 책임으로 복대리인을 선임할 수 있다. 그러나 부득이한 사유로 인한 때에는 전조 제1항에 정한 책임만이 있다.
⑤ 임의대리인은 원칙적으로 복대리인을 선임할 수 없으나 예외적으로 본인의 승낙이나 부득이한 사유가 있는 경우 복대리인을 선임할 수 있다.

> 제120조【임의대리인의 복임권】
> 대리권이 법률행위에 의하여 부여된 경우에는 대리인은 본인의 승낙이 있거나 부득이한 사유가 있는 때가 아니면 복대리인을 선임하지 못한다.

13 복대리에 관한 설명으로 옳지 않은 것은? (다툼이 있으면 판례에 의함) ▶ 2025 감정평가사
① 임의대리인은 본인의 승낙이 있거나 부득이한 사유있는 때가 아니면 복대리인을 선임하지 못한다.
② 복대리인이 적법하게 선임되면 대리인의 대리권은 소멸한다.
③ 대리인의 대리권이 소멸하면 복대리인의 대리권도 소멸한다.
④ 복대리인은 제3자에 대하여 대리인과 동일한 권리의무가 있다.
⑤ 복임권 없는 대리인에 의하여 선임된 복대리인의 권한도 권한을 넘은 표현대리의 기본대리권이 될 수 있다.

정답해설
① 제120조【임의대리인의 복임권】대리권이 법률행위에 의하여 부여된 경우에는 대리인은 본인의 승낙이 있거나 부득이한 사유가 있는 때가 아니면 복대리인을 선임하지 못한다.
② 복대리인이 선임되더라도 대리인의 대리권은 소멸하지 않는다(제127조, 제128조 반대해석).
③ 복대리권은 대리인의 대리권을 전제로 인정되는 권리이므로, 대리인의 대리권이 소멸하면 당연히 복대리권도 소멸한다.
④ 제123조【복대리인의 권한】② 복대리인은 본인이나 제3자에 대하여 대리인과 동일한 권리의무가 있다.
⑤ 대리인이 사자 내지 임의로 선임한 복대리인을 통하여 권한 외의 법률행위를 한 경우, 상대방이 그 행위자를 대리권을 가진 대리인으로 믿었고 또한 그렇게 믿는 데에 정당한 이유가 있는 때에는, 복대리인 선임권이 없는 대리인에 의하여 선임된 복대리인의 권한도 기본대리권이 될 수 있을 뿐만 아니라, 그 행위자가 사자라고 하더라도 대리행위의 주체가 되는 대리인이 별도로 있고 그들에게 본인으로부터 기본대리권이 수여된 이상, 민법 제126조를 적용함에 있어서 기본대리권의 흠결 문제는 생기지 않는다(대판 1998.3.27, 97다48982).

14 복대리에 관한 설명으로 옳지 않은 것은? ▶ 2013 감정평가사

① 법정대리인은 자신의 책임으로 복대리인을 선임할 수 있다.
② 복대리인은 임의대리인이다.
③ 복대리인의 대리행위가 대리인의 대리권의 범위를 넘은 경우 본인이 이를 추인할 수 있다.
④ 복대리인은 제3자에 대하여 대리인과 동일한 권리의무가 있다.
⑤ 복대리인은 본인에게 직접 비용상환을 청구할 수 없다.

정답해설
① 제122조【법정대리인의 복임권과 그 책임】법정대리인은 그 책임으로 복대리인을 선임할 수 있다. 그러나 부득이한 사유로 인한 때에는 전조 제1항에 정한 책임만이 있다.
② 복대리인은 그 대리권이 법률행위에 의해 부여된 경우이므로 복대리인은 언제나 임의대리인이다.
③ 복대리인이란 대리인이 자신의 이름으로 선임한 본인의 대리인이다. 따라서 복대리인의 대리행위가 대리인의 대리권의 범위를 넘어 무권대리가 되면 본인이 이를 추인할 수 있다.
④ 제123조【복대리인의 권한】② 복대리인은 본인이나 제3자에 대하여 대리인과 동일한 권리의무가 있다.
⑤ 제123조 제2항에 의해 본인과 대리인 사이의 내부적 법률관계가 본인과 복대리인 사이의 내부적 법률관계로 의제된다. 따라서 대리인이 본인에 대해 수임인으로서의 내부관계에 있을 때에는 복대리인도 본인에 대하여 수임인으로서의 권리·의무, 즉 보수청구권(제686조), 비용상환청구권(제688조), 선관주의의무(제681조), 수령한 금전 등의 인도의무(제684조) 등을 갖는다.

▶ 정답 12 ③ 13 ② 14 ⑤

15 복대리에 관한 설명으로 옳은 것은? (다툼이 있으면 판례에 의함) ▶ 2014 감정평가사

① 복대리권은 대리인에 의한 수권행위의 철회에 의하여도 소멸한다.
② 법정대리인은 본인의 승낙이 있거나 부득이한 사유가 있는 때가 아니면 복대리인을 선임하지 못한다.
③ 임의대리인이 본인의 지명 없이 복대리인을 선임한 경우에는, 그 부적임을 알고 본인에게 통지나 그 해임을 태만한 때가 아니면 본인에게 대하여 책임이 없다.
④ 복대리인이 본인을 위한 것임을 표시하지 아니한 때에는, 원칙적으로 대리인을 위한 것으로 본다.
⑤ 복대리인이 선임되면 대리인의 대리권은 소멸하고 복대리인만 본인을 대리하게 된다.

정답해설

① 복대리인은 임의대리인이므로 복대리인의 대리권은 대리인에 의한 수권행위의 철회에 의하여도 소멸한다.

> **제128조【임의대리의 종료】**
> 법률행위에 의하여 수여된 대리권은 전조의 경우 외에 그 원인된 법률관계의 종료에 의하여 소멸한다. 법률관계의 종료 전에 본인이 수권행위를 철회한 경우에도 같다.

② 법정대리인은 언제든지 복대리인을 선임할 수 있으나, 법정대리인은 선임, 감독에 있어서의 과실의 유무를 묻지 않고서 모든 책임을 진다(제122조 본문). 다만 부득이한 사유로 복대리인을 선임한 경우에는 그 책임이 경감된다.

> **제122조【법정대리인의 복임권과 그 책임】**
> 법정대리인은 그 책임으로 복대리인을 선임할 수 있다. 그러나 부득이한 사유로 인한 때에는 전조 제1항에 정한 책임만이 있다.

③ 임의대리인은 본인에 대하여 그 선임, 감독에 관한 책임을 부담하나, 대리인이 본인의 지명에 의하여 복대리인을 선임한 경우는 책임이 경감된다.

> **제121조【임의대리인의 복대리인선임의 책임】**
> ① 전조의 규정에 의하여 대리인이 복대리인을 선임한 때에는 본인에게 대하여 그 선임감독에 관한 책임이 있다.
> ② 대리인이 본인의 지명에 의하여 복대리인을 선임한 경우에는 그 부적임 또는 불성실함을 알고 본인에게 대한 통지나 그 해임을 태만한 때가 아니면 책임이 없다.

④ 복대리인이 본인을 위한 것임을 표시하지 아니한 때에는 그 의사표시는 자기를 위한 것으로 본다. 즉 대리인을 위한 것이 아니라 복대리인을 위한 것으로 보게 된다.

> **제115조【본인을 위한 것임을 표시하지 아니한 행위】**
> 대리인이 본인을 위한 것임을 표시하지 아니한 때에는 그 의사표시는 자기를 위한 것으로 본다. 그러나 상대방이 대리인으로서 한 것임을 알았거나 알 수 있었을 때에는 전조 제1항의 규정을 준용한다.

⑤ 복대리인을 선임해도 대리인의 대리권은 소멸하지 않으며, 반대로 대리권이 소멸하면 복대리권도 소멸한다.

16 복대리에 관한 설명으로 옳지 않은 것은? (다툼이 있으면 판례에 따름) ▶ 2017 감정평가사

① 복대리인은 그 권한 내에서 본인을 대리한다.
② 임의대리인은 본인의 승낙이 있거나 부득이한 사유 있는 때가 아니면 복대리인을 선임하지 못한다.
③ 법정대리인이 부득이한 사유로 복대리인을 선임한 경우, 그 선임감독에 관한 책임만이 있다.
④ 복대리인을 선임하더라도 대리인의 대리권은 소멸하지 않는다.
⑤ 복대리인이 선임한 대리인은 모두 법정대리인이다.

> 정답해설

① **제123조【복대리인의 권한】** ① 복대리인은 그 권한 내에서 본인을 대리한다.
② **제120조【임의대리인의 복임권】** 대리권이 법률행위에 의하여 부여된 경우에는 대리인은 본인의 승낙이 있거나 부득이한 사유가 있는 때가 아니면 복대리인을 선임하지 못한다.
③ 법정대리인은 그 책임으로 복대리인을 선임할 수 있으나 부득이한 사유로 인한 때에는 본인에게 대하여 그 선임감독에 관한 책임만이 있다(제122조).
  즉 법정대리인은 모든 책임을 진다(제122조 본문). 다만 부득이한 사유로 복대리인을 선임한 경우에는 그 책임이 경감된다.

> **제122조【법정대리인의 복임권과 그 책임】**
> 법정대리인은 그 책임으로 복대리인을 선임할 수 있다. 그러나 부득이한 사유로 인한 때에는 전조 제1항에 정한 책임만이 있다.

④ 복대리인을 선임해도 대리인의 대리권은 소멸하지 않으며, 반대로 대리권이 소멸하면 복대리권도 소멸한다.
⑤ 복대리인은 그 대리권이 법률행위에 의해 부여된 경우이므로 복대리인은 언제나 임의대리인이다. 따라서 복대리인은 다시 복대리인을 선임할 수 있는데(통설), 다만 이 경우 복대리인은 임의대리인과 동일한 조건하에 복임권을 가진다.

▶ 정답 15 ① 16 ⑤

17 복대리에 관한 설명으로 옳은 것은? (다툼이 있으면 판례에 따름) ▶ 2021 감정평가사

① 복대리인은 제3자에 대하여 대리인과 동일한 권리의무가 있다.
② 본인의 묵시적 승낙에 기초한 임의대리인의 복임권행사는 허용되지 않는다.
③ 임의대리인이 본인의 명시적 승낙을 얻어 복대리인을 선임한 때에는 본인에 대하여 그 선임감독에 관한 책임이 없다.
④ 법정대리인이 그 자신의 이름으로 선임한 복대리인은 법정대리인의 대리인이다.
⑤ 복대리인의 대리행위에 대해서는 표현대리가 성립할 수 없다.

정답해설
① 제123조【복대리인의 권한】② 복대리인은 본인이나 제3자에 대하여 대리인과 동일한 권리의무가 있다.
② 임의대리인은 원칙적으로 복대리인을 선임할 수 없으나 예외적으로 본인의 승낙이나 부득이한 사유가 있는 경우 복대리인을 선임할 수 있다(제120조). 대리의 목적인 법률행위의 성질상 대리인 자신에 의한 처리가 필요하지 아니한 경우에는 본인이 복대리 금지의 의사를 명시하지 아니하는 한 복대리인의 선임에 관하여 묵시적인 승낙이 있는 것으로 보는 것이 타당하다(대판 1996.1.26, 94다30690).
③ 임의대리인은 원칙적으로 복대리인을 선임할 수 없으나 예외적으로 본인의 승낙이나 부득이한 사유가 있는 경우 복대리인을 선임할 수 있다(제120조). 제120조에 기해 대리인이 복대리인을 선임한 때에는 본인에게 대하여 그 선임감독에 관한 책임이 있다(제121조 제1항).
④ 법정대리인이 그 자신의 이름으로 선임한 복대리인은 법정대리인의 대리인이 아니라, 본인의 대리인이다.
⑤ 표현대리에 관한 법리는 대리의 경우와 복대리와의 사이에 차이가 있는 것은 아니므로, 민법 제126조의 대리인에는 복대리인도 포함되고, 복대리인이 권한을 넘은 대리행위를 한 경우에도 표현대리가 인정된다(대판 1962.10.8, 62다508 등).

18 복대리에 관한 설명으로 옳은 것은? (다툼이 있으면 판례에 따름) ▶ 2023 감정평가사

① 복대리인은 대리인의 대리인이다.
② 복대리인은 본인에 대해 어떠한 권리·의무도 부담하지 않는다.
③ 복대리인이 선임되면 복대리인의 대리권 범위 내에서 대리인의 대리권은 잠정적으로 소멸한다.
④ 대리인이 복대리인을 선임한 후 사망하더라도 특별한 사정이 없는 한 그 복대리권은 소멸하지 않는다.
⑤ 복임권 없는 대리인에 의해 선임된 복대리인의 대리행위에 대해서도 권한을 넘은 표현대리에 관한 규정이 적용될 수 있다.

정답해설
① 복대리인은 대리인이 대리권의 범위 내에서 대리인 자신의 이름으로 선임한 본인의 대리인이다.
② 제123조【복대리인의 권한】② 복대리인은 본인이나 제3자에 대하여 대리인과 동일한 권리의무가 있다.
③ 복대리인을 선임해도 대리인의 대리권은 소멸하지 않으며, 반대로 대리권이 소멸하면 복대리권도 소멸한다.

④ 복대리인은 대리인에 의해 선임된 자이므로 대리인의 지휘·감독을 받게 되며, 복대리인의 대리권은 대리인이 가지는 대리권의 존재 및 범위에 의존한다(부종성). 따라서 대리인의 대리권이 소멸하면 복대리인의 복대리권도 소멸한다. 따라서 대리인이 복대리인을 선임한 후 사망하였다면 대리인 사망으로 대리권이 소멸하므로, 특별한 사정이 없는 한 그 복대리권은 소멸한다.

⑤ 대리인이 사자 내지 임의로 선임한 복대리인을 통하여 권한 외의 법률행위를 한 경우, 상대방이 그 행위자를 대리권을 가진 대리인으로 믿었고 또한 그렇게 믿는 데에 정당한 이유가 있는 때에는, 복대리인 선임권이 없는 대리인에 의하여 선임된 복대리인의 권한도 기본대리권이 될 수 있을 뿐만 아니라, 그 행위자가 사자라고 하더라도 대리행위의 주체가 되는 대리인이 별도로 있고 그들에게 본인으로부터 기본대리권이 수여된 이상, 민법 제126조를 적용함에 있어서 기본대리권의 흠결 문제는 생기지 않는다(대판 1998.3.27, 97다48982).

19 복대리권의 소멸원인으로 볼 수 없는 것은?

▶ 2012 감정평가사

① 본인의 사망
② 본인의 파산
③ 복대리인의 성년후견의 개시
④ 대리인의 대리권 소멸
⑤ 대리인의 복임행위 철회

정답해설

①, ②, ③ 복대리인도 대리인이 선임한 본인의 대리인이므로, 대리권의 일반적 소멸원인 즉 본인의 사망, 복대리인의 사망, 성년후견의 개시 또는 파산은 소멸원인이나, 본인의 파산은 소멸사유가 아니다(제127조 제1호).

> **제127조【대리권의 소멸사유】**
> 대리권은 다음 각 호의 어느 하나에 해당하는 사유가 있으면 소멸된다.
> 1. 본인의 사망
> 2. 대리인의 사망, 성년후견의 개시 또는 파산

④ 복대리권은 대리인의 대리권을 전제로 인정되는 권리이므로, 대리인의 대리권이 소멸하면 당연히 복대리권도 소멸한다.
⑤ 복대리인은 임의대리인이므로 복대리인의 대리권은 대리인에 의한 복임행위의 철회에 의하여도 소멸한다.

> **제128조【임의대리의 종료】**
> 법률행위에 의하여 수여된 대리권은 전조의 경우 외에 그 원인된 법률관계의 종료에 의하여 소멸한다. 법률관계의 종료 전에 본인이 수권행위를 철회한 경우에도 같다.

▶ 정답 17 ① 18 ⑤ 19 ②

20. 권한을 넘은 표현대리(민법 제126조)가 성립하기 위한 요건이 아닌 것은? (다툼이 있으면 판례에 따름)

① 대리인은 일정한 범위의 기본대리권을 가지고 있어야 한다.
② 대리인은 상대방과 법률행위를 하면서 원칙적으로 자신이 대리인으로서 행위를 한다는 사실을 밝혀야 한다.
③ 월권행위는 기본대리권의 내용이 되는 법률행위와 동종 또는 유사한 것이어야 한다.
④ 대리인이 자신이 가진 대리권의 범위를 넘는 법률행위를 하여야 한다.
⑤ 상대방이 대리인에게 권한이 있다고 믿을 만한 정당한 사유가 있어야 한다.

[정답해설]
① 권한을 넘은 표현대리가 성립하기 위해서는 대리인이 현실로 이루어진 행위에 대한 대리권은 없지만 다른 어떤 행위에 대한 대리권, 즉 기본대리권을 가지고 있어야 한다. 따라서 기본대리권의 존재는 민법 제126조의 표현대리의 필수요건이다(대판 1974.5.14, 73다148).
② 제114조【대리행위의 효력】① 대리인이 그 권한 내에서 본인을 위한 것임을 표시한 의사표시는 직접 본인에게 대하여 효력이 생긴다.
③ 기본대리권이 존재하기만 하면 족하고, 그것이 대리행위와 아무런 관련성이 없어도 무방하다. 즉 기본대리권과 권한을 넘은 대리행위가 동종이거나 유사할 필요는 없다.
④ 대리인이 자신이 가진 대리권의 범위를 넘는 법률행위를 하여야 한다.
⑤ 상대방이 월권행위를 할 권한이 있다고 믿는 데 정당한 이유가 있어야 하며, 정당한 이유를 판례는 대리행위 당시 상대방이 대리인이 대리권을 가지고 있다고 믿는 데 과실이 없는 것(선의·무과실설)을 말한다고 한다(대판 2001.3.9, 2000다67884).

21. 표현대리에 관한 설명으로 옳지 않은 것은? (다툼이 있으면 판례에 의함) ▶ 2014 감정평가사

① 권한을 넘은 표현대리인지를 판단할 때 정당한 이유의 유무는 대리행위 시를 기준으로 한다.
② 권한을 넘은 표현대리에서는 기본대리권의 내용이 되는 행위와 표현대리 행위가 반드시 같은 종류의 것이어야 한다.
③ 부부간의 일상가사대리권을 기본대리권으로 하여 권한을 넘은 표현대리가 성립할 수 있다.
④ 복대리인의 대리권은 권한을 넘은 표현대리의 기본대리권이 될 수 있다.
⑤ 표현대리가 성립하여도 무권대리의 성질이 유권대리로 전환되는 것은 아니다.

[정답해설]
① 권한을 넘은 표현대리에서 대리인에게 그 권한이 있다고 믿을 만한 정당한 이유가 있는가의 여부는 대리행위 당시를 기준으로 결정하여야 하고 그 이후의 사정은 고려할 것이 아니다(대판 1997.6.27, 97다3828).
② 권한을 넘은 표현대리에서는 표현대리행위와 기본대리권에 기초한 행위는 동종 내지는 유사한 것임을 요하지 않는다(대판 1962.2.8, 4294민상192).
③ 판례는 일상가사대리권을 기본대리권으로 한 민법 제126조의 표현대리를 인정한다(대판 1967.8.29, 67다1125 등).

④ 권한을 넘은 표현대리가 성립하기 위해서는 대리인이 현실로 이루어진 행위에 대한 대리권은 없지만 다른 어떤 행위에 대한 대리권, 즉 기본대리권을 가지고 있어야 한다. 따라서 기본대리권의 존재는 민법 제126조의 표현대리의 필수요건이다(대판 1974.5.14, 73다148). 그리고 표현대리에 관한 법리는 대리의 경우와 복대리와의 사이에 차이가 있는 것은 아니므로, 민법 제126조의 대리인에는 복대리인도 포함되고, 복대리인이 권한을 넘은 대리행위를 한 경우에도 표현대리가 인정된다(대판 1962.10.8, 62다508 등).
⑤ 표현대리에 있어서는 대리권이 없음에도 불구하고 법률이 특히 거래상대방 보호와 거래안전유지를 위하여 본래 무효인 무권대리행위의 효과를 본인에게 미치게 한 것으로서 표현대리가 성립된다고 하여 무권대리의 성질이 유권대리로 전환되는 것은 아니므로, 양자의 구성요건 해당사실 즉 주요사실은 다르다고 볼 수밖에 없으니 유권대리에 관한 주장 속에 무권대리에 속하는 표현대리의 주장이 포함되어 있다고 볼 수 없다고 하였다(대판 1983.12.13, 83다카1489).

22 권한을 넘은 표현대리에 관한 설명으로 옳지 않은 것은? (다툼이 있으면 판례에 따름)
▶ 2016 감정평가사

① 복대리인 선임권이 없는 대리인에 의하여 선임된 복대리인의 권한도 기본대리권이 될 수 있다.
② 정당한 이유의 유무는 대리행위 당시와 그 이후의 사정을 고려하여 판단한다.
③ 기본대리권은 표현대리행위와 동종 또는 유사할 필요가 없다.
④ 권한을 넘은 표현대리는 법정대리에도 적용된다.
⑤ 대리행위가 대리권을 제한하는 강행규정을 위반하여 권한을 넘은 경우에는 표현대리가 인정되지 않는다.

정답해설
① 대리인이 사자 내지 임의로 선임한 복대리인을 통하여 권한 외의 법률행위를 한 경우, 상대방이 그 행위자를 대리권을 가진 대리인으로 믿었고 또한 그렇게 믿는 데에 정당한 이유가 있는 때에는, 복대리인 선임권이 없는 대리인에 의하여 선임된 복대리인의 권한도 기본대리권이 될 수 있을 뿐만 아니라, 그 행위자가 사자라고 하더라도 대리행위의 주체가 되는 대리인이 별도로 있고 그들에게 본인으로부터 기본대리권이 수여된 이상, 민법 제126조를 적용함에 있어서 기본대리권의 흠결 문제는 생기지 않는다(대판 1998.3.27, 97다48982).
② 권한을 넘은 표현대리에서 대리인에게 그 권한이 있다고 믿을 만한 정당한 이유가 있는가의 여부는 대리행위 당시를 기준으로 결정하여야 하고 그 이후의 사정은 고려할 것이 아니다(대판 1997.6.27, 97다3828).
③ 판례는 권한을 넘은 표현대리에서는 표현대리행위와 기본대리권에 기초한 행위는 동종 내지는 유사한 것임을 요하지 않는다고 한다(대판 1962.2.8, 4294민상192).
④ 민법 제126조 소정의 권한을 넘는 표현대리 규정은 거래의 안전을 도모하여 거래상대방의 이익을 보호하려는 데에 그 취지가 있으므로 법정대리라고 하여 임의대리와는 달리 그 적용이 없다고 할 수 없다(대판 1997.6.27, 97다3828).
⑤ 사립학교법 제16조에 의하면 학교법인을 대표하는 이사장이라 하더라도 이사회의 심의·결정을 거쳐야 하는 이와 같은 재산의 처분 등에 관하여는 법률상 그 권한이 제한되어 이사회의 심의·결정 없이는 이를 대리하여 결정할 권한이 없는 것이라 할 것이므로 이사장이 한 학교법인의 기본재산 처분행위에 관하여는 민법 제126조의 표현대리에 관한 규정이 준용되지 아니한다(대판 1983.12.27, 83다548).

▶ 정답   20 ③   21 ②   22 ②

23 표현대리에 관한 설명으로 옳지 않은 것은? (다툼이 있으면 판례에 따름) ▶ 2024 감정평가사

① 표현대리행위가 성립하는 경우, 상대방에게 과실이 있더라도 과실상계의 법리를 유추적용하여 본인의 책임을 경감할 수 없다.
② 상대방의 유권대리 주장에는 표현대리의 주장이 포함되는 것은 아니므로 이 경우 법원은 표현대리의 성립여부까지 판단해야 하는 것은 아니다.
③ 민법 제126조의 권한을 넘은 표현대리 규정은 법정대리에도 적용된다.
④ 복대리인의 대리행위에 대해서는 표현대리가 성립할 수 없다.
⑤ 수권행위가 무효인 경우, 민법 제129조의 대리권 소멸 후의 표현대리가 적용되지 않는다.

> 정답해설

① 표현대리가 성립하면 그 본인은 표현대리행위에 대하여 전적인 책임을 져야 하고 상대방에게 과실이 있다고 하더라도 과실상계의 법리를 유추적용하여 그의 책임을 감경할 수 없다(대판 1996.7.12. 95다49554).
② 표현대리에 있어서는 대리권이 없음에도 불구하고 법률이 특히 거래상대방 보호와 거래안전유지를 위하여 본래 무효인 무권대리행위의 효과를 본인에게 미치게 한 것으로서 표현대리가 성립된다고 하여 무권대리의 성질이 유권대리로 전환되는 것은 아니므로, 양자의 구성요건 해당사실 즉 주요사실은 다르다고 볼 수밖에 없으니 유권대리에 관한 주장 속에 무권대리에 속하는 표현대리의 주장이 포함되어 있다고 볼 수 없다고 하였다(대판 1983.12.13. 83다카1489).
③ 민법 제126조 소정의 권한을 넘는 표현대리 규정은 거래의 안전을 도모하여 거래상대방의 이익을 보호하려는 데에 그 취지가 있으므로 법정대리라고 하여 임의대리와는 달리 그 적용이 없다고 할 수 없다(대판 1997.6.27. 97다3828).
④ 복대리에도 표현대리법리가 적용된다. 따라서 대리인이 대리권 소멸 후 복대리인을 선임하여 복대리인으로 하여금 대리행위를 하도록 한 경우, 대리권 소멸 후의 표현대리가 성립할 수 있다(대판 1998.3.27. 97다48982).
⑤ 수권행위가 무효라면 처음부터 대리권이 존재하지 않았던 경우이므로 대리권 소멸 후의 표현대리에 관한 민법 제129조는 적용되지 않는다.

24 표현대리에 관한 설명으로 옳지 않은 것은? (다툼이 있으면 판례에 따름) ▶ 2015 감정평가사

① 대리권 소멸 후의 표현대리가 인정되는 경우, 그 표현대리의 권한을 넘은 대리행위가 있을 때 권한을 넘은 표현대리가 성립할 수 있다.
② 대리인이 대리권 소멸 후 복대리인을 선임하여 복대리인으로 하여금 대리행위를 하도록 한 경우, 대리권 소멸 후의 표현대리가 성립할 수 없다.
③ 권한을 넘은 표현대리에 있어 '정당한 이유'의 존부는 대리행위 당시의 제반 사정을 객관적으로 관찰하여 판단하여야 한다.
④ 본인이 대리권 수여표시에 의한 표현대리 또는 대리권 소멸 후의 표현대리로 인하여 책임을 지기 위해서는 상대방이 선의·무과실이어야 한다.
⑤ 교회의 대표자가 교인총회의 결의를 거치지 아니하고 교회 재산을 처분한 행위에 대하여 권한을 넘은 표현대리에 관한 규정을 준용할 수 없다.

[정답해설]
① 대리권 소멸 후의 표현대리가 인정되는 경우, 그 표현대리의 권한을 넘은 대리행위가 있을 때 권한을 넘은 표현대리가 성립할 수 있다(대판 1979.3.27, 79다234).
② 복대리에도 표현대리법리가 적용된다. 따라서 대리인이 대리권 소멸 후 복대리인을 선임하여 복대리인으로 하여금 대리행위를 하도록 한 경우, 대리권 소멸 후의 표현대리가 성립할 수 있다(대판 1998.3.27, 97다48982).
③ 표현대리의 효과를 주장하려면 상대방이 자칭 대리인에게 대리권이 있다고 믿고 그와 같이 믿는 데 정당한 이유가 있을 것을 요건으로 하는 것인데, 여기의 정당한 이유의 존부는 자칭 대리인의 대리행위가 행하여질 때에 존재하는 제반 사정을 객관적으로 관찰하여 판단하여야 한다(대판 2013.4.26, 2012다99617).
④ 법정외관책임으로 상대방의 선의·무과실을 요한다. 즉 본인이 대리권 수여표시에 의한 표현대리 또는 대리권 소멸 후의 표현대리로 인하여 책임을 지기 위해서는 상대방이 선의·무과실이어야 한다(대판(전) 1983.12.13, 83다카1489).
⑤ 비법인사단인 교회의 대표자는 총유물인 교회 재산의 처분에 관하여 교인총회의 결의를 거치지 아니하고는 이를 대표하여 행할 권한이 없다. 그리고 교회의 대표자가 권한 없이 행한 교회 재산의 처분행위에 대하여는 민법 제126조의 표현대리에 관한 규정이 준용되지 아니한다(대판 2002.2.8, 2001다57679; 대판 2003.7.11, 2001다73626 등).

▶ 정답 23 ④   24 ②

25. 표현대리에 관한 설명으로 옳지 않은 것을 모두 고른 것은? (다툼이 있으면 판례에 따름)

▶ 2021 감정평가사

ㄱ. 대리권 소멸 후의 표현대리에 관한 규정은 임의대리에만 적용된다.
ㄴ. 표현대리를 주장할 때에는 무권대리인과 표현대리에 해당하는 무권대리 행위를 특정하여 주장하여야 한다.
ㄷ. 강행법규를 위반하여 무효인 법률행위라 하더라도 표현대리의 법리는 준용될 수 있다.
ㄹ. 표현대리가 성립하는 경우에도 상대방에게 과실이 있다면 과실상계의 법리를 유추적용하여 본인의 책임을 경감할 수 있다.

① ㄱ, ㄴ
② ㄴ, ㄷ
③ ㄱ, ㄴ, ㄷ
④ ㄱ, ㄷ, ㄹ
⑤ ㄴ, ㄷ, ㄹ

정답해설

ㄱ. (×) : 판례는 제125조 대리권수여표시에 의한 표현대리만 임의대리문제라고 하고, 나머지의 표현대리는 임의대리, 법정대리 모두 적용된다고 한다. 따라서 대리권 소멸 후의 표현대리에 관한 민법 제129조는 임의대리권이 소멸한 경우만이 아니라 법정대리인의 대리권이 소멸한 경우에도 적용된다.

ㄴ. (○) : 표현대리 제도는 대리권이 있는 것 같은 외관이 생긴 데 대해 본인이 민법 제125조, 제126조 및 제129조 소정의 원인을 주고 있는 경우에 그러한 외관을 신뢰한 선의·무과실의 제3자를 보호하기 위하여 그 무권대리 행위에 대하여 본인이 책임을 지게 하려는 것이고 이와 같은 문제는 무권대리인과 본인과의 관계, 무권대리인의 행위 당시의 여러 가지 사정 등에 따라 결정되어야 할 것이므로 당사자가 표현대리를 주장함에는 무권대리인과 표현대리에 해당하는 무권대리 행위를 특정하여 주장하여야 한다 할 것이고 따라서 당사자의 표현대리의 항변은 특정된 무권대리인의 행위에만 미치고 그 밖의 무권대리인이나 무권대리 행위에는 미치지 아니한다(대판 1984.7.24, 83다카1819).

ㄷ. (×) : 총유물의 관리, 처분은 사원총회의 결의에 의하고, 보존행위도 마찬가지이다(제276조 제1항). 대법원은 본 조항을 강행규정으로 파악하고 본 조항에 위배된 법률행위에 관하여 표현대리에 의한 보호는 있을 수 없다고 한다(대판 2003.7.11, 2001다73626).

ㄹ. (×) : 표현대리가 성립하면 그 본인은 표현대리행위에 대하여 전적인 책임을 져야 하고 상대방에게 과실이 있다고 하더라도 과실상계의 법리를 유추적용하여 그의 책임을 감경할 수 없다(대판 1996.7.12, 95다49554).

26. 무권대리행위의 추인에 관한 설명으로 옳지 않은 것은? (다툼이 있으면 판례에 의함)

▶ 2025 감정평가사

① 무권대리행위의 추인은 묵시적인 방법으로도 할 수 있다.
② 상대방이 유효하게 무권대리행위를 철회한 후에도 본인은 추인할 수 있다.
③ 본인이 무권대리인에게 무권대리행위를 추인한 경우에 상대방이 이를 알지 못하는 동안에는 본인은 상대방에게 추인의 효과를 주장하지 못한다.
④ 무권대리행위의 추인은 상대방의 동의나 승낙을 요하지 않는다.
⑤ 무권대리행위의 일부에 대한 추인은 상대방의 동의를 얻지 못하는 한 무효이다.

> **정답해설**

① 무권대리행위에 대한 본인의 추인은 재판상·재판 외에서 명시적·묵시적으로도 할 수 있다. 예컨대, 매매계약을 체결한 무권대리인으로부터 매매대금의 일부를 본인이 수령한 경우 특별한 사정이 없는 한 본인이 무권대리행위를 묵시적으로 추인한 것으로 본다(대판 2009.11.12. 2009다46828).
② 민법 제134조에서 정한 상대방의 철회권은 무권대리 행위가 본인의 추인에 따라 효력이 좌우되어 상대방이 불안정한 지위에 놓이게 됨을 고려하여 대리권이 없었음을 알지 못한 상대방을 보호하기 위하여 상대방에게 부여된 권리로서 상대방이 유효한 철회를 하면 무권대리행위는 확정적으로 무효가 되어 그 후에는 본인이 무권대리행위를 추인할 수 없다(대판 2017.6.29. 2017다213838).

> **제134조【상대방의 철회권】**
> 대리권 없는 자가 한 계약은 본인의 추인이 있을 때까지 상대방은 본인이나 그 대리인에 대하여 이를 철회할 수 있다. 그러나 계약 당시에 상대방이 대리권 없음을 안 때에는 그러하지 아니하다.

③ 민법 제132조는 본인이 무권대리인에게 무권대리행위를 추인한 경우에 상대방이 이를 알지 못하는 동안에는 본인은 상대방에게 추인의 효과를 주장하지 못한다는 취지이므로 상대방은 그때까지 민법 제134조에 의한 철회를 할 수 있고, 또 무권대리인에의 추인이 있었음을 주장할 수도 있다(대판 1981.4.14. 80다2314).

> **제132조【추인, 거절의 상대방】** 추인 또는 거절의 의사표시는 상대방에 대하여 하지 아니하면 그 상대방에 대항하지 못한다. 그러나 상대방이 그 사실을 안 때에는 그러하지 아니하다.

④, ⑤ 무권대리행위의 추인은 무권대리인에 의하여 행하여진 불확정한 행위에 관하여 그 행위의 효과를 자기에게 직접 발생케 하는 것을 목적으로 하는 의사표시이며, 무권대리인 또는 상대방의 동의나 승낙을 요하지 않는 단독행위로서 의사표시의 전부에 대하여 행하여져야 하고, 그 일부에 대하여 추인을 하거나 그 내용을 변경하여 추인을 하였을 경우에는 상대방의 동의를 얻지 못하는 한 무효이다. 무권대리행위의 추인은 대리행위 전부에 대하여 행해져야 한다(대판 1982.1.26. 81다카549).

■ 제한능력자와 무권대리인 법률행위의 상대방보호 비교

		제한능력자의 법률행위	무권대리행위
법률행위의 효력		유동적 유효	유동적 무효
확답 촉구권 (최고권)	최고권자	선의·악의 불문 모든 상대방 가능	
	최고의 상대방	법정대리인(또는 능력자로 된 본인)	본인
	최고기간	1월 이상의 기간	상당한 기간
	확답이 없는 때	① 원칙적으로 추인 간주 ② 특별절차 요하면 취소로 간주	추인거절로 간주
철회권	철회권자	선의의 상대방만 가능	
	철회의 상대방	법정대리인·본인은 물론 제한능력자·무권대리인도 가능	
	행사기간	법정대리인·본인의 추인이 있기 전에만 행사가능	
거절권		○	×[11]

---

11) 단독행위에는 별도 규정이 있다(제136조).

27 무권대리에 관한 설명으로 옳지 않은 것은? (다툼이 있으면 판례에 따름) ▶ 2015 감정평가사

① 무권대리행위에 대한 본인의 추인은 재판상·재판 외에서 묵시적으로도 할 수 있다.
② 무권대리행위는 추인이나 거절 전에는 유동적 무효이다.
③ 본인이 무권대리행위의 추인을 거절한 후에는 다시 추인할 수 없다.
④ 매매계약을 체결한 무권대리인으로부터 매매대금의 일부를 본인이 수령한 경우 특별한 사정이 없는 한 본인이 무권대리행위를 묵시적으로 추인한 것으로 본다.
⑤ 무권대리인의 상대방에 대한 책임은 과실책임이다.

[정답해설]
①, ④ 무권대리행위에 대한 본인의 추인은 재판상·재판 외에서 명시적·묵시적으로도 할 수 있다. 예컨대, 매매계약을 체결한 무권대리인으로부터 매매대금의 일부를 본인이 수령한 경우 특별한 사정이 없는 한 본인이 무권대리행위를 묵시적으로 추인한 것으로 본다(대판 2009.11.12. 2009다46828).
② 무권대리행위는 추인(확정적 유효)이나 거절(확정적 무효) 전에는 유동적 무효이다.
③ 본인이 무권대리행위의 추인은 상대방 있는 단독행위이며 형성권으로 그 추인을 거절한 후에는 확정적 무효가 되어 무권대리행위로 다시 추인할 수는 없다.
⑤ 민법 제135조 제1항은 "타인의 대리인으로 계약을 한 자가 그 대리권을 증명하지 못하고 또 본인의 추인을 얻지 못한 때에는 상대방의 선택에 좇아 계약의 이행 또는 손해배상의 책임이 있다."고 규정하고 있다. 위 규정에 따른 무권대리인의 상대방에 대한 책임은 무과실책임으로서 대리권의 흠결에 관하여 대리인에게 과실 등의 귀책사유가 있어야만 인정되는 것이 아니고, 무권대리행위가 제3자의 기망이나 문서위조 등 위법행위로 야기되었다고 하더라도 책임은 부정되지 아니한다(대판 2014.2.27. 2013다213038).

28 무권대리에 관한 설명으로 옳은 것은? (다툼이 있으면 판례에 따름) ▶ 2015 공인중개사

① 무권대리행위의 일부에 대한 추인은 상대방의 동의를 얻지 못하는 한 효력이 없다.
② 무권대리행위를 추인한 경우 원칙적으로 추인한 때로부터 유권대리와 마찬가지의 효력이 생긴다.
③ 무권대리행위의 추인의 의사표시는 본인이 상대방에게 하지 않으면, 상대방이 그 사실을 알았더라도 상대방에게 대항하지 못한다.
④ 무권대리인의 계약상대방은 계약 당시 대리권 없음을 안 경우에도 본인에 대해 계약을 철회할 수 있다.
⑤ 무권대리행위가 무권대리인의 과실 없이 제3자의 기망 등 위법행위로 야기된 경우, 특별한 사정이 없는 한 무권대리인은 상대방에게 책임을 지지 않는다.

정답해설

① 무권대리행위의 추인은 의사표시의 전부에 대하여 행하여져야 하고, 그 일부에 대하여 추인을 하거나 그 내용을 변경하여 추인을 하였을 경우에는 상대방의 동의를 얻지 못하는 한 무효이다. 무권대리행위의 추인은 대리행위 전부에 대하여 행해져야 한다(대판 1982.1.26, 81다카549).

② 무권대리행위를 추인한 경우 추인한 때로부터가 아니라 계약 시에 소급하여 그 효력이 생긴다(제133조).

> **제133조【추인의 효력】**
> 추인은 다른 의사표시가 없는 때에는 계약 시에 소급하여 그 효력이 생긴다. 그러나 제3자의 권리를 해하지 못한다.

③ 추인의 상대방은 무권대리인뿐만 아니라 무권대리행위의 상대방에 대하여도 할 수 있고(대판 2009.11.12, 2009다46828), 무권대리행위로 인한 권리 또는 법률관계의 승계인도 포함된다(대판 1981.4.14, 80다2314). 그러나 무권대리인에게 한 추인의 의사표시는 상대방이 알 때까지는 상대방에게 대항할 수 없다(제132조).

> **제132조【추인, 거절의 상대방】**
> 추인 또는 거절의 의사표시는 상대방에 대하여 하지 아니하면 그 상대방에 대항하지 못한다. 그러나 상대방이 그 사실을 안 때에는 그러하지 아니하다.

④ 제134조【상대방의 철회권】대리권 없는 자가 한 계약은 본인의 추인이 있을 때까지 상대방은 본인이나 그 대리인에 대하여 이를 철회할 수 있다. 그러나 계약 당시에 상대방이 대리권 없음을 안 때에는 그러하지 아니하다.

⑤ 무권대리인이 대리권을 증명하지 못하고 또 본인의 추인을 얻지 못한 때에는 상대방의 선택에 따라 계약의 이행 또는 손해배상의 책임을 지게 된다(제135조 제1항). 이러한 무권대리인의 책임은 법정의 무과실책임이다(판례). 즉 대리인으로서 대리행위를 한 자가 의사표시 당시에 객관적으로 대리권이 결여되어 있으면 족하고 대리권의 결여에 대한 대리인의 과실이 있어야 하는 것은 아니다(대판 1962.4.12, 4294민상1021).

29 무권대리와 표현대리에 관한 설명으로 옳은 것은? (다툼이 있으면 판례에 따름)

▶ 2018 감정평가사

① 강행법규에 위반한 무효의 대리행위에 대해서도 표현대리의 법리가 적용될 수 있다.
② 무권대리행위의 추인은 본인이 무권대리행위의 상대방뿐만 아니라 무권대리인에 대해서도 할 수 있다.
③ 상대방의 유권대리 주장에는 표현대리의 성립 역시 포함되므로 법원은 표현대리의 성립 여부까지 판단해야 한다.
④ 무권대리인이 무권대리행위 후 본인을 단독상속한 경우, 그 무권대리행위가 무효임을 주장하는 것은 신의칙에 반하지 않는다.
⑤ 표현대리가 성립하는 경우, 상대방에게 과실이 있으면 과실상계의 법리가 적용된다.

▶ 정답 27 ⑤ 28 ① 29 ②

> 정답해설

① 총유물의 관리, 처분은 사원총회의 결의에 의하고, 보존행위도 마찬가지이다(제276조 제1항). 대법원은 본 조항을 강행규정으로 파악하고 본 조항에 위배된 법률행위에 관하여 표현대리에 의한 보호는 있을 수 없다고 한다(대판 2003.7.11, 2001다73626).
② 추인의 상대방은 무권대리인뿐만 아니라 무권대리행위의 상대방에 대하여도 할 수 있고(대판 2009.11.12, 2009다46828), 무권대리행위로 인한 권리 또는 법률관계의 승계인도 포함된다(대판 1981.4.14, 80다2314). 그러나 무권대리인에게 한 추인의 의사표시는 상대방이 알 때까지는 상대방에게 대항할 수 없다(제132조).
③ 대리권이 있다는 것과 표현대리가 성립한다는 것은 그 요건사실이 다르므로 유권대리의 주장이 있으면 표현대리의 주장이 당연히 포함되는 것은 아니고 이 경우 법원이 표현대리의 성립 여부까지 판단해야 하는 것은 아니다(대판 1990.3.27, 88다카181).
④ 판례는 "甲은 乙의 무권대리인으로서 제135조 제1항의 규정에 의하여 매수인인 丙에게 부동산에 대한 소유권이전등기를 이행할 의무가 있으므로 그러한 지위에 있는 甲이 乙로부터 부동산을 상속받아 그 소유자가 되어 소유권이전등기이행의무를 이행하는 것이 가능하게 된 시점에서 자신이 소유자라고 하여 자신으로부터 부동산을 전전매수한 丁에게 원래 자신의 매매행위가 무권대리행위여서 무효였다는 이유로 丁 앞으로 경료된 소유권이전등기가 무효의 등기라고 주장하여 그 등기의 말소를 청구하거나 부동산의 점유로 인한 부당이득금의 반환을 구하는 것은 금반언의 원칙이나 신의성실의 원칙에 반하여 허용될 수 없다(대판 1994.9.27, 94다20617)"고 판시하여 무권대리인이 본인을 단독상속한 경우에 관하여 당연히 유효로 되는 것은 아니고 무권대리인이 본인의 지위에서 추인을 거절하는 것은 금반언의 원칙이나 신의칙상 허용되지 않는다고 본다.
⑤ 표현대리행위가 성립하는 경우에 그 본인은 표현대리행위에 의하여 전적인 책임을 져야 하고, 상대방에게 과실이 있다고 하더라도 과실상계의 법리를 유추적용하여 본인의 책임을 경감할 수 없다(대판 1996.7.12, 95다49554).

30 乙이 대리권 없이 甲의 대리인으로 甲 소유의 토지를 丙에게 임대한 경우에 관한 설명으로 옳지 않은 것은? (다툼이 있으면 판례에 의함) ▶ 2013 감정평가사

① 甲이 계약을 추인한 경우 다른 의사표시가 없으면 그 계약은 처음부터 유효하나, 제3자의 권리를 해치지 못한다.
② 乙이 이행책임 또는 손해배상책임을 져야 하는 경우 어느 책임을 부담할 것인지는 원칙적으로 丙이 선택한다.
③ 甲이 사망하고 乙이 유일한 상속인인 경우 乙은 이 계약의 추인을 거절하지 못한다.
④ 丙이 상당한 기간을 정해 추인 여부를 최고한 경우 甲이 그 기간 내에 확답을 발송하지 않으면 추인을 거절한 것으로 본다.
⑤ 丙이 선의인 경우 그는 甲이 계약을 추인한 후에도 그 계약을 철회할 수 있다.

> 정답해설

① 대리권 없이 이루어진 대리행위는 본인에게 효력이 없으나, 제133조에 의해 본인 甲이 추인한 경우라면 다른 의사표시가 없으면 그 계약은 추인한 때부터가 아니라 계약 시에 소급하여 그 효력이 생긴다. 그러나 제3자의 권리를 해하지 못한다.

> **제133조【추인의 효력】**
> 추인은 다른 의사표시가 없는 때에는 계약 시에 소급하여 그 효력이 생긴다. 그러나 제3자의 권리를 해하지 못한다.

② 타인의 대리인으로 계약을 한 자가 그 대리권을 증명하지 못하고 또 본인의 추인을 얻지 못한 때에는 상대방의 선택에 좇아 계약의 이행 또는 손해배상의 책임이 있다(제135조 제1항). 따라서 무권대리인 乙이 이행책임 또는 손해배상책임을 져야 하는 경우 상대방인 丙이 선택하는 책임을 부담하게 된다.

③ 무권대리인의 지위와 본인의 지위는 분리하여 병존한다. 그러나 신의칙상 추인을 거절할 수 없다(대판 1994.9.27, 94다20617). 즉 판례는 "甲은 乙의 무권대리인으로서 제135조 제1항의 규정에 의하여 매수인인 丙에게 부동산에 대한 소유권이전등기를 이행할 의무가 있으므로 그러한 지위에 있는 甲이 乙로부터 부동산을 상속받아 그 소유자가 되어 소유권이전등기이행의무를 이행하는 것이 가능하게 된 시점에서 자신이 소유자라고 하여 자신으로부터 부동산을 전전매수한 丁에게 원래 자신의 매매행위가 무권대리행위여서 무효였다는 이유로 丁 앞으로 경료된 소유권이전등기가 무효의 등기라고 주장하여 그 등기의 말소를 청구하거나 부동산의 점유로 인한 부당이득금의 반환을 구하는 것은 금반언의 원칙이나 신의성실의 원칙에 반하여 허용될 수 없다"고 판시하였다.

④ 무권대리의 상대방의 권리인 최고권은 선악불문하고 인정된다. 따라서 상대방 丙이 乙의 대리권 없음을 알고 있었다 하더라도, 상대방 丙은 甲에 대하여 추인 여부의 확답을 최고할 수 있다(제131조). 본인이 그 기간 내에 확답을 발하지 아니한 때에는 추인을 거절한 것으로 본다.

> **제131조【상대방의 최고권】**
> 대리권 없는 자가 타인의 대리인으로 계약을 한 경우에 상대방은 상당한 기간을 정하여 본인에게 그 추인여부의 확답을 최고할 수 있다. 본인이 그 기간 내에 확답을 발하지 아니한 때에는 추인을 거절한 것으로 본다.

⑤ 철회권은 추인이 있을 때까지만 가능하므로, 본인이 추인을 먼저 하면 상대방이 선의라 하여도 철회권은 행사할 수 없다.

> **제134조【상대방의 철회권】**
> 대리권 없는 자가 한 계약은 본인의 추인이 있을 때까지 상대방은 본인이나 그 대리인에 대하여 이를 철회할 수 있다. 그러나 계약 당시에 상대방이 대리권 없음을 안 때에는 그러하지 아니하다.

▶ 정답 30 ⑤

31
乙은 대리권 없이 甲을 위하여 甲소유의 X토지를 丙에게 매도하였다. 이에 관한 설명으로 옳지 않은 것은? (다툼이 있으면 판례에 따름)
▶ 2024 감정평가사

① 乙이 丙으로부터 받은 매매대금을 甲이 수령한 경우, 특별한 사정이 없는 한 甲은 위 매매계약을 추인한 것으로 본다.
② 甲이 乙을 상대로 위 매매계약의 추인을 한 경우, 그 사실을 丙이 안 때에는 甲은 丙에게 추인의 효력을 주장할 수 있다.
③ 甲을 단독상속한 乙이 자신의 매매행위가 무효임을 주장하는 것은 신의칙에 반하여 허용되지 않는다.
④ 丙이 甲에게 기간을 정하여 그 추인 여부의 확답을 최고하였으나 甲이 기간 내에 확답을 발송하지 않으면 추인은 거절한 것으로 본다.
⑤ 甲이 추인을 하더라도 丙은 乙을 상대로 무권대리인의 책임에 따른 손해배상을 청구할 수 있다.

정답해설

① 무권대리인에 의한 매매계약에서 본인이 무권대리인이나 상대방으로부터 대금을 수령한 경우에는 특단의 사유가 없는 한 무권대리인의 매매계약을 추인하였다고 볼 것이다(대판 1963.4.11, 63다64; 대판 1992.2.28, 91다15584).

② 무권대리의 추인은 무권대리인이나 무권대리인의 상대방 어느 편에 대하여도 할 수 있다. 그러나 본인이 무권대리인에게 무권대리행위를 추인한 경우에는 상대방이 이를 알지 못하는 동안에는 본인은 상대방에게 추인의 효과를 주장하지 못하므로, 선의의 상대방은 그때까지 제134조에 의한 철회를 할 수 있다(대판 1981.4.14, 80다2314). 무권대리인에게 추인인 한 사실을 상대방 丙이 안 경우이므로 본인 甲은 丙에게 추인의 효력을 주장할 수 있다(제132조 단서).

> **제132조 【추인, 거절의 상대방】**
> 추인 또는 거절의 의사표시는 상대방에 대하여 하지 아니하면 그 상대방에 대항하지 못한다. 그러나 상대방이 그 사실을 안 때에는 그러하지 아니하다

③ 판례는 "甲은 乙의 무권대리인으로서 제135조 제1항의 규정에 의하여 매수인인 丙에게 부동산에 대한 소유권이전등기를 이행할 의무가 있으므로 그러한 지위에 있는 甲이 乙로부터 부동산을 상속받아 그 소유자가 되어 소유권이전등기이행의무를 이행하는 것이 가능하게 된 시점에서 자신이 소유라고 하여 자신으로부터 부동산을 전전매수한 丁에게 원래 자신의 매매행위가 무권대리행위여서 무효였다는 이유로 丁 앞으로 경료된 소유권이전등기가 무효의 등기라고 주장하여 그 등기의 말소를 청구하거나 부동산의 점유로 인한 부당이득금의 반환을 구하는 것은 금반언의 원칙이나 신의성실의 원칙에 반하여 허용될 수 없다(대판 1994.9.27, 94다20617)"고 판시하여 무권대리인이 본인을 단독상속한 경우에 관하여 당연히 유효로 되는 것은 아니고 무권대리인이 본인의 지위에서 추인을 거절하는 것은 금반언의 원칙이나 신의칙상 허용되지 않는다고 본다.

④ 상대방 丙이 甲에게 기간을 정하여 그 추인 여부의 확답을 최고하였으나 본인 甲이 기간 내에 확답을 발송하지 않으면 추인은 거절한 것으로 본다(제131조).

> **제131조 【상대방의 최고권】**
> 대리권 없는 자가 타인의 대리인으로 계약을 한 경우에 상대방은 상당한 기간을 정하여 본인에게 그 추인여부의 확답을 최고할 수 있다. 본인이 그 기간 내에 확답을 발하지 아니한 때에는 추인을 거절한 것으로 본다.

⑤ 타인의 대리인으로 계약을 한 자가 그 대리권을 증명하지 못하고 또 본인의 추인을 얻지 못한 때에는 상대방의 선택에 좇아 계약의 이행 또는 손해배상의 책임이 있다(제135조 제1항). 반대해석상 본인 甲이 매매계약을 추인하면 상대방 丙은 본인에게 계약을 책임을 물을 수 있으므로, 乙을 상대로 무권대리인의 책임을 물을 수 없다.

> **제135조 【상대방에 대한 무권대리인의 책임】**
> ① 다른 자의 대리인으로서 계약을 맺은 자가 그 대리권을 증명하지 못하고 또 본인의 추인을 받지 못한 경우에는 그는 상대방의 선택에 따라 계약을 이행할 책임 또는 손해를 배상할 책임이 있다.

32 甲으로부터 대리권을 수여받지 못한 乙은 甲의 대리인이라고 사칭하여 甲의 토지에 대해 丙과 매매계약을 체결하였다. 甲, 乙, 丙 사이의 법률관계에 관한 설명으로 옳은 것은? (다툼이 있으면 판례에 따름) ▶ 2019 감정평가사

① 甲은 乙의 대리행위를 추인할 수 있으며, 그 추인은 乙이 아닌 丙에게 하여야 효력이 있다.
② 甲이 추인하지 않고 乙이 자신의 대리권을 증명하지 못한 경우, 乙은 자신의 선택에 좇아 선의·무과실인 丙에게 계약의 이행이나 손해배상 책임을 진다.
③ 甲이 추인하면서 특별한 의사표시를 하지 않았다면 乙의 대리행위는 추인한 때로부터 甲에게 효력이 생긴다.
④ 丙이 계약 당시에 乙에게 대리권이 없다는 사실을 알았다면 철회권을 행사할 수 없다.
⑤ 丙은 甲에게 상당한 기간을 정하여 추인 여부의 확답을 최고할 수 있으며, 甲이 그 기간 내에 확답을 발하지 아니하면 甲이 추인한 것으로 본다.

정답해설
① 추인의 상대방은 무권대리인뿐만 아니라 무권대리행위의 상대방에 대하여도 할 수 있고(대판 2009.11.12, 2009다46828), 그러나 무권대리인에게 한 추인의 의사표시는 상대방이 알 때까지는 상대방에게 대항할 수 없다(제132조).
② 본인인 甲이 추인하지 않고 무권대리인 乙이 자신의 대리권을 증명하지 못한 경우, 무권대리인 乙은 상대방 丙의 선택에 좇아 선의·무과실의 丙에게 계약의 이행이나 손해배상 책임을 진다.

> **제135조 【상대방에 대한 무권대리인의 책임】**
> ① 다른 자의 대리인으로서 계약을 맺은 자가 그 대리권을 증명하지 못하고 또 본인의 추인을 받지 못한 경우에는 그는 상대방의 선택에 따라 계약을 이행할 책임 또는 손해를 배상할 책임이 있다.

③ 무권대리 추인은 소급효가 있다.

> **제133조 【추인의 효력】**
> 추인은 다른 의사표시가 없는 때에는 계약 시에 소급하여 그 효력이 생긴다. 그러나 제3자의 권리를 해하지 못한다.

④ 무권대리 추인을 알기 전 선의의 상대방은 철회할 수 있다.

> **제134조【상대방의 철회권】**
> 대리권 없는 자가 한 계약은 본인의 추인이 있을 때까지 상대방은 본인이나 그 대리인에 대하여 이를 철회할 수 있다. 그러나 계약 당시에 상대방이 대리권 없음을 안 때에는 그러하지 아니하다.

⑤ 무권대리 상대방의 최고에 대한 본인의 확답 문제이다. 즉 丙이 상당한 기간을 정하여 甲에게 추인여부의 확답을 최고하였음에도 甲이 그 기간 내에 확답을 발하지 않은 경우, 甲은 추인을 거절한 것으로 본다(제131조).

> **제131조【상대방의 최고권】**
> 대리권 없는 자가 타인의 대리인으로 계약을 한 경우에 상대방은 상당한 기간을 정하여 본인에게 그 추인여부의 확답을 최고할 수 있다. 본인이 그 기간 내에 확답을 발하지 아니한 때에는 추인을 거절한 것으로 본다.

33 乙은 대리권 없이 행위능력자인 甲의 임의대리인으로 행세하여 甲소유의 부동산을 丙에게 매매하는 계약을 체결하였다. 이에 관한 설명으로 옳지 않은 것은? (표현대리는 고려하지 않으며, 다툼이 있으면 판례에 따름)

▶ 2016 감정평가사

① 乙이 위 계약에 따라 丙에게 소유권이전등기를 해준 경우, 甲은 丙 명의 등기의 말소를 청구할 수 있다.
② 乙이 위 계약 당시 제한능력자인 경우, 乙은 丙에게 계약의 이행 또는 손해배상책임을 지지 않는다.
③ 甲이 乙의 무권대리행위를 알면서도 丙에게 매매대금을 청구하여 전부를 수령하였다면, 특별한 사정이 없는 한, 위 계약을 추인한 것으로 볼 수 있다.
④ 甲이 乙에 대하여 추인을 하였다면 丙이 그 추인 사실을 몰랐더라도 위 계약을 철회할 수 없다.
⑤ 甲의 유효한 추인이 있으면, 특별한 사정이 없는 한, 乙의 행위는 계약 시에 소급하여 甲에게 효력이 있다.

정답해설

① 대리권 없는 자가 타인의 대리인으로 한 계약은 본인이 이를 추인하지 아니하면 본인에 대하여 효력이 없다(제130조). 즉 무권대리인의 행위는 본인이 추인하지 않는 한 본인에게 효력이 미칠 수 없다. 따라서 乙은 무권대리인이고 甲이 등기명의말소를 청구하고 있으므로 甲이 추인한 경우도 아니므로 본인인 甲에게는 매매계약 체결의 효력이 미치지 않으므로 甲의 말소청구는 가능하다.
② 무권대리인의 상대방에 대한 책임은 상대방이 대리권 없음에 대해 악의·과실이 있을 때 또는 무권대리인 제한능력자일 때에는 적용되지 않는다(제135조).

> **제135조【상대방에 대한 무권대리인의 책임】**
> ① 다른 자의 대리인으로서 계약을 맺은 자가 그 대리권을 증명하지 못하고 또 본인의 추인을 받지 못한 경우에는 그는 상대방의 선택에 따라 계약을 이행할 책임 또는 손해를 배상할 책임이 있다.
> ② 대리인으로서 계약을 맺은 자에게 대리권이 없다는 사실을 상대방이 알았거나 알 수 있었을 때 또는 대리인으로서 계약을 맺은 사람이 제한능력자일 때에는 제1항을 적용하지 아니한다.

③ 본인인 甲이 무권대리행위임을 알면서도 상대방에게 적극적으로 대금을 청구하여 전부 수령하였다면 추인한 것으로 볼 수 있다(대판 2009.9.24, 2009다37831).
④ 민법 제132조는 본인이 무권대리인에게 무권대리행위를 추인한 경우에 상대방이 이를 알지 못하는 동안에는 본인은 상대방에게 추인의 효과를 주장하지 못한다는 취지이므로, 상대방은 그때까지 민법 제134조에 의한 철회를 할 수 있고 또 무권대리인에의 추인이 있었음을 주장할 수도 있다(대판 1981.4.14, 80다2314).

> **제132조【추인, 거절의 상대방】**
> 추인 또는 거절의 의사표시는 상대방에 대하여 하지 아니하면 그 상대방에 대항하지 못한다. 그러나 상대방이 그 사실을 안 때에는 그러하지 아니하다.

⑤ 무권대리행위에 대한 본인의 추인은 원칙적으로 소급효를 갖는다. 여기의 예외가 1) 다른 의사표시를 한 경우, 2) 제3자의 권리를 해하는 경우이다. 이때의 제3자는 등기나 인도 등 권리취득의 요건을 완전히 갖춘 자를 말한다(대판 1963.4.18, 62다223). 사안은 예외에 해당하지 않아 소급효가 인정된다.

> **제133조【추인의 효력】**
> 추인은 다른 의사표시가 없는 때에는 계약 시에 소급하여 그 효력이 생긴다. 그러나 제3자의 권리를 해하지 못한다.

34 18세의 甲은 乙의 대리인을 사칭하여 그가 보관하던 乙의 노트북을 그 사정을 모르는 丙에게 팔았다. 이에 관한 설명으로 옳지 않은 것은? (다툼이 있으면 판례에 따름) ▶ 2020 감정평가사

① 乙이 丙에게 매매계약을 추인한 때에는 매매계약은 확정적으로 효력이 생긴다.
② 乙이 甲에게 추인한 때에도 그 사실을 모르는 丙은 매매계약을 철회할 수 있다.
③ 乙이 추인하지 않으면, 甲은 자신의 선택으로 丙에게 매매계약을 이행하거나 손해를 배상하여야 한다.
④ 丙이 甲에게 대리권이 없음을 알았더라도 丙은 乙에게 추인 여부의 확답을 최고할 수 있다.
⑤ 乙이 추인한 때에는 甲은 자신이 미성년자임을 이유로 매매계약을 취소하지 못한다.

정답해설
① 무권대리에서 본인 乙이 상대방 丙에게 무권대리행위인 매매계약을 추인한 때에는 유동적 무효 상태였던 매매계약은 확정적 유효 상태로 전환되어 확정적으로 효력이 생긴다.
② 무권대리의 추인은 무권대리인이나 무권대리인의 상대방 어느 편에 대하여도 할 수 있다. 그러나 본인이 무권대리인에게 무권대리행위를 추인한 경우에는 상대방이 이를 알지 못하는 동안에는 본인은 상대방에게 추인의 효과를 주장하지 못하므로, 선의의 상대방은 그때까지 제134조에 의한 철회를 할 수 있다(대판 1981.4.14, 80다2314).
따라서 본인 乙이 무권대리인 甲에게 추인한 때에도 그 사실을 모르는 선의인 상대방 丙은 매매계약을 철회할 수 있다.

> 제132조 【추인, 거절의 상대방】
> 추인 또는 거절의 의사표시는 상대방에 대하여 하지 아니하면 그 상대방에 대항하지 못한다. 그러나 상대방이 그 사실을 안 때에는 그러하지 아니하다.

③ 무권대리인의 상대방에 대한 책임은 상대방이 대리권 없음에 대해 악의·과실이 있을 때 또는 무권대리인 제한능력자일 때에는 적용되지 않는다(제135조). 그러므로 미성년자인 18세의 甲은 제135조의 책임을 지지 않는다. 또한 제135조의 책임은 무권대리인 甲이 아니라 상대방 丙의 선택에 따라 매매계약을 이행하거나 손해를 배상할 책임을 지게 된다.

> 제135조 【상대방에 대한 무권대리인의 책임】
> ① 다른 자의 대리인으로서 계약을 맺은 자가 그 대리권을 증명하지 못하고 또 본인의 추인을 받지 못한 경우에는 그는 상대방의 선택에 따라 계약을 이행할 책임 또는 손해를 배상할 책임이 있다.
> ② 대리인으로서 계약을 맺은 자에게 대리권이 없다는 사실을 상대방이 알았거나 알 수 있었을 때 또는 대리인으로서 계약을 맺은 사람이 제한능력자일 때에는 제1항을 적용하지 아니한다.

④ 상대방 丙이 甲의 대리권 없음을 알고 있었다 하더라도, 무권대리의 상대방 丙은 乙에 대하여 추인 여부의 확답을 최고할 수 있다(제131조).

> 제131조 【상대방의 최고권】
> 대리권 없는 자가 타인의 대리인으로 계약을 한 경우에 상대방은 상당한 기간을 정하여 본인에게 그 추인여부의 확답을 최고할 수 있다. 본인이 그 기간 내에 확답을 발하지 아니한 때에는 추인을 거절한 것으로 본다.

⑤ 본인 乙이 추인한 때에는 매매계약은 소급하여 계약체결 시부터 효력이 생긴다. 대리행위에서 대리인은 행위능력자임을 요하지 아니하므로, 무권대리인 甲은 자신이 미성년자임을 이유로 매매계약을 취소하지 못한다.

> 제133조 【추인의 효력】
> 추인은 다른 의사표시가 없는 때에는 계약 시에 소급하여 그 효력이 생긴다. 그러나 제3자의 권리를 해하지 못한다.
>
> 제117조 【대리인의 행위능력】
> 대리인은 행위능력자임을 요하지 아니한다.

심화문제편

01 법률행위의 효력이 유효하기 위한 요건 중에서 특별효력요건에 해당하지 않는 것은? (다툼이 있으면 판례에 따름)
▶ 2017 세무사

① 미성년자의 법률행위에 대한 법정대리인의 동의
② 대리행위에서의 대리권의 존재
③ 시기(始期) 있는 법률행위에서의 기한의 도래
④ 재단법인의 기본재산 처분에 대한 주무관청의 허가
⑤ 법률행위에서 표의자의 의사능력의 존재

정답해설

①, ②, ③, ④ 특별효력요건은 개개의 법률행위에 특유한 효력요건으로서 미성년자의 법률행위에 있어서 법정대리인의 동의, 대리행위에 있어서 대리권의 존재, 조건부·기한부 법률행위에 있어서 조건의 성취·기한의 도래, 재단법인의 기본재산 처분에 대한 주무관청의 허가, 토지거래허가제에서 관할관청의 허가 등을 들 수 있다.
⑤ 성립된 법률행위가 유효하게 효력을 발생하기 위해서는 일반적 효력요건으로서 1. 당사자에게 의사능력·행위능력이 존재하고, 2. 법률행위의 목적이 확정·(실현)가능·적법성·사회적 타당성을 갖추어야 하며, 3. 의사표시에 관해 의사와 표시가 일치하고 사기·강박에 의한 의사표시가 아니어야 한다.

02 대리에 관한 설명으로 옳은 것은? (다툼이 있으면 판례에 따름)
▶ 2015 감정평가사

① 임의대리인은 행위능력자여야 한다.
② 대리인의 법률행위의 효과는 본인에게 귀속되므로 의사표시의 하자의 유무는 본인을 기준으로 판단한다.
③ 복대리인은 대리인이 선임한 자로서 본인의 대리인이 아니다.
④ 대리인은 본인의 허락을 얻어 본인을 위하여 자기와 법률행위를 할 수 있다.
⑤ 권한을 넘은 표현대리의 규정은 법정대리에는 적용되지 않는다.

정답해설

① 제117조【대리인의 행위능력】대리인은 행위능력자임을 요하지 아니한다.
② 대리인이 본인을 대리하여 매매계약을 체결함에 있어서 매매대상 토지에 관한 저간의 사정을 잘 알고 그 배임행위에 가담하였다면, 대리행위의 하자 유무는 대리인을 표준으로 판단하여야 하므로, 설사 본인이 미리 그러한 사정을 몰랐거나 반사회성을 야기한 것이 아니라고 할지라도 그로 인하여 매매계약이 가지는 사회질서에 반한다는 장애사유가 부정되는 것은 아니다(대판 1998.2.27. 97다45532).

> 제116조【대리행위의 하자】
> ① 의사표시의 효력이 의사의 흠결, 사기, 강박 또는 어느 사정을 알았거나 과실로 알지 못한 것으로 인하여 영향을 받은 경우에 그 사실의 유무는 대리인을 표준으로 하여 결정한다.

▶ 정답   01 ⑤   02 ④

③ 복대리인은 대리인이 대리권의 범위 내에서 대리인 자신의 이름으로 선임한 본인의 대리인이다. 따라서 복대리인은 그 권한 내에서 본인을 대리하고, 본인이나 제3자에 대하여 대리인과 동일한 권리의무가 있다(제123조).
④ 자기계약과 쌍방대리는 원칙적으로 금지된다(제124조). 예외적으로 1. 본인의 이익을 해할 염려가 없는 경우로서 본인이 허락한 경우, 2. 이미 확정되어 있는 법률관계의 단순한 이행에 불과한 경우에는 인정된다.

> **제124조【자기계약, 쌍방대리】**
> 대리인은 본인의 허락이 없으면 본인을 위하여 자기와 법률행위를 하거나 동일한 법률행위에 관하여 당사자 쌍방을 대리하지 못한다. 그러나 채무의 이행은 할 수 있다.

⑤ 민법 제126조 소정의 권한을 넘는 표현대리 규정은 거래의 안전을 도모하여 거래상대방의 이익을 보호하려는 데에 그 취지가 있으므로 법정대리라고 하여 임의대리와는 달리 그 적용이 없다고 할 수 없고, 따라서 한정치산자의 후견인이 친족회의 동의를 얻지 않고 피후견인의 부동산을 처분하는 행위를 한 경우에도 상대방이 친족회의 동의가 있다고 믿은 데에 정당한 사유가 있는 때에는 본인인 한정치산자에게 그 효력이 미친다(대판 1997.6.27, 97다3828).

03 민법상 임의대리에 관한 설명으로 옳지 않은 것은? (다툼이 있으면 판례에 따름)

▶ 2017 주택관리사

① 소유자로부터 매매계약을 체결할 대리권을 수여받은 대리인은 특별한 사정이 없는 한 그 매매계약에서 정한 바에 따라 중도금을 수령할 수 있다.
② 대리인이 그 권한 내에서 본인을 위한 것임을 표시하지 아니하고 의사표시를 한 경우, 상대방이 대리인으로서 한 것임을 알았더라도 그 의사표시는 대리인 자신을 위한 것으로 본다.
③ 권한을 정하지 아니한 대리인은 대리의 목적인 미등기 부동산의 보존등기를 할 수 있다.
④ 대리인은 본인의 승낙이 있거나 부득이한 사유가 있는 때가 아니면 복대리인을 선임하지 못한다.
⑤ 원인된 법률관계의 종료 전에 본인이 수권행위를 철회한 경우, 대리권은 소멸한다.

정답해설

① 부동산의 소유자로부터 매매계약을 체결할 대리권을 수여받은 대리인은 특별한 사정이 없는 한, 그 매매계약에서 약정한 바에 따라 중도금이나 잔금을 수령할 권한이 있다(대판 1994.2.8, 93다39379).
② 현명하지 않은 대리행위의 효과는 대리인이 법률관계의 당사자로 간주되어 대리인 자신이 확정적으로 법률효과를 받는다. 그러나 상대방이 대리인으로서 한 것임을 알았거나 알 수 있었을 때에는 보통의 대리행위로 취급하여 본인에게 대리행위의 효력이 발생된다.

> **제115조【본인을 위한 것임을 표시하지 아니한 행위】**
> 대리인이 본인을 위한 것임을 표시하지 아니한 때에는 그 의사표시는 자기를 위한 것으로 본다. 그러나 상대방이 대리인으로서 한 것임을 알았거나 알 수 있었을 때에는 전조 제1항의 규정을 준용한다.

③ 권한을 정하지 아니한 대리인은 보존행위 및 대리의 목적인 물건이나 권리의 성질을 변하지 아니하는 범위 내에서 그 이용 또는 개량하는 행위만을 할 수 있다(제118조). 보존행위는 재산가치를 그대로 유지하는 것을 목적으로 하는 행위로서 미등기 부동산의 보존등기도 이에 속한다.

④ 대리권이 법률행위에 의하여 부여된 경우에는 대리인은 본인의 승낙이 있거나 부득이한 사유 있는 때가 아니면 복대리인을 선임하지 못한다(제120조).
⑤ 제128조 【임의대리의 종료】 법률행위에 의하여 수여된 대리권은 전조의 경우 외에 그 원인된 법률관계의 종료에 의하여 소멸한다. 법률관계의 종료 전에 본인이 수권행위를 철회한 경우에도 같다.

04 대리에 관한 설명으로 옳지 않은 것은? (다툼이 있으면 판례에 따름) ▶ 2020 감정평가사

① 계약체결의 권한을 수여 받은 대리인은 체결한 계약을 처분할 권한이 있다.
② 본인이 이의제기 없이 무권대리행위를 장시간 방치한 것을 추인으로 볼 수는 없다.
③ 매매계약의 체결과 이행에 관한 대리권을 가진 대리인은, 특별한 사정이 없으면 매수인의 대금지급기일을 연기할 수 있는 권한을 가진다.
④ 본인이 사회통념상 대리권을 추단할 수 있는 직함이나 명칭 등의 사용을 승낙한 경우, 수권행위가 있는 것으로 볼 수 있다.
⑤ 무권대리행위가 제3자의 위법행위로 야기된 경우에도, 본인이 추인하지 않으면 무권대리인은 계약을 이행하거나 손해를 배상하여야 한다.

정답해설

① 어떠한 계약의 체결에 관한 대리권을 수여받은 대리인이 수권된 법률행위를 하게 되면 그것으로 대리권의 원인된 법률관계는 원칙적으로 목적을 달성하여 종료하는 것이고, 법률행위에 의하여 수여된 대리권은 그 원인된 법률관계의 종료에 의하여 소멸하는 것이므로(민법 제128조), 그 계약을 대리하여 체결하였던 대리인이 체결된 계약의 해제 등 일체의 처분권과 상대방의 의사를 수령할 권한까지 가지고 있다고 볼 수는 없다 (대판 2008.6.12, 2008다11276).
② 무권대리행위에 대하여 본인이 그 직후에 그것이 자기에게 효력이 없다고 이의를 제기하지 아니하고 이를 장시간에 걸쳐 방치하였다고 하여 무권대리행위를 추인하였다고 볼 수 없다(대판 1990.3.27, 88다카181).
③ 매매계약의 체결과 이행에 관하여 포괄적으로 대리권을 수여받은 대리인은 특별한 다른 사정이 없는 한 상대방에 대하여 약정된 매매대금지급기일을 연기하여 줄 권한도 가진다고 본다(대판 1992.4.14, 91다43107).
④ 민법 제125조가 규정하는 대리권 수여의 표시에 의한 표현대리는 본인과 대리행위를 한 자 사이의 기본적인 법률관계의 성질이나 그 효력의 유무와는 직접적인 관계가 없이 어떤 자가 본인을 대리하여 제3자와 법률행위를 함에 있어 본인이 그 자에게 대리권을 수여하였다는 표시를 제3자에게 한 경우에는 성립될 수가 있고, 또 본인에 의한 대리권 수여의 표시는 반드시 대리권 또는 대리인이라는 말을 사용하여야 하는 것이 아니라 사회통념상 대리권을 추단할 수 있는 직함이나 명칭 등의 사용을 승낙 또는 묵인한 경우에도 대리권 수여의 표시가 있은 것으로 볼 수 있다(대판 1998.6.12, 97다53762).
⑤ 민법 제135조 제1항은 "타인의 대리인으로 계약을 한 자가 그 대리권을 증명하지 못하고 또 본인의 추인을 얻지 못한 때에는 상대방의 선택에 좇아 계약의 이행 또는 손해배상의 책임이 있다."고 규정하고 있다. 위 규정에 따른 무권대리인의 상대방에 대한 책임은 무과실책임으로서 대리권의 흠결에 관하여 대리인에게 과실 등의 귀책사유가 있어야만 인정되는 것이 아니고, 무권대리행위가 제3자의 기망이나 문서위조 등 위법행위로 야기되었다고 하더라도 책임은 부정되지 아니한다(대판 2014.2.27, 2013다213038).

▶ 정답   03 ②   04 ①

05 법률행위의 대리에 관한 설명으로 옳지 않은 것은? (다툼이 있으면 판례에 따름)

▶ 2023 감정평가사

① 무권대리인의 상대방에 대한 책임은 대리권의 흠결에 관하여 대리인에게 귀책사유가 있는 경우에만 인정된다.
② 민법 제124조에서 금지하는 자기계약이 행해졌다면 그 계약은 유동적 무효이다.
③ 행위능력자인 임의대리인이 성년후견개시 심판을 받아 제한능력자가 되면 그의 대리권은 소멸한다.
④ 대리인이 수인인 경우, 법률 또는 수권행위에서 다른 정함이 없으면 각자가 본인을 대리한다.
⑤ 상대방 없는 단독행위의 무권대리는 특별한 사정이 없는 한 확정적 무효이다.

> 정답해설

① 민법 제135조 제1항은 "타인의 대리인으로 계약을 한 자가 그 대리권을 증명하지 못하고 또 본인의 추인을 얻지 못한 때에는 상대방의 선택에 좇아 계약의 이행 또는 손해배상의 책임이 있다."고 규정하고 있다. 위 규정에 따른 무권대리인의 상대방에 대한 책임은 무과실책임으로서 대리권의 흠결에 관하여 대리인에게 과실 등의 귀책사유가 있어야만 인정되는 것이 아니고, 무권대리행위가 제3자의 기망이나 문서위조 등 위법행위로 야기되었다고 하더라도 책임은 부정되지 아니한다(대판 2014.2.27, 2013다213038).
② 자기계약·쌍방대리의 금지규정(제124조)에 위반하는 행위는 절대적 무효가 아니라, 무권대리로 유동적 무효가 된다. 따라서 본인이 사후에 추인하여 완전한 대리행위로 할 수 있다.

> **제124조 【자기계약, 쌍방대리】**
> 대리인은 본인의 허락이 없으면 본인을 위하여 자기와 법률행위를 하거나 동일한 법률행위에 관하여 당사자 쌍방을 대리하지 못한다. 그러나 채무의 이행은 할 수 있다.

③ 대리인의 성년후견의 개시는 대리권 소멸사유이다(제127조). 이는 대리인은 행위능력자임을 요하지 않으므로(제117조), 성년후견의 개시 또는 파산은 대리인으로 선임된 후에 성년후견이 개시 또는 파산선고를 받은 경우에 대리권이 소멸한다는 의미이다. 주의할 것은 한정후견의 개시는 제외된다는 점이다.

> **제127조 【대리권의 소멸사유】**
> 대리권은 다음 각 호의 어느 하나에 해당하는 사유가 있으면 소멸된다.
> 1. 본인의 사망
> 2. 대리인의 사망, 성년후견의 개시 또는 파산

④ **제119조 【각자대리】** 대리인이 수인인 때에는 각자가 본인을 대리한다. 그러나 법률 또는 수권행위에 다른 정한 바가 있는 때에는 그러하지 아니하다.
⑤ 상대방 없는 단독행위의 무권대리는 절대적 무효이며, 본인은 추인할 수도 없고 추인하여도 확정적 무효이다.

06 甲은 乙의 임의대리인이다. 이에 관한 설명으로 옳은 것은? (다툼이 있으면 판례에 따름)
▶ 2024 감정평가사

① 甲이 乙로부터 매매계약체결의 대리권을 수여받아 매매계약을 체결하였더라도 특별한 사정이 없는 한 甲은 그 계약에서 정한 중도금과 잔금을 수령할 권한은 없다.
② 甲이 乙로부터 금전소비대차 계약을 체결할 대리권을 수여받은 경우, 특별한 사정이 없는 한 甲은 그 계약을 해제할 권한도 가진다.
③ 乙이 사망하더라도 특별한 사정이 없는 한 甲의 대리권은 소멸하지 않는다.
④ 미성년자인 甲이 乙로부터 매매계약체결의 대리권을 수여받아 매매계약을 체결한 경우, 乙은 甲이 체결한 매매계약을 甲이 미성년자임을 이유로 취소할 수 없다.
⑤ 甲이 부득이한 사유로 丙을 복대리인으로 선임한 경우, 丙은 甲의 대리인이다.

[정답해설]

① 부동산의 소유자로부터 매매계약을 체결할 대리권을 수여받은 대리인은 특별한 사정이 없는 한, 그 매매계약에서 약정한 바에 따라 중도금이나 잔금을 수령할 권한이 있다(대판 1994.2.8, 93다39379).
② 통상 사채알선업자가 전주(錢主)를 위하여 금전소비대차계약과 그 담보를 위한 담보권설정계약을 체결할 대리권을 수여받은 것으로 인정되는 경우라 하더라도 특별한 사정이 없는 한 일단 금전소비대차계약과 그 담보를 위한 담보권설정계약이 체결된 후에 이를 해제할 권한까지 당연히 가지고 있다고 볼 수는 없다(대판 1997.9.30, 97다23372).
③ 본인의 사망은 대리권 소멸사유이다(제127조). 본인 乙이 사망한다면 특별한 사정이 없는 한 임의대리인 甲의 대리권은 소멸한다.

> 제127조【대리권의 소멸사유】
> 대리권은 다음 각 호의 어느 하나에 해당하는 사유가 있으면 소멸된다.
> 1. 본인의 사망
> 2. 대리인의 사망, 성년후견의 개시 또는 파산

④ 대리인은 행위능력을 요하는 것이 아니기 때문에 대리인 甲이 제한능력자인 미성년자임을 이유로 매매계약을 취소할 수 없다.

> 제117조【대리인의 행위능력】 대리인은 행위능력자임을 요하지 아니한다.

⑤ 복대리인은 대리인이 대리권의 범위 내에서 대리인 자신의 이름으로 선임한 본인의 대리인이다. 임의대리인 甲이 부득이한 사유로 丙을 복대리인으로 선임한 것은 적법하며(제120조), 이때 복대리인 丙은 본인 乙을 대리한다(제123조 제1항). 丙은 대리인 甲의 대리인이 아니다.

> 제120조【임의대리인의 복임권】
> 대리권이 법률행위에 의하여 부여된 경우에는 대리인은 본인의 승낙이 있거나 부득이한 사유가 있는 때가 아니면 복대리인을 선임하지 못한다.
> 제123조【복대리인의 권한】 ① 복대리인은 그 권한 내에서 본인을 대리한다.

▶ 정답   05 ①   06 ④

07 甲은 미성년자 乙에게 X건물의 매매에 관한 대리권만을 수여하였다. 乙은 甲을 대리하여 丙과 X 건물의 매매계약을 체결하였다. 다음 설명으로 옳은 것은? (다툼이 있는 경우에는 판례에 의함)

① 乙은 제한능력을 이유로 丙과의 매매계약을 취소할 수 있다.
② 丙이 甲을 강박하였다면, 甲은 강박을 이유로 매매계약을 취소할 수 있다.
③ 丙이 乙을 기망하였다면, 甲은 사기를 이유로 매매계약을 취소할 수 있다.
④ 丙이 甲을 강박하였다면, 乙은 강박을 이유로 매매계약을 취소할 수 있다.
⑤ 乙이 丙을 기망하였다면, 甲이 이를 알았거나 알 수 있었을 경우에 한하여 丙은 매매계약을 취소할 수 있다.

> [정답해설]

① 대리인은 행위능력을 요하는 것이 아니기 때문에 대리인 乙이 제한능력자임을 이유로 丙과의 매매계약을 취소할 수 없다.

> **제117조 【대리인의 행위능력】**
> 대리인은 행위능력자임을 요하지 아니한다.

②, ③, ④ 丙이 본인 甲을 강박하였다고 하더라도, 대리행위에 영향이 없다면 본인 甲은 강박을 이유로 매매계약을 취소할 수 없고(제116조 참조), 마찬가지로 丙이 본인 甲을 강박하였다 하더라도, 乙은 강박을 이유로 매매계약을 취소할 수 없다. 또한 상대방 丙이 대리인 乙을 기망하였다면, 취소권은 본인 甲이 가지기 때문에, 甲만이 사기를 이유로 매매계약을 취소할 수 있고, 乙이 취소하기 위하여는 특별수권이 필요하다.

> **제116조 【대리행위의 하자】**
> ① 의사표시의 효력이 의사의 흠결, 사기, 강박 또는 어느 사정을 알았거나 과실로 알지 못한 것으로 인하여 영향을 받을 경우에 그 사실의 유무는 대리인을 표준하여 결정한다.
> ② 특정한 법률행위를 위임한 경우에 대리인이 본인의 지시에 좇아 그 행위를 한 때에는 본인은 자기가 안 사정 또는 과실로 인하여 알지 못한 사정에 관하여 대리인의 부지를 주장하지 못한다.

⑤ 대리인 乙이 丙을 기망하였다면, 대리인은 제3자가 아니므로 제3자의 사기에 해당하지 않기 때문에 본인 甲이 이를 알았거나 알 수 있었는지 관련 없이 丙은 매매계약을 취소할 수 있다(제110조 제1항, 대판 1998.1.23, 96다41496 등).

> **제110조 【사기, 강박에 의한 의사표시】**
> ① 사기나 강박에 의한 의사표시는 취소할 수 있다.
> ② 상대방 있는 의사표시에 관하여 제3자가 사기나 강박을 행한 경우에는 상대방이 그 사실을 알았거나 알 수 있었을 경우에 한하여 그 의사표시를 취소할 수 있다.

08 甲은 아파트를 임차할 수 있는 대리권을 乙에게 수여하였고, 乙은 丙을 복대리인으로 선임하였다. 이에 관한 설명으로 옳은 것은? (다툼이 있으면 판례에 따름) ▶ 2017 세무사

① 乙은 부득이한 사유가 없음에도 甲의 승낙을 얻지 않고 丙을 복대리인으로 선임할 수 있다.
② 乙이 부득이한 사유로 丙을 복대리인으로 선임하였다면 乙은 甲에 대하여 丙의 선임감독에 관한 책임을 지지 않는다.
③ 乙이 甲의 지명에 의하여 丙을 복대리인으로 선임한 경우에는 乙은 대리인의 지위를 상실한다.
④ 甲이 수권행위를 철회함으로써 乙의 대리권을 소멸시키면 丙의 복대리권도 소멸한다.
⑤ 丙이 적법한 대리행위를 통하여 아파트를 임차한 경우, 그 효과는 乙에게 귀속한다.

[정답해설]

① 임의대리인은 원칙적으로 복대리인을 선임할 수 없으나 예외적으로 본인의 승낙이나 부득이한 사유가 있는 경우 복대리인을 선임할 수 있다.

> 제120조【임의대리인의 복임권】
> 대리권이 법률행위에 의하여 부여된 경우에는 대리인은 본인의 승낙이 있거나 부득이한 사유가 있는 때가 아니면 복대리인을 선임하지 못한다.

②, ③ 제121조【임의대리인의 복대리인선임의 책임】

> ① 전조의 규정에 의하여 대리인이 복대리인을 선임한 때에는 본인에게 대하여 그 선임감독에 관한 책임이 있다.
> ② 대리인이 본인의 지명에 의하여 복대리인을 선임한 경우에는 그 부적임 또는 불성실함을 알고 본인에게 대한 통지나 그 해임을 태만한 때가 아니면 책임이 없다.

본인의 지명에 의해 복대리인을 선임한 것만으로 대리인의 대리권이 소멸하지는 않는다.
④ 복대리권은 대리인의 대리권을 전제로 인정되는 권리이므로, 대리인의 대리권이 소멸하면 당연히 복대리권도 소멸한다.
⑤ 복대리인이란 대리인이 자신의 이름으로 선임한 본인의 대리인이다. 본인인 甲의 대리인이다. 따라서 복대리인 丙의 대리행위는 본인 甲에게 귀속한다.

▶ 정답 07 ③ 08 ④

09

甲은 자기 소유 X토지를 매도하기 위해 乙에게 대리권을 수여하였다. 이후 乙은 丙을 복대리인으로 선임하였고, 丙은 甲을 대리하여 X토지를 매도하였다. 이에 관한 설명으로 옳은 것은? (다툼이 있으면 판례에 따름)
▶ 2021 공인중개사

① 丙은 甲의 대리인임과 동시에 乙의 대리인이다.
② X토지의 매매계약이 갖는 성질상 乙에 의한 처리가 필요하지 않다면, 특별한 사정이 없는 한 丙의 선임에 관하여 묵시적 승낙이 있는 것으로 보는 것이 타당하다.
③ 乙이 甲의 승낙을 얻어 丙을 선임한 경우 乙은 甲에 대하여 그 선임 감독에 관한 책임이 없다.
④ 丙을 적법하게 선임한 후 X토지 매매계약 전에 甲이 사망한 경우, 특별한 사정이 없다면 丙의 대리권은 소멸하지 않는다.
⑤ 만일 대리권이 소멸된 乙이 丙을 선임하였다면, X토지 매매에 대하여 민법 제129조에 의한 표현대리의 법리가 적용될 여지가 없다.

정답해설

① 복대리인 丙은 대리인 乙이 자신의 이름으로 선임한 본인 甲의 대리인이지 대리인 乙의 대리인은 아니다.
② 대리의 목적인 법률행위의 성질상 대리인 자신에 의한 처리가 필요하지 아니한 경우에는 본인이 복대리 금지의 의사를 명시하지 아니하는 한 복대리인의 선임에 관하여 묵시적인 승낙이 있는 것으로 보는 것이 타당하다(대판 1996.1.26, 94다30690). 따라서 X토지의 매매계약이 갖는 성질상 乙에 의한 처리가 필요하지 않다면, 특별한 사정이 없는 한 丙의 선임에 관하여 묵시적 승낙이 있는 것으로 보는 것이 타당하다.
③ 임의대리인 乙은 원칙적으로 복대리인을 선임할 수 없으나 예외적으로 본인의 승낙이나 부득이한 사유가 있는 경우 복대리인을 선임할 수 있다(제120조). 이때 제121조 제1항에 따라 본인 甲에 대해 선임감독에 관한 책임을 진다.

> **제120조【임의대리인의 복임권】**
> 대리권이 법률행위에 의하여 부여된 경우에는 대리인은 본인의 승낙이 있거나 부득이한 사유가 있는 때가 아니면 복대리인을 선임하지 못한다.
>
> **제121조【임의대리인의 복대리인선임의 책임】**
> ① 전조의 규정에 의하여 대리인이 복대리인을 선임한 때에는 본인에게 대하여 그 선임감독에 관한 책임이 있다.

④ 복대리인 丙도 대리인이 선임한 본인 甲의 대리인이므로, 대리권의 일반적 소멸원인 즉 본인 甲의 사망으로 대리권은 소멸한다(제127조 제1호).

> **제127조【대리권의 소멸사유】**
> 대리권은 다음 각 호의 어느 하나에 해당하는 사유가 있으면 소멸된다.
> 1. 본인의 사망
> 2. 대리인의 사망, 성년후견의 개시 또는 파산

⑤ 대리인이 대리권 소멸 후 복대리인을 선임하여 복대리인으로 하여금 상대방과 사이에 대리행위를 하도록 한 경우에도, 상대방이 대리권 소멸 사실을 알지 못하여 복대리인에게 적법한 대리권이 있는 것으로 믿었고 그와 같이 믿은 데 과실이 없다면 제129조에 의한 표현대리가 성립할 수 있다(대판 1998.5.29, 97다55317).

10 권한을 넘은 표현대리에 관한 설명 중 옳지 않은 것은? (다툼이 있는 경우에는 판례에 의함)

① 주식거래에 관한 투자수익보장약정이 강행법규의 위반으로 무효인 경우, 그러한 약정을 체결할 권한이 수여되었는지 여부와 관계없이 표현대리에 관한 법리가 적용될 수 없다.
② 대리권 없는 대리인이 본인을 위한다는 의사를 표시하지 않고 그의 이름을 모용하여 마치 자기가 본인인 것처럼 기망하여 본인 명의로 직접 대리권의 범위를 넘은 법률행위를 한 때에는, 특별한 사정이 없으면, 권한을 넘은 표현대리가 성립할 수 없다.
③ 등기신청의 대리권과 같은 공법상의 대리권을 기본대리권으로 한 표현대리의 성립은 인정되지 않는다.
④ 1,000만원의 범위 내에서 채무부담의 권한을 수여받은 대리인이 5,000만원의 채무부담행위를 한 경우, 표현대리가 성립하지 않는 때에도, 1,000만원의 범위 내에서 채무부담행위는 유효하다.
⑤ 무권대리행위가 비정상적이거나 이례적인 경우임에도 불구하고 상대방이 대리권의 유무나 본인의 의사를 조사·확인하지 않았다면, 대리권이 있다고 믿을 만한 정당한 이유가 있다고 보기 어렵다.

정답해설

① 주식거래에 관한 투자수익보장약정이 강행법규의 위반으로 무효인 경우, 그러한 약정을 체결할 권한이 수여되었는지 여부와 관계없이 표현대리에 관한 법리가 적용될 수 없다(대판 1996.8.23, 94다38199).
② 대리권 없는 대리인이 본인을 위한다는 의사를 표시하지 않고 그의 이름을 모용하여 마치 자기가 본인인 것처럼 기망하여 본인 명의로 직접 대리권의 범위를 넘은 법률행위를 한 때에는, 특별한 사정이 없으면, 권한을 넘은 표현대리가 성립할 수 없다(대판 1988.2.9, 87다카273).
※ 비교 판례 : 민법 제126조의 표현대리는 대리인이 본인을 위한다는 의사를 명시 혹은 묵시적으로 표시하거나 대리의사를 가지고 권한 외의 행위를 하는 경우에 성립하고, 사술을 써서 대리행위의 표시를 하지 아니하고 단지 본인의 성명을 모용하여 자기가 마치 본인인 것처럼 기망하여 본인 명의로 직접 법률행위를 한 경우에는 특별한 사정이 없는 한 위 법조 소정의 표현대리는 성립할 수 없다. 그러나 본인으로부터 아파트에 관한 임대 등 일체의 관리권한을 위임받아 본인으로 가장하여 아파트를 임대한 바 있는 대리인(권한 있는 대리인)이 다시 자신을 본인으로 가장하여 임차인에게 아파트를 매도하는 법률행위를 한 경우에는 권한을 넘은 표현대리의 법리를 유추적용하여 본인에 대하여 그 행위의 효력이 미친다고 볼 수 있다(대판 1993.2.23, 92다52436). 또한 (권한 있는) 대리인이 본인임을 사칭하고 본인을 가장하여 은행과 근저당권설정계약을 체결한 행위에 대해 권한을 넘은 표현대리의 법리를 유추적용한 것은 정당하다(대판 1988.2.9, 87다카273).
③ 기본대리권이 공법상의 행위에 관한 것이고 표현대리행위가 사법상의 행위일지라도 민법 제126조의 표현대리는 성립한다. 따라서 기본대리권이 "등기신청행위"라 할지라도 표현대리인이 그 권한을 유월하여 '대물변제'라는 사법행위를 한 경우에는 표현대리의 법리가 적용된다(대판 1978.3.28, 78다282).
④ 1,000만원의 한도 내에서는 당연히 대리권의 범위 내에 속하는 것이므로 위 채무부담행위는 위 금 1,000만원의 범위 내에서는 대리행위에 의하여 본인에게 그 효력을 미치는 유효한 것이다(대판 1987.9.8, 86다카754 등).
⑤ 상대방이 대리권의 유무나 본인의 의사를 조사·확인하지 하지 아니한 채 그 대리권이 있는 것으로 믿었다면 그에게 과실이 있다고 할 수 있으므로 표현대리의 성립이 부정된다(대판 1995.9.26, 95다23743 등).

11 무권대리의 추인에 관한 설명으로 타당한 것은? (다툼이 있는 경우에는 판례에 의함)

▶ 2005 감정평가사

① 무권대리인에 대한 추인은 상대방에게 효력이 없으므로, 상대방은 추인의 효력을 주장할 수 없다.
② 무권대리의 추인의 소급효는 제3자의 권리를 해하지 못한다고 하는 민법 제133조 단서의 규정은 상대방이 취득한 권리와 제3자가 취득한 권리가 모두 배타적 효력을 가지는 경우에 한하여 그 의미가 있다.
③ 무권대리인이 본인의 토지를 매각한 후에, 본인이 그 토지를 다른 제3자에게 매각한 경우에는 본인은 무권대리인의 무권대리행위를 추인할 수 없다.
④ 일부에 대하여 추인을 하거나 그 내용을 변경하여 추인한 경우에도 원칙적으로 유효하다.
⑤ 무권대리인이 금원을 차용하는 계약을 체결한 후, 변제기일에 채권자가 본인에게 그 변제를 독촉하자 본인이 그 지급의 유예를 요청하였더라도, 이로써 본인이 무권대리행위를 추인하였다고는 볼 수 없다.

> **정답해설**

① 추인의 상대방은 무권대리인뿐만 아니라 무권대리행위의 상대방에 대하여도 할 수 있고(대판 2009.11.12, 2009다46828), 무권대리행위로 인한 권리 또는 법률관계의 승계인도 포함된다(대판 1981.4.14, 80다2314). 그러나 무권대리인에게 한 추인의 의사표시는 상대방이 알 때까지는 상대방에게 대항할 수 없다(제132조).

> **제132조【추인, 거절의 상대방】**
> 추인 또는 거절의 의사표시는 상대방에 대하여 하지 아니하면 그 상대방에 대항하지 못한다. 그러나 상대방이 그 사실을 안 때에는 그러하지 아니하다.

② 〈제133조 : 제3자를 해하지 못한다의 의미〉 무권대리의 추인의 소급효는 제3자의 권리를 해하지 못한다고 하는 민법 제133조 단서의 규정은 상대방이 취득한 권리와 제3자가 취득한 권리가 모두 배타적 효력을 가지는 경우에 한하여 그 의미가 있다. 즉 甲의 무권대리인 乙이 甲의 부동산을 丁에게 매도한다는 계약을 체결한 후, 甲 자신이 그 부동산을 丙에게 팔고 이전등기를 해주고 나서, 甲이 乙의 무권대리행위를 추인한 경우처럼 제3자 丙이 등기 등 대항력을 갖춘 경우를 말한다.
종중을 대표할 권한 없는 자가 종중을 대표하여 한 소송행위는 그 효력이 없으나 나중에 종중이 총회결의에 따라 위 소송행위를 추인하면 그 행위 시로 소급하여 유효하게 되며 이 경우 민법 제133조 단서의 규정은 무권대리행위에 대한 추인의 경우에 있어 배타적 권리를 취득한 제3자에 대하여 그 추인의 소급효를 제한하고 있는 것으로서 위와 같은 하자 있는 소송행위에 대한 추인의 경우에는 적용될 여지가 없는 것이다(대판 1991.11.8, 91다25383).

> **제133조【추인의 효력】**
> 추인은 다른 의사표시가 없는 때에는 계약 시에 소급하여 그 효력이 생긴다. 그러나 제3자의 권리를 해하지 못한다.

③ 무권대리인이 본인의 토지를 매각한 후에, 본인이 그 토지를 다른 제3자에게 매각한 경우에는 본인은 무권대리인의 무권대리행위를 추인할 수 있다. 다만 제3자의 권리를 해하지 못할 뿐이다.
④ 무권대리행위의 추인은 의사표시의 전부에 대하여 행하여져야 하고, 그 일부에 대하여 추인을 하거나 그 내용을 변경하여 추인을 하였을 경우에는 상대방의 동의를 얻지 못하는 한 무효이다. 무권대리행위의 추인은 대리행위 전부에 대하여 행해져야 한다(대판 1982.1.26, 81다카549).

⑤ 무권대리인이 차용금 중의 일부로 본인 소유의 부동산에 가등기로 담보하고 있던 소외인에 대한 본인의 채무를 변제하고 그 가등기를 말소하고 무권대리인이 차용한 금원의 변제기일에 채권자가 본인에게 그 변제를 독촉하자 그 유예를 요청하였다면 무권대리인의 행위를 추인하였다고 볼 것이다(대판 1973.1.30. 72다2309, 2310).

12 甲으로부터 대리권을 수여받지 않은 甲의 처(妻) 乙은, 자신의 오빠 A가 丙에게 부담하는 고가의 외제자동차 할부대금채무에 대하여 甲의 대리인이라고 하면서 甲을 연대보증인으로 하는 계약을 丙과 체결하였다. 이에 관한 설명으로 옳은 것은? (다툼이 있으면 판례에 따름)

▶ 2022 감정평가사

① 甲이 乙의 무권대리행위를 추인하기 위해서는 乙의 동의를 얻어야 한다.
② 甲이 자동차할부대금 보증채무액 중 절반만 보증하겠다고 한 경우, 丙의 동의가 없으면 원칙적으로 무권대리행위의 추인으로서 효력이 없다.
③ 乙의 대리행위는 일상가사대리권을 기본대리권으로 하는 권한을 넘은 표현대리가 성립한다.
④ 계약 당시 乙이 무권대리인임을 알지 못하였던 丙이 할부대금보증계약을 철회한 후에도 甲은 乙의 무권대리행위를 추인할 수 있다.
⑤ 계약 당시 乙이 무권대리인임을 알았던 丙은 甲에게 乙의 무권대리행위의 추인 여부의 확답을 최고할 수 없다.

[정답해설]
①, ② 무권대리행위의 추인은 무권대리인에 의하여 행하여진 불확정한 행위에 관하여 그 행위의 효과를 자기에게 직접 발생케 하는 것을 목적으로 하는 의사표시이며, 무권대리인 또는 상대방의 동의나 승낙을 요하지 않는 단독행위로서 의사표시의 전부에 대하여 행하여져야 하고, 그 일부에 대하여 추인을 하거나 그 내용을 변경하여 추인을 하였을 경우에는 상대방의 동의를 얻지 못하는 한 무효이다. 무권대리행위의 추인은 대리행위 전부에 대하여 행해져야 한다(대판 1982.1.26. 81다카549). 따라서 ① 본인 甲이 乙의 무권대리행위를 추인하기 위해서는 원칙적으로 무권대리인 乙의 동의를 얻어야 하는 것은 아니다. ② 그러나 의사표시의 전부에 대하여 행하여져야 하므로, 甲이 자동차할부대금 보증채무액 중 절반만 보증하겠다고 한 경우는 그 일부에 대하여만 추인하는 경우이므로 丙의 동의가 없으면 원칙적으로 무권대리행위의 추인으로서 효력이 없다.
③ 타인의 채무에 대한 보증행위는 그 성질상 아무런 반대급부 없이 오직 일방적으로 불이익만을 입는 것인 점에 비추어 볼 때, 남편이 처에게 타인의 채무를 보증함에 필요한 대리권을 수여한다는 것은 사회통념상 이례에 속하므로, 처가 특별한 수권 없이 남편을 대리하여 위와 같은 행위를 하였을 경우에 그것이 민법 제126조 소정의 표현대리가 되려면 그 처에게 일상가사대리권이 있었다는 것만이 아니라 상대방이 처에게 남편이 그 행위에 관한 대리의 권한을 주었다고 믿었음을 정당화할 만한 객관적인 사정이 있어야 한다(대판 1998.7.10. 98다18988). 처로서 남편의 인장을 비교적 용이하게 입수할 수 있는 지위에 있어 이를 남용할 위험이 많은 점, 위 보증계약을 체결 당시 제출한 남편의 인감증명서는 그 용도란에 아무런 기재가 없고 대리방식으로 발급받은 것에 불과하여 그로써 보증의사나 대리권의 존재에 관한 일반적인 신뢰성을 추인하기 어려운 점을 감안할 때, 민법 제126조 소정의 '정당한 이유'가 없다고 보아 처 乙의 대리행위는 일상가사대리권을 기본대리권으로 하는 권한을 넘은 표현대리가 성립하지 않는다고 판시하였다.

▶ 정답 11 ② 12 ②

> **제827조 【부부간의 가사대리권】**
> ① 부부는 일상의 가사에 관하여 서로 대리권이 있다.
> ② 전항의 대리권에 가한 제한은 선의의 제3자에게 대항하지 못한다.

④ 민법 제134조는 "대리권 없는 자가 한 계약은 본인의 추인이 있을 때까지 상대방은 본인이나 그 대리인에 대하여 이를 철회할 수 있다. 그러나 계약 당시에 상대방이 대리권 없음을 안 때에는 그러하지 아니하다."고 규정하고 있다. 민법 제134조에서 정한 상대방의 철회권은, 무권대리행위가 본인의 추인에 따라 효력이 좌우되어 상대방이 불안정한 지위에 놓이게 됨을 고려하여 대리권이 없었음을 알지 못한 상대방을 보호하기 위하여 상대방에게 부여된 권리로서, 상대방이 유효한 철회를 하면 무권대리행위는 확정적으로 무효가 되어 그 후에는 본인이 무권대리행위를 추인할 수 없다. 한편 상대방이 대리인에게 대리권이 없음을 알았다는 점에 대한 주장·입증책임은 철회의 효과를 다투는 본인에게 있다(대판 2017.6.29, 2017다213838).
따라서 계약 당시 乙이 무권대리인임을 알지 못하였던 丙이 할부대금보증계약을 철회한 후에는 본인 甲은 乙의 무권대리행위를 추인할 수 없다.

⑤ 무권대리의 상대방의 권리인 최고권은 선악불문하고 인정된다. 따라서 상대방 丙이 乙의 대리권 없음을 알고 있었다 하더라도, 상대방 丙은 甲에 대하여 추인 여부의 확답을 최고할 수 있다(제131조).

> **제131조 【상대방의 최고권】**
> 대리권 없는 자가 타인의 대리인으로 계약을 한 경우에 상대방은 상당한 기간을 정하여 본인에게 그 추인여부의 확답을 최고할 수 있다. 본인이 그 기간 내에 확답을 발하지 아니한 때에는 추인을 거절한 것으로 본다.

13 甲의 미성년인 아들 乙은 甲의 대리인이라 사칭하여 이전등기에 필요한 서류들을 훔치거나 위조하여 甲소유의 X부동산을 丙에게 매도하였다. 乙의 행위가 표현대리에 해당한다고 볼 사정은 없다고 가정할 때, 다음 설명 중 옳지 않은 것은? (다툼이 있는 경우 판례에 의함)

① 甲이 丙에게 매매대금의 지급을 요청하여 수령한 경우에는, 甲이 乙과 丙 사이의 매매계약을 추인한 것으로 볼 수 있다.
② 甲이 乙과 丙 사이의 매매계약을 추인한다고 의사표시를 乙에게 하였으나 丙이 이를 알지 못한 경우, 丙은 매수의 의사표시를 철회할 수 있다.
③ 丙이 매매계약 당시 乙에게 대리권이 없음을 안 경우, 丙은 매수의 의사표시를 철회할 수 없다.
④ 甲이 추인을 거절한 경우에도, 乙은 丙에 대하여 계약의 이행 또는 손해배상책임을 지지 않는다.
⑤ 만일 乙이 서류를 위조하여 甲의 대리인으로서가 아니라 자기 자신의 권리로서 X부동산을 처분한 경우, 乙의 이러한 행위를 甲이 추인하기 위해서는 반드시 상대방에 대하여 추인의 의사표시를 하여야 한다.

정답해설
① 무권대리인에 의한 매매계약에서 본인이 무권대리인이나 상대방으로부터 대금을 수령한 경우에는 특단의 사유가 없는 한 무권대리인의 매매계약을 추인하였다고 볼 것이다(대판 1963.4.11, 63다64; 대판 1992.2.28, 91다15584).
② 무권대리의 추인은 무권대리인이나 무권대리인의 상대방 어느 편에 대하여도 할 수 있다. 그러나 본인이 무권대리인에게 무권대리행위를 추인한 경우에는 상대방이 이를 알지 못하는 동안에는 본인은 상대방에게 추인의 효과를 주장하지 못하므로, 선의의 상대방은 그때까지 제134조에 의한 철회를 할 수 있다(대판 1981.4.14, 80다2314).
③ 대리권 없는 자가 한 계약은 본인의 추인이 있을 때까지 상대방은 본인이나 그 대리인에 대하여 이를 철회할 수 있다. 그러나 계약 당시에 상대방이 악의인 경우에는 그러하지 아니하다(제134조).
④ 타인의 대리인으로 계약을 한 자가 그 대리권을 증명하지 못하고 또 본인의 추인을 얻지 못한 때에는 상대방의 선택에 좇아 계약의 이행 또는 손해배상의 책임이 있다. 그러나 상대방이 대리권 없음을 알았거나 알 수 있었을 때 또는 대리인으로 계약한 자가 행위능력이 없는 때에는 전항의 규정을 적용하지 아니한다(제135조 제2항).
⑤ 무권리자가 타인의 권리를 자기의 이름으로 또는 자기의 권리로 처분한 경우에, 무효이나 권리자는 후일 이를 추인함으로써 그 처분행위를 인정할 수 있고, 특별한 사정이 없는 한 이로써 권리자 본인에게 위 처분행위의 효력이 발생함은 사적 자치의 원칙에 비추어 당연하고, 이 경우 추인은 명시적으로뿐만 아니라 묵시적인 방법으로도 가능하며 그 의사표시는 무권대리인이나 그 상대방 어느 쪽에 하여도 무방하다(대판 2001.11.9, 2001다44291).

▶ 정답 13 ⑤

제5절 법률행위의 무효와 취소

기본문제편

01 토지거래허가를 받지 않아 토지매매계약이 유동적 무효의 상태에 있는 경우에 관한 설명으로 옳지 않은 것은? (다툼이 있으면 판례에 따름) ▶ 2016 감정평가사

① 위 매매계약이 확정적으로 무효로 됨에 있어서 귀책사유가 있는 자는 그 계약의 무효를 주장할 수 없다.
② 허가구역 지정이 해제되면 위 매매계약은 확정적 유효로 된다.
③ 허가구역 지정기간이 만료되었음에도 허가구역 재지정을 하지 아니한 경우, 위 매매계약은 확정적 유효로 된다.
④ 허가를 받으면 위 매매계약은 소급해서 유효로 되므로 허가 후에 새로 매매계약을 체결할 필요는 없다.
⑤ 사기에 의하여 위 매매계약이 체결된 경우, 취소권자는 토지거래허가를 신청하기 전에 사기에 의한 계약의 취소를 주장하여 거래허가신청협력에 거절의사를 일방적으로 명백히 함으로써, 그 계약을 확정적으로 무효화시킬 수 있다.

정답해설

① 토지거래허가를 받지 아니하여 유동적 무효상태에 있는 계약이라고 하더라도 일단 거래허가신청을 하여 불허되었다면 특별한 사정이 없는 한, 불허된 때로부터는 그 거래계약은 확정적으로 무효가 된다고 보아야 하고, 거래허가신청을 하지 아니하여 유동적 무효인 상태에 있던 거래계약이 확정적으로 무효가 된 경우에는 거래계약이 확정적으로 무효로 됨에 있어서 귀책사유가 있는 자라고 하더라도 그 계약의 무효를 주장하는 것이 신의칙에 반한다고 할 수는 없다(대판 1995.2.28. 94다51789).
②, ③ 허가를 받은 경우(그 성격은 인가로 본다. 대판 1991.12.24. 90다12243), 허가구역의 지정이 해제된 경우, 허가구역지정기간이 만료되고 허가구역의 재지정이 없는 경우(대판(전) 1999.6.17. 98다40459)에는 확정적 유효로 전환된다.
④ 국토이용관리법상 토지거래허가를 받지 않고 매매계약을 체결한 경우 허가를 받기 전에는 물권적 효력은 물론 채권적 효력도 발생하지 아니하지만, 일단 허가를 받으면 그 계약은 소급해서 유효로 되므로, 허가 후에 새로이 거래계약을 체결할 필요는 없다(대판 1991.12.24. 90다12243).
⑤ 계약당사자의 표시와 불일치한 의사(비진의표시, 허위표시 또는 착오) 또는 사기, 강박과 같은 하자 있는 의사에 의하여 토지거래 등이 이루어진 경우에 있어서, 이들 사유에 기하여 그 거래의 무효 또는 취소를 주장할 수 있는 당사자는 그러한 거래허가를 신청하기 전 단계에서 이러한 사유를 주장하여 거래허가 신청협력에 거절의사를 일방적으로 명백히 함으로써 그 계약을 확정적으로 무효화시키고 자신의 거래허가절차에 협력할 의무를 면함은 물론 기왕에 지급된 계약금 등의 반환도 구할 수 있다(대판 1996.11.8. 96다35309).

02 甲은 토지거래허가구역 내에 있는 자신의 X토지에 대해 허가를 받을 것을 전제로 乙에게 매도하는 계약을 체결하였으나 아직 허가는 받지 않은 상태이다. 이에 관한 설명으로 옳지 않은 것은? (다툼이 있으면 판례에 따름)
▶ 2024 감정평가사

① 乙은 甲에게 계약의 이행을 청구할 수 없다.
② 甲이 토지거래허가신청절차에 협력하지 않는 경우, 乙은 이를 이유로 계약을 해제할 수 있다.
③ 토지거래허가구역 지정이 해제된 경우, 특별한 사정이 없는 한 위 매매계약은 확정적으로 유효하다.
④ 甲과 乙이 토지거래허가를 받으면 위 매매계약은 소급해서 유효로 되므로 허가 후에 새로 매매계약을 체결할 필요는 없다.
⑤ 甲의 사기에 의하여 위 매매계약이 체결된 경우, 乙은 토지거래허가를 신청하기 전이라도 甲의 사기를 이유로 매매계약을 취소할 수 있다.

[정답해설]

① 국토이용관리법상 토지거래허가구역 내의 토지에 관한 거래계약은 관할관청으로부터 허가받기 전의 상태에서는 거래계약의 채권적 효력도 전혀 발생하지 아니하여 무효이므로 권리의 이전 또는 설정에 관한 어떠한 내용의 이행청구도 할 수 없고, 따라서 상대방의 거래계약상 채무불이행을 이유로 손해배상을 청구할 수도 없다(대판 2000.1.28, 99다40524).
② 유동적 무효의 상태에 있는 거래계약의 당사자는 상대방이 그 거래계약의 효력이 완성되도록 협력할 의무를 이행하지 아니하였음을 들어 일방적으로 유동적 무효의 상태에 있는 거래계약 자체를 해제할 수 없다(대판(전) 1999.6.17, 98다40459), 협력의무는 부수적 채무에 불과하기 때문이다.
③ 허가구역 지정기간 중에 허가구역 안의 토지에 대하여 토지거래허가를 받지 아니하고 토지거래계약을 체결한 후 허가구역 지정해제 등이 된 때에는 그 토지거래계약이 허가구역 지정이 해제되기 전에 확정적으로 무효로 된 경우를 제외하고는, 더 이상 관할 행정청으로부터 토지거래허가를 받을 필요가 없이 확정적으로 유효로 되어 거래 당사자는 그 계약에 기하여 바로 토지의 소유권 등 권리의 이전 또는 설정에 관한 이행청구를 할 수 있고, 상대방도 반대급부의 청구를 할 수 있다고 보아야 할 것이지, 여전히 그 계약이 유동적 무효상태에 있다고 볼 것은 아니다(대판(전) 1999.6.17, 98다40459).
④ 국토이용관리법상 토지거래허가를 받지 않고 매매계약을 체결한 경우 허가를 받기 전에는 물권적 효력은 물론 채권적 효력도 발생하지 아니하지만, 일단 허가를 받으면 그 계약은 소급해서 유효로 되므로, 허가 후에 새로이 거래계약을 체결할 필요는 없다(대판 1991.12.24, 90다12243).
⑤ 계약당사자의 표시와 불일치한 의사(비진의표시, 허위표시 또는 착오) 또는 사기, 강박과 같은 하자 있는 의사에 의하여 토지거래 등이 이루어진 경우에 있어서, 이들 사유에 기하여 그 거래의 무효 또는 취소를 주장할 수 있는 당사자는 그러한 거래허가를 신청하기 전 단계에서 이러한 사유를 주장하여 거래허가 신청협력에 거절의사를 일방적으로 명백히 함으로써 그 계약을 확정적으로 무효화시키고 자신의 거래허가절차에 협력할 의무를 면함은 물론 기왕에 지급된 계약금 등의 반환도 구할 수 있다(대판 1996.11.8, 96다35309).

▶ 정답   01 ①   02 ②

03 甲은 토지거래허가구역 내에 있는 자신의 X토지에 관하여 乙과 매매계약을 체결하고 일정기간 내에 토지거래허가를 받기로 합의하였다. 이에 관한 설명으로 옳지 않은 것은? (다툼이 있으면 판례에 의함)
▶ 2025 감정평가사

① 甲과 乙 쌍방이 토지거래허가신청을 하지 않기로 하는 의사를 명백히 표시한 경우 매매계약은 확정적으로 무효가 된다.
② 甲이 허가신청절차에 협력하지 않는다면 乙은 甲에 대하여 협력의무의 이행을 소구할 수 있다.
③ 토지거래허가가 있기 전에는 乙은 매매계약에 따른 대금지급의무가 없다.
④ 甲과 乙이 토지거래허가를 받으면 매매계약은 특별한 사정이 없는 한 허가를 받은 때부터 유효가 된다.
⑤ 만약 丙이 乙로부터 X토지를 매수한 후 자신과 甲을 당사자로 하는 토지거래허가를 받아 甲으로부터 소유권이전등기를 경료받았다면 그 등기는 무효이다.

[정답해설]
① 국토이용관리법상 토지거래허가를 받지 않아 거래계약이 유동적 무효의 상태에 있는 경우 그와 같은 유동적 무효 상태의 계약은 관할 관청의 불허가처분이 있을 때뿐만 아니라 당사자 쌍방이 허가신청협력의무의 이행 거절 의사를 명백히 표시한 경우에는 허가 전 거래계약관계 즉, 계약의 유동적 무효 상태가 더 이상 지속된다고 볼 수 없고 그 계약관계는 확정적으로 무효가 된다(대판 1998.3.27. 97다36996).
② 유동적 무효상태에 있어도 당사자 간 협력의무는 있다. 따라서 甲과 乙은 상대방에 대하여 공동으로 관할관청의 허가를 신청할 의무를 부담한다. 만일 甲이 이러한 의무에 위배하여 허가신청절차에 협력하지 않으면 乙은 甲에 대하여 협력의무의 이행을 소송으로써 구할 이익이 있다(대판 1998.12.22. 98다44376).
③ 국토이용관리법상 토지거래허가구역 내의 토지에 관한 거래계약은 관할관청으로부터 허가받기 전의 상태에서는 거래계약의 채권적 효력도 전혀 발생하지 아니하여 무효이므로 권리의 이전 또는 설정에 관한 어떠한 내용의 이행청구도 할 수 없고, 따라서 상대방의 거래계약상 채무불이행을 이유로 손해배상을 청구할 수도 없다(대판 2000.1.28. 99다40524). 토지거래허가가 있기 전에는 계약은 효력은 발생하지 않으므로 乙은 매매계약에 따른 대금지급의무가 없다.
④ 국토이용관리법상 토지거래허가를 받지 않고 매매계약을 체결한 경우 허가를 받기 전에는 물권적 효력은 물론 채권적 효력도 발생하지 아니하지만, 일단 허가를 받으면 그 계약은 소급해서 유효로 되므로, 허가 후에 새로이 거래계약을 체결할 필요는 없다(대판 1991.12.24. 90다12243). 따라서 허가를 받을 때부터 유효가 아니라, 계약체결시에 소급하여 유효가 된다.
⑤ 토지거래허가구역 내의 토지가 토지거래허가 없이 소유자인 최초 매도인으로부터 중간 매수인에게, 다시 중간 매수인으로부터 최종 매수인에게 순차로 매도되었다면 각 매매계약의 당사자는 각각의 매매계약에 관하여 토지거래허가를 받아야 하며, 위 당사자들 사이에 최초의 매도인이 최종 매수인 앞으로 직접 소유권이전등기를 경료하기로 하는 중간생략등기의 합의가 있었다고 하더라도 이러한 중간생략등기의 합의란 부동산이 전전 매도된 경우 각 매매계약이 유효하게 성립함을 전제로 그 이행의 편의상 최초의 매도인으로부터 최종의 매수인 앞으로 소유권이전등기를 경료하기로 한다는 당사자 사이의 합의에 불과할 뿐, 그러한 합의가 있었다고 하여 최초의 매도인과 최종의 매수인 사이에 매매계약이 체결되었다는 것을 의미하는 것은 아니므로 최초의 매도인과 최종 매수인 사이에 매매계약이 체결되었다고 볼 수 없고, 설사 최종 매수인이 자신과 최초 매도인을 매매 당사자로 하는 토지거래허가를 받아 자신 앞으로 소유권이전등기를 경료하였다고 하더라도 이는 적법한 토지거래허가 없이 경료된 등기로서 무효이다(대판 1997.11.11. 97다33218).

04 법률행위의 무효를 이유로 선의의 제3자에게 대항할 수 없는 경우는? (다툼이 있으면 판례에 따름)
▶ 2017 세무사

① 진의 아닌 의사표시에 의한 법률행위
② 강행규정을 직접적으로 위반하는 법률행위
③ 반사회질서의 법률행위
④ 불공정한 법률행위
⑤ 원시적·객관적으로 전부 불능인 법률행위

정답해설
당사자 사이뿐만 아니라 제3자에 대한 관계에서도, 즉 모든 사람에 대한 관계에서 효력이 없는 경우를 절대적 무효라고 한다. 의사무능력의 법률행위, 강행규정을 위반하는 법률행위, 반사회질서의 법률행위, 불공정한 법률행위, 원시적·객관적으로 전부 불능인 법률행위이 이에 해당한다. 반면 당사자 사이에서는 무효이지만 특정인(선의의 제3자)에 대해서는 무효로써 대항할 수 없는 경우를 상대적 무효라고 한다. 상대적 무효의 대표적인 예가 제107조 제1항 단서의 비진의표시, 허위표시가 이에 해당한다.

05 법률행위의 무효에 관한 설명으로 옳지 않은 것은? (다툼이 있으면 판례에 따름)
▶ 2016 감정평가사

① 법률행위의 일부분이 무효인 경우, 그 무효부분이 없더라도 법률행위를 하였을 것이라고 인정될 때에는 나머지 부분은 무효가 되지 않는다.
② 매매계약이 매매대금의 과다로 인하여 불공정한 법률행위로서 무효인 경우, 무효행위의 전환에 관한 규정이 적용될 수 없다.
③ 무효행위의 추인은 명시적으로뿐만 아니라 묵시적으로도 할 수 있다.
④ 부동산 이중매매에서 매도인의 배임행위에 제2매수인이 적극 가담한 경우, 제2매수인의 매매계약은 무효이고 추인에 의하여 유효로 되지 않는다.
⑤ 무효인 가등기를 유효한 등기로 전용하기로 한 약정은 그때부터 유효하고, 이로써 그 가등기가 소급하여 유효한 등기로 전환될 수 없다.

정답해설
① 제137조【법률행위의 일부무효】법률행위의 일부분이 무효인 때에는 그 전부를 무효로 한다. 그러나 그 무효부분이 없더라도 법률행위를 하였을 것이라고 인정될 때에는 나머지 부분은 무효가 되지 아니한다.
② 매매계약이 약정된 매매대금의 과다로 말미암아 민법 제104조에서 정하는 '불공정한 법률행위'에 해당하여 무효인 경우에도 무효행위의 전환에 관한 민법 제138조가 적용될 수 있다(대판 2010.7.15, 2009다50308).

> 제138조【무효행위의 전환】
> 무효인 법률행위가 다른 법률행위의 요건을 구비하고 당사자가 그 무효를 알았더라면 다른 법률행위를 하는 것을 의욕하였으리라고 인정될 때에는 다른 법률행위로서 효력을 가진다.

▶ 정답 03 ④ 04 ① 05 ②

③ 무효행위의 추인은 묵시적으로도 가능하다. 법정추인 규정은 존재하지 않으나 묵시적 추인을 인정하므로 법정추인과 동일한 효과를 거둘 수 있다.
④ 법률행위가 제103조, 제104조 위반이거나 강행법규에 위반되는 경우, 무효원인이 해소되지 않고 있는 때에는, 추인하여도 새로운 법률행위로 유효가 될 수 없다(대판 1994.6.24, 94다10900). 부동산의 이중매매가 매도인의 배임행위와 매수인이 매도인의 배임행위에 적극 가담한 행위로 이루어진 경우는 반사회적 법률행위로서 무효가 되는 것(대판 1994.3.11, 93다55289)이므로 추인으로 유효하게 될 수 없다.
⑤ 무효인 법률행위는 당사자가 무효임을 알고 추인할 경우 새로운 법률행위를 한 것으로 간주할 뿐이고 소급효가 없는 것이므로 무효인 가등기를 유효한 등기로 전용키로 한 약정은 그때부터 유효하고 이로써 위 가등기가 소급하여 유효한 등기로 전환될 수 없다(대판 1992.5.12, 91다26546).

■ 민법상 추인 비교

	1. 무효행위의 추인	제139조	효과
①	강행법규 위반, 반사회적 법률행위, 불공정한 법률행위 등 무효	적용 ×	추인하여도 여전히 무효
②	통정허위표시로 무효, 무효의 가등기의 유용, 무효인 명의신탁 등 무효	적용 ○	무효임을 알고 추인한 때에는 새로운 법률로 본다(소급효 없다).
③	유동적 무효 : ㉠ 무권대리행위 ㉡ 무권리자 처분행위 ㉢ 토지거래허가를 받지 않고 한 토지매매계약 등	적용 ×	추인이나 허가를 받으면 소급하여 효력 발생
2. 취소할 수 있는 행위의 추인(취소권의 포기)		제143조 ○	유동적 유효 → 확정적 유효(소급효 ×)

06 법률행위의 무효에 관한 설명으로 옳지 않은 것은? (다툼이 있으면 판례에 따름)

▶ 2022 감정평가사

① 매매계약이 약정된 매매대금의 과다로 인하여 불공정한 법률행위에 해당하는 경우, 무효행위의 전환에 관한 민법 제138조가 적용될 수 있다.
② 취소할 수 있는 법률행위를 취소한 후에도 무효인 법률행위의 추인의 요건과 효력으로서 추인할 수 있다.
③ 법률행위의 일부무효에 관한 민법 제137조는 임의규정이다.
④ 집합채권의 양도가 양도금지특약을 위반하여 무효인 경우, 채무자는 집합채권의 일부 개별채권을 특정하여 추인할 수 없다.
⑤ 무효인 가등기를 유효한 등기로 전용하기로 한 약정은 특별한 사정이 없는 한 그때부터 유효하고 이로써 그 가등기가 소급하여 유효한 등기로 전환될 수 없다.

정답해설

① 매매계약이 약정된 매매대금의 과다로 말미암아 민법 제104조에서 정하는 '불공정한 법률행위'에 해당하여 무효인 경우에도 무효행위의 전환에 관한 민법 제138조가 적용될 수 있다(대판 2010.7.15, 2009다50308).
② 취소한 법률행위는 처음부터 무효인 것으로 간주되므로 취소할 수 있는 법률행위가 일단 취소된 이상 그 후에는 취소할 수 있는 법률행위의 추인에 의하여 이미 취소되어 무효인 것으로 간주된 당초의 의사표시를 다시 확정적으로 유효하게 할 수는 없고, 다만 무효인 법률행위의 추인의 요건과 효력으로서 추인할 수는 있다(대판 1997.12.12, 95다38240).
③ 민법 제137조는 임의규정으로서 의사자치의 원칙이 지배하는 영역에서 적용된다고 할 것이므로, 법률행위의 일부가 강행법규인 효력규정에 위반되어 무효가 되는 경우 그 부분의 무효가 나머지 부분의 유효·무효에 영향을 미치는가의 여부를 판단함에 있어서는 개별 법령이 일부무효의 효력에 관한 규정을 두고 있는 경우에는 그에 따라야 하고, 그러한 규정이 없다면 원칙적으로 민법 제137조가 적용될 것이나 당해 효력규정 및 그 효력규정을 둔 법의 입법 취지를 고려하여 볼 때 나머지 부분을 무효로 한다면 당해 효력규정 및 그 법의 취지에 명백히 반하는 결과가 초래되는 경우에는 나머지 부분까지 무효가 된다고 할 수는 없다(대판 2010.7.22, 2010다23425).
④ 이른바 집합채권의 양도가 양도금지특약을 위반하여 무효인 경우 채무자는 일부 개별 채권을 특정하여 추인하는 것이 가능하다고 판시하였다(대판 2009.10.29, 2009다47685). 계속적 거래관계에서 발생하는 여러 채권(집합채권)에 대한 양도금지 특약을 하였음에도 채권자가 이를 양도하고 양수인이 중과실이 있어 양도가 무효였는데 채무자가 양수인에게 채권 가운데 일부에 대해 변제를 한 것이 그 일부채권의 양도를 추인한 것으로 본 판례이다. 즉 판례는 일부 추인을 긍정한다.

> **제139조【무효행위의 추인】**
> 무효인 법률행위는 추인하여도 그 효력이 생기지 아니한다. 그러나 당사자가 그 무효임을 알고 추인한 때에는 새로운 법률행위로 본다.
>
> **제449조【채권의 양도성】**
> ① 채권은 양도할 수 있다. 그러나 채권의 성질이 양도를 허용하지 아니하는 때에는 그러하지 아니하다.
> ② 채권은 당사자가 반대의 의사를 표시한 경우에는 양도하지 못한다. 그러나 그 의사표시로써 선의의 제삼자에게 대항하지 못한다.

⑤ 무효인 법률행위는 당사자가 무효임을 알고 추인할 경우 새로운 법률행위를 한 것으로 간주할 뿐이고 소급효가 없는 것이므로 무효인 가등기를 유효한 등기로 전용키로 한 약정은 그때부터 유효하고 이로써 위 가등기가 소급하여 유효한 등기로 전환될 수 없다(대판 1992.5.12, 91다26546).

▶ 정답 06 ④

07 법률행위의 무효에 관한 설명으로 옳지 않은 것은? (다툼이 있으면 판례에 따름)

▶ 2017 감정평가사

① 무효인 재산상 법률행위에 대하여 당사자가 무효임을 알고 추인하면 그 추인에는 원칙적으로 소급효가 인정된다.
② 위증하기로 하는 계약은 당사자가 무효임을 알고 추인하여도 유효로 될 수 없다.
③ 불공정한 법률행위에 대하여도 무효행위의 전환에 관한 민법규정이 적용될 수 있다.
④ 무효행위의 추인은 명시적으로뿐만 아니라 묵시적으로도 할 수 있다.
⑤ 무효인 법률행위에 따른 법률효과를 침해하는 것처럼 보이는 채무불이행이 있다고 하여도 그 법률효과의 침해에 따른 손해배상을 청구할 수는 없다.

[정답해설]

① 무효인 법률행위는 당사자가 무효임을 알고 추인할 경우 새로운 법률행위를 한 것으로 간주할 뿐이고 소급효가 없는 것이므로 무효인 가등기를 유효한 등기로 전용키로 한 약정은 그때부터 유효하고 이로써 위 가등기가 소급하여 유효한 등기로 전환될 수 없다(대판 1992.5.12, 91다26546).

> **제139조【무효행위의 추인】**
> 무효인 법률행위는 추인하여도 그 효력이 생기지 아니한다. 그러나 당사자가 그 무효임을 알고 추인한 때에는 새로운 법률행위로 본다.

② 법률행위가 제103조, 제104조 위반이거나 강행법규에 위반되는 경우, 무효원인이 해소되지 않고 있는 때에는, 추인하여도 새로운 법률행위로 유효가 될 수 없다(대판 1994.6.24, 94다10900). 강행규정인 형법에 위반한 위증하기로 하는 내용의 계약은 당사자가 무효임을 알고 추인하여도 유효로 될 수 없다.
③ 매매계약이 약정된 매매대금의 과다로 말미암아 민법 제104조에서 정하는 '불공정한 법률행위'에 해당하여 무효인 경우에도 무효행위의 전환에 관한 민법 제138조가 적용될 수 있다(대판 2010.7.15, 2009다50308).
④ 무효인 법률행위를 추인에 의하여 새로운 법률행위로 보기 위하여서는 당사자가 이전의 법률행위가 무효임을 알고 그 행위에 대하여 추인하여야 한다. 한편 추인은 묵시적으로도 가능하다(대판 2014.3.27, 2012다106607).
⑤ 무효인 법률행위는 그 법률행위가 성립한 당초부터 당연히 효력이 발생하지 않는 것이므로, 무효인 법률행위에 따른 법률효과를 침해하는 것처럼 보이는 위법행위나 채무불이행이 있다고 하여도 법률효과의 침해에 따른 손해는 없는 것이므로 그 손해배상을 청구할 수는 없다(대판 2003.3.28, 2002다72125).

08 법률행위의 무효에 관한 설명으로 옳지 않은 것은? (다툼이 있으면 판례에 따름)

▶ 2018 감정평가사

① 강박의 정도가 극심하여 의사결정을 스스로 할 수 있는 여지가 완전히 박탈된 상태에서 의사표시가 이루어진 경우 그 의사표시는 무효이다.
② 반사회적 법률행위를 원인으로 부동산에 관한 소유권이전등기를 마친 등기명의자가 소유권에 기한 물권적 청구권을 행사하는 경우, 상대방은 법률행위의 무효를 항변으로서 주장할 수 없다.
③ 무효인 법률행위를 추인에 의하여 새로운 법률행위로 보기 위해서는 당사자가 이전의 법률행위가 무효임을 알고 그 행위에 대하여 추인하여야 한다.
④ 무효인 법률행위가 다른 법률행위의 요건을 구비하고 당사자가 그 무효를 알았더라면 다른 법률행위를 하는 것을 의욕하였으리라고 인정될 때에는 다른 법률행위로서 효력을 가진다.
⑤ 후속행위를 한 것이 묵시적 추인으로 인정되기 위해서는 이전의 법률행위가 무효임을 알거나, 무효임을 의심하면서도 그 행위의 효과를 자기에게 귀속시키도록 하는 의사로 후속행위를 하였음이 인정되어야 한다.

[정답해설]

① 강박에 의한 의사표시라고 하려면 상대방이 불법으로 어떤 해악을 고지함으로 말미암아 공포를 느끼고 의사표시를 한 것이어야 한다. 강박에 의한 법률행위가 하자 있는 의사표시로서 취소되는 것에 그치지 않고 나아가 무효로 되기 위하여는, 강박의 정도가 단순한 불법적 해악의 고지로 상대방으로 하여금 공포를 느끼도록 하는 정도가 아니고, 의사표시자로 하여금 의사결정을 스스로 할 수 있는 여지를 완전히 박탈한 상태에서 의사표시가 이루어져 단지 법률행위의 외형만이 만들어진 것에 불과한 정도이어야 한다. (따라서) 제반 사정을 고려하여 의무부담의 의사표시가 강박으로 인하여 의사결정을 스스로 할 수 있는 여지를 완전히 박탈당한 상태에서 이루어진 것으로 보기 어렵다면 강박에 의한 의사표시로서 취소할 수 있을 뿐이다(대판 2003.5.13, 2002다73708·73715).
② 거래 상대방이 배임행위를 유인·교사하거나 배임행위의 전 과정에 관여하는 등 배임행위에 적극 가담하는 경우에는 실행행위자와 체결한 계약이 반사회적 법률행위에 해당하여 무효로 될 수 있고, 선량한 풍속 기타 사회질서에 위반한 사항을 내용으로 하는 법률행위의 무효는 이를 주장할 이익이 있는 자는 누구든지 무효를 주장할 수 있다. 따라서 반사회질서 법률행위를 원인으로 하여 부동산에 관한 소유권이전등기를 마쳤더라도 그 등기는 원인무효로서 말소될 운명에 있으므로 등기명의자가 소유권에 기한 물권적 청구권을 행사하는 경우에, 권리 행사의 상대방은 법률행위의 무효를 항변으로서 주장할 수 있다(대판 2016.3.24, 2015다11281).
③, ⑤ 무효인 법률행위를 추인에 의하여 새로운 법률행위로 보기 위하여서는 당사자가 이전의 법률행위가 무효임을 알고 그 행위에 대하여 추인하여야 한다. 한편 추인은 묵시적으로도 가능하나, 묵시적 추인을 인정하기 위해서는 본인이 그 행위로 처하게 된 법적 지위를 충분히 이해하고 그럼에도 진의에 기하여 그 행위의 결과가 자기에게 귀속된다는 것을 승인한 것으로 볼만한 사정이 있어야 할 것이므로 이를 판단함에 있어서는 관계되는 여러 사정을 종합적으로 검토하여 신중하게 하여야 한다. 위와 같은 법리를 고려하면, 당사자가 이전의 법률행위가 존재함을 알고 그 유효함을 전제로 하여 이에 터 잡은 후속행위를 하였다고 해서 그것만으

▶ 정답 07 ① 08 ②

Chapter 05 권리의 변동 261

로 이전의 법률행위를 묵시적으로 추인하였다고 단정할 수는 없고, 묵시적 추인을 인정하기 위해서는 이전의 법률행위가 무효임을 알거나 적어도 무효임을 의심하면서도 그 행위의 효과를 자기에게 귀속시키도록 하는 의사로 후속행위를 하였음이 인정되어야 할 것이다(대판 2014.3.27, 2012다106607).
④ 제138조【무효행위의 전환】무효인 법률행위가 다른 법률행위의 요건을 구비하고 당사자가 그 무효를 알았더라면 다른 법률행위를 하는 것을 의욕하였으리라고 인정될 때에는 다른 법률행위로서 효력을 가진다.

09 법률행위의 무효에 관한 설명으로 옳지 않은 것은? (다툼이 있으면 판례에 따름)

▶ 2023 감정평가사

① 무권대리행위에 대한 본인의 추인은 다른 의사표시가 없는 한 소급효를 가진다.
② 법률행위의 일부분이 무효일 때, 그 나머지 부분의 유효성을 판단함에 있어 나머지 부분을 유효로 하려는 당사자의 가정적 의사를 고려하여야 한다.
③ 토지거래허가구역 내의 토지를 매매한 당사자가 계약체결 시부터 허가를 잠탈할 의도였더라도, 그 후 해당 토지에 대한 허가구역 지정이 해제되었다면 위 매매계약은 유효가 된다.
④ 무효인 법률행위를 추인에 의하여 새로운 법률행위로 보기 위해서는 당사자가 그 무효를 알고서 추인하여야 한다.
⑤ 처분권자는 명문의 규정이 없더라도 처분권 없는 자의 처분행위를 추인하여 이를 유효하게 할 수 있다.

[정답해설]
① 무권대리의 추인은 무효행위의 추인인 제139조가 적용되지 않고, 제133조에 의해 본인의 추인은 다른 의사표시가 없는 한 소급효를 가진다.

> 제133조【추인의 효력】추인은 다른 의사표시가 없는 때에는 계약 시에 소급하여 그 효력이 생긴다. 그러나 제3자의 권리를 해하지 못한다.

② 민법 제137조의 규정에 비추어 보면, 하나의 법률행위의 일부분에 무효사유가 있더라도 그 법률행위가 가분적이거나 그 목적물의 일부가 특정될 수 있다면 그 나머지 부분이라도 이를 유지하려는 당사자의 가정적 의사가 인정되는 경우, 그 일부만을 무효로 하고 나머지 부분은 유효한 것으로 유지하는 것도 가능하다(대판 2015.12.10, 2013다207538).

> 제137조【법률행위의 일부무효】법률행위의 일부분이 무효인 때에는 그 전부를 무효로 한다. 그러나 그 무효부분이 없더라도 법률행위를 하였을 것이라고 인정될 때에는 나머지 부분은 무효가 되지 아니한다.

③ 구 국토의 계획 및 이용에 관한 법률(2016.1.19. 법률 제13797호로 개정되기 전의 것, 이하 '구 국토계획법'이라고 한다)에서 정한 토지거래계약 허가구역 내 토지에 관하여 허가를 배제하거나 잠탈하는 내용으로 매매계약이 체결된 경우에는, 강행법규인 구 국토계획법 제118조 제6항에 따라 계약은 체결된 때부터 확정적으로 무효이다. 계약체결 후 허가구역 지정이 해제되거나 허가구역 지정기간 만료 이후 재지정을 하지 아니한 경우라 하더라도 이미 확정적으로 무효로 된 계약이 유효로 되는 것이 아니다(대판 2019.1.31, 2017다2286184).
④ 무효인 법률행위를 추인에 의하여 새로운 법률행위로 보기 위하여서는 당사자가 이전의 법률행위가 무효임을 알고 그 행위에 대하여 추인하여야 한다(대판 2014.3.27, 2012다106607).

⑤ 법률행위에 따라 권리가 이전되려면 권리자 또는 처분권한이 있는 자의 처분행위가 있어야 한다. 무권리자가 타인의 권리를 처분한 경우에는 특별한 사정이 없는 한 권리가 이전되지 않는다. 그러나 이러한 경우에 권리자가 무권리자의 처분을 추인하는 것도 자신의 법률관계를 스스로의 의사에 따라 형성할 수 있다는 사적 자치의 원칙에 따라 허용된다. 이러한 추인은 무권리자의 처분이 있음을 알고 해야 하고, 명시적으로 또는 묵시적으로 할 수 있으며, 그 의사표시는 무권리자나 그 상대방 어느 쪽에 해도 무방하다(대판 2017.6.8. 2017다3499).

10 법률행위의 취소에 관한 설명으로 옳지 않은 것은? (다툼이 있으면 판례에 따름)
▶ 2017 감정평가사

① 사기를 이유로 취소된 법률행위는 처음부터 무효인 것으로 본다.
② 제한능력자가 취소권을 가지는 경우 법정대리인의 동의 없이 행사할 수 있다.
③ 피성년후견인은 법정대리인의 동의가 있더라도 재산상 법률행위를 스스로 유효하게 추인할 수 없다.
④ 법정대리인이 미성년자의 법률행위를 추인하는 경우, 취소 원인이 소멸된 후에 하여야만 효력이 있다.
⑤ 법률행위를 취소한 후라도 무효행위의 추인의 요건과 효력으로서 추인할 수 있다.

정답해설

① 제141조【취소의 효과】취소된 법률행위는 처음부터 무효인 것으로 본다.
② 제한능력자는 제140조 규정에 의해 예외적으로 대리인의 동의 없이 단독으로 유효하게 법률행위인 취소권을 행사할 수 있다.

> 제140조【법률행위의 취소권자】
> 취소할 수 있는 법률행위는 제한능력자, 착오로 인하거나 사기·강박에 의하여 의사표시를 한 자, 그의 대리인 또는 승계인만이 취소할 수 있다.

③, ④ 피성년후견인의 추인이 효력이 있기 위해서는 취소 원인이 소멸된 후에 하여야만 한다. 그러므로 피성년후견인은 취소원인이 소멸되지 않는 한 후견인의 동의를 얻는다 하더라도 유효하게 추인할 수 없다(제144조 제1항). 그러나 법정대리인 또는 후견인은 취소원인의 소멸 전이라도 추인할 수 있다(제144조 제2항).

> 제144조【추인의 요건】
> ① 추인은 취소의 원인이 소멸된 후에 하여야만 효력이 있다.
> ② 제1항은 법정대리인 또는 후견인이 추인하는 경우에는 적용하지 아니한다.

⑤ 취소한 법률행위는 처음부터 무효인 것으로 간주되므로 취소할 수 있는 법률행위가 일단 취소된 이상 그 후에는 취소할 수 있는 법률행위의 추인에 의하여 이미 취소되어 무효인 것으로 간주된 당초의 의사표시를 다시 확정적으로 유효하게 할 수는 없고, 다만 무효인 법률행위의 추인의 요건과 효력으로서 추인할 수는 있다(대판 1997.12.12. 95다38240).

▶ 정답   09 ③   10 ④

11 법률행위의 취소에 관한 설명으로 옳지 않은 것은? (다툼이 있으면 판례에 따름)

▶ 2018 감정평가사

① 법률행위를 취소한 후라도 무효행위 추인의 요건을 충족할 경우, 무효행위의 추인은 가능하다.
② 제한능력자가 맺은 계약은 추인이 있을 때까지 상대방이 그 의사표시를 취소할 수 있다.
③ 제한능력을 이유로 법률행위가 취소된 경우, 제한능력자는 그 행위로 인하여 받은 이익이 현존하는 한도에서 상환할 책임이 있다.
④ 법률행위의 취소를 전제로 한 소송상의 이행청구에는 취소의 의사표시가 포함되어 있다고 볼 수 있다.
⑤ 취소권은 추인할 수 있는 날로부터 3년 내에 법률행위를 한 날로부터 10년 내에 행사하여야 한다.

정답해설

① 취소한 법률행위는 처음부터 무효인 것으로 간주되므로 취소할 수 있는 법률행위가 일단 취소된 이상 그 후에는 취소할 수 있는 법률행위의 추인에 의하여 이미 취소되어 무효인 것으로 간주된 당초의 의사표시를 다시 확정적으로 유효하게 할 수는 없고, 다만 무효인 법률행위의 추인의 요건과 효력으로서 추인할 수는 있다(대판 1997.12.12, 95다38240).
② 취소권은 제한능력자, 착오로 인하거나 사기·강박에 의하여 의사표시를 한 자, 그의 대리인 또는 승계인에게만 인정된다(제140조). 제한능력자의 상대방은 취소권이 없다. 민법은 이러한 상대방을 위해 추인권, 거절권, 철회권을 규정하고 있을 뿐이다.

> **제140조【법률행위의 취소권자】**
> 취소할 수 있는 법률행위는 제한능력자, 착오로 인하거나 사기·강박에 의하여 의사표시를 한 자, 그의 대리인 또는 승계인만이 취소할 수 있다.
>
> **제143조【추인의 방법, 효과】**
> ① 취소할 수 있는 법률행위는 제140조에 규정한 자가 추인할 수 있고 추인 후에는 취소하지 못한다.

③ **제141조【취소의 효과】** 취소된 법률행위는 처음부터 무효인 것으로 본다. 다만, 제한능력자는 그 행위로 인하여 받은 이익이 현존하는 한도에서 상환할 책임이 있다.
④ 법률행위의 취소는 상대방에 대한 의사표시로 하여야 하나 그 취소의 의사표시는 특별히 재판상 행하여짐이 요구되는 경우 이외에는 특정한 방식이 요구되는 것이 아니고, 취소의 의사가 상대방에 의하여 인식될 수 있다면 어떠한 방법에 의하더라도 무방하다고 할 것이고, 법률행위의 취소를 당연한 전제로 한 소송상의 이행청구나 이를 전제로 한 이행거절 가운데는 취소의 의사표시가 포함되어 있다고 볼 수 있다(대판 1993.9.14, 93다13162).
⑤ **제146조【취소권의 소멸】** 취소권은 추인할 수 있는 날로부터 3년 내에, 법률행위를 한 날로부터 10년 내에 행사하여야 한다.

12 취소에 관한 설명으로 옳지 않은 것은? (다툼이 있으면 판례에 따름) ▶ 2024 감정평가사

① 매도인에 의해 매매계약이 적법하게 해제된 후에는 매수인은 그 매매계약을 착오를 이유로 취소할 수 없다.
② 법률행위의 취소를 전제로 한 이행거절 가운데는 특별한 사정이 없는 한 취소의 의사표시가 포함된 것으로 볼 수 있다.
③ 취소할 수 있는 법률행위가 일단 취소된 후에는 취소할 수 있는 법률행위의 추인에 의하여 이를 다시 확정적으로 유효하게 할 수는 없다.
④ 취소권은 추인할 수 있는 날로부터 3년 내에 법률행위를 한 날로부터 10년 내에 행사하여야 한다.
⑤ 취소할 수 있는 법률행위의 취소권의 행사기간은 제척기간이다.

정답해설

① 매도인이 매수인의 중도금 지급채무불이행을 이유로 매매계약을 적법하게 해제한 후라도, 매수인으로서는 상대방이 한 계약해제의 효과로서 발생하는 손해배상책임을 지거나 매매계약에 따른 계약금의 반환을 받을 수 없는 불이익을 면하기 위하여 착오를 이유로 한 취소권을 행사하여 위 매매계약 전체를 무효로 돌리게 할 수 있다(대판 1991.8.27, 91다11308).
② 법률행위의 취소는 상대방에 대한 의사표시로 하여야 하나 그 취소의 의사표시는 특별히 재판상 행하여짐이 요구되는 경우 이외에는 특정한 방식이 요구되는 것이 아니고, 취소의 의사가 상대방에 의하여 인식될 수 있다면 어떠한 방법에 의하더라도 무방하다고 할 것이고, 법률행위의 취소를 당연한 전제로 한 소송상의 이행청구나 이를 전제로 한 이행거절 가운데는 취소의 의사표시가 포함되어 있다고 볼 수 있다(대판 1993.9.14, 93다13162).
③ 취소한 법률행위는 처음부터 무효인 것으로 간주되므로 취소할 수 있는 법률행위가 일단 취소된 이상 그 후에는 취소할 수 있는 법률행위의 추인에 의하여 이미 취소되어 무효인 것으로 간주된 당초의 의사표시를 다시 확정적으로 유효하게 할 수는 없고, 다만 무효인 법률행위의 추인의 요건과 효력으로서 추인할 수는 있다(대판 1997.12.12, 95다38240).
④ 제146조 【취소권의 소멸】 취소권은 추인할 수 있는 날로부터 3년 내에, 법률행위를 한 날로부터 10년 내에 행사하여야 한다.
⑤ 민법 제146조는 취소권은 추인할 수 있는 날로부터 3년 내에 행사하여야 한다고 규정하고 있는바, 이때의 3년이라는 기간은 일반 소멸시효기간이 아니라 제척기간으로서 제척기간이 도과하였는지 여부는 당사자의 주장에 관계없이 법원이 당연히 조사하여 고려하여야 할 사항이다(대판 1996.9.20, 96다25371).

13 법률행위의 취소에 관한 설명으로 옳지 않은 것은? ▶ 2019 감정평가사

① 착오로 인하여 취소할 수 있는 법률행위를 한 자의 포괄승계인은 그 법률행위를 취소할 수 있다.
② 미성년자가 동의 없이 단독으로 행한 법률행위를 그 법정대리인이 추인하는 경우, 그 추인은 취소의 원인이 소멸한 후에 하여야만 효력이 있다.
③ 제한능력자가 제한능력을 이유로 법률행위를 취소한 경우, 그 행위로 인하여 받은 이익이 현존하는 한도에서 상환할 책임이 있다.
④ 취소할 수 있는 법률행위를 추인한 후에는 이를 다시 취소하지 못한다.
⑤ 취소권은 추인할 수 있는 날로부터 3년 내에, 법률행위를 한 날로부터 10년 내에 행사하여야 한다.

정답해설

① 제140조【법률행위의 취소권자】취소할 수 있는 법률행위는 제한능력자, 착오로 인하거나 사기·강박에 의하여 의사표시를 한 자, 그의 대리인 또는 승계인만이 취소할 수 있다.
② 취소할 수 있는 행위의 추인은 ① 취소의 원인이 소멸한 후이어야 하고, ② 취소할 수 있는 행위임을 알아야 한다. 따라서 제한능력자는 능력자로 된 후에, 착오·사기·강박의 상태에 있던 자는 그 상태를 벗어난 후에 추인할 수 있다(제144조 제1항). 그러나 법정대리인 또는 후견인은 취소원인의 소멸 전이라도 추인할 수 있다(제144조 제2항).

> 제144조【추인의 요건】
> ① 추인은 취소의 원인이 소멸된 후에 하여야만 효력이 있다.
> ② 제1항은 법정대리인 또는 후견인이 추인하는 경우에는 적용하지 아니한다.

③ 제141조【취소의 효과】취소된 법률행위는 처음부터 무효인 것으로 본다. 다만, 제한능력자는 그 행위로 인하여 받은 이익이 현존하는 한도에서 상환할 책임이 있다.
④ 제143조【추인의 방법, 효과】① 취소할 수 있는 법률행위는 제140조에 규정한 자가 추인할 수 있고 추인 후에는 취소하지 못한다.
⑤ 제146조【취소권의 소멸】취소권은 추인할 수 있는 날로부터 3년 내에, 법률행위를 한 날로부터 10년 내에 행사하여야 한다.

14 법률행위의 취소에 관한 설명으로 옳지 않은 것은? (다툼이 있으면 판례에 따름)

▶ 2022 감정평가사

① 취소할 수 있는 미성년자의 법률행위를 친권자가 추인하는 경우, 그 취소의 원인이 소멸한 후에 하여야만 효력이 있다.
② 제한능력자가 그 의사표시를 취소한 경우, 제한능력자는 그 행위로 인하여 받은 이익이 현존하는 한도에서 상환(償還)할 책임이 있다.
③ 강박에 의하여 의사표시를 한 자의 포괄승계인은 그 의사표시를 취소할 수 있다.
④ 취소권은 추인할 수 있는 날로부터 3년 내에, 법률행위를 한 날로부터 10년 내에 행사하여야 한다.
⑤ 의사표시의 취소는 취소기간 내에 소를 제기하는 방법으로만 행사하여야 하는 것은 아니다.

정답해설

① 취소할 수 있는 행위의 추인은 ① 취소의 원인이 소멸한 후이어야 하고, ② 취소할 수 있는 행위임을 알아야 한다. 따라서 제한능력자는 능력자로 된 후에, 착오·사기·강박의 상태에 있던 자는 그 상태를 벗어난 후에 추인할 수 있다(제144조 제1항). 그러나 법정대리인인 친권자는 취소원인의 소멸 전이라도 추인할 수 있다(제144조 제2항).

> **제144조 【추인의 요건】**
> ① 추인은 취소의 원인이 소멸된 후에 하여야만 효력이 있다.
> ② 제1항은 법정대리인 또는 후견인이 추인하는 경우에는 적용하지 아니한다.

② 제141조 【취소의 효과】 취소된 법률행위는 처음부터 무효인 것으로 본다. 다만, 제한능력자는 그 행위로 인하여 받은 이익이 현존하는 한도에서 상환할 책임이 있다.
③ 제146조 【취소권의 소멸】 취소권은 추인할 수 있는 날로부터 3년 내에, 법률행위를 한 날로부터 10년 내에 행사하여야 한다.
④ 제140조 【법률행위의 취소권자】 취소할 수 있는 법률행위는 제한능력자, 착오로 인하거나 사기·강박에 의하여 의사표시를 한 자, 그의 대리인 또는 승계인만이 취소할 수 있다.
⑤ 법률행위의 취소는 상대방에 대한 의사표시로 하여야 하나 그 취소의 의사표시는 특별히 재판상 행하여짐이 요구되는 경우 이외에는 특정한 방식이 요구되는 것이 아니고, 취소의 의사가 상대방에 의하여 인식될 수 있다면 어떠한 방법에 의하더라도 무방하다고 할 것이고, 법률행위의 취소를 당연한 전제로 한 소송상의 이행청구나 이를 전제로 한 이행거절 가운데는 취소의 의사표시가 포함되어 있다고 볼 수 있다(대판 1993.9.14, 93다13162).

▶ 정답 13 ② 14 ①

15 취소할 수 있는 법률행위의 추인에 관한 설명으로 옳지 않은 것은? (다툼이 있으면 판례에 따름)
▶ 2017 세무사

① 착오에 의하여 의사표시를 한 자는 착오에서 벗어난 상태가 아니면 추인할 수 없다.
② 취소권자는 취소할 수 있는 행위임을 알고서 추인하여야 한다.
③ 추인은 상대방에 대한 의사표시로 하여야 한다.
④ 취소권자가 채권자로서 강제집행을 하는 것은 법정추인사유에 해당한다.
⑤ 묵시적 추인은 허용되지 않는다.

정답해설
①, ② 취소할 수 있는 행위의 추인은 1. 취소의 원인이 소멸한 후이어야 하고, 2. 취소할 수 있는 행위임을 알아야 한다. 따라서 제한능력자는 능력자로 된 후에, 착오·사기·강박의 상태에 있던 자는 그 상태를 벗어난 후에 추인할 수 있다(제144조 제1항).
③ 추인권은 형성권이므로 취소권자의 일방적인 의사표시에 의하여야 한다.
④ 취소권자가 채권자로서 강제집행을 하는 것은 물론 채무자로서 집행을 받는 경우도 소송상의 이의 주장을 포기한 것으로 보아 법정추인사유에 해당한다.

> **제145조【법정추인】**
> 취소할 수 있는 법률행위에 관하여 전조의 규정에 의하여 추인할 수 있는 후에 다음 각 호의 사유가 있으면 추인한 것으로 본다. 그러나 이의를 보류한 때에는 그러하지 아니하다.
> 1. 전부나 일부의 이행 → 상대방의 이행을 수령하는 것을 포함한다.
> 2. 이행의 청구 → 취소권자가 상대방에게 청구한 경우만 포함된다.
> 3. 경개
> 4. 담보의 제공 → 물적 담보나 인적 담보를 불문한다.
> 5. 취소할 수 있는 행위로 취득한 권리의 전부나 일부의 양도
>   → 취소권자가 취득한 권리의 전부나 일부의 양도한 경우만 포함된다.
> 6. 강제집행

⑤ 추인의 의사표시는 반드시 명시적일 필요는 없으며 묵시적으로도 가능하다.

16 법정추인이 인정되는 경우가 아닌 것은? (단, 취소권자는 추인할 수 있는 상태이며, 행위자가 취소할 수 있는 법률행위에 관하여 이의보류 없이 한 행위임을 전제함) ▶ 2019 공인중개사

① 취소권자가 상대방에게 채무를 이행한 경우
② 취소권자가 상대방에게 담보를 제공한 경우
③ 상대방이 취소권자에게 이행을 청구한 경우
④ 취소할 수 있는 행위로 취득한 권리를 취소권자가 타인에게 양도한 경우
⑤ 취소권자가 상대방과 경개계약을 체결한 경우

> **정답해설**

> **제145조 【법정추인】**
> 취소할 수 있는 법률행위에 관하여 전조의 규정에 의하여 추인할 수 있는 후에 다음 각 호의 사유가 있으면 추인한 것으로 본다. 그러나 이의를 보류한 때에는 그러하지 아니하다.
> 1. 전부나 일부의 이행 → 상대방의 이행을 수령하는 것을 포함한다.
> 2. 이행의 청구 → 취소권자가 상대방에게 청구하는 경우에만 포함된다.
> 3. 경개
> 4. 담보의 제공 → 물적 담보나 인적 담보를 불문한다.
> 5. 취소할 수 있는 행위로 취득한 권리의 전부나 일부의 양도 → 취소권자가 상대방에게 취득한 권리를 양도하는 경우에만 포함된다.
> 6. 강제집행

① 제1호 사유인 채무이행에 해당한다.
② 상대방의 담보 제공를 수령한 것으로 제4호 사유에 해당한다
③ 이행의 청구는 취소권자가 청구하는 경우에 한하므로, 상대방이 취소권자에게 이행을 청구한 경우는 법정추인사유인 제2호 사유에 해당하지 않는다.
④ 취소할 수 있는 행위로 취득한 매매대금채권을 취소권자가 제3자에게 양도한 경우로 제5호 사유에 해당한다.
⑤ 제3호 사유인 경개에 해당한다.

17 甲이 乙을 기망하여 건물을 매도하는 계약을 乙과 체결하였다. 법정추인사유에 해당하는 경우는?
2014 공인중개사

① 甲이 乙에게 매매대금의 지급을 청구한 경우
② 甲이 乙에 대한 대금채권을 丙에게 양도한 경우
③ 甲이 이전등기에 필요한 서류를 乙에게 제공한 경우
④ 기망상태에서 벗어난 乙이 이의 없이 매매대금을 지급한 경우
⑤ 乙이 매매계약의 취소를 통해 취득하게 될 계약금 반환청구권을 丁에게 양도한 경우

> **정답해설**

> ①, ③ 이행의 청구는 취소권자가 청구하는 경우에 한하므로 취소권자가 취소할 수 있는 법률행위의 상대방으로부터 이행청구를 받은 경우에는 추인한 것으로 보지 않는다.
> 따라서 취소권자가 아닌 甲의 이행청구가 있는 경우이므로 법정추인사유에 해당하지 않는다.
> ② 취소할 수 있는 행위로 취득한 매매대금채권을 제3자에게 양도한 경우도 취소권자인 乙이 아니라 甲이 한 것이므로 법정추인사유에 해당하지 않는다.
> ④ 제1호 사유인 채무이행에 해당한다.
> ⑤ 취소할 수 있는 행위로 취득한 권리의 전부나 일부의 양도가 아닌 취소를 통해 취득할 권리를 양도하는 것은 취소를 전제로 한 것이므로 제5호 사유에 해당하지 않는다.

▶ 정답 15 ⑤ 16 ③ 17 ④

18 법률행위의 무효와 취소에 관한 설명으로 옳지 않은 것은? (다툼이 있으면 판례에 의함)

▶ 2014 감정평가사

① 당사자가 무효임을 알고 추인한 때에는 새로운 법률행위를 한 것으로 본다.
② 취소할 수 있는 법률행위의 취소원인이 소멸한 후에 취소권자의 상대방이 이행을 청구한 경우에는 다른 사정이 없는 한, 법률상 당연히 추인이 있었던 것으로 본다.
③ 취소할 수 있는 법률행위의 상대방이 확정된 경우에는, 그 취소는 그 상대방에 대한 의사표시로 하여야 한다.
④ 제한능력자가 제한능력을 이유로 법률행위를 취소한 경우에는, 그 행위로 인하여 받은 이익이 현존하는 한도에서 상환책임이 있다.
⑤ 취소할 수 있는 법률행위가 적법하게 취소되어 무효가 되었더라도 그 무효행위가 추인의 요건을 갖춘 경우에는 이를 다시 추인할 수 있다.

> 정답해설

① 제139조【무효행위의 추인】무효인 법률행위는 추인하여도 그 효력이 생기지 아니한다. 그러나 당사자가 그 무효임을 알고 추인한 때에는 새로운 법률행위로 본다.
② 제145조【법정추인】: 1. 전부나 일부의 이행, 2. 이행의 청구, 3. 경개, 4. 담보의 제공, 5. 취소할 수 있는 행위로 취득한 권리의 전부나 일부의 양도, 6. 강제집행
→ 이행의 청구는 취소권자가 청구하는 경우에 한하므로 취소권자가 취소할 수 있는 법률행위의 상대방으로부터 이행청구를 받은 경우에는 추인한 것으로 보지 않는다.
③ 제142조【취소의 상대방】취소할 수 있는 법률행위의 상대방이 확정된 경우에는 그 취소는 그 상대방에 대한 의사표시로 하여야 한다.
④ 제141조【취소의 효과】취소된 법률행위는 처음부터 무효인 것으로 본다. 다만, 제한능력자는 그 행위로 인하여 받은 이익이 현존하는 한도에서 상환할 책임이 있다.
→ 취소된 법률행위는 처음부터 효력이 없게 되는 것이므로, 취소권자인 제한능력자가 취소된 법률행위로 인하여 이익을 받은 경우에는 그 받은 이익을 모두 반환하여야 한다. (×)
⑤ 취소한 법률행위는 처음부터 무효인 것으로 간주되므로 취소할 수 있는 법률행위가 일단 취소된 이상 그 후에는 취소할 수 있는 법률행위의 추인에 의하여 이미 취소되어 무효인 것으로 간주된 당초의 의사표시를 다시 확정적으로 유효하게 할 수는 없고, 다만 무효인 법률행위의 추인의 요건과 효력으로서 추인할 수는 있다(대판 1997.12.12, 95다38240).

19 무효와 취소에 관한 설명으로 옳지 않은 것은? ▶ 2015 감정평가사

① 무효인 법률행위는 취소할 수 없다.
② 취소할 수 있는 법률행위의 추인은 취소의 원인이 소멸된 후에 하여야 효력이 있다.
③ 「민법」상 법률행위의 일부가 무효인 때에는 전부를 무효로 함이 원칙이다.
④ 취소할 수 있는 법률행위는 취소권자가 추인할 수 있고, 추인 후에는 취소할 수 없다.
⑤ 취소권은 법률행위를 추인할 수 있는 날로부터 3년 내에 행사하여야 한다.

[정답해설]
① 무효인 법률행위라도 취소할 수 있다. 이를 "무효와 취소의 이중효"라고 한다. 예컨대, 9세 정도의 의사무능력자의 법률행위는 무효이나, 제한능력을 이유로 취소도 가능하다.
② 취소할 수 있는 법률행위의 추인은 취소의 원인이 소멸된 후에 하여야 효력이 있다(제144조).

> **제144조 【추인의 요건】**
> ① 추인은 취소의 원인이 소멸된 후에 하여야만 효력이 있다.

③ 「민법」상 법률행위의 일부가 무효인 때에는 전부를 무효로 함이 원칙이다(제137조).

> **제137조 【법률행위의 일부무효】**
> 법률행위의 일부분이 무효인 때에는 그 전부를 무효로 한다. 그러나 그 무효부분이 없더라도 법률행위를 하였을 것이라고 인정될 때에는 나머지 부분은 무효가 되지 아니한다.

④ 취소할 수 있는 법률행위는 취소권자가 추인할 수 있고, 추인 후에는 취소할 수 없다(제143조 제1항).

> **제143조 【추인의 방법, 효과】**
> ① 취소할 수 있는 법률행위는 제140조에 규정한 자가 추인할 수 있고 추인 후에는 취소하지 못한다.

⑤ 취소권은 법률행위를 추인할 수 있는 날로부터 3년 내에 행사하여야 한다(제146조).

> **제146조 【취소권의 소멸】**
> 취소권은 추인할 수 있는 날부터 3년 내에, 법률행위를 한 날부터 10년 내에 행사하여야 한다.

20 법률행위의 무효와 취소에 관한 설명 중 옳은 것을 모두 고른 것은? (다툼이 있는 경우에는 판례에 의함)

> ㄱ. 불공정한 법률행위는 피해자가 그 무효임을 알고 추인한 때에는 그때로부터 유효한 법률행위가 된다.
> ㄴ. 착오를 이유로 의사표시가 취소된 경우, 그로 인해 상대방에게 손해가 발생한 때에도 표의자는 불법행위로 인한 손해배상책임을 지지 않는다.
> ㄷ. 매매계약이 적법하게 해제된 경우에도 그 계약의 취소가 가능하다.
> ㄹ. 취소할 수 있는 법률행위를 적법하게 추인한 후에는 다시 취소할 수 없고, 적법하게 취소한 후에는 무효인 법률행위로서도 다시 추인할 수 없다.
> ㅁ. 법률행위의 취소는 취소의 원인이 종료한 후에 하지 않으면 효력이 없다.

① ㄱ, ㄴ
② ㄴ, ㄷ
③ ㄷ, ㄹ
④ ㄹ, ㅁ
⑤ ㄱ, ㄹ, ㅁ

[정답해설]
[ㄴ, ㄷ]이 타당하다.
ㄱ. (×): 반사회질서의 법률행위나 불공정한 법률행위는 그 무효인 법률행위를 추인할 수 없다. 따라서 판례는 법정추인에 의하여도 무효인 법률행위가 유효로 될 수 없다고 한다(대판 1994.6.24. 94다10900).
ㄴ. (O): 불법행위로 인한 손해배상책임이 성립하기 위하여는 가해자의 고의 또는 과실 이외에 행위의 위법성이 요구되는데, 전문건설공제조합이 계약보증서를 발급하면서 조합원이 수급할 공사의 실제 도급금액을 확인하지 아니한 과실이 있다고 하더라도 민법 제109조에서 중과실이 없는 착오자의 착오를 이유로 한 의사표시의 취소를 허용하고 있는 이상, 전문건설공제조합이 과실로 인하여 착오에 빠져 계약보증서를 발급한 것이나 그 착오를 이유로 보증계약을 취소한 것이 위법하다고 할 수는 없다(대판 1997.8.22. 97다13023).
ㄷ. (O): 매도인이 매수인의 중도금 지급채무불이행을 이유로 매매계약을 적법하게 해제한 후라도, 매수인으로서는 상대방이 한 계약해제의 효과로서 발생하는 손해배상책임을 지거나 매매계약에 따른 계약금의 반환을 받을 수 없는 불이익을 면하기 위하여 착오를 이유로 한 취소권을 행사하여 위 매매계약 전체를 무효로 돌리게 할 수 있다(대판 1991.8.27. 91다11308).
ㄹ. (×): 취소할 수 있는 법률행위를 적법하게 추인한 후에는 다시 취소할 수 없지만, 적법하게 취소한 후에는 무효인 법률행위로서 이제 다시 무효행위의 추인에 의하여 할 수 있다(대판 1997.12.12. 95다38240).
ㅁ. (×): 법률행위의 "취소"가 아닌 "추인"은 취소원인이 종료한 후에 하여야 한다(제144조 제1항).

▶ 정답 20 ②

심화문제편

01 甲은 토지거래허가구역 내 자신의 토지를 乙에게 매도하였고 곧 토지거래허가를 받기로 하였다. 다음 설명 중 옳은 것을 모두 고른 것은? (다툼이 있으면 판례에 따름) ▶ 2015 공인중개사

> ㄱ. 甲과 乙은 토지거래허가신청절차에 협력할 의무가 있다.
> ㄴ. 甲은 계약상 채무불이행을 이유로 계약을 해제할 수 있다.
> ㄷ. 계약이 현재 유동적 무효 상태라는 이유로 乙은 이미 지급한 계약금 등을 부당이득으로 반환청구할 수 있다.
> ㄹ. 乙은 토지거래허가가 있을 것을 조건으로 하여 甲을 상대로 소유권이전등기절차의 이행을 청구할 수 없다.

① ㄱ, ㄴ, ㄹ
② ㄱ, ㄷ
③ ㄱ, ㄹ
④ ㄴ, ㄷ
⑤ ㄴ, ㄹ

정답해설

ㄱ. (○) : 유동적 무효상태에 있어도 당사자 간 협력의무는 있다. 따라서 甲과 乙은 상대방에 대하여 공동으로 관할관청의 허가를 신청할 의무를 부담한다. 만일 甲이 이러한 의무에 위배하여 허가신청절차에 협력하지 않으면 乙은 甲에 대하여 협력의무의 이행을 소송으로써 구할 이익이 있다(대판 1998.12.22, 98다44376).

ㄴ. (×) : 국토이용관리법상 토지거래허가구역 내의 토지에 관한 거래계약은 관할관청으로부터 허가받기 전의 상태에서는 거래계약의 채권적 효력도 전혀 발생하지 아니하여 무효이므로 권리의 이전 또는 설정에 관한 어떠한 내용의 이행청구도 할 수 없고, 따라서 상대방의 거래계약상 채무불이행을 이유로 손해배상을 청구할 수도 없다(대판 2000.1.28, 99다40524). 그러므로 甲은 토지거래허가를 받기 전에는 乙이 중도금지급일이 도과할 때까지 지급하지 않았다 하더라도 이를 이유로 매매계약을 (법정)해제는 할 수 없다(대판 2006.1.27, 2005다52047).

ㄷ. (×) : 허가를 배제하거나 잠탈하는 내용이 아닌 유동적 무효 상태의 매매계약을 체결하고 매수인이 이에 기하여 임의로 지급한 계약금은 그 계약이 유동적 무효 상태로 있는 한 이를 부당이득으로 반환을 구할 수는 없고 유동적 무효 상태가 확정적으로 무효로 되었을 때 비로소 부당이득으로 그 반환을 구할 수 있다(대판 1995.4.28, 93다26397).

ㄹ. (○) : 국토의 계획 및 이용에 관한 법률상의 토지거래계약 허가구역 내의 토지에 관하여 관할관청의 허가를 받을 것을 전제로 한 매매계약은 법률상 미완성의 법률행위로서 허가받기 전의 상태에서는 아무런 효력이 없어, 그 매수인이 매도인을 상대로 하여 권리의 이전 또는 설정에 관한 어떠한 이행청구도 할 수 없고, 이행청구를 허용하지 않는 취지에 비추어 볼 때 그 매매계약에 기한 소유권이전등기청구권 또는 토지거래계약에 관한 허가를 받을 것을 조건으로 한 소유권이전등기청구권을 피보전권리로 한 부동산처분금지가처분신청 또한 허용되지 않는다(대결 2010.8.26, 2010마818).

▶ 정답 01 ③

02 강행규정에 관한 설명으로 옳은 것은? (다툼이 있으면 판례에 따름)

① 법률행위가 강행규정에 위반하여 무효인 경우에는 언제나 불법원인급여에 해당한다.
② 임차인의 비용상환청구권에 관한 민법 제626조는 강행규정이다.
③ 강행규정 위반의 무효는 원칙적으로 선의의 제3자에게도 주장할 수 있다.
④ 강행규정을 위반하여 무효인 법률행위는 추인하면 유효로 될 수 있다.
⑤ 강행규정에 위반한 자가 스스로 그 약정의 무효를 주장하는 것은 특별한 사정이 없는 한, 신의칙에 반하는 행위로 허용될 수 없다.

정답해설

① 법률행위가 강행규정에 위반하여 무효인 경우, 언제나 불법원인급여에 해당하는 것은 아니다. 즉 불법원인급여에서 불법은 제103조 불법을 말하기 때문에 선량한 풍속과 관련된 것이 아닌 강행규정(예 국토계획이용에 관한 법률, 담배사업법 등)은 이에 포함되지 않는다(대판 2008.10.9. 2007도2511).
② 임차인의 비용상환청구권에 관한 민법 제626조는 임의규정이다(제652조 참조).

> **제626조 【임차인의 상환청구권】**
> ① 임차인이 임차물의 보존에 관한 필요비를 지출한 때에는 임대인에 대하여 그 상환을 청구할 수 있다.
> ② 임차인이 유익비를 지출한 경우에는 임대인은 임대차종료시에 그 가액의 증가가 현존한 때에 한하여 임차인의 지출한 금액이나 그 증가액을 상환하여야 한다. 이 경우에 법원은 임대인의 청구에 의하여 상당한 상환기간을 허여할 수 있다.
>
> **제652조 【강행규정】**
> 제627조, 제628조, 제631조, 제635조, 제638조, 제640조, 제641조, 제643조 내지 제647조의 규정에 위반하는 약정으로 임차인이나 전차인에게 불리한 것은 그 효력이 없다.

③ 강행규정위반의 무효는 절대적 무효가 원칙이기 때문에 선의의 제3자에게도 주장할 수 있다.
④ 강행규정을 위반하여 무효인 법률행위는 추인하여도 유효로 될 수 없다(대판 2010.2.11. 2009다74007).
⑤ 강행규정에 위반한 자가 스스로 그 약정의 무효를 주장하는 것은 특별한 사정이 없는 한 신의칙위반으로 보지 않는다(신의칙의 한계 – 대판 1993.12.24. 93다44319).

■ 민법상 추인 비교

1. 무효행위의 추인		제139조	효과
①	강행법규 위반, 반사회적 법률행위, 불공정한 법률행위 등 무효	적용 ×	추인하여도 여전히 무효
②	통정허위표시로 무효, 무효의 가등기의 유용, 무효인 명의신탁 등 무효	적용 ○	무효임을 알고 추인한 때에는 새로운 법률로 본다(소급효 없다).
③	유동적 무효 : ㉠ 무권대리행위 ㉡ 무권리자 처분행위 ㉢ 토지거래허가를 받지 않고 한 토지매매 계약 등	적용 ×	추인이나 허가를 받으면 소급하여 효력 발생
2. 취소할 수 있는 행위의 추인(취소권의 포기)		제143조 ○	유동적 유효 → 확정적 유효(소급효 ×)

03 무효에 관한 설명 중 옳은 것(○)과 옳지 않은 것(×)을 바르게 표시한 것은? (다툼이 있는 경우에는 판례에 의함)

> ㄱ. 법률행위의 일부가 강행법규의 위반으로 무효인 경우, 그 법규가 일부무효의 효력을 규정하는 경우에는 그에 의하고, 그 규정이 없으면 원칙적으로 일부무효에 관한 민법 제137조의 규정이 적용될 것이나, 당해 효력규정과 그 규정을 둔 법의 입법 취지를 고려하여 나머지 부분의 효력을 결정하여야 한다.
> ㄴ. 복수의 당사자가 중간생략등기의 합의를 한 경우, 그 합의는 전체로서 일체성을 가지며, 그중 한 당사자의 의사표시가 무효일 경우 나머지 당사자 사이의 합의의 유효성은 민법의 일부무효의 법리에 의하여 결정한다.
> ㄷ. 매매대금의 과다로 말미암아 매매계약이 민법 제104조가 정하는 불공정한 법률행위로서 무효가 된 경우라도 무효행위의 전환에 관한 민법 제138조가 적용될 수 있다.
> ㄹ. 「부동산 실권리자명의 등기에 관한 법률」의 위반으로 무효인 명의신탁등기는 조세포탈, 강제집행의 면탈 또는 법령상의 제한의 회피를 목적으로 하지 않은 경우, 그 후 명의신탁자가 수탁자와 혼인하면 그때부터 유효가 된다.
> ㅁ. 무효행위의 추인은 무효행위를 뒤에 유효하게 하는 의사표시로, 무효행위를 치유하는 것이 아니라 그 의사표시에 의하여 그 무효행위를 새로운 행위로 하여 그때부터 유효하게 하는 것이므로 원칙적으로 소급효가 없다.

① ㄱ(○), ㄴ(○), ㄷ(×), ㄹ(○), ㅁ(×)
② ㄱ(○), ㄴ(○), ㄷ(○), ㄹ(○), ㅁ(○)
③ ㄱ(○), ㄴ(×), ㄷ(○), ㄹ(○), ㅁ(×)
④ ㄱ(×), ㄴ(×), ㄷ(○), ㄹ(○), ㅁ(○)
⑤ ㄱ(○), ㄴ(○), ㄷ(×), ㄹ(×), ㅁ(×)

정답해설

모두 타당하다.

ㄱ. (○) : 법률행위의 일부가 강행법규의 위반으로 무효인 경우, 그 법규가 일부무효의 효력을 규정하는 경우에는 그에 의하고, 그 규정이 없으면 원칙적으로 일부무효에 관한 민법 제137조의 규정이 적용될 것이나, 당해 효력규정과 그 규정을 둔 법의 입법 취지를 고려하여 나머지 부분의 효력을 결정하여야 한다(대판 2007.6.8, 2006다38161 등).

ㄴ. (○) : 복수의 당사자가 중간생략등기의 합의를 한 경우, 그 합의는 전체로서 일체성을 가지며, 그중 한 당사자의 의사표시가 무효일 경우 나머지 당사자 사이의 합의의 유효성은 민법의 일부무효의 법리에 의하여 결정한다(대판 1996.2.27, 95다38875).

ㄷ. (○) : 매매대금의 과다로 말미암아 매매계약이 민법 제104조가 정하는 불공정한 법률행위로서 무효가 된 경우라도 무효행위의 전환에 관한 민법 제138조가 적용될 수 있다(대판 2010.7.15, 2009다50308).

▶ 정답 02 ③ 03 ②

Chapter 05 권리의 변동

ㄹ. (○) : 「부동산 실권리자명의 등기에 관한 법률」의 위반으로 무효인 명의신탁등기는 조세포탈, 강제집행의 면탈 또는 법령상의 제한의 회피를 목적으로 하지 않은 경우, 그 후 명의신탁자가 수탁자와 혼인하면 그때부터 유효가 된다(대판 2002.10.25, 2002다23840).

ㅁ. (○) : 무효행위의 추인이라 함은 법률행위로서의 효과가 확정적으로 발생하지 않는 무효행위를 뒤에 유효케 하는 의사표시를 말하는 것으로 무효인 행위를 사후에 유효로 하는 것이 아니라 새로운 의사표시에 의하여 새로운 행위가 있는 것으로 그때부터 유효케 되는 것이므로 원칙적으로 소급효가 인정되지 않는 것이다(대판 1983.9.27, 83므22).

04

미성년자 甲은 법정대리인 丙의 동의 없이 자신의 토지를 甲이 미성년자임을 안 乙에게 매도하고 대금수령과 동시에 소유권이전등기를 해주었는데, 丙이 甲의 미성년을 이유로 계약을 적법하게 취소하였다. 다음 설명 중 틀린 것은? (다툼이 있으면 판례에 따름) ▶ 2015 공인중개사

① 계약은 소급적으로 무효가 된다.
② 甲이 미성년자임을 乙이 몰랐더라도 丙은 계약을 취소할 수 있다.
③ 甲과 乙의 반환의무는 서로 동시이행관계에 있다.
④ 甲이 대금을 모두 생활비로 사용한 경우 대금 전액을 반환하여야 한다.
⑤ 만약 乙이 선의의 丁에게 매도하고 이전등기하였다면, 丙이 취소하였더라도 丁은 소유권을 취득한다.

정답해설

① 제141조【취소의 효과】취소된 법률행위는 처음부터 무효인 것으로 본다. 다만, 제한능력자는 그 행위로 인하여 받은 이익이 현존하는 한도에서 상환할 책임이 있다.
② 제한능력자임을 이유로 한 취소는 당사자가 선의든 악의든 상관없이 취소할 수 있다.
③ 양 당사자의 부당이득반환청구 시 동시이행의 항변권이 인정된다.
④ 법정대리인의 동의를 얻지 않아 계약이 취소된 경우 미성년자 측에서는 선악을 불문하고 현존이익만을 반환하면 된다(제141조 단서). 금전은 현존이익이 추정되며, 생활비는 소비한 것이 아니므로 전액 반환하여야 한다.
⑤ 미성년자인 甲과 매수인 乙의 매매행위가 법정대리인 丙에 의해 적법하게 취소되었으므로, 매수인 乙은 계약이 소급적으로 무효가 되어 소유권도 취득할 수 없다. 따라서 선의의 丁이 등기를 믿고 거래하였더라도 공신의 원칙이 적용되지 않는 부동산거래에서 처분권한 없는 乙로부터는 소유권을 취득할 수 없다.

05 미성년자 甲과 그의 유일한 법정대리인인 乙에 관한 설명으로 옳은 것은? (다툼이 있으면 판례에 따름)
▶ 2021 감정평가사

① 甲이 그 소유 물건에 대한 매매계약을 체결한 후에 미성년인 상태에서 매매대금의 이행을 청구하여 대금을 모두 지급받았다면 乙은 그 매매계약을 취소할 수 없다.
② 乙이 甲에게 특정한 영업에 관한 허락을 한 경우에도 乙은 그 영업에 관하여 여전히 甲을 대리할 수 있다.
③ 甲이 乙의 동의 없이 타인의 적법한 대리인으로서 법률행위를 했더라도 乙은 甲의 제한 능력을 이유로 그 법률행위를 취소할 수 있다.
④ 甲이 乙의 동의 없이 신용구매계약을 체결한 이후에 乙의 동의 없음을 이유로 그 계약을 취소하는 것은 신의칙에 반한다.
⑤ 乙이 재산의 범위를 정하여 甲에게 처분을 허락한 경우, 甲이 그에 관한 법률행위를 하기 전에는 乙은 그 허락을 취소할 수 있다.

[정답해설]

① 취소할 수 있는 행위에서 추인(제144조)이나 법정추인(제145조)은 취소의 원인이 소멸한 후이어야 한다. 그런데 甲이 그 소유 물건에 대한 매매계약을 체결한 후에 미성년인 상태에서 매매대금의 이행을 청구하여 대금을 모두 지급받았다면 취소원인인 제한능력 상태가 소멸한 후가 아니므로, 위 경우가 제145조의 제1호의 전부의 이행에 해당한다 하더라도 법정추인이 인정될 수 없어 취소권은 소멸하지 않는다. 법정대리인 乙은 여전히 그 매매계약을 취소할 수 있다.

> **제144조 【추인의 요건】**
> ① 추인은 취소의 원인이 소멸된 후에 하여야만 효력이 있다.
> ② 제1항은 법정대리인 또는 후견인이 추인하는 경우에는 적용하지 아니한다.
>
> **제145조 【법정추인】**
> 취소할 수 있는 법률행위에 관하여 전조의 규정에 의하여 추인할 수 있는 후에 다음 각 호의 사유가 있으면 추인한 것으로 본다. 그러나 이의를 보류한 때에는 그러하지 아니하다.
> 1. 전부나 일부의 이행 → 상대방의 이행을 수령하는 것을 포함한다.
> 2. 이행의 청구 → 취소권자가 상대방에게 청구한 경우만 포함된다.
> 3. 경개
> 4. 담보의 제공 → 물적 담보나 인적 담보를 불문한다.
> 5. 취소할 수 있는 행위로 취득한 권리의 전부나 일부의 양도 → 취소권자가 취득한 권리의 전부나 일부의 양도의 경우만 포함된다.
> 6. 강제집행

② 법정대리인으로부터 허락을 얻은 특정한 영업에 관하여는 미성년자는 성년자와 동일한 행위능력을 가지므로, 그 범위에서 법정대리권이 소멸한다(제8조). 따라서 법정대리인 乙이 미성년자 甲에게 특정한 영업에 관한 허락을 한 경우에는 법정대리인 乙은 그 영업에 관하여 甲을 대리할 수 없다.

> **제8조 【영업의 허락】**
> ① 미성년자가 법정대리인으로부터 허락을 얻은 특정한 영업에 관하여는 성년자와 동일한 행위능력이 있다.

▶ 정답 04 ⑤ 05 ⑤

③ 대리인은 행위능력자임을 요하지 아니하므로(제117조), 미성년자라 하더라도 타인의 대리인의 지위에서 하는 대리행위는 단독으로 유효하게 할 수 있다. 따라서 법정대리인 乙의 동의 없이 타인의 적법한 대리인으로서 법률행위를 했더라도 乙은 미성년자 甲의 제한능력을 이유로 그 법률행위를 취소할 수 없다.

> **제117조【대리인의 행위능력】**
> 대리인은 행위능력자임을 요하지 아니한다.

④ 미성년자의 법률행위에 법정대리인의 동의를 요하도록 하는 것은 강행규정인데, 위 규정에 반하여 이루어진 신용구매계약을 미성년자 스스로 취소하는 것을 신의칙 위반을 이유로 배척한다면, 이는 오히려 위 규정에 의해 배제하려는 결과를 실현시키는 셈이 되어 미성년자 제도의 입법 취지를 몰각시킬 우려가 있으므로, 법정대리인의 동의 없이 신용구매계약을 체결한 미성년자가 사후에 법정대리인의 동의 없음을 사유로 들어 이를 취소하는 것이 신의칙에 위배된 것이라고 할 수 없다(대판(전) 2007.11.16, 2005다71659·71666·71673). 미성년자 甲이 법정대리인 乙의 동의 없이 신용구매계약을 체결한 이후에 乙의 동의 없음을 이유로 그 계약을 취소하는 것은 신의칙에 반하지 않는다.

⑤ 법정대리인이 범위를 정하여 처분을 허락한 재산은 미성년자가 임의로 처분할 수 있으나, 미성년자가 아직 법률행위를 하기 전에는 법정대리인은 허락을 취소할 수 있다(제7조). 따라서 법정대리인 乙이 재산의 범위를 정하여 미성년자 甲에게 처분을 허락한 경우라도 미성년자 甲이 그에 관한 법률행위를 하기 전에는 법정대리인 乙은 그 허락을 취소할 수 있다.

> **제6조【처분을 허락한 재산】**
> 법정대리인이 범위를 정하여 처분을 허락한 재산은 미성년자가 임의로 처분할 수 있다.
>
> **제7조【동의와 허락의 취소】**
> 법정대리인은 미성년자가 아직 법률행위를 하기 전에는 전2조의 동의와 허락을 취소할 수 있다.

06 법률행위의 취소에 관한 설명으로 옳지 않은 것은? (다툼이 있으면 판례에 따름)

▶ 2023 감정평가사

① 취소권의 단기제척기간은 취소할 수 있는 날로부터 3년이다.
② 취소권의 행사시 반드시 취소원인의 진술이 함께 행해져야 하는 것은 아니다.
③ 취소할 수 있는 법률행위의 상대방이 그 행위로 취득한 특정의 권리를 양도한 경우, 양수인이 아닌 원래의 상대방에게 취소의 의사표시를 하여야 한다.
④ 노무자의 노무가 일정 기간 제공된 후 행해진 고용계약의 취소에는 소급효가 인정되지 않는다.
⑤ 매도인이 매매계약을 적법하게 해제한 후에도 매수인은 그 매매계약을 착오를 이유로 취소할 수 있다.

정답해설

① 제146조【취소권의 소멸】 취소권은 추인할 수 있는 날로부터 3년 내에, 법률행위를 한 날로부터 10년 내에 행사하여야 한다.
② 취소의 의사표시란 반드시 명시적이어야 하는 것은 아니고, 취소자가 그 착오를 이유로 자신의 법률행위의 효력을 처음부터 배제하려고 한다는 의사가 드러나면 족한 것이며, 취소원인의 진술 없이도 취소의 의사표시는 유효한 것이므로, 신원보증서류에 서명날인하는 것으로 잘못 알고 이행보증보험약정서를 읽어보지 않은

채 서명날인한 것일 뿐 연대보증약정을 한 사실이 없다는 주장은 위 연대보증약정을 착오를 이유로 취소한다는 취지로 볼 수 있다(대판 2005.5.27, 2004다43824).
③ 취소권은 법률행위의 직접 상대방에게 취소함이 원칙이므로 전득자는 취소의 상대방이 아니다. 따라서 취소할 수 있는 법률행위의 상대방이 그 행위로 취득한 특정의 권리를 양도한 경우, 양수인이 아닌 원래의 상대방에게 취소의 의사표시를 하여야 한다.

> **제142조 【취소의 상대방】**
> 취소할 수 있는 법률행위의 상대방이 확정한 경우에는 그 취소는 그 상대방에 대한 의사표시로 하여야 한다.

④ 근로계약은 근로자가 사용자에게 근로를 제공하고 사용자는 이에 대하여 임금을 지급하는 것을 목적으로 체결된 계약으로서(근로기준법 제2조 제1항 제4호) 기본적으로 그 법적 성질이 사법상 계약이므로 계약 체결에 관한 당사자들의 의사표시에 무효 또는 취소의 사유가 있으면 상대방은 이를 이유로 근로계약의 무효 또는 취소를 주장하여 그에 따른 법률효과의 발생을 부정하거나 소멸시킬 수 있다.
다만 그와 같이 근로계약의 무효 또는 취소를 주장할 수 있다 하더라도 근로계약에 따라 그동안 행하여진 근로자의 노무 제공의 효과를 소급하여 부정하는 것은 타당하지 않으므로 이미 제공된 근로자의 노무를 기초로 형성된 취소 이전의 법률관계까지 효력을 잃는다고 보아서는 아니 되고, 취소의 의사표시 이후 장래에 관하여만 근로계약의 효력이 소멸된다고 보아야 한다(대판 2017.12.22, 2013다25194・2013다25200).
⑤ 매도인이 매수인의 중도금 지급채무불이행을 이유로 매매계약을 적법하게 해제한 후라도, 매수인으로서는 상대방이 한 계약해제의 효과로서 발생하는 손해배상책임을 지거나 매매계약에 따른 계약금의 반환을 받을 수 없는 불이익을 면하기 위하여 착오를 이유로 한 취소권을 행사하여 위 매매계약 전체를 무효로 돌리게 할 수 있다(대판 1991.8.27, 91다11308).

07 2014년 5월 2일 甲은 자기 소유의 X부동산을 미성년자 乙에게 매도하는 매매계약을 체결하였다. 매매계약 당시에 乙은 법정대리인의 동의를 받지 않았으며, 2016년 3월 1일에 乙은 19세가 되었다. 이에 관한 설명으로 옳은 것은? (다툼이 있으면 판례에 따름) ▶ 2017 세무사

① 乙이 2019년 6월경 매매계약을 취소하더라도 이때에는 이미 취소권의 행사기간경과로 인하여 취소권이 소멸되었으므로 취소권 행사의 효력이 발생하지 않는다.
② 2015년 3월경 甲이 乙에 대한 매매대금 지급청구권을 제3자에게 양도한 경우에는 법정추인이 되므로, 乙은 더 이상 매매계약을 취소할 수 없다.
③ 2014년 6월경 甲이 乙에게 1월 이상의 기간을 정하여 매매계약을 추인할 것인지의 확답을 촉구하였는데, 이에 대하여 乙이 확답을 발송하지 않은 경우에는 乙은 매매계약을 취소할 수 없다.
④ 甲은 乙이 추인을 하기 전에는 매매계약의 이행을 거절할 수 있다.
⑤ 매매계약 체결 시에 乙이 주민등록증을 위조하여 성년자인 것처럼 속임수를 쓰고 이에 甲이 속아서 매매계약을 체결하였더라도 乙은 그 매매계약을 취소할 수 있다.

▶ 정답 06 ① 07 ①

정답해설

① 제146조의 추인할 수 있는 날이란 취소의 원인이 종료(소멸)한 때를 말하므로(대판 1997.6.27, 97다3828), 성년이 된 2016년 3월 1일로부터 3년 후인 2019년 3월 1일 0시에 제척기간이 종료하므로 2019년 6월경에는 취소권은 소멸하였다.

> **제146조【취소권의 소멸】**
> 취소권은 추인할 수 있는 날로부터 3년 내에, 법률행위를 한 날로부터 10년 내에 행사하여야 한다.

② 법정추인의 사유인 취소할 수 있는 행위로 취득한 권리의 전부나 일부의 양도는 취소권자가 하여야 인정되는 것이므로 상대방인 甲이 乙에 대한 매매대금 지급청구권을 제3자에게 양도한 경우라 하여도 법정추인으로 인정되지 않는다(제145조 제5호).

③ 확답을 촉구받은 2014년 6월경 乙은 아직 제한능력자이므로 확답 촉구의 상대방이 될 수 없으므로 이에 대해 확답을 발송하지 않았더라도 추인의 효력은 발생하지 않는다.

> **제15조【제한능력자의 상대방의 확답을 촉구할 권리】**
> ① 제한능력자의 상대방은 제한능력자가 능력자가 된 후에 그에게 1개월 이상의 기간을 정하여 그 취소할 수 있는 행위를 추인할 것인지 여부의 확답을 촉구할 수 있다. 능력자로 된 사람이 그 기간 내에 확답을 발송하지 아니하면 그 행위를 추인한 것으로 본다.

④ 거절권은 단독행위에 가능하며, 계약의 경우는 철회권을 행사할 수 있다.

⑤ 민법 제17조에서 이른바 속임수를 쓴 것이라 함은 적극적으로 사기수단을 쓴 것을 말하는 것이고 단순히 자기가 능력자라 사언함은 속임수(사술)를 쓴 것이라고 할 수 없다(대판 1971.12.14, 71다2045). 즉 적극적 기망수단을 쓴 것을 의미하므로, '성년자로 군대에 갔다 왔다'고 말하거나, '자기가 사장이라고 말한 것'만 가지고는 속임수를 쓴 것으로 보지 않는다. 사안은 적극적으로 주민등록증을 위조하여 성년인 것처럼 속임수를 쓴 경우이므로 취소할 수 없다.

> **제17조【제한능력자의 속임수】**
> ① 제한능력자가 속임수로써 자기를 능력자로 믿게 한 경우에는 그 행위를 취소할 수 없다.
> ② 미성년자나 피한정후견인이 속임수로써 법정대리인의 동의가 있는 것으로 믿게 한 경우에도 제1항과 같다.

■ 제한능력자의 상대방의 확답촉구권·철회권·거절권

	권리	권리행사의 요건	권리행사의 상대방	대상행위
제한능력자의 상대방의 권리	확답촉구권	선·악의 모두 가능	능력자, 법정대리인	계약, 단독행위
	철회권	선의만 가능	제한능력자포함	계약
	거절권	선·악의 모두 가능	제한능력자포함	단독행위

📌 제한능력자의 단독행위에 대한 거절은 단독행위의 상대방이 선의인가 악의인가를 불문하고 인정된다.

> 비교 제한능력자 상대방의 계약철회는 선의자만 가능

제6절 조건과 기한

기본문제편

01 법률행위의 부관에 관한 설명으로 옳지 않은 것은? (다툼이 있으면 판례에 따름)

▶ 2016 감정평가사

① 조건을 붙이고자 하는 의사가 있더라도 그것이 표시되지 않으면 법률행위의 부관으로서의 조건이 되는 것은 아니다.
② 어떤 조건이 붙어 있었는지 아닌지는 그 조건의 존재를 주장하는 자가 이를 증명하여야 한다.
③ 당사자는 조건의 성부가 미정인 동안에 조건의 성취로 인하여 생길 상대방의 이익을 해하지 못한다.
④ 조건의 내용 자체가 불법적인 것이어서 무효일 경우, 그 법률행위 전부가 무효로 된다.
⑤ 부관에 표시된 사실이 발생하지 아니하는 것이 확정된 때에도 그 채무를 이행하여야 한다고 보는 것이 상당한 경우, 조건부 법률행위로 보아야 한다.

정답해설

① 조건은 법률행위의 효력의 발생 또는 소멸을 장래의 불확실한 사실의 성부에 의존케 하는 법률행위의 부관으로서 당해 법률행위를 구성하는 의사표시의 일체적인 내용을 이루는 것이므로, 의사표시의 일반원칙에 따라 <u>조건을 붙이고자 하는 의사 즉 조건의사와 그 표시가 필요하며, 조건의사가 있더라도 그것이 외부에 표시되지 않으면 법률행위의 동기에 불과할 뿐이고 그것만으로는 법률행위의 부관으로서의 조건이 되는 것은 아니다</u>(대판 2003.5.13, 2003다10797).
② 어느 법률행위에 어떤 조건이 붙어 있었는지 아닌지는 사실인정의 문제로서 그 조건의 존재를 주장하는 자가 이를 입증하여야 한다(대판 2006.11.24, 2006다35766).
③ **제148조【조건부권리의 침해금지】** 조건 있는 법률행위의 당사자는 조건의 성부가 미정한 동안에 조건의 성취로 인하여 생길 상대방의 이익을 해하지 못한다.
④ <u>조건부 법률행위에 있어 조건의 내용 자체가 불법적인 것이어서 무효일 경우 또는 조건을 붙이는 것이 허용되지 아니하는 법률행위에 조건을 붙인 경우 그 조건만을 분리하여 무효로 할 수는 없고 그 법률행위 전부가 무효로 된다</u>(대결 2005.11.8, 2005마541).

> **제151조【불법조건, 기성조건】**
> ① 조건이 <u>선량한 풍속 기타 사회질서에 위반한 것인 때에는 그 법률행위는 무효로 한다.</u>

⑤ 부관이 붙은 법률행위에 있어서 부관에 표시된 사실이 발생하지 아니하면 채무를 이행하지 아니하여도 된다고 보는 것이 상당한 경우에는 조건으로 보아야 하고, 표시된 사실이 발생한 때에는 물론이고 반대로 발생하지 아니하는 것이 확정된 때에도 그 채무를 이행하여야 한다고 보는 것이 상당한 경우에는 표시된 사실의 발생 여부가 확정되는 것을 불확정기한으로 정한 것으로 보아야 한다(대판 2003.8.19, 2003다24215).

▶ 정답 01 ⑤

02 법률행위의 조건과 기한에 관한 설명으로 옳은 것은? (다툼이 있으면 판례에 따름)
▶ 2021 감정평가사

① 법정조건도 법률행위의 부관으로서 조건에 해당한다.
② 채무면제와 같은 단독행위에는 조건을 붙일 수 없다.
③ 기한은 특별한 사정이 없는 한 채권자의 이익을 위한 것으로 추정한다.
④ 조건에 친하지 않은 법률행위에 불법조건을 붙이면 조건 없는 법률행위로 전환된다.
⑤ 불확정한 사실의 발생을 기한으로 한 경우, 특별한 사정이 없는 한 그 사실의 발생이 불가능한 것으로 확정된 때에도 기한이 도래한 것으로 본다.

[정답해설]
① 법정조건은 법률이 명문으로 요구하는 조건이다. 따라서 당사자가 임의로 부가한 것이 아니기 때문에 법률행위의 부관으로서의 조건은 아니다.
② 단독행위인 취소, 해제, 해지, 추인, 상계 등은 원칙적으로 조건을 붙일 수 없으나, 1. 채무면제, 유증과 같이 상대방에게 이익만을 주거나 상대방의 지위를 불안케 할 염려가 없는 행위이거나, 2. 상대방의 동의가 있는 경우에는 허용된다.
③ 제153조【기한의 이익과 그 포기】① 기한은 채무자의 이익을 위한 것으로 추정한다.
④ 조건부 법률행위에 있어 조건의 내용 자체가 불법적인 것이어서 무효일 경우 또는 조건을 붙이는 것이 허용되지 아니하는 법률행위에 조건을 붙인 경우 그 조건만을 분리하여 무효로 할 수 없고 전부무효가 된다(대결 2005.11.8, 2005마541).
⑤ 당사자가 불확정한 사실이 발생한 때를 이행기한으로 정한 경우에 있어서 그 사실이 발생한 때는 물론 그 사실의 발생이 불가능하게 된 때에도 이행기한은 도래한 것으로 보아야 한다(대판 1989.6.27, 88다카10579).

03 법률행위의 조건과 기한에 관한 설명으로 옳은 것은?
▶ 2018 감정평가사

① 조건은 법률행위의 효력의 발생 또는 소멸을 장래에 생기는 것이 확실한 사실에 의존하게 하는 법률행위의 부관이다.
② 법률행위 당시에 곧바로 효력을 발생하게 할 필요가 있는 입양에는 시기를 붙이지 못한다.
③ 단독행위의 경우 상대방이 동의한 경우에도 조건을 붙일 수 없다.
④ 정지조건 있는 법률행위에서 당사자는 조건성취의 효력을 그 성취 전에 소급하게 할 수 없다.
⑤ 종기 있는 법률행위는 기한이 도래한 때로부터 그 효력이 생긴다.

[정답해설]
① 법률행위의 효력의 발생 또는 소멸을 장래의 일정한 사실에 의존케 하는 경우(부관부 법률행위), 그 장래의 일정한 사실이 불확실한 사실인 경우가 조건이고, 확실한 사실인 경우가 기한이다. 즉 조건은 장래의 불확실한 사실에 의존하게 한다는 점에서, 장래에 발생할 것이 확실한 사실에 의존하게 하는 기한과는 구별된다.
② 혼인, 인지, 입양, 상속 승인·포기 등 신분행위에는 조건을 붙일 수 없다. 그러나 유언이나 약혼에는 조건을 붙일 수 있다.

③ 단독행위인 취소, 해제, 해지, 추인, 상계 등은 원칙적으로 조건을 붙일 수 없으나, 1. 채무면제, 유증과 같이 상대방에게 이익만을 주거나 상대방의 지위를 불안케 할 염려가 없는 행위이거나, 2. 상대방의 동의가 있는 경우에는 허용된다.
④ 조건성취의 효력은 소급하지 않고 그 성취된 때로부터 법률효과가 발생하고 소멸하는 것이 원칙이다. 그러나 제3자의 권리를 해하지 않는 한 당사자의 의사표시로 소급효를 허용할 수 있다(제147조 제3항).

> 비교 기한은, 당사자의 의사표시로 소급효를 인정하는 규정이 없다.

⑤ 제152조【기한도래의 효과】② 종기 있는 법률행위는 기한이 도래한 때로부터 그 효력을 잃는다.

04 법률행위 부관인 조건에 관한 설명으로 옳지 않은 것은? (다툼이 있으면 판례에 따름)

▶ 2023 감정평가사

① 물권행위에는 조건을 붙일 수 없다.
② 조건이 되기 위해서는 법률이 요구하는 것이 아니라 당사자가 임의로 부가한 것이어야 한다.
③ 조건의 성취를 의제하는 효과를 발생시키는 조건성취 방해 행위에는 과실에 의한 행위도 포함된다.
④ 부첩(夫妾)관계의 종료를 해제조건으로 하는 부동산 증여계약은 해제조건뿐만 아니라 증여계약도 무효이다.
⑤ 당사자의 특별한 의사표시가 없는 한 정지조건이든 해제조건이든 그 성취의 효력은 소급하지 않는다.

정답해설

① 조건을 붙이게 되면 법률행위의 효력이 불안정하게 되므로 그 효과가 즉시 발생해야 하거나 확정적으로 존속해야 하는 것에는 조건을 붙일 수 없다. 예를 들면 단독행위, 신분행위, 어음·수표행위 등이 있다. 이에 해당하지 않는 물권행위에는 조건을 붙일 수 있다.
② 조건은 법률행위의 내용으로서 당사자들이 임의로 정한 것이므로 법률이 정한 조건인 법정조건은 조건이 아니다.
③ 고의에 의한 경우만이 아니라 과실에 의한 경우에도 신의성실에 반하여 조건의 성취를 방해한 때에 해당한다고 할 것이므로, 그 상대방은 민법 제150조 제1항의 규정에 의하여 그 조건이 성취된 것으로 주장할 수 있다(대판 1998.12.22. 98다42356).

> **제150조【조건성취, 불성취에 대한 반신의행위】**
> ① 조건의 성취로 인하여 불이익을 받을 당사자가 신의성실에 반하여 조건의 성취를 방해한 때에는 상대방은 그 조건이 성취한 것으로 주장할 수 있다.

▶ 정답 02 ⑤ 03 ② 04 ①

④ 부첩관계인 부부생활의 종료를 해제조건으로 하는 증여계약은 그 조건만이 무효인 것이 아니라 증여계약 자체가 무효이다(대판 1966.6.21, 66다530).

> **제151조【불법조건, 기성조건】**
> ① 조건이 선량한 풍속 기타 사회질서에 위반한 것인 때에는 그 법률행위는 무효로 한다.

⑤ 조건성취의 효력은 소급하지 않고 그 성취된 때로부터 법률효과가 발생하고 소멸하는 것이 원칙이다. 그러나 제3자의 권리를 해하지 않는 한 당사자의 의사표시로 소급효를 허용할 수 있다(제147조 제3항).

> **제147조【조건성취의 효과】**
> ③ 당사자가 조건성취의 효력을 그 성취 전에 소급하게 할 의사를 표시한 때에는 그 의사에 의한다.

🔍 비교 기한은 당사자의 의사표시로 소급효를 인정하는 규정이 없다.

05 조건에 관한 설명으로 옳지 않은 것은? (다툼이 있으면 판례에 따름) ▶ 2017 감정평가사

① 조건은 법률행위의 효력의 발생 또는 소멸을 장래의 불확실한 사실의 성부에 의존하게 하는 법률행위의 부관이다.
② 불능조건이 해제조건이면 조건 없는 법률행위가 된다.
③ 조건의사가 있더라도 법률행위의 내용으로 외부에 표시되지 않은 경우, 그것만으로는 법률행위의 조건이 되지 않는다.
④ 부관이 붙은 법률행위에 있어서 부관에 표시된 사실의 발생 유무에 상관없이 그 채무를 이행해야 하는 경우에는 조건으로 보아야 한다.
⑤ 정지조건부 법률행위의 경우에는 조건성취로 권리를 취득하는 자가 조건성취 사실에 대한 증명책임을 진다.

정답해설

①, ③ 조건은 법률행위의 효력의 발생 또는 소멸을 장래의 불확실한 사실의 성부에 의존케 하는 법률행위의 부관으로서 당해 법률행위를 구성하는 의사표시의 일체적인 내용을 이루는 것이므로, 의사표시의 일반원칙에 따라 조건을 붙이고자 하는 의사 즉 조건의사와 그 표시가 필요하며, 조건의사가 있더라도 그것이 외부에 표시되지 않으면 법률행위의 동기에 불과할 뿐이고 그것만으로는 법률행위의 부관으로서의 조건이 되는 것은 아니다(대판 2003.5.13, 2003다10797).
② 불능조건이 해제조건이면 조건 없는 법률행위로 하고, 정지조건이면 그 법률행위는 무효로 한다(제151조 제3항).

> **제151조【불법조건, 기성조건】**
> ③ 조건이 법률행위의 당시에 이미 성취할 수 없는 것인 경우에는 그 조건이 해제조건이면 조건 없는 법률행위로 하고 정지조건이면 그 법률행위는 무효로 한다.

④ 부관이 붙은 법률행위에 있어서 부관에 표시된 사실이 발생하지 아니하면 채무를 이행하지 아니하여도 된다고 보는 것이 상당한 경우에는 조건으로 보아야 하고, 표시된 사실이 발생한 때에는 물론이고 반대로 발생하지 아니하는 것이 확정된 때에도 그 채무를 이행하여야 한다고 보는 것이 상당한 경우에는 표시된 사실의 발생

여부가 확정되는 것을 불확정기한으로 정한 것으로 보아야 한다(대판 2003.8.19. 2003다24215).
⑤ 정지조건부 법률행위에 있어서 조건이 성취되었다는 사실은 이에 의하여 권리를 취득하고자 하는 측에서 그 입증책임이 있다 할 것이므로, 정지조건부 채권양도에 있어서 정지조건이 성취되었다는 사실은 채권양도의 효력을 주장하는 자에게 그 입증책임이 있다(대판 1983.4.12. 81다카692).

> **비교** 법률행위의 효력이 정지조건의 성취에 달려있는 경우
> 1. 정지조건의 존재는 당해 법률행위 효력의 권리장애사유로서 항변사실로 권리취득을 다투는 피고가
> 2. 정지조건의 성취는 재항변사실로 권리를 취득하고자 하는 측에 입증책임이 있다.
>   따라서 매매대금청구권의 발생이 장래의 불확실한 사실의 발생에 달려 있다면(정지조건), 매수인인 피고는 정지조건의 약정사실을 항변으로 주장할 수 있고, 매도인인 원고는 정지조건의 성취사실을 재항변으로 주장하면 된다(대판 1984.9.25. 84다카967).

06 법률행위의 조건에 관한 설명으로 옳지 않은 것은?　▶ 2022 감정평가사

① 조건의 성취로 인하여 이익을 받을 당사자가 신의성실에 반하여 조건을 성취시킨 때에는 상대방은 그 조건이 성취하지 아니한 것으로 주장할 수 있다.
② 법률행위 당시 이미 성취된 조건을 해제조건으로 하는 법률행위는 조건 없는 법률행위이다.
③ 정지조건이 있는 법률행위는 특별한 사정이 없는 한 조건이 성취한 때로부터 그 효력이 생긴다.
④ 조건 있는 법률행위의 당사자는 조건의 성부가 미정인 동안에 조건의 성취로 인하여 생길 상대방의 이익을 해하지 못한다.
⑤ 조건의 성취가 미정인 권리도 일반규정에 의하여 담보로 할 수 있다.

[정답해설]
① 제150조 【조건성취, 불성취에 대한 반신의행위】 ② 조건의 성취로 인하여 이익을 받을 당사자가 신의성실에 반하여 조건을 성취시킨 때에는 상대방은 그 조건이 성취하지 아니한 것으로 주장할 수 있다.
② 제151조 【불법조건, 기성조건】 ② 조건이 법률행위의 당시 이미 성취한 것인 경우에는 그 조건이 정지조건이면 조건 없는 법률행위로 하고 해제조건이면 그 법률행위는 무효로 한다.
③ 정지조건이 있는 법률행위는 당사자가 조건성취의 효력을 그 성취 전에 소급하게 할 의사를 표시하는 등의 특별한 사정이 없는 한 조건이 성취한 때로부터 그 효력이 생긴다(제147조).

> 제147조 【조건성취의 효과】
> ① 정지조건 있는 법률행위는 조건이 성취한 때로부터 그 효력이 생긴다.
> ③ 당사자가 조건성취의 효력을 그 성취 전에 소급하게 할 의사를 표시한 때에는 그 의사에 의한다.

④ 제148조 【조건부권리의 침해금지】 조건 있는 법률행위의 당사자는 조건의 성부가 미정인 동안에 조건의 성취로 인하여 생길 상대방의 이익을 해하지 못한다.
⑤ 제149조 【조건부권리의 처분 등】 조건의 성취가 미정한 권리의무는 일반규정에 의하여 처분, 상속, 보존 또는 담보로 할 수 있다.

▶ 정답　05 ④　06 ②

07 조건과 기한에 관한 설명으로 옳지 않은 것은? (다툼이 있으면 판례에 의함)

▶ 2014 감정평가사

① 법률행위에 정지조건이 붙어 있다는 사실의 증명책임은 그 법률효과의 발생을 다투는 자에게 있다.
② 조건은 사적 자치에 의한 것으로 당사자가 그 의사에 의하여 임의로 정한 것이어야 한다.
③ 조건 성취로 불이익을 받을 당사자가 과실로 신의성실에 반하여 조건 성취를 방해한 경우에도 상대방은 그 조건의 성취를 주장할 수 있다.
④ 기한의 이익은, 당사자의 특약이나 법률행위의 성질에 의하여 분명하지 아니한 경우, 채권자의 이익을 위한 것으로 추정된다.
⑤ 당사자가 조건 성취의 효력을 그 성취 전에 소급하게 할 의사를 표시한 경우에는 그 의사에 의한다.

> **정답해설**
> ① 법률행위가 조건의 성취 시 그 효력이 발생하는 정지조건부 법률행위에 해당한다는 사실, 즉 조건의 존재사실은 그 법률행위로 인한 법률효과의 발생을 저지하는 사유로서, <u>그 법률효과의 발생을 다투는 자에게 그 입증책임이 있다</u>(대판 2006.11.24, 2006다35766).
> ② <u>조건은 법률행위의 내용으로서 당사자들이 임의로 정한 것이므로 법률이 정한 조건인 법정조건은 조건이 아니다.</u>
> ③ <u>고의에 의한 경우만이 아니라 과실에 의한 경우에도 신의성실에 반하여 조건의 성취를 방해한 때에 해당한다</u>고 할 것이므로, 그 상대방은 민법 제150조 제1항의 규정에 의하여 그 조건이 성취된 것으로 주장할 수 있다(대판 1998.12.22, 98다42356).
>
>> **제150조 【조건성취, 불성취에 대한 반신의행위】**
>> ① 조건의 성취로 인하여 불이익을 받을 당사자가 신의성실에 반하여 조건의 성취를 방해한 때에는 상대방은 그 조건이 성취한 것으로 주장할 수 있다.
>
> ④ 기한은 당사자의 특약이나 법률행위의 성질에 비추어 보아도 어느 당사자을 위한 것인지 불분명하다면 채무자를 위한 것으로 추정한다(제153조).
>
>> **제153조 【기한의 이익과 그 포기】**
>> ① 기한은 채무자의 이익을 위한 것으로 추정한다.
>
> ⑤ 조건성취의 효력은 소급하지 않고 그 성취된 때로부터 법률효과가 발생하고 소멸하는 것이 원칙이다. 그러나 제3자의 권리를 해하지 않는 한 당사자의 의사표시로 소급효를 허용할 수 있다(제147조 제3항).
>
>> **제147조 【조건성취의 효과】**
>> ③ 당사자가 조건성취의 효력을 그 성취 전에 소급하게 할 의사를 표시한 때에는 그 의사에 의한다.
>
> 🔍 **비교** 기한은 당사자의 의사표시로 소급효를 인정하는 규정이 없다.

08 법률행위의 부관에 관한 설명으로 옳지 않은 것은? (다툼이 있으면 판례에 따름)

▶ 2015 감정평가사

① 임대인이 생존하는 동안 임대하기로 하는 계약은 기한부 법률행위이다.
② 해제조건부 법률행위에서 그 조건이 이미 성취할 수 없는 것인 경우 그 법률행위는 무효로 한다.
③ 조건의 성취로 인하여 불이익을 받을 당사자가 신의성실에 반하여 조건의 성취를 방해한 경우, 조건이 성취된 것으로 의제되는 시점은 이러한 행위가 없었더라면 조건이 성취되었으리라고 추산되는 시점이다.
④ 어느 법률행위에 어떤 조건이 붙어 있었는지 여부는 그 조건의 존재를 주장하는 자가 입증하여야 한다.
⑤ 선량한 풍속 기타 사회질서에 위반한 조건이 붙은 법률행위는 무효로 한다.

[정답해설]
① 조건과 기한의 차이점이다. 부관이 붙은 법률행위에 있어서 부관에 표시된 사실이 발생하지 아니하면 채무를 이행하지 아니하여도 된다고 보는 것이 상당한 경우에는 조건으로 보아야 하고, 표시된 사실이 발생한 때에는 물론이고 반대로 발생하지 아니하는 것이 확정된 때에도 그 채무를 이행하여야 한다고 보는 것이 상당한 경우에는 표시된 사실의 발생 여부가 확정되는 것을 불확정기한으로 정한 것으로 보아야 한다(대판 2003.8.19, 2003다24215). 따라서 임대인이 "생존하는 동안" 임대하기로 하는 계약은 장래 발생사실이 확실한 것이기 때문에 기한부 법률행위인 것이다.
② 해제조건부 법률행위에서 그 조건이 이미 성취할 수 없는 것인 경우(불능), 그 법률행위는 무효가 아닌 조건 없는 법률행위로 유효가 된다(제151조 제3항).

> 제151조【불법조건, 기성조건】
> ③ 조건이 법률행위의 당시에 이미 성취할 수 없는 것인 경우에는 그 조건이 해제조건이면 조건 없는 법률행위로 하고 정지조건이면 그 법률행위는 무효로 한다.

③ 조건의 성취로 인하여 불이익을 받을 당사자가 신의성실에 반하여 조건의 성취를 방해한 경우, 조건이 성취된 것으로 의제되는 시점은 이러한 행위가 없었더라면 조건이 성취되었으리라고 추산되는 시점이다(대판 1998.12.22, 98다42356).
④ 어느 법률행위에 어떤 조건이 붙어 있었는지 여부는 그 조건의 존재를 주장하는 자가 입증하여야 한다(대판 2006.11.24, 2006다35766).
⑤ 선량한 풍속 기타 사회질서에 위반한 조건이 붙은 법률행위는 그 전부를 무효로 한다(제151조 제1항).

> 제151조【불법조건, 기성조건】
> ① 조건이 선량한 풍속 기타 사회질서에 위반한 것인 때에는 그 법률행위는 무효로 한다.

▶ 정답 07 ④ 08 ②

09 조건과 기한에 관한 설명으로 옳지 않은 것은? ▶ 2024 감정평가사

① 기성조건이 정지조건이면 조건 없는 법률행위가 된다.
② 불능조건이 해제조건이면 조건 없는 법률행위가 된다.
③ 불법조건은 그 조건만이 무효가 되고 그 법률행위는 조건 없는 법률행위로 된다.
④ 기한은 당사자의 특약에 의해서도 소급효를 인정할 수 없다.
⑤ 기한은 원칙적으로 채무자의 이익을 위한 것으로 추정한다.

[정답해설]

① 기성조건이 정지조건이면 조건 없는 법률행위로 하고, 해제조건이면 그 법률행위는 무효로 한다(제151조 제2항).

> **제151조【불법조건, 기성조건】**
> ② 조건이 법률행위의 당시 이미 성취한 것인 경우에는 그 조건이 정지조건이면 조건 없는 법률행위로 하고 해제조건이면 그 법률행위는 무효로 한다.

② 불능조건이 해제조건이면 조건 없는 법률행위로 하고, 정지조건이면 그 법률행위는 무효로 한다(제151조 제3항).

> **제151조【불법조건, 기성조건】**
> ③ 조건이 법률행위의 당시에 이미 성취할 수 없는 것인 경우에는 그 조건이 해제조건이면 조건 없는 법률행위로 하고 정지조건이면 그 법률행위는 무효로 한다.

③ 조건부 법률행위에 있어 조건의 내용 자체가 불법적인 것이어서 무효일 경우 또는 조건을 붙이는 것이 허용되지 아니하는 법률행위에 조건을 붙인 경우 그 조건만을 분리하여 무효로 할 수는 없고 그 법률행위 전부가 무효로 된다(대결 2005.11.8, 2005마541).

> **제151조【불법조건, 기성조건】**
> ① 조건이 선량한 풍속 기타 사회질서에 위반한 것인 때에는 그 법률행위는 무효로 한다.

④ 기한부 법률행위의 효력은 어떤 기한이든 기한도래 시부터 생기며 절대적으로 소급할 수 없다. 이는 당사자의 특약으로도 소급효를 인정할수 없는데, 기한에 소급효를 인정하면 기한을 붙이는 것과 모순되기 때문이다(제152조).

> 비교 조건과 달리 기한은 당사자의 의사표시로 소급효를 인정하는 규정이 없다.

⑤ 제153조【기한의 이익과 그 포기】① 기한은 채무자의 이익을 위한 것으로 추정한다.

10 법률행위의 조건에 관한 설명으로 옳은 것은? (다툼이 있으면 판례에 따름) ▶ 2018 감정평가사

① 조건의 성취가 미정인 권리는 일반규정에 의하여 처분, 상속할 수 있으나 담보로 제공할 수는 없다.
② 조건이 법률행위의 당시 이미 성취한 것인 경우에는 그 조건이 해제조건이면 조건 없는 법률행위로 한다.
③ 조건의 성취로 인하여 이익을 받을 당사자가 신의성실에 반하여 조건을 성취시킨 때에도 상대방은 그 조건이 성취하지 아니한 것으로 주장할 수 없다.
④ 조건부 법률행위에 있어 조건의 내용 자체가 불법적인 것이어서 무효일 경우 그 조건만을 분리하여 무효로 할 수 있다.
⑤ 조건의 성취로 인하여 불이익을 받을 당사자가 신의성실에 반하여 조건의 성취를 방해한 경우, 조건이 성취된 것으로 의제되는 시점은 신의성실에 반하는 행위가 없었더라면 조건이 성취되었으리라고 추산되는 시점이다.

(정답해설)

① 제149조【조건부권리의 처분 등】조건의 성취가 미정한 권리의무는 일반규정에 의하여 처분, 상속, 보존 또는 담보로 할 수 있다.
② 제151조【불법조건, 기성조건】② 조건이 법률행위의 당시 이미 성취한 것인 경우에는 그 조건이 정지조건이면 조건 없는 법률행위로 하고 해제조건이면 그 법률행위는 무효로 한다.
③ 제150조【조건성취, 불성취에 대한 반신의행위】② 조건의 성취로 인하여 이익을 받을 당사자가 신의성실에 반하여 조건을 성취시킨 때에는 상대방은 그 조건이 성취하지 아니한 것으로 주장할 수 있다.
④ 조건부 법률행위에 있어 조건의 내용 자체가 불법적인 것이어서 무효일 경우 또는 조건을 붙이는 것이 허용되지 아니하는 법률행위에 조건을 붙인 경우 그 조건만을 분리하여 무효로 할 수는 없고 그 법률행위 전부가 무효로 된다(대결 2005.11.8. 2005마541).

> 제151조【불법조건, 기성조건】
> ① 조건이 선량한 풍속 기타 사회질서에 위반한 것인 때에는 그 법률행위는 무효로 한다.

⑤ 조건의 성취로 인하여 불이익을 받을 당사자가 신의성실에 반하여 조건의 성취를 방해한 경우, 조건이 성취된 것으로 의제되는 시점은 이러한 신의성실에 반하는 행위가 없었더라면 조건이 성취되었으리라고 추산되는 시점이다(대판 1998.12.22. 98다42356).

▶ 정답 09 ③ 10 ⑤

11 기한에 관한 설명으로 옳지 않은 것은? (다툼이 있으면 판례에 따름) ▶ 2021 세무사

① 기한은 법률행위 효력의 발생 및 소멸을 장래 발생할 것이 확실한 사실에 의존시키는 법률행위의 부관이다.
② 장래 반드시 실현되는 사실이면 그 실현시기가 비록 확정되지 않더라도 기한이다.
③ 부관에 표시된 사실이 발생한 때에는 물론이고 반대로 발생하지 않은 것이 확정된 때에도 채무를 이행해야 한다고 보는 것이 합리적인 경우에 그 사실은 정지조건으로 보아야 한다.
④ 기한부 권리는 특별한 사정이 없는 한 담보로 할 수 있다.
⑤ 기한은 채무자의 이익을 위한 것으로 추정한다.

[정답해설]
① 기한은 법률행위의 효력의 발생 또는 소멸을 장래 확실한 사실에 의존케 하는 법률행위의 부관을 말한다.
② 조건은 법률행위 효력의 발생 또는 소멸을 장래의 불확실한 사실의 성부에 의존하게 하는 법률행위의 부관이다. 반면 장래의 사실이더라도 그것이 장래 반드시 실현되는 사실이면 실현되는 시기가 비록 확정되지 않더라도 이는 기한으로 보아야 한다(대판 2018.6.28, 2018다201702).
③ 법률행위에 붙은 부관이 조건인지 기한인지가 명확하지 않은 경우 법률행위의 해석을 통해서 이를 결정해야 한다. 부관에 표시된 사실이 발생하지 않으면 채무를 이행하지 않아도 된다고 보는 것이 합리적인 경우에는 조건으로 보아야 한다. 그러나 부관에 표시된 사실이 발생한 때에는 물론이고 반대로 발생하지 않은 것이 확정된 때에도 채무를 이행하여야 한다고 보는 것이 합리적인 경우에는 표시된 사실의 발생 여부가 확정되는 것을 불확정기한으로 정한 것으로 보아야 한다(대판 1989.6.27, 88다카10579).
④ 조건부 권리의 보호에 관한 규정(제148조와 제149조)은 기한 있는 법률행위에도 준용된다(제154조).

> **제149조【조건부권리의 처분 등】**
> 조건의 성취가 미정한 권리의무는 일반규정에 의하여 처분, 상속, 보존 또는 담보로 할 수 있다.

⑤ 제153조【기한의 이익과 그 포기】① 기한은 채무자의 이익을 위한 것으로 추정한다.

▶ 정답 11 ③

심화문제편

01 조건과 기한에 관한 설명으로 옳지 않은 것은? (다툼이 있으면 판례에 의함)

▶ 2025 감정평가사

① 조건을 붙이는 것이 허용되지 않는 법률행위에 조건을 붙인 경우 그 조건만 무효로 된다.
② 법률행위의 부관으로서의 조건이 되기 위해서는 법률행위에 조건을 붙이고자 하는 의사와 그 표시가 필요하다.
③ 기한은 채무자의 이익을 위한 것으로 추정한다.
④ 건축허가를 받지 못하면 무효로 한다는 약정 아래 이루어진 토지매매계약은 해제조건부 계약이다.
⑤ 당사자가 불확정한 사실이 발생한 때를 이행기한으로 정한 경우 그 사실의 발생이 불가능하게 된 때에는 그 이행기한은 도래한 것으로 보아야 한다.

정답해설

① 조건부 법률행위에 있어 조건의 내용 자체가 불법적인 것이어서 무효일 경우 또는 조건을 붙이는 것이 허용되지 아니하는 법률행위에 조건을 붙인 경우 그 조건만을 분리하여 무효로 할 수는 없고 그 법률행위 전부가 무효로 된다(대판 2005.11.8, 2005마541).
② 조건은 법률행위의 효력의 발생 또는 소멸을 장래의 불확실한 사실의 성부에 의존케 하는 법률행위의 부관으로서 당해 법률행위를 구성하는 의사표시의 일체적인 내용을 이루는 것이므로, 의사표시의 일반원칙에 따라 조건을 붙이고자 하는 의사 즉 조건의사와 그 표시가 필요하며, 조건의사가 있더라도 그것이 외부에 표시되지 않으면 법률행위의 동기에 불과할 뿐이고 그것만으로는 법률행위의 부관으로서의 조건이 되는 것은 아니다(대판 2003.5.13, 2003다10797).
③ 제153조【기한의 이익과 그 포기】① 기한은 채무자의 이익을 위한 것으로 추정한다.
④ 주택건설을 위한 원·피고간의 토지매매계약에 앞서 양자간의 협의에 의하여 건축허가를 필할 때 매매계약이 성립하고 건축허가 신청이 불허되었을 때에는 이를 무효로 한다는 약정 아래 이루어진 본건 계약은 해제조건부 계약이다(대판 1983.8.23, 83다카552).
⑤ 당사자가 불확정한 사실이 발생한 때를 이행기한으로 정한 경우, 그 사실이 발생한 때는 물론 그 사실의 발생이 불가능하게 된 때에도 그 이행기한은 도래한 것으로 보아야 한다(대판 2007.5.10, 2005다6735).

▶ 정답 01 ①

02 기한의 이익에 관한 설명으로 옳은 것은? ▸ 2017 세무사

① 기한의 이익은 원칙적으로 채권자의 이익을 위한 것으로 추정한다.
② 무이자 소비대차의 경우, 채권자가 기한의 이익을 가진다.
③ 이자부 소비대차의 경우, 채무자가 기한의 이익을 가지고 채권자는 기한의 이익을 가지지 못한다.
④ 기한의 이익을 가지는 자는 기한이 도래하기 전에는 그 이익을 포기하지 못한다.
⑤ 기한의 이익을 가지는 자가 그 이익을 포기하는 경우, 그로 말미암아 상대방에게 손해를 준 경우에는 그 손해를 배상하여야 한다.

정답해설

① 제153조【기한의 이익과 그 포기】① 기한은 채무자의 이익을 위한 것으로 추정한다.
② 무이자 소비대차에서의 차주, 사용대차의 차주의 경우는 기한의 채무자에게만 있는 경우이다.
③ 이자부 소비대차에서의 반환기도래 시까지 대주는 이자를 취득할 수 있는 권리를 가지며, 차주는 반환청구를 당하지 않을 이익을 서로 가지므로 채권자와 채무자 쌍방 모두가 기한의 이익을 가지는 경우이다.
④, ⑤ 기한의 이익의 포기는 1. 기한의 이익이 당사자 일방만을 위하여 존재하는 경우에는 상대방에 대한 의사표시로써 임의로 포기할 수 있다. 2. 그러나 기한의 이익이 상대방을 위하여서도 존재하는 경우에는 상대방의 손해를 배상하고 포기할 수 있다.

> 제153조【기한의 이익과 그 포기】
> ② 기한의 이익은 이를 포기할 수 있다. 그러나 상대방의 이익을 해하지 못한다.

03 기한에 관한 설명으로 옳지 않은 것은? (다툼이 있으면 판례에 의함) ▶ 2013 감정평가사

① 정지조건부 기한이익의 상실특약이 있는 경우 그 특약사유가 발생하더라도 채권자의 의사표시가 있어야 채무자는 기한의 이익을 상실한다.
② 파산선고를 받은 채무자는 기한의 이익을 주장하지 못한다.
③ 채권자는 변제기까지의 이자를 포기하고 채무자에게 기한 전에 변제할 것을 청구할 수 없다.
④ 종기있는 법률행위는 기한이 도래한 때로부터 그 효력을 잃는다.
⑤ 당사자가 불확정한 사실이 발생한 때를 이행기한으로 정한 경우 그 사실의 발생이 불가능하게 된 때에도 이행기한이 도래한 것으로 보아야 한다.

정답해설

① 정지조건부 기한이익 상실특약에서 기한이익 상실사유가 발생한 경우 채권자의 의사표시가 없더라도 이행기 도래의 효과가 발생한다고 한다(대판 1989.9.29, 88다카14663).
② 채무자가 파산한 때에는 채무자는 기한의 이익을 주장하지 못한다(채무자회생 및 파산에 관한 법률 제425조).

> **제425조【기한부채권의 변제기도래】**
> 기한부채권은 파산선고 시에 변제기에 이른 것으로 본다.

③ 기한의 이익의 포기는 1. 기한의 이익이 당사자 일방만을 위하여 존재하는 경우에는 상대방에 대한 의사표시로써 임의로 포기할 수 있다. 2. 그러나 기한의 이익이 상대방을 위하여서도 존재하는 경우에는 상대방의 손해를 배상하고 포기할 수 있다. 즉 이자부 소비대차에서처럼 채권자에게도 있는 경우에도 포기할 수 있다. 채무자는 변제기까지의 이자를 지급하여 변제기 전에 변제할 수 있다. 그러나 채권자는 변제기까지의 이자를 포기하고 기한 전에 변제할 것을 청구할 수 없다.
④ 제152조【기한도래의 효과】② 종기 있는 법률행위는 기한이 도래한 때로부터 그 효력을 잃는다.
⑤ 부관이 붙은 법률행위에 있어서 부관에 표시된 사실이 발생하지 아니하면 채무를 이행하지 아니하여도 된다고 보는 것이 상당한 경우에는 조건으로 보아야 하고, 표시된 사실이 발생한 때에는 물론이고 반대로 발생하지 아니하는 것이 확정된 때에도 그 채무를 이행하여야 한다고 보는 것이 상당한 경우에는 표시된 사실의 발생 여부가 확정되는 것을 불확정기한으로 정한 것으로 보아야 한다(대판 2003.8.19, 2003다24215).

▶ 정답 02 ⑤ 03 ①

04 기한의 이익에 관한 설명으로 옳은 것은? (다툼이 있으면 판례에 따름) ▶ 2017 감정평가사

① 기한의 이익이 채권자 및 채무자 쌍방에게 있는 경우, 채무자는 기한의 이익을 포기할 수 없다.
② 채무자인 甲이 저당권자 乙 이외의 다른 채권자 丙에게 동일한 부동산 위에 후순위저당권을 설정해 준 경우 원칙적으로 甲은 乙에게 기한의 이익을 주장하지 못한다.
③ 기한이익 상실의 특약은 특별한 사정이 없는 한 형성권적 기한이익 상실의 특약으로 추정된다.
④ 형성권적 기한이익 상실의 특약이 있는 할부채무의 경우, 특별한 사정이 없는 한 1회의 불이행이 있으면 채무전액에 대하여 소멸시효가 진행한다.
⑤ 정지조건부 기한이익 상실의 특약이 있는 경우, 그 특약에 정한 기한이익 상실사유가 발생하더라도 기한이익을 상실케 하는 채권자의 의사표시가 없다면 특별한 사정이 없는 한 이행기 도래의 효과가 발생하지 않는다.

> **정답해설**

① 기한의 이익의 포기는 1. 기한의 이익이 당사자 일방만을 위하여 존재하는 경우에는 상대방에 대한 의사표시로써 임의로 포기할 수 있다. 2. 그러나 기한의 이익이 상대방을 위하여서도 존재하는 경우에는 상대방의 손해를 배상하고 포기할 수 있다.

> **제153조【기한의 이익과 그 포기】**
> ② 기한의 이익은 이를 포기할 수 있다. 그러나 상대방의 이익을 해하지 못한다.

② 저당권자인 乙은 우선변제권을 가진 물권을 가지고 있으므로, 채무자가 다른 채권자에게 후순위의 저당권을 설정하더라도 담보를 손상, 감소 또는 멸실하게 한 것은 아니기 때문에 기한의 이익을 상실하지 않는다.

> **제388조【기한의 이익의 상실】**
> 채무자는 다음 각 호의 경우에는 기한의 이익을 주장하지 못한다.
> → 이때 기한의 이익상실로 기한이 도래하는 것은 아니라 즉시변제청구권이 발생한다.
> 1. 채무자가 담보를 손상, 감소 또는 멸실하게 한 때
> 2. 채무자가 담보제공의 의무를 이행하지 아니한 때

③ 기한이익상실의 특약에는 그 내용에 의해 일정한 사유가 발생하면 채권자가 별도의 청구를 하지 않더라도 당연히 기한의 이익이 상실되어 이행기가 도래하는 '정지조건부 기한이익상실의 특약'과 일정한 사유가 발생한 후 채권자의 통지나 청구 등 채권자의 의사행위를 기다려 비로소 이행기가 도래하는 '형성권적 기한이익상실의 특약'이 존재할 수 있다. 대법원은 형성권적 기한이익 상실의 특약으로 추정하는 것이 타당하다고 본다(대판 2002.9.4, 2002다28340).
④ 형성권적 기한이익 상실의 특약이 있는 경우에는 그 특약은 채권자의 이익을 위한 것으로서 기한이익의 상실사유가 발생하였다고 하더라도 채권자가 나머지 전액을 일시에 청구할 것인가 또는 종래대로 할부변제를 청구할 것인가를 자유로이 선택할 수 있으므로, 이와 같은 기한이익 상실의 특약이 있는 할부채무에 있어서는, 1회의 불이행이 있더라도 각 할부금에 대해 그 각 변제기의 도래 시마다 그때부터 순차로 소멸시효가 진행하고 채권자가 특히 잔존 채무 전액의 변제를 구하는 취지의 의사를 표시한 경우에 한하여 전액에 대하여 그때부터 소멸시효가 진행한다(대판 2002.9.4, 2002다28340 등).
⑤ 정지조건부 기한이익 상실특약에서 기한이익 상실사유가 발생한 경우 채권자의 의사표시가 없더라도 이행기 도래의 효과가 발생한다고 한다(대판 1989.9.29, 88다카14663).

05 조건과 기한에 관한 설명으로 옳지 않은 것은? (다툼이 있으면 판례에 따름)

▶ 2020 감정평가사

① 법률행위의 조건은 그 조건의 존재를 주장하는 사람이 증명하여야 한다.
② 정지조건부 법률행위에서 조건이 성취된 사실은 조건의 성취로 권리를 취득하는 사람이 증명하여야 한다.
③ 불능조건이 정지조건인 경우 그 법률행위는 무효이다.
④ 조건의 성취로 불이익을 받을 당사자가 신의성실에 반하여 조건의 성취를 방해한 경우, 처음부터 조건 없는 법률행위로 본다.
⑤ 기한이익 상실의 약정은 특별한 사정이 없으면 형성권적 기한이익 상실의 약정으로 추정한다.

정답해설

① 조건은 법률행위의 당사자가 그 의사표시에 의하여 그 법률행위와 동시에 그 법률행위의 내용으로서 부가시켜 그 법률행위의 효력을 제한하는 법률행위의 부관이므로 구체적인 사실관계가 어느 법률행위에 붙은 조건의 성취에 해당하는지 여부는 의사표시의 해석에 속하는 경우도 있다고 할 수 있지만, 어느 법률행위에 어떤 조건이 붙어 있었는지 아닌지는 사실인정의 문제로서 그 조건의 존재를 주장하는 자가 이를 입증하여야 한다고 할 것이다(대판 2006.11.24, 2006다35766).
② 정지조건부 법률행위에 있어서 조건이 성취되었다는 사실은 이에 의하여 권리를 취득하고자 하는 측에서 그 입증책임이 있다 할 것이므로, 정지조건부 채권양도에 있어서 정지조건이 성취되었다는 사실은 채권양도의 효력을 주장하는 자에게 그 입증책임이 있다(대판 1983.4.12, 81다카692).
③ 제151조 【불법조건, 기성조건】 ③ 조건이 법률행위의 당시에 이미 성취할 수 없는 것인 경우에는 그 조건이 해제조건이면 조건 없는 법률행위로 하고 정지조건이면 그 법률행위는 무효로 한다.
④ 제150조 【조건성취, 불성취에 대한 반신의행위】 ① 조건의 성취로 인하여 불이익을 받을 당사자가 신의성실에 반하여 조건의 성취를 방해한 때에는 상대방은 그 조건이 성취한 것으로 주장할 수 있다.
⑤ 기한이익 상실의 특약은 그 내용에 의하여 일정한 사유가 발생하면 채권자의 청구 등을 요함이 없이 당연히 기한의 이익이 상실되어 이행기가 도래하는 것으로 하는 정지조건부 기한이익 상실의 특약과 일정한 사유가 발생한 후 채권자의 통지나 청구 등 채권자의 의사행위를 기다려 비로소 이행기가 도래하는 것으로 하는 형성권적 기한이익 상실의 특약의 두 가지로 대별할 수 있고, 기한이익 상실의 특약이 위의 양자 중 어느 것에 해당하느냐는 당사자의 의사해석의 문제이지만 일반적으로 기한이익 상실의 특약이 채권자를 위하여 둔 것인 점에 비추어 명백히 정지조건부 기한이익 상실의 특약이라고 볼 만한 특별한 사정이 없는 이상 형성권적 기한이익 상실의 특약으로 추정하는 것이 타당하다(대판 2002.9.4, 2002다28340).

▶ 정답 04 ③ 05 ④

Chapter 06 기간

기본문제편

01 기간의 계산에 관한 설명으로 옳지 않은 것은? (기간 말일의 공휴일 등 기타 사유는 고려하지 않음)
▶ 2018 감정평가사

① 기간을 연으로 정한 경우 최종의 월에 해당일이 없는 때에는 그 익월의 초일로 기간이 만료한다.
② 기간을 일(日)로 정한 때에는 기간말일의 종료로 기간이 만료한다.
③ 기간을 시, 분, 초로 정한 때에는 즉시로부터 기산한다.
④ 기간을 월로 정한 경우 그 기간이 오전 영시로부터 시작하는 때에는 기간의 초일을 산입한다.
⑤ 나이의 계산에는 출생일을 산입한다.

정답해설

① 제160조 【역에 의한 계산】

> ① 기간을 주, 월 또는 연으로 정한 때에는 역에 의하여 계산한다.
> ② 주, 월 또는 연의 처음으로부터 기간을 기산하지 아니하는 때에는 최후의 주, 월 또는 연에서 그 기산일에 해당한 날의 전일로 기간이 만료한다.
> ③ 월 또는 연으로 정한 경우에 최종의 월에 해당일이 없는 때에는 그 월의 말일로 기간이 만료한다.

② 제159조 【기간의 만료점】 기간을 일, 주, 월, 또는 연으로 정한 때에는 기간말일의 종료로 기간이 만료한다.
③ 제156조 【기간의 기산점】 기간을 시, 분, 초로 정한 때에는 즉시로부터 기산한다.
④ 제157조 【기간의 기산점】 기간을 일, 주, 월 또는 연으로 정한 때에는 기간의 초일은 산입하지 아니한다. 그러나 그 기간이 오전 0시로부터 시작하는 때에는 그러하지 아니하다.
⑤ 제158조 【나이의 계산과 표시】 나이는 출생일을 산입하여 만(滿) 나이로 계산하고, 연수(年數)로 표시한다. 다만, 1세에 이르지 아니한 경우에는 월수(月數)로 표시할 수 있다. [전문개정 2022.12.27.]

02 기간에 관한 설명으로 옳지 않은 것은? (단, 기간 말일이 토요일 또는 공휴일인 경우는 고려하지 않음) ▶ 2019 감정평가사

① 기간을 시, 분, 초로 정한 때에는 즉시로부터 기산한다.
② 채무의 이행기를 일, 주, 월 또는 연으로 정한 때에는 기간이 오전 0시로부터 시작하는 경우가 아닌 한, 기간의 초일을 산입하지 않는다.
③ 기간을 일, 주, 월 또는 연으로 정한 때에는 기간말일의 종료로 기간이 만료한다.
④ 나이를 계산하는 경우에는 출생일을 산입한다.
⑤ 주, 월 또는 연의 처음부터 기간을 기산하지 아니한 때에는 최후의 주, 월 또는 연에서 그 기산일에 해당한 날로 기간이 만료한다.

[정답해설]
① 제156조【기간의 기산점】기간을 시, 분, 초로 정한 때에는 즉시로부터 기산한다.
② 제157조【기간의 기산점】기간을 일, 주, 월 또는 연으로 정한 때에는 기간의 초일은 산입하지 아니한다. 그러나 그 기간이 오전 0시로부터 시작하는 때에는 그러하지 아니하다.
③ 제159조【기간의 만료점】기간을 일, 주, 월, 또는 연으로 정한 때에는 기간말일의 종료로 기간이 만료한다.
④ 제158조【나이의 계산과 표시】나이는 출생일을 산입하여 만(滿) 나이로 계산하고, 연수(年數)로 표시한다. 다만, 1세에 이르지 아니한 경우에는 월수(月數)로 표시할 수 있다. [전문개정 2022.12.27.]
⑤ 제160조【역에 의한 계산】

> ① 기간을 주, 월 또는 연으로 정한 때에는 역에 의하여 계산한다.
> ② 주, 월 또는 연의 처음으로부터 기간을 기산하지 아니하는 때에는 최후의 주, 월 또는 연에서 그 기산일에 해당한 날의 전일로 기간이 만료한다.
> ③ 월 또는 연으로 정한 경우에 최종의 월에 해당일이 없는 때에는 그 월의 말일로 기간이 만료한다.

03 2017년 4월 17일 10:30에 지금부터 1개월이라고 기간을 정한 경우, 민법의 기간계산 방법에 따른 그 기간의 기산점과 만료시점은? (토요일, 공휴일은 고려하지 않음) ▶ 2017 세무사

① 기산점은 2017년 4월 17일 10:30이고, 만료시점은 2017년 5월 16일 10:30이다.
② 기산점은 2017년 4월 17일 10:30이고, 만료시점은 2017년 5월 18일 24:00이다.
③ 기산점은 2017년 4월 18일 00:00이고, 만료시점은 2017년 5월 16일 10:30이다.
④ 기산점은 2017년 4월 18일 00:00이고, 만료시점은 2017년 5월 17일 24:00이다.
⑤ 기산점은 2017년 4월 18일 24:00이고, 만료시점은 2017년 5월 17일 24:00이다.

▶ 정답   01 ①   02 ⑤   03 ④

[정답해설]
④ 기간을 주, 월, 연으로 정하는 때에는 역에 의하여 계산하는데, 월의 일수의 장단은 문제되지 않는다. 초일은 산입하지 않으므로 기산점은 2017년 4월 18일 00:00이고, 월의 처음으로부터 기간을 기산하지 않는 경우이므로 1개월 뒤의 그 기산일에 해당한 날의 전일로 기간이 만료하게 되므로 만료시점은 2017년 5월 17일 24:00이다.

> **제157조【기간의 기산점】**
> 기간을 일, 주, 월 또는 연으로 정한 때에는 기간의 초일은 산입하지 아니한다. 그러나 그 기간이 오전 0시로부터 시작하는 때에는 그러하지 아니하다.
>
> **제160조【역에 의한 계산】**
> ① 기간을 주, 월 또는 연으로 정한 때에는 역에 의하여 계산한다.
> ② 주, 월 또는 연의 처음으로부터 기간을 기산하지 아니하는 때에는 최후의 주, 월 또는 연에서 그 기산일에 해당한 날의 전일로 기간이 만료한다.
> ③ 월 또는 연으로 정한 경우에 최종의 월에 해당일이 없는 때에는 그 월의 말일로 기간이 만료한다.

04 기간의 계산에 관한 설명으로 옳지 않은 것은? (다툼이 있으면 판례에 의함)

▶ 2012 감정평가사

① 사원총회를 1주일 전에 통지하여야 하는 경우, 5월 25일 총회 예정일을 기준으로 늦어도 5월 17일 24시까지는 사원들에게 소집통지를 발송하여야 한다.
② 정년이 60세인 경우, 1952년 7월 8일 오후 3시에 출생한 직원은 2012년 7월 8일 오전 0시에 정년을 맞이한다.
③ 1981년 5월 20일 오전 11시에 출생한 자는 2001년 5월 21일 오전 0시에 성년으로 된다.
④ 기간의 말일이 2012년 3월 10일 토요일인 경우에는 2012년 3월 12일 월요일로 만료된다.
⑤ 다가오는 2012년 7월 7일부터 1주일까지라고 하면, 2012년 7월 13일 24시에 만료된다.

[정답해설]
① 기산의 계산방법에 관한 민법의 규정은 순산으로서 일정시점부터 장래에 향한 기간의 계산에 관한 것이지만, 기산일부터 소급하여 계산하는 역산의 경우에도 유추적용된다. 따라서 사원총회일이 5월 25일이기 때문에, 5월 24일이 기산점이 되어 그 날부터 역으로 7일을 계산한 날의 말일인 5월 17일 24시까지는 소집통지를 발송하여야 한다(제71조 참조).

> **제71조【총회의 소집】**
> 총회의 소집은 1주간 전에 그 회의의 목적사항을 기재한 통지를 발하고 기타 정관에 정한 방법에 의하여야 한다.

② 정년이 60세인 경우, 1952년 7월 8일 오후 3시에 출생한 직원은 나이의 계산은 초일을 산입하므로(제158조) 60세가 되는 2012년 7월 8일 오전 0시에 정년이 된다.

> **제158조【나이의 계산과 표시】**
> 나이는 출생일을 산입하여 만(滿) 나이로 계산하고, 연수(年數)로 표시한다. 다만, 1세에 이르지 아니한 경우에는 월수(月數)로 표시할 수 있다. [전문개정 2022.12.27.]

③ 1981년 5월 20일 오전 11시에 출생한 자는 19세로 성년이 되고(제4조), 나이의 계산은 초일을 산입하므로(제158조) 2000년 5월 20일 오전 0시에 성년으로 된다.

> **제4조【성년】**
> 사람은 19세로 성년에 이르게 된다.

④ 기간의 말일이 2012년 3월 10일 토요일인 경우에는 3월 11일이 일요일이므로, 그 익일인 2012년 3월 12일 월요일로 만료된다(제161조).

> **제161조【공휴일과 기간의 만료점】**
> 기간의 말일이 토요일 또는 공휴일에 해당한 때에는 기간은 그 익일로 만료한다.

⑤ 다가오는 2012년 7월 7일부터 1주일까지라고 하면, 2012년 7월 7일 오전 0시로부터 시작하는 것이므로 초일부터 기간이 시작한다(제157조 단서). 1주일 후인 2012년 7월 13일 24시에 만료된다.

> **제157조【기간의 기산점】**
> 기간을 일, 주, 월 또는 연으로 정한 때에는 기간의 초일은 산입하지 아니한다. 그러나 그 기간이 오전 0시로부터 시작하는 때에는 그러하지 아니하다.

05 기간의 계산에 관한 설명으로 옳지 않은 것은? ▶ 2015 감정평가사

① 2015년 6월 16일 오후 3시부터 10일간이라고 하면, 2015년 6월 26일(금) 24시에 기간이 만료한다.
② 2015년 4월 1일 오전 10시부터 6개월간이라고 하면, 2015년 10월 1일(목) 24시에 기간이 만료한다.
③ 2015년 10월 1일 오전 0시부터 3개월간이라고 하면, 2015년 12월 31일(목) 24시에 기간이 만료한다.
④ 2015년 6월 28일 오전 10시에 출생한 아이는 2034년 6월 27일(화) 24시에 성년이 된다.
⑤ 정관에 달리 정함이 없다면, 2015년 4월 29일에 사단법인의 사원총회를 개최하기 위해서는 2015년 4월 22일(수) 24시까지 소집통지를 발송하여야 한다.

▶ 정답 04 ③ 05 ⑤

정답해설

① 초일은 산입하지 않으므로 2015년 6월 17일 오전 0시를 기산일로 하여 10일 후인 2015년 6월 27일 0시 즉, 26일(금) 24시에 기간이 만료한다.

> 제157조 【기간의 기산점】
> 기간을 일, 주, 월 또는 연으로 정한 때에는 기간의 초일은 산입하지 아니한다. 그러나 그 기간이 오전 0시로부터 시작하는 때에는 그러하지 아니하다.

② 초일은 산입하지 않으므로 기산점은 2015년 4월 2일 오전 0시이고, 월의 처음으로부터 기간을 기산하지 않는 경우이므로 6개월 뒤의 그 기산일에 해당한 날의 전일로 기간이 만료하게 된다. 따라서 말일이 공휴일도 아니므로, 2015년 10월 1일(목) 24시에 기간이 만료한다.

> 제160조 【역에 의한 계산】
> ① 기간을 주, 월 또는 연으로 정한 때에는 역에 의하여 계산한다.
> ② 주, 월 또는 연의 처음으로부터 기간을 기산하지 아니하는 때에는 최후의 주, 월 또는 연에서 그 기산일에 해당한 날의 전일로 기간이 만료한다.

③ 오전 0시로부터 시작하여 초일인 2015년 10월 1일 오전 0시부터 기간이 시작하며(제157조 단서), 월의 처음으로부터 기간을 기산하는 경우(제160조 제1항)이므로 3개월의 말일인 2015년 12월 31일(목) 24시에 기간이 만료한다.

④ 2015년 6월 28일 오전 10시에 출생한 아이는 19세로 성년이 되고(제4조), 나이의 계산은 초일을 산입하므로(제158조) 2034년 6월 28일(수) 오전 0시 또는 2034년 6월 27일(화) 24시에 성년이 된다.

> 제4조 【성년】
> 사람은 19세로 성년에 이르게 된다.
>
> 제158조 【나이의 계산과 표시】
> 나이는 출생일을 산입하여 만(滿) 나이로 계산하고, 연수(年數)로 표시한다. 다만, 1세에 이르지 아니한 경우에는 월수(月數)로 표시할 수 있다. [전문개정 2022.12.27.]

⑤ 기산의 계산방법에 관한 민법의 규정은 순산으로서 일정시점부터 장래에 향한 기간의 계산에 관한 것이지만, 기산일부터 소급하여 계산하는 역산의 경우에도 유추적용된다. 따라서 정관에 달리 정함이 없다면, 사원총회일이 2015년 4월 29일이므로 초일불산입의 원칙에 따라 28일이 기산점이 되어 그날부터 역으로 7일을 계산한 날의 말일인 2015년 4월 22일(수) 오전 0시에 만료하기 때문에, 2015년 4월 21일 24시 전까지는 소집통지를 발송하여야 한다(제71조 참조).

> 제71조 【총회의 소집】
> 총회의 소집은 1주간 전에 그 회의의 목적사항을 기재한 통지를 발하고 기타 정관에 정한 방법에 의하여야 한다.

심화문제편

01 기간에 관한 설명으로 옳지 않은 것을 모두 고른 것은? (다툼이 있으면 판례에 따름)

> ㄱ. 기간의 계산은 법령, 재판상의 처분 또는 법률행위로 민법과 달리 정할 수 없다.
> ㄴ. 민법은 기간의 단위를 '시, 분, 초'로 정하는 경우와 '일, 주, 월, 연'으로 정하는 경우에 있어 그 계산방법에 차이를 두지 않는다.
> ㄷ. 민법에 따른 나이의 계산에는 출생일을 산입하지 않는다.
> ㄹ. 민법 제161조는 기간의 만료일이 공휴일에 해당하여 발생할 불이익을 막자고 함에 그 뜻이 있는 것이므로 기간의 초일이 공휴일이라 하더라도 기간은 초일부터 기산한다.

① ㄱ, ㄴ
② ㄴ, ㄷ
③ ㄷ, ㄹ
④ ㄱ, ㄴ, ㄷ
⑤ ㄱ, ㄴ, ㄹ

정답해설

ㄱ. (×): 기간에 관한 민법 규정은 약정이나 법률이 없을 때만 적용되는 보충규정이며, 또한 사법관계뿐만 아니라 공법관계도 적용된다.

> **제155조【본장의 적용범위】**
> 기간의 계산은 법령, 재판상의 처분 또는 법률행위에 다른 정한 바가 없으면 본장의 규정에 의한다.

ㄴ. (×): 민법은 기간의 단위를 '시, 분, 초'로 정하는 경우는 즉시 기산하나(제156조), '일, 주, 월, 연'으로 정하는 경우에 있어서 초일을 산입하여 않도록 하여(제157조) 그 계산방법에 차이를 두고 있다.

> **제156조【기간의 기산점】**
> 기간을 시, 분, 초로 정한 때에는 즉시로부터 기산한다.
> **제157조【기간의 기산점】**
> 기간을 일, 주, 월 또는 연으로 정한 때에는 기간의 초일은 산입하지 아니한다. 그러나 그 기간이 오전 0시로부터 시작하는 때에는 그러하지 아니하다.

ㄷ. (×): 제158조【나이의 계산과 표시】 나이는 출생일을 산입하여 만(滿) 나이로 계산하고, 연수(年數)로 표시한다. 다만, 1세에 이르지 아니한 경우에는 월수(月數)로 표시할 수 있다. [전문개정 2022.12.27.]

ㄹ. (○): 민법 제161조가 정하는 기간의 말일이 공휴일에 해당한 때에는 기간은 그 익일로 만료한다는 규정의 취지는 명문이 정하는 바와 같이 기간의 말일이 공휴일인 경우를 정하는 것이고, 이는 기간의 만료일이 공휴일에 해당함으로써 발생할 불이익을 막자고 함에 그 뜻이 있는 것이므로 기간 기산의 초일은 이의적용이 없다고 풀이하여야 할 것이다(대판 1982.2.23, 81누204).

> **제161조【공휴일과 기간의 만료점】**
> 기간의 말일이 토요일 또는 공휴일에 해당한 때에는 기간은 그 익일로 만료한다.

▶ 정답 01 ④

02

甲(1998년 3월 14일 17시 출생)은 자기 소유의 부동산을 법정대리인인 부모의 동의 없이 2016년 2월 19일 오전 10시경 乙에게 매도하였다. 甲이 직접 계약을 취소하려는 경우, 그 취소권은 언제까지 행사할 수 있는가? (기간 말일의 공휴일 등 기타 사유는 고려하지 않음) ▶ 2016 감정평가사

① 2020년 3월 13일 24시
② 2020년 3월 14일 24시
③ 2021년 3월 13일 24시
④ 2021년 3월 14일 24시
⑤ 2026년 2월 19일 24시

정답해설

취소권은 추인할 수 있는 날로부터 3년 내에, 법률행위를 한 날로부터 10년 내에 행사할 수 있다(민법 제146조). 우선 추인할 수 있는 날로부터 3년의 기간부터 계산해 보면, 추인할 수 있는 날은 취소의 원인이 소멸한 후이므로 미성년자가 성년자가 되어야 한다(제143조, 제144조). 나이의 계산에서는 출생일을 산입하므로(제157조, 제158조), 출생한 날인 1998년 3월 14일부터 기산하여 19년이 되는 2017년 3월 13일 24시에 성인이 된다(제4조). 따라서 2017년 3월 14일 0시부터 기산하여 3년이 되는 기간은 2020년 3월 13일 24시이다. 이때는 초일이 오전 영시부터 시작하므로 초일을 산입한다(제157조 단서).

그리고 법률행위를 한 날로부터 10년의 기간을 계산해 보면, 법률행위를 한 날은 2016년 2월 19일 오전 10시경이며, 기간의 초일은 산입하지 않으므로 기산일은 2016년 2월 20일 0시이다. 10년 후인 2026년 2월 19일 24시에 기간이 만료한다.

조속한 법률관계의 확정을 위한 제척기간의 성질상 위 두 기간 중 먼저 도달한 것이 있으면 그때 취소권은 소멸하게 된다. 따라서 먼저 도래하는 2020년 3월 13일 24시까지 취소권을 행사할 수 있다.

03

2021년 5월 8일(토)에 계약기간을 '앞으로 3개월'로 정한 경우, 기산점과 만료점을 바르게 나열한 것은? (단, 기간의 계산방법에 관하여 달리 정함은 없고, 8월 6일은 금요일임)

▶ 2021 공인노무사

① 5월 8일, 8월 7일
② 5월 8일, 8월 9일
③ 5월 9일, 8월 8일
④ 5월 9일, 8월 9일
⑤ 5월 10일, 8월 9일

정답해설

①, ②, ③, ④, ⑤ 제157조에 초일을 산입하지 않으므로 기산일은 5월 9일이다(제157조). 초일이 일요일이나 민법 제161조는 기간의 만료일이 공휴일에 해당하여 발생할 불이익을 막고자 함에 그 뜻이 있는 것이므로 기간의 초일이 공휴일이라 하더라도 기간은 초일부터 기산한다(대판 1982.2.23, 81누204). 3개월은 제160조에 따라 역에 의해 계산하여야 하므로, 월의 처음으로부터 기산하지 않기 때문에 최후 월에 해당하는 8월 9일 전일로 만료되므로 기간 만료일은 8월 8일이 된다. 그러나 8월 6일은 금요일이므로 기간의 말일인 8월 8일은 일요일인 공휴일이 된다. 이때는 제161조에 따라 그 익일인 월요일 8월 9일이 기간 만료일이 된다.

04 민법상 기간에 관한 설명으로 옳지 않은 것은?
① 사원총회의 소집통지를 1주간 전에 발송하여야 하므로, 총회일이 3월 15일이라면 늦어도 3월 7일 오후 12시 전까지 소집통지를 발송하여야 한다.
② 기간 계산에 관해 당사자의 약정이 있는 때에는 그에 따른다.
③ 과제물을 10월 3일 오후 4시부터 46시간 내에 제출하라고 한 경우, 10월 5일 오후 2시까지 제출하여야 한다.
④ 2012년 1월 31일 오후 3시에 친구로부터 500만원을 무상으로 빌리면서 1개월 후에 갚기로 한 경우, 3월 1일은 공휴일이므로 2012년 3월 2일 오후 12시까지 반환하면 된다.
⑤ 1998년 3월 2일 출생한 사람은 2017년 3월 1일 오후 12시가 지나면 성년이 된다.

[정답해설]
① 기산의 계산방법에 관한 민법의 규정은 순산으로서 일정시점부터 장래에 향한 기간의 계산에 관한 것이지만, 기산일부터 소급하여 계산하는 역산의 경우에도 유추적용된다. 따라서 사원총회일이 15일이기 때문에, 14일이 기산점이 되어 그날부터 역으로 7일을 계산한 날의 말일인 8일의 오전 0시에 만료하기 때문에, 7일 오후 12시 전까지는 소집통지를 발송하여야 한다(제71조 참조).

> 제71조 【총회의 소집】
> 총회의 소집은 1주간 전에 그 회의의 목적사항을 기재한 통지를 발하고 기타 정관에 정한 방법에 의하여야 한다.

② 제155조 기간의 계산에 관하여는 법령이나 법률행위에서 정하고 있으면 그에 의하게 되기 때문에 임의규정이다.
③ 기간을 "시", "분", "초"로 계산할 때 자연적 계산방법이 사용된다. 즉시로 계산한다(제156조). 따라서 "오후 4시부터 46시간 내"에 제출하라고 한 경우, 2일 2시간 부족을 계산하면 10월 5일 오후 2시까지 제출하면 되기 때문에 타당하다.

> 제156조 【기간의 기산점】
> 기간을 시, 분, 초로 정한 때에는 즉시로부터 기산한다.

④ 기간을 주·월·연으로 정하는 때에는 역에 의하여 계산하는데, 월의 일수의 장단은 문제되지 않는다. 따라서 위 ④의 경우, 2월 29일(2012년 2월은 29일까지 있음) 24시까지 이행하면 된다.
⑤ 19세로 성년이 되고, 나이의 계산은 초일을 산입하므로 지문은 타당하다(민법 제158조 참조).

> 제158조 【나이의 계산과 표시】
> 나이는 출생일을 산입하여 만(滿) 나이로 계산하고, 연수(年數)로 표시한다. 다만, 1세에 이르지 아니한 경우에는 월수(月數)로 표시할 수 있다. [전문개정 2022.12.27.]

▶ 정답   02 ①   03 ④   04 ④

Chapter 07 소멸시효

제1절 총설

기본문제편

01 소멸시효와 제척기간에 관한 설명으로 옳지 않은 것은? (다툼이 있으면 판례에 따름)

▶ 2019 감정평가사

① 소멸시효에 의한 권리소멸은 기산일에 소급하여 효력이 있으나, 제척기간에 의한 권리소멸은 장래에 향하여 효력이 있다.
② 소멸시효의 이익은 미리 포기가 가능하나, 제척기간에는 포기가 인정되지 않는다.
③ 제척기간의 경과는 법원의 직권조사사항이지만, 소멸시효의 완성은 직권조사사항이 아니다.
④ 소멸시효에는 중단이 인정되고 있으나, 제척기간에는 중단이 인정되지 않는다.
⑤ 소멸시효의 정지에 관해서는 민법에 명문의 규정이 있으나, 제척기간의 정지에 관해서는 민법에 명문의 규정이 없다.

[정답해설]
① 소멸시효에 의한 권리소멸은 기산일에 소급하여 효력이 있으나, 제척기간은 권리 행사기간으로 소급효가 없고 장래에 향하여 효력이 있다.

> **제167조【소멸시효의 소급효】**
> 소멸시효는 그 기산일에 소급하여 효력이 생긴다.

② 소멸시효의 이익은 미리 포기하지 못하고 시효완성 후에 포기 가능하나, 기간만료로 당연히 소멸하는 제척기간에는 포기가 인정되지 않는다.

> **제184조【시효의 이익의 포기 기타】**
> ① 소멸시효의 이익은 미리 포기하지 못한다.

③ 소멸시효완성에 의한 권리의 소멸은 재판상 시효원용권자가 시효완성사실을 원용해야 하는 변론주의가 적용되나, 반면에 제척기간의 권리소멸은 당사자가 주장하지 않더라도 법원이 당연히 고려하여야 하는 직권조사사항이다(대판 1993.7.27, 92다52795).
④ 권리관계의 조속한 확정 때문에 제척기간에 관하여는 중단제도가 적용되지 않는다(대판 2003.1.10, 2000다26425).
⑤ 소멸시효의 완성에 대하여 장애사유가 있으면 일시적으로 시효기간의 진행이 정지되는 제도가 명문으로 존재하나, 권리관계를 조속히 확정해야 하는 제척기간에는 정지에 관한 명문의 규정이 없다.

■ 소멸시효와 제척기간의 비교

	소멸시효	제척기간
제도취지	사회질서의 안정, 입증곤란의 구제, 권리행사 태만에 대한 제재	법률관계의 조속한 확정
구별기준	'시효로 인하여'라는 표현 ○	'시효로 인하여'라는 표현 ×
경과효과	시효완성으로 권리 당연소멸(절대적 소멸설)	제척기간 경과로 권리 당연소멸
소멸시기	시효완성으로 권리 소급적 소멸	제척기간 경과로 장래를 향하여 소멸
주장의 요부	○	×
중단・정지	○	×
포기제도	시효완성 후 포기 가능	불가
단축・경감	가능	불가
배제・연장	불가	불가

02 소멸시효와 제척기간에 관한 설명으로 옳은 것은? (다툼이 있으면 판례에 따름)

▶ 2015 감정평가사

① 소멸시효와 제척기간 모두 중단과 정지가 인정된다.
② 소멸시효의 중단에 관한 규정은 취득시효에 준용한다.
③ 소멸시효는 법률행위로 단축할 수 없다.
④ 당사자가 본래의 소멸시효 기산일보다 뒤의 날짜를 기산일로 주장하는 경우 법원은 본래의 소멸시효 기산일을 기준으로 소멸시효를 계산하여야 한다.
⑤ 제척기간은 소송상 당사자가 제척기간의 도과를 주장한 경우에 한하여 고려된다.

[정답해설]
① 소멸시효와 달리 법률관계의 조속한 확정을 위한 제척기간은 중단과 정지가 인정되지 않는다.
② 소멸시효의 중단에 관한 규정은 취득시효에 의한 소유권취득기간에 준용한다(제247조 제2항).

> 제247조 【소유권취득의 소급효, 중단사유】
> ② 소멸시효의 중단에 관한 규정은 전2조의 소유권취득기간에 준용한다.

③ 제184조 【시효의 이익의 포기 기타】 ② 소멸시효는 법률행위에 의하여 이를 배제, 연장 또는 가중할 수 없으나 이를 단축 또는 경감할 수 있다.
④ 소멸시효의 기산일은 변론주의의 적용대상이므로, 본래의 소멸시효기산일과 당사자가 주장하는 기산일이 다른 경우에는 법원은 당사자가 주장하는 기산일을 기준으로 하고, 당사자가 주장하지 않은 때를 기산점으로 하여 소멸시효의 완성을 인정하게 되면 변론주의의 원칙에 위배된다(대판 1995.8.25, 94다35886).

▶ 정답   01 ②   02 ②

■ 소멸시효와 변론주의의 적용여부

소멸시효의 기산점 → 주요사실, 변론주의 적용 ○
소멸시효의 기간 → 법률사항, 변론주의 적용 ×

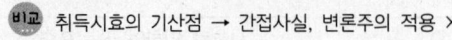 취득시효의 기산점 → 간접사실, 변론주의 적용 ×

⑤ 민법 제146조에서 규정하는 취소권의 행사기간은 제척기간으로서 법원의 직권조사사항이다(대판 1993.7.27, 92다52795).

심화문제편

01 제척기간에 관한 설명으로 옳은 것은? (다툼이 있으면 판례에 따름)   ▶ 2021 세무사

① 제척기간은 소멸시효와 같이 중단이 인정된다.
② 형성권 이외에 청구권도 제척기간의 경과에 의해 소멸할 수 있다.
③ 변론주의의 원칙상 제척기간에 따른 권리소멸은 당사자가 주장하여야 한다.
④ 특별한 사정이 없는 한 제척기간이 규정되어 있는 권리는 재판 외에서 행사할 수 없고 재판상 행사해야 한다.
⑤ 제척기간이 규정되어 있는 권리는 제척기간이 경과하더라도 당사자의 원용이 있어야 소멸한다.

정답해설
① 제척기간에 있어서는 소멸시효와 같이 기간의 중단이 있을 수 없다(대판 2003.1.10, 2000다2642).
② 청구권는 원칙적으로 제척기간의 대상이 아니라 소멸시효의 대상이므로 변론주의가 적용되어 당사자의 주장이 있어야 한다. 그러나 공유물분할청구권(제268조) 등과 같이 명칭은 청구권이나 그 성질은 형성권인 경우 제척기간이 적용된다. 이러한 경우 청구권이라도 제척기간의 경과에 의해 소멸할 수 있다.
③ 민법 제146조에서 규정하는 취소권의 행사기간은 제척기간으로서 법원의 직권조사사항이다(대판 1993.7.27, 92다52795).
④ 형성권은 채권자취소권(제406조), 혼인취소권(제816조) 등과 같이 재판상으로만 행사하여야 하는 특별한 경우가 아니한 일방적 의사표시에 의하여 행사할 수 있는 것이 원칙이다.
미성년자 또는 친족회가 민법 제950조 제2항에 따라 제1항의 규정에 위반한 법률행위를 취소할 수 있는 권리는 형성권으로서 민법 제146조에 규정된 취소권의 존속기간은 제척기간이라고 보아야 할 것이지만, 그 제척기간 내에 소를 제기하는 방법으로 권리를 재판상 행사하여야만 되는 것은 아니고, 재판 외에서 의사표시를 하는 방법으로도 권리를 행사할 수 있다고 보아야 한다(대판 1998.5.22, 96다24101).
⑤ 매매의 일방예약에서 예약자의 상대방이 매매예약완결의 의사표시를 하여 매매의 효력을 생기게 하는 권리, 즉 매매예약의 완결권은 일종의 형성권으로서 당사자 사이에 그 행사기간을 약정한 때에는 그 기간 내에, 그러한 약정이 없는 때에는 그 예약이 성립한 때로부터 10년 내에 이를 행사하여야 하고 그 기간이 지난 때에는 예약완결권은 제척기간의 경과로 인하여 소멸한다(대판 2000.10.13, 99다18725). 즉 제척기간은 소멸시효와 달리 변론주의가 적용되지 않아 당사자의 주장이나 원용이 없더라도 제척기간이 경과하면 당연히 소멸한다.

▶ 정답 01 ②

02 제척기간에 관한 설명으로 옳은 것은? (다툼이 있으면 판례에 따름) ▶ 2015 변리사

① 점유를 침탈당한 자의 침탈자에 대한 점유물회수청구권의 행사기간 1년은 제척기간이다.
② 법률행위의 취소권은 추인할 수 있는 날로부터 3년 내에 재판상으로 행사를 하여야 한다.
③ 제척기간 내에 권리자의 권리주장 또는 의무자의 승인이 있으면 제척기간은 중단된다.
④ 제척기간의 경우 그 기간이 경과하면 그 기산일에 소급하여 권리소멸의 효력이 생긴다.
⑤ 하자담보책임에 기한 매수인의 손해배상청구권에는 민법 제582조의 제척기간규정으로 인하여 소멸시효 규정이 적용되지 않는다.

[정답해설]

① 점유를 침탈당한 자의 침탈자에 대한 점유물회수청구권의 행사기간 1년은 소멸시효기간이 아닌 제척기간이며, 출소기간이다(대판 2002.4.26, 2001다8097).

> **제204조 【점유의 회수】**
> ① 점유자가 점유의 침탈을 당한 때에는 그 물건의 반환 및 손해의 배상을 청구할 수 있다.
> ③ 제1항의 청구권은 침탈을 당한 날부터 1년 내에 행사하여야 한다.

② 법률행위의 취소권은 추인할 수 있는 날로부터 3년 내에 행사하여야 하나, 재판상·재판 외 행사가 가능하다(대판 1991.2.22, 90다13420).

> **제146조 【취소권의 소멸】**
> 취소권은 추인할 수 있는 날부터 3년 내에, 법률행위를 한 날부터 10년 내에 행사하여야 한다.

③ 권리관계의 조속한 확정 때문에 제척기간에 관하여는 중단제도가 적용되지 않는다(대판 2003.1.10, 2000다26425).
④ 제척기간이란 법률이 예정하고 있는 일정한 권리 행사기간 또는 존속기간을 말하며, 그 기간 내에 권리를 행사하지 않으면 그 권리는 당연히 소멸하게 된다.

> **비교** 제167조【소멸시효의 소급효】 소멸시효는 그 기산일에 소급하여 효력이 생긴다.

⑤ 하자담보책임에 기한 매수인의 손해배상청구권과 관련하여 민법 제582조의 제척기간 규정으로 인하여 소멸시효 규정의 적용이 배제되지는 않는다. 즉 매도인에 대한 하자담보에 기한 손해배상청구권에 대하여는 민법 제582조의 제척기간이 적용되고, 이는 법률관계의 조속한 안정을 도모하고자 하는 데에 취지가 있다. 그런데 하자담보에 기한 매수인의 손해배상청구권은 권리의 내용·성질 및 취지에 비추어 민법 제162조 제1항의 채권 소멸시효의 규정이 적용되고, 민법 제582조의 제척기간 규정으로 인하여 소멸시효 규정의 적용이 배제된다고 볼 수 없으며, 이때 다른 특별한 사정이 없는 한 무엇보다도 매수인이 매매 목적물을 인도받은 때부터 소멸시효가 진행한다고 해석함이 타당하다(대판 2011.10.13, 2011다10266).

▶ 정답 02 ①

제2절 소멸시효의 요건

기본문제편

01 소멸시효에 관한 설명으로 옳지 않은 것은? (다툼이 있으면 판례에 따름) ▶ 2017 세무사

① 인격권과 같은 비재산권은 소멸시효에 걸리지 않는다.
② 동시이행의 항변권이 붙은 채권도 소멸시효에 걸릴 수 있다.
③ 점유권과 유치권은 성질상 소멸시효에 걸리지 않는다.
④ 피담보채권이 존속하는 경우 담보물권만이 독립하여 소멸시효에 걸리지는 않는다.
⑤ 공유물분할청구권은 소유권과 독립하여 소멸시효에 걸릴 수 있다.

정답해설
① 소멸시효의 대상은 채권과 소유권 이외의 재산권이다. 따라서 신분권, 인격권 등 비재산권은 소멸시효의 대상이 아니다.
② 부동산에 대한 매매대금 채권이 소유권이전등기청구권과 동시이행의 관계에 있다고 할지라도 매도인은 매매대금의 지급기일 이후 언제라도 그 대금의 지급을 청구할 수 있는 것이며, 다만 매수인은 매도인으로부터 그 이전등기에 관한 이행의 제공을 받기까지 그 지급을 거절할 수 있는 데 지나지 아니하므로 매매대금 청구권은 그 지급기일 이후 시효의 진행에 걸린다(대판 1991.3.22, 90다9797).
③ 점유권은 점유상태만으로 인정되는 권리이므로 소멸시효대상이 아니다. 유치물을 점유하고 있는 동안에는 그 권리를 계속 행사하는 것이기 때문에 유치권 자체는 시효로 소멸하지는 않는다.
④ 담보물권은 부종성에 의해 피담보채권과 분리되어 소멸시효에 걸리지 않는다.
⑤ 공유물분할청구권은 기초가 된 권리관계가 존속하는 한 독립하여 시효에 걸리지 않는다(대판 1981.3.24, 80다1888·1889).

02 소멸시효에 관한 설명으로 옳지 않은 것은? (다툼이 있으면 판례에 의함) ▶ 2013 감정평가사

① 소멸시효의 기간은 법률행위로 단축할 수 있다.
② 매달 지급해야 하는 집합건물의 관리비채권의 소멸시효기간은 10년이다.
③ 환매권의 행사로 발생한 소유권이전등기청구권의 소멸시효기간은 10년이다.
④ 공유물분할청구권은 그 기초가 되는 법률관계가 존속하는 동안 시효로 소멸하지 않는다.
⑤ 근저당설정약정에 의한 근저당권설정등기청구권은 피담보채권과 별도로 소멸시효가 진행한다.

▶ 정답 01 ⑤ 02 ②

정답해설

① 제184조【시효의 이익의 포기 기타】② 소멸시효는 법률행위에 의하여 이를 배제, 연장 또는 가중할 수 없으나 이를 단축 또는 경감할 수 있다.
② 민법 제163조 제1호에서 3년의 단기소멸시효에 걸리는 것으로 규정한 '1년 이내의 기간으로 정한 채권'이란 1년 이내의 정기로 지급되는 채권을 말하는 것으로서(대판 1996.9.20, 96다25302 참조) 1개월 단위로 지급되는 집합건물의 관리비채권은 이에 해당한다고 할 것이다(대판 2007.2.22, 2005다65821).
③ 환매권은 일종의 형성권으로서 위 환매권은 재판상이든 재판외이든 그 제척기간 내에 이를 일단 행사하면 그 형성적 효력으로 매매의 효력이 생기는 것이고 그 후 다시 환매의 의사표시를 하였다고 하더라도 이미 발생한 환매의 효력에는 어떠한 영향을 미치는 것이 아니고, 또한 환매권의 행사로 발생한 소유권이전등기청구권은 환매권을 행사한 때로부터 일반채권과 같이 민법 제162조 제1항 소정의 10년의 소멸시효기간이 진행된다(대판 1992.10.13, 92다4666).
④ 공유물분할청구권은 공유관계에서 수반되는 형성권이므로 공유관계가 존속하는 한 그 분할청구권만이 독립하여 시효소멸될 수 없다(대판 1981.3.24, 80다1888).
⑤ 근저당권설정 약정에 의한 근저당권설정등기청구권이 그 피담보채권이 될 채권과 별개로 소멸시효에 걸린다(대판 2004.2.13, 2002다7213).

03 민법상 소멸시효기간에 관한 설명으로 옳지 않은 것은? ▶ 2017 세무사

① 소유권의 소멸시효기간은 20년이다.
② 음식점 음식료의 소멸시효기간은 1년이다.
③ 변호사 수임료의 소멸시효기간은 3년이다.
④ 단기소멸시효에 걸리지 않는 일반적인 민사채권의 소멸시효기간은 10년이다.
⑤ 단기소멸시효에 걸리는 채권에 대하여 재판상 화해가 이루어지면 소멸시효기간은 10년으로 연장된다.

정답해설

① 소유권은 항구성이 있고, 점유권은 점유상태만으로 인정되는 권리이므로 소멸시효대상이 아니다.
② 제164조【1년의 단기소멸시효】
　다음 각 호의 채권은 1년간 행사하지 아니하면 소멸시효가 완성한다.
　1. 여관, 음식점, 대석, 오락장의 숙박료, 음식료, 대석료, 입장료, 소비물의 대가 및 체당금의 채권
③ 제163조【3년의 단기소멸시효】
　다음 각 호의 채권은 3년간 행사하지 아니하면 소멸시효가 완성한다.
　5. 변호사, 변리사, 공증인, 계리사 및 사법서사의 직무에 관한 채권
④ 제162조【채권, 재산권의 소멸시효】① 채권은 10년간 행사하지 아니하면 소멸시효가 완성한다.
⑤ 제165조【판결 등에 의하여 확정된 채권의 소멸시효】

> ① 판결에 의하여 확정된 채권은 단기의 소멸시효에 해당한 것이라도 그 소멸시효는 10년으로 한다.
> ② 파산절차에 의하여 확정된 채권 및 재판상의 화해, 조정 기타 판결과 동일한 효력이 있는 것에 의하여 확정된 채권도 전항과 같다.

04 소멸시효의 기산점에 관한 설명으로 옳지 않은 것은? (다툼이 있으면 판례에 따름)

▶ 2019 감정평가사

① 소멸시효는 권리를 행사할 수 있는 때로부터 진행하며, 이때 '권리를 행사할 수 있다'는 것은 권리를 행사함에 있어 원칙적으로 법률상 장애가 없는 것을 가리킨다.
② 부작위를 목적으로 하는 채권의 소멸시효는 위반행위를 한 때로부터 진행한다.
③ 정지조건부권리의 경우에는 조건 미성취의 동안은 권리를 행사할 수 없는 것이어서 소멸시효가 진행되지 않는다.
④ 소유권이전등기의무의 이행불능으로 인한 전보배상청구권의 소멸시효는 이전등기의무가 이행불능이 된 때부터 진행된다.
⑤ 본래의 소멸시효 기산일과 당사자가 주장하는 기산일이 서로 다른 경우에는 법원은 본래의 소멸시효 기산일을 기준으로 소멸시효를 계산하여야 한다.

> [정답해설]

① 소멸시효는 객관적으로 권리가 발생하고 그 권리를 행사할 수 있는 때부터 진행한다고 할 것이며 따라서 권리를 행사할 수 없는 동안은 소멸시효는 진행할 수 없다고 할 것이고, 한편 "권리를 행사할 수 없는 때"라 함은 그 권리행사에 법률상의 장애사유, 예를 들면 기간의 미도래나 조건불성취 등이 있는 경우를 말하는 것이므로 사실상 그 권리의 존재나 권리행사 가능성을 알지 못하였거나 알지 못함에 있어서의 과실 유무 등은 시효진행에 영향을 미치지 아니한다(대판(전) 1984.12.26. 84누572).
② 제166조 【소멸시효의 기산점】② 부작위를 목적으로 하는 채권의 소멸시효는 위반행위를 한 때로부터 진행한다.
③ 소멸시효는 권리를 행사할 수 있는 때로부터 진행하며 여기서 권리를 행사할 수 있는 때라 함은 권리행사에 법률상의 장애가 없는 때를 말하므로 정지조건부권리의 경우에는 조건 미성취의 동안은 권리를 행사할 수 없는 것이어서 소멸시효가 진행되지 않는다(대판 1992.12.22. 92다28822).
④ 소유권이전등기 말소등기의무의 이행불능으로 인한 전보배상청구권의 소멸시효는 말소등기의무가 이행불능 상태에 돌아간 때로부터 진행된다(대판 2005.9.15. 2005다29474).
⑤ 소멸시효의 기산일은 변론주의의 적용대상이므로, 본래의 소멸시효기산일과 당사자가 주장하는 기산일이 다른 경우에는 법원은 당사자가 주장하는 기산일을 기준으로 하고, 당사자가 주장하지 않은 때를 기산점으로 하여 소멸시효의 완성을 인정하게 되면 변론주의의 원칙에 위배된다(대판 1995.8.25. 94다35886). → 본래의 소멸시효 기산일과 당사자가 주장하는 기산일이 서로 다른 경우에는 변론주의의 원칙상 법원은 당사자가 주장하는 기산일을 기준으로 소멸시효를 계산하여야 하는데, 이는 당사자가 본래의 기산일보다 뒤의 날짜를 기산일로 하여 주장하는 경우는 물론이고 특별한 사정이 없는 한 그 반대의 경우에 있어서도 마찬가지이다.

■ 소멸시효와 변론주의의 적용 여부

소멸시효의 기산점 → 주요사실, 변론주의 적용 ○
소멸시효의 기간 → 법률사항, 변론주의 적용 ×

비교 취득시효의 기산점 → 간접사실, 변론주의 적용 ×

▶ 정답   03 ①   04 ⑤

05 소멸시효의 기산점에 관한 설명으로 옳지 않은 것은? (다툼이 있으면 판례에 따름)

▶ 2021 감정평가사

① 정지조건부 권리는 조건이 성취되지 않은 동안에는 소멸시효가 진행되지 않는다.
② 이행기한을 정하지 않은 채권은 채권자의 이행최고가 있은 날로부터 소멸시효가 진행한다.
③ 채무불이행으로 인한 손해배상청구권은 채무불이행시로부터 소멸시효가 진행한다.
④ 동시이행의 항변권이 붙은 채권은 그 이행기로부터 소멸시효가 진행한다.
⑤ 무권대리인에 대한 상대방의 계약이행청구권이나 손해배상청구권은 그 선택권을 행사할 수 있을 때부터 소멸시효가 진행한다.

[정답해설]
① 소멸시효는 권리를 행사할 수 있는 때로부터 진행하며 여기서 권리를 행사할 수 있는 때라 함은 권리행사에 법률상의 장애가 없는 때를 말하므로 정지조건부권리의 경우에는 조건 미성취의 동안은 권리를 행사할 수 없는 것이어서 소멸시효가 진행되지 않는다(대판 1992.12.22, 92다28822).
② 기한의 정함이 없는 채권은 언제나 행사가 가능하므로 그 발생 시부터 법률상의 장애가 없기 때문에 그 권리가 발생한 때인 채권성립 시부터 소멸시효가 진행한다.
③ 채무불이행으로 인한 손해배상청구권의 소멸시효는 채무불이행 시로부터 진행한다(대판 2005.1.14, 2002다57119).
④ 부동산에 대한 매매대금 채권이 소유권이전등기청구권과 동시이행의 관계에 있다고 할지라도 매도인은 매매대금의 지급기일 이후 언제라도 그 대금의 지급을 청구할 수 있는 것이며, 다만 매수인은 매도인으로부터 그 이전등기에 관한 이행의 제공을 받기까지 그 지급을 거절할 수 있는 데 지나지 아니하므로 매매대금 청구권은 그 지급기일 이후 시효의 진행에 걸린다(대판 1991.3.22, 90다9797). 즉 소멸시효의 기산점은 권리를 행사할 수 있는 때로부터 진행하기 때문에 동시이행의 항변권이 붙어 있는 채권이라도 그 이행기로부터 진행한다.
⑤ 무권대리인이 대리권을 증명하지 못하고 본인의 추인도 얻지 못한 경우 상대방의 계약이행청구권이나 손해배상청구권의 소멸시효는 그 선택권을 행사할 수 있을 때부터 진행한다(대판 1963.8.22, 63다323).

06 소멸시효의 기산점이 잘못 연결된 것은? (다툼이 있으면 판례에 따름) ▶ 2024 감정평가사
① 불확정기한부 채권 - 기한이 객관적으로 도래한 때
② 부당이득반환청구권 - 기한의 도래를 안 때
③ 정지조건부 권리 - 조건이 성취된 때
④ 부작위를 목적으로 하는 채권 - 위반행위를 한 때
⑤ 선택채권 - 선택권을 행사할 수 있을 때

[정답해설]
① 확정기한부 채권은 기한이 도래한 때, 불확정 기한부 채권은 기한이 객관적으로 도래한 때부터 소멸시효가 진행한다.
② 부당이득반환청구권은 법률상 원인 없이 타인의 재산 또는 노무로 인하여 이익을 얻고 이로 인하여 타인에게 손해를 가한 경우에 성립하며, 그 성립과 동시에 권리를 행사할 수 있으므로 청구권이 성립한 때부터 소멸시효가 진행한다(대판 2017.7.18, 2017다9039·9046).
③ 소멸시효는 권리를 행사할 수 있는 때로부터 진행하며 여기서 권리를 행사할 수 있는 때라 함은 권리행사에 법률상의 장애가 없는 때를 말하므로 정지조건부권리의 경우에는 조건 미성취의 동안은 권리를 행사할 수 없는 것이어서 소멸시효가 진행되지 않는다(대판 1992.12.22, 92다28822).
④ 제166조【소멸시효의 기산점】② 부작위를 목적으로 하는 채권의 소멸시효는 위반행위를 한 때로부터 진행한다.
⑤ 타인의 대리인으로 계약을 한 자가 그 대리권을 증명하지 못하고 또 본인의 추인을 얻지 못한 때에는 상대방의 선택에 좇아 계약의 이행 또는 손해배상의 책임이 있는 것인바 이 상대방이 가지는 계약이행 또는 손해배상청구권의 소멸시효는 그 선택권을 행사할 수 있는 때로부터 진행한다 할 것이고 또 선택권을 행사할 수 있는 때라고 함은 대리권의 증명 또는 본인의 추인을 얻지 못한 때라고 할 것이다(대판 1965.8.24, 64다1156).

▶ 정답 05 ② 06 ②

07 소멸시효의 기산점에 관한 설명으로 옳지 않은 것은? (다툼이 있으면 판례에 따름)

▶ 2016 감정평가사

① 채무의 이행기가 도래한 후에 채무자의 요청에 의하여 채권자가 채무자에게 기한을 유예한 경우, 유예한 이행기일로부터 다시 소멸시효가 진행한다.
② 불확정기한부 채권은 객관적으로 기한이 도래하면 그때부터 소멸시효가 진행한다.
③ 동시이의 항변권이 붙어있는 채권은 그 항변권이 소멸된 이후부터 소멸시효가 진행한다.
④ 매수인이 매매 목적물인 부동산을 인도받아 점유하고 있는 이상 그 소유권이 등기청구권의 소멸시효는 진행되지 않는다.
⑤ 매매로 인한 소유권이전채무의 이행불능으로 인한 손해배상채권의 소멸시효는 그 소유권이전채무가 이행불능으로 된 때부터 진행한다.

정답해설

① 채권의 소멸시효는 그 이행기가 도래한 때로부터 진행되지만 그 이행기일이 도래한 후에 채권자가 채무자에 대하여 기한을 유예한 경우에는 유예 시까지 진행된 시효는 포기한 것으로서 유예한 이행기일로부터 다시 시효가 진행된다고 볼 것이다(대판 1992.12.22, 92다40211).
② 확정기한부 채권은 기한이 도래한 때, 불확정 기한부 채권은 기한이 객관적으로 도래한 때부터 소멸시효가 진행한다.
③ 부동산에 대한 매매대금 채권이 소유권이전등기청구권과 동시이행의 관계에 있다고 할지라도 매도인은 매매대금의 지급기일 이후 언제라도 그 대금의 지급을 청구할 수 있는 것이며, 다만 매수인은 매도인으로부터 그 이전등기에 관한 이행의 제공을 받기까지 그 지급을 거절할 수 있는 데 지나지 아니하므로 매매대금 청구권은 그 지급기일 이후 시효의 진행에 걸린다(대판 1991.3.22, 90다9797).
④ 판례는 등기청구권은 채권적 청구권이므로 원칙적으로 소멸시효에 걸린다고 보면서도 매수인이 매매목적물인 부동산을 인도받아 점유하고 있는 이상 매매대금의 지급 여부와는 관계없이 그 소멸시효가 진행되지 않고(대판 1991.3.22, 90다9797), 다만 매수인이 점유를 상실하면 그 점유상실시점으로부터 등기청구권은 소멸시효가 진행한다(대판 1992.7.24, 91다40924)고 한다.
⑤ 매매로 인한 부동산소유권이전채무가 이행불능됨으로써 매수인이 매도인에 대하여 갖게 되는 손해배상채권은 그 부동산소유권의 이전채무가 이행불능된 때에 발생하는 것이고 그 계약체결일에 생기는 것은 아니므로 위 손해배상채권의 소멸시효는 계약체결일 아닌 소유권이전채무가 이행불능된 때부터 진행한다(대판 1990.11.9, 90다카22513).

■ 법률행위로 인한 등기청구권의 소멸시효

	법적 성질	점유 계속 중	점유상실	
			적극적 권리행사	제3자의 침탈
매매에 기한 소유권이전등기청구권	채권 10년 소멸시효	소멸시효 진행 ×	진행 ×	진행 ○
점유시효취득에 기한 소유권이전등기청구권	채권 10년 소멸시효	소멸시효 진행 ×	진행 ○	진행 ○

08 소멸시효에 관한 설명으로 옳지 않은 것은? (다툼이 있으면 판례에 의함)

▶ 2025 감정평가사

① 소유권에 기한 물권적 청구권은 소멸시효의 대상이 되지 않는다.
② 정지조건부 권리는 조건 미성취의 동안에도 소멸시효가 진행된다.
③ 3년의 단기소멸시효가 적용되는 '1년 이내의 기간으로 정한 채권'이란 1년 이내의 정기로 지급되는 채권을 말한다.
④ 채권의 이행기가 도래한 후 채권자와 채무자가 이행기를 유예하기로 합의한 경우 소멸시효는 변경된 이행기가 도래한 때부터 다시 진행한다.
⑤ 변제기가 도래하여 지급명령에서 확정된 채권은 단기의 소멸시효에 해당하는 것이라도 그 소멸시효기간이 10년으로 연장된다.

정답해설

① 매매계약이 합의해제된 경우에도 매수인에게 이전되었던 소유권은 당연히 매도인에게 복귀하는 것이므로 합의해제에 따른 매도인의 원상회복청구권은 소유권에 기한 물권적 청구권이라고 할 것이고 이는 소멸시효의 대상이 되지 아니한다(대판 1982.7.27, 80다2968).
② 소멸시효는 권리를 행사할 수 있는 때로부터 진행하며 여기서 권리를 행사할 수 있는 때라 함은 권리행사에 법률상의 장애가 없는 때를 말하므로 정지조건부권리의 경우에는 조건 미성취의 동안은 권리를 행사할 수 없는 것이어서 소멸시효가 진행되지 않는다(대판 1992.12.22, 92다28822).
③ 민법 제163조 제1호에서 3년의 단기소멸시효에 걸리는 것으로 규정한 '1년 이내의 기간으로 정한 채권'이란 1년 이내의 정기로 지급되는 채권을 말하는 것으로서(대판 1996.9.20, 96다25302 참조) 1개월 단위로 지급되는 집합건물의 관리비채권은 이에 해당한다고 할 것이다(대판 2007.2.22, 2005다65821).

> **제163조【3년의 단기소멸시효】**
> 다음 각 호의 채권은 3년간 행사하지 아니하면 소멸시효가 완성한다.
> 1. 이자, 부양료, 급료, 사용료 기타 1년 이내의 기간으로 정한 금전 또는 물건의 지급을 목적으로 한 채권

④ 채권의 소멸시효는 그 이행기가 도래한 때로부터 진행되지만 그 이행기일이 도래한 후에 채권자가 채무자에 대하여 기한을 유예한 경우에는 유예시까지 진행된 시효는 포기한 것으로서 유예한 이행기일로부터 다시 시효가 진행된다고 볼 것이다(대판 1992.12.22, 92다40211).
⑤ 민사소송법 제474조, 민법 제165조 제2항에 의하면, 지급명령에서 확정된 채권은 단기의 소멸시효에 해당하는 것이라도 그 소멸시효기간이 10년으로 연장된다고 할 것이다(대판 2009.9.24, 2009다39530).

> **제165조【판결 등에 의하여 확정된 채권의 소멸시효】**
> ① 판결에 의하여 확정된 채권은 단기의 소멸시효에 해당한 것이라도 그 소멸시효는 10년으로 한다.
> ② 파산절차에 의하여 확정된 채권 및 재판상의 화해, 조정 기타 판결과 동일한 효력이 있는 것에 의하여 확정된 채권도 전항과 같다.
> ③ 전2항의 규정은 판결확정 당시에 변제기가 도래하지 아니한 채권에 적용하지 아니한다.

▶ 정답   07 ③   08 ②

심화문제편

01 1990년 乙이 甲으로부터 토지를 매수하여 등기는 이전받지 아니한 채 인도받고 점유·사용하다가, 2003년 이를 丙이 乙로부터 매수하여 이전등기 없이 인도받고 점유·사용하고 있다. 옳은 설명을 모두 고른 것은? (다툼이 있으면 판례에 따름)   ▶ 2015 감정평가사

> ㄱ. 乙의 甲에 대한, 매매를 원인으로 하는 소유권이전등기청구권은 소멸시효에 걸리지 않는다.
> ㄴ. 丙이 토지를 점유·사용하는 동안에는 丙의 乙에 대한, 매매를 원인으로 하는 소유권이전등기청구권은 소멸시효에 걸리지 않는다.
> ㄷ. 만약 丁이 乙의 점유를 침탈했더라도, 乙의 甲에 대한, 매매를 원인으로 하는 소유권이전등기청구권은 소멸시효가 진행하지 않는다.
> ㄹ. 만약 2014년 4월 戊가 丙의 점유를 침탈했다면, 2015년 6월 현재 丙은 戊에게 점유물 반환청구를 할 수 있다.

① ㄱ, ㄴ
② ㄱ, ㄹ
③ ㄴ, ㄷ
④ ㄷ, ㄹ
⑤ ㄱ, ㄴ, ㄷ

정답해설

ㄱ. (O)·ㄴ. (O): 매수인이 목적부동산을 인도받아 계속 점유하는 경우에는 그 소유권이전등기청구권의 소멸시효가 진행하지 않는다. 또한 부동산의 매수인이 그 부동산을 인도받은 이상 이를 사용·수익하다가 그 부동산에 대한 보다 적극적인 권리행사의 일환으로 다른 사람에게 그 부동산을 처분하고 그 점유를 승계하여 준 경우에도 그 이전등기청구권의 행사 여부에 관하여 그가 그 부동산을 스스로 계속 사용·수익만 하고 있는 경우와 특별히 다를 바 없으므로 위 두 어느 경우에나 이전등기청구권의 소멸시효는 진행되지 않는다고 보아야 한다(대판 1999.3.18, 98다32175). 따라서 ㄱ. 1990년 乙이 甲으로부터 토지를 매수하여 등기는 이전받지 아니한 채 인도받고 점유·사용하는 동안뿐만 아니라 2003년 이를 乙이 丙에게 보다 적극적인 권리행사의 일환으로 매도하여 점유를 승계한 경우도 이전등기청구권은 소멸시효가 진행하지 않는다. 또한 ㄴ. 미등기매수인 丙도 토지를 점유·사용하는 동안에는 丙의 乙에 대한, 매매를 원인으로 하는 소유권이전등기청구권은 소멸시효에 걸리지 않는다.

ㄷ. (X): 부동산의 매수인이 매매목적물을 인도받아 사용수익하고 있는 경우에는 그 매수인의 이전등기청구권은 소멸시효에 걸리지 아니하나, 매수인이 그 목적물의 점유를 상실하여 더 이상 사용수익하고 있는 상태가 아니라면 그 점유상실시점으로부터 매수인의 이전등기청구권에 관한 소멸시효는 진행한다(대판 1992.7.24, 91다40924). 만약 丁이 乙의 점유를 침탈했다면, 乙의 甲에 대한 매매를 원인으로 하는 소유권이전등기청구권은 그 점유상실시점으로부터 소멸시효는 진행한다.

ㄹ. (X): 점유를 침탈당한 자의 침탈자에 대한 점유물회수청구권의 행사기간 1년은 소멸시효기간이 아닌 제척기간이며, 출소기간이다(대판 2002.4.26, 2001다8097). 따라서 만약 2014년 4월 戊가 丙의 점유를 침탈했다면, 2015년 6월 현재 丙은 점유를 침탈당한지 1년이 지났으므로 戊에게 점유물 반환청구를 할 수 없다.

■ 법률행위로 인한 등기청구권의 소멸시효

	법적 성질	점유 계속 중	점유상실	
			적극적 권리행사	제3자의 침탈
매매에 기한 소유권이전등기청구권	채권 10년 소멸시효	소멸시효 진행 ×	진행 ×	진행 ○
점유시효취득에 기한 소유권이전등기청구권	채권 10년 소멸시효	소멸시효 진행 ×	진행 ○	진행 ○

02 甲은 그 소유 부동산을 1980.7.16. 乙에게 매도하였다. 2016.7.16. 현재 乙의 甲에 대한 부동산소유권이전등기청구권의 소멸시효가 완성된 경우를 모두 고른 것은? (다툼이 있으면 판례에 따름)
▶ 2016 주택관리사

> ㄱ. 乙이 매매와 동시에 부동산을 인도받아 현재까지 계속 점유·사용하고 있는 경우
> ㄴ. 乙이 매매와 동시에 부동산을 인도받아 사용·수익하다가 2000년 丙에 의해 그 점유를 침탈당한 뒤 현재까지 점유를 회복하지 못한 경우
> ㄷ. 乙이 매매와 동시에 부동산을 인도받아 사용·수익하다가 2005년 丁에게 전매하고 인도한 경우

① ㄴ
② ㄷ
③ ㄱ, ㄴ
④ ㄱ, ㄷ
⑤ ㄴ, ㄷ

정답해설

ㄱ. (×) : 매수인이 토지를 인도받아 사용·수익(점유)하고 있는 경우에는 소멸시효제도의 취지에 비추어 볼 때 권리 위에 잠자는 자로 볼 수 없어 소멸시효로 권리가 소멸하지 않는다(대판(전) 1976.11.6, 76다148).

ㄴ. (○) : 부동산의 매수인이 매매목적물을 인도받아 사용수익하고 있는 경우에는 그 매수인의 이전등기청구권은 소멸시효에 걸리지 아니하나, 매수인이 그 목적물의 점유를 상실하여 더 이상 사용·수익하고 있는 상태가 아니라면 그 점유상실시점으로부터 매수인의 이전등기청구권에 관한 소멸시효는 진행한다(대판 1992.7.24, 91다40924). 그러므로 乙이 매매와 동시에 부동산을 인도받아 사용·수익하다가 2000년 丙에 의해 그 점유를 침탈당한 뒤 현재까지 점유를 회복하지 못한 경우라면 점유를 침탈당한 때부터 10년의 소멸시효가 진행하므로 2016.7.16. 현재 소멸시효는 완성하였다.

ㄷ. (×) : 매수인이 부동산을 인도받아 이를 사용·수익하다가 '보다 적극적인 권리행사의 일환으로' 타인에게 그 부동산을 처분하고 점유를 승계해 준 경우에도 스스로 사용·수익하고 있는 경우와 특별히 다를 바 없으므로 이전등기청구권의 소멸시효는 진행하지 않는다(대판(전) 1999.3.18, 98다32175).

▶ 정답 01 ① 02 ①

03 **소멸시효에 관한 설명으로 옳지 않은 것은? (다툼이 있으면 판례에 따름)** ▶ 2020 감정평가사

① 인도받은 부동산을 소유권이전등기를 하지 않고 제3자에게 처분·인도한 매수인의 등기청구권은 소멸시효에 걸리지 않는다.
② 채무불이행으로 인한 손해배상청구권의 소멸시효는 손해배상을 청구한 때부터 진행한다.
③ 채권자가 보증인을 상대로 이행을 청구하는 소를 제기한 때에도 주채무의 소멸시효가 완성하면 보증인은 주채무가 시효로 소멸되었음을 주장할 수 있다.
④ 재산권이전청구권과 동시이행관계에 있는 매매대금채권의 소멸시효는 지급기일부터 진행한다.
⑤ 등기 없는 점유취득시효가 완성하였으나 등기하지 않은 토지점유자가 토지의 점유를 잃은 경우, 그로부터 10년이 지나면 등기청구권은 소멸한다.

정답해설

① 부동산의 매수인이 그 부동산을 인도받은 이상 이를 사용·수익하다가 그 부동산에 대한 보다 적극적인 권리행사의 일환으로 다른 사람에게 그 부동산을 처분하고 그 점유를 승계하여 준 경우에도 그 이전등기청구권의 행사 여부에 관하여 그가 그 부동산을 스스로 계속 사용·수익만 하고 있는 경우와 특별히 다를 바 없으므로 위 두 어느 경우에나 이전등기청구권의 소멸시효는 진행되지 않는다고 보아야 한다(대판 1999.3.18, 98다32175).
② 채무불이행으로 인한 손해배상청구권의 소멸시효는 채무불이행 시로부터 진행한다(대판 2005.1.14, 2002다57119).
③ 주채무에 대한 소멸시효가 완성되어 보증채무가 소멸된 상태에서 보증인이 보증채무를 이행하거나 승인하였다고 하더라도, 주채무자가 아닌 보증인의 위 행위에 의하여 주채무에 대한 소멸시효 이익 포기 효과가 발생된다고 할 수 없으며, 주채무의 시효소멸에도 불구하고 보증채무를 이행하겠다는 의사를 표시한 경우 등과 같이 그 부종성을 부정하여야 할 다른 특별한 사정이 없는 한 보증인은 여전히 주채무의 시효소멸을 이유로 보증채무의 소멸을 주장할 수 있다(대판 2012.7.12, 2010다51192).
④ 부동산에 대한 매매대금 채권이 소유권이전등기청구권과 동시이행의 관계에 있다고 할지라도 매도인은 매매대금의 지급기일 이후 언제라도 그 대금의 지급을 청구할 수 있는 것이며, 다만 매수인은 매도인으로부터 그 이전등기에 관한 이행의 제공을 받기까지 그 지급을 거절할 수 있는 데 지나지 아니하므로 매매대금 청구권은 그 지급기일 이후 시효의 진행에 걸린다(대판 1991.3.22, 90다9797).
⑤ 토지에 대한 취득시효 완성으로 인한 소유권이전등기청구권은 그 토지에 대한 점유가 계속되는 한 시효로 소멸하지 아니하고, 그 후 점유를 상실하였다고 하더라도 이를 시효이익의 포기로 볼 수 있는 경우가 아닌 한 이미 취득한 소유권이전등기청구권이 바로 소멸되는 것은 아니나, 취득시효가 완성된 점유자가 점유를 상실한 경우 취득시효 완성으로 인한 소유권이전등기청구권의 소멸시효는 이와 별개의 문제로서, 그 점유자가 점유를 상실한 때로부터 10년간 등기청구권을 행사하지 아니하면 소멸시효가 완성한다(대판 1996.3.8, 95다34866·34873).

■ **법률행위로 인한 등기청구권의 소멸시효**

	법적 성질	점유 계속 중	점유상실	
			적극적 권리행사	제3자의 침탈
매매에 기한 소유권이전등기청구권	채권 10년 소멸시효	소멸시효 진행 ×	진행 ×	진행 ○
점유시효취득에 기한 소유권이전등기청구권	채권 10년 소멸시효	소멸시효 진행 ×	진행 ○	진행 ○

▶ 정답 03 ②

제3절 소멸시효의 중단과 정지

기본문제편

01 소멸시효에 관한 설명으로 옳지 않은 것은? (다툼이 있으면 판례에 따름) ▶ 2016 감정평가사

① 소유권에 기한 물권적 청구권은 소멸시효의 대상이 되지 않는다.
② 공유관계가 존속하는 한 공유물분할청구권만이 독립하여 시효로 소멸될 수 없다.
③ 소멸시효를 주장하는 자가 제기한 소에 권리자가 응소하여 적극적으로 권리를 주장하고 그것이 받아들여진 경우, 응소한 때에 소멸시효가 중단된다.
④ 근저당권설정등기청구의 소제기에는 그 피담보채권이 될 채권에 대한 소멸시효 중단효력은 없다.
⑤ 소멸시효의 중단사유로서의 승인은 소멸시효의 진행이 개시된 이후에만 가능하다.

[정답해설]
① 매매계약이 합의해제된 경우에도 매수인에게 이전되었던 소유권은 당연히 매도인에게 복귀하는 것이므로 합의해제에 따른 매도인의 원상회복청구권은 소유권에 기한 물권적 청구권이라고 할 것이고 이는 소멸시효의 대상이 되지 아니한다(대판 1982.7.27, 80다2968).
② 공유물분할청구권은 공유관계에서 수반되는 형성권이므로 공유관계가 존속하는 한 그 분할청구권만이 독립하여 시효 소멸될 수 없다(대판 1981.3.24, 80다1888·1889).
③ 통상적으로는 권리자가 원고로서 시효를 주장하는 자를 피고로 하여 소송물인 권리를 소의 형식으로 주장하는 경우를 가리키지만, 이와 반대로 시효를 주장하는 자가 원고가 되어 소를 제기한 데 대하여 피고로서 응소하여 그 소송에서 적극적으로 권리를 주장하고 그것이 받아들여진 경우도 이에 포함되고, 위와 같은 응소행위로 인한 시효중단의 효력은 피고가 현실적으로 권리를 행사하여 응소한 때에 발생한다(대판 2010.8.26, 2008다42416·42423).
④ 근저당권설정 약정에 의한 근저당권설정등기청구권이 그 피담보채권이 될 채권과 별개로 소멸시효에 걸린다. 그런데, 근저당권설정등기청구의 소에는 그 피담보채권이 될 채권의 존재에 관한 주장이 당연히 포함되어 있고 이에 대해 재판상 심리된 채권에 관해서는 근저당권설정등기청구의 소의 제기에 의해 그 피담보채권의 재판상의 청구에 준하는 것으로 볼 수 있으므로, 피담보채권도 소멸시효 중단의 효력을 생기게 한다(대판 2004.2.13, 2002다7213).
⑤ 소멸시효의 중단사유로서의 승인은 시효이익을 받을 당사자인 채무자가 그 권리의 존재를 인식하고 있다는 뜻을 표시함으로써 성립하는 것이므로 이는 소멸시효의 진행이 개시된 이후에만 가능하고 그 이전에 승인을 하더라도 시효가 중단되지는 않는다고 할 것이고, 또한 현존하지 아니하는 장래의 채권을 미리 승인하는 것은 채무자가 그 권리의 존재를 인식하고서 한 것이라고 볼 수 없어 허용되지 않는다고 할 것이다(대판 2001.11.9, 2001다52568).

▶ 정답 01 ④

02 소멸시효의 중단에 관한 설명으로 옳지 않은 것은? (다툼이 있으면 판례에 따름)

▶ 2024 감정평가사

① 응소행위로 인한 시효중단의 효력은 원고가 소를 제기한 때에 발생한다.
② 물상보증인이 제기한 저당권설정등기 말소등기청구의 소에 응소한 채권자 겸 저당권자의 행위는 시효중단사유가 아니다.
③ 재판상의 청구로 중단된 시효는 재판이 확정된 때부터 새로이 진행한다.
④ 가압류에 의한 시효중단의 효력은 가압류신청을 한 때에 소급한다.
⑤ 채권의 양수인이 채권양도의 대항요건을 갖추지 못한 상태에서 채무자를 상대로 재판상의 청구를 하는 것은 소멸시효 중단사유에 해당한다.

정답해설

① 시효중단사유의 하나로 규정하고 있는 재판상의 청구라 함은 통상적으로는 권리자가 원고로서 시효를 주장하는 자를 피고로 하여 소송물인 권리를 소의 형식으로 주장하는 경우를 가리키지만, 이와 반대로 시효를 주장하는 자가 원고가 되어 소를 제기한 데 대하여 피고로서 응소하여 그 소송에서 적극적으로 권리를 주장하고 그것이 받아들여진 경우도 마찬가지로 이에 포함되는 것으로 해석함이 타당하고 또한 <u>응소행위로 인한 시효중단의 효력은 피고가 현실적으로 권리를 행사하여 응소한 때에 발생한다</u>(대판 2005.12.23, 2005다59383·59390).
② 물상보증인이 그 피담보채무의 부존재 또는 소멸을 이유로 제기한 저당권설정등기 말소등기절차이행청구소송에서 채권자 겸 저당권자가 청구기각의 판결을 구하고 피담보채권의 존재를 주장하였다고 하더라도 이로써 직접 채무자에 대하여 재판상 청구를 한 것으로 볼 수는 없는 것이므로 피담보채권의 소멸시효에 관하여 규정한 민법 제168조 제1호 소정의 '청구'에 해당하지 아니한다(대판 2004.1.16, 2003다30890).
③ **제178조【중단 후의 시효진행】** ② 재판상의 청구로 인하여 중단된 시효는 전항의 규정에 의하여 재판이 확정된 때로부터 새로이 진행한다.
④ 가압류를 시효중단사유로 규정한 이유는 가압류에 의하여 채권자가 권리를 행사하였다고 할 수 있기 때문이다. 가압류채권자의 권리행사는 가압류를 신청한 때에 시작되므로, 이 점에서도 <u>가압류에 의한 시효중단의 효력은 가압류신청을 한 때에 소급한다</u>(대판 2017.4.7, 2016다35451).
⑤ 민사소송법 제265조에 의하면 시효중단사유 중 하나인 '재판상의 청구'(민법 제168조 제1호, 제170조)는 소를 제기한 때 시효중단의 효력이 발생한다. 그런데 채권양도로 채권은 그 동일성을 잃지 않고 양도인으로부터 양수인에게 이전되며 이러한 법리는 채권양도의 대항요건을 갖추지 못하였다고 하더라도 마찬가지인 점, 민법 제149조의 "조건의 성취가 미정한 권리의무는 일반규정에 의하여 처분, 상속, 보존 또는 담보로 할 수 있다."라는 규정은 대항요건을 갖추지 못하여 채무자에게 대항하지 못하더라도 채권양도로 채권을 이전받은 양수인의 경우에도 그대로 준용될 수 있는 점, 채무자를 상대로 재판상 청구를 한 채권 양수인을 '권리 위에 잠자는 자'라고 할 수 없는 점 등에 비추어 보면, 비록 대항요건을 갖추지 못하여 채무자에게 대항하지 못한다고 하더라도 <u>채권의 양수인이 채무자를 상대로 재판상 청구를 하였다면 이는 소멸시효 중단사유인 재판상 청구에 해당한다고 보아야 한다</u>(대판 2018.6.15, 2018다10920).

03 소멸시효의 중단에 관한 설명으로 옳지 않은 것은? (다툼이 있으면 판례에 의함)
▶ 2013 감정평가사

① 시효기간만료 전에 응소함으로써 시효가 중단되는 경우 소멸시효기간이 만료된 후라도 사실심 변론 종결 전에는 언제든지 시효중단을 주장할 수 있다.
② 시효중단의 효력은 당사자 및 그 승계인 사이에서만 효력이 있다.
③ 시효중단의 효력 있는 승인에는 상대방의 권리에 관한 처분의 능력이나 권한 있음을 요한다.
④ 사망한 사람을 피신청인으로 한 가압류결정은 상속인에 대하여 시효중단의 효력이 없다.
⑤ 가처분은 시효의 이익을 받은 자에 대하여 하지 아니한 때에는 이를 그에게 통지한 후가 아니면 시효중단의 효력이 없다.

정답해설

① 변론주의 원칙상 피고가 응소행위를 하였다고 하여 바로 시효중단의 효과가 발생하는 것은 아니고 시효중단의 주장을 하여야 그 효력이 생기는 것이지만, 시효중단의 주장은 반드시 응소 시에 할 필요는 없고 소멸시효기간이 만료된 후라도 사실심 변론종결 전에는 언제든지 할 수 있다(대판 2010.8.26, 2008다42416·42423).
② 제169조【시효중단의 효력】시효의 중단은 당사자 및 그 승계인 간에만 효력이 있다.
③ 시효중단의 효력 있는 승인에는 상대방의 권리에 관한 처분의 능력이나 권한 있음을 요하지 아니한다. 다만 관리권한은 있어야 한다(제177조).

> 비교 시효이익의 포기의 승인 : 처분능력 있음을 요한다.

```
제177조【승인과 시효중단】
시효중단의 효력 있는 승인에는 상대방의 권리에 관한 처분의 능력이나 권한 있음을 요하지 아니한다.
```

④ 사망한 사람을 피신청인으로 한 가압류신청은 부적법하고 그 신청에 따른 가압류결정이 내려졌다고 하여도 그 결정은 당연 무효로서 그 효력이 상속인에게 미치지 않으며, 이러한 당연 무효의 가압류는 민법 제168조 제1호에 정한 소멸시효의 중단사유에 해당하지 않는다(대판 2006.8.24, 2004다26287).
⑤ 제176조【압류, 가압류, 가처분과 시효중단】압류, 가압류 및 가처분은 시효의 이익을 받을 자에 대하여 하지 아니한 때에는 이를 그에게 통지한 후가 아니면 시효중단의 효력이 없다.

▶ 정답   02 ①   03 ③

04 소멸시효의 중단과 정지에 관한 설명으로 옳지 않은 것은? (다툼이 있으면 판례에 의함)

▶ 2014 감정평가사

① 승인은 시효의 진행이 개시된 후에만 할 수 있고, 그 전에 승인하더라도 시효가 중단되지 않는다.
② 여러 차례의 최고가 있은 후, 재판상 청구가 있더라도 그 시효중단의 효력은 항상 최초의 최고를 한 때에 발생한다.
③ 가압류에 의한 시효중단의 효력은 가압류의 집행보전의 효력이 존속하는 동안 계속된다.
④ 재판상의 청구로 중단된 시효는 재판이 확정된 때로부터 새로이 진행한다.
⑤ 천재 기타 사변으로 인하여 시효를 중단할 수 없을 때에는, 그 사유가 종료한 때로부터 1개월 내에는 시효가 완성하지 않는다.

[정답해설]
① 소멸시효의 중단사유로서의 승인은 시효이익을 받을 당사자인 채무자가 그 권리의 존재를 인식하고 있다는 뜻을 표시함으로써 성립하는 것이므로 이는 소멸시효의 진행이 개시된 이후에만 가능하고 그 이전에 승인을 하더라도 시효가 중단되지는 않는다고 할 것이고, 또한 현존하지 아니하는 장래의 채권을 미리 승인하는 것은 채무자가 그 권리의 존재를 인식하고서 한 것이라고 볼 수 없어 허용되지 않는다고 할 것이다(대판 2001.11.9, 2001다52568).
② 최고를 여러 번 거듭하다가 재판상 청구 등을 한 경우에 시효중단의 효력은 항상 최초의 최고 시에 발생하는 것이 아니라 재판상 청구 등을 한 시점을 기준으로 하여 이로부터 소급하여 6월 이내에 한 최고 시에 발생한다(대판 1983.7.12, 83다카437).
③ 가압류에 의한 소멸시효중단의 효력은 가압류의 집행보전의 효력이 존속하는 동안 계속된다(대판 2006.7.4, 2006다32781).
④ 제178조【중단 후의 시효진행】② 재판상의 청구로 인하여 중단된 시효는 전항의 규정에 의하여 재판이 확정된 때로부터 새로이 진행한다.
⑤ 제182조【천재 기타 사변과 시효정지】천재 기타 사변으로 인하여 소멸시효를 중단할 수 없을 때에는 그 사유가 종료한 때로부터 1월내에는 시효가 완성하지 아니한다.

05 소멸시효의 중단에 관한 설명으로 옳지 않은 것은? (다툼이 있으면 판례에 의함)
▶ 2025 감정평가사

① 시효중단의 효력이 미치는 당사자란 중단행위에 관여한 당사자를 말한다.
② 원인채권의 지급을 확보하기 위한 방법으로 어음이 수수된 경우 원인채권에 기하여 청구한 것만으로는 어음채권의 소멸시효를 중단시키지 못한다.
③ 가압류의 피보전채권에 관하여 본안의 승소판결이 확정되었다면 가압류에 의한 시효중단의 효력은 재판상 청구에 흡수되어 소멸된다.
④ 요역지가 수인의 공유인 경우에 그 1인에 의한 지역권 소멸시효의 중단은 다른 공유자를 위하여 효력이 있다.
⑤ 소멸시효의 중단사유로서의 승인은 소멸시효의 진행이 개시된 이후에만 가능하다.

[정답해설]
① 민법 제169조는 시효중단의 효력이 당사자 및 그 승계인 간에 미친다고 규정하고 있다. 여기서 당사자라 함은 중단행위에 관여한 당사자를 가리키고 시효의 대상인 권리 또는 청구권의 당사자는 아니며, 승계인이라 함은 시효중단에 관여한 당사자로부터 중단의 효과를 받는 권리 또는 의무를 그 중단 효과 발생 이후에 승계한 자를 뜻하고 포괄승계인은 물론 특정승계인도 이에 포함된다(대판원 2015.5.28, 2014다81474).
② 원인채권의 지급을 확보하기 위한 방법으로 어음이 수수된 경우에 원인채권과 어음채권은 별개로서 채권자는 그 선택에 따라 권리를 행사할 수 있고, 원인채권에 기하여 청구를 한 것만으로는 어음채권 그 자체를 행사한 것으로 볼 수 없어 어음채권의 소멸시효를 중단시키지 못한다(대판 1999.6.11, 99다16378).
③ 민법 제168조에서 가압류와 재판상의 청구를 별도의 시효중단사유로 규정하고 있는데 비추어 보면, 가압류의 피보전채권에 관하여 본안의 승소판결이 확정되었다고 하더라도 가압류에 의한 시효중단의 효력이 이에 흡수되어 소멸된다고 할 수 없다(대판 2000.4.25, 2000다11102). 가압류에 의한 소멸시효중단의 효력은 가압류의 집행보전의 효력이 존속하는 동안 계속된다(대판 2006.7.4, 2006다32781).
④ 제296조【소멸시효의 중단, 정지와 불가분성】요역지가 수인의 공유인 경우에 그 1인에 의한 지역권 소멸시효의 중단 또는 정지는 다른 공유자를 위하여 효력이 있다.
⑤ 소멸시효의 중단사유로서의 승인은 시효이익을 받을 당사자인 채무자가 그 권리의 존재를 인식하고 있다는 뜻을 표시함으로써 성립하는 것이므로 이는 소멸시효의 진행이 개시된 이후에만 가능하고 그 이전에 승인을 하더라도 시효가 중단되지는 않는다고 할 것이고, 또한 현존하지 아니하는 장래의 채권을 미리 승인하는 것은 채무자가 그 권리의 존재를 인식하고서 한 것이라고 볼 수 없어 허용되지 않는다고 할 것이다(대판 2001.11.9, 2001다52568).

▶ 정답 04 ② 05 ③

06 소멸시효의 중단과 정지에 관한 설명으로 옳지 않은 것은? ▶ 2022 감정평가사

① 시효의 중단은 원칙적으로 당사자 및 그 승계인 간에만 효력이 있다.
② 파산절차참가는 채권자가 이를 취소하거나 그 청구가 각하된 때에는 시효중단의 효력이 없다.
③ 부재자재산관리인은 법원의 허가 없이 부재자를 대리하여 상대방의 채권의 소멸시효를 중단시키는 채무의 승인을 할 수 없다.
④ 천재 기타 사변으로 인하여 소멸시효를 중단할 수 없을 때에는 그 사유가 종료한 때로부터 1월 내에는 시효가 완성하지 아니한다.
⑤ 부부 중 한쪽이 다른 쪽에 대하여 가지는 권리는 혼인관계가 종료된 때부터 6개월 내에는 소멸시효가 완성되지 아니한다.

> **정답해설**

① 제169조【시효중단의 효력】시효의 중단은 당사자 및 그 승계인 간에만 효력이 있다.
② 제171조【파산절차참가와 시효중단】파산절차 참가는 채권자가 이를 취소하거나 그 청구가 각하된 때에는 시효중단의 효력이 없다.
③ 시효중단사유로서의 승인에는 상대방의 권리에 관한 **처분의 능력이나 권한 있음을 요하지 아니하나**(제177조), 처분권이 없는 자라도 관리권은 있어야 승인할 수 있다.
부재자의 재산관리인의 경우 법원의 허가 없이도 관리행위는 할 수 있으므로 부재자를 대리하여 상대방의 채권의 소멸시효를 중단시키는 채무의 승인을 할 수 있다.

> **제177조【승인과 시효중단】**
> 시효중단의 효력 있는 승인에는 상대방의 권리에 관한 처분의 능력이나 권한 있음을 요하지 아니한다.

④ 제182조【천재 기타 사변과 시효정지】천재 기타 사변으로 인하여 소멸시효를 중단할 수 없을 때에는 그 사유가 종료한 때부터 1개월 내에는 시효가 완성하지 아니한다.
⑤ 제180조【재산관리자에 대한 제한능력자의 권리, 부부 사이의 권리와 시효정지】② 부부 중 한쪽이 다른 쪽에 대하여 가지는 권리는 혼인관계가 종료된 때부터 6개월 내에는 소멸시효가 완성되지 아니한다.

07 소멸시효 중단에 관한 설명으로 옳은 것을 모두 고른 것은? (다툼이 있으면 판례에 따름)

▶ 2015 감정평가사

ㄱ. 채무자가 제기한 채무부존재확인소송에서 채권자가 피고로서 응소하여 적극적으로 권리를 주장하고 그것이 법원에 의해 받아들여진 경우, 채권의 소멸시효가 중단된다.
ㄴ. 비법인사단의 대표자가 총회결의에 따라 총유물을 매도하여 소유권이전등기를 해주기 위해 매수인과 함께 법무사 사무실을 방문한 행위는, 소유권이전등기청구권의 소멸시효 중단의 효력이 있는 승인에 해당한다.
ㄷ. 재판상 청구로 인하여 중단된 시효는 재판이 시작된 때부터 새로 진행된다.

① ㄱ   ② ㄴ
③ ㄱ, ㄴ   ④ ㄱ, ㄷ
⑤ ㄴ, ㄷ

정답해설
[ㄱ, ㄴ]이 타당하다.
ㄱ. (O) : 채무자가 제기한 채무부존재확인소송에서 채권자가 피고로서 응소하여 적극적으로 권리를 주장하고 그것이 법원에 의해 받아들여진 경우, 채권의 소멸시효가 중단된다(대판(전) 1993.12.21, 92다47861 등).
ㄴ. (O) : 비법인사단의 대표자가 총회결의에 따라 총유물을 매도하여 소유권이전등기를 해주기 위해 매수인과 함께 법무사 사무실을 방문한 행위는, 소유권이전등기청구권의 소멸시효 중단의 효력이 있는 승인에 해당한다(대판 2009.11.26, 2009다64383).
ㄷ. (×) : 제178조 【중단 후의 시효진행】 ② 재판상의 청구로 인하여 중단된 시효는 전항의 규정에 의하여 재판이 확정된 때로부터 새로이 진행한다.

▶ 정답   06 ③   07 ③

08 소멸시효 중단사유로서의 '승인'에 관한 설명으로 옳지 않은 것은? (다툼이 있는 경우에는 판례에 의함)
▶ 2013 변리사

① 승인은 소멸시효의 진행이 개시된 이후에만 가능하고 그 이전에 승인을 하더라도 시효가 중단되지 않는다.
② 승인으로 인한 시효중단의 효력은 그 승인의 통지가 상대방에게 도달한 때에 발생한다.
③ 승인을 함에는 상대방의 권리에 관한 처분의 능력이나 권한이 있음을 요하지 않는다.
④ 현존하지 않는 장래의 채권을 미리 승인하는 것도 사적 자치의 원칙상 허용된다.
⑤ 채무자의 승인이 있었다는 사실은 이를 주장하는 채권자 측에서 입증하여야 한다.

[정답해설]

①, ④ 소멸시효의 중단사유로서의 승인은 시효이익을 받을 당사자인 채무자가 그 권리의 존재를 인식하고 있다는 뜻을 표시함으로써 성립하는 것이므로 이는 소멸시효의 진행이 개시된 이후에만 가능하고 그 이전에 승인을 하더라도 시효가 중단되지는 않는다고 할 것이고, 또한 현존하지 아니하는 장래의 채권을 미리 승인하는 것은 채무자가 그 권리의 존재를 인식하고서 한 것이라고 볼 수 없어 허용되지 않는다고 할 것이다(대판 2001.11.9, 2001다52568).

② 채권의 시효중단사유로서의 '승인'은 시효이익을 받을 당사자인 채무자가 그 시효의 완성으로 권리를 상실하게 될 자 또는 그 대리인에 대하여 그 권리가 존재함을 인식하고 있다는 뜻을 표시함으로써 성립한다고 할 것이며, 이때 그 표시의 방법은 아무런 형식을 요구하지 아니하고, 또한 명시적이건 묵시적이건 불문한다 할 것이나, 승인으로 인한 시효중단의 효력은 그 승인의 통지가 상대방에게 도달하는 때에 발생한다(대판 1995.9.29, 95다30178 등).

③ 제177조【승인과 시효중단】시효중단의 효력 있는 승인에는 상대방의 권리에 관한 처분의 능력이나 권한 있음을 요하지 아니한다.

⑤ 소멸시효의 중단사유로서 채무자에 의한 채무승인이 있었다는 사실은 이를 주장하는 채권자 측에서 입증하여야 하는 것이다(대판 2005.2.17, 2004다59959).

09 소멸시효의 중단 또는 정지에 관한 설명으로 옳지 않은 것은? (다툼이 있으면 판례에 따름)
▶ 2015 행정사

① 재판상의 청구는 그 소송이 취하된 경우에는 그로부터 6개월 내에 다시 재판상의 청구 등을 하지 않는 한 소멸시효 중단의 효력이 없다.
② 당연 무효의 가압류·가처분은 소멸시효의 중단사유에 해당하지 않는다.
③ 부부 중 한쪽이 다른 쪽에 대하여 갖는 권리는 혼인관계가 종료된 때부터 6개월 내에는 소멸시효가 완성되지 않는다.
④ 승인은 소멸시효의 진행이 개시된 이후에만 가능하고, 그 이전에는 승인을 하더라도 시효가 중단되지 않는다.
⑤ 시효중단의 효력 있는 승인에는 상대방의 권리에 관한 처분의 능력이나 권한이 있을 것을 요한다.

[정답해설]
① 제170조 【재판상의 청구와 시효중단】 ① 재판상의 청구는 소송의 각하, 기각 또는 취하의 경우에는 시효중단의 효력이 없다. ② 전항의 경우에 6개월 내에 재판상의 청구, 파산절차 참가, 압류 또는 가압류, 가처분을 한 때에는 시효는 최초의 재판상 청구로 인하여 중단된 것으로 본다.
② 사망한 사람을 피신청인으로 한 가압류신청은 부적법하고 그 신청에 따른 가압류결정이 내려졌다고 하여도 그 결정은 당연 무효로서 그 효력이 상속인에게 미치지 않으며, 이러한 당연 무효의 가압류는 민법 제168조 제1호에 정한 소멸시효의 중단사유에 해당하지 않는다(대판 2006.8.24, 2004다26287).
③ 제180조 【재산관리자에 대한 제한능력자의 권리, 부부 사이의 권리와 시효정지】 ② 부부 중 한쪽이 다른 쪽에 대하여 가지는 권리는 혼인관계가 종료된 때부터 6개월 내에는 소멸시효가 완성되지 아니한다.
④ 소멸시효의 중단사유로서의 승인은 시효이익을 받을 당사자인 채무자가 그 권리의 존재를 인식하고 있다는 뜻을 표시함으로써 성립하는 것이므로 이는 소멸시효의 진행이 개시된 이후에만 가능하고 그 이전에 승인을 하더라도 시효가 중단되지는 않는다고 할 것이고, 또한 현존하지 아니하는 장래의 채권을 미리 승인하는 것은 채무자가 그 권리의 존재를 인식하고서 한 것이라고 볼 수 없어 허용되지 않는다고 할 것이다(대판 2001.11.9, 2001다52568).
⑤ 제177조 【승인과 시효중단】 시효중단의 효력 있는 승인에는 상대방의 권리에 관한 처분의 능력이나 권한 있음을 요하지 아니한다.

▶ 정답 08 ④ 09 ⑤

심화문제편

01 甲은 乙에게 1,000만원을 대여하고 매월 10만원의 이자를 받기로 하였다. 이에 관한 설명으로 옳지 않은 것은? (다툼이 있으면 판례에 따름) ▶ 2017 세무사

① 원금 1,000만원의 소멸시효기간은 10년이다.
② 이자의 소멸시효기간은 1년이다.
③ 乙이 원금의 반환을 이행지체하는 경우, 지연손해금의 소멸시효기간은 10년이다.
④ 甲이 乙에 대하여 압류 또는 가압류를 한 경우에는 소멸시효의 진행이 중단된다.
⑤ 甲이 乙의 파산절차에 참가한 경우에는 소멸시효의 진행이 중단된다.

정답해설

① 대여금채권이므로 10년의 소멸시효에 걸린다.

> **제162조【채권, 재산권의 소멸시효】**
> ① 채권은 10년간 행사하지 아니하면 소멸시효가 완성한다.

② 민법 제163조 제1호에서 3년의 단기소멸시효에 걸리는 것으로 규정한 '1년 이내의 기간으로 정한 채권'이란 1년 이내의 정기로 지급되는 채권을 말하는 것으로서(대판 1996.9.20, 96다25302 참조) 1개월 단위로 지급되는 이자채권도 이에 해당하므로, 매월 지급되는 이자채권은 3년의 소멸시효기간이 적용된다.

> **제163조【3년의 단기소멸시효】**
> 다음 각 호의 채권은 3년간 행사하지 아니하면 소멸시효가 완성한다.
> 1. 이자, 부양료, 급료, 사용료 기타 1년 이내의 기간으로 정한 금전 또는 물건의 지급을 목적으로 한 채권

③ 변제기 이후에 지급하는 지연이자는 금전채무의 이행을 지체함으로 인한 손해배상금이지 이자가 아니고 또 민법 제163조 제1호 소정의 1년 이내의 기간으로 정한 채권도 아니므로 단기소멸시효의 대상이 되는 것도 아니다(대판 1989.2.28, 88다카214). 금전채무에 대한 변제기 이후의 지연손해금은 금전채무의 이행을 지체함으로 인한 손해의 배상으로 지급되는 것이므로, 그 소멸시효기간은 원본채권의 그것과 같다(대판 2010.9.9, 2010다28031).

④ **제168조【소멸시효의 중단사유】** 소멸시효는 다음 각 호의 사유로 인하여 중단된다.

> 1. 청구
> 2. 압류 또는 가압류, 가처분
> 3. 승인

⑤ **제171조【파산절차참가와 시효중단】** 파산절차참가는 채권자가 이를 취소하거나 그 청구가 각하된 때에는 시효중단의 효력이 없다.

02 甲은 2007.5.1. 친구 乙에게 아파트 전세자금에 사용하도록 1억원을 변제기 2007.12.31.로 정하여 빌려 주었다. 그런데 2017.5.1.이 되도록 乙은 甲에게 변제를 하지 않고 있다. 이에 관한 설명으로 옳은 것은? (다툼이 있으면 판례에 따름) ▶ 2017 주택관리사

① 甲의 대여금채권은 이미 시효로 소멸하였다.
② 甲이 2017.5.31. 乙에게 내용증명우편으로 이행을 청구하였다면 2027.5.31.까지 시효중단의 효력이 발생한다.
③ 乙이 2017.5.31. 채무를 승인하였다면 甲의 대여금채권은 2017.12.31.에 시효로 소멸한다.
④ 甲이 2017.5.31. 乙을 상대로 대여금채권 1억원의 지급을 구하는 소를 제기하여 2017.12.1. 승소판결이 확정된다면 그 확정된 때로부터 새로 10년의 시효가 진행된다.
⑤ 甲이 대여금채권의 보전을 위해 乙의 재산에 대해 가압류결정을 받아 2017.5.31. 가압류집행을 하였더라도 시효중단의 효력은 없다.

[정답해설]

① 대여금채권은 10년의 소멸시효에 걸린다(제162조 제1항). 변제기가 2007.12.31.이므로, 2008.1.1.을 기산일로 하여 10년의 소멸시효가 진행하여 2017.12.31.로 만료된다. 따라서 현재 2017.5.1.이므로 아직 시효로 소멸하지는 않았다.
② 최고는 채무자에 대하여 채무이행을 청구하는 의사의 통지이다. 이러한 최고는 다른 중단사유와는 달리 잠정적인 시효중단사유로서 그 자체로는 완전한 시효중단의 효력이 없으며, 최고 후 6개월 내에 재판상 청구 등 적극적인 방법을 취하지 않았다면 시효중단의 효력이 없다.

> 제174조 【최고와 시효중단】
> 최고는 6월 내에 재판상의 청구, 파산절차참가, 화해를 위한 소환, 임의출석, 압류 또는 가압류, 가처분을 하지 아니하면 시효중단의 효력이 없다.

③ 2017.5.31. 채무를 승인하였으므로 시효완성 전이다. 이때 승인은 시효중단으로서의 의미가 있다. 시효가 중단되면 그때까지 경과한 시효기간은 그 효력을 잃어 산입하지 않고(제178조) 새로운 시효기간이 진행하는데 승인으로 중단된 때에는 승인이 상대방에게 도달한 때로부터 진행한다.

> 제168조 【소멸시효의 중단사유】
> 소멸시효는 다음 각 호의 사유로 인하여 중단된다.
> 1. 청구
> 2. 압류 또는 가압류, 가처분
> 3. 승인
>
> 제178조 【중단 후에 시효진행】
> ① 시효가 중단된 때에는 중단까지에 경과한 시효기간은 이를 산입하지 아니하고 중단사유가 종료한 때로부터 새로이 진행한다.

④ 재판상의 청구가 시효중단의 효력을 발생하는 시기는 '소를 제기한 때'이다. 피고에게 소장부본이 송달되었는지는 무관하다. 시효가 중단된 후에는 중단사유가 종료된 때부터 다시 새로운 시효기간이 진행하는데, 재판상 청구로 중단된 때에는 재판이 확정된 때로부터(제178조 제2항) 진행한다.

> 제178조 【중단 후에 시효진행】
> ② 재판상의 청구로 인하여 중단된 시효는 전항의 규정에 의하여 재판이 확정된 때로부터 새로이 진행한다.

▶ 정답 01 ② 02 ④

⑤ 민법 제168조에서 가압류를 시효중단사유로 정하고 있는 것은 가압류에 의하여 채권자가 권리를 행사하였다고 할 수 있기 때문인데 가압류에 의한 집행보전의 효력이 존속하는 동안은 가압류채권자에 의한 권리행사가 계속되고 있다고 보아야 할 것이므로 가압류에 의한 시효중단의 효력은 가압류의 집행보전의 효력이 존속하는 동안은 계속된다고 하여야 할 것이다(대판 2000.4.25, 2000다11102).

03 甲의 乙에 대한 채권을 담보하기 위해 丙이 자신의 부동산에 저당권을 설정해 준 경우, 甲의 乙에 대한 채권의 소멸시효 중단사유가 아닌 것은? (다툼이 있으면 판례에 따름) ▶ 2017 감정평가사

① 丙의 저당권말소등기청구의 소에 대한 甲의 응소
② 甲의 乙에 대한 채권에 기한 지급명령 신청
③ 乙의 재산에 대한 甲의 가압류 신청
④ 乙이 변제기 도래 후에 한 채무의 승인
⑤ 乙의 파산절차에 대한 甲의 참가

정답해설

① 물상보증인이 그 피담보채무의 부존재 또는 소멸을 이유로 제기한 저당권설정등기 말소등기절차이행청구소송에서 채권자 겸 저당권자가 청구기각의 판결을 구하고 피담보채권의 존재를 주장하였다고 하더라도 이로써 직접 채무자에 대하여 재판상 청구를 한 것으로 볼 수는 없는 것이므로 피담보채권의 소멸시효에 관하여 규정한 민법 제168조 제1호 소정의 '청구'에 해당하지 아니한다(대판 2004.1.16, 2003다30890). 丙은 채무자 乙을 위한 물상보증인이므로, 물상보증인 丙에 대한 채권자 甲의 응소는 소멸시효 중단의 청구에 해당하지 않는다.

> **비교** 재판상의 청구라 함은 통상적으로는 권리자가 원고로서 시효를 주장하는 자를 피고로 하여 실체법상의 권리관계를 소송물로 하여 소의 형식으로 주장하는 경우를 가리키지만, 이와 반대로 시효를 주장하는 자가 원고가 되어 소를 제기한 데 대하여 피고로서 응소하여 그 소송에서 적극적으로 권리를 주장하고 그것이 받아들여진 경우도 이에 포함된다(대판(전) 1993.12.21, 92다47861).

② 지급명령이란 금전 그 밖에 대체물이나 유가증권의 일정한 수량의 지급을 목적으로 하는 청구에 대하여 법원이 보통의 소송절차에 의함이 없이 채권자의 신청에 의하여 간이, 신속하게 발하는 이행에 관한 명령으로 지급명령에 관한 절차는 종국판결을 받기 위한 소의 제기는 아니지만, 채권자로 하여금 간이, 신속하게 집행권원을 취득하도록 하기 위하여 이행의 소를 대신하여 법이 마련한 특별소송절차로 볼 수 있다. 따라서 민법 제170조 제1항에 규정하고 있는 '재판상의 청구'란 종국판결을 받기 위한 '소의 제기'에 한정되지 않고, 권리자가 이행의 소를 대신하여 재판기관의 공권적인 법률판단을 구하는 지급명령 신청도 포함된다고 보는 것이 타당하다(대판 2011.11.10, 2011다54686).

> **제172조【지급명령과 시효중단】**
> 지급명령은 채권자가 법정기간 내에 가집행신청을 하지 아니함으로 인하여 그 효력을 잃은 때에는 시효중단의 효력이 없다.

③ 가압류를 시효중단사유로 규정한 이유는 가압류에 의하여 채권자가 권리를 행사하였다고 할 수 있기 때문이다. 가압류채권자의 권리행사는 가압류를 신청한 때에 시작되므로, 이 점에서도 가압류에 의한 시효중단의 효력은 가압류신청을 한 때에 소급한다(대판 2017.4.7, 2016다35451).

④ 소멸시효의 중단사유로서의 승인은 시효이익을 받을 당사자인 채무자가 그 권리의 존재를 인식하고 있다는 뜻을 표시함으로써 성립하는 것이므로 이는 소멸시효의 진행이 개시된 이후에만 가능하고 그 이전에 승인을 하더라도 시효가 중단되지는 않는다고 할 것이고, 또한 현존하지 아니하는 장래의 채권을 미리 승인하는

것은 채무자가 그 권리의 존재를 인식하고서 한 것이라고 볼 수 없어 허용되지 않는다고 할 것이다(대판 2001.11.9, 2001다52568).
⑤ 제171조【파산절차참가와 시효중단】 파산절차참가는 채권자가 이를 취소하거나 그 청구가 각하된 때에는 시효중단의 효력이 없다.

04

성형외과 의사 甲은 乙에게 성형수술을 해 주는 대가로 1,000만원을 받기로 하고 성형수술을 성공적으로 완료하였으나, 乙이 약속한 날짜에 의료비를 지급하지 않자 甲은 乙을 상대로 1,000만원의 지급을 청구하는 소를 제기하였다. 다음 설명 중 옳지 않은 것은? (다툼이 있는 경우에는 판례에 의함)

① 甲의 고소로 乙이 검찰청에서 작성한 피의자신문조서에 채무의 일부를 승인하는 의사를 표시한 경우에는 소멸시효가 중단된다.
② 乙에 대한 甲의 의료비채권은 甲의 청구가 인용된 재판이 확정된 때로부터 10년의 소멸시효에 걸린다.
③ 甲의 의료비채권은 소를 제기한 때부터 시효중단의 효력이 생긴다.
④ 甲이 乙에게 소제기 5개월 전에 채무 전액의 이행을 최고하였다면 시효중단의 효력은 최고 시에 발생한다.
⑤ 甲이 의료비채권을 보전하기 위하여 소제기 1개월 전에 乙소유의 가옥을 가압류하였다면, 시효중단의 효력은 가압류의 집행보전의 효력이 존속하는 동안 계속된다.

정답해설

① 검사작성의 피의자신문조서는 검사가 피의자를 신문하여 그 진술을 기재한 조서로서 그 작성형식은 원칙적으로 검사의 신문에 대하여 피의자가 응답하는 형태를 취하여 피의자의 진술은 어디까지나 검사를 상대로 이루어지는 것이어서 그 진술기재 가운데 채무의 일부를 승인하는 의사가 표시되어 있다고 하더라도, 그 기재부분만으로 곧바로 소멸시효중단사유로서 승인의 의사표시가 있는 것으로는 볼 수 없다(대판 1999.3.12, 98다18124).
② 의사의 치료에 관한 채권은 3년간 행사하지 아니하면 소멸시효가 완성한다(제163조 제2호). 그런데 민법 제165조가 판결에 의하여 확정된 채권, 판결과 동일한 효력이 있는 것에 의하여 확정된 채권은 단기의 소멸시효에 해당한 것이라도 그 소멸시효는 10년으로 한다.
③ 시효중단의 효력은 소를 제기한 때부터 발생한다(민사소송법 제265조).
④ 최고를 여러 번 거듭하다가 재판상 청구 등을 한 경우에 있어서의 시효중단의 효력은 항상 최초의 최고 시에 발생하는 것이 아니라 재판상 청구 등을 한 시점을 기준으로 하여 이로부터 소급하여 6월 이내에 한 최고 시에 발생한다(대판 1987.12.22, 87다카2337). 따라서 소제기 5개월 전에 채무 전액의 이행을 최고하였다면 시효중단의 효력은 6월 이내의 최고 시에 발생한다.
⑤ 민법 제168조에서 가압류를 시효중단사유로 정하고 있는 것은 가압류에 의하여 채권자가 권리를 행사하였다고 할 수 있기 때문인데 가압류에 의한 집행보전의 효력이 존속하는 동안은 가압류채권자에 의한 권리행사가 계속되고 있다고 보아야 할 것이므로 가압류에 의한 시효중단의 효력은 가압류의 집행보전의 효력이 존속하는 동안은 계속된다고 하여야 할 것이다(대판 2000.4.25, 2000다11102).

▶ 정답 03 ① 04 ①

제4절 소멸시효 완성의 효력

기본문제편

01 소멸시효에 관한 설명으로 옳지 않은 것은? (다툼이 있으면 판례에 따름)　▶ 2021 행정사

① 시효기간 만료로 인한 권리의 소멸은 시효의 이익을 받은 자가 시효완성의 항변을 하지 않으면 그 의사에 반하여 재판할 수 없다.
② 시효를 원용할 수 있는 사람은 권리의 소멸에 의하여 직접 이익을 받는 사람에 한정된다.
③ 시효가 완성된 채권의 시효이익을 채무자가 포기하면 포기한 때로부터 그 채권의 시효가 새로 진행한다.
④ 시효는 법률행위에 의하여 이를 배제하거나 경감할 수 없다.
⑤ 시효는 그 기산일에 소급하여 효력이 생긴다.

정답해설

① 소멸시효기간 만료에 인한 권리소멸에 관한 것은 소멸시효의 이익을 받은 자가 소멸시효완성의 항변을 하지 않으면, 그 의사에 반하여 재판할 수 없다(대판 1980.1.29, 79다1863).
② **소멸시효를 원용할 수 있는 사람은 권리의 소멸에 의하여 직접 이익을 받는 사람에 한정되는바**, 채권담보의 목적으로 매매예약의 형식을 빌어 소유권이전청구권 보전을 위한 가등기가 경료된 부동산을 양수하여 소유권이전등기를 마친 제3자는 당해 가등기담보권의 피담보채권의 소멸에 의하여 직접 이익을 받는 자이다(대판 1995.7.11, 95다12446).
③ 채무자가 소멸시효 완성 후에 채권자에 대하여 채무를 승인함으로써 그 시효의 이익을 포기한 경우에는 그때부터 새로이 소멸시효가 진행한다(대판 2009.7.9, 2009다14340).

> **제184조【시효의 이익의 포기 기타】**
> ① 소멸시효의 이익은 미리 포기하지 못한다.

④ 제184조【시효의 이익의 포기 기타】② 소멸시효는 법률행위에 의하여 이를 배제, 연장 또는 가중할 수 없으나 이를 단축 또는 경감할 수 있다.
⑤ 제167조【소멸시효의 소급효】소멸시효는 그 기산일에 소급하여 효력이 생긴다.

02 소멸시효이익의 포기에 관한 설명으로 옳지 않은 것은? (다툼이 있으면 판례에 따름)
▶ 2020 감정평가사

① 시효이익은 미리 포기하지 못한다.
② 금전채무에 대한 시효이익의 포기는 채무 전부에 대하여 하여야 한다.
③ 시효이익을 포기한 때부터 새로이 소멸시효가 진행한다.
④ 시효이익의 포기는 철회하지 못한다.
⑤ 채권의 시효이익을 포기한 경우, 이는 채권자와 채무자의 관계에서만 효력이 생긴다.

[정답해설]
① 제184조【시효의 이익의 포기 기타】① 소멸시효의 이익은 미리 포기하지 못한다.
② 금전채무와 같은 가분채무의 일부에 대해서도 시효이익의 포기는 가능하다(대판 2012.5.10, 2011다109500).
③ 채무자가 소멸시효 완성 후에 채권자에 대하여 채무를 승인함으로써 그 시효의 이익을 포기한 경우에는 그때부터 새로이 소멸시효가 진행한다(대판 2009.7.9, 2009다14340).
④ 소멸시효 이익의 포기는, 시효의 완성으로 권리를 상실한 자 또는 그 대리인에 대하여 시효에 의한 이익, 즉 시효에 의하여 권리를 취득 또는 의무를 면한다는 이익을 받지 않겠다고 하는 의사를 표시하는 것으로서, 그로써 권리를 취득하거나 의무를 면하는 지위를 상실하는 것이 되므로, 포기하는 자는 처분의 능력 내지 권한이 있어야 할 것이고, 그 의사표시가 상대방에게 적법하게 도달한 때에 효력이 발생된다고 할 것이다(대판 2008.11.27, 2006다18129). 따라서 시효이익 포기의 의사표시가 상대방에게 도달한 경우에는 철회하지 못한다.
⑤ 시효이익의 포기는 상대적 효과만 있으므로, 포기자 이외의 다른 자에게는 영향을 미치지 않는다. 따라서 채권의 시효이익을 포기한 경우, 이는 채권자와 채무자의 관계에서만 효력이 생긴다.

03 소멸시효에 관한 설명으로 옳지 않은 것은? (다툼이 있으면 판례에 따름) ▶ 2021 감정평가사

① 소멸시효는 법률행위에 의하여 이를 배제하거나 연장할 수 없다.
② 시효의 중단은 원칙적으로 당사자 및 그 승계인 사이에서만 효력이 있다.
③ 소멸시효 중단사유로서의 채무승인은 채무가 있음을 알고 있다는 뜻의 의사표시이므로 효과의사가 필요하다.
④ 소멸시효의 이익은 시효가 완성되기 전에 미리 포기하지 못한다.
⑤ 소멸시효 완성 후 채무자는 시효완성의 사실을 알고 그 채무를 묵시적으로 승인함으로써 시효의 이익을 포기할 수 있다.

▶ 정답 01 ④ 02 ② 03 ③

정답해설
① 제184조【시효의 이익의 포기 기타】② 소멸시효는 법률행위에 의하여 이를 배제, 연장 또는 가중할 수 없으나 이를 단축 또는 경감할 수 있다.
② 시효의 중단은 원칙적으로 당사자 및 그 승계인 사이에서만 효력이 있다(제169조). 예외적으로 인적 범위는 확대된다(제176조, 제286조, 제440조 등).

> 제169조【시효중단의 효력】
> 시효의 중단은 당사자 및 그 승계인 간에만 효력이 있다.
> 제296조【소멸시효의 중단, 정지와 불가분성】
> 요역지가 수인의 공유인 경우에 그 1인에 의한 지역권 소멸시효의 중단 또는 정지는 다른 공유자를 위하여 효력이 있다.
> 제440조【시효중단의 보증인에 대한 효력】
> 주채무자에 대한 시효의 중단은 보증인에 대하여 그 효력이 있다

③ 소멸시효 중단사유가 되는 채무승인은 시효이익을 받는 당사자인 채무자가 소멸시효 완성으로 채권을 상실하게 될 상대방에 대하여 상대방의 권리 또는 자신의 채무가 있음을 알고 있다는 뜻을 표시함으로써 성립하는 이른바 관념의 통지로서, 시효 완성 후 시효이익의 포기와 달리 어떠한 효과의사가 필요하지 않다(대판 2018.2.13. 2017다265556).
④ 소멸시효의 이익은 시효가 완성되기 전에 미리 포기하지 못한다.

> 제184조【시효의 이익의 포기 기타】
> ① 소멸시효의 이익은 미리 포기하지 못한다.

⑤ 채무자가 소멸시효 완성 후 채무를 일부 변제한 때에는 액수에 관하여 다툼이 없는 한 채무 전체를 묵시적으로 승인한 것으로 보아야 하고, 이 경우 시효완성의 사실을 알고 이익을 포기한 것으로 추정되므로, 소멸시효가 완성된 채무를 피담보채무로 하는 근저당권이 실행되어 채무자 소유의 부동산이 경락되고 대금이 배당되어 채무의 일부 변제에 충당될 때까지 채무자가 아무런 이의를 제기하지 아니하였다면, 경매절차의 진행을 채무자가 알지 못하였다는 등 다른 특별한 사정이 없는 한, 채무자는 시효완성의 사실을 알고 채무를 묵시적으로 승인하여 시효의 이익을 포기한 것으로 볼 수 있기는 하다(대판 2017.7.11. 2014다32458).

04 소멸시효 완성 후에 한 시효이익의 포기에 관한 설명으로 옳지 않은 것은? (다툼이 있으면 판례에 따름)
▶ 2017 감정평가사

① 시효이익을 포기하면 그때부터 시효가 새로 진행한다.
② 시효완성의 이익을 받을 당사자 또는 그 대리인은 시효이익 포기의 의사표시를 할 수 있다.
③ 주채무자가 시효이익을 포기하더라도 보증인에게는 그 효력이 없다.
④ 시효이익을 이미 포기한 사람과의 법률관계를 통해 시효이익을 원용할 이해관계를 형성한 사람은 소멸시효를 주장할 수 있다.
⑤ 채권의 시효완성 후에 채무자가 그 기한의 유예를 요청한 때에는 시효이익을 포기한 것으로 보아야 한다.

정답해설

① 채무자가 소멸시효 완성 후에 채권자에 대하여 채무를 승인함으로써 그 시효의 이익을 포기한 경우에는 그때부터 새로이 소멸시효가 진행한다(대판 2009.7.9, 2009다14340).
② 시효완성의 이익 포기의 의사표시를 할 수 있는 자는 시효완성의 이익을 받을 당사자 또는 대리인에 한정된다고 할 것이고, 그 밖의 제3자가 시효완성의 이익 포기의 의사표시를 하였다 하더라도 이는 시효완성의 이익을 받을 자에 대한 관계에서 아무 효력이 없다(대판 1998.2.27, 97다53366).
③ 주채무가 시효로 소멸한 때에는 보증인도 그 시효소멸을 원용할 수 있으며, 주채무자가 시효의 이익을 포기하더라도 보증인에게는 그 효력이 없다(대판 1991.1.29, 89다카1114).

> 제433조 【보증인과 주채무자항변권】
> ① 보증인은 주채무자의 항변으로 채권자에게 대항할 수 있다.
> ② 주채무자의 항변포기는 보증인에게 효력이 없다.

④ 소멸시효 이익의 포기는 상대적 효과가 있을 뿐이어서 다른 사람에게는 영향을 미치지 아니함이 원칙이나, 소멸시효 이익의 포기 당시에는 권리의 소멸에 의하여 직접 이익을 받을 수 있는 이해관계를 맺은 적이 없다가 나중에 시효이익을 이미 포기한 자와의 법률관계를 통하여 비로소 시효이익을 원용할 이해관계를 형성한 자는 이미 이루어진 시효이익 포기의 효력을 부정할 수 없다(대판 2015.6.11, 2015다200227).
⑤ 채권의 소멸시효가 완성된 후에 채무자가 그 기한의 유예를 요청하였다면 그때에 소멸시효의 이익을 포기한 것으로 보아야 한다(대판 1965.12.28, 65다2133).

05 소멸시효에 관한 설명으로 옳은 것은? (다툼이 있으면 판례에 따름) ▶ 2016 주택관리사

① 소멸시효는 법률행위에 의하여 이를 단축·경감할 수 없으나 이를 배제·연장·가중할 수 있다.
② 부동산이 가압류된 뒤 강제경매절차에서 매각되어 가압류등기가 말소된 경우, 특별한 사정이 없는 한 그 말소시점에 가압류에 의한 시효중단의 효력은 종료한다.
③ 주채무의 소멸시효기간이 확정판결로 10년으로 연장된 경우, 단기인 보증채무의 소멸시효기간도 10년으로 연장된다.
④ 채무자가 액수에 다툼이 없는 채무의 소멸시효가 완성된 후 그 일부를 변제한 경우, 나머지 채무에 대해서는 시효완성의 이익을 포기한 것으로 추정되지 않는다.
⑤ 시효가 정지한 때에는 정지 시까지 경과한 시효기간은 이를 산입하지 아니하고 정지사유가 종료한 때로부터 새로이 진행한다.

정답해설

① 제184조 【시효의 이익의 포기 기타】 ② 소멸시효는 법률행위에 의하여 이를 배제, 연장 또는 가중할 수 없으나 이를 단축 또는 경감할 수 있다.
② 가압류에 의한 시효중단은 경매절차에서 부동산이 매각되어 가압류등기가 말소되기 전에 배당절차가 진행되어 가압류채권자에 대한 배당표가 확정되는 등의 특별한 사정이 없는 한, 채권자가 가압류집행에 의하여 권리행사를 계속하고 있다고 볼 수 있는 가압류등기가 말소된 때 그 중단사유가 종료되어, 그때부터 새로

▶ 정답 04 ④ 05 ②

소멸시효가 진행한다고 봄이 타당하다. 따라서 매각대금 납부 후의 배당절차에서 가압류채권자의 채권에 대하여 배당이 이루어지고 배당액이 공탁되었다고 하여 가압류채권자가 그 공탁금에 대하여 채권자로서 권리행사를 계속하고 있다고 볼 수는 없으므로 그로 인하여 가압류에 의한 시효중단의 효력이 계속된다고 할 수 없다(대판 2013.11.14, 2013다18622).
③ 민법 제165조는 당해 판결 등의 당사자 사이에 한하여 발생하는 효력에 관한 것이고, 채권자와 주채무자 사이의 판결 등에 의해 채권이 확정되어 그 소멸시효가 10년으로 되었다 할지라도 위 당사자 이외의 채권자와 연대보증인 사이에 있어서는 위 확정판결 등은 그 시효기간에 대하여는 아무런 영향이 없고, 연대보증인의 연대보증채무의 소멸시효기간은 여전히 종전의 소멸시효기간에 따른다고 보아야 한다(대판 1986.11.25, 86다카1569).
④ 채무자가 소멸시효 완성 후 채무를 일부 변제한 때에는 그 액수에 관하여 다툼이 없는 한 그 채무 전체를 묵시적으로 승인한 것으로 보아야 하고, 이 경우 시효완성의 사실을 알고 그 이익을 포기한 것으로 추정되므로, 소멸시효가 완성된 채무를 피담보채무로 하는 근저당권이 실행되어 채무자 소유의 부동산이 경락되고 그 대금이 배당되어 채무의 일부 변제에 충당될 때까지 채무자가 아무런 이의를 제기하지 아니하였다면, 경매절차의 진행을 채무자가 알지 못하였다는 등 다른 특별한 사정이 없는 한, 채무자는 시효완성의 사실을 알고 그 채무를 묵시적으로 승인하여 시효의 이익을 포기한 것으로 보아야 한다(대판 2001.6.12, 2001다3580). 일부변제는 액수에 다툼이 없는 한 시효완성 전에는 전부에 대한 시효중단이 되고, 시효완성 후에는 전부에 대한 시효이익의 포기로 해석된다.
⑤ 시효의 정지에 있어서는 일정한 사유(정지사유)가 존재하는 동안 시효는 일시 진행을 정지하고 그 사유가 없어지면 다시 '나머지 시효기간'이 진행한다. 이 점에서 이미 경과한 시효기간이 없었던 것으로 보아 새로이 시효가 진행하는 시효중단과 다르다.

06 소멸시효에 관한 설명으로 옳지 않은 것은? (다툼이 있으면 판례에 따름) ▶ 2023 감정평가사

① 손해배상청구권에 대해 법률이 제척기간을 규정하고 있더라도 그 청구권은 소멸시효에 걸린다.
② 동시이행의 항변권이 붙어 있는 채권은 그 항변권이 소멸한 때로부터 소멸시효가 기산한다.
③ 채권양도 후 대항요건을 갖추지 못한 상태에서 양수인이 채무자를 상대로 소를 제기하면 양도된 채권의 소멸시효는 중단된다.
④ 비법인사단이 채무를 승인하여 소멸시효를 중단시키는 것은 사원총회의 결의를 요하는 총유물의 관리·처분행위가 아니다.
⑤ 채권의 소멸시효 완성 후 채무자가 채권자에게 그 담보를 위해 저당권을 설정해 줌으로써 소멸시효의 이익을 포기했다면 그 효력은 그 후 저당부동산을 취득한 제3자에게도 미친다.

정답해설
① 하자담보책임에 기한 매수인의 손해배상청구권과 관련하여 민법 제582조의 제척기간 규정으로 인하여 소멸시효 규정의 적용이 배제되지는 않는다. 즉 매도인에 대한 하자담보에 기한 손해배상청구권에 대하여는 민법 제582조의 제척기간이 적용되고, 이는 법률관계의 조속한 안정을 도모하고자 하는 데에 취지가 있다. 그런데 하자담보에 기한 매수인의 손해배상청구권은 권리의 내용·성질 및 취지에 비추어 민법 제162조 제1항의

채권 소멸시효의 규정이 적용되고, 민법 제582조의 제척기간 규정으로 인하여 소멸시효 규정의 적용이 배제된다고 볼 수 없으며, 이때 다른 특별한 사정이 없는 한 무엇보다도 매수인이 매매 목적물을 인도받은 때부터 소멸시효가 진행한다고 해석함이 타당하다(대판 2011.10.13, 2011다10266).

② 부동산에 대한 매매대금 채권이 소유권이전등기청구권과 동시이행의 관계에 있다고 할지라도 매도인은 매매대금의 지급기일 이후 언제라도 그 대금의 지급을 청구할 수 있는 것이며, 다만 매수인은 매도인으로부터 그 이전등기에 관한 이행의 제공을 받기까지 그 지급을 거절할 수 있는 데 지나지 아니하므로 매매대금 청구권은 그 지급기일 이후 시효의 진행에 걸린다(대판 1991.3.22, 90다9797). 소멸시효의 기산점은 권리를 행사할 수 있는 때로부터 진행하기 때문에 동시이행의 항변권이 붙어 있는 채권이라도 그 이행기로부터 진행한다.

③ 민사소송법 제265조에 의하면 시효중단사유 중 하나인 '재판상의 청구'(민법 제168조 제1호, 제170조)는 소를 제기한 때 시효중단의 효력이 발생한다. 그런데 채권양도로 채권은 그 동일성을 잃지 않고 양도인으로부터 양수인에게 이전되며 이러한 법리는 채권양도의 대항요건을 갖추지 못하였다고 하더라도 마찬가지인 점, 민법 제149조의 "조건의 성취가 미정한 권리의무는 일반규정에 의하여 처분, 상속, 보존 또는 담보로 할 수 있다."라는 규정은 대항요건을 갖추지 못하여 채무자에게 대항하지 못하더라도 채권양도로 채권을 이전받은 양수인의 경우에도 그대로 준용될 수 있는 점, 채무자를 상대로 재판상 청구를 한 채권 양수인을 '권리 위에 잠자는 자'라고 할 수 없는 점 등에 비추어 보면, 비록 대항요건을 갖추지 못하여 채무자에게 대항하지 못한다고 하더라도 채권의 양수인이 채무자를 상대로 재판상 청구를 하였다면 이는 소멸시효 중단사유인 재판상 청구에 해당한다고 보아야 한다(대판 2018.6.15, 2018다10920).

④ 비법인사단이 총유물에 관한 매매계약을 체결하는 행위는 총유물 그 자체의 처분이 따르는 채무부담행위로서 총유물의 처분행위에 해당하나, 그 매매계약에 의하여 부담하고 있는 채무의 존재를 인식하고 있다는 뜻을 표시하는 데 불과한 소멸시효 중단사유로서의 승인은 총유물 그 자체의 관리·처분이 따르는 행위가 아니어서 총유물의 관리·처분행위라고 볼 수 없다(대판 2009.11.26, 2009다64383).

⑤ 소멸시효 이익의 포기는 상대적 효과가 있을 뿐이어서 다른 사람에게는 영향을 미치지 아니함이 원칙이나, 소멸시효 이익의 포기 당시에는 권리의 소멸에 의하여 직접 이익을 받을 수 있는 이해관계를 맺은 적이 없다가 나중에 시효이익을 이미 포기한 자와의 법률관계를 통하여 비로소 시효이익을 원용할 이해관계를 형성한 자는 이미 이루어진 시효이익 포기의 효력을 부정할 수 없다(대판 2015.6.11, 2015다200227). 채권의 소멸시효 완성 후 채무자가 채권자에게 그 담보를 위해 저당권을 설정해 줌으로써 소멸시효의 이익을 포기했다면 그 효력은 소멸시효 이익 포기 후 저당부동산을 취득한 제3자에게도 미친다.

▶ 정답   06 ②

심화문제편

01 甲은 乙에 대하여 1,000만원의 채권이 있다. 이에 관한 설명으로 옳지 않은 것은? (다툼이 있으면 판례에 따름)
▶ 2017 세무사

① 乙은 소멸시효 완성 전에는 미리 소멸시효의 이익을 포기하지 못한다.
② 乙이 소멸시효 완성 전에 500만원을 갚은 경우, 다른 특별한 사정이 없는 한 나머지 500만원에 대하여도 소멸시효가 중단된다.
③ 乙이 소멸시효 완성 후 500만원을 갚은 경우, 다른 특별한 사정이 없는 한 그 채무 전체에 대하여 시효이익을 포기한 것으로 보아야 한다.
④ 위 ③항의 경우 500만원을 갚은 시점부터 소멸시효가 새로이 진행한다.
⑤ 1,000만원의 원금채권이 시효로 소멸하여도 그에 대한 이자채권까지 시효로 소멸하는 것은 아니다.

정답해설

① 제184조 【시효의 이익의 포기 기타】 ① 소멸시효의 이익은 미리 포기하지 못한다.
② 일부변제는 액수에 다툼이 없는 한 시효완성 전에는 전부에 대한 시효중단이 되고, 시효완성 후에는 전부에 대한 시효이익의 포기로 해석된다(대판 2001.6.12, 2001다3580).
③ 채무자가 소멸시효 완성 후 채무를 일부 변제한 때에는 그 액수에 관하여 다툼이 없는 한 그 채무 전체를 묵시적으로 승인한 것으로 보아야 하고, 이 경우 시효완성의 사실을 알고 그 이익을 포기한 것으로 추정되므로, 소멸시효가 완성된 채무를 피담보채무로 하는 근저당권이 실행되어 채무자 소유의 부동산이 경락되고 그 대금이 배당되어 채무의 일부 변제에 충당될 때까지 채무자가 아무런 이의를 제기하지 아니하였다면, 경매절차의 진행을 채무자가 알지 못하였다는 등 다른 특별한 사정이 없는 한, 채무자는 시효완성의 사실을 알고 그 채무를 묵시적으로 승인하여 시효의 이익을 포기한 것으로 보아야 한다(대판 2001.6.12, 2001다3580; 대판 2012.5.10, 2011다109500).
④ 채무자가 소멸시효 완성 후에 채권자에 대하여 채무 일부를 변제함으로써 시효의 이익을 포기한 경우에는 그때부터 새로이 소멸시효가 진행한다(대판 2013.5.23, 2013다12464).
⑤ 원본채권이 시효로 소멸하면 이자채권도 역시 시효로 소멸한다(제183조). 1,000만원의 원금채권이 시효로 소멸하면 그에 대한 이자채권도 시효로 소멸한다.

> 제183조 【종속된 권리에 대한 소멸시효의 효력】
> 주된 권리의 소멸시효가 완성한 때에는 종속된 권리에 그 효력이 미친다.

02 소멸시효 완성에 관한 설명으로 옳지 않은 것은? (다툼이 있으면 판례에 따름) ▶ 2018 감정평가사

① 소유권은 소멸시효에 걸리지 않는다.
② 동일한 목적을 달성하기 위하여 복수의 채권을 가진 채권자가 어느 하나의 채권만을 행사하는 것이 명백한 경우, 채무자의 소멸시효 완성 항변은 채권자가 행사하는 당해 채권에 대한 항변으로 볼 수 있다.
③ 유치권이 성립된 부동산의 매수인은 피담보채권의 소멸시효 완성으로 직접 이익을 받는 자에 해당하지 않으므로 소멸시효의 완성을 원용할 수 없다.
④ 물상보증인은 피담보채권의 소멸에 의하여 직접 이익을 받는 관계에 있으므로 피담보채권의 소멸시효의 완성을 주장할 수 있다.
⑤ 채무불이행으로 인한 손해배상청구권에 대한 소멸시효 항변이 불법행위로 인한 손해배상청구권에 대한 소멸시효 항변을 포함한 것으로 볼 수는 없다.

정답해설

① 소유권은 항구성이 있고, 점유권은 점유상태만으로 인정되는 권리이므로 소멸시효대상이 아니다.
② 채권자가 동일한 목적을 달성하기 위하여 복수의 채권을 가지고 이를 행사하는 경우 각 채권이 발생시기와 발생원인 등을 달리하는 별개의 채권인 이상 별개의 소송물에 해당하므로, 이에 대하여 채무자가 소멸시효 완성의 항변을 하는 경우에 그 항변에 의하여 어떠한 채권을 다투는 것인지 특정하여야 하고 그와 같이 특정된 항변에는 특별한 사정이 없는 한 청구원인을 달리하는 채권에 대한 소멸시효 완성의 항변까지 포함된 것으로 볼 수는 없다. 그러나 채권자가 동일한 목적을 달성하기 위하여 복수의 채권을 가지고 있더라도 선택에 따라 어느 하나의 채권만을 행사하는 것이 명백한 경우라면 채무자의 소멸시효 완성의 항변은 채권자가 행사하는 당해 채권에 대한 항변으로 봄이 타당하다(대판 2013.2.15. 2012다68217).
③ 유치권이 성립된 부동산의 매수인은 피담보채권의 소멸시효가 완성되면 시효로 인하여 채무가 소멸되는 결과 직접적인 이익을 받는 자에 해당하므로 소멸시효의 완성을 원용할 수 있는 지위에 있다고 할 것이나, 매수인은 유치권자에게 채무자의 채무와는 별개의 독립된 채무를 부담하는 것이 아니라 단지 채무자의 채무를 변제할 책임을 부담하는 점 등에 비추어 보면, 유치권의 피담보채권의 소멸시효기간이 확정판결 등에 의하여 10년으로 연장된 경우 매수인은 그 채권의 소멸시효기간이 연장된 효과를 부정하고 종전의 단기소멸시효기간을 원용할 수는 없다(대판 2009.9.24. 2009다39530).
④ 타인의 채무를 담보하기 위하여 자기의 물건에 담보권을 설정한 물상보증인은 채권자에 대하여 물적 유한책임을 지고 있어 그 피담보채권의 소멸에 의하여 직접 이익을 받는 관계에 있으므로 소멸시효의 완성을 주장할 수 있는 것이지만, 채권자에 대하여는 아무런 채무도 부담하고 있지 아니하므로, 물상보증인이 그 피담보채무의 부존재 또는 소멸을 이유로 제기한 저당권설정등기 말소등기절차이행청구소송에서 채권자 겸 저당권자가 청구기각의 판결을 구하고 피담보채권의 존재를 주장하였다고 하더라도 이로써 직접 채무자에 대하여 재판상 청구를 한 것으로 볼 수는 없는 것이므로 피담보채권의 소멸시효에 관하여 규정한 민법 제168조 제1호 소정의 '청구'에 해당하지 아니한다(대판 2004.1.16. 2003다30890).

> **제369조 【부종성】**
> 저당권으로 담보한 채권이 시효의 완성 기타 사유로 인하여 소멸한 때에는 저당권도 소멸한다.

⑤ 채무불이행으로 인한 손해배상청구권에 대한 소멸시효 항변이 불법행위로 인한 손해배상청구권에 대한 소멸시효 항변을 포함한 것으로 볼 수는 없다(대판 1998.5.29. 96다51110).

▶ 정답 01 ⑤ 02 ③

03 甲의 乙에 대한 채권의 소멸시효 완성을 독자적으로 원용할 수 있는 자를 모두 고른 것은? (다툼이 있으면 판례에 따름) ▶ 2023 감정평가사

ㄱ. 甲이 乙에 대한 채권을 보전하기 위하여 행사한 채권자취소권의 상대방이 된 수익자
ㄴ. 乙의 일반채권자
ㄷ. 甲의 乙에 대한 채권을 담보하기 위한 유치권이 성립된 부동산의 매수인
ㄹ. 甲의 乙에 대한 채권을 담보하기 위해 저당권이 설정된 경우, 그 후순위 저당권자

① ㄱ, ㄴ
② ㄱ, ㄷ
③ ㄴ, ㄹ
④ ㄱ, ㄴ, ㄷ
⑤ ㄴ, ㄷ, ㄹ

정답해설

ㄱ. (O) : 소멸시효를 원용할 수 있는 사람은 권리의 소멸에 의하여 직접 이익을 받는 자에 한정되는바, 사해행위취소소송의 상대방이 된 사해행위의 수익자는, 사해행위가 취소되면 사해행위에 의하여 얻은 이익을 상실하고 사해행위취소권을 행사하는 채권자의 채권이 소멸하면 그와 같은 이익의 상실을 면하는 지위에 있으므로, 그 채권의 소멸에 의하여 직접 이익을 받는 자에 해당하는 것으로 보아야 한다(대판 2007.11.29, 2007다54849).

ㄴ. (×) : 소멸시효가 완성된 경우에, 채무자에 대한 일반 채권자는 자기의 채권을 보전하기 위하여 필요한 한도 내에서 채무자를 대위하여 소멸시효 주장을 할 수 있을 뿐, 채권자의 지위에서 독자적으로 소멸시효의 주장을 할 수 없다(대판 2014.5.16, 2012다20604).

ㄷ. (O) : 유치권이 성립된 부동산의 매수인은 피담보채권의 소멸시효가 완성되면 시효로 인하여 채무가 소멸되는 결과 직접적인 이익을 받는 자에 해당하므로 소멸시효의 완성을 원용할 수 있는 지위에 있다고 할 것이나, 매수인은 유치권자에게 채무자의 채무와는 별개의 독립된 채무를 부담하는 것이 아니라 단지 채무자의 채무를 변제할 책임을 부담하는 점 등에 비추어 보면, 유치권의 피담보채권의 소멸시효기간이 확정판결 등에 의하여 10년으로 연장된 경우 매수인은 그 채권의 소멸시효기간이 연장된 효과를 부정하고 종전의 단기소멸시효기간을 원용할 수는 없다(대판 2009.9.24, 2009다39530).

ㄹ. (×) : 소멸시효가 완성된 경우 이를 주장할 수 있는 사람은 시효로 채무가 소멸되는 결과 직접적인 이익을 받는 사람에 한정된다. 후순위 담보권자는 선순위 담보권의 피담보채권이 소멸하면 담보권의 순위가 상승하고 이에 따라 피담보채권에 대한 배당액이 증가할 수 있지만, 이러한 배당액 증가에 대한 기대는 담보권의 순위 상승에 따른 반사적 이익에 지나지 않는다. 후순위 담보권자는 선순위 담보권의 피담보채권 소멸로 직접 이익을 받는 자에 해당하지 않아 선순위 담보권의 피담보채권에 관한 소멸시효가 완성되었다고 주장할 수 없다고 보아야 한다(대판 2021.2.5, 2016다232597).

04 소급효가 원칙적으로 인정되지 않는 것은? (다툼이 있으면 판례에 따름) ▶ 2021 감정평가사

① 무권대리인이 체결한 계약에 대한 추인의 효과
② 기한부 법률행위에서의 기한도래의 효과
③ 토지거래 허가구역 내의 토지거래계약에 대한 허가의 효과
④ 소멸시효 완성의 효과
⑤ 법률행위 취소의 효과

[정답해설]

① 무권대리행위에 대한 본인의 추인은 원칙적으로 소급효를 갖는다. 여기의 예외가 1) 다른 의사표시를 한 경우, 2) 제3자의 권리를 해하는 경우이다.

> **제133조 【추인의 효력】**
> 추인은 다른 의사표시가 없는 때에는 계약 시에 소급하여 그 효력이 생긴다. 그러나 제3자의 권리를 해하지 못한다.

② 기한의 효력에는 소급효가 없으며, 당사자에 특약에 의해서도 소급효를 인정할 수 없다.

> **제152조 【기한도래의 효과】**
> ① 시기 있는 법률행위는 기한이 도래한 때로부터 그 효력이 생긴다.
> ② 종기 있는 법률행위는 기한이 도래한 때로부터 그 효력을 잃는다

[비교] 조건은 당사자의 의사표시로 소급효를 인정하는 규정이 있다.

> **제147조 【조건성취의 효과】**
> ③ 당사자가 조건성취의 효력을 그 성취 전에 소급하게 할 의사를 표시한 때에는 그 의사에 의한다.

③ 국토이용관리법상의 규제구역 내의 '토지 등의 거래계약 허가에 관한 관계규정의 내용과 그 입법취지에 비추어 볼 때 토지의 소유권 등 권리를 이전 또는 설정하는 내용의 거래계약은 관할 관청의 허가를 받아야만 그 효력이 발생하고 허가를 받기 전에는 물권적 효력은 물론 채권적 효력도 발생하지 아니하여 무효라고 보아야 할 것이지만, 일단 허가를 받으면 그 계약은 소급하여 유효한 계약이 되고 이와 달리 불허가가 된 때에는 무효로 확정되므로 허가를 받기까지는 유동적 무효의 상태에 있다고 보는 것이 타당하므로 허가받을 것을 전제로 한 거래계약은 허가받기 전의 상태에서는 거래계약의 채권적 효력도 전혀 발생하지 않으므로 권리의 이전 또는 설정에 관한 어떠한 내용의 이행청구도 할 수 없으나 일단 허가를 받으면 그 계약은 소급해서 유효화되므로 허가 후에 새로이 거래계약을 체결할 필요는 없다(대판(전) 1991.12.24, 90다12243).

④ 소멸시효가 완성되면 그로 인한 권리소멸의 효과는 그 기산일에 소급하여 효력이 생긴다(제167조).

> **제167조 【소멸시효의 소급효】**
> 소멸시효는 그 기산일에 소급하여 효력이 생긴다.

⑤ 취소한 법률행위는 처음부터 무효인 것으로 본다(제141조 본문). 즉 소급적으로 효력이 없게 된다.

> **제141조 【취소의 효과】**
> 취소된 법률행위는 처음부터 무효인 것으로 본다. 다만, 제한능력자는 그 행위로 인하여 받은 이익이 현존하는 한도에서 상환할 책임이 있다.

▶ 정답 03 ② 04 ②

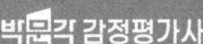

PART 02

물권법

Chapter 01 총칙
Chapter 02 물권의 변동
Chapter 03 점유권
Chapter 04 소유권
Chapter 05 용익물권
Chapter 06 담보물권

Chapter 01 총칙

기본문제편

01 물권에 관한 설명으로 옳지 않은 것은? (다툼이 있으면 판례에 의함) ▶ 2025 감정평가사

① 물권의 객체는 물건에 한정되지 않는다.
② 법률 또는 관습법이 인정하지 않는 새로운 종류의 물권 창설은 허용되지 않는다.
③ 미등기건물의 양수인은 소유권이전등기가 경료되지 않아도 사실상의 소유권을 취득한다.
④ 근린공원을 자유롭게 이용할 수 있다는 사정만으로는 공원이용권이라는 배타적인 권리를 취득하였다고 할 수 없다.
⑤ 분할의 절차를 거치지 않고 1필의 토지 중 일부에 관해 소유권보존등기를 경료할 수 없다.

정답해설

① 물권의 객체는 물건이나 **예외적으로** 준점유(제210조), 권리질권(제345조), 지상권이나 전세권을 목적으로 하는 저당권(제371조) 등 특별한 규정이 있는 경우 권리도 대상이 된다.
② 민법 제185조는 "물권은 법률 또는 관습법에 의하는 외에는 임의로 창설하지 못한다."라고 정하여 물권법정주의를 선언하고 있다. 물권법의 강행법규성에 따라 법률과 관습법이 인정하지 않는 새로운 종류나 내용의 물권을 창설하는 것은 허용되지 않는다(대판 2023.4.27, 2022다273018).

> **제185조 【물권의 종류】**
> 물권은 법률 또는 관습법에 의하는 외에는 임의로 창설하지 못한다.

③ 미등기 무허가건물의 매수인은 그 소유권이전등기를 마치지 않는 한 그 건물의 소유권을 취득할 수 없고, 소유권에 준하는 관습상의 물권이 있다고도 할 수 없으며, 현행법상 사실상의 소유권이라고 하는 포괄적인 권리 또는 법률상의 지위를 인정하기도 어렵다(대판 2014.2.13, 2011다64782).
④ 도시공원법상 근린공원으로 지정된 공원은 일반 주민들이 다른 사람의 공동 사용을 방해하지 않는 한 자유로이 이용할 수 있지만 그러한 사정만으로 인근 주민들이 누구에게나 주장할 수 있는 공원이용권이라는 배타적인 권리를 취득하였다고는 할 수 없고, 골프연습장 설치인가처분에 하자가 있다는 이유만으로는 근린공원 내의 개인 소유 토지상에 골프연습장을 설치하는 것이 인근 주민들에 대한 불법행위가 된다고 할 수도 없다(대판 1995.5.23, 94마2218).
⑤ 일물일권주의(一物一權主義)의 원칙상, 물건의 일부분, 구성부분에는 물권이 성립할 수 없는 것이어서 구분 또는 분할의 절차를 거치지 아니한 채 하나의 부동산 중 일부분만에 관하여 따로 소유권보존등기를 경료하거나, 하나의 부동산에 관하여 경료된 소유권보존등기 중 일부분에 관한 등기만을 따로 말소하는 것은 허용되지 아니한다(대판 2000.10.27, 2000다39582).

02 물권에 관한 설명으로 옳지 않은 것은? (다툼이 있으면 판례에 따름) ▶ 2024 감정평가사

① 적법한 분할절차를 거치지 않은 채 토지 중 일부만에 관하여 소유권보존등기를 할 수 없다.
② 온천에 관한 권리는 관습법상의 물권이 아니다.
③ 1필 토지의 일부도 점유취득시효의 대상이 될 수 있다.
④ 부속건물로 등기된 창고건물은 분할등기 없이 원채인 주택과 분리하여 경매로 매각될 수 있다.
⑤ 지상권은 저당권의 객체가 될 수 있다.

[정답해설]
① 일물일권주의(一物一權主義)의 원칙상, 물건의 일부분, 구성부분에는 물권이 성립할 수 없는 것이어서 구분 또는 분할의 절차를 거치지 아니한 채 하나의 부동산 중 일부분만에 관하여 따로 소유권보존등기를 경료하거나, 하나의 부동산에 관하여 경료된 소유권보존등기 중 일부분에 관한 등기만을 따로 말소하는 것은 허용되지 아니한다(대판 2000.10.27, 2000다39582).
② 온천권은 이를 관습법상의 물권이라고 볼 수 없고 온천수는 민법 제235조, 제236조 소정의 공용수 또는 생활상 필요한 용수에 해당하지 아니한다고 본다(대판 1970.5.26, 69다1239).
③ 1필의 토지의 일부에 대한 시효취득을 인정하기 위하여는 그 부분이 다른 부분과 구분되어 시효취득자의 점유에 속한다는 것을 인식하기에 족한 객관적 징표가 계속하여 존재할 것을 요한다 할 것이다(대판 2015.4.9, 2012다2408).
④ 1동의 건물은 그 전체를 경락허가의 대상으로 삼아야 할 것이고 그 일부분을 분리하여 따로 경락허가의 대상으로 삼을 수는 없는 것인바, 경매의 대상이 된 건물인 1동의 주택 및 창고와 부속건물 4동이 한 개의 건물로 등기되어 있고 미등기인 창고 2동이 있는데 경매법원이 등기된 건물 중 원채인 주택 및 창고와 부속건물 중 1동을 제외한 부속건물 3동을 따로 떼어 경락허가한 것은 일물일권주의에 위반되어 위법하고, 미등기인 창고 2동은 그것이 등기된 건물에 부속된 것이라면 같은 이유로 위법하고 따로 독립된 건물이라면 경매신청이 없는데 경락을 허가한 허물이 있다(대판 1990.10.11, 90마679).
⑤ 제371조【지상권, 전세권을 목적으로 하는 저당권】① 본장의 규정은 지상권 또는 전세권을 저당권의 목적으로 한 경우에 준용한다.

03 물권에 관한 설명으로 옳지 않은 것은? (다툼이 있으면 판례에 따름) ▶ 2020 감정평가사

① 특별한 사정이 없으면, 물건의 일부는 물권의 객체가 될 수 없다.
② 권원 없이 타인의 토지에 심은 수목은 독립한 물권의 객체가 될 수 없다.
③ 종류, 장소 또는 수량지정 등의 방법으로 특정할 수 있으면 수량이 변동하는 동산의 집합도 하나의 물권의 객체가 될 수 있다.
④ 소유권을 비롯한 물권은 소멸시효의 적용을 받지 않는다.
⑤ 소유권을 상실한 전(前)소유자는 물권적 청구권을 행사할 수 없다.

▶ 정답 01 ③ 02 ④

> 정답해설

① 물권은 절대성·배타성의 당연한 귀결로서 하나의 물건 위에는 그 내용이 서로 용납되지 않는 물권은 하나밖에 존재할 수 없다는 일물일권주의가 지배하기 때문에 특별한 사정이 없는 한 물건의 일부는 물권의 객체가 될 수 없다.
② 타인의 토지상에 권원 없이 식재한 수목의 소유권은 토지소유자에게 귀속되고 권원에 의하여 식재한 경우에는 그 소유권이 식재한 자에게 있다(대판 1980.9.30, 80도1874). 즉 권원 없이 타인의 토지에 심은 수목은 독립한 물권의 객체가 될 수 없어 토지에 부합하여 토지소유자에게 귀속된다.
③ 일반적으로 일단의 증감 변동하는 동산을 하나의 물건으로 보아 이를 채권담보의 목적으로 삼으려는 이른바 집합물에 대한 양도담보설정계약체결도 가능하며 이 경우 그 목적 동산이 담보설정자의 다른 물건과 구별될 수 있도록 그 종류, 장소 또는 수량지정 등의 방법에 의하여 특정되어 있으면 그 전부를 하나의 재산권으로 보아 이에 유효한 담보권의 설정이 된 것으로 볼 수 있다(대판 1990.12.26, 88다카20224).
④ 소유권은 항구성이 있고, 점유권은 점유상태만으로 인정되는 권리이므로 소멸시효 대상이 아니다. 그러나 용익물권인 지상권, 지역권 등은 소멸시효의 대상이 된다.
⑤ 소유권을 양도함에 있어 소유권에 의하여 발생되는 물상청구권을 소유권과 분리, 소유권 없는 전소유자에게 유보하여 제3자에게 대하여 이를 행사케 한다는 것은 소유권의 절대적 권리인 점에 비추어 허용될 수 없는 것으로서, 소유권을 상실한 전소유자는 제3자인 불법점유자에 대하여 물권적 청구권에 의한 방해배제를 청구할 수 없다(대판(전) 1969.5.27, 68다725).

04 1필의 토지의 일부를 객체로 할 수 없는 권리는?
▶ 2022 공인중개사

① 저당권 ② 전세권
③ 지상권 ④ 임차권
⑤ 점유권

> 정답해설

① 1필의 토지 또는 1동의 건물 중 특정 일부에 대하여는 이를 분할 또는 구분하기 전에는 저당권을 설정할 수 없다. 다만 그 부동산의 지분에 대하여는 저당권을 설정할 수 있다.
②, ③ '일물일권주의'의 원칙에 따라 물건의 일부나 구성부분 또는 물건의 집단은 원칙적으로 물권의 객체가 되지 못한다. 즉 물건은 원칙적으로 독립성이 있는 물건이어야 한다(독립성). 다만 물권의 대상이 되기에 적합한 특정성을 구비하고 공시방법이 있으며 사회적 필요가 있다면 물건의 일부나 집단에도 물권이 인정될 수 있다. 토지의 일부에 대한 지상권, 부동산의 일부에 대한 전세권 등이 이에 해당한다.
④ 임차권은 목적물을 사용, 수익할 수 있는 권리로 동산과 부동산이 모두 대상이 되며, 토지의 일부도 객체로 할 수 있다(부동산등기법 제74조 제7호).

> 제618조 【임대차의 의의】
> 임대차는 당사자 일방이 상대방에게 목적물을 사용, 수익하게 할 것을 약정하고 상대방이 이에 대하여 차임을 지급할 것을 약정함으로써 그 효력이 생긴다.

⑤ 1필의 토지의 일부에 대한 시효취득을 인정하기 위하여는 그 부분이 다른 부분과 구분되어 시효취득자의 점유에 속한다는 것을 인식하기에 족한 객관적 징표가 계속하여 존재할 것을 요한다 할 것이다(대판 2015.4.9, 2012다2408).

05 물권의 객체에 관한 설명으로 옳은 것은? (다툼이 있으면 판례에 따름) ▶ 2023 감정평가사

① 지상권은 물건이 아니므로 저당권의 객체가 될 수 없다.
② 법률상 공시방법이 인정되지 않는 유동집합물이라도 특정성이 있으면 이를 양도담보의 목적으로 할 수 있다.
③ 저당권과 질권은 서로 다른 물권이므로 하나의 물건에 관하여 동시에 성립할 수 있다.
④ 토지소유권은 토지의 상하에 미치므로 지상공간의 일부만을 대상으로 하는 구분지상권은 원칙적으로 허용되지 않는다.
⑤ 기술적인 착오 없이 작성된 지적도에서의 경계가 현실의 경계와 다르다면, 토지소유권의 범위는 원칙적으로 현실의 경계를 기준으로 확정하여야 한다.

[정답해설]
① 물권의 객체는 물건이 원칙이나, 예외적으로 지상권과 전세권도 저당권의 객체가 될 수 있다.

> 제371조 【지상권, 전세권을 목적으로 하는 저당권】
> ① 본장의 규정은 지상권 또는 전세권을 저당권의 목적으로 한 경우에 준용한다.

② 일반적으로 일단의 증감 변동하는 동산을 하나의 물건으로 보아 이를 채권담보의 목적으로 삼으려는 이른바 집합물에 대한 양도담보설정계약체결도 가능하며 이 경우 그 목적 동산이 담보설정자의 다른 물건과 구별될 수 있도록 그 종류, 장소 또는 수량지정 등의 방법에 의하여 특정되어 있으면 그 전부를 하나의 재산권으로 보아 이에 유효한 담보권의 설정이 된 것으로 볼 수 있다(대판 1990.12.26, 88다카20224).
③ 저당권은 부동산을 목적으로 하고 질권은 동산이나 재산을 목적으로 하므로, 하나의 물건에 관하여 양 권리가 동시에 성립할 수는 없다.
④ 토지소유권은 토지의 상하에 미치나(제212조), 지상공간의 일부만을 대상으로 하는 구분지상권도 원칙적으로 허용된다(제289조의2 제1항).

> 제212조 【토지소유권의 범위】
> 토지의 소유권은 정당한 이익 있는 범위 내에서 토지의 상하에 미친다.
>
> 제289조의2 【구분지상권】
> ① 지하 또는 지상의 공간은 상하의 범위를 정하여 건물 기타 공작물을 소유하기 위한 지상권의 목적으로 할 수 있다. 이 경우 설정행위로써 지상권의 행사를 위하여 토지의 사용을 제한할 수 있다.

⑤ 지적법에 의하여 어떤 토지가 지적공부에 1필지의 토지로 등록되면 그 토지는 특별한 사정이 없는 한 등록으로써 특정되므로, 지적도를 작성함에 있어서 기술적 착오로 말미암아 지적도상의 경계선이 진실한 경계선과 다르게 작성되었다는 등의 특별한 사정이 없는 한 토지 소유권의 범위는 현실의 경계에 관계없이 지적공부상의 경계에 의하여 확정되어야 한다(대판 2012.1.12, 2011다72066).

▶ 정답 03 ④ 04 ① 05 ②

06 물권법정주의에 관한 설명으로 옳은 것은? (다툼이 있으면 판례에 따름) ▶ 2019 감정평가사

① 물권은 명령이나 규칙에 의해서도 창설될 수 있다.
② 민법은 관습법에 의한 물권의 성립을 부정한다.
③ 물권법정주의에 관한 규정은 강행규정이며, 이에 위반하는 법률행위는 무효이다.
④ 대법원은 사인(私人)의 토지에 대한 관습상의 통행권을 인정하고 있다.
⑤ 미등기 무허가건물의 양수인은 그 소유권이전등기를 경료하지 않더라도 그 건물에 관하여 소유권에 준하는 관습상의 물권을 가진다.

정답해설

①, ② 제185조【물권의 종류】물권은 법률 또는 관습법에 의하는 외에는 임의로 창설하지 못한다.
→ 제185조의 법률이란 국회가 제정하는 형식적 의미의 법률만을 의미
→ 제185조의 관습법이란 1. 관습법상 법정지상권, 2. 분묘기지권, 3. 동산의 양도담보

비교 민법 제1조의 '법률'이란 형식적 의미의 법률에 한정하지 않고 모든 성문법(제정법)을 의미한다. 따라서 명령, 규칙, 조약, 조례도 포함한다.

③ 제185조는 물권법의 법원과 물권법정주의를 규정하고 있고, 이는 강행규정이므로 이에 위반하는 법률행위는 무효이다.
④ 관습법상 사도통행권은 인정되지 않는다. 즉 공로로부터 자연부락에 이르는 유일한 통로로 도로가 개설된 후 장기간에 걸쳐 일반의 통행에 제공되어 왔고 우회도로의 개설에 막대한 비용과 노력이 든다고 하더라도 주민들은 이 도로에 관하여 물권에 준하는 관습상의 통행권을 가진다고 볼 수 없다(대판 1995.5.23, 94마2218).
⑤ 미등기 무허가건물의 양수인이라도 그 소유권이전등기를 경료하지 않는 한 그 건물의 소유권을 취득할 수 없고, 소유권에 준하는 관습상의 물권이 있다고도 할 수 없으며, 현행법상 사실상의 소유권이라고 하는 포괄적인 권리 또는 법률상의 지위를 인정하기도 어렵다(대판 2006.10.27, 2006다49000).

07 제한물권이 아닌 것은? ▶ 2013 감정평가사

① 점유권　　　　　　　　② 유치권
③ 질권　　　　　　　　　④ 지역권
⑤ 분묘기지권

정답해설

민법이 인정하는 물권에는 점유권과 본권으로서 소유권 및 제한물권이 있다. 제한물권은 다시 용익물권(지상권, 지역권, 전세권)과 담보물권(유치권, 질권, 저당권)으로 나뉜다. 판례에 의해 관습법상의 물권으로 인정된 것으로는 분묘기지권, 관습법상의 법정지상권, 동산의 양도담보가 있고, 이들도 제한물권이다. 제한물권이 아닌 것은 사실상 지배로 인정되는 점유권이다.

08 부동산만을 객체로 하는 물권으로 묶인 것은? ▶ 2017 감정평가사
① 소유권 – 점유권 – 저당권
② 소유권 – 지상권 – 저당권
③ 지상권 – 지역권 – 전세권
④ 유치권 – 질권 – 저당권
⑤ 지상권 – 유치권 – 저당권

정답해설
③이 타당하다. 동산을 객체로 할 수 있는 법률상 물권은 점유권, 소유권, 질권, 유치권이며, 부동산을 객체로 할 수 있는 물권은 점유권, 소유권, 지상권, 지역권, 전세권, 유치권, 저당권이다. 이들 중 부동산만을 객체로 하는 것은 지상권, 지역권, 전세권, 저당권이다.

09 물권적 청구권에 관한 설명으로 옳지 않은 것은? (다툼이 있으면 판례에 따름)
▶ 2020 감정평가사

① 물권적 청구권은 물권과 분리하여 양도하지 못한다.
② 물권적 청구권을 보전하기 위하여 가등기를 할 수 있다.
③ 미등기건물을 매수한 사람은 소유권이전등기를 갖출 때까지 그 건물의 불법점유자에게 직접 자신의 소유권에 기하여 인도를 청구하지 못한다.
④ 토지소유자는 권원 없이 그의 토지에 건물을 신축·소유한 사람으로부터 건물을 매수하여 그 권리의 범위에서 점유하는 사람에게 건물의 철거를 청구할 수 있다.
⑤ 소유권에 기한 말소등기청구권은 소멸시효의 적용을 받지 않는다.

정답해설
① 소유권을 양도함에 있어 소유권에 의하여 발생되는 물상청구권을 소유권과 분리, 소유권 없는 전소유자에게 유보하여 제3자에게 대하여 이를 행사케 한다는 것은 소유권의 절대적 권리인 점에 비추어 허용될 수 없는 것이다(대판(전) 1969.5.27, 68다725).
② 부동산등기법 제88조에서 말하는 가등기의 대상인 청구권은 동법 제3조에 규정된 물권 또는 부동산임차권의 변동을 목적으로 하는 청구권을 말하는 것이라 할 것이므로 물권적 청구권 보전을 위한 가등기는 인정되지 않지만, 채권적 청구권인 저당권설정등기청구권을 보전하기 위한 가등기는 인정된다.
③ 미등기 무허가건물의 양수인이라 할지라도 그 소유권이전등기를 경료받지 않는 한 그 건물에 대한 소유권을 취득할 수 없고, 그러한 상태의 건물 양수인에게 소유권에 준하는 관습상의 물권이 있다고 볼 수도 없으므로, 건물을 신축하여 그 소유권을 원시취득한 자로부터 그 건물을 매수하였으나 아직 소유권이전등기를 갖추지 못한 자는 그 건물의 불법점거자에 대하여 직접 자신의 소유권 등에 기하여 명도를 청구할 수는 없다(대판 2007.6.15, 2007다11347).
④ 건물철거는 그 소유권의 종국적 처분에 해당하는 사실행위이므로 원칙으로는 그 소유자(등기명의자)에게만 그 철거처분권이 있다고 할 것이나 그 건물을 매수하여 점유하고 있는 자는 등기부상 아직 소유자로서의 등기명의가 없다 하더라도 그 권리의 범위 내에서 그 점유 중인 건물에 대하여 법률상 또는 사실상 처분을 할 수 있는 지위에 있고 그 건물이 건립되어 있어 불법으로 점유를 당하고 있는 토지소유자는 위와 같은 지위에 있는 건물점유자에게 그 철거를 구할 수 있다(대판 1986.12.23, 86다카1751).

▶ 정답 06 ③ 07 ① 08 ③

⑤ 명의신탁해지로 인한 소유권이전등기청구권이나 말소등기청구권은 <u>소유권에 기한 물권적 청구권이므로 소멸시효대상이 아니라고 한다</u>(대판 1991.11.26, 91다34387).

■ 물권적 청구권

	점유권에 기한 물권적 청구권	소유권에 기한 물권적 청구권12)
내용	① 점유물반환청구권 ② 점유물방해제거청구권 ③ 점유물방해예방청구권	① 소유물반환청구권13) ② 소유물방해제거청구권 ③ 소유물방해예방청구권
청구권자	침탈당한 자(사기 ×, 유실 ×)	소유자(양도인 × → 양수인 ○)
상대방	① 침탈자 ② 포괄승계인 ③ 악의의 특별승계인	• 반환 : 현재 점유하는 자 • 방해제거 : 처분권한 있는 자
행사기간	1년 = 제척기간 → 출소기간	소멸시효 ×
고의·과실	×	×

---

12) 준용규정 有 : 지상권, 전세권, 지역권, 저당권
　　준용규정 無 : 유치권 ; 물권적 청구권 인정 ×
　　　　　　　　질권 ; 통설은 입법의 불비로 보아 인정
13) 지역권과 저당권은 반환청구권 인정 안 됨. 점유하지 않기 때문

▶ 정답　09 ②

심화문제편

01 물권법정주의에 관한 설명으로 옳은 것은? (다툼이 있는 경우에는 판례에 의함)

① 소유자는 소유권의 사용·수익의 권능을 대세적으로 유효하게 포기할 수 있으므로 현행 민법은 처분권능만을 내용으로 하는 소유권을 허용한다.
② 소유권이전등기 없이 미등기 무허가건물을 양수한 자는 소유권에 준하는 관습상의 물권을 취득한 것으로 본다.
③ 물권법정주의는 물권의 내용형성의 자유뿐만이 아니라 물권변동에 관한 당사자선택의 자유를 제한하는 법원칙이다.
④ 공로로부터 자연부락에 이르는 유일한 통로로 도로가 개설된 후 장기간에 걸쳐 일반의 통행에 제공되어 왔고 우회도로의 개설에 막대한 비용과 노력이 든다면 주민들은 이 도로에 관하여 물권에 준하는 관습상의 통행권을 가진다.
⑤ 물권법정주의에서 말하는 법률은 형식적 의미의 법률로 보아야 하므로 명령과 규칙은 이에 포함되지 않는다.

정답해설

① 물건에 대한 배타적인 사용수익권은 소유권의 핵심적 권능이므로, 이를 대세적·영구적으로 포기하는 것은 법률에 의하지 않고 새로운 물권을 창설하는 것과 다를 바 없어 허용되지 않는다(대판 2013.8.22, 2012다54113).
② 소유권이전등기 없이 미등기 무허가건물을 양수한 자는 소유권에 준하는 관습상의 물권을 취득한 것으로 볼 수 없다(대판 1996.6.14, 94다53006).
③ 물권법정주의는 물권의 내용형성과 종류를 강제하는 것이지 물권변동에 관한 당사자선택의 자유를 제한하는 법원칙이 아니다.
④ 관습법상 사도통행권을 인정하지 않는다. 즉 공로로부터 자연부락에 이르는 유일한 통로로 도로가 개설된 후 장기간에 걸쳐 일반의 통행에 제공되어 왔고 우회도로의 개설에 막대한 비용과 노력이 든다고 하더라도 주민들은 이 도로에 관하여 물권에 준하는 관습상의 통행권을 가진다고 볼 수 없다(대판 1995.5.23, 94마2218).
  ※ 관습법상 물권 : 동산 양도담보, 분묘기지권, 관습법상 법정지상권
⑤ 제185조는 물권법의 법원과 물권법정주의를 규정하고 있다. 제185조의 법률이란 국회가 제정하는 형식적 의미의 법률만을 의미하고, 명령이나 규칙은 포함되지 않는다.

> **제185조【물권의 종류】**
> 물권은 법률 또는 관습법에 의하는 외에는 임의로 창설하지 못한다.

▶ 정답 01 ⑤

02 물권적 청구권에 관한 설명으로 옳은 것을 모두 고른 것은? (다툼이 있으면 판례에 따름)

▶ 2019 감정평가사

> ㄱ. 부동산 매매계약이 합의해제 되면 매수인에게 이전되었던 소유권은 당연히 매도인에게 복귀되므로 합의해제에 따른 매도인의 원상회복청구권은 소유권에 기인한 물권적 청구권으로서 이는 소멸시효의 대상이 아니다.
> ㄴ. 임대차목적물 침해자에 대하여 임차인은 점유보호청구권을 행사할 수 있으나, 소유자인 임대인은 점유보호청구권을 행사할 수 없다.
> ㄷ. 불법한 원인으로 급여를 한 사람은 그 원인행위가 법률상 무효라 하여 상대방에게 부당이득반환청구를 할 수 없는 경우, 급여한 물건의 소유권이 여전히 자기에게 있다고 하여 소유권에 기한 반환청구도 할 수 없다.
> ㄹ. 물건의 양도 시 소유권에 기한 물권적 청구권을 소유권과 분리하여 이를 소유권을 상실한 전(前)소유자에게 유보하여 행사시킬 수 있다.

① ㄱ, ㄴ
② ㄱ, ㄷ
③ ㄴ, ㄷ
④ ㄴ, ㄹ
⑤ ㄷ, ㄹ

정답해설

ㄱ. (○): 매매계약이 합의해제된 경우에도 매수인에게 이전되었던 소유권은 당연히 매도인에게 복귀하는 것이므로 합의해제에 따른 매도인의 원상회복청구권은 소유권에 기한 물권적 청구권이라고 할 것이고 이는 소멸시효의 대상이 되지 아니한다(대판 1982.7.27, 80다2968).

ㄴ. (×): 간접점유자는 직접점유자가 점유의 침탈을 당한 때에는 그 물건의 반환을 청구할 수 있으므로(제207조), 임대차 계약에 따라 점유매개관계에 있는 소유자인 임대인은 간접점유자로서 임대차목적물 침해자에 대하여 점유보호청구권을 행사할 수 있다.

ㄷ. (○): 민법 제746조는 단지 부당이득제도만을 제한하는 것이 아니라 동법 제103조와 함께 사법의 기본이념으로서, 결국 사회적 타당성이 없는 행위를 한 사람은 스스로 불법한 행위를 주장하여 복구를 그 형식 여하에 불구하고 소구할 수 없다는 이상을 표현한 것이므로, 급여를 한 사람은 그 원인행위가 법률상 무효라 하여 상대방에게 부당이득반환청구를 할 수 없음은 물론 급여한 물건의 소유권은 여전히 자기에게 있다고 하여 소유권에 기한 반환청구도 할 수 없고 따라서 급여한 물건의 소유권은 급여를 받은 상대방에게 귀속된다(대판(전) 1979.11.13, 79다483).

> **제746조 【불법원인급여】**
> 불법의 원인으로 인하여 재산을 급여하거나 노무를 제공한 때에는 그 이익의 반환을 청구하지 못한다. 그러나 그 불법원인이 수익자에게만 있는 때에는 그러하지 아니하다.
>
> **제103조 【반사회질서의 법률행위】**
> 선량한 풍속 기타 사회질서에 위반한 사항을 내용으로 하는 법률행위는 무효로 한다.

ㄹ. (×): 소유권을 양도함에 있어 소유권에 의하여 발생되는 물상청구권을 소유권과 분리, 소유권 없는 전소유자에게 유보하여 제3자에게 대하여 이를 행사케 한다는 것은 소유권의 절대적 권리인 점에 비추어 허용될 수 없는 것이다(대판(전) 1969.5.27, 68다725).

03 물권적 청구권에 관한 설명으로 옳지 않은 것은? (다툼이 있으면 판례에 따름)

▶ 2015 감정평가사

① 甲의 물건을 乙이 불법 점유하는 경우 甲은 丙에게 그 소유권을 양도하면서 乙에 대한 소유물반환청구권을 자신에게 유보할 수 없다.
② 소유자는 현재 점유하고 있지 않은 자를 상대로 소유물의 반환을 청구할 수 없다.
③ 물권적 청구권은 점유권과 소유권 이외의 물권에 대하여도 인정된다.
④ 소유권에 기한 물권적 청구권은 소멸시효에 걸리지 않는다.
⑤ 간접점유자는 직접점유자가 점유의 침탈을 당한 때에는 그 물건의 반환을 청구할 수 없다.

정답해설

① 물권적 청구권은 물권과 운명을 같이 하여야 한다(대판(전) 1969.5.27, 68다725). 따라서 甲의 물건을 乙이 불법 점유하는 경우 甲은 丙에게 그 소유권을 양도하면서 乙에 대한 소유물반환청구권을 자신에게 유보할 수 없는 것이다.
② 소유권에 기한 물권적 청구권은 점유하는 자에게 요구하는 권리이다. 따라서 소유자는 현재 점유하고 있지 않은 자를 상대로 소유물의 반환을 청구할 수 없는 것이다(제213조).

> **제213조【소유물반환청구권】**
> 소유자는 그 소유에 속한 물건을 점유한 자에 대하여 반환을 청구할 수 있다. 그러나 점유자가 그 물건을 점유할 권리가 있는 때에는 반환을 거부할 수 있다.

③ 민법은 점유권(제204조 내지 제206조)과 소유권(제213조, 제214조)에 관해 명문규정을 두고, 소유권에 기한 물권적 청구권은 다른 물권에 준용한다(제290조, 제301조, 제319조, 제370조). 그러나 점유를 수반하지 않는 지역권과 저당권에는 물권적 반환청구권은 인정될 여지가 없고, 방해제거 또는 예방청구권만이 인정될 뿐이다.
④ 소유권에 기한 물권적 청구권은 소멸시효에 걸리지 않는다(대판 1982.7.27, 80다2968).
⑤ 간접점유자는 직접점유자가 점유의 침탈을 당한 때에는 그 물건의 반환을 청구할 수 있다(제207조).

> **제207조【간접점유의 보호】**
> ① 전3조의 청구권은 제194조의 규정에 의한 간접점유자도 이를 행사할 수 있다.
> ② 점유자가 점유의 침탈을 당한 경우에 간접점유자는 그 물건을 점유자에게 반환할 것을 청구할 수 있고 점유자가 그 물건의 반환을 받을 수 없거나 이를 원하지 아니하는 때에는 자기에게 반환할 것을 청구할 수 있다.

▶ 정답 02 ② 03 ⑤

Chapter 02 물권의 변동

제1절 부동산 물권변동

기본문제편

01 법률행위에 의하지 않은 물권변동에 관한 설명으로 옳지 않은 것은? (다툼이 있으면 판례에 따름)
▶ 2018 감정평가사

① 법정저당권은 저당권설정등기 없이 성립한다.
② 부동산소유권을 확인하는 판결에 의해서도 등기 없이 그 부동산의 소유권을 취득한다.
③ 공경매에 있어서 부동산 물권변동의 시기는 매각허가결정이 확정된 후 매수인이 매각대금을 완납한 때이다.
④ 자기의 비용과 노력으로 건물을 신축한 건축주는 건물의 소유권을 등기 없이 취득한다.
⑤ 상속에 의한 물권변동은 피상속인의 사망 시에 발생한다.

> **정답해설**
>
> > **제187조【등기를 요하지 아니하는 부동산물권 취득】**
> > 상속, 공용징수, 판결, 경매, 기타 법률의 규정에 의한 부동산에 관한 물권의 취득은 등기를 요하지 아니한다. 그러나 등기를 하지 아니하면 이를 처분하지 못한다.
>
> ① 기타 법률의 규정에 의한 부동산에 관한 물권의 취득의 경우는 신축건물의 소유권취득, 법정지상권의 취득(제305조, 제366조), 관습법상 법정지상권의 취득, 법정저당권의 취득(제649조), 분묘기지권의 취득, 법정대위에 의한 저당권 이전(제481조), 용익물권의 존속기간만료에 의한 소멸, 목적물의 멸실에 의한 물권의 소멸(포락, 사건에 의한 물권소멸), 피담보채권의 소멸에 의한 저당권의 소멸(제369조), 혼동에 의한 물권의 소멸 등이 이에 해당한다.
>
> > **제649조【임차지상의 건물에 대한 법정저당권】**
> > 토지임대인이 변제기를 경과한 최후 2년의 차임채권에 의하여 그 지상에 있는 임차인소유의 건물을 압류한 때에는 저당권과 동일한 효력이 있다.
>
> ② 민법 제187조의 판결은 그 판결자체에 의하여 부동산물권취득의 형식적 효력이 생기는 경우를 말하는 것이고 부동산소유권을 확인하는 판결은 이에 포함되지 아니하는 것이다(대결 1969.10.8, 69그15).
> ③ 제187조에서 경매란 국가기관이 하는 공경매를 말한다. 이 경우 경락대금을 완납한 때 그 소유권을 취득한다.
> ④ 자기 비용과 노력으로 건물을 신축한 자는 그 건축허가가 타인의 명의로 된 여부에 관계없이 그 소유권을 원시취득한다(대판 2002.4.26, 2000다16350).
> ⑤ 피상속인이 사망하면 등기 없이도 상속으로 인한 부동산물권의 변동이 일어난다.

02 부동산의 물권변동을 위해 등기가 필요한 것은? (다툼이 있으면 판례에 따름)

▶ 2019 감정평가사

① 건물의 신축에 의한 소유권의 취득
② 상속에 의한 토지 소유권의 취득
③ 피담보채권의 소멸에 의한 저당권의 소멸
④ 관습법에 따른 법정지상권의 취득
⑤ 점유취득시효에 의한 토지 소유권의 취득

[정답해설]

부동산의 물권변동은 제186조가 적용되는 등기가 필요한 법률행위로 의한 경우와 제187조가 적용되는 등기가 필요 없는 법률규정에 의한 경우로 나뉜다.
제187조에서는 상속, 공용징수, 판결, 경매, 기타 법률의 규정에 의한 부동산에 관한 물권의 취득은 등기를 요하지 아니한다고 규정하고 있다. 기타 법률의 규정에 의한 부동산에 관한 물권의 취득의 경우는 신축건물의 소유권 취득, 법정지상권의 취득(제305조, 제366조), 관습법상 법정지상권의 취득, 법정저당권의 취득(제649조), 분묘기지권의 취득, 법정대위에 의한 저당권 이전(제481조), 용익물권의 존속기간만료에 의한 소멸, 목적물의 멸실에 의한 물권의 소멸(포락, 사건에 의한 물권소멸), 피담보채권의 소멸에 의한 저당권의 소멸(제369조), 혼동에 의한 물권의 소멸 등이 이에 해당한다.

제186조 【부동산물권변동의 효력】
부동산에 관한 법률행위로 인한 물권의 득실변경은 등기하여야 그 효력이 생긴다.

제187조 【등기를 요하지 아니하는 부동산물권 취득】
상속, 공용징수, 판결, 경매, 기타 법률의 규정에 의한 부동산에 관한 물권의 취득은 등기를 요하지 아니한다. 그러나 등기를 하지 아니하면 이를 처분하지 못한다.

① 자기 비용과 노력으로 건물을 신축한 자는 그 건축허가가 타인의 명의로 된 여부에 관계없이 그 소유권을 원시취득한다(대판 2002.4.26, 2000다16350).
② 피상속인이 사망하면 등기 없이도 상속으로 인한 부동산물권의 변동이 일어난다(제187조).
③ **제369조【부종성】** 저당권으로 담보한 채권이 시효의 완성 기타 사유로 인하여 소멸한 때에는 저당권도 소멸한다.
④ 관습상의 지상권은 법률행위로 인한 물권의 취득이 아니고 관습법에 의한 부동산물권의 취득이므로 등기를 필요로 하지 아니하고 지상권취득의 효력이 발생하고 이 관습상의 법정지상권은 물권으로서의 효력에 의하여 이를 취득할 당시의 토지소유자나 이로부터 소유권을 전득한 제3자에게 대하여도 등기 없이 위 지상권을 주장할 수 있다(대판 1988.9.27, 87다카279).
⑤ 점유취득시효는 법률규정에 의한 물권변동이지만, 민법 제245조 제1항에서 등기를 요하고 있으므로 제187조에 대한 예외가 된다.

제245조 【점유로 인한 부동산소유권의 취득기간】
① 20년간 소유의 의사로 평온, 공연하게 부동산을 점유하는 자는 등기함으로써 그 소유권을 취득한다.

▶ 정답   01 ②   02 ⑤

03 부동산물권변동에 관한 설명으로 옳지 않은 것은? (다툼이 있으면 판례에 따름)

▶ 2018 가맹거래사

① 저당권으로 담보된 채권이 소멸한 때에는 말소등기를 하여야 저당권이 소멸한다.
② 물권에 관한 등기가 원인 없이 말소되더라도 물권의 효력에 영향을 미치지 않는다.
③ 경매에 의한 물권변동은 매수인이 매각대금을 다 낸 때에 발생한다.
④ 부동산 교환계약으로 인한 소유권의 득실변경은 등기하여야 그 효력이 생긴다.
⑤ 매매계약이 합의해제되면 매수인에게 이전되었던 소유권은 당연히 매도인에게 복귀한다.

[정답해설]

① 제187조가 적용되는 등기가 필요 없는 법률의 규정에 의한 부동산에 물권변동에 민법 제369조에 기한 피담보채권의 소멸에 의한 저당권의 소멸도 포함된다.

> **제369조【부종성】**
> 저당권으로 담보한 채권이 시효의 완성 기타 사유로 인하여 소멸한 때에는 저당권도 소멸한다.

② 등기는 물권의 효력발생요건이고, 효력존속요건이 아니다. 따라서 물권에 관한 등기가 원인 없이 말소된 때에도 그 물권의 효력에는 영향이 없다(대판 1982.9.14, 81다카923).
③ 제187조의 경매에는 민사집행법에 의한 강제경매와 담보권의 실행 등을 위한 경매 및 국세징수법에 의한 경매(체납처분)가 있다. 이 경우 경락대금을 완납한 때 그 소유권을 취득한다.
④ 부동산 교환계약으로 인한 소유권의 득실변경은 제186조의 법률행위로 인한 물권변동이므로 등기하여야 그 효력이 생긴다.
⑤ 매매계약이 합의해제된 경우에도 매수인에게 이전되었던 소유권은 당연히 매도인에게 복귀하는 것이므로 합의해제에 따른 매도인의 원상회복청구권은 소유권에 기한 물권적 청구권이라고 할 것이고 이는 소멸시효의 대상이 되지 아니한다(대판 1982.7.27, 80다2968).

04 채권적 청구권에 해당하는 등기청구권을 모두 고른 것은? (다툼이 있으면 판례에 따름)

▶ 2021 주택관리사

> ㄱ. 매매계약에 기한 매수인의 소유권이전등기청구권
> ㄴ. 위조서류에 의해 마쳐진 소유권이전등기에 대한 소유자의 말소등기청구권
> ㄷ. 점유취득시효완성자의 소유자에 대한 소유권이전등기청구권
> ㄹ. 민법 제621조에 의한 임차인의 임대인에 대한 임차권설정등기청구권

① ㄱ, ㄴ
② ㄴ, ㄷ
③ ㄷ, ㄹ
④ ㄱ, ㄴ, ㄹ
⑤ ㄱ, ㄷ, ㄹ

정답해설

ㄱ. (○): 부동산 매매계약에 기해 매수인이 매도인에 대하여 등기청구권은 채권행위로부터 발생하는 채권적 청구권이다(대판 1962.5.10, 4294민상1232)이다. 따라서 10년의 소멸시효에 걸리는 것이 원칙이다.
ㄴ. (×): 무권리자가 위조를 통해 이전등기를 경료한 경우, 진정한 소유권자의 말소등기청구권은 소유권에 기한 방해제거청구권(제214조)으로서 물권적 청구권에 해당한다. 따라서 소멸시효에 걸리지 않는다.
ㄷ. (○): 부동산에 대한 점유취득시효 완성을 원인으로 하는 소유권이전등기청구권은 채권적 청구권으로서, 취득시효가 완성된 점유자가 그 부동산에 대한 점유를 상실한 때부터 10년간 이를 행사하지 아니하면 소멸시효가 완성한다(대판 1995.12.5, 95다24241).
ㄹ. (○): 민법 제621조에 의한 임차인의 임대인에 대한 임차권설정등기청구권은 부동산임차인이 당사자 간에 반대 약정이 없으면 임대인에 대하여 그 임대차등기절차에 협력할 것을 청구할 수 있는 권리로 채권적 청구권이다.

> 제621조【임대차의 등기】
> ① 부동산임차인은 당사자 간에 반대 약정이 없으면 임대인에 대하여 그 임대차등기절차에 협력할 것을 청구할 수 있다.
> ② 부동산임대차를 등기한 때에는 그때부터 제삼자에 대하여 효력이 생긴다.

■ 법률행위로 인한 등기청구권의 소멸시효

	법적 성질	점유 계속 중	점유상실	
			적극적 권리행사	제3자의 침탈
매매에 기한 소유권이전등기청구권	채권 10년 소멸시효	소멸시효 진행 ×	진행 ×	진행 ○
점유시효취득에 기한 소유권이전등기청구권	채권 10년 소멸시효	소멸시효 진행 ×	진행 ○	진행 ○

▶ 정답 03 ①   04 ⑤

05 甲은 乙과 乙 소유 X토지에 대한 매매계약을 체결하였다. 그 후 매매대금을 모두 지급한 甲은 X토지를 인도받아 점유·사용하고 있지만, 乙은 이행기 이후에도 등기를 이전하여 주지 않고 있다. 이에 관한 설명으로 옳지 않은 것은? (다툼이 있으면 판례에 의함) ▶ 2025 감정평가사

① 甲은 乙에 대하여 채권적 등기청구권을 갖는다.
② 甲의 乙에 대한 등기청구권의 소멸시효는 진행되지 않는다.
③ 甲의 乙에 대한 등기청구권은 특별한 사정이 없는 한 그 성질상 양도가 제한된다.
④ 甲이 X토지를 丙에게 매도하고 인도하였다면 그때부터 甲의 乙에 대한 등기청구권의 소멸시효가 진행된다.
⑤ 만약 甲이 매매대금을 모두 지급하지 않았다면 甲의 乙에 대한 등기청구권의 소멸시효는 진행되지 않는다.

[정답해설]
① 부동산 매매계약에 기해 매수인이 매도인에 대하여 등기청구권은 채권행위로부터 발생하는 채권적 청구권이다(대판 1962.5.10, 4294민상1232).
②, ⑤ 소유권이전등기청구권은 채권적 청구권이므로 10년의 소멸시효에 걸리지만 매수인이 매매목적물인 부동산을 인도받아 점유하고 있는 이상 매매대금의 지급 여부와는 관계 없이 그 소멸시효가 진행되지 아니한다(대판 1991.3.22, 90다9797).
③ 매매로 인한 소유권이전등기청구권의 양도는 특별한 사정이 없는 이상 양도가 제한되고 그 양도에 채무자의 승낙이나 동의를 요한다고 할 것이므로 통상의 채권양도와 달리 양도인의 채무자에 대한 통지만으로는 채무자에 대한 대항력이 생기지 않으며 반드시 채무자의 동의나 승낙을 받아야 대항력이 생긴다(대판 2018.7.12, 2015다36167).
④ 부동산의 매수인이 그 부동산을 인도받은 이상 이를 사용·수익하다가 그 부동산에 대한 보다 적극적인 권리행사의 일환으로 다른 사람에게 그 부동산을 처분하고 그 점유를 승계하여 준 경우에도 그 이전등기청구권의 행사 여부에 관하여 그가 그 부동산을 스스로 계속 사용·수익만 하고 있는 경우와 특별히 다를 바 없으므로 이전등기청구권의 소멸시효는 마찬가지로 진행되지 않는다(대판(전) 1999.3.18, 98다32175).

06 청구권 보전의 가등기에 관한 설명으로 옳지 않은 것은? (다툼이 있으면 판례에 의함)

▶ 2013 감정평가사

① 본등기의 순위는 가등기의 순위에 따르나 물권변동의 시기가 가등기를 경료한 때로 소급하지 않는다.
② 소유권이전등기청구권 보전을 위한 가등기가 있다 하여 소유권이전등기를 청구할 어떤 법률관계가 있다고 추정되지 않는다.
③ 소유권이전등기청구권의 보전을 위한 가등기에 기한 본등기가 경료되면 그 사이에 행해진 중간처분의 등기는 가등기에 의하여 순위가 보전된 권리와 양립할 수 없는 범위 내에서 무효로 된다.
④ 매수인 명의의 가등기가 이루어진 후에 매도인이 제3자 앞으로 소유권이전등기를 경료해 준 경우 매수인은 매도인을 상대로 본등기를 청구하여야 한다.
⑤ 부동산 강제경매절차에서 부동산이 매각된 경우 특단의 사정이 없으면 소유권이전등기청구권의 보전을 위한 가등기는 말소된다.

[정답해설]
① 가등기는 그 성질상 본등기의 순위보전의 효력만이 있어 후일 본등기가 경료된 때에는 본등기의 순위가 가등기한 때로 소급하는 것뿐이지 본등기에 의한 물권변동의 효력이 가등기한 때로 소급하여 발생하는 것은 아니다(대판 1992.9.25, 92다21258).
② 소유권이전청구권 보전을 위한 가등기가 경료되어 있다 하더라도 소유권이전등기를 청구할 어떤 법률관계가 있다고 추정되지 아니한다(대판 1979.5.22, 79다239).
③ 가등기는 그 성질상 본등기의 순위보전에 효력만이 있고 후일 본등기가 경료된 때에는 본등기의 순위가 가등기한 때로 소급함으로써 가등기후 본등기 전에 이루어진 중간처분이 본등기보다 후순위로 되어 실효될 뿐이고 본등기에 의한 물권변동의 효력이 가등기한 때로 소급하여 발생하는 것은 아니다(대판 1982.6.22, 81다1298·1299).
④ 가등기 후에 제3자에게 소유권이전의 본등기가 된 경우에 가등기권리자는 본등기를 경료하지 아니하고는 가등기 이후의 본등기의 말소를 청구할 수 없다. 이 경우에 가등기권리자는 가등기의무자인 전소유자를 상대로 본등기청구권을 행사할 것이고, 제3자를 상대로 할 것이 아니다. 가등기권리자가 소유권이전의 본등기를 한 경우에는 등기공무원은 부등법 제175조 제1항, 제55조 제2호에 의하여 가등기 이후에 한 제3자의 본등기를 직권말소할 수 있다(대결(전) 1962.12.24, 4294민재항675).
⑤ 부동산의 강제경매절차에서 경매목적부동산이 낙찰된 때에도 소유권이전등기청구권의 순위보전을 위한 가등기는 그보다 선순위의 담보권이나 가압류가 없는 이상 담보목적의 가등기와는 달리 말소되지 아니한 채 낙찰인에게 인수되는 것이다(대판 2003.10.6, 2003마1438). 따라서 제1, 2순위의 근저당권설정등기 사이에 소유권이전등기청구권 보전의 가등기가 경료된 부동산에 대하여 위 제1순위 근저당권의 실행을 위한 경매절차에서 매각허가결정이 확정되고 매각대금이 완납된 경우 위 가등기 및 그에 기한 본등기상의 권리는 모두 소멸한다(대판 2007.12.13, 2007다57459).

▶ 정답   05 ④   06 ⑤

07 가등기에 관한 설명으로 옳지 않은 것은? (다툼이 있으면 판례에 따름) ▶ 2016 감정평가사

① 가등기상의 권리의 이전등기를 가등기에 대한 부기등기의 형식으로 할 수 있다.
② 저당권설정등기청구권을 보전하기 위한 가등기는 인정되지 않는다.
③ 가등기에 기한 본등기가 경료되더라도 본등기에 의한 물권변동의 효력이 가등기한 때로 소급하여 발생하는 것은 아니다.
④ 가등기가 부적법하게 말소된 후 소유권이전등기를 마친 제3자는 가등기의 회복등기절차에서 승낙의무가 있다.
⑤ 가등기에 기한 본등기청구권과 소유권이전등기청구권은 그 등기원인이 동일하다고 하더라도 서로 다른 청구권으로 보아야 한다.

[정답해설]
① 가등기는 원래 순위를 확보하는 데에 그 목적이 있으나, 순위 보전의 대상이 되는 물권변동의 청구권은 그 성질상 양도될 수 있는 재산권일 뿐만 아니라 가등기로 인하여 그 권리가 공시되어 결과적으로 공시방법까지 마련된 셈이므로, 이를 양도한 경우에는 양도인과 양수인의 공동신청으로 그 가등기상의 권리의 이전등기를 가등기에 대한 부기등기의 형식으로 경료할 수 있다고 보아야 한다(대판 1998.11.19, 98다24105).
② 부동산등기법 제88조에서 말하는 가등기의 대상인 청구권은 동법 제3조에 규정된 물권 또는 부동산임차권의 변동을 목적으로 하는 청구권을 말하는 것이라 할 것이므로 물권적 청구권 보전을 위한 가등기는 인정되지 않지만, 채권적 청구권인 저당권설정등기청구권을 보전하기 위한 가등기는 인정된다.
③ 가등기는 그 성질상 본등기의 순위보전의 효력만이 있어 후일 본등기가 경료된 때에는 본등기의 순위가 가등기한 때로 소급하는 것뿐이지 본등기에 의한 물권변동의 효력이 가등기한 때로 소급하여 발생하는 것은 아니다(대판 1992.9.25, 92다21258).
④ 가등기가 가등기권리자의 의사에 의하지 아니하고 말소되어 그 말소등기가 원인 무효인 경우에는 등기상 이해관계 있는 제3자는 그의 선의, 악의를 묻지 아니하고 가등기권리자의 회복등기절차에 필요한 승낙을 할 의무가 있으므로, 가등기가 부적법하게 말소된 후 가처분등기, 근저당권 설정등기, 소유권이전등기를 마친 제3자는 가등기의 회복등기절차에서 등기상 이해관계 있는 제3자로서 승낙의무가 있다(대판 1997.9.30, 95다39526).
⑤ 가등기에 기하여 본등기가 된 때에는 본등기의 순위가 가등기한 때로 소급함으로써 가등기 후 본등기 전에 이루어진 중간처분이 본등기보다 후순위로 되어 실효되는 것이므로 가등기에 기한 본등기청구와 단순한 소유권이전등기청구는 비록 그 등기원인이 동일하다고 하더라도 이는 서로 다른 청구로 보아야 한다(대판 1994.4.26, 92다34100).

08 甲소유의 X토지에 乙명의로 소유권이전청구권을 보전하기 위한 가등기를 한 경우에 관한 설명으로 옳은 것은? (다툼이 있으면 판례에 따름) ▶ 2020 감정평가사

① 乙은 부기등기의 형식으로는 가등기된 소유권이전청구권을 양도하지 못한다.
② 가등기가 있으면 乙이 甲에게 소유권이전을 청구할 법률관계가 있다고 추정된다.
③ 乙이 가등기에 기하여 본등기를 하면 乙은 가등기한 때부터 X토지의 소유권을 취득한다.
④ 가등기 후에 甲이 그의 채권자 丙에게 저당권을 설정한 경우, 가등기에 기하여 본등기를 마친 乙은 丙에 대하여 물상보증인의 지위를 가진다.
⑤ 乙이 별도의 원인으로 X토지의 소유권을 취득한 때에는, 특별한 사정이 없으면 가등기로 보전된 소유권이전청구권은 소멸하지 않는다.

[정답해설]
① 가등기는 원래 순위를 확보하는 데에 그 목적이 있으나, 순위 보전의 대상이 되는 물권변동의 청구권은 그 성질상 양도될 수 있는 재산권일 뿐만 아니라 가등기로 인하여 그 권리가 공시되어 결과적으로 공시방법까지 마련된 셈이므로, 이를 양도한 경우에는 양도인과 양수인의 공동신청으로 그 가등기상의 권리의 이전등기를 가등기에 대한 부기등기의 형식으로 경료할 수 있다고 보아야 한다(대판 1998.11.19. 98다24105).
② 소유권이전청구권 보전을 위한 가등기가 경료되어 있다 하더라도 소유권이전등기를 청구할 어떤 법률관계가 있다고 추정되지 아니한다(대판 1979.5.22. 79다239).
③ 가등기는 그 성질상 본등기의 순위보전의 효력만이 있어 후일 본등기가 경료된 때에는 본등기의 순위가 가등기한 때로 소급하는 것뿐이지 본등기에 의한 물권변동의 효력이 가등기한 때로 소급하여 발생하는 것은 아니다(대판 1992.9.25. 92다21258). 따라서 乙이 가등기에 기하여 본등기를 하면 乙은 본등기한 때부터 X토지의 소유권을 취득한다.
④ 소유권이전청구권보전을 위한 가등기는 부동산의 물권변동에 있어 순위보전의 효력이 있는 것이므로 그 가등기에 기한 소유권이전의 본등기를 한 경우에는 그 가등기 후에 경료된 근저당권설정등기와 경매신청의 기입등기는 가등기권자의 본등기 취득으로 인한 등기순위와 물권의 배타성에 의하여 실질적으로 등기의 효력을 상실한다 할 것이니 등기공무원은 부동산등기법 제175조 내지 제177조 및 제55조 제2호에 의하여 가등기 후에 한 제3자(본건의 재항고인)의 본건 추가근저당권설정등기 및 경매신청의 기입등기를 직권으로 말소할 수 있는 것이라고 할 것이고 위 경매신청의 기입등기가 경매법원의 촉탁에 의하여 하여진 것이라거나 집행법원의 소론 경매개시결정의 취소가 없다 하여도 위 이론에 소장이 있을 수는 없는 것이다(대판 1975.12.27. 74마100). 따라서 가등기 후에 甲이 그의 채권자 丙에게 저당권을 설정한 경우, 가등기에 기하여 본등기를 마치면 중간처분인 丙의 저당권은 직권 말소되므로 乙은 丙에게 어떠한 책임도 없다.
⑤ 가등기에 기하여 본등기가 된 때에는 본등기의 순위가 가등기한 때로 소급함으로써 가등기 후 본등기 전에 이루어진 중간처분이 본등기보다 후순위로 되어 실효되는 것이므로 가등기에 기한 본등기청구와 단순한 소유권이전등기청구는 비록 그 등기원인이 동일하다고 하더라도 이는 서로 다른 청구로 보아야 한다(대판 1994.4.26. 92다34100). 따라서 乙이 별도의 원인으로 X토지의 소유권을 취득한 때에는, 특별한 사정이 없으면 가등기로 보전된 소유권이전청구권은 소멸하지 않는다.

▶ 정답 07 ② 08 ⑤

09 중간생략등기에 관한 설명으로 옳지 않은 것은? (다툼이 있으면 판례에 따름) ▶ 2015 감정평가사
① 중간생략등기의 합의는 순차적 또는 묵시적으로 할 수 있다.
② 중간생략등기의 합의가 있더라도 최초매도인과 최종매수인 사이에 매매계약이 체결되었다고 볼 수는 없다.
③ 중간생략등기의 합의가 있다고 하여 최초매도인이 매매계약상 상대방에 대하여 가지는 대금청구권의 행사가 제한되는 것은 아니다.
④ 관계당사자 전원의 의사합치가 없어도 중간자의 동의가 있다면 최종매수인은 최초매도인을 상대로 직접 중간생략등기를 청구할 수 있다.
⑤ 중간생략등기가 당사자 사이에 적법한 등기원인에 기하여 이미 경료되었다면, 중간생략등기의 합의가 없었음을 들어 그 등기의 말소를 구할 수는 없다.

[정답해설]
① 소유권이전등기 소요 서류 등에 매수인란을 백지로 하여 교부한 경우에는 소유권이전등기에 있어 묵시적 그리고 순차적으로 중간등기 생략의 합의가 있었다고 봄이 상당하다(대판 1982.7.13, 81다254).
② 중간생략등기의 합의란 부동산이 전전 매도된 경우 각각의 매매계약이 유효하게 성립함을 전제로 그 이행의 편의상 최초의 매도인으로부터 최종의 매수인 앞으로 소유권이전등기를 경료하기로 한다는 당사자 사이의 합의에 불과할 뿐, 최초의 매도인과 최종의 매수인 사이에 매매계약이 체결되었다는 것을 의미하는 것은 아니므로, 최초매도인과 최종매수인 사이에 매매계약이 체결되었다고 볼 수 없고, 설사 최종매수인이 자신과 최초매도인을 매매당사자로 하는 토지거래허가를 받아 자신 앞으로 소유권이전등기를 경료하였더라도 그러한 최종매수인 명의의 소유권이전등기는 적법한 토지거래허가 없이 경료된 등기로서 무효이다(대판 1997.11.11, 97다33218).
③ 중간생략등기의 합의란 부동산이 전전 매도된 경우 각 매매계약이 유효하게 성립함을 전제로 그 이행의 편의상 최초의 매도인으로부터 최종의 매수인 앞으로 소유권이전등기를 경료하기로 한다는 당사자 사이의 합의에 불과할 뿐이므로, 이러한 합의가 있다고 하여 최초의 매도인이 자신이 당사자가 된 매매계약상의 매수인인 중간자에 대하여 갖고 있는 매매대금청구권의 행사가 제한되는 것은 아니다(대판 2005.4.29, 2003다66431).
④ 부동산의 양도계약이 순차 이루어져 최종 양수인이 중간생략등기의 합의를 이유로 최초 양도인에게 직접 그 소유권이전등기청구권을 행사하기 위하여는 관계당사자 전원의 의사합치, 즉 중간생략등기에 대한 최초 양도인과 중간자의 동의가 있는 외에 최초의 양도인과 최종의 양수인 사이에도 그 중간등기생략의 합의가 있었음이 요구된다(대판 1994.5.24, 93다47738).
⑤ 최종 양수인이 중간생략등기의 합의를 이유로 최초 양도인에게 직접 중간생략등기를 청구하기 위하여는 관계당사자 전원의 의사합치가 필요하지만, 당사자 사이에 적법한 원인행위가 성립되어 일단 중간생략등기가 이루어진 이상 중간생략등기에 관한 합의가 없었다는 이유만으로는 중간생략등기가 무효라고 할 수는 없다(대판 2005.9.29, 2003다40651).

10 중간생략등기에 관한 설명으로 옳지 않은 것은? (다툼이 있으면 판례에 따름)

▶ 2016 감정평가사

① 甲이 신축한 건물을 乙이 매수한 후, 당사자들의 합의에 따라 경료된 乙 명의의 보존등기는 유효하다.
② 토지거래허가구역 내 토지가 甲에서 乙, 乙에서 丙으로 매도되고 중간생략등기의 합의가 있더라도, 丙이 자신과 甲을 매매 당사자로 하는 토지거래허가를 받아 丙 앞으로 경료된 소유권이전등기는 무효이다.
③ 매도인 甲, 중간매수인 乙, 최후매수인 丙 사이에 중간생략등기에 대한 전원의 합의가 없는 경우, 丙은 甲에 대하여 직접 자기에게 이전등기를 청구할 수 없다.
④ 매도인 甲, 중간매수인 乙, 최후매수인 丙이 甲으로부터 丙으로 이전등기를 해주기로 전원 합의한 경우, 乙이 대금을 지급하지 않더라도 甲은 丙에게 소유권이전등기를 해주어야 한다.
⑤ 매도인 甲, 중간매수인 乙, 최후매수인 丙이 甲으로부터 丙으로 이전등기를 해주기로 전원 합의한 경우에도 乙은 甲에 대한 등기청구권을 잃지 않는다.

[정답해설]

① 미등기건물을 등기할 때에는 소유권을 원시취득한 자 앞으로 소유권보존등기를 한 다음 이를 양수한 자 앞으로 이전등기를 함이 원칙이라 할 것이나, 원시취득자와 승계취득자 사이의 합치된 의사에 따라 그 주차장에 관하여 승계취득자 앞으로 직접 소유권보존등기를 경료하게 되었다면, 그 소유권보존등기는 실체적 권리관계에 부합되어 적법한 등기로서의 효력을 가진다(대판 1995.12.26, 94다44675). 따라서 건물을 신축한 원시취득자 甲으로부터 乙이 매수한 후, 당사자들의 합의에 따라 경료된 乙 명의의 보존등기는 실체적 권리관계에 부합되어 적법한 등기로서 유효하다.
② 국토계획법의 규정이 효력규정이기 때문에 설사 최종 매수인이 자신과 최초 매도인을 매매당사자로 하는 토지거래허가를 받아 자신 앞으로 소유권이전등기를 경료하였더라도 그러한 최종 매수인 명의의 소유권이전등기는 적법한 토지거래허가 없이 경료된 등기로서 무효이다(대판 1997.3.14, 96다22464).
③ 부동산이 전전 양도된 경우에 중간생략등기의 합의가 없는 한 그 최종 양수인은 최초 양도인에 대하여 직접 자기 명의로의 소유권이전등기를 청구할 수 없고, 부동산의 양도계약이 순차 이루어져 최종 양수인이 중간생략등기의 합의를 이유로 최초 양도인에게 직접 그 소유권이전등기 청구권을 행사하기 위하여는 관계 당사자 전원의 의사합치, 즉 중간생략등기에 대한 최초 양도인과 중간자의 동의가 있는 외에 최초 양도인과 최종 양수인 사이에도 그 중간등기 생략의 합의가 있었음이 요구되므로, 비록 최종 양수인이 중간자로부터 소유권이전등기 청구권을 양도받았다고 하더라도 최초 양도인이 그 양도에 대하여 동의하지 않고 있다면 최종 양수인은 최초 양도인에 대하여 채권양도를 원인으로 하여 소유권이전등기 절차 이행을 청구할 수 없다(대판 1995.8.22, 95다15575).
④ 중간생략등기의 합의란 부동산이 전전 매도된 경우 각 매매계약이 유효하게 성립함을 전제로 그 이행의 편의상 최초의 매도인으로부터 최종의 매수인 앞으로 소유권이전등기를 경료하기로 한다는 당사자 사이의 합의에 불과할 뿐이므로, 이러한 합의가 있다고 하여 최초의 매도인이 자신이 당사자가 된 매매계약상의 매수인인 중간자에 대하여 갖고 있는 매매대금청구권의 행사가 제한되는 것은 아니다. 따라서 최초 매도인과 중간 매수인, 중간 매수인과 최종 매수인 사이에 순차로 매매계약이 체결되고 이들 간에 중간생략등기의 합의가

▶ 정답 09 ④ 10 ④

있은 후에 최초 매도인과 중간 매수인 간에 매매대금을 인상하는 약정이 체결된 경우, 최초 매도인은 인상된 매매대금이 지급되지 않았음을 이유로 최종 매수인 명의로의 소유권이전등기의무의 이행을 거절할 수 있다(대판 2005.4.29, 2003다66431).
⑤ 중간생략등기의 합의가 있었다 하더라도 이러한 합의는 중간등기를 생략하여도 당사자 사이에 이의가 없겠고 또 그 등기의 효력에 영향을 미치지 않겠다는 의미가 있을 뿐이지 그러한 합의가 있었다 하여 중간매수인의 소유권이전등기청구권이 소멸된다거나 첫 매도인의 그 매수인에 대한 소유권이전등기의무가 소멸되는 것은 아니라 할 것이다(대판 1991.12.13, 91다18316).

11
X 부동산을 甲으로부터 매수한 乙은 이전등기를 경료하지 않은 채 丙에게 그 부동산을 매도하였고 현재 丙은 이를 점유하여 사용·수익하고 있다. 다음 설명 중 옳지 않은 것은? (다툼이 있는 경우에는 판례에 의함)   ▶ 2012 감정평가사

① 3자간 중간생략등기의 합의가 있더라도 甲과 丙 사이에 토지거래허가를 받아 甲에서 丙 앞으로 직접 경료된 소유권이전등기는 무효이다.
② 甲과 丙 사이에 물권적 합의가 없더라도 중간생략등기에 관한 3자 합의가 있다면, 丙은 甲에 대하여 직접 자신의 명의로 이전등기를 청구할 수 있다.
③ 중간생략등기의 합의가 있은 후 甲과 乙 사이에 매매대금을 인상하는 약정이 체결된 경우, 인상된 매매대금이 지급되지 않았음을 이유로 甲은 丙에 대한 소유권이전등기의무의 이행을 거절할 수 없다.
④ 이미 甲에서 丙으로 소유권이전등기가 경료된 경우, 중간생략등기에 관한 합의가 없었다는 이유만으로는 중간생략등기가 무효라고 할 수 없다.
⑤ 乙의 甲에 대한 이전등기청구권은 중간생략등기의 합의가 있는 경우에도 소멸되지 않는다.

[정답해설]
① 국토계획법의 규정이 효력규정이기 때문에 3자간 중간생략등기의 합의가 있더라도 甲과 丙 사이에 토지거래허가를 받아 甲에서 丙 앞으로 직접 경료된 소유권이전등기는 무효이다(대판 1997.3.14, 96다22464 등).
② 甲과 丙 사이에 물권적 합의가 없더라도 중간생략등기에 관한 3자 합의가 있다면, 丙은 甲에 대하여 직접 자신의 명의로 이전등기를 청구할 수 있다(대판 1995.8.22, 95다15575).
③ 중간생략등기의 합의란 부동산이 전전 매도된 경우 각 매매계약이 유효하게 성립함을 전제로 그 이행의 편의상 최초의 매도인으로부터 최종의 매수인 앞으로 소유권이전등기를 경료하기로 한다는 당사자 사이의 합의에 불과할 뿐이므로, 이러한 합의가 있다고 하여 최초의 매도인이 자신이 당사자가 된 매매계약상의 매수인인 중간자에 대하여 갖고 있는 매매대금청구권의 행사가 제한되는 것은 아니다. 따라서 최초 매도인과 중간 매수인, 중간 매수인과 최종 매수인 사이에 순차로 매매계약이 체결되고 이들 간에 중간생략등기의 합의가 있은 후에 최초 매도인과 중간 매수인 간에 매매대금을 인상하는 약정이 체결된 경우, 최초 매도인은 인상된 매매대금이 지급되지 않았음을 이유로 최종 매수인 명의로의 소유권이전등기의무의 이행을 거절할 수 있다(대판 2005.4.29, 2003다66431).
④ 이미 甲에서 丙으로 소유권이전등기가 경료된 경우, 중간생략등기에 관한 합의가 없었다는 이유만으로는 중간생략등기가 무효라고 할 수 없다(대판 1979.7.10, 79다847).
⑤ 乙의 甲에 대한 이전등기청구권은 중간생략등기의 합의가 있는 경우에도 소멸되지 않는다(대판 1991.12.13, 91다18316).

12 무효등기의 유용에 관한 설명으로 옳지 않은 것은? (다툼이 있으면 판례에 따름)

▶ 2019 감정평가사

① 무효등기의 유용에 관한 합의 내지 추인은 묵시적으로도 이루어질 수 있다.
② 실질관계의 소멸로 무효로 된 등기의 유용은 그 등기를 유용하기로 하는 합의가 이루어지기 전에 등기상 이해관계가 있는 제3자가 생기지 않은 경우에는 허용된다.
③ 유용할 수 있는 등기에는 가등기도 포함된다.
④ 기존건물이 전부 멸실된 후 그곳에 새로이 건축한 건물의 물권변동에 관한 등기를 위해 멸실된 건물의 등기를 유용할 수 있다.
⑤ 무효인 등기를 유용하기로 한 약정을 하더라도, 무효의 등기가 있은 때로 소급하여 유효한 등기로 전환될 수 없다.

정답해설

① 무효등기의 유용에 관한 합의 내지 추인은 묵시적으로도 이루어질 수 있으나, 위와 같은 묵시적 합의 내지 추인을 인정하려면 무효등기 사실을 알면서 장기간 이의를 제기하지 아니하고 방치한 것만으로는 부족하고, 그 등기가 무효임을 알면서도 유효함을 전제로 기대되는 행위를 하거나 용태를 보이는 등 무효등기를 유용할 의사에서 비롯되어 장기간 방치된 것이라고 볼 수 있는 특별한 사정이 있어야 한다(대판 2007.1.11, 2006다50055).
② 판례는 사항란에 있어 무효등기의 유용에 관하여 '제한적 유효설'을 취하는 바, 실질관계의 소멸로 무효로 된 등기의 유용은 그 등기를 유용하기로 하는 합의가 이루어지기 전에 등기상 이해관계가 있는 제3자가 생기지 않은 경우에는 허용된다고 한다(대판 2002.12.6, 2001다2846).
③ 당사자가 실체적 권리의 소멸로 인하여 무효로 된 가등기를 이용하여 거래를 하기로 하였다면 그 구등기에 부합하는 가등기설정계약의 합의가 있어 구등기를 유용하기로 하고 거래를 계속하기로 한 취의라고 해석함이 타당하여 위 등기유용합의 이전에 등기상 이해관계 있는 제3자가 나타나지 않는 한 위 가등기는 원래의 담보채무 소멸 후에도 유효하게 존속한다(대판 1986.12.9, 86다카716). → 무효등기의 유용은 본등기에 대하여만 인정되는 것이 아니고 가등기의 경우에도 인정된다.
④ 판례는 '무효등기의 유용'과 관련하여 표제부의 유용은 허용되지 않는다고 한다. 즉 판례는 "멸실된 건물과 신축된 건물이 위치나 기타 여러 가지 면에서 서로 같다고 하더라도 그 두 건물이 동일한 건물이라고는 할 수 없으므로 신축건물의 물권변동에 관한 등기를 멸실건물의 등기부에 등재하여도 그 등기는 무효이고 가사 신축건물의 소유자가 멸실건물의 등기를 신축건물의 등기로 전용할 의사로써 멸실건물의 등기부상 표시를 신축건물의 내용으로 표시 변경 등기를 하였다고 하더라도 그 등기가 무효임에는 변함이 없다"고 한다(대판 1980.11.11, 80다441).
⑤ 등기유용이 허용될 수 있는 요건을 갖춘 경우, 무효인 등기는 유효인 등기로서 물권을 공시하며 그에 상응하는 물권이 발생한다. 물권의 발생시점에 대해서 등기유용이 소급효를 갖는지가 문제되나, 그 요건을 갖춘 때에 비로소 물권발생의 효과가 발생하고 그 무효등기가 처음 기재된 때로 물권발생의 효과가 소급하는 것은 아니다.

▶ 정답 11 ③ 12 ④

13 등기의 유효요건에 관한 설명으로 옳지 않은 것은? (다툼이 있으면 판례에 의함)

▶ 2014 감정평가사

① 중복된 소유권보존등기의 등기명의인이 동일인이 아닌 경우, 선등기가 원인무효가 아닌 한 후등기는 무효이다.
② 무효등기의 유용에 관한 추인은 언제나 명시적으로 이루어져야 한다.
③ 무효인 중복등기에 터 잡은 등기부시효취득은 인정되지 않는다.
④ 중간생략등기의 사법상 효력이 모든 경우에 부정되는 것은 아니다.
⑤ 소유권에 관한 등기가 적법한 원인 없이 말소되더라도 원칙적으로 그 소유권의 효력에는 아무런 영향을 미치지 않는다.

정답해설

① 동일 부동산에 관하여 등기명의인을 달리하여 중복된 소유권보존등기가 경료된 경우에는, 먼저 이루어진 소유권보존등기가 원인무효가 되지 아니하는 한, 뒤에 된 소유권보존등기는 실체권리관계에 부합하는지의 여부를 따질 필요도 없이 무효이다(대판(전) 1996.10.17, 96다12511).

> 비교 동일 부동산에 관하여 등기명의인을 달리하여 중복하여 보존등기가 이루어진 경우와는 달리, 동일인 명의로 소유권보존등기가 중복되어 있는 경우에는, 먼저 경료된 등기가 유효하고 뒤에 경료된 중복등기는 그것이 실체관계에 부합하는 여부를 가릴 것 없이 무효이다(대판 1981.11.18, 81다13401).

② 무효등기의 유용에 관한 합의 내지 추인은 묵시적으로도 이루어질 수 있으나, 위와 같은 묵시적 합의 내지 추인을 인정하려면 무효등기 사실을 알면서 장기간 이의를 제기하지 아니하고 방치한 것만으로는 부족하고 그 등기가 무효임을 알면서도 유효함을 전제로 기대되는 행위를 하거나 용태를 보이는 등 무효등기를 유용할 의사에서 비롯되어 장기간 방치된 것이라고 볼 수 있는 특별한 사정이 있어야 한다(대판 2007.1.11, 2006다50055).

③ 민법 제245조 제2항은 부동산의 소유자로 등기한 자가 10년간 소유의 의사로 평온·공연하게 선의이며 과실 없이 그 부동산을 점유한 때에는 소유권을 취득한다고 규정하고 있는바, 위 법 조항의 '등기'는 부동산등기법 제15조가 규정한 1부동산 1등기기록주의에 위배되지 아니한 등기를 말하므로, 어느 부동산에 관하여 등기명의인을 달리하여 소유권보존등기가 2중으로 경료된 경우 먼저 이루어진 소유권보존등기가 원인무효가 아니어서 뒤에 된 소유권보존등기가 무효로 되는 때에는, 뒤에 된 소유권보존등기나 이에 터 잡은 소유권이전등기를 근거로 하여서는 등기부취득시효의 완성을 주장할 수 없다(대판(전) 1996.10.17, 96다12511).

④ 당사자 사이에 적법한 원인행위가 성립되어 중간생략등기가 이루어진 이상, 중간생략등기에 관한 합의가 없었다는 사유만으로는 그 소유권이전등기를 무효라고 할 수 없다(대판 1979.7.10, 79다847 등).

⑤ 등기는 물권의 효력 발생요건이고 효력 존속요건이 아니므로 물권에 관한 등기가 원인 없이 말소된 경우에 그 물권의 효력에는 아무런 영향을 미치지 않는다고 봄이 타당한 바, 등기공무원이 관할지방법원의 명령에 의하여 소유권이전등기를 직권으로 말소하였으나 그 후 동 명령이 취소 확정된 경우에는 말소등기는 결국 원인 없이 경료된 등기와 같이 되어 말소된 소유권이전등기는 회복되어야 하고 회복등기를 마치기 전이라도 말소된 소유권이전등기의 최종명의인은 적법한 권리자로 추정된다(대판 1982.9.14, 81다카923).

14 등기의 유효요건에 관한 설명으로 옳지 않은 것은? (다툼이 있으면 판례에 따름)

▶ 2023 감정평가사

① 물권에 관한 등기가 원인 없이 말소되더라도 특별한 사정이 없는 한 그 물권의 효력에는 영향을 미치지 않는다.
② 미등기건물의 승계취득자가 원시취득자와의 합의에 따라 직접 소유권보존등기를 마친 경우, 그 등기는 실체관계에 부합하는 등기로서 유효하다.
③ 멸실된 건물의 보존등기를 멸실 후에 신축된 건물의 보존등기로 유용할 수 없다.
④ 중복된 소유권보존등기의 등기명의인이 동일인이 아닌 경우, 선등기가 원인무효가 아닌 한 후등기는 무효이다.
⑤ 토지거래허가구역 내의 토지에 대한 최초매도인과 최후매수인 사이의 중간생략등기에 관한 합의만 있더라도, 그에 따라 이루어진 중간생략등기는 실체관계에 부합하는 등기로서 유효하다.

정답해설

① 등기는 물권의 효력 발생요건이고 효력 존속요건이 아니므로 물권에 관한 등기가 원인 없이 말소된 경우에 그 물권의 효력에는 아무런 영향을 미치지 않는다고 봄이 타당한 바, 등기공무원이 관할지방법원의 명령에 의하여 소유권이전등기를 직권으로 말소하였으나 그 후 동 명령이 취소 확정된 경우에는 말소등기는 결국 원인 없이 경료된 등기와 같이 되어 말소된 소유권이전등기는 회복되어야 하고 회복등기를 마치기 전이라도 말소된 소유권이전등기의 최종명의인은 적법한 권리자로 추정된다(대판 1982.9.14, 81다카923).
② 미등기건물을 등기할 때에는 소유권을 원시취득한 자 앞으로 소유권보존등기를 한 다음 이를 양수한 자 앞으로 이전등기를 함이 원칙이라 할 것이나, 원시취득자와 승계취득자 사이의 합치된 의사에 따라 그 주차장에 관하여 승계취득자 앞으로 직접 소유권보존등기를 경료하게 되었다면, 그 소유권보존등기는 실체적 권리관계에 부합되어 적법한 등기로서의 효력을 가진다(대판 1995.12.26, 94다44675).
③ 판례는 '무효등기의 유용'과 관련하여 표제부의 유용은 허용되지 않는다고 한다. 즉 판례는 "멸실된 건물과 신축된 건물이 위치나 기타 여러 가지 면에서 서로 같다고 하더라도 그 두 건물이 동일한 건물이라고는 할 수 없으므로 신축건물의 물권변동에 관한 등기를 멸실건물의 등기부에 등재하여도 그 등기는 무효이고 가사 신축건물의 소유자가 멸실건물의 등기를 신축건물의 등기로 전용할 의사로써 멸실건물의 등기부상 표시를 신축건물의 내용으로 표시 변경 등기를 하였다고 하더라도 그 등기가 무효임에는 변함이 없다"고 한다(대판 1980.11.11, 80다441).
④ 동일 부동산에 관하여 등기명의인을 달리하여 중복된 소유권보존등기가 경료된 경우에는, 먼저 이루어진 소유권보존등기가 원인무효가 되지 아니하는 한, 뒤에 된 소유권보존등기는 실체권리관계에 부합되는지의 여부를 따질 필요도 없이 무효이다(대판(전) 1996.10.17, 96다12511).

> **비교** 동일 부동산에 관하여 등기명의인을 달리하여 중복하여 보존등기가 이루어진 경우와 달리, 동일인 명의로 소유권보존등기가 중복되어 있는 경우에는, 먼저 경료된 등기가 유효하고 뒤에 경료된 중복등기는 그것이 실체관계에 부합하는 여부를 가릴 것 없이 무효이다(대판 1981.11.18, 81다13401).

▶ 정답 13 ② 14 ⑤

⑤ 중간생략등기의 합의란 부동산이 전전 매도된 경우 각각의 매매계약이 유효하게 성립함을 전제로 그 이행의 편의상 최초의 매도인으로부터 최종의 매수인 앞으로 소유권이전등기를 경료하기로 한다는 당사자 사이의 합의에 불과할 뿐, 최초의 매도인과 최종의 매수인 사이에 매매계약이 체결되었다는 것을 의미하는 것은 아니므로, 최초매도인과 최종매수인 사이에 매매계약이 체결되었다고 볼 수 없고, 설사 최종매수인이 자신과 최초매도인을 매매당사자로 하는 토지거래허가를 받아 자신 앞으로 소유권이전등기를 경료하였더라도 그러한 최종매수인 명의의 소유권이전등기는 적법한 토지거래허가 없이 경료된 등기로서 무효이다(대판 1997.11.11, 97다33218).

15 명인방법에 관한 설명으로 옳지 않은 것은? (다툼이 있으면 판례에 따름) ▶ 2016 감정평가사

① 관습법상의 공시방법이다.
② 수확되지 아니한 농작물에 대해서도 인정된다.
③ 토지의 지상물이 독립된 물건이며 현재의 소유자가 누구라는 것을 명시하여야 한다.
④ 명인방법으로 양도담보를 공시할 수 없다.
⑤ 건물 이외의 지상물을 토지 또는 원물과 분리하지 않은 채 독립된 거래객체로 하는 데 이용된다.

[정답해설]
① 명인방법이란 수목의 집단이나 미분리 과실의 소유권이 누구에게 있다는 것을 제3자로 하여금 명백히 인식하게 하는 방법으로서 관습법상의 공시방법을 말한다.
② 물권변동에 있어서 형식주의를 채택하고 있는 현행 민법 하에서는 소유권을 이전한다는 의사 외에 부동산에 있어서는 등기를, 동산에 있어서는 인도를 필요로 함과 마찬가지로 이 사건 쪽파와 같은 수확되지 아니한 농작물에 있어서는 명인방법을 실시함으로써 그 소유권을 취득한다(대판 1996.2.23, 95도2754).
③ 명인방법은 지상물이 독립된 물건이며 현재의 소유자가 누구라는 것이 명시되어야 하므로, 법원의 검증 당시 재판장의 수령 10년 이상 된 수목을 흰 페인트칠로 표시하라는 명에 따라 측량감정인이 이 사건 포푸라의 표피에 흰 페인트칠을 하고 편의상 그 위에 일련번호를 붙인 경우에는 제3자에 대하여 이 사건 포푸라에 관한 소유권이 원고들에게 있음을 공시한 명인방법으로 볼 수 없다(대판 1990.2.13, 89다카23022).
④ 명인방법에 의해 공시되는 물권은 소유권 및 소유권이전 형식에 의한 양도담보에 한한다. 다만 저당권은 공시내용이 복잡하기 때문에 부정된다.
⑤ 명인방법은 건물이외의 토지 정착물을 토지와 분리하지 않은 채로 토지소유권으로부터 분리하여 그 자체를 독립적으로 거래목적으로 이용하는 관습법상의 공시방법이다.

16 甲은 乙 소유 토지 위에 식재된 입목등기가 되어 있지 않은 소나무 50그루에 대하여 매매계약 체결과 동시에 소유권을 이전받기로 약정하였다. 甲은 계약체결 후 잔금을 지급하지 않은 채 乙의 동의하에 소나무 50그루에 각각 '소유자 甲'이라는 표기를 써서 붙였다. 이후 乙은 이 소나무를 丙에게 이중으로 매도하였다. 이에 관한 설명으로 옳은 것은? (다툼이 있으면 판례에 따름)
▶ 2017 감정평가사

① 乙은 여전히 소나무에 대하여 소유권을 가진다.
② 甲은 소나무에 대하여 입목등기 없이 소유권을 취득한다.
③ 丙이 乙과의 계약에 의해 명인방법을 갖추면 丙이 소유권을 취득한다.
④ 甲은 명인방법을 통해 소나무에 대하여 저당권을 설정할 수 있다.
⑤ 甲은 소나무에 대하여 입목등기 없이 丙에게 대항할 수 없다.

정답해설

①, ②, ⑤ 명인방법이란 수목의 집단이나 미분리 과실의 소유권이 누구에게 있다는 것을 제3자로 하여금 명백히 인식하게 하는 방법으로서 관습법상의 공시방법을 말한다. 판례는 명인방법의 실시는 법률행위가 아니며 목적물인 입목이 특정인의 소유라는 사실을 공시하는 팻말의 설치로 다른 사람이 그것을 식별할 수 있으면 명인방법으로서는 충분한 것이라고 한다(대판 1989.10.13, 89다카9064). 따라서 甲은 乙과 매매계약 체결과 동시에 소유권을 이전받기로 약정하고 소나무 50그루에 각각 '소유자 甲'이라는 표기를 써서 붙였으므로 명인방법을 갖춘 것이다. 이는 제186조의 물권변동요건인 채권계약, 물권적 합의, 공시방법이 모두 인정되어 甲은 소유권을 취득한다. 그러므로 甲은 소나무에 대하여 입목등기 없이 丙에게 대항할 수 있고 乙은 소유권을 상실하였다.

③ 乙은 소유권을 상실하였으므로 丙에서 소유권을 이전할 수 있는 처분권이 없다. 따라서 丙은 乙로부터 소유권을 취득할 수 없다.

④ 명인방법에 의해 공시되는 물권은 소유권 및 소유권이전 형식에 의한 양도담보에 한한다. 즉 입목등기와 달리 저당권은 공시내용이 복잡하기 때문에 부정된다.

비교 입목등기 : 소유권, 저당권 모두 공시가능
명인방법 : 소유권만 공시 ○, 저당권 공시 ×

▶ 정답 15 ④ 16 ②

17 부동산 등기에 관한 설명으로 옳은 것은? (다툼이 있으면 판례에 따름) ▶ 2015 감정평가사
① 등기에 공신력이 인정된다.
② 지상권 설정등기가 불법 말소된 경우 그 지상권은 소멸한다.
③ 동일인 명의로 보존등기가 중복된 경우 후등기가 무효이다.
④ 멸실된 건물의 보존등기를 그 대지 위에 신축한 건물의 보존등기로 유용할 수 있다.
⑤ 매매를 원인으로 하여 甲에서 乙 앞으로 마쳐진 소유권이전등기에 대해 甲이 매매의 부존재를 이유로 그 말소를 청구하는 경우, 乙은 등기의 추정력을 주장할 수 없다.

[정답해설]
① 부동산등기에는 공신력이 인정되지 아니하므로, 부동산의 소유권이전등기가 불실등기인 경우 그 불실등기를 믿고 부동산을 매수하여 소유권이전등기를 경료하였다 하더라도 그 소유권을 취득한 것으로 될 수 없고, 부동산에 관한 소유권이전등기가 무효라면 이에 터 잡아 이루어진 근저당권설정등기는 특별한 사정이 없는 한 무효이며, 무효인 근저당권에 기하여 진행된 임의경매절차에서 부동산을 경락받았다 하더라도 그 소유권을 취득할 수 없다(대판 2009.2.26, 2006다72802).
② 등기는 물권의 효력발생요건이고, 효력존속요건이 아니다. 따라서 물권에 관한 등기가 원인 없이 말소된 때에도 그 물권의 효력에는 영향이 없다(대판 1982.9.14, 81다카923).
③ 동일 부동산에 관하여 등기명의인을 달리하여 중복하여 보존등기가 이루어진 경우와는 달리, 동일인 명의로 소유권보존등기가 중복되어 있는 경우에는, 먼저 경료된 등기가 유효하고 뒤에 경료된 중복등기는 그것이 실체관계에 부합하는 여부를 가릴 것 없이 무효이다(대판 1981.11.18, 81다13401).
④ 판례는 '무효등기의 유용'과 관련하여 표제부의 유용은 허용되지 않는다고 한다. 즉 멸실된 건물과 신축된 건물이 위치나 기타 여러가지 면에서 서로 같다고 하더라도 그 두 건물이 동일한 건물이라고는 할 수 없으므로 신축건물의 물권변동에 관한 등기를 멸실건물의 등기부에 등재하여도 그 등기는 무효이고 가사 신축건물의 소유자가 멸실건물의 등기를 신축건물의 등기로 전용할 의사로써 멸실건물의 등기부상 표시를 신축건물의 내용으로 표시 변경 등기를 하였다고 하더라도 그 등기가 무효임에는 변함이 없다(대판 1980.11.11, 80다441).
⑤ 이전등기명의자는 제3자뿐만 아니라, 그 전 소유자에 대하여는 적법한 등기원인에 의하여 소유권을 취득한 것이라는 등기의 추정력을 주장할 수 있다(대판 1982.6.22, 81다792 등). 따라서 매매를 원인으로 하여 현 이전등기명의자 乙은 전 소유자 甲이 매매의 부존재를 이유로 그 말소를 청구하는 경우, 乙은 등기의 추정력을 주장할 수 있다

> [비교] 보존등기의 경우 당사자 간의 추정력이 인정되지 않는다. 즉, 보존등기명의인은 양수했다고 주장하나 상대방은 양도사실을 부인하는 경우 보존등기의 추정력은 인정되지 않는다.

18 등기의 추정력에 관한 설명으로 옳지 않은 것은? (다툼이 있으면 판례에 의함)

▶ 2013 감정평가사

① 소유권에 관한 등기에는 권리의 추정력이 있으므로 이를 다투는 측에서 그 무효사유를 주장·증명하여야 한다.
② 등기절차가 적법하게 진행되지 아니한 것으로 볼 만한 의심스러운 사정이 증명된 경우에는 등기의 추정력이 깨어진다.
③ 매매를 원인으로 하는 소유권이전등기가 경료된 경우 등기 기재와 같이 매매에 의하여 등기명의인이 소유권을 취득한 것으로 추정된다.
④ 권리취득의 원인을 등기부에 기재된 취득원인과 달리 주장하는 경우 그 주장만으로는 등기의 추정력이 깨어지지 않는다.
⑤ 부동산의 등기명의자는 자신의 소유권이전등기가 유래한 전 소유자에 대하여 등기의 추정력을 주장할 수 없다.

정답해설

①, ③, ⑤ 부동산에 관하여 소유권이전등기가 마쳐져 있는 경우, 등기명의자는 제3자에 대하여서뿐만 아니라 그 전의 소유자에 대하여도 적법한 등기원인에 의하여 소유권을 취득한 것으로 추정되므로, 이를 다투는 측에서 무효사유를 주장·입증하여야 한다(대판 2013.1.10, 2010다75044). 따라서 매매를 원인으로 하는 소유권이전등기가 경료된 경우 등기 기재와 같이 매매에 의하여 등기명의인이 소유권을 취득한 것으로 추정된다.
② 부동산에 관한 등기부상 소유권이전등기가 경료되어 있는 이상 일응 그 절차 및 원인이 정당한 것이라는 추정을 받게 되고 그 절차 및 원인의 부당을 주장하는 당사자에게 이를 입증할 책임이 있는 것이나, 등기절차가 적법하게 진행되지 아니한 것으로 볼만한 의심스러운 사정이 있음이 입증되는 경우에는 그 추정력은 깨어진다(대판 2003.2.28, 2002다46256).
④ 등기원인 사실에 대한 입증이 부족하다는 이유로 그 등기를 무효라고 단정할 수 없고, 또한 등기명의자가 등기부와 다른 등기원인을 주장하였으나 그 주장 사실이 인정되지 않은 것만으로는 등기의 추정력이 깨어지는 것은 아니다(대판 1997.6.24, 97다2993 등).

19 등기의 추정력에 관한 설명으로 옳지 않은 것은? (다툼이 있으면 판례에 의함)

▶ 2025 감정평가사

① 소유권이전등기가 경료된 경우 그 등기명의자는 전소유자에 대하여도 적법한 등기원인에 의하여 소유권을 취득한 것으로 추정된다.
② 건물 소유권보존등기의 명의자가 그 건물을 신축한 것이 아니라면 그 등기의 권리추정력은 깨진다.
③ 소유권이전등기가 부적법하게 말소된 경우 말소된 등기의 명의자는 여전히 적법한 소유자로 추정된다.
④ 소유권이전등기청구권의 보전을 위한 가등기가 있는 경우 소유권이전등기를 청구할 적법한 법률관계가 있다고 추정된다.
⑤ 근저당권설정등기가 있는 경우에도 피담보채권의 성립을 위한 법률행위의 존재는 추정되지 않는다.

정답해설

① 부동산에 관하여 소유권이전등기가 마쳐져 있는 경우, 등기명의자는 제3자에 대하여서뿐만 아니라 그 전의 소유자에 대하여도 적법한 등기원인에 의하여 소유권을 취득한 것으로 추정되므로, 이를 다투는 측에서 무효사유를 주장·입증하여야 한다(대판 2013.1.10, 2010다75044, 75051).

> 비교 보존등기의 경우 당사자 간의 추정력이 인정되지 않는다. 즉, 보존등기명의인은 양수했다고 주장하나 상대방은 양도사실을 부인하는 경우 보존등기의 추정력은 인정되지 않는다.

② 신축된 건물의 소유권은 이를 건축한 사람이 원시취득하는 것이므로, 건물 소유권보존등기의 명의자가 이를 신축한 것이 아니라면 그 등기의 권리 추정력은 깨어지고, 등기 명의자가 스스로 적법하게 그 소유권을 취득한 사실을 입증하여야 한다(대판 1996.7.30, 95다30734).
③ 등기는 물권의 효력 발생 요건이고 존속 요건은 아니어서 등기가 원인 없이 말소된 경우에는 그 물권의 효력에 아무런 영향이 없고, 그 회복등기가 마쳐지기 전이라도 말소된 등기의 등기명의인은 적법한 권리자로 추정되므로 원인 없이 말소된 등기의 효력을 다투는 쪽에서 그 무효 사유를 주장·입증하여야 한다(대판 1997.9.30, 95다39526).
④ 소유권이전청구권의 보전을 위한 가등기가 있다 하여 반드시 소유권이전등기할 어떤 계약관계가 있었던 것이라 단정할 수 없으므로 소유권이전등기를 청구할 어떤 법률관계가 있다고 추정이 되는 것도 아니다(대판 1979.5.22, 79다239).
⑤ 근저당권은 그 담보할 채무의 최고액만을 정하고, 채무의 확정을 장래에 보류하여 설정하는 저당권으로서(민법 제357조 제1항), 계속적인 거래관계로부터 발생하는 다수의 불특정채권을 장래의 결산기에서 일정한 한도까지 담보하기 위한 목적으로 설정하는 담보권이므로, 근저당권설정행위와는 별도로 근저당권의 피담보채권을 성립시키는 법률행위가 있어야 하고, 근저당권의 성립 당시 근저당권의 피담보채권을 성립시키는 법률행위가 있었는지 여부에 관한 증명책임은 그 존재를 주장하는 측에 있다(대판 2012.4.12, 2010다27847).

20 등기의 효력에 관한 설명으로 옳은 것은? (다툼이 있으면 판례에 따름) ▶ 2016 감정평가사

① 소유권이전청구권 보전을 위한 가등기가 있어도 소유권이전등기를 청구할 어떤 법률관계가 있다고 추정되지 않는다.
② 허무인(虛無人)으로부터 이어받은 소유권이전등기의 경우에도 그 등기명의자의 소유권은 추정된다.
③ 신축된 건물의 소유권보존등기 명의자는 실제로 그 건물을 신축한 자가 아니더라도 적법한 권리자로 추정된다.
④ 등기가 원인 없이 말소된 경우, 그 회복등기가 마쳐지기 전이라면 말소된 등기의 등기명의인은 적법한 권리자로 추정되지 않는다.
⑤ 소유권이전등기 명의는 그 전(前) 소유자에 대하여 적법한 등기원인에 의해 소유권을 취득한 것으로 추정되지 않는다.

[정답해설]
① 소유권이전청구권 보전을 위한 가등기가 있다 하여, 소유권이전등기를 청구할 어떤 법률관계가 있다고 추정되지 아니한다(대판 1979.5.22, 79다239).
② 허무인으로부터 등기를 이어받은 소유권이전등기는 원인무효라 할 것이어서 그 등기명의자에 대한 소유권추정은 깨트려진다(대판 1985.11.12, 84다카2494).
③ 신축된 건물의 소유권은 이를 건축한 사람이 원시취득하는 것이므로, 건물 소유권보존등기의 명의자가 이를 신축한 것이 아니라면 그 등기의 권리 추정력은 깨어지고, 등기 명의자가 스스로 적법하게 그 소유권을 취득한 사실을 입증하여야 한다(대판 1996.7.30, 95다30734).
④ 등기는 물권의 효력 발생 요건이고 존속 요건은 아니어서 등기가 원인 없이 말소된 경우에는 그 물권의 효력에 아무런 영향이 없고, 그 회복등기가 마쳐지기 전이라도 말소된 등기의 등기명의인은 적법한 권리자로 추정되므로 원인 없이 말소된 등기의 효력을 다투는 쪽에서 그 무효 사유를 주장·입증하여야 한다(대판 1997.9.30, 95다39526).
⑤ 부동산에 관하여 소유권이전등기가 마쳐져 있는 경우, 등기명의자는 제3자에 대하여서 뿐만 아니라 그 전의 소유자에 대하여도 적법한 등기원인에 의하여 소유권을 취득한 것으로 추정되므로, 이를 다투는 측에서 무효 사유를 주장·입증하여야 한다(대판 2013.1.10, 2010다75044).

[비교] 보존등기의 경우 당사자 간의 추정력이 인정되지 않는다.

▶ 정답 19 ④ 20 ①

21 등기의 추정력에 관한 설명으로 옳지 않은 것은? (다툼이 있으면 판례에 따름)

▶ 2017 감정평가사

① 신축건물에 소유권보존등기가 된 경우, 그 명의자가 신축한 것이 아니라도 그 보존등기는 실체관계에 부합하는 유효한 등기로 추정된다.
② 소유권이전등기 명의자는 제3자뿐만 아니라 전(前)소유자에 대해서도 적법한 등기원인에 의하여 소유권을 취득한 것으로 추정된다.
③ 소유권이전등기는 등기원인과 절차가 적법하게 마쳐진 것으로 추정된다.
④ 종중재산에 대한 유효한 명의신탁의 경우, 등기의 추정력에도 불구하고 신탁자는 수탁자에 대하여 명의신탁에 의한 등기임을 주장할 수 있다.
⑤ 소유권이전청구권 보전을 위한 가등기가 있다고 하여 소유권이전등기를 청구할 수 있는 법률관계가 존재한다고 추정되는 것은 아니다.

정답해설

① 신축된 건물의 소유권은 이를 건축한 사람이 원시취득하는 것이므로, 건물 소유권보존등기의 명의자가 이를 신축한 것이 아니라면 그 등기의 권리 추정력은 깨어지고, 등기 명의자가 스스로 적법하게 그 소유권을 취득한 사실을 입증하여야 한다(대판 1996.7.30, 95다30734).
② 소유권이전등기명의자는 제3자뿐만 아니라, 그 전 소유자에 대하여는 적법한 등기원인에 의하여 소유권을 취득한 것이라는 등기의 추정력을 주장할 수 있다(대판 1982.6.22, 81다792 등).

> **비교** 보존등기의 경우 당사자 간의 추정력이 인정되지 않는다. 즉, 보존등기명의인은 양수했다고 주장하나 상대방은 양도사실을 부인하는 경우 보존등기의 추정력은 인정되지 않는다.

③ 부동산에 관한 등기부상 소유권이전등기가 경료되어 있는 이상 일응 그 절차 및 원인이 정당한 것이라는 추정을 받게 되고 그 절차 및 원인의 부당을 주장하는 당사자에게 이를 입증할 책임이 있는 것이나, 등기절차가 적법하게 진행되지 아니한 것으로 볼만한 의심스러운 사정이 있음이 입증되는 경우에는 그 추정력은 깨어진다(대판 2003.2.28, 2002다46256).
④ 부동산실명법 제8조 특례로 인해 부부간의 명의신탁은 부동산실명법 제4조가 적용제외되어 유효한 명의신탁으로 인정된다. 판례는 유효한 명의신탁에 대해 대내관계와 대외관계로 구별하여 그 법리를 전개하고 있다. 즉 신탁자와 수탁자 사이의 대내관계에서는 신탁자가 소유이고, 대외관계에서는 수탁자를 완전한 소유자로 취급한다(신탁적 소유권이전설). 신탁자가 소유권을 보유하므로, 신탁자는 등기 없이도 수탁자를 상대로 소유권을 주장할 수 있다(대판 1982.11.23, 81다372). 또한 명의신탁해지를 원인으로 한 신탁자의 수탁자에 대한 등기청구권은 소유권에 기한 물권적 청구권으로 소멸시효에 걸리지 않는다(대판 1991.11.26, 91다34387).
⑤ 소유권이전청구권 보전을 위한 가등기가 있다 하여, 소유권이전등기를 청구할 어떤 법률관계가 있다고 추정되지 아니한다(대판 1979.5.22, 79다239).

22 부동산 등기에 관한 설명으로 옳지 않은 것은? (다툼이 있으면 판례에 따름) ▶ 2016 감정평가사

① 토지소유자가 그 지상에 건물을 신축하는 경우, 보존등기를 하여야 건물의 소유권을 취득한다.
② 무효인 중복등기에 바탕을 둔 등기부취득시효는 인정되지 않는다.
③ 무효등기를 유용하는 합의는 그 합의 전에 등기상의 이해관계 있는 제3자가 없는 경우에는 유효하다.
④ 증여에 의하여 부동산을 취득하였지만 등기원인을 매매로 기재하였더라도 그 등기는 유효하다.
⑤ 「민법」에서는 등기의 추정력에 관한 규정을 두고 있지 않다.

정답해설

① 자기의 비용과 노력으로 그 건축허가가 타인의 명의로 된 여부에 관계없이 그 소유권을 원시취득하게 된다(대판 2002.4.26, 2000다1635 등 참조). 즉 제187조가 적용되어 등기 없이 건물을 신축한 자가 소유권을 취득한다.
② 등기부취득시효에 관한 민법 제245조 제2항의 '등기'는 부동산등기법 제15조가 규정한 1부동산 1용지주의에 위배되지 아니한 등기를 말하므로, 어느 부동산에 관하여 등기명의인을 달리하여 소유권보존등기가 2중으로 경료된 경우 먼저 이루어진 소유권보존등기가 원인무효가 아니어서 뒤에 된 소유권보존등기가 무효로 되는 때에는, 뒤에 된 소유권보존등기나 이에 터 잡은 소유권이전등기를 근거로 하여서는 등기부취득시효의 완성을 주장할 수 없다(대판 1996.10.17, 96다12511).
③ 실질관계의 소멸로 무효로 된 등기의 유용은 그 등기를 유용하기로 하는 합의가 이루어지기 전에 등기상 이해관계가 있는 제3자가 생기지 않은 경우에는 허용된다(대판 2002.12.6, 2001다2846).
④ 부동산 등기는 현실의 권리관계에 부합하는 한 그 권리취득의 경위나 방법 등이 사실과 다르다고 하더라도 그 등기의 효력에는 아무런 영향이 없는 것이므로 증여에 의하여 부동산을 취득하였지만 등기원인을 매매로 기재하였다고 하더라도 그 등기의 효력에는 아무런 하자가 없다(대판 1980.7.22, 80다791).
⑤ 민법은 등기의 추정력에 관한 명문의 규정을 두고 있지는 않으나, 부동산에 관한 소유권이전등기는 권리의 추정력이 있으므로, 이를 다투는 측에서 그 무효사유를 주장·입증하지 아니하는 한, 등기원인 사실에 관한 입증이 부족하다는 이유로 그 등기를 무효라고 단정할 수 없다(대판 1979.6.26, 79다741).

> 비교 점유의 추정력은 제200조에 규정되어 있다.

> **제200조 【권리의 적법의 추정】**
> 점유자가 점유물에 대하여 행사하는 권리는 적법하게 보유한 것으로 추정한다.

▶ 정답 21 ① 22 ①

23 다음 설명 중 옳은 것은? (다툼이 있으면 판례에 따름) ▶ 2018 감정평가사

① 미등기 무허가건물의 양수인은 소유권에 준하는 관습상의 물권을 취득한다.
② 등기는 물권의 존속요건이므로, 등기가 불법 말소되면 물권은 소멸한다.
③ 소유권이전등기의 원인으로 주장된 계약서가 진정하지 않은 것으로 증명되어도 그 등기의 적법추정은 복멸되지 않는다.
④ 지하 또는 지상의 공간은 상하의 범위를 정하여 건물 기타 공작물을 소유하기 위한 구분지상권의 목적으로 할 수 없다.
⑤ 공유자 중 1인이 다른 공유자의 동의 없이 그 공유 토지의 특정부분을 매도하여 타인명의로 소유권이전등기를 마친 경우, 그 매도부분 토지에 관한 소유권이전등기는 처분공유자의 공유지분 범위 내에서는 유효한 등기이다.

[정답해설]
① 미등기 무허가건물의 양수인이라도 그 소유권이전등기를 경료하지 않는 한 그 건물의 소유권을 취득할 수 없고, 소유권에 준하는 관습상의 물권이 있다고도 할 수 없으며, 현행법상 사실상의 소유권이라고 하는 포괄적인 권리 또는 법률상의 지위를 인정하기도 어렵다(대판 2006.10.27, 2006다49000).
② 등기는 물권의 효력발생요건이고, 그 존속요건은 아니므로 물권에 관한 등기가 원인 없이 말소된 경우에도 그 물권의 효력에는 아무런 변동이 없다(대판 1988.12.27, 87다카2431).
③ 소유권이전등기의 원인으로 주장된 계약서가 진정하지 않은 것으로 증명된 이상 그 등기의 적법추정은 복멸되는 것이고 계속 다른 적법한 등기원인이 있을 것으로 추정할 수는 없다(대판 1998.9.22, 98다29568).
④ 제289조의2 【구분지상권】 ① 지하 또는 지상의 공간을 상하의 범위를 정하여 건물 기타 공작물을 소유하기 위한 지상권의 목적으로 할 수 있다. 이 경우 설정행위로써 지상권의 행사를 위하여 토지의 사용을 제한할 수 있다.
⑤ 공유자 중 1인이 다른 공유자의 동의 없이 그 공유토지의 특정부분을 매도하여 타인명의로 소유권이전등기가 마쳐졌다면 그 특정부분에 대한 소유권이전등기는 처분공유자의 공유지분 범위 내에서는 실체관계에 부합하는 유효인 등기이다(대판 2008.4.24, 2008다5073).

24 부동산등기에 관한 설명으로 옳지 않은 것은? (다툼이 있으면 판례에 따름) ▶ 2018 감정평가사

① 멸실된 건물의 보존등기를 신축한 건물의 보존등기로 유용하는 것은 허용되지 않는다.
② 소유자로부터 토지를 적법하게 매수한 매수인의 소유권이전등기가 위조된 서류에 의하여 경료되었더라도 그 등기는 유효하다.
③ 가등기된 권리의 이전등기는 가등기에 대한 부기등기의 형식으로는 경료할 수 없다.
④ 명의자를 달리하는 중복보존등기가 부동산을 표상함에 부족함이 없는 경우, 선행등기가 원인무효가 아닌 한 후행등기는 실체적 권리관계에 부합하더라도 무효이다.
⑤ 지분이전등기가 경료된 경우 그 등기는 적법하게 된 것으로서 진실한 권리상태를 공시하는 것이라고 추정된다.

정답해설

① 멸실된 건물과 신축된 건물이 위치나 기타 여러 가지 면에서 서로 같다고 하더라도 그 두 건물이 동일한 건물이라고는 할 수 없으므로 신축건물의 물권변동에 관한 등기를 멸실건물의 등기부에 등재하여도 그 등기는 무효이고 가사 신축건물의 소유자가 멸실건물의 등기를 신축건물의 등기로 전용할 의사로써 멸실건물의 등기부상 표시를 신축건물의 내용으로 표시 변경 등기를 하였다고 하더라도 그 등기가 무효임에는 변함이 없다(대판 1980.11.11, 80다441).
② 등기의무자의 신청에 의하지 아니한 하자가 있는 등기라도 실체관계에 부합하면 효력이 있다(대판 1978.8.22, 76다343). 즉 소유자의 대리인으로부터 토지를 적법하게 매수한 이상 설사 매수인의 소유권이전등기가 위조된 서류에 의하여 경료되었다 하더라도 그 등기는 유효하다(대판 1982.12.14, 80다459).
③ 가등기는 원래 순위를 확보하는 데에 그 목적이 있으나, 순위보전의 대상이 되는 물권변동의 청구권은 그 성질상 양도될 수 있는 재산권일 뿐만 아니라 가등기로 인하여 그 권리가 공시되어 결과적으로 공시방법까지 마련된 셈이므로, 이를 양도한 경우에는 양도인과 양수인의 공동신청으로 그 가등기상의 권리의 이전등기를 가등기에 대한 부기등기의 형식으로 경료할 수 있다고 보아야 한다(대판(전) 1998.11.19, 98다24105).
④ 매수인이 소유권이전등기 대신에 소유권보존등기를 경료함으로써 동일 부동산에 관하여 등기명의인을 달리하여 중복된 소유권보존등기가 이루어졌으나 선등기가 원인무효가 되지 아니하는 경우의 후등기는, 비록 그 부동산의 매수인에 의하여 이루어진 경우에도 일부동산일용지주의를 채택하고 있는 부동산등기법 아래에서는 실체관계와 부합하는지 여부와 관계없이 무효이고, 이를 토대로 한 이전등기도 모두 무효이다(대판(전) 1990.11.27, 87다카2961; 대판 1991.10.8, 91다25116; 대판 1998.9.22, 98다23393).
⑤ 지분이전등기가 경료된 경우 그 등기는 적법하게 된 것으로서 진실한 권리상태를 공시하는 것이라고 추정된다(대판 1992.10.27, 92다30047).

25. 부동산등기에 관한 설명으로 옳지 않은 것은? (다툼이 있으면 판례에 따름) ▶ 2021 감정평가사

① 전부 멸실한 건물의 보존등기를 신축한 건물의 보존등기로 유용하는 것은 허용된다.
② 물권에 관한 등기가 원인 없이 말소되었더라도 특별한 사정이 없는 한 그 물권의 효력에는 아무런 영향을 미치지 않는다.
③ 소유권이전청구권 보전의 가등기가 있더라도 소유권이전등기를 청구할 어떤 법률관계가 있다고 추정되지 않는다.
④ 가등기권리자가 가등기에 기한 소유권이전의 본등기를 한 경우에는 등기공무원은 그 가등기 후에 한 제3자 명의의 소유권이전등기를 직권으로 말소하여야 한다.
⑤ 소유권이전등기가 마쳐지면 그 등기명의자는 제3자는 물론이고 전소유자에 대해서도 적법한 등기원인에 의하여 소유권을 취득한 것으로 추정된다.

[정답해설]

① 판례는 '무효등기의 유용'과 관련하여 표제부의 유용은 허용되지 않는다고 한다. 즉 판례는 "멸실된 건물과 신축된 건물이 위치나 기타 여러 가지 면에서 서로 같다고 하더라도 그 두 건물이 동일한 건물이라고는 할 수 없으므로 신축건물의 물권변동에 관한 등기를 멸실건물의 등기부에 등재하여도 그 등기는 무효이고 가사 신축건물의 소유자가 멸실건물의 등기를 신축건물의 등기로 전용할 의사로써 멸실건물의 등기부상 표시를 신축건물의 내용으로 표시 변경 등기를 하였다고 하더라도 그 등기가 무효임에는 변함이 없다"고 한다(대판 1980.11.11. 80다441).
② 등기는 물권의 효력 발생요건이고 효력 존속요건이 아니므로 물권에 관한 등기가 원인 없이 말소된 경우에 그 물권의 효력에는 아무런 영향을 미치지 않는다고 봄이 타당한 바, 등기공무원이 관할지방법원의 명령에 의하여 소유권이전등기를 직권으로 말소하였으나 그 후 동 명령이 취소 확정된 경우에는 말소등기는 결국 원인 없이 경료된 등기와 같이 되어 말소된 소유권이전등기는 회복되어야 하고 회복등기를 마치기 전이라도 말소된 소유권이전등기의 최종명의인은 적법한 권리자로 추정된다(대판 1982.9.14. 81다카923).
③ 소유권이전청구권 보전을 위한 가등기가 경료되어 있다 하더라도 소유권이전등기를 청구할 어떤 법률관계가 있다고 추정되지 아니한다(대판 1979.5.22. 79다239).
④ **부동산등기법 제92조【가등기에 의하여 보전되는 권리를 침해하는 가등기 이후 등기의 직권말소】** ① 등기관은 가등기에 의한 본등기를 하였을 때에는 대법원규칙으로 정하는 바에 따라 가등기 이후에 된 등기로서 가등기에 의하여 보전되는 권리를 침해하는 등기를 직권으로 말소하여야 한다.
⑤ 이전등기명의자는 제3자뿐만 아니라, 그 전 소유자에 대하여는 적법한 등기원인에 의하여 소유권을 취득한 것이라는 등기의 추정력을 주장할 수 있다(대판 1982.6.22. 81다792 등).

> **비교** 보존등기의 경우 당사자 간의 추정력이 인정되지 않는다.
> 즉, 보존등기명의인은 양수했다고 주장하나 상대방은 양도사실을 부인하는 경우 보존등기의 추정력은 인정되지 않는다.

26 부동산 물권변동에 관한 설명으로 옳지 않은 것은? (다툼이 있으면 판례에 따름)

▶ 2020 감정평가사

① 소유권이전등기를 마친 등기명의인은 제3자에 대하여 적법한 등기원인으로 소유권을 취득한 것으로 추정되지만 그 전(前)소유자에 대하여는 그렇지 않다.
② 미등기건물의 원시취득자는 그 승계인과 합의하여 승계인 명의로 소유권보존등기를 하여 건물소유권을 이전할 수 있다.
③ 등기는 물권의 존속요건이 아니므로 등기가 원인 없이 말소되더라도 그 권리는 소멸하지 않는다.
④ 미등기건물의 소유자가 건물을 그 대지와 함께 팔고 대지에 관한 소유권이전등기를 마친 때에는 매도인에게 관습법상 법정지상권이 인정되지 않는다.
⑤ 저당권설정등기가 원인 없이 말소된 때에도 그 부동산이 경매되어 매수인이 매각대금을 납부하면 원인 없이 말소된 저당권은 소멸한다.

정답해설

① 소유권이전등기명의자는 제3자뿐만 아니라, 그 전 소유자에 대하여는 적법한 등기원인에 의하여 소유권을 취득한 것이라는 등기의 추정력을 주장할 수 있다(대판 1982.6.22, 81다792 등).

> **비교** 보존등기의 경우 당사자 간의 추정력이 인정되지 않는다.
> 즉, 보존등기명의인은 양수했다고 주장하나 상대방은 양도사실을 부인하는 경우 보존등기의 추정력은 인정되지 않는다.

② 미등기건물을 등기할 때에는 소유권을 원시취득한 자 앞으로 소유권보존등기를 한 다음 이를 양수한 자 앞으로 이전등기를 함이 원칙이라 할 것이나, 원시취득자와 승계취득자 사이의 합치된 의사에 따라 그 주차장에 관하여 승계취득자 앞으로 직접 소유권보존등기를 경료하게 되었다면, 그 소유권보존등기는 실체적 권리관계에 부합되어 적법한 등기로서의 효력을 가진다(대판 1995.12.26, 94다44675).
③ 등기는 물권의 효력발생요건이고, 그 존속요건은 아니므로 물권에 관한 등기가 원인없이 말소된 경우에도 그 물권의 효력에는 아무런 변동이 없다(대판 1988.12.27, 87다카2431).
④ 미등기건물을 그 대지와 함께 매도하여 대금이 완납되었으나 건물이 미등기인 관계로 대지에 관하여만 매수인 앞으로 소유권이전등기가 경료된 경우, 매도인에게 관습상의 법정지상권은 인정되지 않는다(대판(전) 2002.6.20, 2002다9660).
⑤ 부동산에 관하여 근저당권설정등기가 경료되었다가 그 등기가 위조된 등기서류에 의하여 아무런 원인 없이 말소되었다는 사정만으로는 곧바로 근저당권이 소멸하는 것은 아니라고 할 것이지만, 부동산이 경매절차에서 경락되면 그 부동산에 존재하였던 근저당권은 당연히 소멸하는 것이므로, 근저당권설정등기가 원인 없이 말소된 이후에 그 근저당 목적물인 부동산에 관하여 다른 근저당권자 등 권리자의 경매신청에 따라 경매절차가 진행되어 경락허가결정이 확정되고 경락인이 경락대금을 완납하였다면, 원인 없이 말소된 근저당권은 이에 의하여 소멸한다(대판 1998.10.2, 98다27197).

▶ 정답 25 ① 26 ①

심화문제편

01 부동산 물권변동에 관한 설명으로 옳지 않은 것은? (다툼이 있으면 판례에 따름)

▶ 2015 감정평가사

① 甲이 매매를 원인으로 하는 소유권이전등기소송에서 승소의 확정판결을 얻었더라도 이전등기 전에는 소유권을 취득하지 못한다.
② 재단법인의 설립을 위해 부동산을 출연한 경우, 출연자와 재단법인 사이에서도 그 부동산은 소유권이전등기 없이는 재단법인의 소유가 되지 않는다.
③ 甲이 건물을 신축한 후 乙에게 양도하고 乙명의로 보존등기를 한 경우 乙은 건물의 소유권을 취득한다.
④ 공용징수에 의한 부동산 소유권의 취득에는 등기를 요하지 않는다.
⑤ 甲이 乙에게 부동산을 매도하고 소유권이전등기를 한 후 계약을 해제하였으나 그 말소등기 전에 乙이 선의의 丙에게 매도하고 이전등기한 경우, 甲은 丙에게 등기의 말소를 청구할 수 없다.

정답해설

① 민법 제187조의 법률규정에 의한 부동산물권변동에서 판결은 형성판결을 말한다. 따라서 "甲이 매매를 원인으로 하는 소유권이전등기소송에서 승소의 확정판결"은 이행판결이기 때문에 등기를 필요로 한다. 따라서 이전등기 전에는 소유권을 취득하지 못한다(대판 1970.6.30. 70다568).
② 판례는 재단법인의 설립을 위해 부동산을 출연한 경우, 대내적 관계와 대외적 관계를 구별하고 있다. 즉 출연자와 재단법인 사이에서는 그 부동산은 소유권이전등기 없이도 재단법인이 성립할 때에 재단법인의 소유가 되고, 다만 제3자에게 대항하기 위해 등기가 필요한 것이다(대판(전) 1979.12.11. 78다481).
③ 이것도 일종의 중간생략등기의 일종이다. 판례는 등기의 효력을 실체와 일치하면 그 과정이나 절차가 법률에 위반된다고 하더라도 그 유효성을 인정한다. 따라서 甲이 건물을 신축한 후 乙에게 양도하고 乙명의로 보존등기를 한 경우 乙은 건물의 소유권을 취득한다(대판 2000.3.10. 99다65462).
④ 공용징수에 의한 부동산 소유권의 취득에는 등기를 요하지 않는다(제187조).
⑤ 해제권자는 계약해제로 대항력 있는 제3자를 해하지 못한다(제548조 제1항 단서). 따라서 甲이 乙에게 부동산을 매도하고 소유권이전등기를 한 후 계약을 해제하였으나 그 말소등기 전에 乙이 선의의 丙에게 매도하고 이전등기한 경우, 甲은 丙에게 등기의 말소를 청구할 수 없다(대판 1985.4.9. 84다카130).

> **제548조【해제의 효과, 원상회복의무】**
> ① 당사자 일방이 계약을 해제한 때에는 각 당사자는 그 상대방에 대하여 원상회복의 의무가 있다. 그러나 제삼자의 권리를 해하지 못한다.
> ② 전항의 경우에 반환할 금전에는 그 받은 날로부터 이자를 가하여야 한다.

02 등기를 마치지 않더라도 물권변동의 효력이 발생하는 경우는? (다툼이 있으면 판례에 따름)

▶ 2023 감정평가사

① 지상권설정계약에 따른 지상권의 취득
② 피담보채권의 시효소멸에 따른 저당권의 소멸
③ 공익사업에 필요한 토지에 관하여 토지소유자와 관계인 사이의 협의에 의한 토지소유권의 취득
④ 공유토지의 현물분할에 관한 조정조서의 작성에 따른 공유관계의 소멸
⑤ 당사자 사이의 법률행위를 원인으로 한 소유권이전등기절차 이행의 소에서의 승소판결에 따른 소유권의 취득

정답해설

① 지상권설정계약이라는 법률행위에 기한 지상권의 취득은 제186조가 적용되어 등기가 필요하다.

> **제186조【부동산물권변동의 효력】**
> 부동산에 관한 법률행위로 인한 물권의 득실변경은 등기하여야 그 효력이 생긴다.

② 저당권의 피담보채권의 시효소멸에 따른 저당권의 소멸은 제369조의 법률규정에 따른 것이므로 제187조가 적용되어 말소등기 없이 물권변동의 효력이 발생한다.

> **제187조【등기를 요하지 아니하는 부동산물권 취득】**
> 상속, 공용징수, 판결, 경매, 기타 법률의 규정에 의한 부동산에 관한 물권의 취득은 등기를 요하지 아니한다. 그러나 등기를 하지 아니하면 이를 처분하지 못한다.
>
> **제369조【부종성】**
> 저당권으로 담보한 채권이 시효의 완성 기타 사유로 인하여 소멸한 때에는 저당권도 소멸한다.

③ 공익사업을 위한 토지 등의 취득 및 보상에 관한 법령(이하 '공익사업법령'이라고 한다)에 의한 협의취득은 사법상의 법률행위이므로 당사자 사이의 자유로운 의사에 따라 채무불이행책임이나 매매대금 과부족금에 대한 지급의무를 약정할 수 있다. 다만 공익사업법은 공익사업의 효율적인 수행을 통하여 공공복리의 증진과 재산권의 적정한 보호를 도모하는 것을 목적으로 하고 협의취득의 배후에는 수용에 의한 강제취득 방법이 남아 있어 토지 등의 소유자로서는 협의에 불응하면 바로 수용을 당하게 된다는 심리적 강박감이 자리 잡을 수밖에 없으며 협의취득 과정에는 여러 가지 공법적 규제가 있는 등 공익적 특성을 고려하여야 한다(대판 2012.2.23, 2010다91206). 따라서 협의취득은 사법상 법률행위이므로 제186조가 적용되어 등기가 필요하다.

> **비교** 공익사업을 위한 토지 등의 취득 및 보상에 관한 법령(이하 '공익사업법령'이라고 한다)에 의한 강제취득으로서의 재결수용은 제187조의 공용징수에 해당하여, 등기 없이 재결에서 정해진 시점에 소유권을 취득한다.

④ 공유물분할의 소송절차 또는 조정절차에서 공유자 사이에 공유토지에 관한 현물분할의 협의가 성립하여 그 합의사항을 조서에 기재함으로써 조정이 성립하였다고 하더라도, 그와 같은 사정만으로 재판에 의한 공유물분할의 경우와 마찬가지로 그 즉시 공유관계가 소멸하고 각 공유자에게 그 협의에 따른 새로운 법률관계가 창설되는 것은 아니고, 공유자들이 협의한 바에 따라 토지의 분필절차를 마친 후 각 단독소유로 하기로 한 부분에 관하여 다른 공유자의 공유지분을 이전받아 등기를 마침으로써 비로소 그 부분에 대한 대세적 권리로서의 소유권을 취득하게 된다고 보아야 한다(대판(전) 2013.11.21, 2011두1917).

▶ 정답 01 ② 02 ②

⑤ 매매 등 법률행위를 원인으로 한 소유권이전등기절차 이행의 소에서의 원고 승소판결은 부동산물권취득이라는 형성적 효력이 없어 민법 제187조 소정의 판결에 해당하지 않으므로 승소판결에 따른 소유권이전등기 경료 시까지는 부동산의 소유권을 취득한다고 볼 수 없다(대판 1982.10.12, 82다129).

03 부동산 물권변동을 위하여 등기가 필요하지 않은 경우를 모두 고른 것은? (다툼이 있으면 판례에 의함)

▶ 2025 감정평가사

ㄱ. 부동산 매매계약이 해제되어 소유권이 매도인에게 복귀하는 경우
ㄴ. 화해조서에 의하여 부동산 소유권을 취득하는 경우
ㄷ. 공유자 사이에 현물분할에 관한 조정이 성립하여 이에 따라 각 부동산의 단독소유권을 취득하는 경우

① ㄱ
② ㄷ
③ ㄱ, ㄴ
④ ㄴ, ㄷ
⑤ ㄱ, ㄴ, ㄷ

정답해설

ㄱ. 항목의 경우에만 등기가 필요하지 않다.

ㄱ. (○) : 우리의 법제가 물권행위의 독자성과 무인성을 인정하고 있지 않는 점과 민법 제548조 제1항 단서가 거래안정을 위한 특별규정이란 점을 생각할 때 계약이 해제되면 그 계약의 이행으로 변동이 생겼던 물권은 당연히 그 계약이 없었던 원상태로 복귀한다고 봄이 타당하다(대판 1977.5.24, 75다1394). 즉 계약이 해제되면 원인행위인 채권이 무효가 되어 변경등기 없이 바로 매도인에게 소유권이 복귀한다.

ㄴ. (×) : 화해조서가 확정판결과 동일한 효력이 있다고 하더라도 그 내용이 채무자가 신탁계약 해제의 사실을 인정하고 부동산 소유권이전등기 절차이행의 의사를 표시한 것에 불과하므로 민법 제187조가 적용되지 않는다(대판 1964.9.8, 64다165). 형성판결 아닌 한 이전등기가 필요하다.

ㄷ. (×) : 공유물분할의 소송절차 또는 조정절차에서 공유자 사이에 공유토지에 관한 현물분할의 협의가 성립하여 그 합의사항을 조서에 기재함으로써 조정이 성립하였다고 하더라도 그와 같은 사정만으로 재판에 의한 공유물분할의 경우와 마찬가지로 그 즉시 공유관계가 소멸하고 각 공유자에게 그 협의에 따른 새로운 법률관계가 창설되는 것은 아니고, 공유자들이 협의한 바에 따라 토지의 분필절차를 마친 후 각 단독소유로 하기로 한 부분에 관하여 다른 공유자의 공유지분을 이전받아 등기를 마침으로써 비로소 그 부분에 대한 대세적 권리로서의 소유권을 취득하게 된다(대판(전) 2013.11.21, 2011두1917).

04 신축건물의 물권변동에 관한 설명으로 옳은 것은? (다툼이 있으면 판례에 따름)
▶ 2017 주택관리사

① 건물의 신축자는 보존등기를 하지 않으면 건물의 소유권을 취득할 수 없다.
② 신축건물의 보존등기를 건물 완성 전에 하였더라도 그 후 건물이 완성된 이상 그 등기를 무효라고 볼 수 없다.
③ 신축건물의 보존등기 명의자는 적법한 소유자로 추정될 수 없다.
④ 기존 건물 멸실 후 건물이 신축된 경우에 기존 건물에 대한 등기는 신축건물에 대한 등기로서의 효력을 가진다.
⑤ 미등기건물의 원시취득자와 그 승계취득자의 합의에 의해 직접 승계취득자 명의로 한 보존등기는 효력이 없다.

정답해설
① 자기의 비용과 노력으로 건물을 신축한 자는 그 건축허가가 타인의 명의로 된 여부에 관계없이 그 소유권을 원시취득하게 된다(대판 2002.4.26, 2000다16350 등 참조). 즉 등기 없이 건물을 신축한 자가 소유권을 취득한다.
② 부동산 등기는 현실의 권리관계에 부합하는 한 그 권리취득의 경위나 방법 등이 사실과 다르다고 하더라도 그 등기의 효력에는 아무런 영향이 없는 것이므로 증여에 의하여 부동산을 취득하였지만 등기원인을 매매로 기재하였다고 하더라도 그 등기의 효력에는 아무런 하자가 없다(대판 1980.7.22, 80다791).
③ 신축된 건물의 소유권은 이를 건축한 사람이 원시취득하는 것이므로, 건물 소유권보존등기의 명의자가 이를 신축한 것이 아니라면 그 등기의 권리 추정력은 깨어지고, 등기 명의자가 스스로 적법하게 그 소유권을 취득한 사실을 입증하여야 한다(대판 1996.7.30, 95다30734).
④ 무효등기유용 중 표제부등기유용은 판례(대판 1976.10.26, 75다2211)가 부정한다. 따라서 위치나 기타 여러 가지 면에서 멸실된 건물과 같은 신축건물의 소유자가 멸실건물의 등기를 신축건물의 등기로 전용할 의사로써 멸실건물의 등기부상 표시를 신축건물의 내용으로 표시변경등기를 한 경우, 그 등기는 무효인 등기이다.
⑤ 이것도 일종의 중간생략등기의 일종이다. 판례는 등기의 효력을 실체와 일치하면 그 과정이나 절차가 법률에 위반된다고 하더라도 그 유효성을 인정한다. 따라서 甲이 건물을 신축한 후 乙에게 양도하고 乙명의로 보존등기를 한 경우 乙은 건물의 소유권을 취득한다(대판 2000.3.10, 99다65462).

▶ 정답 03 ① 04 ②

05 甲은 자신이 소유하고 있던 X 토지를 乙에게 매도하였다. 乙은 매매대금을 모두 지급하고 X 토지를 인도받아 점유·사용하고 있으나 乙 앞으로 소유권이전등기는 하지 않은 상태이다. 다음 설명 중 옳은 것은? (다툼이 있는 경우에는 판례에 의함) ▶ 2008 감정평가사

① 미등기자인 乙이 丙에게 X 토지를 매도하고 인도하였다면, 甲은 丙에 대하여 소유권에 기한 물권적 반환청구권을 행사할 수 있다.
② 乙이 X 토지를 인도받은 지 10년이 경과한 경우에는 甲은 乙에게 등기청구권의 소멸시효를 원용하면서 X 토지의 반환을 청구할 수 있다.
③ 제3자인 丙이 X 토지상에 무단으로 건물을 신축하였다면, 乙은 甲의 丙에 대한 물권적 청구권을 대위행사할 수 없다.
④ 甲은 자신의 소유권에 기하여 乙에게 X 토지에 대해서 소유물반환청구권을 행사할 수 없다.
⑤ 제3자인 丙이 무단으로 X 토지에 건물을 신축하고 그 건물을 丁에게 임대하고 있다면, 甲은 丙에 대하여 건물철거청구를 할 수 없다.

[정답해설]

①, ④ 토지의 매수인이 아직 소유권이전등기를 경료받지 아니하였다 하여도 매매계약의 이행으로 그 토지를 인도받은 때에는 매매계약의 효력으로서 이를 점유·사용할 권리가 생기게 된 것으로 보아야 하고, 또 매수인으로부터 위 토지를 다시 매수한 자는 위와 같은 토지의 점유·사용권을 취득한 것으로 봄이 상당하므로 매도인은 매수인으로부터 다시 위 토지를 매수한 자에 대하여 토지 소유권에 기한 물권적 청구권을 행사할 수 없다(대판(전) 1998.6.26, 97다42823). 따라서 미등기매수인과 미등기매수인으로부터 다시 매수한 자는 매도인에게 매매계약의 이행으로 그 토지를 인도받은 때에는 매매계약의 효력으로서 이를 점유·사용할 권리가 생기게 된 것으로 보아야 하므로, 매도인은 물권적 청구권을 행사할 수 없기 때문에 ①은 부당하고, ④가 타당하다.
② 乙이 X 토지를 인도받은 지 10년이 경과한 경우에도 甲에 대한 乙의 등기청구권은 소멸시효에 걸리지 않는 것으로 본다(대판 1976.11.6, 76다148).
③ 채권자 乙은 채무자인 소유자 甲을 대위하여 물권적 청구권을 행사할 수 있다(제404조 참조).

> 제404조 (채권자대위권)
> ① 채권자는 자기의 채권을 보전하기 위하여 채무자의 권리를 행사할 수 있다. 그러나 일신에 전속한 권리는 그러하지 아니하다.

⑤ 甲은 X 토지를 乙에게 매도하였으나 아직 등기가 이전되지 않아, 소유권자는 여전히 甲이기 때문에 무단 점유자인 丙에게 건물철거를 요구할 수 있다(제214조).

06 乙은 甲으로부터 X토지를 매수하고 중도금까지 지급한 후 소유권이전등기청구권을 보전하기 위하여 가등기를 하였다. 그 후 甲은 X토지를 丙에게 매도하고 소유권이전등기를 해 주었다. 乙이 잔금을 제공하면서 이전등기를 요구했으나 甲이 응하지 않고 있다. 이에 관한 설명으로 옳지 않은 것은? (다툼이 있으면 판례에 의함)

① 乙은 가등기만으로 丙 명의의 소유권이전등기의 말소를 구할 수 없다.
② 乙의 본등기청구권은 甲을 상대로 하여 행사하여야 한다.
③ 乙의 가등기에 기하여 본등기가 이루어진 경우, 丙은 乙에 대해 소유권을 주장할 수 없다.
④ 乙의 가등기에 기하여 본등기가 이루어진 경우, 乙은 가등기를 한 때로부터 소유권을 취득한 것으로 본다.
⑤ 乙의 가등기에 기하여 본등기가 이루어진 경우, 丙 명의의 소유권이전등기는 등기관에 의해 직권말소된다.

[정답해설]
① 가등기만으로는 실체법상 효력이 없기 때문에, 乙은 가등기만으로 丙 명의의 소유권이전등기의 말소를 구할 수 없다(대판 2001.3.23, 2000다51285).
②, ③, ⑤ 가등기권자는 가등기를 설정한 자에게 등기를 청구하여야 하기 때문에 乙의 본등기청구권은 甲을 상대로 하여 행사하여야 한다. 그리고 乙의 가등기에 기하여 본등기가 이루어진 경우, 물권이 변동되기 때문에 일물일권주의상 丙은 乙에 대해 소유권을 주장할 수 없는 것이다. 그리고 가등기에 기하여 본등기가 이루어진 경우, 가등기설정 후 등기가 완료된 소유권이전등기는 등기관에 의해 직권말소된다(대판 1995.5.26, 95다6878).
④ 가등기에 기하여 본등기를 하면 본등기 시부터 물권이 변동되고, 그 순위는 가등기 시로 소급한다. 따라서 乙의 가등기에 기하여 본등기가 이루어진 경우, 乙은 가등기를 한 때가 아닌 본등기 시부터 소유권을 취득한 것으로 본다(대판 1981.5.26, 80다3117).

▶ 정답   05 ④   06 ④

07 등기에 관한 설명으로 옳지 않은 것은? (다툼이 있으면 판례에 따름) ▶ 2020 감정평가사

① 경정등기는 원시적으로 진실한 권리관계와 등기가 일부 어긋나는 경우 이를 바로잡는 등기이다.
② 소유자만이 진정명의회복을 위한 소유권이전등기를 청구할 수 있다.
③ 진정명의회복을 위한 소유권이전등기청구의 상대방은 현재의 등기명의인이다.
④ 증여로 부동산을 취득하였으나 등기원인을 매매로 기재하였다면 그 등기는 무효등기이다.
⑤ 그 이유가 무엇이든 당사자가 자발적으로 말소등기한 경우 말소회복등기를 할 수 없다.

[정답해설]

① 경정등기는 착오나 원시적으로 진실한 권리관계와 등기가 일부 어긋나는 경우 이를 바로잡는 등기이다(대판 1962.1.13, 4294민상445).
②, ③ 진정한 등기명의의 회복을 위한 소유권이전등기청구는 자기 명의로 소유권의 등기가 되어 있었거나 법률에 의하여 소유권을 취득한 진정한 소유자가 현재의 등기명의인을 상대로 그 등기의 말소를 구하는 것에 갈음하여 소유권에 기하여 진정한 등기명의의 회복을 구하는 것이므로, 진정한 소유자가 아닌 경우에는 진정한 등기명의의 회복을 위한 소유권이전등기청구를 할 수 없다(대판 1997.3.11, 96다47142; 대판 2003.5.13, 2002다64148 등 참조).
④ 부동산 등기는 현실의 권리관계에 부합하는 한 그 권리취득의 경우나 방법 등이 사실과 다르다고 하더라도 그 등기의 효력에는 아무런 영향이 없는 것이므로 증여에 의하여 부동산을 취득하였지만 등기원인을 매매로 기재하였다고 하더라도 그 등기의 효력에는 아무런 하자가 없다(대판 1980.7.22, 80다791).
⑤ 부동산등기법 제75조의 말소회복등기란 어떤 등기의 전부 또는 일부가 실체적 또는 절차적 하자로 부적합하게 말소된 경우에 말소된 등기를 회복하여 말소 당시에 소급하여 말소가 없었던 것과 같은 효과를 생기게 하는 등기를 말하는 것이므로 어떤 이유이건 당사자가 자발적으로 말소등기를 한 경우에는 말소회복등기를 할 수 없다(대판 1990.6.26, 89다카5673).

08 등기에 관한 설명으로 틀린 것은? (다툼이 있으면 판례에 따름) ▶ 2018 공인중개사
① 중간생략등기의 합의는 적법한 등기원인이 될 수 없다.
② 종전 건물의 등기를 신축건물의 등기로 유용하지 못한다.
③ 전세권 존속기간이 시작되기 전에 마친 전세권설정등기는 원칙적으로 무효이다.
④ 미등기 건물의 양수인이 그 건물을 신축한 양도인의 동의를 얻어 직접 자기명의로 보존등기를 한 경우, 그 등기는 유효하다.
⑤ 중간생략등기를 합의한 최초매도인은 그와 거래한 매수인의 대금미지급을 들어 최종매수인의 명의로의 소유권이전등기의무의 이행을 거절할 수 있다.

정답해설

①, ⑤ 중간생략등기의 합의란 부동산이 전전 매도된 경우 각 매매계약이 유효하게 성립함을 전제로 그 이행의 편의상 최초의 매도인으로부터 최종의 매수인 앞으로 소유권이전등기를 경료하기로 한다는 당사자 사이의 합의에 불과할 뿐이므로, 이러한 합의가 있다고 하여 최초의 매도인이 자신이 당사자가 된 매매계약상의 매수인인 중간자에 대하여 갖고 있는 매매대금청구권의 행사가 제한되는 것은 아니다. 따라서 최초 매도인과 중간 매수인, 중간 매수인과 최종 매수인 사이에 순차로 매매계약이 체결되고 이들 간에 중간생략등기의 합의가 있은 후에 최초 매도인과 중간 매수인 간에 매매대금을 인상하는 약정이 체결된 경우, 최초 매도인은 인상된 매매대금이 지급되지 않았음을 이유로 최종 매수인 명의로의 소유권이전등기의무의 이행을 거절할 수 있다(대판 2005.4.29, 2003다66431). 따라서 중간생략등기의 합의는 순수한 이행의 편의만을 위한 합의이고, 어느 한 계약이 무효이거나 취소·해제되면, 종된 합의인 중간생략등기의 합의도 그 효력을 상실하게 되는 것이다. 중간생략등기의 합의 자체가 적법한 등기원인이 될 수 없다.
② 판례는 '무효등기의 유용'과 관련하여 표제부의 유용은 허용되지 않는다고 한다. 즉 판례는 "멸실된 건물과 신축된 건물이 위치나 기타 여러가지 면에서 서로 같다고 하더라도 그 두 건물이 동일한 건물이라고는 할 수 없으므로 신축건물의 물권변동에 관한 등기를 멸실건물의 등기부에 등재하여도 그 등기는 무효이고 가사 신축건물의 소유자가 멸실건물의 등기를 신축건물의 등기로 전용할 의사로써 멸실건물의 등기부상 표시를 신축건물의 내용으로 표시 변경 등기를 하였다고 하더라도 그 등기가 무효임에는 변함이 없다"고 한다(대판 1980.11.11, 80다441).
③ 전세권자는 전세금을 지급하고 타인의 부동산을 점유하여 그 부동산의 용도에 좇아 사용·수익하며, 그 부동산 전부에 대하여 후순위권리자 기타 채권자보다 전세금의 우선변제를 받을 권리가 있다(민법 제303조 제1항). 이처럼 전세권이 용익물권적인 성격과 담보물권적인 성격을 모두 갖추고 있는 점에 비추어 전세권 존속기간이 시작되기 전에 마친 전세권설정등기도 특별한 사정이 없는 한 유효한 것으로 추정된다. 한편 부동산등기법 제4조 제1항은 "같은 부동산에 관하여 등기한 권리의 순위는 법률에 다른 규정이 없으면 등기한 순서에 따른다."라고 정하고 있으므로, 전세권은 등기부상 기록된 전세권설정등기의 존속기간과 상관없이 등기된 순서에 따라 순위가 정해진다(대결 2018.1.25, 2017마1093).
④ 미등기건물을 등기할 때에는 소유권을 원시취득한 자 앞으로 소유권보존등기를 한 다음 이를 양수한 자 앞으로 이전등기를 함이 원칙이라 할 것이나, 원시취득자와 승계취득자 사이의 합치된 의사에 따라 그 주차장에 관하여 승계취득자 앞으로 직접 소유권보존등기를 경료하게 되었다면, 그 소유권보존등기는 실체적 권리관계에 부합되어 적법한 등기로서의 효력을 가진다(대판 1995.12.26, 94다44675).

09 등기의 추정력에 관한 설명으로 옳은 것을 모두 고른 것은? (다툼이 있으면 판례에 따름)

▶ 2019 감정평가사

> ㄱ. 가등기가 그 등기명의인의 의사에 기하지 아니하고 위조된 서류에 의하여 부적법하게 말소된 사실이 인정되는 경우, 그 가등기는 여전히 적법하게 이루어진 것으로 추정된다.
> ㄴ. 등기명의자가 허무인(虛無人)으로부터 소유권이전등기를 이어받았다는 사실만으로는 그 등기명의자가 적법한 권리자라는 추정은 깨트려지지 않는다.
> ㄷ. 소유권이전등기의 원인으로 주장된 계약서가 진정하지 않은 것으로 증명된 경우에 그 등기의 적법추정은 복멸되는 것이고, 계속 다른 적법한 등기원인이 있을 것으로 추정할 수는 없다.

① ㄱ
② ㄴ
③ ㄷ
④ ㄱ, ㄷ
⑤ ㄱ, ㄴ, ㄷ

정답해설

ㄱ. (○) : 등기는 물권의 효력 발생 요건이고 존속 요건은 아니어서 등기가 원인 없이 말소된 경우에는 그 물권의 효력에 아무런 영향이 없고, 그 회복등기가 마쳐지기 전이라도 말소된 등기의 등기명의인은 적법한 권리자로 추정되므로 원인 없이 말소된 등기의 효력을 다투는 쪽에서 그 무효 사유를 주장ㆍ입증하여야 한다(대판 1997.9.30, 95다39526).

ㄴ. (×) : 허무인으로부터 등기를 이어받은 소유권이전등기는 원인무효라 할 것이어서 그 등기명의자에 대한 소유권추정은 깨진다(대판 1985.11.12, 84다카2494).

ㄷ. (○) : 소유권이전등기의 원인으로 주장된 계약서가 진정하지 않은 것으로 증명된 이상 그 등기의 적법추정은 복멸되는 것이고 계속 다른 적법한 등기원인이 있을 것으로 추정할 수는 없다(대판 1998.9.22, 98다29568).

10 등기에 의하여 추정되지 않는 것은? (다툼이 있으면 판례에 따름) ▶ 2024 감정평가사

① 환매특약등기 – 특약의 진정성립
② 대리인에 의한 소유권이전등기 – 적법한 대리행위의 존재
③ 저당권등기 – 피담보채권의 존재
④ 부적법하게 말소된 등기 – 말소된 등기상 권리의 존재
⑤ 토지등기부의 표제부 – 등기부상 면적의 존재

[정답해설]
① 환매기간을 제한하는 환매특약이 등기부에 기재되어 있는 때에는 반증이 없는 한 등기부 기재와 같은 환매특약이 진정하게 성립된 것으로 추정함이 상당하다(대판 1991.10.11, 91다13700).
② 소유권이전등기가 전 등기명의인의 직접적인 처분행위에 의한 것이 아니라 제3자가 그 처분행위에 개입된 경우 현 등기명의인이 그 제3자가 전 등기명의인의 대리인이라고 주장하더라도 현 소유명의인의 등기가 적법히 이루어진 것으로 추정되므로, 그 등기가 원인무효임을 이유로 그 말소를 청구하는 전 소유명의인으로서는 그 반대사실 즉, 그 제3자에게 전 소유명의인을 대리할 권한이 없었다던가, 또는 제3자가 전 소유명의인의 등기서류를 위조하였다는 등의 무효사실에 대한 입증책임을 진다(대판 1997.4.8, 97다416).
③ 저당권등기가 있으면 저당권의 존재뿐만 아니라 피담보채권의 존재도 추정된다.
④ 등기는 물권의 효력 발생 요건이고 존속 요건은 아니어서 등기가 원인 없이 말소된 경우에는 그 물권의 효력에 아무런 영향이 없고, 그 회복등기가 마쳐지기 전이라도 말소된 등기의 등기명의인은 적법한 권리자로 추정되므로 원인 없이 말소된 등기의 효력을 다투는 쪽에서 그 무효 사유를 주장·입증하여야 한다(대판 1997.9.30, 95다39526).
⑤ 토지등기부의 표제부는 사실의 등기이지 권리의 등기가 아니므로 추정력이 없다. 따라서 그로 인하여 등기부상 면적의 존재가 추정된다고 할 수 없다. 또한 토지의 면적은 지적공부에 따른다(대판 1991.2.22, 90다12977).

▶ 정답 09 ④ 10 ⑤

제2절 동산 물권변동

기본문제편

01 선의취득에 관한 설명으로 옳지 않은 것은? (다툼이 있으면 판례에 의함) ▶ 2013 감정평가사

① 등기·등록으로 공시되는 자동차, 선박의 선의취득은 인정되지 않는다.
② 점유개정에 의한 선의취득은 부정되지만 목적물반환청구권의 양도에 의한 선의취득은 가능하다.
③ 점유보조자가 횡령한 물건은 민법상 도품에 해당하지 않는다.
④ 선의취득을 위해서는 양수인의 점유취득이 선의·무과실로 이루어져야 하는데, 선의·무과실의 기준시점은 물권적 합의와 인도 중에서 어느 것이라도 먼저 갖추어진 때이다.
⑤ 선의취득의 요건을 갖춘 경우 양수인은 선의취득 효과를 부정하고 임의로 종전소유자에게 동산을 받아갈 것을 요구할 수 없다.

[정답해설]

① 점유가 아닌 등기나 등록으로 공시되는 동산(예 20톤 이상의 선박, 자동차, 항공기, 건설기계 등)은 선의취득의 대상이 될 수 없다. 자동차관리법 제6조는 "자동차 소유권의 득실변경은 등록을 하여야 그 효력이 생긴다."라고 규정하고 있다. 이는 현대사회에서 자동차의 경제적 효용과 재산적 가치가 크므로 민법상 불완전한 공시방법인 '인도'가 아니라 공적 장부에 의한 체계적인 공시방법인 '등록'에 의하여 소유권 변동을 공시함으로써 자동차 소유권과 이에 관한 거래의 안전을 한층 더 보호하려는 데 취지가 있다. 따라서 자동차관리법이 적용되는 자동차의 소유권을 취득함에는 민법상 공시방법인 '인도'에 의할 수 없고 나아가 이를 전제로 하는 민법 제249조의 선의취득 규정은 적용되지 아니함이 원칙이다(대판 2016.12.15. 2016다205373).

> **제249조 【선의취득】**
> 평온, 공연하게 동산을 양수한 자가 선의이며 과실 없이 그 동산을 점유한 경우에는 양도인이 정당한 소유자가 아닌 때에도 즉시 그 동산의 소유권을 취득한다.

② 동산의 선의취득에 필요한 점유의 취득은 현실적 인도가 있어야 하고 점유개정에 의한 점유취득만으로서는 그 요건을 충족할 수 없다(대판 1978.1.17. 77다1872). 선의취득에서 양수인의 점유취득에는 목적물 반환청구권의 양도에 의한 선의취득은 인정된다. 즉 양도인이 소유자로부터 보관을 위탁받은 동산을 제3자에게 보관시킨 경우에 양도인이 그 제3자에 대한 반환청구권을 양수인에게 양도하고 지명채권 양도의 대항요건을 갖추었을 때에는 동산의 선의취득에 필요한 점유의 취득 요건을 충족한다(대판 1999.1.26. 97다48906).
③ 점유보조자 내지 소지기관의 횡령처럼 형사법상 절도죄가 되는 경우도 형사법과 민사법의 경우를 동일시해야 하는 것은 아니기 때문에, 진정한 권리자와 선의의 거래 상대방 간의 이익형량의 필요성에 있어서 위탁물 횡령의 경우와 다를 바 없으므로, 이 역시 민법 제250조의 도품·유실물에 해당하지 않는다. 따라서 점유보조자를 권리자로 오신하여 거래한 경우, 점유취득자는 목적물을 선의취득할 수 있다(대판 1991.3.22. 91다70).

> **제250조 【도품, 유실물에 대한 특례】**
> 전조의 경우에 그 동산이 도품이나 유실물인 때에는 피해자 또는 유실자는 도난 또는 유실한 날부터 2년 내에 그 물건의 반환을 청구할 수 있다. 그러나 도품이나 유실물이 금전인 때에는 그러하지 아니하다.

④ 선의·무과실의 판단시점은 물권행위가 완성되는 때를 기준으로 한다. 양수인이 물권적 합의 시점에 선의·무과실이면, 이후 인도받을 때에 악의이거나 과실이 있더라도 선의취득이 인정되는 것이 아니라, 인도받을 때에도, 즉 물권행위가 완성된 때까지 선의·무과실이 계속되어야 한다(대판 1991.3.22, 91다70).
⑤ 선의취득은 원시취득으로, 선의취득자는 임의로 선의취득의 효과를 거부하고 종전 소유자에게 동산을 반환받아 갈 것을 요구할 수 없다(대판 1998.6.12, 98다6800).

02 선의취득에 관한 설명으로 옳지 않은 것은? (다툼이 있으면 판례에 따름) ▶ 2015 감정평가사

① 토지는 선의취득의 대상이 되지 못한다.
② 점유개정에 의해 간접점유를 취득하였더라도 선의취득을 할 수 없다.
③ 선의취득자는 임의로 선의취득의 효과를 거부하고 종전 소유자에게 동산을 반환받아 갈 것을 요구할 수 없다.
④ 점유보조자가 횡령한 동산은 민법 제250조의 도품·유실물에 해당하지 않는다.
⑤ 양수인이 물권적 합의 시점에 선의·무과실이면, 이후 인도받을 때에 악의이거나 과실이 있더라도 선의취득이 인정된다.

[정답해설]
① 선의취득은 동산에 인정하고 부동산에는 인정되지 않는다. 따라서 부동산인 토지는 선의취득의 대상이 되지 못한다(제249조 참조).

> **제249조 【선의취득】**
> 평온, 공연하게 동산을 양수한 자가 선의이며 과실 없이 그 동산을 점유한 경우에는 양도인이 정당한 소유자가 아닌 때에도 즉시 그 동산의 소유권을 취득한다.

② 양수인은 점유를 취득하여야 하는데, 점유취득 중 "점유개정에 의해 간접점유를 취득"하는 경우는 판례가 선의취득을 인정하지 않는다(대판 1978.1.17, 77다1872).
③ 선의취득은 원시취득으로, 선의취득자는 임의로 선의취득의 효과를 거부하고 종전 소유자에게 동산을 반환받아 갈 것을 요구할 수 없다(대판 1998.6.12, 98다6800).
④ 점유보조자 내지 소지기관의 횡령처럼 형사법상 절도죄가 되는 경우도 형사법과 민사법의 경우를 동일시해야 하는 것은 아니기 때문에, 진정한 권리자와 선의의 거래 상대방 간의 이익형량의 필요성에 있어서 위탁물 횡령의 경우와 다를 바 없으므로, 이 역시 민법 제250조의 도품·유실물에 해당하지 않는다. 따라서 점유보조자를 권리자로 오신하여 거래한 경우, 점유취득자는 목적물을 선의취득할 수 있다(대판 1991.3.22, 91다70). 거래안전을 위해 종업원 등의 절도는 도품이나 유실물로 보지 않는 것이 판례이다. 이 경우는 점유보조자가 처분한 동산은 도품·유실물에 해당하지 않으므로 본인은 2년 내에도 물건의 반환을 청구할 수 없다.

> **제250조 【도품, 유실물에 대한 특례】**
> 전조의 경우에 그 동산이 도품이나 유실물인 때에는 피해자 또는 유실자는 도난 또는 유실한 날부터 2년 내에 그 물건의 반환을 청구할 수 있다. 그러나 도품이나 유실물이 금전인 때에는 그러하지 아니하다.

⑤ 선의·무과실의 판단시점은 물권행위가 완성되는 때를 기준으로 한다. 양수인이 물권적 합의 시점에 선의·무과실이면, 이후 인도받을 때에 악의이거나 과실이 있더라도 선의취득이 인정되는 것이 아니라, 인도받을 때에도, 즉 물권행위가 완성된 때까지 선의·무과실이 계속되어야 한다(대판 1991.3.22, 91다70).

▶ 정답   01 ④   02 ⑤

03 선의취득에 관한 설명으로 옳지 않은 것은? (다툼이 있으면 판례에 따름) ▶ 2016 감정평가사
① 경매에 의한 동산의 취득에는 선의취득이 인정되지 않는다.
② 점유개정은 선의취득에서의 인도의 방법으로 인정되지 않는다.
③ 간이인도는 선의취득에서의 인도의 방법으로 인정된다.
④ 저당권은 선의취득의 대상이 아니지만 동산질권은 선의취득 대상이 된다.
⑤ 물권적 합의가 동산의 인도보다 먼저 행하여지면 양수인의 선의·과실은 인도된 때를 기준으로 판단한다.

[정답해설]
① 채무자 이외의 자의 소유에 속하는 동산을 경매한 경우에도 경매절차에서 그 동산을 경락받아 경락대금을 납부하고 이를 인도받은 경락인은 특별한 사정이 없는 한 소유권을 선의취득한다(대판 1998.3.27, 97다32680).
② 동산의 선의취득에 필요한 점유의 취득은 현실적 인도가 있어야 하고 점유개정에 의한 점유취득만으로서는 그 요건을 충족할 수 없다(대판 1978.1.17, 77다1872).
③ 동산의 선의취득에 필요한 점유의 취득은 이미 현실적인 점유를 하고 있는 양수인에게는 간이인도에 의한 점유취득으로 그 요건은 충족된다(대판 1981.8.20, 80다2530).
④ 민법 제249조의 선의취득은 점유인도를 물권변동의 요건으로 하는 동산의 소유권취득에 관한 규정으로서(동법 제343조에 의하여 동산질권에도 준용) 저당권의 취득에는 적용될 수 없다(대판 1985.12.24, 84다카2428).

> 제343조 【준용규정】
> 제249조부터 제251조, 제321조부터 제325조의 규정은 동산질권에 준용한다.

⑤ 민법 제249조가 규정하는 선의 무과실의 기준시점은 물권행위가 완성되는 때인 것이므로 물권적 합의가 동산의 인도보다 먼저 행하여지면 인도된 때를, 인도가 물권적 합의보다 먼저 행하여지면 물권적 합의가 이루어진 때를 기준으로 해야 한다(대판 1991.3.22, 91다70).

04 선의취득에 관한 설명으로 옳지 않은 것은? (다툼이 있으면 판례에 따름) ▶ 2017 감정평가사
① 경매에 의하여 소유권을 취득한 매수인에게도 선의취득이 인정될 수 있다.
② 동산의 선의취득은 양도인이 무권리자라고 하는 점을 제외하고는 아무런 흠이 없는 거래행위이어야 성립한다.
③ 연립주택의 입주권은 선의취득의 대상이 될 수 없다.
④ 저당권은 선의취득할 수 없다.
⑤ 현실의 인도를 받지 않아도 점유개정의 방법만으로 선의취득이 인정된다.

[정답해설]
① 집행채무자의 소유가 아닌 경우에도 강제집행절차에서 그 유체동산을 경락받아 경락대금을 납부하고 이를 인도받은 경락인은 특별한 사정이 없는 한 그 소유권을 선의취득한다(대판 1997.6.27, 96다51332).
② 동산의 선의취득은 양도인이 무권리자라는 점을 제외하고는 거래행위는 아무런 흠이 없이 유효하게 성립한 것이어야 한다(대판 1995.6.29, 94다22071). 따라서 거래행위가 제한능력, 의사의 흠결 등으로 무효·취소된 때에는 선의취득은 성립하지 않는다. 이 경우에는 제한능력자의 상대방보호, 무권대리의 상대방보호 등을 통해 보호될 수 있을 뿐이다.

③ 서울특별시가 무허가 건물을 자진철거하는 시민들을 위하여 건립하는 연립주택의 입주권은 수분양자로서의 지위에 불과한 것이므로 선의취득의 대상이 될 수 없다(대판 1980.9.9, 79다2233).
④ 민법 제249조의 선의취득은 점유인도를 물권변동의 요건으로 하는 동산의 소유권취득에 관한 규정으로서(동법 제343조에 의하여 동산질권에도 준용) 저당권의 취득에는 적용될 수 없다(대판 1985.12.24, 84다카2428).
⑤ 동산의 선의취득에 필요한 점유의 취득은 현실적 인도가 있어야 하고 점유개정에 의한 점유취득만으로서는 그 요건을 충족할 수 없다(대판 1978.1.17, 77다1872).

05 선의취득에 관한 설명으로 옳지 않은 것은? (다툼이 있으면 판례에 따름) ▶ 2019 감정평가사
① 등록에 의하여 소유권이 공시되는 자동차는 동산이라 하더라도 선의취득의 대상이 되지 않는다.
② 수분양자로서의 지위를 내용으로 하는 연립주택의 입주권은 선의취득의 대상이 될 수 없다.
③ 채무자 이외의 자의 소유에 속하는 동산의 경매절차에서 그 동산을 경락받아 경락대금을 납부하고 이를 인도받은 경락인은 특별한 사정이 없는 한 소유권을 선의취득할 수 있다.
④ 선의취득이 인정되기 위해서는 양도인이 무권리자인 점을 제외하면 아무런 흠이 없는 거래행위이어야 한다.
⑤ 현실인도뿐만 아니라 점유개정의 방법으로 양수인이 동산의 점유를 취득한 경우에도 선의취득이 인정된다.

[정답해설]
① 점유가 아닌 등기나 등록으로 공시되는 동산(예 20톤 이상의 선박, 자동차, 항공기, 건설기계 등)은 선의취득의 대상이 될 수 없다.

> 제249조 【선의취득】
> 평온, 공연하게 동산을 양수한 자가 선의이며 과실 없이 그 동산을 점유한 경우에는 양도인이 정당한 소유자가 아닌 때에도 즉시 그 동산의 소유권을 취득한다.

② 서울특별시가 무허가 건물을 자진철거하는 시민들을 위하여 건립하는 연립주택의 입주권은 수분양자로서의 지위에 불과한 것이므로 선의취득의 대상이 될 수 없다(대판 1980.9.9, 79다2233).
③ 채무자 이외의 자의 소유에 속하는 동산을 경매한 경우에도 경매절차에서 그 동산을 경락받아 경락대금을 납부하고 이를 인도받은 경락인은 특별한 사정이 없는 한 소유권을 선의취득한다(대판 1998.3.27, 97다32680).
④ 선의취득이 인정되기 위해서는 양도인이 무권리자라는 점을 제외하고는 거래행위는 아무런 흠이 없이 유효하게 성립한 것이어야 한다(대판 1995.6.29, 94다22071). 따라서 거래행위가 제한능력, 의사의 흠결 등으로 무효·취소된 때에는 선의취득은 성립하지 않는다.
⑤ 양수인이 점유를 취득하는 방법에는 현실의 인도뿐만 아니라 간이인도와 목적물반환청구권의 양도가 포함된다. 그러나 점유개정의 방법에 의한 선의취득은 인정되지 않는다(대판 1978.1.17, 77다1872).

▶ 정답   03 ①   04 ⑤   05 ⑤

06 선의취득에 관한 설명으로 옳지 않은 것은? (다툼이 있으면 판례에 따름) ▶ 2020 감정평가사
① 점유권과 유치권은 선의취득할 수 없다.
② 점유개정의 방법으로 양도담보를 설정한 동산소유자가 다시 제3자와 양도담보설정계약을 맺고 그 동산을 점유개정으로 인도한 경우, 제3자는 양도담보권을 선의취득하지 못한다.
③ 인도가 물권적 합의보다 먼저 이루어진 경우, 선의·무과실의 판단은 인도를 기준으로 한다.
④ 선의취득자는 임의로 소유권취득을 거부하지 못한다.
⑤ 선의취득자는 권리를 잃은 전(前)소유자에게 부당이득을 반환할 의무가 없다.

[정답해설]
① 선의취득에 의해 취득할 수 있는 동산물권은 실질적으로 소유권과 질권에 한한다. 점유권와 유치권은 선의취득할 수 없다.
② 금전채무를 담보하기 위하여 채무자가 그 소유의 동산을 채권자에게 양도하되 점유개정의 방법으로 인도하고 채무자가 이를 계속 점유하기로 약정한 경우 특별한 사정이 없는 한 그 동산의 소유권은 신탁적으로 이전되는 것에 불과하여, 채권자와 채무자 사이의 대내적 관계에서는 채무자가 소유권을 보유하나 대외적인 관계에서의 채무자는 동산의 소유권을 이미 채권자에게 양도한 무권리자가 되는 것이어서 다시 다른 채권자와 사이에 양도담보설정계약을 체결하고 점유개정의 방법으로 인도하더라도 선의취득이 인정되지 않는 한 나중에 설정계약을 체결한 채권자로서는 양도담보권을 취득할 수 없는데, 현실의 인도가 아닌 점유개정의 방법으로는 선의취득이 인정되지 아니하므로 결국 뒤의 채권자는 적법하게 양도담보권을 취득할 수 없다(대판 2005.2.18, 2004다37430).
③ 민법 제249조가 규정하는 선의 무과실의 기준시점은 물권행위가 완성되는 때인 것이므로 물권적 합의가 동산의 인도보다 먼저 행하여지면 인도된 때로, 인도가 물권적 합의보다 먼저 행하여지면 물권적 합의가 이루어진 때를 기준으로 해야 한다(대판 1991.3.22, 91다70).
④ 선의취득은 원시취득으로, 선의취득자는 임의로 선의취득의 효과를 거부하고 종전 소유자에게 동산을 반환받아 갈 것을 요구할 수 없다(대판 1998.6.12, 98다6800).
⑤ 선의취득이 인정되는 때에는, 그 선의취득이 이익을 보유할 수 있는 법률상 원인이 되므로 선의취득자는 목적물의 본래의 권리자에게 부당이득반환의무를 부담하지 않는다(대판 1998.6.12, 98다6800).

07 선의취득에 관한 설명으로 옳은 것은? (다툼이 있으면 판례에 따름) ▶ 2021 감정평가사
① 선의취득에 관한 민법 제249조는 저당권의 취득에도 적용된다.
② 동산의 선의취득에 필요한 점유의 취득은 현실의 인도뿐만 아니라 점유개정에 의해서도 가능하다.
③ 선의취득의 요건인 선의·무과실의 판단은 동산의 인도 여부와 관계없이 물권적 합의가 이루어진 때를 기준으로 한다.
④ 도품·유실물에 관한 민법 제251조는 선의취득자에게 그가 지급한 대가의 변상시까지 취득물의 반환청구를 거부할 수 있는 항변권만을 인정한다는 취지이다.
⑤ 제3자에 대한 목적물반환청구권을 양수인에게 양도하고 지명채권 양도의 대항요건을 갖추면 동산의 선의취득에 필요한 점유의 취득요건을 충족한다.

[정답해설]
① 민법 제249조의 선의취득은 점유인도를 물권변동의 요건으로 하는 동산의 소유권취득에 관한 규정으로서(동법 제343조에 의하여 동산질권에도 준용) 저당권의 취득에는 적용될 수 없다(대판 1985.12.24, 84다카2428).
② 동산의 선의취득에 필요한 점유의 취득은 현실적 인도가 있어야 하고 점유개정에 의한 점유취득만으로서는 그 요건을 충족할 수 없다(대판 1978.1.17, 77다1872).
③ 선의·무과실의 판단시점은 물권행위가 완성되는 때를 기준으로 한다. 양수인이 물권적 합의 시점에 선의·무과실이면, 이후 인도받을 때에 악의이거나 과실이 있더라도 선의취득이 인정되는 것이 아니라, 인도받을 때에도, 즉 물권행위가 완성된 때까지 선의·무과실이 계속되어야 한다(대판 1991.3.22, 91다70).
④ 민법 제251조의 규정은 선의취득자에게 그가 지급한 대가의 변상을 받을 때까지는 그 물건의 반환청구를 거부할 수 있는 항변권만을 인정한 것이 아니고 피해자가 그 물건의 반환을 청구하거나 어떠한 원인으로 반환을 받은 경우에는 그 대가변상의 청구권이 있다는 취지이다(대판 1972.5.23, 72다115).

> 제251조 【도품, 유실물에 대한 특례】
> 양수인이 도품 또는 유실물을 경매나 공개시장에서 또는 동 종류의 물건을 판매하는 상인에게서 선의로 매수한 때에는 피해자 또는 유실자는 양수인이 지급한 대가를 변상하고 그 물건의 반환을 청구할 수 있다.

⑤ 선의취득에서 양수인의 점유취득에는 목적물 반환청구권의 양도에 의한 선의취득은 인정된다. 즉 양도인이 소유자로부터 보관을 위탁받은 동산을 제3자에게 보관시킨 경우에 양도인이 그 제3자에 대한 반환청구권을 양수인에게 양도하고 지명채권 양도의 대항요건을 갖추었을 때에는 동산의 선의취득에 필요한 점유의 취득요건을 충족한다(대판 1999.1.26, 97다48906).

▶ 정답   06 ③   07 ⑤

심화문제편

01 동산의 선의취득에 관한 설명으로 옳지 않은 것은? (다툼이 있으면 판례에 따름)

▶ 2023 감정평가사

① 등기나 등록에 의하여 공시되는 동산은 원칙적으로 선의취득의 대상이 될 수 없다.
② 선의취득이 성립하기 위해서는 양도인이 무권리자라고 하는 점을 제외하고는 아무런 흠이 없는 거래행위이어야 한다.
③ 양도인이 제3자에 대한 반환청구권을 양수인에게 양도하고 지명채권 양도의 대항요건을 갖춘 경우, 선의취득에 필요한 점유의 취득 요건을 충족한다.
④ 동산질권의 선의취득을 저지하기 위해서는 취득자의 점유취득이 과실에 의한 것임을 동산의 소유자가 증명하여야 한다.
⑤ 양수인이 도품을 공개시장에서 선의·무과실로 매수한 경우, 피해자는 양수인이 지급한 대가를 변상하고 그 물건의 반환을 청구할 수 있다.

정답해설

① 자동차관리법 제6조는 "자동차 소유권의 득실변경은 등록을 하여야 그 효력이 생긴다."라고 규정하고 있다. 이는 현대사회에서 자동차의 경제적 효용과 재산적 가치가 크므로 민법상 불완전한 공시방법인 '인도'가 아니라 공적 장부에 의한 체계적인 공시방법인 '등록'에 의하여 소유권 변동을 공시함으로써 자동차 소유권과 이에 관한 거래의 안전을 한층 더 보호하려는 데 취지가 있다. 따라서 자동차관리법이 적용되는 자동차의 소유권을 취득함에는 민법상 공시방법인 '인도'에 의할 수 없고 나아가 이를 전제로 하는 민법 제249조의 선의취득 규정은 적용되지 아니함이 원칙이다(대판 2016.12.15, 2016다205373).

> **제249조 【선의취득】**
> 평온, 공연하게 동산을 양수한 자가 선의이며 과실 없이 그 동산을 점유한 경우에는 양도인이 정당한 소유자가 아닌 때에도 즉시 그 동산의 소유권을 취득한다.

② 양도인이 무권리자라는 점을 제외하고는 거래행위는 아무런 흠이 없이 유효하게 성립한 것이어야 한다(대판 1995.6.29, 94다22071). 따라서 거래행위가 제한능력, 의사의 흠결 등으로 무효·취소된 때에는 선의취득은 성립하지 않는다.
③ 선의취득에서 양수인의 점유취득에는 목적물 반환청구권의 양도에 의한 선의취득은 인정된다. 즉 양도인이 소유자로부터 보관을 위탁받은 동산을 제3자에게 보관시킨 경우에 양도인이 그 제3자에 대한 반환청구권을 양수인에게 양도하고 지명채권 양도의 대항요건을 갖추었을 때에는 동산의 선의취득에 필요한 점유의 취득 요건을 충족한다(대판 1999.1.26, 97다48906).
④ 동산질권을 선의취득하기 위하여는 질권자가 평온, 공연하게 선의이며 과실없이 질권의 목적동산을 취득하여야 하고, 그 취득자의 선의, 무과실은 동산질권자가 입증하여야 한다(대판 1981.12.22, 80다29106).

> **제343조 【준용규정】**
> 제249조 내지 제251조, 제321조 내지 제325조의 규정은 동산질권에 준용한다.

⑤ 민법 제251조는 민법 제249조와 제250조를 전제로 하고 있는 규정이므로 무과실도 당연한 요건이라고 해석하여야 한다(대판 1991.3.22, 91다70). 양수인이 도품을 공개시장에서 선의·무과실로 매수한 경우, 피해자는 양수인이 지급한 대가를 변상하고 그 물건의 반환을 청구할 수 있다(제251조).

> **제251조【도품, 유실물에 대한 특례】**
> 양수인이 도품 또는 유실물을 경매나 공개시장에서 또는 동 종류의 물건을 판매하는 상인에게서 선의로 매수한 때에는 피해자 또는 유실자는 양수인이 지급한 대가를 변상하고 그 물건의 반환을 청구할 수 있다

02 甲 소유 게임기 X를 乙이 빌려서 사용하던 중, 乙은 이러한 사정을 과실 없이 알지 못하는 丙에게 X를 50만원에 평온·공연하게 매도하고 점유를 이전해 주었다. 이에 관한 설명으로 옳은 것은? (다툼이 있으면 판례에 따름) ▶ 2018 감정평가사

① 점유에는 공신력이 없으므로 丙은 X의 소유권을 선의취득할 수 없다.
② 乙과 丙 간의 매매계약이 무효이더라도 丙은 X의 소유권을 선의취득할 수 있다.
③ 丙이 점유개정으로 점유를 취득하였더라도 X의 소유권을 선의취득할 수 있다.
④ 만약 乙의 점유보조자가 X를 절취하여 丙에게 매도하였더라도 丙은 X의 소유권을 선의취득할 수 있다.
⑤ 만일 X가 게임기가 아니라 건물인 경우에도 丙은 소유권을 선의취득할 수 있다.

정답해설
① 동산인 게임기를 무권리자인 乙과의 거래로 평온·공연·선의·무과실로 이전받았으므로 X의 소유권을 선의취득할 수 있다. 동산의 공시방법인 점유에는 부동산의 공시방법인 등기와 달리 공신력이 인정된다.

> **제249조【선의취득】**
> 평온, 공연하게 동산을 양수한 자가 선의이며 과실 없이 그 동산을 점유한 경우에는 양도인이 정당한 소유자가 아닌 때에도 즉시 그 동산의 소유권을 취득한다.

② 양도인이 무권리자라는 점을 제외하고는 거래행위는 아무런 흠이 없이 유효하게 성립한 것이어야 한다(대판 1995.6.29, 94다22071). 따라서 거래행위가 제한능력, 의사의 흠결 등으로 무효·취소된 때에는 선의취득은 성립하지 않는다.
③ 동산의 선의취득에 필요한 점유의 취득은 현실적 인도가 있어야 하고, 점유개정에 의한 점유취득만으로서는 그 요건을 충족할 수 없다(대판 1978.1.17, 77다1872).
④ 선의취득은 양도인의 점유에 공신력을 주는 제도이므로 양도인은 점유를 하고 있어야 한다. 양도인의 점유는 타주점유, 간접점유, 점유보조자라도 무방하다. 따라서 양도인이 乙의 점유보조자로서 X를 절취한 경우라도 선의의 丙은 선의취득할 수 있다.
⑤ 선의취득의 객체는 동산이다. 따라서 부동산에 대한 권리는 선의취득의 대상이 될 수 없다(대판 1985.12.24, 84다카2428).

▶ 정답 01 ④ 02 ④

03 甲이 乙소유 X도자기에 관해 무단으로 丙에게 질권을 설정해 주었고, 丙은 질권의 선의취득을 주장하고 있다. 이에 관한 설명으로 옳지 않은 것은? (다툼이 있으면 판례에 따름)

▶ 2024 감정평가사

① 丙은 평온·공연하게 X의 점유를 취득하였어야 한다.
② 丙은 甲이 소유자가 아니라는 사실에 대하여 그 자신이 선의이고 무과실이라는 사실을 증명하여야 한다.
③ 丙이 甲과 질권설정계약을 체결할 당시 선의였다면 질물의 인도를 받을 때 악의라도 丙의 선의취득은 인정된다.
④ 丙이 X에 대하여 甲이 직접점유를 취득하는 형태로 점유를 취득한 경우, 丙의 선의취득은 인정되지 아니한다.
⑤ 만약 甲이 미성년자임을 이유로 丙과의 질권설정계약을 취소하면 丙은 선의취득을 할 수 없다.

정답해설

①, ② 민법 제330조, 제343조, 제249조에 의하면 동산질권을 선의취득하기 위하여는 질권자가 평온·공연하게 선의이며 과실 없이 질권의 목적동산을 취득하여야 하고, 그 취득자의 선의, 무과실은 동산질권자가 입증하여야 한다(대판 1981.12.22. 80다2910). 따라서 丙이 질권을 선의취득하기 위해서는 평온·공연하게 X의 점유를 취득하였어야 하고, 丙 자신이 甲이 소유자가 아니라는 사실에 대하여 선의이고 무과실이라는 사실을 증명하여야 한다.

> **제249조【선의취득】**
> 평온, 공연하게 동산을 양수한 자가 선의이며 과실 없이 그 동산을 점유한 경우에는 양도인이 정당한 소유자가 아닌 때에도 즉시 그 동산의 소유권을 취득한다.
>
> **제343조【준용규정】**
> 제249조 내지 제251조, 제321조 내지 제325조의 규정은 동산질권에 준용한다.

③ 민법 제249조가 규정하는 선의, 무과실의 기준시점은 물권행위가 완성되는 때인 것이므로 물권적 합의가 동산의 인도보다 먼저 행하여지면 인도된 때를, 인도가 물권적 합의보다 먼저 행하여지면 물권적 합의가 이루어진 때를 기준으로 해야 한다(대판 1991.3.22. 91다70). 丙이 계약을 체결할 당시 선의였더라도 X를 인도받을 때에도, 즉 물권행위가 완성된 때까지 선의·무과실이 계속되어야 한다. 따라서 인도받을 때 악의였다면 丙의 선의취득은 인정되지 않는다.
④ 동산의 선의취득에 필요한 점유의 취득은 현실적 인도가 있어야 하고 점유개정에 의한 점유취득만으로서는 그 요건을 충족할 수 없다(대판 1978.1.17. 77다1872). 甲이 직접점유를 취득하는 형태로 丙이 점유를 취득한 것은 점유개정에 해당하므로 丙의 선의취득은 인정되지 않는다.
⑤ 동산의 선의취득은 양도인이 무권리자라고 하는 점을 제외하고는 아무런 흠이 없는 거래행위이어야 성립한다(대판 2008.5.8. 2007다36933·36940). 따라서 거래행위가 제한능력, 의사의 흠결 등으로 무효·취소된 때에는 선의취득은 성립하지 않는다. 甲이 계약을 취소하면 丙은 선의취득을 할 수 없다.

▶ 정답 03 ③

제3절 물권의 소멸

기본문제편

01 물권의 소멸에 관한 설명으로 옳지 않은 것은? (다툼이 있으면 판례에 따름)

▶ 2019 감정평가사

① 물건이 멸실되더라도 물건의 가치적 변형물이 남아 있는 경우에는 담보물권은 그 가치적 변형물에 미친다.
② 지역권은 소멸시효의 대상이 될 수 있다.
③ 부동산에 대한 합유지분의 포기는 형성권의 행사이므로 등기하지 않더라도 포기의 효력이 생긴다.
④ 점유권과 본권이 동일인에게 귀속하더라도 점유권은 소멸하지 않는다.
⑤ 근저당권자가 그 저당물의 소유권을 취득하면 그 근저당권은 원칙적으로 혼동에 의하여 소멸하지만, 그 뒤 그 소유권 취득이 무효인 것이 밝혀지면 소멸하였던 근저당권은 당연히 부활한다.

정답해설

① 담보물권은 목적물의 교환가치를 취득하는 것이므로, 담보물권의 목적물의 멸실, 훼손 또는 공용징수로 인하여 담보물권이 소멸하더라도 그 교환가치를 대표하는 것이 존재하면, 담보물권은 그 대표물 즉 가치적 변형물에 존속한다.

> **제342조 【물상대위】**
> 질권은 질물의 멸실, 훼손 또는 공용징수로 인하여 질권설정자가 받을 금전 기타 물건에 대하여도 이를 행사할 수 있다. 이 경우에는 그 지급 또는 인도 전에 압류하여야 한다.
>
> **제370조 【준용규정】**
> 제214조, 제321조, 제333조, 제340조, 제341조 및 제342조의 규정은 저당권에 준용한다.

② 지역권은 20년간 행사하지 않으면 소멸시효가 완성된다(제162조 제2항).

> **제162조 【채권, 재산권의 소멸시효】**
> ① 채권은 10년간 행사하지 아니하면 소멸시효가 완성한다.
> ② 채권 및 소유권 이외의 재산권은 20년간 행사하지 아니하면 소멸시효가 완성한다.

③ 합유지분 포기가 적법하다면 그 포기된 합유지분은 나머지 잔존 합유지분권자들에게 균분으로 귀속하게 되지만 그와 같은 물권변동은 합유지분권의 포기라고 하는 법률행위에 의한 것이므로 등기하여야 효력이 있고 지분을 포기한 합유지분권자로부터 잔존 합유지분권자들에게 합유지분 이전등기가 이루어지지 아니하는 한 지분을 포기한 지분권자는 제3자에 대하여 여전히 합유지분권자로서의 지위를 가지고 있다고 보아야 한다(대판 1997.9.9, 96다16896).

▶ 정답 01 ③

④ 혼동으로 물권이 소멸하기 위해서는 1) 양립될 수 없는 물권이, 2) 동일인에게 귀속되는 경우이어야 한다. 따라서 점유권에 대해서는 혼동의 법리가 적용되지 않는다. 점유권은 다른 물권과 양립할 수 있기 때문이다(제191조 제3항 참조).

> **제191조 【혼동으로 인한 물권의 소멸】**
> ① 동일한 물건에 대한 소유권과 다른 물권이 동일한 사람에게 귀속한 때에는 다른 물권은 소멸한다. 그러나 그 물권이 제3자의 권리의 목적이 된 때에는 소멸하지 아니한다.
> ② 전항의 규정은 소유권 이외의 물권과 그를 목적으로 하는 다른 권리가 동일한 사람에게 귀속한 경우에 준용한다.
> ③ 점유권에 관하여는 전2항의 규정을 적용하지 아니한다.

⑤ 근저당권자가 소유권을 취득하면 그 근저당권은 혼동에 의하여 소멸하지만 그 뒤 그 소유권취득이 무효인 것이 밝혀지면 소멸하였던 근저당권은 당연히 부활한다(대판 1971.8.31, 71다1386).

02 혼동으로 물권이 소멸하는 경우는? (다툼이 있으면 판례에 따름) ▶ 2015 감정평가사

① 甲의 토지에 乙이 1번 저당권, 丙이 2번 저당권을 취득한 후 乙이 토지 소유권을 취득하는 경우
② 甲의 건물에 乙이 저당권을 취득한 다음 그 건물을 매수하여 소유권이전등기를 마쳤는데, 그 매매계약이 원인무효임이 밝혀진 경우
③ 甲의 건물에 乙이 1번 저당권, 丙이 2번 저당권을 취득한 후 丙이 건물 소유권을 취득하는 경우
④ 甲의 토지에 乙이 지상권을 취득하고, 그 지상권 위에 丙이 저당권을 취득한 후 乙이 토지 소유권을 취득하는 경우
⑤ 甲의 토지에 대한 乙의 지상권 위에 丙이 1번 저당권, 丁이 2번 저당권을 취득한 뒤 丙이 乙의 지상권을 취득하는 경우

정답해설

①, ④, ⑤ (×) : 어떠한 물건에 대한 소유권과 다른 물권이 동일한 사람에게 귀속한 경우 그 제한물권은 혼동에 의하여 소멸하는 것이 원칙이지만, 본인 또는 제3자의 이익을 위하여 그 제한물권을 존속시킬 필요가 있다고 인정되는 경우에는 혼동으로 소멸하지 않는다(대판 2013.11.29, 2012마745). 이러한 혼동의 예외로 제3자의 권리목적이 된 경우(제191조 제1항 단서)뿐만 아니라 본인의 이익을 위한 경우(판례)도 포함하는데, ①, ⑤는 본인의 이익을 보호하기 위하여, ④는 제3자의 이익보호를 위하여 혼동이 일어나지 않는다.
② (×) : 혼동을 생기게 한 원인이 부존재하거나 원인행위가 무효나 취소 등이 된 경우 소멸한 물권은 부활한다. 따라서 甲의 건물에 乙이 저당권을 취득한 다음 그 건물을 매수하여 소유권이전등기를 마쳤는데, 그 매매계약이 원인무효임이 밝혀진 경우에는 乙의 저당권은 혼동이 되지 않았던 것이 된다(대판 1971.8.31, 71다1386).
③ (○) : 甲의 건물에 乙이 1번 저당권, 丙이 2번 저당권을 취득한 후 丙이 건물 소유권을 취득하는 경우에는 丙이 존속할 필요가 없기 때문에 혼동으로 소멸한다(대판 2013.11.19, 2012마745).

▶ 정답 02 ③

심화문제편

01 혼동에 관한 설명으로 옳지 않은 것은? (다툼이 있으면 판례에 의함) ▶ 2012 감정평가사

① 乙 소유의 토지에 지상권을 취득한 甲이 그 지상권을 목적으로 하는 저당권을 丙에게 설정한 후 甲이 토지의 소유권을 취득하였다면, 甲의 지상권은 소멸하지 않는다.
② 乙 소유의 토지에 지상권을 취득한 甲이 그 지상권을 목적으로 하는 저당권을 丙에게 설정한 후에 甲이 그 저당권을 취득한다면, 그 저당권은 소멸한다.
③ 甲 소유의 건물에 乙의 대항력 있는 임차권이 성립한 후 丙이 그 건물에 저당권을 취득하였다면, 후일 乙이 甲으로부터 그 건물을 매수하여도 임차권은 소멸하지 않는다.
④ 丙 소유의 토지에 甲의 1순위 저당권과 乙의 2순위 저당권이 설정되어 있을 때, 甲이 그 토지를 매수하여 소유권을 취득하였고 甲의 피담보채권이 존속할 경우에는 乙의 저당권이 1순위가 된다.
⑤ 근저당권자 甲이 근저당목적물인 건물을 매수한 후 그 소유권취득이 무효로 밝혀지면, 혼동으로 소멸하였던 근저당권은 부활한다.

정답해설

①, ② 혼동으로 인한 물권의 소멸은 소유권 이외의 물권과 그를 목적으로 하는 다른 권리가 동일한 사람에게 귀속한 경우에 준용된다(제191조 제2항). 따라서 ② 甲의 지상권에 丙이 저당권을 설정한 후 甲이 저당권을 취득한 경우 지상권과 지상권을 목적으로 한 저당권이 동일인에게 귀속하게 되어 저당권이 소멸하게 된다. 단 이때도 혼동될 권리가 제3자의 권리의 목적인 경우에는 소멸되지 않는다(제191조 제1항 단서). ① 지상권 甲이 소유권을 취득하였다 하더라도 그 지상권을 목적으로 하는 저당권이 있는 경우에는 저당권자 丙의 이익을 위해 혼동으로 지상권은 소멸하지 않는다.

③ 부동산에 대한 소유권과 임차권이 동일인에게 귀속하게 되는 경우 임차권은 혼동에 의하여 소멸하는 것이 원칙이지만, 그 임차권이 대항요건을 갖추고 있고 또한 그 대항요건을 갖춘 후에 저당권이 설정된 때에는 혼동으로 인한 물권소멸 원칙의 예외 규정인 민법 제191조 제1항 단서를 준용하여 임차권은 소멸하지 않는다 (대판 2001.5.15, 2000다12693).

④ 동일한 물건에 대한 소유권과 제한물권이 한 사람에게 돌아갔을 때는 제한물권은 소멸하는 것이 원칙이나 그 물건이 제3자의 권리 목적으로 되어 있고 또한 제3자의 권리가 혼동된 제한물권보다 아래 순위에 있을 때에는 혼동된 제한물권이 소멸하지 아니한다(대판 1999.4.13, 98도4022). 저당권자가 저당목적물의 소유권을 취득하면 저당권은 혼동으로 소멸하나, 후순위저당권 등이 있는 경우에는 선순위 저당권이 혼동으로 소멸시키면 후순위저당권이 순위가 승진하여 선순위가 되므로 혼동의 예외를 인정하여 혼동이 일어나지 않는다. 즉 乙의 2순위 저당권이 존재하는데 1순위 저당권자 甲이 저당목적물의 소유권을 취득하여도 乙의 순위승진을 저지하기 위해 甲의 저당권은 혼동으로 소멸되지 않는다. 따라서 여전히 甲의 저당권이 1순위로 존재한다.

⑤ 혼동을 생기게 한 원인이 부존재하거나 원인행위가 무효나 취소 등이 된 경우 소멸한 물권은 부활한다. 따라서 건물에 甲이 근저당권을 취득한 다음 그 건물을 매수하여 소유권이전등기를 마쳤는데, 그 매매계약이 원인무효임이 밝혀진 경우에는 甲의 근저당권은 혼동이 되지 않았던 것이 된다(대판 1971.8.31, 71다1386). 즉 혼동으로 소멸하였던 근저당권은 부활한다.

▶ 정답 01 ④

02 물권의 소멸에 관한 설명으로 옳지 않은 것은? (다툼이 있으면 판례에 따름) ▶ 2024 감정평가사

① X토지에 甲이 1번 저당권, 乙이 2번 저당권을 취득하고, 丙이 X토지를 가압류한 후 乙이 X토지를 매수하여 소유권을 취득한 경우 乙의 저당권은 혼동으로 소멸하지 않는다.
② 유치권자가 유치권 성립 후에 이를 포기하는 의사표시를 한 경우에도 점유를 반환하여야 유치권은 소멸한다.
③ 점유권과 소유권은 혼동으로 소멸하지 아니한다.
④ 지역권은 20년간 행사하지 않으면 시효로 소멸한다.
⑤ 후순위 저당권이 존재하는 주택을 대항력을 갖춘 임차인이 경매절차에서 매수한 경우, 임차권은 혼동으로 소멸한다.

[정답해설]
① 어떠한 물건에 대한 소유권과 다른 물권이 동일한 사람에게 귀속한 경우 그 제한물권은 혼동에 의하여 소멸하는 것이 원칙이지만, 본인 또는 제3자의 이익을 위하여 그 제한물권을 존속시킬 필요가 있다고 인정되는 경우에는 민법 제191조 제1항 단서의 해석에 의하여 혼동으로 소멸하지 않는다고 보아야 할 것이다(대판 1998.7.10. 98다18643). X토지에 甲이 1번 저당권, 乙이 2번 저당권을 취득하고, 丙이 X토지를 가압류한 후 乙이 X토지를 매수하여 소유권을 취득한 경우 乙의 후순위 저당권이 혼동으로 소멸하게 된다면, 가압류한 丙은 이로 인하여 부당한 이득을 얻게 되는 반면 乙은 손해를 보게 되는 불합리한 결과가 되므로, 乙의 저당권은 그 이후의 소유권 취득에도 불구하고 혼동으로 소멸하지 않는다.
② 유치권은 법정담보물권이기는 하나 채권자의 이익보호를 위한 채권담보의 수단에 불과하므로 이를 포기하는 특약은 유효하고, 유치권을 사전에 포기한 경우 다른 법정요건이 모두 충족되더라도 유치권이 발생하지 않는 것과 마찬가지로 유치권을 사후에 포기한 경우 곧바로 유치권은 소멸하며, 채권자가 유치권의 소멸 후에 그 목적물을 계속하여 점유한다고 하여 여기에 적법한 유치의 의사나 효력이 있다고 인정할 수 없고 다른 법률상 권원이 없는 한 무단점유에 지나지 않는다(대판 2011.5.13. 2010마1544).
③ 혼동으로 물권이 소멸하기 위해서는 1) 양립될 수 없는 물권이, 2) 동일인에게 귀속되는 경우이어야 한다. 따라서 점유권에 대해서는 혼동의 법리가 적용되지 않는다. 점유권은 다른 물권과 양립할 수 있기 때문이다(제191조 제3항 참조).

> 제191조 【혼동으로 인한 물권의 소멸】
> ① 동일한 물건에 대한 소유권과 다른 물권이 동일한 사람에게 귀속한 때에는 다른 물권은 소멸한다. 그러나 그 물권이 제3자의 권리의 목적이 된 때에는 소멸하지 아니한다.
> ③ 점유권에 관하여는 전2항의 규정을 적용하지 아니한다.

④ 지역권은 20년간 행사하지 않으면 소멸시효가 완성된다(제162조 제2항).

> 제162조 【채권, 재산권의 소멸시효】
> ① 채권은 10년간 행사하지 아니하면 소멸시효가 완성한다.
> ② 채권 및 소유권 이외의 재산권은 20년간 행사하지 아니하면 소멸시효가 완성한다.

⑤ 임차주택의 양수인에게 대항할 수 있는 주택임차인이 당해 임차주택을 경락받아 그 대금을 납부함으로써 임차주택의 소유권을 취득한 때에는, 그 주택임차인은 임대인의 지위를 승계하는 결과, 그 임대차계약에 기한 채권이 혼동으로 인하여 소멸하게 되므로 그 임대차는 종료된 상태가 된다(대판 1998.9.25. 97다28650). 경매절차이므로 소멸주의에 따라 후순위 저당권도 소멸하게 되고, 따라서 임차권을 존치시킬 이유가 없다.

03 물권에 관한 설명으로 옳지 않은 것은? (다툼이 있으면 판례에 따름) ▶ 2016 주택관리사
① 권리도 물권의 객체가 될 수 있다.
② 甲의 부동산에 乙의 저당권이 설정된 경우, 특별한 사정이 없는 한 乙이 그 부동산 소유권을 취득하면 그 저당권은 소멸한다.
③ 토지의 미등기매수인은 직접 토지의 불법점유자를 상대로 소유물반환청구를 할 수 없다.
④ 甲 소유 토지 전부에 乙이 지상권을 가지는 경우, 甲은 乙의 동의 없이도 丙에게 그 지하공간의 일부에 대해 지상권을 설정할 수 있다.
⑤ 물건의 소유자 甲이 乙에게 그 처분권한을 부여한 경우, 乙이 이를 행사하지 않고 있는 동안에 甲은 그 물건을 유효하게 처분할 수 있다.

[정답해설]

① 물권의 객체는 물건이 원칙이나, 예외적으로 지상권과 전세권도 저당권의 객체가 될 수 있고, 채권은 권리질권의 객체가 될 수 있는 등 권리도 물권의 객체가 될 수 있다.

> **제371조 【지상권, 전세권을 목적으로 하는 저당권】**
> ① 본장의 규정은 지상권 또는 전세권을 저당권의 목적으로 한 경우에 준용한다.

② 제191조【혼동으로 인한 물권의 소멸】① 동일한 물건에 대한 소유권과 다른 물권이 동일한 사람에게 귀속한 때에는 다른 물권은 소멸한다. 그러나 그 물권이 제3자의 권리의 목적이 된 때에는 소멸하지 아니한다.
③ 미등기 무허가건물을 매수하였으나 소유권이전등기를 마치지 않은 매수인은 그 건물의 불법점유자에 대하여 소유물반환을 청구할 수 없고 대신 매도인을 대위하여 건물명도를 청구할 수 있다(대판 2007.6.15, 2007다11347).
④ 구분지상권을 설정하려는 토지에 이미 배타성 있는 용익권이 존재하는 경우, 즉 제3자가 그 토지를 사용·수익할 권리(예 지상권·지역권·등기된 임차권 등)를 가지고 있는 경우에 그 권리자 및 그 권리를 목적으로 하는 권리(지상권·전세권을 목적으로 하는 저당권)를 가진 자 전원의 승낙이 있어야만 구분지상권을 설정할 수 있다(제289조의2 제2항). 따라서 배타성 있는 용익권인 지상권을 乙에게 설정한 甲은 乙의 승낙을 얻어야 丙에게 구분지상권을 설정할 수 있다.

> **제289조의2 【구분지상권】**
> ① 지하 또는 지상의 공간을 상하의 범위를 정하여 건물 기타 공작물을 소유하기 위한 지상권의 목적으로 할 수 있다. 이 경우 설정행위로써 지상권의 행사를 위하여 토지의 사용을 제한할 수 있다.
> ② 제1항의 규정에 의한 구분지상권은 제3자가 토지를 사용·수익할 권리를 가진 때에도 그 권리자 및 그 권리를 목적으로 하는 권리를 가진 자 전원의 승낙이 있으면 이를 설정할 수 있다. 이 경우 토지를 사용·수익할 권리를 가진 제3자는 그 지상권의 행사를 방해하여서는 아니 된다.

⑤ 소유자는 제3자에게 그 물건을 제3자의 소유물로 처분할 수 있는 권한을 유효하게 수여할 수 있다고 할 것인데, 그와 같은 이른바 '처분수권'의 경우에도 그 수권에 기하여 행하여진 제3자의 처분행위(부동산의 경우에 처분행위가 유효하게 성립하려면 단지 양도 기타의 처분을 한다는 의사표시만으로는 부족하고, 처분의 상대방 앞으로 그 권리 취득에 관한 등기가 있어야 한다. 민법 제186조 참조)가 대세적으로 효력을 가지게 되고 그로 말미암아 소유자가 소유권을 상실하거나 제한받게 될 수는 있다고 하더라도, 그러한 제3자의 처분이 실제로 유효하게 행하여지지 아니하고 있는 동안에는 소유자는 처분수권이 제3자에게 행하여졌다는 것만으로 그가 원래 가지는 처분권능에 제한을 받지 아니한다. 따라서 그는 처분권한을 수여받은 제3자와의 관계에서 처분수권의 원인이 된 채권적 계약관계 등에 기하여 채권적인 책임을 져야 하는 것을 별론으로 하고, 자신의 소유물을 여전히 유효하게 처분할 수 있고, 또한 소유권에 기하여 소유물에 대한 방해 등을 배제할 수 있는 민법 제213조, 제214조의 물권적 청구권을 가진다(대판 2014.3.13, 2009다105215).

▶ 정답 02 ② 03 ④

Chapter 03 점유권

기본문제편

01 점유에 관한 설명으로 옳지 않은 것은? (다툼이 있으면 판례에 따름) ▶ 2020 감정평가사

① 점유매개자의 점유는 자주점유이다.
② 점유는 사실상 지배로 성립한다.
③ 다른 사정이 없으면, 건물의 소유자가 그 부지를 점유하는 것으로 보아야 한다.
④ 점유매개관계가 소멸하면 간접점유자는 직접점유자에게 점유물의 반환을 청구할 수 있다.
⑤ 점유자는 소유의 의사로 점유한 것으로 추정한다.

[정답해설]
① 점유매개관계에 기한 지상권자, 전세권자, 임차인, 수치인, 질권자 등이 점유매개자이며, 이들 점유는 타인이 소유자임을 전제하는 점유이므로 타주점유이다.
② 물건에 대한 점유는 사회관념상 어떤 사람의 사실적 지배에 있다고 할 수 있는 객관적 관계를 가리키는 것으로서, 여기서 말하는 사실적 지배는 반드시 물건을 물리적·현실적으로 지배하는 것만을 의미하는 것이 아니라 물건과 사람과의 시간적·공간적 관계와 본권관계, 타인 지배의 배제가능성 등을 종합적으로 고려하여 사회관념에 따라 합목적적으로 판단하여야 한다(대판 2012.1.27, 2011다74949).

> **제192조【점유권의 취득과 소멸】**
> ① 물건을 사실상 지배하는 자는 점유권이 있다.

③ 사회통념상 건물은 그 부지를 떠나서는 존재할 수 없는 것이고, 건물의 소유자는 현실로 건물이나 그 대지를 점거하고 있지 않더라도 그 건물의 소유를 위하여 그 부지를 점유한다고 보아야 한다(대판 1991.6.25, 91다10329).
④ 간접점유란 점유매개관계에 기해 간접점유자가 반환청구권을 가지고 있어야 하고, 점유매개관계가 소멸하면 간접점유자는 직접점유자에게 점유물의 반환을 청구하여 점유권을 회복하게 된다.
⑤ **제197조【점유의 태양】** ① 점유자는 소유의 의사로 선의, 평온 및 공연하게 점유한 것으로 추정한다.

02 점유에 관한 설명으로 옳지 않은 것은? (다툼이 있으면 판례에 의함) ▶ 2025 감정평가사
① 물건을 사실상 지배한다는 것은 물건을 물리적, 현실적으로 지배하는 것만을 의미하는 것은 아니다.
② 건물의 소유자가 그 건물을 현실적으로 점거하지 아니한 경우 그는 건물의 부지가 된 토지를 점유하고 있다고 볼 수 없다.
③ 공터로 형성되어 공중의 이용에 제공되고 있었던 토지 부분을 공로로 나가는 통로로 사용한 것에 불과하다면 그 사용자가 이를 점유하였다고 볼 수 없다.
④ 건물 공유자 중 일부만이 그 건물을 점유하고 있더라도 그 건물의 부지는 공유자 전원이 공동으로 점유하고 있는 것이다.
⑤ 건물의 유치권자는 그 건물을 점유하는 경우에도 그 건물의 부지 부분을 점유하였다고 볼 수는 없다.

정답해설

① 물건에 대한 점유는 사회관념상 어떤 사람의 사실적 지배에 있다고 할 수 있는 객관적 관계를 가리키는 것으로서, 여기서 말하는 사실적 지배는 반드시 물건을 물리적·현실적으로 지배하는 것만을 의미하는 것이 아니라 물건과 사람과의 시간적·공간적 관계와 본권관계, 타인 지배의 배제가능성 등을 종합적으로 고려하여 사회관념에 따라 합목적적으로 판단하여야 한다(대판 2012.1.27, 2011다74949).
② 사회통념상 건물은 그 부지를 떠나서는 존재할 수 없으므로 건물의 부지가 된 토지는 그 건물의 소유자가 점유하는 것으로 볼 것이고, 이 경우 건물의 소유자가 현실적으로 건물이나 그 부지를 점거하고 있지 아니하고 있더라도 건물의 소유를 위하여 그 부지를 점유한다고 볼 수 있다(대판 2023.8.18, 2021다249810).
③ 공터로 형성되어 공중의 이용에 제공되고 있었던 토지 부분을 공로로 나가는 통로로 사용한 것에 불과하다면 그 사용자가 이를 점유하였다고 볼 수 없다(대판 1995.3.3, 94다49953).
④ 건물 공유자 중 일부만이 당해 건물을 점유하고 있는 경우라도 그 건물의 부지는 건물 소유를 위하여 공유명의자 전원이 공동으로 이를 점유하고 있는 것으로 볼 것이다(대판 2003.11.13, 2002다57935).
⑤ 건물의 유치권자는 건물의 소유자가 아니므로 그 건물의 부지 부분을 점유·사용하였다고 볼 수 없다(대판 2009.9.10, 2009다28462).

▶ 정답 01 ① 02 ②

감정평가사 민법 문제집

03 다음 중 간접점유자는?
▶ 2019 감정평가사

① 전세권자에게 주택을 인도한 전세권설정자
② 장난감을 갖고 노는 초등학생
③ 길거리에 지갑을 잃어버린 행인
④ 타인으로부터 자전거를 훔친 자
⑤ 주인을 대신하여 가게를 보고 있는 종업원

[정답해설]

① 전세권설정자는 전세권설정계약이라는 점유매개관계에 기하여 전세권자에게 점유를 이전한 경우로 간접점유자에 해당한다.

> **제194조 【간접점유】**
> 지상권, 전세권, 질권, 사용대차, 임대차, 임치 기타의 관계로 타인으로 하여금 물건을 점유하게 한 자는 간접으로 점유권이 있다.

②, ④ 장난감을 갖고 노는 초등학생은 장난감에 대한 사실상 지배를 하는 자로서 직접점유자이다. 또한 이때 사실상 지배에는 본권이 있는지 여부 및 그 원인이 무엇인지를 불문하고 법적 효과를 부여하는 것이므로, 타인으로부터 자전거를 훔친 자라 하더라도 사실상 지배가 인정되어 직접점유자가 된다.

> **제192조 【점유권의 취득과 소멸】**
> ① 물건을 사실상 지배하는 자는 점유권이 있다.

③ 길거리에 지갑을 잃어버린 행인은 물건에 대한 사실상의 지배를 상실하였으므로 점유권이 소멸하여 더 이상 점유자가 아니다.

> **제192조 【점유권의 취득과 소멸】**
> ② 점유자가 물건에 대한 사실상의 지배를 상실한 때에는 점유권이 소멸한다. 그러나 제204조의 규정에 의하여 점유를 회수한 때에는 그러하지 아니하다.

⑤ 주인을 대신하여 가게를 보고 있는 종업원은 주인인 점유자의 지시에 따라 즉 점유보조관계에 기해서 사실상 지배를 하는 자로서 민법 제195조에 의해 점유자로 인정되지 않는 점유보조자이다. 점유보조자는 점유자가 아니다.

> **제195조 【점유보조자】**
> 가사상, 영업상, 기타 유사한 관계에 의하여 타인의 지시를 받아 물건에 대한 사실상의 지배를 하는 때에는 그 타인만을 점유자로 한다.

비교 점유보조자 : 점유자 × → 점유보호청구권 ×, 자력구제권 ○
     간접점유자 : 점유자 ○ → 점유보호청구권 ○, 자력구제권 ×

04 **자주점유와 타주점유의 구별에 관한 내용으로 옳지 않은 것은?**

① 자주점유는 소유자와 동일한 지배를 행사하려는 의사를 가지고 있는 점유로서 반드시 법률상 지배할 수 있는 권원이 있을 필요는 없다.
② 타주점유는 그 점유물의 소유권이 타인에게 있음을 전제로 하는 점유로서 지상권자, 전세권자, 임차인 등의 점유가 이에 해당한다.
③ 소유의사의 유무는 점유취득의 원인이 된 권원의 객관적 성질에 의하여 정해지므로 선의의 매수인에 의한 점유는 자주점유이다.
④ 타주점유가 자주점유로 바뀌기 위해서는 타주점유자가 매매, 증여, 상속 등 새로운 권원에 기하여 소유의사로써 점유하여야 한다.
⑤ 점유의 원인이 자주점유인지 타주점유인지 분명하지 않을 경우 그 점유자는 소유의사로써 점유하는 것으로 추정한다.

[정답해설]
① 판례는 자주점유에서 '소유의 의사'라 함은 소유자로서 사실상 점유하려는 의사를 말하며, 반드시 소유권이 있다고 믿고서 하는 점유를 의미하는 것은 아니라고 한다(대판 1987.4.14, 85다카2230).
② 타주점유는 그 점유물의 소유권이 타인에게 있음을 전제로 하는 점유로서 소유자와 같은 배타적 지배의사가 없는 점유를 말한다. 대표적으로 지상권자, 전세권자, 임차인 등의 점유가 이에 해당한다.
③ 판례는 자주점유와 타주점유를 판단함에 있어 이른바 '객관설'을 취하는 바, 점유에 있어 소유의 의사 유무는 점유취득의 원인사실에 의하여 외형적, 객관적으로 정하여져야 할 것인즉, 토지매수인이 매매계약에 기하여 목적 토지의 점유를 취득한 경우에는 그 매매가 설사 타인의 토지의 매매로서 그 소유권을 취득할 수는 없다 하여도 다른 특별한 사정이 없는 이상 매수인의 점유는 소유의 의사로써 하는 것이라고 해석된다고 하였다(대판 1981.11.24, 80다3083).
④ 타주점유가 자주점유로 전환되려면 타주점유자가 새로운 권원에 기하여 소유의 의사를 가지고 점유를 시작하거나, 타주점유자가 타주점유를 하게 한 자에 대하여 소유의 의사가 있음을 표시하여야 하는데, 상속은 새로운 권원에 포함되지 않는다(대판 1996.9.20, 96다25319).
⑤ 판례는 자주점유의 권원이 불분명할 경우 자주점유로 추정하는 바, 취득시효에 있어서 자주점유의 요건인 소유의 의사는 객관적으로 점유취득의 원인이 된 점유권원의 성질에 의하여 그 존부를 결정하여야 할 것이나, 점유권원의 성질이 분명하지 아니한 때에는 민법 제197조 제1항에 의하여 점유자는 소유의 의사로 점유한 것으로 추정되므로 점유자가 스스로 그 점유권원의 성질에 의하여 자주점유임을 입증할 책임이 없고, 점유자의 점유가 소유의 의사 없는 타주점유임을 주장하는 상대방에게 타주점유에 대한 입증책임이 있다고 판시하였다(대판 1983.7.12, 82다708 · 709).

▶ 정답 03 ① 04 ④

05 점유에 관한 설명으로 옳은 것은? (다툼이 있으면 판례에 의함) ▶ 2014 감정평가사
① 무권리자로부터 토지를 매수한 자의 점유는 다른 특별한 사정이 없는 한 자주점유이다.
② 점유가 성립하기 위해서는 반드시 물건에 대한 물리적·현실적 지배가 수반되어야 한다.
③ 건물의 소유자가 아닌 자가 실제로 건물을 점유하고 있다면 특별한 사정이 없는 한, 당연히 건물의 부지를 점유한다고 보아야 한다.
④ 토지에 대한 소유권보존등기가 이루어졌다면, 그 등기명의자는 그 무렵 다른 사람으로부터 당해 토지에 대한 점유를 이전받았다고 본다.
⑤ 부동산을 매도하고 등기를 이전하였으나, 아직 그 부동산을 인도하지 않은 매도인의 점유는 특별한 사정이 없는 한 자주점유로 본다.

[정답해설]
① 매도인에게 처분권이 없었다는 이유로 매매가 무효가 된 경우 그 사실을 알지 못한 매수인의 점유는 자주점유이다(대판 1997.4.11, 96다50520).
② 물건에 대한 점유는 사회관념상 어떤 사람의 사실적 지배에 있다고 할 수 있는 객관적 관계를 가리키는 것으로서, 여기서 말하는 사실적 지배는 반드시 물건을 물리적·현실적으로 지배하는 것만을 의미하는 것이 아니라 물건과 사람과의 시간적·공간적 관계와 본권관계, 타인 지배의 배제가능성 등을 종합적으로 고려하여 사회관념에 따라 합목적적으로 판단하여야 한다(대판 2012.1.27, 2011다74949).
③ 미등기건물을 양수하여 건물에 관한 사실상의 처분권을 보유하게 됨으로써 그 양수인이 건물부지 역시 아울러 점유하고 있다고 볼 수 있는 등의 다른 특별한 사정이 없는 한 건물의 소유명의자가 아닌 자로서는 실제로 그 건물을 점유하고 있다고 하더라도 그 건물의 부지를 점유하는 자로는 볼 수 없다(대판 1993.10.26, 93다2483).
④ 대지의 소유자로 등기한 자는 보통의 경우 등기할 때에 대지를 인도받아 점유를 얻은 것으로 보아야 하므로 등기사실을 인정하면서 특별한 사정의 설시 없이 점유사실을 인정할 수 없다고 판단해서는 아니 된다. 그러나 이는 임야나 대지 등이 매매 등을 원인으로 양도되고 이에 따라 소유권이전등기가 마쳐진 경우에 그렇다는 것이지, 소유권보존등기의 경우에도 마찬가지라고 볼 수는 없다. 소유권보존등기는 이전등기와 달리 해당 토지의 양도를 전제로 하는 것이 아니어서, 보존등기를 마쳤다고 하여 일반적으로 등기명의자가 그 무렵 다른 사람으로부터 점유를 이전받는다고 볼 수는 없기 때문이다(대판 2013.7.11, 2012다201410).
⑤ 부동산을 타인에게 매도하여 소유권이전등기를 경료한 후 인도의무를 지고 있는 매도인의 점유는 특별한 사정이 없는 한 타주점유로 변경된다(대판 2007.3.30, 2007다1555).

06 점유에 관한 설명으로 옳지 않은 것은? (다툼이 있으면 판례에 따름) ▶ 2018 감정평가사
① 점유자는 소유의 의사로 선의, 평온 및 공연하게 점유한 것으로 추정된다.
② 승계취득자가 전점유자의 점유를 아울러 주장하는 경우에는 그 점유의 하자도 승계한다.
③ 임치관계로 타인으로 하여금 물건을 점유하게 한 자는 간접으로 점유권이 있다.
④ 선의의 점유자라도 본권에 관한 소에 패소한 때에는 그 판결이 확정된 때로부터 악의의 점유자로 본다.
⑤ 선의의 점유자는 비록 법률상 원인 없이 타인의 건물을 점유·사용하더라도 그로 인한 이득을 반환할 의무가 없다.

[정답해설]
① 제197조【점유의 태양】① 점유자는 소유의 의사로 선의, 평온 및 공연하게 점유한 것으로 추정한다.
② 점유의 승계가 있는 경우 승계인은 자기의 점유만을 주장하거나 자기의 점유와 전점유자의 점유를 아울러 주장할 수 있는데, 자기의 점유와 전점유자의 점유를 주장하는 경우 그 하자까지도 승계한다(제199조 제1항, 제2항).
③ 제194조【간접점유】지상권, 전세권, 질권, 사용대차, 임대차, 임치 기타의 관계로 타인으로 하여금 물건을 점유하게 한 자는 간접으로 점유권이 있다.
④ 제197조【점유의 태양】② 선의의 점유자라도 본권에 관한 소에 패소한 때에는 그 소가 제기된 때로부터 악의의 점유자로 본다.
⑤ 선의의 점유자는 점유물로부터 생기는 과실을 취득할 수 있으므로 비록 선의의 점유자가 과실을 취득함으로 인하여 타인에게 손해를 입혔다 할지라도 그 과실취득으로 인한 이득을 그 타인에게 반환할 의무는 없다고 한다(대판 1978.5.23, 77다2169).

> 제201조【점유자와 과실】
> ① 선의의 점유자는 점유물의 과실을 취득한다.

▶ 정답 05 ① 06 ④

07 점유자와 회복자의 관계에 관한 설명으로 옳지 않은 것은?
▶ 2020 감정평가사

① 선의의 점유자는 점유물의 과실을 취득한다.
② 과실의 수취에 관하여 점유자의 선·악의는 과실이 원물에서 분리되는 때를 기준으로 판단한다.
③ 악의의 점유자는 그가 소비한 과실의 대가를 보상하여야 한다.
④ 그의 책임 있는 사유로 점유물을 멸실·훼손한 선의의 타주점유자는 손해 전부를 배상하여야 한다.
⑤ 과실을 취득한 점유자는 그가 지출한 비용 전부를 청구할 수 있다.

정답해설

① 제201조【점유자와 과실】① 선의의 점유자는 점유물의 과실을 취득한다.
② 천연과실의 경우 과실을 수취할 수 있는 점유자인지 여부에 대한 선·악의 판단기준 시기는 원물로부터 분리할 때이다(제102조).

> **제102조【과실의 취득】**
> ① 천연과실은 그 원물로부터 분리하는 때에 이를 수취할 권리자에게 속한다.
> ② 법정과실은 수취할 권리의 존속기간일수의 비율로 취득한다.

③ 제201조【점유자와 과실】② 악의의 점유자는 수취한 과실을 반환하여야 하며 소비하였거나 과실로 인하여 훼손 또는 수취하지 못한 경우에는 그 과실의 대가를 보상하여야 한다.
④ 타주점유자가 그의 책임 있는 사유로 점유물을 멸실 또는 훼손한 때에는 그가 선의로 점유했더라도 손해의 전부를 배상하여야 한다(제202조).
⑤ 점유자가 과실을 취득하였다면 통상의 필요비는 청구할 수 없다(제203조 제1항).

> **제203조【점유자의 상환청구권】**
> ① 점유자가 점유물을 반환할 때에는 회복자에 대하여 점유물을 보존하기 위하여 지출한 금액 기타 필요비의 상환을 청구할 수 있다. 그러나 점유자가 과실을 취득한 경우에는 통상의 필요비는 청구하지 못한다.

■ 점유자와 회복자 관계14)

	점유자의 과실15)취득	점유자의 멸실·훼손의 책임	점유자의 비용상환청구권
효과	① 선의의 점유자 선의(본권이 있다고 오신) + 오신할 만한 정당한 근거가 有 → 과실수취권 인정16) ② 본권에 관한 소에서 패소한 때 소가 제기된 때부터 악의로 간주 (제197조 제2항) ③ 악의의 점유자의 구체적 반환범위 제201조 제2항 × 제748조 제2항 적용 (받은 이익 + 이자 + 지연손해금) ④ 악의 점유자 = 폭력·은비의 점유자	① 원칙 : 전부 배상 ② 예외 : 선의&자주 = 현존이익 배상	① 선의·악의 및 자주·타주 불문 : 비용상환청구 가능 ② 계약관계가 존재한 경우 : 제203조는 적용 × ③ 필요비 : 과실을 취득한 경우(선의)에 통상의 필요비는 청구 × ④ 유익비 ⅰ) 가액의 증가가 현존 ⅱ) 회복자의 선택채권 ⅲ) 상당기간 허여 가능 ⑤ 필요비·유익비에 기한 유치권 인정17) ⑥ 필요비·유익비의 상환청구시기 : 반환하거나 반환청구 받은 때

14) 소유자와 반환의무를 부담하는 점유자(불법점유자나 무단점유자 등)와의 법률관계 규율

08 점유자와 회복자의 관계에 관한 설명으로 옳지 않은 것은? (다툼이 있으면 판례에 따름)

▶ 2019 감정평가사

① 과실을 수취한 자가 선의의 점유자로 보호되기 위해서는 과실수취권을 포함하는 권원이 있다고 오신할 만한 정당한 근거가 있어야 한다.
② 폭력 또는 은비에 의한 점유자는 수취한 과실을 반환하여야 한다.
③ 점유물이 점유자의 책임 있는 사유로 인하여 멸실 또는 훼손한 때에는 선의의 자주점유자라도 그 손해의 전부를 배상하여야 한다.
④ 악의의 점유자도 점유물을 반환할 때에는 회복자에 대하여 필요비의 상환을 청구할 수 있다.
⑤ 선의의 점유자가 과실을 취득한 경우에는 통상의 필요비는 청구하지 못한다.

[정답해설]
① 민법 제201조 제1항은 "선의의 점유자는 점유물의 과실을 취득한다."라고 규정하고 있는바, 여기서 선의의 점유자라 함은 과실수취권을 포함하는 권원이 있다고 오신한 점유자를 말하고, 다만 그와 같은 오신을 함에는 오신할 만한 정당한 근거가 있어야 한다(대판 2000.3.10, 99다63350).
② 폭력 또는 은비에 의한 점유자는 악의의 점유자와 같이 수취한 과실을 반환하여야 한다(제203조 제3항).

> 제201조 【점유자와 과실】
> ① 선의의 점유자는 점유물의 과실을 취득한다.
> ② 악의의 점유자는 수취한 과실을 반환하여야 하며 소비하였거나 과실로 인하여 훼손 또는 수취하지 못한 경우에는 그 과실의 대가를 보상하여야 한다.
> ③ 전항의 규정은 폭력 또는 은비에 의한 점유자에 준용한다.

③ 제202조 【점유자의 회복자에 대한 책임】 점유물이 점유자의 책임 있는 사유로 인하여 멸실 또는 훼손된 때에는 악의의 점유자는 그 손해의 전부를 배상하여야 하며 선의의 점유자는 이익이 현존하는 한도에서 배상하여야 한다. 소유의 의사가 없는 점유자는 선의인 경우에도 손해의 전부를 배상하여야 한다.
④, ⑤ 필요비란 물건을 통상 사용하는데 적합한 상태로 보존하고 관리하는 데 지출되는 비용을 말하는데, 점유자가 선의·악의나 소유의사를 묻지 않고 회복자에 대하여 필요비의 상환을 청구할 수 있다. 다만 점유자가 과실을 취득한 경우에 통상의 필요비는 청구하지 못한다(제203조 제1항 단서).

> 제201조 【점유자와 과실】
> ① 선의의 점유자는 점유물의 과실을 취득한다.
>
> 제203조 【점유자의 상환청구권】
> ① 점유자가 점유물을 반환할 때에는 회복자에 대하여 점유물을 보존하기 위하여 지출한 금액 기타 필요비의 상환을 청구할 수 있다. 그러나 점유자가 과실을 취득한 경우에는 통상의 필요비는 청구하지 못한다.

15) 여기서의 과실은 사용이익을 포함(판례)
16) 과실을 취득할 수 있는 범위 내에서 부당이득은 성립하지 않는다.
17) 비용상환청구권은 '물건에 관하여 생긴 채권'이기 때문이다.

▶ 정답   07 ⑤   08 ③

09 점유자와 회복자의 법률관계에 관한 설명으로 옳지 않은 것은? (다툼이 있으면 판례에 따름)
▶ 2016 감정평가사

① 타인의 건물을 선의로 점유한 자는 비록 법률상 원인 없이 사용하였더라도 이로 인한 이득을 반환할 의무가 없다.
② 악의의 점유자가 과실을 소비한 경우에는 그 과실의 대가를 보상하여야 한다.
③ 점유물이 점유자의 책임 있는 사유로 인하여 멸실 또는 훼손된 경우, 선의의 자주점유자는 그 이익이 현존하는 한도에서 배상하여야 한다.
④ 선의의 점유자가 본권에 관한 소에서 패소한 경우, 제소 후 판결확정 전에 취득한 과실은 반환할 의무가 없다.
⑤ 점유자가 과실을 취득한 경우에는 통상의 필요비의 상환을 청구하지 못한다.

[정답해설]
① 민법 제201조 제1항에 의하면 선의의 점유자는 점유물의 과실을 취득한다고 규정하고 있는바, 건물을 사용함으로써 얻는 이득은 그 건물의 과실에 준하는 것이므로, 선의의 점유자는 비록 법률상 원인 없이 타인의 건물을 점유·사용하고 이로 말미암아 그에게 손해를 입혔다고 하더라도 그 점유·사용으로 인한 이득을 반환할 의무는 없다(대판 1996.1.26, 95다44290).
② 제201조【점유자와 과실】② 악의의 점유자는 수취한 과실을 반환하여야 하며 소비하였거나 과실로 인하여 훼손 또는 수취하지 못한 경우에는 그 과실의 대가를 보상하여야 한다.
③ 제202조【점유자의 회복자에 대한 책임】점유물이 점유자의 책임 있는 사유로 인하여 멸실 또는 훼손된 때에는 악의의 점유자는 그 손해의 전부를 배상하여야 하며 선의의 점유자는 이익이 현존하는 한도에서 배상하여야 한다. 소유의 의사가 없는 점유자는 선의인 경우에도 손해의 전부를 배상하여야 한다.
④ 민법 제201조 제1항에 의하면, 선의의 점유자는 점유물의 과실을 취득한다고 규정되어 있고, 민법 제197조 제1항에 의하면, 점유는 선의인 것으로 추정되도록 규정되어 있으나, 같은 조 제2항에는 선의의 점유자라도 본권에 관한 소에 패소한 때에는 그 소가 제기된 때로부터 악의의 점유자로 본다고 규정되어 있는바(대판 2002.11.22, 2001다6213), 지문의 경우 본권에 관한 소에서 패소한 경우이므로 소제기 후부터 악의의 점유자가 되어 그 이후의 과실을 반환할 의무가 있다.
⑤ 민법 제203조 제1항 후단에 의하여 물건의 점유자가 과실을 취득한 경우에는 회복자에게 통상의 필요비는 청구하지 못하는바, 점유자가 그 물건을 이용한 경우에도 위 조문의 정신에 비추어 이를 구별할 것이 아니라 같이 취급되어야 한다(대판 1964.7.14, 63다1119).

> 제203조【점유자의 상환청구권】
> ① 점유자가 점유물을 반환할 때에는 회복자에 대하여 점유물을 보존하기 위하여 지출한 금액 기타 필요비의 상환을 청구할 수 있다. 그러나 점유자가 과실을 취득한 경우에는 통상의 필요비는 청구하지 못한다.

10 점유자와 회복자의 관계에 관한 설명으로 옳지 않은 것은? (다툼이 있으면 판례에 따름)

▶ 2017 감정평가사

① 선의의 점유자가 과실을 취득한 범위에서는 그 이득을 반환할 의무가 없다.
② 유효한 도급계약에 기하여 수급인이 도급인으로부터 제3자 소유 물건을 이전받아 수리를 마친 경우, 원칙적으로 수급인은 소유자에 대하여 비용상환청구권을 행사할 수 있다.
③ 악의의 점유자도 원칙적으로 필요비 전부의 상환을 청구할 수 있다.
④ 점유물이 점유자의 책임 있는 사유로 멸실 또는 훼손된 경우, 악의의 점유자는 자주점유라도 손해 전부를 배상할 책임이 있다.
⑤ 점유자가 과실을 취득한 경우에는 통상의 필요비는 청구하지 못한다.

정답해설

① 선의의 점유자는 점유물로부터 생기는 과실을 취득할 수 있으므로 비록 선의의 점유자가 과실을 취득함으로 인하여 타인에게 손해를 입혔다 할지라도 그 과실취득으로 인한 이득을 그 타인에게 반환할 의무는 없다 한다(대판 1978.5.23, 77다2169).
② 계약상의 급부가 계약의 상대방뿐만 아니라 제3자의 이익으로 된 경우에 급부한 계약당사자가 계약 상대방에 대하여 계약상의 반대급부를 청구할 수 있는 이외에 그 제3자에 대하여 직접 부당이득반환청구를 할 수 있다고 보면, 자기책임하에 체결된 계약에 따른 위험부담을 제3자에게 전가시키는 것이 되어 계약법의 기본원리에 반하는 결과를 초래한다. 따라서 유효한 도급계약에 기하여 수급인이 도급인으로부터 제3자 소유 물건의 점유를 이전받아 이를 수리한 결과 그 물건의 가치가 증가한 경우, 도급인이 그 물건을 간접점유하면서 궁극적으로 자신의 계산으로 비용지출과정을 관리한 것이므로, 도급인만이 소유자에 대한 관계에 있어서 민법 제203조에 의한 비용상환청구권을 행사할 수 있는 비용지출자라고 할 것이고, 수급인은 그러한 비용지출자에 해당하지 않는다고 보아야 한다(대판 2005.4.15, 2004다49976).
③, ⑤ 점유자의 비용상환청구권은 점유자의 선의·악의를 불문하고 인정된다(제203조). 그러나 민법 제203조 제1항 후단에 의하여 물건의 점유자가 과실을 취득한 경우에는 회복자에게 통상의 필요비는 청구하지 못하는 바, 점유자가 그 물건을 이용한 경우에도 위 조문의 정신에 비추어 이를 구별할 것이 아니라 같이 취급되어야 한다(대판 1964.7.14, 63다1119).

> **제203조 【점유자의 상환청구권】**
> ① 점유자가 점유물을 반환할 때에는 회복자에 대하여 점유물을 보존하기 위하여 지출한 금액 기타 필요비의 상환을 청구할 수 있다. 그러나 점유자가 과실을 취득한 경우에는 통상의 필요비는 청구하지 못한다.

④ 제202조 【점유자의 회복자에 대한 책임】 점유물이 점유자의 책임 있는 사유로 인하여 멸실 또는 훼손된 때에는 악의의 점유자는 그 손해의 전부를 배상하여야 하며 선의의 점유자는 이익이 현존하는 한도에서 배상하여야 한다. 소유의 의사가 없는 점유자는 선의인 경우에도 손해의 전부를 배상하여야 한다.

11 점유자와 회복자의 관계에 관한 설명으로 옳은 것은? (다툼이 있으면 판례에 따름)

▶ 2024 감정평가사

① 지상권자는 선의점유자라도 자주점유자가 아니므로 과실수취권이 인정되지 아니한다.
② 타주점유자가 점유물을 반환하는 경우, 점유자는 특별한 사정이 없는 한 회복자에 대하여 점유물을 보존하기 위하여 지출한 금액의 상환을 청구할 수 있다.
③ 악의의 점유자는 과실(過失) 없이 과실(果實)을 수취하지 못한 경우에도 그 대가를 보상하여야 한다.
④ 점유물이 점유자의 책임 있는 사유로 멸실된 경우, 선의의 타주점유자는 이익이 현존하는 한도에서 배상하여야 한다.
⑤ 점유자가 점유물에 유익비를 지출한 경우, 특별한 사정이 없는 한 점유자는 회복자에 대하여 그 가액의 증가가 현존한 경우에 한하여 점유자의 선택에 좇아 그 지출금액이나 증가액의 상환을 청구할 수 있다.

정답해설

① 민법 제201조 제1항은 "선의의 점유자는 점유물의 과실을 취득한다."라고 규정하고 있는바, 여기서 선의의 점유자라 함은 과실수취권을 포함하는 권원이 있다고 오신한 점유자를 말하고, 다만 그와 같은 오신을 함에는 오신할 만한 정당한 근거가 있어야 한다(대판 2000.3.10. 99다63350). 지상권자는 타주점유자이지만, 용익물권자로서 과실수취권이 인정된다.
② 물건을 통상 사용하는데 적합한 상태로 보존하고 관리하는 데 지출되는 비용은 필요비를 말하는데, 점유자가 선의·악의나 소유의사를 묻지 않고 회복자에 대하여 필요비의 상환을 청구할 수 있다. 다만 점유자가 과실을 취득한 경우에 통상의 필요비는 청구하지 못한다(제203조 제1항 단서). 타주점유자는 특별한 사정이 없는 한 회복자에 대하여 점유물을 보존하기 위하여 지출한 금액의 상환을 청구할 수 있다.

> **제203조【점유자의 상환청구권】**
> ① 점유자가 점유물을 반환할 때에는 회복자에 대하여 점유물을 보존하기 위하여 지출한 금액 기타 필요비의 상환을 청구할 수 있다. 그러나 점유자가 과실을 취득한 경우에는 통상의 필요비는 청구하지 못한다.

③ 악의의 점유자가 과실(過失) 없이 과실(果)을 수취하지 못한 경우에는 그 대가를 보상할 필요가 없다.

> **제201조【점유자와 과실】**
> ② 악의의 점유자는 수취한 과실을 반환하여야 하며 소비하였거나 과실로 인하여 훼손 또는 수취하지 못한 경우에는 그 과실의 대가를 보상하여야 한다.

④ 점유자의 멸실·훼손의 책임은 원칙적으로 전부 배상이고, 소유 의사로 선의인 점유자만 현존이익을 배상한다. 선의라 해도 타주점유자는 전부 배상하여야 한다(제202조 단서).

> **제202조【점유자의 회복자에 대한 책임】**
> 점유물이 점유자의 책임 있는 사유로 인하여 멸실 또는 훼손된 때에는 악의의 점유자는 그 손해의 전부를 배상하여야 하며 선의의 점유자는 이익이 현존하는 한도에서 배상하여야 한다. 소유의 의사가 없는 점유자는 선의인 경우에도 손해의 전부를 배상하여야 한다.

⑤ **제203조【점유자의 상환청구권】** ② 점유자가 점유물을 개량하기 위하여 지출한 금액 기타 유익비에 관하여는 그 가액의 증가가 현존한 경우에 한하여 회복자의 선택에 좇아 그 지출금액이나 증가액의 상환을 청구할 수 있다.

12 점유권의 효력에 관한 설명으로 옳지 않은 것은? (다툼이 있으면 판례에 따름)

▶ 2019 감정평가사

① 점유자가 점유물에 대하여 행사하는 권리는 적법하게 보유한 것으로 추정된다.
② 점유자가 점유의 침탈을 당한 때에는 그 물건의 반환 및 손해의 배상을 청구할 수 있다.
③ 점유물반환청구권은 점유의 침탈을 당한 날로부터 3년 내에 행사하여야 한다.
④ 점유가 점유침탈 이외의 방법으로 침해되고 있는 경우에 점유자는 그 방해의 제거 및 손해의 배상을 청구할 수 있다.
⑤ 점유권에 기인한 소와 본권에 기인한 소는 서로 영향을 미치지 아니한다.

정답해설

① 제200조【권리의 적법의 추정】점유자가 점유물에 대하여 행사하는 권리는 적법하게 보유한 것으로 추정한다.
② 제204조【점유의 회수】① 점유자가 점유의 침탈을 당한 때에는 그 물건의 반환 및 손해의 배상을 청구할 수 있다.
③ 제204조【점유의 회수】③ 제1항의 청구권은 침탈을 당한 날부터 1년 내에 행사하여야 한다.
④ 점유권에 의한 방해배제청구권(점유보유청구권)은 물건 자체에 대한 사실상의 지배 상태를 점유침탈 이외의 방법으로 침해하는 방해행위가 있을 때 성립된다(대판 1987.6.9, 86다카2942).

> 제205조【점유의 보유】
> ① 점유자가 점유의 방해를 받은 때에는 그 방해의 제거 및 손해의 배상을 청구할 수 있다.

⑤ 제208조【점유의 소와 본권의 소와의 관계】① 점유권에 기인한 소와 본권에 기인한 소는 서로 영향을 미치지 아니한다.

13 점유보호청구권에 관한 설명으로 옳지 않은 것은? (다툼이 있으면 판례에 따름)

▶ 2018 감정평가사

① 점유물방해제거청구권의 행사기간은 출소기간이다.
② 점유보조자에게는 점유물방해제거청구권이 인정되지 않는다.
③ 직접점유자가 임의로 점유를 타인에게 이전한 경우, 그 점유이전이 간접점유자의 의사에 반하더라도 간접점유자의 점유가 침탈된 경우에 해당하지 않는다.
④ 점유자가 점유의 침탈을 당한 경우, 침탈자의 특별승계인이 악의인 때에도 그 특별승계인에게 점유물반환청구권을 행사할 수 없다.
⑤ 공사로 인하여 점유의 방해를 받은 경우, 공사 착수 후 1년을 경과하거나 그 공사가 완성된 때에는 방해의 제거를 청구하지 못한다.

▶ 정답 11 ② 12 ③ 13 ④

정답해설

① 민법 제204조 제3항과 제205조 제2항에 의하면 점유를 침탈당하거나 방해를 받은 자의 침탈자 또는 방해자에 대한 청구권은 그 점유를 침탈한 날 또는 점유의 방해행위가 종료된 날로부터 1년 내에 행사하여야 하는 것으로 규정되어 있는데, 여기에서 제척기간의 대상이 되는 권리는 형성권이 아니라 통상의 청구권인 점과 점유의 침탈 또는 방해의 상태가 일정한 기간을 지나게 되면 그대로 사회의 평온한 상태가 되고 이를 복구하는 것이 오히려 평화질서의 교란으로 볼 수 있게 되므로, 일정한 기간을 지난 후에는 원상회복을 허용하지 않는 것이 점유제도의 이상에 맞고 여기에 점유의 회수 또는 방해제거 등 청구권에 단기의 제척기간을 두는 이유가 있는 점 등에 비추어 볼 때, 위의 제척기간은 재판 외에서 권리행사하는 것으로 족한 기간이 아니라 반드시 그 기간 내에 소를 제기하여야 하는 이른바 출소기간으로 해석함이 상당하다(대판 2002.4.26, 2001다8097).

② 본권의 유무와 관계없이 점유 그 자체, 즉 사실적 지배의 상태를 보호하고자 하는 점유보호청구권의 주체는 점유자이다. 직접점유자는 물론 간접점유자도 포함된다. 그러나 점유보조자는 점유자가 아니므로 주체가 될 수 없다.

③ 직접점유자가 임의로 점유를 타에 양도한 경우에는 점유이전이 간접점유자의 의사에 반한다 하더라도 간접점유자의 점유가 침탈된 경우에 해당하지 않는다(대판 1993.3.9, 92다5300).

④ 제204조【점유의 회수】
> ① 점유자가 점유의 침탈을 당한 때에는 그 물건의 반환 및 손해의 배상을 청구할 수 있다.
> ② 전항의 청구권은 침탈자의 특별승계인에 대하여는 행사하지 못한다. 그러나 승계인이 악의인 때에는 그러하지 아니하다.

⑤ 제205조【점유의 보유】③ 공사로 인하여 점유의 방해를 받은 경우에는 공사착수 후 1년을 경과하거나 그 공사가 완성한 때에는 방해의 제거를 청구하지 못한다.

14 점유의 회수에 관한 설명으로 옳은 것은? (다툼이 있으면 판례에 의함) ▶ 2025 감정평가사

① 사기에 의한 의사표시에 의해 물건을 인도해 준 경우 점유의 침탈이 인정된다.
② 직접점유자가 임의로 점유를 이전한 경우 그 점유이전이 간접점유자의 의사에 반하면 점유의 침탈이 인정된다.
③ 점유회수청구권은 침탈자의 악의의 특별승계인에게는 주장하지 못한다.
④ 간접점유자가 점유회수청구권을 행사하는 경우 먼저 자기에게 반환할 것을 청구해야 한다.
⑤ 점유회수청구권을 행사할 수 있는 기간은 그 기간 내에 소를 제기해야 하는 기간으로 해석된다.

정답해설

① 사기의 의사표시에 의해 건물을 명도해 준 것이라면 건물의 점유를 침탈당한 것이 아니므로 피해자는 점유회수의 소권을 가진다고 할 수 없다(대판 1992.2.28, 91다17443).

> 제204조【점유의 회수】① 점유자가 점유의 침탈을 당한 때에는 그 물건의 반환 및 손해의 배상을 청구할 수 있다.

② 직접점유자가 임의로 점유를 타에 양도한 경우에는 점유 이전이 간접점유자의 의사에 반한다 하더라도 간접점유자의 점유가 침탈된 경우에 해당하지 않는다(대판 1993.3.9, 92다5300).

> **제207조 【간접점유의 보호】**
> ① 전3조의 청구권은 제194조의 규정에 의한 간접점유자도 이를 행사할 수 있다.
> ② 점유자가 점유의 침탈을 당한 경우에 간접점유자는 그 물건을 점유자에게 반환할 것을 청구할 수 있고 점유자가 그 물건의 반환을 받을 수 없거나 이를 원하지 아니하는 때에는 자기에게 반환할 것을 청구할 수 있다.

③ **제204조 【점유의 회수】** ② 전항의 청구권은 침탈자의 특별승계인에 대하여는 행사하지 못한다. 그러나 승계인이 악의인 때에는 그러하지 아니하다.
④ 간접점유자도 점유권을 가지므로 점유에 관한 규정이 적용되며(제194조), 점유보호청구권이 인정된다. 이 경우 간접점유자는 1. 우선 그 물건을 직접점유자에게 반환할 것을 청구할 수 있고, 2. 점유자가 그 물건의 반환을 받을 수 없거나 이를 원하지 아니하는 때에는 자기에게 반환할 것을 청구할 수 있다(제207조 제2항).
⑤ 민법 제204조 제3항과 제205조 제2항에 의하면 점유를 침탈당하거나 방해를 받은 자의 침탈자 또는 방해자에 대한 청구권은 그 점유를 침탈당한 날 또는 점유의 방해행위가 종료된 날로부터 1년 내에 행사하여야 하는 것으로 규정되어 있는데, 여기에서 제척기간의 대상이 되는 권리는 형성권이 아니라 통상의 청구권인 점과 점유의 침탈 또는 방해의 상태가 일정한 기간을 지나게 되면 그대로 사회의 평온한 상태가 되고 이를 복구하는 것이 오히려 평화질서의 교란으로 볼 수 있게 되므로, 일정한 기간을 지난 후에는 원상회복을 허용하지 않는 것이 점유제도의 이상에 맞고 여기에 점유의 회수 또는 방해제거 등 청구권에 단기의 제척기간을 두는 이유가 있는 점 등에 비추어 볼 때, 위의 제척기간은 재판 외에서 권리행사하는 것으로 족한 기간이 아니라 반드시 그 기간 내에 소를 제기하여야 하는 이른바 출소기간으로 해석함이 상당하다(대판 2002.4.26, 2001다8097).

15 점유보호청구권에 관한 설명으로 옳은 것은? (다툼이 있으면 판례에 의함) ▸ 2014 감정평가사

① 직접점유자가 제3자로부터 그 점유를 침탈당하더라도 간접점유자는 점유보호청구권을 행사할 수 없다.
② 유실물을 우연히 습득한 자에 대해서는 점유물반환청구권을 행사할 수 없다.
③ 점유물반환청구의 상대방은 현재 점유를 침해하고 있는 자이므로, 점유침탈자의 선의의 특별승계인도 그 상대방이 된다.
④ 영업상 타인의 지시를 받아 물건을 사실상 지배하는 자에게도 점유보호청구권이 인정된다.
⑤ 점유물반환청구권의 행사기간은 출소기간이 아니다.

[정답해설]
① 간접점유자는 직접점유자가 점유의 침탈을 당한 때에는 그 물건의 반환을 청구할 수 있다(제207조).
② 민법 제204조 제1항은 "점유자가 점유의 침탈을 당한 때에는 그 물건의 반환 및 손해의 배상을 청구할 수 있다."고 규정하고 있다. 여기서 '점유자가 점유의 침탈을 당한 때'라 함은 점유자가 그 의사에 의하지 아니하고 사실적 지배를 빼앗긴 경우를 말한다(대판 2012.3.29, 2010다2459). 유실물을 우연히 습득한 자는 침탈자가 아니므로 점유물반환청구권을 행사할 수 없다.

▶ 정답　14 ⑤　15 ②

③ 점유물반환청구의 상대방은 점유 침탈자로서, 침탈자의 포괄승계인과 악의의 특별승계인은 될 수 있으나, 점유침탈자의 선의의 특별승계인는 상대방이 될 수 없다.

> **제204조 【점유의 회수】**
> ① 점유자가 점유의 침탈을 당한 때에는 그 물건의 반환 및 손해의 배상을 청구할 수 있다.
> ② 전항의 청구권은 침탈자의 특별승계인에 대하여는 행사하지 못한다. 그러나 승계인이 악의인 때에는 그러하지 아니하다.

④ 점유보조자는 **점유권자가 아니므로** 점유보호청구권을 행사할 수는 없다(대판 1976.9.28, 76다1588). 또한 점유보호청구권의 상대방이 되지 못한다.

> **제195조 【점유보조자】**
> 가사상, 영업상, 기타 유사한 관계에 의하여 타인의 지시를 받아 물건에 대한 사실상의 지배를 하는 때에는 그 타인만을 점유자로 한다.

비교 점유보조자 : 점유자 × → 점유보호청구권 ×, 자력구제권 ○

　　　간접점유자 : 점유자 ○ → 점유보호청구권 ○, 자력구제권 ×

⑤ 물건을 침탈당한 점유자는 침탈당한 날로부터 1년 이내에 침탈자를 상대로 그 물건의 반환을 청구하여야 하고 1년의 기간은 그 기간 내에 소를 제기하여야 하는 출소기간이다(제204조 제3항 ; 대판 2002.4.26, 2001다8097).

16 점유에 관한 설명으로 옳은 것은? (다툼이 있으면 판례에 따름)　　▶ 2022 감정평가사

① 미등기건물의 양수인은 그 건물에 관한 사실상의 처분권을 보유하더라도 건물부지를 점유하고 있다고 볼 수 없다.
② 건물 공유자 중 일부만이 당해 건물을 점유하고 있는 경우, 그 건물의 부지는 건물 공유자 전원이 공동으로 점유하는 것으로 볼 수 있다.
③ 점유자의 권리적법추정 규정(민법 제200조)은 특별한 사정이 없는 한 등기된 부동산에도 적용된다.
④ 선의의 점유자라도 본권에 관한 소에 패소한 때에는 그 패소판결이 확정된 때로부터 악의의 점유자로 본다.
⑤ 진정한 소유자가 점유자를 상대로 소유권이전등기의 말소청구소송을 제기하여 점유자의 패소로 확정된 경우, 그 소가 제기된 때부터 점유자의 점유는 타주점유로 전환된다.

정답해설

① [1] 사회통념상 건물은 그 부지를 떠나서는 존재할 수 없는 것이므로 건물의 부지가 된 토지는 그 건물의 소유자가 점유하는 것으로 볼 것이고, 이 경우 건물의 소유자가 현실적으로 건물이나 그 부지를 점거하고 있지 아니하고 있더라도 그 건물의 소유를 위하여 그 부지를 점유한다고 보아야 한다.

[2] 미등기건물을 양수하여 건물에 관한 사실상의 처분권을 보유하게 됨으로써 그 양수인이 건물부지 역시 아울러 점유하고 있다고 볼 수 있는 등의 다른 특별한 사정이 없는 한 건물의 소유명의자가 아닌 자로서는 실제로 그 건물을 점유하고 있다고 하더라도 그 건물의 부지를 점유하는 자로는 볼 수 없다(대판 2003.11.13, 2002다57935).

② 건물 공유자 중 일부만이 당해 건물을 점유하고 있는 경우라도 그 건물의 부지는 건물 소유를 위하여 공유명의자 전원이 공동으로 이를 점유하고 있는 것으로 볼 것이며, 건물 공유자들이 건물부지의 공동점유로 인하여 건물부지에 대한 소유권을 시효취득하는 경우라면 그 취득시효 완성을 원인으로 한 소유권이전등기청구권은 당해 건물의 공유지분비율과 같은 비율로 건물 공유자들에게 귀속된다(대판 2003.11.13, 2002다57935).

③ 점유자의 권리추정의 규정은 특별한 사정이 없는 한 부동산 물권에 대하여는 적용되지 아니하고 다만 그 등기에 대하여서만 추정력이 부여된다(대판 1982.4.13, 81다780).

> **비교** 점유의 권리추정력 : 동산만 적용
> 등기의 추정력 : 부동산에 적용

④ 제197조【점유의 태양】② 선의의 점유자라도 본권에 관한 소에 패소한 때에는 그 소가 제기된 때로부터 악의의 점유자로 본다.

⑤ 진정 소유자가 자신의 소유권을 주장하며 점유자 명의의 소유권이전등기는 원인무효의 등기라 하여 점유자를 상대로 토지에 관한 점유자 명의의 소유권이전등기의 말소등기청구소송을 제기하여 그 소송사건이 점유자의 패소로 확정되었다면, 점유자는 민법 제197조 제2항의 규정에 의하여 그 소유권이전등기말소등기청구 소송의 제기 시부터는 토지에 대한 악의의 점유자로 간주되나, 그 점유는 패소판결 확정 후부터는 타주점유로 전환되었다고 보아야 한다(대판 1996.10.11, 96다19857).

17 점유에 관한 설명으로 옳지 않은 것은? (다툼이 있으면 판례에 의함) ▶ 2013 감정평가사

① 피상속인의 사망을 알지 못한 상속인은 피상속인의 점유를 승계하지 못한다.
② 점유자는 과실 없이 점유하는 것으로 추정되지 않는다.
③ 점유물반환청구에 대하여 점유침탈자는 점유물에 대한 본권이 있다는 이유로 반환을 거부할 수 없다.
④ 점유자가 상대방의 사기로 물건을 인도한 경우에는 점유물반환청구를 할 수 없다.
⑤ 직접점유가 침탈된 경우 직접점유자가 반환받을 수 없는 때에는 간접점유자는 자기에게 반환할 것을 청구할 수 있다.

정답해설
① 피상속인의 사망으로 상속이 개시되면 상속인이 사실상 지배를 하지 않더라도 피상속인의 점유는 당연히 상속인의 점유로 이전되며, 이 경우 상속인이 상속의 사실을 몰라도 상관없다.

> 제193조【상속으로 인한 점유권의 이전】
> 점유권은 상속인에 이전한다.

② 점유자는 소유의 의사로 선의, 평온 및 공연하게 점유한 것으로 추정되나 무과실로 점유한 것으로 추정되지는 않는다(제197조 제1항).

> **제197조 【점유의 태양】**
> ① 점유자는 소유의 의사로 선의, 평온 및 공연하게 점유한 것으로 추정한다.

비교 등기의 경우 무과실이 추정된다.

③ 점유권에 기인한 소와 본권에 기인한 소는 서로 영향을 미치지 아니한다(제208조 제1항). 점유의 소와 본권의 소는 전혀 별개의 것으로서 민사소송법상의 중복제소금지의 적용도 없고 기판력도 서로 미치지 아니한다. 또한 점유권에 기인한 소는 본권에 관한 이유로 재판을 거부하지 못한다(제208조 제2항).

> **제208조 【점유의 소와 본권의 소와의 관계】**
> ① 점유권에 기인한 소와 본권에 기인한 소는 서로 영향을 미치지 아니한다.
> ② 점유권에 기인한 소는 본권에 관한 이유로 재판하지 못한다.

④ 민법 제204조 제1항은 "점유자가 점유의 침탈을 당한 때에는 그 물건의 반환 및 손해의 배상을 청구할 수 있다."고 규정하고 있다. 여기서 '점유자가 점유의 침탈을 당한 때'라 함은 점유자가 그 의사에 의하지 아니하고 사실적 지배를 빼앗긴 경우를 말한다(대판 2012.3.29, 2010다2459). 사기의 의사표시에 의해 건물을 명도해 준 것이라면 건물의 점유를 침탈당한 것이 아니므로 피해자는 점유회수의 소권을 가진다고 할 수 없다(대판 1992.2.28, 91다17443).

⑤ 간접점유자도 점유권을 가지므로 점유에 관한 규정이 적용되며(제194조), 점유보호청구권이 인정된다. 이 경우 간접점유자는 1. 우선 그 물건을 직접점유자에게 반환할 것을 청구할 수 있고, 2. 점유자가 그 물건의 반환을 받을 수 없거나 이를 원하지 아니하는 때에는 자기에게 반환할 것을 청구할 수 있다(제207조).

> **제194조 【간접점유】**
> 지상권, 전세권, 질권, 사용대차, 임대차, 임치 기타의 관계로 타인으로 하여금 물건을 점유하게 한 자는 간접으로 점유권이 있다.
>
> **제207조 【간접점유의 보호】**
> ① 전3조의 청구권은 제194조의 규정에 의한 간접점유자도 이를 행사할 수 있다.
> ② 점유자가 점유의 침탈을 당한 경우에 간접점유자는 그 물건을 점유자에게 반환할 것을 청구할 수 있고 점유자가 그 물건의 반환을 받을 수 없거나 이를 원하지 아니하는 때에는 자기에게 반환할 것을 청구할 수 있다.

심화문제편

01 자주점유에 관한 설명으로 옳지 않은 것은? (다툼이 있으면 판례에 따름) ▶ 2023 감정평가사

① 점유매개자의 점유는 타주점유에 해당한다.
② 부동산의 매매 당시에는 그 무효를 알지 못하였으나 이후 매매가 무효임이 밝혀지더라도 특별한 사정이 없는 한, 매수인의 점유는 여전히 자주점유이다.
③ 양자간 등기명의신탁에 있어서 부동산 명의수탁자의 상속인에 의한 점유는 특별한 사정이 없는 한, 자주점유에 해당하지 않는다.
④ 공유토지 전부를 공유자 1인이 점유하고 있는 경우, 특별한 사정이 없는 한 다른 공유자의 지분비율 범위에 대해서는 타주점유에 해당한다.
⑤ 자주점유의 판단기준인 소유의 의사 유무는 점유취득의 원인이 된 권원의 성질이 아니라 점유자의 내심의 의사에 따라 결정된다.

정답해설

① 점유매개관계에 기한 지상권자, 전세권자, 임차인, 수치인, 질권자 등이 점유매개자이며, 이들 점유는 타인이 소유자임을 전제하는 점유이므로 타주점유이다.
② 부동산을 매수하여 이를 점유하게 된 자는 그 매매가 무효가 된다는 사정이 있음을 알았다는 등의 특단의 사정이 없는 한 그 점유의 시초에 소유의 의사로 점유한 것이며, 나중에 매도자에게 처분권이 없었다는 등의 사유로 그 매매가 무효인 것이 밝혀졌다 하더라도 그와 같은 점유의 성질이 변하는 것은 아니다(대판 1996.5.28, 95다40328).
③ 등기명의가 신탁되었다면 특별한 사정이 없는 한 명의수탁자의 부동산에 관한 점유는 그 권원의 성질상 자주점유라고 할 수 없고, 다시 명의수탁자로부터 상속에 의하여 점유를 승계한 자의 점유도 상속 전과 그 성질 내지 태양을 달리하는 것이 아니어서, 특별한 사정이 없는 한 그 점유가 자주점유로는 될 수 없고, 그 점유가 자주점유로 되기 위하여는 점유자가 소유자에 대하여 소유의 의사가 있는 것을 표시하거나 새로운 권원에 의하여 다시 소유의 의사로써 점유를 시작하여야만 한다(대판 1996.6.11, 96다7403).
④ 공유자 1인이 공유토지 전부를 점유하고 있는 경우, 특별한 사정이 없는 한 다른 공유자의 지분비율 범위에 대해서는 타주점유에 해당한다(대판 2008.9.25, 2008다31485).
⑤ 점유자의 점유가 소유의 의사 있는 자주점유인지 아니면 소유의 의사 없는 타주점유인지의 여부는 점유자의 내심의 의사에 의하여 결정되는 것이 아니라 점유 취득의 원인이 된 권원의 성질이나 점유와 관계가 있는 모든 사정에 의하여 외형적·객관적으로 결정되어야 한다(대판(전) 1997.8.21, 95다286259).

▶ 정답   01 ⑤

02 점유에 관한 설명으로 옳지 않은 것은? (다툼이 있으면 판례에 따름) ▶ 2017 감정평가사

① 토지매도인의 매도 후의 점유는 특별한 사정이 없는 한 타주점유로 된다.
② 타인소유의 토지를 자기소유 토지의 일부로 알고 이를 점유하게 된 자가 나중에 그러한 사정을 알게 되었다면 그 점유는 그 사정만으로 타주점유로 전환된다.
③ 제3자가 토지를 경락받아 대금을 납부한 후에는 종래 소유자의 그 토지에 대한 점유는 특별한 사정이 없는 한 타주점유가 된다.
④ 토지점유자가 등기명의자를 상대로 매매를 원인으로 소유권이전등기를 청구하였다가 패소 확정된 경우, 그 사정만으로 타주점유로 전환되는 것은 아니다.
⑤ 소유자가 점유자를 상대로 적극적으로 소유권을 주장하여 승소한 경우, 점유자의 토지에 대한 점유는 패소판결 확정 후부터는 타주점유로 전환된다.

정답해설

① 부동산을 타인에게 매도하여 소유권이전등기를 경료한 후 인도의무를 지고 있는 매도인의 점유는 특별한 사정이 없는 한 타주점유로 변경된다(대판 2007.3.30, 2007다1555).
② 토지를 매수·취득하여 점유를 개시함에 있어 착오로 인접 토지의 일부가 매수·취득한 토지에 속하는 것으로 믿고 점유한 경우, 그 인접토지에 대한 점유를 자주점유로 볼 수 있는 경우가 있는데, 그 정도가 상당정도여부에 의하여 좌우된다고 봄이 판례이다(대판 2009.5.14, 2009다1078 등).
③ 부동산에 설정된 저당권에 기하여 임의경매가 개시된 이래 부동산의 소유자가 경매의 실행을 저지하지 아니한 채 절차가 진행되어 그 부동산이 제3자에게 경락되고 대금이 납부되어 종전 소유자의 소유권이 상실되었다면, 종전 소유자가 제3자의 소유로 귀속된 부동산을 계속 점유하고 있다고 하더라도 그 점유는 달리 특별한 사정이 없는 한 타주점유로 봄이 상당하다(대판 1996.11.26, 96다29335·29342).
④ 토지의 점유자가 이전에 소유자를 상대로 그 토지에 관하여 소유권이전등기말소절차의 이행을 구하는 소를 제기하였다가 패소하고 그 판결이 확정되었다 하더라도, 그 소송은 점유자가 소유자를 상대로 소유권이전등기의 말소를 구하는 것이므로, 그 패소판결의 확정으로 점유자의 소유에 대한 말소등기청구권이 부정될 뿐 그로써 점유자가 소유자에 대하여 어떠한 의무를 부담하게 되었다든가 그러한 의무가 확인되었다고 볼 수는 없고, 따라서 점유자가 그 소송에서 패소하고 그 판결이 확정되었다는 사정만으로는 토지 점유자의 자주점유의 추정이 번복되어 타주점유로 전환된다고 할 수 없다(대판 1999.9.17, 98다63018).
⑤ 진정 소유자가 자신의 소유권을 주장하며 점유자 명의의 소유권이전등기는 원인무효의 등기라 하여 점유자를 상대로 토지에 관한 점유자 명의의 소유권이전등기의 말소등기청구소송을 제기하여 그 소송사건이 점유자의 패소로 확정되었다면, 점유자는 민법 제197조 제2항의 규정에 의하여 그 소유권이전등기말소등기청구 소송의 제기 시부터는 토지에 대한 악의의 점유자로 간주되나, 그 점유는 패소판결 확정 후부터는 타주점유로 전환되었다고 보아야 한다(대판 1996.10.11, 96다19857).

비교 제197조 【점유의 태양】 ② 선의의 점유자라도 본권에 관한 소에 패소한 때에는 그 소가 제기된 때로부터 악의의 점유자로 본다.

03 점유에 관한 설명으로 옳은 것은? (다툼이 있는 경우에는 판례에 의함) ▸ 2014 변리사
① 선의의 점유자도 본권에 관한 소에서 패소한 때에는 그때부터 악의의 점유자로 본다.
② 소유의 의사 없는 선의의 점유자가 점유물을 멸실한 때에는 그 이익이 현존하는 한도에서 손해를 배상하여야 한다.
③ 점유매개관계는 반환청구권을 내용으로 하는 법률관계이다.
④ 소유의 의사 여부는 점유자의 주관적 의사를 기준으로 판단한다.
⑤ 타주점유자가 그 명의로 소유권보존등기를 한 사실만 있으면, 소유의사의 표시에 의한 자주점유의 전환이 인정된다.

[정답해설]
① 선의의 점유자도 본권에 관한 소에서 패소한 때에는 그때부터가 아닌 소제기 시부터 악의의 점유자로 본다(제197조 제2항).
② 소유의 의사 없는 선의의 점유자가 점유물을 멸실한 때에는 그 이익이 현존하는 한도에서 손해를 배상하여야 하는 것이 아니라 손해 전부를 배상하여야 한다(제202조).
③ 점유의 관념화 현상으로서 간접점유의 특징은 점유매개관계가 특징이다. 그리고 그것은 반드시 반환청구권이 있다.
④ 소유의 의사 여부는 점유자의 주관적 의사를 기준으로 판단하는 것이 아니라 외형적·객관적으로 판단한다(대판 2011.1.13, 2010다66699).
⑤ 타주점유자가 그 명의로 소유권보존등기를 한 사실만 있으면, 소유의사의 표시에 의한 자주점유의 전환되었다고 볼 수 없다(대판 1995.2.28, 94다48165).

▶ 정답 02 ② 03 ③

04 甲으로부터 甲 소유의 토지를 임차한 乙이 임대차 기간이 만료된 후에도 다른 협의 없이 X토지를 반환하지 않고 점유·사용하고 있다. 이에 관한 설명으로 옳지 않은 것은? (다툼이 있으면 판례에 의함)
▶ 2025 감정평가사

① 乙의 X토지에 대한 점유는 타주점유이다.
② 甲은 X토지를 간접점유하고 있다.
③ 乙은 甲으로부터 X토지를 인도받은 시점부터 현재까지 계속하여 점유한 것으로 추정된다.
④ 만약 乙이 X토지에 자기 소유의 건물을 신축하였다면 乙이 甲에게 X토지에 대한 소유의 의사를 표시한 것으로 볼 수 있다.
⑤ 만약 甲이 종중이고 대표권 없는 종원인 丙이 종중과 무관하게 사인의 자격에서 乙에게 X토지를 임대한 것이라면 甲은 X토지를 간접점유하고 있다고 볼 수 없다.

> 정답해설 >

① 자주점유의 요건인 소유의 의사라고 함은 타인의 소유권을 배제하여 자기의 소유물처럼 배타적 지배를 행사하는 의사를 말하므로 지상권·전세권·임차권 등과 같은 전형적인 타주점유의 권원에 의하여 점유함이 증명된 경우는 물론이거니와 이러한 전형적인 타주점유의 권원에 의한 점유가 아니라도 타인의 소유권을 배제하여 자기의 소유물처럼 배타적 지배를 행사하는 의사를 가지고 점유하는 것으로 볼 수 없는 객관적 사정이 인정되는 때에도 자주점유의 추정은 번복된다(대판 1997.4.11, 96다50520). 乙의 X토지에 대한 점유는 임차권에 기한 점유이므로 타주점유이다.
② 임대차계약이라는 점유매개관계에 기하여 임차인 乙에게 점유를 이전한 경우로 甲은 간접점유자에 해당한다.

> 제194조【간접점유】지상권, 전세권, 질권, 사용대차, 임대차, 임치 기타의 관계로 타인으로 하여금 물건을 점유하게 한 자는 간접으로 점유권이 있다.

③ 임대차에 기해 乙이 점유하여 현재도 점유하고 있으므로, 제198조으로 양 점유 사이에 계속되는 것으로 추정된다.

> 제198조【점유계속의 추정】전후 양시에 점유한 사실이 있는 때에는 그 점유는 계속한 것으로 추정한다.

④ 타인 소유의 토지를 소유 의사가 없이 점유하던 자가 그 지상에 단지 그 소유의 건물을 건축하였다는 사실만으로는 그 토지에 대한 소유의 의사를 표시한 것으로 볼 수 없다(대판 1985.3.26, 84다카2317).
⑤ 종중은 공동선조의 봉사사, 분묘의 수호 및 종원 상호간의 친목도모를 목적으로 하는 종족의 자연적 집단으로서 민법상 인격 없는 사단이므로, 종중이 어떤 부동산에 관하여 임대차를 점유매개관계로 하여 간접점유를 취득하였다고 하기 위하여는 그 임대차관계를 성립시킨 자가 사실상으로나마 종중의 대표기관 내지는 집행기관이거나 그 대리인이어야 하고, 종원이 단지 종중과 무관하게 사인의 자격에서 임대한 것에 불과하다면 그 간접점유의 귀속주체는 어디까지나 그 개인일 뿐 종중이 그를 통하여 당해 부동산을 간접점유하였다고 볼 수 없다(대판 1999.2.23, 98다50593).

05 점유에 관한 설명으로 옳은 것은? (다툼이 있으면 판례에 따름) ▶ 2018 공인중개사
① 점유매개관계의 직접점유자는 타주점유자이다.
② 점유자는 소유의 의사로 과실 없이 점유한 것으로 추정한다.
③ 甲이 乙로부터 임차한 건물을 乙의 동의 없이 丙에게 전대한 경우, 乙만이 간접점유자이다.
④ 甲이 乙과의 명의신탁약정에 따라 자신의 부동산 소유권을 乙명의로 등기한 경우, 乙의 점유는 자주점유이다.
⑤ 실제 면적이 등기된 면적을 상당히 초과하는 토지를 매수하여 인도받은 때에는 특별한 사정이 없으면 초과부분의 점유는 자주점유이다.

정답해설

①, ③ 자주점유와 타주점유의 구별방법인 소유의 의사의 유무는 점유취득의 원인이 된 사실, 즉 권원의 성질에 의하여 객관적으로 정해진다. 따라서 매수인·도인(盜人) 등은 간접점유자이며 자주점유자이고, 점유매개관계에 기한 지상권자, 전세권자, 임차인, 수치인, 질권자 등은 직접점유자이며 타주점유자이다.
따라서 임대차 계약에 따라 임대인인 된 乙은 점유매개관계에 기한 점유자이므로 간접점유자이고, 이로부터 다시 점유매개 관계인 전대차 계약에 따라 전대인이 된 甲도 간접점유자이다.
② 점유자는 소유의 의사로 선의, 평온 및 공연하게 점유한 것으로 추정되나 무과실로 점유한 것으로 추정되지는 않는다(제197조 제1항).

> **제197조【점유의 태양】**
> ① 점유자는 소유의 의사로 선의, 평온 및 공연하게 점유한 것으로 추정한다.

비교 등기의 경우 무과실이 추정된다. 즉 "등기부상의 명의자를 소유자로 믿고 매수한 자는 특별한 사정이 없는 한 과실 없는 점유자이다"(대판 1982.5.11, 80다2881)라고 한다.

④ 명의신탁에 의하여 부동산의 소유자로 등기된 자는 그 점유권원의 성질상 자주점유라 할 수 없고 수탁자의 상속인은 피상속인의 법률상 지위를 그대로 승계하는 것이므로 상속인이 따로이 소유의 의사로서 점유를 개시하였다고 인정할 수 있는 별개의 사유가 존재하지 않는 한 수탁자의 상속인으로서는 시효의 효과로 인하여 신탁물인 부동산의 소유권을 취득할 수 없다(대판 1987.11.10, 85다카1644).
⑤ 판례는 인접토지와 경계를 확인하지 않고 착오로 인접토지의 일부를 매수한 토지의 일부로 알고 점유하여 온 경우 자주점유에 해당하며(대판 2007.6.14, 2006다84423), 단 매매대상 토지의 실제 면적이 공부상 면적을 상당히 초과하는 경우 그 초과부분에 대한 매수인의 점유는 타주점유라고 한다(대판 2000.4.25, 2000다348; 대판 2009.10.15, 2007다83632).

▶ 정답   04 ④   05 ①

06 점유자와 회복자의 관계에 관한 설명으로 틀린 것은? (다툼이 있으면 판례에 따름)

▶ 2018 공인중개사

① 점유물의 과실을 취득한 선의의 점유자는 통상의 필요비의 상환을 청구하지 못한다.
② 악의의 점유자가 책임 있는 사유로 점유물을 멸실한 때에는 그는 현존이익의 범위 내에서 배상하여야 한다.
③ 악의의 점유자는 받은 이익에 이자를 붙여 반환하고 그 이자의 이행지체로 인한 지연손해금까지 지급하여야 한다.
④ 유익비는 점유물의 가액 증가가 현존한 때에 한하여 상환을 청구할 수 있다.
⑤ 법원이 유익비의 상환을 위하여 상당한 기간을 허여한 경우, 유치권은 성립하지 않는다.

정답해설

① 민법 제203조 제1항 후단에 의하여 물건의 점유자가 과실을 취득한 경우에는 회복자에게 통상의 필요비는 청구하지 못하는바, 점유자가 그 물건을 이용한 경우에도 위 조문의 정신에 비추어 이를 구별할 것이 아니라 같이 취급되어야 한다(대판 1964.7.14. 63다1119).

> **제201조【점유자와 과실】**
> ① 선의의 점유자는 점유물의 과실을 취득한다.
>
> **제203조【점유자의 상환청구권】**
> ① 점유자가 점유물을 반환할 때에는 회복자에 대하여 점유물을 보존하기 위하여 지출한 금액 기타 필요비의 상환을 청구할 수 있다. 그러나 점유자가 과실을 취득한 경우에는 통상의 필요비는 청구하지 못한다.

② 제202조【점유자의 회복자에 대한 책임】점유물이 점유자의 책임 있는 사유로 인하여 멸실 또는 훼손된 때에는 악의의 점유자는 그 손해의 전부를 배상하여야 하며 선의의 점유자는 이익이 현존하는 한도에서 배상하여야 한다. 소유의 의사가 없는 점유자는 선의인 경우에도 손해의 전부를 배상하여야 한다.

③ 타인 소유물을 권원 없이 점유함으로써 얻은 사용이익을 반환하는 경우 민법은 선의 점유자를 보호하기 위하여 제201조 제1항을 두어 선의 점유자에게 과실수취권을 인정함에 대하여, 이러한 보호의 필요성이 없는 악의 점유자에 관하여는 민법 제201조 제2항을 두어 과실수취권이 인정되지 않는다는 취지를 규정하는 것으로 해석되는바, 따라서 악의 수익자가 반환하여야 할 범위는 민법 제748조 제2항에 따라 정하여지는 결과 그는 받은 이익에 이자를 붙여 반환하여야 하며, 위 이자의 이행지체로 인한 지연손해금도 지급하여야 한다(대판 2003.11.14. 2001다61869).

> **제201조【점유자와 과실】**
> ② 악의의 점유자는 수취한 과실을 반환하여야 하며 소비하였거나 과실로 인하여 훼손 또는 수취하지 못한 경우에는 그 과실의 대가를 보상하여야 한다.

④ **제203조【점유자의 상환청구권】**

> ② 점유자가 점유물을 개량하기 위하여 지출한 금액 기타 유익비에 관하여는 그 가액의 증가가 현존한 경우에 한하여 회복자의 선택에 좇아 그 지출금액이나 증가액의 상환을 청구할 수 있다.
> ③ 전항의 경우에 법원은 회복자의 청구에 의하여 상당한 상환기간을 허여할 수 있다.

⑤ 유익비의 경우에는 법원에 청구하여 상환기간을 유예받을 수 있는데(제203조 제3항), 이 경우에는 유익비 상환청구를 위한 유치권은 성립하지 않는다. 유치권이 성립하려면 피담보채권의 변제기가 도래하여야 하나, 이 경우에는 기한이 도래하지 않은 것으로 되기 때문이다.

07 점유자와 회복자의 관계에 관한 설명으로 옳은 것은? (다툼이 있으면 판례에 따름)

▶ 2021 감정평가사

① 선의의 점유자가 취득하는 과실에 점유물의 사용이익은 포함되지 않는다.
② 유치권자에게는 원칙적으로 수익목적의 과실수취권이 인정된다.
③ 점유물이 점유자의 귀책사유로 훼손된 경우, 선의의 점유자는 소유의 의사가 없더라도 이익이 현존하는 한도에서 배상책임이 있다.
④ 회복자로부터 점유물의 반환을 청구 받은 점유자는 유익비의 상환을 청구할 수 있다.
⑤ 점유물의 소유자가 변경된 경우, 점유자는 유익비 지출 당시의 전 소유자에게 비용의 상환을 청구해야 한다.

정답해설

① 민법 제201조 제1항에 의하면 선의의 점유자는 점유물의 과실을 취득한다고 규정하고 있는바, 건물을 사용함으로써 얻는 이득은 그 건물의 과실에 준하는 것이므로, 선의의 점유자는 비록 법률상 원인 없이 타인의 건물을 점유·사용하고 이로 말미암아 그에게 손해를 입혔다고 하더라도 그 점유·사용으로 인한 이득을 반환할 의무는 없다(대판 1996.1.26, 95다44290).
② 유치권은 법정담보물권이므로 유치권자에게는 원칙적으로 수익목적의 과실수취권이 인정되지 않는다. 다만 유치권자에 의한 유치물의 사용·임대 등에 소유자의 승낙이 있거나 그것이 보존행위에 해당할 경우에는 민법 제323조에 의하여 유치권자는 유치물의 과실을 수취하여 다른 채권보다 먼저 자기 채권의 변제에 충당할 수 있다(대판 2018.1.25, 2015다57485).

> **제323조【과실수취권】**
> ① 유치권자는 유치물의 과실을 수취하여 다른 채권보다 먼저 그 채권의 변제에 충당할 수 있다. 그러나 과실이 금전이 아닌 때에는 경매하여야 한다.
> ② 과실은 먼저 채권의 이자에 충당하고 그 잉여가 있으면 원본에 충당한다.

③ 제202조【점유자의 회복자에 대한 책임】 점유물이 점유자의 책임 있는 사유로 인하여 멸실 또는 훼손된 때에는 악의의 점유자는 그 손해의 전부를 배상하여야 하며 선의의 점유자는 이익이 현존하는 한도에서 배상하여야 한다. 소유의 의사가 없는 점유자는 선의인 경우에도 손해의 전부를 배상하여야 한다.
④ 민법 제203조 제1항, 제2항에 의한 점유자의 필요비 또는 유익비상환청구권은 점유자가 회복자로부터 점유물의 반환을 청구받거나 회복자에게 점유물을 반환한 때에 비로소 회복자에 대하여 행사할 수 있다(대판 1994.9.9, 94다4592).
⑤ 민법 제203조 제2항에 의한 점유자의 회복자에 대한 유익비상환청구권은 점유자가 계약관계 등 적법하게 점유할 권리를 가지지 않아 소유자의 소유물반환청구에 응하여야 할 의무가 있는 경우에 성립되는 것으로서, 이 경우 점유자는 그 비용을 지출할 당시의 소유자가 누구이었는지 관계없이 점유회복 당시의 소유자 즉 회복자에 대하여 비용상환청구권을 행사할 수 있는 것이나, 점유자가 유익비를 지출할 당시 계약관계 등 적법한 점유의 권원을 가진 경우에 그 지출비용의 상환에 관하여는 그 계약관계를 규율하는 법조항이나 법리 등이 적용되는 것이어서, 점유자는 그 계약관계 등의 상대방에 대하여 해당 법조항이나 법리에 따른 비용상환청구권을 행사할 수 있을 뿐 계약관계 등의 상대방이 아닌 점유회복 당시의 소유자에 대하여 민법 제203조 제2항에 따른 지출비용의 상환을 구할 수는 없다(대판 2003.7.25, 2001다64752).

▶ 정답   06 ②   07 ④

08 점유자와 회복자의 관계에 관한 설명으로 옳은 것은? (다툼이 있으면 판례에 따름)

▶ 2023 감정평가사

① 선의의 점유자라도 점유물의 사용으로 인한 이익은 회복자에게 반환하여야 한다.
② 임차인이 지출한 유익비는 임대인이 아닌 점유회복자에 대해서도 민법 제203조 제2항에 근거하여 상환을 청구할 수 있다.
③ 과실수취권 있는 선의의 점유자란 과실수취권을 포함하는 본권을 가진다고 오신할 만한 정당한 근거가 있는 점유자를 가리킨다.
④ 선의점유자에 대해서는 점유에 있어서의 과실(過失) 유무를 불문하고 불법행위를 이유로 한 손해배상책임이 배제된다.
⑤ 점유물이 타주점유자의 책임 있는 사유로 멸실된 경우, 그가 선의의 점유자라면 현존이익의 범위에서 손해배상책임을 진다.

정답해설

① 선의의 점유자는 점유물의 과실을 취득하는데, 여기의 과실은 천연과실과 법정과실을 포함하고, 물건을 현실적으로 사용하여 얻는 이익인 사용이익도 과실에 준하는 것으로 취급된다(대판 1996.1.26, 95다44290). 선의의 점유자가 직접 물건을 사용함으로써 얻은 이득도 과실에 준하는 것으로 취급되므로 회복자에게 반환할 필요가 없다.
② 민법 제203조 제2항에 의한 점유자의 회복자에 대한 유익비상환청구권은 점유자가 계약관계 등 적법하게 점유할 권리를 가지지 않아 소유자의 소유물반환청구에 응하여야 할 의무가 있는 경우에 성립되는 것으로서, 이 경우 점유자는 그 비용을 지출할 당시의 소유자가 누구이었는지 관계없이 점유회복 당시의 소유자 즉 회복자에 대하여 비용상환청구권을 행사할 수 있는 것이나, 점유자가 유익비를 지출할 당시 계약관계 등 적법한 점유의 권원을 가진 경우에 그 지출비용의 상환에 관하여는 그 계약관계를 규율하는 법조항이나 법리 등이 적용되는 것이어서, 점유자는 그 계약관계 등의 상대방에 대하여 해당 법조항이나 법리에 따른 비용상환청구권을 행사할 수 있을 뿐 계약관계 등의 상대방이 아닌 점유회복 당시의 소유자에 대하여 민법 제203조 제2항에 따른 지출비용의 상환을 구할 수는 없다(대판 2003.7.25, 2001다64752).
③ 민법 제201조 제1항은 "선의의 점유자는 점유물의 과실을 취득한다."라고 규정하고 있는바, 여기서 선의의 점유자라 함은 과실수취권을 포함하는 권원이 있다고 오신한 점유자를 말하고, 다만 그와 같은 오신을 함에는 오신할 만한 정당한 근거가 있어야 한다(대판 2000.3.10, 99다63350).
④ 피고가 본건 토지의 선의의 점유자로 그 과실(果實)을 취득할 권리가 있어 경작한 농작물의 소유권을 취득할 수 있다 하더라도 법령의 부지로 상속인이 될 수 없는 사람을 상속인이라고 생각하여 본건 토지를 점유하였다면 피고에게 과실(過失)이 있다고 아니할 수 없고 따라서 피고의 본건 토지의 점유는 진정한 소유자에 대하여 불법행위를 구성하는 것이라 아니할 수 없는 것이고 피고에게는 그 불법행위로 인한 손해배상의 책임이 있는 것이며 선의의 점유자도 과실취득권이 있다하여 불법행위로 인한 손해배상책임이 배제되는 것은 아니다(대판 1966.7.19, 66다994).
⑤ 점유자의 멸실·훼손의 책임은 원칙적으로 전부 배상이고, 소유 의사로 선의인 점유자만 현존이익을 배상한다. 선의라 해도 타주점유자는 전부 배상하여야 한다(제202조 단서).

> **제202조 【점유자의 회복자에 대한 책임】**
> 점유물이 점유자의 책임 있는 사유로 인하여 멸실 또는 훼손된 때에는 악의의 점유자는 그 손해의 전부를 배상하여야 하며 선의의 점유자는 이익이 현존하는 한도에서 배상하여야 한다. 소유의 의사가 없는 점유자는 선의인 경우에도 손해의 전부를 배상하여야 한다.

09 乙은 적법한 권원 없이 甲소유의 물건을 점유하면서 비용을 지출하였고, 그 후 甲은 乙에 대해 그 물건의 반환을 청구하였으며, 乙이 그 물건으로부터 취득한 과실은 없다. 다음 설명 중 옳지 않은 것은? (다툼이 있는 경우에는 판례에 의함)

① 乙이 악의의 점유자인 경우에는 지출한 필요비의 상환을 청구할 수 없다.
② 乙이 그 물건을 사용하면서 마모된 부품을 교체하는 데 비용을 지출하였다면 그 비용은 필요비에 해당한다.
③ 乙이 책임 있는 사유로 그 물건을 훼손한 경우, 乙이 악의의 점유자라면 그 손해의 전부를 배상하여야 한다.
④ 乙이 유익비를 지출한 때에는 그 가액의 증가가 현존한 경우에 한하여 甲의 선택에 따라 그 지출금액이나 증가액의 상환을 청구할 수 있다.
⑤ 만약 乙의 점유가 불법행위에 의해 개시되었다면, 乙이 지출한 유익비의 상환청구권을 기초로 하는 乙의 유치권은 인정되지 않는다.

정답해설

① 점유자의 비용상환청구권은 점유자의 선의·악의를 불문하고 인정된다(제203조).
② 점유자와 회복자간의 법률관계 중 필요비 문제이다. 필요비는 통상 필요비, 특별필요비가 있는데, 판례는 "기계의 점유자가 그 기계장치를 계속 사용함에 따라 마모되거나 손상된 부품을 교체하거나 수리하는 데에 소요된 비용은 통상의 필요비에 해당하고, 그러한 통상의 필요비는 점유자가 과실을 취득하면 회복자로부터 그 상환을 구할 수 없다"고 한다(대판 1996.7.12. 95다41161).
③ 점유자와 회복자간의 법률관계 중 점유물의 멸실, 훼손 시 반환범위 문제이다. 즉 점유물이 점유자의 책임 있는 사유로 인하여 멸실 또는 훼손한 때에는 악의의 점유자는 그 손해의 전부를 배상하여야 한다(제202조).
④ 점유자와 회복자 간의 법률관계 중 유익비 문제이다. 점유자가 점유물을 개량하기 위하여 지출한 금액 기타 유익비에 관하여는 그 가액의 증가가 현존한 경우에 한하여 회복자의 선택에 좇아 그 지출금액이나 증가액의 상환을 청구할 수 있다(제203조 제2항).
⑤ 제320조 제2항에 비추어 타당하다. 한편 이와 관련된 판례는 "어떠한 물건을 점유하는 자는 소유의 의사로 선의·평온 및 공연하게 점유한 것으로 추정될 뿐만 아니라 점유자가 점유물에 대하여 행사하는 권리는 적법하게 보유하는 것으로 추정되므로, 점유물에 대한 유익비상환청구권을 기초로 하는 유치권의 주장을 배척하려면 적어도 그 점유가 불법행위로 인하여 개시되었거나 유익비 지출 당시 이를 점유할 권원이 없음을 알았거나 이를 알지 못함이 중대한 과실에 기인하였다고 인정할 만한 사유의 상대방 당사자의 주장·입증이 있어야 한다"고 한다(대판 1966.6.7. 66다600·601).

> **제320조【유치권의 내용】**
> ① 타인의 물건 또는 유가증권을 점유한 자는 그 물건이나 유가증권에 관하여 생긴 채권이 변제기에 있는 경우에는 변제를 받을 때까지 그 물건 또는 유가증권을 유치할 권리가 있다.
> ② 전항의 규정은 그 점유가 불법행위로 인한 경우에 적용하지 아니한다.

▶ 정답   08 ③   09 ①

10 점유에 관한 설명으로 옳지 않은 것은? (다툼이 있으면 판례에 따름) ▶ 2021 감정평가사

① 점유매개자의 점유를 통한 간접점유에 의해서도 점유에 의한 시효취득이 가능하다.
② 사기의 의사표시에 의해 건물을 명도해 준 자는 점유회수의 소권을 행사할 수 없다.
③ 미등기건물을 양수하여 건물에 관한 사실상의 처분권을 보유한 양수인은 그 건물부지의 점유자이다.
④ 간접점유의 요건이 되는 점유매개관계는 법률행위가 아닌 법령의 규정에 의해서는 설정될 수 없다.
⑤ 상속에 의하여 점유권을 취득한 상속인은 새로운 권원에 의하여 자기 고유의 점유를 개시하지 않는 한 피상속인의 점유를 떠나 자기만의 점유를 주장할 수 없다.

[정답해설]

①, ④ 취득시효의 요건인 점유는 직접점유뿐만 아니라 간접점유도 포함하는 것이고, 점유매개 관계는 법률의 규정, 국가행위 등에 의해서도 발생하는 것인데, 자연공원법의 개정으로 국립공원관리공단이 설립되어 1987.7.1.부터 북한산 국립공원의 관리업무가 지방자치단체에서 그 공단에 인계되어 그 후부터 그 공단이 당해 임야를 포함한 북한산 국립공원의 관리업무를 수행하였다고 하더라도, 같은 법 제49조의16 제2항이 "지방자치단체는 당해 행정구역 안에 있는 국립공원의 관리에 사용된 토지, 건물 등의 부동산을 국립공원관리공단으로 하여금 무상으로 사용하게 할 수 있다."고 규정하고 있음에 비추어 지방자치단체는 그 임야에 관하여 국립공원관리공단에게 반환을 청구할 수 있는 지위에 있고 따라서 1987.7.1. 이후에는 그 임야에 대하여 간접점유를 취득하였다고 할 것이다(대판 1998.2.24, 96다8888).
② 사기의 의사표시에 의해 건물을 명도해 준 것이라면 건물의 점유를 침탈당한 것이 아니므로 피해자는 점유회수의 소권을 가진다고 할 수 없다(대판 1992.2.28, 91다17443).
③ 사회통념상 건물은 그 부지를 떠나서는 존재할 수 없는 것이므로 건물의 부지가 된 토지는 그 건물의 소유자가 점유하는 것으로 볼 것이고, 이 경우 건물의 소유자가 현실적으로 건물이나 그 부지를 점거하고 있지 아니하고 있더라도 그 건물의 소유를 위하여 그 부지를 점유한다고 보아야 하며, 미등기건물을 양수하여 건물에 관한 사실의 처분권을 보유하게 된 양수인은 건물부지 역시 아울러 점유하고 있다고 볼 수 있다(대판 2010.1.28, 2009다61193).
⑤ 상속에 의하여 점유권을 취득한 경우에는 상속인은 새로운 권원에 의하여 자기 고유의 점유를 개시하지 않는 한 피상속인의 점유를 떠나 자기만의 점유를 주장할 수 없다(대판 1995.1.12, 94다19884).

▶ 정답 10 ④

Chapter 04 소유권

제1절 소유권의 범위

기본문제편

01 토지소유권에 관한 설명으로 옳지 않은 것은? (다툼이 있으면 판례에 따름)

▶ 2018 감정평가사

① 토지의 소유권은 정당한 이익 있는 범위 내에서 토지의 상하에 미친다.
② 명인방법을 갖춘 수목의 집단은 토지의 구성부분이 아니다.
③ 토지가 해면 아래에 잠김으로써 포락될 당시를 기준으로 원상복구가 불가능한 상태에 이르면 종전의 소유권은 영구히 소멸된다.
④ 토지등기부의 표제부에 토지의 면적이 실제와 다르게 등재되어 있으면, 이러한 등기는 해당 토지를 표상하는 등기로서 효력이 없다.
⑤ 토지 1필지의 공간적 범위를 특정하는 것은 지적도나 임야도의 경계이지 등기부의 표제부나 임야대장·토지대장에 등재된 면적이 아니다.

정답해설

① 제212조【토지소유권의 범위】토지의 소유권은 정당한 이익 있는 범위 내에서 토지의 상하에 미친다.
② 원칙적으로 토지에 부착된 수목이나 미분리과실은 토지의 구성부분을 이루고, 토지소유권은 당연히 지상물(예 미분리과실, 수목 등)에도 미치는 것이다. 그러나 관습법상의 공시방법인 명인방법을 갖춘 경우 부동산의 일부인 수목의 집단은 독립한 부동산으로서 토지의 구성부분이 아니다.
③ 토지가 포락되어 사회통념상 원상복구가 어려워 토지로서의 효용을 상실하였을 때에는 그에 대한 소유권은 소멸되는 것이며, 그 소멸 여부는 포락 당시를 기준으로 가려지는 것이지 지적법 시행령의 규정에 따른 등록사항말소사실의 통지시를 기준으로 소유권이 소멸되는 것은 아니다(대판 1992.4.10, 91다31562).
④, ⑤ 물권의 객체인 토지 1필지의 공간적 범위를 특정하는 것은 지적도나 임야도의 경계이지 등기부의 표제부나 임야대장·토지대장에 등재된 면적이 아니므로, 부동산등기부의 표제부에 토지의 면적이 실제와 다르게 등재되어 있어도 이러한 등기는 해당 토지를 표상하는 등기로서 유효하다. 또한 부동산등기부의 표시에 따라 지번과 지적을 표시하고 1필지의 토지를 양도하였으나 양도된 토지의 실측상 지적이 등기부에 표시된 것보다 넓은 경우 등기부상 지적을 넘는 토지 부분은 양도된 지번과 일체를 이루는 것으로서 양수인의 소유에 속한다(대판 2016.6.28, 2016다1793).

▶ 정답 01 ④

02 토지소유권의 범위에 포함되는 것은? (다툼이 있으면 판례에 따름)
▶ 2021 주택관리사
① 지중(地中)에 있는 지하수
② 지상권자가 식재한 수목
③ 완성된 미등기건물
④ 바다
⑤ 명인방법을 갖춘 미분리과실

정답해설
① 토지라 함은 인위적으로 구획된 일정범위의 지면에 정당한 이익 있는 범위 내에서의 그 上下에 포함된다(제212조 참조). 따라서 토지의 구성물인 토사, 암석, 지하수 등은 당연히 토지의 일부분에 지나지 않는다.

> 제212조 【토지소유권의 범위】
> 토지의 소유권은 정당한 이익 있는 범위 내에서 토지의 상하에 미친다.

② 민법 제256조는 "부동산의 소유자는 그 부동산에 부합한 물건의 소유권을 취득한다. 그러나 타인의 권원에 의하여 부속된 것은 그러하지 아니하다."라고 규정하고 있다. 위 조항 단서에서 말하는 '권원'이라 함은 지상권, 전세권, 임차권 등과 같이 타인의 부동산에 자기의 동산을 부속시켜서 부동산을 이용할 수 있는 권리를 뜻하므로, 그와 같은 권원이 없는 자가 타인의 토지 위에 나무를 심었다면 특별한 사정이 없는 한 토지소유자에 대하여 나무의 소유권을 주장할 수 없다(대판 2018.3.15, 2015다69907). 권원 있는 지상권자가 타인의 토지 위에 식재한 수목은 특별한 사정이 없는 한 토지소유자에 대하여 나무의 소유권을 주장할 수 있어 토지 소유권의 범위에 포함되지 않는다.
③ 미등기건물이라도 완성된 경우에는 토지와는 별개의 부동산이다. 건축의 진행단계에서 어느 순간 토지로부터 독립한 건물이 되는가에 대해서는 '사회통념'에 따라 판단할 수밖에 없는데, 판례는 최소한의 기둥과 지붕, 주벽이 이루어진 때라고 본다(대판 1986.11.11, 86누173).
④ 바다는 토지에 해당하지 않는다.
⑤ 미분리의 천연과실과 수목의 집단은 토지의 일부이지만 명인방법을 갖춘 경우에는 독립한 부동산이다(대판 1977.4.12, 76도2887).

03 주위토지통행권에 관한 설명으로 옳지 않은 것은? (다툼이 있으면 판례에 의함)
▶ 2013 감정평가사
① 이미 그 소유 토지의 용도에 필요한 통로가 있는 경우에는 그 통로를 사용하는 것보다 더 편리하다는 이유만으로 다른 장소로 통행할 권리를 인정할 수는 없다.
② 당초에 적법하게 설치된 담장은 주위토지통행권에 기한 통행에 방해가 되더라도 철거할 수 없다.
③ 분할로 인하여 공로에 통하지 못하는 토지가 생긴 경우 그 포위된 토지의 특정승계인에게는 무상의 주위토지통행권이 인정되지 않는다.
④ 토지소유자 자신이 그 토지와 공로 사이의 통로를 막는 건물을 축조한 경우 타인소유의 주위토지를 통행할 권리가 없다.
⑤ 통행권자의 허락을 얻어 사실상 통행하고 있는 자에 대하여 주위토지의 소유자는 통행에 따른 손해의 보상을 청구할 수 없다.

> **정답해설**

① 주위토지통행권은 그 소유 토지와 공로 사이에 그 토지의 용도에 필요한 통로가 없는 경우에 한하여 인정되는 것이므로, 이미 그 소유 토지의 용도에 필요한 통로가 있는 경우에는 그 통로를 사용하는 것보다 더 편리하다는 이유만으로 다른 장소로 통행할 권리를 인정할 수 없다(대판 1995.6.13, 95다1088, 95다1095).

② 주위토지통행권의 본래적 기능발휘를 위하여는 그 통행에 방해가 되는 담장과 같은 축조물도 위 통행권의 행사에 의하여 철거되어야 하는 것이고, 그 담장이 비록 당초에는 적법하게 설치되었던 것이라 하더라도 그 철거의 의무에는 영향이 없다(대판 1990.11.13, 90다5238, 90다카27761).

③ 분할 또는 토지의 일부 양도로 인하여 공로에 통하지 못하는 토지가 생긴 경우에 분할 또는 일부 양도 전의 종전 토지 소유자가 그 포위된 토지를 위하여 인정한 통행사용권은 직접 분할자, 일부 양도의 당사자 사이에만 적용되므로, 포위된 토지 또는 피통행지의 특정승계인의 경우에는 주위토지통행권에 관한 일반원칙으로 돌아가 그 통행권의 범위를 따로 정하여야 한다(대판 1996.11.29, 96다33433).

> **제220조【분할, 일부양도와 주위토지통행권】**
> ① 분할로 인하여 공로에 통하지 못하는 토지가 있는 때에는 그 토지소유자는 공로에 출입하기 위하여 다른 분할자의 토지를 통행할 수 있다. 이 경우에는 보상의 의무가 없다.
> ② 전항의 규정은 토지소유자가 그 토지의 일부를 양도한 경우에 준용한다.

④ 토지소유자 자신이 그 토지와 공로 사이의 통로를 막는 건물을 축조한 경우에는 타인소유의 주위토지를 통행할 권리가 생긴다고 할 수 없다(대판 1972.1.31, 71다2113).

⑤ 민법 제219조는 어느 토지와 공로 사이에 그 토지의 용도에 필요한 통로가 없는 경우에 그 토지소유자에게 그 주위의 토지통행권을 인정하면서 그 통행권자로 하여금 통행지 소유자의 손해를 보상하도록 규정하고 있는 것이므로 **통행권자의 허락을 얻어 사실상 통행하고 있는 자에게는 그 손해의 보상을 청구할 수 없다**(대판 1991.9.10, 91다19623).

> **제219조【주위토지통행권】**
> ① 어느 토지와 공로 사이에 그 토지의 용도에 필요한 통로가 없는 경우에 그 토지소유자는 주위의 토지를 통행 또는 통로로 하지 아니하면 공로에 출입할 수 없거나 과다한 비용을 요하는 때에는 그 주위의 토지를 통행할 수 있고 필요한 경우에는 통로를 개설할 수 있다. 그러나 이로 인한 손해가 가장 적은 장소와 방법을 선택하여야 한다.
> ② 전항의 통행권자는 통행지 소유자의 손해를 보상하여야 한다.

▶ 정답 02 ① 03 ②

04 주위토지통행권에 관한 설명으로 옳지 않은 것은? (다툼이 있으면 판례에 따름)

▶ 2016 감정평가사

① 토지의 분할 및 일부양도의 경우, 무상주위통행권에 관한 「민법」의 규정은 포위된 토지 또는 피통행지의 특정승계인에게 적용되지 않는다.
② 주위토지통행권은 이를 인정할 필요성이 없어지면 당연히 소멸한다.
③ 기존의 통로가 있더라도 당해 토지의 이용에 부적합하여 실제로 통로로서 충분한 기능을 하지 못하고 있는 경우에도 주위토지통행권이 인정된다.
④ 통행지소유자는 주위토지통행권자의 허락을 얻어 사실상 통행하고 있는 자에게는 그 손해의 보상을 청구할 수 없다.
⑤ 주위토지통행권이 인정되는 도로의 폭과 면적을 정함에 있어서, 「건축법」에 건축과 관련하여 도로에 관한 폭 등의 제한규정이 있으면 이에 따라 결정하여야 한다.

[정답해설]

① 분할 또는 토지의 일부 양도로 인하여 공로에 통하지 못하는 토지가 생긴 경우에 분할 또는 일부 양도 전의 종전 토지 소유자가 그 포위된 토지를 위하여 인정한 통행사용권은 직접 분할자, 일부 양도의 당사자 사이에만 적용되므로, 포위된 토지 또는 피통행지의 특정승계인의 경우에는 주위토지통행권에 관한 일반원칙으로 돌아가 그 통행권의 범위를 따로 정하여야 한다(대판 1996.11.29, 96다33433).

> 제220조 【분할, 일부양도와 주위토지통행권】
> ① 분할로 인하여 공로에 통하지 못하는 토지가 있는 때에는 그 토지소유자는 공로에 출입하기 위하여 다른 분할자의 토지를 통행할 수 있다. 이 경우에는 보상의 의무가 없다.
> ② 전항의 규정은 토지소유자가 그 토지의 일부를 양도한 경우에 준용한다.

② 주위토지통행권은 어느 토지와 공로 사이에 그 토지의 용도에 필요한 통로가 없어서 주위의 토지를 통행하거나 통로를 개설하지 않고서는 공로에 출입할 수 없는 경우 또는 통로가 있더라도 당해 토지의 이용에 부적합하여 실제로 통로로서의 충분한 기능을 하지 못하는 경우에 인정되는 것이므로, 일단 주위토지통행권이 발생하였다고 하더라도 나중에 그 토지에 접하는 공로가 개설됨으로써 주위토지통행권을 인정할 필요성이 없어진 때에는 그 통행권은 소멸한다(대판 1998.3.10, 97다47118).
③ 주위토지통행권은 어느 토지가 타인 소유의 토지에 둘러싸여 공로에 통할 수 없는 경우뿐만 아니라, 이미 기존의 통로가 있더라도 그것이 당해 토지의 이용에 부적합하여 실제로 통로로서의 충분한 기능을 하지 못하고 있는 경우에도 인정된다(대판 2003.8.19, 2002다53469).
④ 민법 제219조는 어느 토지와 공로 사이에 그 토지의 용도에 필요한 통로가 없는 경우에 그 토지소유자에게 그 주위의 토지통행권을 인정하면서 그 통행권자로 하여금 통행지 소유자의 손해를 보상하도록 규정하고 있는 것이므로 통행권자의 허락을 얻어 사실상 통행하고 있는 자에게는 그 손해의 보상을 청구할 수 없다(대판 1991.9.10, 91다19623).
⑤ 건축법에 건축물의 대지가 접하여야 할 도로의 폭 등에 관한 제한규정이 있다고 하더라도, 이는 건물 신축이나 증·개축허가에 있어 그와 같은 범위의 도로가 필요하다는 행정법규에 지나지 아니하므로, 어느 대지를 분할하여 매도한 경우에 그 매도한 대지 중의 일부가 도로에 접하지 아니하게 되었다고 하더라도 매도인이 건축법에 규정된 폭의 도로를 확보하여 매수인에게 무상으로 제공할 의무나 필요성이 있는 것은 아니다(대판 2003.3.11, 2002다35928).

05 주위토지통행권에 관한 설명으로 옳지 않은 것은? (다툼이 있으면 판례에 따름)

▶ 2022 감정평가사

① 토지의 분할로 주위토지통행권이 인정되는 경우, 통행권자는 분할당사자인 통행지 소유자의 손해를 보상하여야 한다.
② 통행지 소유자는 통행지를 배타적으로 점유하고 있는 주위토지통행권자에 대해 통행지의 인도를 청구할 수 있다.
③ 주위토지통행권은 법정의 요건을 충족하면 당연히 성립하고 요건이 없어지면 당연히 소멸한다.
④ 주위토지통행권에 기한 통행에 방해가 되는 축조물을 설치한 통행지 소유자는 그 철거의무를 부담한다.
⑤ 주위토지통행권의 범위는 현재의 토지의 용법에 따른 이용의 범위에서 인정된다.

[정답해설]
① 공유자 간 분할로 인하여 공로에 통하지 못하는 토지가 있는 때에는 그 토지소유자는 공로에 출입하기 위하여 다른 분할자의 토지를 통행할 수 있고, 이 경우에는 보상의 의무가 없다(제220조).
② 다른 사람의 소유토지에 대하여 상린관계로 인한 통행권을 가지고 있는 사람은 그 통행권의 범위 내에서 그 토지를 사용할 수 있을 뿐이고 그 통행지에 대한 통행지 소유자의 점유를 배제할 권능까지 있는 것은 아니므로 그 통행지 소유자는 그 통행지를 전적으로 점유하고 있는 주위토지통행권자에 대하여 그 통행지의 인도를 구할 수 있다고 할 것이다(대판 2003.8.19, 2002다53469).
③ 주위토지통행권은 법률규정에 의한 물권변동이므로 법정의 요건을 충족하면 당연히 성립하고 요건이 없어지게 되면 당연히 소멸한다(대판 1998.3.10, 97다47118).
④ 주위토지통행권자가 민법 제219조 제1항 본문에 따라 통로를 개설하는 경우 통행지 소유자는 원칙적으로 통행권자의 통행을 수인할 소극적 의무를 부담할 뿐 통로개설 등 적극적인 작위의무를 부담하는 것은 아니고 다만 통행지 소유자가 주위토지통행권에 기한 통행에 방해가 되는 담장 등 축조물을 설치한 경우에는 주위토지통행권의 본래적 기능발휘를 위하여 통행지 소유자가 그 철거의무를 부담한다(대판 2006.10.26, 2005다30993).
⑤ 주위토지통행권은 주위토지 소유자의 토지에 대한 독점적 사용권을 제한하는 권리로서 인접한 토지 소유자 간의 이해를 조정하는 데 목적이 있으므로 사람이 출입하고 다소의 물건을 공로로 운반할 정도의 폭만 확보할 수 있다면 주위토지 소유자의 손해가 가장 적은 장소와 방법을 선택하여야 하고, 또 현재의 토지의 용법에 따른 이용의 범위에서 인정되는 것이지 더 나아가 장차의 이용상황까지를 미리 대비하여 통행로를 정할 것은 아니다(대판 1992.12.22, 92다30528).

▶ 정답 04 ⑤ 05 ①

06 상린관계(相隣關係)에 관한 설명으로 옳지 않은 것은? ▶2014 감정평가사

① 건물을 축조함에는 특별한 관습이 없으면, 경계로부터 반 미터 이상의 거리를 두어야 한다.
② 토지소유자는 이웃 토지로부터 자연히 흘러오는 물을 막지 못한다.
③ 인접하여 토지를 소유한 자는 다른 관습이 없으면, 쌍방이 공동비용으로 통상의 경계표를 설치하기 위한 측량비용을 절반하여 부담한다.
④ 고지(高地)의 소유자는 이웃 저지(低地)에 자연히 흘러내리는 이웃 저지에서 필요한 물을 자기의 정당한 사용범위를 넘어서 이를 막지 못한다.
⑤ 흐르는 물이 저지에서 폐색(閉塞)된 때에는 특별한 관습이 없으면, 고지소유자는 자비로 소통에 필요한 공사를 할 수 있다.

정답해설

① 제242조【경계선부근의 건축】① 건물을 축조함에는 특별한 관습이 없으면 경계로부터 반미터 이상의 거리를 두어야 한다.
②, ④ 제221조【자연류수의 승수의무와 권리】

> ① 토지소유자는 이웃 토지로부터 자연히 흘러오는 물을 막지 못한다.
> ② 고지소유자는 이웃 저지에 자연히 흘러내리는 이웃 저지에서 필요한 물을 자기의 정당한 사용범위를 넘어서 이를 막지 못한다.

③ 인접하여 토지를 소유한 자가 통상의 경계표나 담을 설치하는 경우 별다른 관습이나 특약이 없는 한 그 설치비용은 절반씩, 측량비용은 토지 면적비율로 부담한다(제237조).

> 제237조【경계표, 담의 설치권】
> ① 인접하여 토지를 소유한 자는 공동비용으로 통상의 경계표나 담을 설치할 수 있다.
> ② 전항의 비용은 쌍방이 절반하여 부담한다. 그러나 측량비용은 토지의 면적에 비례하여 부담한다.
> ③ 전2항의 규정은 다른 관습이 있으면 그 관습에 의한다.

⑤ 제222조【소통공사권】흐르는 물이 저지에서 폐색된 때에는 고지소유자는 자비로 소통에 필요한 공사를 할 수 있다.

07 상린관계에 관한 설명으로 옳지 않은 것은? (다툼이 있으면 판례에 따름) ▶ 2023 감정평가사
① 인접하는 토지를 소유한 자들이 공동비용으로 통상의 경계표를 설치하는 경우, 다른 관습이 없으면 측량비용은 토지의 면적에 비례하여 부담한다.
② 지상권자 상호 간에도 상린관계에 관한 규정이 준용된다.
③ 주위토지통행권은 장래의 이용을 위하여 인정될 수 있으므로, 그 범위와 관련하여 장래의 이용상황까지 미리 대비하여 통행로를 정할 수 있다.
④ 건물을 축조함에는 특별한 관습이 없으면 경계로부터 반미터 이상의 거리를 두어야 한다.
⑤ 경계에 설치된 경계표나 담은 특별한 사정이 없는 한, 상린자의 공유로 추정한다.

[정답해설]
① 인접하여 토지를 소유한 자가 통상의 경계표나 담을 설치하는 경우 별다른 관습이나 특약이 없는 한 그 설치비용은 절반씩, 측량비용은 토지 면적비율로 부담하며(제237조), 설치된 경계표 등은 상린자의 공유로 추정된다(제239조).

> 제237조 【경계표, 담의 설치권】
> ① 인접하여 토지를 소유한 자는 공동비용으로 통상의 경계표나 담을 설치할 수 있다.
> ② 전항의 비용은 쌍방이 절반하여 부담한다. 그러나 측량비용은 토지의 면적에 비례하여 부담한다.
> ③ 전2항의 규정은 다른 관습이 있으면 그 관습에 의한다.

② 지상권자 상호 간에도 상린관계에 관한 규정이 준용된다(제290조 제1항).

> 제290조 【준용규정】
> ① 제213조, 제214조, 제216조부터 제244조의 규정은 지상권자 간 또는 지상권자와 인지소유자 간에 이를 준용한다.

③ 주위토지통행권은 주위토지 소유자의 토지에 대한 독점적 사용권을 제한하는 권리로서 인접한 토지 소유자 간의 이해를 조정하는 데 목적이 있으므로 사람이 출입하고 다소의 물건을 공로로 운반할 정도의 폭만 확보할 수 있다면 주위토지 소유자의 손해가 가장 적은 장소와 방법을 선택하여야 하고, 또 현재의 토지의 용법에 따른 이용의 범위에서 인정되는 것이지 더 나아가 장차의 이용상황까지를 미리 대비하여 통행로를 정할 것은 아니다(대판 1992.12.22, 92다30528).
④ 제242조 【경계선부근의 건축】 ① 건물을 축조함에는 특별한 관습이 없으면 경계로부터 반미터 이상의 거리를 두어야 한다.
⑤ 경계에 설치된 경계표나 담은 특별한 사정이 없는 한, 상린자의 공유로 추정한다(제239조).

> 제239조 【경계표등의 공유추정】 경계에 설치된 경계표, 담, 구거(도랑) 등은 상린자의 공유로 추정한다. 그러나 경계표, 담, 구거(도랑) 등이 상린자 일방의 단독비용으로 설치되었거나 담이 건물의 일부인 경우에는 그러하지 아니하다.

▶ 정답 06 ③ 07 ③

08 상린관계에 관한 설명으로 옳지 않은 것은? ▶ 2024 감정평가사

① 경계에 설치된 담이 공유인 경우, 공유자는 그 분할을 청구할 수 있다.
② 인접하여 토지를 소유한 자는 다른 관습이 없으면 공동비용으로 통상의 경계표나 담을 설치할 수 있다.
③ 경계표 설치를 위한 측량비용은 다른 관습이 없으면 토지의 면적에 비례하여 부담한다.
④ 인접지의 수목뿌리가 경계를 넘은 경우, 토지소유자는 임의로 그 뿌리를 제거할 수 있다.
⑤ 건물을 축조함에는 특별한 관습 또는 약정이 없으면 경계로부터 반미터 이상의 거리를 두어야 한다.

정답해설

① 경계에 설치된 담이 공유인 경우, 제268조 제3항에 의해 법률상 공유물분할청구가 금지된다.

> **제268조【공유물의 분할청구】**
> ① 공유자는 공유물의 분할을 청구할 수 있다. 그러나 5년 내의 기간으로 분할하지 아니할 것을 약정할 수 있다.
> ② 전항의 계약을 갱신한 때에는 그 기간은 갱신한 날부터 5년을 넘지 못한다.
> ③ 전2항의 규정은 제215조, 제239조의 공유물에는 적용하지 아니한다.

②, ③ 인접하여 토지를 소유한 자가 통상의 경계표나 담을 설치하는 경우 별다른 관습이나 특약이 없는 한 그 설치비용은 절반씩, 측량비용은 토지 면적비율로 부담한다(제237조).

> **제237조【경계표, 담의 설치권】**
> ① 인접하여 토지를 소유한 자는 공동비용으로 통상의 경계표나 담을 설치할 수 있다.
> ② 전항의 비용은 쌍방이 절반하여 부담한다. 그러나 측량비용은 토지의 면적에 비례하여 부담한다.

④ 제240조【수지, 목근의 제거권】 ③ 인접지의 수목 뿌리가 경계를 넘은 때에는 임의로 제거할 수 있다.
⑤ 제242조【경계선부근의 건축】① 건물을 축조함에는 특별한 관습이 없으면 경계로부터 반미터 이상의 거리를 두어야 한다.

09 집합건물의 구분소유에 관한 설명으로 옳지 않은 것은? (다툼이 있으면 판례에 의함)

▶ 2014 감정평가사

① 구분소유자는 전유부분의 보존·개량을 위하여 다른 구분소유자의 전유부분의 사용을 청구할 수 있다.
② 구조상·이용상의 독립성을 갖춘 건물부분은 구분 소유권의 목적이 될 수 있다.
③ 구분소유자의 대지사용권은 규약으로 달리 정함이 없는 한, 그가 가지는 전유부분의 처분에 따른다.
④ 아파트의 지하실은 특별한 사정이 없는 한, 구분소유권의 목적이 될 수 없다.
⑤ 각 구분소유자의 공용부분에 대한 지분은 규약으로 달리 정함이 없는 한, 그가 가지는 전유부분의 가액 비율에 따른다.

정답해설

① 집합건물의 소유 및 관리에 관한 법률(이하 동법 조문)
제5조 제3항【구분소유자의 권리·의무 등】 구분소유자는 그 전유부분이나 공용부분을 보존하거나 개량하기 위하여 필요한 범위에서 다른 구분소유자의 전유부분 또는 자기의 공유에 속하지 아니하는 공용부분의 사용을 청구할 수 있다. 이 경우 다른 구분소유자가 손해를 입었을 때에는 보상하여야 한다.
② 1동의 건물에 대하여 구분소유가 성립하기 위해서는 객관적·물리적인 측면에서 1동의 건물이 존재하고, 구분된 건물부분이 구조상·이용상 독립성을 갖추어야 할 뿐 아니라, 1동의 건물 중 물리적으로 구획된 건물부분을 각각 구분소유권의 객체로 하려는 구분행위가 있어야 한다(대판(전) 2013.1.17, 2010다71578).
③ **제20조【전유부분과 대지사용권의 일체성】**

> ① 구분소유자의 대지사용권은 그가 가지는 전유부분의 처분에 따른다.
> ② 구분소유자는 그가 가지는 전유부분과 분리하여 대지사용권을 처분할 수 없다. 다만, 규약으로써 달리 정한 경우에는 그러하지 아니하다.

④ 아파트 지하실이 건축 당시부터 그 지상의 주택 부분과는 별도의 용도나 목적으로 건축되었다고 볼 특별한 사정이 엿보이지 않는다면 건축 당시 그 아파트의 각층 주택의 관리를 위한 기계실 또는 전입주자 공동사용의 목적을 위한 창고, 대피소 등으로 사용하기 위하여 건축된 것으로 봄이 타당하고, 이에 관한 건축물관리대장상 용도가 주택으로 되어 있다거나 그 지하실이 주택 또는 상가 등의 용도로 사용하기에 충분한 높이와 환기시설 등을 갖추고 있다는 등의 사정만으로 달리 볼 수 없으므로, 이는 구분소유자 전원의 공용에 제공되는 건물 부분으로 그들의 공유에 속할 뿐 따로 구분소유의 목적이 될 수 없다(대판 1995.3.3, 94다4691).
⑤ 공유부분에 대한 공유지분은 전유부분의 면적 비율에 따른다(동법 제12조 제1항).

> **제12조【공유자의 지분권】**
> ① 각 공유자의 지분은 그가 가지는 전유부분의 면적 비율에 따른다.
> ② 제1항의 경우 일부공용부분으로서 면적이 있는 것은 그 공용부분을 공용하는 구분소유자의 전유부분의 면적 비율에 따라 배분하여 그 면적을 각 구분소유자의 전유부분 면적에 포함한다.

▶ 정답 08 ① 09 ⑤

10 건물의 구분소유 및 집합건물 등에 관한 설명으로 옳지 않은 것은? (다툼이 있으면 판례에 따름)

▶ 2016 감정평가사

① 공용부분을 전유부분으로 변경하기 위하여는 구조상으로나 이용상으로 다른 전유부분과 독립되어 있어야 한다.
② 구분소유자 중 일부가 복도, 계단과 같은 공용부분의 일부를 아무런 권원 없이 점유·사용하는 경우, 특별한 사정이 없는 한 다른 구분소유자들에게 임료 상당의 손해가 발생한 것으로 볼 수 있다.
③ 대지에 대한 지상권도 대지사용권이 될 수 있다.
④ 집합건물의 관리단은 구분소유자 전원을 구성원으로 하며, 별도의 설립행위가 필요하지 않다.
⑤ 구분건물이 물리적으로 완성되기 전이라도 건축허가신청 등을 통하여 구분의사가 객관적으로 표시되면 구분행위의 존재를 인정할 수 있다.

정답해설

① 공용부분도 구 집합건물법 제15조의 요건을 갖추어 전유부분으로 변경할 수는 있으나, 이를 위해서는 먼저 그 건물부분이 구조상으로나 이용상으로 다른 전유부분과 독립되어 있을 것을 요한다(대판 2011.3.24, 2010다95949; 대판1998.5.29, 96누8789 등 참조).

> **제15조 【공용부분의 변경】**
> ① 공용부분의 변경에 관한 사항은 관리단집회에서 구분소유자의 3분의 2 이상 및 의결권의 3분의 2 이상의 결의로써 결정한다. 다만, 다음 각 호의 어느 하나에 해당하는 경우에는 제38조 제1항에 따른 통상의 집회결의로써 결정할 수 있다.

② 구분소유자 중 일부가 정당한 권원 없이 집합건물의 복도, 계단 등과 같은 공용부분을 배타적으로 점유·사용함으로써 이익을 얻고, 그로 인하여 다른 구분소유자들이 해당 공용부분을 사용할 수 없게 되었다면, 공용부분을 무단점유한 구분소유자는 특별한 사정이 없는 한 해당 공용부분을 점유·사용함으로써 얻은 이익을 부당이득으로 반환할 의무가 있다. 해당 공용부분이 구조상 이를 별개 용도로 사용하거나 다른 목적으로 임대할 수 있는 대상이 아니더라도, 무단점유로 인하여 다른 구분소유자들이 해당 공용부분을 사용·수익할 권리가 침해되었고 이는 그 자체로 민법 제741조에서 정한 손해로 볼 수 있다.
집합건물의 소유 및 관리에 관한 법률에 따르면, 각 공유자는 전원의 공유에 속하는 공용부분을 그 용도에 따라 사용할 수 있고(제11조), 규약에 달리 정한 바가 없으면 그 지분비율에 따라 공용부분에서 생기는 이익을 취득한다(제17조). 정당한 권원 없이 집합건물의 공용부분을 배타적으로 점유하여 사용한 자는 부동산의 점유·사용 그 자체로 부당한 이익을 얻게 된다. 이로 인하여 다른 구분소유자들은 해당 공용부분을 사용할 수 있는 가능성이 원천적으로 봉쇄되는 손해를 입었으므로 이로써 민법 제741조에 따른 부당이득반환의 요건이 충족되었다고 볼 수 있다. 그 외에 해당 공용부분에 대한 별개 용도로의 사용 가능성이나 다른 목적으로 임대할 가능성이 추가적으로 요구된다고 볼 수 없다(대판(전) 2020.5.21, 2017다220744).

③ 대지사용권은 토지소유권의 공유지분인 것이 보통이나, 지상권·임차권일 수도 있다(대판 1995.8.22, 94다 12722).

> **제2조 【정의】**
> 이 법에서 사용하는 용어의 뜻은 다음과 같다.
> 6. "대지사용권"이란 구분소유자가 전유부분을 소유하기 위하여 건물의 대지에 대하여 가지는 권리를 말한다.

④ 관리단은 어떠한 조직행위를 거쳐야 비로소 성립되는 단체가 아니라 구분소유 관계가 성립하는 건물이 있는 경우 그 구분소유자 전원을 구성원으로 하여 당연히 성립되는 단체이다(대판 2011.4.28, 2011다12163; 대판 1995.3.10, 94다49687·49694 등 참조).

> **제23조 【관리단의 당연 설립 등】**
> ① 건물에 대하여 구분소유 관계가 성립되면 구분소유자 전원을 구성원으로 하여 건물과 그 대지 및 부속시설의 관리에 관한 사업의 시행을 목적으로 하는 관리단이 설립된다.

⑤ 구분행위는 건물의 물리적 형질에 변경을 가함이 없이 법률관념상 건물의 특정 부분을 구분하여 별개의 소유권의 객체로 하려는 일종의 법률행위로서, 그 시기나 방식에 특별한 제한이 있는 것은 아니고 처분권자의 구분의사가 객관적으로 외부에 표시되면 인정된다. 따라서 구분건물이 물리적으로 완성되기 전에도 건축허가 신청이나 분양계약 등을 통하여 장래 신축되는 건물을 구분건물로 하겠다는 구분의사가 객관적으로 표시되면 구분행위의 존재를 인정할 수 있고, 이후 1동의 건물 및 그 구분행위에 상응하는 구분건물이 객관적·물리적으로 완성되면 아직 그 건물이 집합건축물대장에 등록되거나 구분건물로서 등기부에 등기되지 않았더라도 그 시점에서 구분소유가 성립한다(대판(전) 2013.1.17, 2010다71578).

▶ 정답   10 ②

11 집합건물의 소유 및 관리에 관한 법률상 공용부분에 관한 설명으로 옳지 않은 것은? (다툼이 있으면 판례에 따름)
▶ 2017 감정평가사

① 공용부분은 취득시효에 의한 소유권 취득의 대상이 되지 않는다.
② 구조상의 공용부분에 관한 물권의 득실변경은 별도로 등기를 하여야 한다.
③ 공용부분 관리비에 대한 연체료는 특별한 사정이 없는 한 특별승계인에게 승계되는 공용부분 관리비에 포함되지 않는다.
④ 관리인 선임 여부와 관계없이 공유자인 구분소유자가 단독으로 공용부분에 대한 보존행위를 할 수 있다.
⑤ 어느 부분이 공용부분인지 전유부분인지는 구분소유자들 사이에 다른 합의가 없는 한 그 건물의 구조에 따른 객관적인 용도에 의하여 결정된다.

정답해설

① 집합건물의 공용부분은 구분소유자 전원의 공유에 속하나(집합건물법 제10조 제1항), 그 공유는 민법상의 공유와는 달리 건물의 구분소유라고 하는 공동의 목적을 위하여 인정되는 것으로 집합건물법 제13조는 공용부분에 대한 공유자의 지분은 그가 가지는 전유부분의 처분에 따를 뿐 전유부분과 분리하여 처분할 수 없도록 규정하고 있다. 또한 공용부분을 전유부분으로 변경하기 위하여는 집합건물법 제15조에 따른 구분소유자들의 집회결의와 그 공용부분의 변경으로 특별한 영향을 받게 되는 구분소유자의 승낙을 얻어야 한다. 그런데 공용부분에 대하여 취득시효의 완성을 인정하여 그 부분에 대한 소유권취득을 인정한다면 전유부분과 분리하여 공용부분의 처분을 허용하고 일정 기간의 점유로 인하여 공용부분이 전유부분으로 변경되는 결과가 되어 집합건물법의 취지에 어긋나게 된다. 따라서 집합건물의 공용부분은 취득시효에 의한 소유권 취득의 대상이 될 수 없다고 봄이 타당하다(대판 2013.12.12, 2011다78200·78217).
② 구조상 공용부분인 법정공용부분은 등기 없이 득실변경이 이루어진다(제13조 제3항).

> **비교** 규약공용부분은 등기하여야 득실변경이 이루어진다.

제13조 【전유부분과 공용부분에 대한 지분의 일체성】
① 공용부분에 대한 공유자의 지분은 그가 가지는 전유부분의 처분에 따른다.
② 공유자는 그가 가지는 전유부분과 분리하여 공용부분에 대한 지분을 처분할 수 없다.
③ 공용부분에 관한 물권의 득실변경은 등기가 필요하지 아니하다.

---

③ 관리비 납부를 연체할 경우 부과되는 연체료는 위약벌의 일종이고, 전(前) 구분소유자의 특별승계인이 체납된 공용부분 관리비를 승계한다고 하여 전 구분소유자가 관리비 납부를 연체함으로 인해 이미 발생하게 된 법률효과까지 그대로 승계하는 것은 아니라 할 것이어서, 공용부분 관리비에 대한 연체료는 특별승계인에게 승계되는 공용부분 관리비에 포함되지 않는다(대판 2006.6.29, 2004다3598).
④ 제16조 【공용부분의 관리】 ① 공용부분의 관리에 관한 사항은 제15조 제1항 본문의 경우를 제외하고는 제38조 제1항에 따른 통상의 집회결의로써 결정한다. 다만, 보존행위는 각 공유자가 할 수 있다.
⑤ 집합건물에 있어서 수개의 전유부분으로 통하는 복도, 계단 기타 구조상 구분소유자의 전원 또는 그 일부의 공용에 제공되는 건물부분은 공용부분으로서 구분소유권의 목적이 되지 않으며, 건물의 어느 부분이 구분소유자의 전원 또는 일부의 공용에 제공되는지의 여부는 소유자들 간에 특단의 합의가 없는 한 그 건물의 구조에 따른 객관적인 용도에 의하여 결정되어야 할 것이다(대판 1995.2.28, 94다9269).

▶ 정답 11 ②

심화문제편

01 甲은 그 소유 X토지에 대한 배타적 사용·수익권을 포기하고 타인(사인, 국가 등 일반 공중)의 통행을 위한 용도로 제공하였다. 이에 관한 설명으로 옳지 않은 것은? (다툼이 있으면 판례에 따름)
▶ 2024 감정평가사

① 甲은 그 타인에 대하여 X의 인도청구를 할 수 없다.
② 甲이 X에 대한 소유권을 보유한 채 사용·수익권을 대세적·영구적으로 포기하는 것은 허용되지 않는다.
③ 甲은 일반 공중의 통행을 방해하지 않는 범위에서 X를 처분할 수 있다.
④ 甲의 상속인의 X에 대한 배타적 사용·수익권도 제한된다.
⑤ 만약 甲이 X를 일반 공중의 통행목적이 아니라 지상건물의 소유자만을 위하여 배타적 사용·수익권을 포기한 경우, 특별한 사정이 없는 한 X의 매수인의 배타적 사용·수익권 행사는 제한된다.

정답해설

① 토지 소유자가 그 소유의 토지를 도로, 수도시설의 매설 부지 등 일반 공중을 위한 용도로 제공한 경우에 소유자가 토지를 소유하게 된 경위나 보유기간, 소유자가 토지를 공공의 사용에 제공한 경위와 그 규모, 토지의 제공에 따른 소유자의 이익 또는 편익의 유무, 해당 토지 부분의 위치나 형태, 인근의 다른 토지들과의 관계, 주위 환경 등 여러 사정을 종합적으로 고찰하고, 토지 소유자의 소유권 보장과 공공의 이익 사이의 비교형량을 한 결과 소유자가 그 토지에 대한 독점적·배타적인 사용·수익권을 포기한 것으로 볼 수 있다면 타인[사인(私人)뿐만 아니라 국가, 지방자치단체도 이에 해당할 수 있다. 이하 같다]이 그 토지를 점유·사용하고 있다 하더라도 특별한 사정이 없는 한 그로 인해 토지 소유자에게 어떤 손해가 생긴다고 볼 수 없으므로 토지 소유자는 그 타인을 상대로 부당이득반환을 청구할 수 없고 토지의 인도 등을 구할 수도 없다(대판(전) 2019.1.24. 2016다264556). 甲은 그 타인에 대하여 X토지의 인도청구를 할 수 없다.

②, ③ 소유권의 핵심적 권능에 속하는 사용·수익 권능의 대세적·영구적인 포기는 물권법정주의에 반하여 허용할 수 없으므로 토지 소유자의 독점적·배타적인 사용·수익권의 행사가 제한되는 것으로 보는 경우에도 일반 공중의 무상 이용이라는 토지이용현황과 양립 또는 병존하기 어려운 토지 소유자의 독점적이고 배타적인 사용·수익만이 제한될 뿐이고, 토지 소유자는 일반 공중의 통행 등 이용을 방해하지 않는 범위 내에서는 그 토지를 처분하거나 사용·수익할 권능을 상실하지 않는다(대판(전) 2019.1.24. 2016다264556). ② 甲이 X토지의 사용·수익권을 대세적·영구적으로 포기하는 것은 허용되지 않는다. ③ 甲은 일반 공중의 통행을 방해하지 않는 범위에서 X토지를 처분할 수 있다.

④ 상속인은 피상속인의 일신에 전속한 것이 아닌 한 상속이 개시된 때로부터 피상속인의 재산에 관한 포괄적 권리·의무를 승계하므로 피상속인이 사망 전에 그 소유 토지를 일반 공중의 이용에 제공하여 독점적·배타적인 사용·수익권을 포기한 것으로 볼 수 있고 그 토지가 상속재산에 해당하는 경우에는 피상속인의 사망 후 그 토지에 대한 상속인의 독점적·배타적인 사용·수익권의 행사 역시 제한된다(대판(전) 2019.1.24. 2016다264556).

▶ 정답 01 ⑤

⑤ 토지소유자의 독점적·배타적 사용·수익권 행사 제한의 법리는 토지가 도로, 수도시설의 매설 부지 등 일반 공중을 위한 용도로 제공된 경우에 적용되는 것이어서 토지가 건물의 부지 등 지상 건물의 소유자들만을 위한 용도로 제공된 경우에는 적용되지 않는다. 따라서 토지소유자가 그 소유 토지를 건물의 부지로 제공하여 지상 건물소유자들이 이를 무상으로 사용하도록 허락하였다고 하더라도 그러한 법률관계가 물권의 설정 등으로 특정승계인에게 대항할 수 있는 것이 아니라면 채권적인 것에 불과하여 특정승계인이 그러한 채권적 법률관계를 승계하였다는 등의 특별한 사정이 없는 한 특정승계인의 그 토지에 대한 소유권 행사가 제한된다고 볼 수 없다(대판 2019.11.14, 2015다211685) 특별한 사정이 없는 한 X토지의 매수인의 배타적 사용·수익권 행사는 제한되지 않는다.

02 주위토지통행권에 관한 설명으로 옳은 것은? (다툼이 있으면 판례에 따름) ▶ 2015 감정평가사

① 통행권자가 통행지 소유자에게 손해보상의 지급을 게을리하면 통행권이 소멸한다.
② 주위토지통행권의 범위는 현재의 토지의 용법은 물론 장래의 이용 상황도 미리 대비하여 정해야 한다.
③ 통행권자가 통행지를 배타적으로 점유하는 경우 통행지 소유자는 통행지의 인도를 청구할 수 있다.
④ 주위토지통행권이 인정되는 경우 통행지 소유자는 원칙적으로 통로개설 등 적극적인 작위의무를 부담한다.
⑤ 동일인 소유의 토지의 일부가 양도되어 공로에 통하지 못하는 토지가 생긴 경우, 포위된 토지를 위한 통행권은 일부 양도 전의 양도인 소유의 종전 토지뿐만 아니라 다른 사람 소유의 토지에 대하여도 인정된다.

정답해설

① 주위토지통행권은 법률상 요건을 갖추면 인정되는 권리로 유상의 주위토지통행권에서 손해보상지급은 법률상 통행권성립의 요건이 아니다. 그러므로 통행권자가 통행지 소유자에게 손해보상을 지급하지 않았더라도 통행권이 소멸하는 것은 아니라 채무불이행의 책임만이 발생할 뿐이다.
② 주위토지통행권은 주위토지 소유자의 토지에 대한 독점적 사용권을 제한하는 권리로서 인접한 토지 소유자 간의 이해를 조정하는 데 목적이 있으므로 사람이 출입하고 다소의 물건을 공로로 운반할 정도의 폭만 확보할 수 있다면 주위토지 소유자의 손해가 가장 적은 장소와 방법을 선택하여야 하고, 또 현재의 토지의 용법에 따른 이용의 범위에서 인정되는 것이지 더 나아가 장차의 이용상황까지를 미리 대비하여 통행로를 정할 것은 아니다(대판 1992.12.22, 92다30528).
③ 다른 사람의 소유토지에 대하여 상린관계로 인한 통행권을 가지고 있는 사람은 그 통행권의 범위 내에서 그 토지를 사용할 수 있을 뿐이고 그 통행지에 대한 통행지 소유자의 점유를 배제할 권능까지 있는 것은 아니므로 그 통행지 소유자는 그 통행지를 전적으로 점유하고 있는 주위토지통행권자에 대하여 그 통행지의 인도를 구할 수 있다고 할 것이다(대판 2003.8.19, 2002다53469).
④ 주위토지통행권자가 민법 제219조 제1항 본문에 따라 통로를 개설하는 경우 통행지 소유자는 원칙적으로 통행권자의 통행을 수인할 소극적 의무를 부담할 뿐 통로개설 등 적극적인 작위의무를 부담하는 것은 아니고, 다만 통행지 소유자가 주위토지통행권에 기한 통행에 방해가 되는 담장 등 축조물을 설치한 경우에는 주위토지통행권의 본래적 기능발휘를 위하여 통행지 소유자가 그 철거의무를 부담한다(대판 2006.10.26, 2005다30993).

⑤ 동일인 소유의 토지의 일부가 양도되어 공로에 통하지 못하는 토지가 생긴 경우, 포위된 토지를 위한 통행권은 일부 양도 전의 양도인 소유의 종전 토지에 인정되어야 하고 다른 사람 소유의 토지에 대하여는 인정되지 않는다(대판 1995.2.10, 94다45869).

03 상린관계에 관한 다음 설명 중 옳은 것은?

① 토지소유자와 이웃하는 건물 임차인과의 사이에는 통설에 의하면 상린관계의 규정이 적용되지 않는다.
② 지하시설을 하는 경우 경계로부터 두어야 할 거리에 관한 사항 등을 정한 민법 제244조는 판례에 따르면 강행규정으로서 이와 다른 내용의 당사자 간의 특약은 무효이다.
③ 토지의 사용이나 주거자의 생활이 방해되는 경우 그 피해 소유자는 방해자에 대하여 방해예방을 위한 시설의 설치와 함께 손해배상의 담보를 청구할 수 있다.
④ 토지의 일부 양도로 인해 공로에 통하지 못하는 토지가 생긴 경우 그 양수인에게는 무상의 주위토지통행권이 인정되지만, 판례에 따르면 이로 인한 무상통행의 부담은 해당 토지가 특정승계인에게 양도됨으로써 원칙적으로 소멸한다.
⑤ 인접하여 토지를 소유한 자가 통상의 경계표나 담을 설치하는 경우 별다른 관습이나 특약이 없는 한 그 설치비용이나 측량비용은 쌍방이 절반하여 부담하며, 설치된 경계표 등은 상린자의 공유로 추정된다.

정답해설
① 토지소유자와 이웃하는 건물임차인과의 사이에는 통설에 의하면 상린관계의 규정이 적용된다고 해석한다.
② 지하시설을 하는 경우 경계로부터 두어야 할 거리에 관한 사항 등을 정한 민법 제244조에 대해 판례는 임의규정으로 이해한다(대판 1982.10.26, 80다1634).

> **제244조【지하시설 등에 대한 제한】**
> ① 우물을 파거나 용수, 하수 또는 오물 등을 저치할 지하시설을 하는 때에는 경계로부터 2미터 이상의 거리를 두어야 하며 저수지, 구거(도랑) 또는 지하실 공사에는 경계로부터 그 깊이의 반 이상의 거리를 두어야 한다.

③ 토지의 사용이나 주거자의 생활이 방해되는 경우 그 피해 소유자는 방해자에 대하여 방해예방을 위한 시설의 설치 "함께"가 아닌 "또는" 손해배상의 담보를 청구할 수 있다고 하여야 한다(제206조 참조).

> **제206조【점유의 보전】**
> ① 점유자가 점유의 방해를 받을 염려가 있는 때에는 그 방해의 예방 또는 손해배상의 담보를 청구할 수 있다.

④ 토지의 일부 양도로 인해 공로에 통하지 못하는 토지가 생긴 경우 그 양수인에게는 무상의 주위토지통행권이 인정되지만, 판례에 따르면 이로 인한 무상통행의 부담은 해당 토지가 특정승계인에게 양도됨으로써 원칙적으로 소멸한다(대판 1991.6.11, 90다12007).

▶ 정답 02 ③ 03 ④

⑤ 인접하여 토지를 소유한 자가 통상의 경계표나 담을 설치하는 경우 별다른 관습이나 특약이 없는 한 그 설치비용은 절반씩, 측량비용은 토지 면적비율로 부담하며(제237조), 설치된 경계표 등은 상린자의 공유로 추정된다(제239조).

> **제237조 【경계표, 담의 설치권】**
> ① 인접하여 토지를 소유한 자는 공동비용으로 통상의 경계표나 담을 설치할 수 있다.
> ② 전항의 비용은 쌍방이 절반하여 부담한다. 그러나 측량비용은 토지의 면적에 비례하여 부담한다.
> ③ 전2항의 규정은 다른 관습이 있으면 그 관습에 의한다.
>
> **제239조 【경계표등의 공유추정】**
> 경계에 설치된 경계표, 담, 구거(도랑) 등은 상린자의 공유로 추정한다. 그러나 경계표, 담, 구거(도랑) 등이 상린자 일방의 단독비용으로 설치되었거나 담이 건물의 일부인 경우에는 그러하지 아니하다.

04 소유권에 관한 설명으로 옳지 않은 것은? (다툼이 있으면 판례에 의함) ▶ 2014 감정평가사

① 소유자는 법률의 범위 내에서 소유물을 사용, 수익, 처분할 권리가 있다.
② 지적공부에 등록된 토지의 소유권 범위는 특별한 사정이 없는 한, 지적공부상 경계에 의하여 확정된다.
③ 구분소유는 구분행위가 행해지고 건물이 완성되었더라도 집합건축물대장의 등록이나 구분건물의 표시에 관한 등기가 완료된 때에 성립한다.
④ 구분소유권의 객체로서 적합한 물리적 요건을 갖추지 못한 건물의 일부가 구분소유권의 목적으로 등기되었더라도 구분소유권은 인정되지 않는다.
⑤ 유실물은 법률에 정한 바에 의하여 공고한 후 6개월 내에 그 소유자가 권리를 주장하지 아니하면 다른 사정이 없는 한, 습득자가 그 소유권을 취득한다.

정답해설

① 제211조 【소유권의 내용】 소유자는 법률의 범위 내에서 그 소유물을 사용, 수익, 처분할 권리가 있다.
② 어떤 특정한 토지가 지적공부에 의하여 일필의 토지로 등록되었다면 그 토지의 소재, 지번, 지목, 지적 및 경계는 다른 특별한 사정이 없는 한 이 등록으로써 확정되었다고 할 것이므로 그 토지의 소유권의 범위는 지적공부상의 경계에 의하여 확정하여야 할 것이고, 다만 지적도를 작성함에 있어서 그 기점을 잘못 선택하는 등 기술적 착오로 말미암아 지적도상의 경계선이 진실한 경계선과 다르게 작성된 경우와 같은 특별한 사정이 있는 때에는 그 토지의 경계는 실제의 경계에 의하여야 한다(대판 1990.12.21, 88다카19712).
③ 구분행위는 건물의 물리적 형질에 변경을 가함이 없이 법률관념상 건물의 특정 부분을 구분하여 별개의 소유권의 객체로 하려는 일종의 법률행위로서, 그 시기나 방식에 특별한 제한이 있는 것은 아니고 처분권자의 구분의사가 객관적으로 외부에 표시되면 인정된다. 따라서 구분건물이 물리적으로 완성되기 전에도 건축허가신청이나 분양계약 등을 통하여 장래 신축되는 건물을 구분건물로 하겠다는 구분의사가 객관적으로 표시되면 구분행위의 존재를 인정할 수 있고, 이후 1동의 건물 및 그 구분행위에 상응하는 구분건물이 객관적·물리적으로 완성되면 아직 그 건물이 집합건축물대장에 등록되거나 구분건물로서 등기부에 등기되지 않았더라도 그 시점에서 구분소유가 성립한다(대판(전) 2013.1.17, 2010다71578).

④ 구분소유권의 객체로서 적합한 물리적 요건을 갖추지 못한 건물의 일부는 그에 관한 구분소유권이 성립될 수 없는 것이어서, 건축물관리대장상 독립한 별개의 구분건물로 등재되고 등기부상에도 구분소유권의 목적으로 등기되어 있어 이러한 등기에 기초하여 경매절차가 진행되어 이를 낙찰받았다고 하더라도, 그 등기는 그 자체로 무효이므로 낙찰자는 그 소유권을 취득할 수 없다(대판 1999.11.9. 99다46096).

⑤ **제253조 【유실물의 소유권취득】** 유실물은 법률에 정한 바에 의하여 공고한 후 6개월 내에 그 소유자가 권리를 주장하지 아니하면 습득자가 그 소유권을 취득한다.

05 집합건물의 소유 및 관리에 관한 법령상 집합건물에 관한 설명으로 틀린 것은? (다툼이 있으면 판례에 따름)
▶ 2015 공인중개사

① 집합건축물대장에 등록되지 않더라도 구분소유가 성립할 수 있다.
② 공용부분의 사용과 비용부담은 전유부분의 지분비율에 따른다.
③ 집합건물의 공용부분은 시효취득의 대상이 될 수 없다.
④ 관리인 선임 여부와 관계없이 공유자는 단독으로 공용부분에 대한 보존행위를 할 수 있다.
⑤ 구분소유자는 규약 또는 공정증서로써 달리 정하지 않는 한 그가 가지는 전유부분과 분리하여 대지사용권을 처분할 수 없다.

정답해설

① 구분행위는 건물의 물리적 형질에 변경을 가함이 없이 법률관념상 건물의 특정 부분을 구분하여 별개의 소유권의 객체로 하려는 일종의 법률행위로서, 그 시기나 방식에 특별한 제한이 있는 것은 아니고 처분권자의 구분의사가 객관적으로 외부에 표시되면 인정된다. 따라서 구분건물이 물리적으로 완성되기 전에도 건축허가신청이나 분양계약 등을 통하여 장래 신축되는 건물을 구분건물로 하겠다는 구분의사가 객관적으로 표시되면 구분행위의 존재를 인정할 수 있고, 이후 1동의 건물 및 그 구분행위에 상응하는 구분건물이 객관적·물리적으로 완성되면 아직 그 건물이 집합건축물대장에 등록되거나 구분건물로서 등기부에 등기되지 않았더라도 그 시점에서 구분소유가 성립한다(대판(전) 2013.1.17. 2010다71578).

② **제11조 【공유자의 사용권】** 각 공유자는 공용부분을 그 용도에 따라 사용할 수 있다.
 제17조 【공용부분의 부담·수익】 각 공유자는 규약에 달리 정한 바가 없으면 그 지분의 비율에 따라 공용부분의 관리비용과 그 밖의 의무를 부담하며 공용부분에서 생기는 이익을 취득한다.

> **비교** 민법상 공유
>
> **제263조 【공유지분의 처분과 공유물의 사용, 수익】**
> 공유자는 그 지분을 처분할 수 있고 공유물전부를 지분의 비율로 사용, 수익할 수 있다.
> **제266조 제1항 【공유물의 부담】**
> 공유자는 그 지분의 비율로 공유물의 관리비용 기타 의무를 부담한다.

▶ 정답 04 ③ 05 ②

③ 집합건물의 공용부분은 구분소유자 전원의 공유에 속하나(집합건물법 제10조 제1항), 그 공유는 민법상의 공유와는 달리 건물의 구분소유라고 하는 공동의 목적을 위하여 인정되는 것으로 집합건물법 제13조는 공용부분에 대한 공유자의 지분은 그가 가지는 전유부분의 처분에 따를 뿐 전유부분과 분리하여 처분할 수 없도록 규정하고 있다. 또한 공용부분을 전유부분으로 변경하기 위하여는 집합건물법 제15조에 따른 구분소유자들의 집회결의와 그 공용부분의 변경으로 특별한 영향을 받게 되는 구분소유자의 승낙을 얻어야 한다. 그런데 <u>공용부분에 대하여 취득시효의 완성을 인정하여 그 부분에 대한 소유권취득을 인정한다면 전유부분과 분리하여 공용부분의 처분을 허용하고 일정 기간의 점유로 인하여 공용부분이 전유부분으로 변경되는 결과가 되어 집합건물법의 취지에 어긋나게 된다.</u> 따라서 집합건물의 공용부분은 취득시효에 의한 소유권 취득의 대상이 될 수 없다고 봄이 타당하다(대판 2013.12.12, 2011다78200·78217).

④ 제16조【공용부분의 관리】① 공용부분의 관리에 관한 사항은 제15조 제1항 본문의 경우를 제외하고는 제38조 제1항에 따른 통상의 집회결의로써 결정한다. 다만, 보존행위는 각 공유자가 할 수 있다.

⑤ 제20조【전유부분과 대지사용권의 일체성】

> ① 구분소유자의 대지사용권은 그가 가지는 전유부분의 처분에 따른다.
> ② 구분소유자는 그가 가지는 전유부분과 분리하여 대지사용권을 처분할 수 없다. 다만, 규약으로써 달리 정한 경우에는 그러하지 아니하다.

06 집합건물의 소유 및 관리에 관한 법률상 공용부분에 관한 설명으로 옳은 것을 모두 고른 것은? (다툼이 있으면 판례에 의함)
▶ 2022 공인중개사

> ㉠ 관리단집회 결의나 다른 구분소유자의 동의 없이 구분소유자 1인이 공용부분을 독점적으로 점유·사용하는 경우 다른 구분소유자는 공용부분의 보존행위로서 그 인도를 청구할 수 있다.
> ㉡ 구분소유자 중 일부가 정당한 권원 없이 구조상 공용부분인 복도를 배타적으로 점유·사용하여 다른 구분소유자가 사용하지 못하였다면 특별한 사정이 없는 한 이로 인하여 얻은 이익을 다른 구분소유자에게 부당이득으로 반환하여야 한다.
> ㉢ 관리단은 관리비 징수에 관한 유효한 규약이 없더라도 공용부분에 대한 관리비를 그 부담 의무자인 구분소유자에게 청구할 수 있다.

① ㉠
② ㉡
③ ㉠ ㉢
④ ㉡ ㉢
⑤ ㉠ ㉡ ㉢

정답해설

해설 ㉡, ㉢ 2 항목이 옳다.

㉠ (×): 공유물의 소수지분권자가 다른 공유자와 협의 없이 공유물의 전부 또는 일부를 독점적으로 점유·사용하고 있는 경우 다른 소수지분권자는 공유물의 보존행위로서 그 인도를 청구할 수는 없고, 다만 자신의 지분권에 기초하여 공유물에 대한 방해 상태를 제거하거나 공동 점유를 방해하는 행위의 금지 등을 청구할 수 있다. 이러한 법리는 집합건물법에 따라 구분소유자 전원 또는 일부의 공유에 속하고(제10조 제1항, 이하 구분소유자 전원의 공용에 제공된 공용부분을 '전체공용부분'이라 하고, 구분소유자 일부의 공용에 제공된

공용부분을 '일부공용부분'이라 한다) 공유자가 그 용도에 따라 사용할 수 있는 집합건물의 공용부분(제11조)에도 마찬가지로 적용된다. 따라서 집합건물의 구분소유자가 집합건물법의 관련 규정에 따라 관리단집회 결의나 다른 구분소유자의 동의 없이 공용부분의 전부 또는 일부를 독점적으로 점유·사용하고 있는 경우 다른 구분소유자는 공용부분의 보존행위로서 그 인도를 청구할 수는 없고, 특별한 사정이 없는 한 자신의 지분권에 기초하여 공용부분에 대한 방해 상태를 제거하거나 공동 점유를 방해하는 행위의 금지 등을 청구할 수 있다(대판 2020.10.15, 2019다245822).

ⓒ (○): 구분소유자 중 일부가 정당한 권원 없이 집합건물의 복도, 계단 등과 같은 공용부분을 배타적으로 점유·사용함으로써 이익을 얻고, 그로 인하여 다른 구분소유자들이 해당 공용부분을 사용할 수 없게 되었다면, 공용부분을 무단점유한 구분소유자는 특별한 사정이 없는 한 해당 공용부분을 점유·사용함으로써 얻은 이익을 부당이득으로 반환할 의무가 있다. 해당 공용부분이 구조상 이를 별개 용도로 사용하거나 다른 목적으로 임대할 수 있는 대상이 아니더라도, 무단점유로 인하여 다른 구분소유자들이 해당 공용부분을 사용·수익할 권리가 침해되었고 이는 그 자체로 민법 제741조에서 정한 손해로 볼 수 있다(대판(전) 2020.5.21, 2017다220744).

ⓒ (○): 집합건물의 소유 및 관리에 관한 법률(이하 '집합건물법'이라고 한다) 제17조는 "각 공유자는 규약에 달리 정한 바가 없으면 그 지분의 비율에 따라 공용부분의 관리비용과 그 밖의 의무를 부담한다."라고 정하고, 구 집합건물의 소유 및 관리에 관한 법률(2020.2.4. 법률 제16919호로 개정되기 전의 것, 이하 '구 집합건물법'이라고 한다) 제25조 제1항은 "관리인은 공용부분의 보존·관리 및 변경을 위한 행위와 관리단의 사무의 집행을 위한 분담금액 및 비용을 각 구분소유자에게 청구·수령하는 행위 및 그 금원을 관리하는 행위를 할 권한과 의무를 가진다."라고 정하고 있다. 이에 의하면 집합건물법상 관리단은 관리비징수에 관한 유효한 규약이 있으면 그에 따라, 유효한 규약이 없더라도 구 집합건물법 제25조 제1항 등에 따라 적어도 공용부분에 대한 관리비에 대하여는 이를 그 부담의무자인 구분소유자에 대하여 청구할 수 있다. 이러한 법리는 무효인 관리인 선임 결의에 의하여 관리인으로 선임된 자가 집합건물에 관하여 사실상의 관리행위를 한 경우에도 마찬가지로 적용된다(대판 2021.9.16, 2016다260882).

▶ 정답 06 ④

제2절 소유권에 기한 물권적 청구권

기본문제편

01 소유권에 기한 물권적 청구권에 관한 설명으로 옳지 않은 것은? (다툼이 있으면 판례에 따름)
▶ 2018 감정평가사

① 아직 건물의 소유권을 취득하지 못한 건물매수인은 그 건물의 불법점거자에 대하여 직접 건물의 명도청구를 할 수 없다.
② 소유물반환청구권의 상대방인 점유자가 그 물건을 점유할 권리가 있는 때에는 반환을 거부할 수 있다.
③ 토지의 점유자가 점유취득시효를 완성한 경우에도 토지소유자는 그 토지의 인도를 청구할 수 있다.
④ 소유권에 기한 물권적 청구권은 소멸시효의 대상이 되지 않는다.
⑤ 소유물방해예방청구권에서 관념적인 방해의 가능성만으로는 방해의 염려가 있다고 할 수 없다.

정답해설

① 미등기 무허가건물의 양수인이라 할지라도 그 소유권이전등기를 경료받지 않는 한 그 건물에 대한 소유권을 취득할 수 없고, 그러한 상태의 건물 양수인에게 소유권에 준하는 관습상의 물권이 있다고 볼 수도 없으므로, 건물을 신축하여 그 소유권을 원시취득한 자로부터 그 건물을 매수하였으나 아직 소유권이전등기를 갖추지 못한 자는 그 건물의 불법점거자에 대하여 직접 자신의 소유권 등에 기하여 명도를 청구할 수는 없다(대판 2007.6.15, 2007다11347).
② 제213조【소유물반환청구권】소유자는 그 소유에 속한 물건을 점유한 자에 대하여 반환을 청구할 수 있다. 그러나 점유자가 그 물건을 점유할 권리가 있는 때에는 반환을 거부할 수 있다.
③ 제213조 단서의 점유할 권리란 점유를 정당화하는 모든 법률상 지위를 말한다. 구체적으로 1. 점유를 권리내용으로 하는 제한물권(지상권·지역권·전세권·유치권·질권), 2. 채권(임차권), 3. 동시이행항변권, 취득시효완성자, 미등기 매수인뿐만 아니라 그로부터 매수한 매수인 등은 점유할 권리를 주장할 수 있다.
따라서 토지의 점유자가 점유취득시효를 완성한 경우에는 토지점유자에게 점유할 정당한 권리가 발생하여 반환을 거부할 수 있으므로 토지소유자는 그 토지의 인도를 청구할 수 없다.
④ 명의신탁해지로 인한 소유권이전등기청구권이나 말소등기청구권은 소유권에 기한 물권적 청구권이므로 소멸시효대상이 아니다(대판 1991.11.26, 91다34387 등).
⑤ 소유물방해예방청구권은 방해의 발생을 기다리지 않고 현재 예방수단을 취할 것을 인정하는 것이므로, 그 방해의 염려가 있다고 하기 위하여는 방해예방의 소에 의하여 미리 보호받을 만한 가치가 있는 것으로서 객관적으로 근거 있는 상당한 개연성을 가져야 할 것이고 관념적인 가능성만으로는 이를 인정할 수 없다(대판 1995.7.14, 94다50533).

02 물권적 청구권에 관한 설명으로 옳은 것은? (다툼이 있으면 판례에 따름) ▶ 2018 공인중개사

① 소유자는 물권적 청구권에 의하여 방해제거비용 또는 방해예방비용을 청구할 수 없다.
② 불법원인으로 물건을 급여한 사람은 원칙적으로 소유권에 기하여 반환청구를 할 수 있다.
③ 소유자는 소유물을 불법점유한 사람의 특별승계인에 대하여는 그 반환을 청구하지 못한다.
④ 소유권에 기한 방해제거청구권은 현재 계속되고 있는 방해의 원인과 함께 방해결과의 제거를 내용으로 한다.
⑤ 소유권에 기한 물권적 청구권이 발생한 후에는 소유자가 소유권을 상실하더라도 그 청구권을 행사할 수 있다.

정답해설

① 민법 제214조의 규정에 의하면, 소유자는 소유권을 방해하는 자에 대하여 그 방해제거 행위를 청구할 수 있고, 소유권을 방해할 염려가 있는 행위를 하는 자에 대하여 그 방해예방 행위를 청구하거나 소유권을 방해할 염려가 있는 행위로 인하여 발생하리라고 예상되는 손해의 배상에 대한 담보를 지급할 것을 청구할 수 있으나, 소유자가 침해자에 대하여 방해제거 행위 또는 방해예방 행위를 하는 데 드는 비용을 청구할 수 있는 권리는 위 규정에 포함되어 있지 않으므로, 소유자가 민법 제214조에 기하여 방해배제 비용 또는 방해예방 비용을 청구할 수는 없다(대판 2014.11.27, 2014다52612).

> **제214조 【소유물방해제거, 방해예방청구권】**
> 소유자는 소유권을 방해하는 자에 대하여 방해의 제거를 청구할 수 있고 소유권을 방해할 염려 있는 행위를 하는 자에 대하여 그 예방이나 손해배상의 담보를 청구할 수 있다.

② 민법 제746조는 단지 부당이득제도만을 제한하는 것이 아니라 동법 제103조와 함께 사법의 기본이념으로서, 결국 사회적 타당성이 없는 행위를 한 사람은 스스로 불법한 행위를 주장하여 복구를 그 형식 여하에 불구하고 소구할 수 없다는 이상을 표현한 것이므로, 급여를 한 사람은 그 원인행위가 법률상 무효라 하여 상대방에게 부당이득반환청구를 할 수 없음은 물론 급여한 물건의 소유권은 여전히 자기에게 있다고 하여 소유권에 기한 반환청구도 할 수 없고 따라서 급여한 물건의 소유권은 급여를 받은 상대방에게 귀속된다(대판(전) 1979.11.13, 79다483).

> **제746조 【불법원인급여】**
> 불법의 원인으로 인하여 재산을 급여하거나 노무를 제공한 때에는 그 이익의 반환을 청구하지 못한다. 그러나 그 불법원인이 수익자에게만 있는 때에는 그러하지 아니하다.
>
> **제103조 【반사회질서의 법률행위】**
> 선량한 풍속 기타 사회질서에 위반한 사항을 내용으로 하는 법률행위는 무효로 한다.

③ 불법점유를 이유로 하여 그 명도 또는 인도를 청구하려면 현실적으로 그 목적물을 점유하고 있는 자를 상대로 하여야 하고 불법점유자라 하여도 그 물건을 다른 사람에게 인도하여 현실적으로 점유를 하고 있지 않은 이상, 그 자를 상대로 한 인도 또는 명도청구는 부당하다(대판 1999.7.9, 98다9045). 현재 점유자인 특별승계인에게 반환청구 가능하다.

④ 소유권에 기한 방해배제청구권에 있어서 '방해'라 함은 현재에도 지속되고 있는 침해를 의미하고, 법익 침해가 과거에 일어나서 이미 종결된 경우에 해당하는 '손해'의 개념과는 다르다 할 것이어서, 소유권에 기한 방해배제청구권은 방해결과의 제거를 내용으로 하는 것이 되어서는 아니 되며(이는 손해배상의 영역에 해당한다 할 것이다) 현재 계속되고 있는 방해원인을 제거하는 것을 내용으로 한다(대판 2003.3.28, 2003다5917).

▶ 정답 01 ③ 02 ①

⑤ 소유자가 자신의 소유권에 기하여 실체관계에 부합하지 아니하는 등기의 명의인을 상대로 그 등기말소나 진정명의회복 등을 청구하는 경우에, 그 권리는 물권적 청구권으로서의 방해배제청구권(민법 제214조)의 성질을 가진다. 그러므로 소유자가 그 후에 소유권을 상실함으로써 이제 등기말소 등을 청구할 수 없게 되었다면, 이를 위와 같은 청구권의 실현이 객관적으로 불능이 되었다고 파악하여 등기말소 등 의무자에 대하여 그 권리의 이행불능을 이유로 민법 제390조상의 손해배상청구권을 가진다고 말할 수 없다. 위 법규정에서 정하는 채무불이행을 이유로 하는 손해배상청구권은 계약 또는 법률에 기하여 이미 성립하여 있는 채권관계에서 본래의 채권이 동일성을 유지하면서 그 내용이 확장되거나 변경된 것으로서 발생한다. 그러나 위와 같은 등기말소청구권 등의 물권적 청구권은 그 권리자인 소유자가 소유권을 상실하면 이제 그 발생의 기반이 아예 없게 되어 더 이상 그 존재 자체가 인정되지 아니하는 것이다(대판(전) 2012.5.17, 2010다28604).

03 소유권에 관한 설명으로 옳지 않은 것은? (다툼이 있으면 판례에 따름) ▶ 2020 감정평가사

① 매도인은 매매계약의 이행으로 토지를 인도받았으나 소유권이전등기를 하지 않고 점유·사용하는 매수인에게 부당이득의 반환을 청구할 수 있다.
② 토지의 경계는 지적공부에 의하여 확정된다.
③ 토지가 포락되어 사회통념상 원상복구가 어려워 토지로서의 효용을 상실한 때에는 그 토지의 소유권이 소멸한다.
④ 도급계약에서 신축집합건물의 소유권을 수인의 도급인에게 귀속할 것을 약정한 경우, 그 건물의 각 전유부분의 소유관계는 공동도급인의 약정에 의한다.
⑤ 소유권에 기한 방해배제청구권에서 '방해'는 현재 지속되고 있는 침해를 의미한다.

정답해설

① 부동산의 매수인이 아직 소유권이전등기를 경료받지 않았다고 하더라도 매매계약의 이행으로 그 부동산을 인도받은 때에는 매매계약의 효력으로서 이를 점유·사용할 권리가 생기는 것이고, 매수인이 그 부동산을 이미 사용하고 있는 상태에서 부동산의 매매계약을 체결한 경우에도 특별한 약정이 없는 한 매수인은 그 매매계약을 이행하는 과정에서 이를 점유·사용할 권리를 가진다. 이러한 부동산에 대한 점유·사용이 법률상 원인이 없는 이득이라고 하여 부당이득반환청구를 할 수는 없다(대판 1996.6.25, 95다12682·12699).
② 어떤 특정한 토지가 지적공부에 의하여 일필의 토지로 등록되었다면 그 토지의 소재, 지번, 지목, 지적 및 경계는 다른 특별한 사정이 없는 한 이 등록으로써 확정되었다고 할 것이므로 1. 그 토지의 소유권의 범위는 지적공부상의 경계에 의하여 확정하여야 할 것이고, 다만 2. 지적도를 작성함에 있어서 그 기지점을 잘못 선택하는 등 기술적 착오로 말미암아 지적도상의 경계선이 진실한 경계선과 다르게 작성된 경우와 같은 특별한 사정이 있는 때에는 그 토지의 경계는 실제의 경계에 의하여야 한다(대판 1990.12.21, 88다카19712).
③ 토지가 포락되어 사회통념상 원상복구가 어려워 토지로서의 효용을 상실하였을 때에는 그에 대한 소유권은 소멸되는 것이며, 그 소멸 여부는 포락 당시를 기준으로 가려지는 것이지 지적법 시행령의 규정에 따른 등록사항말소사실의 통지시를 기준으로 소유권이 소멸되는 것은 아니다(대판 1992.4.10, 91다31562).
④ 신축건물의 소유권은 원칙상 자기의 노력과 재료를 들여 이를 건축한 사람이 원시취득하는 것임은 물론이나, 건물신축도급계약에 있어서는 수급인이 자기의 노력과 재료를 들여 건물을 완성하더라도 도급인과 수급인 사이에 도급인 명의로 건축허가를 받아 소유권보존등기를 하기로 하는 등 완성된 건물의 소유권을 도급인에게 귀속시키기로 합의한 경우에는 그 건물의 소유권은 도급인에게 원시적으로 귀속되는바, 이때 신축건물이 집합건물로서 여러 사람이 공동으로 건축주가 되어 도급계약을 체결한 것이라면, 그 집합건물의 각 전유부분 소유권이 누구에게 원시적으로 귀속되느냐는 공동 건축주들의 약정에 따라야 한다(대판 2005.11.25, 2004다36352).

⑤ 소유권에 기한 방해배제청구권에 있어서 '방해'라 함은 현재에도 지속되고 있는 침해를 의미하고, 법익 침해가 과거에 일어나서 이미 종결된 경우에 해당하는 '손해'의 개념과는 다르다 할 것이어서, 소유권에 기한 방해배제청구권은 방해결과의 제거를 내용으로 하는 것이 되어서는 아니 되며(이는 손해배상의 영역에 해당한다 할 것이다) 현재 계속되고 있는 방해의 원인을 제거하는 것을 내용으로 한다(대판 2003.3.28, 2003다5917).

04 소유물반환청구권에 관한 설명으로 옳은 것을 모두 고른 것은? (다툼이 있으면 판례에 의함)

▶ 2025 감정평가사

㉠ 타인의 소유물을 불법으로 점유하였던 자라도 더 이상 현실적으로 점유를 하고 있지 않은 이상 그를 상대로 한 소유물반환청구는 부당하다.
㉡ 타인의 토지에 무단으로 건물을 신축하여 소유하는 자에 대하여 토지소유자는 그 건물에서 퇴거할 것을 청구할 수 있다.
㉢ 토지소유자는 토지에 대한 점유취득시효 완성자에 대하여 불법점유를 이유로 토지의 반환을 청구할 수 있다.

① ㉠
② ㉡
③ ㉢
④ ㉠, ㉢
⑤ ㉡, ㉢

[정답해설]
㉠ 항목만 옳다.
㉠ (O) : 소유권에 기한 물권적 청구권은 점유하는 자에게 요구하는 권리이다. 따라서 소유자는 현재 점유하고 있지 않은 자를 상대로 소유물의 반환을 청구할 수 없다(대판 1991.6.25, 91다10329).
㉡ (X) : 건물의 소유자가 건물의 소유를 통하여 타인 소유의 토지를 점유하고 있다고 하더라도 토지 소유자로서는 건물의 철거와 대지 부분의 인도를 청구할 수 있을 뿐 자기 소유의 건물을 점유하고 있는 사람에 대하여 건물에서 퇴거할 것을 청구할 수 없다(대판 2022.6.30, 2021다276256).

■ 건물의 토지 무단점유시 토지소유자의 권리

상대방	건물철거청구	건물퇴거(명도)청구
건물 소유자 (미등기매수인 포함)	O	X
건물 점유자 (건물의 임차인)	X	O

㉢ (X) : 乙이 甲소유의 대지 일부를 소유의 의사로 평온, 공연하게 20년간 점유하였다면 乙은 甲에게 소유권이전등기절차의 이행을 청구할 수 있고 甲은 이에 응할 의무가 있으므로 乙이 위 대지에 관하여 소유권이전등기를 경료하지 못한 상태에 있다고 해서 甲이 乙에 대하여 그 대지에 대한 불법점유임을 이유로 그 지상건물의 철거와 대지의 인도를 청구할 수는 없다(대판1988.5.10, 87다카1979).

▶ 정답 03 ① 04 ①

심화문제편

01 물권적 청구권이 아닌 것은? (다툼이 있으면 판례에 의함) ▸ 2012 감정평가사

① 부동산매수인의 소유권이전등기청구권
② 진정한 등기명의의 회복을 위한 소유권이전등기청구권
③ 지상권에 기한 방해예방청구권
④ 피담보채무 변제 후의 소유권에 기한 저당권 말소등기청구권
⑤ 저당권에 기한 방해배제청구권

[정답해설]

① 부동산매수인의 소유권이전등기청구권은 채권적 청구권이므로 10년의 소멸시효에 걸리지만 매수인이 매매목적물인 부동산을 인도받아 점유하고 있는 이상 매매대금의 지급 여부와는 관계없이 그 소멸시효가 진행되지 아니한다(대판 1991.3.22, 90다9797).
② 진정한 등기명의의 회복을 위한 소유권이전등기청구는 이미 자기 앞으로 소유권을 표상하는 등기가 되어 있었거나 법률에 의하여 소유권을 취득한 자가 진정한 등기명의를 회복하기 위한 방법으로 현재의 등기명의인을 상대로 그 등기의 말소를 구하는 것에 갈음하여 허용되는 것으로서 그 법적 성질은 소유권에 기한 방해배제청구권이므로, 진정한 등기명의의 회복을 위한 소유권이전등기청구권을 행사하기 위하여는 그 상대방인 현재의 등기명의자에 대하여 진정한 소유자로서 그 소유권을 주장할 수 있어야 할 것이다(대판(전) 2001.9.20, 99다37894).
③ 지상권에 기한 방해예방청구권은 물권적 청구권으로 인정된다(제290조, 제213조, 제214조).

> **제290조【준용규정】**
> ① 제213조, 제214조, 제216조부터 제244조의 규정은 지상권자 간 또는 지상권자와 인지소유자 간에 이를 준용한다.

④ 피담보채무 변제 후의 소유권에 기한 저당권 말소등기청구권은 제214조의 소유권에 기한 방해체거청구권으로 물권적 청구권에 해당한다.
⑤ 저당권은 물권적 청구권 중 반환청구권은 인정되지 않으나, 저당권에 기한 방해배제나 예방청구권만이 인정된다(제370조, 제214조).

> **제370조【준용규정】**
> 제214조, 제321조, 제333조, 제340조, 제341조 및 제342조의 규정은 저당권에 준용한다.

02 甲 소유 X토지에 대한 사용권한 없이 그 위에 乙이 Y건물을 신축한 후 아직 등기하지 않은 채 丙에게 일부를 임대하여 현재 乙과 丙이 Y건물을 일부분씩 점유하고 있다. 다음 설명 중 틀린 것은? (다툼이 있으면 판례에 따름) ▶ 2016 공인중개사

① 甲은 乙을 상대로 Y건물의 철거를 구할 수 있다.
② 甲은 乙을 상대로 Y건물의 대지 부분의 인도를 구할 수 있다.
③ 甲은 乙을 상대로 Y건물에서의 퇴거를 구할 수 있다.
④ 甲은 丙을 상대로 Y건물에서의 퇴거를 구할 수 있다.
⑤ 乙이 Y건물을 丁에게 미등기로 매도하고 인도해 준 경우 甲은 丁을 상대로 Y건물의 철거를 구할 수 있다.

정답해설

①, ⑤ 건물철거는 그 소유권의 종국적 처분에 해당되는 사실행위이므로 원칙으로는 그 소유자에게만 그 철거처분권이 있다 할 것이고, 예외적으로 건물을 전소유자로부터 매수하여 점유하고 있는 등 그 권리의 범위 내에서 그 점유 중인 건물에 대하여 법률상 또는 사실상 처분을 할 수 있는 지위에 있는 자에게도 그 철거처분권이 있다(대판 2003.1.24, 2002다61521).

②, ④ 甲소유의 X토지 위에 乙이 무단으로 Y건물을 신축하고 소유권보존등기를 마친 후 丙에게 Y건물을 임대하여 현재 丙이 Y건물을 점유·사용하는 경우, 甲은 乙을 상대로 X토지의 반환을 청구하여야 하며(②), 丙을 상대로는 퇴거를 청구한다(④)(대판 2010.8.19, 2010다43801).

③ 건물의 소유자가 건물의 소유를 통하여 타인 소유의 토지를 점유하고 있다고 하더라도 토지 소유자로서는 건물의 철거와 대지 부분의 인도를 청구할 수 있을 뿐 자기 소유의 건물을 점유하고 있는 자에 대하여 건물에서 퇴거할 것을 청구할 수는 없다(대판 1999.7.9, 98다57457·57464). 乙은 건물의 소유자이므로 甲은 乙에게 자기건물에서 퇴거하라는 청구는 할 수 없다.

■ 건물의 토지 무단점유시 토지소유자의 권리

상대방	건물철거청구	건물퇴거(명도)청구
건물 소유자 (미등기매수인 포함)	○	×
건물 점유자 (건물의 임차인)	×	○

▶ 정답 01 ① 02 ③

Chapter 04 소유권

03 甲이 乙소유 X토지에 권원 없이 Y건물을 신축하여 소유하고 있다. 이에 관한 설명으로 옳은 것은? (다툼이 있으면 판례에 따름) ▶ 2024 감정평가사

① 乙은 Y를 관리하는 甲의 직원 A에게 X의 반환청구를 할 수 있다.
② 甲이 법인인 경우 乙은 甲의 대표이사 B 개인에게 X의 반환청구를 할 수 있다.
③ 乙이 甲에게 X의 반환청구를 하여 승소한 경우, 乙은 甲에게 Y에서 퇴거할 것을 청구할 수 있다.
④ 미등기인 Y를 丙이 매수하여 인도받았다면 乙은 丙을 상대로 건물철거 청구를 할 수 있다.
⑤ 乙은 甲에 대한 X의 반환청구권을 유보하고 X의 소유권을 丁에게 양도할 수 있다.

정답해설

① 소유권에 기한 물권적 청구권은 점유하는 자에게 요구하는 권리이다. 따라서 소유자는 현재 점유하고 있지 않은 자를 상대로 소유물의 반환을 청구할 수 없다. 사회통념상 건물은 그 부지를 떠나서는 존재할 수 없는 것이고, 건물의 소유자는 현실로 건물이나 그 대지를 점거하고 있지 않더라도 그 건물의 소유를 위하여 그 부지를 점유한다고 보아야 한다(대판 1991.6.25, 91다10329). 乙소유 X토지를 점유하는 자는 건물소유자인 甲이며, Y 건물을 관리하는 甲의 직원 A은 점유자인 甲의 지시에 따라 즉 점유보조관계에 기해서 사실상 지배를 하는 자로서 민법 제195조에 의해 점유자로 인정되지 않는 점유보조자일 뿐이다. 토지 소유자 乙은 Y를 관리하는 甲의 직원 A에게는 토지 점유자가 아니므로 X의 반환청구를 할 수 없다.

> **제213조 【소유물반환청구권】**
> 소유자는 그 소유에 속한 물건을 점유한 자에 대하여 반환을 청구할 수 있다. 그러나 점유자가 그 물건을 점유할 권리가 있는 때에는 반환을 거부할 수 있다.

② 甲이 법인인 경우 甲법인 자체가 건물의 소유자이므로(제34조), X토지의 소유자 乙은 甲의 대표이사 B 개인에게 아니라 토지 점유자인 甲법인에게 X의 반환청구를 할 수 있다.
③ 건물의 소유자가 건물의 소유를 통하여 타인 소유의 토지를 점유하고 있다고 하더라도 토지 소유자로서는 건물의 철거와 대지 부분의 인도를 청구할 수 있을 뿐 자기 소유의 건물을 점유하고 있는 자에 대하여 건물에서 퇴거할 것을 청구할 수는 없다(대판 1999.7.9, 98다57457·57464). 乙은 건물소유자인 甲에게 Y건물에서 퇴거할 것을 청구할 수 없다.
④ 건물철거는 그 소유권의 종국적 처분에 해당되는 사실행위로서 원칙으로는 그 소유자에게만 그 철거처분권이 있다 할 것이고, 예외적으로 건물을 전소유자로부터 매수하여 점유하고 있는 등 그 권리의 범위 내에서 그 점유 중인 건물에 대하여 법률상 또는 사실상 처분을 할 수 있는 지위에 있는 자에게도 그 철거처분권이 있다(대판 2003.1.24, 2002다61521). 토지 소유자 乙은 丙이 매수하여 인도받았다면 건물에 대하여 사실상 처분을 할 수 있는 지위에 있는 자이므로 丙을 상대로 건물철거 청구를 할 수 있다.
⑤ 소유권에 의하여 발생되는 물상청구권은 소유권과 분리하여 이를 소유권 없는 전소유자에게 유보하여 행사시킬 수는 없다(대판 1980.9.9, 80다7). 토지의 반환청구권만 유보하고 소유권을 丁에게 양도할 수는 없다.

▶ 정답 03 ④

제3절 소유권의 취득

기본문제편

01 부동산 점유취득시효에 기한 소유권취득 요건이 아닌 것은? ▶ 2013 감정평가사
① 일정 기간 이상의 점유
② 무과실의 점유
③ 자주점유
④ 등기
⑤ 평온한 점유

정답해설
①, ②, ③, ④, ⑤ 등기부 취득시효와 달리 점유취득시효에서는 무과실은 점유취득시효의 요건이 아니다.

> **제245조 【점유로 인한 부동산소유권의 취득기간】**
> ① 20년간 소유의 의사로 평온, 공연하게 부동산을 점유하는 자는 등기함으로써 그 소유권을 취득한다.
> → 선의·무과실 ×
> ② 부동산의 소유자로 등기한 자가 10년간 소유의 의사로 평온, 공연하게 선의이며 과실 없이 그 부동산을 점유한 때에는 소유권을 취득한다.

02 시효취득을 할 수 없는 것은? (다툼이 있으면 판례에 따름) ▶ 2015 공인중개사
① 저당권
② 계속되고 표현된 지역권
③ 지상권
④ 국유재산 중 일반재산
⑤ 성명불상자(姓名不詳者)의 토지

정답해설
① 저당권은 그 성질상 점유를 수반하지 않기 때문에 시효취득의 대상이 되지 않는다.
② 민법 제294조에 의하여 지역권은 계속되고 표현된 것에 한하여 같은 법 제245조의 규정을 준용하게 되어 있으므로 지역권을 시효취득한 자는 등기함으로써 그 지역권을 취득하는 것이라고 보아야 할 것인데 원고가 지역권을 등기한 바 없고 그 대지는 취득시효 기간이 지난 뒤에 피고가 소유자로부터 매수하여 소유권이전등기까지 경료하였다면 원고가 지역권을 승계취득하였다고 하더라도 피고에 대하여 이를 주장할 수 없다(대판 1990.10.30, 90다카20395).
③ 건물을 소유하기 위하여 그 건물 부지를 평온·공연하게 20년간 점유함으로써 건물부지에 대한 지상권을 시효취득한다(대판 1994.10.14, 94다9849).
④ 국유재산법 제7조 제2항은 "행정재산은 민법 제245조에도 불구하고 시효취득의 대상이 되지 아니한다"라고 규정하고 있으므로, 국유재산에 대한 취득시효가 완성되기 위해서는 그 국유재산이 취득시효기간 동안 계속하여 행정재산이 아닌 시효취득의 대상이 될 수 있는 일반재산이어야 한다(대판 2010.11.25, 2010다58957).
⑤ 시효로 인한 부동산 소유권의 취득은 원시취득으로서 취득시효의 요건을 갖추면 곧 등기청구권을 취득하는 것이고 또 타인의 소유권을 승계취득하는 것이 아니어서 시효취득의 대상이 반드시 타인의 소유물이어야 하거나 그 타인이 특정되어 있어야만 하는 것은 아니므로 성명불상자의 소유물에 대하여 시효취득을 인정할 수 있다(대판 1992.2.25, 91다9312).

▶ 정답 01 ② 02 ①

03 시효취득의 대상이 아닌 것은? (다툼이 있으면 판례에 따름)
▶ 2024 감정평가사

① 지상권
② 저당권
③ 소유권
④ 계속되고 표현된 지역권
⑤ 동산질권

정답해설

① 건물을 소유하기 위하여 그 건물 부지를 평온·공연하게 20년간 점유함으로써 건물부지에 대한 지상권을 시효취득한다(대판 1994.10.14, 94다9849).
② 저당권은 그 성질상 점유를 수반하지 않기 때문에 시효취득의 대상이 되지 않는다.
③ 제245조【점유로 인한 부동산소유권의 취득기간】① 20년간 소유의 의사로 평온, 공연하게 부동산을 점유하는 자는 등기함으로써 그 소유권을 취득한다.
④ 민법 제294조에 의하여 지역권은 계속되고 표현된 것에 한하여 같은 법 제245조의 규정을 준용하게 되어 있으므로 지역권을 시효취득한 자는 등기함으로써 그 지역권을 취득하는 것이라고 보아야 할 것인데 원고가 지역권을 등기한 바 없고 그 대지는 취득시효 기간이 지난 뒤에 피고가 소유자로부터 매수하여 소유권이전등기까지 경료하였다면 원고가 지역권을 승계취득하였다고 하더라도 피고에 대하여 이를 주장할 수 없다(대판 1990.10.30, 90다카20395).
⑤ 동산질권도 시효취득의 대상이 된다(제248조).

> 제248조【소유권 이외의 재산권의 취득시효】 전3조의 규정은 소유권 이외의 재산권의 취득에 준용한다.

04 부동산 취득시효에 관한 설명으로 옳지 않은 것은? (다툼이 있으면 판례에 따름)
▶ 2021 감정평가사

① 무과실은 점유취득시효의 요건이 아니다.
② 성명불상자의 소유물도 시효취득의 대상이 된다.
③ 점유취득시효가 완성된 후에는 취득시효 완성의 이익을 포기할 수 있다.
④ 행정재산은 시효취득의 대상이 아니다.
⑤ 압류는 점유취득시효의 중단사유이다.

정답해설

① 등기부 취득시효와 달리 무과실은 점유취득시효의 요건이 아니다.

> 제245조【점유로 인한 부동산소유권의 취득기간】
> ① 20년간 소유의 의사로 평온, 공연하게 부동산을 점유하는 자는 등기함으로써 그 소유권을 취득한다.
>   → 선의·무과실 ✕
> ② 부동산의 소유자로 등기한 자가 10년간 소유의 의사로 평온, 공연하게 선의이며 과실 없이 그 부동산을 점유한 때에는 소유권을 취득한다.

② 성명불상자의 소유물에 대해서도 시효취득이 가능하다(대판 1992.2.25, 91다9312).
③ 민법은 취득시효의 경우 취득시효이익의 포기에 관한 규정은 두고 있지 않은데, 소멸시효 이익의 사전 포기금지규정(제184조 제1항)을 유추적용하여 시효완성 전에는 포기할 수 없으나 시효완성 후에는 포기하는 것이 가능하다.

④ 행정목적을 위하여 공용되는 행정재산은 공용폐지가 되지 않는 한 사법상 거래의 대상이 될 수 없으므로 취득시효의 대상도 될 수 없다(대판 1983.6.14, 83다카181).
⑤ 민법 제247조 제2항은 '소멸시효의 중단에 관한 규정은 점유로 인한 부동산소유권의 시효취득기간에 준용한다.'고 규정하고, 민법 제168조 제2호는 소멸시효 중단사유로 '압류 또는 가압류, 가처분'을 규정하고 있다. 점유로 인한 부동산소유권의 시효취득에 있어 취득시효의 중단사유는 종래의 점유상태의 계속을 파괴하는 것으로 인정될 수 있는 사유이어야 하는데, 민법 제168조 제2호에서 정하는 '압류 또는 가압류'는 금전채권의 강제집행을 위한 수단이거나 그 보전수단에 불과하여 취득시효기간의 완성 전에 부동산에 압류 또는 가압류 조치가 이루어졌다고 하더라도 이로써 종래의 점유상태의 계속이 파괴되었다고는 할 수 없으므로 이는 취득시효의 중단사유가 될 수 없다(대판(전) 2009.7.16, 2007다15172·15189).

05 취득시효에 관한 설명으로 옳지 않은 것은? (다툼이 있으면 판례에 의함)

▶ 2025 감정평가사

① 국유재산 중 행정재산은 공용이 폐지되지 않는 한 취득시효의 대상이 되지 않는다.
② 성명불상자의 소유물에 대하여도 시효취득을 인정할 수 있다.
③ 부동산에 관하여 적법한 등기를 마치고 소유권을 취득한 자가 그 부동산을 점유하는 경우 특별한 사정이 없는 한 그 점유는 취득시효의 기초가 되는 점유라 할 수 없다.
④ 1필의 토지의 일부분에 대한 시효취득도 인정될 수 있다.
⑤ 1동의 집합건물의 구분소유자들의 건물 대지 전체에 대한 공동의 점유는 대지 소유권의 점유취득시효의 요건인 점유에 해당하지 않는다.

[정답해설]
① 행정목적을 위하여 공용되는 행정재산은 공용폐지가 되지 않는 한 사법상 거래의 대상이 될 수 없으므로 취득시효의 대상도 될 수 없다(대판 1983.6.14, 83다카181).
② 시효로 인한 부동산 소유권의 취득은 원시취득으로서 취득시효의 요건을 갖추면 곧 등기청구권을 취득하는 것이고 또 타인의 소유권을 승계취득하는 것이 아니어서 시효취득의 대상이 반드시 타인의 소유물이어야 하거나 그 타인이 특정되어 있어야만 하는 것은 아니므로 성명불상자의 소유물에 대하여 시효취득을 인정할 수 있다(대판 1992.2.25, 91다9312).
③ 부동산에 관하여 적법·유효한 등기를 마치고 그 소유권을 취득한 사람이 자기 소유의 부동산을 점유하는 경우에는 특별한 사정이 없는 한 사실상태를 권리관계로 높여 보호할 필요가 없고, 부동산의 소유명의자는 그 부동산에 대한 소유권을 적법하게 보유하는 것으로 추정되어 소유권에 대한 증명의 곤란을 구제할 필요 역시 없으므로, 그러한 점유는 취득시효의 기초가 되는 점유라고 할 수 없다. 다만 그 상태에서 다른 사람 명의로 소유권이전등기가 되는 등으로 소유권의 변동이 있는 때에 비로소 취득시효의 요건인 점유가 개시된다고 볼 수 있을 뿐이다(대판 2016.10.27, 2016다224596).

> [비교] 시효취득의 목적물은 타인의 부동산임을 요하지 않고 자기 소유의 부동산이라도 시효취득의 목적물이 될 수 있다고 할 것이고, 취득시효를 규정한 민법 제245조가 '타인의 물건인 점'을 규정에서 빼놓은 것도 같은 취지에서라고 할 것이다(대판 2001.7.13, 2001다17572).

④ 1필의 토지의 일부에 대한 시효취득을 인정하기 위하여는 그 부분이 다른 부분과 구분되어 시효취득자의 점유에 속한다는 것을 인식하기에 족한 객관적인 징표가 계속하여 존재할 것을 요한다(대판 1989.4.25, 88다카9494; 대판 1997.3.11, 96다37428).

▶ 정답 03 ② 04 ⑤ 05 ⑤

⑤ 1동의 건물의 구분소유자들은 전유부분을 구분소유하면서 공용부분을 공유하므로 특별한 사정이 없는 한 건물의 대지 전체를 공동으로 점유한다. 이는 집합건물의 대지에 관한 점유취득시효에서 말하는 '점유'에도 적용되므로 20년간 소유의 의사로 평온, 공연하게 집합건물을 구분소유한 사람은 등기함으로써 대지의 소유권을 취득할 수 있다(대판 2017.1.25, 2012다72469). 구분소유자들의 건물 대지 전체에 대한 공동점유는 대지 소유권의 시효취득의 요건인 점유에 해당한다.

06 부동산의 점유취득시효에 관한 설명으로 옳은 것은? (다툼이 있으면 판례에 의함)

▶ 2014 감정평가사

① 자기소유의 부동산은 취득시효의 대상이 될 수 없다.
② 시효기간이 진행되던 중에 등기부상의 소유자가 변경된 경우, 시효완성자는 시효완성 당시의 소유자에 대하여 시효완성의 효과를 주장할 수 있다.
③ 취득시효를 주장하는 자는 시효기간의 만료로 즉시 소유권을 취득한다.
④ 취득시효를 주장하는 자는 반드시 실제로 점유를 개시한 때를 시효의 기산점으로 삼아야 한다.
⑤ 취득시효가 완성되었더라도 등기를 하지 않고 있는 사이에 제3자가 그 부동산에 관한 소유권 이전등기를 마친 경우, 시효완성자는 원칙적으로 그 제3자에 대하여 시효완성의 효과를 주장할 수 있다.

[정답해설]
① 시효취득의 목적물은 타인의 부동산임을 요하지 않고 자기 소유의 부동산이라도 시효취득의 목적물이 될 수 있다고 할 것이고, 취득시효를 규정한 민법 제245조가 '타인의 물건인 점'을 규정에서 빼놓은 것도 같은 취지에서라고 할 것이다(대판 2001.7.13, 2001다17572).

> [비교] 부동산에 관하여 적법·유효한 등기를 마치고 그 소유권을 취득한 사람이 자기 소유의 부동산을 점유하는 경우에는 특별한 사정이 없는 한 사실상태를 권리관계로 높여 보호할 필요가 없고, 부동산의 소유명의자는 그 부동산에 대한 소유권을 적법하게 보유하는 것으로 추정되어 소유권에 대한 증명의 곤란을 구제할 필요 역시 없으므로, 그러한 점유는 취득시효의 기초가 되는 점유라고 할 수 없다. 다만 그 상태에서 다른 사람 명의로 소유권이전등기가 되는 등으로 소유권의 변동이 있는 때에 비로소 취득시효의 요건인 점유가 개시된다고 볼 수 있을 뿐이다(대판 2016.10.27, 2016다224596).

② 취득시효 진행 중에 소유자가 소유권을 제3자에게 양도하고 등기를 이전한 후 시효가 완성된 경우, 점유자는 양수인에게 시효 완성을 이유로 소유권이전등기를 청구할 수 있다는 것이다(대판 1972.1.31, 71다2416).
③ 점유취득시효가 완성되었다 하더라도 점유자는 등기 없이는 그 부동산의 소유권을 취득할 수 없다(제245조 제1항).

> 제245조 【점유로 인한 부동산소유권의 취득기간】
> ① 20년간 소유의 의사로 평온, 공연하게 부동산을 점유하는 자는 등기함으로써 그 소유권을 취득한다.

④ 취득시효의 기산점이 간접사실이므로 취득시효를 주장하는 자는 원칙적으로 실제로 점유를 개시한 때를 시효의 기산점으로 삼아야 한다(대판 1998.5.12, 97다34037). 그러나 취득시효기간 중 계속해서 등기명의자가 동일한 경우에는 임의의 시점을 그 기산점을 삼을 수 있는 예외가 인정되므로(대판 1998.5.12, 97다8496·8502) 반드시 실제로 점유를 개시한 때를 기산점으로 삼아야 하는 것은 아니다.

■ 소멸시효와 취득시효의 비교

기산점	소멸시효	취득시효
변론주의	적용 ○ → 채무자의 주장 필요	적용 × → 법원이 직권 판단
적용	당사자 의사에 법원 구속	원칙: 실제 점유 개시시 기준 예외: 임의의 시점 가능(점유 중 소유자 동일)

⑤ 취득시효로 인한 등기청구권은 채권적 청구권이므로 취득시효완성 후 점유자가 소유권이전등기를 하기 전에 제3자가 현재의 소유자로부터 소유권이전등기를 경료하면, 점유자는 그 제3자에 대하여 시효취득을 주장할 수 없다(대판 1965.11.23, 65다2056).

07 소멸시효와 등기 없는 취득시효에 관한 설명으로 옳은 것은? (다툼이 있으면 판례에 따름)
▶ 2020 감정평가사

① 취득시효기간 동안 계속하여 등기명의인이 동일한 때에도 반드시 점유를 개시한 때를 기산점으로 하여야 한다.
② 점유자가 전(前)점유자의 점유를 아울러 주장할 때에는 그 점유의 개시시기를 어느 점유자의 점유기간 중 임의의 시점으로 선택할 수 있다.
③ 채권의 소멸시효가 완성하면 그 채무자의 다른 채권자는 직접 그 완성을 원용할 수 있다.
④ 압류 또는 가압류는 소멸시효와 취득시효의 중단사유이다.
⑤ 취득시효의 중단사유는 종래의 점유상태의 계속을 파괴하는 것으로 인정될 수 있는 것이어야 한다.

[정답해설]
① 취득시효기간 중 계속해서 등기명의자가 동일한 경우에는 그 기산점을 어디에 두든지 간에 취득시효의 완성을 주장할 수 있는 시점에서 보아 그 기간이 경과한 사실만 확정되면 충분하므로, 전 점유자의 점유를 승계하여 자신의 점유기간을 통산하여 20년이 경과한 경우에 있어서도 전 점유자가 점유를 개시한 이후의 임의의 시점을 그 기산점으로 삼을 수 있다(대판 1998.5.12, 97다8496·8502).
② 취득시효의 기초가 되는 점유가 법정기간 이상으로 계속되는 경우, 취득시효는 그 기초가 되는 점유가 개시된 때를 기산점으로 하여야 하고 취득시효를 주장하는 사람이 임의로 기산일을 선택할 수는 없으나, 점유가 순차 승계된 경우에 있어서는 취득시효의 완성을 주장하는 자는 자기의 점유만을 주장하거나 또는 자기의 점유와 전 점유자의 점유를 아울러 주장할 수 있는 선택권이 있으며, 전 점유자의 점유를 아울러 주장하는 경우에도 어느 단계의 점유자의 점유까지를 아울러 주장할 것인가도 이를 주장하는 사람에게 선택권이 있고, 다만 전 점유자의 점유를 아울러 주장하는 경우에는 그 점유의 개시 시기를 어느 점유자의 점유기간 중의 임의의 시점으로 선택할 수 없는 것인바, 이와 같은 법리는 반드시 소유자의 변동이 없는 경우에만 적용되는 것으로 볼 수 없다(대판 1998.4.10, 97다56822).
③ 소멸시효가 완성된 경우 이를 주장할 수 있는 사람은 시효로 인하여 채무가 소멸되는 결과 직접적인 이익을 받는 사람에 한정되므로, 채무자에 대한 일반 채권자는 자기의 채권을 보전하기 위하여 필요한 한도 내에서 채무자를 대위하여 소멸시효 주장을 할 수 있을 뿐 채권자의 지위에서 독자적으로 소멸시효의 주장을 할 수 없다(대판 1997.12.26, 97다22676).

▶ 정답 06 ② 07 ⑤

④, ⑤ 민법 제247조 제2항은 '소멸시효의 중단에 관한 규정은 점유로 인한 부동산소유권의 시효취득기간에 준용한다.'고 규정하고, 민법 제168조 제2호는 소멸시효 중단사유로 '압류 또는 가압류, 가처분'을 규정하고 있다. 점유로 인한 부동산소유권의 시효취득에 있어 취득시효의 중단사유는 종래의 점유상태의 계속을 파괴하는 것으로 인정될 수 있는 사유이어야 하는데, 민법 제168조 제2호에서 정하는 '압류 또는 가압류'는 금전채권의 강제집행을 위한 수단이거나 그 보전수단에 불과하여 취득시효기간의 완성 전에 부동산에 압류 또는 가압류 조치가 이루어졌다고 하더라도 이로써 종래의 점유상태의 계속이 파괴되었다고는 할 수 없으므로 이는 취득시효의 중단사유가 될 수 없다(대판(전) 2009.7.16. 2007다15172·15189).

08 취득시효에 관한 설명으로 옳지 않은 것은? (다툼이 있으면 판례에 따름) ▶ 2019 감정평가사

① 비법인사단은 시효취득의 주체가 될 수 없다.
② 부동산의 소유자로 등기한 자가 10년간 소유의 의사로 평온, 공연하게 선의이며 과실 없이 그 부동산을 점유한 때에는 소유권을 취득한다.
③ 10년간 소유의 의사로 평온, 공연하게 동산을 점유한 자는 그 소유권을 취득한다.
④ 부동산 점유취득시효가 완성되면 점유자는 원칙적으로 시효기간 만료 당시의 토지소유자에 대하여 소유권이전등기청구권을 취득하는데, 이는 채권적 청구권이다.
⑤ 공유지분의 일부에 대해서도 시효취득이 가능하지만, 집합건물의 공용부분은 점유취득시효에 의한 소유권취득의 대상이 될 수 없다.

정답해설

① 비법인사단인 종중도 그 명의로 시효취득할 수 있다(대판 1983.4.12. 82누4214).
② 제245조【점유로 인한 부동산소유권의 취득기간】② 부동산의 소유자로 등기한 자가 10년간 소유의 의사로 평온, 공연하게 선의이며 과실 없이 그 부동산을 점유한 때에는 소유권을 취득한다.
③ 제246조【점유로 인한 동산소유권의 취득기간】① 10년간 소유의 의사로 평온, 공연하게 동산을 점유한 자는 그 소유권을 취득한다.
④ 부동산에 대한 점유취득시효 완성을 원인으로 하는 소유권이전등기청구권은 채권적 청구권으로서, 취득시효가 완성된 점유자가 그 부동산에 대한 점유를 상실한 때로부터 10년간 이를 행사하지 아니하면 소멸시효가 완성한다(대판 1995.12.5. 95다24241).
⑤ 토지의 공유지분 일부에 대하여도 시효취득이 가능하다(대판 1995.12.5. 95다24241). 그러나 집합건물의 공용부분은 구분소유자 전원의 공유에 속하나(집합건물법 제10조 제1항), 그 공유는 민법상의 공유와는 달리 건물의 구분소유라고 하는 공동의 목적을 위하여 인정되는 것으로 집합건물법 제13조는 공용부분에 대한 공유자의 지분은 그가 가지는 전유부분의 처분에 따를 뿐 전유부분과 분리하여 처분할 수 없도록 규정하고 있다. 또한 공용부분을 전유부분으로 변경하기 위하여는 집합건물법 제15조에 따른 구분소유자들의 집회결의와 그 공용부분의 변경으로 특별한 영향을 받게 되는 구분소유자의 승낙을 얻어야 한다. 그런데 공용부분에 대하여 취득시효의 완성을 인정하여 그 부분에 대한 소유권취득을 인정한다면 전유부분과 분리하여 공용부분의 처분을 허용하고 일정 기간의 점유로 인하여 공용부분이 전유부분으로 변경되는 결과가 되어 집합건물법의 취지에 어긋나게 된다. 따라서 집합건물의 공용부분은 취득시효에 의한 소유권 취득의 대상이 될 수 없다고 봄이 타당하다(대판 2013.12.12. 2011다78200·78217).

09 부동산의 점유취득시효에 관한 설명으로 옳지 않은 것은? (다툼이 있으면 판례에 따름)
▶ 2023 감정평가사

① 집합건물의 공용부분은 취득시효에 의한 소유권 취득의 대상이 될 수 없다.
② 시효완성을 이유로 한 소유권취득의 효력은 점유를 개시한 때로 소급하지 않으며 등기를 함으로써 장래를 향하여 발생한다.
③ 점유자가 점유 개시 당시에 소유권 취득의 원인이 될 수 있는 법률행위가 없다는 사실을 알면서 타인 소유의 토지를 무단점유한 것이 증명된 경우, 그 토지 소유권의 시효취득은 인정되지 않는다.
④ 시효완성자는 취득시효의 기산점과 관련하여 점유기간을 통틀어 등기명의인이 동일한 경우에는 임의의 시점을 기산점으로 할 수 있다.
⑤ 시효이익의 포기는 특별한 사정이 없는 한, 시효취득자가 취득시효완성 당시의 진정한 소유자에 대하여 하여야 한다.

정답해설

① 집합건물의 공용부분은 구분소유자 전원의 공유에 속하나(집합건물법 제10조 제1항), 그 공유는 민법상의 공유와는 달리 건물의 구분소유라고 하는 공동의 목적을 위하여 인정되는 것으로 집합건물법 제13조는 공용부분에 대한 공유자의 지분은 그가 가지는 전유부분의 처분에 따를 뿐 전유부분과 분리하여 처분할 수 없도록 규정하고 있다. 또한 공용부분을 전유부분으로 변경하기 위하여는 집합건물법 제15조에 따른 구분소유자들의 집회결의와 그 공용부분의 변경으로 특별한 영향을 받게 되는 구분소유자의 승낙을 얻어야 한다. 그런데 공용부분에 대하여 취득시효의 완성을 인정하여 그 부분에 대한 소유권취득을 인정한다면 전유부분과 분리하여 공용부분의 처분을 허용하고 일정 기간의 점유로 인하여 공용부분이 전유부분으로 변경되는 결과가 되어 집합건물법의 취지에 어긋나게 된다. 따라서 집합건물의 공용부분은 취득시효에 의한 소유권 취득의 대상이 될 수 없다고 봄이 타당하다(대판 2013.12.12, 2011다78200·78217).
② 시효완성을 이유로 한 소유권취득의 효력은 점유를 개시한 때로 소급하며(제245조 제1항), 등기를 함으로써 점유를 개시한 때로 소급하여 그 소유권을 취득한다(제247조 제1항).

> **제245조 【점유로 인한 부동산소유권의 취득기간】**
> ① 20년간 소유의 의사(자주)로 평온, 공연하게 부동산을 점유하는 자는 등기함으로써 그 소유권을 취득한다.
>
> **제247조 【소유권취득의 소급효, 중단사유】**
> ① 전2조의 규정에 의한 소유권 취득의 효력은 점유를 개시한 때에 소급한다.

③ 점유자가 점유 개시 당시에 소유권 취득의 원인이 될 수 있는 법률행위 기타 법률요건이 없이 그와 같은 법률요건이 없다는 사실을 잘 알면서 타인 소유의 부동산을 무단점유한 것임이 입증된 경우, 특별한 사정이 없는 한 점유자는 타인의 소유권을 배척하고 점유할 의사를 갖고 있지 않다고 보아야 할 것이므로 이로써 소유의 의사가 있는 점유라는 추정은 깨어졌다고 할 것이다(대판(전) 1997.8.21, 95다28625). 결국 자주점유 추정이 깨어져 취득시효는 인정되지 않는다.
④ 취득시효기간 중 계속해서 등기명의자가 동일한 경우에는 그 기산점을 어디에 두든지 간에 취득시효의 완성을 주장할 수 있는 시점에서 보아 그 기간이 경과한 사실만 확정되면 충분하므로, 전 점유자의 점유를 승계하여 자신의 점유기간을 통산하여 20년이 경과한 경우에 있어서도 전 점유자가 점유를 개시한 이후의 임의의 시점을 그 기산점으로 삼을 수 있다(대판 1998.5.12, 97다8496·8502).

▶ 정답 08 ① 09 ②

⑤ 시효이익의 포기와 같은 상대방 있는 단독행위는 그 의사표시로 인하여 권리에 직접적인 영향을 받는 상대방에게 도달하는 때에 효력이 발생한다 할 것인바, 특별한 사정이 없는 한 시효취득자가 취득시효완성 당시의 진정한 소유자에 대하여 하여야 그 효력이 발생하는 것이지 원인무효인 등기의 등기부상 소유명의자에게 그와 같은 의사를 표시하였다고 하여 그 효력이 발생하는 것은 아니라 할 것이다(대판 1994.12.23, 94다40734).

10 부동산 점유취득시효에 관한 설명으로 옳지 않은 것은? (다툼이 있으면 판례에 따름)

▶ 2015 감정평가사

① 점유취득시효가 완성된 경우 점유자가 시효기간 중에 수취한 과실은 소유자에게 반환할 필요가 없다.
② 점유자의 점유가 불법이라고 주장하는 소유자로부터 이의를 받은 사실이 있다 하더라도 그러한 사실만으로 곧 평온·공연한 점유가 부정되지 않는다.
③ 취득시효 진행 중에 소유자가 소유권을 제3자에게 양도하고 등기를 이전한 후 시효가 완성된 경우, 점유자는 양수인에게 시효 완성을 이유로 소유권이전등기를 청구할 수 있다.
④ 종중 부동산이 종중 대표자에게 적법하게 명의신탁되었는데 그 부동산에 대해 제3자의 점유에 의한 취득시효가 완성된 후 제3자 명의의 등기 전에 명의신탁이 해지되어 등기명의가 종중에게 이전된 경우, 특별한 사정이 없는 한 점유자는 종중에 대해 시효 완성을 주장할 수 있다.
⑤ 점유취득시효가 완성된 경우, 점유자는 등기 없이는 그 부동산의 소유권을 주장할 수 없다.

[정답해설]
① 점유취득시효가 완성된 경우 소급이 인정되므로(제247조), 부동산에 대한 취득시효가 완성되면 점유자는 소유명의자에 대하여 취득시효완성을 원인으로 한 소유권이전등기절차의 이행을 청구할 수 있고 소유명의자는 이에 응할 의무가 있으므로 점유자가 그 명의로 소유권이전등기를 경료하지 아니하여 아직 소유권을 취득하지 못하였다고 하더라도 소유명의자는 점유자에 대하여 점유로 인한 부당이득반환청구를 할 수 없다(대판 1993.5.25, 92다512805). 즉 점유자가 시효기간 중에 수취한 과실은 소유자에게 반환할 필요가 없다.

> **제247조 【소유권취득의 소급효, 중단사유】**
> ① 전2조의 규정에 의한 소유권 취득의 효력은 점유를 개시한 때에 소급한다.

② 점유자는 소유의 의사로 평온 및 공연하게 점유하는 것으로 추정되고, 평온한 점유란 점유자가 그 점유를 취득 또는 보유하는 데 법률상 용인될 수 없는 강폭행위를 쓰지 아니하는 점유이고, 공연한 점유란 은비의 점유가 아닌 점유를 말하는 것이므로, 그 점유가 불법이라고 주장하는 자로부터 이의를 받은 사실이 있거나 점유물의 소유권을 둘러싸고 당사자 사이에 법률상의 분쟁이 있었다고 하더라도 그러한 사실만으로 곧 그 점유의 평온·공연성이 상실된다고 할 수 없다(대판 1994.12.9, 94다25025).
③ 취득시효 진행 중에 소유자가 소유권을 제3자에게 양도하고 등기를 이전한 후 시효가 완성된 경우, 점유자는 양수인에게 시효 완성을 이유로 소유권이전등기를 청구할 수 있다(대판 1972.1.31, 71다2416).

④ 종중 부동산이 종중 대표자에게 적법하게 명의신탁되었는데 그 부동산에 대해 제3자의 점유에 의한 취득시효가 완성된 후 제3자 명의의 등기 전에 명의신탁이 해지되어 등기명의가 종중에게 이전된 경우, 점유자는 종중에 대해 시효 완성을 주장할 수 없다. 이는 명의신탁된 토지가 수탁자에서 신탁자에게 이전된 경우에 해당되기 때문이다(대판 2001.10.26, 2000다886).
⑤ 점유취득시효가 완성된 경우, 점유자는 등기 없이는 그 부동산의 소유권을 주장할 수 없다(제245조 제1항).

> **제245조 【점유로 인한 부동산소유권의 취득기간】**
> ① 20년간 소유의 의사로 평온, 공연하게 부동산을 점유하는 자는 등기함으로써 그 소유권을 취득한다.

11 부동산 점유취득시효에 관한 설명으로 옳지 않은 것은? (다툼이 있으면 판례에 따름)

▶ 2018 감정평가사

① 취득시효가 완성되었으나 아직 소유권이전등기를 경료하지 않은 시효완성자에 대하여 소유자는 점유로 인한 부당이득반환청구를 할 수 없다.
② 시효기간 중 목적부동산이 제3자에게 양도되어 등기가 이전된 경우, 시효기간 만료 시 그 양수인을 상대로 시효취득을 주장할 수 있다.
③ 소유자가 시효완성 사실을 알고 목적부동산을 제3자에게 처분하고 소유권이전등기를 넘겨준 경우, 소유자는 시효완성자에게 불법행위로 인한 손해배상책임을 진다.
④ 시효완성자는 취득시효의 기산점과 관련하여 점유기간을 통틀어 등기명의인이 동일한 경우에는 임의의 시점을 기산점으로 할 수 있다.
⑤ 소유자가 시효완성 사실을 알고 목적부동산을 제3자에게 처분한 경우, 소유자는 시효완성자에게 채무불이행으로 인한 손해배상책임을 진다.

정답해설
① 부동산에 대한 취득시효가 완성되면 점유자는 소유명의자에 대하여 취득시효완성을 원인으로 한 소유권이전등기절차의 이행을 청구할 수 있고 소유명의자는 이에 응할 의무가 있으므로 점유자가 그 명의로 소유권이전등기를 경료하지 아니하여 아직 소유권을 취득하지 못하였다고 하더라도 소유명의자는 점유자에 대하여 점유로 인한 부당이득반환청구를 할 수 없다(대판 1993.5.25, 92다51280).
② 점유취득시효완성을 원인으로 하는 소유권이전등기청구권은 채권적 청구권이므로, 시효취득자는 그 취득시효기간 완성 당시의 등기명의자에 대하여 그 시효취득을 주장할 수 있다. 따라서 시효기간 중 목적부동산이 제3자에게 양도되어 등기가 이전된 경우, 시효기간 만료 시 등기명의자인 양수인을 상대로 시효취득을 주장할 수 있다.
③ 시효취득을 주장하는 권리자가 취득시효를 주장하면서 소유권이전등기청구소송을 제기하여 그에 관한 입증까지 마쳤다면 부동산 소유자로서는 시효취득사실을 알 수 있다 할 것이고, 이러한 경우에 부동산 소유자가 부동산을 제3자에게 처분하여 소유권이전등기를 넘겨줌으로써 취득시효완성을 원인으로 한 소유권이전등기의무가 이행불능에 빠짐으로써 시효취득을 주장하는 자가 손해를 입었다면 불법행위를 구성한다고 할 것이며, 부동산을 취득한 제3자가 부동산 소유자의 이와 같은 불법행위에 적극 가담하였다면 이는 사회질서에 반하는 행위로서 무효라 할 것이다(대판 1993.2.9, 92다47892).

④ 취득시효기간 중 계속해서 등기명의자가 동일한 경우에는 그 기산점을 어디에 두든지 간에 취득시효의 완성을 주장할 수 있는 시점에서 보아 그 기간이 경과한 사실만 확정되면 충분하므로, 전 점유자의 점유를 승계하여 자신의 점유기간을 통산하여 20년이 경과한 경우에 있어서도 전 점유자가 점유를 개시한 이후의 임의의 시점을 그 기산점으로 삼을 수 있다(대판 1998.5.12, 97다8496·8502).
⑤ 부동산 점유자에게 시효취득으로 인한 소유권이전등기청구권이 있다고 하더라도 이로 인하여 부동산 소유자와 시효취득자 사이에 계약상의 채권·채무관계가 성립하는 것은 아니므로, 그 부동산을 처분한 소유자에게 채무불이행 책임을 물을 수 없다(대판 1995.7.11, 94다4509).

12 부동산 등기부취득시효의 요건이 아닌 것은? (다툼이 있으면 판례에 따름) ▶ 2018 감정평가사

① 점유자의 등기취득에 대한 선의·무과실
② 10년간의 점유
③ 자주점유
④ 평온·공연한 점유
⑤ 10년간의 등기

정답해설
① 등기부취득시효에 있어서는 점유취득시효의 요건에 선의·무과실의 점유가 추가적으로 요구된다. 선의·무과실은 등기가 아니라 점유에 요구됨을 유의해야 한다.
②, ③, ④ 제245조 제2항【점유로 인한 부동산소유권의 취득기간】부동산의 소유자로 등기한 자가 10년간 소유의 의사로 평온, 공연하게 선의이며 과실 없이 그 부동산을 점유한 때에는 소유권을 취득한다.
⑤ 등기부취득시효에 관한 민법 제245조 제2항의 규정에 위하여 소유권을 취득하는 자는 10년간 반드시 그의 명의로 등기되어 있어야 하는 것은 아니고 앞 사람의 등기까지 아울러 그 기간 동안 부동산의 소유자로 등기되어 있으면 된다고 할 것이다(대판(전) 1989.12.26, 87다카2176).

13 등기부취득시효의 성립요건에 관한 설명 중 판례의 입장과 다른 것은?

① 민법 제245조 제2항의 「등기」에는 중복등기여서 무효로 되는 등기도 포함된다.
② 등기부취득시효에 의하여 소유권을 취득하는 자는 10년간 반드시 그의 명의로 등기되어 있어야 하는 것은 아니고 앞사람의 등기까지 아울러 그 기간 동안 부동산 소유자로 등기되어 있으면 된다.
③ 선의점유는 추정되므로 다투는 자가 악의임을 입증하여야 한다.
④ 점유자의 무과실은 이를 주장하는 자가 입증하여야 한다.
⑤ 점유자의 무과실은 점유개시시점에만 요구된다.

정답해설

① 무효인 등기에 기한 등기부취득시효가 가능하기 위하여는 그 등기가 이전등기이어야 하고, 무효인 보존등기에 기하여는 등기부취득시효를 부정한다(대판 1998.7.14, 97다34963).
② 등기부취득시효에 관한 민법 제245조 제2항의 규정에 위하여 소유권을 취득하는 자는 10년간 반드시 그의 명의로 등기되어 있어야 하는 것은 아니고 앞 사람의 등기까지 아울러 그 기간 동안 부동산의 소유자로 등기되어 있으면 된다고 할 것이다(대판(전) 1989.12.26, 87다카2176).
③ 점유자는 민법 제197조에 의하여 선의로 점유한 것으로 추정되므로, 반환의무자가 악의의 점유자라는 사정이 증명되지 않는 한 반환의무자는 목적물에 대하여 과실수취권이 있다고 할 것이다(대판 2013.3.14, 2010다42624·42631).
④, ⑤ 등기부취득시효가 인정되려면 점유의 개시에 과실이 없어야 하고, 증명책임은 주장자에게 있으며, 여기서 무과실이란 점유자가 자기의 소유라고 믿은 데에 과실이 없음을 말한다(대판 2016.8.24, 2016다220679).

14 등기부시효취득에 관한 설명으로 옳지 않은 것은? (다툼이 있으면 판례에 의함)

▶ 2013 감정평가사

① 무효인 이중보존등기에 기초해서는 등기부취득시효가 완성되지 않는다.
② 등기부시효취득에 있어서 무과실은 점유에 관한 것이고 등기에 관한 것이 아니다.
③ 등기부시효취득에 있어서 과실 여부의 증명책임은 시효취득을 부인하는 소유자에게 있다.
④ 지적공부 소관청의 분필절차를 거치지 않은 채 등기부상만으로 분할된 토지에 대한 등기부취득시효는 인정되지 않는다.
⑤ 점유의 승계는 물론 등기의 승계도 인정한다.

정답해설

① 무효인 등기에 기한 등기부취득시효가 가능하기 위하여는 그 등기가 이전등기이어야 하고, 무효인 보존등기에 기하여는 등기부취득시효를 부정한다(대판 1998.7.14, 97다34963).
②, ③ 등기부취득시효에 있어서 선의·무과실은 등기에 관한 것이 아니고 점유취득에 관한 것으로서, 그 무과실에 관한 입증책임은 그 시효취득을 주장하는 사람에게 있다(대판 1995.2.10, 94다22651).
④ 등기부상만으로 어떤 토지 중 일부가 분할되고 그 분할된 토지에 대하여 지번과 지적이 부여되어 등기되어 있어도 지적공부 소관청에 의한 지번, 지적, 지목, 경계확정 등의 분필절차를 거친 바가 없다면 그 등기가 표상하는 목적물은 특정되었다고 할 수는 없으니, 그 등기부에 소유자로 등기된 자가 그 등기부에 기재된 면적에 해당하는 만큼의 토지를 특정하여 점유하였다고 하더라도, 그 등기는 그가 점유하는 토지부분을 표상하는 등기로 볼 수 없어 그 점유자는 등기부취득시효의 요건인 "부동산의 소유자로 등기한 자"에 해당하지 아니하므로 그가 점유하는 부분에 대하여 등기부시효취득을 할 수는 없다(대판 1995.6.16, 94다4615).
⑤ 등기부취득시효에 관한 민법 제245조 제2항의 규정에 위하여 소유권을 취득하는 자는 10년간 반드시 그의 명의로 등기되어 있어야 하는 것은 아니고 앞 사람의 등기까지 아울러 그 기간 동안 부동산의 소유자로 등기되어 있으면 된다고 할 것이다(대판(전) 1989.12.26, 87다카2176).

▶ 정답   12 ①   13 ①   14 ③

15 부합에 관한 설명으로 옳지 않은 것은? (다툼이 있으면 판례에 따름) ▶ 2016 감정평가사

① 부동산에 동산이 부합한 경우, 동산의 가격이 부동산의 가격을 초과하더라도 부동산의 소유자가 부합한 동산의 소유권을 취득한다.
② 동산끼리 부합된 경우, 주종을 구별할 수 없는 때에는 각 동산의 소유자가 부합 당시의 가액의 비율로 합성물을 공유한다.
③ 토지 위에 건물이 신축 완공된 경우에 건물은 토지에 부합하지 않는다.
④ 권원이 없는 자가 토지소유자의 승낙 없이 그 토지 위에 나무를 심은 경우, 특별한 사정이 없는 한, 토지소유자에 대하여 그 나무의 소유권을 주장할 수 있다.
⑤ 건물의 임차인이 권원에 기하여 증축한 부분이 독립성을 가지면 증축된 부분은 부합되지 않는다.

[정답해설]
① 부합하는 물건이 부동산의 가격을 초과하는 경우에도 부동산 소유자가 소유권을 취득한다(대판 1981.12.8, 80다2821).
② 제257조【동산간의 부합】동산과 동산이 부합하여 훼손하지 아니하면 분리할 수 없거나 그 분리에 과다한 비용을 요할 경우에는 그 합성물의 소유권은 주된 동산의 소유자에게 속한다. 부합된 동산의 주종을 구별할 수 없는 때에는 동산의 소유자는 부합 당시의 가액의 비율로 합성물을 공유한다.
③ 건물은 토지에 부합이 인정되지 않는다. 건물은 토지와는 별개의 부동산이기 때문이다.
④ 타인의 토지상에 권원 없이 식재한 수목의 소유권은 토지소유자에게 귀속하고 권원에 의하여 식재한 경우에는 그 소유권이 식재한 자에게 있다고 할 것이다(대판 1980.9.30, 80도1874; 대판 1998.4.24, 97도3425 참조). 따라서 권원이 없는 자가 토지소유자의 승낙 없이 수목을 식재한 경우 토지소유자에 대하여 소유권을 주장할 수 없다.
⑤ 민법 제256조는 부동산의 소유자는 그 부동산에 부합한 물건의 소유권을 취득한다. 그러나 타인의 권원에 의하여 부속된 것은 그러하지 아니한다고 규정하고 있는데 위 규정 단서에서 말하는 「권원」이라 함은 지상권, 전세권, 임차권 등과 같이 타인의 부동산에 자기의 동산을 부속시켜서 그 부동산을 이용할 수 있는 권리를 뜻한다(대판 1989.7.11, 88다카9067). 따라서 건물의 임차인이 권원에 기하여 증축한 부분이 독립성을 가지면 증축된 부분은 부합되지 않는다.

16 첨부에 관한 설명으로 옳지 않은 것은? (다툼이 있으면 판례에 따름) ▶ 2017 감정평가사

① 주종의 구별이 있는 동산과 동산이 부합된 합성물은 주된 동산의 소유자에게 속한다.
② 완성된 건물은 토지에 부합하지 않는다.
③ 가공물은 원칙적으로 원재료 소유자에게 속한다.
④ 부동산에 부합되어 동산의 소유권이 소멸하는 경우, 그 동산을 목적으로 한 질권은 소멸하지 않는다.
⑤ 첨부에 의해 손해를 받은 자는 부당이득에 관한 규정에 의하여 보상을 청구할 수 있다.

정답해설

① 제257조【동산 간의 부합】동산과 동산이 부합하여 훼손하지 아니하면 분리할 수 없거나 그 분리에 과다한 비용을 요할 경우에는 그 합성물의 소유권은 주된 동산의 소유자에게 속한다. 부합된 동산의 주종을 구별할 수 없는 때에는 동산의 소유자는 부합당시의 가액의 비율로 합성물을 공유한다.
② 건물은 토지에 부합이 인정되지 않는다. 건물은 토지와는 별개의 부동산이기 때문이다.
③ 제259조【가공】① 타인의 동산에 가공한 때에는 그 물건의 소유권은 원재료의 소유자에게 속한다. 그러나 가공으로 인한 가액의 증가가 원재료의 가액보다 현저히 다액인 때에는 가공자의 소유로 한다.
④ 제260조【첨부의 효과】① 전4조의 규정에 의하여 동산의 소유권이 소멸한 때에는 그 동산을 목적으로 한 다른 권리도 소멸한다.
⑤ 제261조【첨부로 인한 구상권】전5조의 경우에 손해를 받은 자는 부당이득에 관한 규정에 의하여 보상을 청구할 수 있다.

17 첨부에 관한 설명으로 옳지 않은 것은? (다툼이 있으면 판례에 따름) ▶ 2020 감정평가사

① 타인이 그의 권원에 의하여 부동산에 부속한 물건은 이를 분리하여도 경제적 가치가 없으면 부동산소유자의 소유로 한다.
② 저당권의 효력은 다른 사정이 없으면 저당부동산에 부합된 물건에 미친다.
③ 동일인 소유의 여러 동산들이 결합하는 것은 부합이 아니다.
④ 부합의 원인은 인위적이든 자연적이든 불문한다.
⑤ 타인의 동산에 가공한 때에는 가공물의 소유권은 가공자의 소유로 한다.

정답해설

① 부합물에 관한 소유권 귀속의 예외를 규정한 민법 제256조 단서의 규정은 타인이 그 권원에 의하여 부속시킨 물건이라고 할지라도 그 부속된 물건을 분리하여도 경제적 가치가 있는 경우에 한하여 부속시킨 타인의 권리에 영향이 없다는 취지이지, 분리하여도 경제적 가치가 없는 경우에는 원래의 부동산 소유자의 소유에 귀속되는 것이다. 그리고 경제적 가치의 판단은 부속시킨 물건에 대한 일반 사회통념상의 경제적 효용의 독립성 유무를 그 기준으로 하여야 한다(대판 2017.7.18, 2016다38290).
② 제358조【저당권의 효력의 범위】저당권의 효력은 저당부동산에 부합된 물건과 종물에 미친다. 그러나 법률에 특별한 규정 또는 설정행위에 다른 약정이 있으면 그러하지 아니하다.
③ 부합은 소유자를 달리하는 여러 개의 물건이 결합하여 1개의 물건으로 되는 경우 그 물건의 소유권를 정하기 위한 규정이다. 따라서 여러 동산들이 결합하는 경우라도 동일인 소유라면 부합은 아니다.
④ 부합이란 분리 훼손하지 아니하면 분리할 수 없거나 분리에 과다한 비용을 요하는 경우는 물론 분리하게 되면 경제적 가치를 심히 감손케 하는 경우도 포함하고, 부합의 원인은 인공적인 경우도 포함한다(대판 2012.1.26, 2009다76546 ; 1962.1.31, 4294민상445 참조).
⑤ 제259조【가공】① 타인의 동산에 가공한 때에는 그 물건의 소유권은 원재료의 소유자에게 속한다. 그러나 가공으로 인한 가액의 증가가 원재료의 가액보다 현저히 다액인 때에는 가공자의 소유로 한다.

▶ 정답   15 ④   16 ④   17 ⑤

18 부합에 관한 설명으로 옳지 않은 것은? (다툼이 있으면 판례에 따름) ▶ 2023 감정평가사

① 부동산에의 부합 이외에 동산 상호 간의 부합도 인정된다.
② 동산 이외에 부동산은 부합물이 될 수 없다.
③ 동일인 소유의 부동산과 동산 상호 간에는 원칙적으로 부합이 인정되지 않는다.
④ 분리가 가능하지만 분리할 경우 상호 부착되거나 결합된 물건의 경제적 가치가 심하게 손상되는 경우에도 부합이 인정된다.
⑤ 부동산의 소유자는 원칙적으로 그 부동산에 부합한 물건의 소유권을 취득한다.

[정답해설]
① 민법은 부동산에의 부합(제256조)과 동산 간의 부합(제257조)도 인정한다.

> **제256조 【부동산에의 부합】**
> 부동산의 소유자는 그 부동산에 부합한 물건의 소유권을 취득한다. 그러나 타인의 권원에 의하여 부속된 것은 그러하지 아니하다.
>
> **제257조 【동산간의 부합】**
> 동산과 동산이 부합하여 훼손하지 아니하면 분리할 수 없거나 그 분리에 과다한 비용을 요할 경우에는 그 합성물의 소유권은 주된 동산의 소유자에게 속한다. 부합된 동산의 주종을 구별할 수 없는 때에는 동산의 소유자는 부합 당시의 가액의 비율로 합성물을 공유한다.

② 건물의 증축 부분이 기존건물에 부합하여 기존건물과 분리하여서는 별개의 독립물로서의 효용을 갖지 못하는 이상 기존건물에 대한 근저당권은 민법 제358조에 의하여 부합된 증축 부분에도 효력이 미치는 것이므로 기존건물에 대한 경매절차에서 경매목적물로 평가되지 아니하였다고 할지라도 경락인은 부합된 증축 부분의 소유권을 취득한다(대판 2002.10.25. 2000다63110). 건물의 증축부분인 부동산도 부합이 될 수 있다.
③ 부합은 소유자를 달리하는 여러 개의 물건이 결합하여 1개의 물건으로 되는 경우 그 물건의 소유권를 정하기 위한 규정이다. 따라서 여러 동산들이 결합하는 경우라도 동일인 소유라면 부합은 인정되지 않는다.
④ 부동산에 부합된 물건이 사실상 분리복구가 불가능하여 거래상 독립한 권리의 객체성을 상실하고 그 부동산과 일체를 이루는 부동산의 구성 부분이 된 경우에는 타인이 권원에 의하여 이를 부합시켰더라도 그 물건의 소유권은 부동산의 소유자에게 귀속된다(대판 2012.1.26. 2009다76546). 즉 구성 부분으로서 부합이 된다.
⑤ 제256조 【부동산에의 부합】 부동산의 소유자는 그 부동산에 부합한 물건의 소유권을 취득한다. 그러나 타인의 권원에 의하여 부속된 것은 그러하지 아니하다.

19 부합에 관한 설명으로 옳지 않은 것은? ▶ 2012 감정평가사
① 동산이 부동산에 부합하여 동산의 소유권이 소멸한 때에는 그 동산을 목적으로 한 다른 권리도 소멸한다.
② 부합으로 인하여 권리를 상실하는 등 손해를 입은 자는 부당이득 규정에 의하여 보상을 청구할 수 있다.
③ 건물로서의 독립성이 없어서 기존 건물의 구성부분이 된 경우에는 타인이 권원에 의해 부속시킨 것이라도 기존 건물에 부합한다.
④ 저당권설정 후 저당목적물에 부합된 물건에는 저당권의 효력이 미치지 않는다.
⑤ 건물 증축에 있어서 부합 여부는 증축 부분의 객관적 상태 외에 소유자의 의사를 고려하여 결정한다.

정답해설
① 동산이 부동산에 부합하여 동산의 소유권이 소멸한 때에는 그 동산을 목적으로 한 다른 권리도 소멸한다(제260조 제1항).

> 제260조 【첨부의 효과】
> ① 전4조의 규정에 의하여 동산의 소유권이 소멸한 때에는 그 동산을 목적으로 한 다른 권리도 소멸한다.

② 부합으로 인하여 권리를 상실하는 등 손해를 입은 자는 부당이득 규정에 의하여 보상을 청구할 수 있다(제261조).

> 제261조 【첨부로 인한 구상권】
> 전5조의 경우에 손해를 받은 자는 부당이득에 관한 규정에 의하여 보상을 청구할 수 있다.

③ 건물로서의 독립성이 없어서 기존 건물의 구성부분이 된 경우에는 타인이 권원에 의해 부속시킨 것이라도 기존 건물에 부합한다(대판 2008.5.8, 2007다36933).
④ 부합되면 부합물에 저당권의 효력이 당연히 미친다(제358조 본문), 이때 부합의 시기는 문제 삼지 않는다. 저당권설정 후 저당목적물에 부합된 물건에도 저당권의 효력이 미친다(대판 1974.12.12, 73다298 등).

> 제358조 【저당권의 효력의 범위】
> 저당권의 효력은 저당부동산에 부합된 물건과 종물에 미친다. 그러나 법률에 특별한 규정 또는 설정행위에 다른 약정이 있으면 그러하지 아니하다.

⑤ 건물이 증축된 경우에 증축 부분이 기존건물에 부합된 것으로 볼 것인가 아닌가 하는 점은 증축 부분이 기존 건물에 부착된 물리적 구조뿐만 아니라, 그 용도와 기능의 면에서 기존건물과 독립한 경제적 효용을 가지고 거래상 별개의 소유권 객체가 될 수 있는지의 여부 및 증축하여 이를 소유하는 자의 의사 등을 종합하여 판단하여야 한다(대판 2002.10.25, 2000다63110).

▶ 정답 18 ② 19 ④

20 첨부(添附)에 관한 설명으로 옳은 것은? (다툼이 있으면 판례에 의함) ▶ 2014 감정평가사

① 부동산에 부합된 물건이 타인의 권원에 의하여 부합되었더라도 사실상 분리가 불가능하여 부동산의 구성부분이 되었다면, 그 물건의 소유권은 부동산의 소유자에게 귀속된다.
② 동산이 부동산에 부합되면 그 동산의 소유권자는 부합물 위에 지분권을 취득한다.
③ 동산이 부동산에 부합되더라도 그 동산을 목적으로 하는 다른 권리는 소멸하지 않는다.
④ 가공물의 소유권은 원칙적으로 원재료의 가공자에게 속한다.
⑤ 동산간의 부합에 있어서 합성물의 소유권은 원칙적으로 주종의 구별 없이 가액에 비례하여 공유로 한다.

정답해설

① 타인의 권원에 의하여 부동산에 부합된 물건이 독립한 권리의 객체성을 상실하고 부동산의 구성부분이 된 경우, 그 부합물의 소유권은 부동산의 소유자에게 귀속된다(대판 2008.5.8, 2007다36933).

> **제256조 【부동산에의 부합】**
> 부동산의 소유자는 그 부동산에 부합한 물건의 소유권을 취득한다. 그러나 타인의 권원에 의하여 부속된 것은 그러하지 아니하다.

② 동산이 부동산에 부합되면 부합한 물건의 소유권은 부동산의 소유자의 단독소유가 되고, 그 동산의 소유권자는 부합으로 인한 보상을 청구할 수 있을 뿐이다(제256조, 제261조).

> **제256조 【부동산에의 부합】**
> 부동산의 소유자는 그 부동산에 부합한 물건의 소유권을 취득한다. 그러나 타인의 권원에 의하여 부속된 것은 그러하지 아니하다.

③ 제260조 【첨부의 효과】 ① 전4조의 규정에 의하여 동산의 소유권이 소멸한 때에는 그 동산을 목적으로 한 다른 권리도 소멸한다.
④ 제259조 【가공】 ① 타인의 동산에 가공한 때에는 그 물건의 소유권은 원재료의 소유자에게 속한다. 그러나 가공으로 인한 가액의 증가가 원재료의 가액보다 현저히 다액인 때에는 가공자의 소유로 한다.
⑤ 제257조 【동산 간의 부합】 동산과 동산이 부합하여 훼손하지 아니하면 분리할 수 없거나 그 분리에 과다한 비용을 요할 경우에는 그 합성물의 소유권은 주된 동산의 소유자에게 속한다. 부합된 동산의 주종을 구별할 수 없는 때에는 동산의 소유자는 부합당시의 가액의 비율로 합성물을 공유한다.

▶ 정답 20 ①

심화문제편

01 부동산의 소유권취득에 관한 설명으로 옳지 않은 것은? (다툼이 있으면 판례에 의함)

▶ 2013 감정평가사

① 자기의 비용과 노력으로 건물을 신축한 자는 원칙적으로 그 건물의 소유권을 원시취득한다.
② 건물신축공사의 수급인이 자기의 노력과 재료를 들여 건물을 완성하더라도 건물의 소유권을 도급인에게 귀속시키기로 하는 합의가 있는 경우 도급인이 그 건물의 소유권을 원시취득한다.
③ 채무의 담보를 위하여 채무자가 자기 비용과 노력으로 신축하는 건물의 건축허가 명의를 채권자 명의로 하기로 합의한 경우 그 건물의 소유권은 채권자가 원시취득한다.
④ 건축공사가 중단되어 건물의 요건을 갖추지 못한 미완성의 건물을 인도받아 자기의 비용과 노력으로 완공한 수급인은 특별한 사정이 없으면 그 건물을 원시취득한다.
⑤ 매매를 원인으로 소유권이전등기절차를 이행하라는 판결이 있더라도 그 등기가 된 때에 비로소 소유권이전의 효력이 생긴다.

정답해설

①, ②, ③ 일반적으로 자기의 노력과 재료를 들여 건물을 건축한 사람은 그 건물의 소유권을 원시취득하는 것이고, 다만 도급계약에 있어서 수급인이 자기의 노력과 재료를 들여 건물을 완성하더라도 도급인과 수급인 사이에 도급인 명의로 건축허가를 받아 소유권보존등기를 하기로 하는 등 완성된 건물의 소유권을 도급인에게 귀속시키기로 합의한 것으로 보여질 경우에는 그 건물의 소유권은 도급인에게 원시적으로 귀속된다. 단지 채무의 담보를 위하여 채무자가 자기의 비용과 노력으로 신축하는 건물의 건축허가명의를 채권자 명의로 하였다면 이는 완성될 건물을 담보로 제공하기로 하는 합의로서 법률행위에 의한 담보물권의 설정과 다름없으므로 완성된 건물의 소유권은 일단 채무자가 이를 원시취득한 후 채권자 명의로 소유권보존등기를 마침으로써 담보목적의 범위 내에서 채권자에게 그 소유권이 이전된다고 보아야 한다(대판 1992.8.18, 91다25505).

④ 수급인이 자기의 노력과 출재로 완성한 건물의 소유권은 도급인과 수급인 사이의 특약에 의하여 달리 정하거나 기타 특별한 사정이 없는 한 수급인에게 귀속된다.
도급인의 사정으로 신축공사가 중단되었던 미완성의 건물을 양도받은 후 나머지 공사를 진행하여 구조·형태 면에서 사회통념상 독립한 건물이라고 볼 수 있는 정도로 건물을 축조한 경우 달리 도급인과 수급인 사이에 완성된 건물의 소유권을 도급인에게 귀속시키기로 합의한 것으로 볼만한 사정이 없으므로 수급인이 건물의 소유권을 원시취득한다(대판 2011.8.25, 2009다67443·67450).

⑤ 매매 등 법률행위를 원인으로 한 소유권이전등기절차 이행의 소에서의 원고 승소판결은 부동산물권취득이라는 형성적 효력이 없어 민법 제187조 소정의 판결에 해당하지 않으므로 승소판결에 따른 소유권이전등기 경료 시까지는 부동산의 소유권을 취득한다고 볼 수 없다(대판 1982.10.12, 82다129).

▶ 정답 01 ③

02 등기부상 甲 소유의 X 토지를 乙이 소유의 의사로 평온·공연하게 1989.2.1.부터 2012.7.1. 까지 점유하고 있다. 다음 설명 중 옳지 않은 것은? (다툼이 있으면 판례에 의함)

▶ 2012 감정평가사

① 2009.3.2. 甲이 丙에게 소유권이전등기 후 다시 20년이 경과하더라도 乙은 등기명의자인 丙에게 취득시효를 주장할 수 없다.
② 2012.7.1. 甲이 X 토지의 반환을 청구하는 경우, 乙은 등기 없이도 甲의 반환청구에 대항할 수 있다.
③ 甲은 乙에게 1989.2.1.부터 취득시효 완성 시까지의 임료 상당액을 반환청구할 수 없다.
④ 2010.3.5. 甲이 丁에게 X 토지에 대한 저당권설정등기를 해준 경우, 특별한 사정이 없는 한 저당권설정등기는 유효하다.
⑤ 1995.5.15. 甲이 戊에게 소유권이전등기를 해준 경우, 2012.7.1. 乙은 戊에 대하여 소유권이전등기를 청구할 수 있다.

정답해설

① 부동산에 대한 점유취득시효가 완성된 후 취득시효 완성을 원인으로 한 소유권이전등기를 하지 않고 있는 사이에 그 부동산에 관하여 제3자 명의의 소유권이전등기가 경료된 경우라 하더라도 당초의 점유자가 계속 점유하고 있고 소유자가 변동된 시점을 기산점으로 삼아도 다시 취득시효의 점유기간이 경과한 경우에는 점유자로서는 제3자 앞으로의 소유권 변동 시를 새로운 점유취득시효의 기산점으로 삼아 2차의 취득시효의 완성을 주장할 수 있다(대판 2009.7.16, 2007다15172 등). 즉 2009.3.2. 甲이 丙에게 소유권이전등기 후 다시 20년이 경과하면 乙은 등기명의자인 丙에게 취득시효를 주장할 수 있다.
②, ③ 부동산에 대한 취득시효가 완성되면 점유자는 소유명의자에 대하여 취득시효완성을 원인으로 한 소유권이전등기절차의 이행을 청구할 수 있고 소유명의자는 이에 응할 의무가 있으므로 점유자가 그 명의로 소유권이전등기를 경료하지 아니하여 아직 소유권을 취득하지 못하였다고 하더라도 소유명의자는 점유자에 대하여 점유로 인한 부당이득반환청구를 할 수 없다(대판 1993.5.25, 92다51280). 그러므로 20년 이상 점유하여 시효가 완성한 乙은 X 토지에 대한 甲의 반환청구에 등기 없이도 대항할 수 있으며, 또한 甲은 乙에게 취득시효 완성 시까지의 임료 상당액에 대해서도 반환청구를 할 수 없다.
④ 원소유자가 취득시효의 완성 이후 그 등기가 있기 전에 그 토지를 제3자에게 처분하거나 제한물권의 설정, 토지의 현상 변경 등 소유자로서의 권리를 행사하였다 하여 시효취득자에 대한 관계에서 불법행위가 성립하는 것이 아님은 물론 위 처분행위를 통하여 그 토지의 소유권이나 제한물권 등을 취득한 제3자에 대하여 취득시효의 완성 및 그 권리취득의 소급효를 들어 대항할 수도 없다 할 것이니, 이 경우 시효취득자로서는 원소유자의 적법한 권리행사로 인한 현상의 변경이나 제한물권의 설정 등이 이루어진 그 토지의 사실상 혹은 법률상 현상 그대로의 상태에서 등기에 의하여 그 소유권을 취득하게 된다. 따라서 시효취득자가 원소유자에 의하여 그 토지에 설정된 근저당권의 피담보채무를 변제하는 것은 시효취득자가 용인하여야 할 그 토지상의 부담을 제거하여 완전한 소유권을 확보하기 위한 것으로서 그 자신의 이익을 위한 행위라 할 것이니, 위 변제액 상당에 대하여 원소유자에게 대위변제를 이유로 구상권을 행사하거나 부당이득을 이유로 그 반환청구권을 행사할 수는 없다(대판 2006.5.12, 2005다75910).
시효완성 후 甲이 丁에게 X 토지에 대한 저당권설정등기를 해준 경우, 특별한 사정이 없는 한 저당권설정등기는 유효하며, 저당권을 말소하고 乙이 甲에게 저당채무의 구상권 행사를 부정한 사안이다.
⑤ 시효완성 전에 소유권이 이전된 경우, 시효완성 당시의 점유자는 시효완성 당시의 소유자인 동시에 시효주장 당시에 소유자에 대하여 시효완성을 주장할 수 있다. 즉 시효완성 전 1995.5.15. 甲이 戊에게 소유권이전등기를 해준 후 시효완성(2009.2.1.)된 경우, 乙은 戊에 대하여 소유권이전등기를 청구할 수 있다(대판 1989.4.11, 88다카5843 등).

03 甲이 20년간 소유의 의사로 평온, 공연하게 乙소유의 X토지를 점유한 경우에 관한 설명으로 옳은 것을 모두 고른 것은? (다툼이 있으면 판례에 따름) ▶ 2022 감정평가사

> ㄱ. X토지가 미등기 상태라면 甲은 등기 없이도 X토지의 소유권을 취득한다.
> ㄴ. 乙은 甲에 대하여 점유로 인한 부당이득반환청구를 할 수 있다.
> ㄷ. 乙이 丙에게 X토지를 유효하게 명의신탁한 후 丙이 甲에 대해 소유자로서의 권리를 행사하는 경우, 특별한 사정이 없는 한 甲은 점유취득시효의 완성을 이유로 이를 저지할 수 있다.

① ㄱ
② ㄷ
③ ㄱ, ㄴ
④ ㄴ, ㄷ
⑤ ㄱ, ㄴ, ㄷ

정답해설

ㄱ. (×) : 취득시효기간이 완성되었다고 하더라도 그것만으로 바로 소유권취득의 효력이 생기는 것이 아니라, 이를 원인으로 하여 소유권취득을 위한 등기청구권이 발생하는 것에 불과하고, 미등기 부동산의 경우라 하여 취득시효기간의 완성만으로 등기 없이도 점유자가 소유권을 취득한다고 볼 수 없다(대판 2013.9.13, 2012다5834). 甲이 20년간 소유의 의사로 평온, 공연하게 乙소유의 X토지를 점유한 경우, X토지가 미등기 상태라 하더라도 甲은 등기 없이는 X토지의 소유권을 취득할 수 없다.

ㄴ. (×) : 부동산에 대한 취득시효가 완성되면 점유자는 소유명의자에 대하여 취득시효완성을 원인으로 한 소유권이전등기절차의 이행을 청구할 수 있고 소유명의자는 이에 응할 의무가 있으므로 점유자가 그 명의로 소유권이전등기를 경료하지 아니하여 아직 소유권을 취득하지 못하였다고 하더라도 소유명의자는 점유자에 대하여 점유로 인한 부당이득반환청구를 할 수 없다(대판 1993.5.25, 92다51280). 20년간 소유의 의사로 평온, 공연하게 乙소유의 X토지를 점유하여 취득시효를 완성한 점유자 甲에 대하여 乙은 점유로 인한 부당이득반환청구를 할 수 없다.

ㄷ. (○) : 부동산에 관한 점유취득시효기간이 경과하였다고 하더라도 그 점유자가 자신의 명의로 등기하지 아니하고 있는 사이에 먼저 제3자 명의로 소유권이전등기가 경료되어 버리면, 특별한 사정이 없는 한 그 제3자에 대하여는 시효취득을 주장할 수 없으나, 그 제3자가 취득시효기간 만료 당시의 등기명의인으로부터 신탁 또는 명의신탁받은 경우라면 종전 등기명의인으로서는 언제든지 이를 해지하고 소유권이전등기를 청구할 수 있고, 점유시효취득자로서는 종전 등기명의인을 대위하여 이러한 권리를 행사할 수 있으므로, 그러한 제3자가 소유자로서의 권리를 행사하는 경우 점유자로서는 취득시효완성을 이유로 이를 저지할 수 있다(대판 2007.10.11, 2007다43894).

사안의 경우 취득시효에 기한 등기청구권은 채권적이기 때문에, 甲이 등기를 경료하지 않고 있는 사이에 乙이 丙에게 그 토지를 처분하여 이전등기를 해 준 경우에는 甲은 제3자 丙에게 직접 시효완성을 주장할 수 없다. 그러나 丙이 유효한 명의신탁받은 경우라면 명의신탁자 乙은 명의수탁자 丙에게 언제든지 명의신탁을 해지하고 소유권이전등기를 청구할 수 있다. 따라서 시효취득자인 甲은 점유취득시효의 완성을 이유로 인한 소유권이전등기의무자인 乙을 대위하여 丙에게 권리를 행사할 수 있는 자이므로, 丙이 甲에 대해 소유자로서의 권리를 행사하는 경우라도, 특별한 사정이 없는 한 甲은 점유취득시효의 완성을 이유로 이를 저지할 수 있다

▶ 정답 02 ① 03 ②

04 취득시효에 관한 다음 설명 중 가장 옳지 않은 것은? (다툼이 있는 경우 판례에 의함)

① 점유자가 취득시효를 주장하는 경우에 있어서 스스로 소유의 의사를 입증할 책임은 없고, 오히려 그 점유자의 점유가 소유의 의사가 없는 점유임을 주장하여 점유자의 취득시효의 성립을 부정하는 자에게 그 입증책임이 있다.
② 부동산을 취득시효기간 만료 당시의 점유자로부터 양수하여 점유를 승계한 현 점유자는 자신의 전 점유자에 대한 소유권이전등기청구권을 보전하기 위하여 전 점유자의 소유자에 대한 소유권이전등기청구권을 대위행사할 수 있을 뿐, 전 점유자의 취득시효 완성의 효과를 주장하여 직접 자기에게 소유권이전등기를 청구할 권원은 없다.
③ 등기부취득시효에 관한 민법 제245조 제2항의 규정에 의하여 소유권을 취득하는 자는 10년간 반드시 그의 명의로 등기되어 있어야 하는 것은 아니고 앞 사람의 등기까지 아울러 그 기간 동안 부동산의 소유자로 등기되어 있으면 된다.
④ 취득시효기간의 만료 전에 등기부상의 소유명의가 변경되었다면 이로써 종래의 점유상태의 계속이 파괴되었다고 할 것이므로 이는 취득시효의 중단사유가 된다.
⑤ 점유가 선의이며 과실 없이 개시된 경우에는 5년간 소유의 의사로 평온·공연하게 동산을 점유하면 그 소유권을 취득한다.

[정답해설]
① 민법 제197조 제1항에 의하면, 물건의 점유자는 소유의 의사로 점유한 것으로 추정되므로, 점유자가 취득시효를 주장하는 경우 스스로 소유의 의사를 증명할 책임은 없고, 점유자의 점유가 소유의 의사가 없는 점유임을 주장하여 취득시효 성립을 부정하는 자에게 증명책임이 있다. 그리고 점유자의 점유가 소유의 의사 있는 자주점유인지 아니면 소유의 의사 없는 타주점유인지는 점유자 내심의 의사에 의하여 결정되는 것이 아니라 점유 취득의 원인이 된 권원의 성질이나 점유와 관계가 있는 모든 사정에 의하여 외형적·객관적으로 결정되어야 한다(대판 2011.7.28, 2011다15094 등).
② 전 점유자의 점유를 승계한 자는 그 점유 자체와 하자만을 승계하는 것이지 그 점유로 인한 법률효과까지 승계하는 것은 아니므로 부동산을 취득시효기간 만료 당시의 점유자로부터 양수하여 점유를 승계한 현 점유자는 자신의 전 점유자에 대한 소유권이전등기청구권을 보전하기 위하여 전 점유자의 소유자에 대한 소유권이전등기청구권을 대위행사할 수 있을 뿐, 전 점유자의 취득시효 완성의 효과를 주장하여 직접 자기에게 소유권이전등기를 청구할 권원은 없다(대판(전) 1995.3.8, 93다47745).
③ 등기부취득시효에 관하여 민법 제245조 제2항은 "부동산의 소유자로 등기한 자가 10년간 소유의 의사로 평온, 공연하게 선의이며 과실 없이 그 부동산을 점유한 때에는 소유권을 취득한다."고 규정하고 있는데, 위 규정에 의하여 소유권을 취득하는 자는 10년간 반드시 그의 명의로 등기되어 있어야 하는 것은 아니고 앞 사람의 등기까지 아울러 그 기간동안 부동산의 소유자로 등기되어 있으면 된다고 할 것이다(대판 2001.1.16, 98다20110).
④ 점유로 인한 부동산소유권의 시효취득에 있어 취득시효의 중단사유는 종래의 점유상태의 계속을 파괴하는 것으로 인정될 수 있는 사유라야 할 것인바, 취득시효기간의 완성 전에 등기부상의 소유명의가 변경되었다 하더라도 이로써 종래의 점유상태의 계속이 파괴되었다고 할 수 없으므로 이는 취득시효의 중단사유가 될 수 없다(대판(전) 2009.7.16, 2007다15172·15189).
⑤ 10년간 소유의 의사로 평온·공연하게 동산을 점유한 자는 그 소유권을 취득하고, 그 점유가 선의이며 과실 없이 개시된 경우에는 5년을 경과함으로써 그 소유권을 취득한다(제246조).

> 제246조 【점유로 인한 동산소유권의 취득기간】
> ① 10년간 소유의 의사로 평온, 공연하게 동산을 점유한 자는 그 소유권을 취득한다.
> ② 전항의 점유가 선의이며 과실 없이 개시된 경우에는 5년을 경과함으로써 그 소유권을 취득한다.

05 甲이 소유의 의사로 X토지를 20년 이상 평온, 공연하게 점유하여 X토지에 관한 점유취득시효가 완성되었으나, 甲은 아직 취득시효 완성을 원인으로 한 등기는 갖추지 못하였다. 甲의 점유취득시효 완성 당시 X토지의 진정한 소유자는 丙이었으나, 乙 명의로 원인무효등기가 마쳐져 있었다. 이에 관한 설명 중 옳지 않은 것을 모두 고른 것은? (각 지문은 독립적이며, 다툼이 있는 경우 판례에 의함)

> ㄱ. 甲이 취득시효 완성 후 乙에게 자신이 X토지를 무단으로 점유・사용하고 있음을 시인하고 乙과 X토지에 대한 임대차계약을 체결한 후 수년간 임대료 등을 지급해 왔다면, 이로써 시효이익 포기의 효력이 발생한다.
> ㄴ. 甲이 취득시효 완성을 원인으로 한 등기를 마치지 않은 상태에서 乙이 丙과 매매계약을 체결하고 적법하게 X토지의 소유권을 취득하였다면, 甲은 乙을 상대로 취득시효 완성을 주장할 수 있다.
> ㄷ. 甲은 취득시효 완성을 원인으로 시효완성 당시의 소유자인 丙에 대하여 소유권이전등기청구권을 가질 뿐만 아니라 X토지의 등기명의인인 乙에 대하여도 소유권이전등기청구권을 가진다.
> ㄹ. 취득시효 완성 전 丙이 甲을 상대로 X토지 점유로 인한 부당이득반환청구의 소를 제기하였다면, X토지에 대한 취득시효는 위 소 제기 시에 중단된다.

① ㄱ, ㄴ ② ㄱ, ㄷ
③ ㄴ, ㄷ ④ ㄱ, ㄴ, ㄷ
⑤ ㄴ, ㄷ, ㄹ

정답해설

[ㄱ, ㄴ, ㄷ]이 정답이다.
ㄱ. (×) : 시효이익의 포기와 같은 상대방 있는 단독행위는 그 의사표시로 인하여 권리에 직접적인 영향을 받는 상대방에게 도달하는 때에 효력이 발생한다 할 것인바, 특별한 사정이 없는 한 시효취득자가 취득시효완성 당시의 진정한 소유자에 대하여 하여야 그 효력이 발생하는 것이지 원인무효인 등기의 등기부상 소유명의자에게 그와 같은 의사를 표시하였다고 하여 그 효력이 발생하는 것은 아니라 할 것이다(대판 1994.12.23, 94다40734).
ㄴ. (×) : 점유로 인한 취득기간 경과로 대지에 대한 소유권을 취득하였다 하더라도 이를 원인으로 하여 등기하기 전에 그 대지에 대한 소유권이전등기를 취득한 제3자에 대하여는 대항할 수 없다(대판 1964.6.9, 63다1129).

▶ 정답   04 ④   05 ④

ㄷ. (×) : 제3자 명의의 등기가 원인무효인 경우에는 점유자는 취득시효 완성 당시의 소유자를 대위하여 위 제3자 앞으로 경료된 원인무효인 등기의 말소를 구함과 아울러 위 소유자에게 취득시효 완성을 원인으로 한 소유권이전등기를 구하여야 한다(대판 2002.3.15, 2001다77352).
ㄹ. (○) : 소유권의 시효취득에 준용되는 시효중단사유인 민법 제168조, 제170조에 규정된 재판상의 청구라 함은 시효취득의 대상인 목적물의 인도 내지는 소유권존부확인이나 소유권에 관한 등기청구소송은 말할 것도 없고, 소유권침해의 경우에 그 소유권을 기초로 하여 하는 방해배제 및 손해배상 혹은 부당이득반환청구소송도 이에 포함된다(대판 1997.3.14, 96다55211).

06 甲 소유 X토지에 대하여 乙이 점유취득시효를 완성하였으나 등기를 경료하지 못하고 있는 경우에 관한 설명으로 옳지 않은 것은? (다툼이 있으면 판례에 따름) ▶ 2016 감정평가사

① 甲이 丙에게 X토지를 매도하여 이전등기를 마치면, 乙은 甲에 대한 시효취득의 효력을 丙에게 주장할 수 없다.
② 위의 ①에서 丙이 甲의 배임행위에 적극 가담한 경우에는 甲과 丙의 매매는 반사회질서 법률행위로서 무효가 된다.
③ 乙이 점유를 상실하면 시효이익의 포기로 간주되어 취득한 소유권이전등기청구권은 소멸한다.
④ 乙의 X토지에 대한 취득시효의 주장에도 불구하고 甲이 악의로 丙에게 이를 매도한 경우, 乙은 甲에 대하여 손해배상을 청구할 수 있다.
⑤ X토지가 수용된 경우, 그 전에 乙이 甲에 대하여 시효취득기간만료를 원인으로 등기청구권을 행사하였다면 대상청구권을 행사할 수 있다.

정답해설

① 취득시효완성 후 대상 부동산의 소유권을 제3자가 취득한 경우 시효취득자가 제3자에게 취득시효완성의 효과를 주장할 수 없다(대판 1968.5.28, 68다554).
② 이중매매에 있어서와 마찬가지로 시효완성의 사실을 알면서도 양수인이 양도인의 배임행위에 적극 가담한 경우에는 반사회질서 행위로서 제103조에 위반되어 양도계약은 무효이다(대판 2002.3.15, 2001다77352; 대판 1995.6.30, 94다52416).
③ 민법 제245조 제1항에 의하여 점유부동산에 관하여 소유자에 대한 소유권이전등기청구권을 취득하게 되며, 점유자가 취득시효기간의 만료로 일단 소유권이전등기청구권을 취득한 이상, 그 후 점유를 상실하였다고 하더라도 이를 시효이익의 포기로 볼 수 있는 경우가 아닌 한, 이미 취득한 소유권이전등기청구권은 소멸되지 아니한다(대판 1995.3.28, 93다47745).
④ 부동산 소유자가 취득시효가 완성된 사실을 알고 그 부동산을 제3자에게 처분하여 소유권이전등기를 넘겨줌으로써 취득시효 완성을 원인으로 한 소유권이전등기의무가 이행불능에 빠지게 되어 시효취득을 주장하는 자가 손해를 입었다면 불법행위를 구성한다고 할 것이고, 부동산을 취득한 제3자가 부동산 소유자의 이와 같은 불법행위에 적극 가담하였다면 이는 사회질서에 반하는 행위로서 무효라고 할 것이다(대판 2002.3.15, 2001다77352).
⑤ 취득시효의 목적인 토지가 수용된 경우, 판례는 대상청구권을 행사할 수 있다고 판시하고 있다. 다만, 그 요건으로 이행불능 전(수용되기 전) 시효완성자가 취득시효를 원인으로 한 권리를 주장, 행사하였어야 하고 그렇지 않은 경우에는 대상청구권을 행사할 수 없다고 보는 것이 공평의 관념에 부합한다고 판시하고 있다(대판 1996.12.10, 94다43825; 대판 1994.12.9, 94다25025).

07 甲이 乙명의의 X토지에 대하여 점유취득시효기간을 완성한 경우에 관한 설명으로 옳지 않은 것을 모두 고른 것은? (다툼이 있으면 판례에 따름)
▶ 2020 감정평가사

> ㄱ. 甲이 乙에게 X토지의 소유권이전등기를 청구한 후 乙이 그 토지를 丙에게 처분한 경우, 이는 乙이 자신의 소유권을 행사한 것이므로 乙은 甲에게 불법행위책임을 지지 않는다.
> ㄴ. 甲이 아직 소유권이전등기를 하지 않고 있던 중, 丙이 취득시효가 완성하기 전에 마친 丙명의의 가등기에 기하여 소유권이전의 본등기를 한 경우에도 甲은 丙에 대하여 시효취득을 주장할 수 있다.
> ㄷ. 甲으로부터 X토지의 점유를 승계한 丁은 甲의 취득시효완성의 효과를 주장하여 직접 자기에게 소유권이전등기를 청구하지 못한다.

① ㄴ
② ㄷ
③ ㄱ, ㄴ
④ ㄱ, ㄷ
⑤ ㄴ, ㄷ

정답해설

ㄱ. (×): 부동산에 관한 취득시효가 완성된 후 취득시효를 주장하거나 이로 인한 소유권이전등기청구를 하기 이전에는 등기명의인인 부동산 소유자로서는 특별한 사정이 없는 한 시효취득사실을 알 수 없는 것이므로 이를 제3자에게 처분하였다 하더라도 불법행위가 성립할 수 없다 할 것이나, 시효취득을 주장하는 권리자가 취득시효를 주장하면서 소유권이전등기청구소송을 제기하여 그에 관한 입증까지 마쳤다면 부동산 소유자로서는 시효취득사실을 알 수 있다 할 것이고 이러한 경우에 부동산 소유자가 부동산을 제3자에게 처분하여 소유권이전등기를 넘겨 줌으로써 취득시효완성을 원인으로 한 소유권이전등기의무가 이행불능에 빠짐으로써 시효취득을 주장하는 자가 손해를 입었다면 불법행위를 구성한다고 할 것이며, 부동산을 취득한 제3자가 부동산 소유자의 이와 같은 불법행위에 적극 가담하였다면 이는 사회질서에 반하는 행위로서 무효라 할 것이다(대판 1993.2.9, 92다47892). 사안은 이미 甲이 乙에게 X토지의 소유권이전등기를 청구한 후 乙이 그 토지를 丙에게 처분한 경우이므로, 乙은 甲에게 불법행위책임을 지게 된다.

ㄴ. (×): 취득시효완성에 의한 등기를 하기 전에 먼저 소유권이전등기를 경료하여 부동산 소유권을 취득한 제3자에 대하여는 그 제3자 명의의 등기가 무효가 아닌 한 시효취득을 주장할 수 없고, 한편 가등기는 그 성질상 본등기의 순위보전의 효력만이 있어 후일 본 등기가 경료된 때에는 본등기의 순위가 가등기한 때로 소급하는 것뿐이지 본등기에 의한 물권변동의 효력이 가등기한 때로 소급하여 발생하는 것은 아니므로(대판 1981.5.26, 80다3117; 1982.6.22, 81다1298·1299 각 참조), 토지에 관한 취득시효가 완성된 후 甲이 아직 소유권이전등기를 하지 않고 있던 중, 丙이 취득시효가 완성하기 전에 마친 丙명의의 가등기에 기하여 소유권이전의 본등기를 한 경우에도 그 가등기나 본등기를 무효로 볼 수 있는 경우가 아닌 한 시효완성 후 부동산소유권을 취득한 제3자인 丙에 대하여 甲은 시효취득을 주장할 수 없다(대판 1992.9.25, 92다21258).

ㄷ. (○): 전 점유자의 점유를 승계한 자는 그 점유 자체와 하자만을 승계하는 것이지 그 점유로 인한 법률효과까지 승계하는 것은 아니므로 부동산을 취득시효기간 만료 당시의 점유자로부터 양수하여 점유를 승계한 현 점유자는 자신의 전 점유자에 대한 소유권이전등기청구권을 보전하기 위하여 전 점유자의 소유자에 대한 소유권이전등기청구권을 대위행사할 수 있을 뿐, 전 점유자의 취득시효 완성의 효과를 주장하여 직접 자기에게 소유권이전등기를 청구할 권원은 없다(대판(전) 1995.3.8, 93다47745). 따라서 甲으로부터 X토지의 점유를 승계한 丁은 甲의 취득시효완성의 효과를 주장하여 직접 자기에게 소유권이전등기를 청구하지는 못한다.

▶ 정답 06 ③ 07 ③

08 부동산 취득시효에 관한 설명으로 옳지 않은 것은? (다툼이 있으면 판례에 따름)

▶ 2017 감정평가사

① 등기부취득시효의 요건으로서 무과실은 이를 주장하는 자가 증명하여야 한다.
② 점유취득시효에 있어서 점유자가 무효인 임대차계약에 따라 점유를 취득한 사실이 증명된 경우, 그 점유자의 소유의 의사는 추정되지 않는다.
③ 시효취득자가 시효취득 당시 원인무효인 등기의 등기부상 소유명의자에게 시효이익을 포기한 경우에도 시효이익 포기의 효력이 발생한다.
④ 점유취득시효의 완성 후 등기 전에 토지소유자가 파산선고를 받은 때에는 점유자는 파산관재인을 상대로 취득시효를 이유로 소유권이전등기를 청구할 수 없다.
⑤ 토지에 대한 취득시효 완성으로 인한 소유권이전등기청구권은 그 토지에 대한 점유가 계속되는 한 시효로 소멸하지 않는다.

[정답해설]
① 등기부취득시효에 있어서 선의 무과실은 등기에 관한 것이 아니고 점유취득에 관한 것으로서, 그 무과실에 관한 입증책임은 그 시효취득을 주장하는 사람에게 있다(대판 1995.2.10, 94다22651).
② 점유자가 성질상 소유의 의사가 없는 것으로 보이는 권원에 바탕을 두고 점유를 취득한 사실이 증명되었거나, 점유자가 타인의 소유권을 배제하여 자기의 소유물처럼 배타적 지배를 행사하는 의사를 가지고 점유하는 것으로 볼 수 없는 객관적 사정, 즉 점유자가 진정한 소유자라면 통상 취하지 아니할 태도를 나타내거나 소유자라면 당연히 취했을 것으로 보이는 행동을 취하지 아니한 경우 등 외형적·객관적으로 보아 점유자가 타인의 소유권을 배척하고 점유할 의사를 갖고 있지 아니하였던 것이라고 볼 만한 사정이 증명된 경우에도 그 추정은 깨어지는 것이다(대판(전) 2000.3.16, 97다37661). 따라서 임대차계약에 따라 점유를 취득한 사실이 증명된 경우이므로 타주점유가 인정되어 점유자의 소유의 의사는 추정되지 않는다.
③ 취득시효이익의 포기와 같은 상대방 있는 단독행위는 그 의사표시로 인하여 권리에 직접적인 영향을 받는 상대방에게 도달하는 때에 효력이 발생한다. 취득시효 완성으로 인한 권리변동의 당사자는 시효취득자와 취득시효 완성 당시의 진정한 소유자이고, 실체관계와 부합하지 않는 원인무효인 등기의 등기부상 소유명의자는 권리변동의 당사자가 될 수 없으므로, 결국 시효이익의 포기는 달리 특별한 사정이 없는 한 시효취득자가 취득시효 완성 당시의 진정한 소유자에 대하여 하여야 그 효력이 발생하는 것이지 원인무효인 등기의 등기부상 소유명의자에게 그와 같은 의사를 표시하였다고 하여 그 효력이 발생하는 것은 아니다(대판 2011.7.14, 2011다23200).
④ 파산선고 전에 부동산에 대한 점유취득시효가 완성되었으나 파산선고 시까지 이를 원인으로 한 소유권이전등기를 마치지 아니한 자는, 그 부동산의 소유자에 대한 파산선고와 동시에 파산채권자 전체의 공동의 이익을 위하여 파산재단에 속하는 그 부동산에 관하여 이해관계를 갖는 제3자의 지위에 있는 파산관재인이 선임된 이상, 파산관재인을 상대로 파산선고 전의 점유취득시효 완성을 원인으로 한 소유권이전등기절차의 이행을 청구할 수 없다(대판 2008.2.1, 2006다32187).
⑤ 점유자가 점유를 계속하는 동안에는 취득시효완성을 원인으로 한 소유권이전등기청구권은 소멸시효가 진행되지 않는다(대판 1996.3.8, 95다34866).

09 첨부에 관한 설명으로 옳지 않은 것은? (다툼이 있으면 판례에 따름) ▶ 2022 감정평가사

① 주종을 구별할 수 있는 동산들이 부합하여 분리에 과다한 비용을 요할 경우, 그 합성물의 소유권은 주된 동산의 소유자에게 속한다.
② 타인이 권원에 의하여 부동산에 부속시킨 동산이 그 부동산과 분리되면 경제적 가치가 없는 경우, 그 동산의 소유권은 부동산 소유자에게 속한다.
③ 양도담보권의 목적인 주된 동산에 甲소유의 동산이 부합되어 甲이 그 소유권을 상실하는 손해를 입은 경우, 특별한 사정이 없는 한 甲은 양도담보권자를 상대로 보상을 청구할 수 있다.
④ 타인의 동산에 가공한 경우, 가공으로 인한 가액의 증가가 원재료의 가액보다 현저히 다액인 때에는 가공자의 소유로 한다.
⑤ 건물의 증축 부분이 기존 건물에 부합하여 기존 건물과 분리해서는 별개의 독립물로서의 효용을 갖지 못하는 경우, 기존 건물에 대한 경매절차에서 경매목적물로 평가되지 않았더라도 매수인은 부합된 증축 부분의 소유권을 취득한다.

[정답해설]

① **제257조【동산 간의 부합】** 동산과 동산이 부합하여 훼손하지 아니하면 분리할 수 없거나 그 분리에 과다한 비용을 요할 경우에는 그 합성물의 소유권은 **주된 동산의 소유자에게 속한다**. 부합된 동산의 주종을 구별할 수 없는 때에는 동산의 소유자는 부합 당시의 가액의 비율로 합성물을 공유한다.
② 부합이란 분리 훼손하지 아니하면 분리할 수 없거나 분리에 과다한 비용을 요하는 경우는 물론 분리하게 되면 경제적 가치를 심히 감손케 하는 경우도 포함하고, 부합의 원인은 인공적인 경우도 포함하나(대판 1962.1.31, 4294민상445 참조), 부동산에 부합한 물건이 타인이 적법한 권원에 의하여 부속한 것인 때에는 민법 제256조 단서에 따라 그 물건의 소유권은 그 타인의 소유에 귀속되는 것이다. 다만 부동산에 부합된 물건이 사실상 분리복구가 불가능하여 거래상 독립한 권리의 객체성을 상실하고 그 부동산과 일체를 이루는 부동산의 구성 부분이 된 경우에는 타인이 권원에 의하여 이를 부합시켰더라도 그 물건의 소유권은 부동산의 소유자에게 귀속된다(대판 2012.1.26, 2009다76546).
③ 부당이득반환청구에서 이득이란 실질적인 이익을 의미하는데, 동산에 대하여 양도담보권을 설정하면서 양도담보권설정자가 양도담보권자에게 담보목적인 동산의 소유권을 이전하는 이유는 양도담보권자가 양도담보권을 실행할 때까지 스스로 담보물의 가치를 보존할 수 있게 함으로써 만약 채무자가 채무를 이행하지 않더라도 채권자인 양도담보권자가 양도받은 담보물을 환가하여 우선변제받는 데에 지장이 없도록 하기 위한 것이고, 동산양도담보권은 담보물의 교환가치 취득을 목적으로 하는 것이다. 이러한 양도담보권의 성격에 비추어 보면, 양도담보권의 목적인 주된 동산에 다른 동산이 부합되어 부합된 동산에 관한 권리자가 권리를 상실하는 손해를 입은 경우 주된 동산이 담보물로서 가치가 증가된 데 따른 실질적 이익은 주된 동산에 관한 양도담보권설정자에게 귀속되는 것이므로, 이 경우 부합으로 인하여 권리를 상실하는 자는 양도담보권설정자를 상대로 민법 제261조에 따라 보상을 청구할 수 있을 뿐 양도담보권자를 상대로 보상을 청구할 수는 없다(대판 2016.4.28, 2012다19659).

> **제261조【첨부로 인한 구상권】**
> 전5조의 경우에 손해를 받은 자는 부당이득에 관한 규정에 의하여 보상을 청구할 수 있다.

▶ 정답 08 ③ 09 ③

Chapter 04 소유권

④ 제259조【가공】① 타인의 동산에 가공한 때에는 그 물건의 소유권은 원재료의 소유자에게 속한다. 그러나 가공으로 인한 가액의 증가가 원재료의 가액보다 현저히 다액인 때에는 가공자의 소유로 한다.
⑤ 건물의 증축 부분이 기존건물에 부합하여 기존건물과 분리하여서는 별개의 독립물로서의 효용을 갖지 못하는 이상 기존건물에 대한 근저당권은 민법 제358조에 의하여 부합된 증축 부분에도 효력이 미치는 것이므로 기존건물에 대한 경매절차에서 경매목적물로 평가되지 아니하였다고 할지라도 경락인은 부합된 증축 부분의 소유권을 취득한다(대판 2002.10.25, 2000다63110).

10 부합에 관한 설명으로 옳은 것은? (다툼이 있으면 판례에 따름)   ▶ 2018 공인중개사

① 건물은 토지에 부합한다.
② 정당한 권원에 의하여 타인의 토지에서 경작·재배하는 농작물은 토지에 부합한다.
③ 건물에 부합된 증축부분이 경매절차에서 경매목적물로 평가되지 않은 때에는 매수인은 그 소유권을 취득하지 못한다.
④ 토지임차인의 승낙만을 받아 임차 토지에 나무를 심은 사람은 다른 약정이 없으면 토지 소유자에 대하여 그 나무의 소유권을 주장할 수 없다.
⑤ 매수인이 제3자와의 도급계약에 따라 매도인에게 소유권이 유보된 자재를 제3자 건물에 부합한 경우, 매도인은 선의·무과실의 제3자에게 보상을 청구할 수 있다.

정답해설
① 건물은 토지에 부합이 인정되지 않는다. 건물은 토지와는 별개의 부동산이기 때문이다.
② 토지에 대한 소유권이 없는 자가 권원 없이 경작한 입도라 하더라도 성숙하였다면 그에 대한 소유권은 경작자에게 귀속된다(대판 1963.2.21, 62다913).
③ 건물의 증축부분이 기존건물에 부합하여 기존건물과 분리하여서는 별개의 독립건물로서 효용을 가지지 못하는 이상, 기존건물에 대한 경매절차에서 경매목적물로 평가되지 아니하였다 하더라도, 경락인은 부합된 증축 부분의 소유권을 취득한다(대판 2002.5.10, 99다24256).
④ 민법 제256조 단서 소정의 "권원"이라 함은 지상권, 전세권, 임차권 등과 같이 타인의 부동산에 자기의 동산을 부속시켜서 그 부동산을 이용할 수 있는 권리를 뜻하므로 그와 같은 권원이 없는 자가 토지소유자의 승낙을 받음이 없이 그 임차인의 승낙만을 받아 그 부동산 위에 나무를 심었다면 특별한 사정이 없는 한 토지소유자에 대하여 그 나무의 소유권을 주장할 수 없다(대판 1989.7.11, 88다카9067).
⑤ 민법 제261조에서 첨부로 법률규정에 의한 소유권 취득(민법 제256조 내지 제260조)이 인정된 경우에 "손해를 받은 자는 부당이득에 관한 규정에 의하여 보상을 청구할 수 있다."라고 규정하고 있는바, 이러한 보상청구가 인정되기 위해서는 민법 제261조 자체의 요건뿐만 아니라, 부당이득 법리에 따른 판단에 의하여 부당이득의 요건이 모두 충족되었다고 인정되어야 한다.
매도인에게 소유권이 유보된 자재가 제3자와 매수인 사이에 이루어진 도급계약의 이행으로 제3자 소유 건물의 건축에 사용되어 부합된 경우 보상청구를 거부할 법률상 원인이 있다고 할 수 없지만, 제3자가 도급계약에 의하여 제공된 자재의 소유권이 유보된 사실에 관하여 과실 없이 알지 못한 경우라면 선의취득의 경우와 마찬가지로 제3자가 그 자재의 귀속으로 인한 이익을 보유할 수 있는 법률상 원인이 있다고 봄이 상당하므로, 매도인으로서는 그에 관한 보상청구를 할 수 없다.
이러한 법리는 매도인에게 소유권이 유보된 자재가 본인에게 효력이 없는 계약에 기초하여 매도인으로부터 무권대리인에게 이전되고, 무권대리인과 본인 사이에 이루어진 도급계약의 이행으로 본인 소유 건물의 건축에 사용되어 부합된 경우에도 마찬가지로 적용된다(대판 2018.3.15, 2017다282391).

11 부합에 관한 설명으로 옳지 않은 것은? (다툼이 있으면 판례에 따름) ▶ 2024 감정평가사

① 부동산에 부합되어 동산의 소유권이 소멸한 때에는 그 동산을 목적으로 한 다른 권리도 소멸한다.
② 부합한 동산 간의 주종을 구별할 수 없는 때에는 특약이 없는 한 동산의 소유자는 부합 당시 가액의 비율로 합성물을 공유한다.
③ X토지 소유자의 승낙 없이 토지임차인의 승낙만 받아 제3자가 X에 수목을 심은 경우, 그 수목은 X에 부합하지 않으므로 제3자가 식재한 수목임을 알지 못하는 X의 양수인은 그 수목을 벌채할 수 없다.
④ 타인의 권원에 기하여 부동산에 부합된 물건이 부동산의 구성부분이 된 경우, 부동산의 소유자는 방해배제청구권에 기하여 부합물의 철거를 청구할 수 없다.
⑤ 건물의 증축부분이 축조 당시 독립한 권리의 객체성을 상실하여 본건물에 부합된 후 구조의 변경 등으로 독립한 권리의 객체성을 취득하게 된 때에는 본건물과 독립하여 거래의 대상이 될 수 있다.

[정답해설]

① 동산이 부동산에 부합하여 동산의 소유권이 소멸한 때에는 그 동산을 목적으로 한 다른 권리도 소멸한다(제260조 제1항).

> 제260조 【첨부의 효과】
> ① 전4조의 규정에 의하여 동산의 소유권이 소멸한 때에는 그 동산을 목적으로 한 다른 권리도 소멸한다.

② 부합한 동산의 주종을 구별할 수 없는 때에는 동산의 소유자는 부합 당시의 가액의 비율로 합성물을 공유한다(제257조).

> 제257조 【동산 간의 부합】
> 동산과 동산이 부합하여 훼손하지 아니하면 분리할 수 없거나 그 분리에 과다한 비용을 요할 경우에는 그 합성물의 소유권은 주된 동산의 소유자에게 속한다. 부합된 동산의 주종을 구별할 수 없는 때에는 동산의 소유자는 부합 당시의 가액의 비율로 합성물을 공유한다.

③ 민법 제256조 단서 소정의 '권원'이라 함은 지상권, 전세권, 임차권 등과 같이 타인의 부동산에 자기의 동산을 부속시켜서 그 부동산을 이용할 수 있는 권리를 뜻하므로 그와 같은 권원이 없는 자가 토지소유자의 승낙을 받음이 없이 그 임차인의 승낙을 받아 그 부동산 위에 나무를 심었다면 특별한 사정이 없는 한 토지소유자에 대하여 그 나무의 소유권을 주장할 수 없다(대판 1989.7.11, 88다카9067). X토지의 양수인은 자신의 소유인 수목을 벌채할 수 있다.

> 제256조 【부동산에의 부합】
> 부동산의 소유자는 그 부동산에 부합한 물건의 소유권을 취득한다. 그러나 타인의 권원에 의하여 부속된 것은 그러하지 아니하다.

▶ 정답 10 ④ 11 ③

④ 부동산에 부합된 물건이 사실상 분리복구가 불가능하여 거래상 독립한 권리의 객체성을 상실하고 그 부동산과 일체를 이루는 부동산의 구성부분이 된 경우에는 타인이 권원에 의하여 이를 부합시켰더라도 그 물건의 소유권은 부동산의 소유자에게 귀속되어 부동산의 소유자는 방해배제청구권에 기하여 부합물의 철거를 청구할 수 없지만(대판 1985.12.4, 84다카2428; 2008.5.8, 2007다36933·36940 등 참조), 부합물이 위와 같은 요건을 충족하지 못해 그 물건의 소유권이 부동산의 소유자에게 귀속되었다고 볼 수 없는 경우에는 부동산의 소유자는 방해배제청구권에 기하여 부합물의 철거를 청구할 수 있다.
⑤ 일반적으로 건물의 증축부분이 축조 당시는 본건물의 구성부분이 됨으로써 독립의 권리의 객체성을 상실하여 본건물에 부합되었다고 할지라도 그후 구조의 변경등으로 독립한 권리의 객체성을 취득하게 된 때에는 본건물과 독립하여 거래의 대상이 될 수 있다(대판 1982.1.26, 81다519).

12 소유권 취득에 관한 설명으로 옳지 않은 것은? (다툼이 있으면 판례에 따름) ▶ 2015 감정평가사

① 무주의 부동산도 선점의 대상이 될 수 없다.
② 부동산 매수인이 매도인의 부동산 처분권한을 조사했더라면 그 처분권한이 없음을 알 수 있었음에도 이를 조사하지 않은 경우, 매수인의 등기부취득시효는 완성되지 않는다.
③ 부합한 동산의 주종을 구별할 수 없는 때에는 동산의 소유자는 부합 당시의 가액의 비율로 합성물을 공유한다.
④ 타인의 토지 기타 물건으로부터 발견된, 문화재가 아닌 매장물은 법률이 정한 바에 의하여 공고한 후 6개월 내에 그 소유자가 권리를 주장하지 아니하면 그 토지 기타 물건의 소유자와 발견자가 절반하여 취득한다.
⑤ 타인의 권원에 의하여 부동산에 부합된 물건이 독립한 권리의 객체성을 상실하고 부동산의 구성부분이 된 경우, 그 부합물의 소유권은 부동산의 소유자에게 귀속된다.

[정답해설]
① 무주의 부동산은 선점의 대상이 될 수 없다(제252조 제2항).

> 제252조 【무주물의 귀속】
> ① 무주의 동산을 소유의 의사로 점유한 자는 그 소유권을 취득한다.
> ② 무주의 부동산은 국유로 한다.

② 부동산등기부취득시효는 선의·무과실의 점유를 요한다. 부동산을 매수하는 사람으로서는 매도인에게 부동산을 처분할 권한이 있는지 여부를 조사하여야 하므로, 이를 조사하였더라면 매도인에게 처분권한이 없음을 알 수 있었음에도 불구하고 그러한 조사를 하지 않고 매수하였다면 부동산의 점유에 대하여 과실이 있다고 보아야 한다(대판 2017.12.13, 2016다248424). 따라서 이러한 과실 있는 매수인의 등기부취득시효는 완성되지 않는다(제245조 제2항).
③ 부합한 동산의 주종을 구별할 수 없는 때에는 동산의 소유자는 부합 당시의 가액의 비율로 합성물을 공유한다(제257조).

> **제257조 【동산 간의 부합】**
> 동산과 동산이 부합하여 훼손하지 아니하면 분리할 수 없거나 그 분리에 과다한 비용을 요할 경우에는 그 합성물의 소유권은 주된 동산의 소유자에게 속한다. 부합된 동산의 주종을 구별할 수 없는 때에는 동산의 소유자는 부합 당시의 가액의 비율로 합성물을 공유한다.

④ 타인의 토지 기타 물건으로부터 발견된, 문화재가 아닌 매장물은 법률이 정한 바에 의하여 공고한 후 "6개월 내"가 아닌 "1년 내"에 그 소유자가 권리를 주장하지 아니하면 그 토지 기타 물건의 소유자와 발견자가 절반하여 취득한다(제254조).

> **제254조 【매장물의 소유권취득】**
> 매장물은 법률에 정한 바에 의하여 공고한 후 1년 내에 그 소유자가 권리를 주장하지 아니하면 발견자가 그 소유권을 취득한다. 그러나 타인의 토지 기타 물건으로부터 발견한 매장물은 그 토지 기타 물건의 소유자와 발견자가 절반하여 취득한다.

⑤ 타인의 권원에 의하여 부동산에 부합된 물건이 독립한 권리의 객체성을 상실하고 부동산의 구성부분이 된 경우, 그 부합물의 소유권은 부동산의 소유자에게 귀속된다(대판 2008.5.8, 2007다36933).

▶ 정답 12 ④

제4절 공동소유

기본문제편

01 「민법」상 공유에 관한 설명으로 옳지 않은 것은? (특약은 고려하지 않고, 다툼이 있으면 판례에 따름)
▶ 2015 감정평가사 변형

① 각 공유자는 자기 지분을 자유롭게 처분할 수 있다.
② 소수지분권자가 다른 공유자의 동의 없이 공유물을 배타적으로 점유하는 경우, 다른 소수지분권자는 그 점유자를 상대로 보존행위에 기하여 공유물의 인도를 청구할 수 있다.
③ 공유자 1인이 포기한 지분은 다른 공유자에게 각 지분의 비율로 귀속한다.
④ 분할에 관한 협의가 성립한 후에 공유물분할소송을 제기하는 것은 허용되지 않는다.
⑤ 공유자는 다른 공유자가 공유물 분할로 인하여 취득한 물건에 대하여 그 지분의 비율로 매도인과 동일한 담보책임이 있다.

정답해설

① 각 공유자는 자기 지분을 자유롭게 처분할 수 있다(제263조).

> **제263조 【공유지분의 처분과 공유물의 사용, 수익】**
> 공유자는 그 지분을 처분할 수 있고 공유물 전부를 지분의 비율로 사용, 수익할 수 있다.

② 공유자 자신의 지분이 과반수에 미달하면 소수지분권자에 지나지 않으므로 배타적으로 공유물을 점유하는 다른 과반수 미달의 공유자를 전면적으로 배제하고 자신만이 단독으로 공유물을 점유하도록 인도해 달라고 청구할 권원은 없다. 대법원은 공유물의 소수지분권자가 다른 공유자와 협의하지 않고 공유물의 전부 또는 일부를 독점적으로 점유하는 경우, 다른 소수지분권자는 배타적으로 점유하고 있는 소수지분권자에게 공유물의 인도를 청구할 수는 없다고 한다(대판(전) 2020.5.21. 2018다287522). 즉 토지의 1/2 지분을 소유하고 있는 소수지분권자로서, 그 지상에 소나무를 식재하여 토지를 독점적으로 점유하고 있는 다른 소수지분권자를 상대로 소나무 등 지상물의 수거와 점유 토지의 인도 등을 청구한 사안에서, 공유물의 보존행위로서 공유토지에 대한 방해배제와 인도를 청구할 수 있다는 종래의 견해를 배척하여, 토지 인도를 청구할 수는 없다고 판결하였다(대판(전) 2020.5.21. 2018다287522).

> **비교** 그러나 소나무 등 설치한 지상물에 대한 제거 등 방해배제는 청구할 수 있다고 판시했다(대판(전) 2020.5.21. 2018다287522).

③ **제267조 【지분포기 등의 경우의 귀속】** 공유자가 그 지분을 포기하거나 상속인 없이 사망한 때에는 그 지분은 다른 공유자에게 각 지분의 비율로 귀속한다.
④ 공유물분할은 협의분할을 할 수 없을 때 법원에 분할을 청구할 수 있는 것이다. 따라서 분할에 관한 협의가 성립한 후에 공유물분할소송을 제기하는 것은 허용되지 않는다(제269조).

> **제269조 【분할의 방법】**
> ① 분할의 방법에 관하여 협의가 성립되지 아니한 때에는 공유자는 법원에 그 분할을 청구할 수 있다.

⑤ 제270조【분할로 인한 담보책임】공유자는 다른 공유자가 분할로 인하여 취득한 물건에 대하여 그 지분의 비율로 매도인과 동일한 담보책임이 있다.

■ 공동소유형태의 비교

	공유	합유	총유
인적 결합의 형태	인적 결합의 관계가 없다. (지분적 소유)	조합체로서의 인적 결합 (합수적 소유)	비법인사단의 인적 결합
지분	공유지분(제262조 제1항)	합유지분(제273조 제1항)	없음
지분의 처분	자유로이 처분 가능 (제263조 전단)	전원 동의로만 가능 (제273조 제1항)	없음
보존행위	각자 단독으로 가능 (제265조 단서)	각자 단독으로 가능 (제272조 단서)	비법인사단 또는 구성원 전원이 당사자 (구성원 1인은 총회결의를 거쳐도 당사자가 되지 못한다)
관리행위 (이용, 개량행위)	과반수 지분으로 가능 (제265조 본문)	계약(조합규약)에 의함	사원총회 결의로만 가능 (제275조 제2항)
사용, 수익	지분의 비율에 따라 공유물 전부 사용(제263조)	조합계약 기타 규약에 따름(제271조 제2항)	정관 기타 규약에 좇아 가능 (제276조 제2항)
처분, 변경	전원 동의(제264조)	전원 동의(제272조 본문)	사원총회 결의(제276조 제1항)
분할청구	분할청구의 자유 (제268조 제1항), 단 금지특약도 가능	불가, 단 조합종료 시 가능 (제273조 제2항)	불가
등기방식	계약에 의해 성립하는 경우 공유의 등기와 지분의 등기	합유자 전원 명의로 등기, 합유의 취지의 기재	단체 자체 명의로 등기 가능 (부동산등기법 제26조)

▶ 정답   01 ②

02 공유에 관한 설명으로 옳지 않은 것은? (다툼이 있으면 판례에 따름) ▶ 2016 감정평가사
① 공유자 사이에 다른 특약이 없는 한 그 지분의 비율로 공유물의 관리비용 기타 의무를 부담한다.
② 공유자의 1인이 상속인 없이 사망한 경우, 그 지분은 다른 공유자에게 각 지분의 비율로 귀속된다.
③ 공유물을 손괴한 자에 대하여 공유자 중 1인은 특별한 사유가 없는 한 공유물에 발생한 손해의 전부를 청구할 수 있다.
④ 공유토지 위에 건물을 신축하기 위해서는 공유자 전원의 동의가 있어야 한다.
⑤ 공유자가 다른 공유자의 지분권을 대외적으로 주장하는 것은 보존행위가 아니다.

[정답해설]
① 민법 제266조 제1항은 공유자는 그 지분의 비율로 공유물의 관리비용 기타 의무를 부담한다고 한다. 다만 이 규정은 임의규정이므로 공유자들이 다른 약정을 하는 것도 가능하다.
② 제267조 【지분포기 등의 경우의 귀속】 공유자가 그 지분을 포기하거나 상속인 없이 사망한 때에는 그 지분은 다른 공유자에게 각 지분의 비율로 귀속한다.
③ 공유물에 끼친 불법행위를 이유로 하는 손해배상청구권은 특별한 사유가 없는 한 각 공유자는 그 지분에 대응하는 비율의 한도 내에서만 이를 행사할 수 있다(대판 1970.4.14, 70다171).
④ 나대지에 건물을 신축하는 것은 공유물에 대한 처분·변경행위에 해당하는 것이 판례의 입장이다(대판 2001.11.27, 2000다33638·33645). 따라서 다른 공유자 전원의 동의가 있어야 한다(제264조).

> 제264조 【공유물의 처분, 변경】
> 공유자는 다른 공유자의 동의 없이 공유물을 처분하거나 변경하지 못한다.

⑤ 공유자가 다른 공유자의 지분권을 대외적으로 주장하는 것을 공유물의 멸실·훼손을 방지하고 공유물의 현상을 유지하는 사실적·법률적 행위인 공유물의 보존행위에 속한다고 할 수 없다(대판 1994.11.11, 94다35008).

03 민법상 공동소유에 관한 설명으로 옳지 않은 것은? (다툼이 있으면 판례에 따름)
▶ 2019 감정평가사
① 합의에 의한 공유물 분할의 경우, 공유자는 다른 공유자가 취득한 물건에 대하여 그 지분의 비율로 매도인과 동일한 담보책임이 있다.
② 공유자는 그 지분을 처분할 수 있고 공유물 전부를 지분의 비율로 사용, 수익할 수 있다.
③ 공유자는 다른 공유자의 동의 없이 공유물을 처분하거나 변경할 수 있다.
④ 공유물의 관리에 관한 사항은 공유자의 지분의 과반수로써 결정한다.
⑤ 토지공유자 사이에서는 그 지분의 비율로 공유물의 관리비용 기타 의무를 부담한다.

정답해설

① 제270조【분할로 인한 담보책임】공유자는 다른 공유자가 분할로 인하여 취득한 물건에 대하여 그 지분의 비율로 매도인과 동일한 담보책임이 있다.
② 제263조【공유지분의 처분과 공유물의 사용, 수익】공유자는 그 지분을 처분할 수 있고 공유물 전부를 지분의 비율로 사용, 수익할 수 있다.
③ 제264조【공유물의 처분, 변경】공유자는 다른 공유자의 동의 없이 공유물을 처분하거나 변경하지 못한다.
④ 제265조【공유물의 관리, 보존】공유물의 관리에 관한 사항은 공유자의 지분의 과반수로써 결정한다. 그러나 보존행위는 각자가 할 수 있다.
⑤ 제266조【공유물의 부담】① 공유자는 그 지분의 비율로 공유물의 관리비용 기타 의무를 부담한다.

04 공유관계에 관한 설명으로 옳지 않은 것은? (다툼이 있으면 판례에 따름) ▶ 2021 감정평가사

① 부동산 공유자의 공유지분 포기의 의사표시가 다른 공유자에게 도달하더라도 이로써 곧바로 공유지분 포기에 따른 물권변동의 효력이 발생하는 것은 아니다.
② 소수지분권자는 공유물의 전부를 협의 없이 점유하는 다른 소수지분권자에게 공유물의 인도를 청구할 수 있다.
③ 과반수 지분권자는 공유물의 관리에 관한 사항을 단독으로 결정할 수 있다.
④ 토지공유자 사이에서는 지분비율로 공유물의 관리비용을 부담한다.
⑤ 공유자는 특별한 사정이 없는 한 언제든지 공유물의 분할을 청구할 수 있다.

정답해설

① 민법 제267조는 "공유자가 그 지분을 포기하거나 상속인 없이 사망한 때에는 그 지분은 다른 공유자에게 각 지분의 비율로 귀속한다."라고 규정하고 있다. 여기서 공유지분의 포기는 법률행위로서 상대방 있는 단독행위에 해당하므로, 부동산 공유자의 공유지분 포기의 의사표시가 다른 공유자에게 도달하더라도 이로써 곧바로 공유지분 포기에 따른 물권변동의 효력이 발생하는 것은 아니고, 다른 공유자는 자신에게 귀속될 공유지분에 관하여 소유권이전등기청구권을 취득하며, 이후 민법 제186조에 의하여 등기를 하여야 공유지분 포기에 따른 물권변동의 효력이 발생한다. 그리고 부동산 공유자의 공유지분 포기에 따른 등기는 해당 지분에 관하여 다른 공유자 앞으로 소유권이전등기를 하는 형태가 되어야 한다(대판 2016.10.27. 2015다52978).
② 공유자 자신의 지분이 과반수에 미달하면 소수지분권자에 지나지 않으므로 배타적으로 공유물을 점유하는 다른 과반수 미달의 공유자를 전면적으로 배제하고 자신만이 단독으로 공유물을 점유하도록 인도해 달라고 청구할 권원은 없다. 대법원은 공유물의 소수지분권자가 다른 공유자와 협의하지 않고 공유물의 전부 또는 일부를 독점적으로 점유하는 경우, 다른 소수지분권자는 배타적으로 점유하고 있는 소수지분권자에게 공유물의 인도를 청구할 수는 없다고 한다(대판(전) 2020.5.21. 2018다287522).

   비교 그러나 소나무 등 설치한 지상물에 대한 제거 등 방해배제는 청구할 수 있다고 판시했다(대판(전) 2020.5.21. 2018다287522).

③ 공유자 사이에 공유물을 사용·수익할 구체적인 방법을 정하는 것은 공유물의 관리에 관한 사항으로서 공유자의 지분의 과반수로써 결정하여야 할 것이고, 과반수 지분의 공유자는 다른 공유자와 사이에 미리 공유물의 관리방법에 관한 협의가 없었다 하더라도 공유물의 관리에 관한 사항을 단독으로 결정할 수 있다(대판 2002.5.14. 2002다9738).

▶ 정답 02 ③ 03 ③ 04 ②

④ 제266조【공유물의 부담】① 공유자는 그 지분의 비율로 공유물의 관리비용 기타 의무를 부담한다.
⑤ 공유자는 다른 약정이 없으면 언제든지 공유물의 분할을 청구할 수 있다(민법 제268조). 공유는 공동소유자 상호 간에 아무런 인적 결합관계 없이 각기 독립적으로 목적물을 지배할 수 있는 공동소유 형태로서, 물건에 대한 1개의 소유권이 분량적으로 분할되어 여러 사람에게 속하는 것이므로 특별한 사정이 없는 한 각 공유자는 공유물의 분할을 청구하여 기존의 공유관계를 해소하고 각 공유자 간에 공유물을 분배하는 법률관계를 실현하는 일방적인 권리를 가진다(대판 1991.11.12, 91다27228 등 참조).

> 제268조【공유물의 분할청구】
> ① 공유자는 공유물의 분할을 청구할 수 있다. 그러나 5년 내의 기간으로 분할하지 아니할 것을 약정할 수 있다.

05 X토지를 3분의 1씩 공유하는 甲, 乙, 丙의 법률관계에 관한 설명으로 옳은 것은? (다툼이 있으면 판례에 따름)

▶ 2024 감정평가사

① 甲이 乙과 丙의 동의 없이 X토지 중 3분의 1을 배타적으로 사용하는 경우, 乙은 방해배제를 청구할 수 없다.
② 甲과 乙이 협의하여 X토지를 매도하면 그 효력은 丙의 지분에도 미친다.
③ 丁이 X토지의 점유를 무단으로 침해하고 있는 경우, 甲은 X토지 중 자신의 지분에 한하여 반환을 청구할 수 있다.
④ 甲이 자신의 지분을 포기하더라도 乙과 丙이 이전등기를 하여야 甲의 지분을 취득한다.
⑤ 丙이 1년 이상 X토지의 관리비용을 부담하지 않은 경우, 甲과 乙은 丙의 지분을 무상으로 취득할 수 있다.

정답해설

① 공유물의 소수지분권자가 다른 공유자와 협의 없이 공유물의 전부 또는 일부를 독점적으로 점유·사용하고 있는 경우 다른 소수지분권자는 공유물의 보존행위로서 그 인도를 청구할 수는 없고, 다만 자신의 지분권에 기초하여 공유물에 대한 방해 상태를 제거하거나 공동 점유를 방해하는 행위의 금지 등을 청구할 수 있다(대판(전) 2020.5.21, 2018다287522). 토지의 1/3 지분을 소유하고 있는 소수지분권자 乙은 甲에게 자신의 공유지분권에 기초하여 X토지에 대한 방해배제청구를 할 수 있다.
② 공유물을 처분하기 위해서는 전원의 동의가 있어야 한다(제264조). 甲과 乙이 협의하여 X토지를 매도하였다 하더라도 공유자 丙의 동의가 없어 공유물인 X토지의 처분의 효력은 없다. 다만, 甲과 乙의 지분처분으로 효력이 있을 뿐이므로(제263조), 丙의 지분에는 미치지 않는다.

> 제263조【공유지분의 처분과 공유물의 사용, 수익】
> 공유자는 그 지분을 처분할 수 있고 공유물 전부를 지분의 비율로 사용, 수익할 수 있다.
> 제264조【공유물의 처분, 변경】
> 공유자는 다른 공유자의 동의 없이 공유물을 처분하거나 변경하지 못한다.

③ 공유물을 점유할 아무런 권리가 없는 제3자에 대해서는 각 공유자는 단독으로 반환을 청구할 수 있고, 이 때 자신에게 목적물 전부를 반환할 것을 청구할 수 있다. 판례는 보존행위를 근거로 한다. 丁이 X토지의 점유를 무단으로 침해하고 있는 경우, 공유자 아닌 제3자인 丁에게 甲은 X토지 중 자신의 지분에 한하지 않고, 전부에 대해 반환을 청구할 수 있다.
④ 민법 제267조는 '공유자가 그 지분을 포기하거나 상속인 없이 사망한 때에는 그 지분은 다른 공유자에게 각 지분의 비율로 귀속한다.'고 규정하고 있다. 여기서 공유지분의 포기는 법률행위로서 상대방 있는 단독행위에 해당하므로, 부동산 공유자의 공유지분 포기의 의사표시가 다른 공유자에게 도달하더라도 이로써 곧바로 공유지분 포기에 따른 물권변동의 효력이 발생하는 것은 아니고, 다른 공유자는 자신에게 귀속될 공유지분에 관하여 소유권이전등기청구권을 취득하며, 이후 민법 제186조에 의하여 등기를 하여야 공유지분 포기에 따른 물권변동의 효력이 발생한다(대판 1965.6.15, 65다301 참조). 그리고 부동산 공유자의 공유지분 포기에 따른 등기는 해당 지분에 관하여 다른 공유자 앞으로 소유권이전등기를 하는 형태가 되어야 한다(대판 2016.10.27, 2015다52978). 甲이 자신의 지분을 포기하더라도 乙과 丙이 이전등기를 하여야 甲의 지분을 취득한다.
⑤ 공유자가 1년 이상 관리비용 기타 의무이행을 지체한 때에는 다른 공유자는 <u>상당한 가액으로 지분을 매수할 수 있다</u>(제266조 제2항). 甲, 乙은 丙의 지분을 무상으로 취득할 수는 없다.

> **제266조 【공유물의 부담】**
> ② 공유자가 1년 이상 전항의 의무이행을 지체한 때에는 다른 공유자는 상당한 가액으로 지분을 매수할 수 있다.

06 공유물 분할에 관한 설명으로 옳지 않은 것은? (다툼이 있으면 판례에 따름) ▶ 2022 감정평가사

① 공유물분할청구권은 형성권에 해당한다.
② 공유관계가 존속하는 한 공유물분할청구권만이 독립하여 시효로 소멸될 수 없다.
③ 부동산의 일부 공유지분 위에 저당권이 설정된 후 그 공유부동산이 현물분할된 경우, 저당권은 원칙적으로 저당권설정자에게 분할된 부분에 집중된다.
④ 공유물분할청구의 소에서 법원은 원칙적으로 공유물분할을 청구하는 원고가 구하는 방법에 구애받지 않고 재량에 따라 합리적 방법으로 분할을 명할 수 있다.
⑤ 공유자는 특별한 사정이 없는 한 언제든지 공유물의 분할을 청구할 수 있다.

정답해설

①, ② 공유물분할청구권은 공유관계에서 수반되는 형성권이므로 <u>공유관계가 존속하는 한 그 분할청구권만이 독립하여 시효소멸될 수 없다</u>(대판 1981.3.24, 80다1888·1889).
③ 甲, 乙의 공유인 부동산 중 甲의 지분 위에 설정된 근저당권 등 담보물권은 특단의 합의가 없는 한 공유물분할이 된 뒤에도 종전의 지분비율대로 공유물 전부의 위에 그대로 존속하고 근저당권설정자인 갑 앞으로 분할된 부분에 당연히 집중되는 것은 아니므로, 甲과 담보권자 사이에 공유물분할로 甲의 단독소유로 된 토지부분 중 원래의 乙지분부분을 근저당권의 목적물에 포함시키기로 합의하였다고 하여도 이런 합의가 乙의 단독소유로 된 토지부분 중 甲지분부분에 대한 피담보채권을 소멸시키기로 하는 합의까지 내포한 것이라고는 할 수 없다(대판 1989.8.8, 88다카24868).
④ 공유물분할의 소는 형성의 소로서 공유자 상호 간의 지분의 교환 또는 매매를 통하여 공유의 객체를 단독

▶ 정답 05 ④ 06 ③

소유권의 대상으로 하여 그 객체에 대한 공유관계를 해소하는 것을 말하므로, 법원은 공유물분할을 청구하는 자가 구하는 방법에 구애받지 아니하고 자유로운 재량에 따라 공유관계나 그 객체인 물건의 제반 상황에 따라 공유자의 지분비율에 따른 합리적인 분할을 하면 되는 것이다. 따라서 여러 사람이 공유하는 물건을 분할하는 경우에는 원칙적으로는 각 공유자가 취득하는 토지의 면적이 그 공유지분의 비율과 같도록 하여야 할 것이나, 반드시 그런 방법으로만 분할하여야 하는 것은 아니고, 분할 대상이 된 공유물의 형상이나 위치, 그 이용 상황이나 경제적 가치가 균등하지 아니할 때에는 이와 같은 여러 사정을 고려하여 경제적 가치가 지분비율에 상응되도록 분할하는 것도 허용되며 일정한 요건이 갖추어진 경우에는 공유자 상호 간에 금전으로 경제적 가치의 과부족을 조정하게 하여 분할을 하는 것도 현물분할의 한 방법으로 허용된다(대판 2011.8.18, 2011다24104).

⑤ 공유자는 다른 약정이 없으면 언제든지 공유물의 분할을 청구할 수 있다(민법 제268조). 공유는 공동소유자 상호 간에 아무런 인적 결합관계 없이 각기 독립적으로 목적물을 지배할 수 있는 공동소유 형태로서, 물건에 대한 1개의 소유권이 분량적으로 분할되어 여러 사람에게 속하는 것이므로 특별한 사정이 없는 한 각 공유자는 공유물의 분할을 청구하여 기존의 공유관계를 해소하고 각 공유자 간에 공유물을 분배하는 법률관계를 실현하는 일방적인 권리를 가진다(대판 1991.11.12, 91다27228 등 참조).

> **제268조 【공유물의 분할청구】**
> ① 공유자는 공유물의 분할을 청구할 수 있다. 그러나 5년 내의 기간으로 분할하지 아니할 것을 약정할 수 있다.

07 민법이 명문으로 공유물분할청구를 금지하는 경우는?
▶ 2020 감정평가사

① 구분소유하는 건물과 그 부속물 중 공용하는 부분의 경우
② 주종을 구별할 수 없는 동산이 부합된 경우
③ 수인이 공동으로 매장물을 발견한 경우
④ 수인이 공동으로 유실물을 습득한 경우
⑤ 수인이 공동으로 무주물을 선점한 경우

정답해설

공유물분할청구는 건물을 구분소유하는 경우의 공용부분(제215조), 경계에 설치된 경계표·담·구거 등(제239조)는 법률상 분할이 금지된다.

> **제268조 【공유물의 분할청구】**
> ① 공유자는 공유물의 분할을 청구할 수 있다. 그러나 5년 내의 기간으로 분할하지 아니할 것을 약정할 수 있다.
> ② 전항의 계약을 갱신한 때에는 그 기간은 갱신한 날부터 5년을 넘지 못한다.
> ③ 전2항의 규정은 제215조, 제239조의 공유물에는 적용하지 아니한다.

08 공유물의 분할에 관한 설명으로 옳지 않은 것은? ▶ 2013 주택관리사
① 공유물을 현물로 분할할 수 없는 경우에 법원은 물건의 경매를 명할 수 있다.
② 공유물분할의 방법에 관하여 협의가 성립하지 않은 때에는 공유자는 법원에 그 분할을 청구할 수 있다.
③ 토지의 상린자가 공유하고 있는 담장은 분할을 청구하여 각자의 단독소유로 할 수 있다.
④ 공유자는 공유자 간의 분할금지특약이나 법률에 분할금지규정이 없는 한 공유물의 분할을 청구할 수 있다.
⑤ 공유자는 다른 공유자가 분할로 인하여 취득한 물건에 대하여 특별한 사정이 없는 한 그 지분비율로 매도인과 동일한 담보책임이 있다.

[정답해설]
① 분할방법은 현물분할을 원칙으로 한다(제269조 제2항 참조). 다만, 분할로 인하여 그 가액이 현저히 감소될 염려가 있는 때에는 공유물을 경매하여 그 대금을 분할한다(대판 1991.11.12, 91다27228).

> 제269조【분할의 방법】
> ② 현물로 분할할 수 없거나 분할로 인하여 현저히 그 가액이 감손될 염려가 있는 때에는 법원은 물건의 경매를 명할 수 있다.

② 제269조 제1항【분할의 방법】분할의 방법에 관하여 협의가 성립되지 아니한 때에는 공유자는 법원에 그 분할을 청구할 수 있다.
③ 공동으로 사용하여야 하는 건물을 구분소유하는 경우의 공용부분(제215조), 경계선상의 경계표(제239조) 등에 관하여는 분할이 인정되지 않는다.

> 제268조【공유물의 분할청구】
> ① 공유자는 공유물의 분할을 청구할 수 있다. 그러나 5년 내의 기간으로 분할하지 아니할 것을 약정할 수 있다.
> ② 전항의 계약을 갱신한 때에는 그 기간은 갱신한 날로부터 5년을 넘지 못한다.
> ③ 전2항의 규정은 제215조, 제239조의 공유물에는 적용하지 아니한다.

④ 각 공유자는 원칙적으로 언제든지 공유물의 분할을 청구할 수 있다. 이 점에서 합유나 총유와 크게 구별된다. 그러나 공유자는 5년 내의 기간으로 분할하지 아니할 것을 약정할 수 있다(분할금지의 특약). 이 특약은 등기되어 있는 때에만 지분의 양수인에게 그 효력이 미친다(부등법 제67조 제1항).
⑤ 제270조【분할로 인한 담보책임】공유자는 다른 공유자가 분할로 인하여 취득한 물건에 대하여 그 지분의 비율로 매도인과 동일한 담보책임이 있다.

▶ 정답 07 ① 08 ③

09 공유물분할에 관한 설명으로 옳지 않은 것은? (다툼이 있으면 판례에 따름)

▶ 2021 감정평가사

① 공유물분할의 효과는 원칙적으로 소급하지 않는다.
② 재판에 의한 공유물분할은 현물분할이 원칙이다.
③ 공유관계가 존속하는 한, 공유물분할청구권만이 독립하여 시효로 소멸하지는 않는다.
④ 공유토지를 현물분할하는 경우에 반드시 공유지분의 비율대로 토지 면적을 분할해야 하는 것은 아니다.
⑤ 공유물분할의 조정절차에서 공유자 사이에 현물분할의 협의가 성립하여 조정조서가 작성된 때에는 그 즉시 공유관계가 소멸한다.

정답해설

① 공유물분할의 효과는 원칙적으로 소급하지 아니한다. 다만, 예외적으로 공동상속재산의 분할에 있어서는 상속법상의 원칙에 따라 분할의 효과가 상속개시 시로 소급한다(제1015조).
② 재판에 의한 공유물분할은 각 공유자의 지분에 따른 합리적인 분할을 할 수 있는 한 현물분할을 하는 것이 원칙이며 대금분할에 있어서 '현물로 분할할 수 없다'는 요건은 이를 물리적으로 엄격하게 해석할 것은 아니고 공유물의 성질, 위치나 면적, 이용상황, 분할 후의 사용가치 등에 비추어 보아 현물분할을 하는 것이 곤란하거나 부적당한 경우를 포함한다 할 것이고, '현물로 분할을 하게 되면 현저히 그 가액이 감손될 염려가 있는 경우'라는 것도 공유자의 한 사람이라도 현물분할에 의하여 단독으로 소유하게 될 부분의 가액이 분할 전의 소유지분 가액보다 현저하게 감손될 염려가 있는 경우도 포함한다고 할 것이다(대판 1991.11.12, 91다27228).
③ 공유물분할청구권은 공유관계에서 수반되는 형성권이므로 공유관계가 존속하는 한 그 분할청구권만이 독립하여 시효소멸될 수 없다(대판 1981.3.24, 80다1888・1889).
④ 현물분할의 방법은 법원의 자유재량에 따라 공유관계나 그 객체인 물건의 제반 상황에 따라 공유자의 지분비율에 따라 합리적으로 분할하면 되는 것이고, 여기에서 공유지분비율에 따른다 함은 지분에 따른 가액비율에 따름을 의미하는 것으로 보는 것이 상당하므로 토지를 분할하는 경우에는 원칙적으로는 각 공유자가 취득하는 토지의 면적이 그 공유지분의 비율과 같아야 할 것이나, 반드시 그렇게 하지 아니하면 안 되는 것은 아니고 토지의 형상이나 위치, 그 이용상황이나 경제적 가치가 균등하지 아니할 때에는 이와 같은 제반 사정을 고려하여 경제적 가치가 지분비율에 상응하도록 분할하는 것도 허용된다(대판 1991.11.12, 91다27228).
⑤ 공유물분할의 소송절차 또는 조정절차에서 공유자 사이에 공유토지에 관한 현물분할의 협의가 성립하여 그 합의사항을 조서에 기재함으로써 조정이 성립하였다고 하더라도, 그와 같은 사정만으로 재판에 의한 공유물분할의 경우와 마찬가지로 그 즉시 공유관계가 소멸하고 각 공유자에게 그 협의에 따른 새로운 법률관계가 창설되는 것은 아니고, 공유자들이 협의한 바에 따라 토지의 분필절차를 마친 후 각 단독소유로 하기로 한 부분에 관하여 다른 공유자의 공유지분을 이전받아 등기를 마침으로써 비로소 그 부분에 대한 대세적 권리로서의 소유권을 취득하게 된다고 보아야 한다(대판(전) 2013.11.21, 2011두1917).

10 X토지를 3분의 1씩 공유하는 甲, 乙, 丙의 공유물분할에 관한 설명으로 옳지 않은 것은? (다툼이 있으면 판례에 따름) ▶ 2024 감정평가사

① 甲은 乙과 丙의 동의를 얻지 않고서 공유물의 분할을 청구할 수 있다.
② 甲, 乙, 丙이 3년간 공유물을 분할하지 않기로 합의한 것은 유효하다.
③ 공유물분할의 소에서 법원은 X를 甲의 단독소유로 하고 乙과 丙에게 지분에 대한 합리적인 가액을 지급하도록 할 수 있다.
④ 甲의 지분 위에 설정된 근저당권은 공유물분할이 되어도 특단의 합의가 없는 한 X 전부에 관하여 종전의 지분대로 존속한다.
⑤ 甲, 乙, 丙 사이에 공유물분할에 관한 협의가 성립하였으나 분할협의에 따른 지분이전등기에 협조하지 않으면 공유물분할의 소를 제기할 수 있다.

정답해설

① 공유자는 다른 약정이 없으면 언제든지 공유물의 분할을 청구할 수 있다(민법 제268조). 공유는 공동소유자 상호 간에 아무런 인적 결합관계 없이 각기 독립적으로 목적물을 지배할 수 있는 공동소유 형태로서, 물건에 대한 1개의 소유권이 분량적으로 분할되어 여러 사람에게 속하는 것이므로 특별한 사정이 없는 한 각 공유자는 공유물의 분할을 청구하여 기존의 공유관계를 해소하고 각 공유자 간에 공유물을 분배하는 법률관계를 실현하는 일방적인 권리를 가진다(대판 1991.11.12, 91다27228 등 참조). 甲은 乙과 丙의 동의를 얻지 않고서 공유물의 분할을 청구할 수 있다.
② 5년 내의 기간으로 분할금지약정이 가능하므로, 甲, 乙, 丙이 3년간 공유물을 분할하지 않기로 합의한 것은 유효하다(제268조 제1항).

> **제268조 【공유물의 분할청구】**
> ① 공유자는 공유물의 분할을 청구할 수 있다. 그러나 5년 내의 기간으로 분할하지 아니할 것을 약정할 수 있다.

③ 공유관계의 발생원인과 공유지분의 비율 및 분할된 경우의 경제적 가치, 분할 방법에 관한 공유자의 희망 등의 사정을 종합적으로 고려하여 당해 공유물을 특정한 자에게 취득시키는 것이 상당하다고 인정되고, 다른 공유자에게는 그 지분의 가격을 취득시키는 것이 공유자 간의 실질적인 공평을 해치지 않는다고 인정되는 특별한 사정이 있는 때에는 공유물을 공유자 중의 1인의 단독소유 또는 수인의 공유로 하되 현물을 소유하게 되는 공유자로 하여금 다른 공유자에 대하여 그 지분의 적정하고도 합리적인 가격을 배상시키는 방법에 의한 분할도 현물분할의 하나로 허용된다(대판 2004.10.14, 2004다30583).
④ 甲, 乙의 공유인 부동산 중 甲의 지분 위에 설정된 근저당권 등 담보물권은 특단의 합의가 없는 한 공유물분할이 된 뒤에도 종전의 지분비율대로 공유물 전부의 위에 그대로 존속하고 근저당권설정자인 甲 앞으로 분할된 부분에 당연히 집중되는 것은 아니므로, 甲과 담보권자 사이에 공유물분할로 甲의 단독소유로 된 토지부분 중 원래의 乙지분부분을 근저당권의 목적물에 포함시키기로 합의하였다고 하여도 이런 합의가 乙의 단독소유로된 토지부분 중 甲지분부분에 대한 피담보채권을 소멸시키기로 하는 합의까지 내포한 것이라고는 할 수 없다(대판 1989.8.8, 88다카24868).
⑤ 공유물분할은 협의분할을 원칙으로 하고 협의가 성립되지 아니한 때에는 재판상 분할을 청구할 수 있으므로 공유자 사이에 이미 분할에 관한 협의가 성립된 경우에는 일부 공유자가 분할에 따른 이전등기에 협조하지 않거나 분할에 관하여 다툼이 있더라도 그 분할된 부분에 대한 소유권이전등기를 청구하든가 소유권확인을

▶ 정답   09 ⑤   10 ⑤

구함은 별문제이나 또다시 소로써 그 분할을 청구하거나 이미 제기한 공유물분할의 소를 유지함은 허용되지 않는다(대판 1995.1.12, 94다30348·30355).

> **제269조 【분할의 방법】**
> ① 분할의 방법에 관하여 협의가 성립되지 아니한 때에는 공유자는 법원에 그 분할을 청구할 수 있다.

11 구분소유적 공유관계에 관한 설명으로 옳지 않은 것은? (다툼이 있으면 판례에 따름)

▶ 2021 감정평가사

① 구분소유적 공유관계의 해소는 상호명의신탁의 해지에 의한다.
② 당사자 내부에 있어서는 각자가 특정매수한 부분은 각자의 단독 소유가 된다.
③ 구분소유적 공유지분을 매수한 자는 당연히 구분소유적 공유관계를 승계한다.
④ 제3자의 방해행위가 있으면 공유자는 자기의 구분소유 부분뿐만 아니라 전체 토지에 대하여 공유물의 보존행위로서 그 배제를 구할 수 있다.
⑤ 구분소유적 공유관계는 어떤 토지에 관하여 그 위치와 면적을 특정하여 여러 사람이 구분소유하기로 하는 약정이 있어야만 적법하게 성립할 수 있다.

정답해설

① 상호명의신탁관계 내지 구분소유적 공유관계에서 건물의 특정 부분을 구분소유하는 자는 그 부분에 대하여 신탁적으로 지분등기를 가지고 있는 자를 상대로 하여 그 특정 부분에 대한 명의신탁 해지를 원인으로 한 지분이전등기절차의 이행을 구할 수 있을 뿐 그 건물 전체에 대한 공유물분할을 구할 수는 없다(대판 2010.5.27, 2006다84171).
②, ④ 1필지의 토지 중 일부를 특정하여 매수하고 다만 그 소유권이전등기는 그 필지 전체에 관하여 공유지분권 이전등기를 한 경우에는 그 특정부분 이외의 부분에 관한 등기는 상호 명의신탁을 하고 있는 것으로서, 그 지분권자는 내부관계에 있어서는 특정부분에 한하여 소유권을 취득하고 이를 배타적으로 사용, 수익할 수 있고, 다른 구분소유자의 방해행위에 대하여는 소유권에 터 잡아 그 배제를 구할 수 있으나, 외부관계에 있어서는 1필지 전체에 관하여 공유관계가 성립되고 공유자로서의 권리만을 주장할 수 있는 것이므로, 제3자의 방해행위가 있는 경우에는 자기의 구분소유 부분뿐 아니라 전체토지에 대하여 공유물의 보존행위로서 그 배제를 구할 수 있다(대판 1994.2.8, 93다42986).
③ 1필지의 토지의 위치와 면적을 특정하여 2인 이상이 구분소유하기로 하는 약정을 하고 그 구분소유자의 공유로 등기하는 이른바 구분소유적 공유관계에 있어서, 각 구분소유적 공유자가 자신의 권리를 타인에게 처분하는 경우 중에는 구분소유의 목적인 특정 부분을 처분하면서 등기부상의 공유지분을 그 특정 부분에 대한 표상으로서 이전하는 경우와 등기부의 기재대로 1필지 전체에 대한 진정한 공유지분으로서 처분하는 경우가 있을 수 있고, 이 중 전자의 경우에는 그 제3자에 대하여 구분소유적 공유관계가 승계되나, 후자의 경우에는 제3자가 그 부동산 전체에 대한 공유지분을 취득하고 구분소유적 공유관계는 소멸한다(대판 2008.2.15, 2006다68810·68827). 구분소유적 공유지분을 매수한 자는 당연히 구분소유적 공유관계를 승계하는 것이 아니라, 합의내용에 따라 구분소유적 공유관계를 승계할 수도 있고 1필지 전체에 대한 공유지분을 취득할 수도 있다.
⑤ 구분소유적 공유관계는 어떤 토지에 관하여 그 위치와 면적을 특정하여 여러 사람이 구분소유하기로 하는 약정이 있어야만 적법하게 성립할 수 있고, 공유자들 사이에 그 공유물을 분할하기로 약정하고 그때부터 각자의 소유로 분할된 부분을 특정하여 각자 점유·사용하여 온 경우에도 구분소유적 공유관계가 성립할 수 있지만, 공유자들 사이에서 특정 부분을 각각의 공유자들에게 배타적으로 귀속시키려는 의사의 합치가 이루어지지 아니한 경우에는 이러한 관계가 성립할 여지가 없다(대판 2005.4.29, 2004다71409).

12 합유에 관한 설명으로 틀린 것은? (다툼이 있으면 판례에 따름) ▶ 2016 공인중개사

① 합유재산에 관하여 합유자 중 1인이 임의로 자기 단독명의의 소유권보존등기를 한 경우, 자신의 지분 범위 내에서는 유효한 등기이다.
② 합유물에 대한 보존행위는 특약이 없는 한 합유자 각자가 할 수 있다.
③ 합유자 중 일부가 사망한 경우 특약이 없는 한 합유물은 잔존 합유자가 2인 이상이면 잔존 합유자의 합유로 귀속된다.
④ 부동산에 관한 합유지분의 포기는 등기하여야 효력이 생긴다.
⑤ 조합체의 해산으로 인하여 합유는 종료한다.

정답해설
① 합유재산을 합유자 1인 명의로 소유권보존등기를 하면 그 등기는 원인 없는 무효의 등기이다. 부동산등기법은 등기권리자가 다수인 경우에 그 권리가 합유인 때에는 등기신청서에 그 취지를 기재해야 한다고 규정한다(동법 제48조 제4항).
② 제272조【합유물의 처분, 변경과 보존】합유물을 처분 또는 변경함에는 합유자 전원의 동의가 있어야 한다. 그러나 보존행위는 각자가 할 수 있다.
③ 부동산의 합유자 중 일부가 사망한 경우 합유자 사이에 특별한 약정이 없는 한 사망한 합유자의 상속인은 합유자로서의 지위를 승계하는 것이 아니므로, 해당 부동산은 잔존 합유자가 2인 이상일 경우에는 잔존 합유자의 합유로 귀속되고 잔존 합유자가 1인인 경우에는 잔존 합유자의 단독소유로 귀속된다(대판 1996.12.10, 96다23238).
④ 합유지분 포기가 적법하다면 그 포기된 합유지분은 나머지 잔존 합유지분권자들에게 균분으로 귀속하게 되지만 그와 같은 물권변동은 합유지분권의 포기라고 하는 법률행위에 의한 것이므로 등기하여야 효력이 있고 지분을 포기한 합유지분권자로부터 잔존 합유지분권자들에게 합유지분권 이전등기가 이루어지지 아니하는 한 지분을 포기한 지분권자는 제3자에 대하여 여전히 합유지분권자로서의 지위를 가지고 있다고 보아야 한다 (대판 1997.9.9, 96다16896).
⑤ 제274조【합유의 종료】

> ① 합유는 조합체의 해산 또는 합유물의 양도로 인하여 종료한다.

▶ 정답 11 ③ 12 ①

13 공동소유에 관한 설명으로 옳지 않은 것은? (다툼이 있으면 판례에 따름) ▶ 2023 감정평가사

① 공유자는 다른 공유자의 동의 없이 공유물을 처분하거나 변경하지 못한다.
② 합유는 수인이 조합체로서 물건을 소유하는 형태이고, 조합원은 자신의 지분을 조합원 전원의 동의 없이 처분할 수 없다.
③ 합유물에 대한 보존행위는 합유자 전원의 동의를 요하지 않는다.
④ 구조상·이용상 독립성이 있는 건물부분이라 하더라도 구분소유적 공유관계는 성립할 수 없다.
⑤ 공유물분할 금지약정은 갱신할 수 있다.

[정답해설]

① 제264조 【공유물의 처분, 변경】 공유자는 다른 공유자의 동의 없이 공유물을 처분하거나 변경하지 못한다.
② 합유는 수인이 조합체로서 물건을 소유하는 형태이고(제271조 제1항), 조합원은 자신의 지분을 조합원 전원의 동의 없이 처분할 수 없다(제273조 제1항).

> **제271조 【물건의 합유】**
> ① 법률의 규정 또는 계약에 의하여 수인이 조합체로서 물건을 소유하는 때에는 합유로 한다. 합유자의 권리는 합유물 전부에 미친다.
>
> **제273조 【합유지분의 처분과 합유물의 분할금지】**
> ① 합유자는 전원의 동의 없이 합유물에 대한 지분을 처분하지 못한다.

③ 제272조 【합유물의 처분, 변경과 보존】 합유물을 처분 또는 변경함에는 합유자 전원의 동의가 있어야 한다. 그러나 보존행위는 각자가 할 수 있다.
④ 등기만은 편의상 각 구분소유의 면적에 해당하는 비율로 공유지분등기를 하여 놓은 경우, 구분소유자들 사이에 공유지분등기의 상호명의신탁관계 내지 건물에 대한 구분소유적 공유관계가 성립하지만, 1동 건물 중 각 일부분의 위치 및 면적이 특정되지 않거나 구조상·이용상 독립성이 인정되지 아니한 경우에는 공유자들 사이에 이를 구분소유하기로 하는 취지의 약정이 있다 하더라도 일반적인 공유관계가 성립할 뿐, 공유지분등기의 상호명의신탁관계 내지 건물에 대한 구분소유적 공유관계가 성립한다고 할 수 없다(대판 2014.2.27, 2011다42430).
⑤ 공유물분할 금지약정은 갱신할 수 있다(제268조 제2항). 그러나 그 기간은 갱신한 날부터 5년을 넘지 못할 뿐이다.

> **제268조 【공유물의 분할청구】**
> ① 공유자는 공유물의 분할을 청구할 수 있다. 그러나 5년 내의 기간으로 분할하지 아니할 것을 약정할 수 있다.
> ② 전항의 계약을 갱신한 때에는 그 기간은 갱신한 날부터 5년을 넘지 못한다.

14 공동소유에 관한 설명으로 옳은 것은? (다툼이 있으면 판례에 따름) ▶ 2018 공인중개사

① 공유물분할금지의 약정은 갱신할 수 있다.
② 합유자는 다른 합유자의 동의 없이 합유지분을 처분할 수 있다.
③ 비법인사단의 사원은 단독으로 총유물의 보존행위를 할 수 있다.
④ 합유자의 1인이 사망하면 특별한 사정이 없는 한 그의 상속인이 그 지분을 포괄승계한다.
⑤ 공유자의 1인이 그 지분에 저당권을 설정한 후 공유물이 분할된 경우, 다른 약정이 없으면 저당권은 저당권 설정자 앞으로 분할된 부분에 집중된다.

정답해설

① 공유물분할금지의 약정은 5년을 넘지 않은 범위 내에서 갱신할 수 있다.

> 제268조 【공유물의 분할청구】
> ① 공유자는 공유물의 분할을 청구할 수 있다. 그러나 5년 내의 기간으로 분할하지 아니할 것을 약정할 수 있다.
> ② 전항의 계약을 갱신한 때에는 그 기간은 갱신한 날로부터 5년을 넘지 못한다.
> ③ 전2항의 규정은 제215조, 제239조의 공유물에는 적용하지 아니한다.

② 제273조 【합유지분의 처분과 합유물의 분할금지】 ① 합유자는 전원의 동의 없이 합유물에 대한 지분을 처분하지 못한다.
③ 총유재산에 관한 소송은 법인 아닌 사단이 그 명의로 사원총회의 결의를 거쳐 하거나 또는 그 구성원 전원이 당사자가 되어 필수적 공동소송의 형태로 할 수 있을 뿐 그 사단의 구성원은 설령 그가 사단의 대표자라거나 사원총회의 결의를 거쳤다 하더라도 그 소송의 당사자가 될 수 없고, 이러한 법리는 총유재산의 보존행위로서 소를 제기하는 경우에도 마찬가지이다(대판(전) 2005.9.15, 2004다44971).
④ 부동산의 합유자 중 일부가 사망한 경우 합유자 사이에 특별한 약정이 없는 한 사망한 합유자의 상속인은 합유자로서의 지위를 승계하는 것이 아니므로, 해당 부동산은 잔존 합유자가 2인 이상일 경우에는 잔존 합유자의 합유로 귀속되고 잔존 합유자가 1인인 경우에는 잔존 합유자의 단독소유로 귀속된다(대판 1996.12.10, 96다23238).
⑤ 甲, 乙의 공유인 부동산 중 甲의 지분 위에 설정된 근저당권 등 담보물권은 특단의 합의가 없는 한 공유물분할이 된 뒤에도 종전의 지분비율대로 공유물 전부의 위에 그대로 존속하고 근저당권설정자인 甲 앞으로 분할된 부분에 당연히 집중되는 것은 아니므로, 甲과 담보권자 사이에 공유물분할로 甲의 단독소유로 된 토지부분 중 원래의 乙지분 부분을 근저당권의 목적물에 포함시키기로 합의하였다고 하여 이런 합의가 乙의 단독소유로된 토지부분 중 甲지분 부분에 대한 피담보채권을 소멸시키기로 하는 합의까지 내포한 것이라고는 할 수 없다(대판 1989.8.8, 88다카24868).

▶ 정답   13 ④   14 ①

■ 사단법인・비법인사단・조합 비교

	사단법인	비법인사단	조합
사단성	단체성 강함 (조직과 기관 존재)	단체성 강함 (조직과 기관 존재)	단체성 약함 (조직과 기관 부존재)
규율	정관	정관 기타 규약	계약
권리능력	긍정	부정	부정
당사자능력	긍정	긍정[18]	부정
재산소유형태	법인 단독소유	사원들의 총유	조합들의 합유
단체의 행위자	기관(대표자)	기관(대표자)	조합원 또는 조합대리
등기능력	긍정	긍정	부정
불법행위능력	긍정	긍정	부정
채무관계	법인 재산만으로 책임짐 사원은 책임 없음	비법인사단의 재산만으로 책임짐 사원은 책임 없음	조합재산으로 책임짐 조합원 개인 재산도 책임 있음

15 총유에 관한 설명으로 옳지 않은 것은? (다툼이 있으면 판례에 따름) ▶ 2021 감정평가사

① 비법인사단이 총유물에 관한 매매계약을 체결하는 행위는 총유물의 처분행위가 아니다.
② 비법인사단이 타인 간의 금전채무를 보증하는 행위는 총유물의 관리・처분행위가 아니다.
③ 총유물의 보존행위는 특별한 사정이 없는 한 구성원이 단독으로 결정할 수 없다.
④ 비법인사단의 대표자는 총유재산에 관한 소송에서 단독으로 당사자가 될 수 없다.
⑤ 비법인사단인 주택조합이 주체가 되어 신축 완공한 건물로서 일반에게 분양되는 부분은 조합원 전원의 총유에 속한다.

[정답해설]
① 비법인사단이 총유물에 관한 매매계약을 체결하는 행위는 **총유물 그 자체의 처분이 따르는 채무부담행위로서 총유물의 처분행위에 해당하나**, 그 매매계약에 의하여 부담하고 있는 채무의 존재를 인식하고 있다는 뜻을 표시하는 데 불과한 소멸시효 중단사유로서의 승인은 총유물 그 자체의 관리・처분이 따르는 행위가 아니어서 총유물의 관리・처분행위라고 볼 수 없다(대판 2009.11.26, 2009다64383).
② 비법인사단이 타인 간의 금전채무를 보증하는 행위는 총유물 그 자체의 관리・처분이 따르지 아니하는 **단순한 채무부담행위에 불과하여 이를 총유물의 관리・처분행위라고 볼 수는 없다**(대판(전) 2007.4.19, 2004다60072・60089).
③, ④ 총유재산에 관한 소송은 법인 아닌 사단이 그 명의로 사원총회의 결의를 거쳐 하거나 또는 그 구성원 전원이 당사자가 되어 필수적 공동소송의 형태로 할 수 있을 뿐 그 사단의 구성원은 설령 그가 사단의 대표자라거나 사원총회의 결의를 거쳤다 하더라도 그 소송의 당사자가 될 수 없고, 이러한 법리는 총유재산의 보존행위로서 소를 제기하는 경우에도 마찬가지이다(대판(전) 2005.9.15, 2004다44971).

---

18) 민사소송법 제52조 명문규정 있음.
따라서 비법인사단 명의로 소송수행 가능

⑤ 무주택자들이 조합원이 되어 조합원들의 공동주택을 건립하기 위하여 설립한 주택조합이 공동주택 건설사업이라는 단체 고유의 목적을 가지고 활동하며 규약 및 단체로서의 조직을 갖추고 집행기관인 대표자가 있고 의결이나 업무집행 방법이 총회의 다수결의 원칙에 따라 행해지며 구성원의 가입 탈퇴에 따른 변경에 관계없이 단체 그 자체가 존속하는 등 단체로서의 중요사항이 확정되어 있다면 조합이라는 명칭에 불구하고 비법인사단에 해당하므로(대판 2000.7.7, 2000다18271 참조), 주택조합이 주체가 되어 신축 완공한 건물로서 일반에게 분양되는 부분은 조합원 전원의 총유에 속하며, 총유물의 관리 및 처분에 관하여 주택조합의 정관이나 규약에 정한 바가 있으면 이에 따라야 하고, 그에 관한 정관이나 규약이 없으면 조합원 총회의 결의에 의하여야 할 것이며, 그와 같은 절차를 거치지 않은 행위는 무효라고 할 것이다(대판 2003.7.11, 2001다73626).

16 민법상 부동산의 공동소유에 관한 설명으로 옳지 않은 것은? (다툼이 있으면 판례에 의함)

▶ 2014 감정평가사

① 공유자는 자기지분을 원칙적으로 자유롭게 처분할 수 있으나, 합유지분의 처분에는 제한이 있다.
② 합유물의 분할청구는 인정되지 않지만, 조합체의 해산 시에는 분할이 인정된다.
③ 공유물의 관리에 관한 사항은 특약이 없는 한, 지분의 과반수로 결정한다.
④ 비법인사단의 사원은 정관 기타 계약에 정함이 없는 한, 그 지위를 상실하면 총유물에 관한 권리도 소멸한다.
⑤ 비법인사단인 교회의 재산에 대하여 각 교인은 그 지분권을 인정받을 수 있다.

[정답해설]
① 각 공유자는 자기 지분을 자유롭게 처분할 수 있다(제263조). 그러나 합유자는 전원의 동의 없이 합유물에 대한 지분을 처분하지 못한다(제273조).
② 합유물의 분할청구는 인정되지 않지만(제273조 제2항), 조합체의 해산 시에는 분할이 인정된다(제274조).

> **제273조【합유지분의 처분과 합유물의 분할금지】**
> ① 합유자는 전원의 동의 없이 합유물에 대한 지분을 처분하지 못한다.
> ② 합유자는 합유물의 분할을 청구하지 못한다.
>
> **제274조【합유의 종료】**
> ① 합유는 조합체의 해산 또는 합유물의 양도로 인하여 종료한다.
> ② 전항의 경우에 합유물의 분할에 관하여는 공유물의 분할에 관한 규정을 준용한다.

③ 민법 제266조 제1항은 공유자는 그 지분의 비율로 공유물의 관리비용 기타 의무를 부담한다고 한다. 다만 이 규정은 임의규정이므로 공유자들이 다른 약정을 하는 것도 가능하다.
④ 제277조【총유물에 관한 권리의무의 득상】총유물에 관한 사원의 권리의무는 사원의 지위를 취득상실함으로써 취득상실된다.
⑤ 비법인사단인 교회 재산소유 형태인 총유에는 구성원에게 지분권이 인정되지 않는다.

▶ 정답 15 ① 16 ⑤

17 「민법」상 공동소유에 관한 설명으로 옳지 않은 것은? (특약은 고려하지 않음)

▶ 2015 감정평가사

① 공유물의 임대는 공유자의 과반수로 결정한다.
② 공유자는 내부적 관계에서 지분의 비율로 공유물의 관리비용 기타 의무를 부담한다.
③ 조합재산이 아닌 합유물을 처분하기 위해서는 합유자 전원의 동의가 있어야 한다.
④ 합유물의 지분을 처분하기 위해서는 합유자 전원의 동의가 있어야 한다.
⑤ 총유물의 처분은 물론 관리도 사원총회의 결의에 의해야 한다.

[정답해설]

① 공유물의 임대는 관리행위로 "공유자의 과반수"가 아닌 "공유지분의 과반수"로 결정한다(제265조).

> **제265조 【공유물의 관리, 보존】**
> 공유물의 관리에 관한 사항은 공유자의 지분의 과반수로써 결정한다. 그러나 보존행위는 각자가 할 수 있다.

② 제266조 【공유물의 부담】 ① 공유자는 그 지분의 비율로 공유물의 관리비용 기타 의무를 부담한다.
③ 조합재산이 아닌 합유물을 처분하기 위해서는 합유자 전원의 동의가 있어야 한다(제272조).

> **제272조 【합유물의 처분, 변경과 보존】**
> 합유물을 처분 또는 변경함에는 합유자 전원의 동의가 있어야 한다. 그러나 보존행위는 각자가 할 수 있다.

④ 합유물의 지분을 처분하기 위해서는 합유자 전원의 동의가 있어야 한다(제273조).

> **제273조 【합유지분의 처분과 합유물의 분할금지】**
> ① 합유자는 전원의 동의 없이 합유물에 대한 지분을 처분하지 못한다.
> ② 합유자는 합유물의 분할을 청구하지 못한다.

⑤ 총유물의 처분은 물론 관리도 사원총회의 결의에 의해야 한다(제276조 제1항).

> **제276조 【총유물의 관리, 처분과 사용, 수익】**
> ① 총유물의 관리 및 처분은 사원총회의 결의에 의한다.

▶ 정답 17 ①

심화문제편

01 甲, 乙, 丙은 X토지를 각각 7분의 1, 7분의 2, 7분의 4의 지분으로 공유하고 있다. 이에 관한 설명으로 옳지 않은 것은? (다툼이 있으면 판례에 따름) ▶ 2022 감정평가사

① 甲이 乙, 丙과의 협의 없이 X토지 전부를 독점적으로 점유하는 경우, 乙은 甲에 대하여 공유물의 보존행위로서 X토지의 인도를 청구할 수 없다.
② 丁이 X토지 전부를 불법으로 점유하는 경우, 甲은 단독으로 X토지 전부의 인도를 청구할 수 있다.
③ 丙이 甲, 乙과의 협의 없이 X토지 전부를 戊에게 임대한 경우, 甲은 戊에게 차임 상당액의 7분의 1을 부당이득으로 반환할 것을 청구할 수 있다.
④ 甲, 乙, 丙 사이의 X토지 사용·수익에 관한 특약이 공유지분권의 본질적 부분을 침해하지 않는 경우라면 그 특약은 丙의 특정승계인에게 승계될 수 있다.
⑤ 甲은 특별한 사정이 없는 한 乙, 丙의 동의 없이 X토지에 관한 자신의 지분을 처분할 수 있다.

정답해설

① 공유자 자신의 지분이 과반수에 미달하면 소수지분권자에 지나지 않으므로 배타적으로 공유물을 점유하는 다른 과반수 미달의 공유자를 전면적으로 배제하고 자신만이 단독으로 공유물을 점유하도록 인도해 달라고 청구할 권원은 없다. 대법원은 공유물의 소수지분권자가 다른 공유자와 협의하지 않고 공유물의 전부 또는 일부를 독점적으로 점유하는 경우, 다른 소수지분권자는 배타적으로 점유하고 있는 소수지분권자에게 공유물의 인도를 청구할 수는 없다고 한다(대판(전) 2020.5.21, 2018다287522).

  비교 그러나 소나무 등 설치한 지상물에 대한 제거 등 방해배제는 청구할 수 있다고 판시했다(대판(전) 2020.5.21, 2018다287522).

② 소수지분권자는 공유물을 점유할 아무런 권리가 없는 제3자에 대해서 공유물에 대한 지분권자로서 공유물을 점유할 권원이 있는 자신에게 그 반환을 청구할 수 있다(대판(전) 2020.5.21, 2018다287522). 공유자 아닌 제3자 丁이 X토지 전부를 불법으로 점유하는 경우, 甲은 소수지분권자라도 단독으로 X토지 전부의 인도를 청구할 수 있다.

③ 과반수 지분의 공유자는 공유자와 사이에 미리 공유물의 관리방법에 관하여 협의가 없었다 하더라도 공유물의 관리에 관한 사항을 단독으로 결정할 수 있으므로 과반수 지분의 공유자는 그 공유물의 관리방법으로서 그 공유토지의 특정된 한 부분을 배타적으로 사용·수익할 수 있으나, 그로 말미암아 지분은 있으되 그 특정 부분의 사용·수익을 전혀 하지 못하여 손해를 입고 있는 소수지분권자에 대하여 그 지분에 상응하는 임료 상당의 부당이득을 하고 있다 할 것이므로 이를 반환할 의무가 있다 할 것이나, 그 과반수 지분의 공유자로부터 다시 그 특정 부분의 사용·수익을 허락받은 제3자의 점유는 다수지분권자의 공유물관리권에 터 잡은 적법한 점유이므로 그 제3자는 소수지분권자에 대하여도 그 점유로 인하여 법률상 원인 없이 이득을 얻고 있다고는 볼 수 없다(대판 2002.5.14, 2002다9738). 7분의 4의 과반수지분을 가진 丙은 다른 공유자들과의 협의 없이 X토지의 관리방법을 정할 수 있다. 그러나 사용·수익하지 못하는 소수지분권자 甲에게 차임 상당액의 7분의 1을 부당이득으로 반환할 의무가 있다. 그러나 **甲은 과반수지분권자 丙으로 사용 허락받은 제3자 戊에게 부당이득으로 반환할 것을 청구할 수 없다.**

▶ 정답 01 ③

④ 공유물의 관리에 관한 사항은 공유자의 지분의 과반수로써 결정하고, 공유물의 사용·수익·관리에 관한 공유자 간의 특약은 특정승계인에게도 승계되나, 공유물에 관한 특약이 지분권자로서 사용·수익권을 사실상 포기하는 등으로 공유지분권의 본질적 부분을 침해하는 경우에는 특정승계인이 그러한 사실을 알고도 공유지분권을 취득하였다는 등 특별한 사정이 없는 한 특정승계인에게 당연히 승계된다고 볼 수 없다(대판 2012.5.24, 2010다108210).
⑤ 각 공유자는 그 지분권을 다른 공유자의 동의가 없는 경우라도 양도 기타의 처분을 할 수 있는 것이며 공유자끼리 그 지분을 교환하는 것도 그것이 지분권의 처분에 해당하는 이상 다른 공유자의 동의를 요하는 것이 아니다(대판 1972.5.23, 71다2760). 공유자 甲은 특별한 사정이 없는 한 다른 공유자 乙, 丙의 동의 없이 X토지에 관한 자신의 지분을 처분할 수 있다.

> **제263조【공유지분의 처분과 공유물의 사용, 수익】**
> 공유자는 그 지분을 처분할 수 있고 공유물 전부를 지분의 비율로 사용, 수익할 수 있다.

02 甲, 乙, 丙은 A토지를 각각 5분의 3, 5분의 1, 5분의 1의 지분으로 공유하고 있다. 이에 관한 설명으로 옳지 않은 것은? (다툼이 있으면 판례에 따름) ▶ 2017 감정평가사

① 甲은 다른 공유자들과의 협의 없이 A토지의 관리방법을 정할 수 있다.
② 乙은 A토지에 제3자 명의로 경료된 원인무효인 근저당권설정등기의 말소를 청구할 수 있다.
③ 등기부상의 지분과 실제의 지분이 다르고 새로운 이해관계를 가진 제3자가 없다면, 공유물분할소송에서 甲, 乙, 丙은 특별한 사정이 없는 한 실제의 지분에 따라 A토지를 분할하여야 한다.
④ 丙의 지분 위에 근저당권이 설정된 후 A토지가 지분에 따라 분할된 때에는 특별한 합의가 없는 한 그 근저당권은 丙에게 분할된 부분에 집중된다.
⑤ 甲, 乙, 丙 사이의 관리방법에 관한 약정에 따라 乙이 A토지의 특정부분만을 사용할 수 있는 경우, 특별한 사정이 없는 한 乙의 지분을 양수한 丁도 그 특정부분만을 사용할 수 있다.

[정답해설]
① 과반수의 지분을 가진 공유자는 특별한 사정이 없는 한 다른 공유자와 사이에 미리 공유물의 관리방법에 관한 협의를 하지 아니하고, 그 공유물의 특정 부분을 배타적으로 사용·수익할 수 있다(대판 1991.9.24, 88다카33855). 5분의 3의 과반수의 지분을 가진 공유자 甲은 다른 공유자들과의 협의 없이 A토지의 관리방법을 정할 수 있다.
② 부동산의 공유자의 1인은 당해 부동산에 관하여 제3자 명의로 원인무효의 소유권보존등기가 경료되어 있는 경우 공유물에 관한 보존행위로서 제3자에 대하여 그 등기 전부의 말소를 구할 수 있다고 할 것이나, 그 제3자가 당해 부동산의 공유자 중의 1인인 경우에는 그 소유권보존등기는 동인의 공유지분에 관하여는 실체관계에 부합하는 등기라고 할 것이므로, 이러한 경우 공유자의 1인은 단독 명의로 등기를 경료하고 있는 공유자에 대하여 그 공유자의 공유지분을 제외한 나머지 공유지분 전부에 관하여만 소유권보존등기 말소등기절차의 이행을 구할 수 있다 할 것이다(대판 2006.8.24, 2006다32200). 따라서 乙은 소수지분권자라도 A토지에 제3자 명의로 경료된 원인무효인 근저당권설정등기의 전부를 보존행위로서 말소를 청구할 수 있다.

③ 공유물분할청구소송에 있어 원래의 공유자들이 각 그 지분의 일부 또는 전부를 제3자에게 양도하고 그 지분이전등기까지 마쳤다면, 새로운 이해관계가 형성된 그 제3자에 대한 관계에서는 달리 특별한 사정이 없는 한 일단 등기부상의 지분을 기준으로 할 수밖에 없을 것이나, 원래의 공유자들 사이에서는 등기부상 지분과 실제의 지분이 다르다는 사실이 인정된다면 여전히 실제의 지분을 기준으로 삼아야 할 것이고 등기부상 지분을 기준으로 하여 그 실제의 지분을 초과하거나 적게 인정할 수는 없다(대판 2001.3.9, 98다51169).

④ 甲, 乙의 공유인 부동산 중 甲의 지분위에 설정된 근저당권 등 담보물권은 특단의 합의가 없는 한 공유물분할이 된 뒤에도 종전의 지분비율대로 공유물 전부의 위에 그대로 존속하고 근저당권설정자인 甲 앞으로 분할된 부분에 당연히 집중되는 것은 아니므로, 甲과 담보권자 사이에 공유물분할로 甲의 단독소유로 된 토지부분 중 원래의 乙지분 부분을 근저당권의 목적물에 포함시키기로 합의하였다고 하여도 이런 합의가 乙의 단독소유로 된 토지부분 중 甲지분 부분에 대한 피담보채권을 소멸시키기로 하는 합의까지 내포한 것이라고는 할 수 없다(대판 1989.8.8, 다카24868).

⑤ 공유자 간의 공유물에 대한 사용수익·관리에 관한 특약은 공유자의 특정승계인에 대하여도 당연히 승계된다고 할 것이나, 민법 제265조는 "공유물의 관리에 관한 사항은 공유자의 지분의 과반수로써 결정한다."라고 규정하고 있으므로, 위와 같은 특약 후에 공유자에 변경이 있고 특약을 변경할 만한 사정이 있는 경우에는 공유자의 지분의 과반수의 결정으로 기존 특약을 변경할 수 있다(대판 2005.5.12, 2005다1827).

03 X토지를 甲이 2/3지분, 乙이 1/3지분으로 등기하여 공유하면서 그 관리방법에 관해 별도로 협의하지 않았다. 다음 설명 중 틀린 것은? (다툼이 있으면 판례에 따름) ▶ 2015 공인중개사

① 丙이 甲으로부터 X토지의 특정부분의 사용·수익을 허락받아 점유하는 경우, 乙은 丙을 상대로 그 토지부분의 반환을 청구할 수 있다.
② 甲이 부정한 방법으로 X토지 전부에 관한 소유권이전등기를 甲의 단독명의로 행한 경우, 乙은 甲을 상대로 자신의 지분에 관하여 그 등기의 말소를 청구할 수 있다.
③ X토지에 관하여 丁 명의로 원인무효의 소유권이전등기가 경료되어 있는 경우, 乙은 丁을 상대로 그 등기 전부의 말소를 청구할 수 있다.
④ 戊가 X토지 위에 무단으로 건물을 신축한 경우, 乙은 특별한 사유가 없는 한 자신의 지분에 대응하는 비율의 한도 내에서만 戊를 상대로 손해배상을 청구할 수 있다.
⑤ X토지가 나대지인 경우, 甲은 乙의 동의 없이 건물을 신축할 수 없다.

[정답해설]

① 공유자 사이에 공유물을 사용·수익할 구체적인 방법을 정하는 것은 공유물의 관리에 관한 사항으로서 공유자의 지분의 과반수로써 결정하여야 할 것이고, 과반수 지분의 공유자는 다른 공유자와 사이에 미리 공유물의 관리방법에 관한 협의가 없었다 하더라도 공유물의 관리에 관한 사항을 단독으로 결정할 수 있으므로, 과반수 지분의 공유자가 그 공유물의 특정 부분을 배타적으로 사용·수익하기로 정하는 것은 공유물의 관리방법으로서 적법하다 할 것이므로, 과반수 지분의 공유자로부터 사용·수익을 허락받은 점유자에 대하여 소수 지분의 공유자는 그 점유자가 사용·수익하는 건물의 철거나 퇴거 등 점유배제를 구할 수 없다(대판 2002.5.14, 2002다9738).

▶ 정답 02 ④ 03 ①

② 부동산의 공유자의 1인은 당해 부동산에 관하여 제3자 명의로 원인무효의 소유권보존등기가 경료되어 있는 경우 공유물에 관한 보존행위로서 제3자에 대하여 그 등기 전부의 말소를 구할 수 있다고 할 것이나, 그 제3자가 당해 부동산의 공유자 중의 1인인 경우에는 그 소유권보존등기는 동인의 공유지분에 관하여는 실체관계에 부합하는 등기라고 할 것이므로, 이러한 경우 공유자의 1인은 단독 명의로 등기를 경료하고 있는 공유자에 대하여 그 공유자의 공유지분을 제외한 나머지 공유지분 전부에 관하여만 소유권보존등기 말소등기절차의 이행을 구할 수 있다 할 것이다(대판 2006.8.24, 2006다32200).

③ 戊가 건물을 신축하여 무단으로 토지를 점유하여 사용·수익하는 경우, 토지의 공유자인 乙은 戊에 대하여 불법행위로 인한 손해배상 내지 부당이득반환을 청구할 수 있는데, 이들 권리는 지분범위에서 청구하는 가분채권에 속한다(대판 2001.12.11, 2000다13948).

④ 공유물에 끼친 불법행위를 이유로 하는 손해배상청구권은 특별한 사유가 없는 한 각 공유자는 그 지분에 대응하는 비율의 한도 내에서만 이를 행사할 수 있다(대판 1970.4.14, 70다171).

⑤ 나대지에 건물을 신축하는 것은 공유물에 대한 처분·변경행위에 해당하는 것이 판례의 입장이다(대판 2001.11.27, 2000다33638·33645). 따라서 다른 공유자 전원의 동의가 있어야 한다(제264조). 따라서 과반수 지분권자 甲도 乙의 동의 없이 건물을 신축할 수 없다.

04 甲, 乙, 丙은 X토지를 동일한 지분비율로 공유하고 있다. 이에 관한 설명으로 옳지 않은 것은? (다툼이 있으면 판례에 의함)
▶ 2025 감정평가사

① 甲은 특별한 사정이 없는 한 자신의 지분을 자유롭게 처분할 수 있다.
② 甲과 乙이 丙과의 협의 없이 X토지에 건물을 신축하여 임대하기로 결정하는 것도 관리방법으로서 적법하다.
③ 甲, 乙, 丙은 X토지를 3년 동안 분할하지 아니할 것을 약정할 수 있다.
④ 甲이 乙 및 丙과의 협의 없이 X토지 전부를 독점적으로 점유하여 사용하는 경우 乙은 甲에게 X토지의 인도를 청구할 수 없다.
⑤ 丙의 지분 위에 원인무효의 저당권 등기가 마쳐진 경우 甲은 X토지의 보존행위로서 저당권 등기의 말소를 청구할 수는 없다.

정답해설

① 공유자 甲은 특별한 사정이 없는 한 다른 공유자 乙, 丙의 동의 없이 X토지에 관한 자신의 지분을 자유로이 처분할 수 있다.

> **제263조【공유지분의 처분과 공유물의 사용, 수익】**
> 공유자는 그 지분을 처분할 수 있고 공유물 전부를 지분의 비율로 사용, 수익할 수 있다.

② 나대지에 건물을 신축하는 것은 공유물에 대한 처분·변경행위에 해당하는 것이 판례의 입장이다(대판 2001.11.27, 2000다33638·33645). 따라서 다른 공유자 전원의 동의가 있어야 한다(제264조). 따라서 甲, 乙은 丙과의 협의 없이 X토지에 건물을 신축할 수 없다. 따라서 신축하여 임대하기로 결정하는 것은 관리방법이 아니라 처분행위이다.

③ 제268조【공유물의 분할청구】① 공유자는 공유물의 분할을 청구할 수 있다. 그러나 5년 내의 기간으로 분할하지 아니할 것을 약정할 수 있다.

④ 공유자 자신의 지분이 과반수에 미달하면 소수지분권자에 지나지 않으므로 배타적으로 공유물을 점유하는 다른 과반수 미달의 공유자를 전면적으로 배제하고 자신만이 단독으로 공유물을 점유하도록 인도해 달라고 청구할 권원은 없다. 대법원은 공유물의 소수지분권자가 다른 공유자와 협의하지 않고 공유물의 전부 또는 일부를 독점적으로 점유하는 경우, 다른 소수지분권자는 배타적으로 점유하고 있는 소수지분권자에게 공유물의 인도를 청구할 수는 없다고 한다(대판(전) 2020.5.21, 2018다287522).

> 비교 그러나 소나무 등 설치한 지상물에 대한 제거 등 방해배제는 청구할 수 있다고 판시했다(대판(전) 2020.5.21, 2018다287522).

⑤ 공유자가 다른 공유자의 지분권을 대외적으로 주장하는 것을 공유물의 멸실·훼손을 방지하고 공유물의 현상을 유지하는 사실적·법률적 행위인 공유물의 보존행위에 속한다고 할 수 없다(대판 1994.11.11, 94다35008). 공유자 중 丙의 지분 위에 원인무효의 저당권 등기가 마쳐진 경우라도 다른 공유자 甲은 X토지의 보존행위로서 丙의 지분 위에 저당권 등기의 말소를 청구할 수는 없다.

05 甲, 乙, 丙은 X토지를 각 1/2, 1/4, 1/4의 지분으로 공유하고 있다. 이에 관한 설명으로 옳은 것은? (단, 구분소유적 공유관계는 아니며, 다툼이 있으면 판례에 따름) ▶ 2021 공인중개사

① 乙이 X토지에 대한 자신의 지분을 포기한 경우, 乙의 지분은, 甲, 丙에게 균등한 비율로 귀속된다.
② 당사자 간의 특약이 없는 경우, 甲은 단독으로 X토지를 제3자에게 임대할 수 있다.
③ 甲, 乙은 X토지에 대한 관리 방법으로 X토지에 건물을 신축할 수 있다.
④ 甲, 乙, 丙이 X토지의 관리에 관한 특약을 한 경우, 그 특약은 특별한 사정이 없는 한 그들의 특정승계인에게도 효력이 미친다.
⑤ 丙이 甲, 乙과의 협의 없이 X토지를 배타적·독점적으로 점유하고 있는 경우, 乙은 공유물에 대한 보존행위로 X토지의 인도를 청구할 수 있다.

정답해설
① 민법 제267조는 "공유자가 그 지분을 포기하거나 상속인 없이 사망한 때에는 그 지분은 다른 공유자에게 각 지분의 비율로 귀속한다."라고 규정하고 있다. 乙이 X토지에 대한 자신의 지분을 포기한 경우, 乙의 지분은, **甲, 丙에게 균등한 비율로 귀속되는 것이 아니라**, 지분비율에 따라 2:1의 비율로 귀속된다.
② 공유자 사이에 공유물을 사용·수익할 구체적인 방법을 정하는 것은 공유물의 관리에 관한 사항으로서 공유자의 지분의 과반수로써 결정하여야 한다. 따라서 당사자 간의 특약이 없는 경우, 1/2을 지분을 가진 甲은 소수지분권자로서 단독으로 X토지를 제3자에게 임대하는 관리행위를 할 수 없다.
③ 나대지에 건물을 신축하는 것은 공유물에 대한 처분·변경행위에 해당하는 것이 판례의 입장이다(대판 2001.11.27, 2000다33638·33645). 따라서 다른 공유자 전원의 동의가 있어야 한다(제264조). 따라서 甲, 乙이 합하여 과반수 지분권을 가졌다 하더라도 관리 방법이 아닌 X토지에 건물을 신축하는 처분변경행위는 할 수 없다.
④ **공유자 간의 공유물에 대한 사용수익·관리에 관한 특약은 공유자의 특정승계인에 대하여도 당연히 승계된다**고 할 것이나, 민법 제265조는 "공유물의 관리에 관한 사항은 공유자의 지분의 과반수로써 결정한다."라고 규정하고 있으므로, 위와 같은 특약 후에 공유자에 변경이 있고 특약을 변경할 만한 사정이 있는 경우에는 공유자의 지분의 과반수의 결정으로 기존 특약을 변경할 수 있다(대판 2005.5.12, 2005다1827).

▶ 정답 04 ② 05 ④

⑤ 대법원은 공유물의 소수지분권자가 다른 공유자와 협의하지 않고 공유물의 전부 또는 일부를 독점적으로 점유하는 경우, 다른 소수지분권자는 배타적으로 점유하고 있는 소수지분권자에게 공유물의 인도를 청구할 수는 없다고 한다(대판(전) 2020.5.21, 2018다287522). 즉 토지의 1/4 지분을 소유하고 있는 소수지분권자 丙은 공유물의 보존행위로서 X토지에 대한 인도를 청구할 수는 없다고 판결하였다(대판(전) 2020.5.21, 2018다287522).

〔비교〕 그러나 설치한 지상물에 대한 제거 등 방해배제는 청구할 수 있다고 판시했다(대판(전) 2020.5.21, 2018다287522).

06 甲, 乙, 丙이 X토지를 같은 지분비율로 공유하고 있는데, 甲은 乙, 丙과 어떠한 합의도 없이 토지 전부를 독점적으로 점유사용하고 있다. 이에 관한 설명으로 옳은 것을 모두 고른 것은? (다툼이 있으면 판례에 의함)
▶ 2022 주택관리사

㉠ 乙은 甲에게 공유물의 보존행위로서 X토지의 인도청구를 할 수 있다.
㉡ 丙은 甲에게 자신의 공유지분권에 기초하여 X토지에 대한 방해배제청구를 할 수 있다.
㉢ 乙은 甲에게 자신의 지분에 상응하는 부당이득반환청구를 할 수 있다.

① ㉠
② ㉡
③ ㉠, ㉢
④ ㉡, ㉢
⑤ ㉠, ㉡, ㉢

〔정답해설〕

㉡, ㉢ 2 항목이 옳다.

㉠ (×) : ㉡ (○) : 공유물의 소수지분권자가 다른 공유자와 협의 없이 공유물의 전부 또는 일부를 독점적으로 점유·사용하고 있는 경우 다른 소수지분권자는 공유물의 보존행위로서 그 인도를 청구할 수는 없고, 다만 자신의 지분권에 기초하여 공유물에 대한 방해 상태를 제거하거나 공동 점유를 방해하는 행위의 금지 등을 청구할 수 있다(대판(전) 2020.5.21, 2018다287522). ㉠ 토지의 1/3 지분을 소유하고 있는 소수지분권자 乙은 甲에게 공유물의 보존행위로서 X토지의 인도청구를 할 수 없다. ㉡ 그러나 토지의 1/3 지분을 소유하고 있는 소수지분권자 丙은 甲에게 자신의 공유지분권에 기초하여 X토지에 대한 방해배제청구를 할 수 있다.

㉢ (○) : 토지의 공유자는 각자의 지분 비율에 따라 토지 전체를 사용·수익할 수 있지만 그 구체적인 사용·수익 방법에 관하여 공유자들 사이에 지분 과반수의 합의가 없는 이상, 1인이 그 전부를 배타적으로 점유·사용할 수 없는 것이므로 공유자 중의 일부가 그 전부를 배타적으로 점유·사용하고 있다면 다른 공유자들 중 지분은 있으나 사용·수익은 전혀 하지 않고 있는 자에 대하여는 그 자의 지분에 상응하는 부당이득을 하고 있다(대판 2002.10.11, 2000다17803). 소수지분권자 乙은 甲에게 자신의 지분에 상응하는 부당이득반환청구를 할 수 있다.

07 공동소유에 관한 설명으로 옳지 않은 것은? (다툼이 있으면 판례에 따름) ▶ 2018 감정평가사

① 비법인사단이 타인 간의 금전채무를 보증하는 행위는 총유물의 관리·처분행위이므로 사원총회의 결의를 요한다.
② 토지 공유자의 공유지분 포기에 따른 등기는 해당 지분에 관하여 다른 공유자 앞으로 소유권이전등기를 하는 형태가 되어야 한다.
③ 합유물에 관하여 경료된 무효의 소유권이전등기 말소청구는 특별한 사정이 없는 한, 합유자 각자가 할 수 있다.
④ 공유물분할의 소는 공유자 전원이 소송당사자로 참여해야 하므로, 공동소송인 중 1인에 소송요건의 흠결이 있는 경우 전 소송이 부적법하게 된다.
⑤ 과반수지분권자로부터 공유토지의 특정부분의 점유를 허락받은 제3자는 소수지분권자에 대해서 그 점유로 인한 이득을 부당이득으로 반환할 필요가 없다.

정답해설

① 비법인사단이 타인 간의 금전채무를 보증하는 행위는 총유물 그 자체의 관리·처분이 따르지 아니하는 단순한 채무부담행위에 불과하여 이를 총유물의 관리·처분행위라고 볼 수는 없다(대판(전) 2007.4.19, 2004다60072·60089).
② 민법 제267조는 '공유자가 그 지분을 포기하거나 상속인 없이 사망한 때에는 그 지분은 다른 공유자에게 각 지분의 비율로 귀속한다.'고 규정하고 있다. 여기서 공유지분의 포기는 법률행위로서 상대방 있는 단독행위에 해당하므로, 부동산 공유자의 공유지분 포기의 의사표시가 다른 공유자에게 도달하더라도 이로써 곧바로 공유지분 포기에 따른 물권변동의 효력이 발생하는 것은 아니고, 다른 공유자는 자신에게 귀속될 공유지분에 관하여 소유권이전등기청구권을 취득하며, 이후 민법 제186조에 의하여 등기를 하여야 공유지분 포기에 따른 물권변동의 효력이 발생한다(대판 1965.6.15, 65다301 참조). 그리고 부동산 공유자의 공유지분 포기에 따른 등기는 해당 지분에 관하여 다른 공유자 앞으로 소유권이전등기를 하는 형태가 되어야 한다(대판 2016.10.27, 2015다52978).
③ 합유물에 관하여 경료된 원인 무효의 소유권이전등기의 말소를 구하는 소송은 합유물에 관한 보존행위로서 합유자 각자가 할 수 있다(대판 1997.9.9, 96다16896).
④ 공유물분할청구의 소는 분할을 청구하는 공유자가 원고가 되어 다른 공유자 전부를 공동피고로 하여야 하는 고유필수적 공동소송이다(대판 2014.1.29, 2013다78556).
⑤ 과반수 지분의 공유자는 공유자와 사이에 미리 공유물의 관리방법에 관하여 협의가 없었다 하더라도 공유물의 관리에 관한 사항을 단독으로 결정할 수 있으므로 과반수 지분의 공유자는 그 공유물의 관리방법으로서 그 공유토지의 특정된 한 부분을 배타적으로 사용·수익할 수 있으나, 그로 말미암아 지분은 있으되 그 특정 부분의 사용·수익을 전혀 하지 못하여 손해를 입고 있는 소수지분권자에 대하여 그 지분에 상응하는 임료 상당의 부당이득을 하고 있다 할 것이므로 이를 반환할 의무가 있다 할 것이나, 그 과반수 지분의 공유자로부터 다시 그 특정 부분의 사용·수익을 허락받은 제3자의 점유는 다수지분권자의 공유물관리권에 터 잡은 적법한 점유이므로 그 제3자는 소수지분권자에 대하여도 그 점유로 인하여 법률상 원인 없이 이득을 얻고 있다고는 볼 수 없다(대판 2002.5.14, 2002다9738).

▶ 정답 06 ④ 07 ①

08 합유와 총유에 관한 설명으로 옳은 것은? (다툼이 있는 경우에는 판례에 의함)

① 합유물에 관하여 경료된 원인무효의 소유권이전등기의 말소를 구하는 소송은 합유물에 관한 보존행위로서 합유자 각자가 할 수 있다.
② 甲과 乙이 부동산을 합유하다가 甲이 사망하면, 甲의 상속인과 乙이 부동산을 합유하게 된다.
③ 권리능력 없는 사단의 사원은 각자 총유재산의 보존행위를 할 수 있다.
④ 비법인사단이 타인 간의 금전채무를 보증하는 행위는 총유물의 관리·처분행위라고 볼 수 있다.
⑤ 비법인사단인 교회의 대표자가 권한 없이 총유물인 교회재산을 처분한 행위에 대하여도 민법 제126조의 표현대리에 관한 규정을 준용할 수 있다.

정답해설

① 합유물에 관하여 경료된 원인 무효의 소유권이전등기의 말소를 구하는 소송은 합유물에 관한 보존행위로서 합유자 각자가 할 수 있다(대판 1997.9.9, 96다16896).
② 부동산의 합유자 중 일부가 사망한 경우 합유자 사이에 특별한 약정이 없는 한 사망한 합유자의 상속인은 합유자로서의 지위를 승계하는 것이 아니므로, 해당 부동산은 잔존 합유자가 2인 이상일 경우에는 잔존 합유자의 합유로 귀속되고 잔존 합유자가 1인인 경우에는 잔존 합유자의 단독소유로 귀속된다(대판 1996.12.10, 96다23238).
③ 민법 제276조 제1항에 의해 각 사원이 사원총회의 결의를 얻어 '단독'으로 보존행위를 할 수 있다고 판시했던 종전 판례들은 폐기되었다(대판 1994.4.26, 93다51591; 대판 1992.2.28, 91다41507 등). 즉 현재 대법원은 "총유에 있어서는 공유나 합유의 경우처럼 보존행위는 그 구성원 각자가 할 수 있다는 민법 제265조 단서 또는 제272조 단서와 같은 규정을 두고 있지 아니한바, 이는 법인 아닌 사단의 소유형태인 총유가 공유나 합유에 비하여 단체성이 강하고 구성원 개인들의 총유재산에 대한 지분권이 인정되지 아니하는 데에서 나온 당연한 귀결이라고 할 것이므로, 총유재산에 관한 소송은 법인 아닌 사단이 그 명의로 사원총회의 결의를 거쳐 하거나 또는 그 구성원 전원이 당사자가 되어 필수적 공동소송의 형태로 할 수 있을 뿐 그 사단의 구성원은 설령 그가 사단의 대표자라거나 사원총회의 결의를 거쳤다 하더라도 그 소송의 당사자가 될 수 없고, 이러한 법리는 총유재산의 보존행위로서 소를 제기하는 경우에도 마찬가지라 할 것이다"라고 한다(대판(전) 2005.9.15, 2004다44971).
④ 민법 제275조·제276조 제1항에서 말하는 총유물의 관리 및 처분이라 함은 총유물 그 자체에 관한 이용·개량행위나 법률적·사실적 처분행위를 의미하는 것이므로, 비법인사단이 타인 간의 금전채무를 보증하는 행위는 총유물 그 자체의 관리·처분이 따르지 아니하는 단순한 채무부담행위에 불과하여 이를 총유물의 관리·처분행위라고 볼 수는 없다(대판(전) 2007.4.19, 2004다60072·60089).
⑤ 비법인사단인 교회의 대표자는 총유물인 교회재산의 처분에 관하여 교인총회의 결의를 거치지 아니하고는 이를 대표하여 행할 권한이 없다. 그리고 교회의 대표자가 권한 없이 행한 교회재산의 처분행위에 대하여는 민법 제126조의 표현대리에 관한 규정이 준용되지 아니한다(대판 2009.2.12, 2006다23312).

▶ 정답 08 ①

제5절 **명의신탁**

기본문제편

01 명의신탁의 대상이 될 수 있는 것을 모두 고른 것은? (다툼이 있으면 판례에 따름)
▶ 2018 감정평가사

| ㄱ. 건물 | ㄴ. 자동차 |
| ㄷ. 중계유선방송사업허가 | ㄹ. 토지의 공유지분 |

① ㄱ, ㄴ
② ㄱ, ㄴ, ㄹ
③ ㄱ, ㄷ, ㄹ
④ ㄴ, ㄷ, ㄹ
⑤ ㄱ, ㄴ, ㄷ, ㄹ

정답해설

ㄱ. (O), ㄴ. (O), ㄹ. (O) : 명의신탁의 대상은 공부(등기부나 등록부)에 의해 소유관계를 공시할 수 있는 물건(예 토지·건물·자동차 등)이어야 한다. 따라서 동산은 공부상 권리관계가 공시되는 것이 아니므로 명의신탁이 성립될 여지는 없다(대판 1994.10.11. 94다16175).

ㄷ. (O) : 중계유선방송사업허가 및 음악유선방송사업허가가 비록 행정관청의 허가이고 유선방송사업 자체가 공공성이 강한 사업이라 하더라도 당사자 사이에서 그 허가 명의를 신탁하는 것이 허용되지 않는다고 볼 것은 아니다(대판 2002.6.14. 99다61378).

02 부동산 실권리자명의 등기에 관한 법률에 관한 설명으로 옳은 것은? (다툼이 있으면 판례에 따름)
▶ 2015 공인중개사

① 소유권 이외의 부동산 물권의 명의신탁은 동 법률의 적용을 받지 않는다.
② 채무변제를 담보하기 위해 채권자가 부동산 소유권을 이전받기로 하는 약정은 동 법률의 명의신탁약정에 해당한다.
③ 양자간 등기명의신탁의 경우 신탁자는 수탁자에게 명의신탁약정의 해지를 원인으로 소유권이전등기를 청구할 수 없다.
④ 3자간 등기명의신탁의 경우 수탁자가 자진하여 신탁자에게 소유권이전등기를 해주더라도, 그 등기는 무효이다.
⑤ 명의신탁약정의 무효는 악의의 제3자에게 대항할 수 있다.

▶ 정답 01 ⑤ 02 ③

Chapter 04 소유권 511

> [정답해설]

①, ② 제2조 【정의】 이 법에서 사용하는 용어의 뜻은 다음과 같다.
  1. "명의신탁약정"이란 부동산에 관한 소유권이나 그 밖의 물권(이하 "부동산에 관한 물권"이라 한다)을 보유한 자 또는 사실상 취득하거나 취득하려고 하는 자(이하 "실권리자"라 한다)가 타인과의 사이에서 대내적으로는 실권리자가 부동산에 관한 물권을 보유하거나 보유하기로 하고 그에 관한 등기(가등기를 포함한다. 이하 같다)는 그 타인의 명의로 하기로 하는 약정(위임·위탁매매의 형식에 의하거나 추인(追認)에 의한 경우를 포함한다)을 말한다.
  다만, 다음 각 목의 경우는 제외한다.
    가. 채무의 변제를 담보하기 위하여 채권자가 부동산에 관한 물권을 이전받거나 가등기하는 경우
    나. 부동산의 위치와 면적을 특정하여 2인 이상이 구분소유하기로 하는 약정을 하고 그 구분소유자의 공유로 등기하는 경우
    다. 「신탁법」 또는 「자본시장과 금융투자업에 관한 법률」에 따른 신탁재산인 사실을 등기한 경우
③ 2자간 명의신탁은 명의신탁약정과 물권변동이 무효이므로 등기도 무효이다. 따라서 신탁자는 여전히 신탁부동산에 대한 소유권을 보유하고, 명의신탁약정이 무효이므로 해지를 원인으로 한 원상회복으로서의 이전등기를 청구할 수 없다.
④ 명의신탁자가 소유자로부터 부동산을 양도받으면서 명의수탁자와 사이에 명의신탁약정을 하여 소유자로부터 바로 명의수탁자 명의로 소유권이전등기를 하는 이른바 3자간 등기명의신탁에 있어서, 매도인과 명의신탁자 사이의 매매계약은 여전히 유효하므로, 명의신탁자는 매도인에 대하여 매매계약에 기한 소유권이전등기를 청구할 수 있고, 그 소유권이전등기청구권을 보전하기 위하여 매도인을 대위하여 명의수탁자에게 무효인 그 명의 등기의 말소를 구할 수도 있으므로, 명의수탁자가 명의신탁자 앞으로 바로 경료해 준 소유권이전등기는 결국 실체관계에 부합하는 등기로서 유효하다(대판 2004.6.25. 2004다6764).
⑤ 명의신탁약정과 등기의 무효를 가지고 제3자에게 대항할 수 없다(부실법 제4조 제3항). 여기서의 '제3자'라 함은, 수탁자가 물권자임을 기초로 그와의 사이에 새로운 이해관계를 맺는 자를 말하고, 여기에는 소유권이나 저당권 등 물권을 취득한 자뿐만 아니라 압류 또는 가압류채권자도 포함되며, 제3자의 선의·악의를 묻지 않는다(대판 2000.3.28. 99다56529 등 참조).

부동산 실권리자명의 등기에 관한 법률 제4조 【명의신탁약정의 효력】
① 명의신탁약정은 무효로 한다.
② 명의신탁약정에 따른 등기로 이루어진 부동산에 관한 물권변동은 무효로 한다. 다만, 부동산에 관한 물권을 취득하기 위한 계약에서 명의수탁자가 어느 한쪽 당사자가 되고 상대방 당사자는 명의신탁약정이 있다는 사실을 알지 못한 경우에는 그러하지 아니하다.
③ 제1항 및 제2항의 무효는 제3자에게 대항하지 못한다.

03 부동산 실권리자명의 등기에 관한 법률에 대한 설명으로 옳은 것은? (다툼이 있으면 판례에 따름)
▶ 2023 감정평가사

① 명의신탁자에게 법률효과를 직접 귀속시킬 의도의 매매계약을 체결한 사정이 인정되더라도, 부동산매매계약서에 명의수탁자가 매수인으로 기재되어 있다면 계약명의신탁으로 보아야 한다.
② 부동산소유권 또는 그 공유지분은 명의신탁 대상이 되지만, 용익물권은 명의신탁의 대상이 될 수 없다.
③ 탈법적 목적이 없는 종중재산의 명의신탁에 있어서 종중은 명의신탁재산에 대한 불법점유자 내지 불법등기명의자에 대하여 직접 그 인도 또는 등기말소를 청구할 수 있다.
④ 탈법적 목적이 없더라도 사실혼 배우자 간의 명의신탁은 무효이다.
⑤ 계약당사자인 매수인이 명의수탁자라는 사정을 매도인이 알지 못하였더라도, 매매로 인한 물권변동은 무효이다.

[정답해설]

① 명의신탁약정이 3자간 등기명의신탁인지 아니면 계약명의신탁인지의 구별은 계약당사자가 누구인가를 확정하는 문제로 귀결되고, 계약명의자인 명의수탁자가 아니라 명의신탁자에게 계약에 따른 법률효과를 직접 귀속시킬 의도로 계약을 체결한 사정이 인정된다면 명의신탁자가 계약당사자이므로, 이 경우의 명의신탁관계는 3자간 등기명의신탁으로 보아야 한다(대판 2016.10.27, 2016두43091).

② 부동산실명법상 "명의신탁약정"이란 부동산에 관한 소유권이나 그 밖의 물권 즉 "부동산에 관한 물권"을 대상으로 한다(부동산실명법 제2조 제1호). 부동산 물권인 부동산소유권 또는 그 공유지분뿐만 아니라 용익물권도 명의신탁의 대상이 될 수 있다.

> **부동산실명법 제2조 【정의】**
> 이 법에서 사용하는 용어의 뜻은 다음과 같다.
> 1. "명의신탁약정"이란 부동산에 관한 소유권이나 그 밖의 물권(이하 "부동산에 관한 물권"이라 한다)을 보유한 자 또는 사실상 취득하거나 취득하려고 하는 자(이하 "실권리자"라 한다)가 타인과의 사이에서 대내적으로는 실권리자가 부동산에 관한 물권을 보유하거나 보유하기로 하고 그에 관한 등기(가등기를 포함한다. 이하 같다)는 그 타인의 명의로 하기로 하는 약정(위임·위탁매매의 형식에 의하거나 추인(追認)에 의한 경우를 포함한다)을 말한다.

③ 부동산 실권리자명의 등기에 관한 법률 제8조 제1호에 의하면 종중이 보유한 부동산에 관한 물권을 종중 이외의 자의 명의로 등기하는 명의신탁의 경우 조세포탈, 강제집행의 면탈 또는 법령상 제한의 회피를 목적으로 하지 아니하는 경우에는 같은 법 제4조 내지 제7조 및 제12조 제1항·제2항의 규정의 적용이 배제되어 종중이 같은 법 시행 전에 명의신탁한 부동산에 관하여 같은 법 제11조의 유예기간 이내에 실명등기 또는 매각처분을 하지 아니한 경우에도 그 명의신탁약정은 여전히 그 효력을 유지하는 것이지만, 부동산을 명의신탁한 경우에는 소유권이 대외적으로 수탁자에게 귀속하므로 명의신탁자는 신탁을 이유로 제3자에 대하여 그 소유권을 주장할 수 없고 특별한 사정이 없는 한 신탁자가 수탁자에 대해 가지는 명의신탁해지를 원인으로 한 소유권이전등기청구권은 집행채권자에게 대항할 수 있는 권리가 될 수 없으므로 결국 명의신탁자인 종중은 명의신탁된 부동산에 관하여 제3자이의의 소의 원인이 되는 권리를 가지고 있지 않다고 할 것이다(대판 2007.5.10, 2007다7409). 명의신탁자인 종중은 명의신탁재산에 대한 불법점유자 내지 불법등기명의자에 대하여 직접 그 인도 또는 등기말소를 청구할 수 없다.

▶ 정답 03 ④

④ 부동산실권리자명의등기에관한법률 제5조에 의하여 부과되는 과징금에 대한 특례를 규정한 같은 법 제8조 제2호 소정의 '배우자'에는 사실혼 관계에 있는 배우자는 포함되지 아니한다(대판 1999.5.14, 99두35). 사실혼 배우자 간의 명의신탁은 여전히 무효이다.

> **부동산실명법 제8조【종중, 배우자 및 종교단체에 대한 특례】**
> 다음 각 호의 어느 하나에 해당하는 경우로서 조세 포탈, 강제집행의 면탈 또는 법령상 제한의 회피를 목적으로 하지 아니하는 경우에는 제4조부터 제7조까지 및 제12조 제1항부터 제3항까지를 적용하지 아니한다.
> 1. 종중이 보유한 부동산에 관한 물권을 종중(종중과 그 대표자를 같이 표시하여 등기한 경우를 포함한다) 외의 자의 명의로 등기한 경우
> 2. 배우자 명의로 부동산에 관한 물권을 등기한 경우
> 3. 종교단체의 명의로 그 산하 조직이 보유한 부동산에 관한 물권을 등기한 경우

⑤ 부동산 실권리자명의 등기에 관한 법률 제4조 제2항 단서는 부동산 거래의 상대방을 보호하기 위한 것으로 상대방이 명의신탁약정이 있다는 사실을 알지 못한 채 물권을 취득하기 위한 계약을 체결한 경우 그 계약과 그에 따른 등기를 유효라고 한 것이다(대판 2018.4.10, 2017다257715). 즉 물권변동은 유효하고, 명의수탁자는 완전한 소유권을 취득한다.

> **부동산 실권리자명의 등기에 관한 법률 제4조【명의신탁약정의 효력】**
> ① 명의신탁약정은 무효로 한다.
> ② 명의신탁약정에 따른 등기로 이루어진 부동산에 관한 물권변동은 무효로 한다. 다만, 부동산에 관한 물권을 취득하기 위한 계약에서 명의수탁자가 어느 한쪽 당사자가 되고 상대방 당사자는 명의신탁약정이 있다는 사실을 알지 못한 경우에는 그러하지 아니하다.
> ③ 제1항 및 제2항의 무효는 제3자에게 대항하지 못한다.

04 부동산 실권리자명의 등기에 관한 법률상 명의신탁에 대한 설명으로 옳지 않은 것은? (다툼이 있으면 판례에 따름)

▶ 2017 감정평가사

① 무효인 명의신탁등기가 행하여진 후 신탁자와 수탁자가 혼인한 경우, 조세포탈 등의 목적이 없더라도 그 명의신탁등기는 유효로 인정될 수 없다.
② 채무변제를 담보하기 위해 채권자 명의로 부동산에 관한 소유권이전등기를 하기로 하는 약정은 명의신탁약정에 해당하지 않는다.
③ 무효인 명의신탁약정에 기하여 타인 명의의 등기가 마쳐졌다는 이유만으로 그것이 당연히 불법원인급여에 해당한다고 볼 수 없다.
④ 조세포탈 등의 목적 없이 종교단체 명의로 그 산하조직이 보유한 부동산의 소유권을 등기한 경우, 그 단체와 조직 간의 명의신탁약정은 유효하다.
⑤ 신탁자는 명의신탁약정의 무효로서 수탁자로부터 소유권이전등기를 받은 제3자에게 그의 선의·악의 여부를 불문하고 대항하지 못한다.

> 정답해설

① 어떠한 명의신탁등기가 위 법률에 따라 무효가 되었다고 할지라도 그 후 신탁자와 수탁자가 혼인하여 그 등기의 명의자가 배우자로 된 경우에는 조세포탈, 강제집행의 면탈 또는 법령상 제한의 회피를 목적으로 하지 아니하는 한 이 경우에도 위 법률 제8조 제2호의 특례를 적용하여 그 명의신탁등기는 당사자가 혼인한 때로부터 유효하게 된다고 보아야 한다(대판 2002.10.25, 2002다23840).

② 채무의 변제를 담보하기 위하여 채권자가 부동산에 관한 물권을 이전받거나(양도담보) 가등기하는 경우(가등기담보)는 부동산실명법상의 명의신탁에서 제외된다.

> **부동산실명법 제2조 【정의】**
> 이 법에서 사용하는 용어의 뜻은 다음과 같다.
> 1. "명의신탁약정"이란 부동산에 관한 소유권이나 그 밖의 물권(이하 "부동산에 관한 물권"이라 한다)을 보유한 자 또는 사실상 취득하거나 취득하려고 하는 자(이하 "실권리자"라 한다)가 타인과의 사이에서 대내적으로는 실권리자가 부동산에 관한 물권을 보유하거나 보유하기로 하고 그에 관한 등기(가등기를 포함한다. 이하 같다)는 그 타인의 명의로 하기로 하는 약정(위임·위탁매매의 형식에 의하거나 추인(追認)에 의한 경우를 포함한다)을 말한다.
> 다만, 다음 각 목의 경우는 제외한다.
>   가. 채무의 변제를 담보하기 위하여 채권자가 부동산에 관한 물권을 이전받거나 가등기하는 경우
>   나. 부동산의 위치와 면적을 특정하여 2인 이상이 구분소유하기로 하는 약정을 하고 그 구분소유자의 공유로 등기하는 경우
>   다. 「신탁법」 또는 「자본시장과 금융투자업에 관한 법률」에 따른 신탁재산인 사실을 등기한 경우

③ 판례는 명의신탁 자체가 선량한 풍속 기타 사회질서에 위반하는 경우에 해당한다고 단정할 수 없고, 부동산실권리자명의 등기에 관한 법률이 비록 부동산등기제도를 악용한 투기·탈세·탈법행위 등 반사회적 행위를 방지하는 것 등을 목적으로 제정되었다고 하더라도, 무효인 명의신탁약정에 기하여 타인 명의의 등기가 마쳐졌다는 이유만으로 그것이 당연히 불법원인급여에 해당한다고 볼 수 없다(대판 2003.11.27, 2003다41722).

④ 종중재산의 명의신탁이나 부부간 명의신탁·종교단체의 명의로 그 산하 조직이 보유한 부동산에 관한 물권을 등기한 경우로서, 조세포탈·강제집행의 면탈 또는 법령상 제한의 회피를 목적으로 하지 않는 경우는 부동산실명법 제4조가 적용되지 않아 명의신탁약정이 유효하다.

> **부동산실명법 제8조 【종중, 배우자 및 종교단체에 대한 특례】**
> 다음 각 호의 어느 하나에 해당하는 경우로서 조세 포탈, 강제집행의 면탈 또는 법령상 제한의 회피를 목적으로 하지 아니하는 경우에는 제4조부터 제7조까지 및 제12조 제1항부터 제3항까지를 적용하지 아니한다.
> 1. 종중이 보유한 부동산에 관한 물권을 종중(종중과 그 대표자를 같이 표시하여 등기한 경우를 포함한다) 외의 자의 명의로 등기한 경우
> 2. 배우자 명의로 부동산에 관한 물권을 등기한 경우
> 3. 종교단체의 명의로 그 산하 조직이 보유한 부동산에 관한 물권을 등기한 경우

⑤ 명의신탁약정과 등기의 무효를 가지고 제3자에게 대항할 수 없다(부실법 제4조 제3항), 여기서의 '제3자'라 함은, 수탁자가 물권자임을 기초로 그와의 사이에 새로운 이해관계를 맺는 자를 말하고, 여기에는 소유권이나 저당권 등 물권을 취득한 자뿐만 아니라 압류 또는 가압류채권자도 포함되며, 제3자의 선의·악의를 묻지 않는다(대판 2000.3.28, 99다56529 등 참조).

▶ 정답   04 ①

05 명의신탁에 관한 설명으로 옳지 않은 것은? (다툼이 있으면 판례에 따름) ▶ 2020 감정평가사

① 종중재산이 여러 사람에게 명의신탁된 경우, 그 수탁자들 상호 간에는 형식상 공유관계가 성립한다.
② 3자간 등기명의신탁관계의 명의신탁자는 수탁자에게 명의신탁된 부동산의 소유권이전등기를 청구하지 못한다.
③ 채무자는 채권을 담보하기 위하여 채권자에게 그 소유의 부동산에 관한 소유권이전등기를 할 수 있다.
④ 부부 사이에 유효하게 성립한 명의신탁은 배우자 일방의 사망으로 잔존배우자와 사망한 배우자의 상속인에게 효력을 잃는다.
⑤ 계약 상대방이 명의수탁자임을 알면서 체결한 매매계약의 효력으로 소유권이전등기를 받은 사람은 소유권을 취득한다.

[정답해설]
① 종중재산이 여러 사람에게 명의신탁된 경우 그 수탁인들 상호 간에는 형식상 공유관계가 성립한다(대판 1992.9.8, 92다18184).
② 부동산 실권리자명의 등기에 관한 법률에 의하면, 이른바 3자간 등기명의신탁의 경우 같은 법에서 정한 유예기간 경과에 의하여 기존 명의신탁약정과 그에 의한 등기가 무효로 되고 그 결과 명의신탁된 부동산은 매도인 소유로 복귀하므로, 매도인은 명의수탁자에게 무효인 그 명의 등기의 말소를 구할 수 있게 되고, 한편 같은 법은 매도인과 명의신탁자 사이의 매매계약의 효력을 부정하는 규정을 두고 있지 아니하여 유예기간 경과 후로도 매도인과 명의신탁자 사이의 매매계약은 여전히 유효하므로, 명의신탁자는 매도인에 대하여 매매계약에 기한 소유권이전등기를 청구할 수 있고, 그 소유권이전등기청구권을 보전하기 위하여 매도인을 대위하여 명의수탁자에게 무효인 그 명의 등기의 말소를 구할 수도 있다(대판 2002.3.15, 2001다61654). 즉 명의신탁약정이 무효이므로 3자간 등기명의신탁관계의 명의신탁자는 수탁자에게 명의신탁된 부동산의 소유권이전등기를 직접 청구하지 못한다.
③ 채권의 담보를 목적으로 함에도 소유권 이전의 형식을 취하는 양도담보는 실질적인 목적과 형식이 불일치하여, 이에 대한 유효성에 다툼이 있으나, 판례는 민법상 신탁의 하나로서 유효한 것을 인정하고 있다. 또한 가등기담보 등에 관한 법률도 "매도담보를 비롯한 모든 양도담보에 있어서 청산절차를 밟아야 한다"고 규정함으로써 약한 의미의 양도담보만을 유효한 것으로 보고 있다.
④ 부동산실명법 제8조 제2호에 따라 부부간 명의신탁이 일단 유효한 것으로 인정되었다면 그 후 배우자 일방의 사망으로 부부관계가 해소되었다 하더라도 그 명의신탁약정은 사망한 배우자의 다른 상속인과의 관계에서도 여전히 유효하게 존속한다고 보아야 한다(대판 2013.1.24, 2011다99498).
⑤ 명의신탁약정과 등기의 무효를 가지고 제3자에게 대항할 수 없다(부실법 제4조 제3항). 여기서의 '제3자'라 함은, 수탁자가 물권자임을 기초로 그와의 사이에 새로운 이해관계를 맺는 자를 말하고, 여기에는 소유권이나 저당권 등 물권을 취득한 자뿐만 아니라 압류 또는 가압류채권자도 포함되며, 제3자의 선의·악의를 묻지 않는다(대판 2000.3.28, 99다56529 등 참조). 따라서 명의신탁계약의 명의수탁자임을 알면서 새로이 매매계약을 체결하고 이에 기해 소유권이전등기를 받은 사람은 부실법 제4조 제3항의 제3자에 해당하여 악의자라도 소유권을 취득한다.

06 다음 (가), (나)에 관한 설명으로 옳지 않은 것은? (다툼이 있으면 판례에 의함)

▶ 2009 감정평가사

> 가. 甲종중은 건물을 신축하여 종원(宗員) 乙과의 명의신탁 약정에 따라 乙명의로 소유권보존등기를 하였다(위법한 목적이 없음을 전제로 함).
> 나. 乙이 위 건물을 丙에게 매도하고 소유권이전등기까지 경료해 주었다.

① 가.의 경우, 甲은 명의신탁약정을 해지하고 乙에게 건물에 대한 소유권이전등기를 청구할 수 있다.
② 가.의 경우, 건물의 소유권은 대외적으로 乙에게 귀속된다.
③ 나.의 경우, 丙이 甲·乙 사이의 명의신탁에 관하여 악의라면 건물의 소유권을 취득하지 못한다.
④ 나.의 경우, 甲은 丙에게 그 건물의 반환과 이전등기의 말소를 직접 청구할 수 없다.
⑤ 나.의 경우, 丙이 乙의 배임행위에 적극 가담한 경우에는 乙과 丙의 계약은 반사회적 법률행위로서 무효이다.

정답해설

①, ②, ④ 종중 부동산의 명의신탁은 특례가 적용되어 유효한 명의신탁이 된다. 따라서 ①의 경우는 유효한 명의신탁이므로 명의신탁의 해지가 가능하다. 그리고 대외적 소유자는 乙이다.
③, ⑤ 부동산 실권리자명의 등기에 관한 법률 제8조의 특례가 적용되는 종중 등의 명의신탁에 있어서 명의수탁자는 신탁재산을 유효하게 제3자에게 처분할 수 있고 제3자가 명의신탁사실을 알았다 하여도 그의 소유권취득에 영향이 없는 것이기는 하지만, 특별한 사정이 있는 경우, 즉 명의수탁자로부터 신탁재산을 매수한 제3자가 명의수탁자의 명의신탁자에 대한 배임행위에 적극 가담한 경우에는 명의수탁자와 제3자 사이의 계약은 반사회적인 법률행위로서 무효라고 할 것이고, 이때 제3자가 명의수탁자의 배임행위에 적극 가담하는 행위란 수탁자가 단순히 등기명의만 수탁받았을 뿐 그 부동산을 처분할 권한이 없는 줄을 잘 알면서 명의수탁자에게 실질소유자 몰래 신탁재산을 불법처분하도록 적극적으로 요청하거나 유도하는 등의 행위를 의미하는 것이다 (대판 2008.3.27, 2007다82875).

> **제8조 【종중, 배우자 및 종교단체에 대한 특례】**
> 다음 각 호의 어느 하나에 해당하는 경우로서 조세 포탈, 강제집행의 면탈 또는 법령상 제한의 회피를 목적으로 하지 아니하는 경우에는 제4조부터 제7조까지 및 제12조 제1항부터 제3항까지를 적용하지 아니한다.
> 1. 종중이 보유한 부동산에 관한 물권을 종중(종중과 그 대표자를 같이 표시하여 등기한 경우를 포함한다) 외의 자의 명의로 등기한 경우

▶ 정답 05 ④ 06 ③

07 甲은 乙 소유의 X토지를 매수하면서 자신과 명의신탁약정을 한 친구 丙 앞으로 소유권이전등기를 해 주기로 乙과 합의하였고, 그에 따라 X토지의 소유권이전등기가 丙 명의로 마쳐졌다. 다음 설명 중 옳지 않은 것은? (다툼이 있으면 판례에 의함) ▶ 2014 감정평가사

① 丙 명의의 소유권이전등기는 무효이다.
② 乙은 丙에게 진정명의회복을 원인으로 하는 소유권이전등기를 청구할 수 있다.
③ 甲은 乙을 대위하여 丙에게 소유권이전등기의 말소청구를 할 수 없다.
④ 乙은 甲에 대하여 소유권이전등기의무를 부담한다.
⑤ 丙으로부터 정당하게 X토지를 매수한 丁이 甲과 丙 사이의 명의신탁 약정사실을 알았더라도, 丁은 丙으로부터 X토지를 유효하게 취득할 수 있다.

[정답해설]

①, ③, ④ 부동산 실권리자명의 등기에 관한 법률에 의하면, 이른바 3자간 등기명의신탁의 경우 같은 법에서 정한 유예기간 경과에 의하여 기존 명의신탁약정과 그에 의한 등기가 무효로 되고(①) 그 결과 명의신탁된 부동산은 매도인 소유로 복귀하므로, 매도인은 명의수탁자에게 무효인 그 명의 등기의 말소를 구할 수 있게 되고(②), 한편 같은 법은 매도인과 명의신탁자 사이의 매매계약의 효력을 부정하는 규정을 두고 있지 아니하여 유예기간 경과 후로도 매도인과 명의신탁자 사이의 매매계약은 여전히 유효하므로, 명의신탁자는 매도인에 대하여 매매계약에 기한 소유권이전등기를 청구할 수 있고(③), 그 소유권이전등기청구권을 보전하기 위하여 매도인을 대위하여 명의수탁자에게 무효인 그 명의 등기의 말소를 구할 수도 있다(④)(대판 2002.3.15, 2001다61654).

② 부동산 실권리자명의 등기에 관한 법률에 의하면, 이른바 3자간 등기명의신탁의 경우 기존 명의신탁약정과 그에 의한 등기가 무효로 되어 명의신탁된 부동산은 매도인 소유로 복귀하므로, 매도인은 명의수탁자에게 소유권에 기해 무효등기의 말소를 구할 수 있고, 또한 매도인 乙은 丙에게 소유권에 기한 물권적 청구권의 성질을 갖는 진정명의회복을 원인으로 하는 소유권이전등기를 청구할 수 있다.

⑤ 명의신탁약정과 등기의 무효를 가지고 제3자에게 대항할 수 없다(부실법 제4조 제3항). 여기서의 '제3자'라 함은, 수탁자가 물권자임을 기초로 그와의 사이에 새로운 이해관계를 맺는 자를 말하고, 여기에는 소유권이나 저당권 등 물권을 취득한 자뿐만 아니라 압류 또는 가압류채권자도 포함되며, 제3자의 선의·악의를 묻지 않는다(대판 2000.3.28, 99다56529 등 참조). 명의수탁자 丙으로부터 정당하게 X토지를 매수한 丁은 부실법 제4조 제3항의 제3자에 해당하므로 甲과 丙 사이의 명의신탁 약정사실을 알았더라도, 丁은 丙으로부터 X토지를 유효하게 취득할 수 있다.

08 2017년 8월경 甲은 乙소유의 X부동산 매매대금을 일시에 지급하고 매수하면서 애인인 丙과의 명의신탁약정에 기초하여 乙로부터 丙으로 X부동산에 관한 소유권이전등기를 마쳤다. 이에 관한 설명으로 옳지 않은 것은? (다툼이 있으면 판례에 따름) ▶ 2019 감정평가사

① 甲과 丙 사이의 명의신탁약정 및 그에 따른 丙 명의의 등기는 무효이다.
② 甲과 丙이 이후 혼인을 하게 된다면, 조세포탈 등이나 법령상의 제한을 회피할 목적이 없는 한, 위 등기는 甲과 丙이 혼인한 때로부터 유효하게 된다.
③ 丙이 X부동산을 임의로 처분하였다 하더라도 특별한 사정이 없는 한, 乙이 丙의 처분행위로 인하여 손해를 입었다고 할 수는 없다.
④ 甲은 乙에 대한 소유권이전등기청구권을 보전하기 위하여 乙을 대위하여 丙 명의의 등기말소를 청구할 수 있다.
⑤ 丙으로부터 X부동산을 매수한 丁이 丙의 甲에 대한 배임행위에 적극 가담하였더라도, 丙과 丁 사이의 매매계약은 반사회적인 법률행위에 해당하지는 않는다.

정답해설

① 부동산 실권리자명의 등기에 관한 법률 제4조에 의하면, 이른바 3자간 등기명의신탁의 경우 명의신탁약정과 그에 의한 등기가 무효이다. 명의신탁자 甲과 명의수탁자 丙 사이의 명의신탁약정 및 그에 따른 명의수탁자인 丙 명의의 등기는 무효이다.

> **부동산 실권리자명의 등기에 관한 법률 제4조 【명의신탁약정의 효력】**
> ① 명의신탁약정은 무효로 한다.
> ② 명의신탁약정에 따른 등기로 이루어진 부동산에 관한 물권변동은 무효로 한다. 다만, 부동산에 관한 물권을 취득하기 위한 계약에서 명의수탁자가 어느 한쪽 당사자가 되고 상대방 당사자는 명의신탁약정이 있다는 사실을 알지 못한 경우에는 그러하지 아니하다.
> ③ 제1항 및 제2항의 무효는 제3자에게 대항하지 못한다.

② 부동산 실권리자명의 등기에 관한 법률 제8조 제2호에서는 배우자 명의로 부동산에 관한 물권을 등기한 경우로서 조세포탈, 강제집행의 면탈 또는 법령상 제한의 회피를 목적으로 하지 아니하는 경우에는 그 명의신탁약정과 그 약정에 기하여 행하여진 물권변동을 무효로 보는 위 법률 제4조 등을 적용하지 않는다고 규정하고 있는바, 어떠한 명의신탁등기가 위 법률에 따라 무효가 되었다고 할지라도 그 후 신탁자와 수탁자가 혼인하여 그 등기의 명의자가 배우자로 된 경우에는 조세포탈, 강제집행의 면탈 또는 법령상 제한의 회피를 목적으로 하지 아니하는 한 이 경우에도 위 법률 제8조 제2호의 특례를 적용하여 그 명의신탁등기는 당사자가 혼인한 때로부터 유효하게 된다고 보아야 한다(대판 2002.10.25, 2002다23840).

③ 명의수탁자가 신탁부동산을 임의로 매각처분한 경우, 특별한 사정이 없는 한 그 매수인은 유효하게 소유권을 취득하게 되는바, 명의신탁약정 및 이에 따라 행하여진 등기에 의한 부동산에 관한 물권변동을 무효로 하는 부동산 실권리자명의 등기에 관한 법률이 시행되기 이전에 매도인이 명의신탁자의 요구에 따라 명의수탁자 앞으로 등기명의를 이전하여 주었다면, 매도인에게 매매계약의 체결이나 그 이행에 관하여 어떠한 귀책사유가 있다고 보기 어려우므로, 자신의 편의를 위하여 명의수탁자 앞으로의 등기이전을 요구한 명의신탁자가 자신의 귀책사유로 같은 법에서 정한 유예기간이 지나도록 실명등기를 하지 아니한 사정에 기인하여 매도인에 대하여 매매대금의 반환을 구하거나, 명의신탁자 앞으로 재차 소유권이전등기를 경료할 것을 요구하는 것은 신의칙상 허용되지 아니하고, 따라서 매도인으로서는 명의수탁자가 신탁부동산을 타에 처분하였다고

▶ 정답   07 ③   08 ⑤

하더라도, 명의수탁자로부터 그 소유명의를 회복하기 전까지는 명의신탁자에 대하여 신의칙 내지 민법 제536조 제1항 본문의 규정에 의하여 이와 동시이행의 관계에 있는 매매대금 반환채무의 이행을 거절할 수 있고, 한편 명의신탁자의 소유권이전등기청구도 허용되지 아니하므로, 결국 매도인으로서는 명의수탁자의 처분행위로 인하여 손해를 입은 바가 없다(대판 2002.3.15, 2001다61654).
④ 부동산 실권리자명의 등기에 관한 법률에 의하면, 이른바 3자간 등기명의신탁의 경우 같은 법에서 정한 유예기간 경과에 의하여 기존 명의신탁약정과 그에 의한 등기가 무효로 되고 그 결과 명의신탁된 부동산은 매도인 소유로 복귀하므로, 매도인은 명의수탁자에게 무효인 그 명의 등기의 말소를 구할 수 있게 되고, 한편 같은 법은 매도인과 명의신탁자 사이의 매매계약의 효력을 부정하는 규정을 두고 있지 아니하여 유예기간 경과 후로도 매도인과 명의신탁자 사이의 매매계약은 여전히 유효하므로, 명의신탁자는 매도인에 대하여 매매계약에 기한 소유권이전등기를 청구할 수 있고, 그 소유권이전등기청구권을 보전하기 위하여 매도인을 대위하여 명의수탁자에게 무효인 그 명의 등기의 말소를 구할 수도 있다(대판 2002.3.15, 2001다61654).
⑤ 부동산의 명의수탁자가 실질소유자 몰래 처분하는 경우, 부동산의 취득자가 명의수탁자의 범죄적인 처분행위에 적극 가담하여 처분이 이루어진 것이라면 그 취득자의 취득행위는 정의관념에 반하는 반사회적행위로서 무효라 할 것이고, 이때 취득자가 수탁자의 범죄행위에 적극 가담하는 행위란 수탁자가 단순히 등기명의만 수탁받았을 뿐 그 부동산을 처분할 권한이 없는 줄을 잘 알면서 수탁자에게 실질소유자 몰래 수탁재산을 불법처분하도록 적극적으로 요청하거나 유도하는 등의 행위를 의미하는 것이다(대판 1992.3.31, 92다1148). 따라서 명의수탁자 丙으로부터 X부동산을 매수한 丁이 명의수탁자 丙의 명의신탁자 甲에 대한 배임행위에 적극 가담하였다면 甲과 丁 사이의 매매계약은 반사회적인 법률행위에 해당하여 무효가 된다.

09 2020년 5월 신탁자 甲과 그의 친구인 수탁자 乙이 X부동산에 대하여 명의신탁약정을 한 후, 乙이 직접 계약당사자가 되어 丙으로부터 X를 매수하고 소유권이전등기를 마쳤다. 다음 설명으로 옳지 않은 것은? (다툼이 있으면 판례에 따름) ▶ 2021 감정평가사

① 甲과 乙 사이의 명의신탁약정은 무효이다.
② 丙이 甲·乙 사이의 명의신탁약정 사실을 몰랐다면 乙은 X의 소유권을 취득한다.
③ 丙이 甲·乙 사이의 명의신탁약정 사실을 알았는지 여부는 소유권이전등기가 마쳐진 때를 기준으로 판단하여야 한다.
④ 乙이 X의 소유자가 된 경우 甲으로부터 제공받은 매수자금 상당액을 甲에게 부당이득으로 반환하여야 한다.
⑤ 丙이 甲·乙 사이의 명의신탁약정 사실을 안 경우에도 乙이 그 사정을 모르는 丁에게 X를 매도하여 소유권이전등기를 마쳤다면 丁은 X의 소유권을 취득한다.

[정답해설]
① 사안의 경우는 명의수탁자 乙이 매수인으로서 계약의 당사자가 되어 매도인 丙과 매매계약을 체결하고 등기도 명의수탁자 乙 앞으로 마친 것이므로 이른바 계약명의신탁의 유형에 해당한다. 이때 명의신탁 약정은 매도인 丙이 선의인지 악의인지 불문하고 무효이다(부동산실명법 제4조 제1항).
②, ④ '부동산 실권리자명의 등기에 관한 법률' 제4조 제1항, 제2항에 의하면 명의신탁자와 명의수탁자가 이른바 계약명의신탁약정을 맺고 명의수탁자가 당사자가 되어 명의신탁약정이 있다는 사실을 알지 못하는 소유자와의 사이에 부동산에 관한 매매계약을 체결한 후 그 매매계약에 따라 당해 부동산의 소유권이전등기를 수탁자 명의로 마친 경우에는 명의신탁자와 명의수탁자 사이의 명의신탁약정의 무효에도 불구하고 그 명의수탁자는 당해 부동산의 완전한 소유권을 취득하게 되고, 다만 명의수탁자는 명의신탁자에 대하여 부당이득반환의무를

부담하게 될 뿐이다. 이 경우 그 계약명의신탁약정이 '부동산 실권리자명의 등기에 관한 법률' 시행 후인 경우에는 명의신탁자는 애초부터 당해 부동산의 소유권을 취득할 수 없었으므로, 위 계약명의신탁약정의 무효로 인하여 명의신탁자가 입은 손해는 당해 부동산 자체가 아니라 명의수탁자에게 제공한 매수자금이고, 따라서 명의수탁자는 당해 부동산 자체가 아니라 명의신탁자로부터 제공받은 매수자금 상당액을 부당이득하였다고 할 것이다(대판 2010.10.14, 2007다90432).

③ 부동산 실권리자명의 등기에 관한 법률 제4조 제2항 단서는 부동산 거래의 상대방을 보호하기 위한 것으로 상대방이 명의신탁약정이 있다는 사실을 알지 못한 채 물권을 취득하기 위한 계약을 체결한 경우 그 계약과 그에 따른 등기를 유효라고 한 것이다. 명의신탁자와 명의수탁자가 계약명의신탁약정을 맺고 명의수탁자가 당사자가 되어 매도인과 부동산에 관한 매매계약을 체결하는 경우 그 계약과 등기의 효력은 매매계약을 체결할 당시 매도인의 인식을 기준으로 판단해야 하고, 매도인이 계약 체결 이후에 명의신탁약정 사실을 알게 되었다고 하더라도 위 계약과 등기의 효력에는 영향이 없다. 매도인이 계약 체결 이후 명의신탁약정 사실을 알게 되었다는 우연한 사정으로 인해서 위와 같이 유효하게 성립한 매매계약이 소급적으로 무효로 된다고 볼 근거가 없다. 만일 매도인이 계약 체결 이후 명의신탁약정 사실을 알게 되었다는 사정을 들어 매매계약의 효력을 다툴 수 있도록 한다면 매도인의 선택에 따라서 매매계약의 효력이 좌우되는 부당한 결과를 가져올 것이다(대판 2018.4.10, 2017다257715).

⑤ 「부동산 실권리자명의 등기에 관한 법률」(이하 '부동산실명법') 제4조 제3항에 의하면 명의신탁약정 및 이에 따른 등기로 이루어진 부동산에 관한 물권변동의 무효는 제3자에게 대항하지 못하는데, 여기서 '제3자'는 명의신탁약정의 당사자 및 포괄승계인 이외의 자로서 명의수탁자가 물권자임을 기초로 그와 사이에 직접 새로운 이해관계를 맺은 사람으로서 소유권이나 저당권 등 물권을 취득한 자뿐만 아니라 압류 또는 가압류채권자도 포함하고 그의 선의·악의를 묻지 않는다(대판 2000.3.28, 99다56529 등 참조). 따라서 丙이 甲·乙 사이의 명의신탁약정 사실을 안 경우에도 乙이 그 사정을 모르는 제3자 丁에게 X를 매도하여 소유권이전등기를 마쳤다면, 甲은 명의신탁약정과 등기의 무효를 가지고 제3자인 丁에게 대항할 수 없기 때문에 丁이 X의 소유권을 취득한다.

▶ 정답   09 ③

심화문제편

01 부동산 실권리자명의 등기에 관한 법률상 명의신탁에 관한 설명으로 옳은 것은? (다툼이 있으면 판례에 따름)
▶ 2021 감정평가사

① 투기·탈세 등의 방지라는 법의 목적상 명의신탁은 그 자체로 선량한 풍속 기타 사회질서에 위반된다.
② 명의신탁이 무효인 경우, 신탁자와 수탁자가 혼인하면 명의신탁약정이 체결된 때로부터 위 명의신탁은 유효하게 된다.
③ 부동산 명의신탁약정의 무효는 수탁자로부터 그 부동산을 취득한 악의의 제3자에게 대항할 수 있다.
④ 농지법에 따른 제한을 피하기 위하여 명의신탁을 한 경우에도 그에 따른 수탁자 명의의 소유권이전등기가 불법원인급여라고 할 수 없다.
⑤ 조세포탈 등의 목적 없이 종교단체장의 명의로 그 종교단체 보유 부동산의 소유권을 등기한 경우, 그 단체와 단체장 간의 명의신탁약정은 유효하다.

정답해설

① 부동산 실권리자명의 등기에 관한 법률이 규정하는 명의신탁약정은 부동산에 관한 물권의 실권리자가 타인과의 사이에서 대내적으로는 실권리자가 부동산에 관한 물권을 보유하거나 보유하기로 하고 그에 관한 등기는 그 타인의 명의로 하기로 하는 약정을 말하는 것일 뿐이므로, 그 자체로 선량한 풍속 기타 사회질서에 위반하는 경우에 해당한다고 단정할 수 없을 뿐만 아니라, 위 법률은 원칙적으로 명의신탁약정과 그 등기에 기한 물권변동만을 무효로 하고 명의신탁자가 다른 법률관계에 기하여 등기회복 등의 권리행사를 하는 것까지 금지하지는 않는 대신, 명의신탁에 대하여 행정적 제재나 형벌을 부과함으로써 사적자치 및 재산권보장의 본질을 침해하지 않도록 규정하고 있으므로, 위 법률이 비록 부동산등기제도를 악용한 투기·탈세·탈법행위 등 반사회적 행위를 방지하는 것 등을 목적으로 제정되었다고 하더라도, 무효인 명의신탁약정에 기하여 타인 명의의 등기가 마쳐졌다는 이유만으로 그것이 당연히 불법원인급여에 해당한다고 볼 수 없다(대판 2003.11.27, 2003다41722).
② 어떠한 명의신탁등기가 위 법률에 따라 무효가 되었다고 할지라도 그 후 신탁자와 수탁자가 혼인하여 그 등기의 명의자가 배우자로 된 경우에는 조세포탈, 강제집행의 면탈 또는 법령상 제한의 회피를 목적으로 하지 아니하는 한 이 경우에도 위 법률 제8조 제2호의 특례를 적용하여 그 명의신탁등기는 당사자가 혼인한 때로부터 유효하게 된다고 보아야 한다(대판 2002.10.25, 2002다23840).
③ 명의신탁약정의 무효는 선·악의를 불문하고 제3자에게 대항하지 못한다(제4조 제3항). 즉 제3자에 대한 관계에서는 유효한 것으로 취급되고, 그 결과 수탁자의 처분행위는 유효하게 된다는 것이다(대판 2004.8.30, 2002다48771).
④ 부동산 실권리자명의 등기에 관한 법률(이하 '부동산실명법'이라 한다) 규정의 문언, 내용, 체계와 입법 목적 등을 종합하면, 부동산실명법을 위반하여 무효인 명의신탁약정에 따라 명의수탁자 명의로 등기를 하였다는 이유만으로 그것이 당연히 불법원인급여에 해당한다고 단정할 수는 없다. 이는 농지법에 따른 제한을 회피하고자 명의신탁을 한 경우에도 마찬가지이다(대판(전) 2019.6.20, 2013다218156).
⑤ 부동산실명법이 적용되지 않은 예외가 인정되는 경우는 조세포탈·강제집행의 면탈 또는 법령상 제한의 회피를 목적으로 하지 않는 경우로 종교단체의 명의로 그 산하 조직이 보유한 부동산에 관한 물권을 등기한 경우

(동법 제8조 제3호)이므로, 종교단체장의 명의로 그 종교단체 보유 부동산의 소유권을 등기한 경우, 그 단체와 단체장 간의 명의신탁약정은 무효이다.

> **부동산 실권리자명의 등기에 관한 법률 제8조【종중, 배우자 및 종교단체에 대한 특례】**
> 다음 각 호의 어느 하나에 해당하는 경우로서 조세 포탈, 강제집행의 면탈 또는 법령상 제한의 회피를 목적으로 하지 아니하는 경우에는 제4조부터 제7조까지 및 제12조 제1항부터 제3항까지를 적용하지 아니한다.
> 1. 종중이 보유한 부동산에 관한 물권을 종중(종중과 그 대표자를 같이 표시하여 등기한 경우를 포함한다) 외의 자의 명의로 등기한 경우
> 2. 배우자 명의로 부동산에 관한 물권을 등기한 경우
> 3. 종교단체의 명의로 그 산하 조직이 보유한 부동산에 관한 물권을 등기한 경우

02 2014년 丙소유 X토지를 취득하고 싶은 甲은 그 친구 乙과 X토지의 취득에 관한 명의신탁약정을 맺고 乙에게 X토지를 매수하기 위한 자금을 제공하면서 乙명의로 丙과 계약하도록 하였다. 이에 乙은 그 사실을 알지 못하는 丙으로부터 X토지를 매수하여 자기 앞으로 이전등기를 마쳤다. 다음 설명으로 옳지 않은 것은? (다툼이 있으면 판례에 따름) ▶ 2015 감정평가사

① 甲과 乙의 명의신탁약정은 무효이다.
② 乙은 甲으로부터 받은 X토지 매수대금을 甲에게 부당이득으로 반환할 의무가 있다.
③ 만약 丙이 명의신탁약정의 존재를 알았다면 X토지에 관한 물권변동은 무효이다.
④ 만약 乙이 완전한 소유권을 취득했음을 전제로 사후적으로 甲과 매수자금반환의무의 이행에 갈음하여 X토지를 양도하기로 약정하고 甲 앞으로 소유권이전등기를 마쳤다면, 그 등기는 원칙적으로 유효하다.
⑤ 만약 甲과 乙의 명의신탁약정 및 乙명의의 등기가 「부동산 실권리자 명의등기에 관한 법률」의 시행 전에 이루어지고, 같은 법 소정의 유예기간 내에 甲 앞으로 등기가 되지 않았다면, 乙은 甲에게 X토지를 부당이득으로 반환할 의무가 없다.

정답해설
①, ② 부동산 실권리자명의 등기에 관한 법률 제4조 제1항, 제2항에 의하면, 명의신탁자와 명의수탁자가 이른바 계약명의신탁 약정을 맺고 명의수탁자가 당사자가 되어 명의신탁약정이 있다는 사실을 알지 못하는 소유자와의 사이에 부동산에 관한 매매계약을 체결한 후 그 매매계약에 따라 당해 부동산의 소유권이전등기를 수탁자 명의로 마친 경우에는 명의신탁자와 명의수탁자 사이의 명의신탁약정의 무효에도 불구하고 그 명의수탁자는 당해 부동산의 완전한 소유권을 취득하게 되고, 다만 명의수탁자는 명의신탁자에 대하여 부당이득반환의무를 부담하게 될 뿐이라 할 것인데, 그 계약명의신탁약정이 부동산실명법 시행 후에 이루어진 경우에는 명의신탁자는 애초부터 당해 부동산의 소유권을 취득할 수 없었으므로 위 명의신탁약정의 무효로 인하여 명의신탁자가 입은 손해는 당해 부동산 자체가 아니라 명의수탁자에게 제공한 매수자금이라 할 것이고, 따라서 명의수탁자는 당해 부동산 자체가 아니라 명의신탁자로부터 제공받은 매수자금만을 부당이득한다고 할 것이다. 따라서 ① 명의수탁자 乙이 매수인으로서 계약의 당사자가 되어 매도인 丙과 매매계약을 체결하고 등기도 명의수탁자 乙 앞으로 마친 경우이므로 이른바 계약명의신탁의 유형에 해당한다. 이때 명의신탁 약정은 무효이다(부동산 실권권리자명의 등기에 관한 법률 제4조 제1항). 이때 매도인 丙이 선의인 경우에는 물권변동은 유효하

▶ 정답 01 ④ 02 ⑤

다(부실법 제4조 제2항 단서). ② 乙은 甲으로부터 받은 X토지 매수대금을 甲에게 부당이득으로 반환할 의무가 있다(대판 2008.2.14, 2007다69148).

> **부동산 실권리자명의 등기에 관한 법률 제4조【명의신탁약정의 효력】**
> ① 명의신탁약정은 무효로 한다.
> ② 명의신탁약정에 따른 등기로 이루어진 부동산에 관한 물권변동은 무효로 한다. 다만, 부동산에 관한 물권을 취득하기 위한 계약에서 명의수탁자가 어느 한쪽 당사자가 되고 상대방 당사자는 명의신탁약정이 있다는 사실을 알지 못한 경우에는 그러하지 아니하다.
> ③ 제1항 및 제2항의 무효는 제3자에게 대항하지 못한다.

③ 만약 丙이 명의신탁약정의 존재를 알았다면(악의의 계약명의신탁) X토지에 관한 물권변동은 무효이다(대판 2012.12.13, 2010도10515).
④ 만약 乙이 완전한 소유권을 취득했음을 전제로 사후적으로 甲과 매수자금반환의무의 이행에 갈음하여 X토지를 양도하기로 약정하고 甲 앞으로 소유권이전등기를 마쳤다면, 그 등기는 원칙적으로 유효하다(대판 2014.8.20, 2014다30483).
⑤ 甲과 乙의 명의신탁약정 및 乙명의의 등기가「부동산 실권리자 명의등기에 관한 법률」의 시행 전에 이루어지고, 같은 법 소정의 유예기간 내에 甲 앞으로 등기가 되지 않았다면, 乙은 甲에게 X토지 자체를 부당이득으로 반환할 의무가 있다(대판 2008.11.27, 2008다62687).

03
2015년 5월경 명의신탁자 乙과 명의수탁자 丙의 약정에 따라, 丙은 매수인으로서 부동산 매도인 甲과 매매계약을 체결하고 대금을 지급한 후, 자신의 명의로 소유권이전등기를 경료받았다. 이에 관한 설명으로 옳은 것을 모두 고른 것은? (단,「부동산 실권리자명의 등기에 관한 법률」제8조(종중, 배우자 및 종교단체에 관한 특례) 등에 해당하는 예외 사유가 없으며, 다툼이 있으면 판례에 따름)   ▶ 2016 감정평가사

> ㄱ. 甲이 명의신탁약정을 알지 못한 경우, 乙은 丙에 대하여 소유권이전을 청구할 수 있다.
> ㄴ. 甲이 명의신탁약정을 알고 있었던 경우, 丙은 甲에 대하여 매매대금의 반환을 청구할 수 있다.
> ㄷ. 甲이 명의신탁약정을 알고 있었던 경우, 乙은 甲에 대하여 진정명의회복을 원인으로 한 소유권이전등기를 청구할 수 있다.
> ㄹ. 甲이 명의신탁약정을 알고 있었던 경우, 乙은 甲을 대위하여 丙 명의 등기의 말소를 청구함과 동시에 甲에 대하여 매수인의 지위에서 소유권이전등기를 청구할 수 있다.

① ㄱ   ② ㄴ
③ ㄴ, ㄹ   ④ ㄷ, ㄹ
⑤ ㄱ, ㄷ, ㄹ

정답해설

ㄱ. (×) : 설문의 경우는 명의수탁자 丙이 매수인으로서 계약의 당사자가 되어 매도인 甲과 매매계약을 체결하고 등기도 명의수탁자 丙 앞으로 마친 경우이므로 이른바 계약명의신탁의 유형에 해당한다. 이때 매도인 甲이 선의인 경우에는 물권변동은 유효하다(부동산 실권리자명의 등기에 관한 법률 제4조 제2항 단서). 그러나 명의신탁 약정은 무효이므로(부실법 제4조 제1항) 명의신탁자 乙은 명의수탁자 丙에 대하여 명의신탁 약정에 따른 소유권이전을 청구할 수 없다.

> 부동산 실권리자명의 등기에 관한 법률 제4조 【명의신탁약정의 효력】
> ① 명의신탁약정은 무효로 한다.
> ② 명의신탁약정에 따른 등기로 이루어진 부동산에 관한 물권변동은 무효로 한다. 다만, 부동산에 관한 물권을 취득하기 위한 계약에서 명의수탁자가 어느 한쪽 당사자가 되고 상대방 당사자는 명의신탁약정이 있다는 사실을 알지 못한 경우에는 그러하지 아니하다.
> ③ 제1항 및 제2항의 무효는 제3자에게 대항하지 못한다.

ㄴ. (○), ㄷ. (×) : 계약명의신탁에서 매도인 甲이 악의인 경우로 물권변동은 무효이므로 부동산의 소유자는 여전히 매도인 甲이다(대판 2000.3.24, 98다4347). 따라서 매도인 甲은 명의수탁자 丙에게 소유권에 기한 물권적 청구로서 등기말소를 청구할 수 있고, 반면 명의수탁자 丙은 甲에게 대금반환을 청구할 수 있으며 양자는 동시이행관계에 있다.
명의신탁이 무효가 되면 그에 기한 급부는 부당이득이 되는데, 이 경우의 부당이득반환청구가 불법원인급여가 아닌가 하는 문제가 제기되나, 판례는 명의신탁 자체가 선량한 풍속 기타 사회질서에 위반하는 경우에 해당한다고 단정할 수 없고, 부동산 실권리자명의 등기에 관한 법률이 비록 부동산등기제도를 악용한 투기·탈세·탈법행위 등 반사회적 행위를 방지하는 것 등을 목적으로 제정되었다고 하더라도, 무효인 명의신탁약정에 기하여 타인 명의의 등기가 마쳐졌다는 이유만으로 그것이 당연히 불법원인급여에 해당한다고 볼 수 없다(대판 2003.11.27, 2003다41722). 따라서 소유자는 매도인 甲이고, 명의신탁자 乙은 소유권자가 아니며 소유권을 취득한 적도 없으므로 진정명의회복을 원인으로 한 소유권이전등기를 청구할 수 없다. 단지 명의신탁자 乙은 명의수탁자 丙에게 매수대금에 대한 이득을 부당이득으로 반환 청구할 수 있을 뿐이다.

ㄹ. (×) : 이른바 계약명의신탁에서 매도인도 그 사실을 알고 있어서 그 약정이 부동산 실권리자명의 등기에 관한 법률 제4조의 규정에 의하여 무효인 경우, 매매계약도 무효로 되어 매매계약상의 매수인의 지위가 당연히 명의신탁자에게 귀속되는 것은 아니지만, 그 무효사실이 밝혀진 후에 계약상대방인 매도인이 계약명의자인 명의수탁자 대신 명의신탁자가 그 계약의 매수인으로 되는 것에 대하여 동의 내지 승낙을 함으로써 부동산을 명의신탁자에게 양도할 의사를 표시하였다면, 명의신탁약정이 무효로 됨으로써 매수인의 지위를 상실한 명의수탁자의 의사에 관계없이 매도인과 명의신탁자 사이에는 종전의 매매계약과 같은 내용의 양도 약정이 따로 체결된 것으로 봄이 상당하고, 따라서 이 경우 명의신탁자는 당초의 매수인이 아니라고 하더라도 매도인에 대하여 별도의 양도약정을 원인으로 하는 소유권이전등기청구를 할 수 있다(대판 2003.9.5, 2001다32120). 그러나 설문의 경우는 명의신탁자 乙과 매도인 甲 사이에 다른 약정이 없는 경우이므로 명의신탁자 乙은 매수인의 지위가 없으며, 甲을 대위할 어떠한 법률관계도 없다.

▶ 정답 03 ②

04 2015년 甲은 丙의 X토지를 취득하고자 친구 乙과 명의신탁약정을 체결하고 乙에게 그 매수자금을 주었다. 甲과의 약정대로 乙은 명의신탁 사실을 모르는 丙으로부터 X토지를 매수하는 계약을 자기 명의로 체결하고 소유권이전등기를 경료받았다. 다음 설명 중 옳은 것은? (다툼이 있으면 판례에 따름)   ▶ 2015 공인중개사

① X토지의 소유자는 丙이다.
② 甲이 乙과의 관계에서 소유권을 가지는 것을 전제로 하여 장차 X토지의 처분대가를 乙이 甲에게 지급하기로 하는 약정은 유효하다.
③ 甲과 乙 및 甲의 친구 丁 사이의 새로운 명의신탁약정에 의하여 乙이 다시 甲이 지정한 丁에게 X토지의 이전등기를 해 준 경우, 丁은 그 소유권을 취득한다.
④ 만약 乙이 甲의 아들이라면, 명의신탁약정은 유효하다.
⑤ 만약 乙과 명의신탁 사실을 아는 丙이 매매계약에 따른 법률효과를 직접 甲에게 귀속시킬 의도로 계약을 체결한 사정이 인정된다면, 甲과 乙의 명의신탁은 3자간 등기명의신탁으로 보아야 한다.

정답해설

① 계약명의신탁에서 수탁자의 상대방이 선의인 경우, 물권변동은 유효하다. 따라서 乙은 X토지의 소유권을 적법하게 취득한다(부동산실명법 제4조 제2항 후단).
② 부동산 실권리자명의 등기에 관한 법률(이하 '부동산실명법'이라 한다) 시행 이후 부동산을 매수하면서 매수대금의 실질적 부담자와 명의인 간에 명의신탁관계가 성립한 경우, 그들 사이에 매수대금의 실질적 부담자의 요구에 따라 부동산의 소유 명의를 이전하기로 하는 등의 약정을 하였다고 하더라도, 이는 부동산실명법에 의하여 무효인 명의신탁약정을 전제로 명의신탁 부동산 자체 또는 처분대금의 반환을 구하는 범주에 속하는 것이어서 역시 무효라고 보아야 한다. 나아가 명의신탁자와 명의수탁자가 위와 같이 무효인 명의신탁약정을 함과 아울러 그 약정을 전제로 하여 이에 기한 명의신탁자의 명의수탁자에 대한 소유권이전등기청구권을 확보하기 위하여 명의신탁 부동산에 명의신탁자 명의의 가등기를 마치고 향후 명의신탁자가 요구하는 경우 본등기를 마쳐 주기로 약정하였더라도, 이러한 약정 또한 부동산실명법에 의하여 무효인 명의신탁약정을 전제로 한 것이어서 무효이고, 위 약정에 의하여 마쳐진 가등기는 원인무효이다(대판 2015.2.26, 2014다63315).
③ 명의신탁자가 명의신탁약정과는 별개의 적법한 원인에 기하여 명의수탁자에 대하여 소유권이전등기청구권을 가지게 되었다 하더라도, 이를 보전하기 위하여 자신의 명의가 아닌 제3자 명의로 가등기를 마친 경우 위 가등기는 명의신탁자와 제3자 사이의 명의신탁약정에 기하여 마쳐진 것으로서 약정의 무효로 말미암아 효력이 없다(대판 2015.2.26, 2014다63315).
④ 부자관계만으로는 명의신탁이 유효로 되는 예외 사유가 아니다.

> **제8조【종중, 배우자 및 종교단체에 대한 특례】**
> 다음 각 호의 어느 하나에 해당하는 경우로서 조세 포탈, 강제집행의 면탈 또는 법령상 제한의 회피를 목적으로 하지 아니하는 경우에는 제4조부터 제7조까지 및 제12조 제1항부터 제3항까지를 적용하지 아니한다.
> 1. 종중이 보유한 부동산에 관한 물권을 종중(종중과 그 대표자를 같이 표시하여 등기한 경우를 포함한다) 외의 자의 명의로 등기한 경우
> 2. 배우자 명의로 부동산에 관한 물권을 등기한 경우
> 3. 종교단체의 명의로 그 산하 조직이 보유한 부동산에 관한 물권을 등기한 경우

⑤ [1] 명의신탁약정이 3자간 등기명의신탁인지 아니면 계약명의신탁인지의 구별은 계약당사자가 누구인가를 확정하는 문제로 귀결되는데, 계약명의자가 명의수탁자로 되어 있다 하더라도 계약당사자를 명의신탁자로 볼 수 있다면 이는 3자간 등기명의신탁이 된다. 따라서 계약명의자인 명의수탁자가 아니라 명의신탁자에게 계약에 따른 법률효과를 직접 귀속시킬 의도로 계약을 체결한 사정이 인정된다면 명의신탁자가 계약당사자라고 할 것이므로, 이 경우의 명의신탁관계는 3자간 등기명의신탁으로 보아야 한다.
[2] 甲이 매매계약 당사자로서 계약 상대방으로부터 토지 지분을 매수하면서 그중 1/2 지분에 관한 등기명의만을 乙로 하기로 한 것으로, 그 매매계약에 따른 법률효과를 甲에게 직접 귀속시킬 의도였던 사정이 인정되므로 甲과 乙의 명의신탁약정은 3자간 등기명의신탁에 해당함에도 불구하고, 매매계약 명의자가 甲 및 乙이라는 이유만으로 그 명의신탁약정이 계약명의신탁에 해당한다고 판단한 원심판결을 파기한 사례이다(대판 2010.10.28, 2010다52799).

05 甲은 2015.10.17. 경매절차가 진행 중인 乙 소유의 토지를 취득하기 위하여, 丙에게 매수자금을 지급하면서 丙 명의로 소유권이전등기를 하기로 약정하였다. 丙은 위 약정에 따라 위 토지에 대한 매각허가결정을 받고 매각대금을 완납한 후 자신의 명의로 소유권이전등기를 마쳤다. 다음 설명 중 옳은 것을 모두 고른 것은? (이자 등은 고려하지 않고, 다툼이 있으면 판례에 따름)

▶ 2016 공인중개사

> ㄱ. 甲과 丙의 관계는 계약명의신탁에 해당한다.
> ㄴ. 甲과 丙의 명의신탁약정 사실을 乙이 알았다면 丙은 토지의 소유권을 취득하지 못한다.
> ㄷ. 甲은 丙에 대하여 매수자금 상당의 부당이득반환을 청구할 수 있다.

① ㄱ
② ㄷ
③ ㄱ, ㄷ
④ ㄴ, ㄷ
⑤ ㄱ, ㄴ, ㄷ

정답해설

ㄱ. (○): 부동산경매절차에서 부동산을 매수하려는 사람이 매수대금을 자신이 부담하면서 다른 사람의 명의로 매각허가결정을 받기로 그 다른 사람과 약정함에 따라 매각허가가 이루어진 경우, 그 경매절차에서 매수인의 지위에 서게 되는 사람은 어디까지나 그 명의인이므로, 경매 목적 부동산의 소유권은 매수대금을 실질적으로 부담한 사람이 누구인가와 상관없이 그 명의인이 취득한다. 이 경우 매수대금을 부담한 사람과 이름을 빌려 준 사람 사이에는 명의신탁관계가 성립한다(대판 2008.11.27, 2008다62687).

ㄴ. (×): 이러한 경우 매수대금을 부담한 명의신탁자와 명의를 빌려 준 명의수탁자 사이의 명의신탁약정은 '부동산 실권리자명의 등기에 관한 법률'(이하 '부동산실명법') 제4조 제1항에 의하여 무효이나, 경매절차에서의 소유자가 위와 같은 명의신탁약정 사실을 알고 있었거나 소유자와 명의신탁자가 동일인이라고 하더라도 그러한 사정만으로 그 명의인의 소유권취득이 부동산실명법 제4조 제2항에 따라 무효로 된다고 할 것은 아니다. 비록 경매가 사법상 매매의 성질을 보유하고 있기는 하나 다른 한편으로는 법원이 소유자의 의사와 관계없이 그 소유물을 처분하는 공법상 처분으로서의 성질을 아울러 가지고 있고, 소유자는 경매절차에서 매수인의 결정 과정에 아무런 관여를 할 수 없는 점, 경매절차의 안정성 등을 고려할 때 경매부동산의 소유자를 위 제4조 제2항 단서의 '상대방 당사자'라고 볼 수는 없기 때문이다(대판 2012.11.15, 2012다69197).

▶ 정답 04 ⑤ 05 ③

→ 경매부동산의 소유자와 명의신탁자가 동일한 경우, 소유자는 제4조 제2항 단서의 상대방 당사자에 해당하지 않으므로, 소유자가 명의신탁약정 사실을 알고 있었다 하더라도 명의수탁자는 경매부동산의 소유권을 유효하게 취득하고, 따라서 종전 소유자는 명의수탁자를 상대로 진정한 등기명의회복을 원인으로 한 소유권이전등기청구권을 행사할 수 없다고 본 사례이다.

ㄷ. (○) : 부동산 실권리자명의 등기에 관한 법률 제4조 제1항, 제2항에 의하면, 명의신탁자와 명의수탁자가 이른바 계약명의신탁약정을 맺고 명의수탁자가 당사자가 되어 명의신탁약정이 있다는 사실을 알지 못하는 소유자와의 사이에 부동산에 관한 매매계약을 체결한 후, 그 매매계약에 따라 해당 부동산의 소유권이전등기를 수탁자 명의로 마친 경우에는 명의신탁자와 명의수탁자 사이의 명의신탁약정의 무효에도 불구하고 그 명의수탁자는 해당 부동산의 완전한 소유권을 취득하게 되고, 다만 명의수탁자는 명의신탁자에 대하여 부당이득반환의무를 부담하게 될 뿐이라 할 것인데, 그 계약명의신탁약정이 부동산 실권리자명의 등기에 관한 법률 시행 후인 경우에는 명의신탁자는 애초부터 해당 부동산의 소유권을 취득할 수 없었으므로 위 명의신탁약정의 무효로 인하여 명의신탁자가 입은 손해는 해당 부동산 자체가 아니라 명의수탁자에게 제공한 매수자금이라 할 것이고, 따라서 명의수탁자는 해당 부동산 자체가 아니라 명의신탁자로부터 제공받은 매수자금을 부당이득하였다고 할 것이다(대판 2005.1.28, 2002다66922).

06 명의신탁에 관한 설명 중 옳은 것(○)과 옳지 않은 것(×)을 바르게 표시한 것은? (다툼이 있는 경우에는 판례에 의함)

ㄱ. 등기가 명의신탁에 의한 것이라는 사실에 대한 증명책임의 소재는 명의신탁을 주장하는 사람이 아니라 부정하는 사람이 진다.
ㄴ. 甲이 乙로부터 2010.1.8. 토지를 매수하면서 乙, 丙과의 합의 하에 그 소유권이전등기를 친구 丙 앞으로 곧바로 마친 경우, 甲과 乙의 매매계약은 유효하고, 甲은 丙의 등기에 불구하고 乙에게 매매에 기한 소유권이전등기청구를 할 수 있다.
ㄷ. 위 ㄴ.의 경우, 乙은 丙에게 어느 때든 丙 명의 등기의 말소를 청구할 수 있다.
ㄹ. 위 ㄴ.의 경우, 丙이 그 토지 상에 건물을 지은 후 토지에 대한 등기가 甲에게 이전되면 丙은 위 건물의 소유를 위한 관습상의 법정지상권을 취득한다.
ㅁ. 甲이 친구 乙과 2003.10.1. 명의신탁약정을 하고 부동산의 소유권이전등기를 甲으로부터 乙에게 이전한 경우, 甲은 乙에게 소유권에 기한 방해배제청구권을 가지고, 이에 따라 위 부동산의 소유권이전등기를 청구할 수 있다.

① ㄱ(×), ㄴ(○), ㄷ(○), ㄹ(×), ㅁ(○)
② ㄱ(○), ㄴ(○), ㄷ(×), ㄹ(○), ㅁ(○)
③ ㄱ(○), ㄴ(×), ㄷ(○), ㄹ(×), ㅁ(×)
④ ㄱ(×), ㄴ(×), ㄷ(○), ㄹ(○), ㅁ(×)
⑤ ㄱ(×), ㄴ(○), ㄷ(×), ㄹ(×), ㅁ(×)

정답해설

ㄱ. (×) : 부동산에 관하여 그 소유자로 등기되어 있는 자는 적법한 절차와 원인에 의하여 소유권을 취득한 것으로 추정되므로 그 등기가 명의신탁에 기한 것이라는 사실은 이를 주장하는 자에게 입증책임이 있다(대판 2008.4.24, 2007다90883).

ㄴ. (○), ㄷ. (○) : 명의신탁 중 3자간 등기명의신탁의 경우이다. 명의신탁약정과 그에 의한 등기가 무효로 되고 그 결과 명의신탁된 부동산은 매도인 소유로 복귀하므로, 매도인은 명의수탁자에게 무효인 그 명의 등기의 말소를 구할 수 있게 되고, 한편 같은 법은 매도인과 명의신탁자 사이의 매매계약의 효력을 부정하는 규정을 두고 있지 아니하여 유예기간 경과 후로도 매도인과 명의신탁자 사이의 매매계약은 여전히 유효하므로, 명의신탁자는 매도인에 대하여 매매계약에 기한 소유권이전등기를 청구할 수 있고, 그 소유권이전등기청구권을 보전하기 위하여 매도인을 대위하여 명의수탁자에게 무효인 그 명의 등기의 말소를 구할 수도 있다(대판 1999.9.17, 99다21738 등).

ㄹ. (×) : 법정지상권이 인정되기 위하여는 토지와 건물의 소유자가 동일인이 되어야 하는데 건물의 소유권자는 명의수탁자 丙이고 토지의 소유권은 乙이기 때문에 관습상의 법정지상권이 인정되지 않는다(대판 1988.9.27, 88다카4017).

ㅁ. (○) : 양자간 등기명의신탁의 경우 명의수탁자 명의의 등기는 무효이며(동법 제4조 제2항), 명의신탁자가 명의신탁된 부동산의 소유권자이다. 따라서 명의신탁자는 명의수탁자에 대하여 소유권에 기한 방해배제청구권을 행사하여 등기말소나 진정명의회복을 원인으로 한 이전등기를 청구할 수 있다(대판 2002.9.6, 2002다35157).

▶ 정답   06 ①

Chapter 05 용익물권

제1절 지상권

기본문제편

01 지상권에 관한 설명으로 옳지 않은 것은? (다툼이 있으면 판례에 따름) ▶ 2019 감정평가사

① 지상권자는 그 권리의 존속기간 내에서 그 토지를 타인에게 임대할 수 있다.
② 구분지상권의 존속기간을 영구적인 것으로 약정하는 것은 허용된다.
③ 지상권자가 2년 이상의 지료를 지급하지 아니하는 때에는 지상권설정자는 지상권의 소멸을 청구할 수 있다.
④ 지료연체를 이유로 한 지상권소멸청구에 의해 지상권이 소멸하더라도 지상물매수청구권은 인정된다.
⑤ 지상권 설정계약에서 지료의 지급에 대한 약정이 없더라도 지상권의 성립에는 영향이 없다.

정답해설

① **제282조【지상권의 양도, 임대】** 지상권자는 타인에게 그 권리를 양도하거나 그 권리의 존속기간 내에서 그 토지를 임대할 수 있다.
② 민법상 지상권의 존속기간은 최단기만이 규정되어 있을 뿐 최장기에 관하여는 아무런 제한이 없으며, 존속기간이 영구(永久)인 지상권을 인정할 실제의 필요성도 있고, 이러한 지상권을 인정한다고 하더라도 지상권의 제한이 없는 토지의 소유권을 회복할 방법이 있을 뿐만 아니라, 특히 구분지상권의 경우에는 존속기간이 영구라고 할지라도 대지의 소유권을 전면적으로 제한하지 아니한다는 점 등에 비추어 보면, 지상권의 존속기간을 영구로 약정하는 것도 허용된다(대판 2001.5.29, 99다66410).
③ **제287조【지상권 소멸청구권】** 지상권자가 2년 이상의 지료를 지급하지 아니한 때에는 지상권설정자는 지상권의 소멸을 청구할 수 있다.
④ 민법 제283조 제2항 소정의 지상물매수청구권은 지상권이 존속기간의 만료로 인하여 소멸하는 때에 지상권자에게 갱신청구권이 있어 그 갱신청구를 하였으나 지상권설정자가 계약갱신을 원하지 아니할 경우 행사할 수 있는 권리이므로, 지상권자의 지료연체를 이유로 토지소유자가 그 지상권소멸청구를 하여 이에 터 잡아 지상권이 소멸된 경우에는 매수청구권이 인정되지 않는다(대판 1993.6.29, 93다10781).
⑤ 지상권에 있어서 지료의 지급은 그의 요소가 아니어서 지료에 관한 유상 약정이 없는 이상 지료의 지급을 구할 수 없다(대판 1999.9.3, 99다24874). 지료의 지급이 지상권 설정계약에서 성립요건이 아니라서 그러한 약정이 없더라도 지상권의 성립에는 영향이 없다.

02 지상권에 관한 설명으로 옳지 않은 것은? (다툼이 있으면 판례에 의함) ▶ 2014 감정평가사

① 지상권자는 지상권을 유보한 채 지상물의 소유권만을 양도할 수 있다.
② 당사자가 지료에 관한 합의를 하였더라도 이를 등기하지 않았다면, 당해 지상권자에 대하여 지료지급을 청구할 수 없다.
③ 구분지상권의 존속기간을 영구적인 것으로 약정하는 것도 허용된다.
④ 지상권은 저당권의 목적이 될 수 있다
⑤ 지상권자는 지상권설정자의 명시적 반대에도 불구하고 지상권의 존속기간 내에서 그 토지를 타인에게 임대할 수 있다.

[정답해설]
① 지상권자는 지상권을 유보한 채 지상물 소유권만을 양도할 수도 있고 지상물 소유권을 유보한 채 지상권만을 양도할 수도 있는 것이어서 지상권자와 그 지상물의 소유권자가 반드시 일치하여야 하는 것은 아니며, 또한 지상권설정 시에 그 지상권이 미치는 토지의 범위와 그 설정 당시 매매되는 지상물의 범위를 다르게 하는 것도 가능하다(대판 2006.6.15, 2006다6126).
② 지료는 지상권의 요소가 아니지만, 당사자가 지료의 지급을 약정한 때에는 지료지급의무가 발생한다. 따라서 무상의 지상권을 설정하는 것도 가능하다. 한편 지료액 또는 그 지급시기 등 지료에 관한 약정은 이를 등기하여야만 제3자에게 대항할 수 있으므로, 지료의 등기를 하지 않은 이상 토지소유자는 구 지상권자의 지료연체 사실을 들어 지상권을 이전받은 자에게 대항하지 못한다(대판 1996.4.26, 95다52864). 따라서 당사자 간에는 등기하지 않았더라도 약정에 따른 지료를 청구할 수 있다.
③ 민법상 지상권의 존속기간은 최단기만이 규정되어 있을 뿐 최장기에 관하여는 아무런 제한이 없으며, 존속기간이 영구(永久)인 지상권을 인정할 실제의 필요성도 있고, 이러한 지상권을 인정한다고 하더라도 지상권의 제한이 없는 토지의 소유권을 회복할 방법이 있을 뿐만 아니라, 특히 구분지상권의 경우에는 존속기간이 영구라고 할지라도 대지의 소유권을 전면적으로 제한하지 아니한다는 점 등에 비추어 보면, 지상권의 존속기간을 영구로 약정하는 것도 허용된다(대판 2001.5.29, 99다66410).
④ 제371조【지상권, 전세권을 목적으로 하는 저당권】① 본장의 규정은 지상권 또는 전세권을 저당권의 목적으로 한 경우에 준용한다.
⑤ 지상권자는 지상권설정자의 동의 없이 타인에게 그 권리를 양도하거나 그 권리의 존속기간 내에 그 토지를 임대할 수 있다(제282조). 이는 편면적 강행규정으로(제289조), 이를 금지하는 특약은 무효이다.

[비교] 전세권 양도규정 : 임의규정 → 전세권 금지특약 : 유효

> **제282조【지상권의 양도, 임대】**
> 지상권자는 타인에게 그 권리를 양도하거나 그 권리의 존속기간 내에서 그 토지를 임대할 수 있다.
> **제289조【강행규정】**
> 제280조부터 제287조의 규정에 위반되는 계약으로 지상권자에게 불리한 것은 그 효력이 없다.

▶ 정답 01 ④ 02 ②

03 乙은 甲과의 지상권설정계약으로 甲 소유의 토지에 지상권을 취득한 후 그 지상에 건물을 완성하여 소유권을 취득하였다. 다음 설명 중 옳은 것을 모두 고른 것은? (다툼이 있으면 판례에 의함)

▶ 2023 공인중개사

㉠ 乙은 지상권을 유보한 채 건물 소유권만을 제3자에게 양도할 수 있다.
㉡ 乙은 Y건물 소유권을 유보한 채 지상권만을 제3자에게 양도할 수 있다.
㉢ 지료지급약정이 있음에도 乙이 3년분의 지료를 미지급한 경우 甲은 지상권 소멸을 청구할 수 있다.

① ㉠
② ㉢
③ ㉠, ㉡
④ ㉡, ㉢
⑤ ㉠, ㉡, ㉢

정답해설

모든 항목이 옳다.

㉠ (O) : ㉡ (O) : 지상권자는 <u>지상권을 유보한 채 지상물 소유권만을 양도할 수도 있고 지상물 소유권을 유보한 채 지상권만을 양도할 수도 있는 것이어서</u> 지상권자와 그 지상물의 소유권자가 반드시 일치하여야 하는 것은 아니며 또한 지상권설정시에 그 지상권이 미치는 토지의 범위와 그 설정 당시 매매되는 지상물의 범위를 다르게 하는 것도 가능하다(대판 2006.6.15, 2006다6126・6133).

㉢ (O) : 지상권자가 2년 이상의 지료를 지급하지 아니한 때에는 지상권설정자는 지상권의 소멸을 청구할 수 있으나, 이는 강행규정으로 당사자의 약정으로 그 기간을 단축할 수 없는 것이다(대판 2014.8.28, 2012다102384). 乙이 3년분의 지료를 미지급한 경우이므로 甲은 지상권 소멸을 청구할 수 있다.

> **제287조【지상권 소멸청구권】**
> 지상권자가 2년 이상의 지료를 지급하지 아니한 때에는 지상권설정자는 지상권의 소멸을 청구할 수 있다

04 지상권에 관한 설명으로 옳지 않은 것은? ▶ 2015 감정평가사

① 수목의 소유를 목적으로 한 지상권의 최단존속기간은 30년이다.
② 토지의 지상권자는 타인에게 그 권리를 양도하거나 그 권리의 존속기간 내에서 그 토지를 임대할 수 있다.
③ 지상권이 소멸한 경우에 지상권설정자가 상당한 가액을 제공하여 그 토지에 현존하는 공작물이나 수목의 매수를 청구한 때에는 지상권자는 정당한 이유 없이 이를 거절하지 못한다.
④ 타인의 토지의 지하 또는 지상의 공간을 상하의 범위를 정하여 사용할 수 있는 권리를 물권으로 취득하는 것도 허용된다.
⑤ 지상권자가 2년 이상의 지료를 지급하지 아니한 때에는 지상권설정자는 지상권의 소멸을 청구할 수 있으나, 당사자의 약정으로 그 기간을 단축할 수 있다.

정답해설

① 수목의 소유를 목적으로 한 지상권의 최단존속기간은 30년이다(제280조 제1항).

> **제280조 제1항【존속기간을 약정한 지상권】**
> 계약으로 지상권의 존속기간을 정하는 경우에는 그 기간은 다음 연한보다 단축하지 못한다.
> 1. 석조, 석회조, 연와조 또는 이와 유사한 견고한 건물이나 수목의 소유를 목적으로 하는 때에는 30년
> 2. 전호 이외의 건물의 소유를 목적으로 하는 때에는 15년
> 3. 건물 이외의 공작물의 소유를 목적으로 하는 때에는 5년

② 제282조【지상권의 양도, 임대】지상권자는 타인에게 그 권리를 양도하거나 그 권리의 존속기간 내에서 그 토지를 임대할 수 있다.
③ 지상권이 소멸한 경우에 지상권설정자가 상당한 가액을 제공하여 그 토지에 현존하는 공작물이나 수목의 매수를 청구한 때에는 지상권자는 정당한 이유 없이 이를 거절하지 못한다(제285조).

> **제285조【수거의무, 매수청구권】**
> ① 지상권이 소멸한 때에는 지상권자는 건물 기타 공작물이나 수목을 수거하여 토지를 원상에 회복하여야 한다.
> ② 전항의 경우에 지상권설정자가 상당한 가액을 제공하여 그 공작물이나 수목의 매수를 청구한 때에는 지상권자는 정당한 이유 없이 이를 거절하지 못한다.

④ 제289조의2【구분지상권】① 지하 또는 지상의 공간은 상하의 범위를 정하여 건물 기타 공작물을 소유하기 위한 지상권의 목적으로 할 수 있다. 이 경우 설정행위로써 지상권의 행사를 위하여 토지의 사용을 제한할 수 있다.
⑤ 지상권자가 2년 이상의 지료를 지급하지 아니한 때에는 지상권설정자는 지상권의 소멸을 청구할 수 있으나, 이는 강행규정으로 당사자의 약정으로 그 기간을 단축할 수 없는 것이다(대판 2014.8.28, 2012다102384).

> **제287조【지상권 소멸청구권】**
> 지상권자가 2년 이상의 지료를 지급하지 아니한 때에는 지상권설정자는 지상권의 소멸을 청구할 수 있다.

▶ 정답   03 ⑤   04 ⑤

05 지상권에 관한 설명으로 옳지 않은 것은? (다툼이 있으면 판례에 따름) ▶ 2024 감정평가사

① 저당물의 담보가치를 유지하기 위해 설정된 지상권은 피담보채권이 소멸하면 함께 소멸한다.
② 기존 건물의 사용을 목적으로 설정된 지상권은 그 존속기간을 30년 미만으로 정할 수 있다.
③ 수목의 소유를 목적으로 하는 지상권이 존속기간의 만료로 소멸한 경우, 특약이 없는 한 지상권자가 존속기간 중 심은 수목의 소유권은 지상권설정자에게 귀속된다.
④ 양도가 금지된 지상권의 양수인은 양수한 지상권으로 지상권설정자에게 대항할 수 있다.
⑤ 토지양수인이 지상권자의 지료 지급이 2년 이상 연체되었음을 이유로 지상권소멸청구를 하는 경우, 종전 토지소유자에 대한 연체기간의 합산을 주장할 수 없다.

정답해설

① 근저당권 등 담보권 설정의 당사자들이 그 목적이 된 토지 위에 차후 용익권이 설정되거나 건물 또는 공작물이 축조·설치되는 등으로써 그 목적물의 담보가치가 저감하는 것을 막는 것을 주요한 목적으로 하여 채권자 앞으로 아울러 지상권을 설정하였다면, 그 피담보채권이 변제 등으로 만족을 얻어 소멸한 경우는 물론이고 시효소멸한 경우에도 그 지상권은 피담보채권에 부종하여 소멸한다(대판 2011.4.14, 2011다6342).
② 민법 제280조 제1항 제1호가 석조·석회조·연와조 또는 이와 비슷한 견고한 건물이나 수목의 '소유를 목적으로 하는' 지상권의 경우 그 존속기간은 30년보다 단축할 수 없다고 규정하고 있음에 비추어 볼 때, 같은 법조 소정의 최단 존속기간에 관한 규정은 지상권자가 그 소유의 건물 등을 건축하거나 수목을 식재하여 토지를 이용할 목적으로 지상권을 설정한 경우에만 그 적용이 있다(대판 1996.3.22, 95다49318). 기존 건물의 사용을 목적으로 지상권이 설정된 경우에는 적용되지 않아 그 존속기간을 30년 미만으로 정할 수 있다.
③ 부동산에 부합한 물건이 타인이 적법한 권원에 의하여 부속한 것인 때에는 민법 제256조 단서에 따라 그 물건의 소유권은 그 타인의 소유에 귀속되는 것이다. 지상권자가 존속기간 중 심은 수목의 소유권은 그 지상권자에게 귀속되는 것이고, 경우에 따라 지상권자는 수목에 대해 지상물매수청구권을 행사할 수 있다.
④ 지상권자는 지상권설정자의 동의 없이 타인에게 그 권리를 양도하거나 그 권리의 존속기간 내에 그 토지를 임대할 수 있다(제282조). 이는 편면적 강행규정으로(제289조), 이를 금지하는 특약은 무효이다. 따라서 양도가 금지된 지상권의 양수인은 양수한 지상권으로 지상권설정자에게 대항할 수 있다.

> **비교** 전세권 양도규정: 임의규정 → 전세권 금지특약: 유효

> **제282조【지상권의 양도, 임대】**
> 지상권자는 타인에게 그 권리를 양도하거나 그 권리의 존속기간 내에서 그 토지를 임대할 수 있다.
>
> **제289조【강행규정】**
> 제280조부터 제287조의 규정에 위반되는 계약으로 지상권자에게 불리한 것은 그 효력이 없다.

⑤ 대법원은 연속해서 2년 이상일 필요가 없고, 특정당사자 간 2년분 이상이면 요건을 충족하고, 전소유자에게 연체된 부분의 합산을 신소유자는 주장하지 못한다고 한다(대판 2001.3.13, 99다17142).

> **제287조【지상권 소멸청구권】**
> 지상권자가 2년 이상의 지료를 지급하지 아니한 때에는 지상권설정자는 지상권의 소멸을 청구할 수 있다.

06 분묘기지권에 관한 설명으로 옳지 않은 것은? (다툼이 있으면 판례에 의함)

▶ 2013 감정평가사

① 토지 소유자가 그 토지에 봉분(封墳) 형태로 분묘를 설치한 후 그 봉분의 철거 특약 없이 토지를 타인에게 양도한 경우 분묘기지권이 성립한다.
② 부부 중 일방이 먼저 사망하여 이미 분묘가 설치된 후 다른 일방을 쌍분(雙墳) 형태로 합장하여 분묘를 설치하는 것은 그 분묘기지권이 미치는 범위 내라 하더라도 허용되지 않는다.
③ 분묘기지권의 효력이 미치는 범위 안에서 원래의 분묘를 다른 곳으로 이장하는 것은 허용되지 않는다.
④ 토지소유자라도 분묘기지권을 침해하는 공작물을 설치할 수 없다.
⑤ 타인의 토지 위에 토지 소유자의 승낙 없이 분묘를 설치한 후 20년간 평온·공연하게 분묘기지를 점유한 경우 그 기지에 대한 등기를 함으로써 분묘기지권을 취득한다.

[정답해설]
① 자기소유 토지에 분묘를 설치하고 이를 타에 양도한 경우에는 그 분묘가 평장되어 외부에서 인식할 수 없는 경우를 제외하고는 당사자 간에 특별한 의사표시가 없으면 판 사람은 분묘소유를 위하여 산 사람이 토지에 대하여 지상권 유사의 물권을 취득한다(대판 1967.10.12, 67다1920).
② 분묘기지권은 분묘를 수호하고 봉제사하는 목적을 달성하는 데 필요한 범위 내에서 타인의 토지를 사용할 수 있는 권리를 의미하는 것으로서, 분묘기지권에는 그 효력이 미치는 지역의 범위 내라고 할지라도 기존의 분묘 외에 새로운 분묘를 신설할 권능은 포함되지 아니하는 것이므로, 부부 중 일방이 먼저 사망하여 이미 그 분묘가 설치되고 그 분묘기지권이 미치는 범위 내에서 그 후에 사망한 다른 일방의 합장을 위하여 쌍분(雙墳) 형태의 분묘를 설치하는 것도 허용되지 않는다(대판 1997.5.23, 95다29086·29093). 또한 부부 중 일방이 먼저 사망하여 이미 그 분묘가 설치되고 그 분묘기지권이 미치는 범위 내에서 그 후에 사망한 다른 일방을 단분형태로 합장하여 분묘를 설치하는 것도 허용되지 않는다(대판 2001.8.21, 2001다28367).
③ 분묘기지권에는 그 효력이 미치는 범위 안에서 새로운 분묘를 설치하거나 원래의 분묘를 다른 곳으로 이장할 권능은 포함되지 않는다(대판 2007.6.28, 2007다16885).
④ 분묘의 묘지라 함은 분봉의 묘지만이 아니고 적어도 분묘의 보호 및 제사에 필요한 주위의 공지를 포함한 지역을 가리키므로 그 묘지의 소유자라 하더라도 그 지상에 적법하게 존재하는 타인의 묘지주변을 침범하여 공작물 등을 설치할 수 없다(대판 1959.10.8, 4291민상770).
⑤ 타인 소유의 토지에 토지소유자의 승낙 없이 분묘를 설치한 후 20년간 평온·공연하게 그 분묘의 기지를 점유하여 분묘기지권을 시효취득한 경우(대판 1969.1.28, 68다1927·1928), 다만 이 경우는 점유취득시효에 의해 취득하는 경우이지만, 그 분묘기지에 대해 소유의 의사가 요구되지 않고(대판 2000.11.14, 2000다35511), 또 등기가 필요 없는 점에서 보통의 점유취득시효와는 다르다(대판 1996.6.14, 96다14036 참조).

▶ 정답   05 ③   06 ⑤

07 분묘기지권에 관한 설명으로 옳지 않은 것은? (다툼이 있으면 판례에 따름)

▶ 2021 감정평가사

① 분묘기지권을 시효취득하는 경우에는 특약이 없는 한 지료를 지급할 필요가 없다.
② 「장사 등에 관한 법률」이 시행된 후 설치된 분묘에 대해서는 더 이상 시효취득이 인정되지 않는다.
③ 분묘기지권의 시효취득을 인정하는 종전의 관습법은 법적 규범으로서의 효력을 상실하였다.
④ 분묘기지권이 인정되는 분묘를 다른 곳에 이장하면 그 분묘기지권은 소멸한다.
⑤ 분묘가 일시적으로 멸실되어도 유골이 존재하여 분묘의 원상회복이 가능하다면 분묘기지권은 존속한다.

> 정답해설

① 장사법 시행일 이전에 타인의 토지에 분묘를 설치한 다음 20년간 평온·공연하게 그 분묘의 기지를 점유함으로써 분묘기지권을 시효로 취득하였더라도, 분묘기지권자는 토지 소유자가 분묘기지에 관한 지료를 청구하면 그 청구한 날부터의 지료를 지급할 의무가 있다고 보아야 한다(대판(전) 2021.4.29. 2017다228007).
② 토지 소유자의 승낙이 없음에도 20년간 평온, 공연한 점유가 있었다는 사실만으로 사실상 영구적이고 무상인 분묘기지권의 시효취득을 인정하는 종전의 관습은 적어도 2001.1.13. 장사법(법률 제6158호)이 시행될 무렵에는 사유재산권을 존중하는 헌법을 비롯한 전체 법질서에 반하는 것으로서 정당성과 합리성을 상실하였을 뿐 아니라 이러한 관습의 법적 구속력에 대하여 우리 사회 구성원들이 확신을 가지지 않게 됨에 따라 법적 규범으로서 효력을 상실하였다. 그렇다면 2001.1.13. 당시 아직 20년의 시효기간이 경과하지 아니한 분묘의 경우에는 법적 규범의 효력을 상실한 분묘기지권의 시효취득에 관한 종전의 관습을 가지고 분묘기지권의 시효취득을 주장할 수 없다(대판(전) 2017.1.19. 2013다17292).
③ 2001.1.13.부터 시행된 '장사 등에 관한 법률'(이하 개정 전후를 불문하고 '장사법'이라고 한다) 부칙 규정들에 의하면, 토지 소유자의 승낙 없이 설치된 분묘에 대하여 토지 소유자가 이를 개장하는 경우에 분묘의 연고자는 당해 토지 소유자에 대항할 수 없다는 내용의 규정들은 장사법(법률 제6158호) 시행 후 설치된 분묘에 관하여만 적용한다고 명시하고 있으므로, 위 법률을 시행 전에 설치된 분묘에 대한 분묘기지권의 존립 근거가 위 법률의 시행으로 상실되었다고 볼 수 없다(대판(전) 2017.1.19. 2013다17292).
④ 분묘기지권에는 그 효력이 미치는 범위 안에서 새로운 분묘를 설치하거나 원래의 분묘를 다른 곳으로 이장할 권능은 포함되지 않는다(대판 2007.6.28. 2007다16885). 따라서 분묘기지권이 인정되는 분묘를 다른 곳에 이장하면 그 분묘기지권은 소멸한다.
⑤ 토지소유자의 승낙을 얻어 분묘가 설치된 경우 분묘소유자는 분묘기지권을 취득하고, 분묘기지권의 존속기간에 관하여는 당사자 사이에 약정이 있는 등 특별한 사정이 있으면 그에 따를 것이나, 그러한 사정이 없는 경우에는 권리자가 분묘의 수호와 봉사를 계속하며 그 분묘가 존속하고 있는 동안 존속한다고 해석함이 타당하다. 또, 분묘가 멸실된 경우라고 하더라도 유골이 존재하여 분묘의 원상회복이 가능하여 일시적인 멸실에 불과하다면 분묘기지권은 소멸하지 않고 존속하고 있다고 해석함이 상당하다(대판 2007.6.28. 2005다44114).

08 지상권에 관한 설명으로 옳은 것은? (다툼이 있으면 판례에 따름) ▶ 2023 감정평가사
① 건물의 소유를 목적으로 하는 지상권의 양도는 토지소유자의 동의를 요한다.
② 지료 합의가 없는 지상권 설정계약은 무효이다.
③ 수목의 소유를 목적으로 하는 지상권의 최단존속기간은 10년이다.
④ 지상권이 설정된 토지의 소유자는 그 지상권자의 승낙 없이 그 토지 위에 구분지상권을 설정할 수 있다.
⑤ 「장사 등에 관한 법률」 시행 이전에 설치된 분묘에 관한 분묘기지권의 시효취득은 법적 규범으로 유지되고 있다.

[정답해설]

① 지상권자는 지상권설정자인 토지소유자의 동의 없이 타인에게 그 권리를 양도하거나 그 권리의 존속기간 내에 그 토지를 임대할 수 있다(제282조).

> **제282조 【지상권의 양도, 임대】**
> 지상권자는 타인에게 그 권리를 양도하거나 그 권리의 존속기간 내에서 그 토지를 임대할 수 있다.

② 토지사용의 대가인 지료는 지상권의 요소가 아니므로, 지료합의가 없는 지상권 설정계약도 유효하다(제279조). 지상권에 있어서 지료의 지급은 그의 요소가 아니어서 지료에 관한 유상 약정이 없는 이상 지료의 지급을 구할 수 없다(대판 1999.9.3. 99다24874).

비교 약정지상권 : 지료지급의무 × / 법정지상권 : 지료지급의무 ○

> **제279조 【지상권의 내용】**
> 지상권자는 타인의 토지에 건물 기타 공작물이나 수목을 소유하기 위하여 그 토지를 사용하는 권리가 있다

③ 수목의 소유를 목적으로 한 지상권의 최단존속기간은 30년이다(제280조 제1항).

> **제280조 【존속기간을 약정한 지상권】**
> ① 계약으로 지상권의 존속기간을 정하는 경우에는 그 기간은 다음 연한보다 단축하지 못한다.
>   1. 석조, 석회조, 연와조 또는 이와 유사한 견고한 건물이나 수목의 소유를 목적으로 하는 때에는 30년
>   2. 전호 이외의 건물의 소유를 목적으로 하는 때에는 15년
>   3. 건물 이외의 공작물의 소유를 목적으로 하는 때에는 5년

④ 구분지상권은 제3자가 토지를 사용·수익할 권리를 가진 때에도 그 권리자 및 그 권리를 목적으로 하는 권리를 가진 자 전원의 승낙이 있으면 이를 설정할 수 있다(제289조 제2항). 즉 지상권이 설정된 토지의 소유자는 그 지상권자의 승낙 없이 그 토지 위에 구분지상권을 설정할 수 없다.

> **제289조의2 【구분지상권】**
> ① 지하 또는 지상의 공간은 상하의 범위를 정하여 건물 기타 공작물을 소유하기 위한 지상권의 목적으로 할 수 있다. 이 경우 설정행위로써 지상권의 행사를 위하여 토지의 사용을 제한할 수 있다.
> ② 제1항의 규정에 의한 구분지상권은 제3자가 토지를 사용·수익할 권리를 가진 때에도 그 권리자 및 그 권리를 목적으로 하는 권리를 가진 자 전원의 승낙이 있으면 이를 설정할 수 있다. 이 경우 토지를 사용·수익할 권리를 가진 제3자는 그 지상권의 행사를 방해하여서는 아니 된다.

▶ 정답 07 ①, ③ 08 ⑤

⑤ 2001.1.13.부터 시행된 '장사 등에 관한 법률'(이하 개정 전후를 불문하고 '장사법'이라고 한다) 부칙 규정들에 의하면, 토지 소유자의 승낙 없이 설치된 분묘에 대하여 토지 소유자가 이를 개장하는 경우에 분묘의 연고자는 당해 토지 소유자에 대항할 수 없다는 내용의 규정들은 장사법(법률 제6158호) 시행 후 설치된 분묘에 관하여만 적용한다고 명시하고 있으므로, 위 법률 시행 전에 설치된 분묘에 대한 분묘기지권의 존립 근거가 위 법률의 시행으로 상실되었다고 볼 수 없다(대판(전) 2017.1.19, 2013다17292).

09 지상권에 관한 설명으로 옳지 않은 것은? (다툼이 있으면 판례에 의함) ▶ 2025 감정평가사

① 지상권에 저당권을 설정해 준 지상권자가 지상권의 목적인 토지를 매수한 때에는 지상권이 혼동으로 소멸하지 않는다.
② 토지에 저당권, 지상권, 저당권이 순차적으로 설정된 경우 나중에 설정된 저당권이 실행되면 지상권은 소멸한다.
③ 지상권자는 제3자에게 구분지상권을 설정해 줄 수 있다.
④ 토지의 담보가치 하락을 막기 위해 설정된 지상권은 피담보채권이 소멸하면 존속기간과 관계없이 소멸한다.
⑤ 지상권에 저당권이 설정된 경우 지상권설정자의 지상권소멸청구는 그 저당권자에게 통지한 후 상당한 기간이 경과해야 효력이 생긴다.

정답해설

① 어떠한 물건에 대한 소유권과 다른 물권이 동일한 사람에게 귀속한 경우 그 제한물권은 혼동에 의하여 소멸하는 것이 원칙이지만, 본인 또는 제3자의 이익을 위하여 그 제한물권을 존속시킬 필요가 있다고 인정되는 경우에는 민법 제191조 제1항 단서의 해석에 의하여 혼동으로 소멸하지 않는다고 보아야 할 것이다(대판 1998.7.10, 98다18643). 따라서 지상권에 저당권을 설정해 준 지상권자가 지상권의 목적인 토지를 매수하여 지상권과 소유권이 동일인에게 귀속한다 하더라도 혼동으로 지상권이 소멸하면 지상권 위의 저당권도 소멸하기 때문에 제3자를 위하여 지상권은 혼동으로 소멸하지 않는다(제191조 제1항 단서).

> **제191조【혼동으로 인한 물권의 소멸】**
> ① 동일한 물건에 대한 소유권과 다른 물권이 동일한 사람에게 귀속한 때에는 다른 물권은 소멸한다. 그러나 그 물권이 제3자의 권리의 목적이 된 때에는 소멸하지 아니한다.

② 저당권이 실행되어 경락된 경우 저당목적물의 용익권이 소멸하는지 여부는 대항력 있는 용익권(전세권, 지상권, 대항력 있는 임차권)과 저당권의 설정순위에 따라 결정된다. 위 권리의 순서가 저당권보다 늦으면 경매절차에서 소멸한다(민사집행법 제91조 제2항, 제3항). 이 때 순위비교는 실행된 저당권과 비교하는 것이 아니라 언제나 최선순위저당권과 용익권의 순위를 비교한다. 따라서 토지에 저당권, 지상권, 저당권이 순차적으로 설정된 경우 나중에 설정된 저당권이 실행되더라도 최선순위저당권이 소멸되므로 지상권도 소멸한다.
③ 구분지상권은 제3자가 토지를 사용·수익할 권리를 가진 때에도 그 권리자 및 그 권리를 목적으로 하는 권리를 가진 자 전원의 승낙이 있으면 이를 설정할 수 있다(제289조 제2항). 즉 구분지상권은 지상권이 설정된 경우라도 지상권이 설정된 토지의 소유자가 지상권자의 승낙 얻어 설정할 수 있는 것이지 지상권자가 설정할 수 있는 권리는 아니다. 지상권자는 타인에게 그 권리를 양도하거나 그 권리의 존속기간 내에서 그 토지를 임대할 수 있을 뿐이다(제282조의2).

> 제289조의2 【구분지상권】
> ① 지하 또는 지상의 공간은 상하의 범위를 정하여 건물 기타 공작물을 소유하기 위한 지상권의 목적으로 할 수 있다. 이 경우 설정행위로써 지상권의 행사를 위하여 토지의 사용을 제한할 수 있다.
> ② 제1항의 규정에 의한 구분지상권은 제3자가 토지를 사용·수익할 권리를 가진 때에도 그 권리자 및 그 권리를 목적으로 하는 권리를 가진 자 전원의 승낙이 있으면 이를 설정할 수 있다. 이 경우 토지를 사용·수익할 권리를 가진 제3자는 그 지상권의 행사를 방해하여서는 아니 된다.

④ 근저당권 등 담보권 설정의 당사자들이 그 목적이 된 토지 위에 차후 용익권이 설정되거나 건물 또는 공작물이 축조·설치되는 등으로써 그 목적물의 담보가치가 저감하는 것을 막는 것을 주요한 목적으로 하여 채권자 앞으로 아울러 지상권을 설정하였다면, 그 피담보채권이 변제 등으로 만족을 얻어 소멸한 경우는 물론이고 시효소멸한 경우에도 그 지상권은 피담보채권에 부종하여 소멸한다(대판 2011.4.14, 2011다6342).
⑤ 제288조 【지상권 소멸청구와 저당권자에 대한 통지】 지상권이 저당권의 목적인 때 또는 그 토지에 있는 건물, 수목이 저당권의 목적이 된 때에는 전조의 청구는 저당권자에게 통지한 후 상당한 기간이 경과함으로써 그 효력이 생긴다.

10 법정지상권의 성립에 관한 설명으로 옳지 않은 것은? (다툼이 있으면 판례에 따름)

▶ 2023 감정평가사

① 토지에 저당권이 설정된 후에 저당권자의 동의를 얻어 건물이 신축된 경우라도 법정지상권은 성립한다.
② 토지의 정착물로 볼 수 없는 가설 건축물의 소유를 위한 법정지상권은 성립하지 않는다.
③ 무허가건물이나 미등기건물을 위해서도 관습법상의 법정지상권이 인정될 수 있다.
④ 토지공유자 중 1인이 다른 공유자의 동의를 얻어 그 지상에 건물을 소유하면서 자신의 토지지분에 저당권을 설정한 후 그 실행경매로 인하여 그 공유지분권자와 건물소유자가 달라진 경우에는 법정지상권이 성립하지 않는다.
⑤ 동일인 소유의 토지와 건물 중 건물에 전세권이 설정된 후 토지소유자가 바뀐 경우, 건물소유자가 그 토지에 대하여 지상권을 취득한 것으로 본다.

정답해설
① 민법 제366조의 법정지상권은 저당권 설정 당시부터 저당권의 목적되는 토지 위에 건물이 존재할 경우에 한하여 인정되며, 토지에 관하여 저당권이 설정될 당시 그 지상에 토지소유자에 의한 건물의 건축이 개시되기 이전이었다면, 건물이 없는 토지에 관하여 저당권이 설정될 당시 근저당권자가 토지소유자에 의한 건물의 건축에 동의하였다고 하더라도 그러한 사정은 주관적 사항이고 공시할 수도 없는 것이어서 토지를 낙찰받는 제3자로서는 알 수 없는 것이므로 그와 같은 사정을 들어 법정지상권의 성립을 인정한다면 토지 소유권을 취득하려는 제3자의 법적 안정성을 해하는 등 법률관계가 매우 불명확하게 되므로 법정지상권이 성립되지 않는다(대판 2003.9.5, 2003다26051).

▶ 정답 09 ③ 10 ①

② 독립된 부동산으로서 건물은 토지에 정착되어 있어야 하는데(민법 제99조 제1항), 가설건축물은 일시 사용을 위해 건축되는 구조물로서 설치 당시부터 일정한 존치기간이 지난 후 철거가 예정되어 있어 일반적으로 토지에 정착되어 있다고 볼 수 없다. 민법상 건물에 대한 법정지상권의 최단 존속기간은 견고한 건물이 30년, 그 밖의 건물이 15년인 데 비하여, 건축법령상 가설건축물의 존치기간은 통상 3년 이내로 정해져 있다. 따라서 가설건축물은 특별한 사정이 없는 한 독립된 부동산으로서 건물의 요건을 갖추지 못하여 법정지상권이 성립하지 않는다(대판 2021.10.28, 2020다224821).

③ 토지와 그 지상의 건물이 동일한 소유자에게 속하였다가 토지 또는 건물이 매매나 기타 원인으로 인하여 양자의 소유자가 다르게 된 때에는 그 건물을 철거하기로 하는 합의가 있었다는 등의 특별한 사정이 없는 한 건물소유자는 토지소유자에 대하여 그 건물을 위한 관습상의 지상권을 취득하게 되고, 그 건물은 반드시 등기가 되어 있어야만 하는 것이 아니고 무허가건물이라고 하여도 상관이 없다(대판 1991.8.13, 91다16631).

④ 토지공유자의 한 사람이 다른 공유자의 지분 과반수의 동의를 얻어 건물을 건축한 후 토지와 건물의 소유자가 달라진 경우 토지에 관하여 관습법상의 법정지상권이 성립되는 것으로 보게 되면 이는 토지공유자의 1인으로 하여금 자신의 지분을 제외한 다른 공유자의 지분에 대하여서까지 지상권설정의 처분행위를 허용하는 셈이 되어 부당하다. 그리고 이러한 법리는 민법 제366조의 법정지상권의 경우에도 마찬가지로 적용된다(대판 2014.9.4, 2011다73038·73045). 즉 법정지상권이 성립하지 않는다.

⑤ 동일인 소유의 토지와 건물 중 건물에 전세권이 설정된 후 토지소유자가 바뀐 경우, 전세권설정자인 건물소유자가 그 토지에 대하여 지상권을 취득한 것으로 본다(제305조 제1항).

> **제305조【건물의 전세권과 법정지상권】**
> ① 대지와 건물이 동일한 소유자에 속한 경우에 건물에 전세권을 설정한 때에는 그 대지소유권의 특별승계인은 전세권설정자에 대하여 지상권을 설정한 것으로 본다. 그러나 지료는 당사자의 청구에 의하여 법원이 이를 정한다.

11 민법 제366조의 법정지상권에 관한 설명으로 옳은 것을 모두 고른 것은? (다툼이 있으면 판례에 따름)
▶ 2022 감정평가사

> ㄱ. 미등기건물의 소유를 위해서도 법정지상권이 성립할 수 있다.
> ㄴ. 당사자 사이에 지료에 관하여 협의한 사실이나 법원에 의하여 지료가 결정된 사실이 없다면, 법정지상권자가 지료를 지급하지 않았다고 하더라도 지료 지급을 지체한 것으로 볼 수 없다.
> ㄷ. 건물 소유를 위한 법정지상권을 취득한 사람으로부터 경매에 의해 건물소유권을 이전받은 매수인은 특별한 사정이 없는 한 건물의 매수취득과 함께 위 지상권도 당연히 취득한다.

① ㄱ
② ㄴ
③ ㄱ, ㄷ
④ ㄴ, ㄷ
⑤ ㄱ, ㄴ, ㄷ

정답해설

ㄱ. (○) : 민법 제366조의 법정지상권 성립에 있어서 지상건물은 반드시 등기를 거친 것임을 필요로 하지 않는다(대판 1964.9.22, 63아62).
ㄴ. (○) : 법정지상권의 경우 당사자 사이에 지료에 관한 협의가 있었다거나 법원에 의하여 지료가 결정되었다는 아무런 입증이 없다면, 법정지상권자가 지료를 지급하지 않았다고 하더라도 지료 지급을 지체한 것으로는 볼 수 없으므로 법정지상권자가 2년 이상의 지료를 지급하지 아니하였음을 이유로 하는 토지소유자의 지상권소멸청구는 이유가 없고, 지료액 또는 그 지급시기 등 지료에 관한 약정은 이를 등기하여야만 제3자에게 대항할 수 있는 것이고, 법원에 의한 지료의 결정은 당사자의 지료결정청구에 의하여 형식적 형성소송인 지료결정판결로 이루어져야 제3자에게도 그 효력이 미친다(대판 2001.3.13, 99다17142).
ㄷ. (○) : 건물소유를 위하여 법정지상권을 취득한 자로부터 경매에 의하여 그 건물의 소유권을 이전받은 경락인은 경락 후 건물을 철거한다는 등의 매각조건하에서 경매되는 경우 등 특별한 사정이 없는 한 건물의 경락취득과 함께 위 지상권도 당연히 취득한다(대판 1985.2.26, 84다카1578 · 1579).

12 법정지상권에 관한 설명으로 옳은 것은? (다툼이 있으면 판례에 따름) ▶ 2018 공인중개사

① 저당목적물인 토지에 대하여 법정지상권을 배제하는 저당권설정 당사자 사이의 약정은 효력이 없다.
② 법정지상권자가 지상건물을 제3자에게 양도한 경우, 제3자는 그 건물과 함께 법정지상권을 당연히 취득한다.
③ 법정지상권이 있는 건물을 양수한 사람은 지상권등기를 마쳐야 양도인의 지상권갱신청구권을 대위 행사할 수 있다.
④ 토지 또는 그 지상건물이 경매된 경우, 매각대금 완납 시를 기준으로 토지와 건물의 동일인 소유 여부를 판단한다.
⑤ 건물을 위한 법정지상권이 성립한 경우, 그 건물에 대한 저당권이 실행되면 경락인은 등기하여야 법정지상권을 취득한다.

정답해설

① 민법 제366조는 가치권과 이용권의 조절을 위한 공익상의 이유로 지상권의 설정을 강제하는 것이므로 저당권설정 당사자 간의 특약으로 저당목적물인 토지에 대하여 법정지상권을 배제하는 약정을 하더라도 그 특약은 효력이 없다(대판 1988.10.25, 87다카1564).
② 법정지상권을 취득한 건물소유자가 법정지상권의 설정등기를 경료함이 없이 건물을 양도하는 경우에는 특별한 사정이 없는 한 건물과 함께 지상권도 양도하기로 하는 채권적 계약이 있었다고 할 것이므로 법정지상권자는 지상권설정등기를 한 후에 건물양수인에게 이의 양도등기절차를 이행하여 줄 의무가 있는 것이고 따라서 건물양수인은 건물양도인을 순차대위하여 토지소유자에 대하여 건물소유자였던 최초의 법정지상권자에의 법정지상권설정등기절차이행을 청구할 수 있다(대판 1991.9.24, 91다21701). 이 경우는 제186조에 적용되어 등기하여야 지상권을 취득한다.

▶ 정답   11 ⑤   12 ①

③ 법정지상권자가 건물을 제3자에게 양도하는 경우에는 특별한 사정이 없는 한 건물과 함께 법정지상권도 양도하기로 하는 채권적 계약이 있었다고 할 것이며, 양수인은 양도인을 순차 대위하여 토지소유자 및 건물의 전소유자에 대하여 법정지상권의 설정등기 및 이전등기절차이행을 구할 수 있고, 토지소유자는 건물소유자에 대하여 법정지상권의 부담을 용인하고 그 설정등기절차를 이행할 의무가 있다 할 것이므로, 법정지상권이 붙은 건물의 양수인은 법정지상권에 대한 등기를 하지 않았다 하더라도 토지소유자에 대한 관계에서 적법하게 토지를 점유사용하고 있는 자라 할 것이고, 따라서 건물을 양도한 자라고 하더라도 지상권갱신청구권이 있고 건물의 양수인은 법정지상권자인 양도인의 갱신청구권을 대위행사할 수 있다고 보아야 할 수 있다고 보아야 할 것이다(대판 1995.4.11, 94다39925).

④ 민법 제366조의 법정지상권은 저당권설정 당시 동일인의 소유에 속하던 토지와 건물이 경매로 인하여 양자의 소유자가 다르게 된 때에 건물의 소유자를 위하여 발생하는 것으로서, 토지에 관하여 저당권이 설정될 당시 토지 소유자에 의하여 그 지상에 건물을 건축 중이었던 경우 그것이 사회관념상 독립된 건물로 볼 수 있는 정도에 이르지 않았다 하더라도 건물의 규모, 종류가 외형상 예상할 수 있는 정도까지 건축이 진전되어 있었고, 그 후 경매절차에서 매수인이 매각대금을 다 낸 때까지 최소한의 기둥과 지붕 그리고 주벽이 이루어지는 등 독립된 부동산으로서 건물의 요건을 갖추어야 법정지상권의 성립이 인정된다(대판 2004.2.13, 2003다29043).

⑤ 저당권설정 당시 동일인의 소유에 속하고 있던 토지와 지상 건물이 경매로 인하여 소유자가 다르게 된 경우에 건물소유자는 건물의 소유를 위한 민법 제366조의 법정지상권을 취득한다. 그리고 건물 소유를 위하여 법정지상권을 취득한 사람으로부터 경매에 의하여 건물의 소유권을 이전받은 매수인은 매수 후 건물을 철거한다는 등의 매각조건하에서 경매되는 경우 등 특별한 사정이 없는 한 건물의 매수취득과 함께 위 지상권도 당연히 취득한다(대판 2014.12.24, 2012다73158).

13 관습법상 법정지상권의 성립에 관한 설명으로 옳지 않은 것은? (다툼이 있으면 판례에 따름)

▶ 2016 가맹거래사

① 토지와 그 지상건물이 처분 당시에 동일인의 소유에 속해야 한다.
② 토지와 그 지상건물의 소유권은 법률상 규정된 것이 아닌 원인으로 각각 달리해야 한다.
③ 토지와 그 지상건물의 소유권이 다른 사람에게 귀속될 때 당사자 사이에 건물철거에 대한 특약이 없어야 한다.
④ 관습법상 법정지상권의 취득에는 등기를 요하지 않는다.
⑤ 타인의 토지 위에 그 토지소유자의 승낙을 얻어 신축한 건물을 매수한 경우에도 관습법상 법정지상권이 성립한다.

정답해설

① 처분 당시에 동일인의 소유에 속하였으면 족하고 원시적으로 동일인의 소유였을 필요는 없다(대판 1995.7.28, 95다9075·9082).
② 법률상 규정된 것이 아닌 원인 즉 매매, 증여, 대물변제, 강제경매 등의 원인에 의하여 토지와 건물의 소유자가 달라져야 한다.
③ 건물철거특약이 없으면 건물소유를 위하여 계속 토지를 사용하게 하려는 당사자 간의 묵시적 합의가 있는 것으로 볼 수 있기 때문이다. 건물을 철거하기로 하는 특약의 존재에 관한 주장·입증책임은 이를 주장하는 자에게 있다(대판 1988.9.27, 87다카279).
④ 관습상의 지상권은 법률행위로 인한 물권의 취득이 아니고 관습법에 의한 부동산물권의 취득이므로 등기를

필요로 하지 아니하고 지상권취득의 효력이 발생하고 이 관습상의 법정지상권은 물권으로서의 효력에 의하여 이를 취득할 당시의 토지소유자나 이로부터 소유권을 전득한 제3자에게 대하여도 등기 없이 위 지상권을 주장할 수 있다(대판 1988.9.27, 87다카279).
⑤ 토지의 매매에 수반하여 토지소유자가 매수인으로부터 토지대금을 다 받기 전에 그 토지 위에 건물을 신축할 수 있도록 토지사용을 승낙하였다 하더라도 특별한 사정이 없는 한 매매당사자 사이에 그 토지에 관한 지상권설정의 합의까지도 있었던 것이라고 할 수 없다 할 것이므로 그 매매계약이 적법하게 해제된 경우에는 토지매수인은 비록 당초에 토지사용 승낙을 받아 그 토지 위에 건물을 신축 중이었다 하더라도 그 토지를 신축건물의 부지로 점유할 권원을 상실하게 되는 것이고 또 당초에 건물과 그 대지가 동일인의 소유였다가 경매 등의 사유로 소유자를 달리하게 되는 경우가 아닌 이상 관습에 의한 법정지상권도 성립되지 아니한다(대판 1988.6.28, 87다카2895).

14 관습상의 법정지상권에 관한 설명으로 옳지 않은 것은? (다툼이 있으면 판례에 따름)

▶ 2022 감정평가사

① 토지 또는 그 지상 건물의 소유권이 강제경매절차로 인하여 매수인에게 이전된 경우, 매수인의 매각대금 완납 시를 기준으로 토지와 그 지상 건물이 동일인 소유에 속하였는지 여부를 판단하여야 한다.
② 관습상의 법정지상권이 성립하였으나 건물소유자가 토지소유자와 건물의 소유를 목적으로 하는 토지 임대차계약을 체결한 경우, 그 관습상의 법정지상권은 포기된 것으로 보아야 한다.
③ 관습상의 법정지상권은 이를 취득할 당시의 토지소유자로부터 토지소유권을 취득한 제3자에게 등기 없이 주장될 수 있다.
④ 관습상의 법정지상권이 성립한 후에 건물이 증축된 경우, 그 법정지상권의 범위는 구건물을 기준으로 그 유지·사용을 위하여 일반적으로 필요한 범위 내의 대지 부분에 한정된다.
⑤ 관습상의 법정지상권 발생을 배제하는 특약의 존재에 관한 주장·증명책임은 그 특약의 존재를 주장하는 측에 있다.

정답해설
① 강제경매의 목적이 된 토지 또는 그 지상 건물의 소유권이 강제경매로 인하여 그 절차상의 매수인에게 이전된 경우에 건물의 소유를 위한 관습상 법정지상권이 성립하는가 하는 문제에 있어서는 그 매수인이 소유권을 취득하는 매각대금의 완납 시가 아니라 그 압류의 효력이 발생하는 때를 기준으로 하여 토지와 그 지상 건물이 동일인에 속하였는지가 판단되어야 한다. 강제경매개시결정의 기입등기가 이루어져 압류의 효력이 발생한 후에 경매목적물의 소유권을 취득한 이른바 제3취득자는 그의 권리를 경매절차상 매수인에게 대항하지 못하고, 나아가 그 명의로 경료된 소유권이전등기는 매수인이 인수하지 아니하는 부동산의 부담에 관한 기입에 해당하므로(민사집행법 제144조 제1항 제2호 참조) 매각대금이 완납되면 직권으로 그 말소가 촉탁되어야 하는 것이어서, 결국 매각대금 완납 당시 소유자가 누구인지는 이 문제맥락에서 별다른 의미를 가질 수 없다는 점 등을 고려하여 보면 더욱 그러하다(대판(전) 2012.10.18, 2010다52140).

▶ 정답 13 ⑤ 14 ①

② 관습상의 법정지상권은 주로 매매 등의 경우에 건물철거특약이 없는 한 인정되는 것으로 법정지상권을 취득한 자가 대지소유자와 사이에 대지에 관하여 임대차계약을 체결한 경우, 특별한 사정이 없는 한 관습상의 법정지상권을 포기한 것으로 된다(대판 1991.5.14, 91다1912).
③ 관습상의 지상권은 법률행위로 인한 물권의 취득이 아니고 관습법에 의한 부동산물권의 취득이므로 등기를 필요로 하지 아니하고 지상권취득의 효력이 발생하고 이 관습상의 법정지상권은 물권으로서의 효력에 의하여 이를 취득할 당시의 토지소유자나 이로부터 소유권을 전득한 제3자에게 대하여도 등기 없이 위 지상권을 주장할 수 있다(대판 1988.9.27, 87다카279).
④ 관습법상 법정지상권이 성립한 후에는 건물을 개축 또는 증축하는 경우는 물론 건물이 멸실되거나 철거된 후에 신축하는 경우에도 법정지상권은 성립하나, 다만 그 법정지상권의 범위는 구건물을 기준으로 하여 그 유지 또는 사용을 위하여 일반적으로 필요한 범위 내의 대지 부분에 한정되는 것이다(대판 2000.1.18, 98다58696・58702).
⑤ 토지 또는 건물이 동일한 소유자에게 속하였다가 건물 또는 토지가 매매 기타 원인으로 인하여 양자의 소유자가 다르게 된 때에 그 건물을 철거하기로 하는 합의가 있었다는 등 특별한 사정이 없는 한 건물소유자는 토지소유자에 대하여 그 건물을 위한 관습상의 지상권을 취득하게 되고, 건물을 철거하기로 하는 합의가 있었다는 등의 특별한 사정의 존재에 관한 주장입증책임은 그러한 사정의 존재를 주장하는 쪽에 있다(대판 1988.9.27, 87다카279).

15 관습상 법정지상권에 관한 설명으로 옳지 않은 것은? (다툼이 있으면 판례에 따름)

▶ 2017 감정평가사

① 토지공유자 중 1인이 다른 공유자의 지분 과반수의 동의를 얻어 공유토지 위에 건물을 건축한 후 토지와 건물의 소유자가 달라진 경우, 관습상 법정지상권은 성립하지 않는다.
② 강제경매에 있어 관습상 법정지상권이 인정되기 위해서는 매각대금 완납 시를 기준으로 해서 토지와 그 지상 건물이 동일인의 소유에 속하여야 한다.
③ 관습상 법정지상권자는 토지소유자로부터 토지를 양수한 자에 대하여 등기 없이도 자신의 권리를 주장할 수 있다.
④ 대지와 건물의 소유자가 건물만을 양도하면서 양수인과 대지에 관하여 임대차계약을 체결한 경우, 특별한 사정이 없는 한 그 양수인은 관습상 법정지상권을 포기한 것으로 본다.
⑤ 구분소유적 공유관계에 있는 자가 자신의 특정 소유가 아닌 부분에 건물을 신축한 경우, 관습상 법정지상권이 성립하지 않는다.

> 정답해설

① 토지공유자의 한 사람이 다른 공유자의 지분 과반수의 동의를 얻어 건물을 건축한 후 토지와 건물의 소유자가 달라진 경우 토지에 관하여 관습법상의 법정지상권이 성립되는 것으로 보게 되면 이는 토지공유자의 1인으로 하여금 자신의 지분을 제외한 다른 공유자의 지분에 대하여서까지 지상권설정의 처분행위를 허용하는 셈이 되어 부당하다(대판 1993.4.13, 92다55756).
② 강제경매의 목적이 된 토지 또는 그 지상 건물의 소유권이 강제경매로 인하여 그 절차상의 매수인에게 이전된 경우에 건물의 소유를 위한 관습상 법정지상권이 성립하는가 하는 문제에 있어서는 그 매수인이 소유권을 취득하는 매각대금의 완납 시가 아니라 그 압류의 효력이 발생하는 때를 기준으로 하여 토지와 그 지상 건물이 동일인에 속하였는지가 판단되어야 한다. 강제경매개시결정의 기입등기가 이루어져 압류의 효력이 발생한

후에 경매목적물의 소유권을 취득한 이른바 제3취득자는 그의 권리를 경매절차상 매수인에게 대항하지 못하고, 나아가 그 명의로 경료된 소유권이전등기는 매수인이 인수하지 아니하는 부동산의 부담에 관한 기입에 해당하므로(민사집행법 제144조 제1항 제2호 참조) 매각대금이 완납되면 직권으로 그 말소가 촉탁되어야 하는 것이어서, 결국 매각대금 완납 당시 소유자가 누구인지는 이 문제맥락에서 별다른 의미를 가질 수 없다는 점 등을 고려하여 보면 더욱 그러하다. 한편 강제경매개시결정 이전에 가압류가 있는 경우에는, 그 가압류가 강제경매개시결정으로 인하여 본압류로 이행되어 가압류집행이 본집행에 포섭됨으로써 당초부터 본집행이 있었던 것과 같은 효력이 있다. 따라서 경매의 목적이 된 부동산에 대하여 가압류가 있고 그것이 본압류로 이행되어 경매절차가 진행된 경우에는, 애초 가압류가 효력을 발생하는 때를 기준으로 토지와 그 지상 건물이 동일인에 속하였는지를 판단하여야 한다(대판(전) 2012.10.18, 2010다52140).

③ 관습상의 지상권은 법률행위로 인한 물권의 취득이 아니고 관습법에 의한 부동산물권의 취득이므로 등기를 필요로 하지 아니하고 지상권취득의 효력이 발생하고 이 관습상의 법정지상권은 물권으로서의 효력에 의하여 이를 취득할 당시의 토지소유자나 이로부터 소유권을 전득한 제3자에 대하여도 등기 없이 위 지상권을 주장할 수 있다(대판 1988.9.27, 87다카279).

④ 동일인 소유의 토지와 그 토지상에 건립되어 있는 건물 중 어느 하나만이 타에 처분되어 토지와 건물의 소유자를 각 달리하게 된 경우에는 관습상의 법정지상권이 성립한다고 할 것이나, (대지상의 건물만을 매수한) 건물 소유자가 토지 소유자와 사이에 건물의 소유를 목적으로 하는 토지 임대차계약을 체결한 경우에는 관습상의 법정지상권을 포기한 것으로 봄이 상당하다(대판 1992.10.27, 92다3984).

⑤ 甲과 乙이 대지를 각자 특정하여 매수하여 배타적으로 점유하여 왔으나 분필이 되어 있지 아니한 탓으로 그 특정부분에 상응하는 지분소유권이전등기만을 경료하였다면 그 대지의 소유관계는 처음부터 구분소유적 공유관계에 있다 할 것이고, 또한 구분소유적 공유관계에 있어서는 통상적인 공유관계와는 달리 당사자 내부에 있어서는 각자가 특정매수한 부분은 각자의 단독 소유로 되었다 할 것이므로, 乙은 위 대지 중 그가 매수하지 아니한 부분에 관하여는 甲에게 그 소유권을 주장할 수 없어 위 대지 중 乙이 매수하지 아니한 부분지상에 있는 乙 소유의 건물부분은 당초부터 건물과 토지의 소유자가 서로 다른 경우에 해당되어 그에 관하여는 관습상의 법정지상권이 성립될 여지가 없다(대판 1994.1.28, 93다49871). (그러나) 원고와 피고가 1필지의 대지를 공동으로 매수하여 같은 평수로 사실상 분할한 다음 각자 자기의 돈으로 자기 몫의 대지 위에 건물을 신축하여 점유하여 왔다면, 비록 위 대지가 등기부상으로는 원·피고 사이의 공유로 되어 있다 하더라도 그 대지의 소유관계는 처음부터 구분소유적 공유관계에 있다 할 것이고, 따라서 피고 소유의 건물과 그 대지는 원고와의 내부관계에 있어서 피고의 단독소유로 되었다 할 것이므로, 피고는 그 후 이 사건 대지의 피고지분만을 경락 취득한 원고에 대하여 그 소유의 위 건물을 위한 관습상의 법정지상권을 취득하였다고 할 것이다(대판 1990.6.26, 89다카24094).

▶ 정답 15 ②

16 관습법상 법정지상권에 관한 설명으로 옳지 않은 것은? (다툼이 있으면 판례에 따름)

▶ 2019 감정평가사

① 미등기건물에 대해서는 건물로서의 요건을 갖추었다 하더라도 관습법상 법정지상권이 인정되지 않는다.
② 대지와 건물의 소유자가 건물만을 매도하였으나 매수인이 그 건물의 소유를 위하여 매도인과 대지에 관한 임대차계약을 체결하였다면, 특별한 사정이 없는 한 위 매수인은 대지에 관한 관습법상 법정지상권을 포기한 것으로 볼 수 있다.
③ 건물의 소유를 위한 관습법상 법정지상권을 취득한 자는 이를 취득할 당시의 토지소유자나 이로부터 토지소유권을 전득한 제3자에게 대하여도 등기 없이 그 지상권을 주장할 수 있다.
④ 관습법상 법정지상권에 기한 대지점유는 정당한 것이므로 불법점유를 전제로 한 손해배상청구는 성립할 여지가 없다.
⑤ 가압류 후 본압류 및 강제경매가 이루어지는 경우, 관습법상 법정지상권의 성립요건인 토지와 건물에 대한 소유자의 동일성 판단은 가압류의 효력 발생 시를 기준으로 한다.

정답해설

① 동일인의 소유에 속하였던 토지와 건물이 매매, 증여, 강제경매, 국세징수법에 의한 공매 등으로 그 소유권자를 달리하게 된 경우에 그 건물을 철거한다는 특약이 없는 한 건물소유자는 그 건물의 소유를 위하여 그 부지에 관하여 관습상의 법정지상권을 취득하는 것이고 그 건물은 건물로서의 요건을 갖추고 있는 이상 무허가건물이거나 미등기건물이거나를 가리지 않는다(대판 1988.4.12, 87다카2404).
② 동일인 소유의 토지와 그 토지상에 건립되어 있는 건물 중 어느 하나만이 타에 처분되어 토지와 건물의 소유자를 각 달리하게 된 경우에는 관습상의 법정지상권이 성립한다고 할 것이나, (대지상의 건물만을 매수한) 건물 소유자가 토지 소유자와 사이에 건물의 소유를 목적으로 하는 토지 임대차계약을 체결한 경우에는 관습상의 법정지상권을 포기한 것으로 봄이 상당하다(대판 1992.10.27, 92다3984).
③ 관습상의 지상권은 법률행위로 인한 물권의 취득이 아니고 관습법에 의한 부동산물권의 취득이므로 등기를 필요로 하지 아니하고 지상권취득의 효력이 발생하고 이 관습상의 법정지상권은 물권으로서의 효력에 의하여 이를 취득할 당시의 토지소유자나 이로부터 소유권을 전득한 제3자에게 대하여도 등기 없이 위 지상권을 주장할 수 있다(대판 1988.9.27, 87다카279).
④ 관습법상 법정지상권에 기한 대지점유는 정당한 것이므로 위법성이 없어, 불법점유를 전제로 한 손해 배상청구는 성립할 여지가 없다.
⑤ 강제경매개시결정 이전에 가압류가 있는 경우에는, 그 가압류가 강제경매개시결정으로 인하여 본압류로 이행되어 가압류집행이 본집행에 포섭됨으로써 당초부터 본집행이 있었던 것과 같은 효력이 있다. 따라서 경매의 목적이 된 부동산에 대하여 가압류가 있고 그것이 본압류로 이행되어 경매절차가 진행된 경우에는, 애초 가압류가 효력을 발생하는 때를 기준으로 토지와 그 지상 건물이 동일인에 속하였는지를 판단하여야 한다(대판(전) 2012.10.18, 2010다52140).

17 관습법상 법정지상권이 성립하는 경우를 모두 고른 것은? (다툼이 있는 경우에는 판례에 의함)

▶ 2014 변리사

> ㄱ. 토지와 그 지상의 무허가건물이 동일한 소유자에게 속하였다가 토지의 처분으로 서로 소유자가 달라진 경우
> ㄴ. 대지공유자 중 1인이 지분과반수의 동의를 얻어 건물을 신축한 후 제3자가 그 대지의 소유권을 취득한 경우
> ㄷ. 대지소유자가 채권의 담보로 가등기를 설정한 대지 위에 건물을 신축한 후 가등기에 기한 본등기가 이루어짐에 따라 대지와 건물의 소유자가 달라진 경우
> ㄹ. 1필지의 대지를 구분소유적으로 공유하던 자가 그 몫의 대지 위에 건물을 신축하여 사용하던 중 다른 공유자가 그 대지만을 경매로 매수한 경우
> ㅁ. 무허가 미등기건물을 그 대지와 함께 양수한 자가 대지에 대하여만 소유권이전등기를 마친 후 대지를 처분한 경우

① ㄱ, ㄴ ② ㄱ, ㄹ
③ ㄴ, ㄷ ④ ㄷ, ㅁ
⑤ ㄹ, ㅁ

정답해설

ㄱ. (○) : 동일인의 소유에 속하였던 토지와 건물이 매매, 증여, 강제경매, 국세징수법에 의한 공매 등으로 그 소유권자를 달리하게 된 경우에 그 건물을 철거한다는 특약이 없는 한 건물소유자는 그 건물의 소유를 위하여 그 부지에 관하여 관습상의 법정지상권을 취득하는 것이고 그 건물은 건물로서의 요건을 갖추고 있는 이상 무허가건물이거나 미등기건물이거나를 가리지 않는다(대판 1988.4.12, 87다카2404).

ㄴ. (×) : 대지공유자 중 1인이 지분과반수의 동의를 얻어 건물을 신축한 후 제3자가 그 대지의 소유권을 취득한 경우에는 법정지상권이 인정되지 않는다(대판 1971.5.22, 71다552).

ㄷ. (×) : 대지소유자가 채권의 담보로 가등기를 설정한 대지 위에 건물을 신축한 후 가등기에 기한 본등기가 이루어짐에 따라 대지와 건물의 소유자가 달라진 경우에는 법정지상권이 인정되지 않는다(대판 1994.11.22, 94다5458).

ㄹ. (○) : 원고와 피고가 1필지의 대지를 구분소유적으로 공유하고 피고가 자기 몫의 대지 위에 건물을 신축하여 점유하던 중 위 대지의 피고지분만을 원고가 경락 취득한 경우 피고는 관습상의 법정지상권을 취득한다(피고 소유의 건물과 그 대지는 원고와의 내부관계에 있어서 피고의 단독소유로 되었다 할 것이므로 피고는 그 후 이 사건 대지의 피고지분만을 경락 취득한 원고에 대하여 그 소유의 위 건물을 위한 관습상의 법정지상권을 취득하였다고 할 것이다)(대판 1990.6.26, 89다카24094).

ㅁ. (×) : 무허가 미등기건물을 그 대지와 함께 양수한 자가 대지에 대하여만 소유권이전등기를 마친 후 대지를 처분한 경우에는 법정지상권이 인정되지 않는다(대판 2002.6.20, 2002다9660).

▶ 정답 16 ① 17 ②

18 법정지상권에 관한 설명으로 옳지 않은 것은? (다툼이 있으면 판례에 따름)

▶ 2015 감정평가사

① 대지와 건물이 동일한 소유자에 속한 경우에 건물에 전세권을 설정한 때에는 그 대지소유권의 특별승계인은 전세권설정자에 대하여 지상권을 설정한 것으로 본다.
② 토지공유자 중 1인이 다른 공유자 지분 과반수의 동의를 얻어 건물을 건축한 후 토지와 건물의 소유자가 달라진 경우, 관습상의 법정지상권이 성립된다.
③ 미등기건물을 그 대지와 함께 매도하여 대금이 완납되었으나 건물이 미등기인 관계로 대지에 관하여만 매수인 앞으로 소유권이전등기가 경료된 경우, 매도인에게 관습상의 법정지상권은 인정되지 않는다.
④ 관습상 법정지상권이 성립하려면 토지와 그 지상건물이 애초부터 동일인의 소유에 속하였을 필요는 없고, 그 소유권이 유효하게 변동될 당시에 동일인이 토지와 그 지상 건물을 소유하였던 것으로 족하다.
⑤ 토지와 건물의 소유자 甲으로부터 乙이 건물을 매수하여 취득한 경우 乙이 건물 소유를 위해 甲과 대지의 임대차계약을 체결하였다면, 관습상 법정지상권을 포기한 것으로 본다.

정답해설

① **제305조【건물의 전세권과 법정지상권】** ① 대지와 건물이 동일한 소유자에 속한 경우에 건물에 전세권을 설정한 때에는 그 대지소유권의 특별승계인은 전세권설정자에 대하여 지상권을 설정한 것으로 본다. 그러나 지료는 당사자의 청구에 의하여 법원이 이를 정한다.
② 토지공유자 중 1인이 다른 공유자 지분 과반수의 동의를 얻어 건물을 건축한 후 토지와 건물의 소유자가 달라진 경우, 관습상의 법정지상권이 인정되지 않는다. 이처럼 관습법상의 법정지상권이 성립되는 것으로 보게 되면 이는 토지공유자의 1인으로 하여금 자신의 지분을 제외한 다른 공유자의 지분에 대하여서까지 지상권설정의 처분행위를 허용하는 셈이 되어 부당하기 때문이다(대판 2014.9.4, 2011다73038·73045).
③ 미등기건물을 그 대지와 함께 매도하여 대금이 완납되었으나 건물이 미등기인 관계로 대지에 관하여만 매수인 앞으로 소유권이전등기가 경료된 경우, 매도인에게 관습상의 법정지상권은 인정되지 않는다(대판(전) 2002.6.20, 2002다9660).
④ 관습상 법정지상권이 성립하려면 토지와 그 지상건물이 애초부터 동일인의 소유에 속하였을 필요는 없고, 그 소유권이 유효하게 변동될 당시에 동일인이 토지와 그 지상 건물을 소유하였던 것으로 족하다(대판(전) 2012.10.18, 2010다52140).
⑤ 토지와 건물의 소유자 甲으로부터 乙이 건물을 매수하여 취득한 경우 乙이 건물 소유를 위해 甲과 대지의 임대차계약을 체결하였다면, 관습상 법정지상권을 포기한 것으로 본다(대판 1991.5.14, 91다1912).

▶ 정답 18 ②

심화문제편

01 지상권에 관한 설명으로 옳지 않은 것은? (다툼이 있으면 판례에 따름)   ▶ 2018 감정평가사

① 지상권자는 그 권리의 존속기간 내에서 그 토지를 임대할 수 있다.
② 지상권이 소멸한 경우 특별한 사정이 없는 한, 지상권자는 건물 기타 공작물이나 수목을 수거하여 토지를 원상에 회복하여야 한다.
③ 지상권자의 지료지급이 토지소유권의 양도 전후에 걸쳐 2년 이상 연체된 경우, 토지양수인에 대한 연체기간이 2년이 되지 않더라도 토지양수인은 지상권소멸청구를 할 수 있다.
④ 나대지에 저당권을 설정한 당사자들이 그 목적 토지상에 저당권자 앞으로 저당토지의 담보가치 저감을 막기 위하여 지상권도 설정한 경우, 저당권의 피담보채권이 시효로 소멸하면 지상권도 소멸한다.
⑤ 토지와 그 지상건물이 함께 양도되었다가 채권자취소권의 행사로 그중 건물에 대해서만 양도가 취소되어 수익자 명의의 소유권이전등기가 말소된 경우, 채무자에게 관습상 법정지상권은 인정되지 않는다.

정답해설

① 제282조 【지상권의 양도, 임대】 지상권자는 타인에게 그 권리를 양도하거나 그 권리의 존속기간 내에서 그 토지를 임대할 수 있다.
② 제285조 제1항 【수거의무, 매수청구권】 지상권이 소멸한 때에는 지상권자는 건물 기타 공작물이나 수목을 수거하여 토지를 원상에 회복하여야 한다.
③ 대법원은 연속해서 2년 이상일 필요가 없고, 특정당사자 간 2년분 이상이면 요건을 충족하고, 전소유자에게 연체된 부분의 합산을 신소유자는 주장하지 못한다고 한다(대판 2001.3.13, 99다17142).

> **제287조 【지상권 소멸청구권】**
> 지상권자가 2년 이상의 지료를 지급하지 아니한 때에는 지상권설정자는 지상권의 소멸을 청구할 수 있다.

④ 근저당권 등 담보권 설정의 당사자들이 그 목적이 된 토지 위에 차후 용익권이 설정되거나 건물 또는 공작물이 축조·설치되는 등으로써 그 목적물의 담보가치가 저감하는 것을 막는 것을 주요한 목적으로 하여 채권자 앞으로 아울러 지상권을 설정하였다면, 그 피담보채권이 변제 등으로 만족을 얻어 소멸한 경우는 물론이고 시효소멸한 경우에도 그 지상권은 피담보채권에 부종하여 소멸한다(대판 2011.4.14, 2011다6342).
⑤ 동일인의 소유에 속하고 있던 토지와 지상 건물이 매매 등으로 인하여 소유자가 다르게 된 경우에 건물을 철거한다는 특약이 없는 한 건물소유자는 건물의 소유를 위한 관습상 법정지상권을 취득한다. 그런데 민법 제406조의 채권자취소권의 행사로 인한 사해행위의 취소와 일탈재산의 원상회복은 채권자와 수익자 또는 전득자에 대한 관계에 있어서만 효력이 발생할 뿐이고 채무자가 직접 권리를 취득하는 것이 아니므로, 토지와 지상 건물이 함께 양도되었다가 채권자취소권의 행사에 따라 그중 건물에 관하여만 양도가 취소되고 수익자와 전득자 명의의 소유권이전등기가 말소되었다고 하더라도, 이는 관습상 법정지상권의 성립요건인 '동일인의 소유에 속하고 있던 토지와 지상 건물이 매매 등으로 인하여 소유자가 다르게 된 경우'에 해당한다고 할 수 없다(대판 2014.12.24, 2012다73158).

▶ 정답 01 ③

02 甲은 乙에 대한 채권을 담보하기 위하여 乙 소유의 X토지에 관하여 저당권을 취득하였다. 그 후 X의 담보가치 하락을 막기 위하여 乙의 X에 대한 사용·수익권을 배제하지 않는 지상권을 함께 취득하였다. 이에 관한 설명으로 옳지 않은 것은? (다툼이 있으면 판례에 따름)

▶ 2021 감정평가사

① 甲의 지상권의 피담보채무는 존재하지 않는다.
② 甲의 채권이 시효로 소멸하면 지상권도 소멸한다.
③ 甲의 채권이 변제 등으로 만족을 얻어 소멸하면 지상권도 소멸한다.
④ 제3자가 甲에게 대항할 수 있는 권원 없이 X 위에 건물을 신축하는 경우, 甲은 그 축조의 중지를 요구할 수 있다.
⑤ 제3자가 X를 점유·사용하는 경우, 甲은 지상권의 침해를 이유로 손해배상을 청구할 수 있다.

[정답해설]
① 토지에 관하여 저당권을 취득함과 아울러 그 저당권의 담보가치를 확보하기 위하여 지상권을 취득하는 경우, 특별한 사정이 없는 한 당해 지상권은 저당권이 실행될 때까지 제3자가 용익권을 취득하거나 목적 토지의 담보가치를 하락시키는 침해행위를 하는 것을 배제함으로써 저당 부동산의 담보가치를 확보하는 데에 그 목적이 있다(대결 2004.3.29, 2003마1753). 사안의 경우는 용익물권인 지상권이 저당권과 함께 담보가치를 위해 전용된 것으로 甲의 지상권 자체에 피담보채무가 존재하지 않는다.
②, ③ 근저당권 등 담보권설정의 당사자들이 그 목적이 된 토지 위에 차후 용익권이 설정되거나 건물 또는 공작물이 축조·설치되는 등으로써 그 목적물의 담보가치가 저감하는 것을 막는 것을 주요한 목적으로 하여 채권자 앞으로 아울러 지상권을 설정하였다면, 그 피담보채권이 변제 등으로 만족을 얻어 소멸한 경우는 물론이고 시효소멸한 경우에도 그 지상권은 피담보채권에 부종하여 소멸한다(대판 2011.4.14, 2011다6342).
④, ⑤ 토지에 관하여 저당권을 취득함과 아울러 그 저당권의 담보가치를 확보하기 위하여 지상권을 취득하는 경우, 특별한 사정이 없는 한 당해 지상권은 저당권이 실행될 때까지 제3자가 용익권을 취득하거나 목적 토지의 담보가치를 하락시키는 침해행위를 하는 것을 배제함으로써 저당 부동산의 담보가치를 확보하는 데에 그 목적이 있다고 할 것이므로, 그와 같은 경우 제3자가 비록 토지소유자로부터 신축중인 지상 건물에 관한 건축주 명의를 변경받았다 하더라도, 그 지상권자에게 대항할 수 있는 권원이 없는 한 지상권자로서는 제3자에 대하여 목적 토지 위에 건물을 축조하는 것을 중지하도록 요구할 수 있다(대결 2004.3.29, 2003마1753). 그러나 제3자가 X를 점유·사용하는 경우, 甲은 지상권의 침해를 이유로 손해배상을 청구할 수 없다. 왜냐하면 甲은 乙의 X에 대한 사용·수익권을 배제하지 않는 지상권을 취득하였을 뿐이므로 원래 사용·수익권이 없었으므로 제3자가 X를 점유·사용하더라도 손해가 생기지 않기 때문이다.

03 乙은 甲의 X토지에 건물을 소유하기 위하여 지상권을 설정받았다. 다음 설명 중 옳은 것은?
(다툼이 있으면 판례에 따름)
▶ 2015 공인중개사

① 乙은 甲의 의사에 반하여 제3자에게 지상권을 양도할 수 없다.
② X토지를 양수한 자는 지상권의 존속 중에 乙에게 그 토지의 인도를 청구할 수 없다.
③ 乙이 약정한 지료의 1년 6개월분을 연체한 경우, 甲은 지상권의 소멸을 청구할 수 있다.
④ 존속기간의 만료로 지상권이 소멸한 경우, 건물이 현존하더라도 乙은 계약의 갱신을 청구할 수 없다.
⑤ 지상권의 존속기간을 정하지 않은 경우, 甲은 언제든지 지상권의 소멸을 청구할 수 있다.

정답해설

① 지상권자는 지상권설정자의 동의 없이 타인에게 그 권리를 양도하거나 그 권리의 존속기간 내에 그 토지를 임대할 수 있다(제282조). 이는 편면적 강행규정으로(제289조), 이를 금지하는 특약은 무효이다.
② 지상권은 물권이므로 지상권의 목적인 토지가 양도되었다고 하더라도 양수인에게 대항가능하다. 따라서 토지양수인은 지상권자에게 토지인도청구를 할 수 없다.
③ 제287조 【지상권 소멸청구권】 지상권자가 2년 이상의 지료를 지급하지 아니한 때에는 지상권설정자는 지상권의 소멸을 청구할 수 있다.
④ 제283조 제1항 【지상권자의 갱신청구권, 매수청구권】 지상권이 소멸한 경우에 건물 기타 공작물이나 수목이 현존한 때에는 지상권자는 계약의 갱신을 청구할 수 있다.
⑤ 전세권과 달리 지상권은 존속기간을 정하지 않은 경우라도 존속기간을 정하지 않는 지상권은 존재하지 않고, 제280조의 최단존속기간(= 30년, 15년, 5년)으로 정해지게 되므로(제281조 제1항), 지상권설정자는 제287조에 의해 2년 이상의 지료지급이 지체된 경우에만 지상권의 소멸을 청구할 수는 있다.

> 제281조 【존속기간을 약정하지 아니한 지상권】
> ① 계약으로 지상권의 존속기간을 정하지 아니한 때에는 그 기간은 전조(=제280조)의 최단존속기간(= 30년, 15년, 5년)으로 한다.

▶ 정답   02 ⑤   03 ②

04 지상권에 관한 설명으로 틀린 것을 모두 고른 것은? (다툼이 있으면 판례에 따름)

▶ 2021 공인중개사

> ㄱ. 담보목적의 지상권이 설정된 경우 피담보채권이 변제로 소멸하면 그 지상권도 소멸한다.
> ㄴ. 지상권자의 지료지급 연체가 토지소유권의 양도 전후에 걸쳐 이루어진 경우, 토지 양수인은 자신에 대한 연체기간이 2년 미만이더라도 지상권의 소멸을 청구할 수 있다.
> ㄷ. 분묘기지권을 시효취득한 자는 토지소유자가 지료를 청구한 날부터의 지료를 지급할 의무가 있다.

① ㄱ
② ㄴ
③ ㄷ
④ ㄱ, ㄴ
⑤ ㄴ, ㄷ

정답해설

ㄱ. (O) : 근저당권 등 담보권 설정의 당사자들이 그 목적이 된 토지 위에 차후 용익권이 설정되거나 건물 또는 공작물이 축조·설치되는 등으로써 그 목적물의 담보가치가 저감하는 것을 막는 것을 주요한 목적으로 하여 채권자 앞으로 아울러 지상권을 설정하였다면, 그 피담보채권이 변제 등으로 만족을 얻어 소멸한 경우는 물론이고 시효소멸한 경우에도 그 지상권은 피담보채권에 부종하여 소멸한다(대판 2011.4.14, 2011다6342).

ㄴ. (×) : 지상권자의 지료 지급 연체가 토지소유권의 양도 전후에 걸쳐 이루어진 경우 토지양수인에 대한 연체기간이 2년이 되지 않는다면 양수인은 지상권소멸청구를 할 수 없다(대판 2001.3.13, 99다17142).

> 제287조【지상권 소멸청구권】
> 지상권자가 2년 이상의 지료를 지급하지 아니한 때에는 지상권설정자는 지상권의 소멸을 청구할 수 있다.

ㄷ. (O) : 장사법 시행일 이전에 타인의 토지에 분묘를 설치한 다음 20년간 평온·공연하게 그 분묘의 기지를 점유함으로써 분묘기지권을 시효로 취득하였더라도, 분묘기지권자는 토지 소유자가 분묘기지에 관한 지료를 청구하면 그 청구한 날부터의 지료를 지급할 의무가 있다고 보아야 한다(대판(전) 2021.4.29, 2017다228007).

05 분묘기지권에 관한 설명으로 옳은 것을 모두 고른 것은? (다툼이 있으면 판례에 의함)

▶ 2024 공인중개사

㉠ 분묘기지권은 봉분 등 외부에서 분묘의 존재를 인식할 수 있는 형태를 갖추고 등기하여야 성립한다.
㉡ 토지소유자의 승낙을 얻어 분묘를 설치함으로써 분묘기지권을 취득한 경우 설치할 당시 토지소유자와의 합의에 의하여 정한 지료지급의무의 존부나 범위의 효력은 그 토지의 승계인에게는 미치지 않는다.
㉢ 자기 소유 토지에 분묘를 설치한 사람이 그 토지를 양도하면서 분묘를 이장하겠다는 특약을 하지 않음으로써 분묘기지권을 취득한 경우 분묘기지권자는 특별한 사정이 없는 한 분묘기지권이 성립한 때부터 지료를 지급할 의무가 있다.

① ㉠
② ㉢
③ ㉠, ㉡
④ ㉡, ㉢
⑤ ㉠, ㉡, ㉢

정답해설

※ ㉢ 항목만 옳다.

㉠ (×) : 분묘기지권은 분묘를 수호하고 봉제사하는 목적을 달성하는 데 필요한 범위에서 인정되고, 봉분 등 외부에서 분묘의 존재를 인식할 수 있는 형태를 갖추고 있으면 등기 없이도 성립한다(대판(전) 2021.4.29, 2017다228007).

㉡ (×) : 분묘의 기지인 토지가 분묘의 수호·관리권자 아닌 다른 사람의 소유인 경우에 그 토지 소유자가 분묘 수호·관리권자에 대하여 분묘의 설치를 승낙한 때에는 그 분묘의 기지에 관하여 분묘기지권을 설정한 것으로 보아야 한다. 이와 같이 승낙에 의하여 성립하는 분묘기지권의 경우 성립 당시 토지 소유자와 분묘의 수호·관리자가 지료 지급의무의 존부나 범위 등에 관하여 약정을 하였다면 그 약정의 효력은 분묘기지의 승계인에 대하여도 미친다(대판 2021.9.16, 2017다271834, 271841).

㉢ (○) : 자기 소유 토지에 분묘를 설치한 사람이 그 토지를 양도하면서 분묘를 이장하겠다는 특약을 하지 않음으로써 분묘기지권을 취득한 경우, 특별한 사정이 없는 한 분묘기지권자는 분묘기지권이 성립한 때부터 토지 소유자에게 그 분묘의 기지에 대한 토지사용의 대가로서 지료를 지급할 의무가 있다(대판 2021.9.16, 2017다271834·271841).

비교 장사법 시행일 이전에 타인의 토지에 분묘를 설치한 다음 20년간 평온·공연하게 그 분묘의 기지를 점유함으로써 분묘기지권을 시효 취득하였더라도, 분묘기지권자는 토지 소유자가 분묘기지에 관한 지료를 청구하면 그 청구한 날부터의 지료를 지급할 의무가 있다고 보아야 한다(대판(전) 2021.4.29, 2017다228007).

▶ 정답   04 ②   05 ②

06 법정지상권이 성립하는 경우를 모두 고른 것은? (특별한 사정은 없고, 다툼이 있으면 판례에 따름)

▶ 2024 감정평가사

ㄱ. X토지에 저당권을 설정한 甲이 저당권자 乙의 동의를 얻어 Y건물을 신축하였으나 저당권 실행 경매에서 丙이 X토지의 소유권을 취득한 경우
ㄴ. 甲소유의 X토지와 그 지상건물에 공동저당권이 설정된 후 지상건물을 철거하고 Y건물을 신축하였고 저당권의 실행으로 X토지의 소유자가 달라진 경우
ㄷ. X토지를 소유하는 甲이 乙과 함께 그 지상에 Y건물을 신축·공유하던 중 X토지에 저당권을 설정하였고 저당권 실행 경매에서 丙이 X토지의 소유권을 취득한 경우

① ㄱ
② ㄷ
③ ㄱ, ㄴ
④ ㄴ, ㄷ
⑤ ㄱ, ㄴ, ㄷ

정답해설

ㄷ. 항목의 경우에만 법정지상권이 성립한다.

ㄱ. (×) : 민법 제366조의 법정지상권은 저당권 설정 당시부터 저당권의 목적되는 토지 위에 건물이 존재할 경우에 한하여 인정되며, 토지에 관하여 저당권이 설정될 당시 그 지상에 토지소유자에 의한 건물의 건축이 개시되기 이전이었다면, 건물이 없는 토지에 관하여 저당권이 설정될 당시 근저당권자가 토지소유자에 의한 건물의 건축에 동의하였다고 하더라도 그러한 사정은 주관적 사항이고 공시할 수도 없는 것이어서 토지를 낙찰받는 제3자로서는 알 수 없는 것이므로 그와 같은 사정을 들어 법정지상권의 성립을 인정한다면 토지 소유권을 취득하려는 제3자의 법적 안정성을 해하는 등 법률관계가 매우 불명확하게 되므로 법정지상권이 성립되지 않는다(대판 2003.9.5. 2003다26051).

ㄴ. (×) : 동일인의 소유에 속하는 토지 및 그 지상 건물에 관하여 공동저당권이 설정된 후 그 지상 건물이 철거되고 새로 건물이 신축된 경우에는 그 신축건물의 소유자가 토지의 소유자와 동일하고 토지의 저당권자에게 신축건물에 관하여 토지의 저당권과 동일한 순위의 공동저당권을 설정해 주는 등 특별한 사정이 없는 한 저당물의 경매로 인하여 토지와 그 신축건물이 다른 소유자에 속하게 되더라도 그 신축건물을 위한 법정지상권은 성립하지 않는다(대판(전) 2003.12.18. 98다43601).

ㄷ. (○) : 건물공유자의 1인이 그 건물의 부지인 토지를 단독으로 소유하면서 그 토지에 관하여만 저당권을 설정하였다가 위 저당권에 의한 경매로 인하여 토지의 소유자가 달라진 경우, 건물공유자들은 민법 제366조에 의하여 토지 전부에 관하여 건물의 존속을 위한 법정지상권을 취득한다고 보아야 한다(대판 2011.1.13. 2010다67159).

07 법정지상권에 관한 설명으로 옳지 않은 것을 모두 고른 것은? (다툼이 있으면 판례에 따름)

▶ 2020 감정평가사

> ㄱ. X토지에 Y건물의 소유를 위한 법정지상권을 가진 甲의 Y건물을 경매에서 매수한 乙은, 건물철거의 매각조건 등 특별한 사정이 없으면 당연히 법정지상권을 취득한다.
> ㄴ. X토지를 소유하는 甲이 乙과 함께 그 지상에 Y건물을 신축·공유하던 중 X토지에 저당권을 설정하였고 그의 실행에 의한 경매에서 丙이 X토지의 소유권을 취득한 경우, Y건물을 위한 법정지상권이 성립하지 않는다.
> ㄷ. 甲소유의 X토지와 그 지상건물에 공동저당권이 설정된 후 지상건물을 철거하고 Y건물을 신축하였고 저당권의 실행으로 X토지와 Y건물이 다른 소유자에게 매각된 경우, 특별한 사정이 없으면 Y건물을 위한 법정지상권이 성립한다.
> ㄹ. X토지에 저당권을 설정한 甲이 저당권자 乙의 동의를 얻어 Y건물을 신축하였으나 저당권의 실행에 의한 경매에서 丙이 X토지의 소유권을 취득한 경우, Y건물을 위한 법정지상권이 성립한다.

① ㄱ, ㄷ
② ㄱ, ㄹ
③ ㄱ, ㄴ, ㄹ
④ ㄴ, ㄷ, ㄹ
⑤ ㄱ, ㄴ, ㄷ, ㄹ

정답해설

[ㄴ, ㄷ, ㄹ]이 부당하다.

ㄱ. (○) : 건물(Y) 소유를 위하여 법정지상권을 취득한 사람(甲)으로부터 경매에 의하여 건물(Y)의 소유권을 이전받은 매수인(乙)은 매수 후 건물을 철거한다는 등의 매각조건하에서 경매되는 경우 등 특별한 사정이 없는 한 건물의 매수취득과 함께 위 지상권도 당연히 취득한다(대판 2014.12.24, 2012다73158)..
ㄴ. (×) : 건물공유자의 1인이 그 건물의 부지인 토지를 단독으로 소유하면서 그 토지에 관하여만 저당권을 설정하였다가 위 저당권에 의한 경매로 인하여 토지의 소유자가 달라진 경우, 건물공유자들은 민법 제366조에 의하여 토지 전부에 관하여 건물의 존속을 위한 법정지상권을 취득한다고 보아야 한다(대판 2011.1.13, 2010다67159).
ㄷ. (×) : 동일인의 소유에 속하는 토지 및 그 지상 건물에 관하여 공동저당권이 설정된 후 그 지상 건물이 철거되고 새로 건물이 신축된 경우에는 그 신축건물의 소유자가 토지의 소유자와 동일하고 토지의 저당권자에게 신축건물에 관하여 토지의 저당권과 동일한 순위의 공동저당권을 설정해 주는 등 특별한 사정이 없는 한 저당물의 경매로 인하여 토지와 그 신축건물이 다른 소유자에 속하게 되더라도 그 신축건물을 위한 법정지상권은 성립하지 않는다(대판(전) 2003.12.18, 98다43601).
ㄹ. (×) : 토지에 관하여 저당권이 설정될 당시 그 지상에 토지소유자에 의한 건물의 건축이 개시되기 이전이었다면, 건물이 없는 토지에 관하여 저당권이 설정될 당시 근저당권자가 토지소유자에 의한 건물의 건축에 동의하였다고 하더라도 그러한 사정은 주관적 사항이고 공시할 수도 없는 것이어서 토지를 낙찰받는 제3자로서는 알 수 없는 것이므로 그와 같은 사정을 들어 법정지상권의 성립을 인정한다면 토지 소유권을 취득하려는 제3자의 법적 안정성을 해하는 등 법률관계가 매우 불명확하게 되므로 법정지상권이 성립되지 않는다(대판 2000.12.8, 2000다14934·14941).

▶ 정답 06 ② 07 ④

08 법정지상권에 관한 설명 중 옳은 것을 모두 고른 것은? (다툼이 있는 경우 판례에 의함)

ㄱ. 토지와 건물이 동일인 소유였다가 매매, 증여, 공유물분할, 강제경매 등 적법한 원인으로 소유자가 달라진 경우, 토지의 점유·사용에 관하여 당사자의 약정이 있다면 원칙적으로 관습법상 법정지상권이 인정되지 않는다.
ㄴ. 토지를 매수하여 이전등기를 받은 매수인이 그 지상에 건물을 신축하였으나 그 후 토지의 소유권등기가 원인무효임이 밝혀져 그 등기가 말소됨으로써 건물과 토지의 소유자가 달라진 경우, 관습법상의 법정지상권이 인정된다.
ㄷ. 저당권 설정 당시 토지상에 존재하는 건물이 미등기라는 사정은 「민법」제366조에 의한 법정지상권의 성립에 영향을 미치지 않는다.
ㄹ. 동일인 소유의 토지와 건물 중 토지에 관해서만 저당권이 설정된 경우, 저당권이 실행되기 전에 건물을 철거하고 새로운 건물을 축조하였다면 그 법정지상권의 범위는 신축된 건물을 기준으로 한다.
ㅁ. 동일인 소유의 토지와 건물에 공동저당권이 설정되었다가 그 지상건물이 철거된 후 건물이 신축되었다면, 그 신축건물의 소유자가 토지의 소유자와 동일하고 그 건물에 대하여 토지의 저당권과 동일한 순위의 공동저당권이 설정되는 경우라고 하더라도 법정지상권이 성립되지 않는다.

① ㄱ
② ㄱ, ㄴ
③ ㄱ, ㄷ
④ ㄹ, ㅁ
⑤ ㄱ, ㄷ, ㅁ

정답해설

[ㄱ, ㄷ]만이 타당하다.

ㄱ. (○) : 건물철거 특약이 존재하면 관습상 법정지상권이 인정되지 않듯이 대지상의 건물만을 매수하면서 대지에 관한 임대차계약을 체결하였다면 위 건물매수로 인하여 취득하게 될 관습상의 법정지상권을 포기하였다고 볼 것이다(대판 1991.5.14, 91다1912). 따라서 토지와 건물이 동일인 소유였다가 매매, 증여, 공유물분할, 강제경매 등 적법한 원인으로 소유자가 달라진 경우, 토지의 점유·사용에 관하여 당사자의 약정이 있다면 원칙적으로 관습법상 법정지상권이 인정되지 않는다.
ㄴ. (×) : 관습상의 법정지상권의 성립 요건인 해당 토지와 건물의 소유권의 동일인에의 귀속과 그 후의 각기 다른 사람에의 귀속은 법의 보호를 받을 수 있는 권리변동으로 인한 것이어야 하므로, 원래 동일인에게의 소유권 귀속이 원인무효로 이루어졌다가 그 뒤 그 원인무효임이 밝혀져 그 등기가 말소됨으로써 그 건물과 토지의 소유자가 달라지게 된 경우에는 관습상의 법정지상권을 허용할 수 없다(대판 1999.3.26, 98다64189).
ㄷ. (○) : 미등기건물을 위하여도 법정지상권은 인정된다. 따라서 저당권 설정 당시 토지 상에 존재하는 건물이 미등기라는 사정은 「민법」제366조에 의한 법정지상권의 성립에 영향을 미치지 않는다(대판 1988.4.12, 87다카2404 등).
ㄹ. (×) : 동일인 소유의 토지와 건물 중 토지에 관해서만 저당권이 설정된 경우(단독저당), 저당권이 실행되기 전에 건물을 철거하고 새로운 건물을 축조하였다면 그 법정지상권의 범위는 신축된 건물을 기준으로 하는 것이 아니라 철거된 구건물을 기준으로 법정지상권이 인정된다(대판 1990.7.10, 90다카6399).

ㅁ. (×) : 동일인의 소유에 속하는 토지 및 그 지상 건물에 관하여 공동저당권이 설정된 후 그 지상 건물이 철거되고 새로 건물이 신축된 경우에는 그 신축건물의 소유자가 토지의 소유자와 동일하고 토지의 저당권자에게 신축건물에 관하여 토지의 저당권과 동일한 순위의 공동저당권을 설정해 주는 등 특별한 사정이 없는 한 저당물의 경매로 인하여 토지와 그 신축건물이 다른 소유자에 속하게 되더라도 그 신축건물을 위한 법정지상권은 성립하지 않는다(대판(전) 2003.12.18, 98다43601).

09 관습상 법정지상권에 관한 설명으로 옳지 않은 것은? (다툼이 있으면 판례에 의함) ▶ 2014 감정평가사

① 환지처분으로 인하여 토지와 그 지상건물의 소유자가 달라진 경우, 법정지상권이 그 지상건물의 토지 위에 성립한다.
② 법정지상권이 성립한 후 건물을 증·개축한 경우에도 법정지상권은 존속한다.
③ 공유토지 위에 건물을 소유하고 있는 토지공유자 중 1인이 자기의 토지 지분만을 매도한 경우, 토지 전체에 관해 법정지상권은 성립할 수 없다.
④ 법정지상권의 지료를 정하는 때에 법정지상권이 설정된 토지 위에 그 건물이 건립되어 있음으로 인하여 토지소유권이 제한받는 사정은 참작·평가해서는 안 된다.
⑤ 시공회사가 자기 소유의 토지 위에 수위실을 건축한 후 그 부지를 타인에게 매도한 경우, 특별한 사정이 없는 한, 법정지상권이 성립될 수 있다.

[정답해설]
① 환지로 인하여 새로운 분할지적선이 그어진 결과 환지 전에는 동일인에게 속하였던 토지와 그 지상건물의 소유자가 달라졌다 하더라도, 환지의 성질상 건물의 부지에 관하여 소유권을 상실한 건물 소유자가 그 환지된 토지(건물부지)에 대하여 건물을 위한 관습상의 법정지상권을 취득한다거나 그 환지된 토지의 소유자가 그 건물을 위한 관습상 법정지상권의 부담을 안게 된다고는 할 수 없다(대판 1996.3.8, 95다44535).
② 관습법상의 법정지상권이 성립된 토지에 대하여는 법정지상권자가 건물의 유지 및 사용에 필요한 범위를 벗어나지 않은 한 그 토지를 자유로이 사용할 수 있는 것이므로, 지상건물이 법정지상권이 성립한 이후에 증축되었다 하더라도 그 건물이 관습법상의 법정지상권이 성립하여 법정지상권자에게 점유·사용할 권한이 있는 토지 위에 있는 이상 이를 철거할 의무는 없다(대판 1995.7.28, 95다9075·9082).
③ 토지의 공유자 중의 1인이 공유토지 위에 건물을 소유하고 있다가 토지지분만을 전매함으로써 단순히 토지공유자의 1인에 대하여 관습상의 법정지상권이 성립된 것으로 볼 사유가 발생하였다고 하더라도 당해 토지 자체에 관하여 건물의 소유를 위한 관습상의 법정지상권이 성립된 것으로 보게 된다면 이는 마치 토지공유자의 1인으로 하여금 다른 공유자의 지분에 대하여서까지 지상권설정의 처분행위를 허용하는 셈이 되어 부당하다 할 것이므로 위와 같은 경우에 있어서는 당해 토지에 관하여 건물의 소유를 위한 관습상의 법정지상권이 성립될 수 없다(대판 1987.6.23, 86다카2188).
④ 법정지상권자가 지급할 지료를 정함에 있어서 법정지상권 설정 당시의 제반 사정을 참작하여야 하나, 법정지상권이 설정된 건물이 건립되어 있음으로 인하여 토지의 소유권이 제한을 받는 사정은 참작·평가하여서는 안 된다(대판 1995.9.15, 94다61144).
⑤ 아파트 시공회사가 토지를 매수하여 소유권이전등기를 경료한 후 아파트 수위실을 축조하여 이를 아파트 소유자들에게 미등기상태로 양도함과 동시에 그 토지부분에 대한 영구사용권을 부여한 다음 토지를 제3자에게 처분하였다면 토지와 수위실은 시공회사의 소유에 속하였다가 토지가 제3자에게 매도됨으로써 대지와 건물이 각기 소유자를 달리하게 된 경우에 해당하므로 시공회사는 수위실의 소유를 목적으로 한 관습법상의 법정지상권을 취득하였다고 할 것이다(대판 1993.2.23, 92다49218).

▶ 정답   08 ③   09 ①

10 법정지상권에 관한 설명으로 옳은 것은? (다툼이 있으면 판례에 따름)   ▶ 2018 감정평가사

① 관습상 법정지상권이 성립하려면 토지와 그 지상건물이 원시적으로 동일인의 소유에 속하고 있어야 한다.
② 토지에 저당권이 설정될 때에 그 지상건물이 미등기인 경우, 저당권 실행으로 토지와 건물의 소유자가 상이하게 되더라도 법정지상권은 인정될 수 없다.
③ 환지처분으로 인하여 토지와 그 지상건물의 소유자가 달라진 경우에도 관습상 법정지상권은 인정될 수 있다.
④ 토지와 그 지상건물의 소유자가 달라질 때, 토지의 사용에 대하여 당사자 사이에 특약이 있는 경우, 관습상 법정지상권은 인정될 수 없다.
⑤ 나대지상에 채권담보를 위한 가등기가 경료된 후에 대지소유자가 그 지상에 건물을 신축하였고, 그 후에 가등기에 기한 본등기가 경료되어 대지와 건물의 소유자가 달라진 경우 관습상 법정지상권이 성립될 수 있다.

[정답해설]
① 처분 당시에 동일인의 소유에 속하였으면 족하고 원시적으로 동일인의 소유였을 필요는 없다(대판 1995.7.28, 95다9075·9082).
② 동일인의 소유에 속하던 토지와 지상건물 중 건물을 양수한 자가 미등기건물인 관계로 소유권이전등기를 경료하지 못하였다면 그 소유권은 여전히 양도인에게 남아있다고 할 것이고 그러는 사이에 토지 위에 설정된 저당권이 실행된 결과 토지와 건물의 소유자가 달라진 경우에는 양도인이 건물의 소유를 위한 법정지상권을 취득한다(대판 1991.5.28, 91다6658).
③ 환지로 인하여 새로운 분할지적선이 그어진 결과 환지 전에는 동일인에게 속하였던 토지와 그 지상건물의 소유자가 달라졌다 하더라도 환지의 성질상 건물의 부지에 관하여 소유권을 상실한 건물 소유자가 환지된 토지(건물부지)에 대하여 건물을 위한 관습상의 법정지상권을 취득한다거나 그 환지된 토지의 소유자가 그 건물을 위한 관습상의 법정지상권의 부담을 안게 된다고는 할 수 없다(대판 2001.5.8, 2001다4101).
④ 동일인 소유의 토지와 그 토지상에 건립되어 있는 건물 중 어느 하나만이 타에 처분되어 토지와 건물의 소유자를 각 달리하게 된 경우에는 관습상의 법정지상권이 성립한다고 할 것이나, (대지상의 건물만을 매수한) 건물 소유자가 토지 소유자와 사이에 건물의 소유를 목적으로 하는 토지 임대차계약을 체결한 경우에는 관습상의 법정지상권을 포기한 것으로 봄이 상당하다(대판 1992.10.27, 92다3984).
⑤ 원래 채권을 담보하기 위하여 나대지상에 가등기가 경료되었고, 그 뒤 대지소유자가 그 지상에 건물을 신축하였는데, 그 후 그 가등기에 기한 본등기가 경료되어 대지와 건물의 소유자가 달라진 경우에 관습상 법정지상권을 인정하면 애초에 대지에 채권담보를 위하여 가등기를 경료한 사람의 이익을 크게 해하게 되기 때문에 특별한 사정이 없는 한 건물을 위한 관습상 법정지상권이 성립한다고 할 수 없다(대판 1994.11.22, 94다5458).

11 법정지상권에 관한 설명으로 옳은 것은? (다툼이 있으면 판례에 따름) ▶ 2016 감정평가사

① 법정지상권의 성립 후 구건물이 철거되고 신건물이 축조된 경우, 그 법정지상권의 존속기간·범위 등은 신건물을 기준으로 한다.
② 관습상의 법정지상권에서 건물은 등기가 되어 있지 않아도 무방하나, 무허가건물이어서는 안 된다.
③ 토지와 함께 공동근저당권이 설정된 건물이 그대로 존속함에도 등기가 멸실되고 등기부가 폐쇄되면, 그 후 경매로 토지와 건물의 소유자가 달라지더라도 법정지상권이 성립할 수 없다.
④ 구분소유적 공유관계에 있는 자가 자신의 특정 소유가 아닌 부분에 신축한 건물을 제3자에게 양도한 경우에 관습상 법정지상권이 성립한다.
⑤ 가압류 후 본 압류 및 강제경매가 이루어지는 경우 관습상 법정지상권의 요건으로 '토지와 그 지상 건물이 동일인 소유'인지 여부는 가압류의 효력 발생 시를 기준으로 한다.

[정답해설]

① 민법 제366조 소정의 법정지상권이 성립하려면 저당권 설정 당시 저당권의 목적이 되는 토지 위에 건물이 존재하여야 하는데, 저당권 설정 당시의 건물을 그 후 개축·증축한 경우는 물론이고 그 건물이 멸실되거나 철거된 후 재건축·신축한 경우에도 법정지상권이 성립하며, 이 경우 신건물과 구건물 사이에 동일성이 있거나 소유자가 동일할 것을 요하는 것은 아니라 할 것이지만, 그 법정지상권의 내용인 존속기간·범위 등은 구건물을 기준으로 하여야 할 것이다(대판 2001.3.13, 2000다48517·48524·48531).

> **제366조 【법정지상권】**
> 저당물의 경매로 인하여 토지와 그 지상건물이 다른 소유자에 속한 경우에는 토지소유자는 건물소유자에 대하여 지상권을 설정한 것으로 본다. 그러나 지료는 당사자의 청구에 의하여 법원이 이를 정한다.

② 동일인의 소유에 속하였던 토지와 건물이 매매, 증여, 강제경매, 국세징수법에 의한 공매 등으로 그 소유권자를 달리하게 된 경우에 그 건물을 철거한다는 특약이 없는 한 건물소유자는 그 건물의 소유를 위하여 그 부지에 관하여 관습상의 법정지상권을 취득하는 것이고 그 건물은 건물로서의 요건을 갖추고 있는 이상 무허가건물이거나 미등기건물이거나를 가리지 않는다(대판 1988.4.12, 87다카2404).
③ 토지와 함께 공동근저당권이 설정된 건물이 그대로 존속함에도 불구하고 사실과 달리 등기부에 멸실의 기재가 이루어지고 이를 이유로 등기부가 폐쇄된 경우, 저당권자로서는 멸실 등으로 인하여 폐쇄된 등기기록을 부활하는 절차 등을 거쳐 건물에 대한 저당권을 행사하는 것이 불가능한 것이 아닌 이상 저당권자가 건물의 교환가치에 대하여 이를 담보로 취득할 수 없게 되는 불측의 손해가 발생한 것은 아니라고 보아야 하므로, 그 후 토지에 대하여만 경매절차가 진행된 결과 토지와 건물의 소유자가 달라지게 되었다면 그 건물을 위한 법정지상권은 성립한다 할 것이고, 단지 건물에 대한 등기부가 폐쇄되었다는 사정만으로 건물이 멸실된 경우와 동일하게 취급하여 법정지상권이 성립하지 아니한다고 할 수는 없다(대판 2013.3.14, 2012다108634).
④ 구분소유적 공유관계에 있는 자가 자신의 특정 소유가 아닌 부분에 건물을 신축한 경우 관습상 법정지상권이 성립하지 아니한다(대판 1994.1.28, 93다49871).

▶ 정답 10 ④ 11 ⑤

⑤ 강제경매의 목적이 된 토지 또는 그 지상 건물의 소유권이 강제경매로 인하여 그 절차상의 매수인에게 이전된 경우에 건물의 소유를 위한 관습상 법정지상권이 성립하는가 하는 문제에 있어서는 그 매수인이 소유권을 취득하는 매각대금의 완납 시가 아니라 그 압류의 효력이 발생하는 때를 기준으로 하여 토지와 그 지상 건물이 동일인에 속하였는지가 판단되어야 한다. 한편 강제경매개시결정 이전에 가압류가 있는 경우에는, 그 가압류가 강제경매개시결정으로 인하여 본압류로 이행되어 가압류집행이 본집행에 포섭됨으로써 당초부터 본집행이 있었던 것과 같은 효력이 있다. 따라서 경매의 목적이 된 부동산에 대하여 가압류가 있고 그것이 본압류로 이행되어 경매절차가 진행된 경우에는, 애초 가압류가 효력을 발생하는 때를 기준으로 토지와 그 지상 건물이 동일인에 속하였는지를 판단하여야 한다(대판(전) 2012.10.18, 2010다52140).

12 지상권에 관한 다음 설명 중 옳은 것은? (다툼이 있으면 판례에 의함)

㉮ 지상권자와 그 지상물의 소유권자는 반드시 일치하여야 한다.
㉯ 건물에 대한 저당권의 효력은 그 건물의 소유를 목적으로 한 지상권에도 미친다.
㉰ 지상권에 있어 지료의 등기를 하지 않더라도 토지소유자는 구 지상권자의 지료연체 사실을 들어 지상권을 이전받은 자에게 대항할 수 있다.
㉱ 기존 건물의 사용을 목적으로 지상권이 설정된 경우, 지상권의 최단 존속기간에 관한 민법 제280조 제1항 제1호는 적용되지 않는다.
㉲ 관습상 법정지상권이 붙은 건물의 소유자가 건물을 제3자에게 처분한 경우 제3자가 건물의 소유권을 취득하면 그로써 법정지상권도 취득하게 된다.

① ㉮, ㉲
② ㉯, ㉰
③ ㉰, ㉱
④ ㉯, ㉱
⑤ ㉱, ㉲

[정답해설]

[㉯, ㉱]가 타당하다.
㉮ (×) : 법률행위에 의하여 지상권을 설정할 경우 지상권자와 그 지상물의 소유권자가 반드시 일치하여야 하는 것은 아니다(대판 2006.6.15, 2006다6126).
㉯ (○) : 저당권의 효력이 저당부동산에 부합된 물건과 종물에 미친다는 민법 제358조 본문을 유추하여 보면 건물에 대한 저당권의 효력은 그 건물에 종된 권리인 건물의 소유를 목적으로 하는 지상권에도 미치게 되므로 건물에 대한 저당권이 실행되어 경락인이 그 건물의 소유권을 취득하였다면 경락 후 건물을 철거한다는 등의 매각조건에서 경매되었다는 등 특별한 사정이 없는 한, 경락인은 건물 소유를 위한 지상권도 민법 제187조의 규정에 따라 등기 없이 당연히 취득하게 되고, 한편 이 경우에 경락인이 건물을 제3자에게 양도한 때에는, 특별한 사정이 없는 한 민법 제100조 제2항의 유추적용에 의하여 건물과 함께 종된 권리인 지상권도 양도하기로 한 것으로 봄이 상당하다(대판 1996.4.26, 95다52864).
㉰ (×) : 지료액 또는 그 지급시기 등 지료에 관한 약정은 이를 등기하여야만 제3자에게 대항할 수 있으므로, 지료의 등기를 하지 않은 이상 토지소유자는 구 지상권자의 지료연체 사실을 들어 지상권을 이전받은 자에게 대항하지 못한다(대판 1996.4.26, 95다52864).

㉤ (○) : 민법 제280조 제1항 제1호가 석조·석회조·연와조 또는 이와 비슷한 견고한 건물이나 수목의 '소유를 목적으로 하는' 지상권의 경우 그 존속기간은 30년보다 단축할 수 없다고 규정하고 있음에 비추어 볼 때, 같은 법조 소정의 최단 존속기간에 관한 규정은 지상권자가 그 소유의 건물 등을 건축하거나 수목을 식재하여 토지를 이용할 목적으로 지상권을 설정한 경우에만 그 적용이 있다. 즉 기존 건물의 사용을 목적으로 지상권이 설정된 경우, 지상권의 최단 존속기간에 관한 민법 제280조 제1항 제1호가 적용되지는 않는다(대판 1996.3.22, 95다49318).

㉥ (×) : 관습상 법정지상권이 붙은 건물의 소유자가 건물을 제3자에게 처분한 경우에는 법정지상권에 관한 등기를 경료하지 아니한 자로서는 건물의 소유권을 취득한 사실만 가지고는 법정지상권을 취득하였다고 할 수 없어 대지소유자에게 지상권을 주장할 수 없고 그 법정지상권은 여전히 당초의 법정지상권자에게 유보되어 있다고 보아야 한다(대판 1995.4.11, 94다39925).

▶ 정답 12 ④

제2절 지역권

기본문제편

01 지역권에 관한 설명으로 옳지 않은 것은? (다툼이 있으면 판례에 따름) ▶ 2023 감정평가사

① 지역권은 요역지의 사용가치를 높이기 위해 승역지를 이용하는 것을 내용으로 하는 물권이다.
② 요역지와 승역지는 서로 인접한 토지가 아니어도 된다.
③ 요역지 공유자 중 1인에 대한 지역권 소멸시효의 정지는 다른 공유자를 위하여도 효력이 있다.
④ 지역권자는 승역지의 점유침탈이 있는 경우, 지역권에 기하여 승역지 반환청구권을 행사할 수 있다.
⑤ 지역권은 계속되고 표현된 것에 한하여 시효취득할 수 있다.

[정답해설]
① 지역권은 요역지의 사용가치를 높이기 위해 타인의 토지인 승역지를 이용하는 것을 내용으로 하는 물권이다 (제291조).

> **제291조【지역권의 내용】**
> 지역권자는 일정한 목적을 위하여 타인의 토지를 자기 토지의 편익에 이용하는 권리가 있다.

② 요역지와 승역지는 반드시 인접하고 있을 필요는 없다. 상린관계와 차이점이다.
③ **제296조【소멸시효의 중단, 정지와 불가분성】** 요역지가 수인의 공유인 경우에 그 1인에 의한 지역권 소멸시효의 중단 또는 정지는 다른 공유자를 위하여 효력이 있다.
④ 지역권은 방해제거청구권, 방해예방청구권은 인정된다(제301조, 제214조). 그러나 승역지를 점유하는 권능이 없기 때문에 승역지의 점유침탈이 있는 경우라도 지역권에 기한 승역지 반환청구권은 행사할 수 없다.

> **제301조【준용규정】**
> 제214조의 규정은 지역권에 준용한다.

⑤ **제294조【지역권 취득기간】** 지역권은 계속되고 표현된 것에 한하여 제245조의 규정을 준용한다.

02 지역권에 관한 설명으로 옳은 것은? (다툼이 있으면 판례에 따름) ▶ 2020 감정평가사
① 지역권은 점유를 요건으로 하는 물권이다.
② 지역권은 독립하여 양도·처분할 수 있는 물권이다.
③ 통행지역권은 지료의 약정을 성립요건으로 한다.
④ 통행지역권의 시효취득을 위하여 지역권이 계속되고 표현되면 충분하고 승역지 위에 통로를 개설할 필요는 없다.
⑤ 통행지역권을 시효취득한 요역지소유자는, 특별한 사정이 없으면 승역지의 사용으로 그 소유자가 입은 손해를 보상하여야 한다.

[정답해설]

① 지역권은 승역지 소유자의 용익권능을 전면적으로 배제하는 것이 아니다. 즉 대상토지를 전면적으로 사용하는 지상권이나 전세권 등과 달리 점유를 요건으로 하지 않는 물권이다.
② 지역권은 요역지를 위한 종된 권리이므로 요역지와 분리하여 양도하지 못한다(제292조).

> 제292조 【부종성】
> ② 지역권은 요역지와 분리하여 양도하거나 다른 권리의 목적으로 하지 못한다.

③ 통행지역권의 경우에 지역권의 대가로서의 지료는 그 요건이 아니다. 그렇지만 통행지역권의 취득시효가 인정되면, 도로가 개설된 상태에서 승역지가 이용되고 또한 다른 사정이 없는 한 그 존속기간에 제한이 없어 승역지 소유자의 승역지에 대한 사용 및 소유권 행사에 상당한 지장을 주게 되므로 그에 따른 불이익에 대하여 승역지 소유자를 적절히 보호할 필요가 있다. 한편 통행지역권의 취득시효는 승역지 위에 도로를 설치하여 늘 사용하는 객관적 상태를 전제로 하는데, 도로 개설에 의한 종전의 승역지 사용이 무상으로 이루어졌다는 특별한 사정이 없다면 취득시효 전에는 그 사용에 관한 지료 지급의무를 지거나 부당이득반환의무를 지므로, 이러한 상태에서의 도로 개설·사용을 전제로 하여 시효취득이 이루어진다고 할 수 있다(대판 2015.3.20, 2012다17479).
④ 민법 제294조에 의하여 지역권을 취득함에 있어서는 요역지의 소유자가 승역지상에 통로를 개설하여 승역지를 항시 사용하고 있는 객관적 상태가 민법 제245조에 규정된 기간 계속한 사실이 있어야 하는 것이다(대판 1966.9.6, 65다2305·2306). 즉 요역지 소유자가 도로를 개설하여야 한다.

> 제294조 【지역권 취득기간】
> 지역권은 계속되고 표현된 것에 한하여 제245조의 규정을 준용한다.

⑤ 도로 설치에 의한 사용을 근거로 영구적인 통행지역권이 인정되는 통행지역권의 취득시효에 관한 여러 사정들과 아울러 주위토지통행권과의 유사성 등을 종합하여 보면, 종전의 승역지 사용이 무상으로 이루어졌다는 등의 다른 특별한 사정이 없다면 통행지역권을 취득시효한 경우에도 주위토지통행권의 경우와 마찬가지로 요역지 소유자는 승역지에 대한 도로 설치 및 사용에 의하여 승역지 소유자가 입은 손해를 보상하여야 한다고 해석함이 타당하다(대판 2015.3.20, 2012다17479).

▶ 정답 01 ④ 02 ⑤

03 지역권에 관한 설명으로 옳지 않은 것은? (다툼이 있으면 판례에 따름) ▶ 2022 감정평가사
① 통행지역권의 점유취득시효는 승역지 위에 도로를 설치하여 늘 사용하는 객관적 상태를 전제로 한다.
② 요역지의 공유자 중 1인이 지역권을 취득한 때에는 다른 공유자도 이를 취득한다.
③ 요역지의 공유자 중 1인에 의한 지역권소멸시효의 중단은 다른 공유자에게는 효력이 없다.
④ 점유로 인한 지역권취득기간의 중단은 지역권을 행사하는 모든 공유자에 대한 사유가 아니면 그 효력이 없다.
⑤ 통행지역권을 시효취득한 요역지 소유자는 특별한 사정이 없는 한 승역지에 대한 도로 설치 및 사용에 의하여 승역지 소유자가 입은 손해를 보상해야 한다.

[정답해설]

①, ⑤ 지역권은 일정한 목적을 위하여 타인의 토지를 자기 토지의 편익에 이용하는 권리로서 계속되고 표현된 것에 한하여 취득시효에 관한 민법 제245조의 규정을 준용하도록 되어 있다. 따라서 통행지역권은 요역지의 소유자가 승역지 위에 도로를 설치하여 요역지의 편익을 위하여 승역지를 늘 사용하는 객관적 상태가 민법 제245조에 규정된 기간 계속된 경우에 한하여 그 시효취득을 인정할 수 있다.
통행지역권의 경우에 지역의 대가로서의 지료는 그 요건이 아니다. 그렇지만 통행지역권의 취득시효는 승역지 위에 도로를 설치하여 늘 사용하는 객관적 상태를 전제로 하는데, 도로 개설에 의한 종전의 승역지 사용이 무상으로 이루어졌다는 특별한 사정이 없다면 취득시효 전에는 그 사용에 관한 지료 지급의무를 지거나 부당이득반환의무를 지므로, 이러한 상태에서의 도로 개설·사용을 전제로 하여 시효취득이 이루어진다고 할 수 있다. 종전의 승역지 사용이 무상으로 이루어졌다는 등의 다른 특별한 사정이 없다면 통행지역권을 취득시효한 경우에도 주위토지통행권의 경우와 마찬가지로 요역지 소유자는 승역지에 대한 도로 설치 및 사용에 의하여 승역지 소유자가 입은 손해를 보상하여야 한다고 해석함이 타당하다(대판 2015.3.20, 2012다17479).
② 제295조【취득과 불가분성】① 공유자의 1인이 지역권을 취득한 때에는 다른 공유자도 이를 취득한다.
③ 제296조【소멸시효의 중단, 정지와 불가분성】요역지가 수인의 공유인 경우에 그 1인에 의한 지역권 소멸시효의 중단 또는 정지는 다른 공유자를 위하여 효력이 있다.
④ 제295조【취득과 불가분성】② 점유로 인한 지역권 취득기간의 중단은 지역권을 행사하는 모든 공유자에 대한 사유가 아니면 그 효력이 없다.

04 지역권에 관한 설명으로 옳지 않은 것은? (다툼이 있으면 판례에 의함)　▶ 2025 감정평가사
① 요역지 소유권과 지역권이 함께 이전되지 않도록 하는 약정은 유효하며 이를 등기할 수 있다.
② 승역지 소유자가 지역권자의 지역권 행사를 위하여 공작물 수선의무를 부담하기로 한 경우 승역지 소유자의 특별승계인도 그 의무를 부담한다.
③ 동일한 승역지 위에 수개의 용수지역권이 설정될 수 있다.
④ 전망지역권은 소멸시효에 걸리지 않는다.
⑤ 통행지역권을 시효로 취득한 자는 특별한 사정이 없는 한 도로 설치 및 사용에 의하여 승역지 소유자가 입은 손해를 보상해야 한다.

[정답해설]
① 지역권은 요역지의 소유권과 법률적 운명을 같이 한다. 따라서 요역지가 이전되면 별도로 지역권이전의 합의와 등기는 필요 없다. 다만 지역권이 함께 이전되지 않도록 달리 정하는 당사자약정은 유효하다(제292조 제1항). 이를 등기할 수 있다(부동산등기법 제70조 제4호).

> **제292조【부종성】**
> ① 지역권은 요역지 소유권에 부종하여 이전하며 또는 요역지에 대한 소유권 이외의 권리의 목적이 된다. 그러나 다른 약정이 있는 때에는 그 약정에 의한다.
>
> **부동산 등기법 제70조【지역권의 등기사항】**
> 등기관이 승역지의 등기기록에 지역권설정의 등기를 할 때에는 제48조 제1항 제1호부터 제4호까지에서 규정한 사항 외에 다음 각 호의 사항을 기록하여야 한다. 다만, 제4호는 등기원인에 그 약정이 있는 경우에만 기록한다.
>   1. 지역권설정의 목적
>   2. 범위
>   3. 요역지
>   4. 「민법」 제292조 제1항 단서, 제297조 제1항 단서 또는 제298조의 약정
>   5. 승역지의 일부에 지역권설정의 등기를 할 때에는 그 부분을 표시한 도면의 번호

② 제298조【승역지 소유자의 의무와 승계】계약에 의하여 승역지 소유자가 자기의 비용으로 지역권의 행사를 위하여 공작물의 설치 또는 수선의 의무를 부담한 때에는 승역지 소유자의 특별승계인도 그 의무를 부담한다.
③ 제297조【용수지역권】② 승역지에 수개의 용수지역권이 설정된 때에는 후순위의 지역권자는 선순위의 지역권자의 용수를 방해하지 못한다.
④ 지역권은 20년간 행사하지 않으면 소멸시효가 완성된다(제162조 제2항). 전망지역권도 소멸시효에 걸린다.

> **제162조【채권, 재산권의 소멸시효】**
> ② 채권 및 소유권 이외의 재산권은 20년간 행사하지 아니하면 소멸시효가 완성한다.

⑤ 종전의 승역지 사용이 무상으로 이루어졌다는 등의 다른 특별한 사정이 없다면 통행지역권을 취득시효한 경우에도 주위토지통행권의 경우와 마찬가지로 요역지 소유자는 승역지에 대한 도로 설치 및 사용에 의하여 승역지 소유자가 입은 손해를 보상하여야 한다고 해석함이 타당하다(대판 2015.3.20, 2012다17479).

▶ 정답　03 ③　04 ④

05 지역권에 관한 설명으로 옳은 것은? (다툼이 있으면 판례에 의함) ▶ 2013 감정평가사
① 하나의 승역지에 순차로 여러 개의 용수지역권이 설정된 경우 지역권 상호 간에는 우열이 없다.
② 요역지 공유자의 1인에 대해 지역권의 소멸시효정지사유가 있어도 다른 공유자의 지역권의 소멸시효가 정지되지는 않는다.
③ 일정한 장소를 오랜 시일 통행한 사실이 있다면 통로의 개설이 없더라도 지역권을 시효취득할 수 있다.
④ 요역지를 제3자가 시효취득하면 제3자는 그 토지를 위한 지역권도 취득한다.
⑤ 요역지는 1필의 토지일 필요는 없으나 승역지는 1필의 토지이어야 한다.

[정답해설]
① 지역권도 배타성이 있으므로, 먼저 설정된 지역권이 나중에 설정된 지역권보다 우선한다.

> 제297조 【용수지역권】
> ② 승역지에 수개의 용수지역권이 설정된 때에는 후순위의 지역권자는 선순위의 지역권자의 용수를 방해하지 못한다.

② 제296조 【소멸시효의 중단, 정지와 불가분성】 요역지가 수인의 공유인 경우에 그 1인에 의한 지역권 소멸시효의 중단 또는 정지는 다른 공유자를 위하여 효력이 있다.
③ 통로의 개설이 없는 일정한 장소를 오랜 시일 통행한 사실이 있다거나, 또는 토지의 소유자가 다만 이웃하여 사는 교문으로 통행을 묵인하여 온 사실이 있다고 하더라도, 그러한 사실만으로는 지역권을 취득할 수 없는 것이고, 민법 제294조에 의하여 지역권을 취득함에 있어서는 요역지의 소유자가 승역지상에 통로를 개설하여 승역지를 항시 사용하고 있는 객관적 상태가 민법 제245조에 규정된 기간 계속한 사실이 있어야 하는 것이다(대판 1966.9.6, 65다2305·2306).
④ 지역권은 요역지 소유권에 부종하여 이전하므로(제292조 제1항) 제3자가 요역지를 시효취득하여 요역지 소유권이 이전되면 그 토지를 위한 지역권도 제3자에게 이전된다.

> 제292조 【부종성】
> ① 지역권은 요역지 소유권에 부종하여 이전하며 또는 요역지에 대한 소유권 이외의 권리의 목적이 된다. 그러나 다른 약정이 있는 때에는 그 약정에 의한다.

⑤ 요역지는 1필의 토지여야 하나, 승역지는 1필의 토지일 필요가 없고, 토지는 서로 인접할 것을 요하지 않는다.

06 지역권에 관한 설명으로 옳지 않은 것은?
▶ 2016 감정평가사

① 민법상 지역권의 존속기간은 최장 30년이지만 갱신할 수 있고, 이를 등기하여 제3자에 대항할 수 있다.
② 요역지와 승역지는 반드시 서로 인접할 필요가 없다.
③ 공유자의 1인이 지역권을 취득하는 때에는 다른 공유자도 이를 취득한다.
④ 지역권설정등기는 승역지의 등기부 을구에 기재된다.
⑤ 지역권자는 지역권을 방해할 염려 있는 행위를 하는 자에 대하여 그 예방을 청구할 수 있다.

정답해설

① 지역권의 존속기간에 관한 민법의 규정은 없으나 약정으로 존속기간을 정할 수 있음에는 의문이 없다. 또한 피고가 피고 소유의 토지에 도로를 개설하여 원고로 하여금 영구히 사용케 한다고 약정하고 그 대금을 수령한 경우 위 약정은 지역권 설정에 관한 합의라고 봄이 상당하다(대판 1980.1.29, 79다1704).
② 편익을 제공받는 토지를 요역지, 편익을 제공하는 토지를 승역지라고 하는데, 이들 두 토지는 서로 인접할 필요는 없다.
③ 제295조【취득과 불가분성】① 공유자의 1인이 지역권을 취득한 때에는 다른 공유자도 이를 취득한다.
④ 부동산등기법 제70조에서 지역권의 등기사항을 등기관이 승역지의 등기기록에 기록하여야 한다고 규정하고 있어, 제한물권인 지역권설정등기는 승역지의 등기부 을구에 기재된다.

> **부동산등기법 제15조【물적 편성주의】**
> ② 등기기록에는 부동산의 표시에 관한 사항을 기록하는 표제부와 소유권에 관한 사항을 기록하는 갑구(甲區) 및 소유권 외의 권리에 관한 사항을 기록하는 을구(乙區)를 둔다.

⑤ 지역권은 승역지를 점유하는 권능이 없어 반환청구권은 인정되지 아니하나, 방해제거청구권, 방해예방청구권은 인정된다(제301조, 제214조).

> **제301조【준용규정】**
> 제214조의 규정은 지역권에 준용한다.

▶ 정답 05 ④ 06 ①

07 지역권에 관한 설명으로 옳지 않은 것은? (다툼이 있으면 판례에 따름) ▶ 2017 감정평가사
① 1필의 토지 일부를 승역지로 하여 지역권을 설정할 수 있다.
② 요역지가 공유인 경우 요역지의 공유자 1인이 지역권을 취득하면 다른 공유자도 이를 취득한다.
③ 지역권은 요역지와 분리하여 양도하지 못한다.
④ 승역지 소유자는 지역권에 필요한 부분의 토지소유권을 지역권자에게 위기(委棄)함으로써 지역권행사를 위하여 계약상 부담하는 공작물 수선의무를 면할 수 있다.
⑤ 다른 특별한 사정이 없다면 통행지역권을 시효취득한 자는 승역지 소유자가 입은 손해를 보상하지 않아도 된다.

[정답해설]
① 요역지는 1필의 토지여야 하나, 승역지는 1필의 토지일 필요가 없고, 토지는 서로 인접할 것을 요하지 않는다.
② 제295조【취득과 불가분성】① 공유자의 1인이 지역권을 취득한 때에는 다른 공유자도 이를 취득한다.
③ 제292조【부종성】② 지역권은 요역지와 분리하여 양도하거나 다른 권리의 목적으로 하지 못한다.
④ 제299조【위기(委棄)에 의한 부담면제】승역지의 소유자는 지역권에 필요한 부분의 토지소유권을 지역권자에게 위기하여 전조의 부담을 면할 수 있다.
⑤ 통행지역권의 경우에 지역의 대가로서의 지료는 그 요건이 아니다. 그렇지만 통행지역권의 취득시효가 인정되면, 도로가 개설된 상태에서 승역지가 이용되고 또한 다른 사정이 없는 한 그 존속기간에 제한이 없어 승역지 소유자의 승역지에 대한 사용 및 소유권 행사에 상당한 지장을 주게 되므로 그에 따른 불이익에 대하여 승역지 소유자를 적절히 보호할 필요가 있다. 한편 통행지역권의 취득시효는 승역지 위에 도로를 설치하여 늘 사용하는 객관적 상태를 전제로 하는데, 도로 개설에 의한 종전의 승역지 사용이 무상으로 이루어졌다는 특별한 사정이 없다면 취득시효 전에는 그 사용에 관한 지료 지급의무를 지거나 부당이득반환의무를 지므로, 이러한 상태에서의 도로 개설·사용을 전제로 하여 시효취득이 이루어진다고 할 수 있다. 도로 설치에 의한 사용을 근거로 영구적인 통행지역권이 인정되는 통행지역권의 취득시효에 관한 여러 사정들과 아울러 주위토지통행권과의 유사성 등을 종합하여 보면, 종전의 승역지 사용이 무상으로 이루어졌다는 등의 다른 특별한 사정이 없다면 통행지역권을 취득시효한 경우에도 주위토지통행권의 경우와 마찬가지로 요역지 소유자는 승역지에 대한 도로 설치 및 사용에 의하여 승역지 소유자가 입은 손해를 보상하여야 한다고 해석함이 타당하다(대판 2015.3.20, 2012다17479).

08 지역권에 관한 설명으로 옳지 않은 것은?
▶ 2018 감정평가사

① 지역권은 요역지와 분리하여 다른 권리의 목적으로 하지 못한다.
② 토지공유자의 1인은 지분에 관하여 그 토지를 위한 지역권 또는 그 토지가 부담한 지역권을 소멸하게 할 수 있다.
③ 지역권자는 일정한 목적을 위하여 타인의 토지를 자기토지의 편익에 이용할 권리가 있다.
④ 점유로 인한 지역권 취득기간의 중단은 지역권을 행사하는 모든 공유자에 대한 사유가 아니면 그 효력이 없다.
⑤ 계약에 의하여 승역지 소유자가 자기의 비용으로 지역권의 행사를 위하여 공작물의 수선의무를 부담하기로 하고 이를 등기한 경우, 승역지 소유자의 특별승계인도 그 의무를 부담한다.

[정답해설]
① 제292조【부종성】② 지역권은 요역지와 분리하여 양도하거나 다른 권리의 목적으로 하지 못한다.
② 제293조【공유관계, 일부양도와 불가분성】① 토지공유자의 1인은 지분에 관하여 그 토지를 위한 지역권 또는 그 토지가 부담한 지역권을 소멸하게 하지 못한다.
③ 제291조【지역권의 내용】지역권자는 일정한 목적을 위하여 타인의 토지를 자기 토지의 편익에 이용하는 권리가 있다.
④ 제295조【취득과 불가분성】② 점유로 인한 지역권 취득기간의 중단은 지역권을 행사하는 모든 공유자에 대한 사유가 아니면 그 효력이 없다.
⑤ 제298조【승역지 소유자의 의무와 승계】계약에 의하여 승역지 소유자가 자기의 비용으로 지역권의 행사를 위하여 공작물의 설치 또는 수선의 의무를 부담한 때에는 승역지 소유자의 특별승계인도 그 의무를 부담한다.

▶ 정답 07 ⑤ 08 ②

심화문제편

01 지역권에 관한 설명으로 틀린 것은? (다툼이 있는 경우에는 판례에 의함) ▶ 2008 감정평가사
① 요역지가 공유관계에 있는 경우 공유자 1인이 지역권을 시효로 취득한 때에는 다른 공유자도 지역권을 취득한다.
② 지역권은 요역지와 분리하여 처분할 수 없다.
③ 乙이 甲 소유 토지의 일부를 평온·공연하게 20년 이상 통행하고 있다면, 스스로 통로를 개설하지 않았더라도 통행지역권을 시효취득한다.
④ 도자기 생산업자가 도자기를 만들기 위해 이웃 토지의 토사를 채취할 목적의 지역권을 취득할 수 없다.
⑤ 지역권을 취득한 甲이 乙에게 요역지를 처분하여 소유권이전등기를 마치면 특별한 사정이 없는 한 지역권의 이전등기가 없더라도 지역권이전의 효력이 생긴다.

> 정답해설

① 제295조【취득과 불가분성】① 공유자의 1인이 지역권을 취득한 때에는 다른 공유자도 이를 취득한다.
② 제292조【부종성】② 지역권은 요역지와 분리하여 양도하거나 다른 권리의 목적으로 하지 못한다.
③ 통로의 개설이 없는 일정한 장소를 오랜 시일 통행한 사실이 있다거나, 또는 토지의 소유자가 다만 이웃하여 사는 교분으로 통행을 묵인하여 온 사실이 있다고 하더라도, 그러한 사실만으로는 지역권을 취득할 수 없는 것이고, 민법 제294조에 의하여 지역권을 취득함에 있어서는 요역지의 소유자가 승역지상에 통로를 개설하여 승역지를 항시 사용하고 있는 객관적 상태가 민법 제245조에 규정된 기간 계속한 사실이 있어야 하는 것이다(대판 1966.9.6, 65다2305·2306). 즉 요역지 소유자가 도로를 개설하여야 한다.

> 제294조【지역권 취득기간】
> 지역권은 계속되고 표현된 것에 한하여 제245조의 규정을 준용한다.

④ 민법은 토지가 아닌 사람을 위한 인역권을 원칙적으로 인정하지 않는다.
⑤ 지역권은 요역지의 소유권과 법률적 운명을 같이 한다. 따라서 요역지가 이전되면 별도로 지역권이전의 합의와 등기는 필요 없다. 다만 당사자약정으로 달리 정할 수는 있다(제292조 제1항).

> 제292조【부종성】
> ① 지역권은 요역지 소유권에 부종하여 이전하며 또는 요역지에 대한 소유권 이외의 권리의 목적이 된다. 그러나 다른 약정이 있는 때에는 그 약정에 의한다.

02 지역권에 관한 설명으로 틀린 것은? (다툼이 있으면 판례에 따름)   ▶ 2018 공인중개사
① 지역권은 요역지와 분리하여 양도하거나 처분하지 못한다.
② 공유자의 1인은 다른 공유자의 동의 없이 지역권을 설정할 수 없다.
③ 소유권에 기한 소유물반환청구권에 관한 규정은 지역권에 준용된다.
④ 통행지역권을 주장하는 사람은 통행으로 편익을 얻는 요역지가 있음을 주장·증명하여야 한다.
⑤ 자기 소유의 토지에 도로를 개설하여 타인에게 영구적으로 사용하도록 약정하고 대금을 수령하는 것은 지역권설정에 관한 합의이다.

[정답해설]
① 제292조【부종성】② 지역권은 요역지와 분리하여 양도하거나 다른 권리의 목적으로 하지 못한다.
② 승역지에 지상권·지역권·전세권 등을 설정하는 행위는 물권설정행위로서 처분행위에 해당하여 다른 공유자의 동의가 필요한 행위에 해당한다.

> **제264조【공유물의 처분, 변경】**
> 공유자는 다른 공유자의 동의 없이 공유물을 처분하거나 변경하지 못한다.

③ 지역권자는 승역지를 점유하지 않고 사용을 할 뿐이므로 승역지의 점유가 침탈되더라도 반환청구권을 갖지는 않는다. 다만 방해제거청구권과 방해예방청구권은 인정된다(이러한 사실은 저당권자와 마찬가지이고 지상권자, 전세권자, 질권자와는 다른 점이다). 지역권은 소유권에 기한 소유물반환청구권에 관한 제213조는 준용하지 않는다.

> **제301조【준용규정】**
> 제214조의 규정은 지역권에 준용한다.

④ 지역권은 일정한 목적을 위하여 타인의 토지를 자기의 토지의 편익에 이용하는 용익물권으로서 요역지와 승역지 사이의 권리관계에 터 잡은 것이므로 어느 토지에 대하여 통행지역권을 주장하려면 그 토지의 통행으로 편익을 얻는 요역지가 있음을 주장 입증하여야 한다(대판 1992.12.8, 92다22725).
⑤ 피고가 피고 소유의 토지에 도로를 개설하여 원고로 하여금 영구히 사용케 한다고 약정하고 그 대금을 수령한 경우 위 약정은 지역권 설정에 관한 합의라고 봄이 상당하다(대판 1980.1.29, 79다1704).

▶ 정답   01 ③   02 ③

03 지역권에 관한 설명으로 옳지 않은 것은? (다툼이 있으면 판례에 따름) ▶ 2018 가맹거래사

① 지역권은 재산권으로서 20년의 소멸시효에 걸린다.
② 요역지와 분리하여 지역권만을 양도하거나 다른 권리의 목적으로 하지 못한다.
③ 지역권은 요역지 소유권에 부종하여 이전하며, 이를 위반하는 약정으로 지역권자에게 불리한 것은 무효이다.
④ 공유자 1인이 지역권을 시효취득하면 다른 공유자도 지역권을 취득한다.
⑤ 토지의 불법점유자는 그 토지상에 소유건물을 가졌더라도 통행지역권의 시효취득을 주장할 수 없다.

정답해설

① 지역권은 20년간 행사하지 않으면 소멸시효가 완성된다(제162조 제2항).

> **제162조 【채권, 재산권의 소멸시효】**
> ① 채권은 10년간 행사하지 아니하면 소멸시효가 완성한다.
> ② 채권 및 소유권 이외의 재산권은 20년간 행사하지 아니하면 소멸시효가 완성한다.

② 제292조 【부종성】 ② 지역권은 요역지와 분리하여 양도하거나 다른 권리의 목적으로 하지 못한다.
③ 지역권은 요역지의 소유권과 법률적 운명을 같이 한다. 따라서 요역지가 이전되면 별도로 지역권이전의 합의와 등기는 필요 없다. 다만 당사자약정으로 달리 정할 수는 있다(제292조 제1항).

> **제292조 【부종성】**
> ① 지역권은 요역지 소유권에 부종하여 이전하며 또는 요역지에 대한 소유권 이외의 권리의 목적이 된다. 그러나 다른 약정이 있는 때에는 그 약정에 의한다.

④ 제295조 【취득과 불가분성】 ① 공유자의 1인이 지역권을 취득한 때에는 다른 공유자도 이를 취득한다.
⑤ 위 요지 통행권이나 통행지역권은 모두 인접한 토지의 상호이용의 조절에 기한 권리로서 토지의 소유자 또는 지상권자 전세권자등 토지사용권을 가진 자에게 인정되는 권리라 할 것이므로 위와 같은 권리자가 아닌 토지의 불법점유자는 토지소유권의 상린관계로서 위요지 통행권의 주장이나 통행지역권의 시효취득 주장을 할 수 없다(대판 1976.10.29, 76다1694).

04 지역권에 관한 설명으로 옳지 않은 것은?
① 지역권은 당사자 간의 계약에 의하여 성립할 수 있으나, 상린관계는 민법의 규정에 의하여 당연히 인정된다.
② 지역권은 요역지를 위한 종된 권리이므로 요역지와 분리하여 양도하지 못한다.
③ 지역권은 계속되고 표현된 것에 한하여 시효취득의 대상이 될 수 있다.
④ 지역권이 설정된 후에 요역지에 대하여 지상권을 취득한 자는 특약이 없는 한 그 지역권을 행사할 수 없다.
⑤ 요역지와 승역지는 반드시 인접하고 있을 필요는 없다.

[정답해설]
① 지역권은 당사자 간의 계약에 의하여 성립할 수 있으나, 상린관계는 민법의 규정에 의하여 당연히 인정된다.
② 지역권은 요역지를 위한 종된 권리이므로 요역지와 분리하여 양도하지 못한다(제292조).

> 제292조 【부종성】
> ② 지역권은 요역지와 분리하여 양도하거나 다른 권리의 목적으로 하지 못한다.

③ 지역권은 계속되고 표현된 것에 한하여 시효취득의 대상이 될 수 있다(제294조).
④ 지역권이 설정된 후에 요역지에 대하여 지상권을 취득한 자는 특약이 없는 한 그 지역권을 행사할 수 "있다"(제292조 참조).

> 제292조 【부종성】
> ① 지역권은 요역지 소유권에 부종하여 이전하며 또는 요역지에 대한 소유권 이외의 권리의 목적이 된다. 그러나 다른 약정이 있는 때에는 그 약정에 의한다.

⑤ 요역지와 승역지는 반드시 인접하고 있을 필요는 없다.

■ 상린관계와 지역권 비교

	상린관계	지역권
인접성	인접 부동산소유권 상호 간의 이용조절	승역지와 요역지 간의 인접 不要
발생원인	법률의 규정의 의해 당연 인정 등기불요	계약으로 인정 등기필요
소멸시효	무관	20년의 소멸시효
적용범위	부동산(토지, 건물)의 이용관계 조절	토지의 이용관계 조절
기능	소유권의 최소한의 확정과 제한	소유권의 탄력적 이용 조절 가능

▶ 정답 03 ③ 04 ④

제3절 전세권

기본문제편

01 전세권에 관한 설명으로 옳지 않은 것은? (다툼이 있으면 판례에 따름)   ▶ 2022 감정평가사

① 전세금의 지급은 전세권 성립의 요소이다.
② 기존 채권으로 전세금의 지급에 갈음할 수 있다.
③ 농경지를 전세권의 목적으로 할 수 있다.
④ 전세금이 경제사정의 변동으로 인하여 상당하지 아니하게 된 때에는 당사자는 장래에 대하여 그 증감을 청구할 수 있다.
⑤ 전세권의 목적물의 전부 또는 일부가 전세권자에 책임 있는 사유로 인하여 멸실된 경우, 전세권설정자는 전세권이 소멸된 후 전세금으로써 손해의 배상에 충당할 수 있다.

정답해설

①, ② 전세금의 지급은 전세권 성립의 요소가 되는 것이지만 그렇다고 하여 전세금의 지급이 반드시 현실적으로 수수되어야만 하는 것은 아니고 기존의 채권으로 전세금의 지급에 갈음할 수도 있다(대판 2009.1.30, 2008다67217).

> **제303조 【전세권의 내용】**
> ① 전세권자는 전세금을 지급하고 타인의 부동산을 점유하여 그 부동산의 용도에 좇아 사용·수익하며, 그 부동산 전부에 대하여 후순위권리자 기타 채권자보다 전세금의 우선변제를 받을 권리가 있다.

③ 제303조 【전세권의 내용】② 농경지는 전세권의 목적으로 하지 못한다.
④ 제312조의2 【전세금 증감청구권】 전세금이 목적부동산에 관한 조세·공과금 기타 부담의 증감이나 경제사정의 변동으로 인하여 상당하지 아니하게 된 때에는 당사자는 장래에 대하여 그 증감을 청구할 수 있다. 그러나 증액의 경우에는 대통령령이 정하는 기준에 따른 비율을 초과하지 못한다.
⑤ 전세권의 목적물의 전부 또는 일부가 전세권자에 책임 있는 사유로 인하여 멸실된 때에는 전세권자는 손해를 배상할 책임이 있고, 이 경우에 전세권설정자는 전세권이 소멸된 후 전세금으로써 손해의 배상에 충당할 수 있다.

> **제315조 【전세권자의 손해배상책임】**
> ① 전세권의 목적물의 전부 또는 일부가 전세권자에 책임 있는 사유로 인하여 멸실된 때에는 전세권자는 손해를 배상할 책임이 있다.
> ② 전항의 경우에 전세권설정자는 전세권이 소멸된 후 전세금으로써 손해의 배상에 충당하고 잉여가 있으면 반환하여야 하며 부족이 있으면 다시 청구할 수 있다.

02 전세권에 관한 설명으로 옳은 것을 모두 고른 것은? (다툼이 있으면 판례에 따름)

▶ 2018 감정평가사

ㄱ. 전세권자는 전세권이 설정된 부동산 전부에 대하여 후순위 권리자나 그 밖의 일반채권자보다 전세금의 우선변제를 받을 권리가 있다.
ㄴ. 전세권은 용익물권적 성격과 담보물권적 성격을 겸비하고 있다.
ㄷ. 타인의 토지에 있는 건물에 전세권을 설정한 경우 전세권의 효력은 그 건물의 소유를 목적으로 한 지상권에는 미치지 않는다.

① ㄱ
② ㄷ
③ ㄱ, ㄴ
④ ㄴ, ㄷ
⑤ ㄱ, ㄴ, ㄷ

정답해설

ㄱ. (○) : 제303조【전세권의 내용】① 전세권자는 전세금을 지급하고 타인의 부동산을 점유하여 그 부동산의 용도에 좇아 사용·수익하며, 그 부동산 전부에 대하여 후순위권리자 기타 채권자보다 전세금의 우선변제를 받을 권리가 있다.

ㄴ. (○) : 전세권이 용익물권적 성격과 담보물권적 성격을 겸비하고 있다는 점 및 목적물의 인도는 전세권의 성립요건이 아닌 점 등에 비추어 볼 때, 당사자가 주로 채권담보의 목적으로 전세권을 설정하였고, 그 설정과 동시에 목적물을 인도하지 아니한 경우라 하더라도, 장차 전세권자가 목적물을 사용·수익하는 것을 완전히 배제하는 것이 아니라면, 그 전세권의 효력을 부인할 수는 없다(대판 1995.2.10, 94다18508).

ㄷ. (×) : 제304조【건물의 전세권, 지상권, 임차권에 대한 효력】① 타인의 토지에 있는 건물에 전세권을 설정한 때에는 전세권의 효력은 그 건물의 소유를 목적으로 한 지상권 또는 임차권에 미친다.

▶ 정답 01 ③ 02 ③

03 전세권에 관한 설명으로 옳은 것은? (다툼이 있으면 판례에 의함)   ▶ 2014 감정평가사

① 전세권자는 목적부동산의 사용·수익의 방법에 어떠한 제한도 받지 않는다.
② 전세권설정자는 인도한 목적부동산을 사용·수익에 적합한 상태로 유지할 적극적 의무가 있다.
③ 전세권의 존속기간 중 전세금반환청구권을 전세권과 분리하여 확정적으로 양도할 수 있다.
④ 甲소유에 속한 대지와 건물 중 그 건물에 乙이 전세권을 취득한 후 그 대지가 丙에게 양도된 경우에 乙은 법정지상권을 취득한다.
⑤ 주로 채권담보목적으로 전세권이 설정되었더라도 장차 전세권자가 목적물을 사용·수익하는 것을 완전히 배제하지 않았다면, 그 전세권의 효력은 인정된다.

정답해설

① 전세권자는 전세목적물인 그 부동산의 용도에 좇아 사용·수익하여야 하는 제한을 받는다. 설정계약이나 그 목적물에 성질에 정한 용법으로 사용수익하지 않으면 소멸청구의 대상이 된다.

> **제303조 【전세권의 내용】**
> ① 전세권자는 전세금을 지급하고 타인의 부동산을 점유하여 그 부동산의 용도에 좇아 사용·수익하며, 그 부동산 전부에 대하여 후순위권리자 기타 채권자보다 전세금의 우선변제를 받을 권리가 있다.
>
> **제311조 【전세권의 소멸청구】**
> ① 전세권자가 전세권설정계약 또는 그 목적물의 성질에 의하여 정하여진 용법으로 이를 사용, 수익하지 아니한 경우에는 전세권설정자는 전세권의 소멸을 청구할 수 있다.

② 전세권자는 목적물에 대한 유지, 수선의무가 있다. 즉 전세권설정자는 전세권자의 사용·수익권을 방해해서는 안 될 소극적인 의무를 질 뿐, 목적 부동산을 사용·수익에 적합한 상태에 둘 적극적 의무를 지지는 않는다.

> **제309조 【전세권자의 유지, 수선의무】**
> 전세권자는 목적물의 현상을 유지하고 그 통상의 관리에 속한 수선을 하여야 한다.

③ 전세권이 존속하는 동안은 전세권을 존속시키기로 하면서 전세금반환채권만을 전세권과 분리하여 확정적으로 양도하는 것은 허용되지 않는 것이며, 다만 전세권 존속 중에는 장래에 그 전세권이 소멸하는 경우에 전세금 반환채권이 발생하는 것을 조건으로 그 장래의 조건부 채권을 양도할 수 있을 뿐이라 할 것이다(대판 2002.8.23. 2001다69122).

④ 제305조상 법정지상권은 전세권자 乙이 아니라, 전세권설정자인 甲이 취득한다.

> **제305조 【건물의 전세권과 법정지상권】**
> ① 대지와 건물이 동일한 소유자에 속한 경우에 건물에 전세권을 설정한 때에는 그 대지소유권의 특별승계인은 전세권설정자에 대하여 지상권을 설정한 것으로 본다.

⑤ 전세권이 용익물권적 성격과 담보물권적 성격을 겸비하고 있다는 점 및 목적물의 인도는 전세권의 성립요건이 아닌 점 등에 비추어 볼 때 당사자가 주로 채권담보의 목적으로 전세권을 설정하였고 그 설정과 동시에 목적물을 인도하지 아니한 경우라도, 장차 전세권자가 목적물을 사용·수익하는 것을 완전히 배제하는 것이 아니라면 그 전세권도 유효하다(대판 1995.2.10. 94다18508).

04 전세권에 관한 설명으로 옳은 것은? (다툼이 있으면 판례에 따름) ▶ 2023 감정평가사
① 건물 일부의 전세권자는 나머지 건물 부분에 대해서도 경매신청권이 있다.
② 전세권 설정계약의 당사자는 전세권의 사용·수익권능을 배제하고 채권담보만을 위한 전세권을 설정할 수 있다.
③ 전세권설정 시 전세금 지급은 전세권 성립의 요소이다.
④ 전세권자는 특별한 사정이 없는 한 전세권의 존속기간 내에서 전세목적물을 타인에게 전전세할 수 없다.
⑤ 전세권이 소멸된 경우, 전세권자의 전세목적물의 인도는 전세금의 반환보다 선이행되어야 한다.

정답해설
① 건물의 일부에 대하여 전세권이 설정되어 있는 경우 그 전세권자는 민법 제303조 제1항의 규정에 의하여 그 건물 전부에 대하여 후순위권리자 기타 채권자보다 전세금의 우선변제를 받을 권리가 있고, 민법 제318조의 규정에 의하여 전세권설정자가 전세금의 반환을 지체한 때에는 전세권의 목적물의 경매를 청구할 수 있는 것이나, 전세권의 목적물이 아닌 나머지 건물부분에 대하여는 우선변제권은 별론으로 하고 경매신청권은 없으므로, 위와 같은 경우 전세권자는 전세권의 목적이 된 부분을 초과하여 건물 전부의 경매를 청구할 수 없다고 할 것이고, 그 전세권의 목적이 된 부분이 구조상 또는 이용상 독립성이 없어 독립한 소유권의 객체로 분할할 수 없고 따라서 그 부분만의 경매신청이 불가능하다고 하여 달리 볼 것은 아니다(대판 2001.7.2, 2001마212).

    비교 일부전세의 경우 → 나머지 경매 ×, 우선변제 ○
         즉, 전세권의 목적이 된 부분을 초과한 경매 ×, 불가분관계에 있다 하더라도
         ✓ but 우선변제권은 전부에서 가능

② 전세권이 용익물권적 성격과 담보물권적 성격을 겸비하고 있다는 점 및 목적물의 인도는 전세권의 성립요건이 아닌 점 등에 비추어 볼 때, 당사자가 주로 채권담보의 목적으로 전세권을 설정하였고, 그 설정과 동시에 목적물을 인도하지 아니한 경우라 하더라도, 장차 전세권자가 목적물을 사용·수익하는 것을 완전히 배제하는 것이 아니라면, 그 전세권의 효력을 부인할 수는 없다(대판 1995.2.10, 94다18508). 그러나 전세권자가 전세권의 핵심적 내용에 속하는 사용·수익의 권능을 완전히 배제하고 채권담보만을 위하여 전세권을 설정하는 것은 법률이 정하지 않은 새로운 유형의 전세권을 창설하는 것이므로 물권법정주의에 반하여 허용되지 않고, 이러한 전세권설정등기는 무효라고 보아야 한다(대판 2021.12.30, 2018다267238·267245).

③ 전세금의 지급은 전세권 성립의 요소가 되는 것이지만 그렇다고 하여 전세금의 지급이 반드시 현실적으로 수수되어야만 하는 것은 아니고 기존의 채권으로 전세금의 지급에 갈음할 수도 있다(대판 2009.1.30, 2008다67217).

    제303조【전세권의 내용】
    ① 전세권자는 전세금을 지급하고 타인의 부동산을 점유하여 그 부동산의 용도에 좇아 사용·수익하며, 그 부동산 전부에 대하여 후순위권리자 기타 채권자보다 전세금의 우선변제를 받을 권리가 있다.

④ 제306조【전세권의 양도, 임대 등】전세권자는 전세권을 타인에게 양도 또는 담보로 제공할 수 있고 그 존속기간 내에서 그 목적물을 타인에게 전전세 또는 임대할 수 있다. 그러나 설정행위로 이를 금지한 때에는 그러하지 아니하다.

⑤ 제317조【전세권의 소멸과 동시이행】전세권이 소멸한 때에는 전세권설정자는 전세권자로부터 그 목적물의 인도 및 전세권설정등기의 말소등기에 필요한 서류의 교부를 받는 동시에 전세금을 반환하여야 한다.

▶ 정답 03 ⑤ 04 ③

05 전세권에 관한 설명으로 옳지 않은 것은?
▶ 2019 감정평가사

① 전세권은 저당권의 목적이 될 수 있다.
② 전세권자와 인지(隣地)소유자 사이에도 상린관계에 관한 규정이 준용된다.
③ 전세권자는 필요비 및 유익비의 상환을 청구할 수 있다.
④ 전세권의 존속기간은 10년을 넘지 못한다.
⑤ 전세금의 지급이 전세권의 성립요소이기는 하지만, 기존의 채권으로 전세금의 지급에 갈음할 수도 있다.

정답해설

① 제371조【지상권, 전세권을 목적으로 하는 저당권】① 본장의 규정은 지상권 또는 전세권을 저당권의 목적으로 한 경우에 준용한다.

② 인접하고 있는 토지의 소유자 상호 간의 이용을 조절하기 위해 민법은 제216조 내지 제244조에서 그들 상호 간의 법률관계를 규정하고 있는데, 이를 상린관계라고 한다. 나아가 상린관계에 관한 규정은 지상권(제290조)과 전세권(제319조)에도 준용되고 있다.

> **제319조【준용규정】**
> 제213조, 제214조, 제216조부터 제244조의 규정은 전세권자 간 또는 전세권자와 인지소유자 및 지상권자 간에 이를 준용한다.

③ 전세권자는 목적물에 대한 유지, 수선의무가 있다. 즉 전세권설정자는 소극적인 인용의무만 부담하고 적극적인 사용·수익에 적합한 상태에 둘 의무를 부담하지 않는다. 따라서 전세권자는 필요비는 상환청구할 수 없고, 유익비만 상환청구할 수 있다(제310조).

> **제309조【전세권자의 유지, 수선의무】**
> 전세권자는 목적물의 현상을 유지하고 그 통상의 관리에 속한 수선을 하여야 한다.
>
> **제310조【전세권자의 상환청구권】**
> ① 전세권자가 목적물을 개량하기 위하여 지출한 금액 기타 유익비에 관하여는 그 가액의 증가가 현존한 경우에 한하여 소유자의 선택에 좇아 그 지출액이나 증가액의 상환을 청구할 수 있다.
> ② 전항의 경우에 법원은 소유자의 청구에 의하여 상당한 상환기간을 허여할 수 있다.

④ 민법은 1. 건물전세권의 경우 최단존속기간을 1년으로 하여 보장하고 있으며, 2. 토지·건물 모두 10년을 넘지 못한다고 함으로써 최장기간의 제한을 두고 있다.

> **제312조【전세권의 존속기간】**
> ① 전세권의 존속기간은 10년을 넘지 못한다. 당사자의 약정기간이 10년을 넘는 때에는 이를 10년으로 단축한다.
> ② 건물에 대한 전세권의 존속기간을 1년 미만으로 정한 때에는 이를 1년으로 한다.

⑤ 전세금의 지급은 전세권 성립의 요소가 되는 것이지만 그렇다고 하여 전세금의 지급이 반드시 현실적으로 수수되어야만 하는 것은 아니고 기존의 채권으로 전세금의 지급에 갈음할 수도 있다(대판 2009.1.30, 2008다67217).

06 전세권에 관한 설명으로 옳은 것은? (다툼이 있으면 판례에 따름) ▶ 2020 감정평가사
① 목적물의 인도는 전세권의 성립요건이다.
② 전세권이 존속하는 중에 전세권자는 전세권을 그대로 둔 채 전세금반환채권만을 확정적으로 양도하지 못한다.
③ 전세목적물이 처분된 때에도 전세권을 설정한 양도인이 전세권관계에서 생기는 권리・의무의 주체이다.
④ 전세권은 전세권설정등기의 말소등기 없이 전세기간의 만료로 당연히 소멸하지만, 전세권저당권이 설정된 때에는 그렇지 않다.
⑤ 전세권저당권이 설정된 경우, 제3자의 압류 등 다른 사정이 없으면 전세권이 기간만료로 소멸한 때에 전세권설정자는 저당권자에게 전세금을 지급하여야 한다.

〔정답해설〕
① 전세권이 용익물권적 성격과 담보물권적 성격을 겸비하고 있다는 점 및 목적물의 인도는 전세권의 성립요건이 아닌 점 등에 비추어 볼 때, 당사자가 주로 채권담보의 목적으로 전세권을 설정하였고, 그 설정과 동시에 목적물을 인도하지 아니한 경우라 하더라도, 장차 전세권자가 목적물을 사용・수익하는 것을 완전히 배제하는 것이 아니라면, 그 전세권의 효력을 부인할 수는 없다(대판 1995.2.10, 94다18508).
② 전세권이 존속하는 동안은 전세권을 존속시키기로 하면서 전세금반환채권만을 전세권과 분리하여 확정적으로 양도하는 것은 허용되지 않는 것이며, 다만 전세권 존속 중에는 장래에 그 전세권이 소멸하는 경우에 전세금 반환채권이 발생하는 것을 조건으로 그 장래의 조건부 채권을 양도할 수 있을 뿐이라 할 것이다(대판 2002.8.23, 2001다69122).
③ 전세권이 성립한 후 전세목적물의 소유권이 이전된 경우, 전세권은 전세권자와 목적물의 소유권을 취득한 신 소유자 사이에서 동일한 내용으로 존속한다(대판 2006.5.11, 2006다6072).
④ 전세권을 목적으로 한 저당권이 설정된 경우, 전세권의 존속기간이 만료하면 전세권의 용익물권적 권능이 소멸하기 때문에 그 전세권에 대한 저당권자는 더 이상 전세권 자체에 대하여 저당권을 실행할 수 없게 된다(대판 2008.3.13, 2006다29372 등).
⑤ 전세권저당권이 설정된 경우에도 전세권이 기간만료로 소멸되면 전세권설정자는 전세금반환채권에 대한 제3자의 압류 등이 없는 한 전세권자에 대하여만 전세금반환의무를 부담한다고 보아야 한다(대판 1999.9.17, 98다31301).

▶ 정답 05 ③ 06 ②

07 전세권에 관한 설명으로 옳지 않은 것은? (다툼이 있으면 판례에 의함) ▶ 2013 감정평가사
① 건물 일부의 전세권자는 나머지 건물 부분에 대한 경매신청권이 없다.
② 토지전세권의 경우 전세권의 법정갱신이 인정된다.
③ 토지전세권의 존속기간이 만료한 경우 전세권의 용익물권적 권능은 전세권설정등기의 말소 없이도 당연히 소멸한다.
④ 전세권설정자가 제3자에게 전세 목적 부동산을 양도한 경우 그는 원칙적으로 전세금반환의무를 면한다.
⑤ 전세권자가 장차 전세권이 소멸하여 전세금 반환채권이 발생하는 것을 조건으로 그 장래의 조건부 채권을 제3자에게 양도한 경우 그 양도는 유효하다.

[정답해설]
① 건물의 일부에 대하여 전세권이 설정되어 있는 경우 그 전세권자는 민법 제303조 제1항의 규정에 의하여 그 건물 전부에 대하여 후순위권리자 기타 채권자보다 전세금의 우선변제를 받을 권리가 있고, 민법 제318조의 규정에 의하여 전세권설정자가 전세금의 반환을 지체한 때에는 전세권의 목적물의 경매를 청구할 수 있는 것이나, 전세권의 목적물이 아닌 나머지 건물부분에 대하여는 우선변제권은 별론으로 하고 경매신청권은 없으므로, 위와 같은 경우 전세권자는 전세권의 목적이 된 부분을 초과하여 건물 전부의 경매를 청구할 수 없다고 할 것이고, 그 전세권의 목적이 된 부분이 구조상 또는 이용상 독립성이 없어 독립한 소유권의 객체로 분할할 수 없고 따라서 그 부분만의 경매신청이 불가능하다고 하여 달리 볼 것은 아니다(대판 2001.7.2, 2001마212).

[비교] 일부전세의 경우 → 나머지 경매 ×, 우선변제 ○
즉, 전세권의 목적이 된 부분을 초과한 경매 ×, 불가분관계에 있다 하더라도
✔ but 우선변제권은 전부에서 가능.

② 전세권의 법정갱신은 건물전세권에 한해 인정된다(제312조 제4항). 토지전세권의 경우에는 인정되지 않는다.

제312조 【전세권의 존속기간】
④ 건물의 전세권설정자가 전세권의 존속기간 만료 전 6개월부터 1개월까지 사이에 전세권자에 대하여 갱신거절의 통지 또는 조건을 변경하지 아니하면 갱신하지 아니한다는 뜻의 통지를 하지 아니한 경우에는 그 기간이 만료된 때에 전전세권과 동일한 조건으로 다시 전세권을 설정한 것으로 본다. 이 경우 전세권의 존속기간은 그 정함이 없는 것으로 본다.

③ 전세권이 갱신 없이 존속기간이 만료되면 그 용익물권적 권능은 전세권설정등기의 말소 없이도 소멸한다(대판 1999.9.17, 98다31301).
④ 전세권이 성립한 후 전세목적물의 소유권이 이전된 경우 민법이 전세권 관계로부터 생기는 상환청구, 소멸청구, 갱신청구, 전세금증감청구, 원상회복, 매수청구 등의 법률관계의 당사자로 규정하고 있는 전세권설정자 또는 소유자는 모두 목적물의 소유권을 취득한 신소유자로 새길 수밖에 없다고 할 것이므로, 전세권은 전세권자와 목적물의 소유권을 취득한 신소유자 사이에서 계속 동일한 내용으로 존속하게 된다고 보아야 할 것이고, 따라서 목적물의 신소유자는 구소유자와 전세권자 사이에 성립한 전세권의 내용에 따른 권리의무의 직접적인 당사자가 되어 전세권이 소멸하는 때에 전세권자에 대하여 전세권설정자의 지위에서 전세금 반환의무를 부담하게 된다(대판 2006.5.11, 2006다6072).

⑤ 전세권이 존속하는 동안은 전세권을 존속시키기로 하면서 전세금반환채권만을 전세권과 분리하여 확정적으로 양도하는 것은 허용되지 않는 것이며, 다만 전세권 존속 중에는 장래에 그 전세권이 소멸하는 경우에 전세금 반환채권이 발생하는 것을 조건으로 그 장래의 조건부 채권을 양도할 수 있을 뿐이라 할 것이다(대판 2002.8.23, 2001다69122).

08 전세권에 관한 설명으로 옳지 않은 것은? (다툼이 있으면 판례에 따름) ▶ 2022 감정평가사

① 타인의 토지에 있는 건물에 전세권을 설정한 때에는 전세권의 효력은 그 건물의 소유를 목적으로 한 지상권에 미친다.
② 건물전세권설정자가 건물의 존립을 위한 토지사용권을 가지지 못하여 그가 토지소유자의 건물철거 등 청구에 대항할 수 없는 경우, 전세권자는 토지소유자의 권리행사에 대항할 수 없다.
③ 지상권을 가지는 건물소유자가 그 건물에 전세권을 설정하였으나 그가 2년 이상의 지료를 지급하지 아니하였음을 이유로 지상권설정자가 지상권의 소멸을 청구한 경우, 전세권자의 동의가 없다면 지상권은 소멸되지 않는다.
④ 대지와 건물이 동일한 소유자에 속한 경우에 건물에 전세권을 설정한 때에는 그 대지소유권의 특별승계인은 전세권설정자에 대하여 지상권을 설정한 것으로 본다.
⑤ 건물에 대한 전세권의 존속기간을 1년 미만으로 정한 때에는 이를 1년으로 한다.

정답해설

① 제304조【건물의 전세권, 지상권, 임차권에 대한 효력】① 타인의 토지에 있는 건물에 전세권을 설정한 때에는 전세권의 효력은 그 건물의 소유를 목적으로 한 지상권 또는 임차권에 미친다.
② 건물이 그 존립을 위한 토지사용권을 갖추지 못하여 토지의 소유자가 건물의 소유자에 대하여 당해 건물의 철거 및 그 대지의 인도를 청구할 수 있는 경우에라도 건물소유자가 아닌 사람(전세권자)이 건물을 점유하고 있다면 토지소유자는 그 건물 점유를 제거하지 아니하는 한 위의 건물 철거 등을 실행할 수 없다. 따라서 그때 토지소유권은 위와 같은 점유에 의하여 그 원만한 실현을 방해당하고 있다고 할 것이므로, 토지소유자는 자신의 소유권에 기한 방해배제로서 건물점유자(전세권자)에 대하여 건물로부터의 퇴출을 청구할 수 있다. 그리고 이는 건물점유자가 건물소유자로부터의 임차인으로서 그 건물임차권이 이른바 대항력을 가진다고 해서 달라지지 아니한다. 건물임차권의 대항력은 기본적으로 건물에 관한 것이고 토지를 목적으로 하는 것이 아니므로 이로써 토지소유권을 제약할 수 없고, 토지에 있는 건물에 대하여 대항력 있는 임차권이 존재한다고 하여도 이를 토지소유자에 대하여 대항할 수 있는 토지사용권이라고 할 수는 없다. 바꾸어 말하면, 건물에 관한 임차권이 대항력을 갖춘 후에 그 대지의 소유권을 취득한 사람은 민법 제622조 제1항이나 주택임대차보호법 제3조 제1항 등에서 그 임차권의 대항을 받는 것으로 정하여진 '제3자'에 해당한다고 할 수 없다(대판 2010.8.19, 2010다43801).
③ 민법 제304조는 전세권을 설정하는 건물소유자가 건물의 존립에 필요한 지상권 또는 임차권과 같은 토지사용권을 가지고 있는 경우에 관한 것으로서, 그 경우에 건물전세권자로 하여금 토지소유자에 대하여 건물소유자, 즉 전세권설정자의 그러한 토지사용권을 원용할 수 있도록 함으로써 토지소유자 기타 토지에 대하여 권리를 가지는 사람에 대한 관계에서 건물전세권자를 보다 안전한 지위에 놓으려는 취지의 규정이다. 또한 지상권을 가지는 건물소유자가 그 건물에 전세권을 설정하였으나 그가 2년 이상의 지료를 지급하지 아니하였음을 이유

로 지상권설정자, 즉 토지소유자의 청구로 지상권이 소멸하는 것(민법 제287조 참조)은 전세권설정자가 전세권자의 동의 없이는 할 수 없는 위 민법 제304조 제2항상의 "지상권 또는 임차권을 소멸하게 하는 행위"에 해당하지 아니한다(대판 2010.8.19, 2010다43801). 지상권설정자가 민법 제287의 지상권소멸청구을 하는 경우 전세권자의 동의가 없다고 하더라도 가능하므로, 지상권은 소멸하게 된다.

④ 제305조【건물의 전세권과 법정지상권】① 대지와 건물이 동일한 소유자에 속한 경우에 건물에 전세권을 설정한 때에는 그 대지소유권의 특별승계인은 전세권설정자에 대하여 지상권을 설정한 것으로 본다.

⑤ 민법은 1. 건물전세권의 경우 최단존속기간을 1년으로 하여 보장하고 있으며, 2. 토지·건물 모두 10년을 넘지 못한다고 함으로써 최장기간의 제한을 두고 있다.

> **제312조【전세권의 존속기간】**
> ① 전세권의 존속기간은 10년을 넘지 못한다. 당사자의 약정기간이 10년을 넘는 때에는 이를 10년으로 단축한다.
> ② 건물에 대한 전세권의 존속기간을 1년 미만으로 정한 때에는 이를 1년으로 한다.

09 전세권에 관한 설명으로 옳지 않은 것은? (다툼이 있으면 판례에 따름) ▶ 2015 감정평가사

① 전세권자는 전세권설정계약에 다른 약정이 없는 한 전세권설정자의 동의 없이 전전세를 할 수 있다.
② 전세권이 성립한 후 전세목적물의 소유권이 이전된 경우, 전세권은 전세권자와 목적물의 소유권을 취득한 신 소유자 사이에서 동일한 내용으로 존속한다.
③ 전세권이 갱신 없이 존속기간이 만료되면 그 용익물권적 권능은 전세권설정등기의 말소 없이도 소멸한다.
④ 전세권자는 전세권설정자에게 목적물의 현상을 유지하기 위하여 지출한 필요비의 상환을 청구할 수 있다.
⑤ 건물의 일부에 대하여 전세권이 설정되어 있는 경우, 그 전세권의 목적이 된 부분이 구조상 또는 이용상 독립성이 없어 그 부분만의 경매신청이 불가능하다고 하더라도, 이를 이유로 전세권의 목적물이 아닌 나머지 건물부분에 대하여 그 전세권에 기한 경매신청을 할 수 없다.

정답해설

① 전세권자는 전세권설정계약에 다른 약정이 없는 한 전세권설정자의 동의 없이 전전세를 할 수 있다(제306조).

> **제306조【전세권의 양도, 임대 등】**
> 전세권자는 전세권을 타인에게 양도 또는 담보로 제공할 수 있고 그 존속기간 내에서 그 목적물을 타인에게 전전세 또는 임대할 수 있다. 그러나 설정행위로 이를 금지한 때에는 그러하지 아니하다.

② 전세권이 성립한 후 전세목적물의 소유권이 이전된 경우, 전세권은 전세권자와 목적물의 소유권을 취득한 신 소유자 사이에서 동일한 내용으로 존속한다(대판 2006.5.11, 2006다6072).

③ 전세권이 갱신 없이 존속기간이 만료되면 그 용익물권적 권능은 전세권설정등기의 말소 없이도 소멸한다(대판 1999.9.17, 98다31301).
④ 전세권자는 현상을 유지하여야 의무가 있기 때문에 전세권설정자에게 목적물의 현상을 유지하기 위하여 지출한 필요비의 상환을 청구할 수 없다(제310조).

> **제310조【전세권자의 상환청구권】**
> ① 전세권자가 목적물을 개량하기 위하여 지출한 금액 기타 유익비에 관하여는 그 가액의 증가가 현존한 경우에 한하여 소유자의 선택에 좇아 그 지출액이나 증가액의 상환을 청구할 수 있다.
> ② 전항의 경우에 법원은 소유자의 청구에 의하여 상당한 상환기간을 허여할 수 있다.

⑤ 전세권의 임의경매(제318조)와 관련된 건물일부의 경매신청의 적법성 문제이다.
건물의 일부에 대하여 전세권이 설정되어 있는 경우 그 전세권자는 민법 제303조 제1항의 규정에 의하여 그 건물 전부에 대하여 후순위권리자 기타 채권자보다 전세금의 우선변제를 받을 권리가 있고, 민법 제318조의 규정에 의하여 전세권설정자가 전세금의 반환을 지체한 때에는 전세권의 목적물의 경매를 청구할 수 있는 것이나, 전세권의 목적물이 아닌 나머지 건물부분에 대하여는 우선변제권은 별론으로 하고 경매신청권은 없으므로, 위와 같은 경우 전세권자는 전세권의 목적이 된 부분을 초과하여 건물 전부의 경매를 청구할 수 없다고 할 것이고, 그 전세권의 목적이 된 부분이 구조상 또는 이용상 독립성이 없어 독립한 소유권의 객체로 분할할 수 없고 따라서 그 부분만의 경매신청이 불가능하다고 하여 달리 볼 것은 아니다(대판 2001.7.2, 2001마212).

> **비교** 일부전세의 경우 → 나머지 경매 ×, 우선변제 ○
> 즉, 전세권의 목적이 된 부분을 초과한 경매 ×, 불가분관계에 있다 하더라도
> ✔ but 우선변제권은 전부에서 가능

10 전세권에 관한 설명으로 옳은 것은? (다툼이 있으면 판례에 의함) ▶ 2012 감정평가사

① 전전세권의 설정에는 원전세권자와 전전세권자 사이의 전전세권 설정의 합의 및 등기와 원세권설정자의 동의를 요한다.
② 구분등기 되지 않은 건물 일부의 전세권자는 전세권의 목적물이 아닌 나머지 건물부분에 대해서는 전세권에 기하여 경매신청을 할 수 없으나 우선변제권은 가진다.
③ 전세권이 법정 갱신된 경우 갱신에 따른 등기를 하지 않으면, 전세권자는 그 목적물을 취득한 제3자에 대하여 갱신된 권리를 주장하지 못한다.
④ 전세금을 현실적으로 지급하지 아니하고 기존의 채권으로 갈음하기로 한 경우에는 전세권이 성립될 수 없다.
⑤ 전세권 존속기간이 만료된 경우 전세권의 용익물권적 권능은 소멸되고 전세금반환채권은 무담보채권으로 전환된다.

▶ 정답 09 ④ 10 ②

정답해설

① 전세권자는 임차권과는 달리 특약이 없는 한 전세권을 전세권설정자의 동의 없이 타인에게 양도·담보제공·존속기간 내에서 임대·전전세 등을 할 수 있다. 전전세권의 설정에는 원전세권자와 전전세권자 사이의 전전세권 설정의 합의 및 등기와 원세권설정자의 동의는 요하지 않는다.

> **제306조【전세권의 양도, 임대 등】**
> 전세권자는 전세권을 타인에게 양도 또는 담보로 제공할 수 있고 그 존속기간 내에서 그 목적물을 타인에게 전전세 또는 임대할 수 있다. 그러나 설정행위로 이를 금지한 때에는 그러하지 아니하다.

② 건물의 일부에 대하여 전세권이 설정되어 있는 경우 그 전세권자는 민법 제303조 제1항의 규정에 의하여 그 건물 전부에 대하여 후순위권리자 기타 채권자보다 전세금의 우선변제를 받을 권리가 있고, 민법 제318조의 규정에 의하여 전세권설정자가 전세금의 반환을 지체한 때에는 전세권의 목적물의 경매를 청구할 수 있는 것이나, 전세권의 목적물이 아닌 나머지 건물부분에 대하여는 우선변제권은 별론으로 하고 경매신청권은 없으므로, 위와 같은 경우 전세권자는 전세권의 목적이 된 부분을 초과하여 건물 전부의 경매를 청구할 수 없다고 할 것이고, 그 전세권의 목적이 된 부분이 구조상 또는 이용상 독립성이 없어 독립한 소유권의 객체로 분할할 수 없고 따라서 그 부분만의 경매신청이 불가능하다고 하여 달리 볼 것은 아니다(대결 2001.7.2, 2001마212).

> **비교** 일부전세의 경우 → 나머지 경매 ×, 우선변제 ○
> 즉, 전세권의 목적이 된 부분을 초과한 경매 ×, 불가분관계에 있다 하더라도
> ✔ but 우선변제권은 전부에서 가능

③ 전세권의 법정갱신은 법률규정에 의한 물권변동으로 갱신에 따른 등기를 하지 않아도 전세권자는 그 목적물을 취득한 제3자에 대하여 갱신된 권리를 주장할 수 있다(대판 1989.7.11, 88다카21029 등).
④ 전세금은 반드시 현실적으로 수수되어야 하는 것은 아니고 기존의 채권으로 전세금의 지급에 갈음할 수 있다(대판 2009.1.30, 2008다67217).
⑤ 전세권이 전세기간 만료 또는 전세계약의 해지 등에 의하여 소멸하면, 용익물권으로서의 전세권은 당연히 소멸되고 전세금반환채권을 담보하는 담보물권으로서 권능은 존속한다. 그러므로 전세금반환채권이 무담보 채권으로 전환되는 것은 아니다.

11 전세권에 관한 설명으로 옳지 않은 것은? (다툼이 있으면 판례에 따름) ▶ 2016 감정평가사

① 전세권자가 소유자의 승낙 없이 전세권을 제3자에게 양도한 점만으로는 전세권에 대한 소멸청구사유가 되지 않는다.
② 타인의 토지에 있는 건물에 설정된 전세권의 효력은 그 건물의 소유를 목적으로 한 토지임차권에도 미친다.
③ 전세권자는 통상의 필요비와 유익비를 지출한 경우, 전세권설정자에게 그 상환을 청구할 수 있다.
④ 전세권의 목적물의 일부가 불가항력으로 인하여 멸실된 때에는 그 멸실된 부분의 전세권은 소멸한다.
⑤ 건물의 일부에 대하여만 전세권이 설정되어 있는 경우에 그 전세권자는 건물 전부의 경매를 청구할 수 없다.

정답해설

① 전세권은 물권으로 당연히 양도성을 가지므로 전세권자는 전세권을 제3자에게 양도할 수 있음은 물론 전세권설정자의 동의나 양도통지를 요하지 않는다. 따라서 전세권자가 소유자의 승낙 없이 전세권을 제3자에게 양도한 점만으로는 전세권에 대한 소멸청구사유가 되지 않는다(제311조).

> **제311조【전세권의 소멸청구】**
> ① 전세권자가 전세권설정계약 또는 그 목적물의 성질에 의하여 정하여진 용법으로 이를 사용, 수익하지 아니한 경우에는 전세권설정자는 전세권의 소멸을 청구할 수 있다.
> ② 전항의 경우에는 전세권설정자는 전세권자에 대하여 원상회복 또는 손해배상을 청구할 수 있다.

② 제304조【건물의 전세권, 지상권, 임차권에 대한 효력】① 타인의 토지에 있는 건물에 전세권을 설정한 때에는 전세권의 효력은 그 건물의 소유를 목적으로 한 지상권 또는 임차권에 미친다.

③ 전세권자는 소극적인 인용의무만 부담하고 적극적인 사용·수익에 적합한 상태에 둘 의무를 부담하지 않는다. 따라서 전세권자는 필요비를 상환청구할 수 없고 유익비상환청구권만 인정된다(제310조).

> **제309조【전세권자의 유지, 수선의무】**
> 전세권자는 목적물의 현상을 유지하고 그 통상의 관리에 속한 수선을 하여야 한다.
>
> **제310조【전세권자의 상환청구권】**
> ① 전세권자가 목적물을 개량하기 위하여 지출한 금액 기타 유익비에 관하여는 그 가액의 증가가 현존한 경우에 한하여 소유자의 선택에 좇아 그 지출액이나 증가액의 상환을 청구할 수 있다.
> ② 전항의 경우에 법원은 소유자의 청구에 의하여 상당한 상환기간을 허여할 수 있다.

④ 제314조【불가항력으로 인한 멸실】① 전세권의 목적물의 전부 또는 일부가 불가항력으로 인하여 멸실된 때에는 그 멸실된 부분의 전세권은 소멸한다.

⑤ 건물의 일부에 대하여 전세권이 설정되어 있는 경우 전세권자는 민법 제303조 제1항의 규정에 의하여 그 건물 전부에 대하여 후순위권리자 기타 채권자보다 전세금의 우선변제를 받을 권리가 있고, 민법 제318조의 규정에 의하여 전세권설정자가 전세금의 반환을 지체한 때에는 전세권의 목적물의 경매를 청구할 수 있는 것이나, 전세권의 목적물이 아닌 나머지 건물부분에 대하여는 우선변제권은 별론으로 하고 경매신청권은 없으므로, 위와 같은 경우 전세권자는 전세권의 목적이 된 부분을 초과하여 건물 전부의 경매를 청구할 수 없다고 할 것이고, 그 전세권의 목적이 된 부분이 구조상 또는 이용상 독립성이 없어 독립한 소유권의 객체로 분할할 수 없고 따라서 그 부분만의 경매신청이 불가능하다고 하여 달리 볼 것은 아니다(대판 2001.7.2, 2001마212).

비교 일부전세의 경우 → 나머지 경매 ×, 우선변제 ○
즉, <u>전세권의 목적이 된 부분을 초과한 **경매** ×</u>, 불가분관계에 있다 하더라도
✔ but 우선변제권은 전부에서 가능

▶ 정답 11 ③

12 전세권에 관한 설명으로 옳은 것은? (다툼이 있으면 판례에 따름) ▶ 2017 감정평가사

① 전세권자의 책임 없는 사유로 전세권의 목적물 전부가 멸실된 때에도 전세권자는 손해배상책임이 있다.
② 건물에 대한 전세권이 법정갱신되는 경우, 그 존속기간은 2년으로 본다.
③ 전세권의 존속기간이 만료되면 전세권의 용익물권적 권능은 전세권설정등기의 말소 없이도 당연히 소멸한다.
④ 전세권설정자는 특약이 없는 한 목적물의 현상을 유지하고 그 통상의 관리에 속한 수선을 해야 한다.
⑤ 전세권을 목적으로 저당권을 설정한 자는 저당권자의 동의 없이 전세권설정자와 합의하여 전세권을 소멸시킬 수 있다.

[정답해설]
① 제315조【전세권자의 손해배상책임】① 전세권의 목적물의 전부 또는 일부가 전세권자에 책임 있는 사유로 인하여 멸실된 때에는 전세권자는 손해를 배상할 책임이 있다.
② 제312조【전세권의 존속기간】④ 건물의 전세권설정자가 전세권의 존속기간 만료 전 6월부터 1월까지 사이에 전세권자에 대하여 갱신거절의 통지 또는 조건을 변경하지 아니하면 갱신하지 아니한다는 뜻의 통지를 하지 아니한 경우에는 그 기간이 만료된 때에 전전세권과 동일한 조건으로 다시 전세권을 설정한 것으로 본다. 다만 이 경우 전세권의 존속기간은 그 정함이 없는 것으로 본다.
③ 전세권이 기간만료로 종료된 경우 전세권은 전세권설정등기의 말소등기 없이도 당연히 소멸하고, 저당권의 목적물인 전세권이 소멸하면 저당권도 당연히 소멸하는 것이므로 전세권을 목적으로 한 저당권자는 전세권의 목적물인 부동산의 소유자에게 더 이상 저당권을 주장할 수 없다(대판 1999.9.17, 98다31301).
→ 전세권에 대하여 저당권이 설정된 경우 그 전세권이 기간만료로 종료되면 전세권을 목적으로 한 저당권은 당연히 소멸된다. (O)
④ 제309조【전세권자의 유지, 수선의무】전세권자는 목적물의 현상을 유지하고 그 통상의 관리에 속한 수선을 하여야 한다.
⑤ 전세권을 목적으로 저당권을 설정한 자는 저당권자의 동의 없이 전세권설정자와 합의만으로 전세권을 소멸하게 하는 행위를 하지 못한다.

> 제371조【지상권, 전세권을 목적으로 하는 저당권】
> ② 지상권 또는 전세권을 목적으로 저당권을 설정한 자는 저당권자의 동의 없이 지상권 또는 전세권을 소멸하게 하는 행위를 하지 못한다.

▶ 정답 12 ③

심화문제편

01 전세권에 관한 설명으로 옳지 않은 것은? (다툼이 있으면 판례에 따름) ▶ 2018 감정평가사

① 건물전세권이 법정갱신된 경우, 전세권자는 등기 없이도 전세권설정자나 그 목적물을 취득한 제3자에 대하여 갱신된 권리를 주장할 수 있다.
② 토지전세권의 존속기간을 약정하지 아니한 경우 각 당사자는 언제든지 상대방에 대하여 전세권의 소멸을 통고할 수 있다.
③ 토지전세권의 존속기간을 1년 미만으로 정한 때에는 이를 1년으로 한다.
④ 전세권자가 그 목적물의 성질에 의하여 정하여진 용법으로 이를 사용, 수익하지 아니한 경우에는 전세권설정자는 전세권의 소멸을 청구할 수 있다.
⑤ 전세권 존속 중에는 장래에 그 전세권이 소멸하는 경우에 전세금반환채권이 발생하는 것을 조건으로 그 장래의 조건부채권을 양도할 수 있다.

정답해설

① 전세권의 법정갱신은 법률의 규정에 의한 부동산에 관한 물권의 변동이므로 전세권갱신에 관한 등기를 필요로 하지 아니하고 전세권자는 그 등기 없이도 전세권설정자나 그 목적물을 취득한 제3자에 대하여 그 권리를 주장할 수 있다(대판 1989.7.11, 88다카21029).
② 토지전세권의 각 당사자는 언제든지 전세권의 소멸을 통고할 수 있고, 통고 후 6개월이 지나면 전세권은 소멸한다(제313조). 다만, 건물전세권의 경우에는 소멸통고의 방법에 의하더라도 1년 이내에 전세권을 소멸시킬 수는 없다. 제312조 제2항은 강행규정이기 때문이다.

> **제313조【전세권의 소멸통고】**
> 전세권의 존속기간을 약정하지 아니한 때에는 각 당사자는 언제든지 상대방에 대하여 전세권의 소멸을 통고할 수 있고 상대방이 이 통고를 받은 날로부터 6월이 경과하면 전세권은 소멸한다.

③ 민법은 1. 건물전세권의 경우 최단존속기간을 1년으로 하여 보장하고 있으며, 2. 토지・건물 모두 10년을 넘지 못한다고 함으로써 최장기간의 제한을 두고 있다.
그러므로 토지전세권의 존속기간에 대한 최단존속기간은 존재하지 않으므로 1년 미만으로 기간으로 정할 수 있다.

> **제312조【전세권의 존속기간】**
> ① 전세권의 존속기간은 10년을 넘지 못한다. 당사자의 약정기간이 10년을 넘는 때에는 이를 10년으로 단축한다.
> ② 건물에 대한 전세권의 존속기간을 1년 미만으로 정한 때에는 이를 1년으로 한다.

④ **제311조【전세권의 소멸청구】** ① 전세권자가 전세권설정계약 또는 그 목적물의 성질에 의하여 정하여진 용법으로 이를 사용, 수익하지 아니한 경우에는 전세권설정자는 전세권의 소멸을 청구할 수 있다.

▶ 정답 01 ③

⑤ 전세권은 전세금을 지급하고 타인의 부동산을 그 용도에 따라 사용·수익하는 권리로서 전세금의 지급이 없으면 전세권은 성립하지 아니하는 등으로 전세금은 전세권과 분리될 수 없는 요소일 뿐 아니라, 전세권에 있어서는 그 설정행위에서 금지하지 아니하는 한 전세권자는 전세권 자체를 처분하여 전세금으로 지출한 자본을 회수할 수 있도록 되어 있으므로, 전세권이 존속하는 동안은 전세권을 존속시키기로 하면서 전세금반환채권만을 전세권과 분리하여 확정적으로 양도하는 것은 허용되지 않는 것이며, 다만 전세권 존속 중에는 장래에 그 전세권이 소멸하는 경우에 전세금 반환채권이 발생하는 것을 조건으로 그 장래의 조건부 채권을 양도할 수 있을 뿐이라 할 것이다(대판 2002.8.23, 2001다69122).

02 토지전세권에 관한 설명으로 옳은 것을 모두 고른 것은? (다툼이 있으면 판례에 따름)

▶ 2024 감정평가사

ㄱ. 전세권의 존속기간이 만료하면 전세권의 용익물권적 권능은 전세권설정등기의 말소 없이도 당연히 소멸한다.
ㄴ. 전세금의 지급은 전세권의 성립요소가 되는 것이므로 기존의 채권으로 전세금 지급을 대신할 수 없다.
ㄷ. 전세권 존속기간이 시작되기 전에 마친 전세권설정등기도 특별한 사정이 없는 한 유효한 것으로 추정된다.
ㄹ. 당사자가 채권담보의 목적으로 전세권을 설정하였으나 설정과 동시에 목적물을 인도하지 않았다면, 장차 전세권자가 목적물을 사용·수익하기로 하였더라도 그 전세권은 무효이다.

① ㄱ, ㄴ
② ㄱ, ㄷ
③ ㄱ, ㄹ
④ ㄴ, ㄹ
⑤ ㄷ, ㄹ

정답해설

ㄱ, ㄷ 2 항목이 옳다.
ㄱ. (○) : 전세권이 갱신 없이 존속기간이 만료되면 그 용익물권적 권능은 전세권설정등기의 말소 없이도 소멸한다(대판 1999.9.17, 98다31301).
ㄴ. (×) : 전세금의 지급은 전세권 성립의 요소가 되는 것이지만 그렇다고 하여 전세금의 지급이 반드시 현실적으로 수수되어야만 하는 것은 아니고 기존의 채권으로 전세금의 지급에 갈음할 수도 있다(대판 2009.1.30, 2008다67217).
ㄷ. (○) : 전세권자는 전세금을 지급하고 타인의 부동산을 점유하여 그 부동산의 용도에 좇아 사용·수익하며, 그 부동산 전부에 대하여 후순위권리자 기타 채권자보다 전세금의 우선변제를 받을 권리가 있다(민법 제303조 제1항). 이처럼 전세권이 용익물권적인 성격과 담보물권적인 성격을 모두 갖추고 있는 점에 비추어 전세권 존속기간이 시작되기 전에 마친 전세권설정등기도 특별한 사정이 없는 한 유효한 것으로 추정된다. 한편 부동산등기법 제4조 제1항은 "같은 부동산에 관하여 등기한 권리의 순위는 법률에 다른 규정이 없으면 등기한 순서에 따른다."라고 정하고 있으므로, 전세권은 등기부상 기록된 전세권설정등기의 존속기간과 상관없이 등기된 순서에 따라 순위가 정해진다(대판 2018.1.25, 2017마1093).

ㄹ. (×) : 전세권이 용익물권적 성격과 담보물권적 성격을 겸비하고 있다는 점 및 목적물의 인도는 전세권의 성립요건이 아닌 점 등에 비추어 볼 때, 당사자가 주로 채권담보의 목적으로 전세권을 설정하였고, 그 설정과 동시에 목적물을 인도하지 아니한 경우라 하더라도, 장차 전세권자가 목적물을 사용·수익하는 것을 완전히 배제하는 것이 아니라면, 그 전세권의 효력을 부인할 수는 없다(대판 1995.2.10, 94다18508).

03 甲은 자신의 건물에 乙 명의의 전세권(전세금 1억원)을 설정해 주었다. 그 후 乙이 그 전세권에 丙 명의의 저당권(피담보채권액 7천만원)을 설정해 주었다. 이에 관한 설명으로 옳은 것을 모두 고른 것은? (다툼이 있으면 판례에 따름) ▶ 2016 감정평가사

> ㄱ. 乙의 전세권이 존속기간 만료로 종료된 경우, 그 전세권의 용익물권적 권능은 말소등기 없이도 당연히 소멸한다.
> ㄴ. 乙의 전세권이 법정갱신되는 경우, 전세기간에 대한 변경등기 없이도 갱신된다.
> ㄷ. 丙의 전세권저당권은 피담보채권을 수반하더라도 양도할 수 없다.
> ㄹ. 乙의 전세권이 존속기간 만료로 종료된 경우, 丙은 전세권 자체에 대하여 저당권을 실행할 수 없게 된다.

① ㄱ
② ㄴ, ㄷ
③ ㄴ, ㄹ
④ ㄱ, ㄴ, ㄹ
⑤ ㄱ, ㄷ, ㄹ

정답해설

ㄱ. (O) ㄹ. (O) : 전세권이 기간만료로 종료된 경우 전세권은 전세권설정등기의 말소등기 없이도 당연히 소멸하고, 저당권의 목적물인 전세권이 소멸하면 저당권도 당연히 소멸하는 것이므로 전세권을 목적으로 한 저당권자는 전세권의 목적물인 부동산의 소유자에게 더 이상 저당권을 주장할 수 없다(대판 1999.9.17, 98다31301). 따라서 乙의 전세권이 존속기간 만료로 종료된 경우, 그 전세권의 용익물권적 권능은 말소등기 없이도 당연히 소멸하고, 전세권저당권자인 丙은 저당권의 목적물인 전세권이 소멸하여 저당권도 당연히 소멸하였으므로 전세권 자체에 대하여 저당권을 실행할 수 없게 된다.
ㄴ. (O) : 전세권이 법정갱신된 경우 이는 법률의 규정에 의한 물권의 변동이므로 전세권갱신에 관한 등기를 필요로 하지 아니하고, 전세권자는 등기 없이도 전세권설정자나 그 목적물을 취득한 제3자에 대하여 갱신된 권리를 주장할 수 있다(대판 2010.3.25, 2009다35743).
ㄷ. (×) : 민법은 저당권을 피담보채권과 분리하여 양도하거나 다른 채권의 담보로 하지 못하도록 규정하고 있다(제361조). 따라서 저당권자는 저당권을 피담보채권과 함께 양도하거나 입질하는 것은 가능하다. 이는 저당권의 객체가 권리인 전세권저당권도 동일하다.

> **제361조 【저당권의 처분제한】**
> 저당권은 그 담보한 채권과 분리하여 타인에게 양도하거나 다른 채권의 담보로 하지 못한다.

▶ 정답 02 ② 03 ④

04 전세권에 관한 설명으로 옳지 않은 것은? (다툼이 있으면 판례에 따름) ▶ 2016 주택관리사

① 목적물의 인도는 전세권의 성립요건이 아니다.
② 전세권자는 목적물의 현상을 유지하고 그 통상의 관리에 속한 수선을 하여야 한다.
③ 전세권의 존속기간 중 전세목적물의 소유권이 이전된 경우, 구(舊) 소유자의 전세권자에 대한 전세금반환의무는 소멸하지 않는다.
④ 건물전세권이 법정갱신된 경우 전세권자는 갱신의 등기 없이도 전세목적물을 취득한 제3자에 대하여 자신의 권리를 주장할 수 있다.
⑤ 전세권소멸 후 전세권자가 그 목적물을 반환하였더라도 전세권설정등기의 말소에 필요한 서류를 교부하거나 그 이행의 제공을 하지 아니하는 이상, 전세권설정자는 전세금의 반환을 거절할 수 있다.

정답해설

① 전세권은 전세권설정합의와 등기에 의해 설정된다. 여기서 합의의 내용은 전세권자가 전세금을 지급하고 일정한 권능을 포함하는 법적 권리로서 전세권을 취득하기로 한다는 것이다. 또한 목적부동산의 인도는 그 요건이 아니다(대판 1995.2.10. 94다18508).
② 제309조【전세권자의 유지, 수선의무】전세권자는 목적물의 현상을 유지하고 그 통상의 관리에 속한 수선을 하여야 한다.
③ 전세권이 성립한 후 전세목적물의 소유권이 이전된 경우 민법이 전세권 관계로부터 생기는 상환청구, 소멸청구, 갱신청구, 전세금증감청구, 원상회복, 매수청구 등의 법률관계의 당사자로 규정하고 있는 전세권설정자 또는 소유자는 모두 목적물의 소유권을 취득한 신소유자로 새길 수밖에 없다고 할 것이므로, 전세권은 전세권자와 목적물의 소유권을 취득한 신소유자 사이에서 계속 동일한 내용으로 존속하게 된다고 보아야 할 것이고, 따라서 목적물의 신소유자는 구소유자와 전세권자 사이에 성립한 전세권의 내용에 따른 권리의무의 직접적인 당사자가 되어 전세권이 소멸하는 때에 전세권자에 대하여 전세권설정자의 지위에서 전세금 반환의무를 부담하게 된다(대판 2006.5.11. 2006다6072).
④ 전세권의 법정갱신은 법률의 규정에 의한 부동산에 관한 물권의 변동이므로 전세권갱신에 관한 등기를 필요로 하지 아니하고 전세권자는 그 등기 없이도 전세권설정자나 그 목적물을 취득한 제3자에 대하여 그 권리를 주장할 수 있다(대판 1989.7.11. 88다카21029).
⑤ 전세권설정자는 전세권이 소멸한 경우 전세권자로부터 그 목적물의 인도 및 전세권설정등기의 말소등기에 필요한 서류의 교부를 받는 동시에 전세금을 반환할 의무가 있을 뿐이므로, 전세권자가 그 목적물을 인도하였다고 하더라도 전세권설정등기의 말소등기에 필요한 서류를 교부하거나 그 이행의 제공을 하지 아니하는 이상, 전세권설정자는 전세금의 반환을 거부할 수 있고, 이 경우 다른 특별한 사정이 없는 한 그가 전세금에 대한 이자 상당액의 이득을 법률상 원인 없이 얻는다고 볼 수 없다(대판 2002.2.5. 2001다62091).

05 전세권에 관한 설명으로 옳은 것을 모두 고른 것은? (다툼이 있으면 판례에 따름)

▶ 2017 주택관리사

ㄱ. 전세권은 전세권의 양도나 상속에 의해서도 취득할 수 있다.
ㄴ. 전세권자와 인지소유자 사이에는 상린관계에 관한 민법 규정이 준용된다.
ㄷ. 동일한 건물에 저당권이 전세권보다 먼저 설정된 경우, 전세권자가 경매를 신청하여 매각되면 전세권과 저당권은 모두 소멸한다.
ㄹ. 임대인과 임차인이 임대차계약을 체결하면서 임차보증금을 전세금으로 하는 전세권설정계약을 체결하고 전세권설정등기를 경료한 경우, 다른 약정이 없는 한 임차보증금 반환의무와 전세권설정등기 말소의무는 동시이행관계에 있다.

① ㄱ, ㄴ
② ㄷ, ㄹ
③ ㄱ, ㄴ, ㄷ
④ ㄴ, ㄷ, ㄹ
⑤ ㄱ, ㄴ, ㄷ, ㄹ

정답해설

ㄱ. (○) : 전세권은 물권으로서 상속성과 양도성이 있다. 다만 전세권의 양도는 설정행위로 금지할 수 있다(제306조 단서).
ㄴ. (○) : 전세권은 목적부동산을 점유하여 그 부동산의 용도에 좇아 사용·수익하는 용익물권이다. 따라서 소유권에서와 마찬가지로 상린관계의 규정이 준용된다(제319조).
ㄷ. (○) : 저당권설정 전에 설정된 용익권이 있는 경우 저당권이 실행되더라도 용익권자 즉 지상권, 지역권, 전세권, 대항력 있는 임차권 등은 그 경매에 의하여 아무런 영향을 받지 않는다. 다만, 전세권의 경우에는 담보물권의 성질도 있기 때문에 전세권자가 배당요구를 하면 매각으로 소멸된다는 특칙이 있다(민사집행법 제268조, 제91조 제4항). 이때 뒤에 설정된 전세권자가 경매를 신청한 경우라도 소제주의에 따라 먼저 설정된 저당권도 소멸한다.
ㄹ. (○) : 임대인과 임차인이 임대차계약을 체결하면서 임대차보증금을 전세금으로 하는 전세권설정등기를 경료한 경우 임대차보증금은 전세금의 성질을 겸하게 되므로, 당사자 사이에 다른 약정이 없는 한 임대차보증금 반환의무는 민법 제317조에 따라 전세권설정등기의 말소의무와도 동시이행관계에 있다(대판 2011.3.24, 2010다95062).

06

甲은 자신 소유의 건물에 대하여 乙과 전세권설정계약을 체결하고 乙명의로 전세권등기를 해 주었다. 다른 특약이 없는 한, 乙에게 인정되지 않는 권리는?

① 건물에 대한 사용수익권
② 통상의 필요비에 대한 상환청구권
③ 전세금반환을 목적으로 한 우선변제권
④ 전세금반환을 목적으로 한 건물에 대한 경매청구권
⑤ 甲의 동의를 얻어 부속시킨 부속물의 매수청구권

정답해설

①, ③ 전세권자는 목적부동산을 점유하여 그 용도에 좇아 사용·수익할 수 있고 우선변제권을 갖는다(제303조).

> **제303조【전세권의 내용】**
> ① 전세권자는 전세금을 지급하고 타인의 부동산을 점유하여 그 부동산의 용도에 좇아 사용·수익하며, 그 부동산 전부에 대하여 후순위권리자 기타 채권자보다 전세금의 우선변제를 받을 권리가 있다.

② 전세권자(제310조)나 지상권자는 임차인과는 달리 필요비 청구권이 없다. 즉 전세권자는 목적물의 현상을 유지하고 그 통상의 관리에 속한 수선을 하여야 한다(제309조). 따라서 전세권자는 임차인과는 달리 통상의 필요비에 대한 상환청구권은 없다(제310조).

> **제309조【전세권자의 유지, 수선의무】**
> 전세권자는 목적물의 현상을 유지하고 그 통상의 관리에 속한 수선을 하여야 한다.

> **제310조【전세권자의 상환청구권】**
> ① 전세권자가 목적물을 개량하기 위하여 지출한 금액 기타 유익비에 관하여는 그 가액의 증가가 현존한 경우에 한하여 소유자의 선택에 좇아 그 지출액이나 증가액의 상환을 청구할 수 있다.
> ② 전항의 경우에 법원은 소유자의 청구에 의하여 상당한 상환기간을 허여할 수 있다.

④ **제318조【전세권자의 경매청구권】** 전세권설정자가 전세금의 반환을 지체한 때에는 전세권자는 민사집행법의 정한 바에 의하여 전세권의 목적물의 경매를 청구할 수 있다.

⑤ 전세권이 그 존속기간의 만료로 인하여 소멸한 때에는 전세권자는 그 목적물을 원상에 회복하여야 하며 그 목적물에 부속시킨 물건은 수거할 수 있다. 그러나 전세권설정자가 그 부속물건의 매수를 청구한 때에는 전세권자는 정당한 이유 없이 거절하지 못한다(제316조 제2항).

> **제316조【원상회복의무, 매수청구권】**
> ① 전세권이 그 존속기간의 만료로 인하여 소멸한 때에는 전세권자는 그 목적물을 원상에 회복하여야 하며 그 목적물에 부속시킨 물건은 수거할 수 있다. 그러나 전세권설정자가 그 부속물건의 매수를 청구한 때에는 전세권자는 정당한 이유 없이 거절하지 못한다.
> ② 전항의 경우에 그 부속물건이 **전세권설정자의 동의를** 얻어 부속시킨 것인 때에는 **전세권자는** 전세권설정자에 대하여 그 부속물건의 매수를 청구할 수 있다. 그 부속물건이 전세권설정자로부터 매수한 것인 때에도 또한 같다.

07 창고소유자 甲은 乙과 월차임을 100만 원, 보증금을 3억 원으로 하는 창고임대차 계약을 체결하고, 보증금반환청구권을 담보하기 위하여 乙에게 전세금을 3억 원, 임대차기간과 동일한 기간을 존속기간으로 하는 전세권등기도 경료해 주었다. 이에 관한 설명으로 옳은 것은? (다툼이 있으면 판례에 의함) ▶ 2025 감정평가사

① 乙은 甲에게 전세권의 효력을 주장할 수 없고 임대차계약의 효력만 주장할 수 있다.
② 乙은 甲에게서 창고를 매수한 丙에게 자신의 전세권을 주장할 수 없다.
③ 임대차계약 만료 후 甲이 보증금의 반환을 지체하면 乙은 전세권에 기한 경매를 신청할 수 없다.
④ 임대차계약 만료 후 甲은 보증금에서 乙이 연체한 차임을 공제한 금액을 반환하면 된다.
⑤ 乙이 丁에게 금전을 차용하면서 전세권저당권을 설정해 줄 당시 丁이 甲과 乙의 임대차 관계를 안 경우 甲은 丁에게 乙의 연체차임으로 대항할 수 없다.

> **정답해설**

①, ②, ③ 임대차계약에 따른 임대차보증금반환채권을 담보할 목적으로 임차인과 임대인 사이의 합의에 따라 임차인 명의로 전세권설정등기를 마친 경우 그 전세금의 지급은 임대차보증금반환채권으로 갈음한 것이고, 장차 전세권자가 목적물을 사용·수익하는 것을 완전히 배제하는 것도 아니므로 그 전세권설정등기는 유효하다(대판 2021.12.30, 2018다233860). 따라서 ① 乙은 甲에게 임차권과 전세권을 모두 주장할 수 있다. 또한 ② 전세권은 물권이므로 乙은 丙에게도 전세권을 주장할 수 있다. ③ 甲이 보증금의 반환을 지체하면 乙은 전세권에 기한 경매를 신청할 수 있다(제318조).

> 제318조 【전세권자의 경매청구권】 전세권설정자가 전세금의 반환을 지체한 때에는 전세권자는 민사집행법의 정한 바에 의하여 전세권의 목적물의 경매를 청구할 수 있다.

④, ⑤ 이때 임대인과 임차인이 그와 같은 전세권설정등기를 마치기 위하여 전세권설정계약을 체결하여도 임대차보증금은 임대차계약이 종료된 후 임차인이 목적물을 인도할 때까지 발생하는 차임 및 기타 임차인의 채무를 담보하는 것이므로 임대인과 임차인은 임대차보증금에서 연체차임 등을 공제하고 남은 돈을 전세금으로 하는 약정을 하였다고 보아야 한다(지문 ④). 그러나 그 전세권설정계약은 외관상으로는 그 내용에 차임지급약정이 존재하지 않고 이에 따라 전세금이 연체차임으로 공제되지 않는 등 임대인과 임차인의 진의와 일치하지 않는 부분이 존재한다. 따라서 그러한 전세권설정계약은 위와 같이 임대차계약과 양립할 수 없는 범위에서 통정허위표시에 해당하여 무효라고 봄이 타당하다. 다만 그러한 전세권설정계약에 의하여 형성된 법률관계에 기초하여 새로이 법률상 이해관계를 가지게 된 제3자에 대하여는 그 제3자가 그와 같은 사정을 알고 있었던 경우에만 그 무효를 주장할 수 있다(지문 ⑤). 따라서 임대차계약에 따른 임차보증금반환채권을 담보할 목적으로 전세권설정등기를 마친 경우 임대차계약에 따른 연체차임 공제는 전세권설정계약과 양립할 수 없으므로 전세권설정자는 선의의 제3자에 대하여 그 연체차임 공제 주장으로 대항할 수 없다(대판 2021.12.30, 2018다233860). 따라서 ④ 甲은 보증금에서 임대차계약의 당사자인 乙이 연체한 차임을 공제한 금액을 반환하면 된다. 그러나 ⑤ 제3자 丁에게는 甲과 乙의 임대차 관계를 안 경우만 주장할 수 있다. 사안의 경우 丁은 악의이므로 甲은 丁에게 乙의 연체차임으로 대항할 수 있다.

▶ 정답 06 ② 07 ④

Chapter 06 담보물권

제1절 유치권

기본문제편

01 민사유치권에 관한 설명으로 옳은 것은? (다툼이 있으면 판례에 따름)   ▶ 2022 감정평가사

① 유치권 배제 특약이 있더라도 다른 법정요건이 모두 충족되면 유치권이 성립한다.
② 채무자는 상당한 담보를 제공하고 유치권의 소멸을 청구할 수 있다.
③ 원칙적으로 유치권은 채권자 자신 소유 물건에 대해서도 성립한다.
④ 채권자가 채무자를 직접점유자로 하여 간접점유하는 경우, 채권자의 점유는 유치권의 요건으로서의 점유에 해당한다.
⑤ 채권자의 점유가 불법행위로 인한 경우에도 유치권이 성립한다.

정답해설

① 제한물권은 이해관계인의 이익을 부당하게 침해하지 않는 한 자유로이 포기할 수 있는 것이 원칙이다. 유치권은 채권자의 이익을 보호하기 위한 법정담보물권으로서, 당사자는 미리 유치권의 발생을 막는 특약을 할 수 있고 이러한 특약은 유효하다. 유치권 배제 특약이 있는 경우 다른 법정요건이 모두 충족되더라도 유치권은 발생하지 않는데, 특약에 따른 효력은 특약의 상대방뿐 아니라 그 밖의 사람도 주장할 수 있다(대판 2018.1.24. 2016다234043).
② 제327조【타담보제공과 유치권소멸】채무자는 상당한 담보를 제공하고 유치권의 소멸을 청구할 수 있다.
③ 유치권은 타물권인 점에 비추어 볼 때 수급인의 재료와 노력으로 건축되었고 독립한 건물에 해당되는 기성부분은 수급인의 소유라 할 것이므로 수급인은 공사대금을 지급받을 때까지 이에 대하여 유치권을 가질 수 없다(대판 1993.3.26. 91다14116). 유치권은 채권자 자신 소유 물건에 대해서도 성립하지 않는다.
④ 유치권의 성립요건이자 존속요건인 유치권자의 점유는 직접점유이든 간접점유이든 관계가 없으나, 다만 유치권은 목적물을 유치함으로써 채무자의 변제를 간접적으로 강제하는 것을 본체적 효력으로 하는 권리인 점 등에 비추어, 그 직접점유자가 채무자인 경우에는 유치권의 요건으로서의 점유에 해당하지 않는다(대판 2008.4.11. 2007다27236).
⑤ 유치권은 점유가 불법으로 개시된 경우에는 인정되지 않는다(제320조 제2항).

> **제320조【유치권의 내용】**
> ② 전항의 규정은 그 점유가 불법행위로 인한 경우에 적용하지 아니한다.

■ 소멸청구권 비교

소멸청구권	
지상권	**제287조【지상권소멸청구권】** 지상권자가 2년 이상의 지료를 지급하지 아니한 때에는 지상권설정자는 지상권의 소멸을 청구할 수 있다.

전세권	제311조 제1항 【전세권의 소멸청구】	전세권자가 전세권설정계약 또는 그 목적물의 성질에 의하여 정하여진 용법으로 이를 사용, 수익하지 아니한 경우에는 전세권설정자는 전세권의 소멸을 청구할 수 있다.19)
유치권	제324조 【유치권자의 선관의무】	① 유치권자는 선량한 관리자의 주의로 유치물을 점유하여야 한다. ② 유치권자는 채무자의 승낙 없이 유치물의 사용, 대여 또는 담보제공을 하지 못한다. 그러나 유치물의 보존에 필요한 사용은 그러하지 아니하다. ③ 유치권자가 전2항의 규정에 위반한 때에는 채무자는 유치권의 소멸을 청구할 수 있다.
	제327조 【타담보제공과 유치권소멸】	채무자는 상당한 담보를 제공하고 유치권의 소멸을 청구할 수 있다.
저당권	제364조 【제3취득자의 변제】	저당부동산에 대하여 소유권, 지상권 또는 전세권을 취득한 제3자는 저당권자에게 그 부동산으로 담보된 채권을 변제하고 저당권의 소멸을 청구할 수 있다.

02 유치권에 관한 설명으로 옳지 않은 것은? (다툼이 있으면 판례에 따름) ▶ 2016 감정평가사

① 임차인의 임차보증금반환청구권은 임차건물에 관하여 생긴 채권이라 할 수 없다.
② 점유를 침탈당한 유치권자가 점유회수의 소를 제기하면 유치권을 보유하는 것으로 간주된다.
③ 유치권의 발생을 배제하는 특약은 유효하다.
④ 피담보채권이 변제기에 이르지 아니하면 유치권을 행사할 수 없다.
⑤ 유치권자는 유치물의 과실을 수취하여 다른 채권보다 우선하여 그 채권의 변제에 충당할 수 있다.

정답해설

① 건물의 임대차에 있어서 임차인의 임대인에게 지급한 임차보증금반환청구권이나 임대인이 건물시설을 아니하기 때문에 임차인에게 건물을 임차목적대로 사용 못한 것을 이유로 하는 손해배상청구권은 모두 민법 제320조 소정 소위 그 건물에 관하여 생긴 채권이라 할 수 없다(대판 1976.5.11, 75다1305).
② 갑 주식회사가 건물신축 공사대금 일부를 지급받지 못하자 건물을 점유하면서 유치권을 행사해 왔는데, 그 후 을이 경매절차에서 건물 중 일부 상가를 매수하여 소유권이전등기를 마친 다음 갑 회사의 점유를 침탈하여 병에게 임대한 사안에서, 갑 회사가 점유회수의 소를 제기하여 승소판결을 받아 점유를 회복하면 점유를 상실하지 않았던 것으로 되어 유치권이 되살아나지만, 위와 같은 방법으로 점유를 회복하기 전에는 유치권이 되살아나는 것이 아님에도, 갑 회사가 상가에 대한 점유를 회복하였는지를 심리하지 아니한 채 점유회수의 소를 제기하여 점유를 회복할 수 있다는 사정만으로 갑 회사의 유치권이 소멸하지 않았다고 본 원심판결에 점유상실로 인한 유치권 소멸에 관한 법리오해의 위법이 있다(대판 2012.2.9, 2011다72189).
③ 유치권은 법정담보물권이기는 하나 채권자의 이익보호를 위한 채권담보의 수단에 불과하므로 이를 포기하는 특약은 유효하다(대결 2011.5.13, 2010마1544; 대판 1980.7.22, 80다1174 참조).

---

19) 한편, 연체는 소멸청구사유가 될 수 없다. 매월 차임지급 대신에 한꺼번에 전세금을 지급하기 때문이다.

▶ 정답   01 ②   02 ②

④ 제320조【유치권의 내용】① 타인의 물건 또는 유가증권을 점유한 자는 그 물건이나 유가증권에 관하여 생긴 채권이 변제기에 있는 경우에는 변제를 받을 때까지 그 물건 또는 유가증권을 유치할 권리가 있다.
⑤ 제323조【과실수취권】① 유치권자는 유치물의 과실을 수취하여 다른 채권보다 먼저 그 채권의 변제에 충당할 수 있다. 그러나 과실이 금전이 아닌 때에는 경매하여야 한다.

03 유치권의 피담보채권이 될 수 있는 민법상 권리를 모두 고른 것은? (다툼이 있으면 판례에 따름)

▶ 2019 감정평가사

ㄱ. 점유자의 비용상환청구권
ㄴ. 임차인의 보증금반환채권
ㄷ. 수급인의 공사대금채권
ㄹ. 매도인의 매매대금채권

① ㄱ, ㄴ
② ㄱ, ㄷ
③ ㄱ, ㄹ
④ ㄴ, ㄷ
⑤ ㄷ, ㄹ

정답해설

ㄱ. (○) : 점유자의 비용상환청구권은 '물건에 관하여 생긴 채권'이므로, 필요비·유익비에 대하여 유치권을 행사할 수 있다(제320조).
ㄴ. (×) : 건물의 임대차에 있어서 임차인이 임대인에게 지급한 임차보증금반환청구권이나 임대인이 건물시설을 아니하기 때문에 임차인에게 건물을 임차목적대로 사용 못한 것을 이유로 하는 손해배상청구권은 모두 민법 제320조 소정 소위 그 건물에 관하여 생긴 채권이라 할 수 없다(대판 1976.5.11, 75다1305).
ㄷ. (○) : 주택건물의 신축공사를 한 수급인이 그 건물을 점유하고 있고 또 그 건물에 관하여 생긴 공사금 채권이 있다면, 수급인은 그 채권을 변제받을 때까지 건물을 유치할 권리가 있다고 할 것이고, 이러한 유치권은 수급인이 점유를 상실하거나 피담보채무가 변제되는 등 특단의 사정이 없는 한 소멸되지 않는다(대판 1995.9.15, 95다16202·16219).
ㄹ. (×) : 부동산 매도인이 매매대금을 다 지급받지 아니한 상태에서 매수인에게 소유권이전등기를 마쳐주어 목적물의 소유권을 매수인에게 이전한 경우에는, 매도인의 목적물인도의무에 관하여 동시이행의 항변권 외에 물권적 권리인 유치권까지 인정할 것은 아니다. 왜냐하면 법률행위로 인한 부동산물권변동의 요건으로 등기를 요구함으로써 물권관계의 명확화 및 거래의 안전·원활을 꾀하는 우리 민법의 기본정신에 비추어 볼 때, 만일 이를 인정한다면 매도인은 등기에 의하여 매수인에게 소유권을 이전하였음에도 매수인 또는 그의 처분에 기하여 소유권을 취득한 제3자에 대하여 소유권에 속하는 대세적인 점유의 권능을 여전히 보유하게 되는 결과가 되어 부당하기 때문이다. 또한 매도인으로서는 자신이 원래 가지는 동시이행의 항변권을 행사하지 아니하고 자신의 소유권이전의무를 선이행함으로써 매수인에게 소유권을 넘겨 준 것이므로 그에 필연적으로 부수하는 위험은 스스로 감수하여야 한다. 따라서 매도인이 부동산을 점유하고 있고 소유권을 이전받은 매수인에게서 매매대금 일부를 지급받지 못하고 있다고 하여 매매대금채권을 피담보채권으로 매수인이나 그에게서 부동산 소유권을 취득한 제3자를 상대로 유치권을 주장할 수 없다(대결 2012.1.12, 2011마2380).

04 유치권의 성립요건인 채권과 목적물 사이의 견련관계가 인정되지 않는 것은? (다툼이 있으면 판례에 의함)
▶ 2025 감정평가사

① 임차주택과 임차보증금반환채권
② 점유물과 점유자의 유익비상환청구권
③ 임차물과 임차인의 필요비상환청구권
④ 수급인이 수리한 건물과 공사대금채권
⑤ 임치물과 그 하자로부터 생긴 수치인의 손해배상채권

정답해설
① 건물의 임대차에 있어서 임차인의 임대인에게 지급한 임차보증금반환청구권이나 임대인이 건물시설을 아니하기 때문에 임차인에게 건물을 임차목적대로 사용 못한 것을 이유로 하는 손해배상청구권은 모두 민법 제320조 소정 소위 그 건물에 관하여 생긴 채권이라 할 수 없다(대판 1976.5.11, 75다1305).
② 점유자의 비용상환청구권은 '물건에 관하여 생긴 채권'이므로, 필요비·유익비에 대하여 유치권을 행사할 수 있다(제320조).
③ 임차인이 임대인에 대한 비용상환청권으로 임차물을 유치할 수 있으나, 건물의 임차인이 임대차관계 종료시에는 건물을 원상으로 복구하여 임대인에게 명도하기로 약정한 것은 건물에 지출한 각종 유익비 또는 필요비의 상환청구권을 미리 포기하기로 한 취지의 특약이라고 볼 수 있어 임차인은 유치권을 주장을 할 수 없다(대판 1975.4.22, 73다2010).
④ 주택건물의 신축공사를 한 수급인이 그 건물을 점유하고 있고 또 그 건물에 관하여 생긴 공사금 채권이 있다면, 수급인은 그 채권을 변제받을 때까지 건물을 유치할 권리가 있다고 할 것이고, 이러한 유치권은 수급인이 점유를 상실하거나 피담보채무가 변제되는 등 특단의 사정이 없는 한 소멸되지 않는다(대판 1995.9.15, 95다16202·16219).
⑤ 임치물과 그 하자로부터 생긴 수치인의 손해배상채권은 그 임치하는 물권 자체로 인한 손해배상청구권이므로 채권과 목적물 사이의 견련관계가 인정되어 유치권이 인정된다(제697조).

제697조【임치물의 성질, 하자로 인한 임치인의 손해배상의무】임치인은 임치물의 성질 또는 하자로 인하여 생긴 손해를 수치인에게 배상하여야 한다. 그러나 수치인이 그 성질 또는 하자를 안 때에는 그러하지 아니하다.

▶ 정답 03 ② 04 ①

05 민법상 유치권에 관한 설명으로 옳지 않은 것은? (다툼이 있으면 판례에 의함)

▶ 2014 감정평가사

① 甲이 丙 소유의 자동차를 乙에게 수리시킨 경우, 乙은 그 수리비에 관하여 丙을 상대로 유치권을 주장할 수 있다.
② 채무자를 직접점유자로 하여 채권자가 간접점유하는 경우에도 유치권은 성립한다.
③ 채권관계 당사자 사이의 그 채권에 관한 유치권 포기특약은 유효하다.
④ 건물 신축공사의 하수급인이 다른 하수급인을 통하여 신축건물을 간접점유한 경우에도, 유치권의 성립요건을 충족할 수 있다.
⑤ 공사대금채권에 기하여 유치권을 행사하는 자가 스스로 유치물인 주택에 거주·사용하는 것은 특별한 사정이 없는 한, 유치물의 보존에 필요한 사용에 해당한다.

[정답해설]
① 자동차의 수리채권은 자동차에 관하여 생긴 채권에 해당하여, 제3자에게도 유치권을 주장할 수 있다.

> 제320조 【유치권의 내용】
> ① 타인의 물건 또는 유가증권을 점유한 자는 그 물건이나 유가증권에 관하여 생긴 채권이 변제기에 있는 경우에는 변제를 받을 때까지 그 물건 또는 유가증권을 유치할 권리가 있다.

②, ④ 유치권의 성립요건이자 존속요건인 유치권자의 점유는 직접점유이든 간접점유이든 관계가 없으나(④), 다만 유치권은 목적물을 유치함으로써 채무자의 변제를 간접적으로 강제하는 것을 본체적 효력으로 하는 권리인 점 등에 비추어, 그 직접점유자가 채무자인 경우에는 유치권의 요건으로서의 점유에 해당하지 않는다(②)(대판 2008.4.11. 2007다27236).
③ 유치권은 법정담보물권이기는 하나 채권자의 이익보호를 위한 채권담보의 수단에 불과하므로 이를 포기하는 특약은 유효하고, 유치권을 사전에 포기한 경우 다른 법정요건이 모두 충족되더라도 유치권이 발생하지 않는 것과 마찬가지로 유치권을 사후에 포기한 경우 곧바로 유치권은 소멸한다고 보아야 한다(대판 2011.5.13. 2010마1544; 대판 1980.7.22. 80다1174 참조).
⑤ 민법 제324조에 의하면, 유치권자는 선량한 관리자의 주의로 유치물을 점유하여야 하고, 소유자의 승낙 없이 유치물을 보존에 필요한 범위를 넘어 사용하거나 대여 또는 담보제공을 할 수 없으며, 소유자는 유치권자가 위 의무를 위반한 때에는 유치권의 소멸을 청구할 수 있다고 할 것인바, 공사대금채권에 기하여 유치권을 행사하는 자가 스스로 유치물인 주택에 거주하며 사용하는 것은 특별한 사정이 없는 한 유치물인 주택의 보존에 도움이 되는 행위로서 유치물의 보존에 필요한 사용에 해당한다고 할 것이다. 그리고 유치권자가 유치물의 보존에 필요한 사용을 한 경우에도 특별한 사정이 없는 한 차임에 상당한 이득을 소유자에게 반환할 의무가 있다(대판 2009.9.24. 2009다40684).

06 유치권에 관한 설명으로 옳은 것은? (다툼이 있으면 판례에 따름) ▶ 2015 감정평가사

① 채권자가 불법으로 점유를 취득한 경우에도 유치권이 성립한다.
② 채권자가 유치권을 행사하면 채권의 소멸시효는 중단된다.
③ 건물임차인은 권리금반환청구권에 기하여 임차건물에 대하여 유치권을 주장할 수 없다.
④ 유치권에는 우선변제적 효력이 없으므로, 유치권자는 채권의 변제를 받기 위하여 유치물을 경매할 수 없다.
⑤ 공사대금채권에 기하여 유치권을 행사하는 자가 채무자의 승낙 없이 유치물의 보존에 필요한 범위 내에서 유치물인 주택에 거주하며 사용하였다면, 특별한 사정이 없는 한 차임에 상당한 이득을 소유자에게 반환할 의무가 없다.

[정답해설]
① 유치권은 점유가 불법으로 개시된 경우에는 인정되지 않는다(제320조 제2항).

> 제320조 【유치권의 내용】
> ② 전항의 규정은 그 점유가 불법행위로 인한 경우에 적용하지 아니한다.

② 채권자가 유치권을 행사한다 하더라도 채권의 소멸시효는 중단되지 않고 진행된다(제326조).

> 제326조 【피담보채권의 소멸시효】
> 유치권의 행사는 채권의 소멸시효의 진행에 영향을 미치지 아니한다.

③ 임대인과 임차인 사이에 건물명도 시 권리금을 반환하기로 하는 약정이 있었다 하더라도 그와 같은 권리금반환청구권은 건물에 관하여 생긴 채권이라 할 수 없으므로 그와 같은 채권을 가지고 건물에 대한 유치권을 행사할 수 없다(대판 1994.10.14, 93다62119).
④ 유치권에는 우선변제적 효력이 없으나, 유치권자는 채권의 변제를 받기 위하여 유치물을 경매할 수는 있다. 이는 환가를 위한 경매이다(제322조).

> 제322조 【경매, 간이변제충당】
> ① 유치권자는 채권의 변제를 받기 위하여 유치물을 경매할 수 있다.

⑤ 공사대금채권에 기하여 유치권을 행사하는 자가 채무자의 승낙 없이 유치물의 보존에 필요한 범위 내에서 유치물인 주택에 거주하며 사용하였다면, 특별한 사정이 없는 한 차임에 상당한 이득을 소유자에게 반환할 의무가 있다(대판 1972.1.31, 71다2414).

▶ 정답 05 ② 06 ③

07 유치권에 관한 설명으로 옳은 것은? (다툼이 있으면 판례에 따름) ▶ 2017 감정평가사
① 목적물에 대한 점유를 취득한 후 그 목적물에 관한 채권이 성립한 경우 유치권은 인정되지 않는다.
② 유치물이 분할 가능한 경우, 채무자가 피담보채무의 일부를 변제하면 그 범위에서 유치권은 일부 소멸한다.
③ 유치권자가 유치물을 점유함으로써 유치권을 행사하고 있는 동안에는 피담보채권의 소멸시효는 진행되지 않는다.
④ 유치권자는 특별한 사정이 없는 한 법원에 청구하지 않고 유치물로 직접 변제에 충당할 수 있다.
⑤ 공사업자 乙에게 건축자재를 납품한 甲은 그 매매대금채권에 기하여 건축주 丙의 건물에 대하여 유치권을 행사할 수 없다.

[정답해설]
① 유치권자가 유치물을 점유하기 전에 발생된 채권(건축비채권)이라도 그 후 그 물건(건물)의 점유를 취득했다면 유치권은 성립한다(대판 1965.3.30, 64다1977).
② 유치권자는 채권 전부의 변제를 받을 때까지 목적물의 점유를 계속하면서 인도를 거절할 수 있다. 유치물이 분할 가능한 경우라도 채무자가 피담보채무의 일부를 변제한다고 하여 그 범위에서 유치권이 일부 소멸하지는 않는다.

> 제321조 【유치권의 불가분성】
> 유치권자는 채권 전부의 변제를 받을 때까지 유치물 전부에 대하여 그 권리를 행사할 수 있다.

③ 제326조 【피담보채권의 소멸시효】 유치권의 행사는 채권의 소멸시효의 진행에 영향을 미치지 아니한다.
→ 유치권자가 유치물을 계속 점유하고 있는 한 채권의 소멸시효는 진행되지 않는다. (×)
→ 유치권의 행사는 채권의 소멸시효의 진행을 중단시킨다. (×)
④ 민법은 정당한 이유가 있는 때에 유치권자가 유치물로 직접 변제에 충당할 수 있는 길을 열어 놓고 있는 바, 이때에도 법원에 청구하여 허가결정을 얻어야 한다.

> 제322조 【경매, 간이변제충당】
> ② 정당한 이유 있는 때에는 유치권자는 감정인의 평가에 의하여 유치물로 직접 변제에 충당할 것을 법원에 청구할 수 있다. 이 경우에는 유치권자는 미리 채무자에게 통지하여야 한다.

⑤ 甲이 건물 신축공사 수급인인 乙 주식회사와 체결한 약정에 따라 공사현장에 시멘트와 모래 등의 건축자재를 공급한 사안에서, 甲의 건축자재대금채권은 매매계약에 따른 매매대금채권에 불과할 뿐 건물 자체에 관하여 생긴 채권이라고 할 수는 없다(대판 2012.1.26, 2011다96208).

08 민사유치권자 甲에 관한 설명으로 옳지 않은 것은? (다툼이 있으면 판례에 따름)

▶ 2022 감정평가사

① 甲이 수취한 유치물의 과실은 먼저 피담보채권의 원본에 충당하고 그 잉여가 있으면 이자에 충당한다.
② 甲은 피담보채권의 변제를 받기 위하여 유치물을 경매할 수 있다.
③ 甲이 유치권을 행사하더라도 피담보채권의 소멸시효의 진행에는 영향을 미치지 않는다.
④ 甲은 채무자의 승낙이 없더라도 유치물의 보존에 필요한 사용은 할 수 있다.
⑤ 甲은 피담보채권 전부의 변제를 받을 때까지 유치물 전부에 대하여 그 권리를 행사할 수 있다.

[정답해설]

① 과실이 금전이 아닐 때에는 경매하여 먼저 이자에 충당하고 나머지가 있으면 원본에 충당한다(제323조).

> 제323조 【과실수취권】
> ① 유치권자는 유치물의 과실을 수취하여 다른 채권보다 먼저 그 채권의 변제에 충당할 수 있다. 그러나 과실이 금전이 아닌 때에는 경매하여야 한다.
> ② 과실은 먼저 채권의 이자에 충당하고 그 잉여가 있으면 원본에 충당한다.

② 유치권에는 우선변제적 효력이 없으나, 유치권자는 채권의 변제를 받기 위하여 유치물을 경매할 수는 있다. 이는 환가를 위한 경매이다(제322조).

> 제322조 【경매, 간이변제충당】
> ① 유치권자는 채권의 변제를 받기 위하여 유치물을 경매할 수 있다.

③ 유치권자가 유치권을 행사한다 하더라도 채권의 소멸시효의 진행에 영향을 미치지 아니하므로 소멸시효는 중단되지 않고 진행된다(제326조).

> 제326조 【피담보채권의 소멸시효】
> 유치권의 행사는 채권의 소멸시효의 진행에 영향을 미치지 아니한다.

④ 유치물의 보존에 필요한 사용은 채무자의 승낙 없이도 할 수 있다(제324조 제2항 단서). 그러나 그 외의 사용에는 채무자의 승낙이 있어야 한다.

> 제324조 【유치권자의 선관의무】
> ① 유치권자는 선량한 관리자의 주의로 유치물을 점유하여야 한다.
> ② 유치권자는 채무자의 승낙 없이 유치물의 사용, 대여 또는 담보제공을 하지 못한다. 그러나 유치물의 보존에 필요한 사용은 그러하지 아니하다.

⑤ 제321조 【유치권의 불가분성】 유치권자는 채권 전부의 변제를 받을 때까지 유치물 전부에 대하여 그 권리를 행사할 수 있다.

▶ 정답 07 ⑤ 08 ①

09 유치권에 관한 설명으로 옳지 않은 것은? (다툼이 있으면 판례에 따름) ▶ 2018 감정평가사

① 유치권의 행사는 피담보채권의 소멸시효의 진행에 영향을 미치지 아니한다.
② 유치권자는 피담보채권 전부의 변제를 받을 때까지 유치물 전부에 대하여 그 권리를 행사할 수 있다.
③ 근저당권설정 후 그 실행에 따른 경매로 인한 압류의 효력이 발생하기 전에 취득한 유치권으로 경매절차의 매수인에게 대항할 수 없다.
④ 피담보채권의 채무자를 직접점유자로 하여 채권자가 간접점유하는 경우에 유치권은 성립하지 않는다.
⑤ 유치권자는 경매로 인한 매수인에 대하여 그 피담보채권의 변제가 있을 때까지 유치목적물의 인도를 거절할 수 있을 뿐, 그 피담보채권의 변제를 청구할 수는 없다.

[정답해설]
① 제326조【피담보채권의 소멸시효】유치권의 행사는 채권의 소멸시효의 진행에 영향을 미치지 아니한다.
② 제321조【유치권의 불가분성】유치권자는 채권 전부의 변제를 받을 때까지 유치물 전부에 대하여 그 권리를 행사할 수 있다.
③ 부동산 경매절차에서의 매수인은 민사집행법 제91조 제5항에 따라 유치권자에게 그 유치권으로 담보하는 채권을 변제할 책임이 있는 것이 원칙이나, 채무자 소유의 건물 등 부동산에 경매개시결정의 기입등기가 경료되어 압류의 효력이 발생한 후에 채무자가 위 부동산에 관한 공사대금 채권자에게 그 점유를 이전함으로써 그로 하여금 유치권을 취득하게 한 경우, 그와 같은 점유의 이전은 목적물의 교환가치를 감소시킬 우려가 있는 처분행위에 해당하여 민사집행법 제92조 제1항, 제83조 제4항에 따른 압류의 처분금지효에 저촉되므로 점유자로서는 위 유치권을 내세워 그 부동산에 관한 경매절차의 매수인에게 대항할 수 없다. 그러나 이러한 법리는 경매로 인한 압류의 효력이 발생하기 전에 유치권을 취득한 경우에는 적용되지 아니하고, 유치권 취득시기가 근저당권설정 후라거나 유치권 취득 전에 설정된 근저당권에 기하여 경매절차가 개시되었다고 하여 달리 볼 것은 아니다(대판 2009.1.15. 2008다70763).
④ 유치권자의 점유에는 직접점유뿐만 아니라, 공동점유와 간접점유도 포함된다. 대법원은 유치권의 성립요건이자 존속요건인 유치권자의 점유는 직접점유이든 간접점유이든 관계가 없으나, 다만 유치권은 목적물을 유치함으로써 채무자의 변제를 간접적으로 강제하는 것을 본체적 효력으로 하는 권리인 점 등에 비추어, 그 직접점유자가 채무자인 경우에는 유치권의 요건으로서의 점유에 해당하지 않는다고 한다(대판 2008.4.11. 2007다27236).
⑤ 유치권자는 경락인에 대하여 그 피담보채권의 변제가 있을 때까지 유치목적물인 부동산의 인도를 거절할 수 있을 뿐이고 그 피담보채권의 변제를 청구할 수는 없다(대결 2014.12.30. 2014마1407).

10 민사유치권에 관한 설명으로 옳지 않은 것은? (다툼이 있으면 판례에 따름) ▶ 2020 감정평가사
① 수급인은 특별한 사정이 없으면 그의 비용과 노력으로 완공한 건물에 유치권을 가지지 못한다.
② 물건의 소유자는 그 물건을 점유하는 제3자가 비용을 지출할 때에 점유권원이 없음을 알았거나 중대한 과실로 몰랐음을 증명하여 비용상환청구권에 기한 유치권의 주장을 배척할 수 있다.
③ 채권과 물건 사이에 견련관계가 있더라도, 그 채무불이행으로 인한 손해배상채권과 그 물건 사이의 견련관계는 인정되지 않는다.
④ 저당권의 실행으로 부동산에 경매개시결정의 기입등기가 이루어지기 전에 유치권을 취득한 사람은 경매절차의 매수인에게 이를 행사할 수 있다.
⑤ 토지 등 그 성질상 다른 부분과 쉽게 분할할 수 있는 물건의 경우, 그 일부를 목적으로 하는 유치권이 성립할 수 있다.

[정답해설]
① 유치권은 타물권인 점에 비추어 볼 때 수급인의 재료와 노력으로 건축되었고 독립된 건물에 해당되는 기성부분은 수급인의 소유라 할 것이므로 수급인은 공사대금을 지급받을 때까지 이에 대하여 유치권을 가질 수 없다(대판 1993.3.26, 91다14116).
② 어떠한 물건을 점유하는 자는 소유의 의사로 선의 평온 및 공연하게 점유한 것으로 추정될 뿐만 아니라 점유자가 점유물에 대하여 행사하는 권리는 적법하게 보유하는 것으로 추정되므로 점유물에 대한 유익비상환청구권을 기초로 하는 유치권의 주장을 배척하려면 적어도 그 점유가 불법행위로 인하여 개시되었거나 유익비지출 당시 이를 점유할 권원이 없음을 알았거나 이를 알지 못함이 중대한 과실에 기인하였다고 인정할 만한 사유의 상대방 당사자의 주장입증이 있어야 한다(대판 1966.6.7, 66다600,601).
③ 채무불이행에 의한 손해배상청구권은 원채권의 연장이라 보아야 할 것이므로 물건과 원채권과 사이에 견련관계가 있는 경우에는 그 손해배상채권과 그 물건과의 사이에도 견련관계가 있다 할 것으로서 손해배상채권에 관하여 유치권항변을 내세울 수 있다 할 것이다(대판 1976.9.28, 76다582).
④ 부동산 경매절차에서의 매수인은 민사집행법 제91조 제5항에 따라 유치권자에게 그 유치권으로 담보하는 채권을 변제할 책임이 있는 것이 원칙이나, 채무자 소유의 건물 등 부동산에 경매개시결정의 기입등기가 경료되어 압류의 효력이 발생한 후에 채무자가 위 부동산에 관한 공사대금 채권자에게 그 점유를 이전함으로써 그로 하여금 유치권을 취득하게 한 경우, 그와 같은 점유의 이전은 목적물의 교환가치를 감소시킬 우려가 있는 처분행위에 해당하여 민사집행법 제92조 제1항, 제83조 제4항에 따른 압류의 처분금지효에 저촉되므로 점유자로서는 위 유치권을 내세워 그 부동산에 관한 경매절차의 매수인에게 대항할 수 없다. 그러나 이러한 법리는 경매로 인한 압류의 효력이 발생하기 전에 유치권을 취득한 경우에는 적용되지 아니하고, 유치권 취득시기가 근저당권설정 후라거나 유치권 취득 전에 설정된 근저당권에 기하여 경매절차가 개시되었다고 하여 달리 볼 것은 아니다(대판 2009.1.15, 2008다70763).
⑤ 타인이 임야의 일부를 개간한 자가 그 개간부분에 대하여 유치권을 항변하였는데 거래상 개간부분과는 다른 부분과의 분할이 가능함이 용이하게 추지되는 경우 그 유치권의 객체는 임야중 개간부분에 한하는 것이었다고 할 것임에도 불구하고 인도청구 전부를 배척한 것은 위법이다(대판 1968.3.5, 67다2786).

11 유치권에 관한 설명으로 옳지 않은 것은? (다툼이 있으면 판례에 따름) ▶ 2021 감정평가사

① 건물의 임차인이 임대인에게 지급한 임차보증금반환채권은 그 건물에 관하여 생긴 채권이 아니다.
② 임대인이 건물시설을 하지 않아 임차인이 건물을 임차목적대로 사용하지 못하였음을 이유로 하는 손해배상청구권은 그 건물에 관하여 생긴 채권이다.
③ 수급인의 재료와 노력으로 건축되었고 독립한 건물에 해당되는 기성부분에 대하여는 특별한 사정이 없는 한 수급인은 유치권을 가질 수 없다.
④ 채권자가 채무자를 직접점유자로 하여 간접점유하는 경우에는 유치권이 성립하지 않는다.
⑤ 유치권자가 점유침탈로 유치물의 점유를 상실한 경우, 유치권은 원칙적으로 소멸한다.

정답해설

①, ② 건물의 임대차에 있어서 임차인의 임대인에게 지급한 임차보증금반환청구권이나 임대인이 건물시설을 아니하기 때문에 임차인에게 건물을 임차목적대로 사용 못한 것을 이유로 하는 손해배상청구권은 모두 민법 제320조 소정 소위 그 건물에 관하여 생긴 채권이라 할 수 없다(대판 1976.5.11. 75다1305).
③ 유치권은 타물권인 점에 비추어 볼 때 수급인의 재료와 노력으로 건축되었고 독립한 건물에 해당되는 기성부분은 수급인의 소유라 할 것이므로 수급인은 공사대금을 지급받을 때까지 이에 대하여 유치권을 가질 수 없다(대판 1993.3.26. 91다14116).
④ 유치권의 성립요건이자 존속요건인 유치권자의 점유는 직접점유이든 간접점유이든 관계가 없으나, 다만 유치권은 목적물을 유치함으로써 채무자의 변제를 간접적으로 강제하는 것을 본체적 효력으로 하는 권리인 점 등에 비추어, 그 직접점유자가 채무자인 경우에는 유치권의 요건으로서의 점유에 해당하지 않는다(대판 2008.4.11. 2007다27236).
⑤ 유치권자가 점유침탈로 유치물의 점유를 상실한 경우, 유치권은 원칙적으로 소멸한다(제328조).

> **제328조 【점유상실과 유치권소멸】**
> 유치권은 점유의 상실로 인하여 소멸한다.

▶ 정답 11 ②

심화문제편

01 유치권이 유효하게 성립할 수 있는 경우는? (다툼이 있으면 판례에 따름) ▶ 2024 감정평가사

① 주택수선공사를 한 수급인이 공사대금채권을 담보하기 위하여 주택을 점유한 경우
② 임대인이 지급하기로 약정한 권리금의 반환청구권을 담보하기 위하여 임차인이 상가건물을 점유한 경우
③ 매도인이 매수인에 대한 매매대금채권을 담보하기 위하여 매매목적물을 점유한 경우
④ 주택신축을 위하여 수급인에게 공급한 건축자재에 대한 대금채권을 담보하기 위하여 그 공급자가 주택을 점유한 경우
⑤ 임차인이 임차보증금반환채권을 담보하기 위하여 임차목적물을 점유한 경우

정답해설

① 주택건물의 신축공사를 한 수급인이 그 건물을 점유하고 있고 또 그 건물에 관하여 생긴 공사금 채권이 있다면, 수급인은 그 채권을 변제받을 때까지 건물을 유치할 권리가 있다고 할 것이고, 이러한 유치권은 수급인이 점유를 상실하거나 피담보채무가 변제되는 등 특단의 사정이 없는 한 소멸되지 않는다(대판 1995.9.15, 95다16202 · 16219).
② 임대인과 임차인 사이에 건물명도 시 권리금을 반환하기로 하는 약정이 있었다 하더라도 그와 같은 권리금반환청구권은 건물에 관하여 생긴 채권이라 할 수 없으므로 그와 같은 채권을 가지고 건물에 대한 유치권을 행사할 수 없다(대판 1994.10.14, 93다62119).
③ 부동산 매도인이 매매대금을 다 지급받지 아니한 상태에서 매수인에게 소유권이전등기를 마쳐주어 목적물의 소유권을 매수인에게 이전한 경우에는, 매도인의 목적물인도의무에 관하여 동시이행의 항변권 외에 물권적 권리인 유치권까지 인정할 것은 아니다. 따라서 매도인이 부동산을 점유하고 있고 소유권을 이전받은 매수인에게서 매매대금 일부를 지급받지 못하고 있다고 하여 매매대금채권을 피담보채권으로 매수인이나 그에게서 부동산 소유권을 취득한 제3자를 상대로 유치권을 주장할 수 없다(대결 2012.1.12, 2011마2380).
④ 甲이 건물 신축공사 수급인인 乙주식회사와 체결한 약정에 따라 공사현장에 시멘트와 모래 등의 건축자재를 공급한 경우 甲의 건축자재대금채권은 매매계약에 따른 매매대금채권에 불과할 뿐 건물 자체에 관하여 생긴 채권이라고 할 수 없다(대판 2012.1.26, 2011다96208).
⑤ 건물의 임대차에 있어서 임차인의 임대인에게 지급한 임차보증금반환청구권이나 임대인이 건물시설을 아니하기 때문에 임차인에게 건물을 임차목적대로 사용 못한 것을 이유로 하는 손해배상청구권은 모두 민법 제320조 소정 소위 그 건물에 관하여 생긴 채권이라 할 수 없다(대판 1976.5.11, 75다1305).

▶ 정답 01 ①

02 민법상 유치권에 관한 설명으로 옳은 것을 모두 고른 것은? (다툼이 있으면 판례에 따름)

▶ 2024 가맹거래사

> ㉠ 유치권 배제 특약에 따른 효력은 그 특약의 상대방에 한하여 주장할 수 있다.
> ㉡ 점유가 불법행위로 개시된 경우, 유치권이 성립하지 않는다.
> ㉢ 유치물의 공정한 가격을 쉽게 알 수 없는 경우, 유치권자에게 유치물의 간이변제충당을 허가할 정당한 이유가 있다.
> ㉣ 유치권자가 유치물에 대한 보존행위로서 목적물을 사용하는 경우, 불법사용으로 인한 손해배상책임이 없다.

① ㉠, ㉡
② ㉠, ㉢
③ ㉡, ㉣
④ ㉠, ㉢, ㉣
⑤ ㉡, ㉢, ㉣

정답해설

㉠ (×): 유치권은 법정담보물권이기는 하나 채권자의 이익보호를 위한 채권담보의 수단에 불과하므로 이를 포기하는 특약은 유효하고, 유치권을 사전에 포기한 경우 다른 법정요건이 모두 충족되더라도 유치권이 발생하지 않는 것과 마찬가지로 유치권을 사후에 포기한 경우 곧바로 유치권은 소멸한다. 그리고 유치권 포기로 인한 유치권의 소멸은 유치권 포기의 의사표시의 상대방뿐 아니라 그 이외의 사람도 주장할 수 있다(대판 2016.5.12, 2014다52087).

㉡ (○): 유치권은 점유가 불법으로 개시된 경우에는 인정되지 않는다(제320조 제2항).

> **제320조【유치권의 내용】**
> ② 전항의 규정은 그 점유가 불법행위로 인한 경우에 적용하지 아니한다.

㉢ (×): 유치물의 처분에 관하여 이해관계를 달리하는 다수의 권리자가 존재하거나 유치물의 공정한 가격을 쉽게 알 수 없는 등의 경우에는 민법 제322조 제2항에 의하여 유치권자에게 유치물의 간이변제충당을 허가할 정당한 이유가 있다고 할 수 없다(대결 2000.10.30, 2000마4002).

> **제322조【경매, 간이변제충당】**
> ② 정당한 이유 있는 때에는 유치권자는 감정인의 평가에 의하여 유치물로 직접 변제에 충당할 것을 법원에 청구할 수 있다.

㉣ (○): 유치권자가 유치물에 대한 보존행위로서 목적물을 사용하는 것은 적법행위이므로 불법점유로 인한 손해배상책임이 없는 것이다(대판 1972.1.31, 71다2414).

03 유치권에 관한 설명으로 옳지 않은 것은? (다툼이 있으면 판례에 따름) ▶ 2021 주택관리사

① 유치권에는 물상대위성이 인정되지 않는다.
② 분할이 가능한 토지의 일부에도 유치권이 성립할 수 있다.
③ 피담보채권의 양도와 목적물의 인도가 있으면 유치권은 이전된다.
④ 유치권자는 채권의 변제를 받기 위해 유치물을 경매할 수 있다.
⑤ 유치부동산에 대하여 법원이 간이변제충당을 허가한 경우, 그 부동산에 대한 등기를 하여야 소유권이 이전된다.

[정답해설]
① 물상대위성은 우선변제적 효력을 전제로 하기 때문에 우선변제적 효력이 없는 유치권에는 인정되지 않는다.
② 유치권의 객체인 물건에는 동산뿐만 아니라 부동산도 포함된다. 또한 분할이 가능한 토지의 일부와 같은 물건의 일부에도 유치권이 성립할 수 있다(대판 1968.3.5, 67다2786).
③ 담보물권인 유치권도 피담보채권이 이전되는 경우 수반성에 의하여 함께 이전한다. 다만 유치권은 점유에 의존하므로 점유도 이전되어야만 유치권도 소멸하지 않고 이전한다. 한편 유치물이 부동산인 경우 등기를 요하는 것은 아니다. 따라서 피담보채권의 양도와 목적물의 인도가 있으면 유치권은 이전된다.
④ 제322조 【경매, 간이변제충당】 ① 유치권자는 채권의 변제를 받기 위하여 유치물을 경매할 수 있다.
⑤ 간이변제충당에 관한 법원의 허가결정이 있으면 유치권자는 유치물의 소유권을 취득하고, 채무는 감정액의 한도에서 소멸한다(제322조 제2항). 이에 따른 소유권취득은 법률의 규정에 의한 물권의 취득이므로(제187조) 등기를 요하지 않는다. 이 경우에는 그 부동산에 대한 이전등기를 없이 소유권이 이전된다.

> 제322조 【경매, 간이변제충당】
> ② 정당한 이유 있는 때에는 유치권자는 감정인의 평가에 의하여 유치물로 직접 변제에 충당할 것을 법원에 청구할 수 있다

04 유치권에 관한 설명으로 옳지 않은 것은? (다툼이 있으면 판례에 따름) ▶ 2023 감정평가사

① 유치물의 소유자가 변동된 후 유치권자가 유치물에 관하여 새로이 유익비를 지급하여 가격증가가 현존하는 경우, 유치권자는 그 유익비를 피보전채권으로 하여서도 유치권을 행사할 수 있다.
② 다세대주택의 창호공사를 완성한 하수급인이 공사대금채권 잔액을 변제받기 위하여 그 중 한 세대를 점유하는 유치권 행사는 인정되지 않는다.
③ 수급인의 재료와 노력으로 건물을 신축한 경우, 특별한 사정이 없는 한 그 건물에 대한 수급인의 유치권은 인정되지 않는다.
④ 유치권의 목적이 될 수 있는 것은 동산, 부동산 그리고 유가증권이다.
⑤ 유치권자가 유치물에 대한 보존행위로서 목적물을 사용하는 것은 적법하다.

▶ 정답 02 ③ 03 ⑤ 04 ②

> 정답해설

① 유치권자의 점유하에 있는 유치물의 소유자가 변동하더라도 유치권자의 점유는 유치물에 대한 보존행위로서 하는 것이므로 적법하고 그 소유자변동 후 유치권자가 유치물에 관하여 새로이 유익비를 지급하여 그 가격의 증가가 현존하는 경우에는 이 유익비에 대하여도 유치권을 행사할 수 있다(대판 1972.1.31. 71다2414).

② [1] 민법 제320조 제1항에서 '그 물건에 관하여 생긴 채권'은 유치권 제도 본래의 취지인 공평의 원칙에 특별히 반하지 않는 한 채권이 목적물 자체로부터 발생한 경우는 물론이고 채권이 목적물의 반환청구권과 동일한 법률관계나 사실관계로부터 발생한 경우도 포함하고, 한편 민법 제321조는 "유치권자는 채권 전부의 변제를 받을 때까지 유치물 전부에 대하여 그 권리를 행사할 수 있다"고 규정하고 있으므로, 유치물은 그 각 부분으로써 피담보채권의 전부를 담보하며, 이와 같은 유치권의 불가분성은 그 목적물이 분할가능하거나 수개의 물건인 경우에도 적용된다.

[2] 다세대주택의 창호 등의 공사를 완성한 하수급인이 공사대금채권 잔액을 변제받기 위하여 위 다세대주택 중 한 세대를 점유하여 유치권을 행사하는 경우, 그 유치권은 위 한 세대에 대하여 시행한 공사대금만이 아니라 다세대주택 전체에 대하여 시행한 공사대금채권의 잔액 전부를 피담보채권으로 하여 성립한다(대판 2007.9.7. 2005다16942).

③ 유치권은 타물권인 점에 비추어 볼 때 수급인의 재료와 노력으로 건축되었고 독립한 건물에 해당되는 기성부분은 수급인의 소유라 할 것이므로 수급인은 공사대금을 지급받을 때까지 이에 대하여 유치권을 가질 수 없다(대판 1993.3.26. 91다14116).

④ 유치권의 목적이 될 수 있는 것은 물건인 동산과 부동산, 그리고 유가증권이다(제320조 제1항).

> 제320조 【유치권의 내용】
> ① 타인의 물건 또는 유가증권을 점유한 자는 그 물건이나 유가증권에 관하여 생긴 채권이 변제기에 있는 경우에는 변제를 받을 때까지 그 물건 또는 유가증권을 유치할 권리가 있다.

⑤ 유치권자가 유치물에 대한 보존행위로서 목적물을 사용하는 것은 적법행위이므로 불법점유로 인한 손해배상 책임이 없는 것이다(대판 1972.1.31. 71다2414).

> 제324조 【유치권자의 선관의무】
> ② 유치권자는 채무자의 승낙 없이 유치물의 사용, 대여 또는 담보제공을 하지 못한다. 그러나 유치물의 보존에 필요한 사용은 그러하지 아니하다.

05 유치권에 관한 설명으로 옳지 않은 것은? (다툼이 있으면 판례에 의함) ▶ 2025 감정평가사
① 유치권자는 유치물의 과실인 금전을 수취하여 다른 채권보다 먼저 그 채권의 변제에 충당할 수 있다.
② 유치권자가 소유자의 허락 없이 유치물을 임대한 경우 임차인은 소유자에게 임대차로 대항할 수 없다.
③ 여러 필지의 토지에 유치권을 행사하는 자가 그 토지 중 일부에 대해 선관주의의무를 위반한 경우 모든 토지에 대한 유치권소멸청구가 인정된다.
④ 유치권에 의한 경매로 유치물이 매각되는 경우 유치권자는 일반채권자와 동일한 순위로 배당을 받는다.
⑤ 저당권이 설정된 건물에 대하여 경매개시결정 이전에 유치권이 성립한 때에는 유치권자는 경매절차의 매수인에게 대항할 수 있다.

정답해설

① 제323조【과실수취권】① 유치권자는 유치물의 과실을 수취하여 다른 채권보다 먼저 그 채권의 변제에 충당할 수 있다. 그러나 과실이 금전이 아닌 때에는 경매하여야 한다.
② 유치권자는 채무자 또는 소유자의 승낙이 없는 이상 그 목적물을 타인에게 임대할 수 있는 권한이 없으므로(민법 제324조 제2항 참조), 유치권자의 그러한 임대행위는 소유자의 처분권한을 침해하는 것으로서 소유자에게 그 임대의 효력을 주장할 수 없다. 따라서 소유자의 승낙 없는 유치권자의 임대차에 의하여 유치권의 목적물을 임차한 자의 점유는 민사집행법 제136조 제1항 단서에서 규정하는 '매수인에게 대항할 수 있는 권원'에 기한 것이라고 볼 수 없다(대결 2017.2.8, 2015마2025).
③ 하나의 채권을 피담보채권으로 하여 여러 필지의 토지에 대하여 유치권을 취득한 유치권자가 그 중 일부 필지의 토지에 대하여 선량한 관리자의 주의의무를 위반하였다면 특별한 사정이 없는 한 위반행위가 있었던 필지의 토지에 대하여만 유치권 소멸청구가 가능하다(대판 2022.6.16, 2018다301350).
④ 민법 제322조 제1항에 의하여 실시되는 유치권에 의한 경매도 강제경매나 담보권 실행을 위한 경매와 마찬가지로 목적부동산 위의 부담을 소멸시키는 것을 법정매각조건으로 하여 실시되고 우선채권자뿐만 아니라 일반채권자의 배당요구도 허용되며, 유치권자는 일반채권자와 동일한 순위로 배당을 받을 수 있다고 봄이 상당하다(대판 2011.8.18, 2011다35593).
⑤ 부동산 경매절차에서의 매수인은 민사집행법 제91조 제5항에 따라 유치권자에게 그 유치권으로 담보하는 채권을 변제할 책임이 있는 것이 원칙이나, 채무자 소유의 건물 등 부동산에 경매개시결정의 기입등기가 경료되어 압류의 효력이 발생한 후에 채무자가 위 부동산에 관한 공사대금 채권자에게 그 점유를 이전함으로써 그로 하여금 유치권을 취득하게 한 경우, 그와 같은 점유의 이전은 목적물의 교환가치를 감소시킬 우려가 있는 처분행위에 해당하여 민사집행법 제92조 제1항, 제83조 제4항에 따른 압류의 처분금지효에 저촉되므로 점유자로서는 위 유치권을 내세워 그 부동산에 관한 경매절차의 매수인에게 대항할 수 없다. 그러나 이러한 법리는 경매로 인한 압류의 효력이 발생하기 전에 유치권을 취득한 경우에는 적용되지 아니하고, 유치권 취득시기가 근저당권설정 후라거나 유치권 취득 전에 설정된 근저당권에 기하여 경매절차가 개시되었다고 하여 달리 볼 것은 아니다(대판 2009.1.15, 2008다70763).

▶ 정답 05 ③

06 유치권에 관한 설명으로 옳은 것은? (다툼이 있으면 판례에 따름)   ▶ 2024 감정평가사

① 피담보채권이 존재한다면 타인의 물건에 대한 점유가 불법행위로 인한 것인 때에도 유치권이 성립한다.
② 유치권자가 유치물 소유자의 승낙 없이 유치물을 임대한 경우, 특별한 사정이 없는 한 유치물의 소유자는 유치권의 소멸을 청구할 수 없다.
③ 목적물에 대한 점유를 상실한 경우, 유치권자가 점유회수의 소를 제기하여 점유를 회복할 수 있다는 것만으로는 유치권이 인정되지 않는다.
④ 채무자를 직접점유자로 하여 채권자가 간접점유를 하였더라도 채권자는 유효하게 유치권을 취득할 수 있다.
⑤ 저당물의 제3취득자가 저당물의 개량을 위하여 유익비를 지출한 때에는 민법 제367조에 의한 비용상환청구권을 피담보채권으로 삼아 유치권을 행사할 수 있다.

정답해설

① 유치권은 점유가 불법행위로 개시된 경우에는 인정되지 않는다(제320조 제2항).

> **제320조【유치권의 내용】**
> ② 전항의 규정은 그 점유가 불법행위로 인한 경우에 적용하지 아니한다.

② 유치권은 점유하는 물건으로써 유치권자의 피담보채권에 대한 우선적 만족을 확보하여 주는 법정담보물권이다(민법 제320조 제1항, 상법 제58조). 한편 유치권자가 민법 제324조 제2항을 위반하여 유치물 소유자의 승낙 없이 유치물을 임대한 경우 유치물의 소유자는 이를 이유로 민법 제324조 제3항에 의하여 유치권의 소멸을 청구할 수 있다. 민법 제324조에서 정한 유치권소멸청구는 유치권자의 선량한 관리자의 주의의무 위반에 대한 제재로서 채무자 또는 유치물의 소유자를 보호하기 위한 규정이므로, 특별한 사정이 없는 한 민법 제324조 제2항을 위반한 임대행위가 있은 뒤에 유치물의 소유권을 취득한 제3자도 유치권소멸청구를 할 수 있다(대판 2023.8.31, 2019다295278).
③ 점유회수의 소를 제기하여 승소판결을 받아 점유를 회복하면 점유를 상실하지 않았던 것으로 되어 유치권이 되살아나지만, 위와 같은 방법으로 점유를 회복하기 전에는 유치권이 되살아나는 것이 아니다(대판 2012.2.9, 2011다72189).
④ 유치권의 성립요건이자 존속요건인 유치권자의 점유는 직접점유이든 간접점유이든 관계가 없으나, 다만 유치권은 목적물을 유치함으로써 채무자의 변제를 간접적으로 강제하는 것을 본체적 효력으로 하는 권리인 점 등에 비추어, 그 직접점유자가 채무자인 경우에는 유치권의 요건으로서의 점유에 해당하지 않는다(대판 2008.4.11, 2007다27236).
⑤ 민법 제367조에 의한 우선상환은 제3취득자가 경매절차에서 배당받는 방법으로 민법 제203조 제1, 2항에서 규정한 비용에 관하여 경매절차의 매각대금에서 우선변제받을 수 있다는 것이지 이를 근거로 제3취득자가 직접 저당권설정자, 저당권자 또는 경매절차 매수인 등에 대하여 비용상환을 청구할 수 있는 권리가 인정될 수 없다. 따라서 제3취득자는 민법 제367조에 의한 비용상환청구권을 피담보채권으로 주장하면서 유치권을 행사할 수 없다(대판 2023.7.13, 2022다265093).

07 민법상 유치권에 관한 설명으로 옳은 것은? (다툼이 있으면 판례에 따름) ▶2016 주택관리사

① 부동산에 가압류등기가 마쳐진 후에 채무자의 점유이전으로 제3자가 유치권을 취득한 경우, 유치권자는 그 부동산경매절차의 매수인에게 유치권을 주장할 수 없다.
② 부동산에 경매개시결정등기가 마쳐진 후에 채무자의 점유이전으로 제3자가 유치권을 취득한 경우, 유치권자는 그 부동산경매절차의 매수인에게 유치권을 주장할 수 없다.
③ 부동산에 저당권이 설정된 후에 유치권이 성립하면 유치권자는 그 부동산경매절차의 매수인에게 유치권을 주장할 수 없다.
④ 유치권자가 피담보채권의 일부를 변제받은 경우, 남은 채권액에 상응하는 유치물 부분에 한하여 그 권리를 행사할 수 있다.
⑤ 유치권자가 유치물로부터 금전이 아닌 과실(果實)을 수취한 경우, 특별한 절차를 거치지 않고도 그 과실을 다른 채권보다 먼저 그 채권의 변제에 충당할 수 있다.

정답해설
① 부동산에 가압류등기가 경료되면 채무자가 당해 부동산에 관한 처분행위를 하더라도 이로써 가압류채권자에게 대항할 수 없게 되는데, 여기서 처분행위란 당해 부동산을 양도하거나 이에 대해 용익물권, 담보물권 등을 설정하는 행위를 말하고 특별한 사정이 없는 한 점유의 이전과 같은 사실행위는 이에 해당하지 않는다. 따라서 부동산에 가압류등기가 경료되어 있을 뿐 현실적인 매각절차가 이루어지지 않고 있는 상황하에서는 채무자의 점유이전으로 인하여 제3자가 유치권을 취득하게 된다고 하더라도 이를 처분행위로 볼 수는 없다(대판 2011.11.24, 2009다19246).
② 채무자 소유의 부동산에 경매개시결정의 기입등기가 경료되어 압류의 효력이 발생한 이후에 채권자가 채무자로부터 위 부동산의 점유를 이전받고 이에 관한 공사 등을 시행함으로써 채무자에 대한 공사대금채권 및 이를 피담보채권으로 한 유치권을 취득한 경우, 이러한 점유의 이전은 목적물의 교환가치를 감소시킬 우려가 있는 처분행위에 해당하여 민사집행법 제92조 제1항, 제83조 제4항에 따른 압류의 처분금지효에 저촉되므로, 위와 같은 경우로 부동산을 점유한 채권자로서는 위 유치권을 내세워 그 부동산에 관한 경매절차의 매수인에게 대항할 수 없고, 이 경우 위 부동산에 경매개시결정의 기입등기가 경료되어 있음을 채권자가 알았는지 여부 또는 이를 알지 못한 것에 관하여 과실이 있는지 여부 등은 채권자가 그 유치권을 매수인에게 대항할 수 없다는 결론에 아무런 영향을 미치지 못한다(대판 2006.8.25, 2006다22050).
③ 채무자 소유의 건물 등 부동산에 경매개시결정의 기입등기가 경료되어 압류의 효력이 발생한 후에 채무자가 위 부동산에 관한 공사대금 채권자에게 그 점유를 이전함으로써 그로 하여금 유치권을 취득하게 한 경우, 그와 같은 점유의 이전은 목적물의 교환가치를 감소시킬 우려가 있는 처분행위에 해당하여 민사집행법 제92조 제1항, 제83조 제4항에 따른 압류의 처분금지효에 저촉되므로 점유자로서는 위 유치권을 내세워 그 부동산에 관한 경매절차의 매수인에게 대항할 수 없다. 그러나 이러한 법리는 경매로 인한 압류의 효력이 발생하기 전에 유치권을 취득한 경우에는 적용되지 아니하고, 유치권 취득시기가 근저당권설정 후라거나 유치권 취득 전에 설정된 근저당권에 기하여 경매절차가 개시되었다고 하여 달리 볼 것은 아니다(대판 2009.1.15, 2008다70763).
④ 대법원은 유치권의 불가분성은 그 목적물이 분할 가능하거나 수개의 물건인 경우에도 적용된다고 하면서 다세대주택의 창호 등의 공사를 완성한 하수급인이 공사대금채권 잔액을 변제받기 위하여 위 다세대주택 중 한 세대를 점유하여 유치권을 행사하는 경우, 그 유치권은 위 한 세대에 대하여 시행한 공사대금만이 아니라 다세대주택 전체에 대하여 시행한 공사대금채권의 잔액 전부를 피담보채권으로 하여 성립한다고 한다(대판 2007.9.7, 2005다16942).

▶정답 06 ③ 07 ②

⑤ 과실이 금전이 아닐 때에는 특별한 절차인 경매하여 이자에 충당하고 나머지가 있으면 원본에 충당한다(제323조).

> **제323조【과실수취권】**
> ① 유치권자는 유치물의 과실을 수취하여 다른 채권보다 먼저 그 채권의 변제에 충당할 수 있다. 그러나 과실이 금전이 아닌 때에는 경매하여야 한다.
> ② 과실은 먼저 채권의 이자에 충당하고 그 잉여가 있으면 원본에 충당한다.

08
甲은 X건물에 관하여 생긴 채권을 가지고 있다. 乙의 경매신청에 따라 X건물에 압류의 효력이 발생하였고, 丙은 경매절차에서 건물의 소유권을 취득하였다. 다음 중 甲이 丙에게 유치권을 행사할 수 있는 경우를 모두 고른 것은? (다툼이 있으면 판례에 따름) ▶ 2018 공인중개사

> ㄱ. X건물에 위 압류의 효력이 발생한 후에 甲이 X건물의 점유를 이전받은 경우
> ㄴ. X건물에 위 압류의 효력이 발생한 후에 甲의 피담보채권의 변제기가 도래한 경우
> ㄷ. X건물에 위 압류의 효력이 발생하기 전에 甲이 유치권을 취득하였지만, 乙의 저당권이 甲의 유치권보다 먼저 성립한 경우
> ㄹ. X건물에 위 압류의 효력이 발생하기전에 甲이 유치권을 취득하였지만, 乙의 가압류등기가 甲의 유치권보다 먼저 마쳐진 경우

① ㄱ, ㄴ
② ㄴ, ㄷ
③ ㄷ, ㄹ
④ ㄱ, ㄴ, ㄷ
⑤ ㄱ, ㄷ, ㄹ

정답해설

ㄱ. (×) : 부동산 경매절차에서의 매수인은 민사집행법 제91조 제5항에 따라 유치권자에게 그 유치권으로 담보하는 채권을 변제할 책임이 있는 것이 원칙이나, 채무자 소유의 건물 등 부동산에 경매개시결정의 기입등기가 경료되어 압류의 효력이 발생한 후에 채무자가 위 부동산에 관한 공사대금 채권자에게 그 점유를 이전함으로써 그로 하여금 유치권을 취득하게 한 경우, 그와 같은 점유의 이전은 목적물의 교환가치를 감소시킬 우려가 있는 처분행위에 해당하여 민사집행법 제92조 제1항, 제83조 제4항에 따른 압류의 처분금지효에 저촉되므로 점유자로서는 위 유치권을 내세워 그 부동산에 관한 경매절차의 매수인에게 대항할 수 없다. 그러나 이러한 법리는 경매로 인한 압류의 효력이 발생하기 전에 유치권을 취득한 경우에는 적용되지 아니하고, 유치권 취득시기가 근저당권설정 후라거나 유치권 취득 전에 설정된 근저당권에 기하여 경매절차가 개시되었다고 하여 달리 볼 것은 아니다(대판 2009.1.15, 2008다70763).

ㄴ. (×) : 유치권은 목적물에 관하여 생긴 채권이 변제기에 있는 경우에 비로소 성립하고(민법 제320조), 한편 채무자 소유의 부동산에 경매개시결정의 기입등기가 마쳐져 압류의 효력이 발생한 후에 유치권을 취득한 경우에는 그로써 부동산에 관한 경매절차의 매수인에게 대항할 수 없는데, 채무자 소유의 건물에 관하여 증·개축 등 공사를 도급받은 수급인이 경매개시결정의 기입등기가 마쳐지기 전에 채무자에게서 건물의 점유를 이전받았다 하더라도 경매개시결정의 기입등기가 마쳐져 압류의 효력이 발생한 후에 공사를 완공하여 공사대금채권을 취득함으로써 그때 비로소 유치권이 성립한 경우에는, 수급인은 유치권을 내세워 경매절차의 매수인에게 대항할 수 없다(대판 2011.10.13, 2011다55214).

ㄷ. (O) : 부동산 경매절차에서의 매수인은 민사집행법 제91조 제5항에 따라 유치권자에게 그 유치권으로 담보하는 채권을 변제할 책임이 있는 것이 원칙이나, 채무자 소유의 건물 등 부동산에 경매개시결정의 기입등기가 경료되어 압류의 효력이 발생한 후에 채무자가 위 부동산에 관한 공사대금 채권자에게 그 점유를 이전함으로써 그로 하여금 유치권을 취득하게 한 경우, 그와 같은 점유의 이전은 목적물의 교환가치를 감소시킬 우려가 있는 처분행위에 해당하여 민사집행법 제92조 제1항, 제83조 제4항에 따른 압류의 처분금지효에 저촉되므로 점유자로서는 위 유치권을 내세워 그 부동산에 관한 경매절차의 매수인에게 대항할 수 없다. 그러나 이러한 법리는 경매로 인한 압류의 효력이 발생하기 전에 유치권을 취득한 경우에는 적용되지 아니하고, 유치권 취득시기가 근저당권설정 후라거나 유치권 취득 전에 설정된 근저당권에 기하여 경매절차가 개시되었다고 하여 달리 볼 것은 아니다(대판 2009.1.15, 2008다70763).

ㄹ. (O) : 부동산에 가압류등기가 경료되면 채무자가 해당 부동산에 관한 처분행위를 하더라도 이로써 가압류채권자에게 대항할 수 없게 되는데, 여기서 처분행위란 해당 부동산을 양도하거나 이에 대해 용익물권, 담보물권 등을 설정하는 행위를 말하고 특별한 사정이 없는 한 점유의 이전과 같은 사실행위는 이에 해당하지 않는다. 따라서 이와 달리 부동산에 가압류등기가 경료되어 있을 뿐 현실적인 매각절차가 이루어지지 않고 있는 상황하에서는 채무자의 점유이전으로 인하여 제3자가 유치권을 취득하게 된다고 하더라도 이를 처분행위로 볼 수는 없다(대판 2011.11.24, 2009다19246).

09 甲은 자신의 X노트북을 乙에게 빌려주었는데, 乙은 丙에게 노트북 수리를 맡겼다. 丙이 수리를 마쳤지만 아직 수리대금을 받지 못하고 있다. 이에 관한 설명으로 옳지 않은 것은? (다툼이 있으면 판례에 따름)

① 丙의 乙에 대한 수리대금채권은 민법상 3년의 단기소멸시효에 걸린다.
② 乙과 丙이 유치권의 성립을 배제하는 특약을 하였다면, 그 특약은 유효하다.
③ X노트북을 점유하고 있는 丙은 甲에 대하여 유치권을 주장할 수 있다.
④ 丙이 乙에게 노트북을 반환하였다면, 丙은 수리대금채권에 관하여 甲에게 유치권을 주장할 수 없다.
⑤ 甲과 乙 사이에 수리비는 乙이 부담하기로 사전에 약정하였다면, X노트북을 점유하고 있는 丙은 甲에게 유치권을 주장할 수 없다.

[정답해설]

① 도급채권은 3년의 시효에 걸린다(제163조 제3호). 따라서 丙의 乙에 대한 수리대금채권은 민법상 3년의 단기소멸시효에 걸린다.
② 유치권의 성립배제특약은 가능하다(제320조). 따라서 乙과 丙이 유치권의 성립을 배제하는 특약을 하였다면, 그 특약은 유효하다(대판 1975.4.22, 73다2010).
③, ⑤ 유치권은 약정담보물권이 아니고 법정담보물권이며, 타물권으로서 제3자에게 대항력이 있다. 따라서 甲과 乙 사이에 수리비는 乙이 부담하기로 사전에 약정하였다 하더라도, X노트북을 점유하고 있는 丙은 제3자(타인) 甲에게 유치권을 주장할 수 있다(제320조 참조). 결국 ③은 타당하고, ⑤는 부당하다.
④ 유치권은 점유상실로 인하여 소멸한다(제328조). 따라서 丙이 乙에게 노트북을 반환하였다면, 丙은 수리대금채권에 관하여 甲에게 유치권을 주장할 수 없다.

제2절 질권

기본문제편

01 질권에 관한 다음 설명 중 틀린 것은? (다툼이 있는 경우 판례에 의함)
① 동산질권자는 채권의 담보로 채무자 또는 제3자가 제공한 동산을 점유하고 그 동산에 대하여 다른 채권자보다 자기채권의 우선변제를 받을 권리가 있다.
② 질권의 설정은 질권자에게 목적물을 인도함으로써 그 효력이 생긴다.
③ 질권은 양도할 수 없는 물건을 목적으로 하지 못한다.
④ 질권은 원본, 이자, 위약금, 질권실행의 비용, 질물보존의 비용 및 채무불이행 또는 질물의 하자로 인한 손해배상의 채권을 담보한다. 그러나 다른 약정이 있는 때에는 그 약정에 의한다.
⑤ 질권설정자는 채무변제기 전이나 후에 계약으로 질권자에게 변제에 갈음하여 질물의 소유권을 취득하게 하거나 법률에 정한 방법에 의하지 아니하고 질물을 처분할 것을 약정하지 못한다.

[정답해설]
① 제329조【동산질권의 내용】동산질권자는 채권의 담보로 채무자 또는 제3자가 제공한 동산을 점유하고 그 동산에 대하여 다른 채권자보다 자기채권의 우선변제를 받을 권리가 있다.
② 제330조【설정계약의 요물성】질권의 설정은 질권자에게 목적물을 인도함으로써 그 효력이 생긴다.
③ 제331조【질권의 목적물】질권은 양도할 수 없는 물건을 목적으로 하지 못한다.
④ 제334조【피담보채권의 범위】질권은 원본, 이자, 위약금, 질권실행의 비용, 질물보존의 비용 및 채무불이행 또는 질물의 하자로 인한 손해배상의 채권을 담보한다. 그러나 다른 약정이 있는 때에는 그 약정에 의한다.
→ 임의규정
→ 질권은 원본, 이자, 위약금, 질권실행의 비용, 질물보존의 비용 및 채무불이행 또는 질물의 하자로 인한 손해배상의 채권을 담보하고, 당사자 간의 약정으로 이와 달리 정할 수 없다. (×)
⑤ 채무변제기 전 유질계약은 금지되지만, 채무의 변제기 후에 하는 유질계약은 일종의 대물변제로서 유효하다.

> **제339조【유질계약의 금지】**
> 질권설정자는 채무변제기 전의 계약으로 질권자에게 변제에 갈음하여 질물의 소유권을 취득하게 하거나 법률에 정한 방법에 의하지 아니하고 질물을 처분할 것을 약정하지 못한다.

■ 질권과 저당권의 피담보채권의 범위 비교

질권	저당권
※ 제334조【피담보채권의 범위】 질권은 원본, 이자, 위약금, 질권실행의 비용, 질물보존의 비용 및 채무불이행 또는 질물의 하자로 인한 손해배상의 채권을 담보한다. 그러나 다른 약정이 있는 때에는 그 약정에 의한다. → 임의규정	※ 제360조【피담보채권의 범위】 저당권은 원본, 이자, 위약금, 채무불이행으로 인한 손해배상 및 저당권의 실행비용을 담보한다. 그러나 지연배상에 대하여는 원본의 이행기일을 경과한 후의 1년분에 한하여 저당권을 행사할 수 있다. → 강행규정

02 민사동산질권에 관한 설명으로 옳지 않은 것은? ▶ 2022 감정평가사

① 질권자는 피담보채권의 변제를 받기 위하여 질물을 경매할 수 있고, 그 매각대금으로부터 일반채권자와 동일한 순위로 변제받는다.
② 질권은 양도할 수 없는 물건을 목적으로 하지 못한다.
③ 질권은 다른 약정이 없는 한 원본, 이자, 위약금, 질권실행의 비용, 질물보존의 비용 및 채무불이행 또는 질물의 하자로 인한 손해배상의 채권을 담보한다.
④ 질권자는 피담보채권의 변제를 받을 때까지 질물을 유치할 수 있으나 자기보다 우선권이 있는 채권자에게 대항하지 못한다.
⑤ 수개의 채권을 담보하기 위하여 동일한 동산에 수개의 질권을 설정한 때에는 그 순위는 설정의 선후에 의한다.

[정답해설]
① 질권자는 피담보채권의 변제를 받기 위하여 질물을 경매할 수 있고(제338조 제1항), 그 매각대금으로부터 다른 채권자보다 자기채권의 우선변제를 받을 권리가 있다(제329조).

> **제338조 【경매, 간이변제충당】**
> ① 질권자는 채권의 변제를 받기 위하여 질물을 경매할 수 있다.
>
> **제329조 【동산질권의 내용】**
> 동산질권자는 채권의 담보로 채무자 또는 제3자가 제공한 동산을 점유하고 그 동산에 대하여 다른 채권자보다 자기채권의 우선변제를 받을 권리가 있다.

② 제331조 【질권의 목적물】 질권은 양도할 수 없는 물건을 목적으로 하지 못한다.
③ 제334조 【피담보채권의 범위】 질권은 원본, 이자, 위약금, 질권실행의 비용, 질물보존의 비용 및 채무불이행 또는 질물의 하자로 인한 손해배상의 채권을 담보한다. 그러나 다른 약정이 있는 때에는 그 약정에 의한다.
④ 제335조 【유치적 효력】 질권자는 전조의 채권의 변제를 받을 때까지 질물을 유치할 수 있다. 그러나 자기보다 우선권이 있는 채권자에게 대항하지 못한다.
⑤ 제333조 【동산질권의 순위】 수개의 채권을 담보하기 위하여 동일한 동산에 수개의 질권을 설정한 때에는 그 순위는 설정의 선후에 의한다.

▶ 정답 01 ⑤ 02 ①

03 동산질권에 관한 설명으로 옳지 않은 것은? (다툼이 있으면 판례에 따름) ▶ 2018 감정평가사
① 동산질권도 선의취득의 대상이 될 수 있다.
② 질권설정자는 채무변제기 후의 계약으로 질권자에게 변제에 갈음하여 질물의 소유권을 취득하게 할 것을 약정하지 못한다.
③ 수개의 채권을 담보하기 위하여 동일한 동산에 수개의 질권을 설정한 때에는 그 순위는 설정의 선후에 의한다.
④ 다른 약정이 없는 한 질권은 원본, 이자, 위약금, 질권실행의 비용, 질물보존의 비용 및 채무불이행 또는 질물의 하자로 인한 손해배상의 채권을 담보한다.
⑤ 정당한 이유가 있는 경우 질권자는 간이변제충당을 법원에 청구할 수 있고, 이때 질권자는 미리 채무자 및 질권설정자에게 통지하여야 한다.

[정답해설]
① 선의취득에 의해 취득할 수 있는 동산물권은 실질적으로 소유권(제249조)과 질권(제343조)에 한한다.
② 채무변제기 전 유질계약은 궁박한 상태의 채무자가 폭리행위에 의해 희생될 수 있으므로 금지되는 것이지만, 채무의 변제기 후에 하는 유질계약은 일종의 대물변제로서 유효하다.

> 제339조 【유질계약의 금지】
> 질권설정자는 채무변제기 전의 계약으로 질권자에게 변제에 갈음하여 질물의 소유권을 취득하게 하거나 법률에 정한 방법에 의하지 아니하고 질물을 처분할 것을 약정하지 못한다.

③ 제333조 【동산질권의 순위】 수개의 채권을 담보하기 위하여 동일한 동산에 수개의 질권을 설정한 때에는 그 순위는 설정의 선후에 의한다.
④ 제334조 【피담보채권의 범위】 질권은 원본, 이자, 위약금, 질권실행의 비용, 질물보존의 비용 및 채무불이행 또는 질물의 하자로 인한 손해배상의 채권을 담보한다. 그러나 다른 약정이 있는 때에는 그 약정에 의한다.
⑤ 제338조 【경매, 간이변제충당】 ② 정당한 이유 있는 때에는 질권자는 감정인의 평가에 의하여 질물로 직접 변제에 충당할 것을 법원에 청구할 수 있다. 이 경우에는 질권자는 미리 채무자 및 질권설정자에게 통지하여야 한다.

04 질권에 관한 설명으로 옳지 않은 것은? (다툼이 있으면 판례에 따름) ▶ 2023 감정평가사

① 점유개정에 의한 동산질권설정은 인정되지 않는다.
② 질권자는 채권 전부를 변제받을 때까지 질물 전부에 대하여 그 권리를 행사할 수 있다.
③ 질물이 공용징수된 경우, 질권자는 질권설정자가 받을 수용보상금에 대하여도 질권을 행사할 수 있다.
④ 전질은 질물소유자인 질권설정자의 승낙이 있어도 허용되지 않는다.
⑤ 부동산의 사용, 수익을 내용으로 하는 질권은 물권법정주의에 반한다.

[정답해설]

① 제330조의「인도」에는 현실의 인도, 간이인도, 목적물반환청구권의 양도가 포함되나, 유치적 효력의 확보를 위하여 점유개정에 의한 질권설정을 금지한다(제332조). 또한 질권에 있어 목적물의 점유는 질권의 존속요건이기도 하다.

> **제330조【설정계약의 요물성】**
> 질권의 설정은 질권자에게 목적물을 인도함으로써 그 효력이 생긴다.
>
> **제332조【설정자에 의한 대리점유의 금지】**
> 질권자는 설정자로 하여금 질물의 점유를 하게 하지 못한다.

② 질권자는 채권 전부를 변제받을 때까지 질물 전부에 대하여 그 권리를 행사할 수 있다(제321조, 제343조).

> **제321조【유치권의 불가분성】**
> 유치권자는 채권 전부의 변제를 받을 때까지 유치물 전부에 대하여 그 권리를 행사할 수 있다.
>
> **제343조【준용규정】** 제249조부터 제251조, 제321조부터 제325조의 규정은 동산질권에 준용한다.

③ **제342조【물상대위】** 질권은 질물의 멸실, 훼손 또는 공용징수로 인하여 질권설정자가 받을 금전 기타 물건에 대하여도 이를 행사할 수 있다. 이 경우에는 그 지급 또는 인도 전에 압류하여야 한다.

④ 전질은 질권설정자의 승낙이 있어야 인정되는 승낙전질(제324조 제2항, 제343조)과 제336조에 근거하여 질권설정자의 승낙 없이 자신의 책임으로 가능한 책임전질이 인정된다. 전질은 질물소유자인 질권설정자의 승낙이 있으면 허용될 수 있을 뿐만 아니라, 승낙이 없는 경우에도 인정될 수 있다.

> **제336조【전질권】**
> 질권자는 그 권리의 범위 내에서 자기의 책임으로 질물을 전질할 수 있다. 이 경우에는 전질을 하지 아니하였으면 면할 수 있는 불가항력으로 인한 손해에 대하여도 책임을 부담한다.

⑤ **제345조【권리질권의 목적】** 질권은 재산권을 그 목적으로 할 수 있다. 그러나 부동산의 사용, 수익을 목적으로 하는 권리는 그러하지 아니하다.

▶ 정답 03 ② 04 ④

05 질권에 관한 설명으로 옳지 않은 것은? ▶ 2024 감정평가사

① 질물보다 다른 재산이 먼저 경매된 경우, 질권자는 그 매각대금으로부터 배당을 받을 수 없다.
② 질권자가 채권 일부를 변제받았더라도 질물 전부에 대하여 그 권리를 행사할 수 있다.
③ 질물이 멸실된 경우에도 그로 인하여 질권설정자가 받을 금전을 압류하면 질권의 효력이 그 금전에 미친다.
④ 정당한 이유 있는 때에는 질권자는 채무자 및 질권설정자에게 통지하고 감정자의 평가에 의하여 질물로 직접 변제에 충당할 것을 법원에 청구할 수 있다.
⑤ 질권자는 그 권리의 범위 내에서 자기의 책임으로 질물을 전질할 수 있다.

정답해설

① 질물보다 먼저 채무자의 다른 재산에 관한 배당을 실시하는 경우에는 제340조 제1항은 적용하지 않으며, 따라서 질권자는 채권 전액을 가지고 배당에 참가하여 배당받을 수 있다(제340조 제2항 본문). 그러나 다른 채권자는 질권자에게 그 배당금액의 공탁을 청구할 수 있다(제340조 제2항 단서).

> **제340조【질물 이외의 재산으로부터의 변제】**
> ① 질권자는 질물에 의하여 변제를 받지 못한 부분의 채권에 한하여 채무자의 다른 재산으로부터 변제를 받을 수 있다.
> ② 전항의 규정은 질물보다 먼저 다른 재산에 관한 배당을 실시하는 경우에는 적용하지 아니한다. 그러나 다른 채권자는 질권자에게 그 배당금액의 공탁을 청구할 수 있다.

② 질권자는 채권 전부를 변제받을 때까지 질물 전부에 대하여 그 권리를 행사할 수 있다(제321조, 제343조).

> **제321조【유치권의 불가분성】**
> 유치권자는 채권 전부의 변제를 받을 때까지 유치물 전부에 대하여 그 권리를 행사할 수 있다.
>
> **제343조【준용규정】** 제249조부터 제251조, 제321조부터 제325조의 규정은 동산질권에 준용한다.

③ 제342조【물상대위】 질권은 질물의 멸실, 훼손 또는 공용징수로 인하여 질권설정자가 받을 금전 기타 물건에 대하여도 이를 행사할 수 있다. 이 경우에는 그 지급 또는 인도 전에 압류하여야 한다.
④ 제338조【경매, 간이변제충당】 ② 정당한 이유 있는 때에는 질권자는 감정인의 평가에 의하여 질물로 직접 변제에 충당할 것을 법원에 청구할 수 있다. 이 경우에는 질권자는 미리 채무자 및 질권설정자에게 통지하여야 한다.
⑤ 제336조【전질권】 질권자는 그 권리의 범위 내에서 자기의 책임으로 질물을 전질할 수 있다. 이 경우에는 전질을 하지 아니하였으면 면할 수 있는 불가항력으로 인한 손해에 대하여도 책임을 부담한다.

06 민법상 동산질권에 관한 설명으로 옳지 않은 것은?
① 질권은 다른 약정이 없는 한 원본, 이자, 위약금, 질권실행의 비용, 질물보존의 비용 및 채무불이행 또는 질물의 하자로 인한 손해배상의 채권을 담보한다.
② 질권자는 그 권리의 범위 내에서 자기의 책임으로 질물을 전질할 수 있으며, 이 경우에는 전질을 하지 아니하였으면 면할 수 있는 불가항력으로 인한 손해에 대해서도 책임을 부담한다.
③ 책임전질의 경우에 질권자가 채무자에게 전질의 사실을 통지하거나 채무자가 이를 승낙하지 않으면 전질로써 채무자, 보증인, 질권설정자 및 그 승계인에게 대항하지 못한다.
④ 질권자가 질물에 대해 우선변제권을 행사할 수 있으려면 채무자가 이행지체에 빠져야 한다.
⑤ 질권자는 정당한 이유가 있는 때에는 미리 채무자 및 질권설정자에게 통지함이 없이 감정인의 평가에 의하여 직접 변제에 충당할 것을 법원에 청구할 수 있다.

[정답해설]
① 질권에서 우선변제효가 있는 피담보채권의 범위이다.

> **제334조 【피담보채권의 범위】**
> 질권은 원본, 이자, 위약금, 질권실행의 비용, 질물보존의 비용 및 채무불이행 또는 질물의 하자로 인한 손해배상의 채권을 담보한다. 그러나 다른 약정이 있는 때에는 그 약정에 의한다.

② 책임전질의 경우 책임가중의 경우이다.

> **제336조 【전질권】**
> 질권자는 그 권리의 범위 내에서 자기의 책임으로 질물을 전질할 수 있다. 이 경우에는 전질을 하지 아니하였으면 면할 수 있는 불가항력으로 인한 손해에 대하여도 책임을 부담한다.

③ 책임전질의 경우에 질권자가 채무자에게 전질의 사실을 통지하거나 채무자가 이를 승낙하지 않으면 전질로써 채무자, 보증인, 질권설정자 및 그 승계인에게 대항하지 못한다(제337조).

> **제337조 【전질의 대항요건】**
> ① 전조의 경우에 질권자가 채무자에게 전질의 사실을 통지하거나 채무자가 이를 승낙함이 아니면 전질로써 채무자, 보증인, 질권설정자 및 승계인에게 대항하지 못한다.
> ② 채무자가 전항의 통지를 받거나 승낙을 한 때에는 전질권자의 동의 없이 질권자에게 채무를 변제하여도 이로써 전질권자에게 대항하지 못한다.

④ 질권자가 질물에 대해 우선변제권을 행사할 수 있으려면 일단 경매를 하여야 하는데, 경매의 실행요건은 채무자가 변제기 때 채무를 이행하지 않는 이행지체 상태에 있어야 한다(제338조 제1항).

> **제338조 【경매, 간이변제충당】**
> ① 질권자는 채권의 변제를 받기 위하여 질물을 경매할 수 있다.

▶ 정답 05 ① 06 ⑤

⑤ 간이변제충당의 경우(제338조 제2항), 질권자는 정당한 이유가 있는 때에는 미리 채무자 및 질권설정자에게 "통지 불요"가 아닌 "통지 필요"하며, 감정인의 평가에 의하여 직접 변제에 충당할 것을 법원에 청구할 수 있다.

> **제338조 【경매, 간이변제충당】**
> ② 정당한 이유 있는 때에는 질권자는 감정인의 평가에 의하여 질물로 직접변제에 충당할 것을 법원에 청구할 수 있다. 이 경우에는 질권자는 미리 채무자 및 질권설정자에게 통지하여야 한다.

07 권리질권에 관한 설명으로 옳은 것은?

▶ 2019 감정평가사

① 부동산의 사용을 목적으로 하는 권리도 질권의 목적이 될 수 있다.
② 질권자는 질권의 목적이 된 채권을 직접 청구할 수 없다.
③ 지명채권을 목적으로 한 질권은 제3채무자에게 질권설정의 사실을 통지하여야 성립할 수 있다.
④ 입질된 채권의 목적물이 금전 이외의 물건인 때에는 질권자는 그 변제를 받은 물건에 대하여 질권을 행사할 수 있다.
⑤ 지시채권을 목적으로 한 질권의 설정은 배서 없이 증서를 교부하더라도 그 효력이 생긴다.

[정답해설]

① 양도성이 있는 재산권인 경우에도 부동산의 사용·수익을 목적으로 하는 권리는 목적이 될 수 없다(제345조 단서). 즉, 지상권, 전세권, 부동산임차권 등은 권리질권의 목적이 될 수 없고, 저당권의 목적이 된다(제371조).

> **제345조 【권리질권의 목적】**
> 질권은 재산권을 그 목적으로 할 수 있다. 그러나 부동산의 사용, 수익을 목적으로 하는 권리는 그러하지 아니하다.

② 제353조 【질권의 목적이 된 채권의 실행방법】 ① 질권자는 질권의 목적이 된 채권을 직접 청구할 수 있다.
③ 권리질권의 설정방법은 그 권리의 양도방법에 의하므로 지명채권 질권의 경우 지명채권양도방법에 의한다. 다만 채권증서가 있는 때에는 질권의 설정은 그 증서를 질권자에게 교부함으로써 그 효력이 생긴다. 제3채무자에게 통지하거나 제3채무자가 승낙하지 아니하면 대항할 수 없을 뿐이다.

> **제349조 【지명채권에 대한 질권의 대항요건】**
> ① 지명채권을 목적으로 한 질권의 설정은 설정자가 제450조의 규정에 의하여 제3채무자에게 질권설정의 사실을 통지하거나 제3채무자가 이를 승낙함이 아니면 이로써 제3채무자 기타 제3자에게 대항하지 못한다.

④ 제353조 【질권의 목적이 된 채권의 실행방법】 ④ 채권의 목적물이 금전 이외의 물건인 때에는 질권자는 그 변제를 받은 물건에 대하여 질권을 행사할 수 있다.
⑤ 제350조 【지시채권에 대한 질권의 설정방법】 지시채권을 질권의 목적으로 한 질권의 설정은 증서에 배서하여 질권자에게 교부함으로써 그 효력이 생긴다.

■ 채권질권의 설정방법

지명채권	질권설정의 합의 + 채권증서 有 → 교부(제347조), if 증서가 無 교부 × 다만 대항요건으로서 통지나 승낙이 요구	→ 효력요건 → 대항요건
지시채권	증서의 배서 및 교부를 要(제350조, 제508조).	→ 효력요건
무기명채권	증서의 교부를 要(제351조, 제523조).	→ 효력요건
저당권부 채권	저당권등기에 질권설정의 부기등기를 하여야 저당권에도 권리질권의 효력이 미친다(제348조).	→ 효력요건

08 권리질권에 관한 설명으로 틀린 것은? (다툼이 있는 경우에는 판례에 의함)

▶ 2008 감정평가사

① 지시채권의 입질은 그 증서에 배서하여 질권자에게 교부하여야 효력이 생긴다.
② 양도금지의 특약이 있는 채권은 질권의 대상으로 할 수 없지만, 양도금지의 특약으로 선의의 제3자에게는 대항할 수 없으므로, 질권자가 선의라면 유효하게 질권을 취득할 수 있다.
③ 채권질권자가 질권의 목적인 채권을 '직접 청구할 수 있다'는 의미는 질권설정자의 이름으로 청구하고 추심할 권한을 갖는다는 것을 말한다.
④ 무기명채권의 입질은 증서를 질권자에게 교부함으로써 그 효력이 생긴다.
⑤ 은행이 대출채권의 담보로 자기에 대한 예금채권을 질권의 목적으로 하는 경우와 같이, 질권자 자신에 대한 채권도 질권의 대상이 된다.

[정답해설]
① 제350조【지시채권에 대한 질권의 설정방법】지시채권을 질권의 목적으로 한 질권의 설정은 증서에 배서하여 질권자에게 교부함으로써 그 효력이 생긴다.
② 양도금지의 특약이 있는 채권은 채권질권의 목적이 될 수 없는 것이나, 양도금지의 특약으로 선의의 제3자에게 대항하지 못한다(제449조 제2항). 그러므로 선의의 질권자는 질권을 유효하게 취득한다.
③ 질권자는 질권의 목적인 채권을 직접 청구할 수 있다(제353조 제1항). 여기서 직접 청구할 수 있다는 것은 제3채무자에 대한 집행권원이나 질권설정자의 추심위임 등을 요하지 않고, 또한 질권설정자의 대리인으로서가 아니라 질권자 자신의 이름으로 추심할 수 있다는 의미이다.
④ 제351조【무기명채권에 대한 질권의 설정방법】무기명채권을 목적으로 한 질권의 설정은 증서를 질권자에게 교부함으로써 그 효력이 생긴다.
⑤ 통상의 채권은 원칙적으로 양도할 수 있으므로(제449조) 질권의 목적이 될 수 있다. 그리고 질권자 자신에 대한 채권이라도 무방하며(예 은행이 질권자에 대한 대출채권의 담보로 질권자의 은행에 대한 예금채권을 질권의 목적으로 하는 것), 장래의 채권・조건부채권・선택채권 등도 목적이 될 수 있다.

▶ 정답 07 ④ 08 ③

09 질권에 관한 설명으로 옳지 않은 것은?
▶ 2017 감정평가사

① 채권을 질권의 목적으로 하는 경우에 채권증서가 있는 때에는 질권의 설정은 그 증서를 질권자에게 교부함으로써 그 효력이 생긴다.
② 질권의 목적인 채권의 변제기가 질권자의 채권의 변제기보다 먼저 도래한 경우 질권자는 제3채무자에 대하여 자신에게 변제할 것을 청구할 수 있다.
③ 저당권으로 담보한 채권을 질권의 목적으로 한 때에는 그 저당권등기에 질권의 부기등기를 하여야 그 효력이 저당권에 미친다.
④ 질권자는 질권의 실행방법으로서 질권의 목적이 된 채권을 직접 청구할 수 있다.
⑤ 양도할 수 없는 동산은 질권의 목적이 될 수 없다.

[정답해설]
① 제347조【설정계약의 요물성】채권을 질권의 목적으로 하는 경우에 채권증서가 있는 때에는 질권의 설정은 그 증서를 질권자에게 교부함으로써 그 효력이 생긴다.
②, ④ 질권의 목적이 된 채권이 금전채권인 때에는 질권자는 자기채권의 한도에서 질권의 목적이 된 채권을 직접 청구할 수 있으나, 질권의 목적인 채권의 변제기가 질권자의 채권의 변제기보다 먼저 도래한 경우 제3채무자에 대하여 자신에게 변제할 것을 청구할 수는 없고, 그 변제금액의 공탁을 청구할 수 있을 뿐이다.

> 제353조【질권의 목적이 된 채권의 실행방법】
> ① 질권자는 질권의 목적이 된 채권을 직접 청구할 수 있다.
> ② 채권의 목적물이 금전인 때에는 질권자는 자기채권의 한도에서 직접 청구할 수 있다.
> ③ 전항의 채권의 변제기가 질권자의 채권의 변제기보다 먼저 도래한 때에는 질권자는 제3채무자에 대하여 그 변제금액의 공탁을 청구할 수 있다. 이 경우에 질권은 그 공탁금에 존재한다.
> ④ 채권의 목적물이 금전 이외의 물건인 때에는 질권자는 그 변제를 받은 물건에 대하여 질권을 행사할 수 있다.

③ 제348조【저당채권에 대한 질권과 부기등기】저당권으로 담보한 채권을 질권의 목적으로 한 때에는 그 저당권등기에 질권의 부기등기를 하여야 그 효력이 저당권에 미친다.
⑤ 제331조【질권의 목적물】질권은 양도할 수 없는 물건을 목적으로 하지 못한다.

▶ 정답 09 ②

심화문제편

01 질권에 관한 설명으로 옳지 않은 것은? (다툼이 있으면 판례에 따름) ▶ 2020 감정평가사

① 질권은 질물 전부에 효력이 미친다.
② 저당권으로 담보된 채권에 설정된 질권은 그 저당권등기에 질권의 부기등기를 하여야 저당권에 효력이 미친다.
③ 금전채권에 질권을 취득한 질권자는 자기채권액의 범위에서 직접 추심하여 변제에 충당할 수 있다.
④ 질권설정자는 피담보채무의 변제기 이후의 약정으로 질권자에게 변제에 갈음하여 질물의 소유권을 이전할 수 있다.
⑤ 금전채무자가 채권자에게 담보물을 제공한 경우, 특별한 사정이 없으면 채무자의 변제의무와 채권자의 담보물반환의무는 동시이행관계에 있다.

[정답해설]
① 질권은 불가분성이 있어서 질권자는 채권 전부의 변제를 받을 때까지 질물 전부에 대하여 그 권리를 행사할 수 있다(제343조, 제321조).
② 제348조【저당채권에 대한 질권과 부기등기】저당권으로 담보한 채권을 질권의 목적으로 한 때에는 그 저당권등기에 질권의 부기등기를 하여야 그 효력이 저당권에 미친다.
③ 제353조【질권의 목적이 된 채권의 실행방법】② 채권의 목적물이 금전인 때에는 질권자는 자기채권의 한도에서 직접 청구할 수 있다.
④ 채무변제기 전 유질계약은 궁박한 상태의 채무자가 폭리행위에 의해 희생될 수 있으므로 금지되는 것이지만, 채무의 변제기 후에 하는 유질계약은 일종의 대물변제로서 유효하다.

> **제339조【유질계약의 금지】**
> 질권설정자는 채무변제기전의 계약으로 질권자에게 변제에 갈음하여 질물의 소유권을 취득하게 하거나 법률에 정한 방법에 의하지 아니하고 질물을 처분할 것을 약정하지 못한다.

⑤ 금전채권의 채무자가 채권자에게 담보를 제공한 경우 특별한 사정이 없는 한 <u>채권자는 채무자로부터 채무를 모두 변제받은 다음 담보를 반환하면 될 뿐</u> 채무자의 변제의무와 채권자의 담보 반환의무가 동시이행관계에 있다고 볼 수 없다(대판 2019.10.31, 2019다247651).

▶ 정답   01 ⑤

02 질권에 관한 설명으로 옳지 않은 것은? (다툼이 있으면 판례에 따름) ▶ 2021 감정평가사

① 양도할 수 없는 물건은 질권의 목적이 되지 못한다.
② 질권자는 채권의 변제를 받기 위하여 질물을 경매할 수 있다.
③ 채권질권의 효력은 질권의 목적이 된 채권 외에 그 채권의 지연손해금에는 미치지 않는다.
④ 질권의 목적인 채권의 양도행위는 질권자의 이익을 해하는 변경에 해당되지 않으므로 질권자의 동의를 요하지 않는다.
⑤ 수개의 채권을 담보하기 위하여 동일한 동산에 수개의 질권을 설정한 경우, 그 순위는 설정의 선후에 의한다.

정답해설

① 제331조【질권의 목적물】질권은 양도할 수 없는 물건을 목적으로 하지 못한다.
② 제338조【경매, 간이변제충당】① 질권자는 채권의 변제를 받기 위하여 질물을 경매할 수 있다.
③ 질권의 목적이 된 채권이 금전채권인 때에는 질권자는 자기채권의 한도에서 질권의 목적이 된 채권을 직접 청구할 수 있고, 채권질권의 효력은 질권의 목적이 된 채권의 지연손해금 등과 같은 부대채권에도 미치므로 채권질권자는 질권의 목적이 된 채권과 그에 대한 지연손해금채권을 피담보채권의 범위에 속하는 자기채권액에 대한 부분에 한하여 직접 추심하여 자기채권의 변제에 충당할 수 있다(대판 2005.2.25, 2003다40668).
④ 질권의 목적인 채권의 양도행위는 민법 제352조 소정의 질권자의 이익을 해하는 변경에 해당되지 아니한다(대판 2005.12.22, 2003다55059).

> 제352조【질권설정자의 권리처분제한】
> 질권설정자는 질권자의 동의 없이 질권의 목적된 권리를 소멸하게 하거나 질권자의 이익을 해하는 변경을 할 수 없다.

⑤ 제333조【동산질권의 순위】수개의 채권을 담보하기 위하여 동일한 동산에 수개의 질권을 설정한 때에는 그 순위는 설정의 선후에 의한다.

03 질권에 관한 설명으로 옳지 않은 것은? (다툼이 있으면 판례에 의함) ▶ 2025 감정평가사
① 질물을 질권설정자가 계속 점유하는 방식으로 질권을 설정할 수 없다.
② 채무자가 질권자의 책임전질을 승낙한 경우 채무자는 전질권자의 동의 없이 질권자에게 채무를 변제하여도 이로써 전질권자에게 대항하지 못한다.
③ 질물의 소유자가 질물을 다른 사람에게 매도한 때에는 질권자는 특별한 사정이 없는 한 그 매매대금에 대하여 질권을 행사할 수 없다.
④ 동산질권의 선의취득이 인정되려면 취득자는 자신의 선의·무과실을 증명해야 한다.
⑤ 근질권이 설정된 금전채권에 대해 제3자의 압류로 강제집행절차가 개시된 경우 근질권의 피담보채권은 강제집행이 개시된 때에 확정된다.

[정답해설]
① 유치적 효력의 확보를 위하여 질권설정자가 계속 점유하는 방식인 점유개정에 의한 질권설정을 금지한다(제332조). 또한 질권에 있어 목적물의 점유는 질권의 존속요건이기도 하다.

> 제332조 【설정자에 의한 대리점유의 금지】 질권자는 설정자로 하여금 질물의 점유를 하게 하지 못한다.

② 책임전질의 경우에 질권자에게 채무자가 승낙을 한 때에는 전질권자의 동의 없이 질권자에게 채무를 변제하여도 이로써 전질권자에게 대항하지 못한다(제337조 제2항).

> 제337조 【전질의 대항요건】
> ② 채무자가 전항의 통지를 받거나 승낙을 한 때에는 전질권자의 동의 없이 질권자에게 채무를 변제하여도 이로써 전질권자에게 대항하지 못한다.

③ 담보물권인 질권은 교환가치 취득이 목적이므로 물건이 멸실되더라도 그 물건의 가치변형물에도 주장할 수 있는 물상대위가 인정된다. 물상대위는 질물의 질물의 멸실, 훼손 또는 공용징수로 인한 경우여야 하므로, 매매 등은 목적물의 멸실이 아니며 질권으로 목적물에 직접 추급이 가능하기 때문에 매매대금채권에 대하여 질권을 행사할 수 없다.

> 제342조 【물상대위】 질권은 질물의 멸실, 훼손 또는 공용징수로 인하여 질권설정자가 받을 금전 기타 물건에 대하여도 이를 행사할 수 있다. 이 경우에는 그 지급 또는 인도 전에 압류하여야 한다.

④ 동산질권을 선의취득하기 위하여는 질권자가 평온, 공연하게 선의이며 과실없이 질권의 목적동산을 취득하여야 하고, 그 취득자의 선의, 무과실은 동산질권자가 입증하여야 한다(대판 1981.12.22, 80다2910).
⑤ 근질권이 설정된 금전채권에 대하여 제3자의 압류로 강제집행절차가 개시된 경우 근질권의 피담보채권은 근질권자가 강제집행이 개시된 사실을 알게 된 때에 확정된다(대판 2009.10.15, 2009다43621).

▶ 정답 02 ③ 03 ⑤

04 채권질권에 관한 설명으로 옳지 않은 것은? (다툼이 있으면 판례에 의함)

▶ 2025 감정평가사

① 임차보증금반환청구권은 채권질권의 목적이 될 수 있다.
② 채권증서가 있는 지명채권의 경우 그 증서를 질권자에게 교부해야 질권의 효력이 생긴다.
③ 채권의 목적물이 금전 이외의 물건인 때에는 채권질권자는 직접 변제받은 물건에 대해 질권을 행사할 수 있다.
④ 질권설정자가 질권이 설정된 채권을 양도하는 경우 질권자의 동의는 필요 없다.
⑤ 질권설정자와 제3채무자가 질권자의 동의 없이 질권이 설정된 채권을 소멸하게 하는 행위를 한 경우 특별한 사정이 없는 한 제3자도 그 무효를 주장할 수 있다.

[정답해설]
① 양도성을 가지는 재산권일 것을 요하기 때문에 채권·주식·무체재산권 등은 권리질권의 목적이 될 수 있다. 다만 양도성이 있는 재산권인 경우에도 부동산의 사용·수익을 목적으로 하는 권리는 목적이 될 수 없다(제345조 단서). 임차보증금반환청구권은 채권질권의 목적이 될 수 있다.

> 제345조 【권리질권의 목적】
> 질권은 재산권을 그 목적으로 할 수 있다. 그러나 부동산의 사용, 수익을 목적으로 하는 권리는 그러하지 아니하다.

② 제347조 【설정계약의 요물성】 채권을 질권의 목적으로 하는 경우에 채권증서가 있는 때에는 질권의 설정은 그 증서를 질권자에게 교부함으로써 그 효력이 생긴다.
③ 제353조 【질권의 목적이 된 채권의 실행방법】 ④ 채권의 목적물이 금전 이외의 물건인 때에는 질권자는 그 변제를 받은 물건에 대하여 질권을 행사할 수 있다.
④ 질권의 목적인 채권의 양도행위는 민법 제352조 소정의 질권자의 이익을 해하는 변경에 해당되지 않으므로 질권자의 동의를 요하지 아니한다(대판 2005.12.22, 2003다55059).
⑤ 민법 제352조가 질권설정자는 질권자의 동의 없이 질권의 목적된 권리를 소멸하게 하거나 질권자의 이익을 해하는 변경을 할 수 없다고 규정한 것은 질권자가 질권의 목적인 채권의 교환가치에 대하여 가지는 배타적 지배권능을 보호하기 위한 것이므로 질권설정자와 제3채무자가 질권의 목적된 권리를 소멸하게 하는 행위를 하였다고 하더라도 이는 질권자에 대한 관계에 있어 무효일 뿐이어서, 특별한 사정이 없는 한 질권자 아닌 제3자가 그 무효의 주장을 할 수는 없다(대판 1997.11.11, 97다35375).

05 甲은 乙에게 500만원을 빌리면서 800만원 상당의 명품시계에 질권을 설정하였다. 그 후 乙은 丙으로부터 300만원을 빌리면서 甲의 시계에 관하여 丙에게 다시 질권을 설정하여 주고 그 사실을 甲에게 통지하였다. 다음 설명 중 甲이 질권의 소멸을 주장하여 시계를 돌려받을 수 있는 경우는?
▶ 2012 감정평가사

① 甲이 乙에게 500만원을 변제한 경우
② 甲이 丙에게 300만원을 변제한 경우
③ 甲이 丙에게 200만원을 변제한 경우
④ 甲이 丙에게 300만원을 변제하고 乙에게 200만원을 변제한 경우
⑤ 甲이 丙에게 200만원을 변제하고 乙에게 300만원을 변제한 경우

[정답해설]
④만이 타당하다. 즉 책임전질로서 통설은 그 법적 성질을 채권·질권공동입질설을 취한다.
따라서 채권질권의 성질상 전질권자 丙은 원질권설정자 甲에게 직접 자기채권의 범위에서 청구하여 충당할 수 있다. 따라서 원질권설정자 甲이 전질권자 丙에게 300만원을 변제하면, 전질권자 丙은 전질권설정자인 乙에게 목적물의 점유를 이전하고, 원질권설정자 甲은 원질권자이며 전질권설정자인 乙에게 나머지 200만원을 변제하면서 반환을 받게 된다(제353조 제2항, 제337조 참조).

> **제336조 【전질권】**
> 질권자는 그 권리의 범위 내에서 자기의 책임으로 질물을 전질할 수 있다. 이 경우에는 전질을 하지 아니하였으면 면할 수 있는 불가항력으로 인한 손해에 대하여도 책임을 부담한다.
>
> **제337조 【전질의 대항요건】**
> ① 전조의 경우에 질권자가 채무자에게 전질의 사실을 통지하거나 채무자가 이를 승낙함이 아니면 전질로써 채무자, 보증인, 질권설정자 및 승계인에게 대항하지 못한다.
> ② 채무자가 전항의 통지를 받거나 승낙을 한 때에는 전질권자의 동의 없이 질권자에게 채무를 변제하여도 이로써 전질권자에게 대항하지 못한다
>
> **제353조 【질권의 목적이 된 채권의 실행방법】**
> ① 질권자는 질권의 목적이 된 채권을 직접 청구할 수 있다.
> ② 채권의 목적물이 금전인 때에는 질권자는 자기채권의 한도에서 직접 청구할 수 있다.

▶ 정답   04 ⑤   05 ④

제3절 저당권
제1관 저당권 일반

기본문제편

01 저당권의 객체가 될 수 없는 것은 모두 몇 개인가?
▶ 2014 감정평가사

> ㄱ. 전세권
> ㄴ. 성숙한 농작물
> ㄷ. 타인의 토지 위에 무단으로 건축하여 등기된 주택
> ㄹ. 명인방법만을 갖춘 수목

① 0개　　② 1개
③ 2개　　④ 3개
⑤ 4개

정답해설

ㄱ. (×) : 제371조 지상권과 전세권도 저당권의 객체가 된다(제371조 제1항).

> **제371조【지상권, 전세권을 목적으로 하는 저당권】**
> ① 본장의 규정은 지상권 또는 전세권을 저당권의 목적으로 한 경우에 준용한다.

ㄴ. (○) : 성숙한 농작물은 부동산이나 등기방법이 없어 저당권의 객체가 될 수 없다.
ㄷ. (×) : 타인의 토지 위에 무단으로 건축하여 등기된 주택도 독립한 부동산이므로 저당권의 객체가 된다.
ㄹ. (○) : 명인방법만을 갖춘 수목은 소유권의 객체는 되나, 등기방법이 없어 저당권의 객체는 되지 않는다.

02 저당권에 관한 설명으로 옳은 것은? (다툼이 있으면 판례에 따름) ▶ 2018 가맹거래사
① 저당권의 효력이 미치는 피담보채권의 범위에 저당목적물 보존의 비용도 포함된다.
② 제3자를 저당권의 명의인으로 하는데 채권자와 채무자 및 제3자 사이에 합의가 있고 또 채권이 그 제3자에게 실질적으로 귀속되었다고 볼 수 있는 경우, 제3자 명의의 근저당권 등기도 유효하다.
③ 건물 없는 토지에 저당권이 설정된 후 저당권설정자가 건물을 건축하였다가 저당권실행에 따른 경매로 토지와 건물의 소유자가 다르게 된 경우, 법정지상권이 인정된다.
④ 지상권 또는 전세권을 목적으로 하는 저당권의 설정은 불가능하다.
⑤ 토지를 목적으로 저당권을 설정한 후 그 설정자가 그 토지에 건물을 축조한 때에는 저당권자는 토지와 함께 그 건물에 대하여 경매를 청구할 수 없다.

[정답해설]
① 저당권의 피담보채권의 범위에 저당권 보존의 비용이나, 저당목적물의 하자로 인한 손해배상은 인정되지 않는다.

질권	저당권
※ 제334조 【피담보채권의 범위】 질권은 원본, 이자, 위약금, 질권실행의 비용, 질물보존의 비용 및 채무불이행 또는 질물의 하자로 인한 손해배상의 채권을 담보한다. 그러나 다른 약정이 있는 때에는 그 약정에 의한다. → 임의규정	※ 제360조 【피담보채권의 범위】 저당권은 원본, 이자, 위약금, **채무불이행으로 인한** 손해배상 및 저당권의 실행비용을 담보한다. 그러나 지연배상에 대하여는 원본의 이행기일을 경과한 후의 1년분에 한하여 저당권을 행사할 수 있다. → 강행규정

② 근저당권은 채권담보를 위한 것이므로 원칙적으로 채권자와 근저당권자는 동일인이 되어야 하지만, 제3자를 근저당권 명의인으로 하는 근저당권을 설정하는 경우 그 점에 대하여 채권자와 채무자 및 제3자 사이에 합의가 있고, 채권양도, 제3자를 위한 계약, 불가분적 채권관계의 형성 등 방법으로 채권이 그 제3자에게 실질적으로 귀속되었다고 볼 수 있는 특별한 사정이 있는 경우에는 제3자 명의의 근저당권설정등기도 유효하다고 보아야 할 것이다(대판(전) 2001.3.15, 99다48948).
③ 건물이 없는 토지에 저당권을 설정하고 그 후에 건물을 축조한 경우에는 법정지상권이나 관습법상 법정지상권은 성립하지 않는다(대판 1993.6.25, 92다20330). 이 경우에는 제365조의 일괄경매청구권을 행사할 수 있다.
④ 제371조 【지상권, 전세권을 목적으로 하는 저당권】 ① 본장의 규정은 지상권 또는 전세권을 저당권의 목적으로 한 경우에 준용한다.
⑤ 제365조 【저당지상의 건물에 대한 경매청구권】 토지를 목적으로 저당권을 설정한 후 그 설정자가 그 토지에 건물을 축조한 때에는 저당권자는 토지와 함께 그 건물에 대하여도 경매를 청구할 수 있다. 그러나 그 건물의 경매대가에 대하여는 우선변제를 받을 권리가 없다.

▶ 정답 01 ③ 02 ②

03 저당권의 효력에 관한 설명으로 옳지 않은 것은? (다툼이 있으면 판례에 의함)
▶ 2014 감정평가사

① 저당부동산에 관하여 이해관계인이 없는 경우, 원본의 이행기를 경과한 후의 1년분 이상의 지연손해에 대해서도 저당권의 효력이 미칠 수 있다.
② 건물에 저당권이 설정된 경우, 원칙적으로 그 건물에 부속된 창고에도 저당권의 효력이 미친다.
③ 저당권의 효력이 미치는 종물은 저당권 설정 전부터 존재하였던 것이어야 한다.
④ 건물에 대한 저당권의 효력은 원칙적으로 그 대지이용권인 지상권에도 미친다.
⑤ 저당권과 전세권이 경합하는 경우에는 설정등기의 선후에 의하여 우선순위를 정한다.

[정답해설]
① 저당권의 피담보채무의 범위에 관하여 민법 제360조가 지연배상에 대하여는 원본의 이행기일을 경과한 후의 1년분에 한하여 저당권을 행사할 수 있다고 규정하고 있는 것은 저당권자의 제3자에 대한 관계에서의 제한이며 채무자나 저당권설정자가 저당권자에 대하여 대항할 수 있는 것이 아니다(대판 1992.5.12, 90다8855). 민법 제360조는 저당권자와 저당부동산에 관련된 제3자에 대한 관계에서 적용되기 때문에 저당권자 이외에 저당부동산에 관련된 이해관계인이 없는 경우, 원본의 이행기를 경과한 후의 1년분 이상의 지연손해에 대해서도 저당권의 효력이 미칠 수 있다.

> **제360조【피담보채권의 범위】**
> 저당권은 원본, 이자, 위약금, 채무불이행으로 인한 손해배상 및 저당권의 실행비용을 담보한다. 그러나 지연배상에 대하여는 원본의 이행기일을 경과한 후의 1년분에 한하여 저당권을 행사할 수 있다.

② 근저당의 목적이 된 주택 및 부속건물에 연이어 설치한 것으로서 본 건물에 부속된 그 건물의 일부에 불과하다면 이는 민법 제358조에 따라 근저당권의 효력이 미치는 대상이 된다(대판 1986.5.23, 86마295).
③ 원칙적으로 저당권의 효력은 저당부동산에 부합된 물건에 미친다(제358조). 저당권설정 전에 부합한 것이든 그 후에 부합한 것이든 불문한다(판례).

> **제358조【저당권의 효력의 범위】**
> 저당권의 효력은 저당부동산에 부합된 물건과 종물에 미친다. 그러나 법률에 특별한 규정 또는 설정행위에 다른 약정이 있으면 그러하지 아니하다.

④ 민법 제358조 본문은 "저당권의 효력은 저당부동산에 부합된 물건과 종물에 미친다."고 규정하고 있는바, 이 규정은 저당부동산에 종된 권리에도 유추적용되어 건물에 대한 저당권의 효력은 그 건물의 소유를 목적으로 하는 지상권에도 미친다고 보아야 할 것이다(대판 1992.7.14, 92다527).
⑤ 물권상호 간의 순위는 등기의 선후에 따르고, 물권인 저당권은 채권보다 앞선다.

04 저당권의 효력이 미치는 범위에 관한 설명으로 옳지 않은 것은? (다툼이 있으면 판례에 따름)

▶ 2024 감정평가사

① 담보권 실행을 위하여 저당부동산을 압류한 경우, 저당부동산의 압류 이후 발생한 차임채권에는 저당권의 효력이 미친다.
② 주물 그 자체의 효용과는 직접 관계없지만 주물 소유자의 상용에 공여되고 있는 물건이 경매목적물로 평가되었다면 경매의 매수인이 소유권을 취득한다.
③ 구분건물의 전유부분에 대한 저당권의 효력은 특별한 사정이 없는 한 대지사용권에도 미친다.
④ 기존건물에 부합된 증축부분이 기존건물에 대한 경매절차에서 경매목적물로 평가되지 아니하였더라도 경매의 매수인이 증축부분의 소유권을 취득한다.
⑤ 특약이 없는 한 건물에 대한 저당권의 효력은 건물의 소유를 목적으로 하는 지상권에도 미친다.

정답해설

① 민법 제359조 전문은 "저당권의 효력은 저당부동산에 대한 압류가 있은 후에 저당권설정자가 그 부동산으로부터 수취한 과실 또는 수취할 수 있는 과실에 미친다."라고 규정하고 있는데, 위 규정상 '과실'에는 천연과실뿐만 아니라 법정과실도 포함되므로, 저당부동산에 대한 압류가 있으면 압류 이후의 저당권설정자의 저당부동산에 관한 차임채권 등에도 저당권의 효력이 미친다(대판 2016.7.27. 2015다230020).

> **제359조【과실에 대한 효력】**
> 저당권의 효력은 저당부동산에 대한 압류가 있은 후에 저당권설정자가 그 부동산으로부터 수취한 과실 또는 수취할 수 있는 과실에 미친다. 그러나 저당권자가 그 부동산에 대한 소유권, 지상권 또는 전세권을 취득한 제3자에 대하여는 압류한 사실을 통지한 후가 아니면 이로써 대항하지 못한다.

② 종물은 주물의 상용에 이바지하는 관계에 있어야 하고, 주물의 상용에 이바지한다 함은 주를 그 주제의 효용을 다하게 하는 것을 말하는 것으로서 주물의 소유자나 이용자의 상용에 공여되고 있더라도 주물 그 자체의 효용과 직접 관계가 없는 물건은 종물이 아니다(대판 1997.10.10. 97다3750). 기존건물의 상용에 공하기 위하여 부속된 종물이라거나 기존건물에 부합된 부속건물이라고 할 수 없는 건물을 경매신청된 기존건물의 부합물이나 종물로 보아 경매법원에서 경매를 같이 진행하여 경락허가를 하였다 하더라도 이 사건 건물에 대한 경락은 당연무효이고 따라서 그 경락인은 이 사건 건물에 대한 소유권을 취득할 수 없다(대판 1988.2.23. 87다카600).
③ 집합건물 구분소유자의 대지사용권은 전유부분과 분리처분이 가능하도록 규약으로 정하였다는 등의 특별한 사정이 없는 한 전유부분과 종속적 일체불가분성이 인정되므로, 구분건물의 전유부분에 대한 저당권 또는 경매개시결정과 압류의 효력은 당연히 종물 내지 종된 권리인 대지사용권에까지 미치고, 그에 터 잡아 진행된 경매절차에서 전유부분을 경락받은 자는 그 대지사용권도 함께 취득한다(대판 2008.3.13. 2005다15048).
④ 건물의 증축부분이 기존건물에 부합하여 기존건물과 분리하여서는 별개의 독립물로서의 효용을 갖지 못하는 이상 기존건물에 대한 근저당권은 민법 제358조에 의하여 부합된 증축부분에도 효력이 미치는 것이므로 기존건물에 대한 경매절차에서 경매목적물로 평가되지 아니하였다고 할지라도 경락인은 부합된 증축부분의 소유권을 취득한다(대판 1992.12.8. 92다26772·26789).

▶ 정답 03 ③ 04 ②

⑤ 저당권의 효력이 저당부동산에 부합된 물건과 종물에 미친다는 민법 제358조 본문을 유추하여 보면 건물에 대한 저당권의 효력은 그 건물에 종된 권리인 건물의 소유를 목적으로 하는 지상권에도 미치게 되므로, 건물에 대한 저당권이 실행되어 경락인이 그 건물의 소유권을 취득하였다면 경락 후 건물을 철거한다는 등의 매각조건에서 경매되었다는 등 특별한 사정이 없는 한, 경락인은 건물 소유를 위한 지상권도 민법 제187조의 규정에 따라 등기 없이 당연히 취득하게 되고, 한편 이 경우에 경락인이 건물을 제3자에게 양도한 때에는, 특별한 사정이 없는 한 민법 제100조 제2항의 유추적용에 의하여 건물과 함께 종된 권리인 지상권도 양도하기로 한 것으로 봄이 상당하다(대판 1996.4.26. 95다52864).

05 민법 제365조의 일괄경매청구권에 관한 설명으로 옳은 것을 모두 고른 것은? (다툼이 있으면 판례에 따름)

▶ 2022 감정평가사

ㄱ. 토지에 저당권을 설정한 후 그 설정자가 그 토지에 건물을 축조하여 저당권자가 토지와 함께 그 건물에 대하여도 경매를 청구하는 경우, 저당권자는 그 건물의 경매대가에 대해서도 우선변제를 받을 권리가 있다.
ㄴ. 저당권설정자로부터 저당토지에 대한 용익권을 설정받은 자가 그 토지에 건물을 축조한 후 저당권설정자가 그 건물의 소유권을 취득한 경우, 저당권자는 토지와 건물을 일괄하여 경매를 청구할 수 있다.
ㄷ. 토지에 저당권을 설정한 후 그 설정자가 그 토지에 축조한 건물의 소유권이 제3자에게 이전된 경우, 저당권자는 토지와 건물을 일괄하여 경매를 청구할 수 없다.

① ㄱ
② ㄴ
③ ㄷ
④ ㄴ, ㄷ
⑤ ㄱ, ㄴ, ㄷ

정답해설

ㄱ. (×): 제365조【저당지상의 건물에 대한 경매청구권】토지를 목적으로 저당권을 설정한 후 그 설정자가 그 토지에 건물을 축조한 때에는 저당권자는 토지와 함께 그 건물에 대하여도 경매를 청구할 수 있다. 그러나 그 건물의 경매대가에 대하여는 우선변제를 받을 권리가 없다.
ㄷ. (○): 민법 제365조가 토지를 목적으로 한 저당권을 설정한 후 그 저당권설정자가 그 토지에 건물을 축조한 때에는 저당권자가 토지와 건물을 일괄하여 경매를 청구할 수 있도록 규정한 취지는, 저당권은 담보물의 교환가치의 취득을 목적으로 할 뿐 담보물의 이용을 제한하지 아니하여 저당권설정자로서는 저당권설정 후에도 그 지상에 건물을 신축할 수 있는데, 후에 그 저당권의 실행으로 토지가 제3자에게 경락될 경우에 건물을 철거하여야 한다면 사회경제적으로 현저한 불이익이 생기게 되어 이를 방지할 필요가 있으므로 이러한 이해관계를 조절하고, 저당권자에게도 저당 토지상의 건물의 존재로 인하여 생기게 되는 경매의 어려움을 해소하여 저당권의 실행을 쉽게 할 수 있도록 한 데에 있다고 풀이되며, 그러한 규정 취지에 비추어 보면 민법 제365조에 기한 일괄경매청구권은 원칙적으로 토지소유자인 저당권설정자가 축조하여 그가 소유하고 있는 건물이어야 한다(대결 1994.1.24. 93마1736). 따라서 토지에 저당권을 설정한 후 그 설정자가 그 토지에 축조한 경우라도 건물의 소유권이 제3자에게 이전된 경우에는 일괄경매청구권이 인정되지 않는다.
ㄴ. (○): 다만, 저당권설정자가 원시취득한 건물에 한하지 않으므로, 저당권설정자로부터 저당토지에 대한 용익권을 설정받은 자가 그 토지에 건물을 축조한 경우라도 그 후 저당권설정자가 그 건물의 소유권을 취득한 경우에는 저당권자는 토지와 함께 그 건물에 대하여 경매를 청구할 수 있다(대판 2003.4.11. 2003다3850).

06 乙명의의 저당권이 설정되어 있는 甲소유의 X토지 위에 Y건물이 신축된 후, 乙의 저당권이 실행된 경우에 관한 설명으로 옳은 것을 모두 고른 것은? (다툼이 있으면 판례에 따름)

▶ 2023 감정평가사

> ㄱ. 甲이 Y건물을 신축한 경우, 乙은 Y건물에 대한 경매도 함께 신청할 수 있으나 Y건물의 경매대가에서 우선변제를 받을 수는 없다.
> ㄴ. Y건물을 甲이 건축하였으나 경매 당시 제3자 소유로 된 경우, 乙은 Y건물에 대한 경매도 함께 신청할 수 있다.
> ㄷ. Y건물이 X토지의 지상권자인 丙에 의해 건축되었다가 甲이 Y건물의 소유권을 취득하였다면 乙은 Y건물에 대한 경매도 함께 신청할 수 있다.

① ㄴ
② ㄱ, ㄴ
③ ㄱ, ㄷ
④ ㄴ, ㄷ
⑤ ㄱ, ㄴ, ㄷ

정답해설

ㄱ. (○) : 乙명의의 저당권이 설정되어 있는 甲소유의 X토지 위에 저당권설정자인 甲이 Y건물이 신축된 경우, 저당권자 乙은 저당권이 설정되어 있지 않은 Y건물에 대한 경매도 제365조에 기해 토지와 함께 신청할 수 있으나, Y건물의 경매대가에서 우선변제를 받을 수는 없다(제365조).

> **제365조【저당지상의 건물에 대한 경매청구권】**
> 토지를 목적으로 저당권을 설정한 후 그 설정자가 그 토지에 건물을 축조한 때에는 저당권자는 토지와 함께 그 건물에 대하여도 경매를 청구할 수 있다. 그러나 그 건물의 경매대가에 대하여는 우선변제를 받을 권리가 없다.

ㄴ. (×) : 민법 제365조가 토지를 목적으로 한 저당권을 설정한 후 그 저당권설정자가 그 토지에 건물을 축조한 때에는 저당권자가 토지와 건물을 일괄하여 경매를 청구할 수 있도록 규정한 취지는, 저당권은 담보물의 교환가치의 취득을 목적으로 할 뿐 담보물의 이용을 제한하지 아니하여 저당권설정자로서는 저당권설정 후에도 그 지상에 건물을 신축할 수 있는데, 후에 그 저당권의 실행으로 토지가 제3자에게 경락될 경우에 건물을 철거하여야 한다면 사회경제적으로 현저한 불이익이 생기게 되어 이를 방지할 필요가 있으므로 이러한 이해관계를 조절하고, 저당권자에게도 저당 토지상의 건물의 존재로 인하여 생기게 되는 경매의 어려움을 해소하여 저당권의 실행을 쉽게 할 수 있도록 한 데에 있다고 풀이되며, 그러한 규정 취지에 비추어 보면 민법 제365조에 기한 일괄경매청구권은 원칙적으로 토지소유자인 저당권설정자가 축조하여 그가 소유하고 있는 건물이어야 한다(대결 1994.1.24, 93마1736). 따라서 토지에 저당권을 설정한 후 그 저당권설정자인 甲이 그 토지에 건축한 경우라도 건물의 소유권이 제3자에게 이전된 경우에는 일괄경매청구권이 인정되지 않는다. 따라서 乙은 Y건물에 대한 경매는 함께 신청할 수 없다.

ㄷ. (○) : 다만, 저당권설정자가 원시취득한 건물에 한하지 않으므로, 저당권설정자로부터 저당토지에 대한 용익권을 설정받은 자가 그 토지에 건물을 축조한 경우라도 그 후 저당권설정자가 그 건물의 소유권을 취득한 경우에는 저당권자는 토지와 함께 그 건물에 대하여 경매를 청구할 수 있다(대판 2003.4.11, 2003다3850). 따라서 Y건물이 X토지의 지상권자인 丙에 의해 건축되었다가 저당권설정자인 甲이 Y건물의 소유권을 취득하였다면 저당권자 乙은 Y건물에 대한 경매도 함께 신청할 수 있다.

▶ 정답 05 ④ 06 ③

07 저당권에 관한 설명으로 옳지 않은 것은? (다툼이 있으면 판례에 의함) ▶ 2012 감정평가사

① 장래에 발생할 특정의 조건부 채권을 피담보채권으로 하는 근저당권을 설정하는 것도 가능하다.
② 구분건물의 전유부분에 설정된 저당권의 효력은 특별한 사정이 없는 한 전유부분의 소유자가 나중에 취득한 대지사용권에 미친다.
③ 저당권자는 채권 전부의 변제를 받을 때까지 저당부동산 전부에 관하여 그 저당권을 행사할 수 있다.
④ 저당권자는 저당물의 공용징수로 인하여 저당권설정자가 받을 금전의 지급 전에 이를 압류함으로써 저당권을 행사할 수 있다.
⑤ 공유자 중 1인의 지분에 저당권이 설정된 후 공유토지가 분할된 경우, 저당권은 저당권설정자가 분할받은 토지에만 효력이 미친다.

정답해설

① 장래에 발생할 특정의 조건부 채권을 담보하기 위하여도 저당권을 설정할 수 있으므로 그러한 채권도 근저당권의 피담보채권으로 확정될 수 있고, 그 조건이 성취될 가능성이 없게 되었다는 등의 특별한 사정이 없는 이상 확정 당시 조건이 성취되지 아니하였다는 사정만으로 근저당권이 소멸하는 것은 아니다(대판 2015.12.24. 2015다200531).
② 집합건물 구분소유자의 대지사용권은 전유부분과 분리처분이 가능하도록 규약으로 정하였다는 등의 특별한 사정이 없는 한 전유부분과 종속적 일체불가분성이 인정되므로, 구분건물의 전유부분에 대한 저당권 또는 경매개시결정과 압류의 효력은 당연히 종물 내지 종된 권리인 대지사용권에까지 미치고, 그에 터 잡아 진행된 경매절차에서 전유부분을 경락받은 자는 그 대지사용권도 함께 취득한다(대판 2008.3.13. 2005다15048). 저당권설정 전에 부합한 것이든 그 후에 부합한 것이든 불문하므로 구분건물의 전유부분에 설정된 저당권의 효력은 특별한 사정이 없는 한 전유부분의 소유자가 나중에 취득한 대지사용권에 미친다.
③ 저당권에도 담보물권의 통유성이 있어 불가분성(제370조, 제321조)이 인정되어 저당권자는 채권 전부의 변제를 받을 때까지 저당부동산 전부에 관하여 그 저당권을 행사할 수 있다.

> 제321조【유치권의 불가분성】
> 유치권자는 채권 전부의 변제를 받을 때까지 유치물 전부에 대하여 그 권리를 행사할 수 있다.
>
> 제370조【준용규정】
> 제214조, 제321조, 제333조, 제340조, 제341조 및 제342조의 규정은 저당권에 준용한다.

④ 질권에 관한 물상대위의 규정(제342조)은 저당권에도 준용된다(제370조). 따라서 저당물의 멸실·훼손·공용징수로 인하여 저당권설정자가 받을 금전 기타 물건에 대하여도 그 지급 또는 인도 전에 압류하여 저당권을 행사할 수 있다.

> 제342조【물상대위】
> 질권은 질물의 멸실, 훼손 또는 공용징수로 인하여 질권설정자가 받을 금전 기타 물건에 대하여도 이를 행사할 수 있다. 이 경우에는 그 지급 또는 인도 전에 압류하여야 한다.

⑤ 부동산의 일부 공유지분에 관하여 저당권이 설정된 후 부동산이 분할된 경우, 그 저당권은 분할된 각 부동산 위에 종전의 지분비율대로 존속하고, 분할된 각 부동산은 저당권의 공동담보가 된다(대판 2012.3.29. 2011다74932). 저당권이 저당권설정자가 분할 받은 토지에 집중되어 효력이 미치는 것은 아니다.

08 저당권에 관한 설명으로 옳지 않은 것은? (다툼이 있으면 판례에 따름) ▶ 2021 감정평가사

① 저당부동산에 대한 압류 후에는 저당권설정자의 저당부동산에 관한 차임채권에도 저당권의 효력이 미친다.
② 저당목적물의 변형물에 대하여 이미 제3자가 압류하였더라도 저당권자가 스스로 이를 압류하지 않으면 물상대위권을 행사할 수 없다.
③ 저당권은 그 담보한 채권과 분리하여 타인에게 양도하거나 다른 채권의 담보로 하지 못한다.
④ 저당권의 효력은 원칙적으로 저당부동산에 부합된 물건에 미친다.
⑤ 저당부동산에 대하여 지상권을 취득한 제3자는 저당권자에게 그 부동산으로 담보된 채권을 변제하고 저당권의 소멸을 청구할 수 있다.

[정답해설]
① 민법 제359조 제1항은 '저당권의 효력은 저당부동산에 대한 압류가 있은 후에 저당권설정자가 그 부동산으로부터 수취한 과실 또는 수취할 수 있는 과실에 미친다.'고 규정하고 있는데, 위 규정상의 '과실'에는 천연과실뿐만 아니라 법정과실도 포함된다고 할 것이므로, 저당부동산에 대한 압류가 있으면 그 압류 이후의 저당권설정자의 저당부동산에 관한 차임채권 등에도 저당권의 효력이 미친다(대판 2016.7.27, 2015다230020).
② 민법 제370조, 제342조 단서가 저당권자는 물상대위권을 행사하기 위하여 저당권설정자가 받을 금전 기타 물건의 지급 또는 인도 전에 압류하여야 한다고 규정한 것은 물상대위의 목적인 채권의 특정성을 유지하여 그 효력을 보전함과 동시에 제3자에게 불측의 손해를 입히지 않으려는 데 있는 것이므로, 저당목적물의 변형물인 금전 기타 물건에 대하여 일반 채권자가 물상대위권을 행사하려는 저당채권자보다 단순히 먼저 압류나 가압류의 집행을 함에 지나지 않은 경우에는 저당권자는 그 전은 물론 그 후에도 목적채권에 대하여 물상대위권을 행사하여 일반 채권자보다 우선변제를 받을 수가 있다(대판 1994.11.22, 94다25728).
③ 제361조【저당권의 처분제한】저당권은 그 담보한 채권과 분리하여 타인에게 양도하거나 다른 채권의 담보로 하지 못한다.
④ 원칙적으로 저당권의 효력은 저당부동산에 부합된 물건에 미친다(제358조). 저당권설정 전에 부합한 것이든 그 후에 부합한 것이든 불문한다(판례).

> 제358조【저당권의 효력의 범위】
> 저당권의 효력은 저당부동산에 부합된 물건과 종물에 미친다. 그러나 법률에 특별한 규정 또는 설정행위에 다른 약정이 있으면 그러하지 아니하다.

⑤ 제364조【제3취득자의 변제】저당부동산에 대하여 소유권, 지상권 또는 전세권을 취득한 제3자는 저당권자에게 그 부동산으로 담보된 채권을 변제하고 저당권의 소멸을 청구할 수 있다.

▶ 정답   07 ⑤   08 ②

■ 제3취득자를 위한 특별규정

제363조 제2항【저당권자의 경매청구권, 경매인】
저당물의 소유권을 취득한 제3자도 경매인이 될 수 있다.

제364조【제3취득자의 변제】
저당부동산에 대하여 소유권, 지상권 또는 전세권을 취득한 제3자는 저당권자에게 그 부동산으로 담보된 채권을 변제하고 저당권의 소멸을 청구할 수 있다.

제367조【제3취득자의 비용상환청구권】
저당물의 제3취득자가 그 부동산의 보존, 개량을 위하여 필요비 또는 유익비를 지출한 때에는 제203조 제1항, 제2항의 규정에 의하여 저당물의 경매대가에서 우선상환을 받을 수 있다.

09 저당권에 관한 설명으로 틀린 것은? (다툼이 있으면 판례에 따름) ▶ 2015 공인중개사

① 저당권자는 목적물 반환청구권을 갖지 않는다.
② 저당부동산의 종물에는 저당권의 효력이 미치지 않는다는 약정은 등기하지 않더라도 제3자에 대해 효력이 있다.
③ 원본의 반환이 2년간 지체된 경우 채무자는 원본 및 지연배상금의 전부를 변제하여야 저당권등기의 말소를 청구할 수 있다.
④ 저당권은 그 담보하는 채권과 분리하여 다른 채권의 담보로 하지 못한다.
⑤ 저당권이 설정된 토지가 「공익사업을 위한 토지 등의 취득 및 보상에 관한 법률」에 따라 협의취득된 경우, 저당권자는 토지소유자가 수령할 보상금에 대하여 물상대위를 할 수 없다.

정답해설

① 저당권설정자나 제3자의 저당목적물에 대한 침해가 있는 때에는 저당권 자체에 의거하여 침해행위에 대한 방해제거 및 방해예방을 청구할 수 있다(제370조, 제214조). 다만, 저당권자는 목적물을 점유하지 않기 때문에 반환청구권은 부정된다.
② 저당부동산의 종물에는 저당권의 효력이 미치지 않는다는 약정은 유효하나, 등기하지 않으면 제3자에게 효력을 주장할 수 없다.

제358조【저당권의 효력의 범위】
저당권의 효력은 저당부동산에 부합된 물건과 종물에 미친다. 그러나 법률에 특별한 규정 또는 설정행위에 다른 약정이 있으면 그러하지 아니하다.

③ 저당권의 피담보채무의 범위에 관하여 민법 제360조가 지연배상에 대하여는 원본의 이행기일을 경과한 후의 1년분에 한하여 저당권을 행사할 수 있다고 규정하고 있는 것은 저당권자의 제3자에 대한 관계에서의 제한이며 채무자나 저당권설정자가 저당권자에 대하여 대항할 수 있는 것이 아니다(대판 1992.5.12, 90다8855).

제360조【피담보채권의 범위】
저당권은 원본, 이자, 위약금, 채무불이행으로 인한 손해배상 및 저당권의 실행비용을 담보한다. 그러나 지연배상에 대하여는 원본의 이행기일을 경과한 후의 1년분에 한하여 저당권을 행사할 수 있다.

④ **제361조【저당권의 처분제한】** 저당권은 그 담보한 채권과 분리하여 타인에게 양도하거나 다른 채권의 담보로 하지 못한다.

⑤ 공용용지의 취득 및 손실보상에 관한 특례법에 따라 저당권이 설정된 토지의 취득에 관하여 토지소유자와 사업시행자 사이에 협의가 성립된 경우에 동 토지의 저당권자는 토지소유자가 수령할 보상금에 대하여 민법 제370조 제342조에 의한 물상대위를 할 수 없다(대판 1981.5.26, 80다2109).

> **제342조【물상대위】**
> 질권은 질물의 멸실, 훼손 또는 공용징수로 인하여 질권설정자가 받을 금전 기타 물건에 대하여도 이를 행사할 수 있다. 이 경우에는 그 지급 또는 인도 전에 압류하여야 한다.

비교 공용징수 → 협의수용 : 사법상 매매의 성질. 물상대위 : ×
            → 재결수용 : 법률상 멸실 인정. 물상대위 : ○

> **제187조【등기를 요하지 아니하는 부동산물권 취득】**
> 상속, 공용징수, 판결, 경매, 기타 법률의 규정에 의한 부동산에 관한 물권의 취득은 등기를 요하지 아니한다. 그러나 등기를 하지 아니하면 이를 처분하지 못한다.

비교 공용징수 → 협의수용 : 제187조 적용. 등기 없이 소유권취득
            → 재결수용 : 제187조 적용. 등기 없이 소유권취득

10 저당권의 물상대위에 관한 설명으로 옳은 것은? (다툼이 있으면 판례에 따름) ▶ 2016 공인중개사

① 대위할 물건이 제3자에 의하여 압류된 경우에는 물상대위성이 없다.
② 전세권을 저당권의 목적으로 한 경우 저당권자에게 물상대위권이 인정되지 않는다.
③ 저당권설정자에게 대위할 물건이 인도된 후에 저당권자가 그 물건을 압류한 경우 물상대위권을 행사할 수 있다.
④ 저당권자는 저당목적물의 소실로 인하여 저당권설정자가 취득한 화재보험금청구권에 대하여 물상대위권을 행사할 수 있다.
⑤ 저당권이 설정된 토지가 「공익사업을 위한 토지 등의 취득 및 보상에 관한 법률」에 따라 협의취득된 경우, 저당권자는 그 보상금에 대하여 물상대위권을 행사할 수 있다.

정답해설
① 제3채무자이든 저당권자이든 특정성은 유지되므로 반드시 저당권자 자신의 압류를 요하는 것은 아니다(대판 1996.7.12, 96다21058).
② 저당권이 설정된 전세권의 존속기간이 만료된 경우에 저당권자는 민법 제370조·제342조 및 민사집행법 제273조에 의하여 저당권의 목적물인 전세권에 갈음하여 존속하는 것으로 볼 수 있는 전세금반환채권에 대하여 압류 및 추심명령 또는 전부명령을 받는 등의 방법으로 권리를 행사하여 전세권설정자에 대해 전세금의 지급을 구할 수 있고, 저당목적물의 변형물인 금전 기타 물건에 대하여 일반채권자가 물상대위권을 행사하려는 저당채권자보다 단순히 먼저 압류나 가압류의 집행을 함에 지나지 않은 경우에는 저당권자는 그 전은 물론 그 후에도 목적채권에 대하여 물상대위권을 행사하여 일반채권자보다 우선변제를 받을 수가 있다(대판 2008.3.13, 2006다29372 등).

▶ 정답   09 ②   10 ④

③ **제342조【물상대위】** 질권은 질물의 멸실, 훼손 또는 공용징수로 인하여 질권설정자가 받을 금전 기타 물건에 대하여도 이를 행사할 수 있다. 이 경우에는 그 지급 또는 인도 전에 압류하여야 한다.

> **제370조【준용규정】**
> 제214조, 제321조, 제333조, 제340조, 제341조 및 제342조의 규정은 저당권에 준용한다.

④ 저당목적물이 소실되어 저당권설정자가 보험회사에 대하여 화재보험계약에 따른 보험금청구권을 취득한 경우 그 보험금청구권은 저당목적물이 가지는 가치의 변형물이라 할 것이므로 저당권자는 민법 제370조, 제342조에 의하여 저당권설정자의 보험회사에 대한 보험금청구권에 대하여 물상대위권을 행사할 수 있다 고 봄이 상당하다(대판 2004.12.24, 2004다52798).
⑤ 판례는 공용용지의 취득 및 손실보상에 관한 특례법에 따라 저당권이 설정된 토지의 취득에 관하여 토지소유자와 사업시행자 사이에 협의가 성립된 경우에 동 토지의 저당권자는 토지소유자가 수령할 보상금에 대하여 민법 제370조, 제342조에 의한 물상대위를 할 수 없다고 판시한 바 있다(대판 1981.5.26, 80다2109).

11 법률이나 규약에 특별한 규정 또는 별도의 약정이 없는 경우, 저당권의 효력이 미치는 것을 모두 고른 것은? (다툼이 있으면 판례에 따름)
▶ 2016 공인중개사

> ㄱ. 저당권의 목적인 건물에 증축되어 독립적 효용이 없는 부분
> ㄴ. 건물의 소유를 목적으로 한 토지임차인이 건물에 저당권을 설정한 경우의 토지임차권
> ㄷ. 구분건물의 전유부분에 관하여 저당권이 설정된 후, 전유부분의 소유자가 취득하여 전유부분과 일체가 된 대지사용권

① ㄱ
② ㄷ
③ ㄱ, ㄴ
④ ㄴ, ㄷ
⑤ ㄱ, ㄴ, ㄷ

정답해설

ㄱ. (O) : 건물의 증축부분이 기존건물에 부합하여 기존건물과 분리하여서는 별개의 독립물로서의 효용을 갖지 못하는 이상 기존건물에 대한 근저당권은 민법 제358조에 의하여 부합된 증축부분에도 효력이 미치는 것이므로 기존건물에 대한 경매절차에서 경매목적물로 평가되지 아니하였다고 할지라도 경락인은 부합된 증축부분의 소유권을 취득한다(대판 1992.12.8, 92다26772).
ㄴ. (O) : 민법 제358조 본문은 "저당권의 효력은 저당부동산에 부합된 물건과 종물에 미친다"고 규정하고 있는바, 이 규정은 저당부동산에 종된 권리에도 유추적용된다(대판 1995.8.22, 94다12722).
ㄷ. (O) : 집합건물 구분소유자의 대지사용권은 전유부분과 분리처분이 가능하도록 규약으로 정하였다는 등의 특별한 사정이 없는 한 전유부분과 종속적 일체불가분성이 인정되므로, 구분건물의 전유부분에 대한 저당권 또는 경매개시결정과 압류의 효력은 당연히 종물 내지 종된 권리인 대지사용권에까지 미치고, 그에 터 잡아 진행된 경매절차에서 전유부분을 경락받은 자는 그 대지사용권도 함께 취득한다(대판 2008.3.13, 2005다15048).

12 저당권에 관한 다음의 설명 중 옳지 않은 것은? (다툼이 있는 경우 판례에 의함)

① 저당권은 채무불이행으로 인한 손해배상도 담보하나, 지연배상에 대하여는 원본의 이행기일을 경과한 후의 1년분에 한한다.
② 피담보채권의 채권자가 아닌 제3자가 저당권자가 될 수 있는 경우가 있다.
③ 근저당권설정자인 종전의 소유자는 목적물의 소유권을 상실하였으므로 계약상 권리에 따라 근저당권자에게 피담보채무의 소멸을 이유로 하여 그 근저당권설정등기의 말소를 청구할 수 없다.
④ 건물의 소유를 목적으로 하여 토지를 임차한 사람이 그 토지 위에 소유하는 건물에 저당권을 설정한 때에는 저당권의 효력이 건물의 소유를 목적으로 한 토지의 임차권에도 미친다고 보아야 할 것이다.
⑤ 위약금은 저당권에 의하여 담보될 수 있다.

[정답해설]

①, ⑤ 제360조【피담보채권의 범위】저당권은 원본, 이자, 위약금, 채무불이행으로 인한 손해배상 및 저당권의 실행비용을 담보한다. 그러나 지연배상에 대하여는 원본의 이행기일을 경과한 후의 1년분에 한하여 저당권을 행사할 수 있다.
② 근저당권은 채권담보를 위한 것이므로 원칙적으로 채권자와 근저당권자는 동일인이 되어야 하지만, 제3자를 근저당권 명의인으로 하는 근저당권을 설정하는 경우 그 점에 대하여 채권자와 채무자 및 제3자 사이에 합의가 있고, 기타 채권양도, 제3자를 위한 계약, 불가분적 채권관계의 형성 등 방법으로 채권이 그 제3자에게 실질적으로 귀속되었다고 볼 수 있는 특별한 사정이 있는 경우에는 제3자 명의의 근저당권설정등기도 유효하다고 보아야 할 것이다(대판(전) 2001.3.15. 99다48948).
③ 근저당권이 설정된 후에 그 부동산의 소유권이 제3자에게 이전된 경우에는 현재의 소유자가 자신의 소유권에 기하여 피담보채무의 소멸을 원인으로 그 근저당권설정등기의 말소를 청구할 수 있음은 물론이지만, 근저당권설정자인 종전의 소유자도 근저당권설정계약의 당사자로서 근저당권소멸에 따른 원상회복으로 근저당권자에게 근저당권설정등기의 말소를 구할 수 있는 계약상 권리가 있으므로 이러한 계약상 권리에 터 잡아 근저당권자에게 피담보채무의 소멸을 이유로 하여 그 근저당권설정등기의 말소를 청구할 수 있다고 봄이 상당하고, 목적물의 소유권을 상실하였다는 이유만으로 그러한 권리를 행사할 수 없다고 볼 것은 아니다(대판(전) 1994.1.25. 93다16338).
④ 민법 제358조 본문은 "저당권의 효력은 저당부동산에 부합된 물건과 종물에 미친다"고 규정하고 있는바, 이 규정은 저당부동산에 종된 권리에도 유추적용된다(대판 1995.8.22. 94다12722).

▶ 정답   11 ⑤   12 ③

13 전세권을 목적으로 하는 저당권에 관한 설명으로 옳지 않은 것은? (다툼이 있으면 판례에 따름)
▶ 2021 감정평가사

① 저당권설정자는 저당권자의 동의 없이 전세권을 소멸하게 하는 행위를 하지 못한다.
② 전세권의 존속기간이 만료된 경우 저당권자는 전세권 자체에 대해 저당권을 실행할 수 있다.
③ 전세권의 존속기간이 만료되면 저당권자는 전세금반환채권에 대하여 물상대위할 수 있다.
④ 전세금반환채권은 저당권의 목적물이 아니다.
⑤ 전세권이 기간만료로 소멸한 경우 전세권설정자는 원칙적으로 전세권자에 대하여만 전세금 반환의무를 부담한다.

[정답해설]
① 제371조【지상권, 전세권을 목적으로 하는 저당권】② 지상권 또는 전세권을 목적으로 저당권을 설정한 자는 저당권자의 동의 없이 지상권 또는 전세권을 소멸하게 하는 행위를 하지 못한다.
②, ③, ④, ⑤ 전세권에 대하여 저당권이 설정된 경우 그 저당권의 목적물은 물권인 전세권 자체이지 전세금반환채권은 그 목적물이 아니고, 전세권의 존속기간이 만료되면 전세권은 소멸하므로 더 이상 전세권 자체에 대하여 저당권을 실행할 수 없게 되고, 이러한 경우에는 민법 제370조, 제342조(물상대위) 및 민사소송법 제733조에 의하여 저당권의 목적물인 전세권에 갈음하여 존속하는 것으로 볼 수 있는 전세금반환채권에 대하여 압류 및 추심명령 또는 전부명령을 받거나 제3자가 전세금반환채권에 대하여 실시한 강제집행절차에서 배당요구를 하는 등의 방법으로 자신의 권리를 행사하여 비로소 전세권설정자에 대해 전세금의 지급을 구할 수 있게 된다는 점, 원래 동시이행항변권은 공평의 관념과 신의칙에 입각하여 각 당사자가 부담하는 채무가 서로 대가적 의미를 가지고 관련되어 있을 때 그 이행에 있어서 견련관계를 인정하여 당사자 일방은 상대방이 채무를 이행하거나 이행의 제공을 하지 아니한 채 당사자 일방의 채무의 이행을 청구할 때에는 자기의 채무이행을 거절할 수 있도록 하는 제도인 점, 전세권을 목적물로 하는 저당권의 설정은 전세권의 목적물 소유자의 의사와는 상관없이 전세권자의 동의만 있으면 가능한 것이고, 원래 전세권에 있어 전세권설정자가 부담하는 전세금반환의무는 전세금반환채권에 대한 제3자의 압류 등이 없는 한 전세권자에 대해 전세금을 지급함으로써 그 의무이행을 다할 뿐이라는 점에 비추어 볼 때, 전세권저당권이 설정된 경우에도 전세권이 기간만료로 소멸되면 전세권설정자는 전세금반환채권에 대한 제3자의 압류 등이 없는 한 전세권자에 대하여만 전세금반환의무를 부담한다고 보아야 한다(대판 1994.6.24. 94다10900).

14 저당권의 침해에 관한 설명으로 옳지 않은 것은? (다툼이 있으면 판례에 의함)
▶ 2012 감정평가사

① 저당권이 설정된 임야의 수목이 부당하게 벌채·반출된 경우, 저당권자는 자신에게 수목의 반환을 청구할 수 있다.
② 선순위저당권이 소멸된 경우, 후순위저당권자는 선순위저당권의 말소등기를 청구할 수 있다.
③ 제3자가 저당권의 목적물을 손상시켜도 나머지 부분의 가액이 피담보채권을 담보하기에 충분한 경우에는 저당권자는 그 제3자에 대하여 손해배상을 청구할 수 없다.
④ 저당권설정자의 책임 있는 사유로 인하여 저당물의 가액이 현저히 감소된 때에는 저당권자는 원상회복 또는 상당한 담보제공을 청구할 수 있다.
⑤ 특별한 사정이 없는 한 저당 토지의 지상권자가 통상의 용법에 따라 토지를 사용·수익하는 경우, 저당권 침해에 해당하지 않는다.

정답해설

① 저당권자는 저당권을 침해하는 자에 대하여 목적물반환은 청구할 수 없다(제370조 참조). 저당권이 설정된 임야의 수목이 부당하게 벌채·반출된 경우라도 저당권자는 저당권 침해를 이유로 수목의 반환을 청구할 수 없다.

> **제370조【준용규정】**
> 제214조, 제321조, 제333조, 제340조, 제341조 및 제342조의 규정은 저당권에 준용한다.

② 저당권설정자나 제3자의 저당목적물에 대한 침해가 있는 때에는 저당권 자체에 의거하여 침해행위에 대한 방해제거 및 방해예방을 청구할 수 있다(제370조, 제214조). 선순위저당권이 소멸된 경우, 후순위저당권자는 자신의 저당권을 위한 방해제거를 이유로 원인무효의 선순위저당권의 말소등기를 청구할 수 있다.
③ 저당권 침해로 인한 손해배상을 청구하기 위해서는 불법행위의 일반요건, 특히 상대방의 귀책사유가 있어야 하고, 아울러 목적물의 침해로 인하여 저당권자가 채권의 완전한 만족을 얻을 수 없어야 한다. 따라서 저당물의 가액이 감소되더라도 채권의 만족을 얻을 수 있는 경우에는 손해배상청구권이 발생하지 않는다. 따라서 제3자가 저당권의 목적물을 손상시켜도 나머지 부분의 가액이 피담보채권을 담보하기에 충분한 경우에는 저당권자는 그 제3자에 대하여 손해배상을 청구할 수 없다.
④ 제362조【저당물의 보충】저당권설정자의 책임 있는 사유로 인하여 저당물의 가액이 현저히 감소된 때에는 저당권자는 저당권설정자에 대하여 그 원상회복 또는 상당한 담보제공을 청구할 수 있다.
⑤ 저당권은 경매절차에 있어서 실현되는 저당부동산의 교환가치로부터 다른 채권자에 우선하여 피담보채권의 변제를 받는 것을 내용으로 하는 물권으로, 부동산의 점유를 저당권자에게 이전하지 않고 설정되고, 저당권자는 원칙적으로, 저당부동산의 소유자가 행하는 저당부동산의 사용 또는 수익에 관하여 간섭할 수 없고, 다만 저당부동산에 대한 점유가 저당부동산의 본래의 용법에 따른 사용·수익의 범위를 초과하여 그 교환가치를 감소시키거나, 점유자에게 저당권의 실현을 방해하기 위하여 점유를 개시하였다는 점이 인정되는 등, 그 점유로 인하여 정상적인 점유가 있는 경우의 경락가격과 비교하여 그 가격이 하락하거나 경매절차가 진행되지 않는 등 저당권의 실현이 곤란하게 될 사정이 있는 경우에는 저당권의 침해가 인정될 수 있다(대판 2005.4.29, 2005다3243). 특별한 사정이 없는 한 저당 토지의 지상권자가 통상의 용법에 따라 토지를 사용·수익하는 경우, 저당권 침해에 해당하지 않는다.

15 저당권에 관한 설명으로 옳지 않은 것은? (다툼이 있으면 판례에 따름) ▶ 2015 감정평가사

① 저당권설정자는 현재 저당부동산의 소유자가 아니라면 피담보채무가 소멸하더라도 저당권의 말소를 청구할 수 없다.
② 저당권은 경매에서의 매각으로 인하여 소멸한다.
③ 저당권은 피담보채권과 분리하여 타인에게 양도하거나 다른 채권의 담보로 하지 못한다.
④ 저당권자가 물상대위를 통하여 우선변제를 받기 위해서는 저당권설정자가 받을 가치 변형물을 그 지급 또는 인도 전에 압류하여야 한다.
⑤ 저당권자가 물상대위권을 행사하지 아니한 경우, 저당목적물의 변형물로부터 이득을 얻은 다른 채권자에 대하여 부당이득반환을 청구할 수 없다.

▶ 정답 13 ② 14 ① 15 ①

> 정답해설

① 근저당권이 설정된 후에 그 부동산의 소유권이 제3자에게 이전된 경우에는 현재의 소유자가 자신의 소유권에 기하여 피담보채무의 소멸을 원인으로 그 근저당권설정등기의 말소를 청구할 수 있음은 물론이지만, 근저당권설정자인 종전의 소유자도 근저당권설정계약의 당사자로서 근저당권소멸에 따른 원상회복으로 근저당권자에게 근저당권설정등기의 말소를 구할 수 있는 계약상 권리가 있으므로 이러한 계약상 권리에 터 잡아 근저당권자에게 피담보채무의 소멸을 이유로 하여 그 근저당권설정등기의 말소를 청구할 수 있다고 봄이 상당하고, 목적물의 소유권을 상실하였다는 이유만으로 그러한 권리를 행사할 수 없다고 볼 것은 아니다(대판(전) 1994.1.25. 93다16338).

② 민사집행법상 저당권은 경매에서의 매각으로 인하여 소멸하며, 순위에 따라 배당을 받게 된다.

③ 저당권은 피담보채권과 분리하여 타인에게 양도하거나 다른 채권의 담보로 하지 못한다(제361조).

> **제361조【저당권의 처분제한】**
> 저당권은 그 담보한 채권과 분리하여 타인에게 양도하거나 다른 채권의 담보로 하지 못한다.

④ 저당권자가 물상대위를 통하여 우선변제를 받기 위해서는 저당권설정자가 받을 가치 변형물을 그 지급 또는 인도 전에 압류하여야 한다(제370조, 제342조).

> **제370조【준용규정】**
> 제214조, 제321조, 제333조, 제340조, 제341조 및 제342조의 규정은 저당권에 준용한다.
>
> **제342조【물상대위】**
> 질권은 질물의 멸실, 훼손 또는 공용징수로 인하여 질권설정자가 받을 금전 기타 물건에 대하여도 이를 행사할 수 있다. 이 경우에는 그 지급 또는 인도 전에 압류하여야 한다.

⑤ 민법 제370조, 제342조 단서가 저당권자는 물상대위권을 행사하기 위하여 저당권설정자가 받을 금전 기타 물건의 지급 또는 인도 전에 압류하여야 한다고 규정한 것은 물상대위의 목적인 채권의 특정성을 유지하여 그 효력을 보전함과 동시에 제3자에게 불측의 손해를 입히지 않으려는 데 있는 것이므로, 저당목적물의 변형물인 금전 기타 물건에 대하여 이미 제3자가 압류하여 그 금전 또는 물건이 특정된 이상 저당권자가 스스로 이를 압류하지 않고서도 물상대위권을 행사하여 일반 채권자보다 우선변제를 받을 수 있으나, 그 행사방법으로는 민사집행법 제273조[구 민사소송법(2002.1.26. 법률 제6626호로 전문 개정되기 전의 것) 제733조]에 의하여 담보권의 존재를 증명하는 서류를 집행법원에 제출하여 채권압류 및 전부명령을 신청하는 것이거나 민사집행법 제247조 제1항[구 민사소송법(2002.1.26. 법률 제6626호로 전문 개정되기 전의 것) 제580조 제1항]에 의하여 배당요구를 하는 것이므로, 이러한 물상대위권의 행사에 나아가지 아니한 채 단지 수용대상 토지에 대하여 담보물권의 등기가 된 것만으로는 그 보상금으로부터 우선변제를 받을 수 없고, 저당권자가 물상대위권의 행사에 나아가지 아니하여 우선변제권을 상실한 이상 다른 채권자가 그 보상금 또는 이에 관한 변제공탁금으로부터 이득을 얻었다고 하더라도 저당권자는 이를 부당이득으로서 반환청구할 수 없다(대판 2002.10.11. 2002다33137).

심화문제편

01 저당권에 관한 설명으로 옳은 것을 모두 고른 것은? (다툼이 있으면 판례에 의함)
▶ 2025 감정평가사

> ㄱ. 건물에 저당권이 설정된 후 건물의 종물에 대해 강제집행을 한 자는 건물 경매절차의 매수인에게 강제집행의 효력을 주장할 수 없다.
> ㄴ. 저당권이 설정된 토지에 지상권을 취득한 자가 수목을 식재한 경우 그 지상권자는 토지 경매절차의 매수인에 대해 수목의 매수를 청구할 수 있다.
> ㄷ. 건물에 설정된 저당권이 실행된 경우 경매절차의 매수인은 특별한 사정이 없는 한 건물의 소유를 위해 인정된 지상권도 등기 없이 취득한다.

① ㄱ
② ㄴ
③ ㄱ, ㄷ
④ ㄴ, ㄷ
⑤ ㄱ, ㄴ, ㄷ

정답해설

ㄱ, ㄷ. 2 항목이 옳다.

ㄱ. (○) : 부동산의 종물은 주물의 처분에 따르고 저당권은 목적 부동산의 종물에 대하여도 효력이 미치기 때문에 저당권의 실행으로 개시된 경매절차에서 부동산을 경락받은 자와 그 승계인은 종물의 소유권을 취득하고, 저당권이 설정된 이후에 종물에 대하여 강제집행을 한 자는 경락인과 그 승계인에게 강제집행의 효력을 주장할 수 없다(대판 1993.8.13, 92다43142).

ㄴ. (×) : 저당권이 실행되면 제3자에 대항력 있는 용익권(지상권, 지역권, 전세권, 대항력 있는 임차권 등)은 저당권설정과의 선후에 따라 존속여부가 결정된다. 즉 저당권이 설정되기 전에 제3자가 대항력 있는 용익권을 취득했다면 저당권이 실행되더라도 그 용익권자은 매수인에게 대항할 수 있으나(제370조, 제333조), 저당권이 설정된 후 용익권을 취득한 자는 저당권이 실행되면 매수인에게 대항할 수 없고 경매절차에서 소멸한다(민사집행법 제91조 제3항).
따라서 저당권이 설정된 후 용익권을 취득한 지상권자는 경매절차에서 매수인에게 지상권을 주장할 수 없으므로, 지상권자에게 인정되는 지상물매수 청구권도 인정될 수 없다(제283조 제1항ㆍ제2항).

ㄷ. (○) : 저당권의 효력이 저당부동산에 부합된 물건과 종물에 미친다는 민법 제358조 본문을 유추하여 보면 건물에 대한 저당권의 효력은 그 건물에 종된 권리인 건물의 소유를 목적으로 하는 지상권에도 미치게 되므로, 건물에 대한 저당권이 실행되어 경락인이 그 건물의 소유권을 취득하였다면 경락 후 건물을 철거한다는 등의 매각조건에서 경매되었다는 등 특별한 사정이 없는 한, 경락인은 건물 소유를 위한 지상권도 민법 제187조의 규정에 따라 등기 없이 당연히 취득하게 된다(대판 1996.4.26, 95다52864).

▶ 정답 01 ③

02 저당권의 효력이 미치는 피담보채권의 범위에 속하는 것은? (근저당은 고려하지 않고, 이해관계 있는 제3자가 존재한다.)
▶ 2024 주택관리사

① 등기된 금액을 초과하는 원본
② 저당물의 보존비용
③ 저당물의 하자로 인한 손해배상
④ 등기된 손해배상예정액
⑤ 원본의 이행기일 경과 후 1년분을 넘는 지연배상

[정답해설]
①, ④ 원본, 이자, 채무불이행으로 인한 손해배상, 위약금은 등기하여야 담보된다. ④ 등기된 손해배상예정액은 포함되나, ① 등기된 금액을 초과하는 원본은 포함되지 않는다.
②, ③ 질권과 달리 저당권자가 저당 목적물을 점유하지 않으므로, ② 저당물의 보존비용과 ③ 저당물의 하자로 인한 손해배상은 포함되지 않는다.
⑤ 지연배상은 원본의 이행기일 경과 후 1년분에 한하므로 이을 넘는 지연배상은 피담보채권의 범위에 포함되지 않는다.

> 제360조 【피담보채권의 범위】
> 저당권은 원본, 이자, 위약금, 채무불이행으로 인한 손해배상 및 저당권의 실행비용을 담보한다. 그러나 지연배상에 대하여는 원본의 이행기일을 경과한 후의 1년분에 한하여 저당권을 행사할 수 있다.

03 甲은 2020. 1. 1. 乙에게 1억원을 대여하면서 변제기 2020. 12. 31, 이율 연 5%, 이자는 매달 말일 지급하기로 약정하였고 그 담보로 당일 乙 소유 토지에 저당권을 취득하였다. 乙이 차용일 이후부터 한 번도 이자를 지급하지 않았고 甲은 2023. 7. 1. 저당권실행을 위한 경매를 신청하였다. 2023. 12. 31. 배당절차에서 배당재원 3억원으로 배당을 실시하게 되었는데, 甲은 총 1억 2,000만원의 채권신고서를 제출하였다. 甲의 배당금액은? (甲보다 우선하는 채권자는 없으나 2억원의 후순위 저당권자가 있고 공휴일 및 소멸시효와 이자에 대한 지연손해금 등은 고려하지 않는다.)
▶ 2024 공인중개사

① 1억 500만원
② 1억 1,000만원
③ 1억 1,500만원
④ 1억 1,750만원
⑤ 1억 2,000만원

[정답해설]
경매로 인해 배당을 받을 수 있는 피담보채권의 범위는 제360조에 근거하여 원본 뿐만 아니라 이자, 지연배상 1년 분에 한하여 저당권을 행사할 수 있다.
甲은 총 1억 2,000만원의 채권신고서를 제출하였다 하더라도, 甲이 배당받을 수 있는 금액은 원본 1억원과 2020년분 이자 500만원(=1억원×0.05) 그리고 2021년분 지연손해금 500만원(=1억원×0.05)을 합한 1억 1,000만원이다.

> 제360조 【피담보채권의 범위】
> 저당권은 원본, 이자, 위약금, 채무불이행으로 인한 손해배상 및 저당권의 실행비용을 담보한다. 그러나 지연배상에 대하여는 원본의 이행기일을 경과한 후의 1년분에 한하여 저당권을 행사할 수 있다.
>
> 제397조 【금전채무불이행에 대한 특칙】
> ① 금전채무불이행의 손해배상액은 법정이율에 의한다. 그러나 법령의 제한에 위반하지 아니한 약정이율이 있으면 그 이율에 의한다.

04 저당권에 관한 설명으로 옳지 않은 것은? (다툼이 있으면 판례에 따름) ▶ 2018 감정평가사

① 저당물의 소유권을 취득한 제3자는 경매인이 될 수 없다.
② 토지를 목적으로 저당권을 설정한 후 그 설정자가 그 토지에 건물을 축조하고 소유한 경우, 저당권자는 토지와 함께 그 건물에 대하여도 경매를 청구할 수 있다.
③ 저당부동산에 대하여 저당권에 기한 압류가 있으면, 압류 이후의 저당권설정자의 저당부동산에 관한 차임채권에도 저당권의 효력이 미친다.
④ 저당부동산에 대하여 지상권을 취득한 제3자는 저당권자에게 그 부동산으로 담보된 채권을 변제하고 저당권의 소멸을 청구할 수 있다.
⑤ 저당권설정자의 책임 있는 사유로 인하여 저당물의 가액이 현저히 감소된 때에는 저당권자는 저당권설정자에 대하여 그 원상회복 또는 상당한 담보제공을 청구할 수 있다.

[정답해설]
① 제363조 제2항 【저당권자의 경매청구권, 경매인】 저당물의 소유권을 취득한 제3자도 경매인이 될 수 있다.
② 제365조 【저당지상의 건물에 대한 경매청구권】 토지를 목적으로 저당권을 설정한 후 그 설정자가 그 토지에 건물을 축조한 때에는 저당권자는 토지와 함께 그 건물에 대하여도 경매를 청구할 수 있다. 그러나 그 건물의 경매대가에 대하여는 우선변제를 받을 권리가 없다.
③ 민법 제359조 제1항은 '저당권의 효력은 저당부동산에 대한 압류가 있은 후에 저당권설정자가 그 부동산으로부터 수취한 과실 또는 수취할 수 있는 과실에 미친다.' 고 규정하고 있는데, 위 규정상의 '과실'에는 천연과실뿐만 아니라 법정과실도 포함된다고 할 것이므로, 저당부동산에 대한 압류가 있으면 그 압류 이후의 저당권설정자의 저당부동산에 관한 차임채권 등에도 저당권의 효력이 미친다(대판 2016.7.27. 2015다230020).
④ 제364조 【제3취득자의 변제】 저당부동산에 대하여 소유권, 지상권 또는 전세권을 취득한 제3자는 저당권자에게 그 부동산으로 담보된 채권을 변제하고 저당권의 소멸을 청구할 수 있다.
⑤ 제362조 【저당물의 보충】 저당권설정자의 책임 있는 사유로 인하여 저당물의 가액이 현저히 감소된 때에는 저당권자는 저당권설정자에 대하여 그 원상회복 또는 상당한 담보제공을 청구할 수 있다.

▶ 정답   02 ④   03 ②   04 ①

■ 제3취득자를 위한 특별규정

제363조 제2항【저당권자의 경매청구권, 경매인】
저당물의 소유권을 취득한 제3자도 경매인이 될 수 있다.

제364조【제3취득자의 변제】
저당부동산에 대하여 소유권, 지상권 또는 전세권을 취득한 제3자는 저당권자에게 그 부동산으로 담보된 채권을 변제하고 저당권의 소멸을 청구할 수 있다.

제367조【제3취득자의 비용상환청구권】
저당물의 제3취득자가 그 부동산의 보존, 개량을 위하여 필요비 또는 유익비를 지출한 때에는 제203조 제1항, 제2항의 규정에 의하여 저당물의 경매대가에서 우선상환을 받을 수 있다.

05 저당부동산의 제3취득자에 관한 설명으로 옳은 것을 모두 고른 것은? (다툼이 있으면 판례에 따름)

▶ 2021 공인중개사

ㄱ. 저당부동산에 대한 후순위저당권자는 저당부동산의 피담보채권을 변제하고 그 저당권의 소멸을 청구할 수 있는 제3취득자에 해당하지 않는다.
ㄴ. 저당부동산의 제3취득자는 부동산의 보존·개량을 위해 지출한 비용을 그 부동산의 경매대가에서 우선상환을 받을 수 없다.
ㄷ. 저당부동산의 제3취득자는 저당권을 실행하는 경매에 참가하여 매수인이 될 수 있다.
ㄹ. 피담보채권을 변제하고 저당권의 소멸을 청구할 수 있는 제3취득자에는 경매신청 후에 소유권, 지상권 또는 전세권을 취득한 자도 포함된다.

① ㄱ, ㄴ
② ㄱ, ㄹ
③ ㄴ, ㄷ
④ ㄱ, ㄷ, ㄹ
⑤ ㄴ, ㄷ, ㄹ

정답해설

ㄱ. (○) : 민법 제364조는 "저당부동산에 대하여 소유권, 지상권 또는 전세권을 취득한 제3자는 저당권자에게 그 부동산으로 담보된 채권을 변제하고 저당권의 소멸을 청구할 수 있다."고 규정하고 있다. 그러므로 근저당부동산에 대하여 민법 제364조의 규정에 의한 권리를 취득한 제3자는 피담보채무가 확정된 이후에 채권최고액의 범위 내에서 그 확정된 피담보채무를 변제하고 근저당권의 소멸을 청구할 수 있으나, 근저당부동산에 대하여 후순위근저당권을 취득한 자는 민법 제364조에서 정한 권리를 행사할 수 있는 제3취득자에 해당하지 아니하므로 이러한 후순위근저당권자가 선순위근저당권의 피담보채무가 확정된 이후에 그 확정된 피담보채무를 변제한 것은 민법 제469조의 규정에 의한 이해관계 있는 제3자의 변제로서 유효한 것인지 따져볼 수는 있을지언정 민법 제364조의 규정에 따라 선순위근저당권의 소멸을 청구할 수 있는 사유로는 삼을 수 없다(대판 2006.1.26. 2005다17341).

> 제364조【제3취득자의 변제】
> 저당부동산에 대하여 소유권, 지상권 또는 전세권을 취득한 제3자는 저당권자에게 그 부동산으로 담보된 채권을 변제하고 저당권의 소멸을 청구할 수 있다.

ㄴ. (×): 제367조【제3취득자의 비용상환청구권】저당물의 제3취득자가 그 부동산의 보존, 개량을 위하여 필요비 또는 유익비를 지출한 때에는 제203조 제1항, 제2항의 규정에 의하여 저당물의 경매대가에서 우선상환을 받을 수 있다.
ㄷ. (○): 제363조【저당권자의 경매청구권, 경매인】② 저당물의 소유권을 취득한 제3자도 경매인이 될 수 있다.
ㄹ. (○): 민법 364조의 규정에 의하여 저당권의 소멸을 청구할 수 있는 제3취득자는 경매신청 전 또는 경매개시결정전에 소유권, 지상권 또는 전세권을 취득한 자에 한하지 않는다(대결 1974.10.26, 74마440).

06 저당권에 관한 설명으로 옳은 것을 모두 고른 것은? (다툼이 있으면 판례에 따름)

▶ 2019 감정평가사

> ㄱ. 저당권이 설정된 건물이 증축된 경우에 기존 건물에 대한 저당권은 법률에 특별한 규정 또는 설정행위에서 다른 약정이 없다면, 증축되어 부합된 건물 부분에 대해서도 그 효력이 미친다.
> ㄴ. 저당부동산의 교환가치를 하락시키는 행위가 있더라도 저당권자는 저당권에 기한 방해배제청구권을 행사할 수 없다.
> ㄷ. 저당물의 제3취득자는 그 부동산의 개량을 위한 유익비를 지출하여 가치의 증가가 현존하더라도, 그 비용을 저당물의 매각대금에서 우선적으로 상환받을 수 없다.
> ㄹ. 채권자 아닌 타인의 명의로 저당권이 설정되었다면, 피담보채권의 실질적 귀속주체가 누구인지를 불문하고 그 효력이 인정되지 않는다.

① ㄱ
② ㄷ
③ ㄱ, ㄷ
④ ㄴ, ㄹ
⑤ ㄱ, ㄷ, ㄹ

정답해설

ㄱ. (○): 건물의 증축부분이 기존건물에 부합하여 기존건물과 분리하여서는 별개의 독립물로서의 효용을 갖지 못하는 이상 기존건물에 대한 근저당권은 민법 제358조에 의하여 부합된 증축부분에도 효력이 미치는 것이므로 기존건물에 대한 경매절차에서 경매목적물로 평가되지 아니하였다고 할지라도 경락인은 부합된 증축부분의 소유권을 취득한다(대판 1992.12.8, 92다26772·26789).
ㄴ. (×): 저당권자는 저당권 설정 이후 환가에 이르기까지 저당물의 교환가치에 대한 지배권능을 보유하고 있으므로 저당목적물의 소유자 또는 제3자가 저당목적물을 물리적으로 멸실·훼손하는 경우는 물론 그 밖의 행위로 저당부동산의 교환가치가 하락할 우려가 있는 등 저당권자의 우선변제청구권의 행사가 방해되는 결과가 발생한다면 저당권자는 저당권에 기한 방해배제청구권을 행사하여 방해행위의 제거를 청구할 수 있다(대판 2006.1.27, 2003다58454).

▶ 정답   05 ④   06 ①

ㄷ. (×) : 제367조 【제3취득자의 비용상환청구권】 저당물의 제3취득자가 그 부동산의 보존, 개량을 위하여 필요비 또는 유익비를 지출한 때에는 제203조 제1항, 제2항의 규정에 의하여 저당물의 경매대가에서 우선상환을 받을 수 있다.
ㄹ. (×) : 근저당권은 채권담보를 위한 것이므로 원칙적으로 채권자와 근저당권자는 동일인이 되어야 하지만, 제3자를 근저당권 명의인으로 하는 근저당권을 설정하는 경우 그 점에 대하여 채권자와 채무자 및 제3자 사이에 합의가 있고, 기타 채권양도, 제3자를 위한 계약, 불가분적 채권관계의 형성 등 방법으로 채권이 그 제3자에게 실질적으로 귀속되었다고 볼 수 있는 특별한 사정이 있는 경우에는 제3자 명의의 근저당권설정등기도 유효하다고 보아야 할 것이다(대판(전) 2001.3.15, 99다48948).

07 甲은 그 소유 나대지(X토지)에 乙의 저당권을 설정한 뒤 건물을 신축하였다. 다음 중 옳은 것을 모두 고른 것은? (다툼이 있으면 판례에 따름)
▶ 2015 공인중개사

ㄱ. X토지에 대한 저당권실행을 위한 경매개시결정 전에 甲이 A에게 건물 소유권을 이전한 경우, 乙은 X토지와 건물에 대해 일괄경매를 청구할 수 있다.
ㄴ. 乙의 저당권이 실행되어 B가 X토지를 매수하고 매각대금을 다 낸 경우, 甲은 법정지상권을 취득한다.
ㄷ. 저당권 설정 뒤 X토지에 대해 통상의 강제경매가 실시되어 C가 그 토지를 취득한 경우, 甲은 관습상 법정지상권을 취득하지 못한다.
ㄹ. 저당권 설정 뒤 D가 X토지를 매수 취득하여 그 토지에 필요비를 지출한 경우, 乙의 저당권이 실행되면 D는 경매대가로부터 필요비를 우선상환 받을 수 없다.

① ㄱ, ㄴ   ② ㄱ, ㄹ
③ ㄴ, ㄹ   ④ ㄷ
⑤ ㄷ, ㄹ

[정답해설]
ㄱ. (×) : 민법 제365조가 토지를 목적으로 한 저당권을 설정한 후 그 저당권설정자가 그 토지에 건물을 축조한 때에는 저당권자가 토지와 건물을 일괄하여 경매를 청구할 수 있도록 규정한 취지는, 저당권은 담보물의 교환가치의 취득을 목적으로 할 뿐 담보물의 이용을 제한하지 아니하여 저당권설정자로서는 저당권설정 후에도 그 지상에 건물을 신축할 수 있는데, 후에 그 저당권의 실행으로 토지가 제3자에게 경락될 경우에 건물을 철거하여야 한다면 사회경제적으로 현저한 불이익이 생기게 되어 이를 방지할 필요가 있으므로 이러한 이해관계를 조절하고, 저당권자에게도 저당 토지상의 건물의 존재로 인하여 생기게 되는 경매의 어려움을 해소하여 저당권의 실행을 쉽게 할 수 있도록 한 데에 있다고 풀이되며, 그러한 규정 취지에 비추어 보면 민법 제365조에 기한 일괄경매청구권은 저당권설정자가 건물을 축조하여 소유하고 있는 경우에 한한다고 봄이 상당하다(대결 1999.4.20, 99마146).
ㄴ. (×) : 토지를 목적으로 저당권을 설정한 후 저당권설정자가 그 토지에 건물을 축조한 때에는, 토지저당권에 기해 경매가 실행되는 경우에 건물을 위한 법정지상권은 인정되지 않는다(제366조).

ㄷ. (O) : 강제경매의 목적이 된 토지 또는 그 지상 건물에 관하여 강제경매를 위한 압류나 그 압류에 선행한 가압류가 있기 이전에 저당권이 설정되어 있다가 그 후 강제경매로 인해 그 저당권이 소멸하는 경우에는, 그 저당권 설정 이후의 특정 시점을 기준으로 토지와 그 지상 건물이 동일인의 소유에 속하였는지에 따라 관습상 법정지상권의 성립 여부를 판단하게 되면, 저당권자로서는 저당권 설정 당시를 기준으로 그 토지나 지상 건물의 담보가치를 평가하였음에도 저당권 설정 이후에 토지나 그 지상 건물의 소유자가 변경되었다는 외부의 우연한 사정으로 인하여 자신이 당초에 파악하고 있던 것보다 부당하게 높아지거나 떨어진 가치를 가진 담보를 취득하게 되는 예상하지 못한 이익을 얻거나 손해를 입게 되므로, 그 저당권 설정 당시를 기준으로 토지와 그 지상 건물이 동일인에게 속하였는지에 따라 관습상 법정지상권의 성립 여부를 판단하여야 한다(대판 2013.4.11, 2009다62059).

ㄹ. (×) : 민법 제367조가 저당물의 제3취득자가 그 부동산에 관한 필요비 또는 유익비를 지출한 때에는 저당물의 경매대가에서 우선상환을 받을 수 있다고 규정한 취지는 저당권설정자가 아닌 제3취득자가 저당물에 관한 필요비 또는 유익비를 지출하여 저당물의 가치가 유지·증가된 경우, 매각대금 중 그로 인한 부분은 일종의 공익비용과 같이 보아 제3취득자가 경매대가에서 우선상환을 받을 수 있도록 한 것이므로 저당물에 관한 지상권, 전세권을 취득한 자만이 아니고 소유권을 취득한 자도 민법 제367조 소정의 제3취득자에 해당한다(대판 2004.10.15, 2004다36604).

> **제367조【제3취득자의 비용상환청구권】**
> 저당물의 제3취득자가 그 부동산의 보존, 개량을 위하여 필요비 또는 유익비를 지출한 때에는 제203조 제1항, 제2항의 규정에 의하여 저당물의 경매대가에서 우선상환을 받을 수 있다.

08 저당권의 침해에 대한 구제의 설명 중 맞는 것은 (O), 틀린 것은 (×)로 옳게 표시한 것은?

㉠ 저당권자는 저당권을 침해하는 자에 대하여 목적물반환뿐만 아니라, 방해제거나 방해예방을 청구할 수 있다.
㉡ 저당권의 침해로 인한 손해배상의 청구는 저당권을 실행하여 실제상의 손해액을 확정한 후가 아니면 이를 행사할 수 없다.
㉢ 저당권설정자의 책임 있는 사유로 인하여 저당물의 가액이 현저히 감소한 때에는, 저당권자는 설정자에 대하여 그 원상회복 또는 상당한 담보제공을 청구할 수 있다.
㉣ 저당권자는 ㉢의 담보제공의 청구와 아울러 저당권의 침해를 이유로 손해배상을 청구할 수 있다.
㉤ 채무자가 저당목적물을 손상한 때에는, 저당권자는 곧 변제를 청구할 수 있고 그에 따라 저당권을 실행할 수 있다.

	㉠	㉡	㉢	㉣	㉤		㉠	㉡	㉢	㉣	㉤
①	(×)	(×)	(×)	(O)	(O)	②	(×)	(×)	(O)	(×)	(O)
③	(×)	(O)	(O)	(O)	(×)	④	(O)	(O)	(×)	(×)	(O)
⑤	(O)	(×)	(O)	(×)	(×)						

▶ 정답   07 ④   08 ②

정답해설

- ㉠ (×) : 저당권자는 저당권을 침해하는 자에 대하여 목적물반환은 청구할 수 없다(제370조 참조).

> **제370조 【준용규정】**
> 제214조, 제321조, 제333조, 제340조, 제341조 및 제342조의 규정은 저당권에 준용한다.

- ㉡ (×) : 저당권의 침해로 인한 손해배상의 청구는 저당권을 실행 전에도 손해가 발생하면 청구할 수 있다.
- ㉢ (○) : **제362조 【저당물의 보충】** 저당권설정자의 책임 있는 사유로 인하여 저당물의 가액이 현저히 감소된 때에는 저당권자는 저당권설정자에 대하여 그 원상회복 또는 상당한 담보제공을 청구할 수 있다.
- ㉣ (×) : 저당권자는 담보제공의 청구를 할 경우 저당권의 침해를 이유로 손해배상을 청구할 수 없다(제362조 참조).
- ㉤ (○) : 채무자(물상보증인 제외)의 귀책사유로 담보물이 손상·감소·멸실된 경우에는 채무자의 기한이익은 상실되므로, 저당권자는 곧 변제를 청구할 수 있고 저당권을 실행할 수 있다(제388조 제1호 참조). 그러나 즉시변제청구권은 담보물보충청구권과 동시에 행사될 수 없다.

> **제388조 【기한의 이익의 상실】**
> 채무자는 다음 각 호의 경우에는 기한의 이익을 주장하지 못한다.
> 1. 채무자가 담보를 손상, 감소 또는 멸실하게 한 때
> 2. 채무자가 담보제공의 의무를 이행하지 아니한 때

09 저당권에 관한 설명으로 옳은 것을 모두 고른 것은? (다툼이 있는 경우에는 판례에 의함)

▶ 2008 감정평가사

> ㄱ. 불법말소된 저당권등기가 회복되기 전에 경매가 행하여져 매수인이 매각대금을 완납하였다면 저당권말소등기의 회복등기를 청구할 수 없다.
> ㄴ. 채무자의 변제로 피담보채권이 소멸하면 말소등기를 하지 않아도 저당권은 소멸한다.
> ㄷ. 저당권의 효력은 저당부동산에 부합된 물건에 미치므로, 명인방법을 갖춘 수목에도 토지저당권의 효력이 미친다.
> ㄹ. 토지에 관하여 저당권이 설정될 당시 그 지상에 존재하는 건물이 미등기상태였다면 그 건물을 위한 법정지상권이 성립할 수 없다.
> ㅁ. 근저당권이전의 부기등기가 경료된 경우, 피담보채무의 소멸을 원인으로 한 근저당권설정등기 말소청구의 상대방은 양수인이 아니라 양도인이다.

① ㄱ, ㄴ
② ㄴ, ㅁ
③ ㄱ, ㄷ, ㅁ
④ ㄱ, ㄹ, ㅁ
⑤ ㄴ, ㄷ, ㄹ

정답해설

[ㄱ, ㄴ]이 타당하다.
ㄱ. (○): 부동산에 관하여 근저당권설정등기가 경료되었다가 그 등기가 위조된 등기서류에 의하여 아무런 원인 없이 말소되었다는 사정만으로는 곧바로 근저당권이 소멸하는 것은 아니라고 할 것이지만, 부동산이 경매절차에서 경락되면 그 부동산에 존재하였던 근저당권은 당연히 소멸하는 것이므로, 근저당권설정등기가 원인 없이 말소된 이후에 그 근저당 목적물인 부동산에 관하여 다른 근저당권자 등 권리자의 경매신청에 따라 경매절차가 진행되어 경락허가결정이 확정되고 경락인이 경락대금을 완납하였다면, 원인 없이 말소된 근저당권은 이에 의하여 소멸한다.
근저당권설정등기가 위법하게 말소되어 아직 회복등기를 경료하지 못한 연유로 그 부동산에 대한 경매절차에서 피담보채권액에 해당하는 금액을 전혀 배당받지 못한 근저당권자로서는 위 경매절차에서 실제로 배당받은 자에 대하여 부당이득반환 청구로서 그 배당금의 한도 내에서 그 근저당권설정등기가 말소되지 아니하였더라면 배당받았을 금액의 지급을 구할 수 있을 뿐이고, 이미 소멸한 근저당권에 관한 말소등기의 회복등기를 위하여 현소유자를 상대로 그 승낙의 의사표시를 구할 수는 없다(대판 1998.10.2, 98다27197).
ㄴ. (○): 제369조【부종성】저당권으로 담보한 채권이 시효의 완성 기타 사유로 인하여 소멸한 때에는 저당권도 소멸한다.
ㄷ. (×): 저당권의 효력은 저당부동산에 부합된 물건에 미치나, 명인방법을 갖춘 수목은 독립성이 있으므로 토지저당권의 효력은 미치지 않는다.
ㄹ. (×): 토지에 관하여 저당권이 설정될 당시 그 지상에 존재하는 건물이 존재하면 미등기상태였다 하더라도 법정지상권성립에는 영향이 없다(대판 1992.6.12, 92다7221).
ㅁ. (×): 근저당권 이전의 부기등기는 기존의 주등기인 근저당권설정등기에 종속되어 주등기와 일체를 이루는 것이어서, 피담보채무가 소멸된 경우 또는 근저당권설정등기가 당초 원인무효인 경우 주등기인 근저당권설정등기의 말소만 구하면 되고 그 부기등기는 별도로 말소를 구하지 않더라도 주등기의 말소에 따라 직권으로 말소되는 것이며, 근저당권 양도의 부기등기는 기존의 근저당권설정등기에 의한 권리의 승계를 등기부상 명시하는 것뿐으로, 그 등기에 의하여 새로운 권리가 생기는 것이 아닌 만큼 근저당권설정등기의 말소등기청구는 양수인만을 상대로 하면 족하고 양도인은 그 말소등기청구에 있어서 피고 적격이 없으며, 근저당권의 이전이 전부명령 확정에 따라 이루어졌다고 하여 이와 달리 보아야 하는 것은 아니다(대판 2000.4.11, 2000다5640).

10 甲은 乙은행으로부터 1억원을 빌리면서 그 채무를 담보하기 위하여 자신 소유의 X토지(나대지)에 1번 저당권을 설정해 주었다. 이에 관한 설명으로 옳은 것은? (다툼이 있으면 판례에 따름)

▶ 2017 주택관리사

① 乙이 X토지 위에 건물 신축을 방지하기 위하여 지상권을 설정한 경우, 그 지상권은 무효이다.
② X토지의 2번 저당권자인 A가 甲의 채무 일부를 변제한 경우, A는 乙의 저당권을 대위행사할 수 없다.
③ 乙의 채권이 일부 무효인 경우, 甲은 유효인 부분의 채권에 대한 변제 없이도 저당권등기의 말소를 청구할 수 있다.
④ 저당권 설정 후에 X토지의 임차인 B가 그 지상에 Y건물을 신축하고 甲이 이를 매수한 경우, 乙은 X토지와 Y건물에 대하여 일괄경매를 청구할 수 있다.
⑤ 乙은 원본의 이행기일을 경과한 후 3년분의 지연손해에 한하여 저당권을 행사할 수 있다.

▶ 정답   09 ①   10 ④

[정답해설]
① 근저당권 등 담보권 설정의 당사자들이 그 목적이 된 토지 위에 차후 용익권이 설정되거나 건물 또는 공작물이 축조·설치되는 등으로써 그 목적물의 담보가치가 저감하는 것을 막는 것을 주요한 목적으로 하여 채권자 앞으로 아울러 지상권을 설정하였다면, 그 피담보채권이 변제 등으로 만족을 얻어 소멸한 경우는 물론이고 시효소멸한 경우에도 그 지상권은 피담보채권에 부종하여 소멸한다(대판 2011.4.14, 2011다6342). 판례는 지상권이 저당권의 담보가치를 유지하기 위해 보조수단으로 활용되는 경우 즉 담보목적의 지상권(담보지상권)의 효력을 인정하고 있다.
② 채무자 소유의 부동산에 대한 후순위 저당권자에게는 자신의 담보권을 보전하기 위하여 채무자의 선순위 저당권자에 대한 채무를 변제할 정당한 이익이 인정되고, 한편 민법 제482조 제1항은 변제할 정당한 이익이 있는 자가 채무자를 위하여 채권을 대위변제한 경우에는 대위변제자는 자기의 권리에 기하여 구상할 수 있는 범위에서 채권자의 채권 및 담보에 관한 권리를 행사할 수 있다고 규정하고 있으므로(대판 2002.12.6, 2001다2846) 甲을 주채무자로 하고, 그 채무를 담보하기 위하여 甲의 소유인 X토지에 관하여 乙에게 선순위의 저당권이 설정된 후 후순위 저당권을 취득한 자 A가 자신의 담보권을 보전하기 위하여 선순위 저당권자에게 당해 피담보채무를 일부 변제한 경우에는 종전의 채권자인 선순위 저당권자 乙을 저당권 중 구상할 수 있는 범위 내에서 저당권을 대위 행사할 수 있다.

> 제481조 【변제자의 법정대위】
> 변제할 정당한 이익이 있는 자는 변제로 당연히 채권자를 대위한다.
>
> 제483조 【일부의 대위】
> ① 채권의 일부에 대하여 대위변제가 있는 때에는 대위자는 그 변제한 가액에 비례하여 채권자와 함께 그 권리를 행사한다.

③ 저당권자는 저당권의 불가분성에 의해 채권 전부의 변제를 받을 때까지 저당물 전부에 대하여 그 권리를 행사할 수 있다(제370조, 제321조 참조). 그러므로 아직 유효한 채권이 남아 있다면 저당권등기 말소청구는 할 수 없다.
④ 일괄경매청구권은 원칙적으로 토지소유자인 저당권설정자가 축조하여 그가 소유하고 있는 건물이어야 한다(대결 1994.1.24, 93마1736). 따라서 저당권설정자 이외의 제3자(당해 토지의 지상권자 등 용익권자)가 건물을 축조한 경우에는 일괄경매청구권이 인정되지 않는다.
다만, 저당권설정자가 원시취득한 건물에 한하지 않으므로, 저당권설정자로부터 저당토지에 대한 용익권을 설정받은 자가 그 토지에 건물을 축조한 경우라도 그 후 저당권설정자가 그 건물의 소유권을 취득한 경우에는 저당권자는 토지와 함께 그 건물에 대하여 경매를 청구할 수 있다(대판 2003.4.11, 2003다3850).

> 제365조 【저당지상의 건물에 대한 경매청구권】
> 토지를 목적으로 저당권을 설정한 후 그 설정자가 그 토지에 건물을 축조한 때에는 저당권자는 토지와 함께 그 건물에 대하여도 경매를 청구할 수 있다. 그러나 그 건물의 경매대가에 대하여는 우선변제를 받을 권리가 없다.

⑤ 저당권의 피담보채무의 범위에 관하여 민법 제360조가 지연배상에 대하여는 원본의 이행기일을 경과한 후의 1년분에 한하여 저당권을 행사할 수 있다고 규정하고 있는 것은 저당권자의 제3자에 대한 관계에서의 제한이며 채무자나 저당권설정자가 저당권자에 대하여 대항할 수 있는 것이 아니고, 민법 제360조가 양도담보의 경우에 준용된다고 하여도 마찬가지로 해석하여야 할 것인 만큼, 양도담보의 채무자가 양도담보권자에 대하여 민법 제360조에 따른 피담보채권의 제한을 주장할 수는 없는 것이다(대판 1992.5.12, 90다8855). 사안은 저당권설정자인 채무자와의 관계이므로 전액에 대해 청구가능하다.

11 甲은 乙에게 자신의 토지에 전세권을 설정해 주고, 丙은 乙의 전세권 위에 저당권을 취득하였다. 그 후 전세권은 존속기간의 만료로 종료되었다. 다음 설명 중 옳은 것은? (다툼이 있는 경우에는 판례에 의함)

① 丙은 乙이 채무를 이행하지 않으면 전세권 자체에 대해 저당권을 실행할 수 있다.
② 전세권 설정등기의 말소등기가 없더라도, 전세권의 용익물권적 권능은 소멸한다.
③ 丙이 乙의 전세금반환채권을 압류하더라도 전세금반환채권으로부터 우선변제를 받을 수 없다.
④ 乙이 이미 목적물을 반환하였다면 甲은 등기말소에 필요한 서류를 반환받지 못하였다고 하여 전세금의 반환을 거절할 수는 없다.
⑤ 乙로부터 채무를 변제받지 못한 丙은 乙의 전세금반환채권을 목적으로 하는 질권을 취득한다.

정답해설

① 전세권의 존속기간이 만료하면 전세권의 용익물권적 권능이 소멸하기 때문에 그 전세권에 대한 저당권자는 더 이상 전세권 자체에 대하여 저당권을 실행할 수 없게 된다(대판 2008.3.13, 2006다29372·29389 등).
② 전세권의 존속기간 만료 후 그 전세권에 설정되어 있던 저당권을 실행하는 방법 및 그 실행의 효과와 관련하여 판례는 "용익물권과 담보물권의 성격을 갖는 전세권이 그 존속기간이 만료하면 전세권의 용익물권적 권능이 소멸하기 때문에 그 전세권에 대한 저당권자는 더 이상 전세권 자체에 대하여 저당권을 실행할 수 없게 되고, 이러한 경우에는 민법 제370조, 제342조, 민사집행법 제273조에 의하여 저당권의 목적물인 전세권에 갈음하여 존속하는 것으로 볼 수 있는 전세금반환채권에 대하여 추심명령 또는 전부명령을 받거나, 제3자가 전세금반환채권에 대하여 실시한 강제집행절차에서 배당요구를 하는 등의 방법으로 자신의 권리를 행사할 수 있고, 적법한 기간 내에 적법한 방법으로 물상대위권을 행사한 저당권자는 전세권자에 대한 일반채권자보다 우선변제를 받을 수 있다"고 한다(대판 2008.3.13, 2006다29372·29389).
③ 저당권이 설정된 전세권의 존속기간이 만료된 경우에 저당권자는 민법 제370조·제342조 및 민사집행법 제273조에 의하여 저당권의 목적물인 전세권에 갈음하여 존속하는 것으로 볼 수 있는 전세금반환채권에 대하여 압류 및 추심명령 또는 전부명령을 받는 등의 방법으로 권리를 행사하여 전세권설정자에 대해 전세금의 지급을 구할 수 있고, 저당목적물의 변형물인 금전 기타 물건에 대하여 일반채권자가 물상대위권을 행사하려는 저당채권자보다 단순히 먼저 압류나 가압류의 집행을 함에 지나지 않은 경우에는 저당권자는 그 전은 물론 그 후에도 목적채권에 대하여 물상대위권을 행사하여 일반채권자보다 우선변제를 받을 수가 있다(대판 2008.3.13, 2006다29372·29389 등).
④ 동시이행관계와 지연배상문제와 관련하여 판례는 "전세권자가 그 목적물을 인도하였다고 하더라도 전세권설정등기의 말소등기에 필요한 서류를 교부하거나 그 이행의 제공을 하지 아니하는 이상, 전세권설정자는 전세금의 반환을 거부할 수 있고, 이 경우 다른 특별한 사정이 없는 한 그가 전세금에 대한 이자 상당액의 이득을 법률상 원인 없이 얻는다고 볼 수 없다"고 한다(대판 2002.2.5, 2001다62091).
⑤ 위 ②에서 본 것처럼 전세금반환채권에 대하여 추심명령 또는 전부명령을 받거나, 제3자가 전세금반환채권에 대하여 실시한 강제집행절차에서 배당요구를 하는 등의 방법으로 자신의 권리를 행사할 수 있고, 적법한 기간 내에 적법한 방법으로 물상대위권을 행사한 저당권자는 전세권자에 대한 일반채권자보다 우선변제를 받을 수 있다(대판 2008.3.13, 2006다29372·29389). 따라서 권리질권자와 같은 지위에 있는 것이 아니다. 앞으로 개정법률안이 이를 고려하고 있다.

▶ 정답 11 ②

12 물상보증에 관한 설명으로 옳지 않은 것은? (다툼이 있으면 판례에 의함) ▸ 2013 감정평가사

① 채무자의 채무를 변제한 물상보증인은 변제자대위에 의하여 채권자의 권리를 행사할 수 있다.
② 물상보증인이 제공한 담보부동산의 제3취득자가 피담보채무의 이행을 인수하였는데 저당권이 실행되면 물상보증인이 아닌 제3취득자가 채무자에게 구상권을 행사할 수 있다.
③ 물상보증인의 채무자에 대한 구상권에는 민법상 일반채권의 소멸시효가 적용된다.
④ 근저당권을 설정한 물상보증인은 채권최고액을 변제하여 근저당권설정등기의 말소를 청구할 수 있다.
⑤ 채권자가 물상보증인이 제공한 담보목적물에 대하여 근저당권 실행 경매를 신청한 경우 채무자에게 경매개시결정이 송달되지 않으면 피담보채권의 소멸시효가 중단되지 않는다.

정답해설

① 채무자의 채무를 변제한 물상보증인은 법률상 이해관계인이기 때문에 변제자대위에 의하여 채권자의 권리를 당연히 행사할 수 있다(제481조).

> **제481조 【변제자의 법정대위】**
> 변제할 정당한 이익이 있는 자는 변제로 당연히 채권자를 대위한다.

② 물상보증인이 제공한 담보부동산의 제3취득자가 피담보채무의 이행을 인수하더라도 저당권이 실행되면 물상보증인만이 채무자에게 구상권을 행사할 수 있다(대판 1997.5.30. 97다1556).
③ 물상보증인의 채무자에 대한 구상권에는 민법상 일반채권의 소멸시효가 적용된다(대판 2001.4.24. 2001다6237).
④ 근저당권을 설정한 물상보증인이나 제3취득자는 채권최고액을 변제하여 근저당권설정등기의 말소를 청구할 수 있다(대판 2007.4.26. 2005다38300 등).
⑤ 채권자가 물상보증인이 제공한 담보목적물에 대하여 근저당권 실행 경매를 신청한 경우 채무자에게 경매개시결정이 송달되어야 피담보채권의 소멸시효가 중단된다(제176조).

> **제176조 【압류, 가압류, 가처분과 시효중단】**
> 압류, 가압류 및 가처분은 시효의 이익을 받을 자에 대하여 하지 아니한 때에는 이를 그에게 통지한 후가 아니면 시효중단의 효력이 없다.

▶ 정답 12 ②

제2관 특수한 형태의 저당권

기본문제편

01 공동저당에 관한 설명으로 옳지 않은 것은? (다툼이 있으면 판례에 의함) ▶ 2009 감정평가사 변형

① 대지와 건물이 동시에 경매되어 공동저당권자에게 그 경매대가를 동시에 배당하는 때에는, 대지와 건물의 경매대가에 비례하여 그 채권의 분담을 정하여야 한다.
② ①에서 분담안분의 원칙은 저당부동산에 대하여 후순위저당권자가 존재하는가의 여부를 불문하고 적용된다.
③ 채무자의 부동산보다 물상보증인의 부동산에 대하여 먼저 담보권이 실행되었다면, 물상보증인의 부동산에 후순위저당권을 가진 자보다 물상보증인이 우선적으로 보호된다.
④ 공동저당권자는 임의로 어느 저당목적물로부터 채권의 전부나 일부의 우선변제를 받을 수 있다.
⑤ 공동저당부동산이 5개 이상일 때에는 공동담보목록을 첨부하여야 한다.

정답해설

① 제368조【공동저당과 대가의 배당, 차순위자의 대위】

> ① 동일한 채권의 담보로 수 개의 부동산에 저당권을 설정한 경우에 그 부동산의 경매대가를 동시에 배당하는 때에는 각 부동산의 경매대가에 비례하여 그 채권의 분담을 정한다.
> ② 전항의 저당부동산 중 일부의 경매대가를 먼저 배당하는 경우에는 그 대가에서 그 채권전부의 변제를 받을 수 있다. 이 경우에 그 경매한 부동산의 차순위저당권자는 선순위저당권자가 전항의 규정에 의하여 다른 부동산의 경매대가에서 변제를 받을 수 있는 금액의 한도에서 선순위자를 대위하여 저당권을 행사할 수 있다.

② 안분 분담의 원칙은 저당부동산에 대하여 후순위저당권자가 존재하는가의 여부를 불문하고 적용된다는 것이 통설이다.
③ 물상보증인이 후순위저당권자보다 우선한다고 할 때의 후순위저당권자는 채무자 목적물의 후순위저당권자를 말한다. 위 지문은 물상보증인의 목적물에 있는 후순위저당권자이기 때문에 당연히 채권자인 저당권자가 물상보증인보다 우선한다(대판 1994.5.10, 93다25417).
④ 공동저당권자는 공동저당의 목적인 수개의 부동산 중 어느 것이라도 먼저 저당권을 실행하여 피담보채권의 전부나 일부를 자유롭게 우선변제받을 수 있는 것이므로, 공동저당권자가 위 수개의 부동산 중 먼저 실행된 부동산에 관한 경매절차에서 피담보채권액 중 일부만을 청구하여 이를 배당받았다고 하더라도, 이로써 나머지 피담보채권액 전부 또는 민법 제368조 제1항의 규정에 따른 그 부동산의 책임분담액과 배당액의 차액에 해당하는 채권액에 대하여 아직 경매가 실행되지 아니한 다른 부동산에 관한 저당권을 포기한 것으로 볼 수 없다(대판 1997.12.23, 97다39780).

▶ 정답 01 ③

⑤ **부동산등기법 제78조【공동저당의 등기】**
> ① 등기관이 동일한 채권에 관하여 여러 개의 부동산에 관한 권리를 목적으로 하는 저당권설정의 등기를 할 때에는 각 부동산의 등기기록에 그 부동산에 관한 권리가 다른 부동산에 관한 권리와 함께 저당권의 목적으로 제공된 뜻을 기록하여야 한다.
> ② 등기관은 제1항의 경우에 부동산이 5개 이상일 때에는 공동담보목록을 작성하여야 한다.

02 甲은 乙에 대한 3억원의 채권을 담보하기 위하여 乙 소유의 X토지와 Y건물에 각각 1번 공동저당권을 취득하고, 丙은 X토지에 피담보채권 2억 4천만원의 2번 저당권을, 丁은 Y건물에 피담보채권 1억 6천만원의 2번 저당권을 취득하였다. X토지와 Y건물이 모두 경매되어 X토지의 경매대가 4억원과 Y건물의 경매대가 2억원이 동시에 배당되는 경우, 丁이 Y건물의 경매대가에서 배당받을 수 있는 금액은? (경매비용이나 이자 등은 고려하지 않음) ▶ 2016 공인중개사

① 0원
② 4천만원
③ 6천만원
④ 1억원
⑤ 1억 6천만원

[정답해설]
민법 제368조 제1항은 동일한 채권의 담보로 수개의 부동산에 저당권을 설정한 경우에 그 부동산의 경매대가를 동시에 배당하는 때에는 각 부동산의 경매대가에 비례하여 그 채권의 분담을 정하도록 규정하고 있다. 다만 최근 대법원은 공동저당권이 설정되어 있는 수개의 부동산 중 일부는 채무자 소유이고 일부는 물상보증인의 소유인 경우 위 각 부동산의 경매대가를 동시에 배당하는 때에는 민법 제368조 제1항은 적용되지 아니한다고 봄이 상당하다고 하면서 이러한 경우 경매법원으로서는 채무자 소유 부동산의 경매대가에서 공동저당권자에게 우선적으로 배당을 하고, 부족분이 있는 경우에 한하여 물상보증인 소유 부동산의 경매대가에서 추가로 배당을 하여야 한다고 보았다(대판 2010.4.15, 2008다41475).

> **제368조【공동저당과 대가의 배당, 차순위자의 대위】**
> ① 동일한 채권의 담보로 수 개의 부동산에 저당권을 설정한 경우에 그 부동산의 경매대가를 동시에 배당하는 때에는 각 부동산의 경매대가에 비례하여 그 채권의 분담을 정한다.

사례의 경우 모두 채무자 소유이므로 제368조 제1항이 적용된다. 각 부동산의 경매대가가 4억원과 2억원이므로, X토지와 Y건물이 채권액 3억을 분담하는 비율은 2:1이 된다. 따라서 甲은 X토지에서 2억원과 Y건물에서 1억원을 변제받게 된다. 그리고 丙은 X토지에서 나머지 금액 1억원, 丁은 Y건물에서 나머지 금액 1억원을 각각 변제받게 된다.

■ 공동저당

목적물 전부가 채무자 소유 또는 물상보증인 소유인 경우	1. 동시배당 : 제368조 제1항 적용 → 각 부동산의 경매대가에 비례하여 채권분담 2. 이시배당 : 제368조 제2항 적용 → 전문 : 공동저당권자는 먼저 경매된 부동산의 대가에서 채권 전부변제수령 가능 → 후문 : 이 경우 먼저 경매된 부동산의 후순위저당권자는 동시에 배당하였으면 공동저당권자가 다른 부동산에서 변제받을 수 있는 금액의 한도에서 공동저당권자를 대위하여 저당권행사 가능

목적물 일부는 채무자 소유, 목적물 일부는 물상보증인 소유인 경우	1. 동시배당 : 제368조 제1항 적용 × → ① 채무자소유 : 먼저 배당 ○ 　② 부족 시 : 물상보증인 ○ 2. 이시배당 (1) 채무자 소유가 먼저 경매된 경우 : 제368조 제2항 대위 × (2) 물상보증인 소유가 먼저 경매된 경우 　① 물상보증인 : 법정대위(제481조) 　② 후순위저당권자(= 물상보증인에게 돈을 대여한 자) : 물상대위

03 甲은 乙에 대한 2억원의 채권을 담보하기 위하여 乙 소유 X토지와 Y건물에 대하여 각각 1번 공동저당권을 취득하였다. 그 후 丙은 乙에 대한 1억 6천만원의 채권을 담보하기 위하여 X에 대하여 2번 저당권을, 丁은 乙에 대한 7천만원의 채권을 담보하기 위하여 Y에 대하여 2번 저당권을 취득하였다. 그 후 丙이 경매를 신청하여 X가 3억원에 매각되어 배당이 완료되었고, 다시 丁이 경매를 신청하여 Y가 1억원에 매각되었다. 丁이 Y의 매각대금에서 배당받을 수 있는 금액은? (단, 경매비용·이자 등은 고려하지 않으며, 다툼이 있으면 판례에 따름)

▶ 2021 감정평가사

① 0원　　　　　　　　　　　② 3,500만원
③ 4,000만원　　　　　　　　④ 5,000만원
⑤ 7,000만원

정답해설
④ 사안은 채권자 甲이 채무자 乙에 대한 2억원의 채권을 담보하기 위하여 모두 채무자 소유인 X토지와 Y건물에 대하여 각각 1번 공동저당권을 취득한 후 동시배상이 아니라, 이시배상이 이루어진 경우이다.
동시배당이 되었다면 제368조 제1항이 적용되어 각 부동산의 경매대가에 비례하여 채권이 분담이 되기 때문에 1순위자인 공동저당권자 甲은 X토지에서는 1억 5천만원(2억원 × 3/4)만을 배당받고, Y건물에서 5천만원 (2억원 × 1/4)을 배당받게 된다. 이 경우 X토지의 후순위저당권자인 丙은 X토지의 경매대금 3억원 중 남은 1억 5천만원을 배당받게 되고, Y건물의 후순위저당권자 丁이 Y건물의 경매대금 1억원 중 남은 5천만원을 배당받게 된다. 그러나 사안은 공동저당물 중 X토지에 대해 먼저 경매가 이루어져, 경매대금 3억원 중 2억원은 1순위인 공동저당권자 甲에게, 나머지 1억은 후순위저당권자인 丙에게 배상이 완료되었다.
그 후 Y건물에 대하여 경매가 이루어지는 경우로, 1순위인 공동저당권자 甲은 이미 채권 전액을 X토지에서 변제받았으므로 다시 Y건물에서는 배당받을 수 없다. 그렇다 하여도 甲의 저당권은 말소되지 않고, 동시배당의 경우보다 불이익을 받게 된 후순위저당권자 丙이 제368조 제2항에 따라 甲의 저당권을 법정대위를 할 수 있게 된다. 즉 먼저 경매된 X토지의 후순위저당권자인 丙은 동시에 배당하였으면 1억 5천만원을 배당받을 수 있음에도 1억원만 배당받게 된다. 이 경우 1순위인 공동저당권자 甲이 Y건물의 대가에서 변제받을 수 있었던 5천만원의 한도에서 공동저당권자 甲를 대위하여 저당권을 행사할 수 있다.
따라서 Y건물에 대한 경매대금 1억원은 제368조 제2항에 근거한 후순위저당권자의 법정대위에 기해 丙이 5천만원을 배당받고, Y건물의 후순위저당권자인 丁이 나머지 5천만원을 배당받게 된다.

▶ 정답　02 ④　03 ④

04 甲은 乙에 대한 3억원의 채권을 담보하기 위하여 乙소유 X토지와 丙소유 Y토지에 대하여 각각 1번 공동저당권을 취득하였고, 丁은 X에 대하여 피담보채권액 2억원의 2번 저당권을 취득하였다. 그 후, 甲이 Y에 대한 경매를 신청하여 매각대금 2억원을 배당받은 후 X에 대한 경매를 신청하여 X가 3억원에 매각된 경우, 丁이 X의 매각대금에서 배당받을 수 있는 금액은? (경매비용·이자 등은 고려하지 않으며, 다툼이 있으면 판례에 따름) ▶ 2024 감정평가사

① 0원
② 5천만원
③ 1억원
④ 1억 5천만원
⑤ 2억원

[정답해설]

최근 대법원은 공동저당권이 설정되어 있는 수개의 부동산 중 일부는 채무자 소유이고 일부는 물상보증인의 소유인 경우 위 각 부동산의 경매대가를 동시에 배당하는 때에는 민법 제368조 제1항은 적용되지 아니한다고 봄이 상당하다고 하면서 이러한 경우 경매법원으로서는 채무자 소유 부동산의 경매대가에서 공동저당권자에게 우선적으로 배당을 하고, 부족분이 있는 경우에 한하여 물상보증인 소유 부동산의 경매대가에서 추가로 배당을 하여야 한다고 보았다(대판 2010.4.15, 2008다41475). 사안의 경우가 甲의 3억원 채권담보를 위해 채무자 乙소유의 X토지와 물상보증인 丙소유의 Y토지에 각각 1번의 공동저당권이 설정된 경우이다. 따라서 동시배상되는 경우라도 제368조 제1항은 적용되지 않는다. 이러한 판례의 따르면 동시배당의 경우 甲은 채무자 乙소유의 X토지에서 경매대가인 3억원 모두를 우선 변제받고, 후순위 저당권자인 丁은 배당받을 것이 없게 된다.

[1] 사안의 정리

토지	소유자	매각대금	순위 1번 및 채권	순위 2번 및 채권
X	乙(채무자)	3억원	공동저당권자 甲 3억원	저당권자 丁 2억원
Y	丙(물상보증인)	2억원	공동저당권자 甲 3억원	

[2] 동시배당

(1) 부동산 경매대가 : 乙(채무자) X토지 3억원 + 丙(물상보증인) Y토지 2억원)
(2) 甲이 배당받는 금액 : 乙(채무자) X토지 3억원 + 丙(물상보증인) Y토지 0원
   丁이 배당받는 금액 : 乙(채무자) X토지 0 원
   丙이 배당받는 금액 : 丙(물상보증인) Y토지 2억원

사안은 물상보증인 丙소유의 Y토지가 우선 매각으로 공동저당권자 甲이 우선 2억원을 배상받은 후, 채무자 乙소유의 X토지가 배당되는 이시배당이 실시되는 경우이다.
판례는 공동저당에 제공된 채무자 소유 부동산과 물상보증인 소유 부동산 가운데 물상보증인 소유 부동산이 먼저 경매되어 매각대금에서 선순위 공동저당권자가 변제를 받은 때에는 물상보증인은 채무자에 대하여 구상권을 취득함과 동시에 변제자대위에 의하여 채무자 소유 부동산에 대한 선순위 공동저당권을 대위취득한다(대판 2018.7.11, 2017다292756). Y토지의 매각대금(2억원)에서 甲이 2억원을 배당받았으므로 남은 채권액 1억원을 X토지의 매각대금(3억원)에서 甲이 1억원을 우선배당을 받는다. 매각대금 중 나머지 2억원은 물상보증인 丙이 변제자대위에 의하여 채무자 乙소유의 X토지에 대한 선순위 공동저당권자 甲을 대위하여 배당받는다. 결국 丁이 배당받을 수 있는 금액은 없게 된다.

05 근저당권에 관한 설명으로 옳은 것은? (다툼이 있으면 판례에 따름)   ▶ 2016 감정평가사

① 근저당권의 피담보채무가 확정되기 이전에는 채무자를 변경할 수 없다.
② 근저당권의 확정 전에 발생한 원본채권으로부터 그 확정 후에 발생하는 이자는 채권최고액의 범위 내에서 여전히 담보된다.
③ 선순위근저당권자가 경매를 신청하는 경우, 후순위근저당권의 피담보채권의 확정시기는 경매개시결정 시이다.
④ 근저당권의 존속 중에 피담보채권이나 기본계약과 분리하여 근저당권만을 양도할 수도 있다.
⑤ 채권의 총액이 채권최고액을 초과하는 경우, 채무자 겸 근저당권설정자는 근저당권의 확정 전이라도 채권최고액을 변제하고 근저당권의 말소를 청구할 수 있다.

정답해설

① 근저당권은 당사자 사이의 계속적인 거래관계로부터 발생하는 불특정채권을 어느 시기에 계산하여 잔존하는 채무를 일정한 한도액 범위 내에서 담보하는 저당권으로서 보통의 저당권과 달리 발생 및 소멸에 있어 피담보채무에 대한 부종성이 완화되어 있는 관계로 피담보채무가 확정되기 이전이라면 채무의 범위나 또는 채무자를 변경할 수 있는 것이고, 채무의 범위나 채무자가 변경된 경우에는 당연히 변경 후의 범위에 속하는 채권이나 채무자에 대한 채권만이 당해 근저당권에 의하여 담보되고, 변경 전의 범위에 속하는 채권이나 채무자에 대한 채권은 그 근저당권에 의하여 담보되는 채무의 범위에서 제외되는 것이다(대판 1993.3.12, 92다48567).
② 근저당권자의 경매신청 등의 사유로 인하여 근저당권의 피담보채권이 확정되었을 경우, 확정 이후에 새로운 거래관계에서 발생한 원본채권은 그 근저당권에 의하여 담보되지 아니하지만, 확정 전에 발생한 원본채권에 관하여 확정 후에 발생하는 이자나 지연손해금 채권은 채권최고액의 범위 내에서 근저당권에 의하여 여전히 담보되는 것이다(대판 2007.4.26, 2005다38300).
③ 근저당권자가 스스로가 경매를 신청한 경우에는 '경매신청 시'에 피담보채권이 확정된다(대판 2002.11.26, 2001다73022). 반면, 후순위권리자 또는 일반채권자에 의하여 경매가 신청된 경우 선순위근저당권자의 피담보채권은 '경락대금 완납 시'에 확정된다(대판 1999.9.21, 95다36596). 설문은 제3자인 선순위근저당권자가 경매를 신청한 경우이므로 근저당권자의 담보가치를 최대한 활용할 수 있도록 경락대금 완납 시에 후순위근저당권의 피담보채권이 확정된다.
④ 피담보채권이 확정되기 전에 피담보채권과 분리하여 근저당권만의 양도는 허용되지 않으며(제361조), 피담보채권이 없는 근저당권의 양도는 무효가 된다(대판 1968.2.20, 67다2543).

> **제361조【저당권의 처분제한】**
> 저당권은 그 담보한 채권과 분리하여 타인에게 양도하거나 다른 채권의 담보로 하지 못한다.

⑤ 채무자의 채무액이 근저당 채권최고액을 초과하는 경우에 채무자 겸 근저당권설정자가 그 채무의 일부인 채권최고액과 지연손해금 및 집행비용 만을 변제하였다면 채권전액의 변제가 있을 때까지 근저당권의 효력은 잔존채무에 미치는 것이므로 위 채무일부의 변제로써 위 근저당권의 말소를 청구할 수 없다(대판 1981.11.10, 80다2712).

▶ 정답   04 ①   05 ②

06 근저당권에 관한 설명으로 옳은 것만을 모두 고른 것은? (다툼이 있으면 판례에 따름)

▶ 2017 감정평가사

ㄱ. 피담보채무의 확정 전 채무자가 변경된 경우, 변경 후의 채무자에 대한 채권만이 당해 근저당권에 의하여 담보된다.
ㄴ. 근저당권의 존속기간이나 결산기의 정함이 없는 경우, 근저당권설정자는 근저당권자를 상대로 언제든지 해지의 의사표시를 함으로써 피담보채무를 확정시킬 수 있다.
ㄷ. 근저당권자가 피담보채무의 불이행을 이유로 경매신청을 한 경우, 경매신청 시에 근저당권이 확정된다.
ㄹ. 선순위 근저당권의 확정된 피담보채권액이 채권최고액을 초과하는 경우, 후순위 근저당권자가 선순위 근저당권의 채권최고액을 변제하더라도 선순위 근저당권의 소멸을 청구할 수 없다.

① ㄱ, ㄴ
② ㄴ, ㄷ
③ ㄴ, ㄹ
④ ㄱ, ㄷ, ㄹ
⑤ ㄱ, ㄴ, ㄷ, ㄹ

정답해설

ㄱ. (O) : 근저당권은 당사자 사이의 계속적인 거래관계로부터 발생하는 불특정채권을 어느 시기에 계산하여 잔존하는 채무를 일정한 한도액 범위 내에서 담보하는 저당권으로서 보통의 저당권과 달리 발생 및 소멸에 있어 피담보채무에 대한 부종성이 완화되어 있는 관계로 피담보채무가 확정되기 이전이라면 채무의 범위나 또는 채무자를 변경할 수 있는 것이고, 채무의 범위나 채무자가 변경된 경우에는 당연히 변경 후의 범위에 속하는 채권이나 채무자에 대한 채권만이 당해 근저당권에 의하여 담보되고, 변경 전의 범위에 속하는 채권이나 채무자에 대한 채권은 그 근저당권에 의하여 담보되는 채무의 범위에서 제외되는 것이다(대판 1993.3.12. 92다48567).
ㄴ. (O) : 근저당권의 피담보채무의 확정방법에 관한 다른 약정이 있으면 그에 따르되, 이러한 약정이 없는 경우라면 근저당권설정자가 근저당권자를 상대로 언제든지 해지의 의사표시를 함으로써 피담보채무를 확정시킬 수 있다(대판 2002.5.24. 2002다7176).
ㄷ. (O) : 근저당권자가 그 피담보채무의 불이행을 이유로 경매신청을 한 때에는 그 경매신청 시에 근저당권은 확정되는 것이고 근저당권이 확정되면 그 이후에 발생하는 원금채권은 그 근저당권에 의하여 담보되지 않는다(대판 1989.11.28. 89다카15601).
ㄹ. (O) : 민법 제364조는 "저당부동산에 대하여 소유권, 지상권 또는 전세권을 취득한 제3자는 저당권자에게 그 부동산으로 담보된 채권을 변제하고 저당권의 소멸을 청구할 수 있다."고 규정하고 있다. 그러므로 근저당부동산에 대하여 민법 제364조의 규정에 의한 권리를 취득한 제3자는 피담보채무가 확정된 이후에 채권최고액의 범위 내에서 그 확정된 피담보채무를 변제하고 근저당권의 소멸을 청구할 수 있으나, 근저당부동산에 대하여 후순위근저당권을 취득한 자는 민법 제364조에서 정한 권리를 행사할 수 있는 제3취득자에 해당하지 아니하므로 이러한 후순위근저당권자가 선순위근저당권의 피담보채무가 확정된 이후에 그 확정된 피담보채무를 변제한 것은 민법 제469조의 규정에 의한 이해관계 있는 제3자의 변제로서 유효한 것인지 따져볼 수는 있을지언정 민법 제364조의 규정에 따라 선순위근저당권의 소멸을 청구할 수 있는 사유로는 삼을 수 없다(대판 2006.1.26. 2005다17341).

07 근저당권에 관한 설명으로 옳은 것을 모두 고른 것은? (다툼이 있으면 판례에 의함)
▶ 2024 공인중개사

㉠ 채무자가 아닌 제3자도 근저당권을 설정할 수 있다.
㉡ 피담보채무확정 전에는 채무자를 변경할 수 있다.
㉢ 근저당권에 의해 담보된 채권최고액에 채무의 이자는 포함되지 않는다.

① ㉠
② ㉢
③ ㉠, ㉡
④ ㉡, ㉢
⑤ ㉠, ㉡, ㉢

[정답해설]

※ ㉠, ㉡ 2 항목이 옳다.
㉠ (○): 물상보증인은 채권자가 아니라 채무자를 위해 자기 소유의 부동산을 담보로 제공하는 사람이다. 물상보증인은 담보권의 실행으로 담보물의 소유권을 잃게 되면 채무자에 대한 구상권을 행사할 수 있다(대판 2020.10.15, 2017다254051). 채무자가 아닌 제3자도 근저당권을 설정할 수 있다.
㉡ (○): 근저당권은 당사자 사이의 계속적인 거래관계로부터 발생하는 불특정채권을 어느 시기에 계산하여 잔존하는 채무를 일정한 한도액 범위 내에서 담보하는 저당권으로서 보통의 저당권과 달리 발생 및 소멸에 있어 피담보채무에 대한 부종성이 완화되어 있는 관계로 피담보채무가 확정되기 이전이라면 채무의 범위나 또는 채무자를 변경할 수 있는 것이고, 채무의 범위나 채무자가 변경된 경우에는 당연히 변경 후의 범위에 속하는 채권이나 채무자에 대한 채권만이 당해 근저당권에 의하여 담보되고, 변경 전의 범위에 속하는 채권이나 채무자에 대한 채권은 그 근저당권에 의하여 담보되는 채무의 범위에서 제외되는 것이다(대판 1993.3.12, 92다48567).
㉢ (×): 근저당권의 경우에는 채무의 이자는 최고액 중에 산입한 것으로 본다(제357조 제1항·제2항).

제357조【근저당】
① 저당권은 그 담보할 채무의 최고액만을 정하고 채무의 확정을 장래에 보류하여 이를 설정할 수 있다. 이 경우에는 그 확정될 때까지의 채무의 소멸 또는 이전은 저당권에 영향을 미치지 아니한다.
② 전항의 경우에는 채무의 이자는 최고액 중에 산입한 것으로 본다.

▶ 정답 06 ⑤ 07 ③

08 근저당권에 관한 설명으로 옳지 않은 것은? (다툼이 있으면 판례에 따름) ▶ 2019 감정평가사

① 근저당권의 피담보채무는 원칙적으로 당사자가 약정한 존속기간이나 결산기가 도래한 때에 확정된다.
② 장래에 발생할 특정의 조건부 채권을 피담보채권으로 하는 근저당권의 설정은 허용되지 않는다.
③ 근저당부동산의 제3취득자는 피담보채무가 확정된 이후에 채권최고액의 범위 내에서 그 확정된 피담보채무를 변제하고 근저당권의 소멸을 청구할 수 있다.
④ 근저당권자가 피담보채무의 불이행을 이유로 경매신청을 하여 경매신청 시에 근저당 채무액이 확정된 경우, 경매개시 결정 후 경매신청이 취하되더라도 채무확정의 효과가 번복되지 않는다.
⑤ 채권최고액은 반드시 등기되어야 하지만, 근저당권의 존속기간은 필요적 등기사항이 아니다.

정답해설

①, ③ 근저당권이라 함은 그 담보할 채권의 최고액만을 정하고 채무의 확정을 장래에 유보하여 설정하는 저당권을 말하고, 이 경우 그 피담보채무가 확정될 때까지의 채무의 소멸 또는 이전은 근저당권에 영향을 미치지 아니하므로, 근저당부동산에 대하여 소유권을 취득한 제3자는 피담보채무가 확정된 이후에 그 확정된 피담보채무를 채권최고액의 범위 내에서 변제하고 근저당권의 소멸을 청구할 수 있다고 할 것이며, 피담보채무는 근저당권설정계약에서 근저당권의 존속기간을 정하거나 근저당권으로 담보되는 기본적인 거래계약에서 결산기를 정한 경우에는 원칙적으로 존속기간이나 결산기가 도래한 때에 확정되지만, 이 경우에도 근저당권에 의하여 담보되는 채권이 전부 소멸하고 채무자가 채권자로부터 새로이 금원을 차용하는 등 거래를 계속할 의사가 없는 경우에는, 그 존속기간 또는 결산기가 경과하기 전이라 하더라도 근저당권설정자는 계약을 해지하고 근저당권설정등기의 말소를 구할 수 있고, 한편 존속기간이나 결산기의 정함이 없는 때에는 근저당권의 피담보채무의 확정방법에 관한 다른 약정이 있으면 그에 따르되 이러한 약정이 없는 경우라면 근저당권설정자가 근저당권자를 상대로 언제든지 해지의 의사표시를 함으로써 피담보채무를 확정시킬 수 있다(대판 2002.5.24, 2002다7176).
② 장래에 발생할 특정의 조건부 채권을 담보하기 위하여도 저당권을 설정할 수 있으므로 그러한 채권도 근저당권의 피담보채권으로 확정될 수 있고, 그 조건이 성취될 가능성이 없게 되었다는 등의 특별한 사정이 없는 이상 확정 당시 조건이 성취되지 아니하였다는 사정만으로 근저당권이 소멸하는 것은 아니다(대판 2015.12.24, 2015다200531).
④ 근저당권자가 피담보채무의 불이행을 이유로 경매신청을 한 경우에는 경매신청 시에 근저당 채무액이 확정되고, 그 이후부터 근저당권은 부종성을 가지게 되어 보통의 저당권과 같은 취급을 받게 되는바, 위와 같이 경매신청을 하여 경매개시결정이 있은 후에 경매신청이 취하되었다고 하더라도 채무확정의 효과가 번복되는 것은 아니다(대판 2002.11.26, 2001다73022).
⑤ 등기원인이 '근저당권'이라는 것을 구체적으로 기재해야 하며, 채권의 최고액은 반드시 등기해야 한다(**부등법 제75조 제2항**). 한편 이자는 채권최고액 속에 포함되어 있다고 보므로 별도로 등기할 필요가 없고(제357조 제2항), 근저당권의 존속기간이나 결산기는 필요적 등기사항이 아니므로, 이를 등기하지 않더라도 유효하다.

▶ 정답 08 ②

심화문제편

01 乙은 甲에게 1억 원을 빌려주면서 甲의 X토지와 丙의 Y건물에 공동저당권을 설정받았다. 이후 甲은 X토지를 丁에게 매도하고 소유권을 이전해 주었다. 채무를 변제받지 못한 乙이 저당권을 실행하고자 한다. 이에 관한 설명으로 옳은 것은? (다툼이 있으면 판례에 의함)

▶ 2025 감정평가사

① 乙이 Y건물의 경매에서 먼저 배당을 받을 수 있는 금액은 X토지와 Y건물의 경매대가에 비례하여 丙이 분담하는 채권액에 한한다.
② 乙이 X토지의 경매에서 먼저 배당을 받은 경우 X토지의 후순위저당권자는 Y건물에 대한 乙의 저당권을 대위행사할 수 있다.
③ Y건물의 경매를 막기 위해 甲의 채무를 모두 변제한 丙은 X토지에 대한 乙의 저당권을 대위행사할 수 없다.
④ X토지와 Y건물이 경매되어 동시에 배당이 되는 경우 乙은 X토지의 경매대가에서 먼저 배당받고 변제받지 못한 부분에 한하여 Y건물의 경매대가에서 배당받는다.
⑤ Y건물이 먼저 경매되고 X토지가 경매된 경우 丁은 자신이 X토지에 지출한 유익비가 있어도 乙의 저당권을 대위하는 丙보다 우선하여 상환받을 수 없다.

정답해설

① 공동저당에 제공된 채무자 소유 부동산과 물상보증인 소유 부동산 가운데 물상보증인 소유 부동산이 먼저 경매되어 매각대금에서 선순위 공동저당권자가 변제를 받은 때에는 물상보증인은 채무자에 대하여 구상권을 취득함과 동시에 변제자대위에 의하여 채무자 소유 부동산에 대한 선순위 공동저당권을 대위취득한다(대판 2018.7.11, 2017다292756). 이 경우 선순위저당권자인 乙은 Y건물의 경매절차에서 채권 전액을 변제받을 수 있다(제368조 제2항 본문).

> **제368조 【공동저당과 대가의 배당, 차순위자의 대위】**
> ① 동일한 채권의 담보로 수 개의 부동산에 저당권을 설정한 경우에 그 부동산의 경매대가를 동시에 배당하는 때에는 각 부동산의 경매대가에 비례하여 그 채권의 분담을 정한다.
> ② 전항의 저당부동산 중 일부의 경매대가를 먼저 배당하는 경우에는 그 대가에서 그 채권전부의 변제를 받을 수 있다. 이 경우에 그 경매한 부동산의 차순위저당권자는 선순위저당권자가 전항의 규정에 의하여 다른 부동산의 경매대가에서 변제를 받을 수 있는 금액의 한도에서 선순위자를 대위하여 저당권을 행사할 수 있다.

② 공동저당의 목적인 채무자 소유의 부동산과 물상보증인 소유의 부동산 중 채무자 소유의 부동산에 대하여 먼저 경매가 이루어져 경매대금의 교부에 의하여 1번 공동저당권자가 변제를 받더라도 채무자 소유의 부동산에 대한 후순위저당권자는 민법 제368조 제2항 후단에 의하여 1번 공동저당권자를 대위하여 물상보증인 소유의 부동산에 대하여 저당권을 행사할 수 없다(대판 2008.4.10, 2007다78234). X토지의 후순위저당권자는 Y건물에 대한 채무자 乙의 저당권을 대위행사할 수 없다. X토지의 현재 소유자는 채무자인 甲이 아니라 제3취득자인 丁이지만 이 X토지를 매수할 때 매매대금에서 저당권으로 담보된 채권 상당액을 공제하였다고 보아야 하므로 이 판례의 법리가 그대로 적용될 수 있다. 이는 ④ 해설도 마찬가지이다.

▶ **정답** 01 ④

③ 물상보증인이 채무를 변제하거나 담보권의 실행으로 소유권을 잃은 때에는 보증채무를 이행한 보증인과 마찬가지로 채무자로부터 담보부동산을 취득한 제3자에 대하여 구상권의 범위 내에서 출재한 전액에 관하여 채권자를 대위할 수 있는 반면, 채무자로부터 담보부동산을 취득한 제3자는 채무를 변제하거나 담보권의 실행으로 소유권을 잃더라도 물상보증인에 대하여 채권자를 대위할 수 없다(대판(전) 2014.12.18, 2011다50233). 물상보증인 丙은 X토지에 대한 乙의 저당권을 대위행사할 수 있다.

④ 공동저당권이 설정되어 있는 수개의 부동산 중 일부는 채무자 소유이고 일부는 물상보증인 소유인 경우 각 부동산의 경매대가를 동시에 배당하는 때에는 민법 제368조 제1항은 적용되지 아니하고, 채무자 소유 부동산의 경매대가에서 공동저당권자에게 우선적으로 배당을 하고, 부족분이 있는 경우에 한하여 물상보증인 소유 부동산의 경매대가에서 추가로 배당을 하여야 한다(대판 2016.3.10, 2014다231965). 乙은 채무자 甲소유인 X토지의 경매대가에서 먼저 배당받고, 변제받지 못한 부분에 한하여 물상보증인 丙소유 Y건물의 경매대가에서 배당받는다.

⑤ 민법 제367조가 저당물의 제3취득자가 그 부동산에 관한 필요비 또는 유익비를 지출한 때에는 저당물의 경매대가에서 우선상환을 받을 수 있다고 규정한 취지는 저당권설정자가 아닌 제3취득자가 저당물에 관한 필요비 또는 유익비를 지출하여 저당물의 가치가 유지·증가된 경우, 매각대금 중 그로 인한 부분은 일종의 공익비용과 같이 보아 제3취득자가 경매대가에서 우선상환을 받을 수 있도록 한 것이므로 저당물에 관한 지상권, 전세권을 취득한 자만이 아니고 소유권을 취득한 자도 민법 제367조 소정의 제3취득자에 해당한다(대판 2016.3.10, 2014다231965). 제367조의 규정의 의해 저당물의 제3취득자인 丁은 유익비에 대하여 乙의 저당권을 대위하는 丙보다 우선하여 상환받을 수 있다.

■ 공동저당

목적물 전부가 채무자 소유 또는 물상보증인 소유인 경우	1. 동시배당 : 제368조 제1항 적용 → 각 부동산의 경매대가에 비례하여 채권분담 2. 이시배당 : 제368조 제2항 적용 → 전문 : 공동저당권자는 먼저 경매된 부동산의 대가에서 채권 전부변제수령 가능 → 후문 : 이 경우 먼저 경매된 부동산의 후순위저당권자는 동시에 배당하였으면 공동저당권자가 다른 부동산에서 변제받을 수 있는 금액의 한도에서 공동저당권자를 대위하여 저당권행사 가능

목적물 일부는 채무자 소유, 목적물 일부는 물상보증인 소유인 경우	1. 동시배당 : 제368조 제1항 적용 ×
	→ ① 채무자소유 : 먼저 배당 ○
	  ② 부족 시 : 물상보증인 ○
	2. 이시배당
	 (1) 채무자 소유가 먼저 경매된 경우 : 제368조 제2항 대위 ×
	 (2) 물상보증인 소유가 먼저 경매된 경우
	  ① 물상보증인 : 법정대위(제481조)
	  ② 후순위저당권자(= 물상보증인에게 돈을 대여한 자) : 물상대위

02 근저당권에 관한 설명으로 옳지 않은 것은? (다툼이 있으면 판례에 따름) ▶ 2022 감정평가사

① 근저당권의 존속기간이나 결산기를 정한 경우, 원칙적으로 결산기가 도래하거나 존속기간이 만료한 때에 그 피담보채무가 확정된다.
② 근저당권의 존속기간이나 결산기를 정하지 않고 피담보채권의 확정방법에 관한 다른 약정이 없는 경우, 근저당권설정자는 근저당권자를 상대로 언제든지 계약 해지의 의사표시를 하여 피담보채무를 확정시킬 수 있다.
③ 근저당권자가 피담보채무의 불이행을 이유로 경매신청을 한 경우, 경매신청 시에 근저당권의 피담보채권액이 확정된다.
④ 후순위 근저당권자가 경매를 신청한 경우, 선순위 근저당권의 피담보채권은 매수인이 매각대금을 완납한 때에 확정된다.
⑤ 공동근저당권자가 저당목적 부동산 중 일부 부동산에 대하여 제3자가 신청한 경매절차에 소극적으로 참가하여 우선배당을 받은 경우, 특별한 사정이 없는 한 나머지 저당목적 부동산에 관한 근저당권의 피담보채권도 확정된다.

정답해설

① 근저당권은 담보할 채권의 최고액만을 정하고 채무의 확정을 장래에 유보하여 설정하는 저당권을 말한다. 근저당권설정계약이나 기본계약에서 결산기를 정하거나 근저당권의 존속기간이 있는 경우라면 원칙적으로 결산기가 도래하거나 존속기간이 만료한 때에 피담보채무가 확정된다(대판 2017.10.31. 2015다65042).
② 근저당권의 존속기간이나 결산기를 정하지 않은 때에는 피담보채무의 확정방법에 관한 다른 약정이 있으면 그에 따르고, 이러한 약정이 없는 경우라면 근저당권설정자가 근저당권자를 상대로 언제든지 계약 해지의 의사표시를 함으로써 피담보채무를 확정시킬 수 있다(대판 2017.10.31. 2015다65042).
③ 근저당권자가 피담보채무의 불이행을 이유로 경매신청을 한 경우에는 경매신청 시에 근저당권의 피담보채권액이 확정되고, 그 이후부터 근저당권은 부종성을 가지게 되어 보통의 저당권과 같은 취급을 받게 된다(대판 1998.10.27. 97다26104 · 26111).
④ 후순위 근저당권자가 경매를 신청한 경우 선순위 근저당권의 피담보채권은 그 근저당권이 소멸하는 시기, 즉 경락인이 경락대금을 완납한 때에 확정된다고 보아야 한다(대판 2009.10.29. 2009다47685).
⑤ 공동근저당권자가 목적 부동산 중 일부 부동산에 대하여 제3자가 신청한 경매절차에 소극적으로 참가하여 우선배당을 받은 경우, 해당 부동산에 관한 근저당권의 피담보채권은 그 근저당권이 소멸하는 시기, 즉 매수인이 매각대금을 지급한 때에 확정되지만, 나머지 목적 부동산에 관한 근저당권의 피담보채권은 기본거래가 종료하거나 채무자나 물상보증인에 대하여 파산이 선고되는 등의 다른 확정사유가 발생하지 아니하는 한 확정되지 아니한다. 공동근저당권자가 제3자가 신청한 경매절차에 소극적으로 참가하여 우선배당을 받았다는 사정만으로는 당연히 채권자와 채무자 사이의 기본거래가 종료된다고 볼 수 없고, 기본거래가 계속되는 동안에는 공동근저당권자가 나머지 목적 부동산에 관한 근저당권의 담보가치를 최대한 활용할 수 있도록 피담보채권의 증감 · 교체를 허용할 필요가 있으며, 위와 같이 우선배당을 받은 금액은 나머지 목적 부동산에 대한 경매절차에서 다시 공동근저당권자로서 우선변제권을 행사할 수 없어 이후에 피담보채권액이 증가하더라도 나머지 목적 부동산에 관한 공동근저당권자의 우선변제권 범위는 우선배당액을 공제한 채권최고액으로 제한되므로 후순위 근저당권자나 기타 채권자들이 예측하지 못한 손해를 입게 된다고 볼 수 없기 때문이다(대판 2017.9.21. 2015다50637).

▶ 정답 02 ⑤

03 저당권에 관한 설명으로 옳지 않은 것은? (다툼이 있으면 판례에 따름) ▶ 2023 감정평가사

① 채권자와 제3자가 불가분적 채권자의 관계에 있다고 볼 수 있는 경우에는 그 제3자 명의의 저당권등기도 유효하다.
② 근저당권설정자가 적법하게 기본계약을 해지하면 피담보채권은 확정된다.
③ 무효인 저당권등기의 유용은 그 유용의 합의 전에 등기상 이해관계가 있는 제3자가 없어야 한다.
④ 저당부동산의 제3취득자는 부동산의 개량을 위해 지출한 유익비를 그 부동산의 경매대가에서 우선 변제받을 수 없다.
⑤ 저당권자가 저당부동산을 압류한 이후에는 저당권설정자의 저당부동산에 관한 차임채권에도 저당권의 효력이 미친다.

정답해설

① 근저당권은 채권담보를 위한 것이므로 원칙적으로 채권자와 근저당권자는 동일인이 되어야 한다. 다만 근저당권설정등기상 근저당권자가 다른 사람과 함께 채무자로부터 유효하게 채권을 변제받을 수 있고 채무자도 그들 중 누구에게든 채무를 유효하게 변제할 수 있는 관계, 가령 채권자와 근저당권자가 불가분적 채권자의 관계에 있다고 볼 수 있는 경우에는 그러한 근저당권설정등기도 유효하다(대판 2021.4.29, 2017다294585, 2017다294592).
② 근저당권은 그 담보할 채권의 최고액만을 정하고 채무의 확정을 장래에 유보하여 설정하는 저당권을 말한다. 근저당권설정계약이나 그 기본계약에서 결산기를 정하거나 근저당권의 존속기간이 있는 경우라면 원칙적으로 결산기가 도래하거나 존속기간이 만료된 때에 그 피담보채무가 확정된다. 여기에서 결산기의 지정은 일반적으로 근저당권 피담보채무의 확정시기와 방법을 정한 것으로서 피담보채무의 이행기에 관한 약정과는 구별된다. 근저당권의 존속기간이나 결산기를 정하지 않은 때에는 피담보채무의 확정방법에 관한 다른 약정이 있으면 그에 따르고, 이러한 약정이 없는 경우라면 근저당권설정자가 근저당권자를 상대로 언제든지 계약 해지의 의사표시를 함으로써 피담보채무를 확정시킬 수 있다(대판 2017.10.31, 2015다65042).
③ 당사자가 무효로 된 처음의 근저당권설정등기를 유용하기로 합의하고 새로 거래를 계속하는 경우 유용합의 이전에 등기부상 이해관계 있는 제3자가 없는 때에는 그 근저당권설정등기는 유효하다(대판 1963.10.10, 63다583).
④ 제367조 【제3취득자의 비용상환청구권】 저당물의 제3취득자가 그 부동산의 보존, 개량을 위하여 필요비 또는 유익비를 지출한 때에는 제203조 제1항, 제2항의 규정에 의하여 저당물의 경매대가에서 우선상환을 받을 수 있다.
⑤ 민법 제359조 전문은 "저당권의 효력은 저당부동산에 대한 압류가 있은 후에 저당권설정자가 그 부동산으로부터 수취한 과실 또는 수취할 수 있는 과실에 미친다."라고 규정하고 있는데, 위 규정상 '과실'에는 천연과실 뿐만 아니라 법정과실도 포함되므로, 저당부동산에 대한 압류가 있으면 압류 이후의 저당권설정자의 저당부동산에 관한 차임채권 등에도 저당권의 효력이 미친다(대판 2016.7.27, 2015다230020).

> 제359조 【과실에 대한 효력】
> 저당권의 효력은 저당부동산에 대한 압류가 있은 후에 저당권설정자가 그 부동산으로부터 수취한 과실 또는 수취할 수 있는 과실에 미친다. 그러나 저당권자가 그 부동산에 대한 소유권, 지상권 또는 전세권을 취득한 제3자에 대하여는 압류한 사실을 통지한 후가 아니면 이로써 대항하지 못한다.

04 2019.8.1. 甲은 乙에게 2억 원(대여기간 1년, 이자 월 1.5%)을 대여하면서 乙 소유 X 토지(가액 3억원)에 근저당권(채권최고액 2억 5천만 원)을 취득하였고, 2020.7.1. 丙은 乙에게 1억 원(대여기간 1년, 이자 월 1%)을 대여하면서 X토지에 2번 근저당권(채권최고액 1억 5천만 원)을 취득하였다. 甲과 丙이 변제를 받지 못한 상황에서 丙이 2022.6.1. X토지에 관해 근저당권 실행을 위한 경매를 신청하면서 배당을 요구한 경우 이에 관한 설명으로 옳은 것은? (다툼이 있으면 판례에 의함) ▶ 2022 공인중개사

㉠ 2022.6.1. 甲의 근저당권의 피담보채권액은 확정되지 않는다.
㉡ 甲에게 2022.6.1. 이후에 발생한 지연이자는 채권최고액의 범위 내라도 근저당권에 의해 담보되지 않는다.
㉢ 甲이 한 번도 이자를 받은 바 없고 X토지가 3억 원에 경매되었다면 甲은 경매대가에서 3억원을 변제받는다.

① ㉠
② ㉡
③ ㉠㉢
④ ㉡㉢
⑤ ㉠㉡㉢

정답해설

㉠항목만 옳다.
㉠ (○) : 후순위 근저당권자가 경매를 신청한 경우 선순위 근저당권의 피담보채권은 그 근저당권이 소멸하는 시기, 즉 경락인이 경락대금을 완납한 때에 확정된다(대판 1999.9.21, 99다26085). 丙이 근저당권 실행을 위한 임의경매를 신청한 2022.6.1.에는 丙의 피담보채권액은 확정되나, 선순위 甲의 근저당권의 피담보채권액은 확정되지 않는다.
㉡ (×) : 저당권의 피담보채권 범위에 관한 민법 제360조 단서는 근저당권에 적용되지 않으므로 근저당권의 피담보채권 중 지연손해금도 근저당권의 채권최고액 한도에서 전액 담보된다(대판 2021.10.14, 2021다240851). 2022.6.1. 이후에 발생한 지연이자도 채권최고액의 범위 내에서 전액 근저당권에 의해 담보된다.
㉢ (×) : 근저당권자는 채권최고액을 한도로 민법이나 상법 기타의 법률이 정한 바에 따라 일반 채권자 또는 후순위의 담보권자보다 우선하여 변제를 받을 수 있다(대판 2012.1.12, 2011다68012). 甲의 피담보채권액은 2022.6.1 까지 원금 2억에 이자 1년분(2019.8.1.부터 2020.7월 말까지), 3천 6백만원과 근저당권에는 제360조의 지연이자 1년분의 제한이 적용되지 않아, 지연이자가 6천 3백만원(2021.8.1.부터 2022.6.1.까지)이라도 이중 채권최고액까지만 담보된다. 따라서 이미 채권최고액을 최고하고 있으므로 이후의 지연이자는 포함되지 않는다. 결국 甲은 경매대가 3억 원 중에서 채권최고액 2억 5천만원만 배당받고, 나머지 5천만원은 丙이 배당받는다.

▶ 정답 03 ④ 04 ①

05 甲은 乙에게 1억원을 대출해 주고, 乙소유의 X토지와 Y토지에 관하여 채권최고액 1억 2,000만원으로 하는 1순위 공동근저당권을 취득하였다. 그 후 甲은 丙이 신청한 X토지의 경매절차에서 8,000만원을 우선 변제받았다. 이후 丁이 신청한 경매절차에서 Y토지가 2억원에 매각되었고, 甲의 채권은 원리금과 지연이자 등을 포함하여 경매신청 당시에는 5,000만원, 매각대금 완납 시는 5,500만원이다. 甲이 Y토지의 매각대금에서 우선 배당받을 수 있는 금액은? (다툼이 있으면 판례에 따름)

▶ 2018 공인중개사

① 2,000만원
② 4,000만원
③ 5,000만원
④ 5,500만원
⑤ 6,000만원

정답해설

제368조 【공동저당과 대가의 배당, 차순위자의 대위】
① 동일한 채권의 담보로 수 개의 부동산에 저당권을 설정한 경우에 그 부동산의 경매대가를 동시에 배당하는 때에는 각 부동산의 경매대가에 비례하여 그 채권의 분담을 정한다.
② 전항의 저당부동산 중 일부의 경매대가를 먼저 배당하는 경우에는 그 대가에서 그 채권전부의 변제를 받을 수 있다. 이 경우에 그 경매한 부동산의 차순위저당권자는 선순위저당권자가 전항의 규정에 의하여 다른 부동산의 경매대가에서 변제를 받을 수 있는 금액의 한도에서 선순위자를 대위하여 저당권을 행사할 수 있다.

공동저당권자는 공동저당의 목적인 수개의 부동산 중 어느 것이라도 먼저 저당권을 실행하여 피담보채권의 전부나 일부를 자유롭게 우선변제받을 수 있는 것이므로, 공동저당권자가 위 수개의 부동산 중 먼저 실행된 부동산에 관한 경매절차에서 피담보채권액 중 일부만을 청구하여 이를 배당받았다고 하더라도, 이로써 나머지 피담보채권액 전부 또는 민법 제368조 제1항의 규정에 따른 그 부동산의 책임분담액과 배당액의 차액에 해당하는 채권액에 대하여 아직 경매가 실행되지 아니한 다른 부동산에 관한 저당권을 포기한 것으로 볼 수 없다(대판 1997.12.23, 97다39780).
사안은 이시배상의 법률관계이다. 즉 저당부동산 중 일부의 경매대가를 먼저 배당하는 경우에는 그 대가에서 그 채권전부의 변제를 받을 수 있다.
사안은 모두 채무자소유이므로 甲이 乙의 X토지의 경매대가에서 먼저 8,000만원을 우선 변제받는 경우, 근저당권의 채권최고액은 4,000만원이다.
근저당권이므로 피담보채권액의 확정이 문제된다. 丁이 경매를 신청한 경우이므로, 甲의 확정시기는 매매각대금 완납 시가 되므로 피담보채권액은 5,500만원이다.
피담보채권액과 근저당권의 채권최고액 중 적은 범위에서 배당액이 정해지므로 甲은 4,000만원을 배당받게 된다.

06 저당권에 관한 설명으로 옳은 것은? (다툼이 있으면 판례에 따름) ▶ 2020 감정평가사

① 저당부동산의 소유권이 제3자에게 양도된 후 피담보채권이 변제된 때에는 저당권을 설정한 종전소유자도 저당권설정등기의 말소를 청구할 권리가 있다.
② 저당권을 설정한 사람이 채무자가 아닌 경우, 그는 원본채권이 이행기를 경과한 때부터 1년분의 범위에서 지연배상을 변제할 책임이 있다.
③ 근저당권의 채무자가 피담보채권의 일부를 변제한 경우, 변제한 만큼 채권최고액이 축소된다.
④ 저당권자는 배당기일 전까지 물상대위권을 행사하여 우선변제를 받을 수 있다.
⑤ 대체물 채권을 담보하기 위하여 저당권을 설정한 경우, 피담보채권액은 채권을 이행할 때의 시가로 산정한 금액으로 한다.

[정답해설]
① 근저당권이 설정된 후에 그 부동산의 소유권이 제3자에게 이전된 경우에는 현재의 소유자가 자신의 소유권에 기하여 피담보채무의 소멸을 원인으로 그 근저당권설정등기의 말소를 청구할 수 있음은 물론이지만, 근저당권 설정자인 종전의 소유자도 근저당권설정계약의 당사자로서 근저당권소멸에 따른 원상회복으로 근저당권자에게 근저당권설정등기의 말소를 구할 수 있는 계약상 권리가 있으므로 이러한 계약상 권리에 터 잡아 근저당권자에게 피담보채무의 소멸을 이유로 하여 그 근저당권설정등기의 말소를 청구할 수 있다고 봄이 상당하고, 목적물의 소유권을 상실하였다는 이유만으로 그러한 권리를 행사할 수 없다고 볼 것은 아니다(대판(전) 1994.1.25, 93다16338).
② 저당권의 피담보채무의 범위에 관하여 민법 제360조가 지연배상에 대하여는 원본의 이행기일을 경과한 후의 1년분에 한하여 저당권을 행사할 수 있다고 규정하고 있는 것은 저당권자의 제3자에 대한 관계에서의 제한이며 채무자나 저당권설정자가 저당권자에 대하여 대항할 수 있는 것이 아니다(대판 1992.5.12, 90다8855). 따라서 채무자는 아니나 저당권을 설정한 사람은 제360조 범위에 제한되지 않고, 전부를 배상하여야 한다.

> **제360조【피담보채권의 범위】**
> 저당권은 원본, 이자, 위약금, 채무불이행으로 인한 손해배상 및 저당권의 실행비용을 담보한다. 그러나 지연배상에 대하여는 원본의 이행기일을 경과한 후의 1년분에 한하여 저당권을 행사할 수 있다.

③ 근저당권은 원본, 이자, 위약금, 채무불이행으로 인한 손해배상 및 근저당권의 실행비용을 담보하는 것이며, 이것이 근저당에 있어서의 채권최고액을 초과하는 경우에 근저당권자로서는 그 채무자 겸 근저당권설정자와의 관계에 있어서는 그 채무의 일부인 채권최고액과 지연손해금 및 집행비용만을 받고 근저당권을 말소시켜야 할 이유는 없을 뿐 아니라, 채무금 전액에 미달하는 금액의 변제가 있는 경우에 이로써 우선 채권최고액 범위의 채권에 변제충당한 것으로 보아야 한다는 이유도 없으니 채권 전액의 변제가 있을 때까지 근저당의 효력은 잔존채무에 여전히 미친다고 할 것이다(대판 2010.5.13, 2010다3681).
④ 민법 제370조, 제342조에 의한 저당권자의 물상대위권의 행사는 구 민사소송법 제733조에 의하여 담보권의 존재를 증명하는 서류를 집행법원에 제출하여 채권압류 및 전부명령을 신청하거나, 구 민사소송법 제580조에 의하여 배당요구를 하는 방법에 의하여 하는 것이고, 이는 늦어도 구 민사소송법 제580조 제1항 각 호 소정의 배당요구의 종기까지 하여야 하는 것으로 그 이후에는 물상대위자로서의 우선변제권을 행사할 수 없다(대판 2003.3.28, 2002다13539).
⑤ 저당권의 피담보채권은 보통 금전채권이다. 그러나 채무불이행의 경우에 금전채권(손해배상청구권)으로 전환할 수 있는 것도 피담보채권이 될 수 있다. 다만, 일정한 금액을 목적으로 하지 않은 채권의 담보를 위하여 저당권설정등기를 신청할 때에는 그 채권의 가격(평가액)을 기재해야 한다(부동산등기법 제77조). 저당권에 관한 다른 이해관계인을 보호하기 위한 조치이다. 따라서 일정한 금액을 목적으로 하지 않은 채권인 대체물채권을 담보하기 위하여 저당권을 설정한 경우에 피담보채권액은 저당권설정등기를 신청할 때의 시가로 산정한 금액이 된다.

▶ 정답 05 ② 06 ①

07 저당권에 관한 설명으로 옳지 않은 것은? (다툼이 있으면 판례에 따름) ▶ 2020 감정평가사

① 저당권의 효력은 천연과실뿐만 아니라 법정과실에도 미친다.
② 저당권으로 담보된 채권을 양수하였으나 아직 대항요건을 갖추지 못한 양수인도 저당권이전의 부기등기를 마치고 저당권실행의 요건을 갖추면 경매를 신청할 수 있다.
③ 후순위담보권자가 경매를 신청한 경우, 선순위근저당권의 피담보채권은 매수인이 경락대금을 완납하여 그 근저당권이 소멸하는 때에 확정된다.
④ 저당권의 이전을 위하여 저당권의 양도인과 양수인, 그리고 저당권설정자 사이의 물권적합의와 등기가 있어야 한다.
⑤ 공동저당관계의 등기를 공동저당권의 성립요건이나 대항요건이라고는 할 수 없다.

정답해설

① 민법 제359조 전문은 "저당권의 효력은 저당부동산에 대한 압류가 있은 후에 저당권설정자가 그 부동산으로부터 수취한 과실 또는 수취할 수 있는 과실에 미친다."라고 규정하고 있는데, 위 규정상 '과실'에는 천연과실뿐만 아니라 법정과실도 포함되므로, 저당부동산에 대한 압류가 있으면 압류 이후의 저당권설정자의 저당부동산에 관한 차임채권 등에도 저당권의 효력이 미친다(대판 2016.7.27, 2015다230020).
② 피담보채권을 저당권과 함께 양수한 자는 저당권이전의 부기등기를 마치고 저당권실행의 요건을 갖추고 있는 한 채권양도의 대항요건을 갖추고 있지 아니하더라도 경매신청을 할 수 있으며, 채무자는 경매절차의 이해관계인으로서 채권양도의 대항요건을 갖추지 못하였다는 사유를 들어 경매개시결정에 대한 이의나 즉시항고절차에서 다툴 수 있고, 이 경우는 신청채권자가 대항요건을 갖추었다는 사실을 증명하여야 할 것이나, 이러한 절차를 통하여 채권 및 근저당권의 양수인의 신청에 의하여 개시된 경매절차가 실효되지 아니한 이상 그 경매절차는 적법한 것이고, 또한 그 경매신청인은 양수채권의 변제를 받을 수도 있다(대판 2005.6.23, 2004다29279).
③ 후순위 근저당권자가 경매를 신청한 경우 선순위 근저당권의 피담보채권은 그 근저당권이 소멸하는 시기, 즉 경락인이 경락대금을 완납한 때에 확정된다(대판 1999.9.21, 99다26085).

> **비교** 근저당권자 자신이 경매신청한 경우 : 그 경매신청 시에 근저당권은 확정

④ 저당권은 피담보채권과 분리하여 양도하지 못하는 것이어서 저당권부 채권의 양도는 언제나 저당권의 양도와 채권양도가 결합되어 행해지므로 저당권부 채권의 양도는 민법 제186조의 부동산물권변동에 관한 규정과 민법 제449조 내지 제452조의 채권양도에 관한 규정에 의해 규율되므로 저당권의 양도에 있어서도 물권변동의 일반원칙에 따라 저당권을 이전할 것을 목적으로 하는 물권적 합의와 등기가 있어야 저당권이 이전된다고 할 것이나, 이때의 물권적 합의는 저당권의 양·양수받는 당사자 사이에 있으면 족하고 그 외에 그 채무자나 물상보증인 사이에까지 있어야 하는 것은 아니라 할 것이고, 단지 채무자에게 채권양도의 통지나 이에 대한 채무자의 승낙이 있으면 채권양도를 가지고 채무자에게 대항할 수 있게 되는 것이다(대판 2005.6.10, 2002다15412·15429).
⑤ 부동산등기법 제149조는 같은 법 제145조의 규정에 의한 공동담보등기의 신청이 있는 경우 각 부동산에 관한 권리에 대하여 등기를 하는 때에는 그 부동산의 등기용지 중 해당 구 사항란에 다른 부동산에 관한 권리의 표시를 하고 그 권리가 함께 담보의 목적이라는 뜻을 기재하도록 규정하고 있지만, 이는 공동저당권의 목적물이 수 개의 부동산에 관한 권리인 경우에 한하여 적용되는 등기절차에 관한 규정일 뿐만 아니라, 수 개의 저당권이 피담보채권의 동일성에 의하여 서로 결속되어 있다는 취지를 공시함으로써 권리관계를 명확히 하기 위한 것에 불과하므로, 이와 같은 공동저당관계의 등기를 공동저당권의 성립요건이나 대항요건이라고 할 수 없다(대판 2010.12.23, 2008다57746).

▶ 정답 07 ④

제3관 비전형담보(물권)

기본문제편

01 가등기담보 등에 관한 법률에 관한 설명으로 옳은 것은? (다툼이 있으면 판례에 따름)

▶ 2015 공인중개사

① 공사대금채무를 담보하기 위한 가등기에도 「가등기담보 등에 관한 법률」이 적용된다.
② 청산금을 지급할 필요 없이 청산절차가 종료한 경우, 그때부터 담보목적물의 과실수취권은 채권자에게 귀속한다.
③ 가등기담보의 채무자는 귀속정산과 처분정산 중 하나를 선택할 수 있다.
④ 가등기담보의 채무자의 채무변제와 가등기 말소는 동시이행관계에 있다.
⑤ 담보가등기 후의 저당권자는 청산기간 내라도 저당권의 피담보채권의 도래 전에는 담보목적부동산의 경매를 청구할 수 없다.

정답해설

① 가등기담보 등에 관한 법률은 차용물의 반환에 관하여 차주가 차용물에 갈음하여 다른 재산권을 이전할 것을 예약한 경우에 적용되는 것이므로 공사대금채권을 담보할 목적으로 가등기가 경료된 경우에는 위 법률이 적용되지 아니한다(대판 1992.4.10, 91다45356·45363).

② 일반적으로 담보목적으로 가등기를 경료한 경우 담보물에 대한 사용·수익권은 가등기설정자인 소유자에게 있다고 할 것이나, 가등기담보약정은 채무자가 본래의 채무를 이행하지 못할 경우 채권자에게 담보목적물의 소유권을 이전하기로 하는 예약으로서 유상계약인 쌍무계약적 재산권이전약정에 해당하므로 그 성질에 반하지 않는 한 매매에 관한 민법 규정이 준용된다 할 것이고(민법 제567조), 채권자가 가등기담보권을 실행하여 그 담보목적부동산의 소유권을 취득하기 위하여 가등기담보 등에 관한 법률에 따라 채무자에게 담보권 실행을 통지한 경우 청산금을 지급할 여지가 없는 때에는 2월의 청산기간이 경과함으로써 청산절차는 종료되고 이에 따라 채권자는 더 이상의 반대급부의 제공 없이 채무자에 대하여 소유권이전등기청구권 및 목적물 인도청구권을 가진다 할 것임에도 채무자가 소유권이전등기의무 및 목적물 인도의무의 이행을 지연하면서 자신이 담보목적물을 사용·수익할 수 있다고 하는 것은 심히 공평에 반하여 허용될 수 없으므로 이러한 경우 담보목적물에 대한 과실수취권 등을 포함한 사용·수익권은 청산절차의 종료와 함께 채권자에게 귀속된다고 보아야 한다(대판 2001.2.27, 2000다20465).

③ 「가등기담보 등에 관한 법률」은 담보권의 실행방법으로 "귀속정산만"을 규정하는 것은 아니고, 가담법에서는 제12조 이하 저당권자처럼 공적 실행으로써 경매에 의한 실행이 가능한 처분청산도 인정된다. 그러므로 채권자가 이 중 선택가능하다. 그러나 사적 실행으로써 처분정산의 방법에 의한 담보권의 실행을 인정하지 않는다(대판 2002.4.23, 2001다81856 등).

> **가담법 제12조 【경매의 청구】**
> ① 담보가등기권리자는 그 선택에 따라 제3조에 따른 담보권을 실행하거나 담보목적부동산의 경매를 청구할 수 있다. 이 경우 경매에 관하여는 담보가등기권리를 저당권으로 본다.

▶ 정답 01 ②

④ 피담보채권의 변제와 가등기 내지 본등기의 말소청구는 동시이행의 관계가 아니다. 따라서 설정자 내지 대위변제자가 변제공탁하면서 가등기 및 본등기의 말소를 반대급부로 청구할 수는 없다(대판 1982.12.14, 82다카1321·1322).
⑤ 가담법 제12조【경매의 청구】② 후순위권리자는 청산기간에 한정하여 그 피담보채권의 변제기 도래 전이라도 담보목적부동산의 경매를 청구할 수 있다.

02 가등기담보 등에 관한 법률이 적용되는 가등기담보에 관한 설명으로 옳은 것은? (다툼이 있으면 판례에 의함)
▶ 2022 공인중개사

① 채무자가 아닌 제3자는 가등기담보권의 설정자가 될 수 없다.
② 귀속청산에서 변제기 후 청산금의 평가액을 채무자에게 통지한 경우 채권자는 그가 통지한 청산금의 금액에 관하여 다툴 수 있다.
③ 공사대금채권을 담보하기 위하여 담보가등기를 한 경우 「가등기담보 등에 관한 법률」이 적용된다.
④ 가등기담보권자는 특별한 사정이 없는 한 가등기담보권을 그 피담보채권과 함께 제3자에게 양도할 수 있다.
⑤ 가등기담보권자는 담보목적물에 대한 경매를 청구할 수 없다.

정답해설

① 채무자가 아닌 제3자인 물상보증인도 가등기담보권의 설정자가 될 수 있다(가등기담보법 제2조 제2호 나목 참고).

> **가등기담보법 제2조【정의】** 이 법에서 사용하는 용어의 뜻은 다음과 같다.
> 2. '채무자 등'이란 다음 각 목의 자를 말한다.
>   가. 채무자
>   나. 담보가등기목적 부동산의 물상보증인
>   다. 담보가등기 후 소유권을 취득한 제3자

② **가등기담보법 제9조【통지의 구속력】** 채권자는 제3조 제1항에 따라 그가 통지한 청산금의 금액에 관하여 다툴 수 없다.
③ **가등기담보법은** 차용물의 반환에 관하여 차주가 차용물에 갈음하여 다른 재산권을 이전할 것을 예약한 경우에 적용되는 것이므로 공사대금채권을 담보할 목적으로 가등기가 경료된 경우에는 가등기담보법이 적용되지 아니한다(대판 1992.4.10, 91다45356, 91다45363).
④ 담보물권의 부종성의 의해 가등기담보만 분리하여 양도할 수는 없으나, 채권자인 가등기담보권자는 특별한 사정이 없는 한 가등기담보권을 그 피담보채권과 함께 제3자에게 양도할 수 있다.
⑤ **가등기담보법 제12조【경매의 청구】** ① 담보가등기권리자는 그 선택에 따라 제3조에 따른 담보권을 실행하거나 담보목적부동산의 경매를 청구할 수 있다. 이 경우 경매에 관하여는 담보가등기권리를 저당권으로 본다.

03 가등기담보 등에 관한 법률상 가등기담보에 대한 설명으로 옳은 것은? (다툼이 있으면 판례에 따름)
▶ 2017 감정평가사

① 후순위권리자는 청산기간 동안에는 담보목적부동산의 경매를 청구할 수 없다.
② 채무자는 청산기간이 지나기 전이라도 후순위권리자에 대한 통지 후 청산금에 관한 권리를 제3자에게 양도하면 이로써 후순위권리자에게 대항할 수 있다.
③ 담보목적물에 대한 사용·수익권은 채무자에게 지급되어야 할 청산금이 있더라도 그 지급없이 청산기간이 지나면 채권자에게 귀속된다.
④ 담보가등기를 마친 부동산이 강제경매를 통해 매각되어도, 담보가등기권리는 피담보채권액 전부를 변제받지 않으면 소멸하지 않는다.
⑤ 담보가등기를 마친 부동산에 대하여 강제경매가 개시된 경우, 담보가등기를 마친 때를 기준으로 담보가등기권리자의 순위가 결정된다.

[정답해설]
① 후순위권리자는 청산기간 내에 한하여 그 피담보채권의 변제기가 되기 전이라도 목적부동산의 경매를 청구할 수 있다(가담법 제12조 제2항).

> **가담법 제12조【경매의 청구】**
> ② 후순위권리자는 청산기간에 한정하여 그 피담보채권의 변제기 도래 전이라도 담보목적부동산의 경매를 청구할 수 있다.

② **가담법 제7조【청산금에 대한 처분 제한】**
> ① 채무자가 청산기간이 지나기 전에 한 청산금에 관한 권리의 양도나 그 밖의 처분은 이로써 후순위권리자에게 대항하지 못한다.
> ② 채권자가 청산기간이 지나기 전에 청산금을 지급한 경우 또는 제6조 제1항에 따른 통지를 하지 아니하고 청산금을 지급한 경우에도 제1항과 같다.

③ 담보목적물에 대한 사용·수익권은 원칙적으로 채무자에게 있으므로 채권자가 소유권을 취득하는 경우인 청산기간이 지난 후 청산금을 채무자 등에게 지급한 때에 채권자에게 사용·수익권이 귀속된다.

> **가담법 제4조【청산금의 지급과 소유권의 취득】**
> ② 채권자는 담보목적부동산에 관하여 이미 소유권이전등기를 마친 경우에는 청산기간이 지난 후 청산금을 채무자 등에게 지급한 때에 담보목적부동산의 소유권을 취득하며, 담보가등기를 마친 경우에는 청산기간이 지나야 그 가등기에 따른 본등기를 청구할 수 있다.

④ 「가등기담보 등에 관한 법률」에 따라 담보의 목적으로 가등기를 마친 부동산에 대하여 강제경매가 이루어진 경우 가등기담보권은 저당권처럼 다루어지므로 부동산의 매각으로 소멸한다(동법 제15조).

> **가담법 제15조【담보가등기권리의 소멸】**
> 담보가등기를 마친 부동산에 대하여 강제경매 등이 행하여진 경우에는 담보가등기권리는 그 부동산의 매각에 의하여 소멸한다.

▶ 정답 02 ④ 03 ⑤

⑤ **가담법 제13조【우선변제청구권】** 담보가등기를 마친 부동산에 대하여 강제경매 등이 개시된 경우에 담보가등기권리자는 다른 채권자보다 자기채권을 우선변제받을 권리가 있다. 이 경우 그 순위에 관하여는 그 담보가등기권리를 저당권으로 보고, 그 담보가등기를 마친 때에 그 저당권의 설정등기(設定登記)가 행하여진 것으로 본다.

04 가등기담보 등에 관한 법률이 적용되는 양도담보의 효력에 관한 설명으로 옳지 않은 것은? (다툼이 있으면 판례에 의함)
▶ 2014 감정평가사

① 양도담보권의 피담보채권의 범위는 저당권에 의해 담보되는 채권의 범위에 관한 규정이 적용된다.
② 양도담보권자에게는 양도담보권에 기한 물상대위가 인정된다.
③ 양도담보권자가 담보목적 부동산을 임의로 처분한 경우, 그 부동산의 양수인이 선의이더라도 소유권을 취득하지 못한다.
④ 양도담보권자가 귀속청산의 방법에 의하여 확정적으로 소유권을 취득하려면 적법하게 청산절차를 거쳐야 한다.
⑤ 양도담보권은 우선변제적 효력이 있다.

정답해설

① 가등기담보 등에 관한 법률이 적용되는 양도담보권은 가등기담보와 같이 피담보채권에 관하여 제360조가 적용된다.

> **가담법 제3조【담보권 실행의 통지와 청산기간】**
> ② 가등기담보권의 효력이 미치는 피담보채권의 범위에 대해서는 저당권의 피담보채권의 범위인 민법 제360조의 규정이 적용된다.

② 양도담보권자에도 제342조의 물상대위가 유추적용된다. 단지 제342조 단서가 유추적용되지 않을 뿐이다.

> **제342조【물상대위】**
> 질권은 질물의 멸실, 훼손 또는 공용징수로 인하여 질권설정자가 받을 금전 기타 물건에 대하여도 이를 행사할 수 있다. 이 경우에는 그 지급 또는 인도 전에 압류하여야 한다.

③ 담보물권자에 불과한 양도담보권자가 담보목적 부동산을 임의로 처분한 경우라도, 그 부동산의 양수인이 선의라면 가담법 제11조 단서에 따라 의해서 소유권을 취득한다.

> **가담법 제11조【채무자 등의 말소청구권】**
> 채무자 등은 청산금채권을 변제받을 때까지 그 채무액(반환할 때까지의 이자와 손해금을 포함한다)을 채권자에게 지급하고 그 채권담보의 목적으로 마친 소유권이전등기의 말소를 청구할 수 있다. 다만, 그 채무의 변제기가 지난 때부터 10년이 지나거나 선의의 제3자가 소유권을 취득한 경우에는 그러하지 아니하다.

④ 청산절차는 강행규정으로 귀속청산의 방법에 의하여 확정적으로 소유권을 취득하려면 가담법 상 청산절차를 거쳐야 한다.

> **가담법 제3조 【담보권 실행의 통지와 청산기간】**
> ① 채권자가 담보계약에 따른 담보권을 실행하여 그 담보목적부동산의 소유권을 취득하기 위하여는 그 채권의 변제기 후에 제4조의 청산금의 평가액을 채무자등에게 통지하고, 그 통지가 채무자 등에게 도달한 날부터 2개월(이하 '청산기간'이라 한다)이 지나야 한다. 이 경우 청산금이 없다고 인정되는 경우에는 그 뜻을 통지하여야 한다.

⑤ 가등기담보 등에 관한 법률이 적용되는 양도담보이므로 가담법 제13조가 적용되어 우선변제적 효력이 있다.

> **가담법 제13조 【우선변제청구권】**
> 담보가등기를 마친 부동산에 대하여 강제경매 등이 개시된 경우에 담보가등기권리자는 다른 채권자보다 자기채권을 우선변제받을 권리가 있다. 이 경우 그 순위에 관하여는 그 담보가등기권리를 저당권으로 보고, 그 담보가등기를 마친 때에 그 저당권의 설정등기가 행하여진 것으로 본다.

05 가등기담보권의 실행에 관한 설명으로 옳지 않은 것은? (다툼이 있으면 판례에 의함)

▶ 2012 감정평가사

① 후순위권리자는 청산기간 내에 한하여 그 피담보채권의 변제기가 되기 전이라도 목적부동산의 경매를 청구할 수 있다.
② 채권자가 채무자에게 청산금을 통지하지 아니한 경우에도 청산금을 지급하고 등기를 마쳤다면 소유권을 취득할 수 있다.
③ 채권자는 사적 실행의 방법으로 청산기간이나 동시이행관계를 인정하지 아니하는 처분정산형의 담보권 실행을 할 수 없다.
④ 목적부동산의 평가액이 채권액에 미달하여 청산금이 없다고 인정되는 때에는 채권자는 그 뜻을 채무자 등에게 통지하여야 한다.
⑤ 압류등기 전에 이루어진 담보가등기권리가 매각에 의하여 소멸되면 경매법원에 채권신고를 한 경우에만 그 채권자는 매각대금을 배당받거나 변제금을 받을 수 있다.

정답해설
① 가담법 제12조【경매의 청구】② 후순위권리자는 청산기간에 한정하여 그 피담보채권의 변제기 도래 전이라도 담보목적부동산의 경매를 청구할 수 있다.
② 청산절차는 강행규정으로 그 절차규정에 위반한 경우에는 청산금을 지급하고 등기를 마쳤다 하더라도 소유권을 취득할 수 없다(대판 2002.4.23, 2001다81856 등).
③ 채권자는 사적실행의 방법으로 청산기간이나 동시이행관계를 인정하지 아니하는 처분정산형의 담보권 실행을 할 수 없다(대판 2002.4.23, 2001다81856 등).
④ 목적부동산의 평가액이 채권액에 미달하여 청산금이 없다고 인정되는 때에는 채권자는 그 뜻을 채무자 등에게 통지하여야 한다(가담법 제3조, 제4조 참조).

▶ 정답 04 ③ 05 ②

⑤ 가등기담보 등에 관한 법률 제16조는 소유권의 이전에 관한 가등기가 되어 있는 부동산에 대한 경매 등의 개시결정이 있는 경우 법원은 가등기권리자에 대하여 그 가등기가 담보가등기인 때에는 그 내용 및 채권의 존부·원인 및 수액을, 담보가등기가 아닌 경우에는 그 내용을 법원에 신고할 것을 상당한 기간을 정하여 최고하여야 하고(제1항), 압류등기 전에 경료된 담보가등기권리가 매각에 의하여 소멸하는 때에는 제1항의 채권신고를 한 경우에 한하여 그 채권자는 매각대금의 배당 또는 변제금의 교부를 받을 수 있다고 규정하고 있으므로(제2항), 위 제2항에 해당하는 담보가등기권리자가 집행법원이 정한 기간 안에 채권신고를 하지 아니하면 매각대금의 배당을 받을 권리를 상실한다(대판 2008.9.11, 2007다25278).

06 동산양도담보에 관한 설명으로 옳은 것은? (다툼이 있으면 판례에 의함) ▶ 2013 감정평가사

① 점유개정의 방법으로 이중으로 양도담보를 설정한 경우 뒤의 양도담보의 채권자는 2순위 양도담보권을 취득한다.
② 동산양도담보에도 가등기담보 등에 관한 법률이 적용된다.
③ 자신의 동산을 타인에게 양도담보로 제공한 자로부터 점유개정의 방법으로 그 동산을 양수한 자는 현실로 인도받지 않았더라도 그 동산을 선의취득할 수 있다.
④ 집합물에 대해서는 양도담보를 설정할 수 없다.
⑤ 신탁적 소유권이전설에 의하면 채권자는 목적 동산의 소유권을 취득한다.

[정답해설]

①, ③ 점유개정의 방법으로 동산에 대한 이중의 양도담보 설정계약이 체결된 경우, 뒤에 설정계약을 체결한 후순위 채권자가 양도담보권을 취득할 수 있는지 여부에 대하여 판례는 부정한다. 즉 특별한 사정이 없는 한 동산의 소유권은 신탁적으로 이전되어 채권자와 채무자 사이의 대내적 관계에서 채무자는 의연히 소유권을 보유하나 대외적인 관계에 있어서 채무자는 동산의 소유권을 이미 채권자에게 양도한 무권리자가 되는 것이어서 다시 다른 채권자와의 사이에 양도담보 설정계약을 체결하고 점유개정의 방법으로 인도를 하더라도 선의취득이 인정되지 않는 한 나중에 설정계약을 체결한 채권자는 양도담보권을 취득할 수 없는데, 현실의 인도가 아닌 점유개정으로는 선의취득이 인정되지 아니하므로, 결국 뒤의 채권자는 양도담보권을 취득할 수 없다(대판 2004.10.28, 2003다30463).
② 가등기담보 등에 관한 법률이 적용되기 위해서는 가등기할 수 있는 것일 것이어야 하므로, 등기나 등록으로 공시가 가능한 소유권, 지상권, 지역권, 임차권 등과 각종 특별법에 의한 권리여야 한다. 다만, 질권·저당권·전세권은 가등기담보의 목적물이 될 수 없다(가담법 제18조). 또한 주식, 동산 등의 양도담보에는 가담법이 적용되지 않는다.
④ 일반적으로 일단의 증감 변동하는 동산을 하나의 물건으로 보아 이를 채권담보의 목적으로 삼으려는 이른바 집합물에 대한 양도담보설정계약 체결도 가능하며 이 경우 그 목적 동산이 담보설정자의 다른 물건과 구별될 수 있도록 그 종류, 장소 또는 수량지정 등의 방법에 의하여 특정되어 있으면 그 전부를 하나의 재산권으로 보아 이에 유효한 담보권의 설정이 된 것으로 볼 수 있다(대판 1990.12.26, 88다카20224).
⑤ 신탁적 소유권이전설에 의하면 채권자는 목적 동산의 소유권을 취득하나, 대내적 관계 즉 양도담보권자와 양도담보설정자와 사이에서는 양도담보설정자에게 소유권이 있는 것으로 보게 된다.

▶ 정답 06 ⑤

심화문제편

01 비전형담보에 관한 설명으로 옳지 않은 것은? (다툼이 있는 경우에는 판례에 의함)
① 「가등기담보 등에 관한 법률」은 매매대금채권을 담보하기 위한 양도담보에는 적용되지 않는다.
② 「가등기담보 등에 관한 법률」에 따라 담보의 목적으로 가등기를 마친 부동산에 대하여 강제경매가 이루어진 경우 가등기담보권은 부동산의 매각으로 소멸한다.
③ 「가등기담보 등에 관한 법률」은 담보권의 실행방법으로 귀속정산만을 규정하고 처분정산의 방법에 의한 담보권의 실행을 인정하지 않는다.
④ 특별한 사정이 없으면, 양도담보설정자가 담보목적물에 대한 사용·수익권을 가진다.
⑤ 동산 소유자가 점유개정의 방법으로 그 동산에 양도담보를 설정한 후 다시 같은 방법으로 제3채권자에게 양도담보를 설정한 때에는 제3채권자는 양도담보권을 취득할 수 없다.

정답해설
① 「가등기담보 등에 관한 법률」은 소비대차나 준소비대차와 결부된 담보권에 적용되고, 매매대금채권을 담보하기 위한 양도담보에는 적용되지 않는다(대판 2004.4.27, 2003다29968).
② 「가등기담보 등에 관한 법률」에 따라 담보의 목적으로 가등기를 마친 부동산에 대하여 강제경매가 이루어진 경우 가등기담보권은 저당권처럼 다루므로 부동산의 매각으로 소멸한다(동법 제15조).

> **가담법 제15조 【담보가등기권리의 소멸】**
> 담보가등기를 마친 부동산에 대하여 강제경매 등이 행하여진 경우에는 담보가등기권리는 그 부동산의 매각에 의하여 소멸한다.

③ 「가등기담보 등에 관한 법률」은 담보권의 실행방법으로 "귀속정산만"을 규정하는 것은 아니고, 가담법에서는 제12조 이하 저당권자처럼 공적 실행으로써 경매에 의한 실행이 가능하기 때문이다. 그리고 사적 실행으로써 처분정산의 방법에 의한 담보권의 실행을 인정하지 않는다(대판 2002.4.23, 2001다81856 등).
④ 특별한 사정이 없으면, 양도담보설정자가 담보목적물에 대한 사용·수익권을 가진다(대판 1988.11.22, 87다카2555).
⑤ 점유개정의 방법으로 동산에 대한 이중의 양도담보 설정계약이 체결된 경우, 뒤에 설정계약을 체결한 후순위 채권자가 양도담보권을 취득할 수 있는지 여부에 대하여 판례는 부정한다. 즉 특별한 사정이 없는 한 동산의 소유권은 신탁적으로 이전되어 채권자와 채무자 사이의 대내적 관계에서 채무자는 의연히 소유권을 보유하나 대외적인 관계에 있어서 채무자는 동산의 소유권을 이미 채권자에게 양도한 무권리자가 되는 것이어서 다시 다른 채권자와의 사이에 양도담보 설정계약을 체결하고 점유개정의 방법으로 인도를 하더라도 선의취득이 인정되지 않는 한 나중에 설정계약을 체결한 채권자는 양도담보권을 취득할 수 없는데, 현실의 인도가 아닌 점유개정으로는 선의취득이 인정되지 아니하므로, 결국 뒤의 채권자는 양도담보권을 취득할 수 없다(대판 2004.10.28, 2003다30463).

▶ 정답 01 ③

02 가등기담보 등에 관한 법률에 관한 설명으로 틀린 것은? (다툼이 있으면 판례에 따름)

▶ 2021 공인중개사

① 담보가등기를 마친 부동산에 대하여 강제경매가 된 경우 담보가등기권리는 그 부동산의 매각에 의해 소멸한다.
② 가등기의 피담보채권은 당사자의 약정과 관계없이 가등기의 원인증서인 매매예약서상의 매매대금의 한도로 제한된다.
③ 채무자가 청산기간이 지나기 전에 한 청산금에 관한 권리의 양도는 이로써 후순위권리자에게 대항하지 못한다.
④ 가등기가 담보가등기인지 여부는 거래의 실질과 당사자의 의사해석에 따라 결정된다.
⑤ 가등기담보부동산의 예약 당시 시가가 그 피담보채무액에 미달하는 경우에는 청산금평가액의 통지를 할 필요가 없다.

정답해설

① 「가등기담보 등에 관한 법률」에 따라 담보의 목적으로 가등기를 마친 부동산에 대하여 강제경매가 이루어진 경우 가등기담보권은 저당권처럼 다루므로 부동산의 매각으로 소멸한다(동법 제15조).

> **가담법 제15조 【담보가등기권리의 소멸】**
> 담보가등기를 마친 부동산에 대하여 강제경매 등이 행하여진 경우에는 담보가등기권리는 그 부동산의 매각에 의하여 소멸한다.

② 가등기의 원인증서인 매매예약서상의 매매대금은 가등기절차의 편의상 기재하는 것에 불과하고 가등기의 피담보채권이 그 한도로 제한되는 것은 아니며 피담보채권의 범위는 당사자의 약정 내용에 따라 결정된다(대판 1996.12.23, 96다39387 · 39394).
③ **가담법 제7조 【청산금에 대한 처분 제한】** ① 채무자가 청산기간이 지나기 전에 한 청산금에 관한 권리의 양도나 그 밖의 처분은 이로써 후순위권리자에게 대항하지 못한다.
④ 가등기가 담보가등기인지 여부는 그 등기부상 표시나 등기 시에 주고받은 서류의 종류에 의하여 형식적으로 결정될 것이 아니고 거래의 실질과 당사자의 의사해석에 따라 결정될 문제라고 할 것이다(대판 1992.2.11, 91다36932).
⑤ 가등기담보 등에 관한 법률은 재산권 이전의 예약에 의한 가등기담보에 있어서 그 재산의 예약 당시의 가액이 차용액 및 이에 붙인 이자의 합산액을 초과하는 경우에 한하여 그 적용이 있다 할 것이므로 가등기담보부동산에 대한 예약 당시의 시가가 그 피담보채무액에 미치지 못하는 경우에 있어서는 같은 법 제3조가 정하는 청산금평가액의 통지를 할 여지가 없다 할 것이다(대판 1991.11.22, 91다30019).

03 乙은 자기 소유의 돼지 1천 마리를 甲에게 유동집합물로서 점유개정의 방식으로 양도담보한 후 계속 사육하고 있다. 이에 관한 설명으로 옳지 않은 것은? (다툼이 있으면 판례에 따름)

▶ 2016 감정평가사

① 甲의 양도담보권의 효력은 원칙적으로 위 돼지들이 출산한 새끼돼지들에도 미친다.
② 만일 화재로 위 돼지들이 폐사하여 乙이 화재보험금청구권을 취득하면, 이에 대해 甲은 양도담보권에 기한 물상대위권을 행사할 수 있다.
③ 만일 乙이 위 돼지들을 丙에게 점유개정의 방식으로 인도한다면, 丙은 선의취득을 할 수 없다.
④ 만일 乙이 양도담보 사실을 알고 있는 丁에게 위 돼지들을 양도한 후, 丁이 5백 마리의 돼지를 새로 구입하여 반입한 경우, 별도자금을 투입해 반입한 사실을 증명하면 甲의 양도담보권의 효력은 그 새로 구입한 돼지들에게 미치지 않는다.
⑤ 만일 乙이 위 돼지들을 戊에게 점유개정의 방식으로 인도하여 이중으로 양도담보한다면, 戊는 양도담보권을 선의취득한다.

정답해설
① 돈사에서 대량으로 사육되는 돼지를 집합물에 대한 양도담보의 목적물로 삼은 경우, 위 양도담보권의 효력은 양도담보설정자로부터 이를 양수한 양수인이 당초 양수한 돈사 내에 있던 돼지들 및 통상적인 양돈방식에 따라 그 돼지들을 사육·관리하면서 돼지를 출하하여 얻은 수익으로 새로 구입하거나 그 돼지와 교환한 돼지 또는 그 돼지로부터 출산시켜 얻은 새끼돼지에 한하여 미치는 것이지 양수인이 별도의 자금을 투입하여 반입한 돼지에까지는 미치지 않는다(대판 2004.11.12, 2004다22858). 甲의 양도담보권의 효력은 원칙적으로 위 돼지들이 출산한 새끼돼지들에도 미친다.
② 담보물의 교환가치를 취득하는 것을 목적으로 하는 양도담보권의 성격에 비추어 보면, 양도담보로 제공된 목적물이 멸실, 훼손됨에 따라 양도담보 설정자와 제3자 사이에 교환가치에 대한 배상 또는 보상 등의 법률관계가 발생되는 경우에도 그로 인하여 양도담보 설정자가 받을 금전 기타 물건에 대하여 담보적 효력이 미친다. 따라서 양도담보권자는 양도담보 목적물이 소실되어 양도담보 설정자가 보험회사에 대하여 화재보험계약에 따른 보험금청구권을 취득한 경우에도 담보물 가치의 변형물인 위 화재보험금청구권에 대하여 양도담보권에 기한 물상대위권을 행사할 수 있다(대판 2009.11.26, 2006다37106).
③ 동산의 선의취득에 필요한 점유의 취득은 현실적인 인도가 있어야 하고 소위 점유개정에 의한 점유취득만으로서는 그 요건을 충족할 수 없다(대판 1964.5.5, 63다775).
④ 돈사에서 대량으로 사육되는 돼지를 집합물에 대한 양도담보의 목적물로 삼은 경우, 그 돼지는 번식, 사망, 판매, 구입 등의 요인에 의하여 증감 변동하기 마련이므로 양도담보권자가 그때마다 별도의 양도담보권설정계약을 맺거나 점유개정의 표시를 하지 않더라도 하나의 집합물로서 동일성을잃지 아니한 채 양도담보권의 효력은 항상 현재의 집합물 위에 미치게 되고, 양도담보설정자로부터 위 목적물을 양수한 자가 이를 선의취득하지 못하였다면 위 양도담보권의 부담을 그대로 인수하게 된다(대판 2004.11.12, 2004다22858). 양도담보 사실을 알고 있는 丁은 악의이므로 선의취득할 수 없어 양도담보권의 효력을 받게 되나, 양수인 丁이 별도의 자금을 투입하여 반입한 돼지에까지는 미치지 않는다.
⑤ 乙이 동일한 동산에 대해 甲과 戊에게 순차적으로 각 점유개정에 의한 방법으로 양도담보를 설정한 경우, 戊는 선의라도 양도담보를 취득할 수 없다.

▶ 정답 02 ② 03 ⑤

Chapter 06 담보물권 679

박문각 감정평가사

백운정 민법
1차 | 문제집

제7판 인쇄 2025. 11. 20. | **제7판 발행** 2025. 11. 25. | **편저자** 백운정
발행인 박 용 | **발행처** (주)박문각출판 | **등록** 2015년 4월 29일 제2019-0000137호
주소 06654 서울시 서초구 효령로 283 서경 B/D 4층 | **팩스** (02)584-2927
전화 교재 문의 (02)6466-7202

이 책의 무단 전재 또는 복제 행위를 금합니다.

정가 45,000원
ISBN 979-11-7519-219-5

저자와의
협의하에
인지생략